Le Routard

Belgique

Directeur de collection et auteur
Philippe GLOAGUEN

Cofondateurs
**Philippe GLOAGUEN
et Michel DUVAL**

Rédacteur en chef
Pierre JOSSE

Rédacteurs en chef adjoints
**Amanda KERAVEL
et Benoît LUCCHINI**

Directrice de la coordination
Florence CHARMETANT

Directrice administrative
Bénédicte GLOAGUEN

Direction éditoriale
Catherine JULHE

Rédaction
**Isabelle AL SUBAIHI
Mathilde de BOISGROLLIER
Thierry BROUARD
Marie BURIN des ROZIERS
Véronique de CHARDON
Gavin's CLEMENTE-RUÏZ
Fiona DEBRABANDER
Anne-Caroline DUMAS
Géraldine LEMAUF-BEAUVOIS
Olivier PAGE
Alain PALLIER
Anne POINSOT
André PONCELET**

Administration
**Carole BORDES
Solenne DESCHAMPS**

2013

hachette

Remarque importante aux hôteliers et restaurateurs

Les enquêteurs du *Routard* travaillent dans le plus strict anonymat. Aucune réduction, aucun avantage quelconque, aucune rétribution n'est jamais demandé en contre-partie. Face aux aigrefins, la loi autorise les hôteliers et restaurateurs à porter plainte.

Avis aux lecteurs

Le *Routard*, ce n'est pas comme le bon vin, il vieillit mal. On ne veut pas pousser à la consommation, mais évitez de partir avec une édition ancienne. Les modifications sont souvent importantes.
Les réductions accordées à nos lecteurs ne sont jamais demandées par nos rédacteurs afin de préserver leur anonymat. Les hôteliers et restaurateurs sont sollicités par une société de mailing, totalement indépendante de la rédaction, qui reste donc libre de ses choix. De même pour les autocollants et plaques émaillées.

routard.com, le voyage à portée de clics !

✓ Rejoignez la plus grande communauté francophone de voyageurs : plus de **2 millions** de visiteurs !

✓ Échangez avec les routarnautes : forums, photos, avis sur les hôtels...

✓ Retrouvez aussi toutes les informations actualisées pour choisir et préparer vos voyages : plus de 200 fiches pays, une centaine de dossiers pratiques et un magazine en ligne pour découvrir tous les secrets de votre destination.

✓ Enfin, comparez les offres pour organiser et réserver votre voyage au meilleur prix.

Pictogrammes du *Routard*

Établissements

- Hôtel, Auberge, chambres d'hôtes
- Camping
- Restaurant
- Friterie
- Boulangerie, sandwicherie
- Glacier
- Café, salon de thé
- Café, bar
- Bar musical
- Club, boîte de nuit
- Salle de spectacle
- Office de tourisme
- Poste
- Boutique, magasin, marché
- @ Accès internet

Sites

- Plage
- Site de plongée
- Piste cyclable, parcours à vélo

Transports

- Aéroport
- Gare ferroviaire
- Gare routière, arrêt de bus
- Ⓜ Station de métro
- Ⓣ Station de tramway
- Ⓟ Parking
- Taxi
- Taxi collectif
- Bateau
- Bateau fluvial

Attraits et équipements

- Présente un intérêt touristique
- Recommandé pour les enfants
- Adapté aux personnes handicapées
- Ordinateur à disposition
- Connexion wifi
- Inscrit au Patrimoine mondial de l'Unesco

Mille excuses, on ne peut plus répondre individuellement aux centaines de CV reçus chaque année.

Le *Routard* est imprimé sur un papier issu de forêts gérées.

TABLE DES MATIÈRES

LA WALLONIE

LA PROVINCE DU BRABANT WALLON

LA PROVINCE DE LIÈGE

LA PROVINCE DU LUXEMBOURG

LA PROVINCE DE NAMUR

LA PROVINCE DU HAINAUT

Recommandation à nos lecteurs qui souhaitent profiter des réductions et avantages proposés dans le *Routard* par les hôteliers et les restaurateurs : à l'hôtel, prenez la précaution de les demander à l'**arrivée** et, au restaurant, **au moment** de la commande (pour les apéritifs) et surtout **avant** l'établissement de l'addition. Poser votre *Routard* sur la table ne suffit pas : le personnel de salle n'est pas toujours au courant et une fois le ticket de caisse imprimé, il est difficile pour votre hôte d'en modifier le contenu. En cas de doute, montrez la notice relative à l'établissement dans le guide et ne manquez pas de nous faire part de toute difficulté rencontrée.

NOUVEAU ET IMPORTANT : DERNIÈRE MINUTE

Sauf exception, le *Routard* bénéficie d'une parution annuelle à date fixe. Entre deux dates, des événements fortuits (formalités, taux de change, catastrophes naturelles, conditions d'accès aux sites, fermetures inopinées...) peuvent modifier vos projets de voyage. Pour éviter les déconvenues, nous vous recommandons de consulter la rubrique « Guide » par pays de notre site • routard.com • et plus particulièrement les dernières *Actus voyageurs*.

NOS NOUVEAUTÉS

NOS MEILLEURS SITES POUR OBSERVER LES OISEAUX EN FRANCE (octobre 2012)

Pour répondre à l'attente des amoureux de la nature et de ceux qui souhaitent mieux connaître les oiseaux, *Le Routard,* en partenariat avec la Ligue de Protection des Oiseaux, a sélectionné dans toute la France plus de 70 sites pour approcher et observer les voyageurs du ciel. À travers différents milieux (forêt, parc, étang, montagne...), c'est l'occasion de prendre conscience de la richesse et de la diversité du monde des oiseaux et de la nécessité de le protéger. Pour vous aider à les identifier, vous trouverez des planches en couleurs, des conseils et des informations surprenantes sur nos amis à plumes, sans oublier les hébergements et restos à proximité. Que vous soyez *bird watcher* occasionnel ou ornithologue averti, ce guide vous prend sous son aile.

DUBLIN (novembre 2012)

Dublin, une ville grise tout en couleurs. Autant dire une ville qui en surprend plus d'un avec ses contrastes inattendus. On passe, tout d'un coup, d'un Dublin aristocratique à un Dublin populaire. Quant à la gastronomie, bonne nouvelle, l'offre a progressé de manière spectaculaire ces dernières années et les Irlandais ont redécouvert les vertus de leurs produits naturels. Sans oublier, bien sûr, les pubs : il y en a... jusqu'à plus soif. Côté culture, la ville s'enorgueillit de posséder plusieurs musées nationaux qui, non seulement sont gratuits, mais renferment des collections somptueuses ; sans parler du prestigieux Trinity College, avec des pièces rares comme le fameux livre de Kells. Ville à l'empreinte littéraire également, labellisée Cité de la littérature par l'Unesco. À découvrir d'urgence

Remerciements

– Geert Declerk, Pascale Schuddings et Joëlle Pfeffer de l'office de tourisme
  Flandre-Bruxelles à Paris ;
– Martine Van Romphey et Juliette Callou de l'OPT ;
– Pierre Massart, Martha Meeze, Laureline Desmet, Catherine Dardenne,
  Stéphanie van den Bergh et Olivier van de Kerchove de Visit Brussels ;
– Anne de Meerleer et la sympathique équipe de l'office de tourisme de Bruges.

Nous tenons à remercier tout particulièrement Loup-Maëlle Besançon, Thierry Bessou, Gérard Bouchu, François Chauvin, Grégory Dalex, Stéphanie Déro, Fabrice Doumergue, Cédric Fischer, Carole Fouque, Michelle Georget, David Giason, Claude Hervé-Bazin, Emmanuel Juste, Dimitri Lefèvre, Sacha Lenormand, Fabrice de Lestang, Romain Meynier, Éric Milet, Pierre Mitrano, Jean-Sébastien Petitdemange, Thomas Rivallain, Dominique Roland et Solange Vivier pour leur collaboration régulière.

Et pour cette nouvelle collection, nous remercions aussi:

Emmanuelle Bauquis
Jean-Jacques Bordier-Chêne
Michèle Boucher
Lisa Buchter
Stéphanie Condis
Agnès Debiage
Jérôme Denoix
Tovi et Ahmet Diler
Clélie Dudon
Sophie Duval
Clara Favini
Alain Fisch
Mathilde Fonteneau
Adrien et Clément Gloaguen

Xavier Haudiquet
Bernard Hilaire
Sébastien Jauffret
Anaïs Kerdraon
Jacques Lemoine
Béatrice Mace de Lepinay
Jacques Muller
Caroline Ollion
Nicolas et Benjamin Pallier
Martine Partrat
Odile Paugam et Didier Jehanno
Prakit Saiporn
Jean-Luc et Antigone Schilling
Camille Veillard

Direction: Nathalie Pujo
Contrôle de gestion: Héloïse Morel d'Arleux et Virginie Laurent-Arnaud
Secrétariat: Catherine Maîtrepierre
Direction éditoriale: Catherine Julhe
Édition: Matthieu Devaux, Géraldine Péron, Olga Krokhina, Gia-Quy Tran,
Julie Dupré, Pauline Fiot, Julien Hunter, Emmanuelle Michon, Marion Sergent
et Clémence Toublanc
Préparation-lecture: Brigitte de Vaulx
Cartographie: Frédéric Clémençon et Aurélie Huot
Fabrication: Nathalie Lautout et Audrey Detournay
Relations presse France: COM'PROD, Fred Papet. ☎ 01-70-69-04-69.
● *info@comprod.fr* ●
Direction marketing: Muriel Widmaier, Adrien de Bizemont, Lydie Firmin
et Laure Illand
Contacts partenariats: André Magniez (EMD). ● *andremagniez@gmail.com* ●
Édition des partenariats: Élise Ernest
Informatique éditoriale: Lionel Barth
Couverture: Clément Gloaguen et Seenk
Maquette intérieure : le-bureau-des-affaires-graphiques.com, Thibault Reumaux
et npeg.fr
Relations presse: Martine Levens (Belgique) et Maureen Browne (Suisse)
Régie publicitaire: Florence Brunel-Jars

LES QUESTIONS
QU'ON SE POSE LE PLUS SOUVENT

Quel est le meilleur moyen de transport pour aller en Belgique ?
Le train *Thalys* pour sa rapidité. Compter 1h22 au départ de Paris pour Bruxelles, d'où les lignes grande vitesse sont prolongées vers Gand, Bruges, Ostende et Anvers ou Liège. Consulter les tarifs préférentiels de la SNCF pour profiter des meilleurs prix et des nombreuses promos.

Quel est le meilleur moyen pour circuler ?
La voiture, incontestablement, surtout à plusieurs. Les autoroutes sont nombreuses, encore gratuites et éclairées une partie de la nuit ! Les villes se trouvent à courte distance les unes des autres. Néanmoins, le réseau de train et de bus est aussi performant, quoique assez cher pour les kilomètres parcourus, mais il existe de nombreuses formules de réduction. Dans les villes, les transports en commun ou le vélo, surtout en Flandre où le relief est plat.

La vie est-elle chère ?
Le niveau de vie des Belges est très semblable à celui des Français. On paiera néanmoins un peu plus pour se nourrir, mais nettement moins qu'à Paris pour sortir ou boire un verre. Dans les grandes villes comme Bruxelles, les prix des hôtels sont bradés le week-end. Et vous pouvez boire une bière pour 2 € !

Quelle est la meilleure période pour y aller ?
Toutes les saisons se valent pour les villes d'art, avec une préférence pour le printemps. L'été, on peut bronzer sur la côte (si, si !) mais la chaleur est souvent lourde. L'automne déploie ses fastes colorés dans les magnifiques forêts des Ardennes. Et l'hiver, on peut s'adonner aux joies du ski de fond dans les Fagnes (re-si, si !).

Où aller pour un week-end ?
Prévoir peut-être plusieurs week-ends. Bruges reste la ville la plus fréquentée pour un séjour romantique, mais ne pas négliger Gand, Anvers et Bruxelles pour autant, villes où l'on fait facilement la fête. Pour un bon bol d'air, les sentiers de grande randonnée des Ardennes attendent les marcheurs endurants.

Où faire la fête précisément ?
Presque partout. Les Belges sont réputés pour organiser des ripailles et des festivités à tout bout de champ. Les cafés débordent les soirs d'été, les boîtes ne désemplissent pas de Liège à Anvers. Mais privilégier particulièrement la période des carnavals, du Mardi gras à la mi-carême. C'est à cette époque que le folklore prend toute sa dimension.

Mais finalement quelle langue parle-t-on dans ce pays bizarre ?
En Flandre, le flamand et accessoirement l'anglais, mais de moins en moins le français, sauf dans les endroits touristiques. Le français à Bruxelles et en Wallonie, avec des mots originaux que vous n'avez jamais entendus auparavant, et l'allemand dans l'est du pays.

Que rapporter de Belgique ?
Des bandes dessinées de collection que vous aurez trouvées dans les bacs des bouquinistes, des bières d'abbaye et des verres de marque, du jambon des Ardennes, des *speculoos,* du massepain et des ballotins de pralines (des chocolats).

LES COUPS DE CŒUR DU ROUTARD

ITINÉRAIRES CONSEILLÉS

Petit pays par la taille, mais très dense par ses richesse, la Belgique, vu sa proximité avec la France, peut se visiter en plusieurs w-e selon vos centres d'intérêt. C'est ce que nous vous conseillons. Néanmoins, pour ceux qui sont limités par le temps, quelques idées en vrac :

3 jours : Belgique express : Bruxelles-Gand-Bruges, petites distances, mais grandes frustrations.

5 jours : 2 jours à Bruxelles, 1 jour à Gand, 2 à Bruges avec un tour à vélo vers Damme ou un bol d'air à Ostende. C'est déjà mieux.

8 jours : 3 jours à Bruxelles, 1 jour à Anvers, 1 jour à Gand, 2 jours à Bruges et une balade sur la côte flamande jusqu'à Furnes ou Knokke.

15 jours : 3 jours à Bruxelles, 1 jour pour Louvain et Malines, 2 jours à Anvers, 2 jours à Gand, 2 jours à Bruges, 1 jour pour Ypres et Audenarde, 1 jour dans le Hainaut (Tournai-Mons), 1 jour à Namur, 1 jour à Liège et 1 jour dans les Fagnes.

8 jours en Flandre : 1 jour pour Louvain et Malines, 2 jours à Anvers, 1 jour à Gand, 2 jours à Bruges, 1 jour à Ostende et sur la côte, 1 jour à Ypres, Audenarde et Courtrai.

8 jours en Wallonie : 1 jour à Liège, 1 jour à Spa-Malmedy et les Fagnes, 1 jour à Bastogne, Arlon et la Gaume, 1 jour à Bouillon et la vallée de la Semois, 2 jours à Dinant et Namur, 1 jour dans la botte du Hainaut, 1 jour à Mons et Tournai.

Si vous êtes :

Plutôt culture

Les villes de Belgique regorgent de richesses architecturales et artistiques : cathédrales, musées, abbayes, châteaux, sites d'archéologie industrielle béguinages... Vous proposer un choix en quelques lignes relève du casse-tête. Référez-vous à nos choix au nombre de silhouettes du *Routard*.

Plutôt famille

À Bruxelles : Mini-Europe, musée des Sciences naturelles, musée du jouet, le CBBD et le circuit des façades BD.
En Flandre : un séjour balnéaire à la côte avec promenade en « cuistax » sur la digue, la visite du Mercator à Ostende, une ballade à vélo autour de Bruges, une visite du Zwin à Knokke, le musée du jouet à Malines, le parc de Plankendael, le domaine provincial de Bokrijk, le musée Gallo-romain de Tonges, Aquatopia et la visite du port à Anvers
En Wallonie : le musée Hergé à Louvain-la-Neuve, le parc Walibi à Wavre, le domaine de la Hulpe, le musée Tchantchès à Liège, l'aquarium de Liège, le préhistosite de Ramioul, la mine de Blégny, le centre Nature de Botrange, Houtopia à

Houffalize, la Ferme des Bisons à Recogne, la Ferme des Fées à Bouillon, le parc animalier à Rochehaut, la descente de la Lesse en kayak, les grottes de Han, le musée du Carnaval à Binche, le parc Pari-Daiza à Brugelette.

Plutôt folklore et festivités (voir le calendrier à chaque ville) :

À Bruxelles : l'Ommegang, la plantation du Meyboom et le tapis de fleurs (un an sur deux) sur la Grand-Place, le théâtre de Toone, le jazz-marathon et le festival Couleurs-café.

En Flandre : le carnaval d'Alost, la procession des pénitents à Furnes, la procession du Saint-Sang, la fête des Canaux et de l'Arbre d'Or à Bruges, le bal du Rat Mort à Ostende, les fêtes de Gand, la procession de Notre-Dame de Hanswijk à Malines, la fête de Notre-Dame à Tongres, les festivals rock de Werchter et Marktrock à Louvain.

En Wallonie : les carnavals de Binche, Eupen, Malmedy et Stavelot. Waterloo 1815, les marches de l'Entre-Sambre et Meuse, les fêtes de Wallonie à Namur, la ducasse de Mons, les Géants d'Ath, le 14 juillet et les fêtes de l'Outremeuse à Liège, la procession des pénitents à Lessines.

Plutôt insolite :

À Bruxelles : les costumes de Manneken-pis à la Maison du Roi, le musée des Instruments de musique, le musée Wiertz, l'Atomium, le musée de la Gueuze.

En Flandre : à Hasselt, le musée du genièvre, à Anvers : le musée Plantin-Moretus, le MAS et le musée de la Mode, à Malines, l'école de Carillon, à Gand, le musée du Dr Guislain, à Audenarde : le musée du Tour des Flandres, à Bruges, les Maisons-Dieu, le musée de la Frite, à Ostende, le musée – maison de James Ensor, à Poperinge, le musée du Houblon, à Courtrai, le musée du lin.

En Wallonie : à La Hulpe, la fondation Jean-Michel Folon, à Stavelot, le musée du circuit Spa-Francorchamps et le musée Apollinaire, à Spa, le musée de la Lessive, à Vielsalm, le musée du Coticule, le village du livre de Redu, à Namur, le musée Félicien-Rops, le musée des bières belges à Lustin, les Draisines de la Molignée, à Dinant, la maison de la Pataphonie, à Treignes, le musée du Malgré-Tout, le bunker d'Hitler à Brû, ly-de-Pesche Macquenoise, à Mont-sur-Marchienne, le musée de la Photographie, à Ath, la maison des Géants, à Lessines, l'hôpital Notre-Dame à la Rose.

COMMENT Y ALLER ?

EN VOITURE

➤ **De Paris,** deux solutions :
– L'autoroute du Nord (A 1) vers Lille. Péage env 12-15 € selon les périodes. Bifurcation sur l'E 19 vers Bruxelles et Anvers. Sur l'E 19, à la hauteur de La Louvière, bifurcation sur l'E 42 vers Charleroi, Namur, les Ardennes et Liège.
– L'autoroute du Nord (A 1) vers Lille, puis l'A 14-E 17 vers Gand et Anvers.
➤ **De Lille :** vers Bruges et Ostende, par Courtrai et l'A 17.
➤ **De l'Est et de la Suisse :** par Metz, Thionville, Luxembourg et l'E 411, l'autoroute des Ardennes.
Les autoroutes sont gratuites en Belgique.
Attention au retour vers la France le dimanche soir : les camions attendent à la frontière jusqu'à 22h afin de pouvoir utiliser les autoroutes françaises. À 22h tapantes, c'est le rush, mieux vaut franchir la frontière avant cette heure.

EN TRAIN

La meilleure solution.

➤ *Thalys,* le train à grande vitesse, relie **Paris-Gare du Nord** à Bruxelles-Midi en slt 1h22 (jusqu'à 28 départs/j.), départ ttes les 30 mn 6h25-21h55 (22h31 dim). *Thalys* dessert également Anvers, Bruges, Charleroi, Gand, Liège, Mons, Namur et Ostende. D'autre part, les lignes sont prolongées vers Amsterdam via Anvers et vers Cologne via Liège.
➤ Au départ de **Lille,** *Eurostar* vers Bruxelles-Midi.

Si vous arrivez à Bruxelles en *Thalys* ou en *Eurostar,* il vous est possible d'acheter pour une poignée d'euros (6,20 € en 2e classe, 9,50 € en 1re classe) un billet « Toute gare belge (TGB) » et prolonger ainsi votre parcours sur le réseau belge. Avec le tarif TGB, votre billet *Thalys* est valable pour un voyage entre une des gares du réseau national belge et Bruxelles-Midi, Antwerpen Centraal (Anvers) ou Liège-Guillemins.
Le billet est valable 2 jours à partir du départ ou de l'arrivée du train *Thalys.* Votre voyage sur les lignes belges peut être effectué, selon le cas, à partir de la veille de votre voyage aller en *Thalys,* ou jusqu'au lendemain de votre voyage retour.
Un billet *Thalys* au départ ou à destination de Bruxelles-Midi est aussi valable pour les correspondances en train avec les gares de Bruxelles-Nord, Centrale et Schuman. Pratique pour se rendre donc dans le centre sans avoir à prendre le métro ou le tramway.
Pour rejoindre Bruges depuis Lille, il suffit de prendre un train pour Kortrijk, et ensuite, la correspondance pour Bruges (Brugge).

Voyages-sncf.com

Voyages-sncf.com, acteur majeur du tourisme français qui recense neuf millions de visiteurs par mois, propose d'acheter en ligne des billets de train, d'avion, des chambres d'hôtel, des locations de voitures, de vacances et des séjours clés en main ou Alacarte®, ainsi que des spectacles, des excursions et des visites de musées. Un large choix et des prix avantageux sont offerts toute l'année, pour tous types

Et si vous vous mettiez à
la PlaisiroLogis ?

Logis Vous n'êtes pas au bout de vos plaisirs.

Vous en avez assez de la standardisation et du « tout pareil » ? Vous avez des envies d'originalité, d'authenticité et de gourmandise ? Alors il est temps pour vous de découvrir les nombreux plaisirs proposés par les hôtels-restaurants Logis. En un mot, de découvrir la PlaisiroLogis.

2 600 restaurateurs-hôteliers très différents en France et en Europe.

logishotels.com

de voyages dans le monde entier : SNCF, 180 compagnies aériennes, 84 000 hôtels référencés et les principaux loueurs de voitures.

Le site ● *voyages-sncf.com* ● permet d'accéder tous les jours, 24h/24, à plusieurs services : envoi gratuit des billets à domicile, Alerte Résa pour être informé de l'ouverture des réservations et profiter du plus grand choix, calendrier des meilleurs prix (TTC), mais aussi des offres de dernière minute et des promotions...

Pratique : ● *voyages-sncf.mobi* ● le site mobile pour réserver, s'informer et profiter des bons plans n'importe où et à n'importe quel moment.

Et grâce à l'ÉcoComparateur, en exclusivité sur ● *voyages-sncf.com* ●, possibilité de comparer le prix, le temps de trajet et l'indice de pollution pour un même trajet en train, en avion ou en voiture.

Pour préparer votre voyage

– **Billet à domicile :** commandez votre billet par Internet ou par téléphone au ☎ 36-35 (0,34 €/mn hors surcoût éventuel de votre opérateur) ou sur Internet, SNCF vous l'envoie gratuitement à domicile.

– **Service bagages à domicile :** SNCF prend en charge vos bagages où vous le souhaitez et vous les livre là où vous allez. **Service disponible en France continentale, en Allemagne, en Suisse (enlèvement et livraison uniquement en gare) et au Luxembourg.**

Pour voyager au meilleur prix

La SNCF propose des tarifs adaptés à chacun de vos voyages.

➤ **TGV Prem's et Intercités Prem's : des petits prix disponibles toute l'année.** Tarifs non échangeables et non remboursables (offres soumises à conditions). Impossible de poser des options de réservation sur ces billets : il faut les payer immédiatement.

➤ **Les tarifs Loisirs**
Une offre pour tous ceux qui programment leurs voyages mais sou-

haitent avoir la liberté de décider au dernier moment et de changer d'avis (offres soumises à conditions). Tarifs échangeables et remboursables. Pour bénéficier des meilleures réductions, pensez à réserver vos billets à l'avance (les réservations sont ouvertes jusqu'à 90 jours avant le départ) ou à voyager en période de faible affluence.

➤ **Les cartes**
Et pour ceux qui voyagent régulièrement, profitez de réductions garanties tout le temps avec les cartes *Enfant +, 12-25, Escapades* ou *Senior* (valables 1 an).

Pour obtenir plus d'informations sur les conditions pour réserver et acheter vos billets

– **Internet :** ● *voyages-sncf.com* ●● *tgv. com* ● *corailteoz.com* ● *coraillunea.fr* ●
– **Téléphone :** ☎ *36-35 (0,34 €/mn hors surcoût éventuel de votre opérateur).*
– *Également dans les gares, les boutiques SNCF et les agences de voyages agréées.*

➤ Avec les **Pass InterRail,** les résidents européens peuvent voyager dans 30 pays d'Europe, dont **la Belgique.** Plusieurs formules et autant de tarifs, en fonction de la destination et de l'âge.

À noter que le *Pass InterRail* n'est pas valable dans votre pays de résidence (cependant l'*InterRail Global Pass* offre une réduction de 50 % de votre point de départ jusqu'au point frontière en France).

– **Pour les grands voyageurs, l'Inter-Rail Global Pass** est valable dans l'ensemble des 30 pays européens concernés, intéressant si vous comptez parcourir plusieurs pays au cours du même périple. Il se présente sous cinq formes au choix.

Deux formules flexibles : utilisable 5 j. sur une période de validité de 10 j. (267 € pour les + de 25 ans, 175 € pour les 12-25 ans), ou 10 j. sur une période de validité de 22 j. (381 € pour les + de 25 ans, 257 € pour les 12-25 ans).

Trois formules « continues » : pass 15 j. (422 € pour les + de 25 ans, 298 €

pour les 12-25 ans), *pass* 22 j. (494 €
pour les + de 25 ans, 329 € pour
les 12-25 ans), *pass* 1 mois (638 €
pour les + de 25 ans, 422 € pour les
12-25 ans). Ces cinq formules existent
aussi en version 1re classe !
Les voyageurs de plus de 60 ans bénéficient d'une réduction de 10 % sur le
tarif de l'*InterRail Global Pass* en 1re et
2de classes (tarif senior).

– *Si vous ne parcourez que la Belgique,* le *One Country Pass* vous suffira.
D'une période de validité de 1 mois et
utilisable, selon les formules, 3, 4, 6 ou
8 jours en discontinu : à vous de calculer avant votre départ.
InterRail vous offre également la possibilité d'obtenir des réductions ou avantages à travers toute l'Europe avec ses
partenaires bonus (musées, chemins
de fer privés, hôtels, etc.).
Tous ces prix sont applicables jusqu'au
31 décembre 2012.
Pour plus de renseignements, adressez-
vous à la gare ou à la boutique SNCF la
plus proche.

Tarifs du One Country Pass (Benelux)

	+ de 25 ans	12-25 ans	4-11 ans
3 jours	119 €	78 €	60 €
4 jours	150 €	98 €	75 €
6 jours	201 €	129 €	101 €
8 jours	243 €	160 €	122 €

EN BUS

▲ **EUROLINES**
☎ 0892-89-90-91 (0,34 €/mn), tlj
8h-21h, dim 10h-17h. ● eurolines.fr ●
Vous trouverez également les services
d'Eurolines sur ● routard.com ● Eurolines propose 10 % de réduc pour les
jeunes (12-25 ans) et les seniors.
2 bagages gratuits/pers en Europe et
40 kg gratuits pour le Maroc.
– *Gare routière internationale :* 28,
av. du Général-de-Gaulle, 93541
Bagnolet Cedex. Ⓜ Gallieni.
Première *low-cost* par bus en Europe,
Eurolines permet de voyager vers plus
de 500 destinations en Europe et au
Maroc avec des départs quotidiens
depuis 90 villes françaises.

Pass Eurolines : pour un prix fixe
valable 15 ou 30 jours, vous voyagez autant que vous le désirez sur le
réseau entre 45 villes européennes.
Également un mini *pass* pour visiter
deux capitales européennes (six
combinés possibles).

EN AVION

Pas vraiment une bonne idée puisque
le train à grande vitesse *Thalys* relie
Paris à Bruxelles en 1h22. D'ailleurs,
Air France a supprimé sa liaison Paris-
Bruxelles. Restent les liaisons depuis
les aéroports de province vers Bruxelles : Bordeaux, Clermont-Ferrand,
Lyon et Nantes qui sont les seules
directes.

Les lignes régulières

▲ **AIR FRANCE**
Rens et résas : ☎ 36-54 (0,34 €/mn ;
tlj 6h30-22h), sur ● airfrance.fr ●, dans
les agences Air France (fermées dim) et
dans ttes les agences de voyages.
Air France propose à tous des tarifs
attractifs toute l'année. Vous avez la
possibilité de consulter les meilleurs
tarifs du moment sur Internet, directement sur la page d'accueil « Nos
meilleures offres ».
Le programme de fidélisation Air
France-KLM permet d'accumuler
des *miles* à son rythme et de profiter
d'un large choix de primes. Avec votre
carte *Flying Blue,* vous êtes immédiatement identifié comme client privilégié
lorsque vous voyagez avec tous les
partenaires.
Air France propose également des
réductions Jeunes. La carte *Flying
Blue Jeune,* est réservée aux jeunes
âgés de 2 à 24 ans résidant en France
métropolitaine, dans les départements
d'outre-mer, au Maroc, en Tunisie ou
en Algérie. Avec plus de 900 destinations, et plus de 100 partenaires, *Flying
Blue Jeune* offre autant d'occasions
d'accumuler des *miles* partout dans le
monde.

▲ **BRUSSELS AIRLINES**
Rens : ☎ 0892-64-00-30 (0,34 €/mn)

depuis la France et ☎ 0902-51-600 (0,75 €/mn) en Belgique. ● brusselsair lines.com ●

➢ Liaisons vers Brussels Airport au départ de Lyon, Marseille, Nice, Strasbourg, Toulouse et Genève. À noter qu'une liaison Thalys par jour permet de rejoindre Brussels Airport en 1h47 depuis la gare de Paris-Nord.

Les compagnies *low-cost*

Ce sont des compagnies dites « à bas prix ». De nombreuses villes de province sont desservies, ainsi que les aéroports limitrophes des grandes villes. Ne pas trop espérer trouver facilement des billets à prix plancher lors des périodes les plus fréquentées (vacances scolaires, week-ends...). À bord, c'est service minimum. Afin de réduire les files d'attente dans les aéroports, certaines font même payer l'enregistrement aux comptoirs d'aéroport. Pour éviter cette nouvelle taxe qui ne dit pas son nom, les voyageurs ont intérêt à s'enregistrer directement sur Internet où le service est gratuit. La réservation se fait souvent par Internet (pas d'agence, juste un numéro de réservation et un billet à imprimer soi-même) et aucune garantie de remboursement n'existe en cas de difficultés financières de la compagnie. En outre, les pénalités en cas de changements d'horaires sont assez importantes, et les taxes d'aéroport, rarement incluses. Il faut aussi rappeler que plusieurs compagnies facturent maintenant les bagages en soute, ou limitent leur poids. En cabine également le nombre de bagages est strictement limité. À bord, tous les services sont payants (boissons, journaux...). Ne pas oublier non plus d'ajouter le prix du bus pour se rendre à ces aéroports, souvent assez éloignés du centre-ville. Au final, même si les prix de base restent très attractifs, il convient de prendre en compte tous ces frais annexes pour calculer le plus justement son budget.

Voici des compagnies desservant la Belgique :

▲ **EASYJET**
● easyjet.com/fr ●
➢ Vols depuis Bâle-Mulhouse, Genève, Lyon, Toulouse et Nice vers Brussels Airport.

▲ **JETAIRFLY**
● jetairfly.com ●
➢ Vols vers Brussels Airport depuis Ajaccio, Bastia. Également des vols depuis Nice et Toulon vers Charleroi-Bruxelles Sud (à 60 km de Bruxelles). Nice, Bastia et Ajaccio sont également reliés à Brussels Airport en saison estivale.

▲ **RYANAIR**
☎ 0892-555-666. ● ryanair.com ●
➢ Vols vers Charleroi-Bruxelles Sud depuis Bergerac, Biarritz, Bordeaux, Carcassonne, La Rochelle, Marseille-Provence, Montpellier, Nîmes, Rodez et Perpignan. De l'aéroport, liaisons directes en bus vers Bruxelles et Bruges.

UNITAID

UNITAID a été créé pour lutter contre le VIH/sida, le paludisme et la tuberculose, principales maladies meurtrières dans les pays en développement. UNITAID intervient dans 94 pays en facilitant l'accès aux médicaments et aux diagnostics, en en baissant les prix dans les pays en développement. Le financement d'UNITAID provient principalement d'une contribution de solidarité sur les billets d'avion mise en place par six pays membres, dont la France, où la taxe est de 1 € sur les vols intérieurs et de 4 € sur les vols internationaux (ce qui représente le traitement d'un enfant séropositif pour un an). Depuis 2006, UNITAID a réuni plus d'un milliard de dollars. Les financements ont permis à près d'un million de personnes atteintes du VIH/sida de bénéficier d'un traitement et de délivrer plus de 19 millions de traitements contre le paludisme. Moins de 5 % des fonds sont utilisés pour le fonctionnement du programme, 95 % sont utilisés directement pour les médicaments et les tests. Pour en savoir plus : ● unitaid.eu ●

i BELGIQUE UTILE

▶ Pour la carte de la Belgique,
se reporter au cahier couleur.

ABC
DE LA BELGIQUE

▶ *Superficie :* 30 513 km².
▶ *Capitale :* Bruxelles.
▶ *Villes principales :* agglomération de Bruxelles (1,1 million d'hab.), Anvers (472 000 hab.), Gand (237 000 hab.), Charleroi (210 000 hab.), Liège (200 000 hab.), Bruges (135 000 hab.), Namur (108 000 hab.).
▶ *Population :* 11 millions d'hab. (97 % urbanisés), dont un million d'étrangers (120 000 Français, officiellement).
▶ *Densité :* 360 hab./km². Une des plus fortes d'Europe.
▶ *Divisions administratives et politiques :* 3 régions (Bruxelles-Capitale, la Région flamande et la Wallonie) et 10 provinces en tout.
▶ *Langues officielles :* le français, le néerlandais et l'allemand.
▶ *Communautés linguistiques :* française, flamande et germanophone.
▶ *Altitude maximale :* 694 m. Pas si plat, le plat pays !
▶ *Taux de croissance annuel :* 0,2 %.
▶ *Espérance de vie :* 76,5 ans pour les hommes, 83 ans pour les femmes.
▶ *PIB par habitant :* 31 800 €.
▶ *Taux de chômage :* 7,2 % (mais avec de grandes disparités régionales).
▶ *Indice de développement humain :* 0,953 (18e rang mondial).
▶ *Régime politique :* monarchie constitutionnelle, parlementaire et fédérale.
▶ *Chef de l'État :* le roi Albert II.
▶ *Premier ministre :* Elio Di Rupo (depuis décembre 2011).
▶ *Formations politiques :* les centristes démocrates humanistes, les socialistes et les libéraux. S'y ajoutent les écologistes, les nationalistes flamands et l'extrême droite flamande.

AVANT LE DÉPART

Adresses utiles

En France

Fédéralisme oblige, la représentation touristique belge à Paris est scindée en deux ailes linguistiques.

ℹ *Wallonie-Bruxelles-Tourisme (WBT) :* 274, bd Saint-Germain, 75007 Paris. ☎ 01-53-85-05-20. ● info@belgique-tourisme.fr ● belgique-tourisme.be ● silvousplait.fr ● Fermé au public. Les brochures peuvent être téléchargées sur les sites internet ou commandées par téléphone.
ℹ *Tourisme Belgique, Flandre-Bruxelles :* BP 143, 75363 Paris Cedex 08. ☎ 01-56-89-14-42. ● theplaceto.be ● Fermé au public. Brochures à télécharger et promos et offres sur ● tourismebelgique.com ● Procurez-vous l'amusante brochure « Fricote s'en va t'en Flandre » pour aborder le pays flamand avec humour.
■ *Consulats de Belgique :*
– Paris : 1, av. Mac-Mahon, 75017. ☎ 01-44-09-39-39. ● paris@diplobel.fed.be ● **Ⓜ** et RER A : Charles-de-Gaulle-Étoile. Lun-ven 9h-12h30.
– Également des consulats à Bordeaux, Lille, Lyon, Marseille, Nice, Nantes, Toulouse, Perpignan et Strasbourg. Adresses disponibles sur ● diplomatie.be ●

Au Canada

ℹ *Représentation au Québec de l'office de promotion du tourisme Wallonie-Bruxelles :* 43, rue de Buade, bureau 525, Québec (Québec)

G1R-4A2. ☎ (418) 692-49-39.
■ **Ambassade de Belgique :** 360, rue Albert, suite 820, Ottawa (Ontario) K1P-1B7. ☎ (613) 236-72-67 à 69. ● ottawa@diplobel.org ●
■ **Consulat de Belgique :** 999, bd de Maisonneuve Ouest, suite 850, Montréal (Québec) H3A-3L4. ☎ (514) 849-73-94.

En Suisse

■ **Ambassade de Belgique :** 41, Jubilaümstrasse, 3005 Bern. ☎ (031) 350-01-50 à 52. ● bern@diplobel.org ●
■ **Consulat de Belgique :** 58, rue Moillebeau, 6e étage, 1209 Genève 19. ☎ (022) 730-40-00.

Formalités

Pensez à scanner passeport, visa, carte de paiement, billet d'avion et vouchers d'hôtel. Ensuite, adressez-les-vous par mail, en pièces jointes. En cas de perte ou vol, rien de plus facile pour les récupérer dans un cybercafé. Les démarches administratives en seront bien plus rapides. Merci tonton Routard !

Depuis l'entrée en vigueur des accords de Schengen, en principe, plus aucun contrôle n'est exercé entre la Belgique et la France. Mais il vaut mieux vous munir d'une pièce d'identité en cours de validité ou d'un passeport valide ou périmé depuis moins de 5 ans (ainsi que de votre permis de conduire et des papiers de votre véhicule, si vous conduisez).
Pour bénéficier des soins de santé, les Français ont intérêt à se procurer la carte européenne d'assurance-maladie, disponible auprès de votre centre de Sécurité sociale.
Les ressortissants suisses doivent également avoir leur carte d'identité nationale. Les Canadiens n'ont pas besoin de visa à condition de ne pas séjourner plus de 3 mois.

Assurances voyage

■ **Routard Assurance :** c/o AVI International : 106, rue La Boétie, 75008 Paris. ☎ 01-44-63-51-00. ● avi-international.france@wanadoo.fr ● avi-international.com ● Ⓜ Saint-Philippe-du-Roule, Franklin-Roosevelt. Depuis 1995, Routard Assistance, en collaboration avec AVI International, spécialiste de l'assurance voyage, propose aux routards un tarif à la semaine qui inclut une assurance bagages de 2 000 € dont 300 € pour les appareils photo. Pour les séjours longs (2 mois à 1 an), il existe le Plan Marco Polo. Ces 2 contrats sont également disponibles à un prix forfaitaire pour les familles en courts et longs séjours. Les seniors ont aussi leur contrat Routard Assistance Senior. Routard Assurance est aussi disponible en version « light » (durée adaptée aux week-ends et courts séjours en Europe). Vous trouverez un bulletin de souscription dans les dernières pages de chaque guide.
■ **AVA :** 25, rue de Maubeuge, 75009 Paris. ☎ 01-53-20-44-20. ● info@ava.fr ● ava.fr ● Ⓜ Cadet. Un autre courtier fiable pour ceux qui souhaitent s'assurer en cas de décès-invalidité-accident lors d'un voyage à l'étranger mais surtout pour bénéficier d'une assistance rapatriement, perte de bagages et annulation. Attention franchises pour leurs contrats d'assurance voyage.
■ **Pixel Assur :** 18, rue des Plantes, 78600 Maisons-Laffitte. ☎ 01-39-62-28-63. ● pixel-assur.com ● contact@pixel-assur.com ● RER A : Maisons-Laffitte. Assurance de matériel photo tous risques, basée sur la valeur du matériel. Devis basé sur le prix d'achat de votre matériel. Avantage : garantie à l'année.

Carte internationale d'étudiant (carte ISIC)

Elle prouve le statut d'étudiant dans le monde entier et permet de bénéficier de tous les avantages, services, réductions étudiants du monde dans les domaines du transport, de l'hébergement, de la culture, des loisirs, du shopping... C'est la clé de la mobilité étudiante !

La carte ISIC permet aussi d'accéder à des avantages exclusifs sur le voyage (billets d'avion spécial édudiants, hôtels et auberges de jeunesse, assurances, cartes SIM internationales, location de voitures...).

Pour plus d'informations sur la carte ISIC et pour la commander en ligne, rendez-vous sur le site ● *isic.fr* ● *sta travel.fr* ●

Rens supplémentaires : ☎ *01-40-49-01-01.*

Pour l'obtenir en France

– Commandez-la en ligne.
– Rendez-vous dans la boutique ISIC *(2, rue de Cicé, Paris 75006)* muni de votre certificat de scolarité, d'une photo d'identité et de 13 € (12 € + 1 € de frais de traitement).

Émission immédiate sur place ou envoi à votre domicile le jour même de votre commande en ligne.

En Belgique

La carte coûte 12 € (+ 1 € de frais d'envoi) et s'obtient sur présentation de la carte d'identité, de la carte d'étudiant et d'une photo auprès de :

■ *Connections :* rens au ☎ 070-23-33-13 ou 479-807-129. ● *isic.be* ●

En Suisse

Dans toutes les agences *STA Travel* (☎ *058-450-40-00* ou *058-450-49-49),* sur présentation de la carte d'étudiant, d'une photo et de 20 Fs. Commande de la carte en ligne : ● *isic.ch* ● *statra vel.ch* ●

Au Canada

La carte coûte 20 $Ca (+ 1,50 $Ca de frais d'envoi). Elle est disponible dans les agences *TravelCuts/Voyages Campus,* mais aussi dans les bureaux d'associations d'étudiants. Pour plus d'infos : ● *voyagescampus.com* ●

Carte internationale des auberges de jeunesse (carte FUAJ)

Cette carte, valable dans plus de 90 pays, vous ouvre les portes des 4 000 auberges de jeunesse du réseau Hostelling International réparties dans le monde entier. Les périodes d'ouverture varient selon les pays et les A.J. À noter, la carte est souvent obligatoire pour séjourner en auberge de jeunesse, donc nous vous conseillons de vous la procurer avant votre départ. Adhérer en France vous reviendra moins cher qu'à l'étranger.

Vous pouvez adhérer

– En ligne, avec un paiement sécurisé, sur le site ● *fuaj.org* ●
– Dans toutes les auberges de jeunesse, points d'informations et de réservations en France.
– Auprès de l'antenne nationale : *27, rue Pajol, 75018 Paris.* ☎ *01-44-89-87-27.* ● *fuaj.org* ● Ⓜ *Marx Dormoy ou La Chapelle. Horaires d'ouverture du point accueil sur le site Internet rubrique « Nous contacter ».*
– Par correspondance, en envoyant la photocopie d'une pièce d'identité et un chèque à l'ordre de la FUAJ du montant correspondant à l'adhésion. Ajoutez 2 € de plus pour les frais d'envoi. Vous recevrez votre carte sous 15 jours.

Les tarifs de l'adhésion 2013

– Carte internationale FUAJ – de 26 ans : 7 €.
Pour les mineurs, une autorisation parentale et la carte d'identité du parent tuteur sont nécessaires pour l'inscription.
– Carte internationale FUAJ + de 26 ans : 11 €.
– Carte internationale FUAJ Famille : 20 €.
Seules les familles ayant un ou plusieurs enfants de moins de 16 ans peuvent bénéficier de la carte Famille sur présentation du livret de famille. Les enfants de plus de 16 ans devront acquérir une carte individuelle.

– La carte donne également droit à des réductions sur les transports, les musées et les attractions touristiques dans plus de 90 pays mais ces avantages varient d'un pays à l'autre, ce qui n'empêche pas de la présenter à chaque occasion. Liste de ces réductions disponible sur ● hihostels.com ● et pour les réductions en France sur ● fuaj.org ●

En Belgique

La carte d'adhésion est obligatoire. Son prix varie selon l'âge : entre 3 et 15 ans, 3 € ; entre 16 et 25 ans, 9 € ; après 25 ans, 15 €.

Renseignements et inscriptions

■ *À Bruxelles :* LAJ, rue de la Sablonnière, 28, 1000. ☎ 02-219-56-76. ● info@laj.be ● laj.be ●

■ *À Anvers :* Vlaamse Jeugdherbergcentrale (VJH), Van Stralenstraat, 40, B 2060 Antwerpen. ☎ 03-232-72-18. ● info@vjh.be ● vjh.be ●

– Votre carte de membre vous permet d'obtenir de 3 à 20 € de réduction sur votre première nuit dans les réseaux LAJ, VJH et CAJL (Luxembourg), ainsi que des réductions auprès de nombreux partenaires en Belgique.

En Suisse (SJH)

Le prix de la carte dépend de l'âge : 22 Fs pour les moins de 18 ans, 33 Fs pour les adultes et 44 Fs pour une famille avec des enfants de moins de 18 ans.

Renseignements et inscriptions

■ **Schweizer Jugendherbergen (SJH) service des membres :** Schaffhauserstr. 14, 8006 Zurich. ☎ 41-44-360-14-14. ● booking@youthhostel.ch ● et ● contact@youthhostel.ch ● youthhostel.ch ●

Au Canada

La carte coûte 35 $Ca pour une durée de 16 à 28 mois et 175 $Ca pour une validité à vie. Gratuit pour les enfants de moins de 18 ans qui accompagnent leurs parents.

■ *Auberges de jeunesse du Saint-Laurent / St Laurent Youth Hostels :*

– *À Montréal :* 3514, av. Lacombe, Montréal (Québec) H3T 1M1. ☎ (514) 731-10-15. Sans frais (au Canada) : ☎ 1-800-663-5777.

– *À Ottawa :* Canadian Hostelling Association : 205, Catherine Street, bureau 400, Ottawa, Ontario, Canada K2P 1C3. ☎ (613) 237-78-84. ● info@hihostels.ca ● hihostels.ca ●

– Il n'y a pas de limite d'âge pour séjourner en AJ. Il faut simplement être adhérent.

– La FUAJ offre à ses adhérents la possibilité de réserver en ligne grâce à son système de réservation international ● hihostels.com ● jusqu'à 12 mois à l'avance, dans plus de 1 600 auberges de jeunesse dans le monde. Et si vous prévoyez un séjour itinérant, vous pouvez réserver plusieurs auberges en une seule fois.

Ce système permet d'obtenir toutes les informations utiles sur les auberges reliées au système, de vérifier les disponibilités, de réserver et de payer en ligne.

ARGENT, BANQUES, CHANGE

Comme en France, c'est l'*euro* qui est la monnaie en circulation en Belgique. Nos amis suisses et canadiens devront donc encore changer leur monnaie nationale.

– *Les banques* sont ouvertes du lundi au vendredi de 9h à 16h (pour la plupart) et quelques-unes le samedi matin.

– Le pays est quadrillé par un réseau de *distributeurs* de billets (les réseaux Mister Cash et Bancontact), où vous pourrez retirer des billets avec votre carte de paiement. Le logo des cartes acceptées figure en bordure de chaque distributeur. Les cartes Visa et MasterCard sont les plus acceptées, mais pas à toutes les pompes à essence, surtout celles de nuit (sans guichet). Attention, lors de week-ends prolongés, certains distributeurs voient leur stock de billets s'épuiser rapidement, prenez vos précautions. Si vous devez régler votre hébergement en liquide, vérifiez bien auprès de votre banque le montant du retrait maximum autorisé par semaine (souvent 300 €).

– *Change :* de manière générale pour nos lecteurs hors zone euro, on recommande de se munir d'euros, car ils risquent de voir leurs billets nationaux changés à un taux qui leur laissera quelques regrets... Préférez les banques aux bureaux de change (surtout dans les lieux touristiques) – les commissions peuvent varier – et comparez les panneaux indiquant le cours des devises.

Les cartes de paiement

Quelle que soit la carte que vous possédez, chaque banque gère elle-même le processus d'opposition et le numéro de téléphone correspondant ! Avant de partir, notez donc bien le numéro d'opposition propre à votre banque (il figure souvent au dos des tickets de retrait, sur votre contrat, ou à côté des distributeurs de billets), ainsi que le numéro à 16 chiffres de votre carte. Bien entendu, conservez ces informations en lieu sûr et séparément de votre carte. Par ailleurs, l'assistance médicale se limite aux 90 premiers jours du voyage et l'assistance véhicule aux cartes haut de gamme (renseignez-vous auprès de votre banque).
– *Carte Bleue Visa Internationale :* *assistance médicale incluse ; numéro d'urgence (Europ Assistance) :* ☎ *(00-33) 1-41-85-85-85* ● *visa-europe.fr* ● *Pour faire opposition, contactez le numéro communiqué par votre banque.*
– *Carte MasterCard :* *assistance médicale incluse ; numéro d'urgence :* ☎ *(00-33) 1-45-16-65-65.* ● *mastercardfrance.com* ● *En cas de perte ou de vol, composez le numéro communiqué par votre banque pour faire opposition.*
– Pour la carte *American Express,* *téléphoner en cas de pépin au* ☎ *(00-33) 1-47-77-72-00. Numéro accessible tlj 24h/24.* ● *americanexpress.fr* ●
– Pour toutes les cartes émises par *La Banque postale,* composer le ☎ *0825-809-803 (0,15 €/mn) depuis la France métropolitaine ou les DOM, et depuis les DOM ou l'étranger le* ☎ *(00-33) 5-55-42-51-96.*
– Également un numéro d'appel valable pour faire opposition, *quelle que soit votre carte de paiement :* ☎ *0892-705-705 (serveur vocal à 0,34 €/mn).* Ne fonctionne ni en PCV, ni depuis l'étranger.

Petite mesure de précaution

Si vous retirez de l'argent dans un distributeur, utilisez de préférence les distributeurs attenants à une agence bancaire. En cas de pépin avec votre carte (carte avalée, erreurs de numéro...), vous aurez un interlocuteur dans l'agence, pendant les heures ouvrables du moins.

Western Union Money Transfer

En cas de besoin urgent d'argent liquide (perte ou vol de billets, chèques de voyage, carte de paiement), vous pouvez être dépanné en quelques minutes grâce au système *Western Union Money Transfer.* Pour cela, demandez à quelqu'un de vous déposer de l'argent en euros dans l'un des bureaux *Western Union* ; les correspondants en France de *Western Union* sont *La Banque Postale (fermée sam ap-m, n'oubliez pas !* ☎ *0825-00-98-98 ; 0,15 €/mn)* et la *Société Financière de Paiements (SFDP ;* ☎ *0825-825-842 ; 0,15 €/mn).* L'argent vous est transféré en moins d'un quart d'heure. La commission, assez élevée, est payée par l'expéditeur. Possibilité d'effectuer un transfert en ligne 24h/24 par carte de paiement (*Visa* ou *MasterCard*) émise en France. ● *westernunion.com* ●

ACHATS

Magasins

Les boutiques, échoppes et magasins pullulent dans le centre des villes où vous tomberez inévitablement sur des marchés, brocantes et autres étalages. Tous les produits du terroir national et de bien au-delà vous seront proposés chaque fois que vous vous promènerez.

Pour vous donner un coup de main (pas pour porter !), quelques petits conseils afin de faire quelques bonnes affaires...

Ce qui se mange

– Les chocolats (pralines) : ils se conservent une semaine (à l'abri de la chaleur !).
– Le massepain, les *babeluttes.*
– Les *couques* (viennoiseries) et les biscuits, *speculoos,* baisers, macarons et pain à la grecque.
– Les fromages : le herve (dans un emballage isolant), les fromages d'abbaye à pâte molle.
– Les jambons fumés des Ardennes.

Ce qui se boit

– Un petit casier des innombrables bières « spéciales » et d'abbaye, et les verres qui vont avec ; de la Gueuze.
– Du *peket,* du genièvre.

Ce qui se lit

La B.D. bien sûr ! Les fanas et collectionneurs ne sauront où donner de la tête, attention à l'ivresse des bulles !

Gadgets

Le credo européen s'affiche sur un tas d'objets et d'accessoires aux couleurs bleu et jaune du drapeau de l'Europe des 27 : il y en a pour tous les goûts.

Artisanat

– *La dentelle :* c'est LA spécialité. Si vous avez une tante à héritage à qui faire plaisir, ne cherchez pas plus loin ! Points de Bruxelles, de Bruges, de Malines, si cela vous passionne, faites-vous expliquer toutes les subtilités de ce qui constitua naguère une véritable industrie (plus de 15 % des Bruxellois en vivaient au XVIIIe s).
– *La tapisserie :* destinée à l'ornementation, elle a connu ses heures de gloire aux XVe et XVIe s. Il en subsiste des objets et accessoires divers vendus dans des boutiques touristiques. Mais il faut aimer !
– *Le verre et le cristal :* industrie dont la Wallonie s'est fait une spécialité ; la maîtrise des souffleurs de verre a produit des merveilles (à visiter : les cristalleries du Val Saint-Lambert à Liège). À admirer, à moins d'avoir les moyens car ce n'est pas donné !
– Autres spécialités wallonnes : la dinanderie (le cuivre repoussé) et les étains (à Huy), la céramique et la faïence (à La Louvière), la porcelaine (à Tournai).
– Avec un peu de chance, vous pourrez peut-être acquérir à prix d'or quelques objets d'*artisanat ancien* chez les innombrables antiquaires et brocanteurs du royaume. Si vous vous y connaissez, c'est un régal de chiner en Belgique. Objets recherchés : le style « Expo 1958 », avec tout ce qui rappelle les fifties autour de la construction de l'Atomium.

BUDGET

Le coût de la vie en Belgique est, dans les grandes lignes, comparable à celui de la France. Manger au resto coûte en moyenne un peu plus cher mais les portions servies sont plus généreuses.
Les prix indiqués comprennent le service mais il est toujours bienvenu d'arrondir le montant dans les cafés et restaurants.

Logement

Les prix indiqués sont pour 2 personnes (valeurs en euros arrondies).
– *Bon marché :* 18-25 € par personne (auberge de jeunesse).
– *Prix modérés :* jusqu'à 60 €.
– *Prix moyens :* 60-90 €.
– *Chic :* 90-125 €.
– *Plus chic :* plus de 125 €.
– *Très chic :* suppose qu'on est encore au-delà.

Nourriture

– *Bon marché :* jusqu'à 10 € le plat.
– *Prix modérés :* 10-12,50 € le plat.
– *Prix moyens :* 12,50-20 € le plat.
– *Chic :* 20-25 € le plat.
– *Plus chic :* plus de 25 € le plat.
Un resto chic peut très bien servir un plat du jour pas cher le midi. Ainsi, un resto
que nous avons placé dans cette catégorie peut-il figurer dans « Prix moyens » et
inversement.
Grosso modo, le midi, on peut manger un plat pour 8 à 10 € et souvent cela suffit
pour assouvir une honnête faim, mais, le soir, pour faire un repas complet dans un
bon resto, compter pas moins de 30 € par personne. C'est donc cher.

CLIMAT

Non, il ne faut pas s'habiller comme un Esquimau pour visiter la Belgique ! Les conditions climatiques y sont, à un ou deux degrés près, les mêmes qu'en Île-de-France.
Le climat étant océanique et tempéré, vous devrez en toute saison prévoir un vêtement de pluie. C'est vrai qu'une idée tenace fait croire qu'il y pleut tout le temps ! Pas

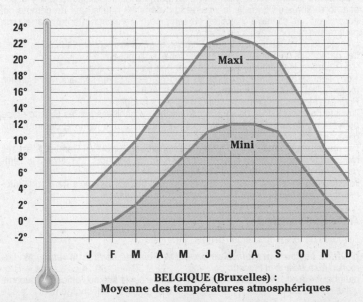

BELGIQUE (Bruxelles) :
Moyenne des températures atmosphériques

plus qu'en Normandie et moins qu'au Pays basque. Les températures ne subissent pas de gros écarts, bien qu'on ait vu récemment des étés torrides. De même, en hiver, le gel peut s'installer assez longtemps et donner des journées froides et ensoleillées. La dominante sera un temps ni chaud ni froid avec des alternances rapides entre soleil et pluie, mais aussi parfois de longues périodes de temps gris avec ciel couvert. Une exception pourtant : le plateau des Ardennes, où les températures peuvent être inférieures de 5 °C à celles de la côte. Les brouillards y sont fréquents dans les vallées.

Les floraisons du printemps sont idéales pour se balader le long des canaux de Bruges et des quartiers entiers de Bruxelles resplendissent de la parure des cerisiers du Japon.

L'été voit les plages du littoral se couvrir des familles wallonnes en quête de l'iode de la mer du Nord. Quand le soleil est de la partie, on y grille aussi bien qu'à La Baule et la chaleur y est moins lourde qu'à l'intérieur du pays.

L'automne est une saison idéale pour parcourir les forêts giboyeuses des Ardennes. Couleurs magnifiques.

Février voit le début des cortèges carnavalesques. Gare au brouillard et au verglas !

■ **_Prévisions météo_** (Institut royal météorologique) : ☎ 090-02-70-03.

HÉBERGEMENT

Toute la gamme classique pour se loger. De nombreux campings, surtout sur la côte et dans les Ardennes, des AJ, des pensions familiales dans les petites localités, des _B & B_ dans les villes d'art, des hôtels pour tous les goûts et toutes les bourses. Il y a abondance sauf, peut-être, dans la catégorie des hôtels sympas, confortables... et bon marché (à Bruxelles, principalement).

Par ailleurs, lorsque vous souhaitez bénéficier d'une des réductions que nous avons obtenues pour nos chers lecteurs, n'oubliez pas de vous la faire confirmer À LA RÉSERVATION. Cela évitera des malentendus au moment du paiement avec les employés de la réception soi-disant pas au courant.

– **_Combine intéressante (surtout à Bruxelles) :_** paradoxalement, il y a des chambres libres en pagaille le week-end... dans les hôtels haut de gamme qui accueillent une clientèle d'affaires en semaine. Furetez sur Internet. Parfois, on peut même négocier avant de réserver.

Le petit déj est quasiment toujours compris et généralement copieux.

Les catégories de prix sont assez variables et en fonction :

– du quartier ; les centres historiques sont beaucoup plus chers ;

– de l'époque de l'année ; les mois les plus intéressants (en semaine) sont janvier, février, juillet, août et décembre.

Pour des indications précises, voir la rubrique « Budget ».

Il existe des possibilités de « vacances vertes » organisées par les _Gîtes d'étape_ ou les _Amis de la nature_ (en Ardennes), de vacances à la ferme et de nombreux gîtes ruraux.

Les chambres d'hôtes sont en plein développement, surtout en Flandre. C'est très réglementé, donc confort assuré, et ça permet les contacts. Et même à la campagne, on n'est jamais très loin d'une grande ville.

Taxistop (on en reparle pour les déplacements ; voir la rubrique « Transports intérieurs ») peut vous trouver des logements chez l'habitant.

Adresses utiles

Numéros de téléphone belges depuis l'étranger.

🛈 **_Office de tourisme_** (office de promotion du tourisme et Place to be) : voir plus haut « Avant le départ. Adresses utiles ».

■ **_Belsud :_** central de résas, ☎ (00-32) 2-504-02-80. ● belsud.be ● Brochure sur le site de l'office de tourisme ● opt.be ● en téléchargement. Le site reprend 2 500 idées de séjours en Wallonie et à Bruxelles par type d'hébergement et par thème. Frais de réservation : 8 €.

■ *Logis de Belgique :* rue de l'Église, 15, La Roche-en-Ardenne 6980. ☎ (00-32) 84-41-27-67. ● logis.be ● Promos sur le site.

Auberges de jeunesse

– Il n'y a pas de limite d'âge pour séjourner en AJ. Il faut simplement être adhérent.
– La FUAJ offre à ses adhérents la possibilité de réserver en ligne grâce à son système de réservation international ● hihostels.com ● jusqu'à 12 mois à l'avance, dans plus de 1 600 auberges de jeunesse dans le monde. Et si vous prévoyez un séjour itinérant, vous pouvez réserver plusieurs auberges en une seule fois.
Ce système permet d'obtenir toutes informations utiles sur les auberges reliées au système, de vérifier les disponibilités, de réserver et de payer en ligne.
L'intérêt, c'est que tout cela se passe avant le départ, en français et en euros donc sans frais de change ! Vous versez simplement un acompte de 5 % et des frais de réservation de 1,60 € selon le cours du jour (non remboursables).
Vous recevrez en échange un reçu de réservation que vous présenterez à l'AJ une fois sur place. Ce service permet aussi d'annuler et d'être remboursé selon le délai d'annulation, qui varie d'une AJ à l'autre. Le système de réservation international accessible sur le site ● hihostels.com ● permet d'obtenir toutes les informations utiles sur les auberges reliées au système, de vérifier les disponibilités, de réserver et de payer en ligne, de visiter virtuellement une auberge et bien d'autres astuces !

Campings, gîtes et chambres d'hôtes

■ *Campings :* 350 terrains en Belgique, ● campingbelgique.be ● Achat en ligne de la *Carte Camping,* qui permet, pour 14 €, de bénéficier de nombreux avantages dans 30 campings et 150 attractions.

■ *ASBL Gîtes de Wallonie :* av. Prince-de-Liège, 1, Namur 5000. ☎ (00-32) 81-31-18-00. ● gitesdewallonie.be ● Gîtes ruraux, 500 meublés de tourisme et 250 chambres et tables d'hôtes pour découvrir les spécialités du terroir.

■ *Gîtes d'étape du Centre belge du tourisme des jeunes :* rue Van-Orley, 4, Bruxelles 1000. ☎ (00-32) 209-03-00. ● gitesdetape.be ● Le centre gère 29 sites à Bruxelles et en Wallonie. Les Gîtes Accueil proposent des séjours en pension complète (à partir de 27 € environ) ou demi-pension (à partir de 21 € environ) tandis que les Gîtes de Groupe proposent une formule location en autonomie complète.

■ *Accueil champêtre en Wallonie* (tourisme rural) : chaussée de Namur, 47, Gembloux 5030. ☎ (00-32) 81-627-458. ● accueilchampetre.be ● Près de 400 adresses d'hébergements, mais aussi loisirs à la ferme, saveurs du terroir et découvertes pédagogiques.

■ *ASBL GIWAL :* rue Joseph-Raze, 3, Esneux 4130. ☎ 043-80-19-34. ● giwal.be ● L'association recense les gîtes d'étape et refuges pour randonneurs situés à proximité des sentiers de grande randonnée en Wallonie.

■ *Taxistop :* av. Thérésienne, 7, Bruxelles 1000 ; Maria-Hendrikaplein, 65 b, Gand 9000 ; bd Martin, 27, Ottignies-Louvain-la-Neuve 1340. ☎ (00-32) 70-222-292. ● taxistop. be/2/benb ● *Taxistop* propose son *Guide du logement* chez l'habitant et coordonne, en outre, les échanges internationaux de maisons ou d'appartements. Centralise aussi pour l'Europe les offres et demandes de places libres dans les voitures particulières (covoiturage).

HORAIRES D'OUVERTURE ET JOURS FÉRIÉS

– Les *banques* sont ouvertes du lundi au vendredi de 9h à 16h. Certaines ferment pendant l'heure du déjeuner. Quelques-unes assurent une permanence le samedi matin.

– Les *bureaux de poste* sont ouverts du lundi au vendredi de 9h à 17h ou 18h ; de 9h à 12h le samedi matin dans les grandes villes. Attention, vous ne trouverez pas forcément de téléphone dans les bureaux de poste, ces organismes occupent des bâtiments différents.

– Les *magasins* ouvrent en majorité à 9h ou 10h et ferment à 18h ou 19h. Les grandes surfaces prolongent jusqu'à 20h et même 21h le vendredi. Tout est fermé le dimanche mais, dans les grandes villes, fonctionnent des *night shops* qui peuvent vous dépanner 24h/24.

– *Jours fériés :* 1er janvier, lundi de Pâques, 1er mai, Ascension, lundi de Pentecôte, 21 juillet (fête nationale), 15 août, 1er novembre, 11 novembre et 25 décembre. Les « fêtes de communauté » peuvent induire la fermeture de services officiels. Celle des Flamands a lieu le 11 juillet, celle des francophones le 27 septembre.

LANGUES

Parlez-vous le belge ?

Un bon conseil : n'essayez pas d'imiter l'accent belge ! Vous n'y arriverez pas : il y en a plusieurs et, de toute façon, vous ne duperez personne ! Cela dit, pour comprendre et vous faire entendre, quelques précisions ne seront pas superflues. Ce que beaucoup de Français croient identifier comme l'accent belge standard est le français parlé (très convenablement, bien souvent) par les Belges d'origine flamande. Les coureurs cyclistes du Tour de France en donnent une belle illustration. Influencés par leur langue maternelle, ils ne distinguent pas toujours le tutoiement du vouvoiement, confondent les verbes pouvoir et savoir, et écorchent le français en le prononçant avec un accent germanique.

Le flamand ou néerlandais

Parlée par 22 millions d'Européens (aux Pays-Bas et en Belgique), cette langue a pour origine les parlers germaniques des envahisseurs qui occupèrent l'Europe occidentale à la fin de l'Empire romain.

Le néerlandais « officiel », enseigné dans les écoles des deux pays, est une langue codifiée qui fédère les dialectes issus de cinq grandes familles : le « hollandais », le saxon, les dialectes limbourgeois, les dialectes brabançons et les dialectes « flamands » de Flandre occidentale et de Zélande.

Il est aussi inapproprié, du point de vue linguistique, de parler de « hollandais » homogène pour les Pays-Bas que de « flamand » homogène pour les néerlandophones de Belgique. Un habitant de la Flandre parle une langue dialectale à la maison, assez différente de celle que ses enfants apprennent à l'école, et franchement divergente de la langue qu'il entend à la télévision hollandaise.

Les moqueries entre Flamands et Hollandais prenant pour prétexte les différences d'accent sont aussi nombreuses qu'entre Français et Wallons !

Voici un petit lexique de la prononciation de la langue parlée dans le nord de la Belgique, pour ne pas avoir l'air stupide en lisant les noms de lieux ou de personnes, et échanger quelques mots pour nouer la conversation.

Votre français sera la plupart du temps très bien compris et accepté en Flandre, pour peu que l'on ne vous prenne pas pour un Belge francophone, mais un petit effort pour dire quelques mots de néerlandais sera particulièrement apprécié. Ce n'est pas plus compliqué que l'anglais ou l'allemand.

– **Néerlandais, mode d'emploi :** l'accent tonique est presque toujours placé sur la première syllabe, sauf lorsque le mot est composé d'un préfixe, tels *be-, ge-, er-, her-, ont-, ver-*. Dans ce cas, l'accent tonique sera sur la syllabe suivante.

Le temps

lundi	*maandag* (« maan-dakh »)
mardi	*dinsdag* (« dînss-dakh »)
mercredi	*woensdag* (« wounss-dakh »)
jeudi	*donderdag* (« donn-deur-dakh »)
vendredi	*vrijdag* (« vreill-dakh »)
samedi	*zaterdag* (« zaa-ter-dakh »)
dimanche	*zondag* (« zonn-dakh »)
été	*zomer* (« zoo-meur »)
automne	*herfst* (« hairfst »)
hiver	*winter* (« ouinn-teur »)
printemps	*lente* (« lenn-te »)
semaine	*week* (« wéék »)
heure	*uur* (« uurh »)
minute	*minuut* (« mi-nuut »)

Compter

un	*een* (« één »)
deux	*twee* (« touée »)
trois	*drie* (« drî »)
quatre	*vier* (« vîr »)
cinq	*vijf* (« veill-f »)
six	*zes* (« zaiss »)
sept	*zeven* (« zé-veun »)
huit	*acht* (« akht »)
neuf	*negen* (« né-geun »)
dix	*tien* (« tîn »)
onze	*elf* (« elfe »)
douze	*twaalf* (« touaalf »)
treize	*dertien* (« dair-tîn »)
quatorze	*veertien* (« véer-tîn »)
vingt	*twintig* (« touinn-teugh »)
trente	*dertig* (« der-teugh »)
quarante	*veertig* (« véer-teugh »)
cent	*honderd* (« honn-deurt »)

Se déplacer

avion	*vliegtuig* (« vlîg-teuigh »)
bateau	*boot* (« baut »)
port	*haven* (« haa-veun »)
train	*trein* (« treill-n »)
gare	*station* (« stassionn »)
quai	*perron* (« paironn »)
auto	*auto* (« o-outo »)
bus	*bus* (« beuss »)
vélo	*fiets* (« fîtss »)
gauche	*links* (« linn-ks »)
droite	*rechts* (« raikh-ts »)

Hébergement

hôtel	*hotel* (idem !)
chambre	*kamer* (« kâa-meur »)

auberge de jeunesse — *jeugdherberg* (« yeughd-hair-bairg »)
lit — *bed* (« baitt »)
clé — *sleutel* (« sleu-teul »)
salle de bains — *badkamer* (« bad-kaa-meur »)
dormir — *slapen* (« slâa-peun »)
prix — *prijs* (« preill-ss »)
chambre d'hôtes — *gastenkamer* (« gasteun Kâa-meur »)

Repas

restaurant — idem
table — *tafel* (« tâa-feul »)
manger — *eten* (« é-teun »)
boire — *drinken* (« drinn-keun »)
vin — *wijn* (« ou-eill-n »)
bière — *bier* (« bîr »)
eau — *water* (« ouaa-teur »)
pain — *brood* (« braut »)
café — *koffie* (« ko-fî »)
thé — *thee* (« taie »)
lait — *melk* (« mai-lk »)
viande — *vlees* (« vléss »)
légumes — *groenten* (« groun-teun »)
addition — *rekening* (« requeuning »)

Visites

rue — *straat* (« straat »)
avenue — *laan* (« lâann »)
place — *plein* (« pleill-n »)
marché — *markt*
digue — *dijk* (« deill-k »)
plage — *strand* (« strann-t »)
église — *kerk* (« querk »)
château — *kasteel* (« cass-téel »)
pont — *brug* (« brugh »)
hôtel de ville — *stadhuis* (« stad-heuill-ss »)
musée — *museum* (« mu-sé-om »)
fermé — *gesloten* (« gueu-slau-teun »)
interdit — *verboden* (« veur-bau-deun »)

Rencontres

oui — *ya* (« yâa »)
non — *neen* (« néen »)
où ? — *waar ?* (« ouâar ? »)
comment ? — *hoe ?* (« houe ? »)
combien ? — *hoeveel ?* (« houe-véel ? »)
trop cher — *te duur* (« te dûur »)
merci (à vous) — *dank u* (« dannk-û »)
merci (à toi) — *dank je* (« dannk-yeu »)
bonjour (familier) — *dag* (« dagh »)
bonjour (matin) — *goedemorgen* (« gou-de-morgeun »)
bonsoir — *goedenavond* (« gou-de-na-vonnd »)
au revoir — *tot ziens* (« tott-dzînss »)
aujourd'hui — *vandaag* (« vann-dâagh »)
demain — *morgen* (« mor-gueun »)
hier — *gisteren* (« ghis-te-reun »)

s'il vous plaît	*alstublieft* (« alss-tu-blïft »)
s'il te plaît	*alsjeblieft* (« alss-yeu-blïft »)

Si vous avez pris la peine de prononcer quelques mots à haute voix grâce à la méthode phonétique, vous verrez les visages se fendre d'un sourire ravi !

Sachez que l'Europe est un grand village et que le néerlandais a donné des mots au français : bouquin, boulevard, étape, affaler, matelot, bâbord, tribord et, évidemment, kermesse.

Le français de Belgique

Autre accent typique : le bruxellois. Bruxelles est une ville au statut officiellement bilingue mais où plus de 80 % des habitants parlent le français.

L'histoire reconnaît les origines brabançonnes (donc flamandes) de Bruxelles, mais le brassage des populations suivi du choix de la ville comme capitale de l'État ont « francisé » la population locale. Cela a généré un français savoureux où les mots aux intonations germaniques et à la syntaxe saugrenue issue du flamand restent nombreux. On y décèle même des apports espagnols qui datent du XVIᵉ s ! Cette langue est toujours vivante dans les quartiers populaires et fait l'objet d'une littérature dialectale dont on peut avoir une bonne illustration au théâtre de marionnettes de Toone (voir le chapitre sur Bruxelles).

Le répertoire bruxellois est particulièrement prolifique dans le domaine des insultes, lesquelles font partie du patrimoine culturel de la ville (les albums de Tintin sont truffés de mots bruxellois). Cela dit, pour vous rassurer, les Bruxellois parlent en majorité un français parfaitement compréhensible, mais ils tiennent, comme tous les Belges francophones, aux particularités de leur langue.

Les belgicismes

« Septante » et « nonante » ! Voilà à quoi un Belge se fait repérer immédiatement dans un rassemblement de francophones (avec le Suisse qui poussera le bouchon jusqu'à oser « huitante » !). Et il y tient, puisque la logique linguistique est de son côté : les langues cousines de la latinité utilisent *setenta, ochenta, noventa* (espagnol) et *settanta, ottanta, novanta* (italien).

Le français de Belgique est aussi du français. Les particularismes belges ne sont, ni plus ni moins, que des archaïsmes bien authentiques, alors qu'en France le jacobinisme centralisateur a eu tendance à réduire les saveurs des

SOIXANTE-DIX OU SEPTANTE ?

Au Moyen Âge, on avait coutume de compter de 20 en 20. Aussi trouvait-on les formes vint et dis (30), deux vints (40), trois vints (60), quatre vints (80), etc. (cf. l'Hospice des Quinze-Vingt). Ce système a été utilisé par les Celtes et les Normands qui l'ont introduit en Gaule. À la fin du Moyen Âge, les nombres décimaux trente, quarante, cinquante, soixante s'imposent définitivement. Pourquoi cet arrêt ? Sans doute pour faciliter un calcul mental mieux adapté aux grands nombres (70 = 60 + 10, 80 = 4 × 20, 90 = 80 + 10). En tout cas, le système belge est le plus logique.

provincialismes. Des tournures de phrase sont communes au ch'ti du Nord. Par exemple, l'usage du « quoi » en fin de phrase (« je te raconterai quoi... » en place de « je te raconterai ce que... »).

Petit lexique des originalités du français de Belgique

accroche-pied	croc-en-jambe
amitieux	affectueux
à tantôt	à tout à l'heure
athénée	lycée

aubette	kiosque à journaux
Avoir un œuf à peler (avec quelqu'un)	avoir un compte à régler
bac à ordures	poubelle
baise (une)	bise
bisser, trisser	redoubler, tripler (une année scolaire)
blinquer	reluire
bloquer	étudier, bûcher
boules	bonbons
bourgmestre	maire
brette	dispute
brol	désordre, foutoir
brosser	sécher (les cours)
carte-vue	carte postale
ça va ?	d'accord ?
chicon	endive
clenche	poignée de porte
coussin	oreiller
crollé	bouclé, frisé
cumulets	culbutes (faire des)
déforcer	affaiblir
délibérer	discuter, mettre en délibération
dépôt d'immondices	décharge publique
drache (aussi chez les ch'tis)	averse
drève	allée (souvent) forestière
dringuelle	pourboire
écolage	apprentissage
essuie-main	serviette de toilette
estacade	jetée
évier	lavabo
faire la file	faire la queue
farde	chemise, dossier
feu ouvert	cheminée, âtre
flat	studio
fourche	temps libre entre deux cours
fristouiller	cuisiner, cuire
friture	baraque à frites
guindaille	fête, beuverie d'étudiants
il n'est pas contraire	il est accommodant
jouer avec ses pieds	le faire marcher
koter	habiter une chambre d'étudiant (kot)
margaille	bagarre
navetteur	travailleur se déplaçant tous les jours de son domicile à son lieu de travail
pain français	baguette
pensionné	retraité
piétonnier	rue commerçante réservée aux piétons
pistolet	petit pain rond
plafonner	plâtrer
postposer	retarder, différer
posture	statuette
pour du bon	sérieusement
prester	effectuer une prestation
remettre	vomir ou céder (commerce à remettre)
renseigner	indiquer, signaler
rhétoricien	élève de terminale

roter	râler, être en colère
sacoche	sac à main
salade	laitue
singlet	« marcel », maillot de corps
socquet	douille (d'ampoule d'éclairage)
subside	subvention
tapis plain	moquette
tirer son plan	se débrouiller
tirette	fermeture Éclair, zip
toquer	frapper à la porte
tournant	virage
valves	tableau d'affichage
vidange	bouteille consignée

Précision utile : ne perdez jamais de vue que lorsqu'on vous invite pour « dîner », vous êtes attendu entre 12h et 13h, que le repas du soir s'appelle le « souper » et qu'à l'hôtel vous pouvez prendre votre « déjeuner » au lit (pour petit-déjeuner), et si on vous demande si cela vous a « goûté » (vous a plu), vous pouvez répondre : « oué sans doute ? » (non !) ou « non peut-être ? » (oui !)...

Le wallon

Le wallon est le dialecte de la langue d'oïl qui a été le moins influencé par le français, du fait de son isolement aux confins du monde roman. Il a conservé des caractéristiques du latin.

L'accent wallon est reconnaissable par son côté un peu traînant, les voyelles sont souvent allongées, la prononciation des voyelles nasalisées permet de distinguer « brin » de « brun » ; en revanche, « ui » et « oui » se prononcent de façon semblable.

Le wallon est resté une langue très vivante : la littérature s'est développée dès le XVIe s et connaît encore une vitalité importante, notamment dans le domaine du théâtre et de la poésie. Le vocabulaire recensé (une société de littérature wallonne existait dès 1856) est de loin plus riche que dans les autres dialectes du français.

On distingue trois dialectes wallons : l'est-wallon, parlé au pays de Liège et dans le nord de la province de Luxembourg ; le wallon central, parlé dans le Brabant wallon, le Namurois et les Ardennes ; l'ouest-wallon, parlé dans le Hainaut.

En Région wallonne, on parle également le picard du côté de Tournai, le lorrain en Gaume, le champenois dans le sud de la province de Namur, le luxembourgeois du côté d'Arlon et l'allemand dans les cantons de Saint-Vith et Eupen.

Quelques mots wallons

Barakî	forain, personne sans manières
berdeller	rouspéter, ronchonner
bisser	redoubler (une année scolaire)
bleffer, gletter	baver
bouquette	crêpe
canada	pomme de terre (à Namur)
capon	espiègle
chipoter	tripoter, hésiter, tracasser
crompîre	pomme de terre (à Liège)
djâle	diable
djauser	parler
dringuelle	pourboire
huche	porte
il fait douf	il fait chaud
loque à reloqueter	serpillière

peineux	penaud
péket	genièvre
racrapoté	ratatiné
rawette	supplément
saisi	ahuri
spittant	pétillant, au figuratif : alerte, guilleret
tchoulertiès	pleurer, larmoyertête
wachotte	lessive

LIVRES DE ROUTE

– *La Petite Dame dans son jardin de Bruges* (1996), de Charles Bertin, Actes Sud, coll. « Babel ». Un homme se souvient de sa grand-mère, disparue 50 ans plus tôt. Une évocation pleine de délicatesse de la ville et de la vie qu'on y menait dans la première moitié du XXe s.

– *Le Chagrin des Belges* (1983), de Hugo Claus, Le Seuil, coll. « Points ». Dans la région de Courtrai, le portrait sans concession de la Flandre pendant l'occupation allemande. Nationalisme et collaboration vus par un jeune garçon dont la famille est déchirée. Un très grand livre.

– *Les enquêtes du commissaire Van In*, de Pieter Aspe (ex-concierge à la basilique du Saint-Sang !). *Le Carré de la vengeance ; Chaos sur Bruges ; Les Masques de la nuit ; La Quatrième forme de Satan ; La Mort à marée basse ; Le Collectionneur d'armes ; De sang royal...* Livre de Poche et Albin Michel. Le Kurt Wallander flamand, grande gueule au cœur tendre carbure à la *Duvel* et résout entre deux cuites les petites et grandes intrigues qui agitent la bourgeoisie de sa bonne ville de Bruges. Truculent et politiquement plutôt incorrect.

– *Simenon* (1992), de Pierre Assouline, Gallimard, coll. « Folio ». Magistrale biographie d'un personnage hors du commun. Le même auteur a récidivé avec une vie d'*Hergé* (1996) tout aussi remarquable (Plon et Folio).

– *Périls en ce Royaume ; La recette du pigeon à l'italienne ; Le roi du Congo* (2008) d'Alain Berenboom, Ed. Genèse. Au sortir de la 2de Guerre mondiale, les enquêtes d'un privé bruxellois, que n'aurait pas reniées Philip Marlowe, nous entraînent dans les soubresauts de l'*Affaire Royale,* les micmacs des trafics maffieux de l'émigration italienne et en plein Congo de la Guerre froide et des débuts de la décolonisation. Du Gil Jourdan à la gueuze-grenadine.

– *Le Mal du pays* (2003), de Patrick Roegiers, Le Seuil, coll. « Points ». Sous forme de lexique alphabétique, un panorama de la Belgique délirant, décapant, féroce et néanmoins attachant. À déguster à petite dose.

– *La Belgique* (2005), du même auteur, Gallimard, coll. « Découverte », n° 466. Joliment illustrée, l'histoire tumultueuse de ce pays complexe et contradictoire est abordée par Patrick Roegiers à la manière d'un roman, avec ses héros, ses aléas, et évoque les questions cruciales qui se posent à l'occasion des 175 ans de son indépendance.

– *Le Goût des Belges* (2006), d'Éric Boschman et Nathalie Derny, Racine. 150 produits et recettes estampillés *made in Belgium.* 150 produits emblématiques passés au crible et assaisonnés à l'humour belge. Irrésistible !

Et pourquoi pas quelques B.D. pour aborder la Belgique ?

– *Le Fantôme espagnol (Bob et Bobette n° 150),* de W. Vandersteen, Érasme (épuisé). Largement inspiré par Bruegel, cet album de la première époque de Vandersteen restitue dans son style naïf les Pays-Bas espagnols à l'époque de la répression du duc d'Albe.

– *Quick et Flupke* (1930), d'Hergé, Casterman. Les *ketjes* (gamins) des Marolles, ce quartier populaire de Bruxelles, jouent des tours pendables à l'agent 15 au lieu d'aller à l'école ou d'apprendre le violon. Plus facétieux que méchants, ils incarnent la *zwanze* (gouaille) de la ville.

– *Bob Fish,* d'Yves Chaland, Humanoïdes Associés (épuisé). Yves Chaland (disparu en 1990) était français mais il mérite le titre de Bruxellois d'honneur pour être l'auteur du pastiche le plus réussi de l'école belge de la B.D. : les aventures de Bob Fish, de Freddy Lombard et du jeune Albert renvoient par leurs références à Hergé, Jacobs, Franquin et Tillieux, à cette époque dorée des années 1950 et au « style Atomium » de l'Expo 1958. La version traduite en marollien est un régal pour les connaisseurs !

– *Africa Dreams,* de Maryse et Jean-François Charles et Frédéric Bihel, Casterman. Une illustration des rêves de conquête africaine de Léopold II sur l'Afrique centrale et l'exploitation systématique de ses richesses par des capitalistes cruels avec la bénédiction des missionnaires du XIXe s.

– *Astérix chez les Belges,* Hachette. Pour retrouver les Belges célèbres au temps des Romains, croqués par Uderzo et campés dans tous leurs travers par ce diable de Goscinny, qui nous y donne sa version de l'invention des frites.

POSTE

– *Horaires :* voir plus haut « Horaires d'ouverture et jours fériés ».

– *Timbres :* le prix d'un timbre pour affranchir une carte postale ou une lettre pour la France ou la Suisse est de 1 € en service prioritaire et de 1,15 € pour un autre pays. 10 % moins cher à partir d'un achat de cinq timbres.

SANTÉ

Pour un séjour temporaire en Belgique, pensez à vous procurer la carte européenne d'assurance-maladie. Il vous suffit d'appeler votre centre de Sécurité sociale (ou de vous connecter au site internet de votre centre, encore plus rapide !) qui vous l'enverra sous une quinzaine de jours. Cette carte fonctionne avec tous les pays membres de l'Union européenne. C'est une carte plastifiée bleue du même format que la carte Vitale. Attention, elle est personnelle et valable 1 an (chaque membre de la famille doit avoir la sienne, y compris les enfants).

SITES INTERNET

● *routard.com* ● Rejoignez la plus grande communauté francophone de voyageurs ! Échangez avec les routarnautes : forums, photos, avis d'hôtels. Retrouvez aussi toutes les informations actualisées pour choisir et préparer vos voyages : plus de 200 fiches pays, une centaine de dossiers pratiques et un magazine en ligne pour découvrir tous les secrets de votre destination. Enfin, comparez les offres pour organiser et réserver votre voyage au meilleur prix. Routard.com, le voyage à portée de clics !

● *lesoir.be* ● *lalibre.be* ● *dhnet* ● Les sites des principaux quotidiens francophones.

● *rtbf.be* ● Celui de la radio-TV publique en français.

● *tintin.be* ● Le site officiel de la fondation Hergé. Liens intéressants.

● *naufrageur.com* ● À l'opposé du précédent : hommages, parodies, pastiches, pirates de l'univers du Petit Reporter en culottes de golf.

● *frites.be* ● Site humoristique sur le thème de la frite, déconseillé aux Français.

- **belgattitude.com** • Complètement décalé, avec des sketches des Nuls.
- **autoworld.be** • La plus belle collection de voitures du royaume.
- **fgov.be** • Le site officiel du gouvernement fédéral.
- **europa.eu.int** • Tout savoir sur les institutions et le fonctionnement du Big Bazar européen.

TABAC

Le prix du tabac est nettement inférieur à celui pratiqué en France. La législation sur la consommation du tabac dans les lieux publics en Belgique s'est alignée sur ses voisins.

– **Lieux de travail :** interdiction totale depuis le 1er janvier 2006.

– Depuis le 1er juillet 2011, l'interdiction de fumer dans les restaurants s'est étendue aux cafés et bars, sauf si ceux-ci disposent d'un lieu fermé pour continuer à s'adonner aux plaisirs de la tabagie sans intoxiquer ses voisins.

TÉLÉPHONE ET TÉLÉCOMMUNICATIONS

Pour téléphoner vers la Belgique

– **De France :** 00 + 32 + le numéro à 8 chiffres du correspondant sans le 0 initial.
– **De Suisse :** idem que depuis la France.
– **Du Canada :** 00 + 32 + n° du correspondant.

Pour téléphoner de Belgique

– **Vers la France :** 00 + 33 + les 9 chiffres du correspondant (donc sans le 0 initial).
– **Vers la Suisse :** 00 + 41 + indicatif ville + n° du correspondant.
– **Vers le Canada :** 00 + 1 + indicatif ville + n° du correspondant.

Les cabines publiques

Vous trouverez essentiellement des appareils à carte ; les télécartes s'achètent dans les bureaux de poste ou chez tous les commerçants qui apposent la petite affichette rouge sur leur devanture.
On commence à voir des appareils publics qui permettent l'emploi des cartes de paiement internationales.

Les tarifs

Téléphoner entre 18h30 et 8h ainsi que les samedi, dimanche et jours fériés vous permet une communication deux fois moins chère qu'en temps normal.

> ☎ 112 : voici le numéro d'urgence commun à la France et à tous les pays de l'UE, à composer en cas d'accident, d'agression ou de détresse. Il permet de se faire localiser et aider en français, tout en améliorant les délais d'intervention des services de secours.

Quelques numéros utiles

■ **Secours médicaux, pompiers :** ☎ 100.
■ **Police fédérale :** ☎ 101.
■ **Croix-Rouge :** ☎ 105.
■ **Renseignements abonnés :** ☎ 1307.

Le téléphone portable en voyage

Le routard qui ne veut pas perdre le contact avec sa tribu peut utiliser son propre téléphone portable en Belgique avec l'option « Europe » ou « Monde ». Mais gare à la note salée en rentrant chez vous ! On conseille donc d'acheter à l'arrivée une carte SIM locale prépayée chez l'un des nombreux opérateurs *(Mobistar, Base, Belgacom, Proximus, Orange...)* représentés dans les boutiques de téléphonie mobile des principales villes du pays et souvent à l'aéroport. On vous attribue alors un numéro de téléphone local et un petit crédit de communication. Avant de signer le contrat et de payer, essayez donc, si possible, la carte SIM du vendeur dans votre téléphone – préalablement débloqué – afin de vérifier si celui-ci est compatible. Si besoin vous pouvez communiquer ce numéro provisoire à vos proches par SMS. Ensuite, les cartes permettant de recharger votre crédit de communication s'achètent dans ces mêmes boutiques ou dans les supermarchés, stations-service, tabacs-journaux, etc. C'est toujours plus pratique pour trouver son chemin vers un *B & B* paumé, réserver un hôtel, un resto ou une visite guidée, et bien moins cher que si vous appeliez avec votre carte SIM personnelle. Malin, non ?

Urgence : en cas de perte ou de vol de votre téléphone portable

Suspendre aussitôt sa ligne permet d'éviter de douloureuses surprises au retour du voyage ! Voici les numéros des quatre opérateurs français, accessibles depuis la France et l'étranger :

■ *SFR :* depuis la France, ☎ 10-23 ; depuis l'étranger, ☎ + 33-6-1000-1900.
■ *Bouygues Télécom :* depuis la France comme depuis l'étranger, ☎ 0-800-29-1000 (remplacer le « 0 » initial par « + 33 » depuis l'étranger).

■ *Orange :* depuis la France comme depuis l'étranger, ☎ + 33-6-07-62-64-64.
■ *Free :* depuis la France ☎ 3244 ; depuis l'étranger ☎ + 33-1-78-56-95-60.

Vous pouvez aussi demander la suspension depuis le site internet de votre opérateur.

TRANSPORTS INTÉRIEURS

La voiture

Les autoroutes

Lorsqu'un astronaute, au retour d'un voyage dans l'espace, raconte ce qu'il a vu de là-haut, il ne manque jamais de décrire les grandes métropoles mondiales qui scintillent dans la nuit, ainsi que, dans un coin d'Europe occidentale, une curieuse toile d'araignée lumineuse : le réseau autoroutier belge !

Voilà un pays où, tous les soirs, des milliers de lampadaires au sodium éclairent un des réseaux de communication les plus denses du monde. Depuis peu, des économies d'énergie sont faites en coupant l'éclairage de 0h30 à 5h30 du matin, ce qui ne rencontre pas une satisfaction générale dans la mesure où le revêtement de certains tronçons est en assez mauvais état.

Attention : une différence qui peut porter à confusion : à l'inverse de la France, les panneaux directionnels autoroutiers sont en vert et les panneaux des routes nationales sont en bleu.

Les équivalences linguistiques des noms de lieux

Il ne faut jamais perdre de vue qu'à partir de Bruxelles les points les plus éloignés du pays ne se trouvent pas à plus de 2h de route. Le seul risque de retard réside dans le piège sournois des bizarreries des appellations de lieux, différentes selon la zone linguistique où est planté le panneau indicateur. Nous ne voulons pas que telle mésaventure vous arrive, cher lecteur, lorsque, sur le ring de Bruxelles (le périphérique), vous suivez la direction de Mons qui, quelques kilomètres plus loin, devient *Bergen*... ou, pire, si vous ignorez que Lille s'appelle en flamand *Rijsel* ! Une liste des équivalences linguistiques des noms de ville s'impose. En voici quelques-unes. Les autres figurent de toute manière dans le texte.

Français	Flamand
Anvers	*Antwerpen*
Braine-le-Comte	*'s Gravenbrakel*
Bruges	*Brugge*
Bruxelles	*Brussel*
Courtrai	*Kortrijk*
Furnes	*Veurne*
Gand	*Gent*
Grammont	*Geraardsbergen*
Jodoigne	*Geldenaken*
Liège	*Luik*
Louvain	*Leuven*
Malines	*Mechelen*
Mons	*Bergen*
Namur	*Namen*
Renaix	*Ronse*
Soignies	*Zinnik*
Tirlemont	*Tienen*
Tournai	*Doornik*

Pour clore, sachez que vous risquez de tomber sur *Parijs* pour Paris, *Rijsel* pour Lille et *Aix-la-Chapelle* pour Aachen ; que Escaut et Meuse se disent *Schelde* et *Maas*. Et que *uitrit* n'est pas le nom de ville le plus répandu de Belgique mais signifie simplement « sortie ». *Omlegging* signifie « déviation ».

Les routes

Vu les faibles distances, la densité du réseau routier et sa gratuité, la voiture a tous les atouts pour les déplacements en Belgique sauf... pour le coût des parkings et les sérieux embouteillages aux heures de pointe. Les autoroutes wallonnes sont parfois en mauvais état. La Région tarde à réparer les nids-de-poule et à refaire le revêtement sillonné d'ornières dues au trafic des poids lourds. Prudence donc. Vitesses maximales autorisées : autoroutes, 120 km/h ; routes à quatre voies, 90 km/h ; agglomérations, 50 km/h et même 30 km/h dans certains centre-ville. Les radars automatiques sont très nombreux, surtout en ville. Triangle de signalisation, trousse de secours, gilet réfléchissant et extincteur de bord (non périmé) sont obligatoires.

Le port de la ceinture est imposé partout (même à l'arrière) et la police fédérale effectue de nombreux contrôles les nuits de week-end, tant pour réprimer les abus d'alcool (maximum : 0,5 g/l de sang) que pour dépister l'usage de drogues au volant. De même, il faut savoir qu'en cas de contrôle de police et d'amende, celle-ci est exigible immédiatement (en liquide) sous peine d'immobilisation du véhicule.

Attention également à la priorité à droite : depuis 2008, elle est devenue « absolue ». Tout conducteur doit céder le passage à tout véhicule venant de droite, même si celui-ci a marqué un temps d'arrêt avant de franchir le carrefour.
Pour consulter l'état des routes : ● *inforoutes.be* ●

Essence

Attention : beaucoup de pompes à essence ne sont accessibles le soir et le week-end qu'avec une carte de paiement belge compatible avec le réseau *Bancontact*.

Si vous ne disposez que d'une carte de paiement de type *Visa* ou *MasterCard,* il vous faudra impérativement chercher une pompe où une caisse est accessible toute la nuit. C'est la plupart du temps le cas le long des autoroutes.

Location de voitures

■ *Auto Escape :* n° gratuit : ☎ 0820-150-300 ● autoescape.com ● *Vous trouverez également les services* d'Auto Escape *sur* ● routard.com ● L'agence *Auto Escape* réserve auprès des loueurs de véhicules de gros volumes d'affaires, ce qui garantit des tarifs très compétitifs. Il est recommandé de réserver à l'avance. *Auto Escape* offre 5 % de remise sur la location de voiture aux lecteurs du *Routard* pour toute réservation par Internet avec le code de réduction : « GDR13 ».

■ *BSP Auto :* ☎ 01-43-46-20-74 (tlj). ● bsp-auto.com ● Les prix proposés sont attractifs et comprennent le kilométrage illimité et les assurances. *BSP Auto* propose exclusivement les grandes compagnies de location sur place, vous assurant un très bon niveau de service. Les plus : vous ne payez votre location que 5 jours avant le départ + réduction spéciale accordée aux lecteurs de ce guide avec le code « routard ».

Loueurs en Belgique

■ *Avis :* ☎ 02-348-92-12.
■ *Europcar :* ☎ 070-223-001.

■ *Hertz :* ☎ 02-702-05-11.
■ *National :* ☎ 02-524-57-38.

Le stop

Interdit de faire du stop sur les autoroutes et les bretelles d'accès. Installez-vous avant les panneaux d'entrée d'autoroute avec le carton précisant votre destination.
Bon plan : Classic 21 sur les antennes de la RTBF diffuse, d'avril à octobre, les messages de *Taxistop*. Tous les jours, des propositions de covoiturage à destination de l'Europe entière, mais aussi en Belgique. Service *lift* : ☎ 02-737-20-21. Pour demander une destination (il faut disposer d'un numéro où vous rappeler) ou proposer une place dans votre petite auto : ☎ 02-779-08-46. ● taxistop.be/2/benb ●

La bicyclette

La Flandre est le paradis des cyclistes : pistes aménagées, signalisation spécifique. Ne vous en privez pas, à condition de pouvoir lutter contre le vent qui est parfois... « contraire ». Nombreuses possibilités de location (voir les responsables locaux du tourisme). Le meilleur plan, c'est de louer son vélo ou son VTT dans les gares : à partir de 9,50 € par jour, avec dépôt de caution de 12,50 € si l'on a une adresse en Belgique, 20 € en dehors. Prix plus élevés pour un VTT. Billets combinés train-vélo : consultez ● b-rail.be/nat/F/common/practical ●
– *Sites utiles :* ● ravel.wallonie.be ● Tout sur le réseau autonome des voies lentes (**Ravel**) de la Région wallonne qui propose des parcours et itinéraires touristiques fléchés à effectuer à vélo, à VTT, à cheval... aménagés sur des voies ferrées désaffectées ou des chemins de halage. Pour la partie flamande du pays : ● fietsroute. org/index_fr.htm ● (en néerlandais). Itinéraires avec cartes.

Le train (SNCB-NMBS)

Important : tous les trains belges sont non-fumeurs.
Deux types de lignes : les *IC* (*Intercity,* desservant les grandes villes) et les *IR* (*Interrégion,* reliant les villes moyennes). La plaque tournante du réseau est Bruxelles, où il ne faut pas changer de train puisque la ville est traversée par la

« jonction » à six voies reliant la gare du Midi à la gare du Nord en passant par la gare centrale (à 300 m de la Grand-Place).

Rapide, fréquent mais, il faut le reconnaître, assez cher en proportion des distances parcourues. Néanmoins, nombreuses possibilités de billets à tarif réduit :
● b-rail.be/nat/F/tarifs ●

– le billet A/R en 1 jour (mer du Nord et Ardennes) : 50 % de réduction sur le prix normal à certaines périodes de validité ;

– le billet week-end : A/R à la carte en bénéficiant de 50 % de réduction (du vendredi 19h au dimanche soir) ;

– le Go-Pass (pour les moins de 26 ans) : 10 voyages au choix pour 50 € ; utilisable aussi par les copains et valable 1 an ; ● gopass.be ●

– le Rail pass : 10 trajets simples entre deux gares au choix ; valable 1 an et non nominatif ; prix : 76 € en 2de classe ;

– d'autres formules : la Keycard, la formule B-Excursion et le Ticket Jump.

Attention, si vous n'avez pas acheté votre billet avant de monter dans le train, il vous sera réclamé un supplément de 1,25 € si vous en avez averti le contrôleur. Sinon, l'amende est de 25 €. Vous voilà prévenu ! Un billet ne peut être scindé pour s'arrêter quelques heures dans une ville avant de repartir plus loin.

Nouveauté : les transports en commun en Belgique se sont adaptés à la modernité : les sociétés SNCB, STIB, De LIJN et TEC, proposent des abonnements avec carte à puce (bientôt interconnectés entre les différents moyens de transports) et permettent les achats de billets en ligne et via les smartphones. Infos complètes sur les sites concernés.

■ **Renseignements pour les usagers des chemins de fer :** ☎ 02-528-28-28. ● b-rail.be ●

■ **Réservations Thalys et Eurostar vers Londres :** ☎ 02-528-28-28. ● thalys.com ● Également aux guichets d'une des quelque 70 gares belges.

– Conseil : ne cherchez pas à composter votre billet avant de monter dans le train, cette pratique n'a pas cours en Belgique.

Le bus

Sur les tronçons qui ne sont pas desservis par le train, le réseau SNCB est remplacé par des lignes de bus. Depuis la régionalisation des transports, on distingue les bus de de Lijn, dans la Région flamande ● delijn.be ●, et ceux des TEC, en Wallonie ☎ 081-32-27-11 ; ● infotec.be ● Les heures de départ et d'arrivée de ces bus sont organisées de façon à vous permettre des « correspondances » sans – en principe – perdre trop de temps. Leurs horaires sont répertoriés dans l'indicateur SNCB. Le numéro d'appel de la SNCB ☎ 02-528-28-28 est à même de fournir des renseignements sur les horaires de bus dans tout le pays.

Dans les grandes agglomérations urbaines : transports en commun urbains, bus, trams (une ligne de tram parcourt aussi toute la longueur du littoral), mais aussi, depuis quelques années, métro et pré-métro (trams souterrains) à Bruxelles, Anvers et dans le « Grand Charleroi ». Le réseau bruxellois de transports en commun s'appelle la STIB ● stib.be ●

Beaucoup de forfaits hôteliers incluent également des billets de tram, train, bus gratuits dans leurs « arrangements » (voir la formule Happy Trip en Flandre).

Partir en Belgique, pour un Français ou un Suisse, ça ne se présente pas à priori comme un voyage particulièrement torride. Et pourtant, même si l'on ne fait pas beaucoup de kilomètres, c'est bien à une vraie balade exotique que nous vous invitons. Comment imaginer qu'un « ailleurs » si proche soit si différent de la France ? Comment ne pas s'étonner devant tant de richesses sur un aussi petit territoire ? Plat pays certes, mais son relief, ce sont ses habitants qui le lui donnent. Chaleureux, drôles et toujours accessibles. Si nous, Français, résumons trop souvent la Belgique à ses frites et à ses blagues (celles que les Belges, bien sûr, font à nos dépens), c'est que la France a trop longtemps ignoré son voisin.

Et si l'on devait faire quelques comparaisons, on s'apercevrait rapidement que nos voisins n'ont rien à nous envier dans bien des domaines : la cuisine, par exemple ! Où l'on découvre que la diversité culinaire belge va bien au-delà des simples moules-frites. Et puis la peinture ! La Belgique a produit un nombre étonnant de grands maîtres dont les chefs-d'œuvre laissent encore aujourd'hui pantois. Depuis une dizaine d'années, chaque création artistique en Belgique suscite l'étonnement : le royaume est devenu la patrie insurpassable de l'humour décalé, le paradis de l'autodérision au point de basculer presque vers le cliché. Mais qui s'en plaindra ?

Côté patrimoine, pas de montagnes mais des forêts, peu de bords de mer mais un concentré de richesses artistiques et culturelles époustouflantes ; des églises gothiques en pagaille, des musées de toute beauté, une nature qui invite à la balade à vélo, des marchés aux fleurs et, surtout, des fêtes, des fêtes et encore des fêtes. C'est fou comme ce peuple a le sens de la joyeuse réunion conviviale. Que ce soit pour se lancer des oranges ou des oignons, pour danser ou défiler dans la rue, tout se termine toujours par de grandes agapes où la bière se boit au tonneau.

Éternelles querelles

Sur le plan politique, le pays se veut un laboratoire de l'Europe. On peaufine sans cesse les institutions, tentant d'apporter de nouvelles réponses toujours pacifiques aux problèmes les plus cruciaux. Pas si facile de ne pas se chamailler quand on vit à 10 dans une petite maison, qu'on y parle trois langues différentes et qu'on a de moins en moins les mêmes goûts. C'est un peu ce tour de force qu'a essayé de réussir la Belgique (jusqu'à présent) mais avec difficulté, en respectant la personnalité de chacune de ses composantes tout en conservant une identité propre. Cela ne se passe pas toujours sans crises politiques plus ou moins graves (la dernière, en 2010-2011, a laissé la Belgique sans gouvernement pendant une durée record de 541 jours !), du fait des aspirations à plus ou moins d'autonomie de chacune des communautés, mais en définitive, comme dans les vieux couples, même si on continue à faire chambre à part, on finit toujours par préférer assurer le patrimoine commun que tenter l'aventure de la séparation... mais pour combien de temps encore ? À chaque élection, le fossé linguistique et culturel se creuse toujours un peu plus... et n'est pas près de se combler. Et la belle construction, alambiquée certes, a peut-être atteint ce point d'équilibre extrême que toute tentative, même légère, d'en modifier la construction, risque de faire s'écrouler le château de cartes...

Problèmes de cohabitation, variété de population, mixité des genres et bouillonnement intellectuel... Vous entrez dans un univers en équilibre instable, passionnant et déroutant, mais qui (malgré la complexité des institutions) ne fonctionne pas trop mal, et cela grâce à un système qui fait défaut dans l'Hexagone : le légendaire esprit de consensus. Les Belges ont toujours préféré casser un peu de vaisselle que de faire couler le sang.

La vie à trois

Bruxelles, la Flandre et la Wallonie constituent trois univers bien différents, bien marqués. Chacun met en avant ses atouts.

La capitale, cœur de l'Europe et destination de week-end de plus en plus à la mode, entend son nom prononcé tous les jours dans les médias.

En Wallonie, vous entrerez vite dans la danse des nuits folles de Liège. À Namur, on se laisse doucement porter au fil de la Meuse par l'atmosphère délicieusement provinciale et raisonnable. On profite du bon air des forêts et des produits du terroir pour se ressourcer dans les Ardennes. On y va même parfois pour faire du ski ! La Flandre, quant à elle, a su mettre en valeur un patrimoine unique au monde, tout en affichant une modernité parfois décoiffante. Ah, les charmes de Bruges et de Gand !

Trois régions, trois bonnes raisons de venir par ici traîner vos babouches. En voisin, en curieux... et bien vite en ami.

BANDE DESSINÉE

C'est principalement en Belgique que s'est développé ce qu'on appelle le 9e art. Bruxelles a tenu à matérialiser le chemin parcouru depuis les années 1920 en érigeant le musée du Centre belge de la bande dessinée.

Comment en est-on arrivé là ? Nous allons nous employer à le raconter, sans pouvoir malheureusement être exhaustif...

Au pays des boy-scouts

Il était une fois... en 1925, un certain Georges Remi, chef de patrouille chez les scouts, qui illustrait la revue *Le Boy-Scout belge* par des histoires mises en images. Son personnage se nomme Totor, « chef de la patrouille des Hannetons ». Ses études secondaires achevées, le jeune Georges entre comme illustrateur au quotidien *Le XXe siècle,* dirigé par un abbé de choc et fortement marqué à droite. Il devient l'homme à tout faire du journal et lorsque l'abbé Wallez décide de créer un supplément pour la jeunesse, c'est à Hergé (RG, contraction de ses initiales) qu'il confie le travail. Le 10 janvier 1929, Tintin (et Milou), reporter au *Petit XXe,* fait son apparition dans sa première aventure : *Au pays des Soviets.* Le ton est franchement anticommuniste – c'est dans l'air du temps – et le dessin assez grossier bien que plein de promesses.

Les ventes du journal grimpent, Hergé crée *Quick et Flupke* et Tintin part au Congo, en Amérique, puis en Égypte et aux Indes (*Les Cigares du pharaon*). Le propos est toujours simpliste – bagarres et poursuites – mais dans la suite (*Le Lotus bleu),* l'auteur prend la peine de se documenter auprès d'un jeune étudiant chinois : Tchang. Celui-ci lui fait comprendre la nécessité de raconter la vérité aux jeunes lecteurs et, dès lors, Hergé prendra son métier au sérieux, sans se douter que son héros connaîtra une notoriété universelle.

Des imprimeurs malins

À Tournai, le vénérable éditeur Casterman (racheté en 1999 par Flammarion) se charge de publier les albums d'Hergé en leur assurant une large diffusion.

La formule des suppléments du jeudi pour les jeunes fait des émules et en 1938, à Marcinelle, l'imprimeur Jean Dupuis crée le magazine *Spirou,* du nom d'un groom d'hôtel créé par Rob-Vel, en y associant Joseph Gillain (Jijé), qui dessine *Blondin et Cirage* pour le supplément du *Patriote illustré*... Les piliers de « l'école belge » se mettent en place.

Arrivent la guerre et ses vicissitudes. Réduction du papier (et publication en couleurs pour compenser la réduction des pages), collaboration à des journaux aux mains de l'occupant (Hergé, avec *Le Soir*). La pénurie de *comics* venus des États-Unis amène les jeunes dessinateurs à inventer leurs propres scénarios. Jijé crée *Jean Valhardi* et on voit apparaître *Tif et Tondu* et *L'Épervier bleu*.

Un nouveau magazine voit le jour en français : *Bravo* (il existait en néerlandais), où fleurissent les histoires dessinées par E.-P. Jacobs, Vandersteen, Laudy et Reding. Après la Libération, une pléiade d'autres titres sont publiés, qui connaissent une existence plus ou moins éphémère et ne pourront se développer, faute d'une diffusion vers la France pour cause de censure ! En 1946, Hergé, sans travail, accepte la proposition du jeune résistant Raymond Leblanc de donner le nom de Tintin à un nouvel hebdomadaire. Le *Journal de Tintin* et son concurrent *Spirou* font le vide autour d'eux. Désormais, on parlera de l'école de Bruxelles (autour d'Hergé, Jacobs et Martin) et de l'école de Marcinelle (autour de Franquin, Morris et Jijé). Dans les cours de récré, les gamins se divisent en pro-*Spirou* et pro-*Tintin*.

L'école de Bruxelles

Elle se distingue par un grand souci de la précision du trait, de la lisibilité, et par le parti de privilégier les récits réalistes. Hergé, en « conseiller artistique », y fait entrer les collaborateurs de son studio et accueille de nouveaux talents à qui se transmet ce goût pour les histoires bien structurées, au graphisme précis illuminé de couleurs éclatantes, et souvent moralisantes ou didactiques. L'âge d'or du *Journal de Tintin* va durer près de 30 ans et faire la fortune d'éditeurs tels que Casterman, Lombard et Dargaud, qui reprendront les histoires en albums. Les acteurs de cette épopée sont légion : Jacobs (*Blake et Mortimer*), Martin (*Alix, Lefranc*), Cuvelier (*Corentin, Line*), Vandersteen (*Bob et Bobette, Prince Riri*), Liliane et Fred Funcken (*Capitan, Chevalier blanc*), Bob De Moor (*Cori, Barelli*), Tibet, Reding, Craenhals, Macherot, Graton, Aidans, Hermann, Greg (rédac' chef), Attanasio, Derib, Vance, Dupa... et même Uderzo qui, avec Goscinny, crée le personnage d'*Oumpah-Pah* avant de lancer *Astérix*. Le *Journal de Tintin* a cessé de paraître dans les années 1980.

NUL N'EST PROPHÈTE EN SON PAYS

Le buste de Tintin et Milou qui coiffe l'immeuble des éditions du Lombard, près de la gare du Midi, était autrefois la plus grande enseigne lumineuse tournante de Belgique. Raymond Leblanc, fondateur du Journal de Tintin, ne manquait jamais de raconter sa construction : « On a fait venir des ingénieurs allemands qui avaient installé l'enseigne Mercedes à Stuttgart. Quand elle a été placée, j'ai voulu voir l'impression qu'elle donnait quand on sortait du tunnel en tramway. Sur la banquette en face de moi, il y avait un petit garçon, accompagné de sa maman. Le tram s'est arrêté et le petit garçon s'est écrié : "Maman ! Regarde, c'est Spirou !" » *Mille sabords, raté !*

L'école de Marcinelle (faubourg de Charleroi)

Ce qui caractérise l'autre « tendance » de la B.D. belge, c'est un penchant pour l'humour plutôt qu'un style graphique particulier. Le goût de la parodie et de la caricature qu'affichent en commun les auteurs proviennent de la réunion initiale d'une bande de joyeux zigues qui s'amusaient beaucoup en dessinant ! Les *Histoires de l'oncle Paul* ont fourni un alibi de sérieux à la publication, mais, au fil de son histoire, le journal *Spirou* a connu des expériences originales et des tentatives de renouvellement de l'intérieur.

La liste des collaborateurs qui ont assuré le succès de ce journal et des albums des éditions Dupuis est longue. Le noyau central des débuts : Jijé *(Jerry Spring, Blondin et Cirage)*, Sirius *(L'Épervier bleu, Timour)*, Franquin *(Spirou et Fantasio, Gaston Lagaffe)*, Morris *(Lucky Luke)*, Peyo *(Johan et Pirlouit, Les Schtroumpfs, Benoît Brisefer)*, Hubinon *(Buck Danny)*, Will *(Tif et Tondu, Isabelle)*, Tillieux *(Gil Jourdan)*, Paape *(Marc Dacier)*, Roba *(Boule et Bill)*. Bien d'autres se sont ajoutés : Mitacq, Cauvin, Leloup, Jidéhem, Walthéry, Lambil... Les années fastes du journal *Spirou* correspondent à la période où le scénariste Yvan Delporte en fut le rédacteur en chef.

La B.D. devient adulte

En France, la B.D. prend le virage historique qui ne la confinera plus au public « enfantin » avec l'arrivée de *Pilote* puis, dans les années 1970, de *L'Écho des Savanes, Métal hurlant* et *Circus*. La Belgique cesse d'être le laboratoire principal de toutes les expériences nouvelles. Désormais la B.D. ne s'adresse plus uniquement aux enfants.

Casterman relève le défi de la modernité en publiant le magazine *À suivre* en 1978. Il accueille de nombreux auteurs formés à l'institut Saint-Luc de Bruxelles, vivier de nouveaux talents : Schuiten, Andreas, Sokal... Les collaborations se sont dispersées vers divers supports graphiques et les histoires complètes sont désormais publiées directement en albums, avec quelques gros succès tels que les séries *XIII* ou *Largo Winch* de Van Hamme ou les *cartoons* désopilants du *Chat* de Philippe Geluck.

La « ligne claire » (étiquette sous laquelle est rassemblée la majorité des créateurs belges) fait à présent partie de l'histoire. La B.D. quitte la sphère d'influence franco-belge pour devenir internationale.

Si vous êtes fan de bulles, ne manquez sous aucun prétexte le Centre belge de la bande dessinée à Bruxelles (CBBD), le nouveau musée Jijé ainsi que le parcours des façades B.D. de la ville.

BELGITUDE

Les milieux intellectuels et artistiques francophones de Belgique ont toujours nourri vis-à-vis de la France un complexe ambivalent où se mêlent à la fois le désir d'assimilation à la culture française et le besoin d'afficher une identité spécifique.

La reconnaissance et la renommée doivent-elles obligatoirement passer par Paris ? En proportion de la population belge, il y a autant – sinon plus – de talents dans le plat pays que dans n'importe quelle province française. Ce point de vue fut adopté par pas mal de « Rastignac » montés avec succès à Paris et qui, aussitôt, s'empressèrent d'oublier leurs origines (Simenon ou Michaux furent de ceux-là).

De plus, aux yeux des défenseurs d'une « identité » régionale (souvent wallonne), les écrivains belges de poids avaient le défaut d'être... des Flamands écrivant en français (Maeterlinck, Verhaeren, Rodenbach, Crommelynck...) et de donner à l'extérieur l'image d'un pays très éloigné de Liège ou de Charleroi !

Les partisans de cette quête de spécificité « belge moins la Flandre » se sont efforcés de ratisser tout ce que le Sud du pays pouvait aligner comme éminences des arts et des lettres en les rassemblant autour de ce concept de « belgitude », convergence des divers courants censés définir une identité belge. L'autodérision n'est pas absente de ce néologisme inspiré de la « négritude » de Léopold Sédar Senghor.

Bizarrement, c'est au cœur de cette autodérision un peu masochiste que l'on pourrait isoler le dénominateur commun à toutes les composantes de la « belgitude ». L'inclination pour l'étrange et le fantastique, l'usage de l'humour parfois grinçant, la divagation jubilatoire et le « réalisme magique » ne se trouvent-ils pas dans la conscience collective de ce pays fécond en personnages aussi représentatifs de ce « surréalisme latent » que Bruegel et Magritte, Jean Ray et Ghelderode, Ensor et Brel, Hergé et André Delvaux, Jaco Van Dormael et les Snuls, Harry Kumel et François Schuiten, Achille Chavée et Marcel Mariën ? Sans oublier ce pape de l'étrange qu'est Michaux...

BOISSONS

> **ATTENTION !**
>
> Dans les restaurants en Belgique, il n'y a pas de carafe d'eau sur la table. Si vous demandez de l'eau, on vous servira de l'eau minérale en bouteille, souvent facturée assez cher, et on s'attend à ce que vous commandiez des boissons à la carte. Prenez une bière à la pression, c'est ce qui sera le plus économique. La carafe d'eau, sachez-le, est vraiment une exception culturelle française !

Bières

Chaque Belge consommerait chaque année près de 150 l de bière ; cela le place dans le peloton de tête européen avec le Tchèque, l'Allemand et le Danois. Brel a chanté : « Ça sent la bière de Londres à Berlin, Dieu qu'on est bien ! » Et sur le fronton de la maison des Brasseurs, qui borde la Grand-Place de Bruxelles, sont gravés ces mots : « Des bienfaits du ciel et de la terre, par la grâce de saint Arnould et le savoir des hommes, est née cette boisson divine : la bière. » C'est dire l'importance de ce breuvage dans la vie quotidienne au pays de Gambrinus (du nom de Jean Ier, Johan Primus, duc de Brabant et soiffard notoire).

La bière est partout : à l'apéro, sur une terrasse, en famille, après le sport, devant la télé, lors d'une réunion, avant, pendant et après les repas. Sachez qu'à une bonne table, on ne vous regardera pas de haut si vous prenez le soin de commander une bière de qualité en harmonie avec les plats à déguster (demandez conseil, vous serez surpris et vous ferez des économies).

Même si la répression de l'ivresse au volant (alcool toléré : 0,5 g/l de sang) inquiète le secteur économique des cafetiers et restaurateurs, on trouve encore près de 50 000 bistrots où l'on peut déguster une multitude de variétés nationales de bières, brassées par une centaine d'entreprises restées souvent artisanales. On en dénombre 450 différentes, selon les brasseurs, et 250, selon la police...

Avant de vous lancer dans des libations inconsidérées, quelques explications vous permettront d'apprécier (avec modération) toutes les richesses de la production brassicole.

Un peu de technique

Tout commence avec l'orge, dont les grains sont trempés dans l'eau pour germination. Le résultat est séché (touraillé) et réduit en farine (maltage). Le malt est transformé en jus sucré (le moût) ; le brassage sert à transformer l'amidon de l'orge en sucre maltose. Quand le moût est porté à ébullition, il est additionné de houblon, dont le dosage détermine l'amertume et l'arôme. Le moût est alors placé dans de grandes cuves pendant plusieurs jours et, sous l'action de levures, le sucre se transforme en alcool et en gaz carbonique. C'est le stade de la fermentation. Elle peut s'effectuer de trois manières : basse, haute et spontanée.

La bière la plus courante, la Pils (Stella, Maes, Jupiler), fait partie des bières de « fermentation basse » : la fermentation et la maturation se sont faites aux alentours de 8 °C pendant 7 à 10 jours et la levure repose au fond de la cuve. La bière obtenue industriellement est blonde et légère.

Les bières de « fermentation haute », dont les « spéciales », sont produites par l'action (entre 15 et 20 °C) plus courte de la levure qui remonte à la surface de la cuve. Il en existe plusieurs variétés.

Les bières rouges (bruin bier en flamand) proviennent d'un mélange de bière ordinaire avec une très vieille bière qui a séjourné 18 mois en fût de chêne ; saveur aigre-douce et goût fruité permettent l'adjonction de sirop de grenadine (demandez la fameuse Rodenbach-grenadine).

Les bières blanches sont faites à base de froment (c'est-à-dire de blé) et d'orge ; elles sont aussi appelées « bières troubles » en raison de l'absence de filtrage. Bière à l'aspect pâle et peu amère, la blanche, très désaltérante, se déguste de préférence en été.

À chaque Belge sa bière

Les bières « de saison », peu alcoolisées et aigrelettes, étaient autrefois brassées en Hainaut durant l'hiver pour être bues avant l'été. On peut à présent les trouver toute l'année, bien que leur étiquette porte encore la mention « de saison ». Existent aussi des bières de Noël et de Pâques, destinées à faire mousser dignement les fêtes !

Les bières brunes sont foncées, fortement aromatisées, d'abord sèches au goût, puis très douces.

Les célèbres bières d'abbaye ne sont que quelques-unes à pouvoir porter cette appellation : ce ne sont plus les vénérables moines qui brassent mais ils ont transmis (ou vendu) leurs secrets de fabrication à de respectables laïcs. On distingue les « trappistes », brunes ou blondes, brassées au Moyen Âge à l'intérieur de l'enceinte de l'abbaye (Orval, Chimay, Rochefort, Westmalle, Westvleteren, Achel), et les autres (Leffe, Grimbergen, Affligem, Maredsous, Saint-Feuillien, etc.), fabriquées à l'extérieur, sous licence. De forte densité et plutôt alcoolisées, elles se dégustent dans des verres en forme de... calice, bien sûr ! Elles sont tout simplement... divines !

Les bières de « fermentation spontanée » sont une spécialité exclusivement belge et ne se font d'ailleurs plus que dans les environs de Bruxelles. La fermentation n'utilise aucune levure mais provient d'une exposition à l'air libre dans de grands fûts appelés « foudres » où, pendant 1 à 2 ans, le moût (le lambic) se transforme sous l'action de ferments microbiens présents dans... l'air de Bruxelles (Brettanomyces bruxellensis). Le lambic peut se boire tel quel (ou sous forme de faro, en édulcorant le lambic de sucre candi), mais le plus souvent il est mis à vieillir en fûts de chêne, puis en bouteilles pour fermenter à nouveau et donner alors la célèbre Gueuze. Cette dernière est obtenue par le mélange de plusieurs lambics d'âges différents remis en bouteilles pour éliminer le sucre (l'atténuation). Elle est spontanément pétillante et mousseuse ; parfois aigre, elle peut être additionnée de sucre ou de grenadine.

La Kriek est un lambic dans lequel ont macéré des griottes, ce qui lui donne une couleur rouge et une saveur fruitée des plus rafraîchissante. Ne quittez pas Bruxelles sans l'avoir goûtée.

À chaque bière son verre

Il ne vous reste plus qu'à exercer vos papilles gustatives mais sachez que chaque bière a son verre : la blonde, qui se boit généralement entre 4 et 6 °C, est servie de préférence dans des verres élancés sur pied pour éviter un réchauffement prématuré. Les brunes se dégustent dans un verre pansu entre 10 et 12 °C, et certaines bières utilisent un verre original, telle la Kwak, qui a besoin d'un support en bois pour tenir debout ! C'était la bière fétiche des conducteurs de fiacre et un tel support, bien utile pour éviter qu'elle ne se renverse dans les cahots, a rendu le fond du verre inutile...

Cette prolifération des verres aux armes de leur brasserie a excité l'appétit des collectionneurs, au point que le patron du *Dulle Griet* à Gand réclame aux consommateurs une chaussure en gage. À voir le nombre de godasses suspendues au mur, nul doute que la bière donne des ailes !

Un site pour les amateurs : ● *beerparadise.be* ●

CUISINE

∷∷

Quand on fait l'inventaire de la production picturale des peintres flamands du XVIe au XVIIIe s, on peut constater que, juste après les évocations religieuses, le thème favori est sans conteste... la bouffe ! Scènes de ripailles, banquets, noces, kermesses rivalisent en abondance avec les « natures mortes » étalant des monceaux de victuailles prêtes à être englouties...

Au cours des promenades dans le centre historique des grandes villes, en levant la tête, on s'apercevra que les noms de rues rappellent les produits vendus sur les marchés : rue Chair-et-Pain, rue des Poissonniers, rue Marché-aux-Fromages, rue des Harengs, rue des Bouchers, etc. C'est dire le rapport que l'on entretient dans ce pays avec la bonne chère !

Limiter les plaisirs de la table, en Belgique, aux seules « moules-frites » reviendrait à réduire la cuisine française au museau-vinaigrette et l'italienne aux spaghettis bolognaise !

Curnonsky plaçait la cuisine belge au deuxième rang mondial derrière la française, donc pas de doute : on mange bien, très bien même dans la plupart des cas. Le choix est très varié, dans toutes les gammes de prix, et les portions sont souvent plus généreuses que celles dont vous avez l'habitude.

Si pas mal de restos belges sont des étoilés du *Michelin,* ce qui fait peut-être défaut c'est le bistrot de tradition où l'on peut manger original sans se ruiner. Ce rôle est repris en partie par les « cafés » (les *eetcafees* en Flandre).

Autre petite divergence : la trilogie traditionnelle dans l'Hexagone entrée + plat + dessert ou fromage n'est pas obligatoire ; vous pouvez vous contenter d'un plat + boisson (c'est copieux), on ne vous tirera pas la tronche. C'est d'ailleurs la manière la plus économique de se nourrir le midi. Petite précision : le *chicon* que vous trouverez souvent sur les menus est le légume que vous connaissez sous le nom d'endive (*witloof* chez les Flamands), tandis que sous le nom d'*endive* se cache la scarole ! Quant au *coucou,* ne vous attendez pas à le voir chanter dans votre assiette : ce nom désigne un vulgaire poulet !

Si vous souhaitez vous sustenter sur le pouce et pour pas cher, vous trouverez, en dehors des fast-foods internationaux, des marchands de *caricoles* (escargots de mer), de multiples friteries (qu'on appelle « fritures ») – un paquet de frites arrosées de mayonnaise ou de pickles vous cale l'estomac pour une demi-journée – et, plus simplement, dans toutes les boucheries-charcuteries du royaume on vous proposera des « pistolets fourrés » (*belegde broodjes*

LE PISTOLET AMÉRICAIN

Il y a peu de cow-boys en Belgique et pourtant ce drôle de pistolet est une spécialité locale. Pas de danger néanmoins, il s'agit d'un sandwich rond fourré d'un bon tartare assaisonné à la mayonnaise. Autrefois, ces petits pains étaient vendus une pistole, d'où le nom.

en Flandre), qui sont de petits pains ronds que l'on vous garnit avec tout ce que vous voulez ! Très économique.

Si vous avez envie de vous essayer aux spécialités typiquement belges présentes sur les tables familiales, en voici une petite liste (incomplète) qui, on l'espère, vous mettra l'eau à la bouche...

Petit déj

Toutes sortes de pains, des tas de *couques* (brioches) garnies de raisins, fourrées à la crème pâtissière, du *cramique* (pain brioché aux petits raisins), du *craquelin* (le même au sucre), des tartines (pain de mie) arrosées de sirop de Liège, servis avec du café noir ou du café au lait. Le *cougnou* est un pain brioché en forme de bonhomme avec un petit Jésus en sucre et que l'on trouve à l'époque de Noël.

Entrées

– Tomates-crevettes (grises).
– Croquette de crevettes.
– Fondu au fromage (beignet roulé dans la chapelure et frit).
– Asperges à la flamande (avec œufs durs et beurre fondu).
– Moules à l'escargot (à l'ail).
– Jambon des Ardennes (fumé).
– Terrine de gibier aux champignons.
– Pâté gaumais (tourte de viande de porc au vin et aux herbes).
– *Potjesvlesch* (familier des habitants du Nord).
– Tête de veau en tortue (on n'explique pas ! Osez...).
– Filet d'Anvers (jambon fumé de cheval).
– Anguilles au vert (un must incontournable).
– Flamiche (tourte chaude au fromage salé à Namur).
– Jets de houblon sauce mousseline (en mars).

Poissons

Les fameuses moules viennent de Zélande, aux Pays-Bas.
– Filets de sole à l'ostendaise.
– Waterzoi de poisson (le plat le plus célèbre).
– Poisson à l'escabèche (marinade au vinaigre).
– Moules parquées (crues et garanties fraîches).
– Lotte aux poireaux.
– Brochets et truites en Wallonie.

Viandes

Bœuf et porc dominent, un label bovin de qualité : le *blanc-bleu belge (BBB)* élevé dans le Condroz.
– Carbonade flamande (ragoût de bœuf, étuvé à la bière).
– *Coucou* de Malines (poulet fermier cuit dans l'argile).
– Waterzoi gantois (au poulet, bouillon de légumes).
– Civet de lapin à la bière.
– Lapin aux pruneaux et aux oignons.
– Rognons de veau à la liégeoise (aux baies de genévrier).
– Oie à l'instar de Visé (fricassée, sauce moutardée).
– Faisan à la brabançonne (aux chicons braisés).
– Oiseaux sans tête (paupiettes de bœuf aux raisins de Corinthe).
– *Choesels* au madère : une légende tenace fait croire qu'il s'agit de la virilité du taureau. En fait, il s'agit simplement d'abats : ris de veau, pancréas de bœuf, rognons et poitrine de mouton et testicules d'agneau, avec lardons, champignons de Paris et échalotes.

Plats uniques (suffisamment copieux)

– Chicons au gratin (roulades de jambon fourrées de chicons, sauce Béchamel).
– Filet américain (steak tartare servi avec frites).
– *Stoemp* (potée roborative avec chou et saucisses).
– *Hochepot* ou *hutsepot* (pot-au-feu de viande et de légumes).
– Boudin entre-ciel-et-terre (boudins noir et blanc, compote de pommes et purée).
– Boulets : on les appelle *boulets* à Liège, *fricadelles* à Bruxelles et boulettes en Picardie.
– Tarte *al djote* (à Nivelles, tarte chaude au fromage piquant et aux bettes).
– Salade liégeoise (pommes de terre, haricots princesse, lardons déglacés au vinaigre).

LES *BOULETS* DE MONSIEUR LAPIN

Véritable institution à Liège, ce plat est servi accompagné de frites, de mayonnaise et de crudités ou de compote de pommes. Une ou deux grosses boulettes de viande hachée mélangée à la mie de pain, échalotes et persil, sont arrosées pendant la cuisson d'une sauce aigre-douce à base de vinaigre, de cassonade, de sirop de Liège et de feuilles de sauge. Cette sauce appelée sauce lapin tient son nom de... Géraldine Lapin, épouse d'Ernest Lapin, receveur des contributions à Liège et poète à ses heures.

Fromages

Méconnus des Français et souvent des Belges eux-mêmes, ils sont pourtant très variés. À découvrir sans hésiter, tant en Flandre qu'en Wallonie.
– La *maquée* (fromage blanc).

Les tendres

Au lait crémeux, en salade folle ou en compagnie d'une baguette croquante, à apprécier avec un vin noble ou une bière de haute fermentation. Dans le désordre : le *Bouquet des Moines*, le *Herve doux*, la *Fleur des Fagnes*, le *Madreret*, le *Paillardin*, le *Vieil Aubel*, le *Trou d'Sottai* et l'incomparable *Remoudou de Herve* (un des meilleurs du monde... très piquant et odorant ; pour l'heure, la seule appellation belge).

Les mi-durs

Fondants en bouche et caressants, ils offrent le plus grand éventail de formes et d'arômes. On y trouve les fameux fromages d'abbaye, à déguster avec une bière de même provenance, bien sûr, comme ceux des abbayes d'*Orval*, de *Postel*, de *Val Dieu*, de *Maredsous*, de *Corsendonck*, de *Westmalle*, de *Floreffe* ou d'*Affligem*.
Quelques autres labels remarquables : le *Chimay* cru ou à la bière, le *Damme*, le *Loo*, le *Passendaele*, le *Dom Tobias*, le *Rubens*, le *Père Joseph*, le *Val de Salm* ou le *Watou*.

Les fromages à pâte dure

Ils ont un caractère qui s'affirme en vieillissant : *Vieux Bruges, Vieux Chimay, Beauvoorde, Fagnar, Oude Postel, Sezoen* ou *Ambiorix*.

Les persillés ou « bleus »

Découpés après caillage, ils sont ensemencés de moisissures au moment du moulage. Leur goût est exceptionnel et persistant : *bleu de Franchimont, Château d'Arville* et *Pas de Bleu* sont les plus connus.

Douceurs

Les pâtisseries se déclinent à l'infini (viennoiseries) ; vous n'aurez que l'embarras du choix. Quelques produits typiques néanmoins :

– pain à la « grecque » (Bruxelles), mot dérivé de *brood van de gracht* (pain du fossé, du nom de la rue du Fossé-aux-Loups) : galette dure au sucre cristallisé ;

– *speculoos* (biscuits durs à la cassonade, aromatisés à la cannelle et moulés en forme de personnages) ;

> ## BRUXELLES OU LIÈGE, QUELLE GAUFRE CHOISIR ?
>
> *La gaufre de Bruxelles est rectangulaire, légèrement sucrée, croquante et se mange à table avec des couverts. Sa rivale, celle de Liège, est de forme plus arrondie, plus lourde et plus sucrée, et se mange dans la rue, à la main.*

– *couques* de Dinant (galettes hyper dures au miel, cuites dans des moules en bois) ;

– tartes diverses : au sucre, au riz, aux macarons, à la frangipane, au *maton* (fromage blanc) ;

– *gosettes* (chaussons fourrés aux pommes) ;

– *babeluttes* (caramels durs au beurre) ;

– massepain (pâte d'amande sucrée en forme de cochon ou de fruit).

Chocolats : au pays de l'or noir

La réputation du chocolat belge n'est plus à faire et, même sous le pavillon d'une multinationale, (comme Côte-d'Or racheté par Suchard), il garde toutes ses qualités. Les variétés vont du blanc délicat au noir à taux de cacao élevé frisant l'amer, en passant par tous les fourrés de pâte fruitée ou de noisettes. Le point culminant de cette production est la célèbre « praline » (qui n'a rien à voir avec la friandise à base d'amandes enrobées de sucre, créée pour le duc de Praslin, que l'on trouve en France). On en vend à tous les coins de rue sous les marques *Leonidas* (les moins chères), *Neuhaus, Godiva, Corné, Daskalidès, Marcolini, Guerbaud*. Un chocolatier comme *Galler* innove en proposant des mélanges aux épices, aux fleurs ou aux senteurs marines et commercialise les fameuses langues de chat inspirées par le personnage de Philippe Geluck.

Si vous ne devez rapporter qu'une chose de Belgique, ce sera un ballotin de pralines (petite boîte conçue par l'épouse de Jean Neuhaus dans les galeries Saint-Hubert). Les prix varient de 25 à 60 € le kg selon les marques mais vous trouverez aussi des sachets de 100 g.

Les frites : un emblème prétendument national

Pour la légende, lire l'encadré suivant ; mais l'histoire de la gastronomie manque de certitudes à ce sujet. Cela dit, la Belgique n'a pas eu l'apanage de la découverte de la pomme de terre, loin s'en faut ! Quant à la frite, si son usage s'est répandu dans la seconde moitié du XIXe s, plusieurs pays se targuent de l'avoir inventée, en premier lieu... la France, où l'on vendait des (pommes de terre) frites (au beurre) sur le Pont-Neuf à Paris avant de les voir envahir le reste du monde civilisé. Dans le monde anglo-saxon, on les appelle *French fries*. Cela date de la Première Guerre mondiale, quand les soldats britanniques et américains, cantonnés autour d'Ypres, découvrirent les friteries. Comme ils n'étaient pas forts en géographie et que l'on parlait aussi français dans cette région de Flandre, ils en concluent que la frite était française...

La spécificité de la frite belge est d'être la meilleure du monde, de croquer sous la dent et de fondre dans la bouche parce qu'elle est cuite... deux fois ! Tout le secret réside dans la qualité de la pomme de terre – la *bintje* – taillée dans la longueur en frites de 1 cm d'épaisseur. D'abord cuites 5 à 7 mn dans une graisse (de bœuf si on veut respecter la tradition) chauffée à 160 °C, elles sont refroidies quelques instants avant d'être replongées dans la friture portée à 180 °C. Les verser dans un cornet de papier permet d'absorber l'excédent de graisse et l'on peut alors les saupoudrer de sel et les arroser de mayonnaise ou de pickles. À présent, arrêtez de saliver et précipitez-vous sur le premier *fritkot* venu.

FRITES STORY

Once upon a time, sur les bords de Meuse, les pêcheurs avaient coutume de frire à la poêle les nombreux petits poissons qu'ils prenaient. Cette coutume accompagnait les fêtes de l'Épiphanie. Jusqu'au jour où un hiver particulièrement rigoureux gela complètement le fleuve. Quelqu'un eut alors l'idée de tailler des pommes de terre en confectionnant des bâtonnets allongés, rappelant la forme des petits goujons, et de les jeter dans l'huile bouillante. Cela plut, la frite était née !

ÉCONOMIE

Deuxième pays en Europe pour son faible taux de pauvreté, septième en termes de PIB, la Belgique est un pays prospère mais avec des disparités très marquées.

La Wallonie

En 2011, la Wallonie produisait 24 % du PIB belge, pour 32 % de sa population sur 55 % de la superficie du pays. À l'échelle de la France, le PIB de la Wallonie la placerait au 8e rang des 22 régions françaises, 5e au niveau de sa population et... 3e en matière d'exportations, juste derrière l'Île-de-France et la région Rhône-Alpes. Le clivage traditionnel entre la Flandre dynamique et la Wallonie en déclin (fermeture des charbonnages, crises de la sidérurgie et de l'industrie d'armement) tend à s'atténuer depuis quelques années. Le monde du travail, historiquement très organisé en Wallonie, a eu à cœur de maintenir les avantages acquis de haute lutte dans les décennies précédentes. Malgré ces difficultés, la Wallonie, qui a connu un déclin démographique, tente de reconvertir son économie vers les entreprises de taille moyenne orientées vers les technologies nouvelles : l'aéronautique, l'informatique, les biotechnologies, les télécommunications et l'agroalimentaire. La région a des atouts non négligeables : 9 centres universitaires, 130 écoles supérieures, 300 centres de recherches, 6 parcs scientifiques, 11 000 chercheurs et 29 000 étudiants en filières scientifiques. De quoi permettre un ambitieux « plan Marshall » de relance économique, prévoyant plus d'un milliard d'euros d'investissements, lancé en 2005 par le gouvernement régional wallon pour contrecarrer les effets néfastes d'un taux de chômage élevé (11,6 % en Wallonie contre 5 % en Flandre, et 19,3 % à Bruxelles, moyenne nationale 7,2 %) et une situation financière encore difficile. Ce plan a été reconduit en 2009 avec une composante écologique supplémentaire. Mais il ne faut pas se voiler la face ; dans cette région, la manne publique providentielle a trop longtemps développé une culture clientéliste et politisée à l'extrême. Une trop grande part de la population est soit inactive, soit travaille dans le secteur public qui n'est pas générateur de richesses. Ce manque de gestion responsable des finances publiques est aujourd'hui, après de multiples scandales politico-financiers, au centre du débat politique wallon sur la bonne gouvernance.

La Flandre

Elle s'étend sur 13 500 km² et compte 6,2 millions d'habitants. La Flandre, de son côté, affiche une volonté d'indépendance économique, et surtout politique, de plus en plus affirmée. Les milieux patronaux flamands réclament un transfert des compétences et des financements qui ne les obligeront plus à « payer les prestations sociales des chômeurs wallons ». De tradition catholique, elle a connu une croissance démographique supérieure à la moyenne nationale et sa population représente actuellement 58 % des Belges. Son développement économique s'est fait différemment : privée de ressources naturelles, elle s'est de tout temps consacrée aux industries de transformation. La Flandre a exercé pendant des années une

IL Y A FLANDRE ET FLANDRES

Lorsque en langue française on nomme la partie flamande de la Belgique, on utilise le terme au singulier, bien qu'en néerlandais, Vlaanderen soit un pluriel. Bizarre non ? C'est oublier qu'historiquement, les Flandres désignaient plusieurs territoires débordant du cadre territorial actuel de la Belgique et incluaient une Flandre hollandaise et surtout une Flandre française occupant grosso modo la moitié du département du Nord (59) et annexée à la France sous Louis XIV. Voilà pourquoi la gare TGV de Lille, s'appelle Lille-Flandres.

attirance plus grande des investisseurs, fait qu'elle attribue à son multilinguisme ainsi qu'à une politique régionale dynamique et efficace, drainant des investissements plus importants et plus variés que la Wallonie. Le textile est sa première activité traditionnelle. Celle-ci remonte au Moyen Âge, quand le drap anglais était tissé par les ouvriers flamands. L'exploitation du lin, du chanvre et de la laine a historiquement fait la prospérité des villes flamandes. L'axe Courtrai-Gand est de nos jours le siège d'une florissante activité de production de tissu synthétique. Après la 2de Guerre mondiale, les capitaux – américains principalement – ont été attirés en Flandre par la docilité et la haute qualification de la main-d'œuvre. La pétrochimie, la chimie lourde, les constructions mécaniques, la transformation du minerai, l'électronique et les automobiles sont les secteurs les plus dynamiques de l'industrie du Nord du pays, sans oublier la taille du diamant à Anvers qui, à elle seule, représente 7 % des exportations de la Belgique. Le port d'Anvers (le deuxième d'Europe après Rotterdam) permet, par an, l'acheminement de dizaines de millions de tonnes de marchandises vers son *hinterland* naturel, l'Allemagne, la France, la Suisse et l'Italie. Le port de Zeebrugge accueille les superpétroliers de 250 000 t. Les autorités et les entreprises flamandes investissent plus en recherche et développement, grâce au privé, mais aussi par une importante implication des autorités publiques. Malgré cela, la crise mondiale n'a pas épargné la Flandre dont le taux de chômage a fait un bond en 2009-2010. La fermeture d'Opel à Anvers a mis l'accent sur la précarité de la situation de l'emploi dans des filiales de multinationales.

Bruxelles

Le secteur tertiaire réalise la plus grande partie de son produit intérieur brut. Bruxelles est devenue une ville de services où l'industrie (12 % de l'emploi) a presque disparu. Commerce, banques, tourisme, assurances, transports et emplois engendrés par l'implantation d'organisations internationales assurent l'essentiel des ressources de la région. Avec un PIB de plus de 60 000 € par habitant, Bruxelles se classe au troisième rang des régions les plus riches d'Europe, derrière le Luxembourg et le centre de Londres. La région génère près de 25 % des exportations belges (en incluant les services) et attire un cinquième des investissements étrangers.

Elle accueille aussi, personne ne l'ignore, les grandes institutions européennes mais aussi des représentations étrangères et de nombreux groupes d'intérêt. On recense ainsi 160 ambassades, 1 750 ONG, 200 bureaux de représentation des différentes régions et villes européennes, et plus de 13 000 lobbyistes. C'est aussi un carrefour économique entre les hommes d'affaires du monde entier et leurs homologues politiques : plus de 2 000 entreprises étrangères y sont représentées. La presse internationale est également très présente avec près de 800 journalistes permanents accrédités.

Alors que la population de la région de Bruxelles-Capitale représente seulement 10 % de la population totale du pays, la région contribue à plus de 19 % du PIB national. À noter que les nombreux « navetteurs » qui viennent travailler quotidiennement à Bruxelles mais résident dans l'une des deux autres régions contribuent au PIB de la capitale. Une particularité du système fédéral est également que le travailleur paie ses impôts en fonction de son lieu de domiciliation et non de son lieu de travail, comme cela est prévu par le droit international. Si tel n'était pas le cas, la ville-région de Bruxelles disposerait en rentrées fiscales de 4 milliards d'euros en plus par an, au détriment de la Flandre et, dans une moindre mesure, de la Wallonie. Bruxelles fonctionne comme une ville américaine : les classes aisées ont délaissé le centre en préférant les banlieues vertes, avec pour effet une déqualification de l'habitat dans les parties les plus anciennes de la ville, qui concentrent une population plus pauvre et moins qualifiée. Cependant, un mouvement de *gentryfication* est observé dans certains quartiers centraux, réoccupés par de jeunes ménages actifs, qui préfèrent l'animation urbaine aux lotissements de banlieues et aux embouteillages autoroutiers aux heures de pointe. En accueillant par ailleurs une nombreuse population immigrée, Bruxelles s'est paupérisée, et doit financer un chômage qui dépassait en 2011 les 20 % (45 % dans les emplois peu qualifiés).

Par ailleurs, la population est jeune : les moins de 19 ans représentent 24 % de la population et le gros point noir est le chômage des jeunes, qui atteint 35 % chez les moins de 25 ans.

Au niveau fédéral

Moins de 3 % de la population se consacre à l'agriculture ; les cultures principales sont le blé, la betterave sucrière et la pomme de terre. L'élevage est axé sur les bovins et s'oriente de plus en plus vers les porcins, ce qui cause à la Flandre des problèmes pour évacuer les déjections de ces braves cochons. La production d'énergie est encore pour l'instant largement tributaire du nucléaire.

Après une croissance nulle en 2009, l'économie nationale a connu un rebond en 2010 et 2011, avec près de 2 % de croissance. Mais comme ailleurs en Europe, l'année 2012 fut difficile, avec une croissance proche de zéro. L'incertitude reste donc de mise. Le problème de surendettement a conduit le gouvernement d'Elio Di Rupo à établir un plan de 13,6 milliards d'euros d'économies pour 2012, espérant ainsi ramener le déficit public de 3,6 % à 2,8 % du PIB. Au programme, des hausses d'impôts sur le patrimoine, une réforme des retraites (la fin de la stratégie généreuse de retraites anticipées), et la diminution des indemnités de chômage... Car le marché du travail apparaît comme le point faible de l'économie belge, dont la compétitivité souffre d'un coût du travail élevé et d'un taux d'emploi assez bas : seulement 62 % de la population en âge de travailler a du boulot. Pas moins de 15 % des Belges vivent sous le seuil de pauvreté. L'économie belge a pourtant de gros atouts et attire toujours les investisseurs étrangers : régime fiscal intéressant pour les groupes multinationaux et une infrastructure de transports performante. Les réseaux de communication (routes, chemins de fer, canaux et fleuves) les plus denses du monde favorisent des échanges rapides.

Pour un pays dont les exportations représentent 71 % du PIB, la question de la compétitivité est aujourd'hui d'autant plus cruciale que le degré de dépendance à l'égard de pays tiers ne cesse de s'accroître : sur les 100 premières entreprises belges, plus de 75 sont sous contrôle d'actionnaires non nationaux et plus de la moitié de l'emploi industriel est assuré par des entreprises étrangères. Mais c'est sans doute le prix à payer pour se retrouver au cœur de l'Europe.

FÉDÉRALISME

Créé à l'origine à partir d'éléments composites, la Belgique a connu des institutions unitaires depuis l'indépendance en 1830 jusqu'aux années 1970. À partir de cette date, un processus de réformes constitutionnelles a été mis en œuvre pour aboutir à une structure étatique de type fédéral. Sans vouloir être exhaustifs, mais dans un souci de faire comprendre des institutions originales et complexes (beaucoup de Belges eux-mêmes se mélangent les pinceaux !), nous allons essayer d'être clairs en restant brefs : on respire un grand coup... et on y va !

Bienvenue sur la planète *Shadok* !

L'article premier de la nouvelle Constitution précise que la Belgique est un État fédéral composé de trois communautés (flamande, française et germanophone) et de trois régions : Région flamande (Vlaams Gewest), Wallonie (ex-Région wallonne) et Bruxelles-Capitale.

Au niveau fédéral, le pouvoir exécutif est exercé par le roi et le gouvernement fédéral (21 ministres et secrétaires d'État) dans les domaines qui concernent le pot commun : affaires étrangères, justice, finances, budget, défense, intérieur, énergie et Sécurité sociale (les milieux politiques flamands en souhaiteraient la scission).

Le législatif est exercé conjointement par le roi, la Chambre des représentants (150 députés) et le Sénat (71 sénateurs) où sont votées les lois. Le niveau communautaire, régi par le principe d'appartenance linguistique, prend en charge les domaines de l'enseignement, des affaires culturelles, de la santé et des affaires sociales.

Au niveau régional, régi par le principe de territorialité, l'exécutif est assuré par le gouvernement régional ; le conseil régional émet des décrets dans les domaines qui intéressent la région : logement, emploi, environnement, développement économique, transports, tourisme, agriculture, commerce extérieur et coopération internationale, avec la compétence de pouvoir signer des traités avec d'autres pays.

Si vous avez suivi jusqu'ici sans encombre, on peut continuer...

Les trois régions

La Belgique est aussi divisée en 10 provinces (issues des départements français de 1795). La Région flamande (6,2 millions d'habitants) regroupe cinq provinces ; la communauté flamande comprend les habitants de la Région flamande et les habitants néerlandophones de la région de Bruxelles-Capitale. À noter que Bruxelles a été choisie comme capitale de la Région flamande, bien que les décrets en vigueur en Flandre ne le soient pas à Bruxelles (!).

La Wallonie (3,4 millions d'habitants) regroupe les provinces du Hainaut, de Namur, de Liège (dont la communauté germanophone, 70 000 habitants), du Luxembourg et la récente province du Brabant wallon. Namur a été choisie pour capitale de la Wallonie.

La région de Bruxelles-Capitale (1 114 000 habitants) est composée des 19 communes de l'arrondissement de Bruxelles-Capitale. Le bilinguisme français-néerlandais y est imposé. Bruxelles est donc capitale fédérale du royaume et capitale de la communauté et de la Région flamande qui ont fusionné leurs institutions. C'est aussi le siège de nombreuses institutions de l'Union européenne et de l'OTAN.

Au niveau des compétences fédérales et régionales s'ajoutent les compétences communautaires relevant de l'appartenance linguistique : l'enseignement, la santé, la culture, l'audiovisuel et le sport. Les Flamands ont fusionné région et communauté (voir plus haut) mais pas encore les francophones qui aimeraient bien y arriver...

Un petit peu de courage, on arrive au bout...

Où ça se complique

Les 589 communes constituent l'entité politique et administrative de base. Elles disposent de pouvoirs très étendus qui datent parfois de l'époque médiévale comme le pouvoir de police des bourgmestres (maires).

Bien que situées dans une région unilingue, certaines communes frontalières disposent de « facilités » pour garantir aux habitants pratiquant l'autre langue une administration dans la langue de leur choix. C'est dans ces communes frontalières que les tensions communautaires sont les plus vives : certaines communes aisées de la périphérie bruxelloise, en territoire flamand, sont habitées à présent par une large majorité de francophones et le gouvernement flamand souhaite effacer les facilités linguistiques dont ils disposent en arguant du fait que celles-ci n'étaient (depuis 1975) que transitoires, le temps pour ces habitants d'apprendre le flamand. Malgré l'habitude de mettre ces problèmes « au frigo », la querelle resurgit régulièrement avec la demande des Flamands de scinder l'arrondissement électoral de Bruxelles-Halle-Vilvorde (BHV en abrégé) pour bénéficier d'un découpage linguistiquement homogène de la carte électorale du pays, qui éviterait que les voix des électeurs francophones (on estime leur nombre à 150 000 personnes) de ces fameuses « communes à facilités » ne se reportent sur des élus francophones bruxellois. Finalement, en 2011, dans les négociations précédant à la constitution du gouvernement, un accord a été trouvé sur cet épineux problème et les lois qui minaient les rapports entre les communautés.

Et les Belges dans tout cela ?

Les cinq niveaux de pouvoir expliqués en quelques lignes ci-dessus ont du mal à ne pas se marcher sur les pieds et apparaissent à beaucoup de Belges comme un embrouillamini kafkaïen et coûteux ! 60 postes de ministres et secrétaires d'État en additionnant les niveaux fédéral, régional et communautaire, soit un ministre pour 180 000 habitants, cela constitue un record du monde absolu ! Il faut pourtant considérer ce « meccano » institutionnel, acquis au prix de concertations marathoniennes, comme un système, imparfait peut-être, dans lequel les communautés auraient dû, en principe, gérer leur devenir propre et organiser leur cohabitation dans le respect mutuel et la concertation. En réalité, alors que 60 % des habitants du Nord se disent à présent flamands avant d'être belges, 85 % des Wallons et des Bruxellois se sentent d'abord belges.

Un avenir plus qu'incertain

Au stade suivant, une grande partie de la classe politique flamande voudrait réduire l'État fédéral à sa plus simple expression (le confédéralisme) et gérer en solo la Sécurité sociale, la fiscalité et même la justice. Déjà dans les écoles des deux bords, l'anglais est enseigné comme seconde langue plutôt que la langue du voisin. Bientôt il faudra un interprète pour dialoguer... Si les problèmes politiques alimentent régulièrement les colonnes des journaux et les plateaux de TV, tous les sondages d'opinion indiquent que les Belges dans leur grande majorité considèrent que le monde politique s'est beaucoup décrédibilisé par des querelles de personnes et des scandales d'abus sociaux et souhaitent que leurs mandataires se soucient avant tout d'économie, d'emploi et d'environnement.

Bravo d'avoir lu ce chapitre jusqu'au bout, vous avez bien mérité un ballotin de pralines !

FÊTES ET FOLKLORE

La Belgique est un pays où le particularisme (certains parlent de « localisme ») est érigé en institution. Pas étonnant, donc, de découvrir tout au long de l'année des processions, des marches, des parades, des cortèges carnavalesques ou historico-religieux, des kermesses et ducasses dédiées aux saints locaux... Chaque village, chaque région entretient farouchement sa tradition : c'est l'occasion de cultiver avec gaieté ou sérieux ce besoin d'appartenance et cette sociabilité qui sont les fondements de l'identité populaire.

Le folklore n'est pas en Belgique une curiosité de musée, il est actif et beaucoup plus vivant que dans les pays voisins.

Loin d'être des entreprises commerciales, les fêtes sont tout à fait authentiques, c'est ce qui fait leur attrait.

Les carnavals, tout sauf un spectacle

Pour faire un carnaval, il ne suffit pas de déguiser une bande de joyeux lurons et de les faire déambuler au son d'un orchestre, précédés de quelques majorettes frigorifiées. Le carnaval fait partie du patrimoine culturel et, à la limite, pourrait se passer des foules qui y assistent.

Le martèlement trépidant des sabots sur le sol est une incitation aux semailles, à l'enfouissement des graines, et les masques symbolisent les visages des ancêtres morts, dont il s'agit de se concilier la bienveillance en récoltant pour eux profusion de vivres. Le carnaval, véritable exutoire à la pression des lois et de la religion, est la dernière occasion de faire bombance avant la longue période du carême.

Durant le Mardi gras, en Wallonie, on célèbre le carnaval dans pas moins de 17 endroits différents. Organisé selon des traditions séculaires, où chaque costume, chaque accessoire est arboré selon une codification rigoureuse, il est suivi par une foule innombrable qui accompagne avec ferveur les évolutions des participants.

On distingue trois types de carnavals :
– ceux de la tradition rhénane dans les cantons de l'Est (Eupen) ;
– ceux de la tradition wallonne (Binche, Malmedy) ;
– ceux de la Laetare à la mi-carême (Fosses-la-Ville, Stavelot).

Assister à l'un de ces carnavals (surtout celui de Binche) est une expérience inoubliable. Si vous êtes intéressé, le calendrier annuel des carnavals est détaillé dans une brochure de l'office de promotion du tourisme.

Les géants

À la lisière du rituel carnavalesque et de l'histoire, les sorties de géants mettent en scène des personnages issus de la tradition orale des légendes et faits d'armes. Il semble que leurs premières apparitions remontent au XVe s. Les personnages bibliques côtoient les créations profanes et s'affrontent dans des combats symboliques ou célèbrent leurs noces en grande liesse.

On peut citer la célèbre procession des géants d'Ath qui a lieu le dernier week-end d'août, mais Nivelles et Alost, Arlon et Grammont, Tervueren et Namur, Malines, Wellin, Dendermonde, Heist et Braine-le-Comte ont aussi les leurs.

Les processions

Chaque village ayant son saint patron, les occasions abondent pour promener ses reliques en commémoration de quelque épidémie de peste ou de quelque vœu fait par un chevalier au retour de Terre sainte. Beaucoup se déroulent à travers champs.

La procession en costume d'époque avait autrefois vocation didactique pour les paysans illettrés. Chaque tableau, un peu comme dans les mystères sur le parvis des églises, illustrait un épisode de l'histoire.

– La plus célèbre est la fastueuse procession du Saint-Sang qui a lieu à Bruges le jour de l'Ascension. Elle commémore le retour de Thierry d'Alsace de la deuxième croisade en 1150.

– À Furnes (fin juillet) et Lessines (vendredi saint), des pénitents encagoulés défilent au rythme sourd des tambours. Ce n'est pas sans rappeler Séville.

– À Mons, le dimanche de la Trinité, la châsse de sainte Waudru (le Car d'or) est portée jusqu'à la collégiale et, l'après-midi, a lieu le jeu médiéval du combat de saint Georges contre le dragon, sur l'air du « Doudou ». Il s'agit pour les spectateurs d'attraper quelques crins de la queue du dragon. Cette manifestation a obtenu la reconnaissance de l'Unesco comme élément remarquable du patrimoine immatériel mondial, de même que le cortège des Géants à Ath.

– L'*Ommegang* de Bruxelles (le premier mardi de juillet et le jeudi qui suit) n'a aucun fondement religieux. Il se contente, avec faste, de commémorer le défilé processionnel donné en 1549 à l'occasion de la présentation par l'empereur Charles Quint de son fils (le futur Philippe II). Les beaux costumes dans le cadre majestueux de la Grand-Place attirent des bataillons de Japonais.

– Au sud de Charleroi, chaque village organise des processions de reliques qui, depuis l'épopée napoléonienne, sont accompagnées de compagnies de soldats et officiers en costume d'Empire. Les zouaves, les grenadiers, les voltigeurs, les sapeurs et autres grognards marchent en portant fusil et s'arrêtent souvent pour se rincer le gosier, mais aussi pour tirer des salves pétaradantes... Tout cela est très sérieux et les grades s'achètent !

Spectacles de marionnettes

Pour clôturer ce long et riche chapitre des traditions populaires, il convient de vous recommander les spectacles de marionnettes.

– À Bruxelles, le théâtre de marionnettes de Toone perpétue le répertoire des grands classiques : *Les Trois Mousquetaires, Le Cid, Les Quatre Fils Aymon, La Passion du Christ,* le tout dans un français du cru, émaillé de marollien mais parfaitement compréhensible aux non-Bruxellois !

– À Liège, les amateurs iront écouter *Tchantchès,* le Liégeois buveur et chaleureux qui vous conviera, dans un wallon accessible, à un récit de la Nativité ou à des légendes de l'épopée de Charlemagne.

GÉOGRAPHIE
::

Les 30 513 km² du territoire belge (environ cinq départements français) se divisent en trois régions géographiques. À partir de la bande côtière de 70 km de long, le sol s'élève progressivement vers l'est pour culminer sur le plateau des Fagnes à 694 m d'altitude (pas si plat que ça, ce pays !).

Deux fleuves, l'Escaut et la Meuse, irriguent le pays avant de se jeter dans la mer du Nord.

La basse Belgique

Elle comprend la bande côtière rectiligne, bordée de longues plages de sable fin, de dunes et bâtie d'infrastructures touristiques quasi ininterrompues. L'arrière-pays est composé de polders très fertiles, situés sous le niveau de la mer dont ils sont protégés par un réseau de digues et d'écluses. Le petit fleuve côtier de l'Yser est intégré à ce réseau.

La basse Belgique s'étend dans la vaste plaine des Flandres jusqu'à une altitude de 100 m et trouve son prolongement dans la Campine, grande étendue sablonneuse parsemée d'étangs, de marécages où ne poussent que la bruyère et les pins. Des gisements de houille y ont été exploités.

Les plaines argileuses du bassin de l'Escaut sont uniformément plates, les eaux s'y écoulent en larges méandres ; quelques vallonnements, entre Lys et Dendre, culminent à 150 m. Cette région porte le nom d'« Ardennes flamandes ». Les grandes villes de Courtrai, Gand, Bruxelles, Louvain et Anvers se situent dans cette plaine fortement urbanisée, qui correspond approximativement à la Flandre. Le sol ancien, facilement accessible, a permis le creusement de carrières dans le Hainaut occidental. Au sud de Bruxelles se trouve ce qui reste de la grande forêt charbonnière exploitée jadis par les Romains : la forêt de Soignes (début de la moyenne Belgique).

La moyenne Belgique

Elle se situe entre 100 et 300 m et comprend essentiellement des plateaux fertiles exploités par l'agriculture et l'élevage. Les collines de vergers y sont fréquentes dans l'est. Grosso modo, cet espace naturel correspond au Brabant wallon, à l'Entre-Sambre-et-Meuse, à la Hesbaye, au Condroz, à la Famenne et au plateau de Herve. Cette région est traversée d'ouest en est (de Mons à Liège) par le sillon houiller responsable de son industrialisation intensive.

La haute Belgique

Elle correspond au massif de l'Ardenne (de 400 à 600 m), prolongement de l'Eifel allemand. Le haut plateau bombé est imperméable et les plissements s'alignent d'ouest en est, rendant les communications plus difficiles en dehors des vallées qui coulent du sud au nord.
Le massif, aux vallées fortement encaissées et sinueuses (Semois, Ourthe, Amblève), est intensivement boisé. Les grottes y sont nombreuses et l'habitat très clairsemé.
Au-dessus de 500 m, les crêtes sont inhospitalières et les tourbières maréca-geuses plantées de conifères des hautes Fagnes rappellent les paysages lapons.
Au sud du massif, la Gaume appartient déjà à la Lorraine et on trouve des maisons couvertes de tuiles romaines. Il y règne un microclimat favorable à l'exploitation de la vigne !

HISTOIRE

Avant l'histoire

> « De tous les peuples de la Gaule, les Belges sont les plus braves. »
>
> Jules César, La Guerre des Gaules

Les régions qui composent la Belgique actuelle sont abondamment peuplées dès le Néolithique. De nombreux sites découverts par les paléontologues l'attestent. Au VIIe s av. J.-C., les Celtes (dont les Belges) chassent ces peuplades vers le sud de l'Angleterre et occupent une zone géographique qui va de la Marne au Rhin et de la mer du Nord au Frioul.

Ave César !

La citation du divin César en exergue figure toujours dans tous

ORIGINES DES BELGES

Les Belges sont un peuple ancien localisé au nord de la Gaule avant l'ère chrétienne. Selon Strabon, leur territoire se situe entre Rhin et Loire, et selon Jules César, ils sont séparés des Gaulois par la Marne. Il n'y a pas de consensus quant à l'étymologie du mot « Belge ». Une possibilité pourtant : il serait d'origine gauloise, « Belges » signifierait « les hommes de l'alliance ». César confirme l'existence d'une alliance de tribus. Autre cas : le mot serait un dérivé du verbe « belgen » – se fâcher – et serait alors d'origine germanique.

les manuels scolaires du royaume. En magnifiant la valeur de l'adversaire, il justifiait les difficultés rencontrées lors de sa pénible campagne militaire. À partir de 57 av. J.-C., il faudra 5 ans aux légions parties conquérir les Gaules pour réduire ces farouches Morins, Ménapiens, Nerviens, Aduatiques, Atrébates et autres Trévires. Les Belges auront leur Vercingétorix en la personne d'Ambiorix, roi des Éburons. Précisons tout de même que la Gaule Belgique s'étendait à l'époque jusqu'à la Marne au sud et au Rhin à l'est.

Les Gallo-Romains

Après être venu, avoir vaincu et s'en être allé franchir le Rubicon, César laisse l'administration romaine installer quatre siècles de *pax romana*. La romanisation des Gaules procure aux Belges la sécurité des frontières face aux Germains, toujours menaçants. On trace des chaussées pavées allant de Boulogne à Cologne ou de Reims à Trèves. Des bourgades naissent aux carrefours de ces axes, tels Arlon et Bavai, Tongres et Tournai. Le développement économique se fait à partir des *villae* qui allient les activités traditionnelles agricoles et horticoles avec la métallurgie. Les fonctionnaires impériaux, les militaires, les marchands font du latin la langue véhiculaire qui s'impose devant les parlers celtes. Le christianisme pénètre en Belgique dès le IIIe s avec la fondation d'un évêché à Tongres.

Les envahisseurs

De toute éternité, les plaines du Nord ont été des terres de passage et, aux premiers craquements de l'Empire, les peuples de l'Est déferlent vers le sud-ouest. Si beaucoup ne font que passer, les Francs, eux, s'installent et font souche. Mérovée fonde la dynastie qui porte son nom : les Mérovingiens. Childéric se fait enterrer à Tournai et son fils, le chef de bande Clovis, en 30 ans de conquêtes, réalise l'unité franque en choisissant Paris pour capitale. Ce sera le premier Belge à faire carrière à l'étranger.

La nouvelle frontière

De cette époque agitée, on retiendra pour la future Belgique l'importance de la ligne de contact entre Francs saliens au nord, conservant leur idiome germanique, et Francs ripuaires au sud, s'assimilant au monde roman avec l'appui des ordres monastiques. Le tracé de cette ligne de fracture linguistique se modifiera encore au cours des siècles suivants en séparant les « germains » (diets, teutsch) des « étrangers » (gall, welsch ou wallons).

Des rois fainéants au fondateur de l'Europe

Pour civiliser les barbares, l'Église dépêche les moines irlandais. Une vague de sainteté se répand sur la Francie. Les basiliques et collégiales reçoivent les patronymes des missionnaires : Remacle (Stavelot), Vincent (Soignies), Lambert (Liège), Waudru (Mons), Gertrude (Nivelles). En laissant administrer leurs possessions par les maires du palais, les successeurs alanguis des rois francs connaissent quelques pépins avec ceux de Herstal et de Landen (déjà des Liégeois remuants). Le membre le plus frappant de cette famille de Hesbaye est Charles, qui n'hésite pas à brandir le marteau pour repousser le croissant à Poitiers en 732 !
Bref, en 800, le petit-fils de Pépin, Charlemagne (né à Jupille, prétendent les Liégeois), se fait sacrer empereur à Rome par le pape. Il choisit Aix-la-Chapelle pour capitale et, de son vivant, le domaine impérial carolingien s'étend de l'Elbe aux Pyrénées (Roland en sait quelque chose !) et de la mer du Nord aux Abruzzes.

Le morcellement

Verdun 843 : date funeste pour l'unité de l'Empire, puisque ce traité partage les conquêtes de Charlemagne entre ses trois fils : Charles le Chauve, roi de France, hérite de l'ouest de l'Escaut ; Louis, de l'est du Rhin qui deviendra le Saint Empire germanique ; et, au milieu, Lothaire se voit attribuer un territoire qui va de la Hollande à l'Italie. À la mort de Lothaire, son éphémère royaume sera découpé en trois : Italie, Bourgogne et Lotharingie. Situation paradoxale : à l'ouest, la Flandre au parler germanique est vassale du roi de France et, à l'est, où l'on est de langue romane, on a pour suzerain l'empereur d'Allemagne. Un territoire tire les marrons du feu : Liège, dont l'évêque Notger est élevé à la dignité princière, qui bénéficiera pour longtemps d'un statut relativement indépendant et d'une prospérité qui la fera nommer l'« Athènes du Nord ».

Féodalité et richesses

Les Vikings remontent alors les fleuves sur leurs drakkars, pillent de-ci de-là et forcent tout le monde à se blottir derrière les murailles des châteaux forts. Chacun se réfugie dans son microparticularisme. Pouvoirs dispersés et terres éclatées sont soumis à toutes les convoitises par les armes, les alliances et les traîtrises. Querelles et rapines sont le lot quotidien de ces temps belliqueux. Les plus forts finissent par s'imposer et de plus grandes entités voient le jour. Le comté de Flandre d'abord, où les cités marchandes, en contact avec l'Angleterre, tissent et vendent leur drap, et étendent, par voie maritime, leur commerce vers la Baltique et le golfe de Gascogne. Les villes de Bruges, Gand et Ypres connaissent un essor considérable. Le Brabant s'organise en duché autour de la maison de Louvain ; Bruxelles et Malines deviennent des cités prospères. Le Hainaut et Namur sont des comtés et c'est de Bouillon que part un conquérant aussi pieux que bête : Godefroy. Comme la troupe des Croisés, réunie à l'appel de Pierre l'Hermite, comprend un puissant contingent de chevaliers du Nord, Godefroy de Bouillon est élu pour conduire cette armée de 100 000 hommes vers la Palestine pour s'emparer des Lieux saints. Il y est proclamé roi de Jérusalem en 1099 et est enterré au Saint-Sépulcre.

Les chefs de guerre restent occupés par les infidèles au cours des huit croisades successives, laissant de nouvelles classes sociales émerger dans les villes-communes. L'opulence et le corporatisme font disparaître le servage et conduisent les marchands et artisans à réclamer des privilèges aux seigneurs consignés dans de précieuses chartes. À côté des cathédrales du clergé, les beffrois orgueilleux des villes symbolisent les libertés obtenues et l'autonomie des communes restera une constante jusqu'à nos jours. Les villes marchandes consolident leur indépendance en infligeant, en 1302, sous les murs de Courtrai, une défaite cinglante à la chevalerie française venue venger la garnison royale, massacrée lors des « matines brugeoises ». Six siècles plus tard, ce 11 juillet 1302 servira de date à la fête de la communauté flamande.

Les Bourguignons

En 1384, Marguerite de Maele, fille du dernier comte de Flandre, épouse Philippe le Hardi, duc de Bourgogne. Pour la première fois sont réunies les régions qui composent la Belgique actuelle. Naît alors une entité politique qui a pour nom Pays-Bas, avec Bruxelles pour ville principale, et incluant une grande partie de la Hollande. Le grand-duc d'Occident, Philippe le Bon, mène une politique de centralisation et d'unification qui, si elle profite aux villes par les fastes de sa cour itinérante, laisse les campagnes épuisées par les famines et les guerres. La principauté de Liège, sous protectorat bourguignon, sera mise à sac lors de révoltes sanglantes.

Sur le plan intellectuel et culturel, la période est florissante. Outre la fondation de l'université de Louvain, Anvers devient le premier port d'Europe à la place de Bruges (en déclin du fait de l'ensablement de son accès vers la mer). Le style gothique flamboie et, grâce au progrès de la technique de la peinture à l'huile, des artistes comme les frères Van Eyck, Memling, Rogier Van der Weyden, Van der Goes et Bouts font rayonner la peinture flamande dans l'Europe entière.

Un empereur gantois !

À la mort de Charles le Téméraire au siège de Nancy en 1477, les 17 provinces bourguignonnes passent aux mains des Habsbourg d'Autriche par le mariage de Marie de Bourgogne avec Maximilien d'Autriche. Philippe le Beau, leur fils, épouse une princesse espagnole, Jeanne la Folle, qui met au monde en 1500, à Gand, un fils nommé Charles. Ce Flamand de naissance hérite de l'Espagne et des Pays-Bas en 1516, puis devient empereur germanique en 1519, sous le nom de Charles Quint. Il gouverne alors un « empire où le soleil ne se couche jamais ». Avant d'abdiquer en 1555, il dote les Pays-Bas d'un statut : le « Cercle de Bourgogne », censé empêcher la dissociation des 17 provinces.

CHARLES QUINT, UNE VIE DE ROUTARD !

Son empire était si vaste (Espagne, Pays-Bas, Autriche, Italie du Sud, Bourgogne) qu'il passait le tiers de sa vie à cheval. Mais il ne pouvait traverser la France à cause de son ennemi, François Ier. En 1539 toutefois, celui-ci lui accorde une autorisation exceptionnelle pour aller mater la rébellion de la ville de Gand. À 56 ans, martyrisé par la goutte, il abdique pour s'enfermer dans un monastère. Épuisé, il meurt 2 ans plus tard.

L'empire colonial de l'Espagne fait affluer les richesses et un renouveau des idées voit le jour, tourné vers la découverte et la quête de connaissances. La philosophie avec Érasme, la géographie avec Mercator et Ortélius, l'anatomie avec Vésale, l'astronomie, la botanique trouvent avec l'imprimeur Plantin l'occasion de diffuser les livres empreints d'un nouvel humanisme. Malheureusement, les prêches critiques d'un moine allemand nommé Luther vont sonner le glas de l'unité des 17 provinces. Pour contrer la propagation de l'hérésie, Charles Quint importe le tribunal de l'Inquisition : début des siècles de malheur...

Sous la botte castillane

Philippe II, son fils, n'a rien d'un rigolo : devant l'expansion de la Réforme, il impose la répression par le sang. La lutte pour les libertés politiques couplée au besoin de tolérance religieuse, les calvinistes brandissent le drapeau de la révolte : celle des « gueux » (la résistance aux Espagnols est personnifiée par la légende de Thyl l'Espiègle). Les Réformés, à leur tour, pèchent par une fureur iconoclaste et la réaction de Philippe II est brutale : il envoie le duc d'Albe à la tête d'une soldatesque arrogante ; les provinces du Sud sont mises à feu et à sang. Les tentatives de conciliation échouent, un tribunal d'exception prononce 8 000 condamnations à mort, dont celles des comtes d'Egmont et de Hornes, décapités sur la Grand-Place de Bruxelles. Hollande et Zélande font sécession sous les couleurs de Guillaume d'Orange et une élite d'artisans et de bourgeois fuit vers le nord. Ils y emportent capitaux et brevets. Des ouvriers flamands préfèrent l'exil en Angleterre et des Wallons émigrent même vers le Nouveau Monde pour installer en 1624 un village à l'extrémité d'une île appelée Manhattan... Le cadre territorial de la future Belgique se forme alors par la partition des 17 provinces : au nord, l'Union d'Utrecht qui devient les Provinces-Unies et, au sud, la Confédération d'Arras qui précède la création des Pays-Bas catholiques.

Un peu de répit

Avec la tutelle des archiducs Albert et Isabelle (fille de Philippe II), la trêve s'installe. Isabelle est obligée de faire pendant 3 ans le siège d'Ostende sans changer de chemise ; celle-ci finira par se confondre avec la robe de son cheval, plutôt jaune sale ! L'Église en profite alors pour reprendre avec vigueur sa « re-catholicisation ». Les jésuites créent 34 collèges, Rubens fonde son atelier et devient ambassadeur itinérant, et l'art baroque émerge comme l'expression de cette foi nouvelle faite de dévotion exubérante et de triomphalisme redondant.

Belgique, un plateau de Stratego européen

Pas de chance : les archiducs meurent sans descendance et, alors que le XVIIe s s'appellera aux Pays-Bas « le Siècle d'or » et en France le « Grand Siècle », la Belgique connaît son siècle de malheurs. Après l'amputation du Brabant septentrional et de la Flandre zélandaise, l'estuaire de l'Escaut est fermé aux Anversois. L'Espagne cède à la France l'Artois et une partie de la Flandre et du Hainaut, et tout le monde se donne rendez-vous dans les grasses plaines pour en découdre au milieu d'un Stratego géant.

Louis XIV fait caracoler ses maréchaux Condé et Turenne, qui écrivent les pages de gloire de l'histoire de France... autant de pages de sang pour les populations. Guerre de Dévolution, guerre de Hollande, guerre de la Ligue d'Augsbourg, guerre de Succession d'Espagne, longue litanie de conflits mettant aux prises la France, l'Espagne, les Pays-Bas et l'Angleterre.

Le point d'orgue de ces mortelles randonnées est le bombardement de Bruxelles en 1695 par le maréchal de Villeroy, sur ordre du Roi-Soleil. Ce désastre aura finalement un côté bénéfique puisque, incendiée après avoir subi le pilonnage de plus de 4 000 projectiles, la Grand-Place est rebâtie dans le merveilleux agencement que nous lui connaissons actuellement.

Et voilà les Autrichiens...

Faute, encore une fois, de descendance du côté espagnol, le traité d'Utrecht en 1713 remet les Pays-Bas à la maison d'Autriche. Malgré une incursion des troupes de Louis XV – guerre en dentelles oblige –, le pays s'engourdit sous la tutelle de Charles de Lorraine (gouvernant au nom de Marie-Thérèse d'Autriche) dans un provincialisme douillet mais économiquement retardé. Le déclin est aussi intellectuel : Voltaire, de passage, décrit Bruxelles comme « le séjour de l'ignorance et l'éteignoir de l'imagination ». Seuls émergent, à la rubrique « people », le brillantissime prince de Ligne, européen avant la lettre, et, à la rubrique faits divers, l'incendie, en 1731, du palais des ducs de Bourgogne, provoqué dans les cuisines par le débordement de confitures en ébullition ou de pâtisseries et de sucre selon certains, mais on s'en fiche, de toute manière, tout a été caramélisé !

De sa capitale viennoise, Joseph II, au nom du despotisme éclairé et des principes abstraits du rationalisme, tente quelques réformes centralisatrices. Il se heurte d'abord à une foi catholique profondément enracinée et à des particularismes jaloux de leurs privilèges. Là où il croit bien faire en réorganisant l'administration, il s'attire le mécontentement puis la révolte. L'indignation est à son comble lorsqu'il décrète que toutes les kermesses et ducasses doivent avoir lieu le même jour. En 1789, à Bruxelles (par réflexe conservateur) et à Liège (en résonance avec la Révolution française), quelques avocats, politiciens locaux privés de pouvoir par la présence autrichienne provoquent une révolution d'opérette, qui débouchera sur la constitution éphémère des « États-Belgique-Unis ». Des patriotes brabançons et liégeois, qui se trouvent des intérêts communs malgré des objectifs divergents, arborent pour la première fois les cocardes nationales (noir, jaune, rouge). Faute d'encadrement politique de valeur, cette agitation tourne court et les Autrichiens, dans un joli tour de valse, reprennent possession du pays sans verser de sang.

... suivis des Français...

Entre-temps, à Paris, les choses ont suivi un cours beaucoup plus radical et la jeune République française menacée aux frontières du Nord dépêche Dumouriez en Belgique. Valmy, Jemappes, Neerwinden et Fleurus renvoient définitivement les Autrichiens sur les rives du Danube. Les sansculottes sont accueillis en sauveurs, mais l'État jacobin ne fait pas dans le sentimentalisme et la Belgique se voit purement et simplement annexée. Elle est débitée en départements qui portent des noms de rivières.

Les excès de la Révolution sont appliqués sans sourciller : on réquisitionne, on décrète la conscription pour les armées, on pille les possessions de l'Église et les trésors artistiques prennent le chemin de Paris. Néanmoins, tout n'est pas catastrophique : l'Escaut est rouvert, Anvers est modernisée et les Belges, gens de commerce et d'industrie, se félicitent de l'ouverture du marché français. Au travail ! D'autant plus que les vestiges féodaux disparaissent par l'adoption du code civil et de structures judiciaires et administratives rationnelles. Mais tout cela se fait en français et Bruxelles, ville toujours flamande, grogne. Les Belges participent aux campagnes de l'Empereur jusqu'au jour où il finit par buter à Waterloo, là où 48 000 combattants laissent leur vie. Il y avait des Belges dans les deux camps des belligérants.

L'INCONFORT FESSIER DE NAPOLÉON À WATERLOO

Diminué par une crise aiguë d'hémorroïdes qui l'empêchait de monter en selle, et abruti par la forte dose de laudanum que ses médecins lui avaient administrée, Napoléon ne put entamer cette bataille cruciale en bonne condition. Il sortit tardivement du sommeil et ne lança l'affrontement que tard dans la matinée. Ces quelques heures perdues permirent sans doute à Blücher de gagner à temps le champ de bataille pour venir épauler les Anglais et déborder l'armée française. Petites causes, grands effets...

... et finalement des Hollandais

En 1815, au congrès de Vienne, les puissances de la Sainte-Alliance décident de flanquer aux frontières nord de la France un État tampon puissant. On demande à Guillaume Ier de réunir tout cela sous la bannière d'Orange en formant le royaume des Pays-Bas. D'emblée, le mariage forcé sent le divorce : les Belges sont catholiques, les Hollandais protestants, la bourgeoisie est industrielle au sud, commerçante au nord. Les officiers belges ne peuvent servir dans les colonies hollandaises. L'usage officiel du néerlandais déplaît même aux élites de Flandre francisées. Un besoin d'autonomie se renforce chez les Belges et, en août 1830, à la suite de la Révolution de Juillet à Paris, c'est la représentation, à la Monnaie, d'une opérette exaltant la liberté des peuples qui déclenche des émeutes. Des combats opposent les troupes hollandaises aux insurgés venus de tout le pays. Les Hollandais sont chassés le 27 septembre. L'indépendance est proclamée.

La Belgique est indépendante

Le congrès national vote la Constitution et le nouvel État est soutenu par la France et l'Angleterre. Un régime de monarchie constitutionnelle est préféré à une république. Le choix d'un roi se porte sur un prince sans emploi : Léopold de Saxe-Cobourg, veuf de l'héritière du trône d'Angleterre. Léopold Ier devient roi des Belges et prête serment le 21 juillet 1831 (date de la fête nationale). La Hollande ne renonce pas et ses troupes entrent en Belgique. La France vient au secours de la jeune nation et les Hollandais sont refoulés tout en obtenant des compensations territoriales. Léopold Ier, habile diplomate, épouse la fille de Louis-Philippe, Louise-Marie d'Orléans.

En route vers la prospérité

S'appuyant sur la collaboration des deux partis bourgeois dominants, catholiques et libéraux, la Belgique se transforme dans les décennies suivantes en vaste manufacture hyper performante. L'industrialisation, la construction du premier chemin de fer du continent, la main-d'œuvre bon marché... Le capitalisme triomphant engrange les dividendes du libre-échange. Et tout cela en français, langue officielle...

Les querelles politiques sur les questions scolaires et sur le service militaire ne peuvent occulter les tristes réalités de la condition sociale du plus grand nombre : la misère règne dans les bassins industriels et les campagnes flamandes. Les masses laborieuses tentent de s'organiser, des grèves sont réprimées par l'armée, la soumission au patronat est prêchée par l'Église.

Naissent alors des associations d'entraide qui débouchent, en 1885, sur la constitution d'un parti ouvrier belge. Il revendique, pour les travailleurs, une part de la prospérité par l'émancipation économique, morale et politique. Après la reconnaissance du droit de grève, le suffrage universel (tempéré par le vote plural) est acquis en 1892 avec l'appui de la composante sociale du mouvement chrétien. En parallèle, le mouvement national flamand réclame avec raison la reconnaissance de son identité culturelle et linguistique, et obtient en 1898 le statut de langue officielle pour le néerlandais.

Léopold II et le Congo

L'esprit d'entreprise de la bourgeoisie conquérante a besoin de débouchés extérieurs. Les capitaux s'investissent de plus en plus loin. On exporte des tramways à Odessa, des chemins de fer à Pékin, on construit des usines en Asie, une ville en Égypte (Héliopolis), on fonde des banques prospères et Léopold II nourrit des visions de grandeur pour un pays qui, selon lui, « pense petit et critique tout ».

Le roi s'appuie sur le monde scientifique pour proposer l'exploration d'une des seules terres inconnues de la planète : l'Afrique centrale. Il prétexte la lutte contre la traite des Noirs pour financer des expéditions de reconnaissance (rappelez-vous Stanley : « *Dr Livingstone, I presume ?* »). Il crée un comité d'études du haut Congo, dépêche des émissaires qui signent en son nom des traités avec des chefs de tribus et organise, dans la foulée, une association internationale du Congo dont il est le P-D.G. Il plante alors son drapeau sur un territoire de 2 300 000 km^2 qui devient l'État indépendant du Congo. Du vrai travail de *raider*. Cela ne coûte pas un franc à l'État belge, puisque le roi finance tout sur sa propre cassette avec l'aide de partenaires financiers américains qui profiteront de concessions commerciales juteuses lors de l'avènement de l'automobile et du boom sur le caoutchouc. La « gestion » de la colonie est alors fortement remise en cause par des rapports anglais qui révèlent l'horreur de massacres commis à grande échelle par ceux que Léopold II a envoyés exploiter le pays. Cet épisode peu reluisant fera longtemps l'objet d'un black-out dans les manuels d'histoire. Les archives de l'État indépendant du Congo ont été détruites à la cession à l'État belge mais on parle de plusieurs millions de victimes.

À sa mort, en 1909, Léopold II cède à la Belgique une colonie fabuleusement riche, 80 fois plus étendue que sa métropole et dont le sous-sol recèle de l'or, de l'argent, du cuivre et des diamants. Cela n'empêchera pas son cortège funèbre d'être hué sur le parcours.

Son règne voit aussi la transformation de Bruxelles, où l'on trace de grandes artères de prestige et où l'on érige des monuments somptueux et parfois très contestés (palais de justice, parc du Cinquantenaire). Les bourgeois aisés se font bâtir de coquettes maisons de maître dans le style Art nouveau. La capitale devient un centre artistique d'avant-garde en accueillant les chefs de file de la peinture moderne refusés aux salons de Paris. Le groupe des XX et la Libre Esthétique accueillent les tendances nouvelles en littérature, musique et beaux-arts.

La Grande Guerre

En août 1914, la neutralité de la Belgique est violée, à la suite du refus de laisser le libre passage aux armées du Kaiser. C'est la 50e invasion depuis huit siècles ! Albert Ier, neveu de Léopold II, forge sa légende de roi-chevalier en se cramponnant à un petit bout de territoire inondé derrière

l'Yser. Les premières attaques aux gaz ont lieu à Ypres. Le roi et sa femme Élisabeth se dépensent sans compter pour maintenir l'indépendance et réduire les souffrances résultant de l'occupation, même si, dans les tranchées, quelques « poilus » flamands ont du mal à comprendre les ordres qui leur sont souvent donnés en français par leurs officiers.

Le traité de Versailles, en 1918, attribue à la Belgique les cantons de langue allemande d'Eupen et Malmedy, et la Société des Nations lui confie un mandat de tutelle sur un petit territoire de l'empire colonial allemand, appelé à l'époque le Ruanda-Urundi. La participation du pays à la guerre aux côtés des Alliés met fin à sa neutralité et, en 1920, les troupes belges occupent la région industrielle de la Ruhr avec les Français.

Vers le second conflit

En 1922 se crée l'Union économique belgo-luxembourgeoise (préfiguration du Benelux). L'université de Gand devient unilingue flamande et le centenaire du pays est fêté par les Expositions universelles de Liège et d'Anvers. Le sentiment d'appartenance à une nation belge unie est renforcé en 1934, par le deuil d'Albert, qui fait une chute mortelle au rocher de Marche-les-Dames. Son fils Léopold III lui succède mais, 1 an après, provoque en Suisse un accident de voiture qui coûte la vie à son épouse, la jeune et belle reine Astrid. Les années brunes voient en Belgique l'éclosion de partis d'inspiration fasciste. Léon Degrelle connaît quelques succès électoraux avec son mouvement Rex. Un parti national flamand – le VNV – fait beaucoup parler de lui. Les admirateurs de l'Ordre nouveau se retrouveront bientôt sous l'uniforme vert-de-gris.

La guerre, l'occupation et la « question royale »

Devant la montée des périls, dès 1936, Léopold III et son gouvernement tentent de refaire le coup de 1914 en se déclarant neutres. Peine perdue ! Le 10 mai 1940, la Wehrmacht entre en Belgique. La *blitzkrieg* n'est plus la guerre des tranchées et, malgré le soutien des Anglais et des Français, entrés en Belgique dès la neutralité violée, la débâcle est consommée en 18 jours. L'exode jette sur les routes des centaines de milliers de personnes, sous les bombes des « stukas ». Une ultime résistance permet aux Anglais de rembarquer à Dunkerque et, le 28 mai, Léopold III capitule, ce qui lui vaut les foudres du gouvernement de Paul Reynaud. Il ne faudra pas 3 semaines aux Allemands pour défiler à Paris...

Léopold fait alors un choix lourd de conséquences : en tant que chef des armées, il décide de partager la captivité de ses troupes. Le gouvernement, lui, a pris le chemin de Londres ; un fossé plus grand que la Manche les séparera désormais.

La Belgique subit l'occupation nazie jusqu'en septembre 1944 et apporte une contribution plus que symbolique à l'effort des Alliés en mettant à la disposition de ceux-ci les richesses minières du Congo. L'uranium du Katanga permet aux Américains de fabriquer la première bombe atomique.

En épousant, en 1941, la femme de son cœur, alors que ses soldats moisissent dans les camps, Léopold III n'arrange pas son cas. En 1944, comme il est empêché de régner du fait de sa captivité en Allemagne, c'est son frère Charles qui est nommé régent.

Après le dernier épisode sanglant de la bataille des Ardennes, les Belges fêtent la victoire mais ne peuvent se mettre d'accord sur le retour du roi installé en Suisse. Les léopoldistes (catholiques) et les anti-léopoldistes (socialistes et libéraux) doivent attendre 5 ans pour accepter le verdict d'un référendum qui, par 57,5 % des suffrages, est favorable au retour du souverain. Dès son retour des émeutes graves éclatent à Liège. Dans la crainte d'une guerre civile, il cède ses pouvoirs à Baudouin, le prince héritier, qui monte sur le trône à sa majorité en 1951.

Le règne de Baudouin Ier et la fin de l'État unitaire

Au sortir de la guerre, la Belgique connaît un redressement économique spectaculaire. L'outil industriel n'est pas détruit, une réforme monétaire musclée jugule l'inflation et, tandis que le port d'Anvers tourne à plein régime en débarquant le minerai du Congo, les dollars du plan Marshall affluent sur le pays. Le traité de Rome ouvre un immense marché aux produits manufacturés et Bruxelles devient le siège de la CEE et de l'Euratom. En 1958, nouvelle *Exposition universelle* qui draine des millions de visiteurs au pied de l'Atomium qui, symbole du progrès par la science, en devient l'édifice phare.

Les années 1960 commencent par l'accession à l'indépendance du Congo dans des circonstances chaotiques. Baudouin se trouve une reine en la personne de Fabiola. Les Belges reprennent leurs chamailleries politico-linguistiques qui dégénèrent en conflit communautaire. La Flandre et la Wallonie vivent des évolutions économiques divergentes : au sud, le charbon et l'acier connaissent un déclin irréversible, la reconversion est lente et onéreuse. Au nord, se développe une industrie de transformation qui s'appuie sur un dynamisme commercial et une main-d'œuvre productive et docile.

ZOO HUMAIN

À la fin du XIXe s, les indigènes : Nubiens, Lapons, Tonkinois... sont régulièrement exhibés comme des curiosités aux Européens. Les scientifiques viennent découvrir ce soi-disant chaînon manquant entre le singe et l'homme évolué (le blanc évidemment). Après 1918, il devient difficile d'exposer ces « sauvages » qui ont combattu durant la Grande Guerre. Et pourtant, en 1958, le dernier village congolais avec ses cases et ses habitants en pagne, sera montré à l'expo universelle de Bruxelles.

La balance démographique penche en faveur des Flamands, plus prolifiques. Le statut de Bruxelles est au centre des polémiques. Quelques hommes politiques, habiles artisans en « ingénierie institutionnelle », parviennent alors à élaborer une série de compromis alambiqués qui mèneront le pays de la régionalisation au fédéralisme dans une volonté de respect des identités culturelles et des autonomies régionales.

À l'occasion du décès du roi Baudouin en 1993, la manifestation d'un sentiment national suranné submerge le pays. Au-delà de la ferveur exprimée à la personne du roi et à Albert II son frère et successeur, certains ont vu l'expression du besoin qu'ont encore les Belges de se trouver des raisons pour vouloir vivre ensemble. Sans doute, avec l'équipe nationale de football, l'institution monarchique est-elle la pierre angulaire capable de maintenir la cohésion de ce bizarre avatar de l'histoire appelé Belgique...

Le royaume ébranlé

En 1996, la Belgique découvre avec effroi les ravages de la pédophilie. L'« affaire Dutroux » met en relief le laxisme des institutions et la gabegie de l'appareil judiciaire dans leur incapacité à réprimer le plus abject des commerces : l'enlèvement, la séquestration, l'exploitation sexuelle d'enfants et leur élimination dans des conditions horribles. Le pays, traumatisé, sort d'une longue léthargie et exprime son indignation au cours d'une « marche blanche » qui rassemble 300 000 personnes dans les rues de Bruxelles. Poussé par ce sursaut moral, le pouvoir politique met en place une commission parlementaire chargée de faire la lumière sur les dysfonctionnements dans les enquêtes. Après plus d'un an de délibérations surréalistes, elle remet un rapport accablant pour la police, la gendarmerie et la justice. Après 8 ans d'instruction, en 2004, Marc Dutroux et ses complices se retrouvent devant les jurés de la cour d'assises d'Arlon. Dutroux écope de la perpétuité. La chose est donc jugée, même si certains considèrent que le procès n'a pas fait toute la lumière.

La fin des années 1990 voit aussi les bijoux de famille du capitalisme belge partir en morceaux sous les coups de boutoir de la mondialisation. Le fleuron industriel Petrofina passe dans les mains du groupe Total, le groupe de distribution GIB dans celles de Carrefour. Puis, fin 2001, après 75 ans de bons et loyaux services, la compagnie aérienne Sabena est déclarée en faillite.

Réformes et soubresauts

Après avoir dépénalisé l'usage des drogues douces (mais pas leur trafic) et l'euthanasie, la Belgique se donne au début des années 2000 les moyens légaux d'instruire et de juger des crimes contre l'humanité commis en dehors de son territoire alors même que les ressortissants ne sont pas belges. C'est une première mondiale. Mais la loi est rapidement vidée de ses aspects les plus dérangeants pour les chefs d'État étrangers.

Aux élections européennes de juin 2004, 25 % des Flamands votent pour le parti d'extrême droite Vlaams Belang (ex-Vlaams Blok).

Mais aux élections communales de 2006, l'extrême droite subit son premier revers en n'emportant pas la mairie d'Anvers comme espéré. À Charleroi, la justice n'arrête pas d'enquêter sur des affaires de corruption de marchés publics, qui offrent l'image d'une classe politique wallone vérolée par le clientélisme et la corruption.

En décembre 2006, dans une émission de fiction *Bye Bye Belgium,* la RTBF imagine la sécession de la Flandre et ses conséquences. Résultat, en juin 2007, les législatives se concluent par un recul très net des socialistes (au nord et au sud), sans doute aussi pénalisés par l'« effet Sarkozy ».

Le royaume s'effrite...

Neuf mois après ses élections législatives, la Belgique retrouve enfin un gouvernement après 282 jours de psychodrame où la partition irrémédiable du pays était annoncée par tous les médias du monde. Dirigée par le vainqueur des législatives de juin 2007, le chrétien-démocrate flamand Yves Leterme, l'équipe gouvernementale entre en fonctions après une crise qui a frisé le blocage définitif.

La constitution de cette coalition ne propose toutefois aucune solution à l'origine de la crise : la réforme des institutions fédérales réclamée par les Flamands, qui demandent une plus grande autonomie de leur région. Finalement les choses s'apaisent provisoirement lorsque le CD & V largue le trublion nationaliste du N-VA avec lequel il formait un cartel. Et la décision sur la scission de l'arrondissement de Bruxelles-Hal-Vilvorde (BHV) est à nouveau provisoirement reportée. En Belgique, il est souvent préférable de décider de ne rien décider.

La crise bancaire, économique puis mondiale touche des grandes banques de plein fouet. Dexia, la banque franco-belge perd 90 % de sa valeur boursière et est recapitalisée via un accord franco-belgo-luxembourgeois. La banque-assurance Fortis, de son côté, boit le bouillon jusqu'au fond du bol. Les avoirs néerlandais sont récupérés par les Hollandais et le démantèlement s'achève par un rachat de l'essentiel des activités bancaires et d'assurance en Belgique et au Luxembourg par BNP Paribas.

Comme un Belge sur deux a un compte ou ses économies chez Fortis, la colère monte chez les petits épargnants. Des procédures judiciaires entamées par ceux-ci débouchent en décembre 2008 sur la démission d'Yves Leterme et de son ministre de la Justice suite à des pressions supposées de l'exécutif sur le fonctionnement de la justice.

Le roi nomme alors presque contre sa volonté un homme de confiance expérimenté à la tête du gouvernement : Herman Van Rompuy (prononcez Rompeuille), un politicien flamand blanchi sous le harnais, aussi peu charismatique qu'un sacristain. Il a le mérite de ramener l'accalmie dans cette criée politique.

RATTACHISME, KESAKO ?

Les risques d'implosion du royaume à la perspective d'une indépendance de la Flandre ont remis à l'ordre du jour les thèses rattachistes. Ce courant favorable à une réunion de la Wallonie (avec Bruxelles ?) à la république française existe depuis 1795, lors de l'annexion des provinces belges, mais n'a jamais été défendu que par une infime minorité de Belges. Si le cousinage culturel entre francophones est évident, la société belge est par beaucoup d'aspects aux antipodes du modèle jacobin français. Sans atteindre des scores majoritaires, des sondages récents ont toutefois montré une progression de cette idée, réalisable, selon certains, en s'inspirant du statut autonome des territoires d'outre-mer.

En novembre 2009, Yves Leterme retrouve la tête de la coalition fédérale à la suite de la nomination d'Herman Van Rompuy à la présidence européenne, mais remet sa démission au roi en avril 2010 à la suite d'un nouveau blocage. Aucune solution de rechange n'étant proposée, des élections sont organisées en juin. Les plus pessimistes évoquent à nouveau la partition du pays... mais comme cela fait 50 ans que ça dure.

... s'enlise, mais s'adapte !

Au sortir des urnes en juin 2010, un séisme secoue la Flandre : le parti nationaliste et séparatiste N-VA rafle la mise et rassemble près d'un tiers des voix autour d'un credo qui se fixe comme objectif d'obtenir à terme l'indépendance de la Flandre. Côté wallon, le PS renforce ses positions en recueillant 32 % des suffrages. D'âpres négociations s'éternisent pour obtenir un accord de gouvernement. Pendant ce temps, le gouvernement fédéral démissionnaire reste en charge des « affaires courantes », prend avec succès son tour de présidence européenne, vote un budget et s'engage militairement en Libye, le tout dans un contexte de reprise économique. Mais le nouveau gouvernement se fait toujours attendre. Les blocages portent sur la réforme des institutions, la nouvelle répartition des compétences entre fédéral, communautés et régions, sur le statut de Bruxelles et de sa périphérie, sur le financement du système fédéral et provoquent l'enlisement de ces négociations au point de battre l'officiel record du monde du pays sans gouvernement à la suite d'élections démocratiques : 541 jours ! Après plusieurs tentatives infructueuses, le francophone Elio Di Rupo, fils de l'émigration italienne de l'après-guerre, prête finalement le serment de Premier ministre en décembre 2011, après avoir réussi à convaincre six partis (socialistes, libéraux et démocrates-chrétiens) de travailler ensemble et de régler, entre autres, le fameux casse-tête du BHV. Homme politique affable et patient, toujours affublé de son fameux nœud-papillon, Elio Di Rupo est un réconciliateur habile et un fin stratège : il fallait bien cela pour sortir le pays de l'ornière et tenter de recoller les morceaux après une crise politique si profonde.

Après avoir frôlé l'implosion, la Belgique repart de l'avant. De quoi, encore une fois, susciter la curiosité des politologues du monde entier sur ce curieux peuple, champion toutes catégories du bricolage politique et institutionnel.

Repères chronologiques

– **57 av. J.-C. :** guerre des Gaules.
– **255 apr. J.-C. :** invasion des Francs.
– **481 :** Clovis quitte son évêché de Tournai et s'installe à Paris.
– **720 :** Pépin le Bref dépose Childéric III et coiffe la couronne de France.
– **800 :** Charlemagne se fait sacrer empereur par le pape.
– **843 :** traité de Verdun. Partage de l'Empire carolingien en trois parties ; la Lotharingie est scindée à la mort de Lothaire, la Flandre échoit au roi de France.
– **980 :** Notger, prince-évêque de Liège, qui dépend du Saint Empire romain germanique.
– **1099 :** prise de Jérusalem par les croisés de Godefroy de Bouillon.
– **1214 :** bataille de Bouvines, Philippe Auguste défait les Flamands alliés à l'Angleterre et à l'Empire.
– **1300 :** annexion de la Flandre par Philippe le Bel et, 2 ans plus tard, bataille des Éperons d'or ; le peuple flamand se débarrasse de la chevalerie française.
– **1385 :** Philippe le Hardi, duc de Bourgogne, ayant hérité de la Flandre en 1384, étend sa domination sur l'ensemble des territoires « belges ».
– **1468 :** Charles le Téméraire détruit Liège et annexe la principauté.
– **1477 :** Marie de Bourgogne hérite des possessions bourguignonnes et épouse Maximilien d'Autriche ; les Pays-Bas passent à la maison d'Autriche.
– **1500 :** naissance à Gand de Charles, fils de Philippe le Beau et de Jeanne la Folle ; il règne de 1519 à 1555 sur l'empire des Habsbourg d'Espagne.
– **1576 :** « pacification de Gand » qui libère les Pays-Bas espagnols de l'oppression du règne de Philippe II ; fondation des Provinces-Unies calvinistes.
– **1598 :** début du règne des archiducs Albert et Isabelle.
– **1648 :** traité de Münster, qui ampute les Pays-Bas catholiques ; les Hollandais ferment l'Escaut.
– **1695 :** bombardement de Bruxelles sur ordre de Louis XIV.
– **1713 :** traité d'Utrecht, les Pays-Bas espagnols sont rendus à l'Autriche ; Charles de Lorraine est gouverneur en 1744.
– **1780 :** Joseph II, empereur, impose des réformes mal perçues par les Belges qui se soulèvent en 1789 et chassent temporairement les Autrichiens.
– **1795 :** annexion des Pays-Bas autrichiens par la France républicaine.
– **1815 :** le congrès de Vienne réunit la Belgique et la Hollande ; Guillaume d'Orange devient le souverain de ce royaume des Pays-Bas.
– **1830 :** insurrection à Bruxelles, les Hollandais sont chassés.
– **1831 :** l'indépendance de la Belgique est reconnue ; avènement de Léopold Ier.
– **1865 :** début du règne de Léopold II, qui lègue le Congo à la Belgique en 1909.
– **1914 :** début de la Grande Guerre, à laquelle la Belgique participe aux côtés des Alliés ; Albert Ier résiste derrière l'Yser.
– **1934 :** mort accidentelle d'Albert Ier ; Léopold III monte sur le trône.
– **1940 :** invasion de la Belgique par les Allemands, capitulation du roi après 18 jours de combat ; le pays est occupé jusqu'en 1944.
– **1951 :** à la suite de la « question royale », Léopold III abdique en faveur de son fils, Baudouin Ier.
– **1959 :** Bruxelles devient le siège de la CEE.
– **1980 :** mise en place de la régionalisation.
– **1993 :** décès de Baudouin Ier ; son frère Albert II lui succède.
– **1994 :** modification de la Constitution qui fait de la Belgique un État fédéral composé de communautés et de régions.

– *1996 :* ébranlée par les affaires de pédophilie, la Belgique remet en cause le fonctionnement de la justice et de la police. Une « marche blanche » rassemble en octobre 300 000 personnes à Bruxelles.

– *1997-1998 :* une commission d'enquête publie un rapport accablant sur les dysfonctionnements de l'appareil judiciaire.

– *1999 :* à Cannes, la Belgique reçoit sa première Palme d'or avec *Rosetta* des frères Dardenne. Crise du poulet à la dioxine, les électeurs réagissent en expédiant la majorité sortante aux oubliettes. Une coalition inédite entre en fonction en juillet.

– *2001 :* un tribunal belge juge les crimes de génocide du Rwanda. Dépénalisation du pétard. Naissance d'Élisabeth de Belgique. Faillite de la compagnie aérienne Sabena.

– *2002 :* dépénalisation de l'euthanasie.

– *2003 :* une coalition rouge-bleu émerge des élections. Premier mariage homosexuel.

– *2005 :* festivités et expos se succèdent pour commémorer les 175 ans de l'indépendance du pays. Les frères Dardenne reçoivent leur deuxième Palme d'or à Cannes avec *L'Enfant*.

– *2006 :* une partie de la presse flamande suggère une révision constitutionnelle qui limiterait la fonction royale à un rôle strictement protocolaire. D'autres songent déjà à une république de Flandre indépendante... débarrassée du « boulet wallon ».

– *Décembre 2006 :* la RTBF annonce la dissolution de la Belgique par la partition de la Flandre dans une émission de reportage qui affole les spectateurs qui n'ont pas compris qu'il s'agissait d'une fiction.

– *2007 :* crise politique majeure au sortir des élections. Il faut 9 mois pour trouver un accord de gouvernement. En attendant, le pouvoir d'achat des Belges dégringole.

– *2008 :* la crise des *subprimes* frappe les grandes banques belges que le gouvernement rachète avant de les céder par appartements. Yves Leterme, en fonction depuis peu, est soupçonné de pressions sur les magistrats qui doivent valider ces opérations. Il doit démissionner avec son ministre de la Justice. Après atermoiements, c'est un vieux routier expérimenté, Herman Van Rompuy, qui reprend les rênes de la coalition en place.

– *2009 :* retour d'Yves Leterme à la tête du gouvernement, pour quelques mois seulement. Son gouvernement tombe en avril 2010 sur l'éternelle querelle du BHV.

– *2010 :* nette percée des nationalistes flamands aux élections anticipées de juin.

– *Juillet 2010 :* la Belgique assure la présidence de l'UE pour 6 mois.

– *Décembre 2011 :* le 6, Elio Di Rupo parvient à former un gouvernement de coalition. C'est la fin de 541 jours en roue libre, record mondial dans un pays démocratique. Très vite, un plan d'économies budgétaires drastique est annoncé.

– *Mars 2012 :* le 13, une classe de neige prend la route pour revenir en Belgique lorsque survient un terrible accident d'autocar, dans un tunnel en Suisse. Bilan très lourd : 22 enfants et 6 adultes y perdent la vie ; 24 autres enfants sont blessés. Ce drame d'ampleur nationale laisse la Belgique sous le choc.

HUMOUR BELGE

Un bel antidote à l'arrogance condescendante attribuée aux Français, qui les ont de tous temps traités de « petits Belges ». En fait, les Belges n'ont jamais vraiment apprécié que l'on se moque d'eux, une fois..., puisqu'ils s'en chargent très bien eux-mêmes. Depuis que Coluche et Roucas ne font plus partie du paysage audiovisuel, ce sont les Belges, champions du monde de l'autodérision, qui font rire la France avec leurs films et leurs acteurs débarqués du « plat pays ». Benoît Poelvoorde, Bouli Lanners, François Damiens, Virginie Efira et certaines productions flamandes déjantées, font l'admiration envieuse de l'Hexagone. Philippe Geluck a même imposé l'humour vachard de son Chat à la devanture d'une grande banque française. S'il n'est pas loin de l'humour anglais et de son « *understatement* » ou de l'absurde de l'humour juif, l'humour belge affectionne en plus le burlesque et même le « *trash* ». Témoin du genre, les émissions diffusées sur la très officielle RTBF comme *Strip-tease* et *Tout cela ne nous rendra pas le Congo...* En France, remplacez « Congo » par « Algérie », pas sûr que cela dépasserait le stade du projet...

MÉDIAS

Du côté des ondes

La concurrence est féroce entre les chaînes pour s'approprier la manne publicitaire et les parts d'un marché d'à peine 10 millions de consommateurs.

En français, la chaîne publique RTBF dispose de trois chaînes. Sont également présents : RTL/TVI, entreprise privée avec également trois chaînes ; BTV, ex-Canal+, pour les possesseurs du décodeur bien entendu, et les chaînes AB3 et AB4 ; les émissions en provenance de l'Hexagone : TF1 (mais pas en Flandres), les chaînes de France Télévision, FRANCE 24 et Arte, en plus des rediffusions de TV5MONDE et des émissions en français de la chaîne thématique Euronews.

Votre TV en français : TV5MONDE

TV5MONDE est reçue partout dans le monde par câble, satellite et sur Internet. Voyage assuré au pays de la francophonie avec films, fictions, divertissements, sports, informations internationales et documentaires.

En voyage ou au retour, restez connectés ! Le site internet ● *tv5monde.com* ● et sa déclinaison mobile ● *m.tv5monde.com* ● offrent de nombreux services pratiques et permettent de prolonger ses vacances à travers des blogs et des visites multimédia.

Demandez à votre hôtel sur quel canal vous pouvez recevoir TV5MONDE et n'hésitez pas à faire vos remarques sur le site ● *tv5monde.com/contact* ●

Euronews

1re chaîne internationale d'information en Europe, avec 400 journalistes de plus de 25 nationalités. La rédaction couvre le monde 24h/24 – en 11 éditions dont le français. Véritable média international, Euronews pose un regard unique et indépendant sur l'actualité. Fondée en 1993 en Europe et basée à Lyon, en France, la chaîne est accessible à plus de 350 millions de foyers à travers le globe. Euronews est disponible sur tous les terminaux numériques et via ses appli gratuites sur AppleStore et Google Play. Live et VOD sur ● *euronews.com* ●

Les gazettes

Elles ont parfois du mal à subsister, sauf pour ces éditions régionalisées qui perdent moins de lecteurs.

En langue française, à Bruxelles, *Le Soir, La Libre Belgique,* l'*Avenir* (nombreuses éditions régionales) et *La Dernière Heure – Les Sports.* Leurs suppléments culturels peuvent vous être utiles. Les seuls *news* hebdomadaires de gros tirage sont *Le Vif/L'Express,* qui ont la particularité de reprendre des pages de l'hebdo français et de *Moustique. Le Soir Magazine* garde ses adeptes. Pour les programmes TV, *Ciné-Revue* et *Télé Pro* sont les plus vendus. *Ciné-TV-Revue* restant le plus gros tirage des hebdos.

Aucun problème pour vous procurer *Libé, Elle* ou *Le Nouvel Obs,* ils sont distribués dans toute la Belgique.

Les quotidiens flamands les plus connus sont : *Standaard*, dont les éditoriaux politiques influencent l'opinion flamande, *Het Nieuwsblad*, *Het Volk*, *Het Laatste Nieuws*, *Het Belang van Limburg* et *Morgen*, qui peut se comparer à *Libé*. *Trends* et *Humo* sont les hebdos les plus populaires en Flandre.

PATRIMOINE CULTUREL

Archéologie industrielle

Il y a quelques décennies, on s'empressait de faire disparaître les vestiges noircis et délabrés des sites datant du début de la révolution industrielle. Puits de mine, manufactures, entrepôts, cheminées étaient rasés pour faire place à des réalisations à peine plus esthétiques. Quelques pionniers (architectes, historiens) se sont passionnés pour le pouvoir d'évocation de ces lieux chargés de la mémoire collective des populations qui y avaient vécu.

À présent, à défaut de pouvoir tout conserver, on se donne la peine de restituer fidèlement ce qu'était le cadre de vie d'aïeux somme toute peu éloignés dans le temps. Avec un peu d'imagination et grâce aux documents qu'on y expose, on peut aisément se représenter les conditions de travail et de vie de nos arrière-grands-parents. Certains sites sont nés de la volonté d'industriels « éclairés », concepteurs d'univers utopistes où travail, habitat, hygiène et rapports sociaux devaient fonctionner au sein d'un ensemble harmonieux. Le génie industriel se manifeste aussi dans les technologies utilisant des moyens rudimentaires (vapeur, force hydraulique) et dans l'utilisation de matériaux sobres (fer, fonte, brique). Ces témoignages d'un proche passé sont nombreux et méritent autant d'intérêt que les prestigieux édifices civils ou religieux. Consécration : les anciens ascenseurs hydrauliques du canal du Centre, près de La Louvière, ont été classés en 1998 au Patrimoine mondial de l'Unesco.

Arts

S'il est un domaine où la Belgique regorge de richesses, c'est bien dans celui de l'activité artistique. À plusieurs époques bénies, tous les facteurs ont été réunis pour que les régions belges apportent leur contribution aux grands courants artistiques en Europe.

Toutes les écoles ont été présentes en Belgique au cours des siècles, carrefour de rencontres de plusieurs cultures. Celtes, Romains, Français, Bourguignons, Espagnols, Autrichiens, Hollandais y ont laissé des traces de leur génie propre, mais c'est dans les cités flamandes et wallonnes que des courants comme l'art mosan, la peinture flamande, le gothique flamboyant, le symbolisme, l'Art nouveau et, dans une moindre mesure, le surréalisme ont donné naissance à certains de leurs chefs-d'œuvre les plus marquants. Plutôt que de lire des commentaires fastidieux, le plus intéressant est de savoir où trouver les œuvres les plus importantes de chaque mouvement artistique. Nous les signalons dans nos textes.

Surréalisme et fantastique

Depuis le Moyen Âge, le « plat pays » a toujours engendré des artistes et des écrivains tentés par une interprétation « décalée » de la réalité. Depuis les allégories monstrueuses de Bruegel, inspiré par Jérôme Bosch, jusqu'aux littérateurs wallons du mouvement surréaliste comme Chavée ou Scutenaire, en passant par les langueurs oniriques et mystiques des symbolistes, les squelettes et les masques d'Ensor, les divagations ferroviaires de Paul Delvaux, les récits effrayants de Jean Ray, les chapeaux-boule de Magritte, les rêves éveillés du cinéaste André Delvaux, les savants fous d'Hergé et les mondes parallèles des B.D. d'Edgar P. Jacobs et de François Schuiten, ce pays, banal en apparence, a sécrété, sans presque le faire exprès, des univers anti-cartésiens ahurissants pour un observateur extérieur. Jusque dans ses institutions politiques, que l'on a parfois du mal à prendre au sérieux, l'univers belge recèle des antimondes indicibles, à la limite du délire schizophrène : l'architecture loufoque de l'Atomium, la mégalomanie du palais de justice de Bruxelles aux souterrains plus mystérieux que les caves du Vatican, les iguanodons charbonneux du musée des Sciences naturelles, rescapés des glaises du crétacé, les terrils du Borinage qui ont vu fleurir la plus décapante des poésies, les grottes ardennaises où se sont perdues des rivières, les trognes extatiques des masques de cire des Gilles de Binche, les télescopages architecturaux du paysage urbain, les provocations des plasticiens Jean Fabre et William Delvoye, à la limite de la scatologie, la gouaille un rien cruelle des estaminets liégeois et les carambolages linguistiques chers à la *zwanze* bruxelloise, les chansons au quatrième degré de Jean-Luc Fonck du groupe Sttella, les attentats pâtissiers de l'*entarteur*, Noël Godin, tout contribue à faire du périple belge une suite d'expériences inclassables où la banalité presque exaspérante peut brusquement basculer vers un insolite débridé générateur de perplexités fécondes.

Vous avez dit surréalisme ? Pour qui a appris à le déceler, en faisant fi des catégories rationnelles, le décodage du « fantastique quotidien » ou du « réalisme magique » propres à l'univers belge peut se révéler un exercice enrichissant des plus jouissifs.

En Belgique, l'aventure est bien au coin de la rue ! Après tout, n'est-ce pas en extrayant une banale boîte de conserve d'une affligeante poubelle que Milou entraîne Tintin dans les péripéties rocambolesques du *Crabe aux pinces d'or* ?

Littérature

Point de rencontre du monde latin et du monde germanique, la Belgique, vous le savez à présent, possède deux domaines linguistiques et, à fortiori, deux littératures bien distinctes. C'est vrai de nos jours mais cela n'a pas toujours été aussi simple ! S'il est certain qu'aucun Wallon n'a écrit en flamand, de nombreux Flamands de souche et « d'âme » ont utilisé le français. Cela tient aux fluctuations de l'histoire, quand le français était la langue de la bourgeoisie dominante et de l'enseignement, et le flamand un langage patoisant utilisé dans les rapports domestiques. Pourtant, la langue flamande a connu à des époques anciennes un usage qu'on peut sans hésiter qualifier de littéraire. Il a fallu attendre la fin du XIXᵉ s, avec l'émergence du nationalisme flamand, puis la flamandisation de l'université de Gand, en 1930, pour que la langue « de Vondel » accède à la reconnaissance.

Littérature flamande

Si c'est à Louvain, Bruges, Anvers et Bruxelles que l'imprimerie se développe, la langue de l'érudition utilisée par les savants est le... latin, et le flamand est délaissé par les lettrés.

Jusqu'au XIXᵉ s, la langue flamande, éclatée en plusieurs dialectes, va végéter dans une utilisation patoisante, séparée par l'histoire de son tronc néerlandais.

À la suite de l'indépendance belge en 1830, un courant intellectuel et national va amener de jeunes bourgeois à puiser dans le riche passé de la Flandre les raisons de revendiquer pour leur langue un statut culturel équivalent à celui du français.

On dit d'Henri Conscience (Anversois né de père français !) qu'il « apprit à lire à son peuple ». Les thèmes historiques choisis dans ses romans (la victoire des communiers flamands contre la noblesse française) servaient à merveille la cause politique... Le doux abbé Guido Gezelle servit, lui, la cause de la poésie en utilisant une langue fraîche et spontanée. Sincères aussi dans la description des réalités paysannes furent Karel Van de Woestljne, Cyriel Buysse et Stijn Streuvels. Herman Teirlinck connut le succès comme dramaturge et, en parallèle au mouvement pictural, une génération de romanciers choisit l'expressionnisme et le naturalisme comme sources inspiratrices. On peut citer comme écrivains reconnus (aux Pays-Bas surtout, parce que peu traduits en français) : Ernest Claes, Félix Timmermans, Louis-Paul Boon, Johan Daisne (inspirateur d'André Delvaux), Hugo Raes, Gérard Walschap, Marnix Gijsen, Hubert Lampo, Ward Ruyslinck, Jef Geeraerts et surtout Hugo Claus dont la notoriété a largement dépassé le monde néerlandophone. Un cas à part est celui de Jean Ray, le pape du genre fantastique, qui publia aussi bien en flamand qu'en français !

Lettres belges d'expression française

Du Moyen Âge à 1830, la littérature francophone se confond avec sa grande voisine du Sud : entre Belges et Français du Nord, quelques kilomètres de frontières féodales pouvaient déterminer si l'on naissait sujet du roi ou sujet des comtes et ducs « belges ». Revendiquer Froissart, Philippe de Commines, Jean Lemaire de Belges, puis, beaucoup plus tard, Charles-Joseph de Ligne n'a pas beaucoup de sens.

Passons au XIXe s pour commencer à s'intéresser à ce qui s'écrit et se publie dans la jeune nation. Le paradoxe – ce n'est pas le seul dans cet étrange pays – veut que ce soient des Flamands de souche qui firent la gloire des lettres belges naissantes : Charles de Coster publie en 1867 et en français *La Légende de Thyl Ulenspiegel et de Lamme Goedzak au pays de Flandre et ailleurs,* légende éminemment flamande inspirée de la tradition germanique. Gros succès pour cette épopée magnifiant la liberté.

Accèdent au rayon des best-sellers en français (sous le label : « La Jeune Belgique ») : Georges Eeckhoud (anversois), Charles Van Leerberghe (gantois), Max Elskamp (anversois), Émile Verhaeren (gantois), Maurice Maeterlinck (Prix Nobel et gantois), Camille Lemonnier, Georges Rodenbach, tous ardents symbolistes et naturalistes qui donnent un élan irrésistible à l'essor des lettres en Belgique.

– Suivent avec le temps : Franz Hellens, les poètes Marcel Thiry et Norge, Charles Plisnier (premier Goncourt non français), Félicien Marceau ; les auteurs de théâtre Fernand Crommelynck et Michel de Ghelderode ; les surréalistes Marcel Mariën, Paul Nougé, Louis Scutenaire, Achille Chavée ; les inclassables Henri Michaux (naturalisé français) et Marcel Moreau.

– Du côté des dames : Marie Gevers (la « Colette » belge), Suzanne Lilar, sa fille Françoise Mallet-Joris, Dominique Rolin, Jacqueline Harpman et plus récemment Nadine Monfils et Amélie Nothomb. Marguerite Yourcenar, née à Bruxelles de mère belge, était française avant de prendre la nationalité américaine.

– Les contemporains : les romanciers Pierre Mertens, Francis Dannemark, Jean-Philippe Toussaint (Prix Médicis 2005), Bernard Tirtiaux, Franz et son fils François Weyergans (entré sous la coupole en 2011), Henri Bauchau, Vincent Engel ; les poètes Eugène Savitzkaïa, Jacques Crickillion, Jean-Pierre Verheggen... Liste non limitative.

Du côté des essais et de l'histoire : Simon Leys, Hubert Juin, Georges-Henri Dumont, Jean-Claude Bologne, Léo Moulin, André Castelot, Jacques Sojcher, Patrick Roegiers...

Les tenants d'une littérature que l'on dit populaire ne sont pas les moins gâtés en tirages : le champion toutes catégories est Georges Simenon, suivi de Henri Vernes (le père de Bob Morane) et de Thomas Owen.

Musique classique

Au rayon classique, la Renaissance vit quelques Belges se distinguer dans la composition : le Montois Roland de Lassus fut l'un des grands maîtres de son siècle. Peu de chose à dire avant la fin du XVIIe s, où André-Modeste Grétry commet quelques opéras-comiques à succès. À l'indépendance, Fétis fait œuvre de théoricien et de musicologue, et l'organisation de l'enseignement musical permet la formation et l'émergence de grandes figures, comme César Franck, Guillaume Lekeu et, plus tard, Paul Gilson et Jean Absil. C'est du côté des interprètes que l'on peut distinguer des musiciens de qualité : le rayonnement international du concours musical « Reine Élisabeth » y est pour quelque chose. Eugène Ysaye et Arthur Grumiaux, violonistes, ont été des solistes de grande renommée. Henri Pousseur et Pierre Bartholomée sont les chefs de file de la musique contemporaine et Philippe Herreweghe et Sigiswald Kuijken ont remis la musique baroque au goût du jour. Le baryton-basse José Van Dam porte à l'opéra et au cinéma les couleurs de l'art lyrique belge.

Variétés

Ils sont légion, les chansonniers, compositeurs et interprètes à avoir vendu du vinyle puis des CD : le grand Jacques Brel au premier rang des gloires de la scène, suivi d'Adamo, Annie Cordy, Jean Vallée, Julos Beaucarne, Frédéric François, Plastic Bertrand, Pierre Rapsat, Philippe Lafontaine, Lio, débarquée de son Portugal natal, Victor Lazlo, le groupe Zap Mamma, Maurane, Lara Fabian, et Axelle Red, Arno, Johan Verminnen, Clouseau, Wil Tura, Helmut Lotti, et Selah Sue, la nouvelle star de la scène pop chez les Flamands.
En jazz, de grands noms aussi : Toots Thielemans, Philip Catherine, Charles Loos, Sadi, Steve Houben, Jacques Strozen...

La scène rock

Les grandes villes belges accueillent une tripotée de groupes étrangers ou belges qui se retrouvent dans les excellents studios d'enregistrement et s'y produisent régulièrement. Soyez donc attentif à la programmation de lieux emblématiques comme l'Ancienne Belgique (AB), le Bota (pour Botanique), les Halles de Schaerbeek, le Beurschouwburg ou la méga-salle de Forest-National à Bruxelles, ou l'Arena de Deurne près d'Anvers.
Quelques noms à surveiller de près : dEUS, Hooverphonic, Soulwax, K's Choice, Ozark Henry, Praga Khan, Flexa Lyndo, Zita Swoon, Soldout, Sharko, Dead Man Ray, Kiss My Jazz, Evil Superstars, Gore Slut, Show Star, Ghinzu, Girls in Hawaï, Venus, Hollywood Porn Star...

PERSONNAGES

On ne peut raisonnablement parler de Belges que depuis 1830, date de l'indépendance, mais on peut considérer comme tels tous ceux ou celles qui sont nés ou ont exercé l'activité qui les a rendus célèbres sur le territoire de l'actuelle Belgique...

– **Salvatore Adamo** (1943) : fils de mineur, c'est le premier à porter haut les couleurs de l'immigration italienne dans la région du Centre. Son romantisme gentillet a séduit toutes les générations. On se souvient des *Filles du bord de mer*, d'*Inch Allah* et de sa *Dolce Paola* écrite en hommage à l'actuelle reine des Belges. Sa carrière cinématographique fut moins heureuse mais, au Japon, ses tournées sont toujours triomphales. Il a vendu plus de 90 millions de disques de par le monde.

– **Arno** (1948) : chanteur flamand (ostendais) à l'ascendance russe et anglaise doté d'un organe vocal éraillé par l'alcool et les clopes. Gouailleur et candide, désarmant de sincérité, il avoue chanter pour ne pas avoir à travailler. Il a revisité avec bonheur quelques classiques du répertoire belge comme *Les Filles du bord de mer* d'Adamo ou *Les Vieux* de Brel. Gros succès en France où il a été fait chevalier des Arts et des Lettres, et accueil enthousiaste pour son album « Jus de Box » en 2007.

– *Jacques Brel* (1929-1978) *:* monument incontesté de la chanson française, grande gueule, bouffeur de curés et pourfendeur de bourgeois, invectiveur de *flamingants* et amoureux fou de la Flandre ; Belge à l'étroit dans son carcan national, rêveur d'infinis et verseur de larmes sur les femmes infidèles, Don Quichotte errant d'Amsterdam à Rio et de Knokke-le-Zoute à Vesoul, navigateur échoué aux Marquises, ce diable d'homme n'en finira jamais de ne pas nous quitter... Heureusement, ses chansons et ses films sont toujours là pour encore une fois, avec lui, essayer d'« atteindre l'inaccessible étoile »...

– *Pieter Bruegel, dit « l'Ancien »* (1528-1569) *:* peintre flamand brabançon, il est fasciné par les décors alpestres lors d'un voyage d'apprentissage en France et en Italie. On retrouvera ces décors de montagnes à l'arrière-plan des scènes campagnardes. Installé à Anvers, il fréquente tous les esprits novateurs de la Réforme : Érasme, Ortélius, Plantin. Il parcourt les campagnes habillé en paysan pour assister aux kermesses de village. Peintre des mœurs rustiques, il utilise également l'allégorie biblique pour dénoncer les exactions de l'occupation espagnole. Inquiété par l'Inquisition, il poursuit son œuvre à Bruxelles où naissent ses fils : Pieter (Bruegel d'Enfer) et Jan (Bruegel de Velours). Bruegel est l'un des peintres les plus importants de la Renaissance et, si ses tableaux sont disséminés aux quatre coins du globe, courez voir ceux des musées royaux des Beaux-Arts.

– *Hugo Claus* (1929-2008) *:* représentant le plus connu des lettres belges de langue néerlandaise. On parlait de lui depuis plusieurs années comme d'un « nobelisable » (le seul Prix Nobel de littérature belge est Maurice Maeterlinck en 1911). Poète, dramaturge et romancier *(Le Chagrin des Belges),* Claus s'est également essayé au cinéma. Pour la petite histoire, il a été, l'heureux homme, le compagnon de Sylvia Kristel *(Emmanuelle)* ! Atteint par la maladie d'Alzheimer, il a choisi de se faire euthanasier.

– *François Damiens* (1973) *:* tout petit, ce Bruxellois adorait déjà faire des blagues. Rien que de plus normal de le retrouver ensuite, spécialiste des caméras cachées dès 2000 sous le patronyme de *François l'Embrouille.* Grillé en Belgique, où tout le monde le reconnaissait, il poursuit, en France et en Suisse, sa carrière de confectionneur de canulars qui bientôt passent en boucle sur les écrans des vols long-courriers du monde entier. Pour changer de registre, on le retrouve au cinéma dans *OSS 117, Le Caire, nid d'espions,* puis en excellent second rôle dans l'*Arnacœur* et en bistrotier, époux de Karin Viard dans *Rien à déclarer.*

– *Jean-Pierre* (1951) *et Luc* (1954) *Dardenne :* les frangins originaires de la banlieue de Liège travaillent toujours ensemble depuis l'époque où ils commettaient films vidéo et courts-métrages documentaires avec cette exigence constante de faire un cinéma d'inspiration sociale, âpre et droit, à hauteur d'humanité. En 1996, *La Promesse* les distingue et, en 1999, Cannes les récompense en leur attribuant la Palme d'or pour *Rosetta.* L'interprète, Émilie Dequenne, reçoit le Prix d'interprétation féminine. En 2002, rebelote à Cannes avec *Le Fils,* pour lequel Olivier Gourmet reçoit le Prix d'interprétation masculine. Ils récidivent en 2005 en recevant une nouvelle Palme d'or pour *L'Enfant.*

– *Cécile de France* (1975) *:* née près de Namur, de son vrai nom Cécile Defrance, elle s'intéresse très tôt au théâtre et « monte à Paris » à l'âge de 17 ans pour suivre les cours de comédie à l'école de la rue Blanche. Pour survivre dans la capitale, elle est même cracheuse de feu au Quartier latin. Remarquée par Dominique Besnehard, elle passe des planches aux courts-métrages et à la TV. En 2002, elle éclate dans un rôle de lesbienne dans *L'Auberge espagnole* de Cédric Klapish pour lequel elle obtient le César du meilleur espoir féminin. Deuxième César du meilleur second rôle féminin avec la suite : *Les Poupées russes.* Joli brin de fille, actrice caméléon, bourrée de talent, tout en restant très naturelle, elle prouve une formidable capacité à donner vie à un personnage, quel qu'il soit. Preuve en est son dernier « *Sœur Sourire* » qu'elle a porté à bout de bras. En 2010, elle a été choisie par Clint Eastwood pour un des rôles principaux de *Au-delà* et tient le premier rôle en 2011 dans le très beau film *Le Gamin au vélo* des frères Dardenne, grand prix du Festival de Cannes.

– **Paul Delvaux** (1897-1994) **:** qui ne connaît ces étranges dames nues évoluant au milieu de ruines antiques en compagnie de squelettes et de wagons figés dans un décor de gare de banlieue ? L'univers onirique et érotique de Paul Delvaux le rattache au mouvement surréaliste. L'académisme apparent de ses compositions est détourné par le côté obsessionnel des apparitions de ces femmes cataleptiques qui firent longtemps scandale... On peut visiter à Saint-Idesbald, sur la côte, la Fondation Paul-

L'ÉTRANGE OTTO LIDENBROCK

L'œuvre de Paul Delvaux recèle un grand nombre de personnages récurrents : la petite fille blonde vue de dos, les squelettes, etc., mais aussi un savant myope qui examine attentivement un fossile, les lunettes sur le front. Ce géologue n'est autre qu'un souvenir de lectures de jeunesse : le professeur Lidenbrock fait partie du roman de Jules Verne, Voyage au centre de la Terre.

Delvaux. Il a aussi décoré de fresques plusieurs casinos : Ostende, Chaudfontaine, Knokke.

– **James Ensor** (1860-1949) **:** l'Ostendais, à moitié anglais par son père, est l'un des peintres les plus importants de la fin du XIXe s. Si sa technique annonce l'expressionnisme, son inspiration faite de thèmes macabres ou satiriques (masques de carnaval) annonce déjà le surréalisme. Foutraque, torturé, caractériel notoire, « anticipateur » autoproclamé de tous les mouvements modernes, il fut à la base d'une œuvre, où se mêlent le fantastique et le mystique, qui ne fut pas comprise par ses concitoyens, mais il mit son sens du burlesque à leur service en devenant un des promoteurs en 1896 du fameux « bal du Rat mort » qui se déroule à Ostende chaque année.

– **Jean-Michel Folon** (1934-2005) **:** dessinateur, affichiste, graphiste, sculpteur, homme de théâtre et de télévision, ses affiches appartiennent à l'histoire visuelle des années 1970. Maître incontesté de l'aquarelle fluide, lumineuse et légère, créateur de petits personnages comme celui qui animait en s'envolant sur fond de soleil couchant le générique de fin d'émissions d'Antenne 2 en 1975. Folon était aussi un artiste doté d'une conscience politique et écologique : en 1988, il illustre la « Déclaration universelle des Droits de l'homme » pour Amnesty International. L'expo *Notre terre,* en 1991, contribua à appeler le public à prendre conscience des nécessités de la sauvegarde de l'environnement. Un ange est monté au ciel.

– **André Franquin** (1924-1997) **:** un des maîtres incontestés de la B.D. belge ! Dessinateur de génie, il reprit le personnage de Spirou en 1946 pour lui insuffler une fantaisie inégalée. Il y ajouta en plus de Fantasio de nombreux héros, tels le comte de Champignac, Zorglub, le merveilleux Marsupilami et l'ineffable Gaston Lagaffe. La dépression entraîna plus tard Franquin à dessiner une série plus amère et féroce : *Les Idées noires.* Il a indubitablement influencé toute une génération de créateurs européens.

– **Philippe Geluck** (1954) **:** avant de créer son *Chat* philosophe, le Belge le plus en vue du PAF a d'abord sévi sur les ondes nationales en animant des émissions pour jeunes, puis en dilatant les rates belges dans la *Semaine infernale* de la RTBF, avec le courrier imaginaire adressé à son *Docteur G.* Sur le canapé dominical de Drucker et au sein de la bande à Ruquier, il a conquis l'Hexagone par un humour déconcertant, fait de fausses-vraies lapalissades, de réflexions métaphysiques et de piques acides, proche du *nonsense* cher à Desproges. Philippe Geluck a fait son entrée au Petit Larousse 2011.

– **Maurice Grevisse** (1895-1980) **:** tous les amoureux de la langue française, André Gide en premier, chérissent ce philologue qui leur a donné la meilleure grammaire jamais écrite : *Le Bon Usage* ; elle fait autorité dans tous les pays francophones. Grévisse l'a peaufinée au fil des ans et des lectures, en répertoriant tous les usages de la langue faits par les grands auteurs. La Belgique est une terre féconde pour les orfèvres de la langue, puisque ***Joseph Hanse*** (1902-1990), avec son *Dictionnaire des difficultés grammaticales et lexicologiques,* connut un jour la consécration en étant l'invité de Bernard Pivot.

– ***Hergé*** (1907-1983) *:* que peuvent avoir en commun des gens aussi divers que Haroun Tazieff, Michel Serres, Alain Resnais, Pascal Bruckner, Andy Warhol et Steven Spielberg ? Réponse : tous, ainsi que des millions anonymes, se sont sentis orphelins d'une part de leur jeunesse en apprenant, en mars 1983, la disparition de Georges Remi, le créateur de Tintin, un des héros universels du XXe s. Ce jour-là, le quotidien *Libération* lui rendit le plus bel hommage qui soit en illustrant ses pages d'actualités par des planches choisies dans les aventures du petit reporter. L'apport d'Hergé à la reconnaissance de la B.D. comme art à part entière est incontestable : il en a fait un moyen d'expression accompli, son graphisme limpide a influencé toute la génération de dessinateurs de la « ligne claire », sa technique narrative est un modèle d'efficacité lumineuse et, si, pour certains, Tintin a pu paraître un héros fade et asexué, la galerie de tous les personnages secondaires fait de ses aventures une merveilleuse comédie humaine contemporaine. En 1980, Hergé tombe malade et souffre d'anémie. En mars 1981 ont lieu les retrouvailles entre Hergé et Tchang Tchong-jen, le jeune Chinois à l'origine de Tchang dans *Le Lotus bleu* et *Tintin au Tibet.* Hergé s'éteint en mars 1983 à Bruxelles.

– ***Victor Horta*** (1861-1947) *:* à la fin du XIXe s, Bruxelles se dote de grandes artères et de monuments pompeux. En parallèle, une bourgeoisie prospère, en quête de nouveauté et d'affirmation culturelle, trouve avec un jeune architecte, Horta, l'occasion de concrétiser ses aspirations à une nouvelle esthétique. La construction en 1893 de l'hôtel Tassel fut l'acte fondateur de l'Art nouveau en Belgique. Au néoclassicisme dominant, Horta oppose une conception révolutionnaire : la ligne droite fait place aux volutes et ondulations de la nature, la lumière pénètre par des verrières décorées de motifs floraux, les matériaux employés – la brique, le verre et le fer forgé – sont utilisés en appliquant des techniques de construction industrielles. Horta pousse le souci du détail jusqu'à dessiner chaque élément de la décoration ; tout doit contribuer à affirmer un nouvel art de vivre basé sur l'harmonie, l'élégance et l'ingéniosité.

– ***Bouli Lanners*** (1965) *:* ce touche-à-tout des plateaux de ciné et de théâtre (décoration, figuration, régie, seconds rôles) vit sur une péniche à Liège, et s'est fait connaître du grand public en aidant Benoît Poelvoorde à battre le record du monde de fermetures de portes dans *Les convoyeurs attendent,* puis en réalisant en 2008, un petit bijou d'étrangeté et de sensibilité intitulé *Eldorado.* On l'a vu en 2011, en douanier débonnaire, tempérer l'irascibilité de son collège Benoît Poelvoorde dans *Rien à déclarer* de Dany Boon.

– ***René Magritte*** (1898-1967) *:* « Ceci n'est pas une pipe », écrivait le pape du surréalisme belge en 1929 sous la reproduction réaliste d'une pipe qui aurait pu appartenir à Maigret. Tout l'humour provocateur du peintre transparaît dans ces juxtapositions inattendues, dérangeantes, entre des objets d'usage familier plantés dans un décor insolite et ponctués d'un titre absurde... Publicitaire lui-même par nécessité alimentaire, ce dynamiteur du mental est le peintre qui a le plus influencé la publicité, récupératrice d'un grand nombre de ses idées-forces. Un superbe musée qui lui est exclusivement consacré a été ouvert à Bruxelles en 2009.

– ***Mercator*** (1512-1594) *:* le plus fameux cartographe du XVIe s fut un scientifique complet ; théologie, philosophie, mathématiques et astronomie. Il modifia de façon durable la vision que les hommes avaient de la planète, puisque, en majorité, les cartes utilisées à notre époque sont faites selon la projection qui porte son nom. Grâce à lui, les pilotes des navires à la découverte des mers inconnues ont pu tracer leur route sur une carte fiable. Il est aussi le premier à avoir utilisé le mot

« atlas » pour dénommer un recueil de cartes et, sous le titre d'*Atlas Minor,* le premier à en avoir publié un dans un format de « poche » très maniable.

– **Eddy Merckx** (1945) *:* les Français le surnommèrent le « cannibale » à cause de son insatiable faim de victoires. Il est considéré par tous les Belges comme le plus fabuleux pédaleur de tous les temps et comme LE sportif du XXe s selon un jury de journalistes spécialisés. L'énumération de son palmarès complet nécessitant plusieurs pages du *Routard,* contentons-nous de rappeler ses cinq victoires aux Tours de France et d'Italie ainsi que son record de l'heure en 1972 sur un vélo « normal ». Il a totalisé, dit-on, 525 victoires sur route ! Retraité des pelotons, il se consacre à son entreprise de cycles. Couronnement de sa carrière, le roi l'a fait baron.

– **Amélie Nothomb** (1967) *:* fille d'un diplomate en poste au Japon, la *wondergirl* des lettres françaises en provenance de Belgique pond chaque année, avec la régularité d'un coucou suisse, un best-seller qui fait le bonheur de son éditeur Albin Michel. Son personnage décalé de gentille sorcière aux chapeaux extravagants lui vaut un certain succès sur les plateaux huppés des émissions littéraires. L'Académie française a consacré son talent indéniable en lui décernant son prix en 1999.

– **Benoît Poelvoorde** (1964) *:* ce Namurois ne se destinait pas à une carrière d'acteur mais à celle de dessinateur. Au cours de ses études, il fréquente une bande de copains déjantés avec qui il réalise *C'est arrivé près de chez vous,* une satire sévère et sanglante du monde des faits divers. Après un détour sur Canal+ avec les *Carnets de monsieur Manatane,* il multiplie les rôles de grands cyniques bêtes et méchants. Son personnage récurrent de beauf prétentieux et de mauvaise foi, qu'il incarne à la perfection lui a souvent valu d'être comparé à Louis de Funès comme dans *Rien à déclarer* où il interprète un douanier francophobe particulièrement atrabilaire. Son registre est néanmoins de plus en plus étendu puisque qu'on l'a retrouvé en serial killer inquiétant dans le *Entre ses mains* d'Anne Fontaine, en timide pathologique dans *Les émotifs anonymes* de Jean-Pierre Améris ou en « punk à chiens » dans *Le Grand Soir* de Kervern et Delépine.

– **Axelle Red** (1968) *:* née d'une mère pianiste, passionnée de soul, et d'un papa avocat, Fabienne Dermal grandit dans son Limbourg natal, baignée par les chansons d'Aretha Franklin ; elle enregistre dès ses 15 ans un premier 45-tours en anglais. Diplôme d'avocate en poche, elle sort son premier single, en français, *Kennedy Boulevard,* sous le nom d'Axelle Red, rapport à sa chevelure de feu en parfaite harmonie avec son beau visage pâle. En 1999, elle reçoit la consécration aux Victoires de la musique. En 2002, Manhattan-Kaboul, son délicieux duo avec Renaud, arrive en tête des ventes de disques en France. En 2008, l'Université de Hasselt la fait docteur honoris causa pour son engagement social en tant qu'artiste et activiste des Droits de l'homme.

– **Jérémie Rénier** (1981) *:* né à Bruxelles, il tourne déjà à l'âge de 10 ans et se produit sur les planches. Ce sont les frères Dardenne qui le lancent dans leur film *La Promesse,* alors qu'il a à peine 15 ans. On le voit ensuite dans les films de François Ozon et la consécration vient en 2005 avec la Palme d'or à Cannes et le rôle principal de *L'Enfant* des frères Dardenne. Son étonnante ressemblance avec Claude François lui vaut d'incarner avec brio le chanteur français dans *Clo-Clo* en 2012.

– **Pierre Paul Rubens** (1577-1640) *:* né en exil en Allemagne – son père calviniste s'y était réfugié –, il ne connut Anvers qu'à l'âge de 12 ans. Il y fit ses classes, avant de passer 8 ans en Italie où il étudia les maîtres de la Renaissance. Le Tintoret, Titien et Véronèse le marquèrent mais c'est le Caravage qui l'influença le plus. De retour dans son pays, il bénéficia des faveurs des archiducs Albert et Isabelle et fonda sa célèbre maison-atelier. Touché par la gloire, il créa une quantité considérable d'œuvres, assisté de nombreux collaborateurs (dont Van Dyck). Son activité artistique se doubla de missions diplomatiques qui le menèrent en Hollande, à Madrid et à Londres. Sa maison – à ne pas manquer, dans le centre d'Anvers – a accueilli tous les beaux esprits de son époque. L'art de Rubens eut un rayonnement immense en Europe, il marqua la synthèse entre l'italianisme et la tradition flamande. On retrouva son influence jusque chez David et Delacroix.

– **Adolphe Sax** (1814-1894) : le succès fut long à obtenir pour ce facteur d'instruments qui, dès ses débuts, dans l'atelier de son père, avait conçu de curieux cornets de cuivre qu'il avait appelés *saxhorn, saxtuba* ou *saxtromba*. Ce n'est qu'en s'installant à Paris qu'il connut la reconnaissance. Les harmonies militaires furent séduites par les sons obtenus en soufflant dans ces instruments, puis de vrais musiciens, tels Berlioz, Bizet et Verdi, composèrent des partitions intégrant le saxophone. Plus tard, après avoir franchi l'Atlantique, il nous revint avec le jazz.

– **Georges Simenon** (1903-1989) : même si, toute sa vie durant, il a gardé l'accent un peu traînant du quartier d'Outremeuse de son enfance, le « petit Georges » quitta sa ville natale avant ses 20 ans pour n'y plus revenir qu'en visite 30 ans plus tard. Peut-on, dès lors, le considérer comme écrivain belge ? Un peu sans doute par le sujet de ses premiers romans et dans la mesure où son style, selon ses détracteurs, reflétait le « plat pays » de ses origines... Au-delà de ces vaines querelles, il faut reconnaître que Simenon appartient à la terre entière, à la fois par l'immense diffusion de ses écrits – 600 millions de volumes vendus, 3 500 traductions en 47 langues –, par la prodigieuse fertilité de son imagination – plus de 300 titres, parmi lesquels 80 *Maigret*, un millier de nouvelles et une profusion d'articles et de reportages rapportés des quatre coins de la planète – et, enfin, par la multitude d'adaptations audiovisuelles que ses personnages et son fameux « climat » ont inspirées. La devise de son existence était : « Comprendre mais ne pas juger ».

– **Selah Sue** (1989) : la nouvelle coqueluche de la scène pop est une jeune Flamande de Louvain qui s'est fait très tôt remarquer pour ses talents de chanteuse soul et sa flamboyante chevelure blonde. Elle compose elle-même la plupart de ses mélodies tout en poursuivant des études de psychologie à l'université. Ses admirateurs la comparent volontiers à Amy Whinehouse.

– **Jaco Van Dormael** (1957) : cinéaste bruxellois dont le talent éclaboussa les écrans avec son premier long métrage, *Toto le héros* (Caméra d'or au Festival de Cannes en 1991). En 1996, il récidive avec *Le Huitième Jour* pour lequel Daniel Auteuil et Pascal Duquenne reçoivent le Grand Prix d'interprétation. Cette reconnaissance a largement contribué à faire connaître le cinéma belge francophone. Son dernier film *Mr Nobody*, enfin sorti en 2010 après 7 ans de préparation, n'a rencontré qu'un succès mitigé.

– **Jan et Hubert Van Eyck** (fin XIVe-début XVe s) : les deux frères sont indissociables (des spécialistes doutent même de l'existence du second) et sont les figures marquantes de l'école des « primitifs flamands », avec Rogier de la Pasture et Memling. Ils ont travaillé à Gand et à Bruges et ont laissé des tableaux qui marquent la rupture avec l'art médiéval. En perfectionnant le procédé de la peinture à l'huile, Jan Van Eyck a apporté une luminosité et un rendu du détail inégalés jusqu'alors. L'intérêt incontestable de ces compositions est d'admirer, au-delà des sujets religieux, les arrière-plans fourmillant de paysages, de décors urbains et d'évocations de la vie quotidienne d'un naturalisme fascinant. En plus du retable de *l'Agneau mystique*, que l'on peut voir à l'église Saint-Bavon à Gand, le musée Groeninge de Bruges recèle des trésors incomparables de cette peinture flamande.

Ces Belges que l'on croit français

De tout temps, la Belgique a produit des talents dans tous les domaines des arts, des sciences ou des affaires. Beaucoup d'entre eux ont éprouvé le besoin de s'expatrier pour trouver succès ou reconnaissance, gênés aux entournures par l'exiguïté du territoire. Un certain conformisme latent a, par ailleurs, souvent servi de frein aux idées trop novatrices.

Dans cette diaspora, on peut dresser la liste de ceux et celles qui, sans renier leurs origines, se sont fondus dans le paysage hexagonal.

En littérature, un marché de quatre millions et quelques de francophones est bien trop restreint pour permettre à une belle plume de vivre de sa production. Aussi les écrivains ont-ils souvent choisi de se faire éditer sur la rive gauche, par des éditeurs belges... comme Robert Denoël ou Hubert Nyssen.

Les feux de la rampe et la scène rock : Régine, Plastic Bertrand, Philippe Lafontaine, Victor Lazlo, Annie Cordy, Lara Fabian, Maurane, sans oublier sœur Sourire !

Le cinéma et le théâtre, avec les réalisateurs Jacques Feyder, André Delvaux, Gérard Corbiau, Chantal Akerman, Alain Berliner, les acteurs Jean Servais, Fernand Ledoux, Fernand Gravey, Marie Gillain, Marianne Basler, Natacha Régnier, Émilie Dequenne, Olivier Gourmet, Yolande Moreau et... Jean-Claude Van Damme défendant le muscle belge à Hollywood !

Le théâtre avec le plasticien Jan Fabre, qui fit scandale à Avignon en 2005, et Frédéric Flamand, exilé à Marseille. La danse aussi avec Anne-Teresa de Keersmaeker.

À la télé, Virginie Efira sur Canal+, Olivier Minne sur France 2, Karen Minier sur TF1, Bibiane Godfroid à la direction de M6 et la « reine » Christine Ockrent qui n'a jamais renié ses origines.

De même, sont belges les artistes Pol Bury, Pierre Alechinsky et Wim Delvoye, ainsi que la bienfaitrice des bidonvilles du Caire : sœur Emmanuelle.

Dynastie

En prêtant le serment constitutionnel, le 8 août 1993, Albert II, successeur de son frère Baudouin Ier, devient le sixième roi des Belges depuis 1831.

À l'aube du IIIe millénaire, la monarchie pourrait paraître complètement *has been* ou, pire, juste bonne à alimenter les colonnes d'une presse populaire friande de scandales. Il est à noter que dans l'Europe des 27, sept régimes politiques sont des monarchies constitutionnelles, un système politique se révélant être un facteur de stabilité et de garantie des principes démocratiques. Particulièrement en Belgique, où la présence de deux communautés parfois antagonistes rendrait le choix d'un chef d'État élu passablement épineux. Les Belges se sont accommodés de ces institutions, où le souverain joue un rôle beaucoup plus actif que les apparences pourraient le laisser croire.

La fonction royale a été définie par la Constitution de 1831, en limitant les pouvoirs du roi au sein de l'exécutif et du législatif. Si toutes les lois votées par le Parlement portent la signature royale, tout acte public de celui-ci doit être « couvert » par la signature d'un ministre. Voilà pourquoi les manifestations publiques du roi ou de sa famille apparaissent passablement guindées : le roi ne donne pas d'interviews ni de conférences de presse. Chaque infime entorse à la règle donne lieu à des réactions démesurées pouvant mettre en cause sa « neutralité ». Néanmoins, dans les coulisses, il exerce une discrète « magistrature d'influence » : à la sortie des élections, il choisit la personne chargée de former le gouvernement. Il rencontre, de manière confidentielle, les acteurs de la vie économique et politique, ce qui en fait l'homme le mieux informé du royaume. La tradition est de ne jamais dévoiler le contenu d'une audience royale. L'entorse à cette règle contribuerait à « découvrir la couronne ». À la cour de Laeken, on n'a pas l'habitude des scandales tapageurs, à l'instar des Windsor ou des Grimaldi... et, si le cas se présente, la ligne de conduite sera *no comment* ! Même si, comme dans toutes les familles, la dynastie des Saxe-Cobourg a eu sa part de drames et de joies...

Léopold Ier (1790-1865)

Choisi par le Congrès national, le duc de Saxe accepte la couronne que lui proposent les Belges en 1831. Immédiatement, il a du pain sur la planche et doit repousser les troupes hollandaises, lésées par la perte de leurs provinces du Sud.

Par la diplomatie, il parvient à décourager les appétits prussiens et les visées annexionnistes de la France. Il privilégie l'alliance matrimoniale avec celle-ci en épousant la fille de Louis-Philippe, Louise-Marie d'Orléans. Diplomate hors pair, il joue un rôle pacificateur qui permet à la jeune Belgique de trouver sa place au sein des nations européennes.

En cela, il remplit parfaitement le contrat passé avec ceux qui l'avaient choisi. Lorsqu'il meurt en 1865, la Belgique est lancée sur la voie de la prospérité et la continuité de la dynastie assurée avec la naissance d'un héritier, Léopold.

Léopold II (1835-1909)

Plus forte personnalité de la dynastie, Léopold II fut critiqué de son vivant. Son intelligence, son imagination, son sens de l'action l'ont amené à concevoir des projets dont l'ambition effrayait quelque peu les politiciens timorés. Il fit construire le palais de justice de Bruxelles, tant critiqué. Les pouvoirs royaux attribués par la Constitution le gênant aux entournures, il se taille (avec quelques financiers aventureux) un empire à la mesure de ses ambitions : le Congo, et ce, à titre personnel, pendant 24 ans ! Redoutant les

UN SOUVERAIN SARCASTIQUE

Léopold II s'entretenait un jour avec son médecin des progrès du socialisme en Belgique et des menées du parti républicain. Sire, lui glissa l'homme de l'Art, un peu flagorneur, votre Majesté n'a rien à redouter. Si les républicains triomphaient, ils vous proposeraient de devenir président de la République belge. Et le roi, faisant la grimace, de répliquer : vous qui êtes médecin, mon cher, est-ce que cela vous ferait plaisir qu'on vienne vous proposer de devenir vétérinaire ?

risques de conflit sur le continent, il use de son influence pour doter le pays d'une forte armée défensive. Cultivé, amoureux de la vie sous toutes ses formes, il défraye la chronique de la Belle Époque par ses liaisons féminines et ses joyeuses virées. Ostende lui doit sa réputation de reine des plages et Bruxelles quelques-uns de ses monuments et artères de prestige. La vieillesse le rend aigri et cynique, déçu peut-être par l'absence d'héritier mâle (son seul fils est mort à 10 ans), la reine Marie-Henriette d'Autriche ne lui ayant donné que trois filles, inaptes à sa succession.

Albert Ier (1875-1934)

Neveu de Léopold II, il accède au trône en 1909 et devient, avec sa femme, Élisabeth, duchesse en Bavière, une figure légendaire de l'histoire belge en s'accrochant avec son armée à une minuscule parcelle de territoire lors de l'invasion allemande de 1914. Sa conduite courageuse pendant la guerre aux côtés des Alliés lui vaut le surnom de « roi-chevalier ». Le suffrage universel est voté sous son règne et c'est un accident qui y met brutalement fin en 1934. Alpiniste accompli, Albert Ier fait une chute mortelle aux rochers de Marche-les-Dames (près de Namur). Il était père de trois enfants : Léopold, Charles et Marie-José. Élisabeth lui survit plus de 30 ans, se consacrant aux arts en créant, entre autres, le prestigieux concours musical qui porte son nom.

Léopold III (1901-1983)

Sur les 17 ans de son règne, il fut 4 ans captif dans son palais de Laeken, 1 an déporté en Allemagne en attendant la fin de la guerre et 6 ans en exil en Suisse. Il accède au trône dans des circonstances tragiques et le sort s'acharne puisque, en 1934, il provoque un accident de la route au cours duquel sa femme, la reine Astrid, meurt. Venue de Suède en 1926, elle lui avait donné trois enfants : Joséphine-Charlotte (grande-duchesse de Luxembourg), Baudouin et Albert. Influencé par un entourage qui ne masque pas sa sympathie pour les régimes « forts » d'Europe centrale, Léopold III commet plusieurs erreurs fatales. D'abord en œuvrant pour une neutralité face à la montée des périls. En mai 1940, après une résistance valeureuse à l'invasion nazie, il capitule et refuse de rejoindre son gouvernement qui poursuit la lutte depuis Londres. Sa rencontre avec Hitler quelques mois plus tard et son mariage en 1941 avec Liliane Baels (fille d'un gouverneur de province) provoquent une rupture avec une grande partie de la population. En 1944, les Allemands déportent toute la famille royale. Son frère, Charles, assure la régence. Cinq ans plus tard, un référendum qui lui est favorable à 58 % lui permet de rentrer d'exil. Des troubles graves éclatent lors de son retour et, dans un geste d'apaisement, il préfère abdiquer au profit de Baudouin en 1951.

Il consacre le reste de sa vie à l'exploration de terres lointaines et à l'étude de l'ethnologie. On voit quelquefois mieux ce qui est loin.

Baudouin Ier (1930-1993)

L'enfance du cinquième roi des Belges ne fut pas tendre. Il perd sa mère dès l'âge de 5 ans et la guerre puis l'exil le privent d'une jeunesse insouciante et du contact avec un pays sur lequel il est appelé à régner. Monté sur le trône à sa majorité, il porte sur ses frêles épaules le poids du ressentiment à l'égard de son père. Sa timidité et son manque d'assurance alimentent la rumeur populaire qui le voit rejoindre un ordre religieux auquel sa piété fervente le prédestinait.

En 1960, la légende du « roi triste » prend fin le jour où il épouse Doña Fabiola de Mora y Aragón. Le mariage n'est couronné d'aucune descendance mais la présence de la reine à ses côtés permet à Baudouin de faire son « métier » avec un sérieux exemplaire.

Après 42 ans de règne, Baudouin incarne la « conscience politique » sur le plan intérieur et se révèle être une autorité très écoutée au plan international. Un épisode entache malgré tout son règne. En 1990, ses convictions de catholique rigoureux l'empêchent d'apposer sa signature (obligatoire) au bas de la loi destinée à dépénaliser l'interruption volontaire de grossesse. Une pirouette juridico-institutionnelle lui permet de se mettre aux abonnés absents pendant 36 heures, le temps pour le Parlement de voter et de promulguer cette loi, sous la signature du Premier ministre assurant l'intérim. Cette initiative très contestée le coupe, de fait, d'une partie majoritaire de l'opinion, mais nul ne peut reprocher au roi de ne pas avoir agi en accord avec sa conscience.

Baudouin Ier meurt pendant ses vacances en Espagne. Les funérailles qui s'ensuivent atteignent un degré d'émotion et de ferveur dont personne ne croyait encore les Belges capables.

Depuis 1990, nouveauté, une modification de la Constitution permet aux femmes de régner.

Albert II (1934)

L'accession au trône du frère de Baudouin, à près de 60 ans, provoque une surprise, puisqu'on pensait voir l'ordre de succession sauter au profit de Philippe, son fils aîné. Son expérience à la tête de l'office du Commerce extérieur et la popularité de la belle Paola, la reine venue d'Italie, donnent toutes les garanties de continuité dont le pays a besoin pour passer le cap difficile des réformes institutionnelles. Albert a la réputation d'être un bon vivant, et c'est d'ailleurs un utilisateur régulier du *Routard* lorsqu'il a quelques loisirs entre deux crises politiques ! Albert et Paola ont deux autres enfants : Astrid, mariée à l'archiduc Lorenz d'Autriche (cinq enfants à leur actif), et Laurent, le prince écolo passablement rebelle et anticonformiste, marié en avril 2003 et nouveau papa quelques mois après. Quelques semaines après la révélation (dont tout le monde se tamponne) de l'existence à Londres de Delphine, une demi-sœur cachée née des amours extraconjugales de son père, Philippe, à 39 ans, épouse Mathilde en décembre 1999, une craquante aristo locale qui donne naissance en 2001 à la princesse Élisabeth, qui sera peut-être la première reine des Belges. Ont suivi : Gabriel en 2003, Emmanuel en 2005 et Éléonore en 2008. Philippe devrait succéder à son père soit de manière naturelle, soit après une abdication que certains annoncent pour 2013. En tout état de cause, il risque de ne plus être qu'un roi protocolaire, comme le souhaiterait une majorité de Flamands.

Héros imaginaires

– **Alix :** apparu en 1948 dans le *Journal de Tintin* sous le crayon du Français Jacques Martin, ce jeune esclave gaulois romanisé a rencontré au cours de ses pérégrinations antiques tous les grands de son temps : César, Cléopâtre, Vercingétorix et Brennus. Personnage central d'une B.D. académique mais à haute valeur didactique, ses albums furent traduits en latin pour initier les collégiens au monde romain.

– **Blake et Mortimer :** difficile de trouver plus *British* que ces deux héros sans peur et sans reproche ; Blake, le capitaine de l'Intelligence Service, et Mortimer, le professeur rouquin et barbu. Dans un climat de guerre froide, ils ne cessent de déjouer les pièges de leur ennemi juré : l'infâme Olrik. Edgar Pierre Jacobs, disciple d'Hergé, ne nous a laissé que 10 albums mais quel régal de se replonger dans *Le Mystère de la Grande Pyramide* ou *La Marque jaune. By Jove !*

– **Bob et Bobette :** les plus gros tirages de la B.D. d'origine flamande sous le titre *Suske en Wiske* (plusieurs dizaines de millions d'exemplaires !), dessinés depuis 1945 par Willy Vandersteen et ses studios. Humour et voyages dans le temps se mêlent pour donner des récits classiques aux personnages secondaires plus typés, tels Lambique, le râleur au cœur d'or, et Jérôme, le surhomme. Les premiers épisodes dessinés pour le *Journal de Tintin* sont d'une facture nettement supérieure ; à découvrir : *Le Trésor de Beersel* et *Le Casque tartare.*

– **Le Chat :** depuis 1983, la silhouette massive de ce curieux matou philosophe, cousin belge de Snoopy, pratiquant l'autodérision, hante les pages du supplément dominical du journal belge *Le Soir.* Dessiné par ce créateur multiforme qu'est Philippe Geluck, le Chat inflige ses aphorismes délirants à l'aide d'une logique tortueuse et décapante. Albums, agendas, peluches et cartes postales inondent les boutiques de souvenirs.

– **Gaston Lagaffe :** le héros sans emploi – on ne sait comment – au journal *Spirou* en 1957. Anticonformiste, naïf et insouciant, écologiste avant la lettre, tendre défenseur des animaux les plus divers (chat dingue, mouette rieuse, homard, souris, hérisson...), inventeur-catastrophe d'un tas d'objets à l'usage incertain (machine à nouer les cravates, coussin thermos, pardessus à chauffage central), grand cuisinier aux recettes inoubliables (morue aux fraises avec mayonnaise, huîtres au chocolat...), mélomane à toute heure (gaffophone)... L'antihéros né de

LES ESPADRILLES DE LAGAFFE

Lorsqu'il devient employé au courrier du Journal de Spirou, Gaston porte un pull à col roulé vert trop court, un jean et des espadrilles orange usées jusqu'à la corde. Franquin reçoit un jour une lettre de Mauléon-Licharre, petite ville du Pays basque et capitale de l'espadrille. L'auteur de la lettre, estimant les espadrilles de Gaston en trop mauvais état, avait décidé de lui en fournir des neuves et, à cette fin, avait joint deux paires : une noire et une bleue. Franquin ayant choisit la bleue, Gaston ne les quittera plus.

l'imagination de Franquin est une préfiguration de la « bof génération ». Son pull trop court, ses espadrilles usées, son culte de la sieste, sa phobie du travail productif, sa malencontreuse tendance à faire échouer la signature des contrats en font l'antihéros le plus attachant de l'histoire du 9ᵉ art. M'enfin !

– **Lucky Luke :** « *I am a poor lonesome cow-boy.* » Chaque aventure du célèbre héros de la conquête de l'Ouest se termine par cette case où « l'homme qui tire plus vite que son ombre » disparaît dans le soleil couchant, juché sur son fidèle cheval Jolly Jumper. Morris, son dessinateur, a sillonné les États-Unis durant 6 ans dès 1948 pour rassembler toute la documentation nécessaire à la création de ce western de parodie. On y croise tous les mythes de l'Ouest américain : Roy Bean, Billy the Kid, Calamity Jane, Jesse James et des créations dues à l'imagination fertile de René Goscinny : les Dalton, *outlaws* plus bêtes que méchants, et Rantanplan, le cabot stupide.

– **Bob Morane :** immortalisé par le groupe de rock Indochine, Bob Morane a été un vrai rival pour Tintin dans l'univers de la littérature juvénile. Publiés par Marabout Junior, sous la plume d'Henri Vernes, à partir de 1953, 141 romans de l'aventurier aux cheveux coiffés en brosse feront rêver toute une génération d'adolescents à la cadence ahurissante d'un titre tous les 2 mois ! Tirées à près de 100 000 exemplaires à chaque parution, les aventures de Bob Morane, assisté de son fidèle second Bill Ballantine, aux prises avec leur implacable ennemi M. Ming, alias l'Ombre jaune, ont connu un engouement considérable, emportant à chaque épisode leur lecteur aux quatre coins de la planète » – des vocations de routard sont nées de ces lectures fébriles où suspense et exotisme se mélangeaient. Les personnages ont été adaptés en B.D. avec des bonheurs divers.

– **Hercule Poirot :** encore un nom à ajouter à la liste des Belges méconnus... Eh oui, le célébrissime limier à la perspicacité légendaire était né, pour Agatha Christie, dans le plat pays ! En 1916, à Torquay, dans le sud de l'Angleterre, où la jeune romancière s'était installée pour écrire son premier roman, la ville abritait de nombreux réfugiés belges. D'où l'idée de faire de son héros un agent de la Sûreté belge. « Le petit homme aux petites cellules grises » était né. Anglophobe, continental prétentieux et maniéré, Poirot cire ses moustaches, porte des chaussures vernies à la campagne et boit du chocolat à 5h... *Shocking !* Il fut incarné au théâtre par Charles Laughton, au cinéma par Albert Finney, Peter Ustinov et depuis 15 ans, dans la série TV « Poirot », David Suchet.

– **Saint Nicolas :** tous les petits Belges attendent avec impatience le 6 décembre pour recevoir leur manne de jouets. C'est à cette date que tombe la fête du grand saint, patron des enfants selon la tradition germanique. On peut le voir dès le mois d'octobre dans toutes les galeries commerçantes du pays. Assis sur un trône, flanqué de son acolyte, le père Fouettard, il distribue des bonbons aux enfants sages. Autrefois, il se déplaçait sur un âne, à présent il fait son arrivée en hélicoptère ! Les enfants belges reçoivent aussi des cadeaux du Père Noël, les veinards !

– **Les Schtroumpfs :** ils sont entrés dans l'histoire de la B.D. par la petite porte... En 1958, dans un épisode des aventures de Johan et Pirlouit, *La Flûte à six schtroumpfs,* Peyo dessine une petite main bleue qui désigne la flûte en question et une bulle où un personnage caché glisse : « Vas-y, bonne schtroumpf ! » Un filon en massif venait d'être découvert. Les petits lutins bleus, tous identiques hormis le Grand Schtroumpf, ont tous, à l'instar des sept nains, un caractère différent. Cela permet une gentille satire des travers humains et un monde à la Walt Disney où les

D'OÙ VIENT LE LANGAGE SCHTROUMPF ?

Lors d'un déjeuner de travail entre Peyo (dessinateur de Johan et Pirlouit) et André Franquin (le papa du Marsupilami et de Gaston), pris dans l'animation de la conversation, le premier demande à l'autre : « Passe-moi le... la... (incapable de se souvenir du mot salière), enfin le schtroumpf, quoi ! » Et l'autre de rétorquer : « Voilà, mais n'oublie pas de me le re-schtroumpfer. » La suite du repas se déroula intégralement en « langage schtroumpf ».

seuls méchants sont un sorcier maladroit, Gargamel, et son hypocrite de chat, Azraël. Les Schtroumpfs ont séduit les Américains qui en ont fait un succès mondial par le biais de dessins animés et d'un merchandising colossal.

– **Thyl Ulenspiegel :** héros populaire issu de la tradition germanique, il fut repris en 1867 par l'écrivain flamand de langue française Charles De Coster, sous le titre : *La Légende de Ulenspiegel et de Lamme Goedzack au pays de Flandres et ailleurs.* Personnage picaresque, champion de la justice et de la liberté, il combat la tyrannie de l'occupation espagnole au XVIe s. Espiègle gamin des Flandres, à la tête d'une bande de gueux, il joue des tours pendables aux oppresseurs. En symbolisant l'esprit frondeur et la rébellion du peuple, il est devenu une figure révolutionnaire et, à ce titre, ses aventures ont été diffusées à des millions d'exemplaires en... russe ! Gérard Philipe l'a incarné au cinéma.

– **Tintin :** est-il besoin de rappeler l'origine de ce personnage qui fut le seul rival en célébrité du général de Gaulle (de l'aveu même de l'intéressé) ? Il est la figure emblématique de la bande dessinée franco-belge et un mythe culturel international. Depuis 1929 (83 ans déjà !), les générations se sont suivies dans le culte des aventures du petit reporter et de son chien Milou. S'il incarne les valeurs positives de tout héros redresseur de torts, Tintin pèche aussi par un manque de personnalité. On ne lui connaît aucun des défauts qui rendent les héros attachants. C'est par l'intermédiaire des personnages qui entourent Tintin que l'œuvre d'Hergé atteint l'universel : les bordées de jurons et la fidélité bourrue du capitaine Haddock, la distraction et l'innocence du professeur Tournesol, l'obstination stupide des Dupond et Dupont, le sans-gêne de l'écervelée Castafiore, le fâcheux penchant de Milou pour l'alcool... Tous les travers humains sont représentés par une extraordinaire galerie de portraits tout au long des 23 albums. Tintin a fait l'objet de savantes exégèses et, par ailleurs, provoque chez les « tintinolâtres » une collectionnite qui, en salle des ventes, fait grimper les prix à des hauteurs himalayennes. On estime aujourd'hui la vente des albums à plus de 200 millions d'exemplaires ! Tintin sera bientôt un personnage vivant dans un film de Steven Spielberg ; son rôle a été attribué au jeune Anglais Jamie Bell.

POPULATION

Les 11 millions d'habitants de la Belgique se serrent sur 30 513 km². Cela donne une des plus fortes densités de population au monde (comme au Japon). Environ 97 % des habitants sont citadins et une bonne partie de cette population se déplace tous les jours d'une ville à l'autre pour aller travailler !

Les grandes agglomérations d'Anvers, Gand, Mons, Charleroi et Namur ne se trouvent pas à plus d'une bonne demi-heure de train de Bruxelles (Liège et Bruges, 1h). Voilà pourquoi on assiste tous les jours à de formidables migrations ferroviaires et routières. Les gares dégorgent à heure fixe des dizaines de milliers de « navetteurs » et les entrées urbaines des autoroutes ressemblent à des entonnoirs géants pour film catastrophe.

Dans les années 1970, toutes les familles ne pensaient qu'à se trouver un petit coin de verdure à la campagne. Résultat : le centre des villes est devenu désert le soir et on a vu se constituer, le long des axes de communication, d'immenses conurbations qui font que vous ne savez pas vraiment quand vous avez quitté une ville pour entrer dans une autre. Tout se touche, se chevauche, s'interpénètre, les champs et les villas, les canaux et les autoroutes, les zones industrielles et les zones résidentielles, les cheminées et les clochers, les viaducs et les tunnels... Le village à l'échelle planétaire.

Les habitants de la Région flamande représentent 58 % de la population, ceux de Wallonie, 32 %, ceux de la région de Bruxelles-Capitale, avec un gros million, 10 %. Tous habitent le pays mais n'ont pas forcément la nationalité belge...

S'il est vain de vouloir identifier un physique type du « Belge moyen » (toutes les armées de passage ont eu le temps de provoquer pas mal de brassages de gènes), il est des apports de population plus récents qu'on peut isoler.

Les statistiques indiquent, parmi les nationalités étrangères (1 570 000 immigrés et « nouveaux Belges »), que la plus représentée en Belgique était jusqu'à nos jours l'italienne, issue de l'immigration venue après-guerre travailler dans la mine. Un accord entre les deux gouvernements (longtemps resté secret) prévoyait l'échange d'un ouvrier italien contre une tonne de charbon. La deuxième génération (et bientôt la troisième) est parfaitement intégrée et des membres de cette communauté occupent à présent des fonctions de responsabilité dans les syndicats et même au gouvernement.

Le cap du million d'étrangers vivant en Belgique a été franchi fin 2008. Au 1er janvier 2010, 1 057 666 personnes n'ayant pas la nationalité belge habitaient en Belgique, soit un habitant sur 10. Les Italiens étaient alors les plus nombreux (169 000), devant les Français (130 500), Néerlandais (123 500), Marocains (80 000), Espagnols (43 000), Turcs (40 000), Allemands (38 500) et Polonais (31 000). C'est la région de Bruxelles-Capitale qui compte le plus d'étrangers (30 %), devant la région wallonne (9,5 %) et la région flamande (6,4 %).

Les ressortissants de l'ancienne colonie, les Congolais (anciens Zaïrois) ne sont qu'une vingtaine de milliers et animent joyeusement tout un quartier de Bruxelles, qu'ils ont baptisé « Matongé ».

Environ 450 000 Belges vivraient à l'étranger.

SAVOIR-VIVRE ET COUTUMES

– Les langues, toujours : au téléphone, dans la rue, annoncez d'emblée que vous ne connaissez pas le flamand et que vous n'êtes pas belge francophone ; cela évitera les malentendus. C'est parfois agaçant mais c'est comme ça, on en est arrivé là !

– En Wallonie et à Bruxelles, entre jeunes ou lorsqu'on est familier, on embrasse la personne de sexe opposé sur la joue une ou trois fois (pas deux). En Flandre, on est moins démonstratif.

LES BOÎTES À TARTINES

Les écoles belges disposent rarement de cantines pour leurs élèves. Traditionnellement, les mamans préparent des « tartines » que les écoliers mangent à midi. Cette habitude se prolonge plus tard au travail, au bureau ou à l'atelier, ce qui permet de gagner du temps sur la pause de midi. Voilà pourquoi, les Belges n'ont pas l'habitude de manger deux repas chauds par jour.

– Ne prenez pas ce que vous croyez être l'accent belge, on vous repérera tout de suite.

– Dans les rapports professionnels, la simplicité est de mise et les rapports hiérarchiques peu ostentatoires. La pondération et la courtoisie ne sont pas de la lenteur d'esprit.

– On aime le consensus en Belgique, polémiquer pour le plaisir de prendre la contrepartie d'un interlocuteur n'est pas une preuve d'intelligence.

– À Liège, on apprécie la jovialité, et un brin de raillerie n'est pas déplacé.

– Être invité pour prendre le café veut dire passer vers 16h30.

– Les retards intempestifs ne sont pas de mise, seul le « quart d'heure académique » est toléré.

– Madame Pipi s'attend à recevoir 0,50 € dans sa petite assiette.

SITES INSCRITS AU PATRIMOINE MONDIAL DE L'UNESCO

Organisation des Nations Unies pour l'éducation, En coopération avec le centre du patrimoine mondial de l'UNESCO

Pour figurer sur la liste du Patrimoine mondial, les sites doivent avoir une valeur universelle exceptionnelle et satisfaire à au moins un des 10 critères de sélection.

La protection, la gestion, l'authenticité et l'intégrité des biens sont également des considérations importantes.

Le patrimoine est l'héritage du passé dont nous profitons aujourd'hui et que nous transmettons aux générations à venir. Nos patrimoines culturel et naturel sont deux sources irremplaçables de vie et d'inspiration. Ces sites appartiennent à tous les peuples du monde, sans tenir compte du territoire sur lequel ils sont situés.

Pour plus d'informations : ● *whc.unesco.org* ●

– 1998 : les béguinages flamands.
– 1998 : les ascenseurs hydrauliques du canal du Centre et leur site (Hainaut).
– 1998 : la Grand-Place de Bruxelles.
– 1999 : les beffrois de Flandre et de Wallonie.
– 2000 : le centre historique de Bruges.
– 2000 : les habitations majeures de l'architecte Victor Horta (Bruxelles).
– 2000 : les minières néolithiques de silex de Spiennes (Mons).
– 2000 : la cathédrale Notre-Dame de Tournai.
– 2005 : le complexe Maison-Ateliers-Musée Plantin-Moretus (Anvers).
– 2009 : le Palais Stoclet à Bruxelles.
– 2012 : quatre sites du bassin minier ; Grand Hornu, Bois-du-Luc, Bois du Cazier et Blegny-Mines.

SPORTS ET LOISIRS

La Flandre se prête à merveille à la pratique du vélo (c'est tout plat). Sur les immenses plages, près de La Panne, on peut s'adonner au char à voile et plusieurs ports de plaisance bordent la côte.

En Campine, l'équitation est à l'honneur. Les plans d'eau des lacs permettent toutes les activités nautiques et les rivières des Ardennes accueillent à la belle saison les fanas du kayak et les pêcheurs.

Les spéléos peuvent prendre leur pied dans les nombreuses grottes.

Des sentiers de grande randonnée sont balisés pour les adeptes de la marche et on peut même pratiquer l'alpinisme sur les rochers qui bordent la Meuse.

Quelques adresses utiles pour les amateurs de réserves naturelles et de randonnées pédestres ou cyclistes :

■ *Europ'Aventures :* Sprimont, 41, Sainte-Ode 6680. ☎ 061-68-86-11. ● *europaventure.be* ● Tour-opérateur spécialisé dans l'organisation de trekkings et de randos à pied, à cheval, à vélo et à VTT. Propose en Belgique, notamment, la Transardennaise et la Transgaumaise. Brochures et cartes disponibles en s'adressant à la *Maison de la randonnée ASBL,* même adresse.
■ *Association belge des Sentiers de grande randonnée ASBL :* BP 10, Liège 4000. ● *sentiers.be* ● 3 500 km de sentiers balisés dans le sud du pays et édition d'une vingtaine de topoguides décrivant les itinéraires. Itinéraires cyclistes par routes de campagne, chemins de halage le long des rivières et canaux. Ces publications sont disponibles auprès de : *Auberges de jeunesse ASBL, rue de la Sablonnière, 28, Bruxelles 1000.* ☎ 02-219-56-76.

LA RÉGION DE BRUXELLES-CAPITALE

BRUXELLES (BRUSSEL)

environ 1 114 000 hab. (agglomération)

▶ Pour les plans I, II et III de Bruxelles, se reporter au cahier couleur.

Une ville déroutante, mais ô combien attachante. Ceux qui la visitent pour la première fois n'en ont généralement qu'une représentation mentale floue. Peut-être une photo de la Grand-Place ou de l'Atomium, voire un des bâtiments des communautés européennes entraperçus à l'arrière-plan d'un correspondant de presse... En réalité, Bruxelles n'est jamais présente là où on l'attend. À l'instar de Rome, Paris ou Vienne, on croit visiter une grande capitale et on découvre une cité à taille humaine, presque provinciale. On pense découvrir une ville au riche passé médiéval issu de son rang de capitale des États bourguignons, et on reçoit de plein fouet l'impact d'une ville moderne, fruit du développement urbain et industriel du XIXᵉ s. On emprunte une rue tortueuse, on bute sur une voie rapide... on cherche des remparts, on tombe sur des tunnels. On l'imagine cohérente, telle que l'avait rêvée Léopold II, le roi-bâtisseur, et on la trouve incroyablement brouillonne, voire insaisissable... Cette ville est multiple, comme un gigantesque kaléidoscope où chaque perception visuelle est immédiatement contredite par celle qui suit. Ses habitants eux-mêmes ont pour leur cité un sentiment diffus, mêlant attachement profond et dénigrement moqueur.
Alors on pense pouvoir la visiter comme ça, juste avec les yeux... mais on se surprend presque malgré soi à l'aimer, avec le cœur... Pourquoi ?

Difficile à dire. Bruxelles n'est pas toute la Belgique mais elle vous aidera à mieux la comprendre. On y trouve tout et son contraire. Il faut dire qu'il n'est pas toujours aisé d'être capitale de la Belgique, siège des institutions européennes et capitale de la Région flamande, alors que 85 % de ses habitants parlent le français.

Ce qui est sûr, c'est que dans cet îlot francophone en pays flamand qui, de surcroît, abrite 30 % d'étrangers, le visiteur s'aperçoit bien vite qu'au sein de cette nouvelle Babel, rien n'est jamais simple. Bruxelles n'est pas la plus belle ville d'Europe, mais toute l'Europe l'a voulue : Espagnols, Autrichiens, Français, Hollandais... 800 ans d'administration sous influence étrangère, pour finalement se retrouver... à la tête de l'Europe. Beau parcours...

Si, administrativement, les compromis belgo-belges l'ont hissée au rang de région de l'État fédéral, prise en sandwich entre Flandre et Wallonie,

MAIS POURQUOI DIT-ON « BRUSSELLES » ?

On se trouve devant une exception de la langue française : le « x » se prononce ici « ss ». En fait, l'orthographe actuelle de la ville provient de l'habitude qu'avaient les scribes du Moyen Âge de remplacer les doubles « s » par une croix, tout en n'en modifiant pas la prononciation. Cette croix, assimilée au « xi » du grec ancien, a été prononcée « ks » en français à partir du XVIIIe s, mais ça n'a pas modifié l'usage pour Bruxelles dont le nom flamand d'origine est Brussel. Il existe d'autres exemples connus, comme Auxerre en Bourgogne qui se prononce « Ausserre ».

on ne peut pas dire que cela se soit fait autour d'une identité claire, quoique... Cette diversité sociale et culturelle pourrait accoucher d'un modèle original où cohabitent Bruxellois de souche, Flamands et Wallons de souche ou assimilés, cafetiers et restaurateurs espagnols ou portugais, tenanciers de snacks grecs, turcs ou chinois, conducteurs de bus marocains, taxis africains, lobbyistes américains, marchands de fringues pakistanais, ouvriers du bâtiment polonais, financiers anglais et promoteurs scandinaves, exilés fiscaux français, bijoutiers sikhs et toutes les nations européennes ou méditerranéennes... un passionnant laboratoire de la multiculturalité.

Bruxelles est une de ces villes où le visiteur a intérêt à être pris par la main pour lui faire comprendre que la Grand-Place, certes « le plus beau théâtre du monde », comme disait Cocteau, est plus qu'une façade. Il faut l'encourager à pousser plus loin, et regarder au-delà des apparences. En dépassant le périmètre d'arrosage du Manneken-Pis, on entre dans les coulisses d'une scène passionnante. Allez donc faire un tour aux Marolles le dimanche matin, arpentez Ixelles et Saint-Gilles à la découverte des façades Art nouveau, allez humer, le dimanche, les senteurs safran et menthe fraîche du marché coloré du Midi, découvrez, au hasard des coins de rues, les façades B.D., égarez-vous dans ces micro-villages au milieu de coquets faubourgs arborés, descendez une bière dans un estaminet – comme on appelle ici les tavernes – et prenez-y du plaisir.

Car si Bruxelles paraît sérieuse, elle aime par-dessus tout la dérision. L'humour bruxellois porte même un nom : la *zwanze,* une gouaille bonhomme qu'on rencontre souvent dans les cafés populaires. C'est dans ces lieux de partage qu'on découvre que le Bruxellois sait se moquer de lui-même, bien plus que des autres. Et c'est une sacrée qualité.

Est-ce un hasard si c'est ici que la bande dessinée, le 9e art, a établi son temple ? Est-ce si surprenant si les deux emblèmes de la ville font, l'un, 51 cm, avec un petit zizi qui éteignit paraît-il un jour la mèche d'un tonneau de poudre, et l'autre 100 m de haut, énorme assemblage de boules de métal ? Et que dire de ce palais de justice qui fut le plus vaste bâtiment construit au XIXe s et qui domine de sa masse un quartier où vécut autrefois Bruegel ?

Truculente, surréaliste et décontractée, un peu à l'image de la banale silhouette du petit monsieur au chapeau boule qui fut un véritable artiste subversif, Bruxelles est une cité qui ne se révèle qu'à celui qui sait regarder.

UN PEU D'HISTOIRE

Lointaines origines

Bien sûr, comme un peu partout en Europe occidentale, des fouilles ont révélé la présence humaine dans la région bien avant notre ère et, à l'époque romaine, plusieurs villas, dont la plus connue sur la commune d'Anderlecht, exploitaient les ressources agricoles de la vallée de la Senne.

Le Moyen Âge

Sautons les siècles : 979 ! Déjà plus de 1 000 ans. Une date qui ne fait pas forcément l'unanimité chez les historiens – mais il faut bien commencer quelque part – situerait la fondation de la ville lorsque Charles de France, duc de Basse-Lotharingie fait construire un *castrum* sur une petite île de la Senne, la rivière qui traverse la région. *Brosella* (« habitation des marais »), comme le bourg se serait appelé alors, deviendra Bruxelles. Mais les textes qui étayent cette théorie datent du XIVe s, à l'époque où pour un duc de Brabant, une filiation dynastique directe avec Charlemagne présentait un avantage renforçant son pouvoir.

Plus prosaïquement, un emplacement fortifié sur une colline entre le comté de Flandre (vassal de la France à l'ouest) et les marches occidentales du Saint Empire Romain germanique, le tout à la croisée d'un axe commercial ouest-est et d'une petite rivière navigable (en liaison avec l'estuaire de l'Escaut) présente bien des avantages stratégiques pour les comtes de Louvain. Ceux-ci donnent au XIe s une impulsion à l'essor naissant de la bourgade en érigeant un château sur le Coudenberg (aujourd'hui place Royale), en aménageant des installations portuaires et des moulins à eau sur la rivière et en créant un chapitre de chanoines pour garder les reliques d'une sainte qui répond au charmant nom de Gudule.

Puis, au début du XIIIe s, sous la houlette des comtes, devenus entre-temps ducs de Brabant, on ceinture l'ensemble des remparts, dont de nombreux vestiges sont encore visibles aujourd'hui. La ville se développe grâce à l'industrie du drap et est dirigée par une bourgeoisie marchande qui exerce son influence sur le « bas » de la ville, tandis que les seigneurs et leurs représentants tiennent le « haut ». En 1229, les rapports sociaux entre les différentes composantes de la cité sont régis par une charte appelée *keure*. Sept clans patriciens (les lignages) se partagent le pouvoir civil en nommant chacun un échevin, composant ainsi la magistrature de la cité. Ils détiennent chacun une des clés des sept portes de la ville.

En 1261, une crise dynastique dans le duché de Brabant provoque l'éloignement des ducs de leur fief principal de Louvain pour s'installer à Bruxelles. C'est le début d'une ascension politique qui fait que Bruxelles se sent vite à l'étroit dans son enceinte. Qu'à cela ne tienne, on en dessine une plus grande dont le tracé suit les limites de ce qu'on appelle aujourd'hui le Pentagone. En 1302, les corporations d'artisans récusent l'autorité bourgeoise et s'emparent de la ville durant quelques années. Dès lors, la magistrature urbaine sera composée d'un représentant du duc, l'*amman,* assisté des échevins nommés par les lignages. La draperie connaît néanmoins un déclin et l'activité se tourne vers la tapisserie. C'est au XIVe s que la ville, prise durant 2 mois par les troupes du comte de Flandre, est libérée par **Everard 't Serclaes,** un héros dont un bas-relief sous une arcade de la Grand-Place rappelle le martyre, mais pour des faits bien ultérieurs à la délivrance de la ville.

LA RÉGION DE BRUXELLES

De la période bourguignonne à celle des Habsbourg

En 1421, une insurrection permet aux corporations réunies en « nations » de forcer un accès au partage du pouvoir. Au nom d'un compromis bien compris entre gens de métier et patriciat, ce gouvernement d'alliance ne sera plus contesté à Bruxelles jusqu'à la fin de l'Ancien Régime. En 1430, par le jeu des alliances matrimoniales, les **ducs de Bourgogne,** les princes les plus puissants d'Europe (ils sont déjà comtes de Flandre) agrandissent considérablement leur domaine en héritant d'une grande partie des Pays-Bas (dont le duché de Brabant, avec aussi Anvers) et choisissent Bruxelles comme étape de leur cour itinérante. Toute cette époque où Bruxelles se dépense sans compter pour fixer cette cour, est aussi marquée par un développement de l'art et de l'artisanat, notamment la sculpture, l'orfèvrerie, le travail du cuir, l'enluminure et la tapisserie.

N'est-ce pas à cette époque qu'on élève l'hôtel de ville gothique et que tant de superbes retables sont ciselés ? La ville est riche, prospère même. Rogier de la Pasture, alias **Van der Weyden,** devient peintre officiel de la ville. Re-jeu des alliances, re-changement de pouvoir. La faute à Marie de Bourgogne (orpheline de Charles le Téméraire en 1477), qui se jette dans les bras de Maximilien d'Autriche, un membre de la famille des Habsbourg. Résultat, en 1515, c'est son petit-fils **Charles,** régnant sur l'Espagne, les Pays-Bas et bientôt élu empereur germanique, qui arrive en ville et en grande pompe pour se faire couronner. En 1549, perpétuant la tradition des cortèges processionnels, on donne une fête en l'honneur de son fils (le futur Philippe II), qui servira de modèle au célèbre **Ommegang** actuel. Bruxelles continue de se parer de mille richesses et s'ouvre sur l'extérieur. L'anatomiste **André Vésale** y fait progresser les connaissances sur le corps humain. Mais Philippe II succède à Charles Quint, pré-retraité en 1555, après son abdication dans la *Magna Aula* du palais des Ducs. Charles Quint avait rêvé d'un grand empire européen, vivant dans la paix civile et religieuse. Découragé, usé, fatigué, l'empereur préfère se retirer dans un couvent au fin fond de l'Espagne.

Les temps troublés

Le règne de **Philippe II** inaugure une période agitée, sur fond de guerres de Religion. Continuateur de la politique paternelle qui avait, dès 1535, édicté les premières mesures contre la Réforme, il combat le calvinisme qui a fait beaucoup d'adeptes dans les couches aisées de la société. Finie la glorieuse époque, bonjour tristesse et déclin, cela durera près de deux siècles. **Guillaume d'Orange** s'oppose à l'absolutisme de Philippe II et rassemble autour de lui les partisans de la religion nouvelle. L'un a embrassé la foi protestante, l'autre est un catholique rigoureux. L'Inquisition, après les exactions des iconoclastes, charrie son cortège de souffrances. Le peintre **Bruegel** dénonce les excès de la guerre dans plusieurs de ses tableaux.

Ce qui devait arriver alors arrive : le peuple se soulève, des révoltes éclatent et atteignent leur paroxysme en 1568, lorsque le **duc d'Albe,** chargé d'appliquer la politique de Philippe II, contre l'avis de Marguerite de Parme (fille naturelle de Charles Quint et gouverneur des Pays-Bas), fait exécuter sur la Grand-Place les **comtes d'Egmont et de Hornes,** pourtant catholiques, mais opposés aux persécutions. Une plaque évoque encore ce drame sur un pilier de la maison du Roi et la date funeste reste inscrite en rouge dans les manuels d'histoire de Belgique. En 3 ans, 8 000 condamnations à mort sont prononcées par ce tribunal d'exception nommé **Conseil des Troubles.**

Jusqu'à la fin du XVIe s, l'ambiance n'est pas à la rigolade. Alexandre Farnèse, petit-fils de Charles Quint, soumet la ville en 1585.

Un peu de répit avant la catastrophe

Pourtant, le canal de Willebroek, projeté dès 1477, a été achevé en 1561 et Bruxelles se voit reliée à la mer via l'Escaut en évitant les droits de douane que Malines percevait sur le parcours de la Senne. Le quartier nord-ouest de la ville devient un port et des quais sont aménagés. La fille de Philippe II, l'*archiduchesse Isabelle,* et son époux *Albert* reprennent les rênes des Pays-Bas en 1598. Ils vont redonner à Bruxelles une dynamique artistique et commerciale. Les heurts s'apaisent et les ordres religieux fleurissent dans un climat de contre-réforme magnifié par Pierre-Paul Rubens depuis Anvers. La production majeure de Bruxelles est devenue la dentelle dont l'époque est friande. Plusieurs milliers de dentellières y sont occupées. Marie de Médicis, évincée de la régence par Richelieu, trouve, en 1631, un refuge auprès d'Isabelle à Bruxelles.

Après des décennies de calme relatif, patatras ! La France joue au « chamboule-tout » avec l'Europe. Les guerres menées par Louis XIV contre la ligue d'Augsbourg conduisent les flottes anglaise et hollandaise à bombarder les ports français de la Manche. Prenant prétexte de ces agressions, le roi donne l'ordre de **bombarder Bruxelles** en 1695, l'opulente capitale de ces Pays-Bas espagnols qu'il

> ## GÉNÉRATION SPONTANÉE
>
> *Né à Bruxelles, Jean-Baptiste Van Helmont était alchimiste, philosophe et médecin. Il prétendit, en 1648, que la vie pouvait éclore « spontanément ». Pour voir naître une souris, il suffisait de remplir un seau de blé et d'y ajouter une chemise imprégnée de sueur ! Il fallut attendre le XIXe s et Pasteur pour réfuter cette croyance.*

rêve d'annexer. En fait, c'est une diversion destinée à détourner les troupes coalisées qui faisaient le siège de Namur et à les entraîner vers un champ de bataille plus favorable. Du vendredi soir 13 au dimanche 15 août à midi, le centre de la ville est bombardé à boulets incendiaires et 4 000 maisons sont réduites en cendres. Quatre ans plus tard, la Grand-Place, étincelante, sort des décombres et dans un style qui provoque le choc des genres opposés, fait l'admiration de toute l'Europe. Mais le reste de la ville est reconstruit sur le plan ancien, une occasion ratée de rationaliser l'urbanisme.

Des Autrichiens aux Hollandais en passant par les Français

En 1713, la ville devient autrichienne, toujours sous la férule des Habsbourg. Comme du temps des Espagnols, le début de cette domination n'apporte que des malheurs. Citons pour exemple, la révolte des gens de métier – qui acceptent mal les levées d'impôts et le déclin de leur participation au pouvoir – qui se soldera par la décapitation en 1719 de leur doyen, *François Anneessens.* En 1731, un incendie détruit le palais des ducs de Bourgogne sur le Coudenberg.

Charles de Lorraine, gouverneur des Pays-Bas (1744-1780), redonnera néanmoins un peu de lustre à Bruxelles en la parant de nombreux monuments classiques d'inspiration française. La place de Lorraine (future place Royale), l'église Saint-Jacques-sur-Coudenberg et les rues alentour constituent en fait le premier grand chantier architectural. L'avènement en Autriche de *Joseph II,* despote éclairé, voit une réorganisation de la justice, du commerce et de l'industrie, et marque la période de transition qui conduit à la fin de l'Ancien Régime, clôturé par l'épisode des États-Belgique-Unis en 1790. Les Autrichiens, provisoirement chassés, reviennent en force avant de quitter définitivement le pays sous la poussée des armées de la République française.

Après 1795, durant la présence française, Bruxelles occupe la place de **chef-lieu du département** de la Dyle. L'apport de la Révolution consacre la fin des privilèges et la naissance des Droits de l'homme. En émergent un nouvel ordre institutionnel, économique, social et juridique et un système législatif qui porte sur le devant de la scène un acteur jusque-là effacé dans le débat politique : le peuple. La Révolution laisse des traces marquantes dans l'organisation administrative, mais voit aussi l'usage du système métrique ou du papier-monnaie se répandre.

Les fortifications médiévales sont rasées, n'en subsiste que la porte de Hal. Liège est aussi intégrée aux Pays-Bas méridionaux, qui vont passer sous l'administration des Pays-Bas après la débâcle de Napoléon à Waterloo.

Bruxelles partage alors le rôle de capitale du nouvel ensemble politique avec La Haye. Avec la création de la **Société Générale** sont posés durant cette période les jalons d'une révolution industrielle qui verra la Belgique devenir la deuxième puissance économique du continent au XIXe s.

La capitale d'un nouvel État

En 1830, par rejet du calvinisme, de la culture néerlandaise, et aussi en raison des discriminations dont sont victimes les Belges (démographiquement majoritaires) dans la fonction publique et l'armée, et de la perte du marché français pour les industriels libéraux, le peuple se révolte contre les Hollandais. Dans la nuit du 24 au 25 août éclate la **révolution.** Inspirée par la révolution de Juillet en France, elle démarre de Bruxelles et gagne vite les provinces. Les Hollandais sont chassés après de durs combats aux alentours du parc de Bruxelles. La Belgique acquiert son indépendance après une conférence des puissances européennes à Londres et la ville devient la capitale du nouveau pays qui choisit le modèle de la monarchie parlementaire. Après quelques tergiversations, Léopold de Saxe-Cobourg-Gotha y prête le serment constitutionnel le 21 juillet 1831 (voir « Personnages. Dynastie » dans le chapitre « Hommes, culture et environnement »).

Avec l'industrialisation, Bruxelles développe de nouveaux quartiers et de gigantesques travaux sont entrepris. Sous l'influence des loges maçonniques, l'Université libre de Bruxelles est fondée. La seconde moitié du XIXe s, sous les règnes de Léopold Ier et de Léopold II, voit la construction de gares qui vont faire rayonner un réseau de chemin de fer très dense dans toutes les directions du pays, la ligne Bruxelles-Malines (1835) étant la première construite sur le continent. Le percement du canal vers Charleroi met le bassin houiller et sidérurgique du sud en liaison avec Anvers. Bruxelles se transforme considérablement : distribution généralisée de l'eau potable, pose d'égouts modernes, édification des galeries Saint-Hubert (1846), voûtement de la Senne pour cause d'insalubrité (1865), construction du palais de justice (1866-1883) et création du parc du Cinquantenaire (1880). Les nouveaux quartiers font l'objet d'un plan d'urbanisme novateur intégrant facilement un impressionnant tissu de petites et moyennes entreprises qui en font le premier pôle créateur d'emplois industriels du pays. Autant de facteurs qui font plus que doubler sa population à partir de 1830 qui avoisinera les 230 000 habitants en 1900. Avec Victor Horta et ses suiveurs, de superbes demeures **Art nouveau** sortent de terre au tournant du XXe s. Bruxelles connaît alors un important retentissement culturel. Des mouvements artistiques se forment et influencent les pays voisins. Les expos universelles s'y succèdent (1897, 1910, 1935) vantant le progrès des Arts et de l'industrie et faisant de la ville un point de convergence des capitaux et des idées. La Bourse construite vers 1870 en est un des symboles.

Occupée pendant les deux guerres mondiales, Bruxelles est bombardée trois fois durant le second conflit.

Bruxelles aujourd'hui

Après la guerre, les grands travaux se poursuivent. La construction de la jonction ferroviaire souterraine à six voies entre les gares du Midi et du Nord, étalée sur près de 50 ans, provoque une saignée dans le tissu urbain. Les projets de voies rapides, d'élargissement d'artères, de destruction de quartiers pour les transformer en immeubles de bureaux ne rencontrent que peu d'obstacles chez les responsables politiques. La ville, balafrée de partout, subit un véritable traumatisme. Bruxelles tourne alors comme une essoreuse : elle renvoie sa population vers les banlieues plus riantes, laissant en son centre le champ libre aux spéculateurs de tout poil. La modernité prend le développement américain pour modèle.

En 1958, nouvelle *Exposition universelle.* L'Atomium, symbole du progrès par la science, en devient l'édifice phare. En 1967, le quartier nord subit l'assaut des pelles mécaniques pour créer une sorte de centre d'affaires prétentieusement appelé *World Trade Center.* En 1969, des comités se créent pour défendre la ville contre la spéculation et proposer des contreprojets mettant en avant la réhabilitation. Des combats sont menés et gagnés pour sauvegarder certains édifices. Pourtant, tout le quartier dit aujourd'hui « de l'Europe », autour de la rue de la Loi, est éventré pour élever des édifices ennuyeux qui accueilleront la « technostructure » européenne.

Cette prise de conscience salutaire a fini par faire émerger de nouvelles pratiques : depuis 20 ans, le laisser-faire n'est plus de mise. Les disgracieuses dents creuses qu'on avait laissé pourrir et les friches sauvages ont été quasiment résorbées, du moins dans le centre. On est passé à une politique de rénovation plutôt que de démolition, même les buildings des années 1960 ont été relookés. Le mobilier urbain a été remplacé pour offrir un environnement visuel plus agréable et les voiries ont été redessinées pour faciliter la mobilité mais aussi pour ménager des zones de promenade aux piétons et de balades aux cyclistes. Les nouveaux tramways et bus urbains ont fière allure et le métro des années 1970 a été repensé. Tout n'est pas encore parfait, des quartiers sont à la traîne et la collecte des déchets laisse encore à désirer mais Rome ne s'est pas faite en 50 ans...

Bruxelles, ville-région

Parallèlement à la profonde transformation de son tissu urbain, la ville connaît une modification de son pouvoir, du fait du glissement progressif du pays vers le *communautarisme.* La Belgique tente de répondre aux tiraillements entre flamands et francophones en redistribuant les cartes institutionnelles sur le modèle fédéral. En 1989, on crée la région de Bruxelles-Capitale, composée des 19 communes de l'agglomération. Les habitants de la région envoient au Parlement régional 75 élus, répartis selon une clé linguistique âprement négociée de 65 francophones et 10 néerlandophones. L'exécutif est confié à un gouvernement régional de cinq ministres (deux francophones, deux flamands et un ministre-président « linguistiquement asexué » !), flanqués de trois secrétaires d'État régionaux.

En parallèle à la création des trois régions géographiques (Bruxelles-Capitale, Flandre et Wallonie), on crée des communautés linguistiques (francophone, néerlandophone et germanophone) qui, évidemment, ne recoupent pas les régions. Aujourd'hui, Bruxelles est une ville-gigogne : capitale du pays tout entier mais aussi capitale de la Flandre, tout en étant une région administrative à part entière. Certains souhaiteraient pousser le processus en faisant de la ville une région cogérée par les deux communautés ou même un district international à la manière de Washington DC. Ce serait à coup sûr lui ôter définitivement ce qui reste de sa spécificité et cela priverait ses habitants du droit démocratique élémentaire de s'administrer eux-mêmes.

Pour compléter le tableau, Bruxelles est également le siège de l'*OTAN,* de l'*UEO,* de la *Commission européenne* et du *Parlement européen.* Ce dernier regroupe ses institutions dans un seul et même quartier entre le Pentagone et le parc du Cinquantenaire.

LES INSTITUTIONS EUROPÉENNES

Après des décennies de rivalité avec Strasbourg et Luxembourg, Bruxelles a semble-t-il définitivement acquis le titre de *capitale de l'Europe.* Elle abrite en permanence des institutions majeures de l'Union européenne : la Commission européenne, le Conseil des ministres et le Parlement européen (qui y tient ses commissions parlementaires alors que les sessions plénières se déroulent une fois par mois à Strasbourg).

LA RÉGION DE BRUXELLES

Ces institutions à l'interaction parfois complexe drainent à Bruxelles une nébuleuse de groupes de pression qui exercent un lobbying effréné à la hauteur des ambitions européennes. Avec plus de 500 cabinets-conseils, Bruxelles est la deuxième ville de lobbies au monde après Washington !
En dehors du Conseil de l'Europe, à Strasbourg (avec le Parlement européen), la Cour européenne de justice à Luxembourg et la Banque centrale européenne à Francfort, Bruxelles est donc au cœur du pouvoir décisionnel de l'avenir du Vieux Continent.

La Commission européenne

Elle est dirigée depuis novembre 2004 par le Portugais José Manuel Barroso, dont le mandat a été reconduit fin 2009 (en attendant l'application de ce « traité révisé » de juin 2007, qui a instauré la présidence pour 2 ans et demi, avec la désignation du Belge Herman Van Rompuy comme premier président). Elle comprend 26 commissaires, plus le président, représentant les 27 pays de l'Union et veille à l'application des traités européens en répartissant la tâche entre 24 directions générales. Elle propose les évolutions futures de l'Union et dispose de pouvoirs de décision. Elle cherche à concilier les points de vue des États membres. Son rôle est parfois perçu comme celui d'un super gendarme administratif, surtout dans le domaine très sensible de la concurrence économique. Elle rend compte de sa tâche dans un rapport annuel présenté au Parlement européen.

Le Conseil de l'Union européenne

Épaulé par une armée de 2 000 fonctionnaires, c'est l'organisme qui vote les directives européennes ayant force de lois communautaires. Sa présidence est confiée par roulement à chacun des pays de l'Union, à raison de deux pays par an. Fin 2009, le belge Herman Van Rompuy a été nommé à la présidence de l'Europe pour 2 ans et demi. Son siège est installé dans le mammouth architectural du *Juste-Lipse.*

Le Parlement européen

Les **785 députés** qui y siègent sont les représentants élus tous les 5 ans par les électeurs des 27 États membres de l'Union au nom des 492 millions de citoyens. Il accueille à Bruxelles, trois semaines sur quatre, les commissions parlementaires préparatoires aux sessions de vote strasbourgeoises, et ce, dans l'hémicycle du « Caprice des Dieux » (allusion moqueuse à sa forme en ellipse rappelant les contours de la boîte de la célèbre marque de fromage). Il amende et entérine les propositions de la Commission et exerce un pouvoir de codécision avec le Conseil des ministres. Son président actuel est l'Allemand Martin Schulz.
À noter que l'on trouve aussi à Bruxelles la Cour des comptes, le Comité économique et social ainsi que le Comité des Régions.

LES EUROCRATES

Formant la moitié du contingent des Européens vivant à Bruxelles, les 30 000 Eurocrates ont parfois mauvaise presse (il y a pourtant moins de fonctionnaires européens à Bruxelles que de fonctionnaires à Marseille !). La *vox populi* a eu autrefois tendance à leur attribuer tous les maux de la capitale : la hausse de l'immobilier, la cherté des loyers, les embouteillages, les chantiers babyloniens, les prix élevés des restos. On leur prête exagérément des tas d'avantages éhontés : leur salaire généreux, leurs magasins hors taxes, leurs primes d'expatriés (à croire qu'habiter Bruxelles constitue la punition suprême !), leur plaque d'immatriculation, le fait qu'ils ne paient pas d'impôts, leur facilité à faire sauter les PV...

Tout cela est un peu vrai mais aussi un peu faux aussi. L'immobilier bruxellois a subi des hausses, certes, mais bien moindres que dans d'autres capitales et le prix moyen du mètre carré résidentiel reste un des plus bas des capitales européennes. Les Eurocrates paient des impôts eux aussi mais à un taux moins élevé que ceux des Belges. À défaut de vrais magasins hors taxes, ils disposent, à leur installation, de quelques facilités pour acquérir des articles de base détaxés. Les embouteillages ? Les Eurocrates sont parmi les plus grands utilisateurs du métro. Il est vrai en revanche que les restaurateurs et cafetiers (et encore, pas tous) en profitent pour augmenter leurs prix. Leurs salaires plutôt plantureux ? Oui, mais ils ont choisi de vivre parfois loin de leur famille.

Et eux, que pensent-ils de Bruxelles ? Ravis de se trouver à quelques heures de Londres, Paris, Amsterdam ou Cologne, où ils se rendent volontiers pour une expo ou du shopping le temps d'un week-end, ils la trouvent, en majorité, facile à vivre. Ils apprécient la modicité des loyers, comparés à ceux des autres grandes capitales, les moyens de transport et les banlieues vertes. Ils vénèrent les restos bruxellois mais déplorent le provincialisme de la ville et surtout les chicaneries des administrations locales. Ils trouvent le centre assez sale et ne comprennent pas grand-chose aux problèmes belgo-belges. Ils vivent d'ailleurs un peu en cercle fermé, fréquentant après le bureau leurs pubs et restos nationaux groupés autour du rond-point Schuman, s'invitant les uns les autres et envoyant leurs mômes dans les écoles européennes.

Somme toute, le bilan des relations est plutôt favorable. Quelques petits griefs de part et d'autre mais pas de gros contentieux. Les Eurocrates se sentent bien à Bruxelles et ne demandent qu'à y rester. Quant aux Bruxellois, ils ont bien besoin de la manne qu'ils représentent (près de cinq milliards d'euros injectés tous les ans dans l'économie locale, soit 13 % du PIB de la région, générant, indirectement, près de 90 000 emplois). Et puis, à présent que se profile une Europe des 30, où pourrait-elle s'installer ailleurs qu'à Bruxelles ?

TOPOGRAPHIE DE LA VILLE

Le Pentagone

Pour le visiteur pressé, l'observation rapide d'un plan permet de cerner ce qu'on appelle communément le Pentagone. Mais pourquoi donc appeler « pentagone » une figure qui, en fait, a six côtés et non cinq ? Allez savoir ! Bref, le Pentagone constitue le cœur de Bruxelles. Il est délimité par de larges boulevards, sorte de périphérique urbain, plein de tunnels, qui épouse le tracé de la deuxième enceinte de la ville. Amusant : ces boulevards ne portent pas le même nom d'un côté et de l'autre de la chaussée. En effet, à l'intérieur ils appartiennent à Bruxelles, à l'extérieur à une commune différente.

L'ART DANS LE MÉTRO

Au hasard de vos errances souterraines, vous découvrirez les œuvres de Pol Bury à la station Bourse, d'Alechinsky et Dotremont à la station Anneessens ou de Jacques Moeschal à la station Gare-du-Midi. Hergé est présent station Stockel, tandis que la station Montgomery a été décorée par les artistes Pol Mara, Jean-Michel Folon et Jo Delahaut. Et ainsi de suite... Une brochure disponible à l'office de tourisme et à la station Porte-de-Namur répertorie tous les artistes qui ont œuvré à cette idée. ● *stib.be/kunst-metro-art* ●

Les communes de l'agglomération bruxelloise

Si vous avez bien suivi nos explications, vous savez donc que la région de Bruxelles-Capitale est un ensemble de 19 communes. Bruxelles est l'une d'elles.

LA RÉGION DE BRUXELLES

Quand on étudie une carte, on s'aperçoit qu'elle se compose du Pentagone, additionné de plusieurs autres morceaux. N'essayez pas d'y voir une cohérence géographique, vous deviendriez dingo. Pour faire simple, disons que, hors du Pentagone, vous avez pas mal de probabilités d'être dans une autre commune. Précisons aussi qu'en tant que touriste, vous entendrez beaucoup parler dans ce guide de Saint-Gilles et d'Ixelles (non, non, pas la taille de T-shirt...), et un peu d'Anderlecht, de Schaerbeek et d'Uccle. Voilà, on en reste là, sinon vous allez perdre les pédales.

Le ring

C'est un anneau autoroutier qui cerne l'agglomération bruxelloise et qui permet d'accéder à toutes les grandes directions. Bien surveiller les numéros des sorties. Ce n'est pas toujours une bonne idée de le prendre pour se rendre dans une banlieue proche. Quand on arrive à Bruxelles, le ring est assez trompeur : sortez-en dès que vous pouvez pour entrer dans la ville. Une bonne carte aide énormément.

Les espaces verts

Cela ne se voit pas au premier coup d'œil, surtout depuis l'intérieur du Pentagone, mais Bruxelles est la ville la plus verte du continent après Vienne ! Chaque Bruxellois disposerait de 27 m² de verdure – contre 10 m² pour les Londoniens et 9 m² pour les Parisiens. La raison : en plus des espaces publics, surtout en banlieue, et à défaut de larges artères arborées, l'existence d'un foisonnant tissu urbain fait d'îlots d'habitations au milieu desquels chaque maison dispose d'un jardin. Bien souvent une simple pelouse entourée de murs, bordés d'un carré de tulipes avec quelques arbres fruitiers, parfois maigrichons, mais qui suffit à donner aux habitants l'illusion de vivre dans un coin de campagne, surtout lorsqu'ils ont la chance d'être réveillés par les merles ou les mésanges.

Arrivée à Bruxelles

En avion

✈ **Brussels Airport** (hors plan couleur I par B1) : à Zaventem 1930 (15 km au nord-est du centre). Infos web (tlj 7h-22h) : ☎ 0900-70-000 (0,50 €/mn) ou (32)-2-753-77-53 (depuis l'étranger). ● brusselsairport.be ●
En juin 2012 a été inaugurée une nouvelle connexion ferroviaire (projet Diabolo) qui permet de rejoindre directement l'aéroport depuis Anvers, Malines et Louvain.

Pour rejoindre le centre-ville

➢ Depuis le niveau - 1 de l'aéroport, un **train-navette** (Brussels Airport Express) rallie la gare du Nord, la gare Centrale et la gare du Midi. Départ ttes les 15 mn, 5h30-0h20 (23h50 w-e). Durée : 20 mn. Prix : 5,20 €.
➢ La ligne de **bus Airport Line** n° 12 (express) relie l'aéroport (plate-forme C) au centre-ville en 30 mn. 2 départs/h

lun-ven 5h-20h. Puis le n° 21 (omnibus) prend le relais de 20h à 23h, les w-e et j. fériés. Prix : 3,50 € hors bus, 6 € dans le bus. Attention, peu d'arrêts en centre-ville. Infos : ● stib.be ●
➢ Pour un **taxi** vers le centre, compter 40-45 €. C'est donc cher.
➢ Les agences de **location de voitures** sont situées dans le hall d'arrivée et ouvertes de 6h30 à 23h :

■ **Avis** : ☎ 02-720-09-44.
■ **Europcar** : ☎ 02-721-05-92.
■ **Hertz** : ☎ 02-720-60-44.
■ **Sixt** : ☎ 070-22-58-00.

✈ **Brussels South Charleroi Airport** : ☎ 0902-024-90. ● charleroi-airport. com ● À 46 km du centre de Bruxelles. Cet aéroport est desservi par les compagnies low-cost Ryanair, Wizz Air, FlyOnair, Jetairfly et Jet4you.
➢ Un **bus-navette** relie l'aéroport à la gare du Midi de Bruxelles (départ situé à l'intersection de la rue de France et de la rue de l'Instruction) toutes les 30 mn. Tlj 8h15-23h45 (Charleroi – Bruxelles) ou 4h-20h30 (Bruxelles –

Charleroi). *Billets : 13 € ; A/R 22 €, en vente sur ● voyages-lelan.be ●, au terminal de l'aéroport, ou dans le bus au départ de Bruxelles.*

En train

Six gares desservent la région de Bruxelles-Capitale, toutes reliées entre elles par une jonction ferroviaire. *Infos concernant le trafic des voyageurs :* ☎ 02-528-28-28. ● b-rail.be ● thalys. com ● Venant du sud, vous arrivez à Bruxelles-Midi.
Avec *Thalys,* Bruxelles n'est plus qu'à 1h22 de Paris-Gare du Nord. Plus ou moins 28 trains/j., soit env 2 départs/h en sem, la moitié le w-e. Lille n'est qu'à 38 mn en TGV ou *Eurostar*. En été, liaisons directes depuis Marseille en 5h23, et de Perpignan en moins de 8h. Réservation obligatoire. Repas sur place en *Comfort 1* en fonction des horaires. Wagon-bar avec petite restauration en *Comfort 1* et 2. Wifi gratuit en *Comfort 1,* payant en *Comfort 2.* Possibilité de réserver un taxi à l'arrivée.

Arrivée à la gare du Midi

🚄 *Gare du Midi-Brussel-Zuid (plan couleur I, A2 et plan couleur III, G8) :* à env 1,5 km au sud de la Grand-Place. C'est ici que tous les TGV, *Thalys* et *Eurostar* arrivent. En descendant les escalators, vous trouverez sur votre droite des toilettes, des téléphones et des consignes à bagages (manuelles ou automatiques). Le hall principal (orné d'une fresque dédiée à Tintin) réunit boutiques, agences de location de voitures (*Avis, Hertz* et *Europcar*) à gauche de l'espace d'arrivée des TGV, un bureau de change (pour nos lecteurs hors zone euro), la billetterie (en plein milieu, à droite).
➤ Le tarif **Toute Gare Belge** (TGB) vous permet de prolonger, à petit prix, votre voyage Thalys par un trajet en correspondance sur un train du trafic intérieur belge (Bruges, Anvers, Namur, Liège par exemple), ou, à l'inverse, de rejoindre votre gare Thalys depuis n'importe quelle gare belge). Infos : ● thalys.com ●
🛈 *Kiosque Visit Brussels* (office de tourisme ; *plan couleur I, A2, 4) :* tlj 9h-18h. Fermé 1er janv et 25 déc. Possibilité d'y faire une réservation d'hôtel de dernière minute.

– Pour retirer de l'argent, on trouve des distributeurs de part et d'autre du kiosque d'accueil (le 1er vers les taxis, puis à gauche, le 2e en direction du métro, le 3e vers les voies 7-22).
➤ Par les transports urbains vers le centre, le plus simple est de prendre les trams souterrains nos 3 et 4 et de descendre à la station Bourse ou De Brouckère. Moins rapide, il y a aussi le métro mais il faut changer à la station Arts-Loi (et finalement se farcir 8 stations pour couvrir... 1,5 km !).

En voiture

➤ *Pour entrer dans la ville :* pas évident de rejoindre le centre une fois qu'on quitte le contournement ouest (ring) de l'autoroute E 19, à la sortie 18 (Drogenbos). Prendre la rue de Stalle sur environ 2 km à travers les quartiers résidentiels d'Uccle, jusqu'à l'avenue Brugmann, prendre ensuite la chaussée de Charleroi, jusqu'à la place Stéphanie et la place Louise. Essayez de repérer de loin la flèche de l'hôtel de ville ou le dôme du palais de justice pour rejoindre l'intérieur du Pentagone. Une fois arrivé, laissez votre voiture dans un des nombreux parcs de stationnement. Attention : dans le périmètre du Pentagone, la vitesse est limitée à 30 km/h.

Adresses et infos utiles

Infos loisirs

Plusieurs magazines tiennent le public bruxellois informé de ce qui se passe en ville.
– Le *Zone 02,* journal hebdomadaire gratuit et complet, avec articles, critiques et tout le programme culturel du moment. Les expos y sont traitées par thème. Pratique ! On le trouve dans la rue, les vidéothèques, les bars, etc.
– L'*Agenda,* gratuit lui aussi mais moins touffu que le *Zone 02.*
– Le *Kiosque,* un autre guide culturel payant, du genre *Pariscope* mais mensuel.
– Le *Brusseleir* : un mensuel gratuit bilingue de la ville de Bruxelles qui recense les activités culturelles. Accessible en ligne sur le site ● bruxelles.be ●

Services touristiques et d'accueil

🛈 *Visit Brussels* (office de tourisme ; plan couleur III, I7, **1**) **:** rue Royale, 2, 1000, en face du musée Bellevue. ☎ 02-513-89-40. ● visitbrussels.be ● biponline.be ● Tlj 9h (10h w-e)-18h sf 1er janv et 25 déc. À proximité immédiate des grands musées du Mont des Arts. Dans un vaste espace accueillant, Visit Brussels fournit brochures et dépliants sur la ville, un plan du centre avec situation des monuments et un agenda saisonnier des différentes activités culturelles. Également une belle carte sur le Bruxelles Art nouveau, plusieurs dépliants pour réaliser des balades pédestres historiques à thème (circuit de l'ancien port, du Mont des Arts, des Marolles, archéologie du bas de la ville...), et une série d'intéressants petits plans thématiques payants (0,50 €) : shopping, gay, Tintin, mode et design, enfants, gastronomie... L'office peut aussi vous réserver gratuitement une chambre d'hôtel, parfois à prix réduit si c'est pour le jour même (demander les *last minute* !). Il vous suffit de préciser votre gamme de prix et le quartier où vous voulez séjourner, et on fera la recherche pour vous. Sur place, on trouve aussi la billetterie *Arsène 50*, pour assister à des spectacles et concerts à moitié prix le soir même *(mar-sam 12h30-17h30. Infos : ● arsene50.be ●).* Ne manquez pas, à l'étage, l'expo consacrée aux Bruxellois et à leur ville (voir plus loin, le chapitre Mont des Arts).
– Également, un bureau d'infos de *Visit Brussels* à l'hôtel de ville, sur la Grand-Place (plan couleur II, D6, **2**). ☎ 02-513-89-40. Tlj 9h-18h.
– Autre bureau d'accueil : *à la gare du Midi (plan couleur I, A2, **4** ; voir plus haut).*
De plus, *Visit Brussels* propose à la vente :
– des cartes de transport d'1 ou 3 jours ;
– le cartoguide *Bruxelles ma capitale, mes quartiers européens* (4 €), qui propose un parcours original dans le quartier européen ainsi que la découverte de 7 quartiers, cartes à l'appui : ambiance multiculturelle garantie ;
– le livret *Pocket guide* (4 €), qui propose des promenades (dont le par-

cours B.D.) et donne en plus un tas d'infos pratiques ;
– la *Brussels Card,* qui permet de visiter librement pendant 24h (24 €), 48h (34 €) ou 72h (40 €) 32 musées (dont le musée Magritte et les expos du Bozar) ou sites bruxellois. Elle contient aussi une carte d'accès libre aux transports en commun et accorde des réductions importantes dans des restaurants, bars et boutiques et 25 % à l'Atomium ;
– les *Must de Bruxelles* (19 €), un carnet de 10 coupons à utiliser, en les combinant, comme tickets d'entrée dans les principaux sites et musées ; intéressant si on compte en visiter au moins 4 ou 5 ;
– les billets des différents tours de ville en bus touristique, dont le *hop on-hop off,* qui permet d'interrompre et de reprendre comme on veut la balade dans Bruxelles.
– Durant l'été, des stewards (des « helpers ») circulent dans les centres touristiques pour renseigner les visiteurs. On les trouve à la Bourse, au Sablon, à la gare centrale et à l'Atomium, de 10h à 18h.
– *@tourisme :* Visit Brussels met à votre disposition une *application pour smartphones* très complète et téléchargeable gratuitement sur leur site internet. Sinon, les monuments de la ville sont dotés de *QR Codes,* lisibles par les smartphones. Également d'autres QR Codes apposés sur les devantures de certains musées, bars, restos, hôtels etc., et ouvrant droit à des réductions *(infos : ● tagtagcity.com ●).*
🛈 *Office de promotion du tourisme Wallonie-Bruxelles* (OPT) : accueil au Brussels Airport, hall des arrivées. ☎ 02-725-52-75. ● belgique-tourisme. be ● Tlj sf 1er janv et 25 déc 8h-21h. Le plus simple est de consulter leur site internet, bien fait, ou de commander leurs brochures au ☎ 070-221-021 (0,17 €/mn).

Spécial jeunes

● visitbrussels.be/youth ● Cette branche du site internet de l'office de tourisme de Bruxelles propose (en anglais) une sélection d'adresses aux jeunes gens : hébergements, restos, bars, boîtes de nuits, événements culturels...

■ *USE-IT* (*plan couleur II, C-D4, 5*) : *quai à la Houille, 9b, 1000.* ● *use-it. be* ● Lun-sam 10h-13h, 14h-18h. Plutôt axé visiteurs anglo-saxons. Édite en anglais un plan de la ville, avec plein d'infos utiles, où sont localisés les façades B.D., les distributeurs d'argent et les friteries ! Les lignes de bus et de tramways les plus intéressantes y figurent également. Propose également le même type de plan pour les villes flamandes.

Visites guidées

Plusieurs associations (pratiquant des tarifs abordables) proposent de bonnes balades et visites guidées à thème, à réaliser en bus, à pied ou même à vélo :

■ *Voir et Dire Bruxelles :* ● *voiret direbruxelles.be* ● Table ronde de 5 associations qui s'inscrivent dans le développement du tourisme culturel à Bruxelles : l'*ARAU, Arkadia.be, Itinéraires, Le Bus Bavard* et *Pro Vélo.* Sur le site, vous pourrez choisir un thème de visite guidée à pied ou à vélo, au milieu d'un ensemble de regards personnels et alternatifs sur les réalités bruxelloises. Partant chacune d'un point de vue différent, les associations proposent au visiteur de partager leur connaissance du patrimoine historique, architectural, économique, social, folklorique et naturel de Bruxelles et s'efforcent de mettre celui-ci en valeur.

■ *L'ARAU :* bd Adolphe-Max, 55, 1000. ☎ 02-219-33-45. ● *arau.org* ● L'ARAU (Atelier de recherche et d'action urbaines) est à l'origine un comité d'habitants qui, depuis maintenant 40 ans, a décidé de prendre à bras-le-corps les problèmes d'urbanisme de Bruxelles. Cette association pas comme les autres a joué un rôle important dans le processus de création de la région de Bruxelles-Capitale. Elle propose ainsi des outils permettant de sensibiliser les Bruxellois, les nouveaux arrivants et les visiteurs à la diversité du patrimoine et des ressources spécifiques à la région. Au programme : d'excellentes visites guidées en car (parfois à pied) sur des thèmes variés : « Bruxelles 1900 – Art nouveau (dans différents quartiers) », « Bruxelles 1930 – Art déco », « Vivre à Bruxelles », « Bruxelles en chantier »,

« Bruxelles incontournable », « La Grand-Place et ses quartiers », « 50 ans d'Europe à Bruxelles », « Les Marolles »... Prix : 10-17 € ; réductions. Tickets vendus aussi dans les bureaux de *Visit Brussels.* Les tours ont lieu d'avril à novembre, généralement le samedi matin et le dimanche après-midi, au départ de l'hôtel *Métropole* (*plan couleur II, D5, 117*). Chaque semaine, 1 ou 2 thèmes sont suivis. Téléphoner ou consulter le site pour savoir le(s)quel(s), connaître les horaires et réserver. Prix très raisonnable vu la qualité des guides et l'acuité de l'approche urbanistique. On ne se contente pas de vous montrer le beau Bruxelles, on met aussi l'accent sur les erreurs du passé pour esquisser des solutions sur l'avenir. Une démarche vraiment intelligente.

■ *Arkadia.be :* rue Royale, 2-4, 1000. ☎ 02-563-61-53. ● *asbl-arkadia.be* ● Association d'historiens et d'historiens d'art proposant de nombreuses visites guidées culturelles en bus ou à pied, avec pour ambition de dévoiler de manière originale les richesses du patrimoine bruxellois, Bruxelles comme vous ne l'avez jamais vue ! Visites pour individuels chaque week-end de mars à décembre, à partir de 8 €. Quelques visites phare : « Art nouveau dans le quartier de Victor Horta », « Bruxelles surréaliste », « Les dessous de Bruxelles », « Le goût des Belges », « Le ventre de Bruxelles » et « Bruxelles by night ». Autant de manières de découvrir la ville, pour ceux qui ne la connaissent pas encore.

■ *Le Bus Bavard :* rue des Thuyas, 12, 1170. ☎ 02-673-18-35. ● *busbavard. be* ● Une organisation concoctant des visites originales le week-end de mars à décembre. Compter une quarantaine de visites à thème à partir de 9 € : « Légendes, *flauwskes* et carabistouilles », « Marolles de briques et de brol », « Brux... elles, une ville au féminin pluriel », « De fil en aiguille » (sur la mode), « Bruxelles à s'en lécher les babines », « Quand les estaminets racontent Bruxelles », etc. *Le Bus Bavard* fait parfois des infidélités à Bruxelles et vous emmène à la découverte des bords de la Meuse, par exemple...

■ *Itinéraires :* rue de l'Aqueduc, 171, 1050. ☎ 02-541-03-77 ; résas : ▯ 0496-

38-85-94. ● *itineraires.be* ● *Compter 8-19 €/pers.* De mai à décembre, circuits pédestres autour de thèmes assez insolites : « Art nouveau et Art déco en centre-ville », « Ceci n'est pas un itinéraire réaliste » (Magritte...), « Secrets et symboles de la ville, les francs-maçons à Bruxelles », « Gay Bruxelles », « Tintin et Bruxelles », « Bruxelles BD », sans oublier les « itinéraires verts » (dans les parcs, jardins et bois de Bruxelles), et même un rallye interactif pour découvrir la ville avec vos 5 sens...

■ *Pro Vélo :* rue de Londres, 15, 1050. ☎ 02-502-73-55. ● *provelo.org* ● *Tours guidés à vélo :* w-e en avr-oct, voire jusqu'à déc. Durée : 3-4h, et parfois à la journée (25 km maxi). Compter 9-13 €/pers (ajouter 8-10 € pour louer un vélo ; petits suppléments pour l'entrée des musées, certaines visites et les consos). Une vraie bonne idée qui se développe en une trentaine de thèmes variés : « Les francs-maçons à Bruxelles », « Bruxelles des amoureux », « Les cités jardins », « Cafés et B.D. », « Bières et brasseries », « Magritte et les surréalistes », « Art déco et modernisme », « Bruxelles la nuit »...

■ *La Fonderie :* rue Ransfort, 27, 1080. ☎ 02-410-99-50. ● *lafonderie.be* ● Parcours pour les individuels mars-oct w-e, et parfois mer, jeu et ven. Compter 7-10 € ; réduc ; gratuit le 1er dim de chaque mois. Toujours en rapport avec le travail et l'industrie, voici une vingtaine de parcours urbains et portuaires, à réaliser à pied, en bateau ou en car. Une manière de comprendre et de découvrir Bruxelles autrement, par le biais du travail de ses habitants, de son évolution sociale, industrielle, économique et architecturale.

■ *D-Tours :* ● *d-tours.org* ● Compter 7 €/pers ; 5 € si vous avez votre MP3 (dans ce cas-là, il suffit de se connecter sur le site internet et de télécharger les commentaires : gain de temps et d'argent, sans contrainte aucune...). Là, il ne s'agit pas d'une association mais d'une initiative originale : vous faire découvrir 3 quartiers de Bruxelles (Grand Place, Marolles et Sainte-Catherine) en vous faisant écouter, pendant un peu moins de 1h30 chacun, un commentaire sur MP3. Au menu : interviews d'habitants, morceaux musicaux, extraits de

films, petits commentaires historiques ; bref, une restitution vivante et colorée d'une certaine ambiance bruxelloise.

– *Pour la balade de la Grand-Place :* loc du matériel à l'office de tourisme Visit Brussels de la Grand-Place (plan couleur II, D6) ; tlj 9h-18h.

– *Pour la balade dans les Marolles :* au centre culturel Jacques-Franck, chaussée de Waterloo, 94-96, à Saint-Gilles ; mar-ven 11h-18h30, sam 11h-13h30 et 14h-18h30, dim 11h-17h, 19h-22h30. Fermé juil-août.

– *Pour la balade dans le quartier Sainte-Catherine :* au Walvis Café, 209, rue Antoine-Dansaert (plan couleur II, C5).

– À noter que les musées de la ville de Bruxelles proposent, de temps à autre, des activités et des visites à thème. Elles se déroulent à l'heure du déjeuner (12h30 précises) et le rendez-vous se fait généralement au musée de la Ville. Plus de renseignements sur ● *bruxelles.be* ●

Tourisme alternatif

■ *Greeters de Bruxelles :* ● *brussel. greeters.be/fr* ● Dans le sillage du développement international du réseau des *Greeters*, né à New-York en 1992, *Greeters de Bruxelles* est un mouvement associatif de tourisme participatif créé en 2010 à l'initiative de *Tourisme autrement.* Il favorise la rencontre entre les visiteurs étrangers et les habitants passionnés par leur ville, ayant le sens de l'accueil et souhaitant partager leur passion. Bruxelles, ville qui ne se dévoile pas au premier regard, est particulièrement bien adaptée à cette démarche. Par charte, un *Greeter* n'est pas un guide professionnel mais un bénévole aux prestations entièrement gratuites qui s'engage tel un ambassadeur de sa ville, à vous accueillir, le temps d'une rencontre (de 2 à 4h), et vous propose, à travers ses yeux, de découvrir Bruxelles, hors des sentiers battus. En tant qu'habitant, il vous raconte sa propre histoire et partage avec vous ses coups de cœur. La préférence ira vers des déplacements à mobilité douce : transports en commun, vélo, pedibus... selon un programme élaboré de commun accord. Comment faire pour rencontrer un *Greeter* bruxellois ? Rien de plus simple : remplir sur le site internet une fiche avec vos coordonnées, dates et préférences, *Greeters de Bruxelles* se charge du reste.

Ambassades

■ **Consulat de France** (*plan couleur II, F6*) **:** bd du Régent, 42, 1000. ☎ 02-548-88-11. ● *consulfrance-bruxelles.org* ● Lun-ven 8h45-15h30.
■ **Ambassade de Suisse** (*plan couleur I, B2*) **:** rue de la Loi, 26, BP 9, 1040. ☎ 02-285-43-50.
■ **Ambassade du Canada** (*plan couleur I, B2*) **:** av. de Tervuren, 2, 1040. ☎ 02-741-06-11.

Poste, télécommunications

✉ **Postes :** théoriquement, lun-ven 9h-17h. Certaines bureaux ouvrent plus tard et le sam mat. Bureau de la **place De Brouckère** (*plan couleur II, D5*) ouv lun-ven 8h-18h, sam 10h30-16h30. Autres bureaux dans le centre : Ⓜ Gare-Centrale ; pl. Poelaert, 1 (palais de justice ; *plan couleur III, H8*) ; ou encore rue des Bogards, 19 (*plan couleur III, H7*). Bureau de la **gare du Midi** (*plan couleur I, A2*) ouv lun-ven 8h-19h30, sam 10h30-16h30.
– **Téléphone :** si vous n'avez pas l'option « Europe » ou « monde » sur votre téléphone portable, il est facile d'acheter des cartes SIM locales et leurs recharges en crédit de communication dans les bureaux de tabacs, épiceries, kiosques à journaux et boutiques de téléphonie mobile (votre téléphone doit au préalablement être débloqué). Sinon, les cabines téléphoniques à cartes sont de plus en plus rares...
@ **Internet :** tous les hébergements, et souvent les bars et cafés sont équipés du wifi, souvent gratuit. Sinon, la plupart des endroits où surfer sur le Net sont des centres téléphoniques un peu poussiéreux qui ouvrent le temps d'une saison, parfois un peu plus...

Santé, urgences

■ *Secours médical urgent, pompiers :* ☎ 100.
■ *Numéro d'urgences européen :* ☎ 112.

■ *Police fédérale :* ☎ 101.
■ *Croix-Rouge :* ☎ 105.
■ *Médecins de garde :* ☎ 02-479-18-18.
■ *Dentistes de garde :* ☎ 02-426-10-26.
■ *Pharmacies de garde :* ☎ 0800-20-600.
■ *Hôpital Saint-Pierre :* ☎ 02-535-31-11.
■ *Hôpital César de Paepe :* ☎ 02-506-71-11.
■ *Centre antipoison :* ☎ 070-245-245.

Banques, change

Partout dans Bruxelles, on trouve de nombreux distributeurs d'argent liquide sur la façade des banques, fonctionnant avec les cartes *Visa, Maestro* ou *MasterCard*. Pour nos lecteurs suisses ou canadiens, on précise que les grandes banques (*ouv lun-ven 9h-16h*) font du change, avec un taux toujours meilleur à celui pratiqué par les petits bureaux de change, qui eux ont l'avantage d'être ouverts tard.

Compagnies aériennes

■ **Brussels Airlines :** ☎ 0902-51-600 (*0,75 €/mn*). ● *brusselsairlines.com* ●
■ **Air France :** av. Louise, 149, 1050. ☎ 070-22-24-66.

Transports

À pied

C'est le meilleur moyen de se déplacer à l'intérieur du Pentagone. Hormis quelques pentes (entre le bas et le haut de la ville), les distances sont courtes et les parcours agréables.

En métro, bus, tram

À Bruxelles, on utilise trois types de transports en commun (métro, bus et tram), qui fonctionnent tous avec les mêmes tickets. L'ensemble du réseau est géré par la *STIB. Infos :* ☎ 070-23-2000 (*0,30 €/mn*). ● *stib.be* ●
Les transports fonctionnent grosso modo de 6h à minuit, mais il existe aussi

LA RÉGION DE BRUXELLES

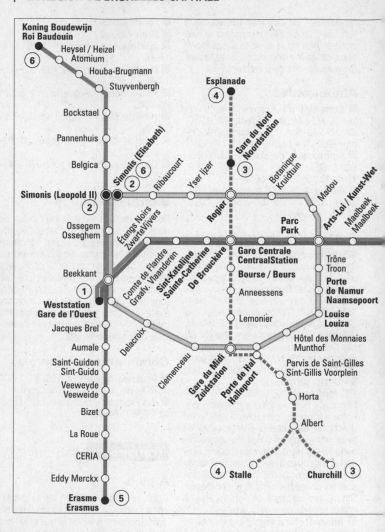

des bus nocturnes roulant le week-end jusqu'à 3h du matin (voir ci-après). Procurez-vous, à l'office de tourisme ou dans les stations de métro, le plan où figurent toutes les lignes (on rappelle que la *Brussels Card* offre un accès libre et illimité aux transports en commun). Le métro est efficace et compte six lignes. Quant aux bus et aux trams, euh... on trouve qu'il vaut parfois mieux

marcher, surtout si la distance à couvrir est courte, cela vous évitera une attente parfois longue et un trajet souvent ralenti par le trafic de surface.

– *Achat des billets :* aux guichets et machines des stations de métro, dans certains kiosques à journaux, dans les bus et les trams (uniquement le billet de 1 voyage), et dans les gares SNCB de la région bruxelloise. Les stations

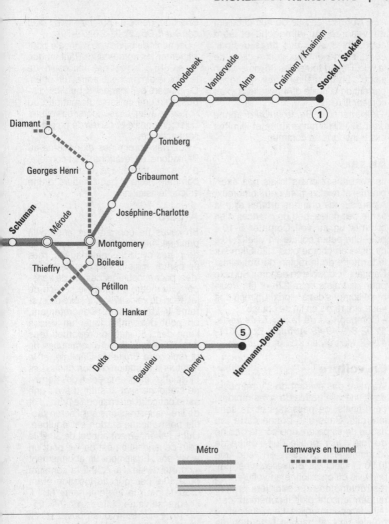

Diamant

Georges Henri

Schuman

Mérode

Thieffry

Montgomery

Boileau

Pétillon

Hankar

Joséphine-Charlotte

Gribaumont

Tomberg

Roodebeek

Vandervelde

Alma

Crainhem / Kraainem

Stockel / Stokkel

① 1

Delta

Beaulieu

Demey

⑤ 5

Herrmann-Debroux

Métro

Tramways en tunnel

LA RÉGION DE BRUXELLES

LE MÉTRO DE BRUXELLES

de métro, tout comme celles de trams souterrains, se signalisent par un « M » blanc sur fond bleu au niveau de la rue.
– **Cartes de 1, 5 ou 10 voyages :** chaque voyage est valable 1h et inclut la ou les correspondances entre les différents modes de transport, train compris (dans la zone couverte par la STIB). Un billet normal (« Jump ») coûte 2 € (vendu hors véhicule, 2,50 € dans

le véhicule), la carte de 5 voyages 7 € et celle de 10 voyages 13 €. Cette dernière est donc intéressante. Le transport est gratuit pour les enfants de moins de 6 ans, à condition que ces derniers soient accompagnés d'un adulte.
– **Carte à la journée :** elle permet d'utiliser librement tous les transports publics pendant un jour. Coût : 46 €.

– *Le Noctis :* les bus de nuit circulent du vendredi au dimanche et sont accessibles avec des titres de jour. 20 lignes mènent aux quatre coins de la ville. Départ toutes les 30 mn environ jusqu'à 3h du matin. Toutes les lignes partent de la place d'Anneessens *(plan couleur III, G7)*.

– *Important :* la *Brussels Card* donne droit à l'utilisation gratuite et illimitée des transports en commun.

En taxi

Ils sont assez chers (mais pas exorbitants) et relativement peu nombreux. À part sur les grandes artères et à la sortie des gares, peu de chances d'en attraper un au vol. Compter 5-10 € pour une petite course en ville (2,40 € de prise en charge plus 1,23 €/km sur le territoire de la région de Bruxelles-Capitale, le double en dehors). Surtaxe pour les trajets entre 22h et 6h. Pourboire compris dans les prix. Un reçu doit vous être remis en fin de course.

– *Compagnies de taxis : Taxis verts,* ☎ *02-349-49-49. Autolux,* ☎ *02-411-41-42.* Mais il y en a d'autres....

En voiture

Vraiment pas évident de s'y retrouver dans une ville truffée de voies rapides, de tunnels, de passages et de sens interdits. Sans une bonne carte, on risque de se perdre une bonne dizaine de fois. On rappelle que l'office de tourisme *Visit Brussels* en vend une (0,50 €). Ceci dit, Bruxelles n'est pas une ville qu'on sillonne en voiture. Les restructurations de quartiers entiers rendent encore plus incohérents certains flux automobiles. Le mieux est de trouver un bon parking (attention, ils ferment vers 1h du matin) et d'explorer à pied le Pentagone. De plus, la police a fâcheuse tendance, dans les environs de la Grand-Place, à envoyer les voitures mal garées à la fourrière, MÊME SI LA VOITURE NE GÊNE PAS LA CIRCULATION. Est-ce écrit assez gros ? Bref, cela peut vous coûter un max, d'autant que les frais pour récupérer le véhicule sont doublés le week-end et la nuit. Si la mésaventure vous arrive, adressez-vous au commissariat central de la police *(rue du Marché-au-Charbon, derrière l'hôtel de ville ; plan couleur II, D6 ;* ☎ *02-279-79-79),*

– Se munir de pièces de monnaie pour alimenter les horodateurs. Tarif longue durée : 15 €. Il n'est pas nécessaire de le faire le dimanche ni entre 18h et 9h. La plupart des parkings publics disposent d'une caisse automatique où l'on paye avant de récupérer sa voiture. Billets, monnaie et cartes de paiement sont acceptés.

– Pour les communes extérieures au Pentagone, en revanche, il est conseillé d'être motorisé, les transports en commun n'étant pas toujours d'une efficacité assurée.

À vélo

Bruxelles ne connaît pas encore la pratique intensive de la bicyclette (peu de pistes cyclables aménagées, rues en pente), mais la ville a eu la bonne idée, pour encourager ce type de transport, de mettre en place le service de location de vélos *Villo !,* inspiré du système *Vélib'* parisien. Concrètement, on peut désormais louer un vélo à l'une des 180 stations réparties tous les 450 mètres dans 16 communes de la région de Bruxelles-Capitale, et le restituer à la station de son choix. Les bicyclettes étant arrimées à des bornes de stationnement, il suffit d'avoir une carte bancaire internationale *(Visa...)* et de lire les instructions sur l'écran tactile dont chaque station est équipée. Outre l'abonnement annuel de 30 €, le coût de la location est de 5 € pour un week-end. Également un abonnement « courte durée » à 7,50 € la semaine ou 1,50 € par jour ; la location étant gratuite pour la 1re demi-heure et 1 € l'heure suivante. Infos : ☎ *078-05-11-10.* ● *villo.be* ●Vous pouvez aussi contacter l'association *Pro Vélo,* qui essaie de promouvoir le vélo comme moyen de déplacement et de découverte. Elle loue des vélos et propose aussi plusieurs visites guidées de la ville. Pour les contacter et connaître le programme, voir plus haut dans « Adresses utiles. Visites guidées ».

Où dormir ?

Bruxelles, deuxième ville mondiale de congrès, offre un éventail complet de formules de logement, du palace 5 étoiles au petit camping, en passant par les auberges de jeunesse, les *B & B* et les hôtels de catégorie moyenne. On précisera juste que l'hôtel 1 étoile convenable est assez rare, ou alors excentré..., et que l'hôtel 2 ou 3 étoiles a tendance à afficher des tarifs plutôt surestimés.

La bonne nouvelle, c'est que beaucoup d'hôtels (en particulier les grands) proposent des *tarifs « week-end » et « vacances »* (notamment en juillet et août) vraiment très avantageux. Ne pas hésiter à se renseigner par téléphone avant de réserver ou à consulter leurs promos sur Internet (notamment sur ● *visitbrussels.be* ●). On a parfois de très bonnes surprises ! Nous signalons les établissements qui pratiquent ces prix cassés. Par exemple, de nombreux hôtels « d'affaires » bradent véritablement leurs prix en fin de semaine : presque 50 % de ristourne, petit déj compris ! Une vraie aubaine.

À noter que certains hôtels et hébergements bruxellois sont depuis peu dotés d'un *label écodynamique* avec un classement de une à trois étoiles, attribué par Bruxelles Environnement sur la base de leur respect des normes environnementales...

CAMPINGS

⚠ *Bruxelles-Europe à Ciel Ouvert* (plan couleur I, B2) : chaussée de Wavre, 203, 1050. ☎ 02-640-79-67. ● *campingcielouvert@gmail.com* ● Ⓜ Trône ou Maelbeek. Bus n⁰ˢ 34, 38, 60, 80 et 95, arrêt Parnasse. À deux pas du muséum des Sciences naturelles et de la gare du Luxembourg. De la chaussée de Wavre, prendre l'allée qui monte devant l'église ; entrée sur une cour intérieure, à gauche. Ouv slt juil-août. Compter 18 € pour 2 pers avec tente et voiture. Un camping de 80 places, SEULEMENT POUR LES TENTES, en pleine ville, presque en bordure du quartier européen ! Plutôt un vaste jardin ombragé au milieu d'un pâté de maisons en fait, sans autre infrastructure que les sanitaires de base. Sympa pour ceux qui veulent profiter d'une situation centrale, mais plutôt spartiate pour les habitués des campings traditionnels.

⚠ *Camping Caravaning Club de Wezembeek-Oppem* (hors plan couleur I par B1) : Warandeberg, 52, *Wezembeek-Oppem* (1970). ☎ 02-782-10-09. ● camping.wezembeek@hotmail.com ● camping-n3cb-brussels.be ● À 11 km à l'est du centre de Bruxelles, non loin de la sortie 2 du ring ouest. Ⓜ Kraainem (à 3,5 km) ; bus n⁰ˢ 30 et 31 (rares). Ouv avr-sept. Compter 13 € pour 2 pers, avec tente et voiture. Bien tenu mais un peu bruyant en journée à cause de l'aéroport. Buvette, volley, ping-pong et pistes de pétanque.

CHAMBRES D'HÔTES

Pour un week-end en amoureux, la formule chambre d'hôtes constitue une solution séduisante. Loin des hôtels standardisés, c'est une approche différente de la capitale, plus proche de ses habitants. Où l'on s'aperçoit aussi que le style contemporain sait prendre sa place dans les intérieurs les plus anciens, au cœur de la ville. De belles surprises en perspective, même si ce n'est pas toujours donné : les tarifs sont plus élevés que ceux des hôtels qui pratiquent des promos alléchantes le week-end. Vous trouverez des chambres aussi bien en maison qu'en appartement, avec ou sans sanitaires privés. Certaines peuvent disposer d'une kitchenette. Pour trouver, le plus simple, outre les adresses qu'on vous indique et auprès desquelles vous pouvez parfaitement réserver directement, est de contacter l'un des deux centraux de réservation suivants.

■ *Bed Brussels* : rue Goffart, 78, 1050. ☎ 02-646-07-37. ● info@bnb-brussels.be ● bnb-brussels.be ● Lun-ven 8h30-12h, 13h30-17h. Possibilité de réserver par téléphone mais mieux vaut le faire sur leur site, qui montre des photos, les descriptifs, les vidéos, les packages thématiques proposés, les commentaires des visiteurs, les promos et les prix des adresses disponibles. Compter 50-100 € pour 2 personnes, petit déj compris. Tarifs dégressifs (selon la durée du séjour) et réduc pour les enfants de 3 à 10 ans. Gratuit pour les moins de 3 ans. Formules pour les stagiaires aussi (à partir de 38 €/nuit, voire 15 € en long séjour). *Bed Brussels* est la fédération et le central de réservation principal pour les *B & B* bruxellois. *Bed Brussels* gère également les réservations sur le site de l'office de tourisme *Visit Brussels*. Vous y trouverez pas moins de 350 adresses avec 3 catégories de confort, réparties dans les 19 communes et classées par thème. Pas de permanence téléphonique le week-end mais réservation directe sur le site.

■ *Taxistop :* av Thérésienne, 7, 1000. ☎ 070-222-292. ● taxistop.be ● Lunven 10h-17h30. Revient moins cher que Bed Brussels (à partir de 30 € pour 2 pers selon emplacement). Et pour cause : on peut contacter directement leurs adresses, qui sont quasiment toutes reprises sur leur site internet, avec leurs coordonnées et parfois une photo. L'offre s'étend au reste du pays. Cela dit, ne pas s'attendre au grand luxe... Centralise aussi les offres de covoiturage et d'échanges de maison, là encore un moyen original de faire des économies.

Dans le Pentagone

🏠 *Chambres d'hôtes Downtown-BXL (plan couleur II, D6, 45) :* rue du Marché-au-Charbon, 118-120, 1000. 🖳 0475-29-07-21. ● reservation@downtownbxl.com ● downtownbxl.com ● Chambre 79 €, petit déj compris. 📶 Les chambres réparties dans deux immeubles attenants sont étonnantes. Elles allient le baroque, le contemporain et un esprit zen à la fois. L'une d'elles possède même un lit tout rond, sous les regards multiples de Marilyn, signés Warhol. 2 chambres ont des accents africains, alors qu'une autre fait de l'œil aux années 1960. Une adresse décalée et confortable, à un tarif très abordable. Petit bémol : la TV dans la salle du petit déjeuner ! Parking payant à proximité.

🏠 *Chambres d'hôtes Lit de Senne (plan couleur II, C6, 40) :* rue de la Grande île, 38, 1000. 🖳 0472-47-47-95. ● fabiengaudry@gmail.com ● litdesenne.be ● Double à 110 €, petit déj compris. 📶 (gratuit). Charmante petite maison de ville ancienne plantée dans une ruelle tranquille du centre, à deux pas du quartier animé de Saint-Géry, bien connu des noctambules. Voici 2 belles chambres confortables avec salle de bains et agréable touche de déco contemporaine. Également un

appartement du même tonneau dans le quartier. À dispo : cuisine, salon et micro-terrasse aux beaux jours.

🏠 *Bed & Breakfast Taptoe (plan couleur III, H7, 43) :* pl. de la Vieille-Halleaux-Blés, 25, 1000. ☎ 02-653-79-26. ● daniel@galerie-taptoe.be ● mybedinbrussels.com ● Dans un petit immeuble du XVIIe s on ne peut plus central, à deux pas du Manneken-Pis. Fermé en janv. Doubles 110-130 € (résas pour 2 nuits min), selon période ; petit déj compris. Parking payant. 📶 (gratuit). Réduc de 10 % en cas de résa directe sur présentation de ce guide. La proprio est une artiste qui possède son atelier et une galerie d'art au rez-dechaussée et loue à l'étage le *Taptoe*, un grand et joli studio. Cadre cosy, lit *queen size*. Au-dessus, une gentille minisalle à manger, avec coin-cuisine et bureau. À deux pas, dans la calme et romantique impasse des Roses, 6 autres chambres de charme. La *Boléro* (la plus chère) possède même l'une des plus belles salles de bains qu'on connaisse. Cuisine commune pour les 6. L'hôtesse apporte à 8h15 le pain frais, beurre et confiture sont déjà au frigo, et tout le monde se fait son petit déj quand il veut !

🏠 *Chambres d'hôtes Vaudeville (plan couleur II, E6, 32) :* galerie de la Reine, 11-13, 1000. ☎ 02-511-23-45. 🖳 0471-47-38-37. ● chambre@cafeduvaudeville.be ● chambresdhotesduvaudeville.be ● 2 chambres à 115 € et 2 plus grandes à 155 €, petit déj compris, que l'on prend au café, à l'étage ou sur la terrasse de la galerie aux beaux jours. 📶 À l'étage du café du même nom, voici de bien belles chambres, 2 donnant directement sur l'intérieur de la galerie, les 2 autres sur une courette intérieure. Une vraie mise en valeur du lieu, explorant des thèmes variés : *Diva, Explorateur, Black and White* et *Madame Loulou*. La *Diva* possède de beaux rideaux de soie sauvage et d'intéressants portraits noir et blanc, l'*Explorateur* présente une vitrine de souvenirs « retour d'Afrique », des fauteuils club... De la classe, du style, du calme. Une adresse particulièrement originale et hyper centrale. Excellent accueil.

🏠 *Le White Room (plan couleur II, C4, 42) :* rue Locquenghien, 45, 1000. ☎ 02-538-59-95. ● info@lewhiteroom.be ● lewhiteroom.be ● 1 seule double à

70 €, petit déj inclus. 🛜 (gratuit). CB refusées. Au fond d'un immeuble plutôt anonyme, dans la cour, une ancienne laiterie reconvertie en un vaste loft industriel, aux espaces ouverts et bien aménagés. Plafonds éclatés, escaliers métalliques, salon coloré. Le style est contemporain et personnel, zen et accueillant. À l'étage, une seule chambre, pas bien grande, parfaitement au calme. À noter qu'on partage la salle de bains avec Erik et Sven, vos hôtes (d'où le prix somme toute raisonnable). Le petit déj est compris, mais il est en self-service, dans la grande cuisine. Tout est mis à disposition, on n'a plus qu'à actionner le grille-pain et la cafetière ! Une adresse différente, qui ne conviendra pas à ceux qui cherchent du classique et du conventionnel.

🛏 **Hooy Kaye Lodge** (plan couleur II, D4, **7**) : quai aux Pierres-de-Taille, 22, 1000. 📱 0475-54-49-65. • info@ hooykayelodge.com • hooykayelodge. com • Fermé de mi-juillet à mi-août. Doubles 95-125 € petit déj continental compris. 3 chambres spacieuses dans une élégante demeure de marchand du XVIIe s en brique rouge et bordant l'ancien canal désormais recouvert. La plus chère bénéficiant d'un grand salon. À l'intérieur, on retrouve ce charme du passé à travers la belle rampe en chêne sculpté, les planchers en bois, le mobilier ancien, le tout mis en valeur par des murs à la blancheur éclatante. Jardin et accueil affables. Une adresse vraiment personnalisée et au calme, à quelques pas de l'animation.

🛏 **La Maison Jaune** (plan couleur II, C5, **44**) : rue du Rempart-des-Moines, 11-13, 1000. 📱 0477-72-31-45. • maisonjaune@skynet.be • maisonjaune-bruxelles.net • Petit appartement de 50 m² à l'étage d'une maison jaune, pour 4 pers (2 adultes et 2 enfants). Selon l'occupation, la 1re nuit pour 2 : 123 €, petit déj compris, puis selon la durée du séjour tarif dégressif tenu à disposition (voir le site). Un concept original que cette location d'appartement d'hôtes tout en longueur, à l'étage d'une petite maison... jaune, colorée et gaie, à quelques minutes à pied de la Grand-Place. Pièces en enfilade, comportant une cuisine équipée et une salle de bains complète. Une bonne formule pour quelques jours en famille, à deux

pas du centre. On s'y sent vite chez soi.

En dehors du Pentagone

🛏 **Chambres en Ville, maison d'hôtes** (plan couleur III, J8, **33**) : rue de Londres, 19, 1050. 📞 02-512-92-90. • reservation@chambresenville.be • chambresenville.be • Fermé 22 déc-4 janv. Chambres 90-100 € selon saison, petit déj compris. Également studios, à partir de 500 € la quinzaine. 🛜 Voici une superbe adresse, où la patte et le talent de son propriétaire-décorateur se sont posés sur chacune des pièces. Consoles patinées, meubles de métiers, masques africains, chaises dépareillées, plancher qui craque... Une maison de caractère dans laquelle on se sent immédiatement à l'aise. La chambre La vie d'artiste est décorée d'une grande toile en tête de lit, Retour d'Afrique rassemble quelques beaux souvenirs de voyages... Des espaces soignés, très personnalisés. Dans chaque chambre, sèche-cheveux, douche et baignoire... Beaucoup de style, de la personnalité, jusque dans la salle de petit déj (confitures maison), très pensée et zen à la fois. Votre hôte est un artiste, et chaque objet nous le rappelle.

🛏 **Urban Rooms** (plan couleur III, J8, **9**) : rue d'Alsace-Lorraine, 10, 1050. Ⓜ Trône ou Porte-de-Namur. 📱 0471-95-15-35. • contact@urbanrooms.be • urbanrooms.be • Fermé juil et entre Noël et le Nouvel An. Double 120 €, petit déj inclus. Parking intérieur payant. 🛜 (gratuit). Café offert sur présentation de ce guide. Rue tranquille à la lisière du populaire quartier de Saint-Boniface-Matongé. Intérieur d'une élégante et lumineuse sobriété, grands volumes, lignes épurées... une véritable maison d'architecte. 3 chambres au cadre design d'un goût exquis, éclairage mesuré, TV écran plat, coffre, délicieux petit déjeuner (confitures de Corse, jus de fruit frais, sélection de thés, etc.)... Accueil suave, petite terrasse, jardin.

🛏 **Chambres d'hôtes Nouvelle Vie** (plan couleur III, J8, **38**) : rue Longue-Vie, 57, 1050. 📞 02-514-73-80. • info@nouvellevie.eu • nouvellevie.eu • Doubles 100-120 €, petit déj inclus. Attention, supplément de 10 € si vous ne restez qu'une seule nuit. Paiement en espèces slt. ▭ 📶 À 200 m de la place Saint-Boniface, à Ixelles, et à 5 mn à pied du Parlement européen. Dans une très jolie maison de ville du XIXᵉ s, 3 chambres décorées avec goût et élégance, dotées de tout le confort. Très agréable salle de petit déj ouvrant sur le jardin intérieur.

AUBERGES DE JEUNESSE

Dans le Pentagone

🛏 **Espace du Sleep-Well** (plan couleur II, E5, **13**) : rue du Damier, 23, 1000. ☎ 02-218-50-50. ● info@sleepwell.be ● sleepwell.be ● Ⓜ Rogier. Dans la partie nord du Pentagone, à proximité de la rue Neuve et du centre commercial City 2. Réception ouv 24h/24. Nuitée en dortoir 19,50-36 €/pers selon occupation, petit déj-buffet compris. Une partie de l'auberge propose également des chambres avec sanitaires privés à partir de 61 € pour 2. Serviettes de bain et savon non-compris. ▭ Au total, 240 lits en chambres de 1 à 8 lits. Bienvenue dans cette grande auberge moderne, conviviale et bien équipée. Elle jouit de l'Éco label. Le hall d'entrée, surmonté d'une verrière, donne d'emblée le ton, avec son Manneken-Pis grandeur nature et sa fresque B.D. de Johan de Moor (voir le circuit des façades B.D. dans la rubrique « À voir »). Chambres simples, doubles ou triples équipées de TV et de salle de bains. Douches et toilettes communes impeccables. Agréable salon TV avec billard et Internet, bar en sous-sol et resto proposant le petit déj et des repas seulement pour les groupes.

🛏 **Gîte d'étape-auberge de jeunesse Jacques-Brel** (plan couleur II, F5, **11**) : rue de la Sablonnière, 30, 1000. ☎ 02-218-01-87. ● brussels.brel@lesaubergesdejeunesse.be ● laj.be ● Ⓜ Botanique ou Madou. À l'angle nord-est du Pentagone. Réception 7h30-minuit. Pas de couvre-feu. Auberge non-fumeurs. Fermé la 2ᵈᵉ quinzaine de déc. Nuitée à partir de 21 €/pers, selon âge et nombre de lits par dortoir (compter un peu plus pour les non-membres : 3 €), petit déj-buffet et draps compris. Également des chambres doubles (24,30-26,80 €/pers). Repas env 12 €. 📶 AJ officielle bien située, dans des locaux modernes. En tout, environ 174 lits en chambres irré-

prochables et assez spacieuses, de 2 à 14 lits, la plupart avec douches et toilettes communes. Tenue impeccable et accueil sympa. Bar agréable, où l'on sert toutes sortes de bières artisanales et de la petite restauration. Cuisine à disposition bien équipée. Si vous êtes un petit groupe, il y a aussi une sympathique piaule pour 8 personnes avec mezzanine. Le petit déj se prend dans une salle aux banquettes de style ferroviaire. Côté services : laverie, consigne à bagages. Une AJ d'excellente qualité.

🛏 **2GO4 Hostel** (plan couleur II, E4, **14**) : bd Émile-Jacqmain, 99, 1000. ☎ 02-219-30-19. ● info@2go4.be ● 2go4.be ● Ⓜ Yser ou Rogier. Nuitée en dortoir (âge max 45 ans) 24-29 € ; doubles avec sanitaires privés 69-72 € ; draps et café (le mat) compris. ▭ Dans le bas de la ville, en plein centre, une toute nouvelle AJ privée installée dans une grande maison de maître. Dans des pièces hautes de plafond, elle abrite des dortoirs de 4 à 10 lits et des chambres privées pour 1, 2, 3 ou 4 personnes. Petit salon coloré et design avec cheminée au rez-dechaussée et mignonne salle à manger sous verrière. Cuisine équipée. Un style un peu différent de celui des autres AJ, mais tout est nickel et flambant neuf ! Adresse non-fumeurs.

🛏 **Auberge de jeunesse Bruegel** (plan couleur III, H7, **12**) : rue du Saint-Esprit, 2, 1000. ☎ 02-511-04-36. ● vjh.be ● Réception ouv 7h-1h ; fermé 10h-14h pour nettoyage (mais possibilité d'arriver et de s'installer 10h-13h). Nuitée env 20,30-26,80 €/pers selon âge et confort (un peu plus pour les nonmembres), petit déj et draps compris. ▭ Donne sur un boulevard (pas trop bruyant), entre la gare du Midi et la gare Centrale (située à 600 m). Propose 135 lits répartis dans 48 chambres de 1 à 4 lits. L'avantage de cette auberge, c'est sa situation, assez idéale pour explorer la ville. À part ça, il s'agit d'une AJ qui remplit sa fonction, sans plus. Beaucoup de groupes et personnel plutôt néerlandophone. Repas simples et bons (environ 10 €). Parking fermé pour vélos et motos, bagagerie. Petit bar ouvert tous les jours dès 20h.

En dehors du Pentagone

≜ **Centre Vincent-Van-Gogh CHAB** (plan couleur II, F4, **10**) : rue Traversière, 8, 1210. ☎ 02-217-01-58. ● info@chab.be ● chab.be ● Ⓜ Botanique. Trams n⁰ˢ 92 et 94 depuis la pl. Royale ou bus n⁰ˢ 65 et 66 depuis la gare Centrale. Juste un peu à l'extérieur du Pentagone, à deux pas du parc du Jardin botanique et à 10 bonnes mn de grimpette à pied de la gare du Nord. Réception 24h/24 (pas de couvre-feu). Résa conseillée, surtout pdt les vac scol. À partir de 19,50 € le lit en dortoir. Également des chambres doubles rénovées 27 €/pers, petit déj compris. Draps compris, mais pas les serviettes de toilette. Pour les 18-35 ans_slt. 🖥 📶 (payant). Ce n'est pas une AJ officielle mais un grand établissement privé pour routards, abritant 210 lits. Une plaque sur le mur rappelle que le peintre Van Gogh y vécut et travailla en 1880-1881. L'auberge est divisée en 2 parties, situées de part et d'autre de la rue, dans un quartier calme mais peu attractif. Chambres convenables avec ou sans sanitaires privés. Il y a un bar animé le soir, 2 bagageries gratuites, une TV avec lecteur de DVD, un téléphone à pièces, une machine à laver. L'auberge organise régulièrement des concerts.

HÔTELS

Dans le Pentagone

De prix modérés à prix moyens

≜ **Hôtel À la Grande Cloche** (plan couleur III, G7, **37**) : pl. Rouppe, 10, 1000. ☎ 02-512-61-40. ● info@hotel grandecloche.com ● hotelgrande cloche.com ● Ⓜ Anneessens. Doubles 69-90 € selon confort, beau petit déj-buffet compris. Parking aisé. 🖥 📶 À mi-chemin de la gare du Midi et du centre historique, l'hôtel donne sur une grande place. Il propose des chambres rénovées et dotées d'un confort tout à fait correct pour le prix, même si les moins chères partagent leurs sanitaires. À signaler, entre nous, le rapport qualité-prix n'est plus aussi évident le week-end car, à la différence des 3 et 4-étoiles, cet hôtel ne brade pas ses prix en fin de semaine. Quoi qu'il en soit, veillez à bien vous faire confirmer votre réservation par écrit.

≜ **Hôtel La Vieille Lanterne** (plan couleur II, D6, **16**) : rue des Grands-Carmes, 29, 1000. ☎ 02-512-74-94. ● lavieillelanterne@hotmail.com ● lavieillelanterne.be ● Ⓜ Gare-Centrale ou Bourse. Situation intéressante, à portée du jet du Manneken-Pis (juste à l'opposé en fait). Doubles 86-95 € selon saison ; petit déj compris. 📶 « Petit cadeau » offert à la réception sur présentation de ce guide. Plutôt une petite pension qu'un véritable hôtel, tenue par une dame charmante : 6 chambres (2 par étage) dans une maison Renaissance au-dessus d'une boutique de souvenirs. Escalier raide et étroit, mais chambrettes charmantes, à la déco un peu rustique, avec TV. Petit cadeau à la réception aux porteurs de ce guide.

≜ **Hôtel Max** (plan couleur II, E4, **41**) : 107, bd Adolphe Max, 1000. ☎ 02-219-00-60. ● max@3sh.be ● maxhotel.be ● Ⓜ Rogier. Doubles 60-100 € ; pas de petit déj. 📶 À trois pas de la place de Brouckère, un hôtel low cost sans réception. L'arrivée et le départ se font sur une borne, juste à l'entrée. Paiement par carte bancaire en ligne ou sur la borne. Une soixantaine de chambres fonctionnelles, sobres et dépouillées, toutes avec salle de bains et TV ; petite touche de style contemporain en prime.

≜ **Hôtel Queen Anne** (plan couleur II, E4, **14**) : bd Jacqmain, 110, 1000. ☎ 02-217-16-00. ● reservation@queen-anne.be ● queen-anne.be ● Doubles 100-145 € en sem, 65-85 € le w-e. Petit déj inclus. 📶 Bien situé, un agréable hôtel jouant à fond le design contemporain à l'image du séduisant hall d'entrée. Une soixantaine de chambres agréables et de bon confort et quelques appartements.

≜ **Hôtel Villa Royale** (plan couleur II, F4, **46**) : rue Royale, 195, 1210. ☎ 02-226-04-60. ● villa.royale@sky net.be ● villa-royale.be ● Ⓜ Botanique. Doubles 70-90 €, petit déj compris. 📶 Juste à côté du Jardin botanique cet hôtel propose près de 70 chambres fonctionnelles, confortables et nickel, dont certaines toute neuves dans une aile récemment construite. Accueil cordial. Un très bon rapport qualité-prix aux portes du Pentagone.

De prix moyens à chic

🛏 **Hôtel Noga** (plan couleur II, D5, **22**) : rue du Béguinage, 38, 1000. ☎ 02-218-67-63. ● info@nogahotel. com ● nogahotel.com ● Ⓜ Sainte-Catherine. Doubles 85-135 €, selon période ; petit déj-buffet compris. 🖥 🛜 (payants). Réduc de 5 % sur présentation de ce guide. Le patron, bordelais d'origine, passionné de mer et de bateaux, a réalisé un superbe décor marin dans les espaces communs... On peut jouer du piano ou aux échecs, faire une partie de billard ou encore lire des B.D., de vieux ouvrages ou la presse du jour. Les chambres, personnalisées, sont chaleureuses et confortables. Et puis, quel plaisir, après une bonne nuit au calme, de se retrouver devant un petit déjeuner fait maison de A à Z, les oreilles bercées par de la bonne vieille chanson française, celle qu'on n'entend plus guère ailleurs !

🛏 **Hôtel Grand Colombier** (plan couleur II, E5, **6**) : rue du Colombier, 8, 1000. ☎ 02-223-52-58. ● colombier@ hotelseurop.com ● hotelseurop.com ● Ⓜ De Brouckère. Doubles 50-70 € selon période, petit déj en sus 5 €/pers. 🛜 (gratuit). Réduc de 10 % accordée sur le prix des chambres sur présentation de ce guide. Certes, rue pas très engageante, mais c'est central, à deux pas de la rue Neuve (celle des grandes marques) et du métro. L'intérêt de cet hôtel réside avant tout dans son style Art déco exceptionnel (comme pour l'*Espérance*, son petit voisin)... Superbe hall d'entrée rappelant l'ambiance des paquebots des années 1930. Un vrai décor de film ! En revanche, ce style n'a pas survécu dans la quinzaine de chambres, très classiques elles, voire ordinaires. Cependant, c'est bien tenu dans l'ensemble et imbattable du point de vue prix.

🛏 **Hôtel Espérance** (plan couleur II, E5, **6**) : rue du Finistère, 1-3, 1000. ☎ 02-219-10-28. ● info@hotel-esperance. be ● Ⓜ De Brouckère et Rogier. ●

hotel-esperance.be ● Une quinzaine de doubles 80-115 €, selon période, petit déj en sus 10 €/pers. 🛜 (gratuit). Apéritif maison offert sur présentation de ce guide. Situé dans un coin en pleine mutation (ancien quartier de prostitution), l'hôtel lui-même était encore il y a peu une maison close. En même temps, bien placé, à quelques minutes des métros et du quartier Sainte-Catherine. C'est l'un des rares exemples d'Art déco intérieur intact de la ville (œuvre du grand Leo Govaerts). La salle à manger-réception se révèle un pur chef-d'œuvre avec ses superbes vitraux, les jardinières, le mobilier d'époque. Quant aux chambres, une seule a survécu aux outrages du temps... La n° 3, restaurée avec soin et beaucoup d'argent (c'est aussi la plus chère). Outre son grand charme, elle conviendra aux lecteurs amateurs d'insolite car sa baignoire rétro, toute seulette, trône fièrement au milieu de la chambre (w-c normalement séparés bien sûr !). Quant aux autres, elles ont été décorées de façon personnalisée dans un design raffiné et dotées de tout le confort possible. Bon, cet hôtel commence à connaître beaucoup de succès par ce charme et cette intimité. Hyper conseillé de réserver le plus tôt possible !

🛏 **Hôtel Sandton Brussels** (plan couleur II, E6, **36**) : rue des Paroissiens, 15-27, 1000. ☎ 02-274-08-10. ● brusselscentre@sandton.eu ● sandton.eu/brusselscentre ● Ⓜ Gare-Centrale. Doubles 74-134 €, petit déj-buffet (cher) en sus 20 €/pers. Promos sur le site internet. 🛜 Hôtel moderne donnant sur une rue tranquille et discrète, toute proche de la cathédrale. Belles chambres confortables à la déco contemporaine bien affûtée, d'un excellent rapport qualité-prix pour un 4-étoiles. Nombreux bistrots dans le quartier pour le petit déj, trop cher ici.

🛏 **Hôtel Opéra** (plan couleur II, D6, **24**) : rue Grétry, 53, 1000. ☎ 02-219-43-43. ● reception@hotel-opera.be ● hotel-opera.be ● Ⓜ De Brouckère ou Bourse. Doubles 119 € ; petit déj-buffet compris. 🛜 Réduc de 10 % en cas de résa par Internet. Adresse très centrale, dans une artère commerçante entre la Bourse et la Monnaie. Une cinquantaine de chambres confortables (coffre-fort), rénovées dans des tons chauds et agréables. Un bon rapport qualité-prix-situation.

🏠 **Hôtel Saint-Michel** (plan couleur II, D6, **25**) : Grand-Place, 15, 1000. ☎ 02-511-09-56. ● info@hotelsaintmichel.be ● atgp.be ● Ⓜ Gare-Centrale ou Bourse. Doubles 98-185 €, petit déj-buffet compris. Moins cher le w-e, en basse saison ou en cas de faible taux d'occupation. Parking payant à 2 mn à pied. 🖥 (payant). Réduc de 10 % sur le prix de la chambre accordée sur présentation de ce guide. Oui, vous avez bien lu, voici le seul hôtel de la Grand-Place. Alors on précise tout de suite, si vous venez ici, c'est pour avoir une chambre donnant sur celle-ci. Sinon, on ne voit pas vraiment l'intérêt, à part celui d'être logé en pleine ville. Comme par hasard, les chambres avec vue sont les plus chères, mais quelle félicité que de profiter le soir des éclairages de ce merveilleux théâtre architectural !

🏠 **Hôtel La Légende** (plan couleur II, D6, **39**) : rue du Lombard, 35, 1000. ☎ 02-512-82-90. ● info@hotellalegende.com ● hotellalegende.com ● Ⓜ Gare-Centrale ou Bourse. Doubles 70-180 € selon standing et promo du jour ; un peu moins cher le w-e si on reste min 2 nuits. Également quelques suites pour 4 pers. Bien situé, entre la Grand-Place et le Manneken-Pis, cet établissement abrite des chambres modernes et fonctionnelles, aux tons chauds, avec parquet, boiseries claires et double vitrage. Prix un peu élevés mais justifiés, somme toute, par la situation et la qualité du lieu. Le petit déj est servi dans une superbe salle surplombant l'agréable petite cour intérieure.

🏠 **Résidence Les Écrins** (plan couleur II, D5, **19**) : rue du Rouleau, 15, 1000. ☎ 02-219-36-57. ● les.ecrins@skynet.be ● lesecrins.com ● Ⓜ Sainte-Catherine. À deux pas de l'église Sainte-Catherine. Doubles 75-135 €, petit déj compris. À noter, 1 chambre sans sanitaire à 60 €. 🛜 10 % de remise sur le prix de la chambre sur présentation de ce guide. Au calme et dans le centre, près des charmants anciens quais, petit hôtel bien tenu, aux chambres rénovées et confortables.

Deux d'entre elles, l'une avec petit salon, l'autre avec une grande salle de bains, sont de fort belle taille.

🏠 **Hôtel Atlas** (plan couleur II, C5, **35**) : rue du Vieux-Marché-aux-Grains, 30, 1000. ☎ 02-502-60-06. ● info@atlas-hotel.be ● atlas-hotel.be ● Ⓜ Bourse ou Sainte-Catherine. Doubles 149 € en sem, voire 260 € en période de foires et salons, 90 € le w-e et 80 € en juil-août (ne pas hésiter à aller voir leurs promos sur le site). 🛜 Dans le quartier branché de la rue Antoine-Dansaert, mais donnant sur une place très calme, idéalement situé donc ! Pour la petite histoire, la (tristoune) salle du petit déj, au sous-sol, contient un bon bout de muraille de la première enceinte. À part ça, il s'agit d'un hôtel assez standardisé, moderne et fonctionnel avant tout, offrant des chambres tout confort (minibar, sèche-cheveux). Intéressant seulement si l'on peut bénéficier du tarif week-end et basse saison. Excellent accueil.

🏠 **Hôtel du Congrès** (plan couleur II, F5, **30**) : rue du Congrès, 42, 1000. ☎ 02-217-18-90. ● info@hotelducongres.be ● hotelducongres.be ● Compter 235 € en sem, petit déj compris, mais 70 € en moyenne le w-e, tarif qui descend parfois autour de 60 € en cas de très faible taux d'occupation ! Et c'est là que ça devient très intéressant. 🛜 Une bonne affaire donc que cet hôtel d'hommes du même nom, pour qui sait choisir ses périodes. Style moderne épuré, dans les tons gris avec quelques plafonds anciens bien préservés. Très bon confort.

🏠 **Hôtel Bloom** (plan couleur II, F4, **26**) : rue Royale, 250, 1210. ☎ 02-220-66-11. ● info@hotelbloom.com ● hotelbloom.com ● Ⓜ Botanique. Doubles à partir de 160 € en sem et 80 € le w-e (on n'ose pas vous donner le prix des suites !) ; petit déj 25 €/pers (19 € si résa en ligne ; promos à surveiller sur Internet à 115 €/nuit, voire 70 € !). 🛜 À proximité immédiate du Jardin botanique, en bordure du Pentagone. Difficile d'imaginer façade plus laide, plus triste que celle de ce grand hôtel de 305 chambres. Heureusement, l'intérieur a été entièrement rénové, et la nouvelle direction a eu la brillante idée de faire appel à de jeunes artistes pour décorer les chambres.

Ceux-ci ont reçu carte blanche et ont ainsi pu laisser libre cours à leur imagination. Résultat, chaque chambre est unique. Évidemment, mieux vaut aimer le design et l'art contemporain. On appréciera aussi que les chambres soient si spacieuses et si confortables. Très lumineuses, certaines ont même vue sur les serres du Jardin botanique. Les prix sont, certes, (très) élevés mais, comme toujours, l'hôtel casse ses prix le week-end. Évitez les chambres du 1er, au-dessus du bar, bruit et musique jusqu'à 1h du matin. Au petit déj, c'est un peu l'usine.

Chic et charme

⚓ **Brussels Welcome Hotel** (plan couleur II, D5, **23**) : quai au Bois-à-Brûler, 23, 1000. ☎ 02-219-95-46. ● info@ hotelwelcome.com ● hotelwelcome. com ● Ⓜ Sainte-Catherine. Doubles 135-155 €, petit déj compris. Également des suites 200-240 € et chambres familiales pour 3-5 pers. Tarifs w-e très avantageux. Parking payant. ☞ En quête d'un établissement qui sort du commun ? Stop ! N'allez pas plus loin, c'est au Brussels Welcome Hotel que ça se passe. Ce boutique-hôtel propose une quinzaine de chambres rivalisant de charme et d'originalité, décorées chacune dans le style d'une culture d'Europe, d'Afrique ou d'Asie. Toutes ont leur cachet propre, de l'Indienne, avec sa double porte en vieux bois sculpté, à la Chinoise, équipée d'une mezzanine et décorée d'une fresque de dragon, en passant par la Congo, qui en jette avec sa peau de zèbre, sa moustiquaire et sa moquette mouchetée. La salle de petit déj n'est pas vraiment dans le ton, mais des travaux sont prévus. L'hôtel étant victime de son succès, il est préférable de réserver à l'avance !

⚓ **Pacific Café-Hôtel** (plan couleur II, C-D5, **21**) : rue Antoine-Dansaert, 57, 1000. ☎ 02-213-00-80. ● info@hotel cafepacific.com ● hotelcafepacific. com ● Ⓜ Bourse. Doubles 139-169 € selon confort, petit déj compris ; moins cher le w-e. Ne pas hésiter à consulter le site, la résa donne droit à une réduc. Un des petits derniers sur la longue liste des hôtels design de Bruxelles. L'un des plus réussis aussi. Avec un confort douillet, un design cosy et chaleureux, le charme n'a pas cédé devant la modernité. Vieille maison oblige, les chambres sont de petits volumes et la rénovation n'y a rien changé. Elle a su en revanche jouer avec cette contrainte en cloisonnant l'espace à l'aide de rideaux et faire participer la salle de bains à la vie de la chambre. On aime bien celles sous les toits, jouissant d'une vue panoramique sur Bruxelles (assez magique le soir !). Le duplex est évidemment plus spacieux et n'est finalement pas beaucoup plus cher que les standards. Toutes sont en tout cas dotées d'un confort haut de gamme (clim, wifi, écran plat...) et même de doux peignoirs, signés Mia Zia comme tout le linge de l'hôtel.

⚓ **Hôtel The Dominican** (plan couleur II, E5, **15**) : rue Léopold, 9, 1000. ☎ 02-203-08-08. ● info@thedomi nican.carlton.be ● thedominican.be ● Ⓜ De Brouckère. Doubles standard (appelées deluxe) autour de 200 € mais qui peuvent s'obtenir autour de 120-160 € le w-e. Petit déj très cher : 27 € ! ☞ Situé derrière le théâtre de la Monnaie sur l'emplacement d'un ancien couvent, cet hôtel récent, membre d'une grande chaîne de luxe, propose des chambres sobres et élégantes, parfois un peu petites pour la gamme d'entrée. Excellente literie. Suites et lofts très chers complètent l'offre. Magnifiques salons d'accueil, les petits déj et déjeuners y sont servis. Le restaurant qui demande encore à faire ses preuves (prix très élevés pour la qualité) se trouve juste à côté de la cour intérieure privée. Personnel peu francophone, encore en rodage, et service pas tout à fait à la hauteur des exigences d'une chaîne de luxe. Club de sport, sauna, bains turcs et massage. Parking public à 100 m. Une plaque sur la façade rappelle que le peintre David y décéda.

Très chic

⚓ **Hôtel Le XVIIe** (plan couleur II, E6, **29**) : rue de la Madeleine, 25, 1000. ☎ 02-517-17-17. ● info@ledixsep tieme.be ● ledixseptieme.be ● Ⓜ Gare-Centrale. À un jet de pierre de la Grand-Place. Doubles standard au prix de base à 200 €, petit déj inclus. 🖥 🛜 Un des seuls vrais hôtels de charme de la capitale belge. L'élégance feutrée et l'excellence hôtelière dans l'ancienne résidence d'un ambassadeur d'Espagne. Magnifique hall d'entrée et chambres très bien aménagées, meublées à l'ancienne pour la plupart. Certaines sont pourvues d'une terrasse avec vue sur la flèche de l'hôtel de ville. Cour intérieure et calme absolu au cœur même de la cité. Accueil exceptionnel et confort maximum garanti, à des prix bien évidemment en rapport avec les grandes qualités du lieu. Pour nos lecteurs très, très à l'aise dans leur budget ou tout simplement tentés de se payer une petite folie... un peu adoucie par des réductions le week-end (150 €, petit déj compris) et davantage encore en basse saison (100 € ; min 2 nuits sans petit déj).

À Saint-Gilles, Ixelles et en dehors du Pentagone

De bon marché à prix moyens

🏨 **Hôtel Europa** (plan couleur III, H9, **18**) : rue Berckmans, 102, 1060. ☎ 02-538-72-97. ● hoteleuropa@wol.be ● Ⓜ Hôtel-des-Monnaies. Doubles 65-70 € selon saison, petit déj compris. 🛜 Réduc de 5 % sur le prix de la chambre sur présentation de ce guide (si paiement en espèces). Petit hôtel-pension près du quartier Louise. Escalier rose pâle, très épuré, déco simple et sans prétention, atmosphère claire. Les 8 chambres, bien tenues, sont avec toilettes et bains (une seule avec douche). Bon accueil d'un monsieur très charmant.

De prix moyens à plus chic

🏨 **Hôtel Le Berger** (plan couleur III, I8, **27**) : 24, rue Berger, 1050. ☎ 02-510-83-40. ● Info@lebergerhotel.be ● leber gerhotel.be ● Ⓜ Porte-de-Namur. Doubles 110-140 €, selon confort, petit déj inclus. 🛜 Cet hôtel de passe des années 1930 a fait peau neuve et accueille désormais des clients conventionnels dans le style de l'époque. Avec leurs meubles, lampes et papiers peints Art déco, les chambres demeurent confortables et feutrées. On les rejoint en glissant littéralement dans des couloirs aux lumières tamisées et aux multiples recoins. Une ambiance singulière et intime, qui vire un peu au coquin avec les miroirs disposés près des lits, autour des baignoires et... jusqu'au sol de l'ascenseur ! Sur place : resto, et bar lounge avec petits salons dans l'ambiance. Une adresse originale pour un week-end (chaud !) en amoureux.

🏨 **Vintage Hotel** (plan couleur III, I9, **31**) : rue Dejoncker, 45, 1050. ☎ 02-533-99-80. Résa en ligne conseillée. ● info@vintagehotel.be ● vintagehotel. be ● Doubles 90-140 € selon saison et demande. Près de la légendaire et trendy avenue Louise, dans une rue calme à l'écart de l'agitation, un hôtel dédié aux années 1970. Les seventies, peace and love et flower power, revues et corrigées par un designer avisé, cela donne cet hôtel original et classe, et bien sûr très confortable et accueillant. Chambres décorées et meublées dans le style des golden seventies. Pour ceux qui ont connu ces années-là : un plaisir. Pour les autres : une découverte. Le réceptionniste est l'un des meilleurs sommeliers de Belgique.

🏨 **Hôtel Rembrandt** (plan couleur III, I9, **20**) : rue de la Concorde, 42, 1050. ☎ 02-512-71-39. ● rembrandt@dom mel.be ● hotelrembrandt.be ● Ⓜ Louise ou Porte-de-Namur. Fermé de mi-déc à début janv et en août. Doubles 75-110 €, selon confort, petit déj compris. 🛜 Petit hôtel familial et agréable, comme on en voit de moins en moins, à deux pas de la place Stéphanie. En tout, 12 chambres décorées à l'ancienne, toutes un peu différentes mais toutes fort bien tenues. Les moins chères avec douche seulement (w-c sur le palier), les autres avec douche ou baignoire et w-c. Charme, discrétion, atmosphère accueillante, voilà comment résumer en quelques mots l'endroit. Le petit déj est servi au salon.

LA RÉGION DE BRUXELLES

🛏 **Pantone Hotel** (plan couleur III, H9, **34**) : pl. Loix, 1, 1060. ☎ 02-541-48-98. ● info@pantonehotel.com ● pantonehotel.com ● Prix des chambres suivant la taille, l'offre et la demande : 49 € (rarement), 59-89 € (le plus souvent, surtout le w-e), 139-189 €... pour les malchanceux ! Ce sera bien la première fois que vous en verrez de toutes les couleurs avec autant de plaisir ! Ici, concept totalement novateur, pas de folie lyrique à la Starck, mais un jeu de couleurs, d'espaces, de formes jouant sur de superbes chromatismes et un design élégamment épuré. Inspiré bien sûr, comme son nom l'indique, de la célèbre gamme de couleurs Pantone qui révolutionna les arts graphiques il y a 45 ans. Tout est plaisant à l'œil, frais et harmonieux, on peut choisir la couleur de sa chambre suivant ses états d'âme ou son humeur. Décor raffiné, tout le confort, clim, sèche-cheveux, TV écran plat, wifi... Au dernier étage, le très séduisant Pantone Lounge, son bar et la vue panoramique. Boutique où l'on peut même se payer un crayon ou un vélo de couleur, ça va de soi !

🛏 **Hôtel Argus** (plan couleur III I8-9, **17**) : rue Capitaine-Crespel, 6, 1050. ☎ 02-514-07-70. ● booking@argus-hotel.be ● argus-hotel-brussels.com ● ⓂLouise. Doubles 145 € en sem et le w-e 75 €, petit déj compris. Par ailleurs, promos régulières sur Internet à 65 € pour 2. De plus, promotions à certaines périodes. Parking privé payant. 📶 Une entrée au musée Horta offerte sur présentation de ce guide. Bien placé, en bordure du Pentagone, dans le quartier Louise, zone commerçante du haut de la ville pleine d'animation pendant la journée. Ce petit hôtel se révèle très abordable le week-end et carrément intéressant en été, lorsque ses tarifs baissent encore. Bref, c'est surtout pour les week-ends et juillet et août qu'on le recommande. Chambres rénovées impeccables, surtout fonctionnelles (TV, minibar) et sobrement décorées, dans un design plaisant. Préférez celles donnant sur la rue, un peu plus lumineuses.

🛏 **Monty Design Hotel** (plan couleur I, B2, **8**) : bd Brand-Whitlock, 101, 1200. ☎ 02-734-56-36. ● info@monty-hotel.be ● monty-hotel.be ● ⓂMontgomery. Dans un quartier résidentiel un peu excentré mais à deux pas d'une station de métro et pas trop loin des musées du Cinquantenaire. Doubles env 155 € (60-105 € le w-e), petit déj compris. Préférer Internet pour les résas, avec de nombreuses réduc à la clé. 📶 Derrière une façade de pierre à bow-window, un hôtel design à taille humaine et à la déco épurée composée de meubles et d'objets étonnants. La séduction s'opère dès la réception, au milieu des 3 pièces en enfilade modernisées par un joli contraste de couleurs corail-gris perle et rouge qu'on retrouve à tous les étages. Excellente literie. Certains objets ont été dessinés par Philippe Starck et d'autres participent d'un humour décalé que complète avec bonheur un réel sens de l'accueil. 3 appart-studios (pour périodes prolongées) dans le même esprit ont été ajoutés dans une maison voisine. La vaste table centrale permet de prendre en commun un copieux petit déj à la belge. Vélos à dispo.

Très chic

🛏 **Hôtel Manos Stéphanie** (plan couleur III, I9, **28**) : chaussée de Charleroi, 28, 1060. ☎ 02-539-02-50. ● stay@manosstephanie.com ● manoshotel.com ● ⓂLouise. Doubles 185-345 € (115 € le w-e !), petit déj compris. 📶 À ce tarif, vous faites vraiment une bonne affaire car non seulement vous êtes dans un hôtel 4 étoiles, mais un 4-étoiles de charme ! Derrière une mignonne façade ornée de plantes vertes, une quarantaine de chambres très confortables et arrangées avec goût, dans le style classique, avec du mobilier patiné et des couvre-lits assortis aux tentures. Le reste est à l'avenant, du hall d'entrée plein de marbrures à la salle sous verrière du petit déj. Bon accueil, vraiment une adresse de classe, à ne pas confondre avec son grand frère, l'Hôtel Manos, situé un peu plus loin sur la chaussée, très bien aussi mais encore plus cher !

Où manger ?

Bruxelles à table, mode d'emploi

Pas de problème pour manger sur le pouce pas cher. Dans les rues aboutissant à la Grand-Place, les snacks insipides sont légion, mais on trouve aussi quelques troquets et de petits restos (que nous vous indiquons) qui vont bien au-delà de la simple mangeaille. De même, plusieurs cafés proposent, à l'instar des *eetcafes* flamands, une carte simple et nourrissante. Certains d'entre eux vous sont signalés.

Il faut aussi bien avoir en tête que, dans cette ville, même les bons (voire très bons) restos, chers le soir, proposent souvent le midi, du lundi au vendredi, un plat du jour à prix raisonnable. Il ne s'agit pas d'un menu comme en France mais juste d'un plat, en général assez copieux pour être rassasié. Donc le midi, vive le plat du jour, même dans un resto huppé (qu'on pourra alors ranger dans la catégorie « Pas cher » ou « Prix modérés » et remettre dans « Plus chic » pour le soir).

Cuisines du monde

Ville très cosmopolite, Bruxelles offre un bel échantillonnage des différentes cuisines du globe avec toutes sortes de restos de cuisine étrangère disséminés un peu partout dans l'agglomération... Sans parler des italiens et des grecs, qu'on trouve dans toutes les communes, certaines nationalités sont mieux représentées dans certains quartiers que d'autres. Ainsi, si vous voulez manger un couscous, par exemple, c'est plutôt près de la porte de Hal *(plan couleur III, G9)* qu'il faut aller, plus précisément rue de Moscou, située à 250 m de là, au *Jugurtha,* par exemple. Tout près, rue Haute, un bouquet de petits restaurants espagnols, comme par exemple la *Villa Rosa* (aux nos 393-395).

Les restos asiatiques, eux, sont bien sûr légion, mais la rue Van Praet *(plan couleur II, D6),* qui part de la Bourse vers Saint-Géry, en concentre un bon petit nombre, corrects pour la plupart.

Pour manger indo-pakistanais, aucun problème non plus, mais autant savoir que le quartier de Matongé, près de la porte de Namur (où vivent les communautés africaine et indo-pakistanaise de Bruxelles), en réunit quelques-uns *(plan couleur III, J8).* Dans ce même quartier, beaucoup de restos africains aussi, mais si vous optez pour ce genre de cuisine, ne vous engouffrez pas nécessairement dans le premier venu car l'hygiène y est aléatoire. Quant aux quartiers Saint-Boniface *(plan couleur III, J8-9)* ou Flagey, on y trouve quantité de petits restos sympas, de tous les horizons, à tous les prix. Pas mal de terrasses aux beaux jours...

Dans le Pentagone

Spécial petites bourses et repas sur le pouce

Autrefois, on croisait des charrettes de *marchands ambulants* proposant des barquettes de *caricoles* (soit des bulots ou des escargots de mer, soit des bigorneaux, appelés aussi en *brusseleir chenuesekluete,* autrement dit « testicules de Chinois »). Ces gros mollusques cuits au bouillon de céleri (et servis chauds) sont parfois accompagnés d'un verre de vin blanc. Très bruxellois, bien que les bulots viennent de... Bretagne. La tradition de consommer des caricoles et autres produits marins remonte à l'époque où Bruxelles était un port relié à la mer via la Senne et l'Escaut, à la fin du XVIe s. Les marchands ambulants de poissons et crustacés se développèrent alors. On trouve aussi parfois chez ces marchands ambulants d'autres produits de la mer tels que des moules crues à la sauce piquante, des poissons séchés (généralement des plies, *scholle* en bruxellois), des crabes, des crevettes et des langoustines.

Malheureusement, la tradition perd du terrain. On en trouve encore parfois devant la Bourse, et aussi, le week-end, à l'angle de la rue Haute et de la rue des Renards *(plan couleur III, H8).* Pour info, le mouvement *Slow Food* de Bruxelles a pris le nom emblématique de Karikol : ● *karikol.be* ●

Friteries (parfois appelées fritures en Belgique ou fritkot en bruxellois)

Impossible, ou presque, d'y échapper ! Non, les Belges ne mangent pas des frites tous les jours. Cela dit, ils sont quand même fiers de leurs baraques à frites et, à toute heure, il peut y avoir la queue devant les meilleures. Quelques adresses sélectionnées avec soin auprès des connaisseurs locaux :

👃 **Maison Antoine** (plan couleur I, B2) : pl. Jourdan, 1, 1040 Etterbeek. ● maisonantoine@skynet.de ● Non loin du Parlement européen et du muséum des Sciences naturelles. Tlj 11h30-1h (2h le w-e). Elle existe depuis 1958 ! Baraque à frites en dur, pas facile à repérer le dimanche matin au milieu du marché local. Frites croquantes et cuites à l'ancienne, dans la graisse de bœuf (ce qui explique aussi le prix, un chouia plus élevé qu'ailleurs). Comme d'hab', en plus des frites servies en cornet de papier, comme l'exige la tradition, on peut commander une brochette, une *fricandelle* ou un sandwich, agrémentés de torrents de sauces (la tartare est faite maison) et déguster le tout avec une bière à la terrasse d'un des cafés du coin. Certains trouvent que la qualité a quelque peu baissé, de même que l'accueil, d'autres y restent fidèles... À vous de juger !

👃 **Friture de la Chapelle** (plan couleur III, H7) : pl. de la Chapelle, tiens ! À deux pas du Sablon. Ouv jusqu'à 22h. Tout simplement d'excellentes frites, épaisses et bien croquantes, comme on les aime.

👃 **Frit Flagey** (plan IV, M11) : pl. Eugène-Flagey, 1050 Ixelles. En face du Café Belga. Tlj sf lun 11h30-minuit. Fermé en juil. Ici encore, une des plus anciennes friteries. Ça « routine » quelque peu, cependant il y a toujours du monde. Dégustation d'huîtres le dimanche matin.

👃 **Fritland** (plan couleur II, D6) : rue Henri-Maus, 49, 1000. Tlj 11h-1h (ven-sam 11h-7h). Point n'est besoin de prendre le tram pour de très bonnes frites dorées. Ici, sur le flanc de la Bourse, au cœur du quartier touristique, voici bien peu populaire friterie. Pas de frites surgelées, les patates sont pelées et coupées main. Résul-

tat, 250 à 300 kg débités quotidiennement dans ce cadre moderne et propre. À l'intérieur, tables hautes et une terrasse aux beaux jours. Sinon, on peut accompagner les frites de carbonade, pilons de poulet, boulettes et brochettes.

👃 **Friterie Tabora** (plan couleur I, B2) : rue Tabora, 2, 1000. ☎ 0479-29-33-10. Tlj 11h-7h. À une encablure de Fritland au coin de la rue Marché-aux-Poulets. 10 % de réduc sur présentation de ce guide. Boutique minuscule et une poignée de tables hautes dehors. L'assurance d'être bien nourri toutes les nuits, car ici frites fraîches également et au... blanc de veau (et pas le blanc de bœuf comme la plupart de ses collègues). De ce fait, frites un poil plus chères mais elles sont superbement dorées et quelle qualité !

Cafés-snacks et petits restos pas trop chers

Outre les snacks et les cafés où l'on sert à manger, les Bruxellois ont mis à la mode les *pitas,* poches de pain fourrées d'un tas de trucs, viande, légumes... Les gargotes et petits restos grecs ou arabes des abords de la Grand-Place (notamment rue du Marché-aux-Fromages ; *plan couleur* C2) en servent à emporter. Simple, bon, pas cher et... extrêmement bruxellois. De même, on peut s'improviser un en-cas tout simplement convivial et délicieux en s'arrêtant dans une des poissonneries de la place Sainte-Catherine (notamment *Noordzee*). On y trouve des croquettes de crevettes, des soupes de poisson ou des assiettes de coquillages, à accompagner d'une petite mousse ou d'un petit blanc bien frais.

Autre spécialité locale : la *mitraillette,* une baguette que l'on fourre – en vrac – de viande, salade, tomates, sauce au choix et... de frites. De quoi caler sans problème le plus exigeant des estomacs normalement constitués.

De bon marché à prix modérés

🍽 **Au Suisse – Maison Scheggia-Togni** (plan couleur II, D6, **73**) : bd

Anspach, 73-75. ☎ 02-512-95-89. ● contact@ausuisse.be ● Tlj sf dim et j. fériés 7h30-18h. Compter 3-4 €. 🛜 Une institution en matière de sandwich ! Décor rétro à souhait, avec son snack à l'américaine, ses stucs, ses marbres et ses hauts tabourets alignés le long du comptoir. Tout en faisant la queue, on a le temps de choisir son pain, puis sa garniture : viandes froides, anchois, macédoine de légumes, boulettes, saucisses... Sur place ou à emporter. Populaire et intemporel, comme on aime.

🍴 **Charli** (plan couleur II, D5, 56) : rue Sainte-Catherine, 34, 1000. ☎ 02-513-63-32. Tlj 7h30-19h, dim 8h-13h30. Boulangerie-pâtisserie dans cette rue très commerçante. On peut s'y attabler pour un petit déj café-jus d'orange sous un plan géant de Bruxelles et choisir parmi la production de viennoiseries à faire saliver : croissants, couques au chocolat ou aux raisins, brioches. Baguettes de pain bio garnies à emporter et pourquoi pas se faire plaisir et rapporter un *cramique* ou un craquelin fondants ?

🍴 **EXKI** (plan couleur III, I-J8, 57) : chaussée d'Ixelles, 12, 1050. ☎ 02-502-72-77. ● portedenamur@ exki.be ● Tlj 7h30 (sam 9h)-22h ; dim 11-17h. Compter 2-6,95 €. « Restauration rapide de qualité », peut-on lire sur la vitrine. Et c'est vrai ! Grand choix (sous vide mais tout frais du jour) de sandwichs, salades, soupes, jus de fruits mais aussi des petits plats de pâtes ou des tartes aux légumes. Les produits sont bio, issus du commerce équitable et plutôt diététiques. Self-service, on paie à la caisse et on va s'installer avec son plateau. Bon à savoir, les prix sont cassés en fin de journée car il faut faire de la place pour le lendemain. Une dizaine d'adresses en ville, dont notamment pl. De Brouckère, 14 (plan couleur II, D5), 8h-20h ; rue Neuve, 78 (plan couleur II, E5), 8h-19h, fermé dim ; rue du Marché-aux-Herbes, 93 (plan couleur II, D6), 7h30-22h ; pl. Stéphanie (plan couleur III, I9), 11h-18h ; ou à la gare du Midi (plan couleur I, A2), 7h-18h. Ts ouvrent plus tard le w-e.

🍴 **Café Novo** (plan couleur III, H7, 71) : pl. Vieille-Halle-aux-Blés, 37, 1000. ☎ 02-503-09-05. ● contact@ cafenovo.be ● Lun-sam midi-22h, dim 23h. Plat env 10 €. Lunch 11,50 €. Soupe à 6 €. Juste en face du musée des Éditions Jacques Brel. Un petit resto-snack convivial au cœur de la ville avec une clientèle de jeunes gens du quartier. Tartes salées, salades, soupes... Pour faire comme les étudiants sans être étudiant... Système d'échanges de livres et terrasse à l'arrière.

🍴 **Le Pain Quotidien** (plan couleur III, I8, 86) : rue des Sablons, 11, 1000. ☎ 02-513-51-54. ● belgium@ lepainquotidien.com ● Tlj 7h30 (8h le w-e)-19h. Tartines 5-9 €, salades env 12 €. Également des suggestions du jour. Peut-être avez-vous déjà entendu ce nom car, en fait, des *Pain Quotidien*, il y en a 8 autres à Bruxelles, mais aussi à Paris, New York, Toronto, Los Angeles, Beyrouth, Dubaï, Moscou, Mexico, Sidney... et on en passe (84 en tout dans le monde) depuis plus de 20 ans. Bref, il s'agit d'une boulangerie-restaurant qui s'est multipliée (comme des petits pains !) dans toute la Belgique et au-delà, tellement la formule a marché. Le concept est toujours le même : un rayon boulangerie (proposant divers types de pain, de la viennoiserie et des produits artisanaux majoritairement bio) prolongé par une partie restaurant très agréablement aménagée de bois naturel. On y savoure (à une grande table ou à des petites tables individuelles) de bons petits déj mais aussi, sur le coup de midi, d'excellentes tartines, des salades et autres suggestions quotidiennes affichées au tableau noir. D'autres *« Pain kot »* (c'est comme ça qu'on les appelle ici), comme au 16, rue Antoine-Dansaert (plan couleur II, C5) et 124, av. Louise (plan IV, L11).

🍴 **Les Gens que j'aime** (plan couleur II, D6, 52) : rue du Midi, 15, 1000. 📱 0479-20-92-50. Tlj sf lun. Plats 7-14 €. On est séduit par ce bistrot cosy à l'ambiance *seventies* colorée. Quelques colonnes en façade et des murs constellés de photos d'acteurs de cinéma, sportifs... Bref, des gens qu'on aime bien. Dans l'assiette, voici des soupes, salades, tartines, pâtes, sans oublier plusieurs plats du jour bien ficelés et pas chers du tout. Accueil gentil. Une belle adresse de quartier.

I●I Épicerie Fine de la Senne (plan couleur II, D6, 80) : rue de Bon-Secours, 4, 1000. ☎ 02-502-24-26. ● christian.sand@hotmail.fr ● Mar-sam sf j. fériés 9h-17h, service 12h-15h30. Plats 10-14 €. Quelques tables à peine. Idéal pour déjeuner au calme, dans un endroit des plus agréable. Il s'agit en fait d'une épicerie fine proposant de bons petits plats à consommer sur place ou à emporter. Au menu, affiché sur une ardoise, du bon, du sain et du léger : soupes, salades, quiches, pâtes, assiette d'antipasti, plats du jour et excellents sandwichs.

I●I La Cantine de la Ville (plan couleur III, H8, 78) : rue Haute, 72, 1000. ☎ 02-512-88-98. Dim-mar 11h-18h ; mer-sam 11h-23h. Une devanture de bistrot banal, une salle colorée tout en longueur avec mobilier rétro. Un choix de bons petits plats ménagers : carbonnades, burgers, le tout saupoudré d'une touche d'Italie en plus, à prix démocratiques. On a apprécié les croquettes de crevettes grises. Chose rare : on peut même se faire servir une assiette de frites, toute seule. Service souriant. Une bonne pause-Marolles sans écorner son budget.

I●I Arcadi Café (plan couleur II, E6, 87) : rue d'Arenberg, 1 B, 1000. ☎ 02-511-33-43. Tlj 11h30-23h30, service non-stop. Plats 7,50-12 €. ☞ (payant). Tout au bout de la galerie Saint-Hubert, un endroit pour savourer un bon plat du jour et de bonnes tartes aux légumes (la spécialité). Sinon, crêpes farcies, salades, nouilles sautées, omelettes, sandwichs et pâtes en veux-tu, en voilà. L'Arcadi s'avère donc une bonne adresse à midi mais aussi dans l'après-midi car on y sert de très bonnes tartes sucrées. Décor un poil rétro, avec de petites tables rondes et des murs chargés de vieilles photos. Couscous le jeudi. Vin au verre.

I●I Noordzee (plan couleur II, D5, 82) : rue Sainte-Catherine, 45, 1000. ☎ 02-513-11-92. Poissonnerie ouv 8h-18h (17h sam), sf dim-lun. Le bar à poissons à l'extérieur est ouv mar-jeu 11h-17h, ven-sam 11h-18h, dim 11h-20h. Petites portions entre 3,50-7 €. Cette poissonnerie-traiteur anime cette jolie place et propose un bar en inox en demi-cercle, et des petits guéridons avec chaises hautes où l'on se serre, debout sur le trottoir, pour profiter des huîtres, d'une bonne soupe de poisson ou d'escargots et de petites tapas : on a aimé les esprots (petits harengs à la plancha), les joues ou la nuque de cabillaud et les fritures de calamars. Ambiance bon enfant.

I●I C'est bon, c'est Belge (plan couleur II, D6, 80) : rue de Bon-Secours, 16, 1000. ☎ 02-512-19-99. ● cbonc belge@hotmail.be ● Tlj sf mer 12h-17h. Plats 10-12 €. Dans ce quartier où sévit la mal-bouffe, ce petit épicier-traiteur fait de la résistance. Sur l'ardoise, voici de bons petits plats typiques du plat pays, mitonnés avec soin et simplicité, puis servis dans la boutique sur quelques tables. Excellent rapport qualité-prix-accueil.

I●I Le Lotus Bleu (plan couleur II, D6, 63) : rue du Midi, 70, 1000. ☎ 02-502-62-99. ● admm@lotusbleu.be ● Tlj 12h-15h, 18h-23h, sf sam midi et dim midi. Plat du jour env 5 € (6 € avec un potage). Plats à la carte 9-14 €. CB refusées. À deux pas de la Bourse et de la Grand-Place, ce petit resto vietnamien aux allures de snack sert un bon plat du jour, très copieux, pour le prix d'un bol de riz.

I●I Le Meyboom (plan couleur II, E5, 91) : rue des Sables, 39, 1000. ☎ 02-219-55-99. Ouv slt lun-ven 12h-14h. Fermé de mi-août à mi-sept. Plats de pâtes 7-9,70 €. Anthony et sa famille tiennent cette affaire depuis bien des années, pile en face du CBBD. La recette est ultra-simple : 7 recettes de pâtes et pasta, servies dans des assiettes hyper copieuses. Et la petite salle de ce bistrot à l'ancienne, avec ses boiseries et ses glaces biseautées, est pleine à craquer tous les jours. Les plats existent en taille « normale » et « géante ».

I●I Le Passage de Milan (plan couleur III, I8, 64) : bd de Waterloo, 31, 1050. ☎ 02-513-89-59. ● m.vdb@ lepassagedemilan.be ● Sur l'un des boulevards qui ceinturent le Pentagone, à deux pas du gratte-ciel The Hotel. Tlj sf dim et j. fériés, service 12h-22h (23h le w-e). Formule lunch 14 €, menu 35 € ; petite restauration env 5 € et plats 10-18 €. ☞ (gratuit). 10 % de réduc (sf sur la formule lunch) sur *l'addition sur présentation de ce guide.* Un lieu original aménagé dans les anciennes écuries du palais d'Egmont et qui regroupe un resto, une petite librairie d'art et un lieu d'exposition. Cuisine franco-italienne légère et bien faite dans un cadre clair et design. Bonnes tartines en guise d'en-cas. Côté plats, surtout des salades, des pâtes et des assiettes composées, mais cela change selon les saisons.

|●| Mam Mam *(plan couleur II, D6, 61)* **:** rue du Marché-au-Charbon, 72, 1000. ☎ 02-502-00-76. ● info@mam-mam.be ● *Tlj 12h-15h, 18h-23h30, sf dim midi et mar. Plat du jour à midi env 8 € ; plats 11-17 €.* Un joli resto thaï : salle soignée, contemporaine et plaisante avec ses murs de brique. En entrant, on est immédiatement mis en confiance par les délicates odeurs provenant de la cuisine. Et ça ne trompe pas ! Les plats sont riches en saveurs et réalisés avec raffinement. Accueil souriant. Une bonne adresse pour ceux qui veulent manger asiatique.

|●| Houtsiplou *(plan couleur III, G7, 47)* **:** pl. Rouppe, 9, 1000. ☎ 02-511-38-16. ● info@houtsiplou.be ● *Tlj 12h-14h30 (15h le w-e), 18h-22h30. Menu 13 € ; carte env 30 €.* Petit bar-resto de quartier tenu par une équipe de jeunes tournés vers la vie alternative et culturelle. Rendez-vous animé le soir sur une place qui est souvent endormie. On y vient autant pour l'ambiance chaleureuse et simple, que pour les petits plats, bons et à prix sages. Moules-frites, croquettes, salades, *burgers* et tartines variées.

|●| Café Bebo *(plan couleur III, G7, 94)* **:** av. de Stalingrad, 2, 1000. ☎ 02-514-71-11. ● cafebebo@skynet.be ● *Tlj 9h-23h, sf dim. Plat du jour 9,50 €.* Grande baie vitrée ouverte sur l'avenue Stalingrad et la place Rouppe. Cet ancien lieu branché est devenu une gentille petite adresse de quartier où l'on vous sert à toute heure un potage, un plat du jour (lasagne, rôti de porc, goulasch... que des plats belges !). Le gros avantage c'est qu'on y sert en continu. On n'y vient pas exprès, mais c'est parfait pour une petite grignotte si on loge dans les hôtels du quartier.

|●| Le Corbeau *(plan couleur II, E5, 92)* **:** rue Saint-Michel, 18, 1000. ☎ 02-219-52-46. ● le.corbeau@sky net.be ● *Tlj sf dim 11h30-22h (pour la cuisine). Ven-sam, bar ouv jusqu'à 4-5h du mat. Petits plats simples 8,50 €.* Les étudiants aiment à se donner rendez-vous dans ce grand bar bruyant et animé, où l'on se régale de spaghettis bolognaise ou d'un simple *stoemp* pour une petite poignée d'euros. Mais *Le Corbeau* est aussi, et presque avant tout, un bar, où des grappes de jeunes viennent boire de la bière, servie au litre. Bonne et chaude atmosphère.

|●| Easy Tempo *(plan couleur III, H8, 93)* **:** rue Haute, 146, 1000. ☎ 02-513-54-40. *Tlj sf dim soir et lun 12h-14h30, 18h30-22h30. Pâtes et pizzas essentiellement, 9-16 €. Antipasti 12-14 €. CB refusées.* Dans le quartier des Marolles, petit resto italien, tout en longueur, au beau décor de faïence rappelant que l'on est dans une ancienne pâtisserie. Dans la salle du fond, on a opté pour une déco moderne, dans des tonalités sombres et plus contemporaines. Une bonne adresse, notamment pour la *pasta* : cannellonis onctueux et délicieux raviolis du chef. Cuisine ouverte sur la salle, toujours gage d'une impeccable hygiène.

|●| Dangel *(plan couleur III, H8, 60)* **:** rue Haute, 246, 1000. ☎ 02-512-29-45. *Tlj sf lun 12h-17h. Plats 4-18 €.* Derrière sa façade bleu et blanc, c'est un fameux traiteur spécialisé dans le poisson et les fruits de mer. Entre la kitchenette et les vitrines réfrigérées, on se régale de petits plats simples et savoureux, servis à prix juste sur quelques guéridons en marbre, avec un verre de vin blanc. C'est sûr, on reviendra !

|●| Le Point de Chute *(plan couleur III, H8, 105)* **:** pl. de l'Épée, 10, 1000. *Fermé dim. Plats 8-12 €.* À droite du *Havana* de Bruxelles, sur une petite place tranquille. Petit resto bio, aux couleurs vertes, où l'on sert des *bagels,* des croquettes, des pâtes et des salades.

De prix modérés à prix moyens

Un petit conseil, surtout si vous visitez les musées, pensez aux « cantines », restos et autres cafétérias de musées.

LA RÉGION DE BRUXELLES

La plupart offrent des formules lunch très attractives et permettent de souffler dans un cadre agréable. Nos préférées : celles du musée des Beaux-Arts, du Centre belge de la bande dessinée, du musée des Instruments de musique, du musée d'Art et d'Histoire (pour plus de détails, se reporter aux textes concernant les musées). Elles sont évidemment accessibles même à ceux qui ne font pas la visite.

|●| Brasserie Ploegmans *(plan couleur III, H8, 48) : rue Haute, 148, 1000.* ☎ *02-503-21-24.* ● *ploegmans@ ploegmans.be* ● *Tlj sf lun, dim soir et j. fériés 12h-14h30, 18h-22h30. Fermé début juil et du 24 déc au 3 janv. Plats 12,50-19 €. Lunch 13,50 €. Café offert sur présentation de ce guide.* Autrefois estaminet légendaire des Marolles, le lieu a été converti en brasserie tout en gardant le décor de boiseries couronnées de miroirs et murs couverts de plaques émaillées. On peut encore y venir boire simplement un demi, mais la petite carte mérite qu'on s'y attable pour savourer un de ces bons plats bruxellois des familles : blanquette de veau, *stoemp* lard-saucisses, onglet à l'échalote, etc. Souvent bondé le week-end, quand les Marolles font leur plein de touristes.

|●| Fin de Siècle *(plan couleur II, C-D5-6, 50) : rue des Chartreux, 9, 1000. Pas de résas. Tlj 16h30 (18h pour la cuisine)-1h. Plats 13-17 €. CB refusées.* Juste à côté de la *Taverne Greenwich* (voir plus bas « Où boire un verre et rencontrer des Bruxellois(es) ? »), cette grande salle à la déco brute, un peu bruyante quand il y a du monde, recèle une belle verrière Art nouveau. Atmosphère populaire et joyeuse de *stamcafé* (troquet d'habitués) où la Pils se paye toujours à un prix plancher. Cuisine de grand-mère, copieuse (jambonneau moutarde, lapin à la Kriek), avec quelques échappées méditerranéennes ou exotiques. Petits desserts tout simples et vins joliment choisis. Incomparable chocolat chaud. Service virevoltant et facétieux, jamais débordé malgré l'affluence. En face, au coin de la rue Van Artevelde et de la rue des Chartreux, une annexe *(9 et Voisins)* propose une cuisine similaire et offre

l'avantage d'être ouvert à midi.

|●| Den Talurelekker *(plan couleur II, F6, 81) : rue de l'Enseignement, 25, 1000.* ☎ *02-219-30-25. Tlj sf w-e et j. fériés 12h-14h, 18h-22h. Fermé fin déc et 2 sem l'été. Carte env 26 €. CB refusées. Digestif maison offert sur présentation de ce guide.* Son curieux nom peut se traduire du bruxellois en « lécheur d'assiette », tout un programme. Si vous êtes dans le coin à une heure de table (le musée de la B.D. n'est pas loin), une petite pause s'impose dans cet estaminet qui sert une bonne cuisine et, là encore, à des prix qu'on croyait révolus. Carte faisant la part belle aux spécialités belges : *ballekes marolliennes*, carbonades à la Gueuze, rognons à la Bruxelloise... Le tout dans une salle « à l'ancienne », avec des banquettes en bois, des lambris et du carrelage ou sur la terrasse.

|●| Café du Vaudeville *(plan couleur II, E6, 32) : galerie de la Reine, 11, 1000.* ☎ *02-511-23-45.* ● *sandrine.lagnien@ cafeduvaudeville.be* ● *Tlj 9h-minuit (20h dim). Lunch 12,50 €, carte 30 € env.* 🛜 Ici, on prend place, au choix, à la terrasse donnant sur les boutiques chic de la galerie ou à l'étage, dans une agréable salle d'inspiration un peu « magrittienne », avec des fenêtres en demi-cercle au ras du plancher. Bonne cuisine à prix justifiés (choix de salades, boulettes aux chicons, tian de boudin aux pommes...). Pour les fauchés, la maison a aussi prévu une petite restauration, comme les quiches, qui reposent derrière un comptoir vitré, ou le cornet de frites en métal (le cornet, pas les frites)... Très bien aussi pour une crêpe, tarte ou gaufre sur le coup de 16h, entre 2 visites.

|●| Viva m'Boma *(plan couleur II, C5, 55) : rue de Flandre, 17, 1000.* ☎ *02-512-15-93. Tlj sf lun midi, mar soir, mer, dim et j. fériés 12h-14h, 19h-22h30. Fermé début janv, 1 sem à Pâques et 1re quinzaine d'août. Carte env 30 €. Pas de comptes et paiements séparés à l'addition.* Adresse un peu secrète, n'hésitez pas à pousser la porte mais, attention, le soir, très peu de chance d'y trouver de la place sans réservation ! Toujours du monde en effet, dans une salle pas bien grande et sans fenêtres, aux murs blancs carrelés, avec des banquettes et des tables de bistrot. La raison de ce succès est simple : on y mange fort bien, copieusement et à des prix serrés. Spécialité : les abats et les tripes (ris de veau, cervelle de veau...). Sinon, les classiques : filet de cheval et pot au feu de joue et queue de bœuf... Dommage qu'on y serve que du vin.

|●| **Le Pré Salé** (plan couleur II, C5, 84) : rue de Flandre, 18-20, 1000. ☎ 02-513-65-45. Tlj sf lun-mar 12h-14h30, 18h30-22h30. Fermé 1re sem de janv et 1re quinzaine de juil. Résa conseillée. Plats 9-24 €. Café offert sur présentation de ce guide. Plus brusseleir, tu meurs ! Décor de boucherie revisitée avec carreaux de faïence, crochets à viande, banquettes, et cuisine ouverte sur la salle. Le temple des grosses moules charnues en saison, grande spécialité de la maison. Ici, en effet, on ne sert que la Golden, la Rolls des moules de Zélande. Bon accueil.

|●| **In 't Spinnekopke** (plan couleur II, C6, 54) : pl. du Jardin-aux-Fleurs, 1, 1000. ☎ 02-511-86-95. ● info@spin nekopke.be ● Tlj sf sam midi, dim et j. fériés 12h-15h, 18h-23h (minuit ven-sam). Plat du jour 9,80 €. À la carte, plats 15-30 €. Bien calée depuis le XVIIIe s en contrebas du trottoir, cette « petite tête d'araignée », sise dans une charmante maison fleurie et champêtre, a su patiemment tisser sa toile autour d'une cuisine belgo-belge... Elle reste un classique du circuit culinaire bruxellois, tout au moins pour les touristes car il faut avouer que les autochtones s'y font de plus en plus rares. Plats typiques belges : anguilles au vert, carbonade au lambic, coq Spinnekopke... glaces à la bière. Ici, c'est le royaume du parler brusseleir un tantinet moqueur mais, heureusement, la carte est traduite en français. Préférez la salle de droite, façon « chez ma grand-tante », aux autres, revues à la sauce bourgeoise. Terrasse comme sur la place du village aux beaux jours. Service au lance-pierre.

|●| **Restobières** (plan couleur III, H8, 75) : rue des Renards, 9-11, 1000. ☎ 02-511-55-83. ● info@restobieres. be ● Tlj 12h-15h, 18h30-0h. Du ven soir au dim soir, rdv au **Bistrobières** au n° 32 de la même rue. Menus 18-40 €,

plat du jour 9 €, plats 12-23 €. Apéritif maison offert sur présentation de ce guide. ☞ Pour rester dans l'ambiance « brocante » des Marolles, une halte chaleureuse et de caractère. La carte semble compiler et proposer tout ce que la cuisine belge compte de plus fameux. Entre croquettes et autres incontournables stoemps ou carbonades, on trouve bloempanch, choesels, waterzooi de poulet fermier et... gaufre de Bruxelles. La plupart des plats sont cuisinés à la bière, ce qui leur confère un arôme incomparable. Décor brocante aux murs chargés de plaques émaillées et de bouteilles de collection. Le dimanche midi, toujours plein, conseillé d'arriver de bonne heure !

|●| **Hémisphères** (plan couleur II, E5, 74) : rue Léopold, 29, 1000. ☎ 02-513-93-70. ● info@hemispheres-resto. be ● Tlj sf sam midi et dim, service jusqu'à 22h30 (minuit sam). Plats 9-18 €, menus 20-28 €. Très à la mode, la déco « Mille et Une Nuits » caresse la tendance dans le sens du poil mais c'est plutôt bien fait, tout comme les plats qui couvrent le Bassin méditerranéen et s'aventurent même jusqu'en Chine ou aux Indes. Simple mais parfumé et dépaysant au possible. Avec un thé à la menthe, rien à dire. Belles expos de photos et concert le vendredi une fois par mois, pour partir à la rencontre des autres...

De prix moyens à plus chic

|●| **Bleu de Toi** (plan couleur III, H7, 66) : rue des Alexiens, 73, 1000. ☎ 02-502-43-71. ● bleudetoi@sky net.be ● Tlj 12h-14h, 19h-23h (23h30 ven-sam). Fermé sam midi, dim, lun, aux vacances de Pâques et à Noël. Plat du jour 11 €. Formules lunch 15-21,50 €, menus 30-40 €. Carte env 40 €. ☞ Digestif offert sur présentation de ce guide. Cadre propice au tête-à-tête amoureux (voir le nom du resto qui signifie en belge « entiché de toi »), même s'il n'est pas obligatoire d'avoir été visé par Cupidon pour y manger. Briques apparentes et feu dans la cheminée au rez-de-chaussée, petites salles bleues à l'étage (lumière

un peu crue) et une adorable terrasse. Spécialités : la *bintje* farcie, une grosse pomme de terre inventée en 1905 par un instituteur hollandais passionné de croisement de patates, et le homard (plus cher), demi ou entier, à toutes les sauces. Vins au verre.

I●I Soul *(plan couleur III, H7, 97) : rue de la Samaritaine, 20, 1000.* ☎ 02-513-52-13. ● linda@soulresto.com ● *Ouv mer-dim 19h-22h. Fermé la sem de Noël. À la carte ou menus 21-33 €.* ☏ Linda la Finlandaise a voulu faire quelque chose de différent. Un resto de plus ? Non ! Alors elle a conçu une manière originale, une sorte de variation culinaire : préparations saines, équilibrées et bio. En cuisine, on mélange avec hardiesse les graines, les légumes rares aux sauces allégées et aux fruits originaux (comme la grenade). Les goûts, les tessitures et les saveurs ne sont pas laissés au hasard, et c'est un vrai voyage culinaire.

I●I Kika *(plan couleur II, D6, 90) : bd Anspach, 177, 1000.* ☎ 02-513-38-32. ● eat@kaki-kika.be ● *Ouv slt le soir (dès 19h). Fermé dim. Plat env 14 €, repas à la carte env 25 €.* ☏ Sur ce vilain boulevard, voici un établissement qui a su se faire une place, creuser sa niche. Et il vaut mieux réserver car les tables sont vite occupées. Pour le décor, flash-back dans les années 1970, où les luminaires d'époque dialoguent admirablement avec le hideux papier peint, faisant lui-même des clins d'œil aux chaises, sorties de la même malle aux souvenirs. Prix modiques et cuisine de qualité, à dominante transalpine, avec des variations asiatiques. Une cuisine sans esbroufe, bien présentée, copieuse et réalisée avec des produits de qualité. Accueil tout en gentillesse.

I●I Le Petit Boxeur *(plan couleur II, D6, 51) : rue Borgval, 3, 1000.* ☎ 02-511-40-00. *Entre la Bourse et la pl. Saint-Géry. Tlj sf lun, sam midi et dim midi 12h-14h30, 18h30-22h30. Fermé 3 dernières sem d'août. Menus 15 € (le midi) et 32 € (le soir) ; carte env 35 €. Café offert sur présentation de ce guide.* Une adresse discrète, bien pour le déjeuner. Le décor est intime : murs marron passé, lustres en fer forgé, grands miroirs, tables tendues de blanc éclairées par des petits spots... Le lunch s'avère de bon aloi et d'un rapport qualité-prix convenable. Le soir, on monte d'un cran, avec un ensemble de plats plus raffinés. On citera en exemple, mais cela change souvent, un risotto de Saint-Jacques ou le gigotin d'agneau aux abricots confits. Accueil agréable.

I●I Brasserie de l'Ommegang *(plan couleur II, D6, 96) : Grand-Place, 9, 1000.* ☎ 02-511-82-44. ● info@bras seriedelommegang.be ● *Lun-sam 12h-14h30, 18h30-22h30. Fermé dim sf mai-sept. Plat du jour 15 € en sem ; carte 15-26 €.* Adresse de prestige puisqu'il s'agit de la maison du Cygne qui vit défiler tant de visiteurs célèbres : Karl Marx y aurait fondé l'embryon de l'Internationale. Jules Vallès et les Communards s'y époumonèrent. En 1914, le dramaturge Fernand Crommelynck officiait derrière le comptoir après avoir épousé la fille de la maison. La brasserie d'en bas est moins onéreuse que le resto de l'étage et permet de profiter des lieux et de manger très convenablement sans trop bourse délier. Le décor allie tradition et modernité avec des boiseries claires, des sièges mauves et des reproductions de pop art (Roy Liechtenstein) qui ne jurent pas du tout. Le service est assuré par une brigade stylée slalomant entre les tables. Cuisine très classique sans lourdeur qui ne laisse que de bons souvenirs. N'hésitez pas à commander les *maatjes* hollandais en saison, ils fondent dans la bouche. Les desserts frisent la perfection.

I●I Kokob *(plan couleur II, D6, 58) : rue des Grands-Carmes, 10, 1000.* ☎ 02-511-19-50. ● info@kokob.be ● *Lun-mer 18h30-23h ; jeu-dim 12h30-23h30. Résa conseillée. Menu 20-44 €. Carte 15-30 €.* ☏ *Apéritif offert sur présentation de ce guide.* Il faut venir à Bruxelles pour découvrir la cuisine éthiopienne ! Il faut dire qu'elle est peu connue. C'est un jeune ethnologue polyglotte, d'origine touareg, qui s'est atteler à la tâche de la faire découvrir. Pari réussi, le lieu ne désemplit pas. Grande salle en longueur décorée de belles photos de voyage. Petite pièce attenante. On a le choix entre plats végétariens ou non. Assiette couverte d'une feuille de *teff*, sans couverts, on se sert de ce *teff* en rouleaux pour puiser dans le plat. Saveurs fines un poil déroutantes et épicées (pas trop), quantités généreuses (on peut se contenter d'un plat pour 2). N'hésitez pas à vous faire expliquer les composantes de cette cuisine, votre curiosité sera récompensée. Les vins accompagnent mal cette cuisine parfumée, mieux vaut prendre une bière ou un thé éthiopien. Service efficace. Concerts et expos.

IOI *La Caneva* (plan couleur II, D6, **100**) : *rue des Grands-Carmes, 9, 1000.* ☎ 02-512-34-47. *Tlj le soir slt 19h-22h30. Compter 30 € pour un repas.* Briques rouges et poutres apparentes, nappes blanches et serviettes en tissu pour ce discret petit resto italien du centre. Peu de tables, résa conseillée. Bon accueil teinté d'une tout aussi discrète familiarité. Cuisine sérieuse : bons produits, pâtes cuites comme il faut et bien servies. Du classique bien troussé : *osso bucco,* poireaux au gratin, *tortellini* à la truffe noire ou trio de pâtes farcies... Belle carte des vins survolant toutes les régions d'Italie jusqu'aux plus nobles *montepulciano* et *montalcino.* Seul petit hic, que vient faire ici le portrait de Pie XII (mais il paraît que ça serait celui de Pie X, bon alors !)...

IOI *Madou's Provence* (plan couleur II, F6, **101**) : *23, rue de la Presse, 1000, pas loin de la pl. Madou.* ☎ 02-217-38-31. • madousprovence@yahoo.fr • *Tlj sf sam, dim et j. fériés. Plats 19,50-23 €. Résa recommandée.* Saturé de frites et de carbonade, une bonne alternative ! Comme ce joli jeu de mots l'annonce, du soleil dans l'assiette garanti même si le beau temps s'obstinait à bouder. Cuisine de pro provençale et du Midi en général, à partir d'excellents produits, servie dans une salle aux fraîches couleurs. Le midi, clientèle d'affaires et de fonctionnaires. Quelques plats vedettes d'une carte évoluant au gré des saisons : le tendre veau de Corrèze, les noix de Saint-Jacques en risotto, le magret aux chanterelles jaunes. Hors d'œuvre joliment présentés... Service diligent.

IOI *La Roue d'Or* (plan couleur II, D6, **83**) : *rue des Chapeliers, 26, 1000.* ☎ 02-514-25-54. • rouedor@hotmail.

com • *Tlj 12h-0h. Fermé de mi-juil à mi-août. Repas complet (sans boisson) env 40 €.* Légèrement à l'écart de la Grand-Place et de son flot de touristes, une brasserie traditionnelle appréciée des Bruxellois. Le décor, qui n'a pourtant rien de surréaliste, rend hommage à Magritte. Cuisine sans complication : filet américain, *waterzooi,* moules...

Chic

IOI *Bozar Brasserie* (plan couleur III, I7, **67**) : *rue Baron Horta, 3, 1000.* ☎ 02-503-00-00. • resto@bozarbrasserie.be • *Fermé dim et lun. Menus 31-35 €, plats 18-27 €.* Au rez-de-chaussée du grandiose Palais des Beaux-Arts, conçu par Horta en 1928, ce resto livre un élégant cadre contemporain sous des plafonds authentiquement Art déco. Carte de brasserie revisitée par le fameux chef étoilé David Martin, pour des plats somme toute assez simples, mais fins et hauts en saveurs ; le tout concocté dans une cuisine ouverte spectaculaire. Un excellent moment culinaire.

IOI *Aux Armes de Bruxelles* (plan couleur II, D6, **77**) : *rue des Bouchers, 13, 1000.* ☎ 02-511-55-50. • commercial@auxarmesdebruxelles.com • *Tlj 12h-22h45 (23h15 sam et 22h30 dim). Fermé juil. Résa conseillée le w-e. Moules env 22,50 €, carte 33-50 €, formule lunch 21 €, menu 37,50 € (boissons incluses). Carte env 50 €.* Bon, il nous fallait quand même une brasserie traditionnelle et indémodable dans cette rue pesamment touristique ! De bonnes moules assurément, à peine plus chères qu'ailleurs quand on sait comparer les prix (ne vous fiez pas aux offres alléchantes d'en face). D'autant plus qu'il s'agit d'authentiques moules de Zélande, bien charnues, parfaitement cuites et généreusement servies. Parmi les autres spécialités de la maison : les croquettes de crevettes, les moules-frites, les carbonades à la Gueuze, le vol-au-vent et les crêpes flambées sous vos yeux.

IOI *La Marie-Joseph* (plan couleur II, D5, **102**) : *quai au Bois-à-Brûler, 47, 1000.* ☎ 02-218-05-96. • info@niels1926.be • *Tlj sf lun et j. fériés 12h-14h15 et 18h30-22h30. Fermé 2de quin-*

zaine d'août. Carte env 35-40 €. Un des plus fameux restos de poisson haut de gamme de Bruxelles. Cadre d'une certaine sobriété sans recherche particulière, du bois blanc et un peu de bleu marine, quelques tableaux pour les autres notes de couleurs et l'habituel aquarium à truites au milieu. Le midi, clientèle d'affaires, accueil et atmosphère un poil conformistes comme il sied en ces lieux. Cuisine de pro, poisson d'une belle fraîcheur cuit à la perfection. Quelques plats réguliers : croquettes de crevettes grises, joues de raie sautées à l'ail, waterzooi de lotte, soupes de moules à la vénitienne, *fish and chips* comme à Canterbury...

|●| Le Fourneau (plan couleur II, D5, 68) : pl. Sainte-Catherine, 8, 1000. ☎ 02-513-10-02. Tlj sf dim-lun. Compter min 40-50 € pour un repas complet. Concept original : le resto-comptoir-dégustation ! Cadre sobre mais réussi : un grand comptoir convivial en U avec hauts sièges donnant sur une cuisine nickel-chrome où l'on peut voir s'affairer les cuistots. Quelques tables supplémentaires meublent les espaces libres. Courte carte pour amateurs de petites portions à picorer. C'est un peu plus copieux que des tapas c'est surtout un assortiment de produits de première qualité à laisser fondre dans la bouche. On se fait son petit menu au gré des saisons, de ses envies et de l'humeur du chef : une langoustine à la coque, un bonbon de *king crab*, 3 asperges vertes à la flamande, quelques tranchettes de bœuf Siementhal ou lamelles de Saint-Jacques aux truffes, un bol de purée Robuchon, un gratin de courgettes, 2 petites côtes d'agneau dans leur jus... et quand on est rassasié, on arrête. Le service est hyper rapide et les conseils de vin au verre (3-4 €) en accompagnement particulièrement judicieux. Les viandes et les poissons sont facturés aux 100 g et chaque portion navigue entre 5 et 12 €, de sorte qu'au total cela monte très vite, surtout si l'on est exagérément gourmand. Faites donc bien vos comptes mais ne boudez pas votre plaisir !

|●| Lola (plan couleur III, H7, 76) : pl. du Grand-Sablon, 33, 1000. ☎ 02-514-24-60. ● info@restolola.be ● Tlj midi et soir jusqu'à 23h30 (non-stop le

w-e). Plats 16-34 € (pâtes env 14 €). Avec ce décor moderne, on se dit que c'est l'endroit branché par excellence où l'on paie plus le ticket de présence que le contenu de l'assiette ! Et puis on s'aperçoit bien vite que c'est du sérieux, que les préparations sont inventives et copieuses, la présentation soignée, le service pro. On en oublie le cadre un rien austère et les tables un peu serrées.

|●| ♟ Le Wine Bar (plan couleur III, H7, 103) : rue des Pigeons, 9, 1000. ☎ 02-503-62-50. ● winebarsablon@ hotmail.be ● Tlj sf dim à partir de 19h. Fermé de mi-juil à mi-août. Formule 20 €. Carte env 35 €. ☞ Installé dans les jolies caves XVIe voûtées de briques d'une ancienne maison espagnole, un bar à vins récent. Au rez-de-chaussée, quelques tables pour la dégustation des vins. En bas, dans un cadre rustique et élégant tout à la fois, on se restaure d'une honnête cuisine de bistrot française, un poil revisitée. Bon jambon persillé et saumon fumé maison, servis en tapas ou plats. Carte des vins bien fournie s'étendant à d'autres horizons. Seul regret, avant de descendre, on vous regarde un peu de haut, espérons que ce ne soit pas ce vieux snobisme des lieux qui se croient arrivés !

À Saint-Gilles

À un vol de corbeau du Pentagone, une autre atmosphère, franche, populaire et foison de p'tites adresses sympathiques.

De bon marché à prix moyens

|●| Sikou (plan couleur I, A3, 85) : parvis Saint-Gilles, 31, 1060. ☎ 02-614-61-37. Ⓜ Parvis Saint-Gilles. Tlj non stop 8h30-21h30. Repas pour 8-10 €. À première vue, un genre de snack au décor sans glamour, mais attention, ça va être la surprise. Ici, garantie de se nourrir sainement tout en se régalant. D'abord, on n'y utilise que d'excellents produits bio (pour beaucoup venant du commerce équitable). Recettes originales, goûts raffinés. Pour de succulentes tartes salées, de copieux plats et suggestions du jour, des crêpes au sarrasin... Pour finir glaces artisanales élaborées que les mômes adorent et un onctueux *cheese cake* pour les amateurs. Bières bio (*moinette* et *blanche ginette*). Accueil jeune, enfants bienvenus... Et pour l'addition, pas besoin de sortir son six-coups !

|●| ♟ *La Porteuse d'Eau* (plan couleur III, G9, **88**) : av. Jean-Volders, 48, 1060. ☎ 02-537-66-46. ● info@laporteuse.eu ● Tlj 11h-15h, 18h-22h (sans interruption le w-e). Fermé 15 j. après Noël. Formule déj 13,10 € (slt en sem) ; carte env 26 €. Vin au verre 2,50 €. Le croiriez-vous, la déco Art nouveau date d'à peine une trentaine d'années : fresques aux femmes mystérieuses, boiseries claires, escalier en colimaçon, ferronneries et lampes style « coup de fouet » sur deux étages, une vraie réussite ! Et quand une belle lumière traverse les vitraux colorés, c'est, c'est... À propos, on y mange aussi. Cuisine traditionnelle bien tournée : râble de lapin moutarde, carbonnade, vol au vent, « oiseaux sans tête » au romarin, *stoemp* du jour, feuilleté de scampi et lardons fumés caramélisés, lasagnes, etc. Endroit sympa pour déguster de bonnes bières aussi. Aux beaux jours, quelques tables dehors.

|●| *Le BHV* (plan couleur I, A3, **104**) : pl. Maurice-Van-Meenen, 33 A, 1060. ▯ 0476-23-60-40. ● pur.bruxelles@gmail.com ● Ouv 11h-15h lun-ven ; plus lun 18h-21h pour de petites gourmandises arrosées de vin naturel et sam 12h-19h non stop. Repas autour de 15 €. À côté de la Maison communale de Saint-Gilles. Ce « Buffet de l'Hôtel-de-Ville » plaira à tous ceux qui effectuent le « trek bio » sérieux de Bruxelles. Attention, grand comme un mouchoir de poche, un comptoir et 3 tables, venir tôt ! Le chef n'emploie ici que des produits soigneusement choisis localement, plus les bons légumes du potager de son papa. Un plat du jour suivant l'humeur du moment, la saison et la météo... De fort bons sandwichs à base de farine moulue sur pierre, assiettes de charcuterie ou de fromages, desserts maison. Une spécialité : les vins naturels choisis avec amour !

De prix moyens à plus chic

|●| *Les Filles* (plan couleur III, G9, **89**) : rue Vanderschrick, 85, 1060. ☎ 02-534-04-83. ● info@lesfillesplaisirsculinaires.be ● Lun-ven 12h-14h30. Menu complet à volonté 18 € (moins cher si on limite les options). Pas de résa, venir tôt ou en fin de service. Un lunch formidable ! Poussez donc cette porte de garage pour gagner « l'atelier culinaire » des Filles, tout en longueur et inondé de lumière. Cuisine ouverte à chaque extrémité, grandes tablées, assiettes et argenterie dépareillées, chinées à la brocante des Marolles. Là, trois copines sympas mitonnent une cuisine de saison, simple et pleine de goûts, avec de bons produits bio. Et comme à la maison, les convives se servent eux-mêmes dans les gamelles, et débarrassent leurs assiettes ! Une adresse conviviale plébiscitée par le Tout-Bruxelles. Cours de cuisine en soirée.

|●| *Le Café des Spores* (plan couleur I, A3, **79**) : chaussée d'Alsemberg, 103, 1060. ☎ 02-534-13-03. Lun-sam 19h-23h. Repas min 30 €, avec 1 ou 2 verres de vin. Au rez-de-chaussée d'une maison de maître avec mezzanine, un concept original : des plats plus ou moins copieux mais tous à base de champignons ! La sélection du jour figure sur une grande ardoise derrière le comptoir, là même où le chef fait sa cuisine. Vins au verre bien choisis (à défaut d'être bon marché !) pour accompagner tout ça. Une adresse pour nos lecteurs mycophiles plutôt à l'aise dans leur budget.

À Ixelles, dans le quartier de Saint-Boniface et Matongé

De bon marché à prix moyens

|●| *El Vergel* (plan couleur III, J8, **59**) : rue du Trône, 39, 1050. ☎ 02-502-69-30. ● elvergel@skynet.be ● Ouv tlj 8h-15h et jeu soir 18-22h30. Compter env 15 €. Vin au verre 2,60 €. Aux murs couverts de graffitis, à la longue

table au milieu, on devine déjà une grande volonté de susciter convivialité et atmosphère relax. On vous y servira une fraîche et goûteuse cuisine aux chaleureux accents sud-américains et méditerranéens. Là aussi, la qualité et l'origine des produits se révèlent primordiales (thés et cafés *Max Havelaar* par exemple). Spécialités d'*empanadas*. Et abondance de sandwichs variés, salades, *tacos, tortas, churrasco* accompagnés de guacamole, tzatziki, houmous, etc. Mojitos et margaritas le jeudi soir.

Prix moyens

I●I *Mano a Mano* (plan couleur III, J8-9, **53**) : rue Saint-Boniface, 8, 1050. ☎ 02-502-08-01. Tlj sf sam-dim midi et j. fériés 12h-14h30, 19h-23h. Plats 8-11 €. Carte env 25 €. Verre de proseco offert en apéritif sur présentation de ce guide. Poussez la porte de ce petit restaurant de cuisine traditionnelle italienne, vous ne le regretterez pas ! Situé dans le haut de la ville, sur une placette animée bordée de restos branchés, il régale sa clientèle, depuis plusieurs années maintenant, de plats succulents, copieux et bon marché. Très bon accueil, service efficace et bonne ambiance... Aurait-on trouvé l'adresse parfaite ?

I●I *Amor Amor* (plan couleur III, J8, **59**) : rue du Trône, 59, 1050. ☎ 02-511-80-33. Fermé sam midi, dim, et le soir du lun au mer. Compter 25 € le repas. Résa quasi obligatoire. Tout est petit ici : salle (une quinzaine de couverts), terrasse et même la carte... mais ici on met vraiment les petits plats italiens dans les grands. Du sérieux, du régulier, du frais et cuisson parfaite pour les pâtes. Agréable atmosphère. Côté vignes du Seigneur, on va choisir soi-même dans la plus belle bibliothèque qui soit, surtout au rayon Sud de l'Italie. Cuisine ouverte, tout est élaboré devant vous. À propos, garder une toute petite place pour le tiramisù. Vraiment une cuisine méditerranéenne pleine de saveur et à prix raisonnables.

I●I *Le Tournant* (hors plan couleur III par J8, **72**) : chaussée de Wavre, 168, 1050. ☎ 02-502-61-65. Ouv mar-sam sf mer et sam midi ; 12h-14h30, 18h30-

22h30. Le sam soir, c'est tapas ; le lun soir, carte limitée. Plats env 14 €. Ici, on vous attend vraiment au tournant ! Cependant, pas de mauvaise surprise, c'est franc et *roots* à 100 %... D'ailleurs, y'a pas d'enseigne (!) et le cadre se veut tout sauf glamour : peu de décor et grosses tables rustiques. Non, ce qui attire ici, c'est justement l'atmosphère déliée, relax et la cuisine simple, sans chichis, mais mitonnée avec cœur. Impec pour ceux et celles qui voudraient échapper au côté parfois « bobo bling-bling » de la place Saint-Boniface... En plus de la gardianne camarguaise et de la mijotée agneau-abricots, des plats exotiques, des recettes qui vont chercher ailleurs d'autres sensations gustatives comme le *ceviche* péruvien (poisson blanc mariné au citron) et la *moqueca* brésilienne. Un grand tableau noir reflète l'inspiration du jour. Sinon, le bar attire les amoureux de petits vins de pays, sélectionnés ici avec un joyeux et chantant discernement. Mon tout saupoudré d'un accueil gentil tout plein, mais ça vous vous en doutiez. Non, pas de réservation...

I●I *Le Volle Gas* (plan couleur III, J9, **65**) : pl. Fernand-Cocq, 21, 1050. ☎ 02-502-89-17. ● vollegas@skynet. be ● Ouv (pour manger) tlj 12h-15h, 18h-minuit sf dim. Plats 10-24 €. Digestif offert sur présentation de ce guide. Traduction du nom : « Plein Tube ». Au cœur d'Ixelles, sur une place jolie et vivante, LE bistrot bruxellois par excellence. Version un peu chic avec ses banquettes en bois sombre surmontées de miroirs, ses petites tables en marbre, ses publicités rétro et son joli poêle de faïence en guise de dressoir. Prix toutefois démocratiques et carte autochtone vraie de vraie : les crevettes grises en croquettes ou en gratin à l'émincé de chiconnette, *stoemps* (potées), waterzooi, lapin à la Kriek, *ballekes* à la marollienne, coucou de Malines, filet américain fait en salle et moules en saison. Quelques petits ratés parfois mais, en général, c'est bon et bien réalisé. Et puis l'ambiance est bon enfant, surtout les deux samedis par mois où il y a du jazz. Une scène du film *Rien à déclarer* de Danny Boon y a été tournée.

De prix moyens à plus chic

I●I Premier Comptoir Thaï (plan couleur III, I9, **95**) : chaussée de Charleroi, 39, 1060. ☎ 02-537-44-47. Tlj sf dim ainsi que lun et sam midi ; jusqu'à 22h30. Plats 13-15 €. Repas env 25-30 €. À la frontière de Saint-Gilles et d'Ixelles. Un des meilleurs restaurants thaïlandais de Bruxelles, tenu par un couple charmant de jeunes Vietnamiens. Madame fut miss Vietnam en 2002. Elle est charmante. Son époux, Dang Khoa, francophone d'une grande gentillesse, est très attentionné avec ses clients. Cuisine raffinée avec des degrés variables dans les doses d'épices, d'ailleurs c'est précisé sur la carte pour chaque plat. On y croise de temps en temps des vedettes et des artistes logés dans les grands hôtels proches.

À Ixelles, dans le quartier de la place Flagey

Une pépinière de bons restaurants, pour certains à des prix quasi d'époque ex-Congo belge ! Pour s'y rendre, au rab de transports : trams n°s 81 et 83 ; bus n°s 38, 59, 60, 71 (bus de nuit N9 et N10)...

Bon marché

I●I Trop bon (plan IV, M11, **202**) : chaussée de Vleurgat, 1, 1050. ☎ 02-640-40-57. ▯ 0477-38-59-36. ● trop bon@tropbon.be ● Pour le midi slt, lun-ven. Plat du jour 11-12 €. Menus 11,50-12,50 €. Tout petit resto créé par l'une des fondatrices de Slow Food à Bruxelles. Quelques tables et comptoir vite pris d'assaut, recommandé de réserver ou venir en dehors du coup de feu. Cadre immaculé pour une cuisine bio superbement élaborée. Ingrédients d'une grande fraîcheur, associations goûteuses de saveurs donnant de réjouissants petits plats : gratin de légumes racines ou de riz à la viande hachée, couscous végétarien, potée au four à l'alsacienne, tajine de poulet au citron, etc. Sans oublier les salades, tartines, soupes parfumées et délicieux desserts... Ici, ce qui compte, c'est le respect du consommateur, de la santé et de l'environnement. Produits rigoureusement sélectionnés et qui suivent les saisons (ici, pas de fraises en hiver !), cuissons exactes (vapeur, mijoté ou au four doux). Limonade maison, vins naturels. Enfin, pour prolonger le plaisir à la maison, possibilité de commander deux fois par semaine des « paniers cuisinés ».

I●I Mamma Roma (plan IV, M11, **202**) : chaussée de Vleurgat, 5, 1050. ☎ 02-640-42-80. Tlj 11h45-23h (minuit mer-sam). Fermé 2 sem aux fêtes de fin d'année. Menu lunch 7,50 € (2 parts de pizza + 1 boisson). L'une des trois adresses de cette mini-chaîne de pizzas à consommer sur place ou à emporter. Attention, gros succès, petite salle vite remplie. Animation et bruit assurés. Cadre dans les tons blanc, gris, rouge et noir. Tables hautes et comptoir au coude à coude. Ici, on sert les pizzas à la découpe et au poids, ça permet de varier les toppings et de ne pas être prisonnier de la même roue de vélo monothématique ! Garnitures originales et savoureuses sur une pâte gonflée et assez légère ; essayer la tout aubergine, la tomate cerise fraîche, la potiron-lardons, la courgette-fromage alpin, la saucisse-champignons et surtout la pomme de terre-truffe (parfois en rupture de stock tard le soir !)... Au tableau noir, les saveurs du jour. Quelques antipasti aussi et même du rouge au verre buvable. Seul bémol, accueil et service peuvent se révéler désagréables !... Terrasse en été.

I●I Indochine (plan IV, M11, **205**) : rue Lesbroussart, 58, 1050. ☎ 02-649-96-15. Tlj sf dim 12h-14h, 19h-22h30. Copieux menus 16,50-19,50 €. Plats autour de 11-12 €. Ah, qu'on l'aime bien ce chaleureux resto, sa bonne cuisine indochinoise, son accueil suave... Très populaire chez jeunes et étudiants, pour la modicité des prix et la qualité régulière de la cuisine. En outre, on repart avec un max d'aphorismes et de proverbes appris sur place (pour certains assez surréalistes, il faut dire !). Tiens, on a bien aimé : « C'est moins le bruit des bottes qu'il nous faut craindre que le silence des pantoufles »... Et dans l'assiette, un bon canard laqué, l'abondant vermicelle mixte, les traditionnels *phö* et *dim sum* (bouchées à la vapeur), les plats en *wok* et grillades multiples. Populaire fondue cochinchinoise pour deux. Service plaisant et efficace, boxes pour les p'tites bandes. Que dire de plus ?

De bon marché à prix moyens

|●| **Les Super Filles du Tram** (plan IV, M11, **206**) : rue Lesbroussart, 22, 1050. ☎ 02-648-46-60. ● aamarcil@ hotmail.com ● Tlj 12h-23h, non stop le sam (dim brunch salé ou sucré 11h-17h). Burgers 11-15 €. Là aussi, resto pas bien grand, décoré d'une grande fresque contemporaine. Vite rempli par des bandes de jeunes avides de bons burgers aux ingrédients peu habituels, comme poulet, agneau, saumon grillé, thon rouge... Mon tout servi sur planche avec un pot en terre de frites. Essayer donc le *Big Joe* ! Quelques plats bien sûr : tajine de poulet aux deux poivrons, poulet guacamole, ainsi que salades variées, tartines... Quelques bonnes pâtisseries. Certes, pas une cuisine très sophistiquée, mais un bon rapport qualité-prix-convivialité ! Accueil jeune et relax, on s'en serait douté !

De prix moyens à plus chic

|●| **La Cuisine** (plan IV, M11, **203**) : 85, rue Lesbroussart, 1050. ☎ 02-644-29-21. Tlj sf dim, lun et mar soir et sam midi. Compter 30 € à la carte. CB refusées, résa conseillée. Ancienne boucherie dont subsistent les carreaux de faïence et les crochets à jambon. Déco brute, cuisine de marché légère, fraîche et inventive, qui tranche avec les habitudes bistrotières. Spécialité d'émincé de bœuf argentin saisi et refroidi sur lit de roquette. Excellentes pâtes. Assiettes de fromage, vins du monde. Pain au levain maison. Tables sur rue, courette. Un poil cher à notre avis.

À Ixelles, dans le quartier de la place du Châtelain et environs

De bon marché à prix moyens

|●| **Le Pain du Châtelain** (plan IV, L12, **200**) : pl. du Châtelain, 30, 1050. ☎ 02-534-65-95. Tlj 7h (8h30 dim)-16h30 (17h30 w-e). Fermé les 1er janv et 25 déc. Formule en sem 10 €. CB refusées. 🛜 (gratuit). Café offert sur présentation de ce guide. Très bien situé, au cœur d'Ixelles et de son animation. Un bistrot de style New York pour les jeunes urbains branchés, pour manger pas cher et bon. Bagels, pasta, salades et sandwichs, tout est à prix doux.

|●| **Le Pavillon** (plan IV, L11, **201**) : rue Defacqz, 64, 1050. ☎ 02-538-02-15. Tlj sf mer et w-e 11h30-23h30. Fermé en août. Plats 7-15 €. Un des petits restos les plus sobres et les moins chers du quartier branché d'Ixelles. Une sorte de cantine où l'on sert de la cuisine (belge et française) simple et bonne dans une salle à la déco dépouillée.

|●| **Raconte-moi des Salades** (plan IV, L12, **98**) : pl. du Châtelain, 19, 1050. ☎ 02-534-27-27. Tlj sf dim, midi et soir (sur résa le soir car souvent complet). Plats 11-20 €. CB à partir de 25 €. On peut y déjeuner sur le pouce d'une salade, d'une soupe ou du plat du jour. Ambiance plus intime le soir. La carte affiche une trentaine de salades différentes, préparées avec brio et servies dans une salle plaisante à la déco un brin baroque. Mais on trouve tout autant de pâtes, de tartares et de carpaccios, avec, là encore, des préparations pour le moins originales.

|●| **Chez Max** (plan IV, L12, **207**) : chaussée de Waterloo, 550 A, 1050. ☎ 02-344-42-32. ● info@chezmaxres taurant.be ● Tram n° 92, arrêt Ma Campagne. Tlj sf dim-lun, mar et sam midi, 12h-14h, 19h-22h. Fermé la 2de quinzaine d'août. Cave à vins ouv à 17h. Plat du jour 10 € ; à la carte 40 €. CB refusées. 🛜 Café offert sur présentation de ce guide. Un authentique ancien bureau de poste, boîte rouge et képi de facteur en attestent, agréa-

blement réaménagé en bistrot. Courte carte de saison, plutôt orientée terroir, produits de qualité et joliment mitonnés, comme le foie gras maison, le boudin noir du pays Basque, la poêlée de légumes ou, en dessert, le moelleux au chocolat. Excellents vins de producteurs, disponibles en fillettes.

I●I **Ma Folle de Sœur** *(plan couleur III, I9, 70) :* chaussée de Charleroi, 53, 1060. ☎ 02-538-22-39. Tlj sf sam midi et dim. Fermé 2 sem en août. Lunch 15,50 €, carte 26-40 €. Cadre sans prétention, ce qui n'a pas l'air de perturber la nombreuse clientèle venue bouloter une gentille petite cuisine locale, plutôt bien maîtrisée. Carte évolutive : lapin à la Gueuze, croquettes aux crevettes grises. Sans oublier les suggestions affichées sur un tableau noir derrière le comptoir.

De prix moyens à plus chic

I●I **Rouge Tomate** *(plan IV, M11, 204) :* av. Louise, 190, 1050. ☎ 02-647-70-44. ● info@rougetomate.be ● Tlj sf sam midi, dim et j. fériés. Fermé fin déc. Le midi, plat du jour 17 €, formule 26 €. Carte 40-60 €. Encore un resto concept, serait-on en droit de penser ! Grand soin dans la déco, très épurée, dans les rouges (tomate évidemment) et grèges, agrémentée d'énormes abat-jour qui diffusent une douce lumière, relayée par des bougies. L'ensemble se prolonge par une superbe terrasse-jardin, au calme étonnant. Installé confortablement, on accueille avec plaisir cette cuisine presque mondiale, avec comme fil conducteur la légèreté (ni beurre, ni crème), le respect des saveurs (produits goûteux) et un service très à l'écoute. Résultat impeccable. Branché ? Sans doute, mais dans le bon sens du terme.

I●I **La Quincaillerie** *(plan IV, L12, 99) :* rue du Page, 45, 1050. ☎ 02-533-98-33. ● info@quincaillerie.be ● Tlj sf dim midi 12h-14h30, 19h-minuit. Le midi, formule 13,80 €. Menus 25-30 €, carte 14-48 €. Si vous êtes sur le circuit Art nouveau et si vous voulez rester dans le ton, vous trouverez ici un décor à la hauteur de vos attentes. Comme son nom l'indique, ce cadre mirifique est celui d'une ancienne quincaillerie. Une énorme horloge, une myriade de tiroirs, des coursives suspendues, des escaliers en fer forgé et du laiton à foison... Le décor 1900 d'origine est toujours là, un tantinet revisité par l'architecte Antoine Pinto, dont c'était la une des premières créations. Dans les assiettes, une honnête cuisine de brasserie avec quelques plats belges. Rapport qualité-prix indéniable, à l'heure du déjeuner tout au moins ; le soir, c'est très surfait.

Où manger des gaufres ? Où acheter des *speculoos* ? Où déguster une glace ?

☛ ✿ **Dandoy** *(plan couleur II, D6) :* rue Charles-Buls, 14, 1000. À 50 m de la Grand-Place. Ouv 9h30-18h30 (10h30 dim). LE spécialiste du *speculoos* et du pain d'épice depuis 1829. La maison est tout aussi célèbre pour ses *cramiques* aux raisins ou son pain « à la grecque » (traduction erronée du mot *gracht* voulant dire fossé – car c'est dans la « rue du Fossé » qu'autrefois on vendait le pain). 5 autres magasins dans Bruxelles ; le plus vieux (le plus joli aussi) date de 1858 et se situe 31, rue au Beurre (petite rue qui part elle aussi de la Grand-Place). Baudelaire venait y acheter son pain d'épice (qu'il savourait avec une bouteille de corton !). Celui de la rue Charles-Buls fait aussi salon de thé et sert les meilleures gaufres de la ville.

♥ **Comus Gasterea** *(plan couleur II, C5) :* quai aux Briques, 86, 1000. ☎ 02-223-43-66. ● comus@comus gasterea.com ● Mar-ven 11h-18h ; sam 9h-11h ; dim, lun et j. fériés 14h-18h. Fermé janv et semaine du 21 juil. Au bout du quai sur le côté gauche, une longue façade qui abrite un glacier artisanal étonnant. À côté des parfums classiques, vous pouvez explorer des arômes assez surprenants : caramel salé, chocolat avec orangettes amères,

3 poivres, pétale de rose ou lavande, et même de la glace à la moule, au *pata negra* et au roquefort ! Une vraie expérience gustative.

♥ *Le Framboisier doré (plan IV, L11) :* rue du Bailli, 35, 1050 Ixelles. ☎ 02-647-51-44. Tlj 12h30-20h. Ici, la devise c'est : « Comme en Sicile, vous achetez un parfum, pas une couleur ! »... Vous découvrirez une vingtaine de parfums de glaces à l'ancienne, (parmi les quelque 300, paraît-il, en réserve). Dans la fabrication, uniquement des produits naturels et, bien sûr, ne manquez pas la sublime glace au *speculoos* !

Où boire un verre et rencontrer des bruxellois(es) ?

Alors là, chapeau ! Toute la graine de folie bruxelloise a éclos sur le terrain fertile du débit de boissons. Il y a de tout : toutes les formes, toutes les tailles, tous les budgets. Cela dit, au-delà de l'estaminet, la ville manque un rien de tonus. Et même si c'est en train de bouger, Liège et Gand la détrônent encore pour leur bonne ambiance estudiantine. Le quartier le plus animé le soir reste celui du centre, notamment entre l'Îlot sacré et la place Saint-Géry *(plan couleur II, C-D6),* où se succèdent les cafés historiques, branchés ou à thème et les bars dansants. Citons également le quartier de la place Stéphanie *(plan couleur III, I9),* d'où part la chaussée de Charleroi, riche en lieux nocturnes, le parvis de Saint-Gilles *(plan couleur I, A3),* ainsi que le haut d'Ixelles, en particulier Saint-Boniface *(plan couleur III, J9),* une placette envahie aux beaux jours par les terrasses des restos et cafés qui la bordent. C'est tout naturellement dans ces zones que se retrouve le gros de nos adresses, mais on vous en a déniché d'autres ailleurs, histoire de vous permettre de profiter comme il se doit de la vie nocturne de la capitale de l'Europe...

Petite précision : quelques-uns de ces temples de la bière et de la *zwanze*

se trouvent intégrés dans le parcours de la promenade guidée « Quand les estaminets racontent Bruxelles » du *Bus Bavard* (voir plus haut la rubrique « Adresses et infos utiles. Visites guidées »). De 3 à 5h, selon l'humeur du groupe, de découvertes et de libations en compagnie de guides intarissables et passionnants. Prix justifié et deux consommations comprises dans celui-ci.

Estaminets, tavernes et cafés historiques

▼ *À la Mort Subite (plan couleur II, E6, 111) :* rue Montagne-aux-Herbes-Potagères, 7, 1000. ☎ 02-513-13-18. ● info@alamortsubite.com ● Tlj 11h-1h, dim midi-minuit. Bière env 4 €. C'est le *kaberdouch* (vieux café) dans toute sa splendeur ! Fidèle au poste avec ses dorures passées, les miroirs piqués, les banquettes de bois et moleskine, les pilastres cannelés... et ses serveuses ripolinées et souriantes. Un pilier du temple de l'identité bruxelloise fréquenté, en leur temps, par Brel et Béjart. Les bonnes bières (Faro, Kriek, blanche lambic) attirent toujours les habitués et des cohortes de touristes. Toutefois, pour vous éviter une déconvenue, sachez que l'authentique Gueuze, au goût aigre-doux, légèrement âpre, se sert à température ambiante. Mais que les moins téméraires se rassurent, ils trouveront forcément une bière à leur goût. Et pour accompagner le tout, tartines au fromage blanc, salades et omelettes. Pour l'anecdote, *La Mort Subite* jouxtait autrefois les pompes funèbres *Melchior*, cela ne s'invente pas !

▼ *À la Bécasse (plan couleur II, D6, 119) :* rue de Tabora, 11, 1000. ☎ 02-511-00-06. ● alabecasse@skynet.be ● Tlj 11h-23h. Le prototype même de l'estaminet bruxellois ouvert depuis plus d'un siècle... L'entrée se repère à l'enseigne à l'oiseau incrustée dans le trottoir. Au fond de l'impasse, on découvre un troquet populaire et rustique (Maupassant l'aimait beaucoup) mais bien vivant. Le « lambic doux » et la « Gueuze caveau » accompagnent merveilleusement une savoureuse tartine de tête pressée ou de fromage. Atmosphère paisible, où les habitués du lieu vous regarderont avec un œil amusé, comme s'étonnant que vous l'ayez déniché.

🍸 *À l'Imaige Nostre-Dame* (plan couleur II, D6, **120**) : impasse des Cadeaux, 3, 1000. ☎ 02-219-42-49. À la hauteur du n° 8, rue du Marché-aux-Herbes. Lun-ven 12h-minuit ; sam 15h-2h ; dim 16h-minuit. Il a fallu mener sérieusement l'enquête pour le dégoter, ce vieux troquet hors d'âge, tout au fond d'une impasse. Chaleureux, sans trop en faire dans le genre « pur jus », bien des touristes passent à côté. Tant mieux. Une halte paisible pour tremper ses lèvres dans la mousse d'une bière d'abbaye en faisant sautiller son regard du vitrail aux cruches d'étain, des cruches d'étain aux lourdes poutres... Excellentes bières au fût peu connues : la Bourgogne des Flandres et la grisette fruits des bois. En bouteille, goûter également à la Hopus (qui se boit dans deux verres) et à la Moinette blonde. Meilleure place : la petite salle du fond, près de la vieille cheminée (et ses vénérables carreaux, les bleus de Delft, les bruns de Gand), avec ses banquettes de skaï élimées et son ambiance tamisée...

🍸 *Le Cirio* (plan couleur II, D6, **118**) : rue de la Bourse, 18-20, 1000. ☎ 02-512-13-95. Tlj 10h-minuit (1h ven-sam). Aussi vénérable que les « presque-quatre-fois-vingt » à chien-chien qui viennent se payer une sortie en ville. Le style éclectique mi-Renaissance, mi-Art nouveau dans toute sa splendeur : stucs peints façon cuir de Cordoue, sombres lambris, délicats *putti* en bois sculpté, cuivres patinés et toilettes aux urinoirs de faïence qui valent un petit détour, même sans motif pressant. On doit ce lieu à un certain Francesco Cirio, fondateur des magasins alimentaires de produits importés d'Italie en 1886. L'établissement a changé de destination, mais pas de décor, toujours bien dans son jus. On notera également que c'est ici qu'ont été tournées des scènes du film *La Bande à Bonnot*, avec Jacques Brel et Bruno Cremer. À découvrir : l'apéro *half and half*, composé pour moitié d'un mousseux italien et d'un vin blanc tranquille. Très demandé, mais pas vraiment le Pérou gustatif. Mais quoi, il est de bon ton de céder au moins une fois à la tradition ! Le Cirio a été classé Monument historique.

🍸 *Le Falstaff* (plan couleur II, D6, **126**) : rue Henri-Maus, 19, 1000. ☎ 02-511-87-89. ● info@lefalstaff.be ● Tlj 11h-minuit ou 1h. Le *Lipp* de Bruxelles, sur le flanc de la Bourse, change régulièrement de patron mais, heureusement, ceux-ci ne touchent pas au superbe décor : miroirs biseautés, plafonds à papier gaufré, lustres en pâte de verre, vitraux remarquables (dans le fond) où l'on voit le personnage de Falstaff boire un coup. Il faut dire que la maison fut dessinée en 1903 par le décorateur Houbion, disciple de Horta. C'est la grande brasserie classique, immense, qui ronronne depuis un siècle mais dont la qualité côté restauration joue, depuis quelque temps, beaucoup au yo-yo. On s'y rendra donc pour profiter du décor, point à la ligne.

🍸 *Poechenellekelder* (plan couleur II, D6, **115**) : rue du Chêne, 5, 1000. ☎ 02-511-92-62. Tlj sf lun 11h-minuit (2h le w-e). À un jet de pipi du Manneken-Pis, cet estaminet est certainement la meilleure ambassade du petit bonhomme. Sur une ardoise, les « bières spéciales » du moment. Le lieu idéal pour s'initier à la bière. Les murs, garnis des marionnettes de toutes les légendes de Bruxelles, de gravures et de fresques, composent un patchwork coloré au milieu duquel on peut se faire servir une tête pressée, un *potte kees* ou un *kip-kap* (ce sont des tartines, vous l'aviez compris). Enfin, pour une ambiance chaudement bruxelloise, un « Faro au fût » à s'envoyer au un p'tit creux à combler, le *Poechenellekelder* (la « Cave du Polichinelle ») reste ce qu'il y a de mieux dans un rayon de 50 m autour du Gamin. L'été, petite terrasse croquignolette dont les chaises prennent rarement un quart d'heure de repos.

🍸 *Taverne Greenwich* : (plan couleur II, C-D5, à côté du restaurant Fin de Siècle, **50**) : rue des Chartreux, 7, 1000. ☎ 02-511-41-67. ● cosmicbar@yahoo.com ● Tlj sf lun et mar 12h-minuit. Salle aux murs de stuc jaunis. Ici pas de musique, atmosphère enfumée et accueil bourru. Pourtant, c'est depuis des lustres le camp de base des joueurs d'échecs de la ville, qui semblent trouver dans cette taverne, outre des échiquiers et des damiers, une atmosphère propice à la pratique du jeu. Magritte et Paul Nougé y avaient déjà leurs habitudes. Les toilettes méritent un détour.

▼ *Chez Toone (plan couleur II, D6, 124) : passage Schuddeveld, 1000.* ☎ *02-511-71-37. Tlj sf lun 12h-minuit. Fermé en janv.* Bien que ce soit plutôt pour le célèbre théâtre de Toone que vous viendrez ici, on vous signale quand même cet estaminet historique et adorable, morceau d'authenticité caché au milieu des restos surfaits. Il existe une loge royale à l'intérieur. Plus de détails dans notre rubrique « À voir ».

▼ *La Fleur en Papier Doré (plan couleur III, H7, 110) : rue des Alexiens, 55, 1000.* ☎ *02-511-16-59.* • *info@ lafleurenpapierdore.be* • *Tlj sf lun 12h-15h, 18h-22h. Plats 10-15 €. Carte env 20 €.* ☎ « Estaminet folklorique », est-il marqué en façade. Vrai ! Et quand on pense que cette vénérable institution, ouverte depuis 1846 au cœur du quartier de l'église de la Chapelle, a failli disparaître... Félicitons donc la jeune équipe qui, refusant la fatalité, a décidé sur un coup de tête de reprendre les rênes de cet établissement quasi mythique. 3 salles en enfilade pour un estaminet en forme de poème à la Prévert, où s'accumulent sur les murs patinés des tonnes de gravures, croûtes insolites, mots d'auteurs peints, aphorismes, textes dada... Ici se retrouvaient poètes surréalistes, écrivains et peintres qui venaient se présenter leurs travaux les uns aux autres pour recevoir critiques ou louanges. Après guerre, visite de CoBrA (Alechinsky et Dotremont) et d'Hugo Claus, le plus grand écrivain flamand, qui y fêta bruyamment son premier mariage. Le poêle de Louvain provient du cabaret *Le Diable au Corps* fréquenté par les jeunes Michaux, Magritte et Ghelderode. Et si vous êtes seul, regardez au fond de votre Kriek Lindemans ou de votre « blanche au fût » et méditez cet aphorisme : « Tout homme a droit à 24h de liberté par jour ! ». Nouvelle fresque

B.D. dans la cour-jardin avec Stam et Pilou, deux gamins de Bruxelles.

▼ *La Maison du Peuple (plan couleur I, A3, 85) : parvis de Saint-Gilles, 39, 1060.* ☎ *02-850-09-08.* • *info@ cafemdp.be* • *maison-du-peuple.be* • *Tlj 12h-22h.* On aime beaucoup ce lieu incontournable de Saint-Gilles au cœur de l'un des quartiers les plus populaires de Bruxelles. Au pied de l'élégante courbe du parvis où se tient un marché le matin, cette institution allie café culturel, brasserie, lieu de rencontre et de détente, où il fait bon passer une soirée à l'intérieur ou sur la terrasse. Décor de type industriel et murs de brique, quelques plats de restauration rapide et les traditionnelles boissons à la carte (bières dont la Chouffe pression, mojitos, soft...). L'équipe qui gère l'établissement organise également des expositions, vernissages, concerts et DJ set vendredi et samedi qui donnent une âme au lieu.

▼ Un peu plus loin, la terrasse du *Café de l'Union,* QG du PS local, prend des allures de ramblas espagnoles dès que la température est douce. On y croise toute la diversité de ce quartier bien vivant. Le très populaire *Café Verschueren* à gauche de l'église a aussi ses inconditionnels qui viennent y refaire le monde, et ce depuis 1930.

▼ *Le Moeder Lambic (plan couleur I, A3, 185) : rue de Savoie, 68, 1060.* ☎ *02-544-16-99.* • *info@moeder lambic.com* • *Juste derrière la maison communale de Saint-Gilles. Tlj 16h-3h.* ☎ Un lieu, un temple presque, en tout cas un estaminet pas comme les autres, à placer dans le tiercé de tête des troquets de la ville. Chaud et enfumé comme une cocotte-minute, plein de vibrations et d'habitués. La carte n'est plus aussi longue qu'avant mais affiche tout de même encore 250 à 300 étiquettes de bières différentes. Autour des grossières tables de bois, de jeunes braillards sympathiques en diable, auxquels il n'est guère difficile de se mêler. Pour les solitaires, derrière les bancs, plongez votre main dans les larges bacs pleins de B.D. d'occasion, lues et relues par des milliers d'yeux et à la disposition de tous. Un vrai lieu, qu'on vous dit ! Longue vie au *Moeder Lambic* ! Une succursale s'est ouverte en centre-ville, place Fontainas (*plan couleur B2*).

Ⅰ Le 31, *dans l'hôtel* Le Métropole (*plan couleur II, D5, 117*) : pl. De Brouckère, 31, 1000. ☎ 02-219-23-84. *Tlj 9h-1h (2h le w-e)*. Happy hours *lun-jeu 18h30-20h ; concert de piano jeu-ven 20h-22h*. L'été, la large terrasse du plus beau des vieux hôtels de la ville, sis sur une place autrefois bruissante d'activité chantée par Brel (« c'était au temps où Bruxelles... »), accueille sur ses chaises en osier les dames peinturlurées qui prennent alternativement l'ombre et le soleil en picorant successivement dans un gâteau et dans leur tasse de thé. Les jeunes débrident de temps en temps l'atmosphère compassée de cette terrasse qui a survécu à la « restructuration » du quartier. Nous, on préfère l'intérieur, cette haute salle cubique habillée comme pour tourner dans un péplum de Cecil B. De Mille, avec ses colonnes dorées, ses lustres de X tonnes, ses murs de (vrai) marbre et ses grands miroirs qui répètent à l'infini ce même décor. Belle Époque, Art déco, on ne sait pas trop quelle est la dominante mais on est certain que les Chesterfield sont confortables, les serveurs plus sympathiques qu'ils n'en ont l'air et que la halte est parfaite pour humer le Bruxelles du temps jadis où il était le rendez-vous des célébrités en tout genre : Sacha Guitry, Hervé Bazin, Jacques Brel, Einstein, Jean d'Ormesson... On y a tourné *L'Étoile du Nord* avec Simone Signoret et *Garçon !* avec Yves Montand.

Ⅰ Goupil le Fol (*plan couleur II, D6, 112*) : rue de la Violette, 22, 1000. ☎ 02-511-13-96. *Tlj 20h-5h, voire 6h*. Autant annoncer tout de suite la couleur : ici, ils y vont fort sur le prix des consos (du reste limitées aux vins de fruits aromatisés – 5,50 € – et aux cocktails avec ou sans alcool)... Cela étant, on est dans « l'estaminet rêvé pour bavarder paisiblement en écoutant la bonne chanson française à texte », comme se définit lui-même ce troquet vraiment pas comme les autres. Si ce n'est pas Trenet qui traîne sur la platine, c'est Brel qui bêle ou Piaf qui piaffe. Mais pourquoi s'inviter dans ce lieu franco-français ? Parce qu'il est fol ! Vous comprendrez en vous frayant un passage parmi les livres posés là, les galettes de vinyle qui semblent pousser jusqu'au plafond, les gravures jaunies sous le regard royal d'Albert, Baudouin, Fabiola et les autres. Le rez-de-chaussée est plus convivial, plus social, mais les romantiques essoufflés, babas d'arrière-garde, jeunes boutonneux naïfs ou tout simplement ados amoureux cherchant un endroit pour se bécoter monteront dans les salons du 1er étage et se vautreront dans les fauteuils et les canapés défoncés, plongés dans une opportune pénombre pour faire, refaire et défaire le monde. Il y a de l'anarchie là-dedans. Depuis plusieurs décennies, c'est comme ça et on espère que rien ne changera.

Bars branchés pour apéro zen ou soirée rock

Ⅰ ♪ L'Archiduc (*plan couleur II, D5-6, 114*) : rue Antoine-Dansaert, 6, 1000. ☎ 02-512-06-52. ● info@archiduc. net ● *Tlj 16h-5h*. C'est évidemment la nuit venue qu'on embarque sur ce navire Art déco, qui laisse voguer son âme le long de la rue Dansaert depuis 1937. Un p'tit coup d'blues, une soirée pour conclure ? Sur le pont supérieur (la mezzanine) ou au ras des flots, on se laisse bercer par le jazz tranquille, un verre de genièvre ou de Fernet Branca à la main, en observant une clientèle bien dans sa trentaine. Concerts de jazz en fin de semaine. Une véritable institution dans la nuit bruxelloise.

Ⅰ ♪ ♫ La Cueva de Pepe (*plan couleur II, D6, 131*) : rue de la Fourche, 49, 1000. ▣ 0483-02-78-88. ● info@ lacuevadepepe.com ● *Jeu dès 20h, ven-sam 22h-6h, dim dès 18h*. Ce petit local en sous-sol, point de ralliement de la communauté latina de Bruxelles, est bien connu pour ses concerts de salsa et sa généreuse musique des Caraïbes. Ambiance *muy caliente* les soirs de week-end, où les danseurs se démènent, attisés par les cocktails au rhum de Cuba. Une soirée simple mais formidable !

Ⅰ Le Fontainas (*plan couleur II, D6, 109*) : rue du Marché-au-Charbon, 91. 1000. ☎ 02-503-31-12. *Jeu-lun 11h-2h*. 🛜 Un sympathique troquet où la jeunesse estudiantine se retrouve à un moment ou à un autre de la journée, que ce soit pour un p'tit noir, un thé indien, un chocolat chaud ou une petite mousse. Selon l'heure, ambiance plus ou moins studieuse, plus ou moins gay, plus ou moins festive et animée jusque sur la petite terrasse de coin. Clientèle gentiment bobo.

🍸 *Delirium Café* (plan couleur II, D6, **106**) : impasse de la Fidélité, 4, 1000. ☎ 02-511-01-39. ● info@delirium cafe.be ● Tlj 10h-4h. À deux pas de la Grand-Place, un énorme espace fait de salles séparées par des voûtes, aux murs couverts de plaques publicitaires émaillées. Pour remplir les verres, pas moins de 2 400 bières sont proposées ; un record entré dans le *Guinness Book* en 2004 ! Et quand la bière coule à flot, les jeunes gens qui fréquentent le lieu assidûment s'échauffent sur de la « musique-de-danse-de-jeunes ». Quelle santé ! Toujours bondé le week-end. Concerts blues et rock réguliers.

🍸 🍽 ♪ *Le Potemkine* (plan couleur III, G9, **139**) : 2-4 av. de la Porte de Hal, 1060. ☎ 02-539-49-44. ● potem kine.be ● Ⓜ Porte de Hal. Tlj sf lun 10h30-1h (3h jeu-sam). 🛜 On a été séduits par ce bar-lounge *hype*, au design spectaculaire, haut de plafond avec mezzanine, avec son comptoir où s'adosse une batterie de frigos industriels. Piano à queue, mur de lampes, fauteuils et tables années 1950-60 où l'on trouve la presse du jour donnent au lieu une touche vintage. Au 1er étage, petite salle de projection de films d'auteurs ou classiques, pour rappeler que le lieu était jadis une salle de cinéma. Possibilité de petite restauration : soupe du jour avec grosses tranches de pain, et savoureux sandwichs à arroser d'une bière Volga. Clientèle de trentenaires urbains en goguette.

🍸 *Floris Bar* (plan couleur II, D6, **106**) : impasse de la Fidélité, 12, 1000. ☎ 02-514-44-44. ● info@deliriumcafe. be ● Tlj 20h-6h. En face du *Delirium Café* et même proprio que ce dernier. L'idée est d'ailleurs un peu la même : proposer un choix déconcertant de boissons mais, au lieu de donner dans la bière, ils font ici dans les spiritueux. Résultat : autour de 500 genièvres dif-

férents, 110 rhums, 175 vodkas, autant d'absinthes... mais sans méthylène d'éther, heureusement ! En tout, pas loin de 2 000 noms à la carte ! Clientèle un peu jeune mais aussi des touristes et, finalement, quelques représentants de tous les âges.

🍸 🍽 *Le Cercle des Voyageurs* (plan couleur II, D6, **107**) : rue des Grands-Carmes, 18, 1000. ☎ 02-514-39-49. ● info@lecercledesvoyageurs.com ● Tlj 10h-minuit. Joli décor néocolonial, avec une mappemonde au plafond et de gros fauteuils en cuir brun, où se côtoient gens du quartier, habitués, simples touristes et routards du monde entier. On vient y prendre un pot, grignoter une quiche ou un petit plat brésilien, consulter de la doc de voyage (dans une agréable salle prévue à cet effet) et, pourquoi pas, lier connaissance avec l'un ou l'autre camarade bourlingueur. Très régulièrement : expos, conférences, projections, et concerts de musique du monde. Très sympa !

🍸 🎵 *Le Java Bar* (plan couleur II, C-D6, **113**) : rue Saint-Géry, 31 (angle rue Grande-Île). ☎ 02-512-37-16. Tlj 17h-2h (plus tard le w-e). Le point de rencontre des deux cultures nationales ! C'est le chanteur Arno et ses potes flamands qui ont lancé ce lieu, aussi fréquenté par les francophones, surtout pour son mélange des genres : se côtoient aussi bien les costards-cravates que de belles créatures aux jambes de gazelle... Tout ce beau monde se presse dans une ambiance seventies autour du bar en U, décoré à la Gaudí avec des capsules de faïence, et déborde joyeusement sur le trottoir si la météo le permet... Concerts jazz, soul funk et animation DJ en fin de semaine, au sous-sol, on y danse, on y danse...

🍸 🍽 *Brasserie du Lombard* (plan couleur II, D6, **129**) : rue du Lombard, 1. 📱 0472-61-08-08. ● yagirian@hotmail. com ● Tlj 10h-0h (2h w-e) ; resto 11h-23h. Plat du jour 10 €. 🛜 *Café offert sur présentation de ce guide.* Cadre plus que centenaire chaleureux et revisité en couleurs (vieilles affiches publicitaires). Clientèle de jeunes gens bruyants pour une large sélection de bières. À la pression, Blanche des Neiges, Kriek,

Chouffe blonde, Delirium (au tableau, les nouvelles bières). Petite restauration non-stop, omelettes, snacks divers, quiches, moules. Au passage, que nos lecteurs ne ratent pas les superbes urinoirs Twyford's... Large terrasse.

▼ **Au Soleil** (plan couleur II, D6, **128**): rue du Marché-au-Charbon, 86, 1000. ☎ 02-512-34-30. ● kinoherraz@hotmail.com ● Tlj 10h-1h (2h w-e). Bar bruxellois authentique avec sa petite terrasse aux beaux jours, cet ancien magasin de « vêtements pour hommes, jeunes gens et enfants » attire bien du monde grâce, notamment, à ses excellentes bières dont la liste figure sur des ardoises au-dessus du bar. Quelques tartines ou soupes fraîches du jour. Sur la vitrine, avertissement que la terrasse doit être *gepleerd* à minuit sur ordre des casquettes ! Dans la même rue, assortiment assez large de bonnes adresses nocturnes.

▼ **L'Ultime Atome** (plan couleur III, J8, **137**): rue Saint-Boniface, 14, 1050. ☎ 02-513-48-84. ● ultimeatome@hotmail.be ● Tlj 12h-0h. ☞ Boiseries, parquet et ventilos dans une grande salle jaune ornée d'une enseigne de globe terrestre en forme de poire. Connu des Bruxellois depuis des lunes, ce rendez-vous convivial du haut de la ville brasse en continu les habitués du quartier, les étudiants du coin venus potasser leurs cours, les papys en goguette et les familles en promenade. On peut y prendre son petit déj, ou piocher dans les suggestions du jour affichées au tableau noir. Beau choix de bières pour faire causette avec des Bruxellois.

▼ **Malte** (plan couleur III, I9, **127**): rue Berckmans, 30, 1060. ☎ 02-539-10-15. ● info@lemalte.be ● Tlj sf dim 18h-0h. ☞ Non loin de la porte Louise, dans un quartier riche en bars de nuit. Décor rappelant celui des B.D. d'Hugo Pratt : atmosphère sombre, murs dorés, tables et chaises de brocantes, bougies, lustre de Venise, comptoir un peu kitsch et vieux fauteuils avachis, d'où l'on peut roucouler en toute quiétude en sirotant, pourquoi pas, un thé au caramel...

▼ **Zebra Bar** (plan couleur II, D6, **125**): pl. Saint-Géry, 31, 1000. ☎ 02-523-51-16. ● info@zebrabar.be ● À l'angle de la rue Orts et de la pl. Saint-Géry. Tlj 11h-2h (3h w-e). ☞ Check-point sur l'invisible ligne de démarcation linguistique du quartier où se retrouvent volontiers les Flamands de la capitale. Café pionnier de la reconversion du quartier, à la salle un peu à l'étroit dans son décor de briques nues et de tables rondes, mais compensée par la grande terrasse qui déborde allègrement sur la place Saint-Géry. Musique jazz, rock et soul. À la saison froide, on s'y presse volontiers pour siroter thé, *caïpirinha* (au litre !) ou jus de fruits frais et grignoter quelques *hapjes* (petits en-cas en flamand).

▼ **Mappa Mundo** (plan couleur II, D6, **123**): rue du Pont-de-la-Carpe, 2-6, 1000. ☎ 02-513-51-26. ● info@mappamundo.com ● Tlj 11h-2h (3h w-e). ☞ Avec son intérieur faussement patiné par l'usage, c'est un magnifique bar au rez-de-chaussée, une petite terrasse chauffée et un étage accessible par un escalier en colimaçon. Joli mariage de pierre, de vitrail et de lattes de bois. Comme au *Zebra*, ti-punch, mojito et *caïpirinha* (des cocktails bien décapants !) sont à l'honneur mais on peut aussi y prendre un simple thé ou grignoter un en-cas (tartines ou soupes...). Du monde en permanence, une ambiance cool, un service rodé ; bref, tout ce qu'il faut pour un rencart avant de partir à la conquête de la nuit bruxelloise. En face, **Le Roi des Belges** joue les vases communicants quand tout le reste est plein.

▼ ♪ **Café Bizon** (plan couleur II, D6, **123**): rue du Pont-de-la-Carpe, 7, 1000. ☎ 02-502-46-99. ● mail@cafebizon.com ● Tlj à partir de 18h. À 50 m des 2 précédents, le café *Bizon* fut l'un des tout premiers bars à prendre part à la renaissance du quartier Saint-Géry. Son nom, il le doit sans doute à l'énorme tête de bison accrochée au mur du fond. Et pour se mettre en route, une spécialité : le *Bizon blood* (du *Jack Daniel's* avec de la crème de cacao) et 22 types de genièvre. Qu'est-ce que ce sera ? Clientèle plutôt flamande. Concerts ou *blues jam sessions* chaque semaine.

▼ ♪ ♫ **Havana** (plan couleur III, H8, **105**): rue de l'Épée, 4, 1000. ☎ 02-502-12-24. ● info@havana-brussels.

LA RÉGION DE BRUXELLES

com ● *Dans les Marolles, à l'ombre du palais de justice. Jeu-sam 19h-2h (5-7h w-e).* Café-resto cubain sur 2 étages. Ambiance torride lorsque le lieu se métamorphose en boîte pour des nuits endiablées qui se prolongent jusqu'au petit matin. Également des soirées concert et des cours de salsa (en semaine).

▼ I●I ♪ **Café Belga** *(plan IV, M11, 131): pl. Flagey, 18, 1050.* ☎ 02-640-35-08. ● *info@cafe-belga.com* ● *Tlj 8h-2h (3h w-e).* Au rez-de-chaussée de l'ancienne maison de la radio (désormais centre culturel Flagey), un grand café qui fait à lui seul revivre le quartier depuis quelques années ; une véritable légende ! Clientèle variée du Tout-Ixelles, qui investit la grande salle Art déco où, quand passe un rayon de soleil, la terrasse sur la place. Comptoir de savoureuses petites choses à se mettre sous la dent : soupes, sandwichs, salades, plat du jour. Presse du jour à dispo et possibilité de grignoter un bout. Ambiance festive en soirée. Concerts de jazz réguliers.

▼ ♪ ♫ **Le Bonnefooi** *(plan couleur II, D6, 133): rue des Pierres, 8, 1000.* ● *info@bonnefooi.be* ● *Tlj 16h-8h.* Une valeur sûre de la nuit bruxelloise. Long bar étroit avec mezzanine en fer forgé, baigné par la musique funk, soul et R B, distillée par des DJs. Également un incroyable programme de concerts pour danser jusqu'au petit matin. Car le lieu est également réputé pour ses *afters.*

▼ I●I **Comics Café-Le Village de la BD** *(plan III, en face de 76): pl. du Grand-Sablon, 8. 1000.* ☎ 02-513-13-23. ● *contact@comicscafe.be* ● *Tlj midi-minuit.* Au milieu des terrasses chic du Sablon, un concept de café-brasserie-B.D. avec un bronze de Tintin et Milou grandeur nature à l'entrée. Un dédale de pièces en enfilade et une mezzanine avec tables nappées de vichy où l'on peut se faire servir des burgers, steaks, cheese-cakes plus quelques plats belges traditionnels. Mais le lieu attire surtout le chaland par son incroyable assortiment de B.D., des dernières nouveautés aux albums de collection, en passant par les planches numérotées et les figurines en résine. Difficile de ne pas y faire un tour si on est tombé dans la marmite du 9e art quand on était petit.

Où écouter de la musique ?

Évidemment, tous les endroits cités dans cette rubrique sont autant de bars à fréquenter en dehors des jours où des formations se produisent. Mais leur essence est avant tout musicale et c'est ces soirs-là que les meilleures vibrations s'en dégagent. À l'inverse, il n'est pas rare que les bars cités précédemment (*L'Archiduc,* le *Café Belga,* le *Havana,* le *Café Bizon,* etc.) programment des concerts, de manière plus ou moins régulière. Renseignez-vous...

♪ **Le Grain d'Orge** *(plan couleur III, J8, 122): chaussée de Wavre, 142, 1050.* ☎ 02-511-26-47. *Tlj 11h (17h sam, 18h jun dim et j. fériés)-3h du mat (1h dim et j. fériés). Entrée gratuite. Concerts blues-rock ven-sam.* Le « bistr'rock », comme il s'appelle lui-même. Tout en couloir, ridiculement petit, il reçoit pourtant d'excellents groupes de rock, de blues et assimilés. Un endroit fort à Bruxelles, musicalement parlant, même s'il ne paie pas de mine. Plein de faux « Hells » à bagouzes et barbes fleuries.

♪ **Sounds Jazz Club** *(plan couleur III, J9, 116): rue de la Tulipe, 28, 1050.* ☎ 02-512-92-50. ● *info@soundsjazz club.be* ● *soundsjazzclub.be* ● *À Ixelles, à deux pas de la pl. Fernand-Cocq. Tlj sf dim 20h-4h. Fermé juil-sept. Début des concerts à 22h. Lun et ven-sam, entrée : 5-10 € ; généralement gratuit les autres jours.* Depuis plus de 20 ans, le rendez-vous obligé des amateurs de la note bleue. Beaucoup de groupes désormais reconnus, comme le Brussels Jazz Orchestra, ont démarré ici. De même, on y voit parfois Philip Catherine, un des guitaristes belges les plus en vue. Petite restauration possible.

♪ **The Music Village** *(plan couleur II, D6, 121): rue des Pierres, 50, 1000.* ☎ 02-513-13-45. ● *musicvillage@sky net.be* ● *themusicvillage.com* ● *À côté de la Grand-Place. Concerts lun-jeu à partir de 20h30 (21h ven-sam).*

Résa conseillée. Entrée : 8-20 € selon groupe et supplément de 2 € pour les non-membres. Fait aussi restauration (à partir de 13 €). Vin au verre. Jazz-club avec possibilité de dîner ou simplement boire un verre, dans un cadre cossu mais engageant. L'entrée est assez chère, mais la programmation, assurée par des formations belges et étrangères, est de premier ordre.

Où voir un spectacle ?

– Pour connaître l'ensemble de la programmation et l'actualité culturelle et artistique, rendez-vous sur ● *agenda. be* ●

– **Bon plan :** la billetterie **Arsène 50** *(plan couleur III, I7)*, située à l'office de tourisme *Visit Brussels* (rue royale, 2) vend des places de spectacles et de concerts à moitié prix pour le soir même *(mar-sam 12h30-17h30. Infos :* ● *arsene50.be* ●*).*

∞ **Chez Toone** *(plan couleur II, D6, 124) :* impasse Schuddeveld, 1000. ☎ 02-511-71-37. ● *toone.be* ● Voir tous les détails concernant ce merveilleux petit théâtre de marionnettes dans la rubrique « À voir. L'Îlot sacré ».

∞ **L'Ancienne Belgique (AB)** *(plan couleur II, D6) :* bd Anspach, 110, 1000. ☎ 02-284-24-24. ● *info@abconcerts. be* ● *abconcerts.be* ● Ⓜ *Bourse. Résa ouv lun-ven 11h-18h (rue des Pierres, 25).* L'une des salles de concert rock les plus en vue de Bruxelles, entièrement rénovée. Soyez attentif à sa programmation, les meilleurs groupes mondiaux y font régulièrement escale.

∞ ♫ |●| **Le Botanique** *(plan couleur II, F4) :* rue Royale, 236, 1210. ☎ 02-218-37-32. ● *info@botanique. be* ● *botanique.be* ● ᗰ La scène du « Bota » est de tendance plus francophone que celle de l'« A.B. » ; il faut dire qu'elle n'est autre que le centre culturel de la communauté Wallonie-Bruxelles. Les différentes salles accueillent spectacles d'humour, pièces de théâtre et, bien sûr, concerts de rock, de pop ou de variétés, presque un soir sur deux. Également des soirées DJ régulièrement. Pas mal de têtes d'affiches et de valeurs sûres, mais aussi quelques

talents plus confidentiels. Au printemps s'y déroule le Festival des nuits botaniques. Le **café Bota** *(*☎ *02-226-12-28. Ouv tlj 11h-minuit, service resto 12h-14h30, 18h30-23h)* propose une cuisine italienne traditionnelle (terrasse agréable) et le **café Bota Stereo** *(ven-sam)* est un espace de concerts musicaux où il n'est pas interdit de danser.

∞ **Les Halles de Schaerbeek** *(hors plan couleur II, par F4) :* rue de la Constitution, 20, 1030. ☎ 02-227-59-60. ● *halles.be* ● *Tram n° 92, arrêt Robiano. Derrière l'église Sainte-Marie.* ᗰ Cet ancien marché couvert à la splendide charpente métallique, témoin architectural du patrimoine industriel, accueille de nombreuses manifestations culturelles (concerts, danse, cirque, conférences, lectures, etc.). En sortant, allez boire un verre à l'Âne Fou, pile en face *(fermé le w-e).*

∞ ♟ **Beursschouwburg** *(plan couleur II, D6, 132) :* rue Orts, 20-28, 1000. ☎ 02-550-03-50. ● *beursschouwburg. be* ● *Dans la rue en face de la Bourse. Accueil lun-ven 10h-18h mais café ouv mer-sam dès 19h30.* Poussez la porte, il y a toujours quelque chose à voir, surtout depuis sa rénovation complète. Appelé familièrement le « Beurs ». Le haut lieu de la branchitude flamande de Bruxelles sans cultiver pour autant l'esprit de ghetto. Un endroit polymorphe en fait, dédié aux arts de la scène, avec des spectacles théâtraux et de danse, des concerts (jazz, musique du monde...), des montages vidéo, des présentations de collections de mode et même parfois des rencontres et débats. Bar au rez-de-chaussée et terrasse aménagée sur le toit.

∞ **La Samaritaine** *(plan couleur III, H7, 130) :* rue de la Samaritaine, 16, 1000. ☎ 02-511-33-95. ● *samaritaine@skynet.be* ● *lasamaritaine.be* ● Ⓜ *Gare-Centrale. Trams n° 92 et 94 ; bus n° 20, 48, 95 et 96. Mar-sam à partir de 19h30. Spectacle 1h après. Fermé la sem de Pâques ainsi qu'en juil-août. Entrée : 15 €. Réduc de 5 € sur présentation de ce guide.* Adorable petit café-théâtre qui, depuis longtemps, anime ce petit bout de quartier à la lisière des Marolles. La charmante Huguette tient sa cave avec dynamisme et bonne humeur, accueillant ici des artistes passionnés. On peut aussi bien tomber sur un tour de chant que sur une pièce de théâtre, un récital de poésie ou un one (wo)man show comique. Toujours de la qualité et une bonne humeur communicative.

∞) **Le Bouche à Oreille** (plan couleur I, B2) : rue Félix-Hap, 11, 1040. ☎ 02-742-29-21. ● info@bao.be ● bao.be ● Ⓜ Mérode. Trams nᵒˢ 81 ou 82, arrêt Saint Pierre. Un des lieux les plus originaux de la ville, près du parc du Cinquantenaire. Ancien couvent transformé en centre culturel offrant une large gamme d'activités : concerts, récitals, one man shows, théâtre, etc. À ce propos, ne pas rater, si c'est la saison, les séances du Théâtre d'improvisation (dans le style de la ligue d'impro québécoise pour les fans). C'est vraiment d'une très haute qualité et il est conseillé de réserver. Sinon, on va boire un verre au foyer rétro du théâtre ou en terrasse. Dîners-spectacles et soirées à thèmes. Le lieu est souvent loué pour des événements privés.

∞) **Le Magasin 4** (plan couleur I, A1-2, **186**) : av. du Port, 51 B, 1000. ☎ 02-223-34-74. ● magasin4.be ● Ⓜ Yser. Bus nᵒˢ 14, 15 ou 245. En face de Tour Taxi. Entrée : 7-15 €. Il s'y tient une douzaine de concerts par mois, plutôt en fin de semaine (téléphonez pour savoir). Musique alternative, on est susceptible d'y entendre tout ce qui s'écarte un peu des grandes tendances.

∞) 🍷 **Chez Maman** (plan couleur II, D6, **100**) : rue des Grands-Carmes, 7, 1000. ● maman@chezmaman.be ● chezmaman.be ● Jeu-sam minuit-6h. Entrée gratuite. Un petit cabaret désopilant où l'on se pousse du coude pour applaudir les drag queens qui font leur show sur le comptoir sur des airs de Mylène Farmer, Dalida et autres Kylie Minogue. Humour ravageur. L'adresse n'est pas exclusivement gay et l'ambiance plutôt bon enfant. En l'absence de la « Diva », le show ne commence pas avant 1h30.

Où danser ?

Pas mal de boîtes finalement, mais beaucoup sont assez insipides et changent de mains régulièrement. Rares sont celles qui ouvrent avant le jeudi. On vous signale les plus stables et les plus en vogue dans la liste qui suit, qui comprend également un ou deux disco-bars sympas. On vous rappelle que La Cueva de Pepe, le Havana, Le Java Bar et le Bonnefooi (voir « Où boire un verre et rencontrer des Bruxellois(es) ? ») possèdent également une piste de danse.

🎵🍷🎵 **Madame Moustache** (plan couleur II, D5, **135**) : quai du Bois-à-Brûler, 5-7, 1000. 🖥 0485-53-44-94. ● info@madamemoustache.be ● madamemoustache.be ● Mar-dim 18h-3h (4h le w-e). Entrée variable selon la soirée. La boîte qui fait courir tout Bruxelles et même au-delà. Néo-cabaret au concept original : le freak show, mélange de burlesque, de western, de cirque et de fête foraine avec des concerts ou des soirées à thème (voir la programmation sur le site) dans une ambiance parfois déjantée. Clientèle éclectique plutôt branchouille. Bon cocktails. Arriver avant 1h pour avoir de la place. Un point noir : videurs pas commodes.

🎵 **Le Fuse** (plan couleur III, G9, **134**) : rue Blaes, 208, 1000. ☎ 02-511-97-89. ● info@fuse.be ● fuse.be ● Ven-sam à partir de 23h. Entrée payante. Une valeur sûre de la nuit bruxelloise. Temple de la techno qui jouit d'une réputation internationale, les meilleurs DJs aux manettes. Techno au rez-de-chaussée et deep house au 1er étage. Clientèle toutefois assez jeune. Se métamorphose en **Démence** la veille des jours fériés pour d'incroyables et gigantesques gay parties (même prix d'entrée).

🎵🍷 **Le Café Central** (plan couleur II, D6, **136**) : rue Borgval, 14, 1000. ☎ 02-513-73-08. ● info@cafecentral. be ● Tlj jusqu'à 3h. En plein quartier fêtard de Saint Géry, c'est un lieu multiple incontournable. Bien plus qu'un simple bistrot branché, c'est une salle de concerts, un temple de la danse, et un cinéma le dimanche soir ; le tout dans un long local aux murs en bois, fréquenté à toute heure de la journée et de la nuit. Clientèle de tous âges, qui allume le feu en soirée !

♪ **Le You** (plan couleur II, D6, **138**) : rue Duquesnoy, 18, 1000. ☎ 02-639-14-00. ● info@leyou.be ● leyou.be ● Jeu-sam 23h30 (23h jeu)-5h ; dim (pour des soirées gay) 19h-3h. Entrée (avec 2 boissons alcoolisées avt 0h30) : 10-12 €. Privilégie une clientèle d'habitués mais les touristes y sont les bienvenus. Un lieu qui a connu bien des transformations. Actuellement, house, pop et rythmes commerciaux dans un vaste espace rouge avec écrans, mezzanines et boules en alu. Excellents DJs.

♪ **Le Montecristo** (plan couleur II, D6, **126**) : rue Henri-Maus, 25, 1000. ☎ 02-511-87-89. Tlj à partir de 10h. À côté du Falstaff, disco-bar de style Art nouveau, au nom italien mais où l'on danse comme à La Havane ! Beaucoup de monde le week-end et cours de salsa certains soirs. Tendance à une sélection sévère à l'entrée. Au-dessus, le **Lounge Club** (à partir de 22h ven-sam ; entrée payante) récupère en fin de nuit – sous les battements de la house – les groupuscules épars de noceurs en quête d'un dernier frisson.

♪ **Spirito Martini** (plan couleur III, I8, **69**) : rue de Stassart, 18, 1050. ☎ 02-502-30-00. ● info@spirito-martini.com ● Ⓜ Porte-de- Namur. Dans le quartier d'Ixelles. Ven-sam 22h30-6h. Entrée payante. Un lieu culte ! Installée dans une ancienne église désaffectée, cette boîte chic diffuse les grands classiques de la musique commerciale. Déco spectaculaire à la fois contemporaine et baroque, et clientèle de trentenaires et quadras débridée.

Shopping

Chocolats belges

⚜ **Laurent Gerbaud** (plan couleur III, I7) : rue Ravenstein, 2 D à côté du BOZAR, 1000. ☎ 02-511-16-02. ● info@chocolatgerbaud.be ● Tlj 10h30-19h30 (plus tard les soirs de concert). Vous êtes dans le temple, la Mecque, la Cythère du chocolat. Dans cette boutique au dépouillement quasi cistercien, pas d'esbroufe décorative, priorité au chocolat, celui de Laurent Gerbaud, l'homme qui depuis plus de 10 ans ne pense qu'à produire de bonnes choses, sans recours aux additifs et aux conservateurs qui maquillent le goût ou le banalisent. Ici, vous découvrez le vrai goût du chocolat à 75 % pur, alliance harmonieuse et équilibrée de plusieurs crus de cacao sélectionnés avec une très grande rigueur, comme le trinitario des vallées malgaches et le meilleur des pentes équatoriennes ou péruviennes. Ce qui lui permet des combinaisons inattendues avec les fruits et les épices, tout en délicatesse et saveurs subtiles (kumquats, baies rouges de Perse, gingembre, pistache, etc.). Un homme qui fabrique ce qui lui plaît avec amour, passion. Exigeant, presque intégriste sur la qualité des produits. Mon tout saupoudré d'un peu d'humour et de connivence avec la clientèle, n'acceptant de fabriquer et de vendre en ce lieu diabolique que le « chocolat qui rend beau » !...

⚜ **La Maison des Maîtres Chocolatiers** (plan couleur II, D6) : Grand-Place, 4, 1000. ☎ 02-888-66-20. ● mmcb.be ● Tlj 10h-22h. Au cœur du cœur de Bruxelles, sur cette superbe Grand-Place. Comment peut-on quitter la Belgique sans avoir mangé au moins un chocolat 100 % belge ? Cette belle Maison des Chocolatiers offre la particularité de ne vendre que les chocolats confectionnés par 10 grands maîtres chocolatiers, tous artisans d'excellence et de haute qualité. Corné 1932, Ducobu, Laurent Gerbaud, Goosens, De Graeve... Contrairement aux grandes marques (Leonidas, Neuhaus, Jeff de Bruges...), le capital de leur société n'appartient qu'à eux et non à des groupes alimentaires internationaux (Nestlé, Lindt...).

Principales brocantes

– **Commune de Bruxelles** : pl. du Jeu-de-Balle, tlj 7h-14h, et pl. du Grand-Sablon, sam tte la journée et dim mat.
– **Commune d'Auderghem** (☎ 02-676-48-80) : cette commune organise chaque dim 7h-13h une brocante qui change d'endroit. Le 1er dim du mois, pl. Pinoy ; le 2e, bd du Souverain,

devant le centre culturel ; le 3e, bd du Souverain/Carrefour d'Auderghem ; et le 4e, viaduc Herrmann-Debroux.
– **Commune de Forest :** pl. Saint-Denis, dim 6h-13h.
– **Commune de Schaerbeek :** pl. Dailly, le 1er sam de chaque mois, tte la journée.
– **Commune de Woluwe-Saint-Lambert :** pl. Saint-Lambert, le 1er dim mat du mois.

– **Commune d'Anderlecht :** bd S.-Dupuis, au Westland Shopping Centre, dim 8h-13h.
– **Commune de Koekelberg :** pl. Simonis, le 2e sam mat de chaque mois.
– **Marché du Midi :** autour de la gare du Midi, le dim mat. Vaste marché de denrées exotiques où l'Afrique du Nord côtoie la Sicile et l'Anatolie, sur fond de raï et de flamenco.

À voir. À faire

Bruxelles est une ville parfois déroutante dont les attraits ne s'imposent pas toujours d'eux-mêmes. On vous conseille éventuellement de faire appel à une association. Elles sont plusieurs à Bruxelles, toutes excellentes (voir leurs coordonnées en début de chapitre dans les « Adresses et infos utiles »). Elles sauront vous dévoiler les aspects les plus insolites de la ville. Ce n'est pas trop cher, surtout si vous vous regroupez à plusieurs.

Rappelons aussi que nous évoquions dans notre rubrique « Transports », la plus grande galerie d'art de Bruxelles n'est ni plus ni moins que son réseau de métro. Plus de 30 ans après la mise en service du premier tronçon souterrain, le métro de Bruxelles est devenu un véritable musée. Dès lors, si vous empruntez ce moyen de locomotion bien pratique (gratuit avec la *Brussels Card*), vous aurez l'occasion de vous confronter aux réalisations des artistes contemporains. Plus de 60 œuvres d'art décorent ses quais et ses couloirs. Tous les genres sont représentés : peintures, sculptures, photos, B.D., vitraux... et tous les matériaux : de la toile au bronze et du bois au verre en passant par l'acier.

L'art a pris le métro. Le métro a pris l'art. Et ça leur va plutôt bien.

DANS LE PENTAGONE

LA GRAND-PLACE

Accès : Ⓜ *Gare-Centrale, Bourse. Bus nos 29, 38, 60, 63, 65, 66 et 71.*

♔♔♔ ◈ Un conseil pour l'aborder : le meilleur moment en déboulant de l'une des ruelles qui y mènent est incontestablement à la tombée du jour, lorsque les dorures des pignons tarabiscotés et l'élan puissant de la flèche de l'hôtel de ville, magnifiés par les éclairages, se profilent sur le bleu intense du crépuscule bruxellois. À contrario, une visite matinale au milieu des camions de livraison risque d'occasionner une petite déception.

« La plus belle place du monde », écrivait Victor Hugo. « Le plus beau théâtre du monde », déclarait Jean Cocteau. Ce qui frappe au premier coup d'œil, c'est une apparente cohésion architecturale alors que se confrontent des éléments très disparates, puisqu'en dehors des maisons construites après 1695, l'hôtel de ville est bien sûr du gothique tardif et la maison du Roi, l'ancienne halle au pain, une construction néogothique du XIXe s. Tout ici fut reconstruit sur plans, après 1695, date du grand bombardement de Bruxelles ordonné par Louis XIV et exécuté (c'est le mot juste) par le maréchal de Villeroy. La place entière, à l'exception de l'hôtel de ville, fut incendiée. Plus de 4 000 maisons en bois partirent en fumée dans les alentours. N'écoutant que leur courage, comme on dit dans les manuels d'histoire, les Bruxellois retroussèrent leurs manches, crachèrent dans leurs mains et bâtirent ce chef-d'œuvre de pierre en quelques années. Longue de 110 m sur 68, c'est le vrai cœur de la ville. Avec ses dorures et sa grande diversité décorative, ce petit bijou est à détailler façade par façade.

L'Unesco ne s'y est pas trompé en classant la Grand-Place au Patrimoine mondial de l'humanité.

Mais revenons un peu en arrière lorsque, ici, dès le XIIe s, se tenait un grand marché, véritable agora politique tout autant que place de commerce, entouré de marais. Le mot « bruxelles » ne signifie-t-il d'ailleurs pas « habitations des marais » ? On retrouve, en effet, ce symbole sur le drapeau de Bruxelles-Capitale : un iris (une des seules fleurs capables de pousser dans l'eau) sur fond bleu (évoquant l'eau des marais). La place prit de l'importance, devenant tour à tour place de réjouissances (on y célébrait les fêtes) et témoignage de la puissance publique (on y dressait l'échafaud). Au XIIIe s, on y éleva les premières maisons de bois où s'installèrent bourgeois et riches commerçants. C'est dès cette époque que les corporations occupèrent les différentes maisons de la place. Au XVe s, on élève l'hôtel de ville. En 1568, les **comtes d'Egmont et de Hornes,** critiques à l'égard de la gouvernance de l'envoyé de Philippe II, y perdirent la tête sous la hache du bourreau espagnol. Après le sauvage et non moins inutile bombardement français de 1695 (Napoléon ne déclara-t-il pas plus tard que cette destruction était stupide ?), on décide donc de repenser l'ordonnance de cette place, en contraignant les architectes à soumettre leurs plans à un magistrat. Ainsi naquit une émulation louable entre les différents corps de métier, plus avides les uns que les autres à faire plus beau et plus riche que leur voisin. Résultat, surtout du côté ouest, une joyeuse cacophonie reflétant tous les particularismes, au grand dam de Maximilien-Emmanuel de Bavière, gouverneur de l'époque, qui, féru d'urbanisme, aurait voulu rebâtir la place dans une cohérence qui aurait renforcé l'image de l'autorité centrale. Finalement c'est cette diversité des styles de la place qui lui confère son charme.

À noter que les deux pouvoirs historiquement opposés se faisaient face : l'hôtel de ville et la maison du Roi (le pouvoir communal et le pouvoir princier).

Pour sa reconstruction, plusieurs dizaines d'artistes plasticiens se mirent au travail. Certains partirent en Italie pour s'imprégner des nouvelles influences et appliquèrent à la Grand-Place un style Renaissance tellement riche qu'on finit par le qualifier de baroque tardif (à part l'hôtel de ville, purement gothique). Et c'est vrai que chaque maison oscille constamment entre les styles Renaissance et baroque, qui se mêlent souvent imperceptiblement. Un savant mélange qui a su se libérer du corset imposé par chaque style pour engendrer un métissage architectural du plus bel effet. Sous des règles classiques (au 1er étage, des colonnes doriques, au 2e, des ioniques, et au 3e, des corinthiennes), les artistes laissèrent aller leur imagination tout en réussissant à traduire dans la pierre les spécificités de chaque corporation. Parfois la symbolique est évidente, d'autres fois il faut bien la chercher. Résultat : une place unique au monde. Ce qui fait dire aux Belges en s'adressant aux Français avec un brin de mauvaise foi : « Finalement, si Louis XIV n'avait pas bombardé la ville, nous n'aurions pas aujourd'hui une place aussi belle, une fois ! »

Aujourd'hui, la plus fameuse place de la ville et d'Europe n'a pas complètement perdu sa vocation commerciale, puisqu'elle est le cadre quotidien d'un petit marché aux fleurs, réduit à un seul vendeur, il est vrai. Tous les 2 ans, les années paires, vers le 15 août, elle est recouverte d'un magnifique tapis de bégonias (environ 750 000). Un véritable enchantement. À signaler, pour ceux qui aiment ça, qu'un audioguide commentant la Grand-Place est à louer à l'office du tourisme, au rez-de-chaussée de l'hôtel de ville.

🏃 **L'hôtel de ville** *(plan couleur II, D6, 140) :* c'est évidemment le clou de la Grand-Place. Érigé en gothique flamboyant très pur de 1402 à 1455, il était censé dépasser celui de Louvain en magnificence. Le bombardement français de 1695 en détruisit l'intérieur mais épargna miraculeusement toute la structure. La différence de longueur entre l'aile gauche et l'aile droite s'explique par le fait qu'elles ne furent pas édifiées en même temps et qu'à l'époque de la construction de l'aile droite des maisons en bloquaient l'extension. C'est **Charles le Téméraire** qui posa la première pierre de cette nouvelle aile en 1444. La tour, haute de 97 m (avec la statue de saint Michel), est considérée comme un chef-d'œuvre de l'art gothique civil. Élancée, aérée et pleine d'élégance, cette coquette se compose de quatre étages qui s'affinent de plus en plus en grimpant, avec tourelles, clochetons, balcons en encorbellement, pinacles, hautes fenêtres flamboyantes, et se termine par une flèche de pierres ajourées. Au sommet se dresse un **saint Michel** terrassant le diable, patron de la ville et qui fait office de girouette (l'original date du XVe s).

Tiens, avez-vous remarqué ? Le portail n'est pas tout à fait dans l'axe de la tour. On raconte que l'architecte, réalisant son erreur, se jeta du haut de celle-ci. Franchement, si tous les architectes de Bruxelles qui ont fait des erreurs devaient se balancer par la fenêtre, il y aurait des embouteillages à l'entrée des cimetières... En fait, le brave Jean Van Ruysbroeck est mort dans son lit bien après la fin des travaux, à l'âge respectable de 90 ans. Si le bâtiment est asymétrique, c'est que l'architecte avait récupéré un ancien bâtiment érigé auparavant en deux phases successives. D'autres interprétations pseudo-ésotériques qui n'ont rien d'historique sont parfois évoquées en tirant parti du caractère magique d'un chiffre 7 qu'on croit pouvoir retrouver dans différents éléments qui concernent la place.

Plus prosaïquement, les arcades qui bordent l'édifice au rez-de-chaussée abritaient autrefois les étals des marchands. Au-dessus, des dizaines de sculptures du XIXe s, qui rendent hommage à tous les souverains et artistes de Bruxelles. Celles qui encadrent le portail sont des copies des statues d'origine qu'on peut voir au musée en face. Côté place, on identifie les princes, côté rue Charles-Buls, les bourgmestres et côté Tête d'Or, les « génies » de la ville. Notez aussi que les fenêtres du premier étage sont rectangulaires à gauche et ogivales à droite. À voir aussi : les mascarons grimaçants qui décorent les clés de voûte.

Au balcon d'honneur, le samedi matin, vous aurez peut-être la chance de voir apparaître un couple de jeunes mariés recevant l'ovation des grappes de touristes étonnés et ravis. Pour une minute, ils peuvent alors se prendre pour des seigneurs salués par leur peuple. Dans la cour d'honneur (accessible tout le temps), deux belles fontaines de pierre, allégories des deux grands fleuves, la Meuse et l'Escaut.

Visite
Hôtel de ville accessible pour une visite guidée slt certains jours à certaines heures.
☎ *02-548-04-47.* ● *bruxelles.be* ● *Visites de 45 mn en français mer à 14h et dim à 12h et 15h (inscription sur place 15 mn avt le début de la visite). Entrée : 5 € ; réduc.* On passe en revue une vingtaine de salles de réception, salons, galeries, escalier d'honneur, antichambres, couloirs... Toutes les pièces sont ornées de tableaux, de bustes sculptés, de boiseries néogothiques et surtout d'exceptionnelles tapisseries. La plupart de ces œuvres datent du XVIIIe s et constituent un patrimoine exceptionnel. Parmi les plus belles pièces, voir les tapisseries de Vanderborght, les tableaux du vieux Bruxelles, les tapisseries de la salle du collège, la salle gothique (en fait, néogothique puisqu'elle fut refaite en 1868 par Jamaer, un disciple de Viollet-le-Duc), avec niches à tapisseries, et les peintures allégoriques de la salle des mariages, ainsi que les plafonds où apparaissent les armes des corporations.

🏃🏃 **La maison du Roi et le musée de la Ville** (plan couleur II, D6, 141) : ☎ *02-279-43-50.* ● *musees.bruxelles.be* ● *Tlj sf lun 10h-17h (20h jeu). Entrée : 4 € ; réduc ; gratuit le w-e pour les - de 18 ans. Le billet donne droit au tarif réduit dans les autres musées de la ville.*

La maison du Roi
En fait, c'était autrefois la *broodhuis*, la halle au pain, et aucun roi n'y résida jamais. Placée en vis-à-vis de l'hôtel de ville, la halle fut remplacée par la maison du Roi sous Charles Quint, en gothique tardif une première fois, et elle fut à nouveau

totalement restructurée au XIXᵉ s, en pastichant l'hôtel de ville d'Audenarde. Elle fut à la fois maison du duc de Brabant, bureau du receveur général, tribunal et même prison (les comtes d'Egmont et de Hornes y passèrent leur dernière nuit, le 4 juin 1568, avant d'être exécutés). Il s'agit donc d'un superbe bâtiment néo-gothique avec des volées d'arcades élégantes, loggia et balcon. Encadrant le portail, des statues de Marie de Bourgogne, de Charles Quint, des ducs Henri Iᵉʳ et Jean Iᵉʳ. L'édifice abrite un remarquable musée de la Ville de Bruxelles, à visiter pour bien comprendre les évolutions de la ville.

Visite du musée de la Ville

Tous les aspects historiques de la ville y sont regroupés mais ce qui attire avant tout les touristes, c'est certainement la collection qui a le moins de valeur artistique mais le plus de valeur sentimentale pour les Bruxellois, à savoir la belle collection de costumes du Manneken-Pis.

MANNEKEN-PIS EN ROUTARD

En novembre 2009, lors d'une cérémonie tout à fait officielle, à l'occasion du lancement de votre guide préféré sur Bruxelles, le petit bonhomme a reçu un costume de Routard (sac à dos compris) confectionné par un atelier bruxellois et placé dans les collections du musée. Depuis, il n'a plus qu'une envie : partir arroser tous les pays de la terre !

– **Rez-de-chaussée** : consacré aux arts plastiques et décoratifs. Chapiteaux sculptés, statues baroques, bas-reliefs du XVIIᵉ s, salle des faïences et étains de Bruxelles du XVIIᵉ au XIXᵉ s. Admirable retable en triptyque symbolisant la Nativité. Parmi les peintures, un petit coup de projecteur sur le *Cortège de noces*, attribué à Pieter Bruegel l'Ancien (1567), avec tous ses paysans, et une *Chasse à l'épieu* dans de jolis tons bleus. Porcelaines et argenterie. En particulier, intéressante salle des tapisseries du XVIᵉ s. On remarquera celle illustrant une des dix plaies d'Égypte : *L'Invasion des grenouilles.* À l'époque, son nouveau proprio fit enlever tous les vénérables batraciens pour supprimer le caractère mélo de la tapisserie (cependant, échec, leur silhouette reparaît partout !).

Si vous avez le temps, détaillez le magnifique *retable de Saluces* : on y découvre une rare représentation de la circoncision, une inhabituelle réhabilitation de Joseph (mis ici bien en valeur, également sur le panneau de derrière, avec une rare représentation de sa mort). Dans le 2ᵉ panneau à gauche, noter que Marie est enceinte, ce qui est là aussi exceptionnel ! Richesse des costumes et du décor en gothique fleuri ciselé. Noter aussi au centre du retable l'air hagard, stupéfait des personnages les bras écartés, montrant leur impuissance devant cette réalité insupportable : le petit Jésus a disparu (en fait, il a été volé !).

– **1ᵉʳ étage :** cette partie retrace l'évolution des espaces dans le Pentagone. Incontournable pour qui s'interroge sur l'histoire de la ville. On remarquera d'abord la superbe maquette de la première enceinte au XIIIᵉ s : on y distingue bien le bas de la ville, avec l'embryon de port, et le haut, siège du pouvoir des ducs de Brabant, avec le château du Coudenberg. On parcourt les autres salles pour découvrir les nombreuses gravures, peintures et plans anciens qui permettent de comprendre l'évolution de la ville. Voir le beau panorama de Bruxelles en 1854, ainsi que l'impressionnant tableau du bombardement de la ville en 1695, lors duquel tout le centre fut détruit (4 000 bâtiments par terre, merci Louis XIV !). Et puis, des photos, beaucoup, de 1850 à nos jours, très intéressantes pour leur valeur documentaire.

– **2ᵉ étage :** dédié aux Bruxellois, toujours au travers de gravures et portraits de personnages importants, comme Charles Buls, le plus célèbre bourgmestre de la ville. Dessins et photos d'ateliers, entrepôts, scènes et événements de la ville. Superbe charpente de la salle des expos temporaires.

– 🏃 Et pour terminer, la **salle dédiée aux costumes du Manneken-Pis** (voir son histoire plus loin). Quelque 880 costumes, faits sur mesure et provenant du monde entier. Seule une centaine d'entre eux est exposée par roulement : Manneken-Pis en Gille de Binche, militaire, pompier, agent de la Sabena, reporter sans frontière, joueur de hockey, costume de torero, d'Elvis, de Mandela, de maharaja, d'Iroquois, etc. ; bref, un écran tactile permet de tous les voir. Un film de 20 mn présente aussi l'histoire du petit bonhomme.

⚘ Les plus belles façades de la Grand-Place : étudions-les maintenant quelques instants, en commençant par l'ouest, côté gauche, à droite de l'hôtel de ville.
– **La maison du Renard :** c'est la maison des Merciers coiffée de la statue de saint Nicolas. Façade ornée de sculptures qui datent de la restauration du XIXe s. La plus centrale rappelle la justice impartiale (les yeux bandés), symbole de l'honnêteté dans le commerce. Ben voyons ! Elle est encadrée de quatre statues, allégories des quatre grands continents connus à l'époque, avec lesquels les Merciers commerçaient.
– **Le Cornet :** il abritait la corporation des bateliers qui donnèrent ce nom à leur maison. D'un style purement italo-flamand, réalisé par Antoine Pastorana, son pignon se caractérise par la forme d'une poupe (arrière) de navire où quatre angelots soufflent des vents dans les quatre directions. Au 3e niveau, toute la symbolique de la mer. Au sommet, les armes du royaume d'Espagne et, dans la partie inférieure, la balustrade du ponton. Baudelaire vécut ici.
– **La Louve :** maison de la gilde des archers de saint Sébastien, qui se caractérise par un bas-relief où la Louve romaine légendaire allaite Romulus et Remus. Style baroque tardif avec réminiscences Renaissance avec pilastres et, au-dessus, quatre allégories : la Vérité, le Mensonge, la Paix et la Discorde. Au-dessus encore, des médaillons d'empereurs romains. Au sommet, un phénix doré rappelle que cette maison, comme l'oiseau, ressuscita plusieurs fois de ses cendres.
– **Le Sac :** doit son nom au bas-relief au-dessus de la porte. Façade particulièrement décorée : guirlandes, coquilles, balustres, cariatides et torchères de chaque côté du sommet. Elle hébergeait les menuisiers et les tonneliers.
– **La Brouette :** corporation des graisseurs. Deux sympathiques brouettes surmontent le portail de cette façade très classique, presque ennuyeuse, où l'on retrouve les trois ordres (dorique, ionique et corinthien). Les façades de la Brouette et du Sac furent édifiées au milieu du XVIIe s. Elles ont survécu au bombardement.
– **Le Roi d'Espagne :** c'est la maison à la grande coupole, occupée par les boulangers. Classique, elle aussi. On notera simplement le buste du patron des boulangers saint Aubert au-dessus de la porte et le buste du roi d'Espagne Charles II au centre, qui coiffe deux prisonniers : un Turc et un Indien. Élégante Renommée dorée au sommet de l'édifice. Le café *Le Roy d'Espagne,* au rez-de-chaussée, possède une belle terrasse et une salle où pendent des vessies gonflées. Estaminet plus intime aux étages avec décor de rue, pour s'attabler en bordure des fenêtres et jouir à l'aise de la féerie lumineuse de la Grand-Place.
– Côté nord-ouest (à gauche de la maison du Roi), série de maisons moins passionnantes, plus simples tant sur le plan architectural que décoratif. *La maison du Paon* (bas-relief d'un paon en façade) et celle *du Heaume* (agrémentée de deux bas-reliefs vivants et sympathiques) mettent en scène des enfants.
– Côté nord-est (à droite cette fois de la maison du Roi), une autre série de maisons. Jeter un œil à la *chambre de l'Amman,* l'Amman étant un magistrat représentant le duc de Brabant. Les armes du duc ornent d'ailleurs la façade.
– **Le Pigeon** abritait, avant le bombardement, la corporation des peintres mais ceux-ci n'avaient pas les moyens d'en financer la reconstruction. Victor Hugo y habita en 1852, fuyant les foudres de Napoléon III. C'est là qu'il a rédigé son pamphlet « Napoléon le Petit ». Classique, hyper classique même, seule sa fenêtre vénitienne au 1er étage la sort un peu de sa banalité. Rappelons ce que disait le père Hugo des Bruxelloises : « Ce sont les femmes les plus sales, sales d'avoir trop nettoyé leurs maisons. »
– **La Chaloupe d'or** (superbe taverne) et *la Taupe* réunissaient les tailleurs. Portail surmonté du buste de sainte Barbe. On peut visiter la boutique *Godiva,* au rez-de-chaussée. Ses célèbres pralines ont bien du relief.

– Côté sud, l'ensemble le plus imposant de la place rassemble en fait sous une seule façade six maisons et un passage sous le nom de **maison des Ducs de Brabant.** Style italo-flamand. 19 bustes des différents ducs et duchesses, sérieux comme des consommateurs, ornent la façade, décorée de pilastres dorés à la feuille d'or 18 carats. Au pinacle, fronton allégorique de l'Abondance, balustrade et torchères. Deux corporations résident à chacun des trois porches. Les médaillons qui ornent la façade identifient les occupants : des outils pour la maison des sculpteurs et des maçons, un pot d'étain pour les charpentiers, un moulin à vent et à eau pour les meuniers, une Fortune pour les tanneurs, une Bourse et un ermite pour... on ne sait qui. Les sculpteurs et les maçons constituent avec les ardoisiers et les tailleurs de pierre le « métier » des quatre couronnés.

– Côté sud-ouest : même si la première maison à gauche s'appelle **Mont Thabor** et que l'architecte est connu sous le nom de Van de Putte, cette maison bourgeoise n'a jamais appartenu à la plus vieille corporation du monde mais tout simplement à un particulier. D'ailleurs, putte signifie « puits » en flamand.

– **La Rose** appartenait, comme il se doit, à la famille Van der Rosen, symbolisée par une simple rose épanouie dans une potiche prenant gracieusement l'air à une fenêtre.

– **La maison des Brasseurs,** pour sa part, est ornée de bas-reliefs très explicites où l'on vendange et où l'on cueille le houblon. Au sommet trône Charles de Lorraine à dada, ce qui rappelle l'époque autrichienne. La maison abrite aujourd'hui dans ses caves un petit **musée des Brasseurs Belges** : ☎ 02-511-49-87 ; ● beer paradise.be ● Tlj 10h-17h. Entrée : 5 € ; réduc. Outils, instruments de tonnellerie et machines des XVIIᵉ et XVIIIᵉ s y sont présentés. On y trouve également un esta-minet reconstitué façon XVIIIᵉ s avec des accessoires classiques et pittoresques : le zageman, la scie brandie devant le client ivre qui commence à casser les pieds aux autres consommateurs, encadré au-dessus de la porte, l'œil de Dieu avec l'inscription en flamand « Ici on ne jure pas ! ». À l'arrière, si la chose vous inté-resse, une salle, vitrine high-tech de la puissante fédération des Brasseurs belges, décrit les techniques de brassage actuelles. Gros effort didactique grâce à un film projeté en continu et aux bornes interactives que l'on peut interroger pour tout savoir sur le monde brassicole. Une bière en dégustation clôt la visite, comme de bien entendu.

– **Le Cygne :** de style purement Louis XIV, le Cygne a abrité la corporation... des bouchers. Vers 1830, elle fut transformée en café-logement. En 1847, Karl Marx venait y travailler avec Engels. Jules Vallès et les Communards s'y époumonèrent. Le Parti ouvrier belge y fut fondé en 1885. Au sommet, allégories de l'Abondance, de l'Agriculture et de... la Boucherie. Tiens, on ne la voyait pas comme ça !

– La dernière maison, la plus modeste, **l'Étoile,** reconstruite au XIXᵉ s pour élargir la rue mais sans rez-de-chaussée, se caractérise par son arcade qui remplace le porche. Sous celui-ci, voir le beau bas-relief Art nouveau dédié à Charles Buls et à certains architectes qui participèrent à l'édification de la Grand-Place.

– Le monument d'à côté rend hommage à **Evrard 't Serclaes,** qu'on voit sur son lit de mort. Ce « héros qui libéra Bruxelles des hommes du Comte de Flandre au XIVᵉ s » fut assassiné, puis vengé bien plus tard lors d'un conflit par les Bruxellois qui attaquèrent le château de Gaasbeek, où résidaient les assassins. Pour soutenir le siège du château, ils apportèrent des dizaines de poulets. De là vient le sur-nom des Bruxellois, Kiekefretters, littéralement « bouffeurs de poulets ». Il est de tradition de venir caresser la statue du héros, d'ailleurs bien patinée par des géné-rations de caresseurs. Il existe de nombreuses superstitions à son sujet. Pour voir son vœu réalisé, par exemple, il faut frotter les différentes parties du corps selon un ordre bien déterminé mais souvent inconnu du profane.

– **Événements sur la Grand-Place :** l'Ommegang, début juillet ; le tapis de fleurs, mi-août (tous les 2 ans, années paires) ; tous les soirs en été ainsi que pendant la période de Noël, son et lumière qui met en valeur l'architecture de l'hôtel de ville sur fond de musique classique un peu grandiloquente.

Autour de la Grand-Place

Sachez, si vous trépignez d'impatience ou si vous n'êtes à Bruxelles que pour quelques heures, que le célébrissime Manneken-Pis n'est qu'à un jet de pipi de la Grand-Place. Rien ne vous empêche donc d'aller lui rendre une petite visite, même si nous avons décidé de le décrire dans le circuit du Sablon et du Palais Royal.

🚶 *Le musée du Costume et de la Dentelle* (plan couleur II, D6, **154**) : *rue de la Violette, 12, 1000.* ☎ *02-213-44-50.* ● *musees.bruxelles.be* ● *Tlj sf mer 10h-17h. Entrée : 4 € ; réduc ; gratuit le w-e pour les - de 18 ans. Le billet donne droit au tarif réduit dans les autres musées de la ville.* Dans quatre belles maisons de brique aux pignons à gradins, ce petit musée se consacre, comme son nom l'indique, au costume et à l'art de la dentelle, un des artisanats les plus anciens et les plus florissants du pays. Pour les amateurs du genre, toujours des pièces remarquables, présentées dans le cadre d'expositions à thème. Pour les autres, le déplacement ne sera pas nécessaire.

🚶🚶 *Le musée du Cacao et du Chocolat* (plan couleur II, D6, **160**) : *rue de la Tête-d'Or (à droite de l'hôtel de ville), 9-11.* ☎ *02-514-20-48.* ● *mucc.be* ● *Mar-dim 10h-16h30. Fermé lun. Entrée : 5,50 € ; réduc.* Un peu cher pour ce qu'on y voit. Dans une maison classée de 1697, petit musée didactique qui relate l'arrivée de la fève de cacao dans nos régions et l'engouement qu'elle provoqua. Au rez-de-chaussée, dégustation de chocolat sur le comptoir d'un atelier de fabrication de pralines. Dans les étages, panneaux expliquant les

> ### LA PRALINE INVENTÉE EN BELGIQUE ?
>
> *C'est en 1912 que le chocolatier Jean Neuhaus commercialisa à Bruxelles la première bouchée fourrée au chocolat. Il la nomma « praline » en souvenir du chef-cuisinier du duc de Praslin qui, à Montargis, en conçut au XVIe s, la première recette. Elle devint une grande spécialité belge. Plus tard, son épouse créa le « ballotin » emballage de forme carrée pour éviter l'écrasement des chocolats dans un cornet.*

différentes étapes de la fabrication du chocolat, services à chocolat, moules, porcelaines, boîtes en fer-blanc. Découvert au XVIe s par les conquérants espagnols chez les Aztèques du Mexique et rapporté ensuite en Europe, le chocolat était d'abord une boisson sacrée pour les habitants de l'empire aztèque, mais aussi un puissant fortifiant. « Une tasse de cette précieuse boisson permet à un homme de marcher un jour entier sans manger », a noté Hernán Cortés en 1520.

L'ÎLOT SACRÉ (plan couleur II, D-E 6)

Au nord de la Grand-Place s'étire un réseau de rues et de ruelles aujourd'hui protégé et classé, appelé l'Îlot Sacré. S'il est vrai que les façades sont belles, les néons qui les décorent montrent que le côté sacré atteint vite ses limites. Vous aurez noté au passage que la tradition commerciale de tout ce quartier est particulièrement ancrée dans les noms de rues : rue au Beurre, rue des Harengs, rue des Bouchers, rue du Marché-aux-Fromages, rue du Poivre... Ici, les fauchés se rassasient rien qu'en se promenant. Si vous voulez absolument manger dans le quartier, sachez (sans généraliser, bien sûr) qu'on y facture parfois des suppléments non prévus à la commande. Soyez vigilant. Et gare au racolage devant les pièges à touristes, ils forment la majorité des enseignes du quartier !

🚶 *La place de l'Agora :* pour explorer ce secteur, partir de la Grand-Place et prendre la rue de la Colline (boutique *Tintin* à gauche). En la remontant sur la droite, on tombe sur cette placette vivante et assez coquette (tous les samedi et dimanche, petit marché artisanal). Certaines maisons ont conservé leur charme ancien avec des éléments baroques, tandis que trois hôtels ont été refaits « à la manière de », singeant un peu un style néo-Renaissance-pas-cher. Remarquez, le résultat aurait pu être pire ! Au milieu de ces blocs, place d'Espagne, Don Quichotte et Sancho Pança forment un groupe sculpté assez réussi sur l'esplanade complètement relookée, qui mène à la gare Centrale. La place de l'Agora a ainsi conservé sa cohérence, ce qui n'est pas si mal. Au centre, une fontaine agrémentée d'un intéressant bronze de Charles Buls, bourgmestre de la fin du XIXe s, assis au bord de la fontaine, aux moustaches dressées affectueusement et accompagné de son chien, tout aussi affectueux. Il tourne ostensiblement le dos à ce qu'est devenu le « mont des Arts », échec cuisant de sa carrière vouée à la défense du patrimoine. La rue de la Montagne, qui part de là, offre une belle série de maisons aux pignons variés et intéressants. Pour la plupart, elles ont été récemment restaurées. Brique et pierre alternent élégamment.

★ **L'église de la Madeleine** (plan couleur II, E6, 147) : rue de la Madeleine. En direction du mont des Arts et du Coudenberg, vous apercevez une petite église gothique au portail baroque. La croquignolette chapelle qui lui fut accolée sur la gauche en 1958, après la restructuration du quartier, est particulièrement notable. Les deux semblent cohabiter sans heurt.

★★★ Retournez sur vos pas vers un des hauts lieux de la promenade bruxelloise, les **galeries Saint-Hubert,** appelées aussi galerie du Roi, de la Reine et des Princes, selon la section (plan couleur II, E6, 142) ; on y pénètre par la rue du Marché-aux-Herbes. C'est un ensemble d'un néoclassicisme bon teint, à l'image de cette première moitié du XIXe s, époque où l'architecte Cluysenaer les dessina. Considérées, à l'époque, comme particulièrement audacieuses, avec l'usage du fer et du verre, ce furent les premières galeries couvertes d'Europe. Au fil des années, le lieu devint un endroit mondain où l'on pouvait rencontrer, au siège du Cercle artistique et littéraire (l'actuelle Taverne du Passage), des écrivains aussi célèbres que Baudelaire, Alexandre Dumas, Victor Hugo, Apollinaire ou Verlaine. Pilastres de marbre, fenêtres en hémicycle, série de bustes perchés sur des corniches, elles constituent un ensemble architectural réussi, et la quasi-absence de néons leur a permis de conserver leur cachet. Salons de thé, brasseries, librairies de qualité et boutiques chic occupent le rez-de-chaussée des bâtiments. Les étages abritent des appartements privés. C'est ici que Verlaine acheta son pistolet et c'est dans un théâtre de la galerie, en 1896, qu'on projeta le premier film des frères Lumière. Pour les gourmands, on y trouve la fameuse chocolaterie **Neuhaus,** concurrente de la non moins fameuse **Godiva.** C'est ici même que Neuhaus, d'origine suisse, mit au point le premier ballotin après avoir fait sa réputation en vendant d'abord des bonbons pour la toux, des guimauves et des réglisses pour les maux d'estomac !

★ **Bruxelles en Scène** (plan couleur II, E6) : galerie de la Reine, 17. ☎ 02-512-57-45. ● bruxelles-enscene.be ● Tlj 10h-17h. Entrée : 6 € ; réduc. Une attraction multimédia installée dans les sous-sols des galeries Saint-Hubert. Succession de 15 mises en scène thématiques qui se veulent poétiques, liées à l'histoire et aux mythes anciens de l'univers bruxellois : évocations qui vont des diables terrassés par saint Michel (le saint patron de la ville) à l'architecture, en passant par les multiples formes du Manneken-Pis, les institutions politiques, etc. Bon, franchement, ça parlera plutôt à ceux qui ont déjà une idée claire de la ville. Pour les autres, ça risque d'ajouter du flou à la brume ambiante. On a quand même beaucoup aimé le bas-relief en terre glaise de Paul Day, un artiste anglais tombé amoureux de Bruxelles. Accueille aussi des expos temporaires.

★ **Musée des Lettres et Manuscrits** (plan couleur II, E6, 142) : Galerie du Roi, 1, 1000. ☎ 02-514-71-87. ● mlmb.be ● À l'angle de la rue des Bouchers. Mar-dim 10h-19h (21h jeu). Entrée : 7 € ; réduc. Audioguide : 1 €. Ce musée met en valeur le patrimoine écrit, véritable héritage culturel de l'Humanité. Au 1er étage, la collection permanente expose – avec un roulement régulier – les correspondances et manuscrits de personnages célèbres autour de cinq thèmes : arts, sciences, littérature, histoire et musique. Ainsi déchiffre-t-on les mots de Gauguin, Matisse, Lautrec, Einstein, Freud, Voltaire, Balzac, Apollinaire, Hergé, Charles Quint, François Ier, de Gaulle, Mozart, Beethoven, Brel... Petit clin d'œil belge à chaque thème. Le *rez-de-chaussée* est lui consacré aux expos temporaires (se renseigner). Un musée qui ne plaira qu'aux passionnés du genre.

¶ *La rue des Bouchers* (plan couleur II, D-E6) : c'est comme la rue de la Huchette à Paris ! Racolage acharné en plus. Un chapelet de restaurants standardisés, au coude à coude, où le côté expéditif du service le dispute à la banalité de la cuisine. Le soir, cet étroit boyau doit bien concentrer plus de 50 % des touristes de la ville qui, en bons moutons de Panurge, s'y retrouvent en groupes et semblent s'en contenter, faute de bonnes recommandations. Tant pis, ils n'avaient qu'à acheter le *Routard* ! Traversée par les galeries, la rue a du charme mais les auvents des terrasses empêchent d'observer les lieux et les néons criards gâchent franchement le paysage. Essayez de glisser un œil au travers des stores pour observer les pignons à redans des maisons anciennes. Une exception peut-être à la médiocrité générale : le restaurant *Aux Armes de Bruxelles,* une des institutions gastronomiques incontestées de la capitale (voir « Où manger ? »).

➤ Prendre à gauche la Petite-Rue-des-Bouchers, ruelle également sacrifiée aux restos de tout poil. Au fond d'une minuscule impasse (côté gauche), on trouve le merveilleux petit *théâtre de Toone.*

¶¶ ⚤ *Le théâtre royal de Toone* (plan couleur II, D6, **124**) : impasse Sainte-Pétronille ou rue du Marché-aux-Herbes, 66, 1000. ☎ 02-511-71-37. ● woltje@ skynet.be ● toone.be ● Fermé lun et en janv. Spectacles à 20h30 (mais pas ts les soirs), et aussi à 16h le sam. Téléphoner pour connaître le programme et réserver. Billet : 10 € ; réduc (sf ven-sam soir). CB refusées. Durée : 2h (entracte comprise). Au beau milieu des restos à touristes, c'est un véritable îlot d'authenticité spirituelle, sis dans une maison datant de 1696. Il s'agit d'un théâtre de marionnettes pour adultes, créé, à l'origine, en 1830 par un certain Antoine Genty, dit *Toone* en dialecte local. La tradition se perpétue vaillamment depuis, et aujourd'hui Nicolas Géal (Toone VIII !) assure les différentes représentations.

Une trentaine de pièces au répertoire, généralement des savoureuses parodies des grands classiques comme *Le Bossu, Les Trois Mousquetaires, Lucrèce Borgia, Macbeth, Othello* ou *Roméo et Juliette.* À Noël, place à la *Nativité* et, à Pâques, on ressort la *Passion du Christ.* Conformément à la tradition, des « manipulateurs » animent les personnages tandis que Toone VIII fait toutes les voix à lui seul, même les chants féminins. Les pièces sont généralement dites dans un français émaillé de dialecte « bruxello-flamand », un mélange hilarant ! Autre particularité : si l'on se met bien devant, on voit les manipu-

WOLTJE ET TINTIN, PARENTS ?

Chez Toone, à l'entracte, on visite le petit musée et ses dizaines de marionnettes du XIXe s. Les personnages sont fabriqués avec divers matériaux : les têtes sont en carton-pierre (colle et craie), le corps est fait de carton bourré de paille, les plus anciens ont des yeux de verre et les « bagarreurs » sont en bois. Dans chaque pièce, on retrouve Woltje, la vedette qui dénoue les drames et joue à l'occasion quelques tours pendables. On dit que Hergé se serait inspiré de Woltje pour créer Tintin. Il est vrai qu'il en a l'intelligence, la vivacité... et le pantalon de golf !

lateurs en plein travail. On aime cette transparence dans l'art. Ainsi, on assiste à deux pièces : celle qui se déroule sur la petite scène et celle jouée en coulisses. À noter que le théâtre est doté d'une loge royale.

Toone, c'est le cœur de Bruxelles qui vit encore et, comme disait Cocteau, « il y a trop d'âmes en bois pour ne pas aimer des personnages en bois ayant une âme ».

🍷 Au rez-de-chaussée, le petit estaminet *Chez Toone* est un lieu plein de chaleur, parfait pour rester dans l'ambiance et poursuivre le rêve après le spectacle.

Autour de l'Îlot Sacré

🐾 *L'église Saint-Nicolas (plan couleur II, D6, 155) :* croquignolette, c'est la seule église de la ville qui n'ait pas été débarrassée des maisons (ajoutées au XVIIIe s) s'accrochant à elle comme des arapèdes. Si la façade côté rue de Tabora est moche et récente, depuis la rue au Beurre, vision romantique en diable (si l'on peut dire pour une église). Elle possède une longue histoire puisqu'elle fut érigée il y a bientôt 800 ans. Avant 1695, l'église était flanquée d'un énorme beffroi, que l'on distingue aisément sur les gravures anciennes. Il ne fut jamais reconstruit. Peu de vestiges subsistent de la prime jeunesse de l'église, si ce n'est sa forme originale qu'on qualifiera « de guingois ».
À voir à l'intérieur, la *châsse des martyrs de Gorcum,* beau travail du XIXe s, ainsi que quelques vestiges romans et un tableau attribué à Rubens, la *Vierge à l'Enfant endormi.* Le 3e pilier du bas-côté gauche recèle encore un boulet français de 1695, fiché dans la pierre.

🐾 *La Bourse (plan couleur II, D6) :* bd Anspach. Pas grand-chose à en dire. À l'aise dans ses habits cossus éclectiques de la seconde moitié du XIXe s, elle impose son arrogance à tous. Dans ses jeunes années, Rodin a collaboré aux frises sculptées du fronton. Sur son flanc gauche, des vestiges en sous-sol de l'ancien couvent franciscain des Récollets, fondé en 1238, ont été mis au jour. On les aperçoit partiellement par des baies vitrées mais on peut aussi les visiter. Ce site s'appelle **Bruxella 1238** : ☎ 02-279-43-76. ● *musees.bruxelles.be* ● *Visite guidée sur résa par tél, puis rdv dans le hall d'entrée de la maison du Roi, sur la Grand-Place, pour l'achat du ticket et le départ de la visite. Billet : env 3 € ; réduc.* Dans ces sous-sols, on a également retrouvé le caveau de Jean Ier, duc de Brabant et fin stratège qui défit en 1288 l'archevêque de Cologne. Pour les passionnés d'histoire et d'archéologie uniquement.

🍷 Et puisque vous êtes là, prenez donc un verre de l'autre côté de la Bourse, au *Falstaff (plan couleur II, D6, 126),* doté d'une des plus belles décorations de boiserie Art nouveau de la ville (voir plus haut « Où boire un verre et rencontrer des Bruxellois(es) ? »).

🐾 De là, les fans de ce style Art nouveau pourront descendre sur quelques dizaines de mètres, vers la gauche, le boulevard Anspach pour voir au n° 85 l'ancien **cinéma Pathé Palace** de 1913, au sommet duquel le coq se dresse toujours fièrement. À voir : un foyer style années 1950 éclairé par les vitres bleu-vert du bow-window. L'architecture est nettement influencée par la Sécession viennoise.

➢ Au-delà de la place de la Bourse et avant la place Fontainas, vers le sud, on peut se balader dans le lacis des rues d'origine médiévale qui composent le **quartier Saint-Jacques** *(plan couleur II, D6),* autour de l'église baroque *Notre-Dame-du-Bon-Secours.* Pas mal de nos adresses de bars et de restaurants se trouvent près de la rue du Marché-au-Charbon, autrefois chemin de pèlerinage menant les routards de l'époque vers Saint-Jacques-de-Compostelle. On peut encore apercevoir les fameuses coquilles en métal doré incrustées dans le pavage devant l'église. Ce balisage du chemin vers Compostelle traverse d'ailleurs tout le Pentagone de la rue de Louvain à la rue Haute.

🐾🐾 *L'église Notre-Dame-du-Bon-Secours :* rue du Marché-au-Charbon. Une des églises baroques les plus intéressantes. Pour la petite histoire, à peine achevée en 1695, elle fut quasiment détruite par les bombardements de Louis XIV et aussitôt reconstruite ! Jolie façade avec fronton en volute, mais surtout plan intérieur original (en cercle et non pas en croix latine). Pas de nef donc, on se retrouve d'emblée sous la coupole hexagonale de forme convexe (en même temps croisée de transept). Encadrée de colonnes à gros chapiteaux corinthiens. Beaux confessionnaux en chêne ciselé du XVIIIe s et autel central baroque en marbre.

🏃 Au-delà du boulevard Anspach, sur la droite quand on vient de la rue du Lombard, la petite *place Saint-Géry* (plan couleur II, C-D6) constitue le cœur historique de la ville. C'est devenu un des coins les plus branchés de Bruxelles, avec ses nombreux bars plébiscités par les noctambules.

Ici, au Xe s, au milieu des marécages de la vallée de la Senne, s'est élevé, selon la légende, le premier castrum fortifié autour duquel sont venues s'agglutiner les premières maisons en bois, noyau de la cité primitive. De tout cela, bien sûr, rien ne subsiste, si ce n'est le lit de la rivière Senne qui permettait un transport fluvial de petit tonnage entre Bruxelles et Anvers, et qui fut voûtée au XIXe s pour de bonnes raisons de salubrité et de moins bonnes raisons d'urbanisme (le percement des boulevards « à la Haussmann »). On peut encore en observer une reconstitution en pénétrant (côté rue de la Grande-Île) dans la cour de l'ensemble de maisons anciennes joliment rénovées par la Ville de Bruxelles (*cour de Saint-Géry,* grille d'accès fermée à la tombée du jour). Dans un décor un peu hors du temps, avec en arrière-plan le clocher du couvent des Riches-Claires, en contrebas d'un escalier de pierre, sous un édifice du XVIIe s (mais voûte et fondations du XVe s), stagne, comme un triste marigot, un des bras de la Senne qui fit jadis la prospérité de Bruxelles.

– *Les halles Saint-Géry :* au milieu de la pl. Saint-Géry. ☎ 02-502-44-24. ● hal lessaintgery.be ● Tlj 10h-18h pour les expos. Entrée gratuite. À l'intérieur, le *Café des Halles* et sa terrasse sont ouverts jusqu'à 22h (plus tard w-e). Ensemble de brique, de fer et de verre construit en 1881 autour d'une fontaine pyramidale. Accueille des expos temporaires liées en majorité à l'architecture et à l'urbanisme. Petit film aussi sur l'histoire de Bruxelles, diffusé en permanence (20 mn). Souvent intéressant. L'animation, elle, est assurée par un agréable bar dont les tables aux beaux jours débordent jusque sur les trottoirs.

– Ce quartier, qui a connu une véritable renaissance après des décennies d'abandon, regorge désormais de cafés, de restos et de petits commerces sympathiques. En témoigne l'émergence de la *rue Antoine-Dansaert* (plan couleur II, C-D5) comme centre d'une mode vestimentaire minimaliste, audacieuse et novatrice, dont quelques labels sont devenus des légendes vivantes dans les milieux de la mode. À arpenter aussi, la *rue des Chartreux,* toute proche, siège de troquets accueillants. Au bout de la rue, la statue du Zinneke, le chien bâtard, lève allègrement la patte pour un petit besoin légitime.

AU NORD-OUEST DE LA GRAND-PLACE, L'ANCIEN PORT ET LE BÉGUINAGE (plan couleur II, C-D5)

Tout ce quartier nord-ouest du Pentagone se situait sur la route marchande qui menait des Flandres au Rhin. Au croisement de celle-ci, les quais du canal du XVIe s vers le nord, l'Escaut et Anvers où déchargeaient les bateaux de commerce. Le port étant devenu trop petit, on déplaça l'activité plus au nord le long du canal prolongé au XIXe s vers Charleroi. Puis l'on finit par recouvrir les canaux ou par les boucher tout simplement. Sous le quai au Bois-à-Brûler passe aujourd'hui... le métro. C'est moins romantique évidemment. Lorsqu'on voit les photos de l'époque, on ne peut que déplorer l'abandon d'une voie navigable qui donnait à ce coin de Bruxelles un cachet incomparable. Agréable et tranquille, plutôt ignoré des touristes, ce quartier propose encore malgré tout, au-delà de la place De Brouckère, son petit lot de curiosités.

➢ Pour s'y rendre, on quitte la Grand-Place par la rue au Beurre, puis à droite la rue des Fripiers jusqu'à la place de la Monnaie.

➢ Remontons vers le nord par le Boulevard Anspach.

🦌 *Le Théâtre royal de la Monnaie* (plan couleur II, D5) : pl. de la Monnaie. ☎ 070-23-39-39 (billetterie). ● lamonnaie.be ● Visite guidée trilingue sept-juin, le sam à 12h. Durée : 1h30. Entrée : 10 € ; env 6 € pour les - de 30 ans. Billets en vente à la billetterie du théâtre (mar-sam 11h-18h) ou à l'office de tourisme Visit Brussels. Départ de la visite au 23, rue Léopold (entrée des artistes).
Construit en 1819, puis restructuré par Poelaert (l'homme du palais de justice) au milieu du XIXᵉ s et une nouvelle fois rénové en 1985, l'ensemble n'a rien d'architecturalement folichon. Au-delà des colonnades de la façade (façon temple grec), vous pouvez jeter un coup d'œil gratuitement sur la déco du vestibule avec ses colonnes gris-blanc de Buren, le plafond « claché » (comme on dit à Bruxelles) par Sam Francis et le pavement de marbre de Sol Lewis. En revanche, historiquement, il est le point de départ des célèbres « journées de septembre 1830 ».
C'est lors d'une représentation de *La Muette de Portici*, opéra du compositeur français Daniel-François-Esprit Auber, que des spectateurs se révoltèrent, mus qu'ils étaient par les chants libérateurs du ténor : « Amour sacré de la patrie, rendsnous l'audace et la fierté ! À mon pays, je dois la vie, il me devra la liberté ! ». Il n'en fallut pas moins pour que se gonflent les rangs des révolutionnaires belges, qui prirent le chemin de l'indépendance... « La Monnaie » est aujourd'hui une scène lyrique nationale incontournable, élue théâtre de l'année en 2011 pour la qualité de ses représentations.
De la place de la Monnaie par la rue Neuve s'étend une longue artère piétonne dédiée entièrement au commerce. Animée la journée, triste et désertée la nuit.

🦌 *La place De Brouckère* (plan couleur II, D5) : flanquée de hideuses tours, elle est aujourd'hui aussi banale et désœuvrée qu'elle fut vivante et animée au début du XXᵉ s. Brel ne chantait-il pas « Place De Brouckère, on voyait des vitrines... » ? Quand on regarde les photos d'époque, on a du mal à en croire ses yeux. Il ne subsiste désormais des ors d'antan que l'hôtel *Métropole* (plan couleur II, D5, 117 ; voir plus haut « Où boire un verre et rencontrer des Bruxellois(es) ? ») – à la façade surmontée d'une statue de la Liberté – et son superbe café Belle Époque. Si vous en avez l'occasion, jetez un coup d'œil à la luxuriante décoration de la **grande salle du cinéma** UGC (ex-Eldorado) inspirée de la faune et la flore africaines dans le plus pur style Art déco.

🦌 *L'église Sainte-Catherine* (plan couleur II, D5, 148) : pl. Sainte-Catherine. On lui jette un œil désabusé en allant vers les anciens quais. C'est encore Joseph Poelaert, certainement l'architecte le moins inspiré de son époque, qui commit cette église néo et post-gothique, comme taillée au marteau-piqueur. Derrière l'église, à présent désacralisée, se trouve la tour Noire, vestige de la première enceinte du XIIIᵉ s, garnie d'un bout de rempart et intégrée à présent à un ensemble hôtelier.

– Sur le coin de la rue Melsens, dans un renfoncement, *La Centrale électrique* (plan couleur II, D5, 190) est un espace muséal qui se destine à l'art contemporain, à la mode et au design à raison de quatre expos par an. Jetez un coup d'œil à la programmation, c'est souvent intéressant et même parfois complètement déjanté.

🦌 *Les anciens bassins* (plan couleur II, C-D5, 157) : ils portent toujours les noms de leur commerce respectif – quai aux Briques, quai au Bois-à-Brûler et, un peu plus au nord, quai aux Pierres-de-Taille, quai au Foin... Comblés au début du XXᵉ s, ils ont évidemment perdu toute leur animation malgré les charmants bassins qui rappellent la vocation disons, « aquatique », du site. Notamment, l'immeuble d'angle au bout du quai aux Briques, appelé le *Cheval marin,* joyau de la Renaissance flamande et autrefois capitainerie du port. Dommage qu'il soit dans un triste état. Les quais sont bordés de restos de poisson (certains excellents) et le quartier en général a un cachet joliment conservé malgré le manque d'animation.

Au bout des quais, côté Marché-aux-Porcs, une étonnante statue rend hommage aux pigeons voyageurs qui étaient autrefois utilisés dans les transmissions des armées. Des colombes décorées pour faits d'armes, c'est un comble !

🏃 *La place Sainte-Catherine et autour :* la place, la rue Sainte-Catherine, la rue du Vieux-Marché-aux-Grains et ses voisines proposent, pour les flâneurs sachant flâner, quelques pignons anciens harmonieux et variés, datant du XVIIe au XIXe s. Il se dégage de l'ensemble une certaine continuité, loin des ruptures brutales des autres quartiers.

➢ De la place Sainte-Catherine, petite incursion dans la rue de Flandre, une des artères les plus anciennes de Bruxelles.

🏃🏃 *La maison de la Bellone* (*maison du Spectacle ; plan couleur II, C5*) *: rue de Flandre, 46.* ☎ *02-513-33-33.* ● *bellone.be* ● *La cour est accessible lun-ven 10h-18h. Fermé en juil.* Invisible de l'extérieur car nichée au fond d'un passage donnant sur la populaire rue de Flandre, c'est l'une des plus splendides façades de Bruxelles, créée par Jean Cosyn, l'architecte de la Grand-Place. Mélange splendide de transition entre baroque tardif et néoclassicisme français. Noter aussi la façade opposée, noire et discrète, qui lui répond de manière contemporaine et acoustique... Protégée par un toit translucide, la cour sert de décor rêvé à des lectures et autres représentations artistiques (théâtre, danse, et audiovisuel) organisées par le centre culturel qu'est la maison de la Bellone (programme sur le site internet). Côté rue, le *Bellone Café* offre une agréable pause pour un verre ou un repas à l'italienne.

🏃 Entre la place du Marché-aux-Porcs et la place du Nouveau-Marché-aux-Grains, un bout de quartier populaire où se côtoient le meilleur et le pire. Dans une section de la rue Rempart-des-Moines qui donne sur la rue de Flandre, *la rue de la Cigogne* (*plan couleur II, C5*), avec son porche baroque joliment ouvragé, est emblématique des très nombreuses impasses bruxelloises, chacune véritable microcosme social, parsemant le tissu urbain au XIXe s.

🏃 *L'église Saint-Jean-Baptiste-du-Béguinage* (*plan couleur II, D5,* **149**) *: pl. du Béguinage. Tlj sf lun 10h-17h (20h dim).* Sur une place agréable et pavée, tranquille comme tout, vous voici face à la plus élégante et la plus pure église en baroque flamand du XVIIe s de Bruxelles. Façade pas provocante, bien équilibrée, composée de trois registres indépendants. Si l'extérieur est baroque, l'intérieur reste gothique, avec notamment les voûtes à nervures et son plan en croix latine. Ce mélange réussi entre les styles reste l'une des particularités de cette église.
– À proximité, l'*hospice Pachéco* donne une touche paisible au décor par l'ordonnance toute néoclassique de sa longue façade blanche. Les éclairages jaunes de la nuit apportent une note un peu fantastique à ce quartier peu fréquenté.

🏃 *Le Théâtre flamand* (*plan couleur II, D4*) *: situé au bout du quai au Foin et du quai aux Pierres-de-Taille.* Un bien curieux bâtiment. Hybride est presque un euphémisme pour qualifier cette structure « pagodisante », jouant à merveille des matériaux à la mode à la fin du XIXe s, et surtout du fer. Sa façade reprend des éléments propres à la Renaissance, tandis que ses flancs, gonflés de balcons-terrasses de tailles décroissantes, évoquent presque une pyramide.

🏃 Dans la *rue de Laeken* (*plan couleur II, D4-5*), entre la rue du Pont-Neuf et la rue du Cirque, intéressante rénovation qui a heureusement tenu compte du modèle et des gabarits de la maison bruxelloise du XIXe s. Beaucoup de magasins et d'appartements restent toutefois inoccupés. Au n° 73, petit *musée belge de la Franc-Maçonnerie :* ☎ *02-223-06-04. Mar-ven 13h-17h (16h en été), sam 13h-16h (fermeture caisse 45 mn avt). Entrée : 6 € ; réduc.* ● *museummacionicum.be* ●

Parallèlement à la rue de Laeken, le boulevard Émile-Jacqmain, qui était devenu l'un des symboles honteux d'un abandon total de fierté urbanistique, a été presque entièrement refait et accueille, près du boulevard de la petite ceinture, le nouveau **Théâtre national** *(plan couleur II, E4).*

Des boulevards à la cathédrale

🏃 Au-delà de la petite ceinture, dans le prolongement du boulevard Émile-Jacqmain, s'étend le boulevard du Roi-Albert-II *(plan couleur II, E4).* On y aperçoit les tours d'un quartier administratif qui se voulait (selon les projets des promoteurs des années 1960) un nouveau Manhattan organisé autour d'un *World Trade Center.* Ne vous y promenez pas la nuit, les trottoirs sont squattés par un escadron de tapineuses. Dans la journée, en revanche, ceux que cela intéresse pourront aller découvrir une quinzaine d'œuvres monumentales de sculpteurs belges, plutôt bien intégrées dans l'environnement futuriste de la tour *Belgacom* ou du complexe de communications de la **gare du Nord.** On distinguera entre autres la *Fontaine* de Pol Bury ou la *Légende* de Rombouts et Droste.

🏃 En revenant vers la place Rogier *(plan couleur II, E4)* qui évoque ce qui se fait de pire dans les villes américaines, parallèle au boulevard Adolphe-Max, on tombe, au beau milieu de la foule déambulant **rue Neuve,** près du complexe commercial *City 2,* sur le bloc de béton ravalé du grand magasin *Inno.* Cette construction sans grâce a remplacé l'ancien bâtiment construit par Victor Horta et dont l'incendie tragique fit 350 victimes en 1967.

🏃🏃 *L'église Notre-Dame-du-Finistère (plan couleur II, E5)* **:** rue du Pont-Neuf, 45. Construite au début du XVIIIe s en style baroque classique. C'est l'intérieur qui se révèle étonnant, tout y semble démesuré ! Colonnes aux énormes chapiteaux et, sur les côtés, beaux lambris sculptés intégrant harmonieusement les confessionnaux, chœur en cul de four abondamment stuqué, impressionnant chemin de croix fait de grandes peintures, orgue monumental sculpté et orné de nombreux angelots... Mais le must, c'est la chaire, dans le genre baroque délirant, un vrai chef-d'œuvre !

Toujours dans la *rue Neuve,* direction place de la Monnaie, quelques rescapés d'une époque révolue, comme la large maison espagnole avec pignons à gradins, le paquebot Art déco de l'ancien cinéma *Métropole,* masqué derrière la devanture d'une chaîne de vêtements, puis les cariatides et la haute verrière du **passage du Nord** vers la place De Brouckère, jadis haut lieu de l'élégance bourgeoise. La nuit, cette rue Neuve ressemble à un coupe-gorge, ainsi que ses petites rues perpendiculaires bien glauques (comme la rue du Finistère).

🏃 *La place des Martyrs (plan couleur II, E5, 150) :* la bien nommée ! Difficile de savoir pourquoi la plus belle place néoclassique de Bruxelles fut laissée si longtemps en état de décomposition avancée avant d'entamer sa réhabilitation en logements et bureaux. Elle abrite à présent les institutions du gouvernement de la communauté flamande. La technique choisie est celle du façadisme, technique très bruxelloise qui consiste à tout détruire sauf la façade et à reconstruire derrière selon les impératifs de fonctionnalité. Cette rénovation lui a restitué l'éclat qui fut le sien à sa création à la fin de la période autrichienne. Au centre, une crypte et un mémorial rendant hommage aux combattants de la révolution belge de 1830.

🏃🏃 🏃 *Le Centre belge de la bande dessinée (CBBD ; plan couleur E5, 152) :* rue des Sables, 20, 1000. ☎ 02-219-19-80. ● cbbd.be ● ⚐ 🚇 De Brouckère. Tlj sf lun 10h-18h. Fermé le Jour de l'an et à Noël. Entrée : 8 € ; réduc. Avec le billet d'entrée, accès gratuit à la bibliothèque sf dim-lun (16 ans min) et à la salle de lecture. Attention, ni vestiaire ni consigne.
Il est aussi familièrement appelé le « cébébédé ». Un lieu passionnant... du moins pour les passionnés, divisé en sections didactiques, rendant bien hommage, de façon très consensuelle, à ce 9e art dont la Belgique a été le fer de lance, à défaut

d'en être le berceau. Partie prenante de l'économie belge, *Tintin* et *Bob et Bobette* ont été respectivement vendus à plus de 100 millions d'exemplaires. Ça valait bien un musée ! Mais avant de faire la visite, quelques mots sur l'édifice : c'est en 1905 que Victor Horta réalise, pour le compte d'un important grossiste en textile, ce superbe édifice Art nouveau. Les nouveaux magasins *Waucquez* étaient nés. La fonte, alliée au verre, permet des mariages architecturaux inouïs pour l'époque. Façade légèrement incurvée, vaste hall, omniprésence du verre, escalier monumental et balustrade aux ferronneries végétales. En 1970, *Waucquez* ferme ses portes, le bâtiment est abandonné et tombe en décrépitude. Il faut attendre 1983 et un gros déploiement d'énergie pour sauver ce lieu et le transformer en ce magnifique temple de la bande dessinée. On note évidemment dès l'entrée, dans le hall, l'étonnant lampadaire central, la fusée lunaire d'Hergé, réalisée en bois par les élèves d'une école de menuiserie et offerte au musée, le buste de Tintin et la 2 CV de Boule et Bill, qui fut offerte par l'éditeur à Roba pour la 1 000e page de ses histoires parues dans *Spirou*.

Ironie de l'histoire, la B.D. est née à peu près à la même époque que l'Art nouveau. En 1896 pour être précis, aux États-Unis, avec *The Yellow Kid,* première association véritable de textes et d'images. Cependant, avec le temps, la muséographie a mal vieilli : présentation devenue démodée, planches mal éclairées dans certaines salles, etc. Le musée est donc entré dans un processus de rénovation totale. Déjà, aujourd'hui, les expos temporaires, fort bien réalisées, apportent un bon coup de jeune aux collections.

– *Au rez-de-chaussée :* la *boutique*, une *salle de lecture* avec plus de 3 000 B.D. en accès direct *(mar-jeu 10h-17h, ven-sam 10h-18h, dim 12h-18h. Fermé lun. Accès à ts: 0,50 €/j., sans obligation de visiter le musée)*, et la *bibliothèque*, une des plus, voire LA plus fournie au monde, puisqu'elle recèle quelque 70 000 titres en une quinzaine de langues *(mar-jeu 12h-17h, ven 12h-18h, sam 10h-18h. Fermé dim-lun. Droit d'entrée : 1,20 €/j. pour les + de 16 ans, sans obligation de visiter le musée).* Toujours au rez-de-chaussée, *l'espace Horta* explique l'histoire du bâtiment et accueille une petite expo sur l'Art nouveau ; il est prolongé par une *brasserie-restaurant*.

– *L'escalier :* monumental, évidemment. Attention, en descendant les marches de ne pas tomber comme le fait Haddock dans *Les Bijoux de la Castafiore* car – l'avez-vous remarqué ? – une des marches est cassée, comme à Moulinsart... Cela n'a même pas été fait exprès mais on a conservé ce clin d'œil !

– *À l'entresol :* expo sur la naissance d'une B.D., où toutes les phases d'élaboration d'une B.D. sont minutieusement passées en revue. Scénario, colorisation, marketing, produits dérivés... Dans la salle Saint-Roch, on expose par roulement 200 des 6 000 planches originales d'artistes internationaux que conserve le musée. On s'aperçoit notamment que la plupart des planches sont réalisées sur un grand format (voisin du A3) et qu'elles sont réduites seulement après, afin de conserver la qualité du détail. Petite salle où l'on projette un document en rapport avec l'expo temporaire du 1er étage.

– *Au 1er étage :* on y trouve, autour du puits de lumière, une expo temporaire sur un artiste et, plus loin, le *musée de l'Imaginaire*, dédié aux grands de la B.D., ceux qui ont commencé à être publiés en Belgique avant 1960. Chacun possède son petit univers recréé pour lui autour de son personnage phare. À tout seigneur... tout honneur, Hergé est servi en premier : éditions originales de *Tintin*, nombreux portraits du petit reporter,

VOTRE NOM, MON CAPITAINE ?

Tiens, au fait, savez-vous pourquoi le capitaine Haddock s'appelle ainsi ? Au moment de choisir son nom, Hergé n'avait pas d'idée. Il entra dans la cuisine où il demanda à sa femme ce qu'il y avait à manger à midi. « Du haddock ! », répondit Madame. « C'est le nom qu'il me faut », répondit le dessinateur. Heureusement que ce jour-là Mme Hergé n'avait pas acheté du maquereau !

le capitaine Haddock dans tous ses états, une réplique du fétiche en bois de *L'Oreille cassée*... Concernant Tintin, quand on y réfléchit bien, on s'aperçoit que notre héros est un type assez lisse, plutôt neutre, sans défaut, sans travers... bref, assez ennuyeux. Certains disent que c'est cette neutralité qui le rendit universel. Tintin est une enveloppe dans laquelle tout le monde peut facilement se glisser, grâce à un dessin simplifié à l'extrême (à peine une bouche). Ceux qui l'entourent sont plus « vivants » que lui. Haddock, par exemple, hurle, jure, se met en colère, picole... Tournesol est un chercheur passionné et sourd, les Dupondt se rendent sympathiques par leurs maladresses et leurs limites... À l'entrée de cette section, voir aussi les portraits de ce qui n'était à l'époque que Totor, le grand frère de Tintin déjà dessiné par Hergé. Tiens, une petite anecdote au passage sur la houppette de Tintin ! En relisant *Tintin au pays des Soviets* (son premier album), on s'aperçoit que la mèche relevée sur la tête n'arrive qu'après quelques pages. Hergé lui dessine d'abord une mèche qui tombe. Mais, au cours de l'histoire, notre héros chute au bout de quelques pages dans une voiture décapotable qui roule à vive allure. Sa mèche se relève naturellement, à cause de la vitesse. Ça plaît à Hergé... qui ne la fera jamais retomber.

D'autres sections nous font également découvrir Jijé, le père de *Spirou*, qui fit faire à Will, Morris et Franquin leurs premiers pas. Une planche du premier *Spirou* de 1938 présente la création du personnage, dans laquelle le dessinateur se met lui-même en scène en train de créer son petit groom avec beaucoup d'humour. Jijé sera sans doute le premier dessinateur à mettre en scène un héros noir avec Cirage, dans *Blondin et Cirage*. En plus, Cirage est intelligent, ce qui n'était pas très bien vu en 1939 ! Le personnage dut disparaître durant l'Occupation, sur ordre des Allemands. Un autre truc marrant : regardez de près la planche où Jijé se voit accusé par Hergé de plagier Tintin avec son personnage de Jojo. Il répond simplement en faisant trois dessins qu'il envoie à son accusateur. On vous laisse découvrir ! Morris et Franquin, juste après la guerre, suivirent Jijé aux États-Unis, où ils dormaient dans son garage ! Ce qui n'empêchait pas Franquin de continuer à envoyer régulièrement des planches au *Journal de Spirou*...

Tiens, à propos du *Journal de Spirou*, saviez-vous que c'est parce que la B.D. américaine était interdite par les Allemands pendant la dernière guerre que le fameux magazine recruta parmi les auteurs belges ? Et que cela expliquerait – en partie – l'essor du 9e art en Belgique... Bien sûr, il y a d'autres tentatives d'explication, notamment celle du phénomène Hergé ou encore celle selon laquelle le peuple belge, ne sachant plus à quelle langue se vouer suite au grand nombre d'occupations étrangères, se serait finalement rabattu sur le dessin, jugé plus efficace, pour exprimer ses idées... Ce qui est sûr, c'est que le pays compte aujourd'hui un dessinateur professionnel pour 30 000 habitants. Un record... probablement mondial !

Mais revenons à notre visite, avec Jacobs, créateur de *Blake et Mortimer*, ancien baryton qui faisait de la B.D. « en plus ». Dans la vitrine reconstituant son atelier, on voit la célèbre *marque jaune* peinte sur sa table de travail. Et encore Bob de Moor, collaborateur d'Hergé pendant plusieurs décennies. Franquin possède également son petit coin où l'on voit le célèbre Gaston Lagaffe, parfait anti-héros, premier du genre dans la B.D. européenne. Personne ne croyait à son succès. Vandersteen, papa de *Bob et Bobette*, Jacques Martin, Tibet *(Ric Hochet)*, Roba *(Boule et Bill)* et, bien sûr, Peyo, dont les mondialement célèbres petits êtres bleus ne furent, au départ, qu'une émanation passagère des aventures de *Johan et Pirlouit*. Les lecteurs en redemandèrent (voir la vitrine d'objets *schtroumpfs*) ! Tiens, un petit mot sur Morris, qui, mauvais élève, caricaturait ses profs pendant les cours. Il conserva tous ses dessins d'enfant et les réutilisa dans *Lucky Luke* pour ses personnages... de croque-morts !

– *Au 2e étage :* la B.D. moderne. Présentation de l'évolution des grands courants esthétiques de la B.D. européenne. Cet étage renouvelle régulièrement les thèmes d'exposition. Plein de choses encore à découvrir, en tout cas, à dénicher. Vraiment passionnant, même si le musée, pour ceux qui le visitent souvent, ne se renouvelle pas toujours assez. À suivre...

|●| ▼ On peut grignoter un bout ou boire un verre à la *cafétéria Horta* du rez-de-chaussée ou au *café du Meyboom* en face.

– Également en face, la *Fondation Marc Sleen,* du nom de l'un des dessinateurs les plus populaires en Flandre grâce à *Néron,* son personnage fétiche. La Fondation, gérée par le CBBD, se situe dans des locaux des anciennes *Presses socialistes* à quelques mètres seulement des bâtiments des éditions Standaard à l'endroit où son personnage a été créé !

➤ Pour revenir vers le centre, après la visite du Centre belge de la bande dessinée, on peut emprunter la *rue du Marais,* puis la rue *Montagne-aux-Herbes-Potagères.* À l'angle de la rue *Fossé-aux-Loups,* bel immeuble d'angle abritant la *Caisse générale d'épargne et de retraite,* dont l'arrondi adoucit la dureté du placage de bronze qui le recouvre. Juste en face, un immeuble qui mérite un coup d'œil pour son style paquebot. En face, l'hôtel *Radisson-SAS,* qui emprunte avec une certaine réussite la grammaire de l'architecture Art déco. Dans le vaste hall, un pan de l'enceinte médiévale de la ville, menacé par les pioches, a été finalement conservé. Curieux effet que ce choc des siècles en ce lieu.

Le choc des siècles est encore plus évident lorsque, en remontant la rue d'Assaut, on aperçoit la façade de la cathédrale.

🏛 *La cathédrale Saints-Michel-et-Gudule* (plan couleur II, E6) : *pl. Sainte-Gudule. Infos :* ● *cathedralestmichel.be* ● *Visite libre lun-ven 7h-18h, sam 8h30-15h30, dim 14h-18h. Crypte romane : sur rdv slt (*☎ *02-219-75-30) ; 2,50 €. Musée du trésor : tlj 8h-18h ; 1 €. Vestiges archéologiques : tlj 10h-12h30 (sf dim), 14h-17h (15h sam) ; 1 €. Billet combiné : 3 €.* Elle a été remise à neuf après 20 ans de travaux ininterrompus. Anciennement collégiale Saint-Michel, l'église fut à moitié débaptisée pour faire un peu de place à sainte Gudule. Pour rendre hommage à sainte Gudule, disons simplement qu'elle était une sainte carolingienne qui défia le Diable et dont les reliques furent conservées dès le Xe s. Son statut de cathédrale est récent.

Bien bel édifice, planté au sommet d'une colline et malheureusement flanqué aujourd'hui de bâtiments insipides. Du fait de la durée de la construction, les styles se mélangent allégrement, sans trop se bousculer : roman, gothique primaire puis tardif, et même baroque. Les deux grandes tours du XVe s, très épurées, mais restées sans flèches, s'élancent en façade, bien symétriquement. On y retrouve les marques du gothique brabançon.

À l'intérieur, vaste nef élancée aux élégantes proportions, séparée des bas-côtés par de lourdes colonnes où s'adossent 12 apôtres baroques et massifs. Noter la différence de facture entre les piliers sud du XIVe s et ceux du nord réalisés un siècle plus tard. Les chapiteaux de ces colonnes massives sont ornés de feuilles de chou typiques du style brabançon. Parmi les autres chefs-d'œuvre, voir l'élégant triforium aux arcatures trilobées et la lourde chaire « baroque naturaliste », qui repose sur un *Adam et Ève.* La mort rôde sous la forme d'un élégant squelette (noter le souple mouvement du pied). Le chœur, partie la plus ancienne, participe du style gothique primaire. Le chevet a conservé des éléments romans. La chapelle du Saint-Sacrement abrite un admirable autel de chêne sculpté de style gothique tardif très ouvragé.

Les autres chefs-d'œuvre auxquels il vous faudra jeter un œil sont *les vitraux,* réalisés par Bernard Van Orley, peintre au service de Marguerite d'Autriche qui en réalisa les cartons. Parmi ceux-ci, les remarquables vitraux du XVIe s de la chapelle du Saint-Sacrement qui narrent l'histoire du vol des hosties et du « miracle » (voir encadré). En tournant le dos à l'autel, au-dessus de la tribune, un autre superbe vitrail, *Le Jugement dernier,* avec ses beaux bleus, ses verts éclatants et son jaune lumineux. Ceux du transept sont également remarquables. Ils mettent en scène d'un côté Charles Quint et Isabelle de Portugal et, dans le bras sud, Marie de Hongrie, sœur de Charles Quint et gouvernante des Pays-Bas, avec son mari défunt, Louis II, roi de Hongrie. Une anecdote : des trous dans les vitraux laissent passer les rayons du soleil au moment du solstice d'été. Le déambulatoire donne accès à la chapelle de la Vierge, baroque.

On peut également visiter, dans la **crypte**, les vestiges de l'église romane, sous la cathédrale. Caveau de Jean II, orné de calligraphies de l'époque de Philippe le Bon et graffitis remontant vraisemblablement au XIIᵉ s.

Nombre des œuvres d'art furent offertes par Charles Quint au XVIᵉ s. On célébra longtemps le miracle des hosties (voir encadré) lors d'une procession annuelle dite du « Saint-Sacrement ». Après bien des tergiversations historico-religieuses, on décida

> ## UNE AFFAIRE
>
> *Nombre de vitraux et de peintures de la cathédrale évoquent des épisodes de la sinistre affaire du « miracle du Saint-Sacrement », où des juifs, au XIVᵉ s, auraient dérobé et profané des hosties consacrées. C'était, comme chacun sait, leur passe-temps préféré, lorsqu'ils ne mangeaient pas des petits enfants chrétiens ! Mais voilà, de ces hosties, du sang se serait écoulé, constituant le « miracle ». Les juifs accusés furent condamnés au bûcher. Nous étions en pleine épidémie de peste et, comme toujours, les juifs trinquèrent les premiers. Bien que le vol n'eût jamais été prouvé, cette légende donna l'occasion à différents artistes de narrer cette injustice sur vitraux, tapisseries et toiles.*

en 1977 d'apposer une plaque remettant en cause la véracité de l'histoire et du miracle afin de « réparer » les dommages causés aux juifs de l'époque et pour qu'aujourd'hui les vitraux cessent de choquer la communauté juive et d'alimenter le ressentiment. On trouve cette plaque sur le mur de la chapelle du Saint-Sacrement, dans la partie payante de la cathédrale.

À signaler pour les ornithologues : un couple de faucons pèlerins a élu domicile dans une des tours et l'éclosion de quatre œufs avec des petits fauconneaux a été observée en avril 2011. Grand branle-bas chez les *birdwatchers* !

➤ Retour vers la Grand-Place, par la rue de la Montagne *(plan couleur II, E6)*.

VERS LE QUARTIER DU SABLON ET DU PALAIS ROYAL *(plan couleur II et III)*

➤ Pour gagner ce quartier depuis la Grand-Place, prendre la rue Charles-Buls entre l'Étoile et l'hôtel de ville. À l'angle de la rue des Brasseurs, une plaque rappelle le site où s'élevait l'hôtel dans lequel Verlaine blessa Rimbaud au poignet après avoir acheté son revolver dans les galeries royales Saint-Hubert. Ah ! l'amour...

Au-delà de la rue du Lombard, le petit bonhomme le plus célèbre du monde :

🏹🏹🏹 *Le Manneken-Pis (plan couleur II, D6, 143)* : *à l'angle de la rue de l'Étuve et de la rue du Chêne.*

La carte postale la plus vendue de Belgique ! Eh oui ! Comme tout le monde, vous vous direz : « Oh, comme il est petit ! » 55,5 cm, pas un de plus, mais c'est un grand monument ! De plus, par rapport à la taille, la longueur du jet est infiniment respectable. Si la petite statue date du XVIIᵉ s, il existait depuis le XIVᵉ s une fontaine de pierre, la *fontaine du Petit-Julien*, où les femmes venaient puiser l'eau, tout simplement. On y adjoignit en 1619 ce petit bonhomme de bronze, sculpté par Jérôme Duquesnoy. Il symbolise l'irrévérence et une certaine indépendance d'esprit en faisant devant tout le monde ce que d'habitude l'on fait en cachette. En effet, c'est le seul « petit bonhomme » *(Manneken)* qu'on connaisse qui pisse dos au mur. Au rayon des anecdotes, avez-vous remarqué qu'il est gaucher ?

Depuis toujours, la tradition veut que les hôtes de la ville lui offrent un costume. Le premier fut Maximilien de Bavière, vainqueur du tir au *papegai* en 1698, qui lui fit cadeau d'un beau costume bleu et blanc. On rappelle que la plupart de ses panoplies (dont un costume de *Routard*) sont visibles, par roulement, au musée de la Ville de Bruxelles, dans la maison du Roi, sur la Grand-Place. C'est, en fait, le plus petit top-model du monde.

Le Manneken possède une grâce et un sourire espiègle qui le rendent particulièrement sympathique. Bien sûr, sa vie fut mouvementée. L'original fut conservé intact jusqu'à ce que les armées de Louis XV l'amputent d'un bras (on ne sait pas si c'est la main qui tient son jésus ou l'autre). Pour s'excuser, Louis XV lui-même lui offrit un superbe costume de style... Louis XV. En 1817, il fut arraché de son socle par un ancien forçat qui voulait se venger des institutions. Celui-ci se retrouva au violon pour 20 ans et se fit marquer au fer rouge en place publique. Régulièrement chahuté par les étudiants, il fut même enlevé par des Anversois en 1963, puis en 1965, on le retrouva dans le canal. Il continue vaillamment, depuis, son petit bonhomme de pipi et n'est jamais à court de liquide. Il faut dire qu'il possède une vraie nounou en la personne de son habilleur officiel, qui le change régulièrement. Vous aurez peut-être l'occasion d'assister à l'inauguration d'un nouveau costume. Sur la droite de la fontaine, sa petite échelle.

Sachez encore que son débit est réglable et parfois, lors de certaines fêtes, il arrose jusqu'au milieu de la chaussée. De temps à autre, on lui fait même uriner de la bière. En 2007, il a même servi à une campagne de sensibilisation contre le cancer de la prostate : il ne pissait plus qu'au goutte à goutte !

Et puis les nostalgiques et nos lecteurs aux cheveux blancs se rappelleront peut-être la chanson

> ### QUI ÉTAIT LE MANNEKEN-PIS ?
>
> *Deux légendes circulent à propos des origines du petit arroseur. L'une raconte qu'un enfant aurait éteint, de cette façon, la mèche d'une bombe avec laquelle les ennemis voulaient faire sauter la muraille de la cité ; l'autre, qu'un enfant perdu aurait été retrouvé par son père, un riche bourgeois de Bruxelles, dans la position qu'on lui connaît.*

de Maurice Chevalier, *Manneken-Pis, petit homme de Bruxelles.*

Le petit garçon a aujourd'hui une petite compagne, *Jeanneke-Pis,* dans une impasse de la rue des Bouchers, de toutes pièces créée à des fins commerciales, et on leur a adjoint un petit chien leveur de patte : le *Zinneke-Pis,* du côté de la rue des Chartreux. Tout ça ne pisse pas bien loin !

➤ **Du Manneken-Pis à la place du Grand-Sablon :** remonter la rue du Chêne *(plan couleur I, D6 et plan couleur III, H7).* Au n° 27, vénérable maison du XVII⁰ s. Au bout de la rue, charmante place triangulaire de la Vieille-Halle-aux-Blés avec ses quelques façades romantiques et ses vieux pignons décrépis. Plutôt calme aujourd'hui, alors qu'un relais de poste l'animait autrefois. Du côté des toits, vers la rue du Lombard, on aperçoit la piscine de verre de l'hémicycle du Parlement de la région bruxelloise qui est venu coiffer le bâtiment néoclassique de l'ancien Palais provincial. Une réussite architecturale incontestable... De la terrasse qui surplombe la rue, les élus bruxellois ont une vue imprenable sur les tours du paysage urbain. Certains d'entre eux se sont promis d'en faire raser les plus choquantes.

🎵 **Les Éditions Jacques Brel** *(plan couleur III, H7, 159)* **:** pl. de la Vieille-Halle-aux-Blés, 11, 1000. ☎ 02-511-10-20. ● *jacquesbrel.be* ● Mar-dim 12h-18h ; tlj en juil-août 10h-18h (fermeture caisse à 17h30). Entrée expo : 5 € *(audioguide compris)* ; gratuit pour les - de 12 ans. Promenade : 8 €, plan et audioguide compris. Billet combiné (expo + promenade) : 10 €. Un petit espace consacré au grand Jacques, qui présente l'expo thématique « J'aime les Belges ! », sur les relations de l'artiste avec les gens de son pays : projections vidéos et images d'archives (témoignages, interviews, morceaux de chansons filmés lors de concerts), reconstitution d'un intérieur d'appartement et d'un studio d'enregistrement ; le tout agrémenté d'objets personnels, manuscrits, photos, agendas... Compter au moins 1h de visite. Également la possibilité de réaliser une promenade à pied de

2h40 dans le cœur de Bruxelles, sur le thème « *J'aime l'accent bruxellois* ». On découvre alors ces lieux que Brel a côtoyés et aimés, en compagnie de sa famille, de ses amis, et de ses chansons. Une expérience riche en émotions.

➢ De la place de la Vieille-Halle-aux-Blés, les trekkeurs urbains impénitents et amoureux d'histoire ancienne feront un crochet par la *rue de Villers* (en coin) où s'élève un gros bout de muraille avec tour et vestiges de la première enceinte longue de 4 km qui ceinturait la ville au XIIIe s. À sa gauche, une belle maison rénovée qui se pare d'un porche au-dessus duquel est enchâssé l'un des boulets du bombardement de Bruxelles en 1695.

Plus haut, on aboutit à la *place de Dinant* où le charme du centre-ville se rompt tout net, coupé par le large boulevard de l'Empereur, qui couvre en fait le passage souterrain des voies de chemin de fer reliant la gare du Midi à la gare Centrale. De l'autre côté du boulevard, voir la *tour Anneessens,* autre vestige de la première enceinte de la ville.

Ceux qui préféreront passer de la place Saint-Jean au Sablon en empruntant la *rue de l'Hôpital* et la *rue Lebeau,* par le passage sous le boulevard de l'Empereur, croiseront une curieuse forêt de 89 mâts de drapeaux aux cinq nuances de bleu-vert plantés sur l'insignifiant espace appelé *place de la Justice.* Il ne s'agit pas d'une quelconque implantation destinée à annoncer un événement culturel, mais bien d'une œuvre commandée à Daniel Buren par la Ville de Bruxelles. Une façon intelligente de réhabiliter un espace urbain défiguré.

LE QUARTIER DU SABLON

🕺 *L'église Notre-Dame-de-la-Chapelle* (plan couleur III, H7, *144*) *:* pl. de la Chapelle. ☎ 02-213-00-65. Tlj 9h-19h (18h nov-fév), sf pdt les offices. Postée à la frontière entre les Sablons et les Marolles, elle se situait en dehors de la première enceinte, et donc dans le faubourg. C'est un bel exemple de gothique brabançon, caractérisé par sa grosse tour-porche carrée. Au-dessus de la porte, une *Sainte-Trinité* de Constantin Meunier, sculpteur talentueux du XIXe s. Construite au XIe s et maintes fois remaniée, l'église abrite un mémorial dédié à **Bruegel l'Ancien,** situé dans la quatrième chapelle du collatéral de droite. Rappelons que Bruegel peignit essentiellement des scènes paysannes et qu'il fut un observateur précis des traditions populaires de son époque. Il vécut un temps aux Marolles, juste à côté, dans la rue Haute. À l'intérieur toujours, belle chaire baroque représentant Élie au désert, avec palmiers tenant le baldaquin et arbres exotiques. À gauche du porche, le sous-sol de la place triangulaire recèle un ancien cimetière médiéval. En sortant, passer derrière l'église pour en observer le chevet, parfaite transition entre le roman et le gothique, architecture rare en Belgique. Le dimanche matin, l'église est le rendez-vous de la très religieuse communauté polonaise de Bruxelles.

🕺🕺 *La rue de Rollebeek* (plan couleur III, H7) *:* lit d'un ancien ruisseau qui dévalait vers la Senne. Charmante comme tout, pavée et piétonne, bordée de belles maisons occupées par des antiquaires et de petits restos, elle fait la jonction jusqu'à la place du Grand-Sablon. Au n° 7, deux adorables maisons siamoises, toutes de briques vêtues et surmontées de pignons à redans.

🕺🕺🕺 *La place du Grand-Sablon* (plan couleur III, H-I7) *:* cette jolie place bourgeoise de forme triangulaire, bordée de demeures anciennes, s'impose comme l'un des symboles du charme et de l'art de vivre bruxellois. C'est le coin tranquille et chic de la ville, où se sont installés des boutiques d'antiquités, des restos et le célèbre *pâtissier Wittamer,* l'un des meilleurs fournisseurs de la Cour. Sans oublier, dans le bas de la place, le désormais incontournable **Pierre Marcolini** (qui fut apprenti chez Wittamer), le chocolatier « Haute Couture » au comptoir aussi sélectif qu'une vitrine de joaillier.

Au départ, il y avait des marais sablonneux (d'où le nom de Sablon), puis un cimetière. Il fallut attendre le XVIIIe s pour que la bourgeoisie s'y installe. Aujourd'hui, c'est un centre animé où le samedi toute la journée et le dimanche matin se tient un marché aux antiquaires. Attention, il ne s'agit pas de brocante ni de puces mais d'antiquités, chères, voire fort chères.

Au centre, une fontaine offerte par un exilé écossais en remerciement de l'hospitalité qu'il reçut de la part de la ville au XVIIIe s. Dommage tout de même, que la moitié de la place soit constituée d'un parking à ciel ouvert.

🏹 **L'église Notre-Dame-du-Sablon** (plan couleur III, I7-8, **145**) : ☎ 02-511-57-41. Ouv en sem 9h-17h, sam 9h30-17h et dim 13h-17h.
Ancien oratoire qui se transforma en une église importante à cause d'une légende, au XIVe s. L'histoire met en scène Béatrice Soetkens, une sorte de Jeanne d'Arc locale, qui entendit des voix lui imposant d'aller à Anvers pour voler la Vierge à la branche située dans l'église Notre-Dame. Elle vola donc la statue et fila en barque sur l'Escaut jusqu'à Bruxelles. Des arbalétriers, voyant la Vierge, protégèrent Béatrice et décidèrent de transformer l'oratoire en une vraie église capable d'accueillir des pèlerins. La statue fut détruite mais l'église fut conservée et embellie. De là naquit une procession annuelle menée par les arbalétriers, qui se transformera en Ommegang, impressionnant cortège historique qui se perpétue encore de nos jours et qui part toujours de cette église.

– L'extérieur : élégante façade de style gothique flamboyant avec sa rosace bien équilibrée. Ravalée, elle brille comme un sou neuf. Caractéristique du gothique brabançon, une tourelle à la croisée des transepts. C'est d'ailleurs à son sommet qu'on accrochait un perroquet lors du concours annuel du meilleur arbalétrier. En l'an 1615, l'**archiduc Albert,** souffrant de goutte, ne put y participer et c'est son épouse **Isabelle** qui le remplaça. Et elle gagna le concours ! Nombreux furent les serments (corporations militaires) à vénérer leur saint patron dans cette église : arbalétriers bien sûr, mais aussi arquebusiers, archers, escrimeurs... Entrée par le transept sud.

– L'intérieur : de style gothique brabançon, avec ses chapiteaux ornés de feuilles de chou frisé que supportent 12 apôtres, comme à Saints-Michel-et-Gudule. Beau triforium aveugle et voûte de la nef très marquée par ses croisées d'ogives. La chaire baroque (et un peu lourde) évoque les quatre évangélistes : Luc (le bœuf), Marc (le lion), Matthieu (l'ange) et Jean (l'aigle). Devant le chœur, côté gauche, une copie de la fameuse Vierge à la branche et, au-dessus de la porte sud, une sculpture évoquant la légende, où apparaît Béatrice dans sa barque, rapportant la Vierge d'Anvers. Dans le transept nord, la chapelle des **Tour et Tassis,** famille célèbre chargée par Charles Quint de mettre en place le service postal de l'empire. L'église était appréciée de Paul Claudel, alors ambassadeur de France à Bruxelles, qui venait y prier chaque matin. Près de la chaire baroque, une inscription rappelle sa dévotion.

– Le chœur : un vrai chef-d'œuvre avec ses fines colonnes, ses nervures très marquées et son ensemble de vitraux ravissants qui font penser à ceux de la Sainte-Chapelle à Paris.

🏹 **La place du Petit-Sablon** (plan couleur III, I8) : si la place du Grand-Sablon est en partie transformée en parking, celle du Petit-Sablon est un vrai jardin agréable, petit parc clos par une grille dont les colonnes sont surmontées de superbes statues de bronze rendant hommage à toutes les corporations du XVIe s. On y voit en vrac chaisier, chaudronnier, menuisier, forgeron... tous représentés avec leurs outils. Travail remarquable. Coquetterie suprême, chaque colonne est agrémentée d'un motif géométrique différent. De même, chaque portion de grille entre les colonnes propose un dessin original. Tout cela fut réalisé au XIXe s, pour rendre une sorte d'hommage au XVIe s, période particulièrement difficile de l'histoire. L'ensemble est très bien mis en valeur par un éclairage nocturne, contemporain et plutôt audacieux. Dans le haut du parc, au-dessus de la fontaine, les **comtes d'Egmont et de Hornes,** décapités en 1568 sur la Grand-Place (voir le chapitre « Histoire » dans « Hommes, culture, environnement »). La personnalité d'Egmont a inspiré Goethe et Beethoven. Tout autour, parmi les savants et humanistes du XVIe s sculptés dans la pierre, on reconnaît Henri de Brederode (portant la besace des gueux) ainsi que les géographes Gérard Mercator et Abraham Ortélius. Derrière, le palais de la famille d'Egmont, affecté aux réceptions du ministère des Affaires étrangères. Joli parc qui permet de rejoindre le boulevard de Waterloo, derrière le building *The Hotel,* et orangerie magnifiquement restaurée. Le *passage Yourcenar* relie le parc d'Egmont à la rue aux Laines et rend hommage à l'écrivaine par 14 citations tirées de l'*Œuvre au noir.* La rue de la Régence, artère percée au XIXe s, mène au palais de justice.

LE PREMIER ATLAS DU MONDE

Abraham Ortelius est un cartographe et géographe né à Anvers, en 1527. Il travaille tout d'abord comme libraire et vendeur de cartes, s'intéressant plus encore à la cartographie. Il publie en 1570 un recueil de cartes géographiques réunies dans ce qui demeure le 1er atlas du monde, et ce, 20 ans avant la parution de l'atlas de Mercator. L'ouvrage a tant de succès qu'il doit déjà être réimprimé 4 fois la 1re année de sa parution. En totalité, l'atlas paraît en 42 éditions et en 7 langues différentes.

🏃 **Le Musée juif de Belgique** *(plan couleur III, H8, 192) : rue des Minimes, 21, 1000.* ☎ *02-512-19-63.* ● *new.mjb-jmb.be* ● *Tlj sf lun 10h-17h. Entrée : 5 € ; réduc ; gratuit le 1er dim de chaque mois, et pour les - de 12 ans.* Expo permanente présentant tous les aspects de la tradition juive en Belgique depuis le XVIIIe s : récits de vies, rituels, objets du culte, photos, affiches, etc. Expos temporaires intéressantes *(entrée : 8 € ; réduc).*

🏃🏃 **Le palais de justice** *(plan couleur III, H8) : pl. Poelaert.* Ⓜ *Louise.* Faudrait vraiment être aveugle pour le manquer ! Le rêve délirant commandé par le gouvernement de Léopold Ier. Il reçut rapidement le surnom mérité de « Mammouth », vu l'ampleur de l'édifice. C'est l'architecte Poelaert qui « commit » cette chose colossale, monstrueuse mêm à certains égards. Imaginez : 2,6 ha de surface ! Rappelons que Saint-Pierre de Rome ne couvre que 2,2 ha. C'est bien simple, il fut le plus grand édifice construit en Europe jusqu'à l'édification du palais de Ceaușescu à Bucarest. Inauguré en 1883 en grande pompe, il devait symboliser la grandeur de Bruxelles, que *Léopold II* voulait instaurer en rivale de Paris. Résultat : une étrange mixture de styles, avec du néoclassique, de l'assyro-babylonien, quelques références au gothique et bien d'autres influences indéfinissables. Le chantier a vu son budget dépasser les 50 millions de francs de l'époque (ce qui équivalait à une année entière de travaux publics dans le royaume) pour une estimation initiale de 4 millions à peine !

Cette démesure et la liberté laissée à l'architecte d'outrepasser presque toutes les règles initialement imposées restent encore un grand mystère. Savoir aussi qu'il a fallu amputer en partie le quartier des Marolles pour édifier la bête ! Voyez ce porche démesuré qui s'élève à plus de 40 m, et puis cette coupole, bien plus haut, presque riquiqui par rapport à l'ensemble. Une pyramide devait coiffer l'ensemble, on préféra une coupole pour ne pas encore alourdir les frais. Le palais s'organise autour du vide central de la salle des pas perdus, culminant à 100 m sous la coupole.

Pendant l'Occupation, les Allemands avaient entreposé des bouteilles de bon vin et de champagne dans les caves du palais. Les habitants des Marolles en volèrent beaucoup à la Libération. Les nazis mirent le feu à la coupole pour détruire leurs archives. Toute la statuaire évoque évidemment la Justice sous toutes ses formes. On vous passe les détails, vous allez vous endormir. Pour finir, sachez qu'Orson Welles voulut y tourner *Le Procès* et qu'un de ses fervents admirateurs fut Hitler lui-même, de même que Sigmund Freud, mais pour des raisons différentes...

🕯 À la hauteur du palais de justice débute le **quartier de l'avenue Louise** (plan couleur III, I9) qui relie le centre au bois de la Cambre. Avec l'avenue de la Toison-d'Or, c'est le coin des commerces chic du haut de la ville. Plusieurs galeries commerçantes jusqu'à la porte de Namur. Depuis la place Poelaert, à droite du palais de justice, un ascenseur permet de rejoindre le quartier des Marolles, en contrebas, à la hauteur de la rue de l'Épée. Une passerelle métallique offre un panorama de la ville assez spectaculaire. Mais faisons demi-tour pour revenir vers le parc de Bruxelles par la rue de la Régence et aborder le quartier de la place Royale désormais le vrai pôle muséal de la ville.

LE QUARTIER ET LES MUSÉES DU MONT DES ARTS
(plan couleur III, I7)

Accès au quartier : Ⓜ *Parc, Porte-de-Namur ou Gare-Centrale ; trams n°s 92 et 94 ; bus n°s 27, 29, 38, 71 et 95.*

🕯 **La place Royale :** en haut de la « montagne Froide » (Coudenberg), aménagée dans un style parfaitement néoclassique – et à vrai dire un peu ennuyeux – à la fin du XVIIIe s, rappelant le style Louis XVI de la place Stanislas à Nancy et la place Royale de Reims. Ce sont d'ailleurs des architectes français qui la réalisèrent, menés par Guimard et Barré. Tout fut bâti à l'initiative de **Charles de Lorraine,** gouverneur des Pays-Bas sous les Autrichiens de 1749 à 1780. En son centre, une statue équestre de **Godefroy de Bouillon,** l'illustre croisé et autoproclamé « roi de Jérusalem ». Il remplaça la statue de Charles de Lorraine, descellée par les sans-culottes. Côté est, l'église Saint-Jacques-sur-Coudenberg au style néogrec avec colonnades. C'est sur une estrade devant l'église que Léopold Ier prêta le serment constitutionnel le 21 juillet 1831.

– Sous la place, en face des bureaux d'accueil de *Visit Brussels* (🚹 **1**), une plaque rappelle l'existence de fouilles effectuées à partir des années 1990. Elles ont permis de dégager le **site archéologique du Coudenberg** (voir plus loin), vestiges du palais des ducs de Bourgogne, incendié en 1731. Lorsqu'on voit les reproductions de ce que fut ce magnifique palais, on se plaît à rêver du visage qu'aurait présenté Bruxelles si ce drame ne s'était pas produit.

🕯🕯🕯 **Les musées royaux des Beaux-Arts** (plan couleur III, I7, **146**) **:** entrée par la rue de la Régence, 3, et par la pl. Royale, 1-2. ☎ 02-508-32-11. ● fine-arts-museum.be/site/fr ● ♿ Tlj sf lun et j. fériés 10h-17h ; attention, une moitié des salles est fermée 12h-13h et l'autre moitié 13h-14h. Entrée : 8 € ; réduc ; gratuit pour les - de 18 ans accompagnés d'un adulte, et pour ts les 1er mer du mois à partir de 13h. Expositions temporaires en supplément. Audioguides payants. Billet combiné avec le musée Magritte : 13 €.

Avec 20 000 œuvres (mais « seulement » 2 000 exposées), c'est le grand musée de peinture du pays. Impossible donc de passer en revue chaque salle, on se contentera de mettre en avant les courants les plus importants et d'en dire quelques mots, à partir d'un artiste ou d'une toile.

Et puis, le musée propose (et c'est sa grande fierté) toujours des expositions temporaires de grande envergure.

C'est un vrai dédale, demandez le plan à l'entrée, on y voit à peu près clairement où trouver chaque époque. Caféteria et resto très chic au rez-de-chaussée, ainsi qu'une belle boutique.

La partie art ancien (XVe et XVIIe s)
Dans le grand hall tout d'abord, bel ensemble statuaire, reflet des goûts du XIXe et du début du XXe s. C'est de là qu'on accède aux étages consacrés à la peinture du XVe au XVIIIe s.

Les primitifs flamands sont évidemment à l'honneur. Leur travail se caractérise par un grand souci du détail mais aussi par la qualité même des huiles utilisées, qui ont permis aux couleurs de passer les siècles. On peut admirer entre autres :
– *L'Annonciation* du maître de Flémalle, où le cadre de vie est décrit avec précision. De **Roger Van der Weyden** (XVᵉ s), admirable *Pietà* où l'on retrouve tout l'amour de la mère et sa douleur.
– Un superbe diptyque de Thierry Bouts (XVᵉ s), *La Justice de l'empereur Othon* (nuances des drapés, expression des visages... et réalisme du fer rouge).
– Le *Martyre de saint Sébastien* de **Hans Memling.**
– Portraits de Philippe le Beau et de Jeanne la Folle, les parents de Charles Quint.
– Un triptyque de l'atelier Jérôme Bosch, *La Tentation de saint Antoine,* dont le dos est réalisé en « grisaille » (on refermait le tableau durant le carême). Les sujets où se mêlent monstres hybrides et humains furent souvent traités par Bosch, qui influença fortement Bruegel. À noter, toujours ce même souci du détail et la charge symbolique.
– *Vénus et Amour* de **Lucas Cranach,** impudique, appartenant à l'école allemande. Ce type de tableau fut très critiqué par Luther ; mais c'est pourtant beau une aristo nue !
– De l'école flamande du XVIᵉ s, on notera *La Fillette à l'oiseau mort,* tableau poignant et révélateur du doute qui commençait à planer sur la question de la vie et de la mort, à laquelle l'Église n'apportait plus de réponses satisfaisantes comme jadis. Ce tableau anodin (et superbe) pose là un problème crucial pour l'époque.
– Une *Vierge à l'Enfant* de **Quentin Metsys,** reflétant avec beaucoup de douceur l'amour maternel.
– De Peter Huys un *Jugement dernier* nettement inspiré de Jérôme Bosch.
– La *Mine de cuivre* de Lucas Gassel, manifestement l'une des premières représentations de l'univers industriel.
– Plusieurs natures mortes, style qui prend de l'importance au XVᵉ s, toujours avec ce souci de la lumière, des reflets, le rendu minutieux des matières...
– Une salle est consacrée au maître des Flamands, **Bruegel l'Ancien,** ainsi qu'à son fils, Bruegel le Jeune. Voir *La Chute des anges rebelles,* du père, où l'influence de Bosch est particulièrement notable, avec une foison de monstres que les bons anges sont bien en peine de combattre. On peut s'amuser des heures à observer les monstruosités invoquées par le pinceau de l'artiste. Aujourd'hui encore, toute la symbolique utilisée ici n'a pas été décryptée. Le style en mouvement perpétuel annonce la venue du baroque. Dans la même salle, *Le Dénombrement de Bethléem,* toujours de Bruegel l'Ancien, frappe par son incongruité. Le peintre n'a pas hésité à déplacer cette scène biblique au cœur d'un village flamand, ce qui lui permet de pratiquer une sorte de réalisme social (paysans, enfants jouant à la luge dans des mâchoires de porc...). À quelques mètres, le même tableau réalisé par Bruegel le Jeune, qui copia son papa avec beaucoup moins de génie. Dans *La Chute d'Icare,* la symbolique peut se résumer ainsi : la charrue ne s'arrête pas pour l'homme qui meurt ! Icare se noie et tout le monde s'en fout. Pauvre humanité vaniteuse.

Les XVIIᵉ et XVIIIᵉ s
Le plan de circulation est encore plus difficile à comprendre. Pour en faire le tour, on passe et on repasse dans les mêmes salles. Difficile dès lors de vous proposer un sens de visite. Voici une petite sélection de ce que vous y verrez :
– les premières salles sont dédiées en grande partie à Rubens. Dans la 1ʳᵉ, les petits tableaux ; dans la 2ᵉ, les grands tableaux. Parmi les petits, citons *Têtes de nègres,* qui tire toute sa puissance du mouvement. Nous sommes en plein baroque, caractérisé par l'action tournante dans la toile, les drapés qui s'enroulent et l'évocation des grands thèmes mythologiques. Dans la salle suivante (les grands retables), la célèbre *Montée au calvaire* et *L'Assomption,* avec ses anges tournoyants et cette lumière qui semble frapper la toile par endroits ;

LA RÉGION DE BRUXELLES

– petite section d'art hollandais, avec des Ruysdael, des Hals et un Rembrandt ;
– un amusant paysage anthropomorphe de la fin du XVIe s ;
– vues panoramiques de villes belges. On remarquera surtout le vaste *Panorama de Bruxelles au XVIIIe s* de Jean-Baptiste Bonnecroy, daté d'avant le bombardement de 1695 puisqu'on y aperçoit, à côté de la tour de l'hôtel de ville, celle du beffroi abattu par les boulets et, plus loin, l'ensemble du palais des ducs de Bourgogne ravagé par un incendie en 1731 ;
– les dernières salles sont consacrées en partie à Van Dyck et à Jordaens, deux maîtres anversois.

Le musée Fin de siècle (ex-musée d'Art moderne)

À l'heure où nous bouclons ce guide, le musée d'Art moderne est fermé pour travaux. Et, selon nos informations, il sera ouvert en novembre 2012 sous le nom de « *musée Fin de Siècle* », pour s'imposer comme un « fleuron du patrimoine belge ». Ainsi, dans une muséographie contemporaine relayée par des outils technologiques, on y évoquera LE carrefour de la création artistique que fut Bruxelles à la fin du XIXe s. Un parcours historique où, selon les promoteurs du projet, les thèmes suivants seront développés : « le paysage et la modernité, De Coster et la naissance d'une littérature nationale, la redécouverte des primitifs, Rops et Baudelaire, l'art social, la réception de l'impressionnisme, le symbolisme littéraire et pictural, Péladan et l'idéalisme, les arts décoratifs entre Bruxelles et Nancy, la monnaie wagnérienne, Bruxelles capitale de l'Art nouveau, Spilliaert, Minne, Maeterlinck, la première école de Laethem... ».

➤ Au coin de la rue de la Régence et de la place Royale, dans le prolongement du musée des Beaux-Arts et à gauche du musée Magritte, jeter un coup d'œil sur l'entrée de *l'hôtel Gresham,* ancien siège d'une compagnie d'assurances britannique, remis récemment à neuf, qui abrite la boutique du musée des Beaux-Arts et un restaurant. La rénovation a restitué magistralement le style Art nouveau de l'entrée du bâtiment avec mosaïques et cage d'ascenseur d'époque.

🎥🎥🎥 *Musée Magritte Museum* (MMM ; plan couleur III, I7, *163*) : rue de la Régence, 3, au coin de la pl. Royale et de la rue Ravenstein, dans l'hôtel Altenloh. *Infos et résas :* ☎ 02-508-32-11. ● *mu see-magritte-museum.be* ● *Tlj sf lun et j. fériés 10h-17h (20h mer). Tarif : 8 € ; réduc ; gratuit pour les - de 18 ans accompagnés d'un adulte, et pour ts le 1er mer du mois à partir de 13h. Billet combiné avec les musées d'Art Ancien et Moderne : 13 €. Résa par tél ou Internet très*

LE SECRET DE MAGRITTE ?

La mère de Magritte s'est suicidée en se jetant dans la Sambre. Le jeune René découvre alors son cadavre, le visage caché par sa robe de chambre. Si le terrible choc influença sans doute certains thèmes de sa peinture : personnages mystérieux, visages cachés (par une pomme, un rideau, un bouquet de fleurs)... Magritte a toujours tenu à réfuter cette interprétation. Nous, on y croit.

recommandée le w-e ; l'entrée se fait alors en « coupe-file » par le musée des Beaux-Arts. Audioguide (4 €) également très conseillé pour profiter des explications sur le peintre et mieux appréhender son œuvre, moins évidente qu'il n'y paraît à première vue. Atelier de création pour les enfants au 3e étage.

Ce musée consacré exclusivement au peintre belge a ouvert ses portes en 2009 et expose quelque 200 œuvres et archives du peintre sur cinq niveaux. Ceux qui connaissaient les collections de la section art moderne du musée des Beaux-Arts ne découvriront qu'une petite proportion d'œuvres nouvelles ; la plupart viennent du legs d'Hélène Scutenaire-Hamoir et bien sûr de celui de *Georgette* Magritte, sa femme. Mais ce qui change et fait la valeur du musée, c'est le travail qui a été accompli pour les mettre en valeur et éclairer une œuvre passablement complexe.

Le partenariat avec le groupe Suez a permis de réussir ce pari technologique en utilisant des techniques d'éclairage de pointe.

Pour comprendre Magritte, il faut partir d'une évidence : Magritte est un peintre moyen, d'ailleurs il n'aimait pas trop peindre et encore moins la peinture des autres. Magritte est en revanche un poète de génie et un théoricien de la pensée surréaliste qui pouvait tenir la dragée haute à **André Breton.** Magritte peignait en costume dans un coin de son salon et remplaçait régulièrement son loulou de Poméranie par un autre, blanc ou noir, appelé invariablement Toutou. Il habitait une petite maison banlieusarde avec trois brins de gazon sur le devant et des géraniums en pot, mais ce qu'il aimait par-dessus tout c'était se retrouver toutes les semaines avec ses copains du mouvement surréaliste belge (créé en 1926 avec, dans le désordre, Dotremont, Goemans, Scutenaire, Mesens, Servais, Lecomte, Mariën...) pour discuter des titres de ses dernières productions, mettre en scène des gags de potache et les filmer, puis explorer avec eux pour des revues confidentielles, mais ô combien subversives, les concepts les plus extravagants de l'après-dadaïsme, et accessoirement résoudre des problèmes d'échecs.

On ne comprend rien à Magritte si on ne l'inscrit pas au sein de cette mouvance ancrée dans le paysage belge des années 1925-1940. Le groupe connut bien sûr ses dissensions et ses raccommodages mais resta toujours très indépendant du mouvement cornaqué avec autorité à Paris par Breton. Magritte était quasi le seul peintre du groupe et il est normal que ce soit son œuvre qui ait été la plus diffusée. Elle a d'ailleurs influencé tous les mouvements d'avant-garde, du pop art à l'art conceptuel en passant par l'hyperréalisme ; pas étonnant que l'Amérique l'ait plébiscité.

Magritte donne l'image d'un petit bonhomme tranquille et routinier, mais sous le chapeau melon s'est toujours trouvé un cerveau en ébullition. Avec lui les pommes dilatent les murs, les rochers défient la gravitation, les trombones prennent feu, les girafes tiennent dans un verre et le jour se confond avec la nuit. Magritte est un sémioticien de la peinture.

Les tableaux sont exposés par ordre chronologique, et répartis sur trois étages. Dans l'ascenseur, mise en condition avec une déconstruction, au fil des étages, d'une œuvre célèbre du peintre.

– **Au niveau supérieur,** les premiers tableaux, illustrés par les principes qui ont fondé toute son œuvre. « Il est défendu sous peine d'imbécillité de rien prévoir... ce que je fais et je ferai dans tous les domaines est imprévisible tout autant que l'apparition d'une image poétique. » Beau credo qui ouvre l'exposition. Magritte n'a jamais cru à la spontanéité de l'inconscient, bien que certains événements de sa vie, comme le suicide de sa mère, aient joué un rôle important. Tout ce qu'il a produit a toujours été le résultat d'une longue réflexion. Dessinateur et peintre précoce, il s'essaie à divers genres avant d'éprouver le choc déclencheur à la découverte d'un tableau de **Chirico.** À cette époque Magritte, jeune marié à Georgette, doit faire bouillir la marmite. C'est l'époque de ses « travaux imbéciles » où il travaille comme publiciste à notamment dessiner des pochettes de disques avec son frère Paul. Il qualifie lui-même cette période aux tableaux de tonalités sombres de « fantomatique » ; il est vrai qu'il était fan de Fantomas.

Pour lui et ses potes surréalistes, ce qui compte dans l'art c'est de faire passer une idée, peu importe le média : « Être surréaliste c'est bannir de l'esprit le *déjà-vu* et rechercher le *pas-encore-vu.* » Dès lors, si vous cherchez à établir une corrélation entre l'image du tableau et son titre, vous allez vous casser les méninges : il n'y en a aucune, et c'est voulu.

– **Le 2e étage** lève le voile sur des thèmes moins connus : Magritte à Bruxelles, face à la guerre (il s'est exilé quelques mois à Carcassonne), Magritte et le communisme (il a pris trois fois sa carte et a dessiné pour les syndicats du textile), la période du « surréalisme au soleil », dès la Libération, où il veut mettre de la dorure et du vichy à carreaux dans ses compositions néo-impressionnistes à la Renoir. Le public ne suit pas, il redouble de provocation avec la « période vache » où les personnages peinturlurés de manière criarde ressemblent aux Pieds Nickelés, où le lapin semble mû par une pile Duracell... Quel pied-de-nez aux conventions ! « On met les pieds dans le plat et on va leur en foutre plein la gueule », s'écrie Scutenaire, son vieux complice... Les critiques sont déroutés, dégoûtés et hurlent à la provoc.

Magritte se marre. De son passé il a fait table rase : il refuse que le surréalisme s'institutionnalise, mais Georgette, qui aspire à un peu de confort, voudrait bien qu'il se remette à une production plus commerciale. Retour aux recettes qui font vendre et qui rapportent. Magritte se copie lui-même, multiplie les variations sur un même thème, décore les casinos et accepte une commande pour la Sabena, le sublime « oiseau de ciel » dont on remarque à peine qu'il survole les pistes d'un aéroport. Suivent les années de succès : Magritte voyage, découvre le Texas, Israël et l'Italie, photographie, filme et perd quelques amis qui ne voient en lui qu'un

commerçant madré qui ne rechigne pas à la production en série.

– On termine par *le 1er niveau* qui éclaire quelques temps forts de sa vie avec quelques-unes de ses plus grands chefs-d'œuvre : *L'Empire des lumières* avec deux versions, le *Vautour*, ou les *Shéhérazade* dont il exploita 20 fois le thème. Son portrait d'Anne-Marie Gillion-Crowet (prêté par celle-ci pour trois ans), éclairé d'une bougie sombre, révèle un talent de portraitiste. Pour finir *La Page blanche*, son dernier tableau à peine ébauché juste avant sa mort en 1967. Mais arrêtons là de bavasser et laissons-nous nous imbiber de la magie des images.

– *Au sous-sol* se trouvent encore un espace multimédia, une boutique et une librairie.

🎨 **BIP Expo** *(plan couleur III, I7, 1)* : rue Royale, 2-4, 1000. ☎ 02-563-62-00.
● *biponline.be* ● *À l'étage de l'office de tourisme* Visit Brussels. *Tlj 10h-18h sf 1er janv et 25 déc. Gratuit.* Cette petite expo amusante, originale et interactive peut constituer une bonne introduction aux réalités contemporaines de la capitale. Elle présente la région de Bruxelles-Capitale sous toutes ses coutures. Comment et pourquoi la région est née ? Quelle a été l'histoire de la ville ? Quel est son mode de fonctionnement ? Comment assume-t-elle son statut de ville internationale et de capitale de l'Europe ? Comment s'organise l'urbanisation bruxelloise (transports, énergie, environnement, santé, emploi, sécurité...) ? Quelles sont les composantes du melting-pot socioculturel bruxellois (jolie galerie de photos-portraits d'habitants) ? Qui y travaille ? Quelle est l'offre culturelle ? Quelles sont ses spécificités, ses coutumes, ses particularités, ses excentricités... ? Tout au long du parcours, on est suivi par écrans interposés d'un personnage jovial qui fait découvrir les saveurs du parler bruxellois. Au dernier étage, grande maquette lumineuse en relief pour se familiariser avec la topographie et les principaux centres d'intérêt.

🎨🎨 **Le musée BELvue** *(plan couleur III, I7, 153)* : pl. des Palais, 7, 1000. ☎ 070-22-04-92. ● *belvue.be* ● ♿ *Tlj sf lun et j. fériés 10h-17h (18h w-e). Entrée : 5 € ; réduc ; gratuit pour les - de 18 ans accompagnés. Ticket combiné avec le site archéologique du Coudenberg (voir plus loin) : 8 € ; réduc.*
Installé dans l'ancien hôtel Bellevue, l'aile droite du palais royal, le musée a été rénové en 2005 pour les 175 ans d'indépendance du pays. Autrefois plus axé sur la dynastie belge que sur l'histoire de la Belgique, il retrace maintenant, par le menu, .

l'histoire moderne du pays tout en passant en revue les différents **souverains belges**, de Léopold Ier jusqu'à Baudouin (Albert II n'a pas encore droit au chapitre car il est d'usage de ne jamais parler du règne en cours). Ce musée s'attache donc plus à l'histoire générale de la nation qu'à la vie de ses différents souverains. Et c'est tant mieux ! Une riche iconographie (vidéos, gravures, photos, documents sonores...) et une muséographie remarquable donnent vie à l'ensemble. Cela dit, pour bien situer chacun d'entre eux dans son contexte historique, il peut être bon, cher lecteur, de (re)lire l'excellente partie sur la dynastie belge dans la rubrique « Personnages » du chapitre « Hommes, culture et environnement » ; c'est le moment ou jamais ! L'exposition commence au 1er étage et comprend huit salles en tout.

– _La 1re salle_ porte tout naturellement sur la naissance de l'État, avec pour pilote Léopold Ier de Saxe-Cobourg-Gotha (c'est le nom de la famille royale), prince au chômage en 1830 mais au carnet d'adresses suffisamment étoffé pour se dégoter une couronne et garantir la neutralité du nouveau pays. Documents et images de la révolution belge face aux Hollandais.

– _Salle 2 :_ l'industrialisation de la Belgique, qui, rappelons-le, fut le premier pays au monde à s'équiper d'un réseau de chemin de fer. À l'époque (1846), il fallait 2h pour relier en train Bruxelles et Anvers ! Évocation des charbonnages, hauts fourneaux et autres sites majeurs d'activité qui firent du jeune État une puissance industrielle de premier plan dans la seconde moitié du XIXe s.

– Vient ensuite la Belle Époque (dans la _salle 3_), avec Horta et l'Art nouveau, les grandes réalisations architecturales, les expositions universelles (sept avant la Première Guerre mondiale !), l'exportation des technologies du pays et le Congo, exploité jusqu'au trognon pour enrichir le royaume. Ne pas manquer, à ce sujet, l'article d'un journal américain dénonçant les sévices infligés aux populations noires, où l'on voit des Africains auxquels on a tranché les mains !

– Dans la _salle 4_, naissance des grands mouvements sociaux, des syndicats, mais aussi de la lutte pour le suffrage universel.

– Puis c'est l'invasion allemande de 1914, dans la _salle 5._ Nombreuses photos montrant l'exode de plus d'un million de Belges vers les pays voisins, l'Occupation, la pénurie et, surtout, la résistance, incarnée par Albert Ier qui, avec son armée, se crampone dans les plaines de l'Yser pour tenir un petit bout de sol national.

– La _salle 6_ est dédiée à l'entre-deux-guerres et la _salle 7_ à la période 1940-1945, de nouveau à travers moult photos et images filmées.

– _Dernière salle,_ la question royale, causée par l'attitude de Léopold III pendant la guerre et qui divisa le pays à la capitulation allemande. Le roi fut finalement écarté du pouvoir et la régence assurée par le prince Charles jusqu'en 1950, année où Baudouin Ier reprit le flambeau, pour 43 ans. La visite se termine par la reconstruction du pays et son entrée de plain-pied dans la société de consommation, la naissance de l'Europe, l'adieu au Congo, les _golden sixties_, les premières autoroutes, la multiplication des postes de télévision et la revendication du droit à l'avortement, pour ne citer que ça.

Un musée très bien fait, ludique, clair et agréable, bref, incontournable pour toute personne qui s'intéresse un tant soit peu à

LE PARIA DE LA FAMILLE ROYALE

Charles de Flandre, cadet de Léopold III, était un enfant turbulent. Ses parents, Albert Ier et Élisabeth chouchoutaient plutôt l'héritier du trône. Vivant en marge, on lui refusa d'épouser une roturière. En pétard avec son frère, lorsqu'en 1942, celui-ci épousa une non-noble, il accepta le poste de Régent (« pour sauver le bazar » selon ses propos) quand le Roi fut emmené en Allemagne à la Libération. Son intérim dura jusqu'en 1951, date de l'accession de son neveu Baudouin au trône. Éjecté du Palais comme un malpropre, en exil sur la côte, entre ses conquêtes féminines et ses toiles, il ne renoua jamais avec sa famille. Son frère n'assista même pas à ses obsèques.

l'histoire belge ou européenne. Le règne des différents souverains est également évoqué entre les salles par de nombreux portraits.

I●I Restaurant **Green Kitchen** pour une pause déjeuner entre deux musées.

🏃 **Le site archéologique du Coudenberg** (ancien palais de Bruxelles) : entrée par le musée BELvue (voir ci-dessus). ☎ 070-22-04-92. ● coudenberg.com ● Tlj sf lun et j. fériés 10h-17h (18h w-e). Entrée : 5 € ; réduc ; gratuit pour les - de 18 ans accompagnés. Ticket combiné avec le musée BELvue (voir plus haut) : 8 € ; réduc. Audioguide 2,50 €. Ça n'en a pas l'air mais ce sont les vestiges de la première enceinte et, surtout, du palais des *ducs de Brabant* édifié au XVe s et transformé par ceux de Bourgogne, puis par les **Habsbourg** au XVIe s, puis fignolé sous le règne des Autrichiens. En 1731, un incendie le ravagea et il fallut attendre plus de 40 ans pour que les ruines soient rasées et le terrain remblayé pour créer une nouvelle place horizontale bordée d'immeubles néoclassiques (l'actuelle place Royale). Un petit film de 7 mn offre un bon aperçu général du site et de son histoire, et des panneaux explicatifs permettent de bien se repérer à l'intérieur. Le palais du Coudenberg était bordé d'imposants hôtels particuliers appartenant à des conseillers et des nobles de la Cour, dont l'hôtel d'Hoogstraeten qui sert d'entrée au musée. Ce bâtiment fut la résidence d'Antoine de Lalaing, qui était un des conseillers de Charles Quint, et de sa tante, **Marguerite d'Autriche.** En 1515, il y fait construire une galerie de style gothique. Cette galerie, qui sert de promenoir, subsiste encore et a été entièrement restaurée. On voit les *caves du corps de logis*, les soubassements de la *chapelle palatine*, ainsi qu'un tronçon de l'*ancienne rue Isabelle* qui menait à la cathédrale (autrefois à l'air libre mais qui fut couverte au XVIIIe s). On peut aussi visiter ce qui reste de la *grande salle d'apparat du palais* (l'Aula Magna) construite sous Philippe le Bon, où Charles Quint abdiqua en 1550.

🏃 Avec la place Royale, on aménagea la place des Palais, grande esplanade où se situe le **palais royal** *(plan couleur III, I-J7 ; ouv au public juil-sept, mar-dim 10h30-16h30),* toujours d'un style très, très classique (début du XXe s), et juste en face le beau **parc de Bruxelles.** Le parc de Bruxelles, appelé autrefois *Warande,* fut en 1830 le théâtre des combats qui opposèrent les partisans de l'Indépendance aux troupes hollandaises. D'avion, on s'aperçoit que les allées du parc et toute sa composition recèleraient la panoplie quasi complète des outils maçonniques : équerre, compas, truelle. Mais comme vous n'avez pas d'avion... il ne vous reste qu'à jeter un coup d'œil à notre plan pour vous forger une opinion. Pour être complet, précisons que cette interprétation ésotérique du dessin du parc est contestée par les historiens sérieux...

Au fronton du palais royal, un bas-relief symbolisant la Belgique avec les deux fleuves, la Meuse et l'Escaut. Visite du grand corridor, de la salle du Trône, de la salle Empire... Dorures, lustres énôôrmes et *tutti quanti...* Ennui et bâillements garantis, sauf dans la grande salle des glaces où les plafonds et le lustre monumental ont été recouverts de 1,4 million de scarabées (voir encadré). L'iconoclaste artiste gantois Jan Fabre et son équipe de 29 personnes ont eu besoin de près de 3 mois pour réaliser ce travail de fourmi. À l'opposé du palais royal, de l'autre côté du parc, le palais de

LA REINE ET LES COLÉOPTÈRES

La reine Paola, désireuse d'intégrer l'art contemporain belge dans le palais royal, qui date du XIXe s, contacta le plasticien Jan Fabre pour lui demander d'imaginer une nouvelle décoration. Il lui proposa un revêtement du plafond par 1,4 million de carapaces de scarabées. Réverbérant la lumière, ces petites coques moirées passent selon l'éclairage par toutes les teintes de vert et de bleu, en reflétant les miroirs et les ors des murs, montrant à quel point l'art contemporain et la tradition peuvent se marier. En vrai mécène, la reine Paola monta un jour sur l'échafaudage et colla elle-même les carapaces formant la lettre P au centre du plafond. Mais n'est-ce pas un péché de tuer autant de petites bêtes ?

la Nation abritant le Parlement. Sur la gauche, dos au palais royal, l'ex-siège de la Société générale, vénérable vieille dame de l'économie belge qui se trouve désormais sous le contrôle du grand capital français (Suez-Veolia Environnement).

🎎 De la place Royale *(plan couleur III, I7)*, on redescend la rue de la Montagne-de-la-Cour. Sur la droite, au n° 2, il n'y a que les aveugles qui ne lèveront pas les yeux devant la magnifique structure de fer et de verre de l'ancien *magasin Old England,* chef-d'œuvre Art nouveau de l'architecte Paul Saintenoy, avec sa fière tourelle d'angle ajourée en encorbellement et ses larges baies vitrées. Il accueille le musée des Instruments de musique (MIM), qui n'est autre que l'un des plus riches du genre au monde !

🎎🚶 *Le musée des Instruments de musique – MIM – (plan couleur III, I7, 158) : rue Montagne-de-la-Cour, 2, 1000.* ☎ *02-545-01-30.* ● *mim.be* ● *Tlj sf lun et j. fériés 9h30 (10h w-e)-17h (fermeture caisse 45 mn avt). Entrée : 5 € ; réduc ; gratuit pour les - de 13 ans accompagnés, et pour ts le 1er mer de chaque mois à partir de 13h.*
Le « MIM » s'est donc installé dans ce magnifique bâtiment conçu en 1899 comme une ode Modern Style à l'industrie métallurgique (il faut dire que le financier du projet n'était autre que le patron des forges de Clabecq !).
Sur 3 000 m² et 4 niveaux, il peut depuis exposer quelque 1 200 pièces rares, que le visiteur découvre avec surprise et ravissement à travers plusieurs parcours thématiques. Le plaisir n'est même pas seulement visuel puisque, grâce aux casques à infrarouge remis à l'entrée, les instruments se dévoilent aussi à travers leurs sonorités... donnant ainsi véritablement vie à la visite. Bref, on passe en sons et en images de l'Opéra de Pékin au carnaval de Binche, ou encore des gamelans indonésiens aux synthétiseurs chers à Jean-Michel Jarre. En gros, on retrouve les instruments populaires du monde entier au rez-de-chaussée, un circuit historique de l'Antiquité au XXe s au 1er niveau, les instruments à cordes et à clavier (étonnante collection !) au 2e, et les pièces mécaniques (carillons, boîtes à musique et orgues de Barbarie) au niveau - 1. Un regret cependant : aucune explication historique ou technique ne vient véritablement étayer la visite. Ce manque de pédagogie est un peu frustrant. On a parfois l'impression de passer à côté de l'essentiel, à savoir ce qui lie tous ces instruments entre eux. Reste l'opportunité de les voir ici tous rassemblés.
À signaler encore, de nombreux concerts, soit dans une salle de 200 places, soit au beau milieu des collections, pour mettre en valeur l'un ou l'autre instrument rare restauré ou reconstitué (un régal pour les mélomanes) et un superbe panorama de Bruxelles depuis la brasserie tout en haut, dont la déco de sycomore et de marbre blanc fait très Sécession viennoise. Demandez le ticket d'accès (gratuit) à l'accueil.

🎎 Sur la gauche, en face du MIM, surplombant le puits de lumière du musée Fin de siècle, l'élégante façade classique du *palais de Charles de Lorraine,* dont les appartements, rénovés et désormais visitables *(13h-17h mar-sam),* abritent un ensemble décoratif élégant (mobilier, vaisselle, sculptures, tapisseries et gravures) représentatif du Siècle des lumières.

🎎 *L'hôtel de Clèves-Ravenstein (plan couleur III, I7, 156) :* dans la descente, à l'angle de la rue Ravenstein vers le Bozar, c'est le seul vestige du XVe s, de la période des ducs de Bourgogne. Façade ouvragée en brique. Noter la présence d'un escalier des juifs et d'un balcon couvert (une bretèche).

🎎 *BOZAR (plan couleur III, I7, 151) : rue Ravenstein, 23, 1000.* ☎ *02-507-82-00.* ● *bozar.be* ● *À l'angle de la rue Baron-Horta. Tlj sf lun et j. fériés 10h-18h (21h jeu). Visite du bâtiment dim à 12h. Entrée : 9 € ; réduc.* Horta réalisa en 1928 cet édifice Art déco, style qu'il adopta après son voyage aux États-Unis. Œuvre tardive donc, qui abrite aujourd'hui un centre culturel de grandes dimensions : huit niveaux, 30 000 m² de surface, quatre salles d'expos et trois de concert accueillent manifestations temporaires de grande qualité, concerts, festivals, théâtre, films et conférences. On y organise notamment tous les 2 ans (années impaires) l'expo de prestige « Europalia ». Dans la grande salle de concert (une des meilleures du monde du point de vue acoustique) se déroule, tous les ans, le concours musical *Reine Élisabeth* (alternativement piano, chant et violon).

☸ Boutique *Bozarshop* bien achalandée.

|●| *BOZAR Brasserie :* excellente table (voir précédemment « Où manger ? »).

🏃🏃 *Cinematek :* rue Baron-Horta, 9. ☎ 02-551-19-19. ● *cinematek.be* ● *Dans le palais des Beaux-Arts. Ouv tlj dès la 1ʳᵉ projection de films, à partir de 16h30 (14h30 mer, jeu, sam et dim). Entrée : 3 €.*

Un passage obligé pour les inconditionnels du 7ᵉ art. Avec quelque 110 000 copies en réserve, la cinémathèque de Bruxelles possède une collection de films à faire pâlir d'envie d'autres institutions du genre, et pas seulement les plus petites... Tous les jours, plusieurs films choisis autour d'un thème (qui dure 2 mois) sont projetés, dont certains muets, accompagnés au piano, comme au bon vieux temps ! Mais également des grands thèmes classiques (cinéma italien de l'après-guerre, science-fiction...). L'intérêt des projections, la qualité des copies et la modestie du prix d'entrée en font un lieu de référence.

Voir aussi le petit musée, dans le hall d'entrée, qui présente non seulement l'histoire mais aussi la « préhistoire » du cinéma (salle *Wunderkammer*), à savoir toutes les tentatives et façons de montrer, avant l'invention de la caméra, des images en mouvement (des ombres chinoises aux lanternes magiques et thaumatropes, en passant par les feuilleteurs, les praxinoscopes et les boîtes optiques). En bref, un joli condensé d'innovations techniques que l'apparition du cinéma a totalement occultées, et donc à redécouvrir. Également dans le hall, quatre écrans liés à une partie du fonds de la cinémathèque (surtout des films historiques sur la Belgique), où l'on peut chercher, choisir et visionner le film de son choix sur écran individuel.

🏃 Tout ce quartier a subi bien des chamboulements lors des travaux de la jonction ferroviaire entre les gares du Nord et du Midi. C'est après ces grands travaux, qui durèrent près d'un demi-siècle, qu'on édifia le *Mont des Arts* dans les années 1960. Rebaptisé *Square (plan couleur II, I7),* l'ancien palais des congrès a rouvert ses portes après transformations en 2009 et a été doté d'une entrée spectaculaire en forme de cube de verre. Doté de 13 000 m² d'espaces de conférences, le *Square* ambitionne d'attirer 250 000 visiteurs par an. Deux salles de réception sont décorées de fresques murales de Magritte et Delvaux datant des années 1960, mais ne sont pas accessibles au public.

Plus bas, sous une arcade, une horloge monumentale avec carillons et automates. Toutes les 15 mn, elle chante alternativement en français et en néerlandais. Pas de jaloux ! On descend le jardin du Mont des Arts jusqu'à la place de l'Albertine où, sur la gauche, se trouve le bunker mussolinien de la *bibliothèque royale Albert-Iᵉʳ.* On y a enclavé une belle chapelle gothique, seul vestige du château des Nassau (XVᵉ s). De part et d'autre du boulevard de l'Empereur, Albert Iᵉʳ (à cheval) et sa femme, la reine Élisabeth, servent de perchoirs aux pigeons.

🏃 Par la galerie Horta, complètement relookée, on rejoint *la gare Centrale (plan couleur II, E6)* située sur la jonction souterraine qui relie les gares du Nord et du Midi. C'est la plus fréquentée de Belgique avec 140 000 passagers par jour bien qu'elle ne possède que six voies. Tous les trains utilisant la jonction Nord-Midi s'arrêtent ici sauf les *Thalys* et les *ICE* allemands.

La construction de la gare en centre-ville était déjà prévue avant 1914 par Horta. Après sa mort, l'architecte Maxime Brunfaut poursuivit son travail, rendu compliqué par les différents niveaux de sortie. L'entrée principale sur le coin de la Putterie et de Cantersteen se situe sous une façade en coin avec neuf fenêtres symbolisant les neuf provinces belges de l'époque. En face, l'hôtel *Méridien* et derrière, la silhouette de la tour de l'hôtel de ville.

🏃🏃 🏃 *MOOF (Museum of Original Figurines ; plan couleur II, E6, **193**) :* Galerie Horta, rue Marché-aux-Herbes, 116, 1000. ☎ 02-265-33-25. ● *moof-museum.*

be ● **Ⓜ** *Gare-Centrale. Tlj 10h-17h. Entrée : 6,50 € ; réduc.* En face de l'entrée principale de la gare Centrale. Un grand espace totalement dédié au 9e art, mettant en scène plus de 1 300 figurines et autres objets tout droit sortis des albums de B.D. On pénètre ainsi dans l'univers de Spirou, des Schtroumpfs, de Gaston Lagaffe, du Marsupilami, d'Astérix et Obélix, de Lucky Luke... Également de belles mises en scène autour de Tintin, notamment avec un parallèle entre l'album *On a marché sur la Lune* et la vraie mission lunaire américaine qui eu lieu plus tard, en 1969. À côté des vitrines, de petits écrans apportent une multitude d'anecdotes intéressantes sur la genèse ou la vie de tous ces personnages cultes. Projection de dessins animés adaptés des B.D., avec quelques explications sur le procédé technique. C'est la visite complémentaire au Centre belge de la bande dessinée qui ravira tous les passionnés, petits et grands. Boutique sur place.

Le Moof a intégré également les collections de la **Fondation Leblanc,** du nom de l'éditeur et fondateur avec Hergé du journal *Tintin* en 1946. On y retrace la carrière d'un pionnier du 9e art. Issu de la Résistance, Leblanc a servi de caution morale à Hergé qui avait collaboré durant l'Occupation au journal *Le Soir,* aux mains de l'occupant.

Une ligne du temps illustre clairement le parcours de cet entrepreneur rigoureux qui en plus de publier les albums de la collection du Lombard utilisa aussi une agence de presse et de publicité *(Publi-Art)* pour commercialiser les personnages de B.D. de son écurie. Sa réussite la plus spectaculaire fut bien sûr le journal *Tintin* qui diffusa en France jusqu'à 350 000 exemplaires en collaboration avec Georges Dargaud mais aussi les studios Belvision en partenariat avec Télé-Hachette.

Une autre publication de son groupe *Line,* destinée aux jeunes filles, fut rachetée par Daniel Filipacchi qui en fit *Mademoiselle Âge Tendre.* Belvision produisit en 1968 le premier *Astérix et Cléopâtre* en dessin animé avec un gag toutes les secondes ! On peut voir le matériel sophistiqué pour monter les dessins animés à une époque où le numérique n'existait pas. Boutique sur place.

🏃 **La maison de la Bande dessinée** *(plan couleur II, E6, **194**) :* bd de l'Impératrice, 1, 1000. ☎ 02-502-94-68. ● jije.org ● **Ⓜ** *Gare-Centrale. Tlj sf lun 10h-18h. Entrée : 3 € ; réduc.* Occupant un coin du bâtiment de la gare Centrale, ce petit musée privé présente dans une salle des planches originales de Franquin, Morris, Roba, Peyo, Tilleux et d'autres de ces grands dessinateurs qui collaborèrent, sous la houlette de Jijé, au célèbre journal *Spirou.* Expos temporaires. On y trouve aussi une librairie et un salon de lecture.

Le MOOF et la maison de la Bande dessinée sont des visites complémentaires au Centre belge de la bande dessinée qui raviront tous les passionnés, petits et grands.

– Amateurs de vieux livres, faites encore un petit crochet par la jolie **galerie Bortier,** repaire des bouquinistes. On n'est plus loin de la Grand-Place que l'on rejoint par la place Saint-Jean, fin de notre deuxième balade.

LES FAÇADES B.D.

🏃 En complément de votre visite au Centre belge de la bande dessinée, de la maison de la Bande dessinée et du MOOF, nous vous proposons de vous faire découvrir les façades B.D. qui garnissent de plus en plus les murs de Bruxelles avec l'appui, bien sûr, du CBBD. Pas d'itinéraire suivi, parce que les façades en question sont très dispersées à l'intérieur (et à l'extérieur) du Pentagone et qu'il serait un peu idiot de vous faire parcourir des kilomètres rien que sur ce thème. En revanche, au cours de vos pérégrinations, vous repérerez aisément ces façades (marquées d'une bulle de B.D. sur nos plans). Elles vous renvoient à la petite notice explicative ci-dessous, qui vous indique leur auteur et leurs personnages. Rien que sur le territoire de Bruxelles, on en compte aujourd'hui une cinquantaine dont le circuit s'étend jusqu'aux communes de Laeken, Etterbeek, Uccle... Il est régulièrement mis à jour sur ● *brusselsbdtour.com* ● *http://bdmurales.skynetblogs. be* ●

Extension éventuelle de la balade vers le Jardin botanique

🏃 Ceux qui veulent vraiment tout visiter de ce secteur (les courageux) remonteront depuis l'entrée du *BOZAR* la volée d'escaliers qui mène à gauche à la rue Royale et au-delà du parc de Bruxelles et de la rue de la Loi. Arrêt obligatoire au n° 13 de la rue Royale pour admirer la *vitrine en acajou dessinée par Paul Hankar* pour une chemiserie (c'est à présent celle d'un fleuriste).

Remonter jusqu'à la **place du Congrès** *(plan couleur II, F5)* où est érigée une haute colonne d'où un Léopold Ier, premier roi des Belges, regarde vers les faubourgs. Cette colonne, une œuvre de jeunesse de Poelaert, rappelle la promulgation par le Congrès national en 1831 de la première Constitution belge (les quatre libertés constitutionnelles fondamentales), après l'Indépendance. À l'arrière, la froide et désolante architecture de la cité administrative, terrasse gigantesque et jardins suspendus quasi déserts et ouverts à tous les vents. Désertée par les fonctionnaires du fait de la régionalisation des institutions, cet échec urbanistique notoire fait l'objet d'une réhabilitation. Ne vous y aventurez que muni d'un cache-nez, sous peine d'attraper la crève...

🏃 🏃 **Le musée du Jouet** *(plan couleur II, F5,* **161***) :* rue de l'Association, 24, 1000. ☎ 02-219-61-68. ● *museedujouet.eu* ● 🅜 *Madou*. Tte l'année, tlj 10h-12h, 14h-18h. Entrée : 5,50 € ; enfants : 4,50 € ; famille : 18 €. Dans une maison de maître du nord-est du Pentagone. Le mot d'ordre de ce musée : « s'a-musée ». Tout l'univers de l'enfance avant la vogue des consoles de jeux : poupées, magasins, automates, maquettes, trains électriques, jeux de société... à regarder avec les yeux du mioche qu'on a tous été et qu'on est parfois resté. On peut manipuler certains jouets, les autres sont sous vitrines. À noter en particulier pour les mômes : le tram grandeur nature, un bus, des voitures de pompiers, une fausse cuisine et un toboggan à billes. Également une ludothèque et des expos temporaires à thème. Théâtre de marionnettes.

🏃 **Le Jardin botanique** *(plan couleur II, F4) :* tout au bout de la rue Royale, au niveau de la porte de Schaerbeek, avec la perspective à l'horizon du dôme byzantin de l'église royale Sainte-Marie. Les vastes serres du Jardin botanique (conçues par Balat, comme celles du palais de Laeken) sur la gauche sont devenues le centre culturel de la communauté française de Belgique – théâtres, cinémas, expos, rencontres artistiques... Dans le jardin, illuminations nocturnes du plus bel effet sur fond de *skyline manhattanienne* du quartier Nord. Toujours de beaux arbres et également d'intéressantes sculptures, notamment de Constantin Meunier et de Charles Van der Stappen.

LE QUARTIER DES MAROLLES *(plan couleur III, H8)*

Accès : 🅜 Porte-de-Hal ; tram n° 4 ; bus nos 27, 48, 134, 136, 137 et 365.
Les Marolles constituent certainement le quartier où l'on retrouve le plus l'esprit populaire de Bruxelles, une certaine gouaille, un zeste de fronde. Ce n'est pas un « beau quartier », c'est plus. On le visite presque plus avec le nez et les oreilles qu'avec les yeux ! Bruegel qui y a vécu trouverait encore matière à peindre parmi les trognes des *zatteculs* (poivrots) qui fréquentent les derniers cafés populaires. Il n'y a pas si longtemps encore, la tenancière d'un de ces estaminets tendait une corde en travers de la salle pour que ses clients *scheil zat* (ivres-morts) puissent s'y assoupir... À la fermeture, elle n'avait plus qu'à détacher la corde !

Un peu d'histoire

Au XIIIe s, le quartier se trouvait à l'extérieur de l'enceinte qui fermait la ville. Quand résonnait la cloche du soir, la population ne résidant pas à l'intérieur de celle-ci devait regagner les faubourgs. Le quartier accueillait alors une population « marginale » de paysans qui montaient en ville.

Les Marolles se développèrent autour de trois lieux : un lieu de culte (Notre-Dame-de-la-Chapelle), un lieu de soins (une léproserie) et un lieu de justice puisque, à l'emplacement du palais de justice actuel, se trouvait le **Galgenberg**, le « mont des Potences ». Et ce n'est évidement pas un hasard si, au milieu du XIXe s, c'est cet emplacement qui fut choisi pour installer l'imposant palais de justice. Les Marolliens n'avaient plus qu'à se tenir à carreau.

LE MELTING-POT MAROLLIEN

Ce quartier a toujours été celui d'une population pauvre et étrangère (successivement juifs d'Europe centrale, Espagnols, Marocains, Turcs) et l'on peut encore entendre des vieux Marolliens converser en dialecte brabançon, le brusseleir, parfois parsemé de mots wallons, espagnols et même yiddish. En attestent les plaques des rues : bilingues en bleu, mais aussi flanquées d'une plaque blanche en marollien pur jus ! Une initiative de la confrérie du Bloempanch pour imposer le trilinguisme français-flamand-marollien ! C'est aussi cela l'humour bruxellois.

Du Moyen Âge au XIXe s

Mais revenons un peu en arrière, lorsque tisserands et tanneurs peuplent le quartier. Cette dernière activité, réputée sale, devait se tenir à l'écart. C'est au XVIe s que s'installent ici les frères Minimes. Ils choisissent ce quartier pour aller à la rencontre des plus pauvres. Grâce à la construction de la deuxième enceinte au XVe s, plus large que la première, les Marolles sont intégrées à la ville. Le niveau social s'améliore et la population demande qu'on installe des grilles au bas de certaines rues pour empêcher les prostituées de « déborder » dans tout le quartier. C'est à l'arrivée, au XVIIe s, des sœurs **Apostolines** de la communauté **Mariam Colentes** que le quartier doit son nom. Mariam Colentes devint rapidement Mari-Cole pour finir en Marolles. Au XIXe s, la paupérisation du prolétariat rend le quartier insalubre et plus pauvre que jamais. On y compte jusqu'à 40 000 habitants (10 000 aujourd'hui). Malgré les loyers chers, les proprios laissent les familles s'entasser dans des appartements exigus.

En 1866 débute la construction de l'œuvre architecturale la plus mégalomaniaque commandée par l'État belge : le **palais de justice.** On mettra près de 20 ans à l'achever. Pour cela, on n'hésite pas à raser des blocs de logements dans les Marolles. Il faut remblayer des centaines de mètres cubes de terrain pour élever la chose qui, de fait, surplombe et écrase le quartier de sa masse. La rue Blaes est tracée. C'est à cette période que le Parti ouvrier belge fait construire, rue Joseph-Stevens, la **maison du Peuple** par Horta en 1899. Jean Jaurès assiste même à son inauguration. Elle sera malheureusement détruite en 1965 pour laisser la place à une tour de bureaux, sorte de donjon morose et lamentable. Son absence fait encore mal.

L'« hygiénisme » et le XXe s

La naissance du XXe s voit le développement d'idées urbanistiques nouvelles : l'« hygiénisme » dicte de nouvelles normes de vie. En 1913, on édifie les premiers « blocs » d'immeubles, ancêtres de nos cités, comme la **cité Pieremans (plan B4),** au décor de *West Side Story* bruxellois. En hygiénisant, malheureusement, on déshumanise. Les blocs sont froids même si une rénovation les a rendus plus riants. Entre eux, c'est le royaume des courants d'air. Les relations entre citadins se meurent. Les républicains espagnols exilés après 1936 y trouvent refuge.

Durant la guerre, les Marolles deviennent célèbres pour le marché noir de la rue des Radis. C'en est, de fait, le centre national. Les juifs viennent également s'y réfugier, et les SS opèrent des rafles régulières. Dans les années 1950, l'influence de Le Corbusier et de sa Cité radieuse se fait sentir. Parallèlement, heureusement, des associations de quartier s'organisent autour de *l'abbé Van der Biest.* En 1969, ces associations s'allient contre un délirant projet d'agrandissement du palais de justice et créent le Comité général d'action des Marolles. Après meetings et manifs, le projet est finalement remis dans les cartons et fait place à plusieurs projets de réhabilitation du quartier, basés sur le respect de l'histoire et de l'architecture. C'est une vraie victoire des comités de quartier contre la destruction de l'habitat. Les Marolliens organisent alors l'enterrement symbolique du « Promoteur » et de la « Dame Bureaucratie », sa fidèle épouse (plaque commémorative au coin de la rue Monserrat).

Les Marolles aujourd'hui

Mutation sociologique oblige, les Marolles possèdent désormais leur petit côté branché. La rue Haute et la rue Blaes alignent en façade leur lot de brocantes sympathiques, alternant avec restos ou bars à la mode. Pas de quoi déstructurer le coin, plutôt de quoi lui insuffler un petit coup de jeune. C'est un quartier qui vibre surtout le matin, en particulier le dimanche, au rythme, non pas de la messe, mais de son célèbre marché aux puces, authentique en diable, qui se tient tous les jours sans exception depuis plus d'un siècle de 6h à 14h.

Petit circuit marollien pour trekkeurs urbains...

Tout le quartier s'organise autour des rues parallèles, rue Haute et rue Blaes. Cette dernière mène à la place du *Jeu-de-Balle,* où l'on trouve le marché aux puces. Curieusement, en flamand, la place porte le nom de *Vossenplein,* la place des Renards.

Ce petit tour est surtout réservé aux amateurs d'insolite, de détails, de « petits pas-grand-chose » qui font aimer une ville, et surtout un quartier. Les pressés ou ceux qui ne jurent que par les chefs-d'œuvre laisseront de côté notre parcours. Pour les autres, en avant !

On indique les différentes haltes par des petits carrés.

Pas mal de façades B.D. jalonnent le parcours ; elles sont mentionnées par une bulle sur notre plan.

➤ Départ à l'angle de la *rue Haute* et de la rue des Renards. On trouve là, en fin de semaine, une marchande ambulante de *caricoles,* bulots et bigorneaux cuits au court-bouillon et vendus en barquette, spécialité bruxelloise qui, malheureusement, a tendance à se perdre.

➤ Descendre la *rue des Renards,* qui a conservé son profil ancien et ses modestes petites maisons. Plusieurs brocanteurs, restos et troquets (voir « Où manger ? »).

➤ Sur la *place du Jeu-de-Balle* (sur la gauche), tous les matins, qu'il pleuve ou qu'il vente, que le soleil donne ou qu'il se terre, de 8h à 14h, le *marché aux puces,* appelé aussi *vieux marché* par les autochtones ● *marcheauxpuces. org* ●, répond présent. Bien sûr, c'est le dimanche que l'ambiance est à son comble. Un jour d'hiver rigoureux où il faisait un froid à congeler une frite, on n'a vu

BÉNÉDICTION À QUATRE PATTES

Sur la place, la très laide église N-D-de-l'Immaculée-Conception est néanmoins la seule de Belgique où l'on puisse entrer en compagnie d'un animal. Sur son parvis, le premier dimanche d'octobre, à 15h, on y bénit nos « frères inférieurs », même ceux en peluche ! On y a même vu un cirque de passage y conduire ses éléphants.

qu'un seul vendeur... mais c'est rare. Nombreux cafés autour de la place : *Le Marseillais, Le Chineur, La Clef d'Or,* où on sert la soupe dès 4h du matin...
La place fut dessinée au milieu du XIXe s, en vue d'assainir le quartier. On devait originellement la destiner au jeu de balle-pelote mais, en 1873, on l'affecta au marché aux puces. Il s'agit d'un marché « au carreau », c'est-à-dire un marché où les marchandises sont exposées à même le sol et censées être de vraies occasions (marchandises neuves interdites). On y trouve ainsi toutes sortes de vieilleries, des ensembles d'objets hétéroclites et de valeurs très diverses. Un vrai poème à la Prévert : tableaux, chaises, bouquins, vieux téléphones, bibelots, petites cuillères... et relisez vos classiques : c'est ici que Tintin trouve la première maquette du navire, dans *Le Secret de la licorne.* Descendez sur quelques mètres la rue des Chevreuils pour ne pas rater la fresque B.D. consacrée à Boule et Bill, une des plus sympas de toutes les façades B.D. de la ville.
Côté rue Blaes, une ancienne caserne de pompiers a été transformée en logements. Le rez-de-chaussée est occupé par de nombreux brocanteurs.

|●| ♟ *La Brocante* (plan couleur III, G8, 69) : rue Blaes, 170, 1000. ☎ 02-512-13-43. À l'angle de la pl. du Jeu-de-Balle. Tlj 9h-18h. Plats 6-14 €. CB refusées. Le dimanche, en fin de matinée, allez donc siffler une bière à notre santé en mangeant un bout dans ce bistrot, l'un des plus animés des Marolles. En bâfrant tartines, sandwichs, salades et plusieurs bons petits plats maison, on profite alors d'un concert de jazz (11h-15h) dans une ambiance populaire authentique.

➤ Remonter la **rue de la Rasière** sur la gauche. Tout au début de la rue, sur la droite, la première cité de logements sociaux du début du XXe s. Rythmes de briques brunes et claires, avec des décrochements de la façade et un passage sous arcades qui relie les différents blocs.

➤ On reprend la rue Blaes et ses magasins de brocante, qu'on remonte un peu, puis on récupère à droite la **rue des Capucins.** À 50 m sur la gauche, école de style Art nouveau.

➤ On retrouve la rue Blaes puis, à gauche, on prend la rue Saint-Ghislain. Au n° 40, un **jardin d'enfants** qu'on doit à Horta. Du pur Art nouveau, avec un clocheton, une entrée sous un auvent élégant et plein de détails amusants si l'on observe bien. On y trouve également un mont-de-piété, à l'origine rue des Lombards et, en fait, la première initiative de ce type en dehors de l'Italie.

➤ Prendre à droite la **rue de Nancy.** Au n° 18, petit immeuble à caractère social, avec au centre les termes « Hygiène-Sécurité » en sgraffite, de la fin du XIXe s. Avec cet édifice, c'est le début de l'« hygiénisme ». Au n° 6, l'ancienne demeure d'un médecin accuse un style Art nouveau mais avec moins de concessions aux courbes. La volonté de changer l'architecture, de la faire bouger, se traduit par l'asymétrie et la rupture des rythmes.

➤ Dans la rue des Tanneurs, juste en dessous, au n° 60, l'ancien *palais du Vin,* rebaptisé *Ateliers des Tanneurs,* qui présente une longue façade digne d'intérêt, caractérisée par un large fronton surmonté d'une grappe. Chaque travée est ornée dans la partie supérieure du blason en sgraffite des différentes régions vinicoles de France et d'Europe en général. S'y organisent à présent diverses activités artisanales et un marché bio s'y tient mercredi et dimanche.

➤ On reprend à droite la rue du Miroir puis à gauche la rue des Visitandines, où une barre des années 1960 témoigne des tentatives de relogement des habitants des Marolles dans de tristes HLM. Le quartier, exemple emblématique d'une cacophonie urbaine consternante, fait enfin l'objet d'un plan de réhabilitation. Rescapée d'une autre époque, la petite **chapelle des Brigittines** est un parfait exemple du baroque brabançon, alternance de brique et de pierre. C'est aujourd'hui un théâtre et un centre d'art contemporain à la programmation variée.

Sur le terre-plein couvrant les voies de la jonction Nord-Midi, une piste de skate permet aux jeunes du quartier de se défouler un peu. Dans le même espace, sous la gare de *La Chapelle,* le laboratoire artistique à vocation sociale **Recyclart,** lieu étonnant et multifonctionnel qui s'efforce de redynamiser ce quartier déstructuré et regroupe un ensemble de lieux polyvalents ouverts aux arts et à la fête : un café-resto, des espaces de création, des ateliers artistiques et artisanaux gravitent autour de cette surprenante « *place de la gare* », ouverte aux concerts et événements en plein air. Toute l'âme du Bruxelles *underground* se concentre autour de cette ancienne gare.

➤ Remonter la rue du Miroir, et prendre à droite la **rue Haute.** Au n° 118, pignon ancien. Au n° 132 vécut le peintre Pieter Bruegel l'Ancien, dans cette maison en brique. Au n° 148, la brasserie *Ploegmans,* l'un des plus vieux troquets du coin devenu bistrot. On y servait autrefois le faro au tonneau, et les enfants du quartier venaient y chanter le jour de l'Épiphanie. Vous pouvez y faire une halte-déjeuner (voir « Où manger ? ») Au n° 164, maison dite « espagnole », car édifiée au temps des Pays-Bas espagnols. On peut remonter la rue de l'Épée et prendre l'ascenseur gratuit jusqu'à la place du palais de justice ou bien, à gauche, la rue des Minimes et regagner la place du Grand-Sablon.

➤ Ceux que ça intéresse pourront, depuis la place du Jeu de Balle, redescendre de l'autre côté, vers le sud et le bien nommé boulevard du Midi, jusqu'à la **porte de Hal,** vestige de la seconde enceinte de Bruxelles, datant du XIVe s mais en grande partie reconstruite selon le style néogothique au XIXe s et récemment rénovée.

🏃 **Le musée de la Porte de Hal** *(plan couleur III, G9) :* 150, bd du Midi, 1000. ☎ 02-534-15-18. ● kmkg-mrah.be/fr/la-porte-de-hal ● Tlj sf lun et j. fériés 9h30 (10h sam-dim)-17h (fermeture caisse 16h). Entrée : 5 € ; réduc ; gratuit pour les - de 12 ans accompagnés, et pour ts le 1er mer du mois à partir de 13h. Ce bâtiment était à l'origine l'une des sept portes de la ville médiévale. Largement modifié au cours de son histoire, il abrite aujourd'hui un musée historique sur 4 niveaux. Maquettes, reconstitutions virtuelles, matériel visuel et sélection d'œuvres d'art (peintures, colliers des guildes, armes...). On plonge dans le contexte historique de l'époque de sa construction à des fins défensives (mécanisme astucieux du pont-levis). Un étage complet du bâtiment est consacré aux expositions temporaires. Le grenier féerique, à la magnifique charpente, est réservé aux événements et aux animations pour enfants. Enfin, au sommet du bâtiment, une promenade sur le chemin de ronde offre un joli panorama sur Bruxelles et ses alentours.

QUELQUES BALADES INTÉRESSANTES HORS DU PENTAGONE

LA COMMUNE D'IXELLES *(plans couleur I et III, partie colorée en rose)*

Située au sud-est du Pentagone, c'est une commune riche et vivante, bourgeoise et populaire, jeune et métissée (presque autant de nationalités répertoriées qu'à l'ONU) et qui possède sa propre vie, indépendante de celle du centre de Bruxelles. L'artère principale, qui appartient, elle, à la ville de Bruxelles sur toute sa longueur et est la plus fréquentée, reste l'avenue Louise, bordée de demeures cossues et de boutiques de luxe. Près de la porte de Namur, autour de la chaussée de Wavre, et plus précisément dans la galerie d'Ixelles, s'est développé un secteur animé et coloré, une sorte de microsociété, appelé **Matongé,** du nom d'un quartier de Kinshasa au Congo. On y trouve une petite communauté congolaise bien vivante et pas trop mal intégrée. Le quartier Saint-Boniface *(plan D4),* autour de son église et de quelques maisons Art nouveau, constitue un îlot de bonnes adresses culinaires, de même que plus bas, autour de la place Flagey et des délicieux étangs bordés de maisons magnifiques.

🏃‍♀️ *Le musée des Beaux-Arts d'Ixelles* (plan couleur I, B2-3, *170*) : rue Jean-Van-Volsem, 71. ☎ 02-515-64-21 ou 22. ● museedixelles.irisnet.be ● Tram n° 81 ; bus nᵒˢ 38, 54, 59, 60, 71 et 95. Tlj sf lun et j. fériés 9h30-17h. Entrée : 7 € ; réduc* ; gratuit pour les - de 11 ans.

Installé dans un ancien abattoir, c'est un excellent petit musée dynamique, principalement centré sur la peinture des XIXᵉ et XXᵉ s. Connu pour ses remarquables expos temporaires où, le dimanche, des historiens d'art accueillent les visiteurs pour répondre à leurs questions et leur faciliter la compréhension des œuvres. Cela étant, le fonds propre du musée possède aussi quelques raretés dignes d'intérêt. Par exemple, la collection complète d'affiches de Toulouse-Lautrec, visible une partie de l'année, ainsi qu'un ensemble de 1 000 lithos d'époque, dont de superbes affiches publicitaires, exposées par roulement.

À voir encore, des toiles flamandes (*Le Carnaval à Anvers,* de De Bie) et des salles consacrées aux (néo)impressionnistes, comme Van Rysselberghe (*Le Thé au jardin*) et Jan Toorop (*La Dame à l'ombrelle*). Un peu de sculpture aussi, avec Rik Wouters (*La Vierge folle*), du fauvisme brabançon et de l'expressionnisme, avec des œuvres de Constant Permeke (*Éclaircie*) et de Gustave De Smet (*Parade*). Enfin, on signale que les amateurs de Magritte ne seront pas en reste. Le bâtiment abrite aussi quelques Delvaux et de nombreux artistes contemporains. Un musée à découvrir !

➤ La longue chaussée d'Ixelles, quant à elle, mène à la vaste place Flagey, où l'on voit émerger l'*ancienne maison de la Radio* rebaptisée *Flagey* (plan IV, M11), un drôle d'immeuble des années 1930, vieux « paquebot » de style moderniste, avec sa tourelle à gradins en guise de cabine de pilotage. Après 20 ans de désaffection, le « navire » a été complètement rénové et constitue désormais un lieu culturel important à Bruxelles, en proposant au public non seulement des minifestivals de jazz et de musique (contemporaine ou traditionnelle), mais aussi toute une programmation cinématographique en rapport avec ceux-ci (rens : ☎ 02-641-10-10 ou ● flagey.be ●). Tout ce quartier est en train de prendre un nouvel élan. Y aller le matin pour le marché de la place Flagey (sam-dim 7h-13h30).

🍷 Au rez-de-chaussée, un grand café populaire : le *Café Belga* (voir plus haut « Où boire un verre et rencontrer des Bruxellois(es) ? »).

➤ Dans le prolongement de la place Flagey, on découvre avec ravissement, les *étangs d'Ixelles* (plan couleur I, B3), bucoliques et romantiques, bordés de maisons de rêve. Ces anciens viviers de l'abbaye de la Cambre, aménagés en style romantique anglais, sont actuellement d'agréables buts de promenade et un lieu de pêche très prisé par les taquineurs de goujon du dimanche. Parmi les sept étangs qui s'égrenaient jadis le long de la vallée de Maelbeek, il n'en reste que deux. Pas si mal.

➤ Encore un peu plus loin, l'*abbaye de la Cambre* (plan couleur I, B3) dont il ne reste plus grand-chose d'origine à part l'église gothique. Le monastère cistercien fut détruit lors des guerres de Religion, puis reconstruit aux XVIIᵉ et XVIIIᵉ s : on y voit encore la cour d'honneur et le cloître. S'y trouve à présent la prestigieuse *École supérieure des arts visuels,* fondée en 1926 par l'architecte Henry Van de Velde. Parmi les disciplines enseignées : le graphisme, la photo, le design, la mode, l'urbanisme, la conservation, la restauration des œuvres d'art... et bien d'autres.

Circuit Art nouveau (plan IV)

Pour une explication de l'Art nouveau, voir le chapitre « Patrimoine architectural et artistique » dans « Hommes, culture et environnement » en début de volume.

C'est à Ixelles qu'on trouve les plus belles réalisations et surtout la plus grande concentration d'**édifices Art nouveau,** dont trois des quatre maisons construites par Victor Horta et classées au Patrimoine mondial de l'Unesco. Les édifices construits par Horta font désormais partie du Patrimoine mondial de l'Unesco. Pour les fans de ce style, voici un petit circuit original, à la recherche des plus belles façades.

Cette balade de 1h30 à 2h sine dans les petites rues d'Ixelles et du haut de Saint-Gilles à la recherche des plus belles façades Art nouveau. C'est dans ce quartier que Victor Horta définit le vocabulaire de ce nouveau style. Octave Van Rysselberghe, Paul Hankar et Henry Van de Velde mirent leurs pas sur le chemin tracé par le maître. Résultat : un joli bouquet de demeures de toute beauté dans ce quartier bien sympathique et plutôt résidentiel. Certaines, sans vraiment menacer ruine, avaient, il y a peu encore, fort mauvaise figure. Peu à peu, on constate une volonté fière de leur rendre leur lustre d'antan. Peu à peu, les façades sont frottées, les sgraffites restaurés et c'est toute la vie du quartier qui s'en ressent. Bistrots, restos et terrasses accueillantes fleurissent à chaque coin de rue. On conseille de faire la promenade plutôt en fin de matinée ou dans l'après-midi car l'itinéraire se termine par la visite du **musée Horta** *(ouv slt 14h-17h30 ; fermé lun et j. fériés).*

➤ Notre promenade débute aux étangs d'Ixelles *(plan IV, M11)* ; **on indique les différentes haltes par des petits carrés.** Pour y aller, bus n° 38 depuis la place De Brouckère ou bus n° 71 depuis la gare Centrale ou la porte de Namur (arrêt Flagey). Vous pouvez aussi arriver par l'avenue Louise toute proche grâce au tram n° 94, vers laquelle le circuit bifurque assez vite, et adapter votre itinéraire en fonction. En illustration à notre commentaire, vous pouvez vous procurer l'excellente carte *Bruxelles, vivre l'Art nouveau* (3 €). Pas mal d'infos aussi sur le site de l'association consacrée à Ernest Blérot : ● *ernestblerot.be* ●

➤ **Au n° 36, avenue du Général-de-Gaulle :** la **Cascade,** construction Art déco, version paquebot. Juste à côté, deux maisons (jumelées) Art nouveau aux ferronneries végétales, signées Ernest Blérot, l'un des architectes emblématiques du quartier. Continuer sur l'avenue du Général-de-Gaulle qui borde les charmants étangs d'Ixelles, lieu de sérénité et de promenade. Puis tourner à droite, rue de Belle-Vue.

➤ **Rue de Belle-Vue :** joli alignement de cinq maisons presque identiques avec leur petit oriel. Trois d'entre elles sont du même Ernest Blérot. Remonter vers l'avenue Louise et tourner à droite, contourner le rond-point.

➤ **Au n° 346, avenue Louise :** cet hôtel de maître réalisé par Horta est une œuvre tardive, un peu rigide. Façade en fait assez banale. Prendre à droite la rue du Lac.

➤ **Au n° 6, rue du Lac :** maison d'habitation avec atelier d'artiste, construite par Léon Delune. Bow-window au 2e étage, porte à l'arrondi complet et décalé (règle de l'asymétrie), verrière à vitraux décorée de motifs végétaux. Tous les éléments de l'Art nouveau sont là. Tourner rue de la Vallée.

➤ **Rue de la Vallée,** ensemble incroyablement homogène de petites maisonnées. Elles sont l'œuvre d'un seul et même architecte : Ernest Delune (le frère de Léon). Dans l'une d'elles vivent toujours les descendants de l'architecte. Sympathiques et intarissables, il n'est pas rare qu'ils sortent raconter l'histoire de leur grand-père aux visiteurs qui se montrent curieux ! La rue de la Vallée croise en son milieu la rue Vilain-XIIII.

➤ **Aux n°s 7, 9 et 11 de la rue Vilain-XIIII** (oui quatorze, vous avez bien lu, d'ailleurs vous n'avez qu'à vérifier la plaque de rue !), trois maisons très différentes les unes des autres mais toutes axées sur la verticalité. On regagne l'avenue Louise qu'on reprend sur la droite. Cette avenue a subi de plein fouet la bruxellisation, à savoir une destruction quasi systématique des anciens édifices pour faire du neuf. Jadis grande artère qui servait de lieu de promenade aux calèches et fiacres, bor-

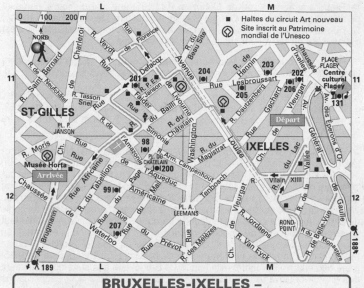

■ Haltes du circuit Art nouveau
◉ Site inscrit au Patrimoine mondial de l'Unesco

**BRUXELLES-IXELLES –
CIRCUIT ART NOUVEAU (PLAN IV)**

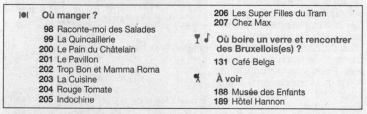

|◉| **Où manger ?**

- **98** Raconte-moi des Salades
- **99** La Quincaillerie
- **200** Le Pain du Châtelain
- **201** Le Pavillon
- **202** Trop Bon et Mamma Roma
- **203** La Cuisine
- **204** Rouge Tomate
- **205** Indochine
- **206** Les Super Filles du Tram
- **207** Chez Max

🍷♪ **Où boire un verre et rencontrer des Bruxellois(es) ?**

- **131** Café Belga

👤 **À voir**

- **188** Musée des Enfants
- **189** Hôtel Hannon

dée d'hôtels de maître, elle reliait le centre au bois de la Cambre, ce beau parc de plaisance, prélude esthétique et civilisé à la forêt de Soignes qui le prolonge. C'est à présent une enfilade de tunnels et de voies rapides.

➤ ◉ *Au nᵒ 224, avenue Louise : l'hôtel Solvay,* l'une des grandes réalisations d'Horta, considérée comme l'une des plus achevées du maître, bâtie pour le neveu du magnat de l'industrie chimique. Pour sa construction, Horta a bénéficié d'un budget illimité. D'une symétrie parfaite (ce qui n'est pas l'habitude de l'Art nouveau), elle est agrémentée de mille et un détails dans les finitions (extrémité des tubulures métalliques, arrondi discret des fenêtres, absence d'angles cassants...). Superbe. À noter la présence de trois balcons : qu'il devait faire bon jadis prendre l'air de l'avenue Louise du temps de son allée cavalière. Traverser et prendre à gauche.

➤ ◉ *Au nᵒ 6 de la rue Paul-Émile-Janson : l'hôtel Tassel,* la maison manifeste du mouvement Art nouveau, édifiée par Horta en 1893, la toute première à combiner les nouveaux matériaux dans un dialogue aussi poussé : utilisation du fer dans la structure portante, marlage pierre-fer, bow-window surmontant une entrée centrale alors que les maisons bruxelloises possédaient une entrée latérale...

➤ Prendre à droite la **rue de Livourne.** Au n° 83, une maison sobre, demeure personnelle de l'architecte **Octave Van Rysselberghe,** dessinée par lui-même, typique de l'Art nouveau tardif. Elle conserve ses formes tout en rondeur mais s'est débarrassée de son ornementation végétale caractéristique.

➤ À l'angle des **rues de Livourne et Florence,** au n° 13, **l'hôtel Otlet,** encore une œuvre d'Octave Van Rysselberghe. Prendre la rue Veydt à gauche. Au bout, la rue Defacqz.
Avant de poursuivre dans cette rue, un petit crochet s'impose par la **rue Faider,** à gauche ; jeter un œil sur les superbes sgraffites dorés de la maison du n° 83, à l'intersection de la rue Janson. Sa voisine, au n° 85, mérite aussi toute votre attention.

➤ Revenir vers la **rue Defacqz.** Au n° 48, une réalisation de **Paul Hankar,** caractérisée par ses sgraffites dans la partie supérieure et ses fenêtres arrondies. Un peu plus loin, au n° 71, la résidence personnelle de l'architecte, remarquable par la facture massive et quasi féodale de son soubassement de pierre, qui s'allège à mesure que le regard s'élève. Sgraffites à motifs végétaux et animaliers, un peu japonisants. Prendre à gauche la rue Simonis et à droite la **rue du Bailli.** À l'angle du parvis de l'église de la Trinité (façade baroque), noter la maison d'angle tout en arrondis, couverte de brique vernissée et d'hirondelles qui s'envolent (au rez-de-chaussée, une halte s'impose pour siroter un thé au *Passiflore*). Pour la petite histoire, la façade de cette église de la Sainte-Trinité (qui date de 1625) a été déménagée du centre-ville (place De Brouckère) à la suite du percement des grands boulevards. On contourne par la droite l'église pour gagner la rue Africaine.

➤ **Au n° 92, rue Africaine :** maison pur Art nouveau, d'inspiration Sécession viennoise, caractérisée par la rondeur des fenêtres d'où pendent des verticales de pierre et de ferronneries travaillées. Poursuivre tout droit la rue Africaine et prendre dans le prolongement l'avenue Brugmann.

➤ À l'angle de l'**avenue Brugmann** et de l'**avenue de la Jonction,** le clou, le joyau, le célèbre

ÇA DÉMÉNAGE À BRUXELLES

La façade de l'église des Augustins (1625) a été déplacée de la place de Brouckère, à la suite du percement des grands boulevards à la fin du XIXe s, pour habiller celle de la Sainte-Trinité. Les 32 dalles funéraires auraient dû suivre, mais les déménageurs, certainement fatigués, n'ont jamais respecté leur engagement.

hôtel Hannon (hors plan IV, par L12, **189**), l'une des plus belles réalisations Art nouveau. Il abrite *l'espace photographique Contretype :* ☎ 02-538-42-20. ● contretype.org ● *Accès : trams n°s 81 et 97, bus n° 54. Tlj sf lun, mar et j. fériés 11h (13h w-e)-18h. Entrée : 3 € ; gratuit le 1er dim du mois.*
Cet espace expose le travail de photographes contemporains belges et étrangers. Et ce n'est pas un hasard car, de son vivant, M. Édouard Hannon, industriel de son état, était un photographe averti. Hannon fit appel en 1902 à l'architecte **Jules Brunfaut,** absolument pas spécialiste de l'Art nouveau mais qui en réalisa malgré tout l'un des fleurons. L'extérieur se caractérise par un jeu entre la brique et la pierre, et par un grand balcon d'angle qui semble s'ouvrir comme une fleur. Un petit jardin d'hiver en bow-window complète ce tableau harmonieux. Ceux qui voudront visiter l'intérieur auront l'occasion d'admirer le splendide escalier orné d'une fresque de Baudouin, peintre rouennais qui, ici, réalisa une allégorie sur le thème des joies de la vie. Superbe. Mosaïque végétale au sol et pièce d'angle couverte de fresques où s'illustrent de jolies femmes.
On revient en arrière dans l'avenue Brugmann qui devient la chaussée de Charleroi. Puis à droite dans la rue Américaine, pour conclure la balade en beauté.

🏃🏃🏃 ⊙ *Le musée Horta* (plan IV, L12) : rue Américaine, 25. ☎ 02-543-04-90.
● hortamuseum.be ● Trams nos 81, 91, 92 et 97. Bus no 54. Tlj sf lun et j. fériés
14h-17h30. Entrée : 7 € ; réduc. On déconseille le w-e car beaucoup de monde et
attente parfois longue, sinon, arriver 1h avt l'ouverture.

Résidence et atelier du plus célèbre des architectes belges, cette double demeure
est née de la volonté d'Horta de lier intimement sa vie privée et sa vie professionnelle. Considéré comme un dingue du travail, il était surnommé « l'archisec », à
cause de son caractère entier et cassant. Pour en savoir plus sur Horta, lire plus
haut le paragraphe qui lui est consacré dans la rubrique « Personnages » du chapitre « Hommes, culture et environnement ».

L'extérieur est en avancée, orné d'une structure métallique, avec verrerie et
fenêtres arrondies. Ce n'est pas vraiment spectaculaire mais, une fois la porte
franchie, c'est l'enchantement : harmonie, élégance, douceur des coloris, grâce
des courbes... Toute la maison s'organise autour d'un escalier surmonté d'un puits
de lumière couvert. À noter que ce qui frappe aussi ici, outre la beauté des décors
dont Horta est le seul et unique responsable (des boutons de porte à la forme des
gonds), c'est l'agencement des pièces les unes par rapport aux autres, comme
ces quelques marches qui, chaque fois, les séparent, aérant ainsi les espaces.

Entre autres coquetteries (celles qui caractérisent les grands artistes), voir la
rampe d'escalier, basse dans les parties inférieures, mais qui va en s'élevant au
fur et à mesure qu'on monte, protégeant ainsi l'utilisateur. De même, l'escalier se
rétrécit au fil de l'ascension, libérant un espace conique qui permet d'accueillir
plus de lumière. Encore un détail : la rampe d'escalier dans le salon (côté droit), qui
donne naissance à l'accoudoir du canapé.

Dans la salle à manger, briques vernissées et mosaïque au sol qui, sous les pieds
des convives, se mue en parquet, c'est plus chaleureux. Au 1er étage, la chambre
d'Horta. Savez-vous de quel côté il dormait ? Côté jardin ! Car il s'y était fait aménager un petit placard avec un urinoir escamotable pour la petite commission.
La chambre se prolonge par un dressing où, là encore, tout a été dessiné par
Horta. Tout en haut de l'escalier, pour éclater l'espace, deux miroirs dialoguent à
l'infini. Fin de la visite au sous-sol, qui lui servait d'atelier et de cuisines, et où l'on
peut voir quelques maquettes de ses œuvres (palais des Beaux-Arts, maison du
Peuple).

🏃 🏃 *Musée des Enfants* (plan couleur I, B3, 188) : rue du Bourgmestre, 15,
1050. ☎ 02-640-01-07. ● museedesenfants.be ● Accès : trams nos 7 et 25 ; bus
no 71. Ouv mer, sam et dim 14h30-17h (tlj durant les vac scol belges). Entrée :
7,50 € ; réduc. Sympathique musée interactif, où parents et enfants font de multiples découvertes sur un thème qui gravite toujours autour de la personne humaine
(psychologie et physique). Les différentes salles de cette jolie maison du siècle
dernier, aménagée de manière chaleureuse et intelligente, présentent des ateliers
variés, simples et pédagogiques, qui enchantent petits et grands. Animations
régulières, à découvrir sur leur site.

Où manger ? Où boire un verre durant cette promenade ?

Comme on le disait précédemment,
le quartier ne manque pas d'adresses
sympas, un tantinet branchées, exotiques pour la plupart et dans toutes
les gammes de prix. Attention, pas mal
sont fermées le soir et le week-end.

🍸 *Tea for Two* (plan IV, L12) : chaussée
de Waterloo, 394, 1060. ☎ 02-538-38-
96. ● info@t42.be ● À 100 m à peine
du musée Horta. Tlj sf lun 11h (12h
dim)-18h. Une halte s'impose dans ce
délicieux salon aux parfums d'encens,
pour découvrir une centaine de variétés de thés de toutes provenances, du
Darjeeling aux montagnes du Yunnan.
Terrasse aux beaux jours. Petite restauration à midi et douceurs pour le tea-
time, of course!

I●I Sans oublier, bien sûr, nos autres

bonnes adresses du quartier : *Raconte-moi des Salades, La Quincaillerie, Rouge Tomate* ou même *Le Café des Spores,* bien que ce dernier se situe légèrement à l'écart du circuit (voir plus haut la rubrique « Où manger ? »).

LA COMMUNE DE SAINT-GILLES *(plan couleur I, A3)*

La partie la plus intéressante du quartier se situe entre la porte de Hal et la place Louise, en remontant. Autrefois couverte de cultures maraîchères (dont le fameux chou de Bruxelles), c'est depuis la fin du XIXe s, un réseau agréable de rues tranquilles, bourgeoises souvent, branchées de plus en plus. Atmosphère étudiante, saupoudrée de gens comme il faut et d'artistes. Le parvis de Saint-Gilles emblématique de la multi-culturalité de Bruxelles, de plus en plus en vogue, constitue également un point de chute pour prendre un verre ou s'attabler dans un resto qui mitonne de fameux couscous. Un marché s'y tient tous les matins sauf le lundi. *Accès direct par le métro (Ⓜ Parvis de Saint-Gilles).*

Pour les fans d'Art nouveau, il faut jeter un coup d'œil sur la portion de la **rue Vanderschrick** *(plan couleur III, G9, 162),* entre l'avenue Jean-Volders et la chaussée de Waterloo. L'architecte Blérot y a bâti vers 1900 un ensemble remarquable de 17 maisons (du n° 1 au n° 25). Parti d'un plan commun, il a réussi à les différencier par un jeu subtil d'éléments décoratifs distincts. Une vraie partition architecturale. |●| Au n° 85 de la rue, rendez-vous en semaine, chez **Les Filles** pour un lunch mémorable (voir plus haut « Où manger ? »).

En remontant la chaussée de Waterloo, on aboutit sur un rond-point à la circulation intense nommé **barrière de Saint-Gilles.** En son centre, la petite statue de la **Porteuse d'eau.**

Un peu plus loin, par l'avenue Dejaer, autour de **l'hôtel communal de Saint-Gilles** *(plan couleur I, A3, 185) en style Renaissance française,* quelques cafés populaires, anciens ou modernes, qui font bon ménage. Un vrai quartier avec toutes sortes de gens, de commerces et de vibrations, même si certains trouvent

AU TEMPS DE LA TRACTION HIPPOMOBILE

Pour sculpter la fière Porteuse d'eau en 1900, l'artiste s'inspira d'un personnage réel : une jeune fille qui puisait l'eau du Bocq, aux environs de la barrière de Saint-Gilles, pour abreuver les chevaux qui tiraient l'omnibus depuis le centre-ville, jusqu'au terminus. On comprend qu'après avoir grimpé la côte plutôt raide, les canassons avaient besoin d'être désaltérés.

qu'il se « boboïse » un peu vite. Et en plus, dans un rayon de 200 m autour de la place Van Meenen, une brassée de façades qui rappellent par maints détails l'influence de l'Art nouveau sur l'architecture bruxelloise.

AU SUD DE BRUXELLES, LE BOIS DE LA CAMBRE
(plan couleur I, B3)

Accès : trams n°s 23 et 94. Terminant majestueusement l'avenue Louise, c'est un « bois de plaisance » de 124 ha aménagé pour la promenade du dimanche : allées plantées de fleurs, bassins où faire de la barque, étangs de pêche, sentiers... Il constitue une excroissance de la forêt de Soignes, acquise au milieu du XIXe s par la Ville pour en faire ce que c'est devenu aujourd'hui. La forêt de Soignes, quant à elle, est une splendide forêt de hêtres de 4 000 ha (autrefois 12 000), ancien domaine des chasses royales, entretenue avec amour depuis Charles Quint. Des hêtres furent très régulièrement replantés pour lui conserver son aspect dense et cohérent. À l'orée du bois de la Cambre, on trouve la célèbre ULB **(université libre de Bruxelles),** avec ses bâtiments néo-Renaissance brabançonne.

🦅 Un peu plus loin, au n° 67 de l'avenue Franklin-Roosevelt, la **villa Empain** *(hors plan couleur I par B3, 191)*, siège de la Fondation Boghossian, accueille depuis 2010 un nouvel espace muséal. *Infos :* ☎ 02-627-52-30. ● *villaempain.com* ● *Tlj sf lun 10h-18h30. Entrée : 10 € ; réduc ; gratuit pour les - de 8 ans.* Il s'agit d'une des plus belles maisons Art déco de Bruxelles, construite en 1931. À l'époque, le jeune baron Empain avait fait appel à l'un des architectes les plus en vogue, le Suisse Michel Polak. Magnifiques marbres, boiseries et ferronneries. Expos et conférences sont axées sur les cultures orientales et les liens qu'elles ont tissés ou tissent toujours avec l'Occident.

🦅 **Le musée Constantin-Meunier** *(plan couleur I, B3, 172) :* rue de l'Abbaye, 59, à Ixelles. ☎ 02-648-44-49. ● *fine-arts-museum.be* ● *Trams n°s 23, 90 et 94 ; bus n° 38. Mar-ven 10h-12h, 13h-17h. Entrée gratuite.* Le musée est installé dans la maison-atelier du peintre-sculpteur. Constantin Meunier (1831-1905) est certainement l'un des artistes se retrouvant le mieux sous l'étiquette du « réalisme social ». À l'avènement de l'ère industrielle, Constantin avait du pain sur la planche. Et c'est avec beaucoup de talent qu'il sculpta, peignit et dessina les réalités ouvrières de son époque. On est frappé par la manière dont il cherche et parvient à rendre noble l'acte de travail. Il ne s'agissait nullement pour l'artiste d'endosser la cause du peuple (à la mode à cette époque), mais plus simplement de tenter d'élaborer un dialogue entre la condition de l'homme « laborieux » et l'expression artistique. Il y a quelque chose d'héroïque dans ses personnages. Certains sont si beaux qu'on dirait des dieux à l'élégance légèrement féminine. Beaucoup de sculptures et de peintures autour des mêmes thèmes. Voir l'élégant *Homme qui boit* ou le *Retour des mineurs.* Tout au fond, l'atelier de l'artiste, qui accueille les plus grosses pièces. Voir la beauté de ce *Débardeur,* puissant et fin. Admirer encore cette merveilleuse *Maternité,* d'une grande douceur, d'une simplicité parfaite, tout en force et en fierté. On aimerait être bercé sur ce sein-là. Et puis le beau *Semeur,* puissant lui aussi. Les visages semblent apaisés, comme bien au-delà de la tâche qu'ils accomplissent. C'est en cela qu'ils s'approchent des dieux. Et on aime. On peut aussi voir plusieurs réalisations de Constantin Meunier au Jardin botanique.

LA COMMUNE D'UCCLE *(plan couleur I, A-B3)*

Une des communes les plus étendues de l'agglomération. Essentiellement résidentielle et tranquille, elle recèle de magnifiques artères bordées d'immeubles éclectiques, Art nouveau et Art déco, notamment le long des avenues Brugmann et Molière. Parcs, zones vertes et petits quartiers commerciaux du côté de *La Bascule* ou de la maison communale autour de l'église Saint-Job, en font une commune très prisée, surtout par les SDF, en provenance de France... on parle ici de « Sans Difficultés Financières ».

🦅🚶 **Musée et jardins Van-Buuren** *(plan couleur I, A3, 178) :* av. Léo-Errera, 41, 1180. ☎ 02-343-48-51. ● *museumvanbuuren. com* ● *Accès : trams n°s 3, 23, 24, 91 et 92 ; bus n°s 60 et 38. Tlj sf mar 14h-17h30. Entrée : 10 € ; jardins seuls : 5 € ; réduc.* Prendre le livret explicatif à l'entrée. Cette superbe maison-musée de 1928, construite dans le style de l'école d'Amsterdam, est une des rares maisons Art déco (pur jus !) que l'on puisse voir telle qu'elle était à l'époque. Les amateurs apprécie-

BRUXELLES TROPICAL

Il n'est pas rare à Bruxelles d'être réveillé par le piaillement intempestif de bandes de volatiles ressemblant furieusement à des petits perroquets. Ce sont en réalité des perruches à collier échappées d'une volière et qui se sont bien acclimatées au point de se reproduire sans difficulté. On en signale régulièrement du côté de l'avenue Molière à Uccle (avec de gros nids), au parc Élisabeth à Koekelberg et même dans l'enceinte de l'OTAN à Evere !

ront, forcément. Mais il faut ajouter qu'elle recèle une étonnante (par sa richesse, mais monsieur était banquier avant de devenir mécène) collection privée de toiles du XVIe au XXe s, ainsi que quelques petites merveilles décoratives : mobilier en sycomore et palissandre du Brésil, ébène de Macassar, tapis d'Aubusson, argenterie Wolfers, laques japonisantes, coussins de Sonia Delaunay et piano d'Erik Satie. Entre autres trésors artistiques inestimables, une des versions de la *Chute d'Icare* de **Bruegel l'Ancien** (la différence est qu'il n'y a pas de Dédale ailé dans la version du musée des Beaux-Arts de Bruxelles) et des toiles, d'époques diverses, de Fantin-Latour, Guardi, Ensor, Rik Wouters, Van Gogh, Permeke, Max Ernst, Van Dongen, Foujita, Signac et Van de Woestyne, ainsi que deux sculptures de Georges Minne. Magnifiques jardins, accessibles tous les après-midi, où sont organisées des expos de sculpture (allez vous perdre dans le labyrinthe). Parcours enfants.

À L'EST DE BRUXELLES, LE QUARTIER DE L'EUROPE *(plan couleur I, B2)*

Au début des années 1960, ce quartier mixte d'habitations, de commerces et de bureaux comptait plus de 25 000 habitants ; il en reste moins de la moitié ; 50 % de sa surface de logements et 65 % de ses commerces ont disparu au profit des locaux affectés à l'administration européenne, des représentations étrangères et des sociétés de lobbying.

Des comités de quartier se sont battus pour s'opposer au cannibalisme des promoteurs. Ce ne fut pas un succès total, mais cette résistance a tout de même porté ses fruits. Le plan d'affectation du sol a tenu compte d'une indispensable mixité des fonctions. On peut dire que la cacophonie architecturale qui a présidé à la conception de ce quartier est un peu à l'image de la construction européenne : quelques réalisations méritent l'attention mais l'ensemble donne l'impression d'un empilage d'immeubles ajoutés les uns aux autres dans la précipitation. L'axe principal en est la **rue de la Loi,** qui aboutit au rond-point Robert-Schumann (Ⓜ Schumann). Cette rue « courant d'air », sinistre à mourir, est raide comme la justice. Son nouvel éclairage nocturne l'a déjà rendue un peu plus riante. De plus l'architecte Christian de Portzamparc (déjà choisi pour le musée Hergé à Louvain-la-Neuve) a été chargé de lui concevoir un nouvel habillage qui lui ôte enfin son aspect de canyon urbain.

L'édifice symbolisant l'Europe avec un grand « E » fut longtemps le **Berlaymont,** surnommé le « Berlaymonstre », ancien siège de la Commission de l'Union européenne, en forme de croix, rénové à coups de milliards après désamiantage. Aujourd'hui, il est détrôné par le nouveau Parlement européen, qui a reçu le doux surnom de « Caprice des Dieux » à cause de sa forme rappelant la boîte d'un célèbre fromage et surtout de son coût.

Tous les édifices du secteur abritent des institutions, principalement entre la rue de la Loi et la rue Belliard. C'est par là qu'on trouve le nouveau « Mammouth », le *Juste-Lipse,* bunker à Eurocrates flanqué d'un « petit frère » de 80 000 m² tout aussi imposant, le *Lex 2000.* De part et d'autre de la gare Bruxelles-Luxembourg (ex-quartier Léopold et bien rénovée), sont sortis de terre le *Paul-Henri Spaak* (qui abrite le grand hémicycle du Parlement) et l'*Altiero Spinelli,* du nom de deux fondateurs de la construction européenne.

Le nouveau Conseil de l'Union européenne sera abrité en 2013 dans un tout nouvel édifice à l'architecture surprenante. De la rue de la Loi, le bâtiment apparaîtra comme un grand cube, avec, sur sa façade, un patchwork de châssis en bois et de verre cristallin. Au travers de ce grand volume, on apercevra une forme d'amphore géante abritant les salles de conférence. En verre sablé, éclairée pendant la nuit, elle évoquera une lanterne déposée dans une boîte. Elle symbolisera également la transparence... tout un programme pour cette institution.

Au milieu de ce capharnaüm de béton on trouve quelques bâtiments préservés et presque incongrus comme la *bibliothèque Solvay,* dans le parc Léopold, le singulier *couvent* néogothique, rue Van-Maerlant, reconverti en centre de documentation, et ce qui reste du *Résidence-Palace,* une merveille Art déco qu'avait conçue l'architecte suisse Michel Polak reconverti en centre de presse pour l'UE.

Heureusement, à l'initiative de la région bruxelloise, la chaussée d'Etterbeek qui serpente au creux de la vallée du Maelbeek doit se doter dans les années à venir de logements et de commerces pour réinsuffler un peu de vie à ce no man's land impersonnel. Mais vraiment, tout cela ne respire pas la joie de vivre.

🏃 *Le Parlement européen* (plan couleur I, B2, *181*) : rue Wiertz, 60 (bâtiment Paul-Henri Spaak – entrée visiteurs), 1050. ☎ 02-284-09-66. ● europarl.europa. eu ● Ⓜ Trône, Maelbeek ou Schuman ; bus nᵒˢ 12, 21, 22, 27, 34, 38, 54, 64, 80 et 95. Visite gratuite (avec audioguide) lun-jeu à 10h et 15h, ven slt à 10h. Durée : 45 mn. Attention, pas de visites les j. de séances plénières (il y en a 10 par an et elles durent 2 j.) ; se renseigner à l'avance par tél pour ne pas se casser le nez. Pas de résa possible. Carte d'identité obligatoire.

Avant de le visiter, ne manquez pas d'aller jeter un coup d'œil à l'entrée de la gare (à droite du bâtiment d'origine en pierre bleue) où une fresque d'Hergé en noir et blanc, datant de 1932, décrit avec pas mal d'humour l'arrivée par le train de saint Nicolas à Bruxelles. On peut y voir Quick et Flupke et un moustachu suspicieux qui préfigure les Dupont et Dupond.

Les jours de beau temps, on pourrait dire que ce « Caprice des Dieux » a fière allure ! Les matins de pluie et de grand vent, ça ne donne pas envie d'être fonctionnaire européen !

« L'Europe, l'Europe ! », comme disait de Gaulle. Qu'est-ce que

> ## LE DRAPEAU EUROPÉEN, SYMBOLE MARIAL ?
>
> *Le drapeau de l'Europe, créé en 1949, avait besoin d'un symbole fort. Plusieurs projets se focalisent alors sur le chiffre 12 qui évoque la plénitude dans la tradition judéo-chrétienne. Un nombre symbolique comme les 12 mois de l'année, les 12 heures de l'horloge, ou les signes du zodiaque. Certains y ont vu également, un peu caché, un symbole de la chrétienté, en référence aux 12 étoiles entourant la tête de la Vierge Marie. D'ailleurs, son adoption officielle eut lieu le 8 décembre 1955, jour de la fête de l'Immaculée Conception.*

c'est au juste ? D'où ça vient et ça sert à quoi ? À ces difficiles et délicates questions, les Européens eux-mêmes sont souvent bien incapables de répondre. Oh, cette visite ne lèvera pas le voile sur tous les mystères, mais c'est vrai que, lorsqu'on voit la salle où se réunissent les parlementaires (seule salle qu'on visite véritablement), on se dit que l'Europe n'est pas simplement une lourde machine qui pond des réglementations pour emm... les gens mais aussi l'œuvre d'hommes et de femmes qui s'efforcent de créer les conditions d'un développement commun. Historique de la communauté, organisation des commissions, préparation des rapports, réunions de groupes, présentation en séances plénières, élection du président, débats sur la nouvelle constitution, l'audioguide présente (trop vite évidemment) tout ce qui fait l'Europe d'aujourd'hui. Qu'on soit partisan de l'Europe ou eurosceptique, il aidera peut-être le quidam à mettre quelque chose de concret sous ce mot, cette idée, ce concept.

On pourra sans doute approfondir, sous peu, la question puisqu'un *musée de l'Europe* devrait à terme ouvrir ses portes sur le site de *Tour et Tassis,* ou dans le quartier européen. Le projet est ambitieux puisqu'il s'agit pour le parcours permanent comme pour les expositions temporaires d'offrir « à tous les Européens (et à leurs hôtes) une histoire raisonnée de l'Union, entendue comme une civilisation diverse mais unique ». Affaire à suivre.

🎯🎯 🕴️ *Le Parlementarium* *(plan couleur I, B2, 181) :* rue Wiertz, 60 *(bâtiment Willy Brandt),* 1050. ☎ 02-283-22-22. ● *europarl.europa.eu/visiting/fr/parlamen tarium* ● 🚇 Trône, Maelbeek ou Schuman ; *bus n⁰ˢ 12, 21, 22, 27, 34, 38, 54, 64, 80 et 95. Lun 13h-18h, mar-ven 9h-20h (18h jeu-ven), sam-dim 10h-17h. Entrée gratuite ; audioguide compris. Durée : 2h.* C'est un grand voyage virtuel à travers l'Europe, qui débute par une *section historique.* En bref, tout commence par une idée visionnaire : empêcher les conflits et assurer la paix grâce à la coopération économique et politique. On passe en revue le contexte historique des années 1920-1930 et, après la tourmente de la Seconde Guerre mondiale les choses se concrétisent en 1948. Puis l'Europe prend son envol et les décennies suivantes voient l'adhésion de nouveaux pays, la signature de traités, l'union monétaire... Autant d'événements mis en parallèle avec un mur de photos rappelant le contexte économique, politique, social et technique de chaque époque, et des pupitres interactifs projetant des reportages et autres images d'archives. Ensuite, c'est une immersion totale dans le *Parlement européen,* toujours à grand renfort d'outils multimédias interactifs, vraiment bluffant. Il est d'abord constitué de députés élus par les citoyens des différents pays de l'UE, dont ils représentent les intérêts. Leur nombre est fonction de l'importance de chaque population nationale, composé de femmes pour un tiers ; ils sont regroupés dans l'hémicycle par affinité politique... On découvre ainsi qui sont les députés qui nous représentent et on écoute même leurs messages. Viennent alors leurs domaines d'interventions : Droits de l'homme, coopération et aide au développement, aide humanitaire, diplomatie, observation d'élection, commerce international, défense et sécurité ; le tout évoqué dans une grande salle dotée de pupitres mobiles à écrans permettant de se rendre virtuellement dans un pays ou une région en particulier... Pour finir, dans le genre « votre avis compte », on vous invite à suggérer des idées pour construire d'avenir de l'UE.

🎯🎯🎯 🕴️ *Le muséum des Sciences naturelles* *(plan couleur I, B2, 174) :* rue Vautier, 29, 1000 ; *dans le parc Léopold, en bordure du quartier européen.* ☎ 02-627-42-11. ● *sciencesnaturelles.be* ● *Même accès que le Parlementarium. Mar-ven 9h30-17h ; sam-dim 10h-18h (pdt les vac scol belges, 10h-18h tlj sf lun). Fermé lun. Entrée : 7 € ; réduc ; gratuit pour les - de 6 ans, et pour ts le 1ᵉʳ mer de chaque mois à partir de 13h. Petit supplément pour les expos temporaires.*
Excellent musée d'Histoire naturelle, le quatrième au monde (avec 37 millions de spécimens), niché dans un bâtiment que garde un dinosaure en bois grandeur nature. D'importants travaux de rénovation permettent d'admirer ce qui fait depuis toujours la notoriété de ce musée, à savoir la plus grande galerie de dinosaures d'Europe. Celle-ci, tout en bénéficiant d'une scénographie contemporaine et interactive, a gardé son charme rétro avec ses galeries suspendues et ses escaliers en fer forgé. Une totale réussite ! Les innombrables fossiles et squelettes (authentiques pour la plupart) sont très bien mis en valeur et semblent encore plus impressionnants.
Le clou de la collection, unique au monde, sont les charmants *iguanodons,* découverts à Bernissart, près de Mons, en 1883 par des mineurs. Pour la petite histoire, ceux-ci croyaient avoir touché un tas d'or. Ce ne fut finalement qu'un tas d'os, sauf pour les paléontologues de l'époque, pour qui ce type d'os valait bien de l'or. Rendez-vous compte, il s'agissait des tout premiers squelettes complets de dinosaures découverts sur notre planète ! Une reconstitution de ces fouilles historiques est visible au sous-sol et bon nombre de vitrines relatent l'épisode.
Dans une salle annexe à la galerie, les enfants peuvent s'initier tout en s'amusant à la géologie et à la paléontologie dans le tout nouveau *PaleoLAB (accès payant et sur rdv).* De manière générale, le musée a beaucoup misé sur l'aspect ludique et pédagogique.

La galerie de l'évolution
La partie la plus moderne et sans doute la plus captivante pour le visiteur est la *galerie de l'évolution (au 4ᵉ étage).* Elle fait parcourir en six étapes princi-

pales les millions d'années de la vie sur la planète au moyen de 600 fossiles et 400 animaux naturalisés, depuis les premières manifestations du vivant jusqu'à aujourd'hui. L'évolution étant un processus permanent, une grande partie de la salle est consacrée au présent et à l'avenir. Tous les êtres vivants (animaux et hommes) descendent d'un ancêtre unique apparu il y a 4 milliards d'années, et qui a évolué en formes très variées... Est-ce un hasard si les cellules de l'embryon de l'homme, de la tortue et du poulet sont quasi identiques ?

Cette galerie est aussi une illustration de la solidité de la théorie de Darwin sur l'origine des espèces et de leur évolution par la sélection naturelle, les variations, les modifications, les adaptations pour la survie. Dans cette étonnante galerie, on nous apprend que les animaux marins en colonisant les terres ont perdu leurs nageoires qui sont devenues des pattes, et parfois des ailes (insectes). Les arthropodes (crabes, acariens, araignées...) furent les premiers animaux de l'univers terrestre à s'être aventurés en masse hors de l'eau...

À quoi ressembleront les êtres vivant sur terre dans 50 millions d'années ? Peut-être à ces créatures bizarres que vous rencontrerez à la fin du parcours. Quand dans toutes les galeries de ce type, c'est l'évolution qui est expliquée par la science, mais jamais les origines de la vie, celle-ci reste encore une grande énigme.

Les autres salles

Elles s'avèrent tout aussi passionnantes, même si la présentation date un peu. En plus des excellentes expositions temporaires proposées, on peut voir de belles collections d'insectes sans vie, de minéraux, de coquillages (voir la *pinna,* moule géante autrefois utilisée pour sa soie), un vivarium qui renferme des mygales aussi vivantes que poilues, des phasmes, une ruche (cherchez la reine !) et d'autres curieux invertébrés tel l'axolotl. L'étage consacré aux mammifères est tout aussi surprenant, avec un classement des espèces par famille. On y apprend contre toute attente que le yack est un cousin de l'antilope et non de la vache, et que le bœuf musqué appartient en réalité aux caprins ! Sans oublier la remarquable salle des **baleines,** qui compte pas moins de 18 squelettes de cétacés. On en redemande !

Salle de la biodiversité

C'est la toute dernière, ouverte fin 2010. Ici, il s'agit de faire découvrir l'insolite et insoupçonnée vie animale et végétale subsistant dans les espaces urbains. Éloge, donc, des friches et de toutes ces failles, toutes ces anfractuosités, ces zones oubliées dans le béton et où s'engouffre à nouveau la vie... À commencer par les oiseaux dans les villes, dont on ne pensait pas que certains s'acclimateraient aussi bien... Tels le faucon crécerelle ou pèlerin, le martinet noir et la corneille, les mouettes, etc. Même chose pour les animaux : en plus de ceux vivant traditionnellement dans les parcs (biches, écureuils, fouines...), aux portes des villes, on assiste aux curieuses intrusions de touristes inhabituels : renards roux, sangliers, hérissons, etc. Sans oublier, les animaux du sous-sol (acariens divers, cloportes, grillons du métro)... Tous sont resitués dans leur contexte, avec leurs habitudes. Vidéo pour les enfants « Faites votre jardin », jeux ludiques et pédagogiques, plus des sections sur la gestion des eaux de pluie, l'aménagement de l'espace public, les potagers de ville, les écoquartiers dans une présentation claire et didactique.

🕯 *Le musée Antoine-Wiertz* (plan couleur I, B2, *173*) : *rue Vautier, 62, 1050 ; au cœur du quartier européen, presque à côté du muséum des Sciences naturelles.* ☎ *02-648-17-18.* ● *fine-arts-museum.be* ● *Même accès que le Parlementarium. Tlj sf lun, sam et dim 10h-12h, 13h-17h. Entrée gratuite.*

Là, on a affaire à un artiste bien singulier. Ce cher Antoine, bien que né au début du XIXe s, avait tendance à se prendre pour Rubens ou Michel-Ange. Mais il n'en avait pas, loin s'en faut, le génie. Certainement était-il conscient de ses limites, puisqu'il négocia fort intelligemment avec le gouvernement belge pour que celui-ci lui offre sa villa-atelier (dans laquelle nous sommes) en échange d'un legs de sa production à sa mort. Plutôt que de compter sur son unique talent pour vivre et se faire connaître, il devint donc, à sa propre demande, un « artiste-fonctionnaire » payant son emprunt (sa maison) en tableaux. Curieuse manière d'envisager l'art, en se bordant de tous côtés... Sous prétexte qu'elles n'étaient jamais terminées, Wiertz refusait de vendre ses œuvres... Cela dit, il serait injuste de ne pas lui reconnaître un trait original : celui d'avoir abordé tous les formats !

VISIONNAIRE, PLUS QU'ON NE LE PENSE

En effet, Wiertz est probablement le tout premier à avoir envisagé Bruxelles comme future capitale de l'Europe... Et le plus drôle, c'est qu'il habitait non seulement à l'endroit même où allait naître l'actuel quartier européen, mais que le « Caprice des Dieux », le bâtiment qui accueille les commissions parlementaires, se trouve rue... Wiertz !

Du plus petit au carrément gigantesque. Vous comprendrez quand vous serez face à *La Révolte des enfers contre le ciel,* son œuvre la plus imposante. Presque cocasses aussi sont quelques-unes de ses toiles comme *L'Inhumation précipitée,* où le patient encore vif est mis en bière par des médecins pressés, ainsi que *Faim, folie et crime,* empreint d'un réalisme à la fois macabre et cynique.

LES MUSÉES DU PARC DU CINQUANTENAIRE
(plan couleur I, B2)

Vaste parc situé à l'est du centre-ville, au-delà du quartier européen. Dessiné à la demande de Léopold II pour le cinquantenaire de l'Indépendance de la Belgique en 1880, sur d'anciens champs de manœuvres, il s'étale sur 30 ha autour d'un **arc de triomphe** monumental à trois arches, édifié au début du XXe s dans un style néoclassique par l'architecte français Girault. L'arc se poursuit de chaque côté par de grandes colonnades en hémicycle, décorées de mosaïques en l'honneur du pays. Les deux vastes halles métalliques situées derrière furent construites pour accueillir les grandes expositions de 1888 et de 1897. Aujourd'hui, elles abritent les musées royaux d'Art et d'Histoire, le musée royal de l'Armée et l'Autoworld.

Tout le quartier aux abords du parc du Cinquantenaire est truffé de superbes demeures bourgeoises aux styles très variés, pour la plupart édifiées au début du XXe s (voir, par exemple, l'étonnante **maison Cauchie,** au 5, rue des Francs). Dans le parc même, près de l'avenue de la Joyeuse-Entrée, on pourra aller jeter un œil à côté de la grande mosquée au **pavillon des Passions humaines** *(actuellement fermé pour rénovation ; se renseigner),* première réalisation de Victor Horta en 1889, conçu pour abriter l'œuvre de Jef Lambeaux, un relief sur les *Passions humaines* qui fit couler beaucoup d'encre et rougir (d'envie ?) beaucoup de dames.

🎭🎭 🏃 **Les musées royaux d'Art et d'Histoire** *(musée du Cinquantenaire ; plan couleur I, B2, 167) :* parc du Cinquantenaire, 10. ☎ 02-741-72-11. ● kmkg-mrah. be ● Ⓜ Mérode. *Trams et bus nos 22, 27, 61, 80 et 81, arrêt Gaulois ou Mérode. Mar-ven 9h30-17h ; w-e et j. fériés 10h-17h (fermeture caisses à 16h). Fermé lun. Entrée : 5 € ; réduc ; gratuit pour les - de 12 ans, et pour ts les 1er mer de chaque mois à partir de 13h (sf pour les expos temporaires). Audioguide gratuit. Suppléments pour les expos temporaires.*
Cet immense bâtiment du XIXe s, qui occupe 4 ha et compte 140 salles visitables, regroupe les témoignages des différentes civilisations du monde (sauf l'Afrique noire, qui a son propre musée) dans la plupart des disciplines artistiques (excepté la peinture qui a aussi le sien, et les instruments de musique désormais exposés au MIM). Sa visite vous prendra une bonne demi-journée, et encore, avec des patins à roulettes !

Le musée est divisé en quatre grands blocs thématiques : l'archéologie nationale (préhistoire, Gallo-Romains, Mérovingiens), l'Antiquité (Égypte, Grèce, Proche-Orient et Iran, Rome), les arts décoratifs européens (un des plus gros morceaux avec l'Art nouveau belge, la céramique, le circuit XVIIe-XVIIIe s, dinanderie et ferronnerie, le circuit gothique-Renaissance-baroque, etc.) et les civilisations non européennes (un autre gros morceau : Amérique, art chrétien d'Orient, Asie du Sud-Est, Chine-Corée-Japon, Inde-Pakistan-Afghanistan, ainsi que l'art du monde islamique, etc.). La visite peut tout à fait suivre une autre logique, d'autant que les « départements » transcendent le plus souvent ce découpage thématique. Comme il y a peu de chance que vous ayez le temps d'admirer les 650 000 pièces que compte la collection (bien que, pour être honnête, une bonne part se trouve dans les réserves), à vous de zapper et de concocter votre circuit en fonction de vos goûts. Demandez à l'accueil le *plan du musée*, cela vous permettra de vous y retrouver. Voir aussi le programme des expos temporaires.

– **Les arts décoratifs :** tout un ensemble de salles dédiées aux arts décoratifs européens, du baroque au XXe s ; l'une des plus belles parties du musée. Parmi les fleurons : la reconstitution de la *bijouterie Wolfers* conçue par Horta. À l'intérieur, il faut vraiment découvrir les sculptures chryséléphantines (mélange d'ivoire et métaux précieux). Voir aussi le splendide **Sphinx mystérieux** (1897), absolument remarquable. **L'Orchidée** est également une œuvre saisissante, où toute la féminité est concentrée en un fragile objet. Non loin et dans un autre genre, on peut admirer la **salle des carrosses**, ayant appartenu aux souverains belges du XIXe s. Et puis la nouvelle section **Préciosa et Verrerie** évoquant le raffinement et l'art de vivre aux XVIIIe et XIXe s à travers : éventails, bijoux, montres, tabatières, lunettes, portraits miniatures...

– **Le circuit gothique-Renaissance-baroque** se trouve de l'autre côté de l'accueil mais appartient toujours à la section consacrée aux arts décoratifs. Remarquable pour son exceptionnelle collection de retables et de tapisseries, et pour ses superbes cabinets d'apparat. Un incroyable retable relate le **martyre de saint Georges,** imperturbable malgré tous les supplices que ses bourreaux lui font subir (salle 15). D'une grande force et d'une grande naïveté tout à la fois. Splendide !

– **Océanie et île de Pâques :** au rez-de-chaussée mais actuellement fermée, on ne peut voir de cette section que la statue colossale d'un **moai de l'île de Pâques,** « dieu des pêcheurs de thon », offerte par le Chili et rapportée par une équipe de scientifiques franco-belges en 1935. Datant du XIVe s, elle pèse six tonnes ! Provenant de Polynésie et de Micronésie, le reste de la collection – dont on ne sait pas quand elle sera à nouveau présentée au public – demeure d'une grande importance ethnographique et archéologique, avec des pièces exceptionnelles allant du XIVe au XIXe s...

– **L'Amérique :** c'est l'une des belles et étonnantes collections du musée : une dizaine de salles qui donnent un aperçu assez complet des différentes civilisations du continent américain, allant de l'Alaska à la Terre de Feu. Du nord au sud donc, on verra notamment un **kayak inuit** (fin XVIIe s), absolument splendide, épuré, effilé, réduit à sa simple expression pour glisser sur l'eau avec la plus grande aisance (salle 25). On s'aperçoit qu'on n'a pas changé grand-chose à son dessin depuis cette époque...

HERGÉ AU MUSÉE

Le créateur de Tintin s'est inspiré d'une statuette précolombienne en bois, appartenant à la collection « Amérique » des musées royaux d'Art et d'Histoire de Bruxelles, pour en faire le fétiche arumbaya tant convoité dans son album L'Oreille cassée. *Également visible dans la même section, la momie de Rascar Capac est, elle, à l'origine de l'effrayante apparition qui hante les rêves de Tintin dans* Les Sept Boules de cristal.

Belle collection de pipes du début de notre ère, provenant de l'ethnie *Hopewell* (vivant sur le territoire actuel des États-Unis). Du Mexique, noter cette grosse femme de la région de Veracruz, en terre cuite, en position de scribe (salle 27). On ne manquera pas l'étonnante *momie péruvienne de Rascar Capac* (XVe s), ni la *statuette précolombienne* en bois ; deux pièces qui inspirèrent Hergé (salle 36). Remarquable collection de parures à plumes provenant pour la plupart de différentes ethnies d'Amazonie. Observer notamment le manteau de plumes d'Amazonie, rapporté par les Conquistadores et qui a plutôt pas mal traversé le temps (salle 28). Têtes réduites (vraiment fort réduites !), vases, amulettes, statuettes...

– *L'art du monde islamique :* cette longue salle présente un petit panorama de l'art islamique, notamment des collections de textiles dont la production s'étale du VIIe au XIXe s, de l'Afrique du Nord jusqu'en Iran, en passant par tout l'Empire ottoman. Pièce maîtresse, un « *velours à motifs* » ottoman (XVe s), représentant des motifs à trois boules et des nuages. Voir aussi le *casque mamelouk* (XIIIe s), portant le nom du sultan Ibn Qalawun (acier incrusté d'or). Également une belle série de céramiques, verreries, armes, et quelques enluminures d'Inde (alors sous domination musulmane). Beaux fragments de structures de bois sculptés, provenant d'une mosquée.

– *L'Asie :* au 2e étage, avec des choses étonnantes comme ce *lit-alcôve chinois* (salle 82). Ne pas négliger non plus le *bodhisattva,* statue en bois (XVIIIe s) autrefois polychrome qui représente un personnage jouffu « parvenu au stade ultime de la perfection bouddhique » (salle 79). Et puis, bien d'autres statuettes indiennes (dont la *déesse Sivanatzaja*, salle 78) et tibétaines, des tambours vietnamiens, des reproductions de maison batak (Sumatra), etc.

– *L'Antiquité :* rien d'exceptionnel ici, dans la section *Égypte,* avec ses quelques sarcophages, momies, céramiques, statuettes funéraires, papyrus, amulettes en bronze... Également la *Grèce,* avec une sublime et très rare grande *statue en bronze dite de Septime Sévère* (salle 122), qui demeure le clou de la section avec la belle collection de vases grecs. Enfin, la partie évoquant *Rome* est vraiment anecdotique : voir quand même la maquette de la Ville Éternelle, et surtout l'immense mosaïque de chasse qui ornait, au Ve ou VIe s, la salle de réception du gouverneur romain d'Apamée, en Syrie.

– *Le département d'archéologie nationale :* une salle avec des vitrines à demi cylindriques explique la vie des premiers Belges. Ne pas manquer non plus le *cimetière mérovingien,* qu'on découvre sous nos pieds à travers des dalles de verre. Tout au bout, une autre salle présente des céramiques et objets en bronze de la civilisation d'El Argar (sud-est de l'Espagne), qui fleurit entre 2300 et 1600 av. J.-C...

– *La salle des arts romans et mosans (ou salle aux Trésors) :* on peut y admirer les plus beaux exemples d'arts religieux roman et mosan, tels ce *reliquaire d'ivoire* en forme de basilique romane (la toute première pièce inventoriée du musée), ou le *phylactère de Marie et la croix-reliquaire* à double traverse, tous deux attribués à l'orfèvre Hugo d'Oignies (salle 0). Remarquable aussi *l'autel portatif de Stavelot* (XIIe s), représentant les martyres des différents apôtres. Mais la pièce la plus spectaculaire reste sans conteste le *chef-reliquaire du pape Alexandre Ier,* où trône une tête de bronze antique sur un socle de laiton et argent doré orné de saints et de vertus et serti d'émaux, de cristal de roche et de pierres précieuses. Amusant, on vient de retrouver les reliques qu'il contenait dans l'église Saint-Jean-Baptiste de Herve !

– *L'Art nouveau et l'Art déco belge :* trois salles présentent essentiellement du mobilier remarquable signé, entre autres, par Victor Horta, Oscar Van de Voorde, Philippe Wolfers, Gustave Serrurier-Bovy et Léon Sneyers.

|●| *Le Midi Cinquante* (plan couleur I, B2, *167*) : ☎ 02-735-87-54. *Tlj sf lun 9h30-17h (accès libre, indépendamment du musée). Plat du jour 11 €, sinon plats 12-17 €.* La cafétéria des musées royaux constitue un bon choix pour manger dans un quartier excentré, où les restos sont rares mais où il y a beaucoup à voir. Elle se trouve juste à gauche en entrant. Un lieu clair et plaisant,

où le personnel reste affable malgré l'affluence. Cuisine soignée et savoureuse, ce qui est en soi une excellente surprise, rien de vraiment bon marché malheureusement. Belle terrasse donnant sur le parc aux beaux jours.

🏃🏃 👫 *Le musée royal de l'Armée et d'Histoire militaire* (plan couleur I, B2, *168*) : *parc du Cinquantenaire, 3.* ☎ 02-737-78-33. ● *klm-mra.be* ● *Accès : voir « Les Musées royaux d'art et d'histoire » plus haut. Tlj sf lun 9h-12h, 13h-16h45. Entrée gratuite. Audioguide : 3 €.*
Situé de l'autre côté des arcades par rapport au précédent. Vénérable et vaste musée répertoriant par le menu tout ce qui rappelle la guerre et les mille et une manières de combattre. Des épées du XVIIIe s aux blindés de la Seconde Guerre mondiale en passant par les avions de chasse, la panoplie est aussi complète que variée. Tout est encore présenté un peu en vrac, mais l'ensemble des salles est progressivement rafraîchi, et de nouveaux espaces sur l'histoire des grands conflits ravivent l'intérêt de l'ensemble.
Voici les différentes sections repérables : belle salle des *armes et armures* datant du VIIIe au XVIIIe s (épées, arbalètes, lances, hallebardes, arquebuses...). Les *Pays-Bas autrichiens* (illustrés par des dizaines de portraits), la *période française* (souvenirs de Waterloo), puis la *Belgique au XIXe s,* avec des tableaux, objets, documents... Amusant : les uniformes des soldats belges en service à l'étranger, très différents de ceux d'aujourd'hui car, à l'époque, le but de l'uniforme n'était pas de camoufler l'homme mais plutôt de le mettre en valeur ; une cible de choix, donc ! Voir ensuite la grande salle consacrée à la *Première Guerre mondiale,* pleine de pièces d'artillerie souvent uniques (comme ce curieux gros char anglais) car la Belgique, qui avait fait figure de martyr en 1914, bénéficia d'impressionnants dons au sortir de la guerre. À côté, une cour rassemble *chars d'assaut* et *blindés.*
À l'étage, de nouvelles sections traitent de façon très interactive et pédagogique les conflits majeurs de la *période 1917-1944,* avec la montée du nazisme et une insistance particulière sur la *Seconde Guerre mondiale.* Aucun des grands épisodes de celle-ci n'est laissé de côté, de la guerre en Méditerranée au *D-Day,* en passant par la bataille de l'Atlantique et la campagne de Russie. Ainsi par exemple, on peut voir, reconstitués ou non, la passerelle de commandant d'un navire de guerre britannique, la chambre d'écoute d'un sous-marin allemand, l'intérieur d'un bunker, la tourelle d'un bombardier américain, les obstacles de plage qui garnissaient le littoral français avant le débarquement de Normandie, un uniforme d'Eisenhower, en plus, bien sûr, d'une multitude de documents, cartes, schémas et images d'archives commentées.
Enfin, dans l'immense halle de fer et de verre, le clou du musée : plus de *130 avions* retraçant l'histoire de l'aviation, depuis les « faucheurs de marguerites » jusqu'aux avions à réaction. Collection unique, assez impressionnante, mais un brin poussiéreuse quand même. Premiers coucous de la guerre de 1914, superbes biplans à hélice en bois, zincs de la Seconde Guerre mondiale : fameux chasseur anglais Spitfire, avion de transport américain Dakota (DC3), Junker allemand en tôle ondulée avec trois moteurs... Et puis des chasseurs américains, français (Mirage), allemands, russes des années 1950-1960, un Mac Donnell F 4 utilisé pendant la guerre du Golfe... et même un avion de ligne de la Sabena. Assez incroyable de voir réuni un tel arsenal sous un même toit. Cafétéria *Sky Café* au milieu des avions.
Pas loin de l'entrée, un ascenseur permet aussi d'accéder à deux salles situées dans la partie supérieure de l'arc de triomphe, où sont exposés des objets napoléoniens. À quelques pas de là, les terrasses surplombant les arcades sont accessibles et offrent une vue plongeante sur l'avenue de Tervueren en direction de la forêt et, de l'autre côté, sur la rue de la Loi filant vers le centre-ville.

🏃🏃 👫 *Autoworld* (plan couleur I, B2, *169*) : *toujours dans le parc du Cinquantenaire, en face du précédent.* ☎ 02-736-41-65. ● *autoworld.be* ● *Avr-sept 10h-18h ; oct-mars 10h-17h. Entrée : 9 € ; réduc ; 4,50 € pour les 6-13 ans.* Un musée privé

LA RÉGION DE BRUXELLES

exceptionnel, qu'aucun amateur de voitures ne peut décemment manquer ! Abrité sous la halle du Cinquantenaire en face du musée royal de l'Armée, ce vaste espace présente, dans un état remarquable, des véhicules rares et superbes, depuis les débuts de l'automobile jusqu'aux années 2000. Une collection d'une grande diversité, absolument magistrale, qui permet de suivre les grandes évolutions techniques et esthétiques du « bonheur à quatre

UN BRUXELLOIS SPEEDÉ

Fils d'un industriel du pneu, Camille Jenatzy était ingénieur et pilote automobile. Le 29 avril 1899, il fut le premier à franchir les 100 km/h sur route, dans les Yvelines, à bord de son bolide électrique en forme de torpille nommée la « Jamais Contente ». En 1909, il fut aussi le premier à dépasser les 200 km/h, à Ostende au volant d'une Mercedes.

roues », de la voiturette de Léon Bollée de 1896 à la DS de Citroën en passant par le camion Opel de 1914, la Tatra tchécoslovaque de 1951, les Lincoln des années 1960, les véhicules de pompiers des années 1930 et même les voitures belges… Car il y en eut ! Et pas qu'une maigre poignée : ce fut même, avant la Seconde Guerre mondiale, un des fleurons de l'industrie du royaume, avec des marques comme *Minerva, Nagant, Imperia, Fondu, FN* (voir le beau modèle en aluminium et bois sculpté de 1930), et *Belga Rise*, jadis considérée comme la Rolls du plat pays ! Sinon, que dire du tricycle Aster de 1899, de la De Dion-Bouton de 1901 ou de l'Oldsmobile de 1904, avec son manche-guidon pour unique volant ? Un peu plus près de nous, une Packard de 1946, une curieuse Messerschmitt des années 1950 (conçue comme un cockpit d'avion et s'ouvrant par l'avant), une voiture Vespa de 1959, une 2 CV ou encore la Toyota peinte par Folon… Nouveauté 2012 : la zone « Sport et compétition » dédiée à la course automobile et aux rallyes depuis 1906.

I●I Restaurant avec plat du jour.

🏃🎭 *La maison Cauchie* (plan couleur I, B2, **179**) : rue des Francs, 5, 1040. ☎ 02-733-86-84. ● cauchie.be ● En bordure du parc du Cinquantenaire. Même accès que les précédents. Visite guidée le 1er w-e de chaque mois 10h-13h, 14h-17h30 (dernière visite à 16h30). Soirées d'été, mai-août, ts les mar 18h-21h (dernière visite à 20h30). Entrée : 5 € ; gratuit pour les - de 12 ans.

Si vous n'êtes pas présent le week-end (jours de visite) et que vous passiez devant cette maison, jetez-y au moins un œil ! C'est Paul Cauchie qui, en 1905, réalisa pour lui-même cette demeure, dans laquelle il installa son atelier. Cauchie est un des architectes emblématiques de l'Art nouveau bruxellois. Il excellait dans l'art du sgraffite. Sur la façade, véritable vitrine de son travail, il avait fait indiquer ses spécialités et avait inscrit la devise de cette maison « Par nous, pour nous ». Comme ça, les choses étaient claires.

La maison, menacée de destruction dans les années 1970, fut sauvée in extremis par l'actuel propriétaire, Guy Dessicy (ancien collaborateur d'Hergé), qui en était tombé passionnément amoureux. Des années de restauration furent nécessaires pour lui redonner toute sa splendeur et la remeubler (certaines parties du mobilier étaient tout bonnement cachées au fond de la cave !). Si vous faites la visite guidée (passionnante), vous vous apercevrez que Cauchie utilisa également le sgraffite à l'intérieur de sa maison, puisqu'il y recevait ses clients.

Il est curieux de voir à quel point Cauchie se démarque de l'univers d'Horta. À commencer par ses inspirations, ses influences qui le rapprochent beaucoup plus de l'Écossais *Charles-Rennie Mackintosh,* avec une priorité donnée à la verticalité, aux motifs dépouillés, géométriques, symétriques. Mais aussi par un esprit plus bohème, plus voluptueux, avec une omniprésence de la femme (à commencer par ses femmes-muses en façade) qui, là encore, s'apparente à l'école de Glasgow. On retrouve évidemment toutes sortes de motifs végétaux, sans lesquels l'Art nouveau ne serait pas tout à fait ce qu'il est, sans oublier certaines influences japonaises (utilisation du bois pour les colonnes du porche, importance du symbolisme, stylisme du balcon...).

La visite guidée se limite au séjour (compter au moins une heure malgré tout), mais le sous-sol accueille librement les visiteurs et propose une expo sur le couple Cauchie et la restauration de la maison...

🕏🕏 Pas loin du Cinquantenaire, au nord du rond-point Robert-Schuman, les **squares Marie-Louise et Ambiorix** *(plan couleur I, B2, 177 ; bus n° 5),* chef belge du début de notre ère, constituent les noyaux durs d'un secteur résidentiel de bon aloi, propice à la balade. L'ensemble respire le XIXe s cossu. Dans l'avenue Palmerston qui relie les deux squares, quelques œuvres notables d'Horta, surtout au n° 4, l'**hôtel Edmond Van Eetvelde.**

Au n° 11 (côté nord) du square Ambiorix, vous ne pourrez échapper à l'un des plus beaux édifices Art nouveau qui soient : l'**hôtel du peintre de Saint-Cyr,** réalisé en 1903 par Gustave Strauven. À tous les étages, malgré les 4 m de largeur de la façade, on s'en met plein les mirettes mais le pompon reste la fenêtre circulaire du dernier étage, où le fer, le verre, le bois et la brique sont mis au service de la rondeur et des volutes. Quelle virtuosité !

À L'OUEST DE BRUXELLES

🕏🕏 **Le site de l'ancien entrepôt des douanes de Tour et Tassis** *(plan couleur I, A1-2, 186)* : av. du Port, 86c, 1000. ● tour-taxis.com ● Ⓜ *Ribaucourt et Yser ; tram n° 51 ; bus n°s 14, 57 et 89.* Sans doute l'un des plus ambitieux projets de rénovation urbaine à Bruxelles. L'origine du nom provient de la famille Thurn und Tassis, fondatrice, en 1501, du réseau postal de l'Empire germanique. En effet, Charles Quint souhaitait disposer d'un réseau de messageries rapides pour communiquer d'un bout à l'autre de son vaste empire, et Bruxelles était un des lieux de carrefour de ce réseau de relais de poste. Mais la fin de l'Empire germanique en 1806 mit un terme au monopole de la famille. Ensuite, avec la prospérité économique de la Belgique, un ensemble de bâtiments industriels vit le jour sur les 37 ha du site, associant en un même lieu les fonctions complémentaires d'acheminement des marchandises, d'entrepôts et de services de douane. Mais la suppression des barrières douanières fit perdre progressivement au lieu sa raison d'être et, en 1987, il est mis en vente. Plusieurs projets de réhabilitation sont alors avancés (comme, aussi, sa démolition) pour sauver ce joyau d'architecture industrielle et, finalement, en 2001, grâce au travail d'associations comme **La Fonderie**, une société, Project T T, se voit confier la rénovation du site en collaboration avec la Commission royale des monuments. Depuis, on peut considérer que la réussite est au rendez-vous, puisque d'ores et déjà des entreprises y ont installé leurs locaux et que des manifestations aussi prestigieuses que la Foire du livre y ont trouvé un lieu idéal pour y accueillir des dizaines de milliers de visiteurs.

Si vous en avez l'occasion, en passant dans le coin, n'hésitez pas à venir admirer les imposantes façades de brique et de pierre bleue, magnifiquement mises en valeur par l'éclairage de nuit.

Depuis l'avenue du Port qui mène à l'entrepôt, on peut admirer, de l'autre côté du canal (quai des Péniches), l'immense fresque rendant hommage à **Corto Maltese** d'Hugo Pratt.

🕏 **La basilique du Sacré-Cœur de Koekelberg** *(hors plan couleur I, par A1)* : Koekelberg 1080. Ⓜ *Simonis. Ouv 8h-17h.* Tout au bout du boulevard Léopold II et surnommée ironiquement la « Koekelique de Baselberg ». Pas de malentendu : si on vous signale cet édifice religieux, c'est surtout pour la vue sur la ville qu'on a de la coupole, la plus intéressante, nous semble-t-il, de Bruxelles (3 € pour y accéder). Pour le reste, on se contentera de préciser que c'est un édifice néobyzantin assez indigeste, né de la volonté du grand bâtisseur Léopold II, à l'occasion du 75e anniversaire de l'Indépendance. Cependant, le projet initial ne vit jamais le jour, et c'est en 1926 qu'on entama la réalisation du nouveau chantier, qui ne s'acheva qu'en... 1969. Enfin, pas grand-chose de remarquable donc, si ce n'est ses dimensions faramineuses (c'est le quatrième plus grand édifice chrétien au monde) et quelques vitraux modernes à l'intérieur.

🔦 **Le musée René-Magritte** (plan couleur I, A1, **180**) **:** rue Esseghem, 135, 1090. ☎ 02-428-26-26. ● magrittemuseum.be ● Accès : Ⓜ Belgica ; tram n° 94 ; bus n°s 49, 53 et 88. Mer-dim 10h-18h. Entrée : 7 € ; réduc.

À ne pas confondre avec celui de la place Royale. Dans la commune de Jette, ce petit musée s'est ouvert en 1999, dans la maison même où a habité, de 1930 à 1954, le peintre René Magritte. Attention vous n'y verrez pas ses œuvres mais plutôt des objets qui évoquent son univers.

Au rez-de-chaussée de cette modeste maison de banlieue, reconstitution très fidèle de l'univers du peintre surréaliste. Rien de très spectaculaire au premier abord, si ce n'est un décor repeint dans les tons chers à l'artiste, une poignée d'originaux et des meubles que l'on retrouvera sur quelques-unes de ses plus célèbres toiles, comme le poêle à charbon, la cheminée, la baignoire et le piano. Au fond, la salle à manger-atelier où Magritte réalisa près de la moitié de ses tableaux. Aux 1er et 2e étages, quelques œuvres de ses copains surréalistes, ainsi que des documents et objets plutôt rares (près de 400), comme cette lettre de la Sabena assurant le peintre que son loulou Toutou serait traité avec les meilleurs égards à bord d'un de leurs avions, ou encore ce télégramme de condoléances envoyé par Baudouin et Fabiola à sa veuve après son décès. Très beau catalogue du musée.

AU NORD DE BRUXELLES, LE DOMAINE ROYAL DE LAEKEN (plan couleur I, A1)

Il s'agit d'un vaste parc, situé au nord du Pentagone, composé d'espaces verts, de petites forêts, de pièces d'eau, le tout soigneusement aménagé dans un style anglais.

🔦🔦 Au milieu du parc trône le **château royal,** œuvre de la fin du XVIIIe s, ancienne résidence des gouverneurs autrichiens. Napoléon en fit même l'acquisition en 1804. Puis l'édifice devint château royal sous le régime hollandais puis dès l'accession de Léopold Ier au trône. Au début du XXe s, il reçut de nombreux aménagements. Plus à l'ouest, un belvédère (beau pavillon du XVIIIe s), un monument à Léopold Ier en néogothique et bien sûr les admirables **serres royales** (plan couleur I, A1, **164**) qu'on ne peut visiter que quelques jours par an (de mi-avr à début mai ; pour infos : ☎ 02-513-20-20 ; trams n°s 4, 19 et 23 ; bus n° 53 ; entrée : 2,50 €). De l'extérieur, par l'avenue du Parc-Royal, les serres sont déjà un ravissement. Il s'agit d'une série de dômes lumineux de tailles différentes, qui dialoguent entre eux comme des notes de musique.

Cette remarquable structure est due à l'architecte **Alphonse Balat,** avec la participation d'un certain... Victor Horta. Chef-d'œuvre parmi les chefs-d'œuvre : la grande rotonde, aérienne, élégante et délicate. Si vous êtes à Bruxelles fin avril, ce serait une faute que de ne pas passer par là. On y fait alors la queue en rangs serrés pour se balader dans ces extraordinaires ensembles de végétation tropicale sous verre. En dehors de cette période, le domaine royal ne se visite pas.

🔦 Au sud du domaine, l'**église Notre-Dame de Laeken,** bâtie pour l'épouse de Léopold Ier, la reine Louise-Marie, et dont le dessin fut confié à Joseph Poelaert, l'architecte du palais de justice. Encore une fois, il rata plutôt son affaire et mit le gothique à la sauce Poelaert, mixture bien lourde à digérer. On y trouve la crypte royale. Derrière, dans le cimetière, on peut encore voir le chœur de la première église du XIIIe s et, non loin, un Penseur de Rodin, qui n'en pense pas moins.

🍴 **Les musées d'Extrême-Orient** (plan couleur I, A1, **165**) : av. Van-Praet, 44, 1020. ☎ 02-268-16-08. ● kmkg-mrah.be ● Tout au nord du domaine royal. Accès : trams n⁰ˢ 3 (Esplanade) et 7 ; bus n⁰ˢ 53, 230, 231 et 232. Tlj sf lun 9h30 (10h w-e)-17h. Entrée : 4 € ; réduc ; gratuit pour les - de 12 ans, et pour ts le 1er mer du mois à partir de 13h.

Votre esprit curieux et vos yeux fouineurs n'auront pas manqué de s'étonner de la présence, quasiment face à face, d'un « pavillon chinois » et d'une « tour japonaise ». Ces édifices furent « récupérés » par Léopold II à l'expo universelle de Paris en 1900 pour symboliser le début des relations commerciales (et amicales) entre la Belgique, le Japon et la Chine.

– **Le pavillon chinois :** hormis les boiseries extérieures réalisées à Shanghai, c'est un Français qui créa ce pavillon. Amusant ! Les salles intérieures, aménagées en styles Louis XIV et Louis XVI avec force dorures et miroirs, recèlent de belles collections de porcelaines chinoises. Depuis peu, il y a aussi un très beau petit musée d'Art japonais, juste derrière le pavillon chinois.

– **La tour japonaise :** dans un tout autre style que sa voisine d'en face mais conçue par le même architecte français que le pavillon chinois ! Seul le pavillon d'entrée, présenté à l'Expo internationale de Paris en 1900 et acheté par Léopold II, est de facture nippone. Selon la tradition, elle a été entièrement assemblée sans clou. Là encore, l'intérieur n'a pas grand-chose d'oriental mais vous y découvrirez de superbes vitraux représentant des scènes d'Orient ainsi que des objets d'art décoratif japonais.

– **Le musée d'Art japonais :** dans l'ancienne dépendance superbement rénovée du pavillon chinois. Il présente par rotation la très riche collection d'art japonais de l'époque Edo (1603-1868) que possède le musée du Cinquantenaire. Peintures, laques, textiles, porcelaines, estampes, sculptures et armures, les œuvres montrées constituent un ensemble très complet qui ravira vraiment les amateurs du genre.

LE PLATEAU DU HEYSEL (plan couleur I, A1)

Le Heysel est un quartier qui se situe à quelques kilomètres au nord du Pentagone, non loin du domaine de Laeken. Tristement rendu célèbre pour son stade qui, en mai 1985, lors d'une finale de Coupe d'Europe de football, fut le théâtre de bagarres suivies d'un mouvement de panique où la foule s'entassa contre les grilles. Une tragédie qui fit 40 victimes.

🍴 Le stade a été rénové et porte désormais le nom de **stade Roi-Baudouin :** visite lun-ven 10h-17h et un sam par mois (se renseigner). ● prosportevent.be ● Entrée : 6 € ; réduc.

Un parcours dans les coulisses a été inauguré en 2005 avec la rétrospective des 70 ans d'existence d'un stade qui a connu son lot d'exploits mais aussi le drame que l'on sait. Il évoque les exploits du sport belge et en particulier ceux des « Diables Rouges », l'équipe nationale de football, l'ambiance fervente du Mémorial Van Damme, le meeting d'athlétisme et des aspects plus problématiques du monde sportif : le dopage, la violence des hooligans... sans oublier que le stade a servi d'écrin à des concerts mémorables : Johnny Hallyday, U2... En fin de parcours, des écrans vidéo sont là pour rappeler aussi la fonction du sport : un jeu qui doit épanouir ses pratiquants et réjouir ses spectateurs. Est-ce encore du domaine du possible ?

Le **Heysel** est un vaste espace culturo-sportivo-commercialo-industriel, comprenant un stade (ça, on l'savait), un grand parc des expositions, un complexe récréatif **(Bruparck),** le cinéma Kinépolis, un planétarium et évidemment le fameux **Atomium.** C'est surtout pour ce dernier, d'ailleurs, qu'on visite ce secteur.

Avant de découvrir l'Atomium, vous passerez sans doute devant le **Grand Palais,** vaste halle d'exposition réalisée en 1935 dans un pur style Art déco, surmontée de quatre statues monumentales. L'Atomium est à deux pas. Faudrait d'ailleurs être plutôt bigleux pour ne pas le remarquer.

🎯🎯🎯 👫 *L'Atomium (plan couleur I, A1, 166) :* sq. de l'Atomium, 1020. ☎ 02-475-47-75. ● atomium.be ● Ⓜ *Roi-Beaudouin, Heysel. Tlj 10h-18h. Entrée : 11 € ; billet combiné avec le Planétarium : 15 € ; réduc ; gratuit pour les - de 6 ans.*
Vous vous trouvez à présent, les yeux ébahis et le cou tordu, devant la maille élémentaire du fer (et non pas une molécule ou un atome) grossie 165 milliards de fois. Imaginez votre guide favori grossi à la même échelle : il mesurerait 33 millions de kilomètres ! Difficile de le glisser dans sa poche... La plus haute des neuf boules culmine à 102 m et la vue de là-haut est... panoramique, c'est le moins qu'on puisse dire (par beau temps, on aperçoit le beffroi de Malines). Cet édifice incroyable fut créé pour l'Exposition universelle de 1958.
Comme tous les ouvrages du genre (la tour Eiffel, entre autres), il devait être détruit et ne le fut pas. On lui a même, en 2005, redonné son lustre d'antan en remplaçant l'aluminium des boules par de l'inox ! Avec la Grand-Place et le Manneken-Pis, il reste un symbole fort de la ville.
Tout d'abord, un ascenseur vous projette en 23 secondes dans la boule supérieure pour embrasser une vue exceptionnelle (compter jusqu'à 40 mn d'attente le week-end !). Là, possibilité de manger (au resto, qui occupe la moitié supérieure de la boule) ou de redescendre tout en bas pour partir à la découverte d'autres parties de la « molécule », liées entre elles par des escalators. Petites expos – permanente et temporaire – dans deux des cinq autres boules accessibles mais, globalement, cette deuxième partie de la visite a moins d'intérêt. N'empêche, le monument, lui, mérite vraiment le détour, surtout lorsqu'il surgit de la nuit comme un vaisseau spatial clignotant, style « Rencontres du 3e type ».
– *Bruparck :* judicieusement installé au pied de l'Atomium, ce grand parc récréatif accueille plusieurs attractions, dont *Mini-Europe* et le complexe aquatique *Océade* (☎ 02-478-43-20), avec ses vertigineux toboggans. Droit d'accès à ce dernier assez cher mais ticket combiné avec *Mini-Europe.*

🎯🎯 👫 *Mini-Europe (plan couleur I, A1, 187) : Bruparck, 1020.* ☎ 02-478-05-50. ● minieurope.com ● *À côté de l'Atomium. Tlj 10h-18h sf de début janv à mi-mars. Les sam de fin juil à fin août, nocturne jusqu'à minuit et feu d'artifice à 22h30. Entrée : env 14 € ; réduc. Billets combinés avec l'Atomium et le complexe aquatique Océade.*
Sur 2,5 ha, Mini-Europe regroupe quelque 300 maquettes de monuments évoquant plus de 75 villes ou sites d'Europe. D'une précision remarquable, la plupart de ces maquettes sont réalisées en polyester à l'échelle 1/25, ce qui donne, entre autres, une tour Eiffel de plus de 12 m. La tour de Pise, elle, est en vrai marbre et le château de Chenonceau en pierre de France. Véritable travail d'orfèvre, le coût moyen de ces maquettes avoisine les 75 000 € et certaines ont demandé l'équivalent du travail d'une personne pendant 13 ans ! Ainsi, l'arc de triomphe de l'Étoile répertorie, comme l'original, les noms des 600 généraux de l'épopée napoléonienne et des 150 lieux de bataille, excepté, bien sûr, Waterloo. L'illusion est aussi parfaite avec Big Ben, qui sonne à l'heure, le Vésuve, qui tremble lors des éruptions, les 6 000 spectateurs des arènes de Séville (tous peints à la main !) qui crient « Olé ! » comme dans une vraie corrida, les moulins à vent du Kinderdijk en Hollande, qui contribuent à assécher un minipolder, ou encore *Ariane V,* qui décolle toutes les 7 mn dans un nuage de fumée artificielle...
Le parc n'a pas négligé non plus les derniers pays à être entrés dans l'Union avec, entre autres, le manoir d'Artus de Gdansk (Pologne), le théâtre du Kourion à Chypre, le Mnajdra de Malte (considéré comme le plus vieux temple de pierre du monde !), l'université de Vilnius (Lituanie), l'horloge astronomique de Prague (République tchèque), l'église Bleue de Bratislava (Slovaquie), la Grosse Margareta de Tallinn (Estonie) ou encore les bains de Szecheny à Budapest (Hongrie).
Enfin, Mini-Europe propose aussi un espace ludique et interactif *(Spirit of Europe)* dédié à l'histoire, aux objectifs, aux défis et au fonctionnement de

l'Union européenne. Où ailleurs qu'à Bruxelles, décidément, pouvait-on espérer visiter une telle attraction ?

– À côté, le *Kinépolis* (☎ 02-474-26-00) est, avec ses 27 salles, l'un des plus grands complexes cinématographiques au monde. Nous, on préfère les petits cinémas de quartier... Cela dit, c'est le seul à Bruxelles à posséder un écran Imax, irremplaçable, comme on sait, pour la projection de certains films ou documentaires.

LA COMMUNE D'ANDERLECHT *(plan couleur I, A2-3)*

Anderlecht, commune populaire de Bruxelles bien connue des amateurs de foot, était déjà habitée à l'époque romaine ; on y a trouvé les restes d'une villa du IVe s. Elle a longtemps eu une vocation industrielle avec des abattoirs renommés et de nombreuses manufactures. Son centre historique se concentre autour de l'église Saint-Guidon.

🦌 *La maison d'Érasme (hors plan couleur I par A2) :* rue du Chapitre, 31, **Anderlecht** 1070. ☎ 02-521-13-83. ● erasmushouse.museum ● Ⓜ Saint-Guidon ; tram nº 81 ; bus nº 49. Tlj sf lun 10h-17h. Entrée : 1,25 €. Visite guidée sur rdv.

Ceux qui connaissent (ou ont lu) l'*Éloge de la folie* feront le détour par cette maison où Didier Érasme de Rotterdam séjourna 5 mois en 1521. La grosse bâtisse de brique rouge où il habita, jouxtée d'un jardin propice à la réflexion, date de 1515 (Marignan) et fut transformée en un petit musée agréable dans les années 1930. L'objectif humaniste d'Érasme était fondamentalement positif : sélectionner chez les Anciens les idées conciliables avec le message évangélique. Il estimait que la révélation n'était pas l'apanage des érudits et devait être accessible au plus grand nombre. La foi ne pouvant être vécue qu'en ayant une vraie connaissance des textes. Ses voyages, ses échanges avec tous les grands esprits de son époque, son ouverture et son goût de la recherche critique en ont fait le patron d'un des programmes d'échanges estudiantins européens les plus connus : *Erasmus*. Quelques souvenirs de ce grand humaniste : dans son ex-bureau, un moulage de son crâne, une lettre à un pote écrite en latin. La maison, merveilleusement restaurée, abrite une collection de meubles, de livres, de gravures et de tableaux des XVe et XVIe s. Les pièces maîtresses de ce programme restent les deux gravures d'Albrecht Dürer, dans le cabinet de travail d'Érasme, et un triptyque de Jérôme Bosch de 1510 *(L'Adoration des Mages).* Sur le volet gauche de ce triptyque (quand il est fermé), on pouvait voir saint Jérôme, mais comme l'œuvre fut longtemps conservée dans la collégiale Saint-Pierre-et-Guidon, son curé a cru bon, 120 ans après le travail de Bosch, de transformer Jérôme en Pierre, par l'adjonction d'une clé grossièrement plaquée devant le saint. Un coup de pinceau maladroit, et hop, ni vu ni connu, voilà mon saint Pierre gardien du Paradis (et à ce titre possesseur de clés, rappelons-le).

La visite peut se poursuivre au *Jardin philosophique,* situé derrière la maison. Cet îlot de verdure a été conçu pour permettre au visiteur de se laisser aller à des rêveries ou à des réflexions que doivent susciter, notamment, des adages inscrits sur les parterres en forme de feuilles et sélectionnés – par Érasme – dans la sagesse antique et le savoir populaire. À l'entrée de cet espace vert, arrêtez-vous un instant au « jardin des maladies », planté des différentes espèces botaniques qu'utilisaient les médecins de l'humaniste.

– Si vous avez le temps, à côté du musée, près de la collégiale, vous pourrez visiter le *béguinage* d'Anderlecht, charmant ensemble de maisons, certaines du XVIe s, ordonné autour d'un puits et d'un jardin. Petit musée sur l'histoire d'Anderlecht. Horaires d'ouverture identiques à ceux de la maison d'Érasme.

🦌 *Le musée bruxellois de la Gueuze (plan couleur I, A2, 171) :* rue Gheude, 56, **Anderlecht** 1070. ☎ 02-521-49-28. ● cantillon.be ● Ⓜ Gare-du-Midi ou Clemenceau ; tram nº 81. Tlj sf dim et j. fériés 9h (10h sam)-17h. Entrée : 6 €, dégustation comprise ; réduc.

Dans ce coin populaire en partie transformé en quartier de la fripe, on trouve la toute dernière brasserie familiale à fabriquer le lambic, et ce depuis plus de 100 ans. Comme au temps des Sumériens, ce sont les « ferments célestes », apportés par l'air, qui « inoculent » le moût : c'est la « fermentation spontanée ». Babylone comptait 150 brasseries et les Égyptiens, Romains et Gaulois connaissaient, sans l'expliquer, ce miracle de la bière. Aujourd'hui, tous les ferments sont préparés en laboratoire. Ici, non : on conserve la magie et on ne brasse que d'octobre à mars, quand le moût peut refroidir tout seul. Seul le lambic (2/3 d'orge, 1/3 de froment) est fabriqué de cette façon.

À partir du lambic, on fait d'autres bières : la *gueuze* (jeune et vieux lambic), la *kriek* (avec griottes), la *framboise* (avec framboise) et le *faro* (avec sucre candi). Une visite unique en son genre donc, où une bonne partie du matériel utilisé date encore du XIXe s. La bière Cantillon y est brassée depuis quatre générations. La visite est libre mais un document vous permettra de comprendre les différentes phases de l'élaboration du breuvage. On rend visite à la cuve de cuisson et, dans le grenier, au grand bassin de 7 500 l, en cuivre rouge, tout plat, entièrement riveté, où se produit l'inoculation.

La salle de futaille rappelle les caves à vin, pleine de tonneaux et de pipes (650 l) remplis à ras bord et laissés ouverts durant 3 jours pour permettre les débordements. La dégustation vient clore la visite de cet univers, à mille lieues de la brasserie industrielle.

AU NORD-EST, LA COMMUNE DE SCHAERBEEK
(plan couleur I, B1-2)

Au nord-est du Pentagone, avec 110 000 habitants, Schaerbeek (prononcez Skarbék) est la 5e commune la plus peuplée de Belgique. Ses quartiers très différenciés sont à la fois très populaires et cosmopolites mais aussi résidentiels. Autrefois, elle était considérée comme la commune des artistes, qui y occupaient de nombreux ateliers. Elle compte quelques sites remarquables, comme le *parc Josaphat,* l'église néobyzantine Sainte-Marie, les halles, ainsi que de nombreuses maisons Art nouveau et Art déco particulièrement bien préservées. Dans ce quartier, qui fut autour des années 1900 un des faubourgs les plus huppés de Bruxelles, vous ne manquerez pas de jeter un coup d'œil sur la majestueuse perspective de l'*avenue Louis-Bertrand,* se glissant dans une belle courbe descendante vers le parc Josaphat. De chaque côté se déploient de magnifiques façades inspirées par l'Art nouveau, rivalisant entre elles d'originalité. Rue Josaphat, toute proche, le complexe scolaire et le gymnase dus à l'architecte Henri Jacobs livrent un décor de verrières, de sgraffites et de ferronneries du plus bel effet.

Son **hôtel communal,** place Colignon, entourée de maisons éclectiques de la fin du XIXe s, est un magnifique édifice néo-Renaissance. De là, vers le sud, part la *rue Royale-Sainte-Marie.* Au n° 241, la *maison des Chats.* Aux n°s 237-235, superbe décor des années 1886-1887.

🎭 **La maison Autrique** *(plan couleur I, B2, 184) : chaussée de Haecht, 266, 1030. ☎ 02-215-66-00. ● autrique.be ● Accès : trams n°s 90, 92 et 93 ; bus n°s 59, 65, 66. Mer-dim 12h-18h (fermeture caisse à 17h30). Entrée : 6 € ; réduc.*
La maison de l'ingénieur Autrique fut une des premières réalisations (1893) d'un jeune architecte de 32 ans nommé Victor Horta. Délaissée depuis 1986, elle avait attiré l'attention du dessinateur de B.D. François Schuiten et de son compère, le scénariste Benoît Peeters. Après 7 années d'efforts et après que l'architecte Francis Metzger avait reçu la mission de « faire parler » la maison pour en retrouver le caractère originel (au travers des matériaux notamment), tel que l'avait conçu Horta, elle est à présent offerte à l'admiration des visiteurs comme une sorte de voyage dans le temps qui restituerait la vie de la bourgeoisie de la Belle Époque. La maison, tel un organisme vivant, revit littéralement à l'aide de la scénographie imaginée par les deux complices.

Ses habitants vous apparaissent au détour de la salle de bains, dans la cuisine on s'apprête à servir le repas du soir, les draps sèchent dans la buanderie, des cartes postales du vieux Schaerbeek s'échappent d'un meuble... Dans la bibliothèque, un film muet évoque les transformations architecturales de Bruxelles. On découvre également le cabinet de travail de l'ingénieur, avec ses innombrables cartes, et l'atelier d'un peintre français, Augustin Desombres, qui aurait travaillé pendant ses dernières années à Schaerbeek.

Le grenier se révèle être la caverne d'Ali Baba d'un personnage curieux : Axel Wappendorf, dont on nous dit qu'il fut l'inventeur méconnu de prototypes de moyens de transport insolites... Bref, on navigue, comme souvent à Bruxelles, entre rêve et réalité sans toujours bien discerner la frontière entre les deux mondes parallèles et c'est là le grand mérite de cette re-création de la maison Autrique : entraîner le visiteur là où il ne s'imaginait pas pouvoir être mené...

VERS L'EST, LES COMMUNES DE WOLUWE-SAINT-LAMBERT ET WOLUWE-SAINT-PIERRE
(hors plan couleur I, par B2)

Communes résidentielles, encore rurales il n'y a pas si longtemps, elles s'étendent au-delà du square Montgomery dans un environnement vallonné (la vallée de la Woluwe) traversé de part et d'autre par l'avenue de Tervueren voulue par Léopold II et qui conduit à la forêt de Soignes. L'avenue longe le parc de Woluwe, doté de magnifiques étangs. C'est un endroit de promenade très apprécié des Bruxellois.

Le palais Stoclet *(hors plan couleur I, par B2, 175)* : av. de Tervueren, 281, **Woluwe-Saint-Pierre** 1150. Accès : Ⓜ Montgomery ; trams nᵒˢ 39 et 44.
Bien qu'il soit fermé à la visite, on peut voir de l'extérieur une partie de cet incroyable édifice, symbole de l'Art nouveau viennois mais déjà préfigurateur de l'Art déco, réalisé en 1910 par l'Autrichien **Josef Hoffmann**. Il rompait définitivement avec les canons habituels de l'Art nouveau. Emblématique du concept de l'« œuvre d'art totale », le bâtiment ainsi que sa décoration intérieure et extérieure, son mobilier, sa vaisselle et ses jardins ont été classés en 2006 afin d'éviter la dispersion de l'ensemble. Conception anguleuse, très saccadée, terminée par une tour à gradins encadrée de fières sculptures de bronze. L'une des caractéristiques originales de l'édifice est d'avoir été totalement conçu le dos à la rue. La superbe façade se révèle tournée vers l'intérieur. Côté rue, c'est vrai, façade d'une grande banalité, mangée d'ailleurs par un immense auvent. À l'intérieur (qu'on ne peut visiter), une salle à manger est décorée entièrement de fresques de Klimt. C'est là qu'aurait dû trôner son célèbre *Baiser*, s'il n'avait pas été vendu entre-temps ! L'Unesco a classé en juin 2009 le palais Stoclet au Patrimoine mondial. Espérons que cette consécration permette de l'ouvrir au public sous peu.

Le musée du Transport urbain bruxellois *(hors plan couleur I, par B2, 176)* : av. de Tervueren, 364, **Woluwe-Saint-Pierre** 1150. ☎ 02-515-31-08.
● trammuseumbrussels.be ● Accès : trams nᵒˢ 39 et 44 depuis le métro Montgomery. Ouv 3ᵉ w-e de mars-1ᵉʳ w-e d'oct, les sam, dim et j. fériés 13h-19h ; en hiver, ouv le 2ᵉ w-e du mois 13h-17h. Entrée : 5 ou 8 € avec l'A/R en tram jusqu'à Tervueren (voir plus loin) ; réduc ; gratuit jusqu'à 12 ans.
Le grand intérêt de ce musée, en plus des collections présentées, est que l'on peut vraiment faire un trajet dans un vieux tram de la ville du début du XXᵉ s. Deux trajets possibles : entre le musée et le parc du Cinquantenaire ou du musée vers la forêt de Soignes. On conseille ce deuxième itinéraire, qui permet de s'arrêter au *musée royal de l'Afrique centrale*, de le visiter et de revenir, toujours en vieux tram. Vraiment sympa. Départ toutes les heures environ le samedi et toutes les 40 mn le dimanche. Trajet en 25 mn environ. Il suffit de descendre et de s'enquérir des horaires pour prendre le tram retour depuis Tervueren.

LA RÉGION DE BRUXELLES

🏃 **Brussels Tourist Tramway :** nouveauté, le dimanche *(avr-oct)*, on peut découvrir Bruxelles et son histoire en parcourant 40 km dans un tram historique datant de 1935. Un guide fait découvrir les trésors parfois bien cachés de la capitale et raconte une foule de petites anecdotes à son sujet. Départ 10h, retour 13h45. Tarifs et résas sur le site web.

Le musée est en fait un vaste dépôt encore pour partie en exploitation. Il rassemble une étonnante collection de tramways et d'autobus de toutes sortes, ayant tous servi au transport dans l'agglomération de Bruxelles. « Omnibus de pavé », puis tramways hippomobiles, sympathiquement appelés « moteurs à crottin », utilisés avant l'ère électrique. Intéressants tramways vicinaux (à vapeur). Puis une sélection de bus urbains, dont le premier fut mis en service en 1923. Nombreux trams de 1900 à 1950 permettant d'analyser l'évolution pas à pas de ce beau moyen de transport. Les premiers sont charmants comme tout, avec leurs plates-formes ouvertes, leurs jolies banquettes et leurs formes si esthétiques... Puis le tram évolue, devient plus confortable, moins beau aussi, bien que le « standard » soit entré dans l'imagerie populaire de Bruxelles.

Voir encore quelques réalisations impressionnantes, comme cette « balayeuse de neige » américaine de 1904, cette motrice « Chocolat » de la même époque ou cette « baladeuse » (wagon ouvert pour l'été). Beaucoup de références historiques, des bijoux de trams donc, un coin-cafétéria au fond de la halle et, pour finir, une balade à ne pas manquer, avec le personnel en costume d'époque.

Fêtes et manifestations culturelles

Vous pourrez trouver un calendrier détaillé sur le site ● routard.com ● à la rubrique « Destinations. Bruxelles ».

– **Janvier :** Salon de l'automobile, les années paires ; foire des Antiquaires.

– **Février :** Festival du dessin animé ; Balloon Day Parade avec les personnages de B.D.

– **Mars :** foire du Livre ; Ars Musica (festival de musique contemporaine).

– **Avril :** Festival international du film fantastique et de science-fiction de Bruxelles ; ouverture fin avril-début mai des serres royales de Laeken.

– **Mai et juin :** les 9 et 10 mai, fête de l'Iris, emblème de la région de Bruxelles-Capitale ; Zinneke Parade (les années paires) ; Kunsten Festival des arts (théâtre, concerts et événements...) ; concours musical international Reine Élisabeth ; jazz-marathon (le dernier week-end de mai) : 3 jours et 2 nuits de folie où Bruxelles swingue autour des nombreux podiums installés dans la ville ; fête de la Musique (fin juin), festival Couleur-Café (fin juin), tous les sons de la *world music* sur le site de Tour et Tassis.

– **Juillet :** ciné *drive-in* sur écran géant (de début juillet jusqu'à fin août, les soirs de week-end) ; l'*Ommegang* (début juillet), cortège historique important, clou de l'été ; Festival de musique classique (gratuit tous les midis) ; fête nationale (le 21), concerts de musique classique et de jazz au bois de la Cambre ; Brosella Folk et Jazz Festival (au Heysel, le 2e week-end de juillet) ; « Bruxelles-les-Bains » (de mi-juillet à mi-août), une plage urbaine le long du canal, place Sainctelette.

– **Août :** plantation du Meyboom (fête folklorique commémorant, selon la légende la victoire des Bruxellois sur les Louvanistes en 1311) ; tapis de fleurs sur la Grand-Place (uniquement les années paires) ; foire du Midi ; Brussels Summer Festival, 120 concerts dans la ville.

– **Septembre :** week-end de la Bière (le premier du mois), sur la Grand-Place ; festival de Flandre et de Wallonie (musique classique) ; fêtes de l'Îlot sacré et fêtes breugheliennes.

– **Octobre :** marathon de Bruxelles ; la Biennale d'Art nouveau. Tous les 2 ans, les week-ends d'octobre (6e édition en 2011). Brocantes, salons d'antiquités, visites guidées, conférences, etc. Surtout, des sites habituellement fermés sont ouverts à la visite (☎ 02-219-33-45 ; ● voiretdirebruxelles.be ●).

– **Novembre :** Jazz Festival.
– **Décembre :** Plaisirs d'hiver, marché de Noël et patinoire du côté de la place Sainte-Catherine.

QUITTER BRUXELLES

En train

🚂 Il existe **4 gares** à Bruxelles : **du Nord** (plan couleur I, A2), **Centrale** (plan couleur II, E6), **du Midi** (plan couleur I, A2,) et **Bruxelles-Luxembourg** (plan couleur I, B2). Sachez que vous pouvez rejoindre la gare qui vous intéresse en montant dans n'importe quel train sur l'axe Nord-Midi. Exemple : pour prendre le train à destination de Paris qui part de la gare du Midi, il est possible de monter dans un train à la gare du Nord ou à la gare Centrale, puis de descendre au Midi pour changer de quai. Le billet est à acheter au guichet de la gare. Avec un billet international, on peut monter dans n'importe quel train au départ de n'importe quelle gare bruxelloise.

Où prendre votre train pour sortir de Bruxelles ?

➤ **Pour Paris :** uniquement à la gare du Midi.
➤ **Pour Anvers et Amsterdam :** gare du Midi, Centrale ou du Nord.
➤ **Pour Gand, Bruges et Ostende :** gare du Nord, Centrale ou du Midi.
➤ **Pour Liège et Cologne :** gare du Midi, Centrale ou du Nord.
➤ **Pour Namur et Dinant :** gare du Midi, Centrale, du Nord ou Bruxelles-Luxembourg.
➤ **Pour Mons :** gare du Nord, Centrale ou du Midi.
➤ **Pour Nivelles et Charleroi :** gare du Nord, Centrale ou du Midi.
➤ **Pour Namur et Luxembourg :** gare du Midi, Centrale, du Nord ou Bruxelles-Luxembourg.

En bus

➤ **Pour Paris :** Eurolines assure jusqu'à 8 liaisons/j. (voir le chapitre « Comment y aller ? » en début de guide).

■ **Eurolines à Bruxelles : Coach Station CCN,** gare du Nord. ☎ 02-274-13-50. ● eurolines.be ● Tlj 5h45-23h. Un autre bureau à la gare du Midi : pl. de la Constitution, 10. ☎ 02-538-20-49. Lun-ven 9h30-17h30 ; sam 9h15-14h15.

➤ **Pour circuler dans le Brabant wallon : TEC,** ☎ 010-23-53-53. ● info tec.be ●
➤ **Pour circuler dans le Brabant flamand : De Lijn,** ☎ 016-31-37-11. ● delijn.be ●

En avion

Pas vraiment une bonne solution au nord de la Loire, étant donné la rapidité du train.
➤ Air France assure des liaisons de Brussels Airport vers **Bordeaux, Lyon** et **Marseille.**
➤ Brussels Airlines dessert, depuis Brussels Airport, **Lyon, Marseille, Nice, Strasbourg, Toulouse** et **Genève.**

LA RÉGION FLAMANDE

LA PROVINCE DU BRABANT FLAMAND (VLAAMS BRABANT)

En 1995, la Belgique, qui comptait neuf provinces depuis 1830, s'en est dotée d'une dixième : le Brabant – flamand ou wallon, peu importe, puisqu'il s'agit de la scission de l'ancien Brabant, seule province bilingue du pays. Son chef-lieu de toujours, Bruxelles, est devenu une région à part entière mais limitée aux 19 communes de son agglomération. Il a donc fallu recourir une fois de plus au partage du patrimoine commun : Louvain est devenu chef-lieu du Brabant flamand (à l'intérieur duquel Bruxelles est géographiquement enclavée) et Wavre a été choisi pour le Brabant wallon. La frontière entre les deux nouvelles entités, respectant la « frontière linguistique » née des accords de 1963, est scellée pour l'éternité. Cette province inclut également les six communes « à facilités » de la périphérie de Bruxelles, incorporées administrativement dans le fameux arrondissement de Bruxelles-Hal-Vilvorde (BHV) et qui constituent une pomme de discorde à la peau particulièrement coriace dans le conflit communautaire. Cette décision de scission politique fait peu de cas de l'histoire et des réalités géographiques : aucune frontière naturelle n'existe dans ce découpage transversal, la ligne de démarcation passe entre deux villages que rien ne distinguera jamais. L'histoire retiendra que ce Brabant fut en son temps un duché parmi les plus puissants des Pays-Bas et que son territoire s'étendait jusqu'en Hollande en englobant Breda, Anvers, Malines, Bruxelles et Louvain.

LA FORÊT DE SOIGNES (ZONIËNWOUD)

Magnifiée par les souvenirs d'Auguste Rodin, poumon vert de Bruxelles, ceinturée de charmants villages et à cheval sur les trois régions, la forêt de Soignes couvre à présent 4 300 ha. C'est la présence massive du hêtre qui lui donne cet aspect majestueux de cathédrale végétale. Le domaine actuel est tout ce qu'il reste de la grande forêt charbonnière qui, au temps de Charlemagne, s'étendait sur une très grande superficie.

Réservée à la chasse pour le bon plaisir des souverains successifs, elle était aussi exploitée pour fournir le bois de chauffage, le charbon de bois et aussi du minerai de fer. Elle apparaît souvent comme décor au XVIe s sur des tapisseries intitulées *Les Belles Chasses de Maximilien* qui montrent la Cour des Habsbourg à Bruxelles chassant dans la forêt. Assez tardivement, des abbayes, des ermitages et des châteaux de villégiature entamèrent son caractère forestier exclusif. Sous les Autrichiens au XVIIIe s, le reboisement intensif de hêtres en futaies lui donna son aspect actuel. Pour permettre aux dames de suivre les chasses, Charles de Lorraine fit tracer ces grandes allées rectilignes qui portent le nom de « drèves ». Au début du XIXe s, on procéda à des ventes successives qui accélérèrent le déboisement au profit de l'agriculture. Depuis, malgré les saignées autoroutières et les appétits des promoteurs, les organisations de protection de l'environnement s'emploient à lui conserver son intégrité de sanctuaire naturel aux portes de la capitale. De récentes tempêtes ont abattu nombre de hêtres plus que centenaires et le renouvellement des parcelles se fait avec des essences plus diversifiées, notamment le chêne. La forêt de Soignes est habitée par de nombreuses espèces sauvages : daims, chevreuils, renards, blaireaux, faucons crécerelles et éperviers.

TERVUEREN (3080)

À un petit bouquet de kilomètres au sud-est du centre de Bruxelles, situé en Brabant flamand, Tervueren est accessible depuis le parc du Cinquantenaire en suivant tout simplement l'avenue de Tervueren, longue artère percée au XIXe s. Elle mène au musée qui a rendu Tervueren célèbre : le musée royal de l'Afrique centrale. Agréable parcours qu'on réalise soit en voiture, soit en transports en commun. Dans un cas comme dans l'autre, on vous conseille de vous arrêter avant le Musée royal, au musée du Transport urbain bruxellois (voir plus haut). Si vous êtes en voiture, faites donc halte quelques minutes sur l'avenue de Tervueren.

À voir

🎨🎨 *Le musée royal de l'Afrique centrale :* Leuvensesteenweg, 13. ☎ 02-769-52-11. ● africamuseum.be ● Tram n° 44, terminus après un parcours dans la forêt de Soignes. Tlj sf lun 10h-17h (18h w-e). Entrée : 4 € ; réduc ; gratuit jusqu'à 12 ans et pour ts le 1er mer du mois. Supplément pour certaines expos temporaires.

Ce musée imposant, posé au milieu d'un vaste parc, fut conçu à la fin du XIXe s par l'architecte français du Petit Palais à Paris, Charles Girault, à la taille de l'imagination de Léopold II pour accueillir le musée du Congo.

LE VOLEUR DU SABRE ROYAL

En juin 1960, le Congo accède à l'indépendance. À Léopoldville, le roi Baudouin parcourt les avenues en voiture décapotable en compagnie du nouveau président Kasa-Vubu. Un homme surgit de la foule et arrache le sabre à la ceinture du souverain. Un photographe de presse allemand immortalise l'instant. Le petit homme en costume-cravate est arrêté, il sera libéré à la demande du roi et retombera dans l'anonymat, mais le sabre dérobé (puis restitué) deviendra le symbole de la liberté conquise par les Congolais.

Rappelons au passage que « l'État libre » du Congo était la propriété privée du roi, rien que ça ! Les historiens s'accordent à présent à penser que 10 millions d'habitants de cet État du Congo périrent à la suite de cette phase de la colonisation des territoires et de l'exploitation de ses immenses richesses. Le souverain légua son domaine, en 1900, à son pays d'origine. *Une refonte complète du musée est en cours depuis 2010. Le musée sera fermé en décembre 2012 et sa réouverture est programmée au printemps 2013.*

Outre la grande richesse de ses collections (1 600 objets exposés en permanence, mais plus de 200 000 en réserve, montrés lors d'expos temporaires), l'intérêt du musée réside dans son côté pluridisciplinaire : y sont traitées tant l'ethnologie, l'archéologie et l'histoire coloniale que la zoologie... Ainsi par exemple, salle 4, on peut voir de superbes masques du Congo (et même provenant d'autres pays africains), dont un masque *mbangu* étrangement similaire au visage d'une des demoiselles d'Avignon de Picasso ! Les salles 7 et 9, refaites il y a peu, retracent l'histoire de l'Afrique centrale et, surtout, de la colonisation par la Belgique certes empreinte de paternalisme, mais non entachée d'erreurs (les bons pères formaient des catéchumènes et non des cadres moyens ou supérieurs) et de ségrégation. Le Congo acquit son indépendance en 1960 dans un climat chaotique. Plus loin, de nombreux animaux naturalisés, de l'éléphant au paon du Congo en passant par le crocodile du Nil et le cœlacanthe, véritable fossile vivant, dans la salle 16, la seule à être restée telle qu'en 1910. Également une impressionnante pirogue de 22 m de long, des peintures coloniales belges et la tombe du Kisalieh, un squelette encore doté, dans sa tombe, de toutes ses parures.

Certes, le musée est encore vieillot et manque parfois de notes explicatives, mais il permet de bien replacer dans son contexte l'histoire commune de la Belgique et de l'Afrique, notamment par l'entremise d'un roi passionné d'aventures mais surtout avide d'argent.

🍽 Possibilité de manger un morceau à la petite *cafétéria* du musée (bon sandwich chaud *simba* au *saka-saka,* servi dans une sorte d'écuelle en bois).

À faire

Quelques lieux remarquables en bordure de la forêt :

🐾 À l'extrémité ouest, aux abords de Tervueren, l'*arboretum (libre accès)* inclus dans le *bois des Capucins* rassemble les espèces forestières des climats tempérés. On peut y voir des spécimens des hautes tiges de la côte pacifique, tels le pin de Douglas et le séquoia.

🐾 *L'église Notre-Dame-au-Bois (Jesus-Eik) :* au départ de l'E 411. Halte obligée des promeneurs du dimanche pour déguster, en contemplant la façade baroque de l'église, une tartine de *plattekees* (fromage blanc) arrosée de Kriek.

🐾 *Le prieuré du Rouge-Cloître :* encore sur le territoire d'Auderghem, donc en région bruxelloise, un chapelet d'étangs borde les bâtiments du couvent augustinien du XIVe s qui accueillit le peintre Hugo Van der Goes. C'est le point de départ de nombreux sentiers de promenade. *Centre d'information de la forêt :* ☎ 02-660-64-17.

🐾 *La Hulpe et le parc Solvay :* voir plus loin dans « La province du Brabant wallon », « Dans les environs de Genval ».

LE CHÂTEAU DE BEERSEL

Étonnant château fort édifié au début du XIVe s et qui a subi des modifications à la fin du siècle suivant, après une destruction partielle. C'est aujourd'hui l'un des derniers vestiges de l'architecture militaire de la fin du Moyen Âge.

Entouré d'eau et autrefois de marécages, c'était un poste de défense avancé qui protégeait Bruxelles. Ce qui le caractérise, c'est son étonnante conception, avec trois tours joufflues reliées entre elles par un chemin de ronde. La partie intérieure des tours est curieusement toute plate et ornée d'un pignon à redans. Plus tard, au XVIIIe s, on a ajouté les toits pointus, en ardoise. Le château perdit alors sa fière allure de forteresse. Toute la panoplie défensive est encore bien lisible : créneaux, archères, pont-levis, mâchicoulis, échauguettes.

Infos utiles

➤ À une dizaine de km au sud de Bruxelles. Prendre l'E 19 direction Mons, sortie Beersel ; bien indiqué.

– ☎ 02-331-00-24. De mars à mi-nov, tlj sf lun 10h-12h, 14h-18h ; de mi-nov à fév, slt le w-e. Fermé en janv. Entrée : 2,50 €. Visite libre. Dans un cadre bucolique et mignon, petite aire de jeu avec poules et canards.

La visite

Les salles du château sont vides, et d'ailleurs celui-ci est peu entretenu. N'empêche, il a du charme. On déambule sans déplaisir de tour en tour, découvrant ici la fente qui laissait choir la herse, là une belle charpente... Noter comme le château se compose en fait de trois parties distinctes, autonomes. Les pièces, assez exiguës, se superposent curieusement. Dans la troisième tour, voir les voûtes et, au rez-de-chaussée, la salle de justice. On y découvre un étrange cachot grillagé, fiché dans le mur, absolument minuscule, et un sympathique instrument de torture. On allongeait le supplicié sur cette croix pour mieux lui casser les jambes. Ah, le raffinement du XIVe s !

LE CHÂTEAU DE GAASBEEK

Gaasbeek se trouve au cœur d'une petite région appelée Pajottenland. Ce nom fut proprement inventé par un avocat un peu farfelu du milieu du XIXe s, qui décrivit ce coin sous cette appellation. Au fil du temps, le terme trouva sa place dans le langage courant jusqu'à gagner le langage officiel. Bruegel l'Ancien vint souvent peindre la verte campagne et les villages environnants. Cet énorme château, dont les origines remontent au XIIIe s, présente aujourd'hui les allures massives d'une néoforteresse du XIXe s, époque à laquelle il fut complètement reconstruit après avoir subi les assauts classiques des siècles : incendies, guerres, abandon et inversement... Au XIVe s, l'édifice appartenait au seigneur de Gaasbeek qui fit assassiner Evrard 't Serclaes, personnage célèbre (voir à Bruxelles dans la rubrique « À voir », « La Grand-Place. Les plus belles façades de la Grand-Place »). Les Bruxellois, pour le venger, vinrent faire le siège du château et le détruisirent. C'est ici également que le célèbre comte d'Egmont vécut à la fin de sa vie, avant d'aller perdre la tête à Bruxelles.

Infos utiles

➤ Situé au sud-ouest de Bruxelles, à une petite quinzaine de km. Accès possible en bus De Lijn, ligne LK, au départ de la gare du Midi à Bruxelles.

– ☎ 02-531-01-34. ● kasteelvangaasbeek.be ● D'avr à mi-nov, tlj sf lun 10h-18h. Parc ouv jusqu'à 20h (18h en hiver). Entrée : 7 € ; réduc. Visite accompagnée, avec audioguide.

Où manger ?
Où boire un verre ?

|●| ♈ **Auberge Oud Gaasbeek :** Kasteelstraat, 37, Lennik 1750. ☎ 02-532-56-92. À proximité du parking. Tlj sf lun. Fermette blanche traditionnelle qui propose, de mars à octobre, l'incontournable tartine de pain cuit sur bois garnie de fromage blanc, radis et petits oignons. Arrosée de Kriek, cela s'entend.

La visite

Si le château a un petit côté pâtisserie d'opérette, il est merveilleusement situé dans un parc de 40 ha dont une partie aménagée en jardins à la française. Les collections qu'il abrite sont d'une grande valeur ; elles furent offertes par la marquise d'Arconati, la dernière châtelaine, à sa mort.

Pour visiter les 16 salles aménagées en musée, les malins achèteront la brochure vendue à l'entrée. Les autres devront se contenter de passer en revue l'admirable mobilier, les tableaux, les tapisseries qui ornent les murs, le tout étant compris entre les XVe et XVIIIe s.

Visite accompagnée toutes les 20 mn (durée : 45 mn).

On ne va pas vous ennuyer avec une description fastidieuse et exhaustive de chaque pièce mais voici les plus belles : dans les deux premières chambres, mobilier Renaissance flamande. Salle des chevaliers néogothique. Dans la bibliothèque, au-dessus de la cheminée, portrait d'Érasme. La salle des archives abrite quatre tapisseries admirables, clou de la visite, réalisées à Bruxelles au XVIe s. Elles évoquent l'histoire de Tobie. Dans une vitrine, voir le contrat de mariage de Rubens ainsi que son testament. Suivent plusieurs chambres. Dans celle d'Egmont, sculptures des XVe et XVIe s, dans un beau style flamand. La salle de la galerie regorge d'objets d'art, coffre gothique, cheminée néo-Renaissance, lits de justice avec trône gothique, panneaux polychromes... Plusieurs salles encore avant d'atteindre les cuisines. Au-dessus de la cheminée, la devise de la famille : *Tout à temps*. Ça doit être en crypté parce que nous, on n'a pas compris. Dans les dernières chambres, quelques belles toiles, notamment une *Tour de Babel* et un tableau grisaille du comte de Hornes présentant sa thèse. Dans celle de l'Infante... tableau de l'infante Isabelle.

Ouf ! Après cela, balade digestive quasi obligatoire dans l'immense parc.

LE JARDIN BOTANIQUE NATIONAL (NATIONALE PLANTENTUIN) DE MEISE

Infos utiles

➤ Le Nationale Plantentuin, à 3 km du village de Meise, est facilement accessible de Bruxelles, dont il est distant d'une quinzaine de km vers le nord. En voiture, prendre le ring, puis l'A 12 direction Anvers, sortie Meise. Ensuite, c'est fléché. En bus, avec la compagnie SNCV (☎ 02-269-39-05), ligne L au départ de la gare ferroviaire du Nord ; arrêt Nationale-Plantentuin, à Meise.
– Tlj 9h30-18h30 (17h oct-mars). Le Palais des plantes et les expositions ferment plus tôt que le reste du jardin. Infos : ☎ 02-260-09-70. ● br.fgov.be ● Entrée : 5 € ; réduc. Si vous pouvez venir un j. d'ouverture des serres, c'est préférable évidemment. Demander le plan à l'entrée.

La visite

Le Jardin botanique national, une petite merveille, a élu domicile dans le domaine de Bouchout, parc de 93 ha superbement entretenu. Les amoureux de jardins fleuris, de plantes exotiques et d'arbres séculaires trouveront ici de quoi se régaler. C'est l'un des jardins botaniques les plus riches d'Europe. Les Bruxellois y viennent en famille pour une balade dominicale. Le château de Bouchout, d'allure médiévale trône au milieu du domaine. L'Impératrice Charlotte, sœur du roi Léopold II et veuve de Maximilien d'Autriche, empereur du Mexique, fut la dernière habitante du château ; elle y résida de 1881 à 1927 en proie à la démence après la fin tragique de son mari.

Le Jardin botanique est non seulement un site enchanteur mais surtout un lieu de recherche scientifique, qui abrite un nombre impressionnant d'espèces rares. On y trouve une orangerie, un château, un herbier (collection de plantes ligneuses) et évidemment les admirables serres (Palais des plantes), complexes de plantations des cinq continents sur plus d'un hectare. Une serre est consacrée à la végétation des zones désertiques. Toutes les plantes tropicales et subtropicales. Une belle promenade en perspective.

|●| Petite *cafétéria* avec terrasse près du château, pour un en-cas après la visite.

LOUVAIN (LEUVEN)   (3000)   96 000 hab.

À une vingtaine de kilomètres à l'est de Bruxelles, Louvain a l'allure d'un bourg important qui fleure bon l'aisance flamande et a su se préserver des outrages immobilo-spéculatifs de la toute proche capitale. Des hordes d'étudiants lui imposent leur rythme et font vivre les terrasses de l'Oude Markt. Malgré cela, Louvain est une ville posée, qui entend le demeurer. C'est d'ailleurs probablement pour ne pas briser cette harmonie flamande que la prestigieuse Université catholique de Louvain a été scindée en deux, à la suite des troubles linguistiques qui ont agité les années 1960. Les étudiants francophones ont alors trouvé refuge à Louvain-la-Neuve, créée *ex nihilo* en Brabant wallon pour les accueillir.

Mais retour à Louvain, où l'on appréciera sans nul doute l'animation contrôlée des cafés, le cours tranquille de la rivière Dyle, le flamboyant hôtel de ville et la cohérence architecturale de la cité, qui a le double mérite de ne pas ressembler à un musée géant et de brasser la Stella Artois.

UN PEU D'HISTOIRE

Même si les Normands y ont établi une forteresse au IXe s, Louvain ne connaît pas d'essor avant que Lambert Ier le Barbu n'y installe son château, au XIe s. Il faut attendre les deux siècles suivants pour que la ville devienne un centre important, remparé et riche, grâce aux cultures céréalières et à la manufacture de draps. La prospérité ne dure que ce que durent les roses et, suite à de sanglantes émeutes au XIVe s, Louvain perd son statut de la capitale du duché de Brabant au profit de Bruxelles. Le second âge d'or vient de la culture des esprits. Sous l'impulsion des Bourguignons au XVe s, Louvain se pare, entre autres, de son hôtel de ville et devient une ville universitaire qui, à l'égale de Bologne, Montpellier, Oxford ou la Sorbonne, rayonne dans l'Europe entière. Érasme lui-même y enseigne. Cette spécificité académique demeure de nos jours, malgré la séparation en 1968 des néerlandophones et des francophones.

Louvain l'ancienne continue son petit étudiant de chemin à travers les siècles sans trop d'encombre. L'incendie bouté par les Allemands en 1914, qui ravage la bibliothèque de l'université, et les terribles bombardements de 1944 n'ont pas raison de sa physionomie. À chaque destruction, de respectueux copieurs reconstruisent les bâtiments détruits selon les plans d'origine ou presque.

Adresses utiles

◻ Office de tourisme (plan B1) : Naamsestraat, 1. ☎ 016-20-30-20. ● leuven.be ● Sur le côté droit de l'hôtel de ville. Tlj 10h-17h, sf dim et j. fériés nov-fév. Plan gratuit. Vend aussi (pour 4 €) un guide très complet de la ville.

🚆 Gare NMBS (hors plan par B1) : Martelarenplein. Infos horaires : ☎ 02-528-28-28. À 10 mn à pied du centre. Au moins 2 trains/h pour Bruxelles. Liaisons directes également avec Brussels Airport. Kiosque avec journaux français.

@ Internet : ceux qui ont apporté leur attirail high-tech seront ravis d'apprendre que tout le centre de Louvain est connecté au wifi. Pour les autres, il reste un petit local situé au 57, Brusselsestraat (plan A1 ; tlj sf sam 9h-20h).

Où dormir ?

Bon marché

🏠 Auberge de jeunesse De Blauwput (hors plan par B1, **1**) : Martelarenlaan, 11 A, 3010. ☎ 016-63-90-62. ● leuven@vjh.be ● leuven-hostel.com ● Derrière la gare (accès par un tunnel). Fermé de mi-déc à mi-janv. Nuitée 19,20 €, double 47,60 € (2 € de plus au-delà de 26 ans), petit déj inclus. ⌨ (payant) 📶 Une AJ assez récente en béton, verre et alu. Déco même un poil futuriste, avec des sièges en mousse synthétique aux formes bizarroïdes. Chambres de 2, 4 ou 6 lits, avec sanitaires privés. Bar, salon TV, baby-foot. Pas de cuisine pour les hôtes.

🏠 Leuven City Hostel (plan B1, **2**) : Ravenstraat, 37. ☎ 016-84-30-33. ● info@leuvencityhostel.com ● leuvencityhostel.com ● Fermé de fin déc à début janv. Lit en dortoir 22 €/pers, double 52 € ; petit déj et draps inclus.

⌨ (payant) 📶 Non loin de la bibliothèque de l'université. Une superbe petite AJ privée dans un immeuble du XIXe s, bien retapé. Dortoirs de 4 à 7 lits et chambrettes de 1 à 3 personnes, simples mais très cosy, avec sanitaires communs irréprochables. Cuisine bien équipée, joli salon convivial doté d'un poêle. Bonne ambiance. Garage à vélos.

De prix moyens à chic

🏨 Hôtel Industrie (hors plan par B1, **3**) : Martelarenplein, 7. ☎ 016-22-13-49. ● info@industriehotel.be ● industriehotel.be ● Doubles 65-75 €, petit déj inclus. Petit hôtel rénové, en face de la gare, doté d'une quinzaine de chambres avec sanitaires plus ou moins complets. Pas un charme fou, mais propre et bon marché pour Louvain. On prend le petit déj au bistrot du rez-de-chaussée, au milieu des clients qui attendent leur train. Bon accueil.

🏨 B&B Toets Bord (plan B2, **4**) : Brabançonnestraat, 93. ☏ 0486-53-14-48. ● info@toets-en-bord.be ● toets-en-bord.be ● Simple 60 € ou double 110 €, avec petit déj. CB refusées. Parking gratuit. 📶 Une seule chambre double et une simple dans cette maison d'un quartier résidentiel à tout juste 10 mn à pied du centre. Chambres pas très grandes à déco plutôt design, avec aussi quelques meubles de famille. Salon cosy ou terrasse pour prendre son petit déj. Bon accueil.

🏨 Park Bed & Breakfast (hors plan par B2, **5**) : Abdijstraat, 56. ☎ 016-40-53-83. ● park@skynet.be ● parkbedandbreakfast.net ● À 2 km au sud-est du centre. De la Park Poort, prendre vers Everlee puis, après l'abbaye du Parc, la 1re rue à gauche (c'est fléché) ; c'est env 200 m plus loin, sur la droite. Env 77-82 € pour 2, petit déj compris. CB refusées. Parking gratuit. 📶 Café offert sur présentation de ce guide. Dans une rue derrière l'abbaye du Parc, une mai-

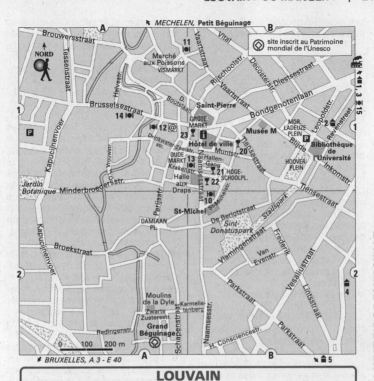

LA PROVINCE DU BRABANT FLAMAND

LOUVAIN

■ **Adresse utile**

🛈 Office de tourisme

🛏 **Où dormir ?**

1 Auberge de jeunesse
   De Blauwput
2 Leuven City Hostel
3 Hôtel Industrie
4 B&B Toets Bord
5 Park Bed & Breakfast

🍴 **Où manger ?**

10 Dewerf
11 De Blauwe Schuit
12 De Wiering
13 De Nachtuil
14 House of Lalibela
15 De Klimop

🍷 **Où boire un verre ?**

20 Herberg Huisbrouwerij Domus
21 De Blauwe Kater
22 Thomas Stapleton
23 Café Gambrinus

son moderne abritant 3 chambres doubles « rouge », « bleue » et « argentée » ainsi qu'une simple, la « noire », toutes avec mobilier moderne, TV à écran plat, bons lits et sanitaires rutilants. De plus, salon avec cheminée au rez-de-chaussée pour les hôtes et très long jardin avec petite piscine. Et enfin, prêt de vélos pour se rendre en toute quiétude au centre-ville. Excellent accueil. Une bonne affaire !

Où manger ?

Ce ne sont pas les restos qui manquent à Louvain. Oh non ! De la petite cuisine familiale italienne au restaurant de poisson huppé, en passant par les spécialités culinaires de l'Inde ou du Tibet, on peut avoir du mal à faire son choix. Si vous êtes un peu serré côté finances, sachez aussi que de nombreux cafés proposent une restauration simple mais tout à fait correcte.

Bon marché

I●I Dewerf (plan B2, **10**) : Hogeschoolplein, 5. ▯ 0476-96-56-28. Lunven 9h-minuit. Fermé 20 déc-fin janv. Plats 8-14 €. À coup sûr l'un des caférestos les plus sympas de Louvain. Que cela soit pour son immense terrasse qui déborde sur la place ou son intérieur chaleureux avec poutres et murs décrépis, c'est toujours plein à craquer. On s'y presse pour les grosses salades, les plats de pâtes fumantes et autres fricassées de poulet bien roboratives, servies dans des miches de pain... Mais on peut aussi y venir l'après-midi pour leur excellent chocolat chaud ou jus de pomme (chaud aussi) à la cannelle... À fréquenter sans modération !

I●I De Blauwe Schuit (plan A-B1, **11**) : Vismarkt, 16. ☎ 016-22-05-70. ● info@deblauweschuit.be ● Tlj sf dim oct-mars 11h-1h30 (w-e 2h30). Snacks et plats chauds ne dépassant pas 12 €. Au fond de la place du marché aux poissons. À l'intérieur, murs gris et plancher, cartes géographiques et objets ayant trait au voyage. Dès le premier rayon de soleil, on fonce sur la terrasse à l'arrière, l'une des plus agréables de la ville, arborée et où coule une fontaine. Pour manger, la carte fait surtout dans le froid l'été et le chaud l'hiver mais propose croques, pâtes et plats du jour toute l'année... Pas cher et plutôt bon.

Prix moyens

I●I De Wiering (plan A1, **12**) : Wieringstraat, 2. ☎ 016-29-15-45. ● info@dewiering.be ● Tlj 11h30-23h. Plats 8-22 €. Vieille maison en bordure d'un bras du canal qui traverse le centre. C'est l'un des restos les plus populaires de Louvain, et l'incendie qui l'a ravagé il y a quelques années n'y a rien changé ! Dans les assiettes, bonne cuisine belge, qui ne lésine pas sur la quantité. La carte affiche des plats à la bière comme le poulet à la Stella ou le poisson à la Hoegaarden, mais la

grande spécialité, ce sont les *ribs* (avec 10 sauces différentes). Également des pâtes et des salades pour les moins viandards.

I●I De Nachtuil (plan A-B1, **13**) : Krakenstraat, 8. ☎ 016-22-02-59. ● nachtuil.leuven@skynet.be ● Tlj sf lun 18h-2h (3h w-e). Fermé 2 sem début sept. Plats 14-25 €. Café offert sur présentation de ce guide. De ses heures d'ouverture, le resto tient son nom (« le hibou ») et de son sympathique patron, la tête d'oiseau de nuit de l'enseigne. On y sert aux noctambules affamés une bonne cuisine belge, simple et bien consistante. Viandes fondantes, chicon au gratin, cabillaud à l'ostendaise, carbonades et lapin à la Westmalle. Également un ou deux plats végétariens. 3 salles agréables et intimes.

I●I House of Lalibela (plan A1, **14**) : Brusselsestraat, 59. ☎ 016-23-38-80. Ouv mar-dim, slt le soir. Plats 11-19 €. Petite salle colorée. Les patrons, éthiopiens, sont charmants et ont vraiment le souci de bien faire. Résultat : on y mange très bien, et des plats pour la plupart inconnus, comme le *minchet abish* (du bœuf haché au gingembre et à la cardamome) ou le *yemiser kik alicha*, des lentilles rouges aux oignons et épices spéciales. On conseille de prendre un de leurs assortiments, c'est la meilleure façon de goûter à tout. Quand on vous disait qu'on trouve de tout à Louvain !

I●I De Klimop (hors plan par B1, **15**) : Martelarenplein, 5. ☎ 016-22-86-21. ● info@deklimopleuven.be ● En face de la gare, au rdc d'un hôtel. Lun-sam midi et soir. Plats env 13-29 €. Grande salle à la déco moderne et chaleureuse, façon néobrasserie chic. Cuisine copieuse et fort bien inspirée. Carte saisonnière mais vous y trouverez toujours l'américain (steak tartare) et de belles grillades. Bon vin à la ficelle.

Où boire un verre ?

Ville de la bière et ville estudiantine, Louvain vous réserve quelques soirées de folles libations.
– Dès 22h-23h, l'*Oude Markt* (surnommé « le plus long comptoir du

monde ») déborde d'une foule bourgeonnante qui passe allègrement d'un bar à l'autre. Entourant la place, quelques unes des enseignes les plus fréquentées sont (dans le sens des aiguilles d'une montre) *De Rector* (DJ dès 23h), *De Colff* (et ses soirées étudiantes du jeudi), *De Giraf* (clientèle alternative), le *Farao* (qui se veut vaguement égyptien), *De Blockhut* (bière à prix cassés le mardi), sans oublier l'*Oase* (le fameux bar des fins de soirée) ni le *Komeet* (ambiance jazzy).

– Bien d'autres cafés dans les rues qui partent de la Grand-Place, certains d'entre eux d'un style très différent de ceux cités plus haut, dont voici une petite sélection :

♈ *Herberg Huisbrouwerij Domus* (plan B1, 20) : Tiensestraat, 8. ● info@ domusleuven.be ● Tlj sf lun 9h-1h (jusqu'à 2h ven-sam). Véritable institution louvaniste. Décor folklo-touristique presque bavarois ; on peut y admirer les briques, les vieilles poutres et les objets originaux en parcourant les escaliers et recoins. Spécialité recommandable au cœur d'une carte qui tient de l'encyclopédie : la terrible Chouffe à 8° (servie en grande bouteille). Restauration possible avec quelques suggestions.

♈ *Café Gambrinus* (plan B1, 23) : Grote Markt, 13. Tlj sf dim. Fermé 15 j. en sept. L'incontournable grand café de Louvain, pour son décor estampillé 1896 d'origine, style pré-Art nouveau. Miroirs, vitraux aux motifs floraux, fresques allégoriques et murs en papier peint gaufré et doré. Le travail des boiseries murales et du comptoir mérite un coup d'œil attentif.

♈ *De Blauwe Kater* (plan B1, 21) : Hallengang, 1. ● blauwe.kater@skynet. be ● Dans un passage qui commence au n° 15 de la Naamsestraat. Tlj dès 19h. Dans ce « Matou Bleu » tapi au fond d'une impasse, de petites formations de jazz et de blues se donnent en spectacle gratuitement chaque lundi. C'est alors à peine si l'on peut y lever le coude. Le reste du temps, ce repaire d'étudiants vibre au son de standards pop rock. Et dans la pénombre de l'éclairage tamisé, on refait le monde jusqu'à plus d'heure.

♈ *Thomas Stapleton* (plan B1, 22) : Standonckstraat, 4. ● info@thomass tapleton.be ● Tlj de 16h à tard. Live music la plupart des sam soir. Un *Irish pub* tout ce qu'il y a de plus classique, avec sa bonne ambiance feutrée, ses panneaux en bois vitrés, ses barriques, ses tubes de U2 et sa terrasse dans la cour. Idéal bien sûr pour y suivre tout type de retransmissions sportives. Pour info, Thomas Stapleton est un théologien anglais mort à Louvain en 1598.

LA PROVINCE DU BRABANT FLAMAND

À voir

🍖 *Grote Markt* (Grand-Place ; plan B1) : à la différence des autres grand-places du pays, celle de Louvain ne possède pas de dégagement important. Coincés entre l'hôtel de ville et la collégiale Saint-Pierre, que bordaient des maisons jusqu'aux années 1940, les cafés de la place paraissent un peu engoncés et l'on manque de recul pour bien observer la flamboyante façade de l'hôtel de ville. À sa gauche, la Table Ronde, bâtisse gothique, a été reconstruite à l'identique en 1921. Grâce à cela, la place, avec ses maisons à pignon, a conservé une certaine cohérence.

🍖🍖 *La collégiale Saint-Pierre* (plan B1) : Grote Markt. Lun-ven 10h-17h, sam 10h-16h30, dim 14h-17h. Fermé lun de mi-oct à mi-mars et w-e du 15 août. Entrée du trésor : 2,50 € ; réduc. Concert de carillon : ven 12h-12h45, sam 15h-16h. Sa construction débuta au XVe s, sur l'emplacement d'une église romane. *Mathieu de Layens* prit évidemment part aux travaux, qui s'étalèrent sur plusieurs dizaines d'années. Au XVIIe s, après plusieurs effondrements dus à un terrain trop meuble, on renonça à élever la tour centrale qui devait culminer à 170 m. Si l'extérieur manque d'élévation, l'intérieur en revanche impressionne par l'élégance de ses proportions et la hauteur de sa voûte. Dans le chœur, une « Sedes Sapientiae » du

XVe s, copie d'une plus ancienne du XIIe s, emblème de l'université. Jetez aussi un coup d'œil aux impressionnants fonts baptismaux et à leur couvercle en ferronnerie, au jubé du XVe s et à l'exubérante chaire baroque dédiée à saint Norbert tombant foudroyé de son cheval. Ce rocher de bois, d'où une végétation flamboyante dégouline sur des personnages et des animaux, est dû au ciseau fantasque de Jacques Berger, qui le réalisa au XVIIIe s.

Le trésor situé dans le déambulatoire recèle deux remarquables triptyques de *Dirk Bouts.* Dirk (ou Thierry) Bouts, peintre primitif flamand né à Haarlem, formé à l'école de Van der Weyden à Bruxelles, devient en 1468 peintre officiel de la ville de Louvain, où il meurt 7 ans plus tard. Le chef-d'œuvre de Bouts, *La Cène,* exécuté de 1464 à 1468, est exposé ici. Dans le panneau central, à droite du Christ rayonnant, Bouts s'est représenté debout coiffé d'un bonnet rouge. Son autre triptyque représente le martyre de saint Érasme qui, impassible, regarde ses bourreaux enrouler ses viscères autour d'un treuil.

🎭 *Stadhuis* (hôtel de ville ; plan B1) **:** *Grote Markt, 9. Visites (guidées slt et dans ttes les langues) : tlj, tte l'année à 15h. Durée : 50 mn. Rdv à l'office de tourisme. Entrée : 2 €.*

C'est principalement pour la façade du chef-d'œuvre de *Mathieu de Layens* qu'on vient à Louvain. Édifié au milieu du XVe s sous le duc de Bourgogne Philippe le Bon, l'édifice flamboie sous ses six tourelles octogonales. Les lignes verticales, à peine rompues par une abondance de niches, montent vers un toit troué par trois étages de fenêtres en chiens-assis. Au XIXe s, sur les conseils de Victor Hugo, visiteur assidu de la Belgique, on décida d'installer une statue dans chaque niche. Plus de 200 personnalités de pierre prirent ainsi place sur la façade dont... Napoléon Bonaparte (3e rangée, 2e statue à l'arrière de la tour).

La visite commence par la salle des Pas-Perdus. Plusieurs œuvres sculptées par *Constantin Meunier* et *Jef Lambeaux,* et une statue de *Marguerite.* Personnage mythique de Louvain dont le corps repose dans la collégiale, Marguerite flotta miraculeusement sur la Dyle jusqu'à la ville, après que des brigands l'eurent violée et assassinée (une œuvre contemporaine rappelle également sa légende, sur Tiensestraat). On visite ensuite successivement des salles de styles Louis XIV, Louis XV et Louis XVI.

🎭 *Le musée M* (plan B1) **:** *Leopold Vanderkelenstraat, 28.* ☎ *016-27-29-29.* ● *mleuven.be* ● *Tlj sf mer 11h-18h (22h jeu). Entrée : 9 € (billet combiné avec le trésor de la collégiale). Audioguide : 2 €.*

Conçu par l'architecte belge Stéphane Beel, le musée abrite une collection majeure d'œuvres de l'art médiéval tardif et du XIXe s. Sobre et spacieux, il accueille même d'importantes expositions temporaires d'art contemporain.

La visite débute par la collection de sculptures de style gothique tardif (salle 1). À l'image du splendide *retable de la Passion,* pour la première fois exposé, le thème de la souffrance et des supplices du Christ revient avec une certaine... obsession. Suit la salle phare du musée consacrée à la peinture des XVe et XVIe s (salle 3), avec notamment *Les Sept Sacrements* de *Van der Weyden,* témoignage décapant de la mode au Moyen Âge, et une *Montée au calvaire* de Michel Coxie (remarquez la mouche posée en bas de la croix !), etc.

Le parcours continue avec la peinture figurative où sont croqués des notables louvanistes du XIXe s (salle 4). La salle suivante est entièrement consacrée à Constantin Meunier (1831-1905), professeur à l'Académie des Beaux-Arts de Louvain. Peintre et sculpteur classique, il oriente radicalement sa peinture vers le réalisme social à la suite de la découverte des conditions de travail dans une manufacture de tabac. Son œuvre la plus poignante : *Le Grisou.* La plupart des courants du XIXe s sont ensuite représentés (salle 6) avec Évariste Carpentier *(Enfant jouant)* ou encore Gustave Vanaise *(Le Nègre et moi).*

La visite se termine dans l'ancien hôtel Vander Kelen-Mertens consacré aux arts appliqués et à la représentation de la ville de Louvain dans l'art.

🍴 *Cafétéria* agréable à la sortie.

🏃 *La Naamsesstraat* (plan B1-2) : cette longue rue qui part vers le sud à droite de l'hôtel de ville mène au Grand Béguinage. Les nombreux bâtiments qui la bordent constituent un résumé des styles et de l'histoire de la ville.

Côté gauche, commençons par le baroque *doyenné des Drapiers,* construit en 1680, presque en face de leur ancienne halle offerte à l'université. La halle gothique en question, de la fin du XIV⁰ s, fut reconstruite après l'incendie de 1914. Un peu plus loin, trottoir de gauche, l'*église Saint-Michel,* dont seule la façade baroque résista aux bombardements de 1944.

On prendra ensuite la première rue à gauche, R. de Berriotstraat, qui longe le *Sint-Donatus Park* où demeurent quelques vestiges des remparts du XII⁰ s.

Retour vers la Naamsesstraat. Au n° 59, le *collège du Roi* ; au n° 61, la façade rococo du *collège des Prémontrés* ; au n° 63, le *collège d'Arras.* Tous trois datent du XVIII⁰ s. Au n° 69, façade gothique en brique avec pignon décoré de l'*hôtel Vant Sestich* (XV⁰ s) et, en face, le *collège Van Dale* de style Renaissance (XVI⁰ s). Avant l'*église Saint-Quentin,* construite entre les XIII⁰ et XV⁰ s, prenez à droite Karmelietenberg, devant le *Collège américain* de style néogothique (ceux qui le désirent pourront aller voir l'église). Cette rue conduit au Grand Béguinage.

🏃🏃🏃 ⊗ *Groot Begijnhof* (Grand Béguinage ; plan A2) : les origines du béguinage, le plus grand de Belgique avec ses 3 ha, remontent au début du XIII⁰ s. Les 72 maisons à colombage ordonnées autour de l'église Saint-Jean-Baptiste datent toutefois des XVII⁰ et XVIII⁰ s. Baignées par deux bras de la Dyle, elles forment un ensemble romantique et calme, où il fait bon flâner dans les ruelles pavées, croiser un puits ou une fontaine, admirer les statues qui décorent les niches des façades, regarder la ronde des moineaux sifflotant au-dessus des pelouses ou même échanger un baiser sur un petit pont. Car ce pieux quartier a perdu de son ascèse initiale. Aujourd'hui, le Grand Béguinage abrite cadres universitaires et étudiants en quête de quiétude.

🏃 Enfin, si vous avez du temps, vous pourrez aller voir le *Petit Béguinage* (hors plan par A1), dans la rue du même nom. Cette rue, élue plus belle de Flandre, démarre à l'église gothique Sainte-Gertrude, que borde un charmant bras de la Dyle. Un coup d'œil à la bibliothèque universitaire sur Mgr. Ladeuzeplein (plan B1), construite en 1920 avec des fonds américains, ainsi qu'à la curieuse montgolfière de bronze de la place et vous aurez fait un honorable tour de ville.

Festivals

– *BeLEUVENissen :* ven en juil, 20h-23h. Concerts en plein air dans le centre, d'un style différent chaque semaine.
– *Marktrock :* mi-août. Festival de rock.

À L'EST DE LOUVAIN

LÉAU (*ZOUTLEEUW* ; *3440*)

On y parvient par la grand-route qui va de Tienen (Tirlemont) à Sint-Truiden (Saint-Trond). Ce qui n'est plus à l'heure actuelle qu'un gros village assoupi fut, il y a 500 ans, une cité florissante (une des sept villes franches du Brabant) vivant du commerce du drap.

🏃🏃 *Sint-Leonarduskerk :* Pâques-sept, mar-dim 14h-17h. Oct sam-dim 14h-17h. Nov dim 14h-17h. Fermé déc-mars. Entrée : 2 €.
Dédiée à Léonard, un saint guérisseur à qui sont adressés les ex-voto. Mi-romane, mi-gothique, l'église fut édifiée du XIII⁰ au XV⁰ s. Nef surmontée d'un clocher tarabiscoté qui abrite un carillon de 49 cloches. Tendez l'oreille tous les quarts d'heure !

Véritable musée d'art religieux, Saint-Léonard vous surprendra : ce qu'on y voit n'est pas courant. Dès l'entrée, on aperçoit suspendu au plafond le *Marianum* (1533), représentation biface polychrome de la Vierge (qui a l'air de bien s'amuser, mais seulement d'un côté !). Elle tient l'Enfant Jésus et un rosaire, et écrase un dragon tout droit sorti de la statuaire népalaise. Des anges en robe lui tressent une couronne de fleurs.

Dans le côté gauche du transept s'élève une époustouflante tour tabernacle, véritable dentelle en pierre sculptée. Elle fut commandée en 1551 par un couple de mécènes locaux à l'Anversois **Cornélis « Floris » de Vriendt,** qui la réalisa dans son atelier et la fit acheminer par bateau jusqu'à Léau. Cette « tour du Saint-Sacrement », haute de 18 m, ne comporte pas moins de 200 statuettes de personnages qui se répartissent sur neuf étages. La facture de l'ensemble relève de l'élan gothique, mais Floris avait séjourné longtemps à Rome et il y introduisit l'influence de la Renaissance italienne. Toutes les scènes interprètent des épisodes de la Bible. Tout en haut du dernier étage, un pélican s'ouvre la poitrine pour nourrir ses petits ; c'est une représentation peu habituelle du Christ !

À l'entrée du déambulatoire, le « deuxième plus grand chandelier pascal d'Europe » (1483). Il comporte six branches en cuivre et pèse 950 kg. La partie supérieure représente Marie-Madeleine et Jean au pied du calvaire.

L'église Saint-Léonard recèle encore bien des richesses, notamment la peinture des *Trois femmes éplorées* (1504), une *pietà* du XVe s, une fresque du Jugement dernier (1490), un superbe lutrin en forme d'aigle et les objets contenus dans la chapelle du trésor.

DIEST (3290) 23 100 hab.

À l'écart des circuits touristiques, sur la route du Limbourg, Diest est une petite ville peu connue qui mérite pourtant qu'on y passe quelques heures. On y est en 20 mn en partant de Louvain par l'A 2. La ville est enserrée dans une boucle du Démer. En plus de quelques monuments intéressants et d'un beau béguinage, c'est aussi la patrie de la délicieuse et suave blonde *Gildenbier* (on vous parle de bière, bien sûr !).

UN PEU D'HISTOIRE

En 1229, la cité reçoit sa charte des libertés des mains du duc Henri Ier de Brabant. Le commerce du drap la rend prospère, surtout au XVe s. C'est à cette époque une possession de la famille d'**Orange,** au même titre que Breda aux Pays-Bas, Dillenburg en Allemagne et Orange en France. Le représentant le plus fameux de cette lignée est Guillaume de Nassau, connu sous le nom de **Guillaume le Taciturne,** qui, au XVIe s, prend la tête de la révolte contre les Espagnols. Son fils aîné est enterré dans l'église Saint-Sulpice. Par cet attachement, l'actuelle reine Beatrix des Pays-Bas est *Vrouw van Diest* (Dame de Diest).

Des combats s'y déroulent en 1830, à la naissance de la jeune nation belge, opposant Belges et Hollandais. Place forte, Diest a été entourée d'une ceinture de forts, ce qui empêcha son expansion.

Adresses utiles

🛈 **Office de tourisme :** Koning Albert-straat 16. ☎ 013-35-32-74. ● toeris mediest.be ● Dans une rue piétonne du

centre, près de la Grand-Place. Tlj 10h-12h, 13h-17h. Fermé dim oct-fév. Vend un livret intéressant sur le béguinage (5 €) et propose des visites guidées sur résa.

🚆 **Gare NMBS :** à 1 km de la Grand-

Place, au nord de la ville. Trains pour Bruxelles (via Louvain), Hasselt, Anvers et Liège.

■ *Location de vélos :* domaine provincial Halve Maan Leopoldvest. ☎ 013-31-15-28. Loc tte l'année. Compter 6 €/j.

Où manger ?
Où boire un verre ?

Plusieurs tavernes-restos bordent la Grand-Place, mais cuisine sans grand relief.

|●| ♈ *Gasthof 1618 :* Kerkstraat, 18, dans le béguinage (au bout de l'allée principale). ☎ 013-67-77-80. ● hetha asken@skynet.be ● Tlj sf lun 11h-23h. Fermé début nov. Menus à partir de 22 €. Digestif offert sur présentation de ce guide. Très belle taverne à l'ancienne, avec grosse cheminée, épaisses tables en bois et fresques aux murs. L'intérêt du lieu ne se borne pas à ça : bonne cuisine aussi, proposant des plats plutôt classiques, avec une ou deux spécialités régionales (pot-au-feu diestois, anguilles, notamment), des salades et des petits plats plus simples (moins chers aussi) comme les bouchées à la reine ou des *fajitas*. Bien également pour une pause-goûter car on y sert aussi des crêpes et des glaces.

♈ *Bij de Sigaret :* Graanmarkt, 9, à quelques mn à pied de la Grand-Place. Fermé lun. Un troquet en activité depuis 1923 et encore plébiscité par les habitants de Diest. Et ça continuera sans doute encore un bon bout de temps !

♈ *Puur Genot :* Kaai, 4. À deux pas du Markt. Typique lui aussi, avec ses boiseries et murs de stuc couverts de cadres. L'un des rares à servir la *Loterbol*, bière locale encore brassée artisanalement.

À voir

➢ Toute visite de Diest commence par le *Grote Markt,* bordé de maisons des XVIIe et XVIIIe s. Les gildes occupaient la belle demeure de style Renaissance au n° 24. Deux édifices s'imposent d'emblée :

🏃 *Stadhuis* (hôtel de ville) *et Erfgoed Huis De Hoofdstad* (musée de la Ville) : Grote Markt, 1. ☎ 013-35-32-09. Mai-sept, tlj 10h-12h, 13h-17h ; oct-avr, fermé lun et en fin d'année. Entrée : 4 €. Une façade néoclassique qui abrite, dans ses anciennes caves (gothiques et romanes), le musée de la Ville. On peut y voir des armures, des statues de saints qui ornaient le béguinage, des pièces d'orfèvrerie ayant appartenu aux gildes (colliers), des porcelaines, du mobilier sculpté et un puits qui indique que le lieu fut en son temps une brasserie. Quelques peintures intéressantes comme L'Annonciation de Hendrik ter Brugghen (1629).

🏃 *L'église Saint-Sulpice :* de mi-mai à mi-sept, tlj sf lun 14h-17h. Droit d'entrée de 2 € pour le chœur et le trésor. Construite de 1321 à 1533 en deux matériaux juxtaposés : le grès brun ferrugineux et la pierre blanche de France, dans un style « gothique brabançon ». L'abside et la tour sont restées inachevées. Un carillon de 43 cloches est installé dans un clocheton vénéré par les Diestois, qui l'ont surnommé le « pot de moutarde ». Dans le chœur, stalles du XVe s ornées de miséricordes satiriques illustrant les sept péchés capitaux. Le trésor contient de très belles pièces d'orfèvrerie.

🏃 En contournant Saint-Sulpice, on se retrouve devant la *Lakenhalle* (halle aux draps ; actuellement salle des fêtes), construite dans cette même pierre couleur rouille du pays. Devant l'entrée, la bombarde du XVe s s'appelle Holle Griet – « Margot l'Enragée ».

🏃🏃🏃 ⊙ *Le béguinage* de Diest (à 10 mn à pied du Markt) est l'un des mieux conservés des anciens Pays-Bas. Il fut fondé en 1253 mais date, sous sa forme actuelle, des XVIIe et XVIIIe s ; on y entre par un magnifique portail baroque où l'on peut lire (traduit du vieux néerlandais) : « Viens dans mon jardin, ma sœur fiancée. » Les fiancées du Christ, qui furent jusqu'à 400, n'habitent plus les lieux depuis 1932 ; ceux-ci appartiennent à l'Assistance publique, qui y a aménagé des espaces à usage culturel. Quant aux maisons, occupées jusqu'à il y a peu par des familles nécessiteuses, elles sont aujourd'hui habitées par des Diestois à revenus moyens, qui ont dû les retaper avant d'y emménager. Certaines sont aussi des ateliers d'artistes et, tous les dimanches, ils ouvrent leur porte au public pour montrer leur production (bijoux, antiquités, etc.).

Au milieu de l'ensemble, l'extérieur de *l'église Sainte-Catherine* témoigne de la modestie des béguines. Un peu moins l'intérieur de style baroque rococo (*ouv mai-sept 14h-17h ;* le reste de l'année, vous n'aurez d'autre choix que de vous faufiler parmi les fidèles aux heures de messe). En face, le plus grand bâtiment du béguinage, *l'infirmerie,* logeait les béguines âgées.

Pour finir, signalons, au n° 5 de l'Infirmeriestraat, la *Maison de la dentelle Monica* (*ouv en principe le w-e 14h30-18h*), qui permet de voir les dentellières au travail, ainsi que, au 11A Heilige Geeststraat, un joli jardin de plantes aromatiques appartenant à un atelier culinaire.

Le béguinage est illuminé aux chandelles le 1er dimanche de septembre dès 19h.

LA PROVINCE DU LIMBOURG (PROVINCIE LIMBURG)

La province du Limbourg est peut-être la moins connue des provinces belges. Aucune grande ville n'y draine les foules mais, lorsqu'on se donne la peine de la visiter, on s'aperçoit que le chemin est jalonné de quelques bonnes surprises...
Il faut dire que la zone a connu un boom économique remarquable car, si le développement s'est fait dans un premier temps grâce à l'industrie houillère, le Limbourg est devenu la terre d'élection des PME. Au carrefour de l'Europe occidentale, entre Pays-Bas, Ruhr, Rhin et bassin liégeois, cet espace économique est au cœur d'une très importante zone d'échanges, une situation privilégiée qui n'est pas sans incidence sur le niveau de vie. Et, en effet, cela respire la prospérité !
Historiquement, la province doit son nom à l'ancien comté, puis duché du Limbourg, dont le territoire englobait la partie méridionale des actuels Pays-Bas, située autour de l'axe sud-nord de la basse Meuse (Maastricht). L'indépendance belge scella le partage de cet ensemble, mais les liens historiques avec les habitants du Limbourg hollandais font des Limbourgeois une population un peu à part en Flandre, comme d'ailleurs l'atteste leur parler, difficilement compréhensible pour un habitant de la côte.
Les atouts de la province ? Quelques villes moyennes aux attraits historiques indéniables, une nature plus ou moins préservée (les bruyères de la Campine) et une hospitalité naturelle alliée à un vrai sens de la fête. Sans compter les statistiques de la météo, qui en font la partie la plus ensoleillée de Belgique !

HASSELT   (3500)   73 000 hab.

Par sa position centrale, Hasselt peut servir de base logistique pour visiter la région. Chef-lieu de la province, la ville séduit plus par son animation que par ses beautés architecturales. Les boutiques de fringues y pullulent et la mode

est très présente. Restos et cafés suivent le mouvement et font preuve de beaucoup d'inventivité et d'originalité. Quelques milliers d'étudiants animent aussi la vie nocturne en période scolaire. Par ailleurs, Hasselt innove en matière urbanistique : le boulevard circulaire, ancienne voie express pour automobilistes pressés, a été complètement refait et dispose d'une promenade piétonne de 8 m de large, plantée d'arbres. Dommage, en revanche, que le centre administratif soit en béton.

Adresses et infos utiles

Si vous êtes en voiture, garez-vous dans un des parkings situés en bordure du centre et rejoignez celui-ci à pied. Bon à savoir aussi, des vélos sont mis gratuitement à la disposition des visiteurs, sur la petite place derrière la maison communale *(Stadhuis),* du lundi au samedi. Un grand bravo pour ces initiatives intelligentes ! À leur origine, un bourgmestre dynamique, Steve Stevaert, ancien cafetier devenu ministre flamand des Transports.

🏠 *Office de tourisme :* Stadhuis, Lombardstraat, 3. ☎ 011-23-95-40. ● hasselt.eu ● À 200 m du Grote Markt. Avr-oct, lun-ven 9h-17h, sam 10h-17h ; nov-mars, tlj 9h-17h, sam 10h-17h, fermé dim. Brochure de la ville gratuite. Vous pouvez aussi y acheter la brochure *Promenade historique,* ainsi qu'un ticket combiné pour plusieurs musées au coût de 12 €.

🚂 *Gare NMBS :* un peu en dehors du centre, côté ouest. ☎ 011-29-60-00. Trains fréquents pour Liège, Anvers et Bruxelles.

Où dormir ?

Prix moyens

🏠 ●|● *The Century Hotel :* Leopoldplein, 1. ☎ 011-22-47-99. ● info@thecentury.be ● thecentury.be ● Sur le ring (côté sud), à l'entrée du quartier piéton. Double 90 €, petit déj inclus. Lunch 12 € à la brasserie. Parking gratuit. 🛜 À l'étage d'une brasserie animée, une dizaine de chambres rénovées du sol au plafond, à la déco design, avec TV écran plat et superbe salle de

bains aux murs en pierre grise. Propose aussi quelques appartements avec le même service hôtelier. Une affaire !

🏠 *Guesthouse Dusart :* Congostraat, 9. 🖥 0475-32-54-29. ● info@guesthousedusart.be ● guesthousedusart.be ● Juste à l'extérieur du centre, côté est. Double avec sanitaires 69 € (moins cher pour 2 nuits le w-e) ; petit déj 8 €. Pour ceux qui cherchent un hébergement un peu plus personnalisé que l'hôtel, belle maison proposant 4 chambres réalisées dans de jolis tons, avec parquet, mobilier en bois et coin-cuisine.

Très chic

🏠 *Le Fabuleux Destin :* Kempische Kaai, 68. 🖥 0476-23-29-41. ● info@chambresbhotes.be ● chambresbhotes.be ● Fermé dim-lun. Au nord de la ville, à 200 m du centre. Compter 185 € pour 2, petit déj inclus. Promos sur Internet. 🛜 Heu... oui, c'est très cher, mais il faut voir l'endroit : une péniche de 1964 entièrement remise à neuf pour accueillir, outre les propriétaires (qui y vivent), 4 chambres d'hôtes design d'un confort absolu, avec lits à sommier hydraulique, TV à écran plat et douche à faisceaux lumineux et jets... multiples. À l'arrivée, Jan et Hilde, qui parlent très bien le français, vous accueilleront dans leur salon. Le matin, petit déj (gastronomique !) servi en poupe et, à toute heure du jour, baignade possible dans la piscine chauffée (avec contre-courant) du bateau. Moralité : pas donné, certes, mais unique et follement original !

Où manger ?

Comme dans toutes les villes flamandes un peu importantes, le choix de restaurants est large à Hasselt. Gare toutefois au coup de bambou, surtout dans les endroits branchés à la déco un peu folle... La rue la plus riche en restos de toutes tendances est le *Zuivelmarkt* (marché aux Laitages), qui part de la cathédrale Saint-Quintus et va vers le béguinage.

Prix moyens

|●| *Cafèlatino :* *Zuivelmarkt, 12.* ☎ *011-22-34-82.* ● *cafe.latino@pandora.be* ● *Tlj sf mar à partir de 18h. Plats 12,50-20 €.* Pour manger latino dans une ambiance tonitruante, rien de mieux, à Hasselt, et probablement dans tout le Limbourg. Cadre tendance néocoloniale très agréable, avec du mobilier en bois coloré et plein de lumières tamisées partout. Au menu : tapas, *carne tampiqueña*, salade *Cancún*, zarzuela et de succulentes lasagnes mexicaines au poulet, pour ne citer qu'elles. De plus, c'est copieux et le vin au verre est vraiment bon. Accueil sympa.

|●| *Brasserie De Groene Hendrickx :* *Zuivelmarkt, 25.* ☎ *011-24-33-39.* ● *info@lodge-hotels.be* ● *Cuisine ouv tlj 11h-23h. Plat du jour 8,50 € ; à la carte, plats 9-18 €.* Ancien bâtiment de briques superbement aménagé sur 600 m², avec entrée cochère, cour pavée et terrasse. Intérieur très épuré avec grandes baies vitrées donnant sur la rue et fausses cheminées. Carte abondante où figurent, salades, pâtes et des plats plus ou moins classiques, comme les *loempia* aux légumes de saison et coulis de gingembre. Les suggestions du jour, plus chères, sont affichées en salle. Faut-il ajouter qu'on y croise de fort jolies Limbourgeoises ? Trop tard, c'est fait ! Cour-jardin pour les beaux jours.

|●| *De Geletterde Mens :* *Kolonel Dusartplein, 48.* ☎ *011-35-28-52.* ● *info@degeletterdemens.be* ● *Sur le ring, à deux pas du Zuivelmarkt. Tlj à partir de 10h. Pâtes, salades et woks 10-16 €, viandes et poissons 15-20 €.* Café-resto dont la déco s'articule autour des thèmes de l'imprimerie, du livre et des écrivains. En allant au petit coin, on tombe même sur des machines à écrire. Grand choix de plats soignés et belles portions dans les assiettes.

Où boire un verre ?

Ⓨ *Café De Egel :* *Zuivelmarkt, 64.* ● *info@kaffee-de-egel.be* ● *Tlj sf dim jusqu'à 1h.* À peine visible de l'extérieur, ce pub apprécié des Hasseltois cache bien son jeu. Intime, chaleureux, il ne lui manque que le feu dans la cheminée pour vous garder des heures bien au chaud.

Ⓨ *L'Export :* *Kolonel Dusartplein, 44.* ● *info@cafe-export.be* ● *À côté du resto De Geletterde Mens. Fermé lun.* L'un des cafés les plus fréquentés d'Hasselt, surtout le week-end. Terrasse l'été. Soirées DJ les jeudi, vendredi et samedi dès 23h. Installez-vous dans la salle du fond, à l'éclairage tamisé, vraiment superbe.

À voir

Au fil de votre promenade, vous verrez que la ville est agrémentée de statues marrantes. Heureuse initiative. À commencer par ce couple de jeunes gens assis sur un banc en plein milieu du Grote Markt. C'est d'un réalisme saisissant. À l'arrière-plan, une pharmacie occupe le rez-de-chaussée d'une maison Renaissance à colombages : *het Sweert*.

🛐 *L'église Saint-Quintus et la basilique Virga Jesse :* ce sont les deux églises principales.
– *L'église Saint-Quintus,* élevée au rang de cathédrale, ne laissera pas les amateurs d'art béats d'admiration. Néanmoins, des gargouilles de jolie facture égaient les côtés extérieurs et l'intérieur s'orne de quelques intéressantes statues polychromes du XVIᵉ s. Le clocher de Saint-Quintus a un petit air de trompette renversée ; il abrite un carillon (petits concerts l'été), doublé d'un petit *musée (ouv slt sam ap-m en saison).*

– *La basilique Virga Jesse* : *Kappellestraat.* Elle a le privilège d'abriter... la Virga Jesse, que l'on fait défiler en procession tous les 7 ans. Cette fête, d'une grande importance pour la ville, commémore le miracle de l'hostie de Herkenrode, qui se serait mise à saigner pour avoir été touchée par une main sacrilège en 1317. Les prochaines réjouissances pour la Virga Jesse auront lieu en août 2017. Vous avez le temps...

🏃🏃 *Nationaal Jenevermuseum* *(musée national du Genièvre)* : *Witte Nonnenstraat, 19.* ☎ *011-23-98-60.* ● *jenevermuseum.be* ● *Derrière le béguinage. Contourner celui-ci par la gauche en prenant la cheminée comme point de repère. Mar-dim 10h-17h (13h-17h le w-e nov-mars). Entrée : 4,50 € (dégustation comprise) ; réduc. Pour vous repérer dans le musée, demandez le petit descriptif des différentes salles en français.*

Le musée du Genièvre est installé dans une authentique distillerie, où l'on peut suivre le processus de fabrication depuis le grain jusqu'à la goutte. Le genièvre est un vin de malt à base d'orge et de seigle. Une salle de distillation à vapeur fonctionne pour les besoins du musée.

Outre la *table aux arômes,* où l'on peut sentir les herbes et essences utilisées dans les différents types de genièvre, la partie la plus intéressante (enfin, la moins technique) porte sur la commercialisation du produit au début du XXᵉ s. On y voit des flacons, des verres, des étiquettes de marques et des slogans vantant les vertus du genièvre. Amusant aussi : les affiches contre la loi Vandervelde qui tentait de limiter la consommation du genièvre en en taxant l'achat et en l'interdisant dans les lieux publics.

À la sortie, dans l'estaminet, n'oubliez pas de siroter le petit blanc local (il titre à 40°). En plus doux, il y a la petite goutte de Saint-Lambert, à base d'herbes et de cassis, qui ne fait que 22°.

Et puis sachez que les *fêtes du Genièvre* se déroulent tous les ans vers la mi-octobre. D'une durée de 2 jours, elles permettent de voir les garçons de café se livrer à une course d'adresse.

🏃 *Modemuseum* *(musée de la Mode)* : *Gasthuisstraat, 11.* ☎ *011-23-96-21.* ● *modemuseumhasselt.be* ● *Tlj sf lun 10h-17h (13h-17h le w-e nov-mars). Fermé 3 sem en nov. Entrée : 5 € ; réduc.* Au travers d'expositions temporaires le musée municipal de la Mode permet de voir l'évolution des tendances vestimentaires depuis le XVIIIᵉ s : costumes, accessoires d'origine et illustrations de mode. Des stylistes y exposent également leurs créations.

🏃 *Het Stadsmus* *(Musée communal)* : *Maastrichterstraat, 85.* ☎ *011-24-10-70. Tlj sf lun 10h-17h (13h-17h le w-e nov-mars). Entrée : 1 €.* Collections sur l'histoire de la ville d'Hasselt et de l'ancien comté de Loon. Belle muséographie moderne, sur trois niveaux, mais il est dommage que les explications ne soient qu'en néerlandais. On peut y voir le plus vieil ostensoir du monde (1286). Intéressante série de céramiques Art nouveau.

|●| *Cafétéria* pour déguster les bières limbourgeoises et le *speculoos* local.

🏃 *Japanse Tuin* *(Jardin japonais)* : *Kapermolenpark, Gouverneur Verwilghensingel, 23.* ☎ *011-23-52-00. Au nord-est de la ville, entre boulevard de ceinture et grand ring. Ouv avr-oct, mar-ven 10h-17h, w-e 14h-18h. Entrée : 5 € ; réduc.* La ville est jumelée avec celle d'Itami au Japon. Si les Nippons ont l'occasion de profiter des joies d'un beau carillon offert par Hasselt, ils ont pour leur part implanté un magnifique jardin de 2,5 ha sur la base des préceptes millénaires du *saku-ki.* C'est un vrai ravissement de subtilité, où d'infimes variations de relief s'harmonisent avec les pièces d'eau et les sentiers bordés de rochers posés là, comme par hasard. Les cerisiers sont bien sûr en fleur au printemps et un millier d'iris s'y épanouissent pour le seul plaisir de vos yeux. Une maison de thé et une maison de cérémonies complètent l'estampe.

Festival

– **Festival Pukkelpop :** *le 2ᵉ ou 3ᵉ w-e d'août, jeu-sam.* Rock alternatif et avant-gardes musicales.

DANS LES ENVIRONS D'HASSELT

LE DOMAINE PROVINCIAL DE BOKRIJK

Au nord-est d'Hasselt, sur le territoire de la commune de **Genk** *(3600 ; importantes industries automobiles). Bokrijklaan, 1.* ☎ 011-26-53-00.

Comment y aller ?

➢ *En voiture :* d'Hasselt, traverser le canal Albert au nord de la ville et prendre la N 75, directement à droite ; l'entrée du parc est à 5-6 km. D'ailleurs en Belgique, prendre l'E 314, sortie Park Midden Limburg.
➢ *En train :* IC de Bruxelles à Hasselt ou Genk, puis train jusqu'à la gare de Bokrijk, située à 500 m du musée.

Où dormir près du domaine ?

Bon marché

🏠 *Auberge de jeunesse De Roerdomp : Broekrakelaan, 30, Genk (3600).* ☎ *089-35-62-20.* • *bokrijk@vjh.be* • *vjh.be* • *À 5 km de la gare de Bokrijk (bus nᵒ 46 puis encore 3 km à pied). Ouv mars-début nov. Nuitée 15,70 €, petit déj compris.* Au total, 105 lits, principalement en chambres de 6 lits. Également 3 studios pour familles. Tout près du domaine, dans un superbe environnement boisé. Reçoit surtout des groupes.

Prix moyens

🏠 *Bokrijks Gasthof : Hasseltweg, 475, Genk (3600).* ☎ *011-22-95-56.* • *bokrijks-gasthof@pandora.be* • *bokrijks-gasthof.be* • *À 6 km d'Hasselt, par la N 75. Doubles à partir de 75 €, petit déj compris.* En bordure du domaine, petit hôtel-resto proposant 13 chambres plutôt plaisantes et bien équipées.

À voir. À faire

🚶 🧍 *Bokrijk :* 550 ha de bois, d'étangs et de bruyères, ayant appartenu à l'abbaye d'Herkenrode. C'est l'un des sites les plus fréquentés de l'Est de la Belgique, et à juste titre. Il faut distinguer deux parties à ce vaste ensemble. • *bokrijk. be* •

– **Le parc récréatif :** gratuit, avec plaine de jeux gigantesque (la plus grande de Belgique !), roseraie, réserve naturelle, étangs, superbe arboretum et un petit train qui fait le tour du domaine. Rançon du succès : ça grouille de familles à glacière le week-end !

– **Le musée en plein air :** *tlj sf lun avr-sept 10h-18h. Entrée : 10 € ; 7 € sur résa via Internet avt 1ᵉʳ juil ; réduc.* C'est ici que le domaine de Bokrijk vaut le coup. Sur 90 ha, ce musée restitue magistralement l'habitat rural des provinces de la Flandre (trois sections), ainsi qu'un noyau urbain du XVIᵉ s. On plonge dans la vie quotidienne des siècles passés en se baladant de ferme en hameau, de grange en école rurale, du moulin à vent à la forge du maréchal-ferrant et de chapelle en auberge (un bel hommage, que tout cela, aux tableaux de Bruegel). On marche beaucoup car tout est très clairsemé. Les moutons broutent, les vaches ruminent, la basse-cour piaille, le meunier moud, les artisans bossent en costume d'époque et l'on peut prendre une Gueuze et manger une tartine de fromage blanc attablé sur la place du village, où un pilori emprisonne les voleurs de poules.

Une forme de tourisme intelligent, très en vogue dans les pays nordiques, même si de temps en temps l'une ou l'autre animation un peu lourde altère légèrement l'authenticité du cadre. Comme c'est vaste, prévoyez quelques heures pour tout parcourir.

LA HESBAYE LIMBOURGEOISE
(HASPENGOUW)

Cette partie sud de la province du Limbourg s'étale d'ouest en est entre Saint-Trond (Sint-Truiden) et la rive gauche de la Meuse, en face de Maastricht. Tongres (Tongeren) en est le principal centre touristique. Essentiellement agricole, la région est le verger de la Belgique : pommes, poires, cerises et fraises y sont cultivées de façon intensive.

TONGRES (TONGEREN)　　　(3700)　　30 000 hab.

Avec Tournai, Tongres est la ville la plus ancienne de Belgique, carrefour de chaussées romaines, premier évêché du pays et, actuellement, grosse bourgade possédant quelques atouts touristiques de premier ordre dont un excellent musée gallo-romain, une majestueuse basilique gothique et des remparts romains. Tous les dimanches matin, sur le Leopoldwal et le Veemarkt, a lieu le plus grand marché aux antiquités du Benelux.

UN PEU D'HISTOIRE

En 57 av. J.-C., *Ambiorix* règne entre Meuse et Rhin sur les Éburons, une peuplade gauloise. César libère la tribu du joug des Aduatiques mais, en – 54, la tension s'installe entre les *Éburons* et les Romains. Les *Trévires,* une tribu de la vallée de la Moselle, lancent une grande révolte gauloise. Ambiorix est chargé d'une diversion. Il attaque de nuit le quartier d'hiver de la 14ᵉ légion romaine. À première vue, l'assaut échoue. Les chefs romains demandent à Ambiorix les raisons de son attitude. L'Éburon ruse, prétextant l'obligation pour lui de collaborer au projet d'offensive. Les Romains le remercient et lèvent le camp. En chemin, dans une vallée étroite, Ambiorix les attire dans un piège. Il leur inflige la plus grande défaite de toute la guerre des Gaules. Jules César rêve de se venger dès *Belgae,* ces tribus celtiques du nord de la Gaule. Sa vengeance est sanglante, des historiens parlent même de génocide. Le pays est dévasté : femmes et enfants sont emmenés comme butin de guerre. Un des rares à s'échapper est Ambiorix, qui traverse le Rhin et se réfugie parmi les Germains.

Malgré tout, Tongres devient une cité romaine. En bordure de la fameuse chaussée Bavay-Cologne, une double enceinte ceinturait la ville (en subsistent des vestiges). Elle se dota d'un évêque, avant que les Francs saliens ne la saccagent, bientôt suivis d'Attila et des Vikings qui achevèrent le boulot. Dès lors, son destin se lia à la principauté de Liège. Louis XIV la démolit à nouveau. En 1815, elle intégra le Limbourg.

Adresses utiles

🛈 Office de tourisme : *via Julianus, 5.* ☎ *012-80-00-70.* ● *tongeren.be* ● *À proximité de la gare. Avr-sept lunven 8h30-12h, 13h-17h ; w-e 9h30-17h (10h-16h oct-mars).* On y vend le guide *La Route d'Ambiorix,* une promenade à la rencontre des vestiges romains et médiévaux de la ville. D'avril à septembre, location de vélos gratuite.

🚉 Gare NMBS : *à l'extérieur du boulevard de ceinture, à l'est de la ville.* Liaisons avec Liège et Hasselt.

Où manger ?

De bon marché à prix moyens

|●| Herberg De Pelgrim : *Brouwersstraat, 7.* ☎ *012-23-83-22.* ● *pelgrims2@pandora.be* ● *Dans le béguinage. Cuisine jusqu'à 23h mais café ouv jusqu'à 1h. Fermé lun-mar et fin août. Petite restauration, salades et pâtes 7-13 €, viandes 10-19 €.* Maisonnette ancienne à l'intérieur chaleureux, avec tables en bois. Également une terrasse équipée de fauteuils d'osier. On y mange un peu de tout, à prix raisonnables. Essayez la savoureuse *boerenomlet* (omelette paysanne), les *spareribs,* les tartines garnies ou la tarte aux pommes. Toilettes rustiques !

|●| Bazilik : *Kloosterstraat, 1-3.* ☎ *012-21-33-24.* ● *info@bazilik.com* ● *À côté de la basilique. Tlj dès 10h. Plats 15-20 €.* Grande salle agencée sur plusieurs niveaux. On adore les nombreuses boiseries, le grand comptoir ondulé, les fauteuils club disséminés ici ou là et surtout le splendide escalier central menant à la mezzanine. Restauration pour tous les goûts avec quelques snacks le midi. Il y a même des petits déj, pour ceux qui seraient le matin à Tongres. Intéressants plats au wok, notamment celui de poisson, avec des scampi géants et d'énormes moules. On en a vraiment pour son blé !

À voir

**🯄 Celui à qui les Belges doivent leur réputation de « peuple le plus brave de la Gaule », *Ambiorix,* se trouve fièrement campé sur un dolmen au milieu du Grote Markt. Son regard fixe la magnifique tour de la basilique Notre-Dame. Pour découvrir les principaux monuments, empruntez le sentier de promenade à son nom (guide en vente à l'office de tourisme), que l'on suit grâce à un balisage au sol fait de clous de bronze, le tout rythmé par des panneaux explicatifs.

🯄🯄 Onze Lieve-Vrouwe basiliek *(basilique Notre-Dame) : Grote Markt. Tlj 9h-17h.*
Elle frappe immédiatement par ses proportions équilibrées. C'est l'un des plus beaux monuments gothiques de Belgique. On n'a même pas besoin d'ajouter un clocher à la tour, c'est parfait comme ça.
L'histoire de cet édifice religieux n'est pas banale. Allant chercher ses origines au IVᵉ s, ce fut la première basilique de pierre à voir le jour au nord des Alpes. Saint Servais, en charge du siège épiscopal, en aurait organisé la construction et, de fait, les fondations les plus anciennes reposent sur une maçonnerie romaine. Une église romane du XIIᵉ s aurait fait suite au sanctuaire primitif avec une enceinte et quatre tours d'angle.
Après un incendie en 1213 commencèrent les travaux de la basilique actuelle. Il fallut trois siècles pour en venir à bout et on peut observer l'évolution des différents styles gothiques en suivant les phases de la construction : chœur, nef, transept, chapelles latérales, portail puis tour. Restaurée à la fin du XVIIᵉ s, après un incendie dû au passage des armées du Roi-Soleil (merci Louis), elle fut embellie de décorations extérieures. L'intérieur n'est pas en reste. Une sobriété pleine de majesté, sans ajout inutile. Des fouilles ont mis au jour les parties souterraines de l'édifice, notamment les tombeaux mérovingiens et l'hypocauste (système de chauffage) romain.

– *La statue de Notre-Dame de Tongres* (XVᵉ s), dans la chapelle de la tour, jouit d'une réputation internationale. Tous les 7 ans, pour commémorer son couronnement, des fêtes grandioses sont organisées (prochain rendez-vous en 2016). Un cortège de 3 000 participants parcourt à cette occasion la ville, décorée en l'honneur de Marie. Un « jeu marial » a lieu en soirée. Un demi-million de visiteurs y participent ! Derrière l'autel sont conservés les liens qui retenaient, selon la légende, deux habitants de Tongres prisonniers en Terre sainte. Ils auraient tant et si bien invoqué la Vierge dans leurs prières qu'ils se seraient réveillés un beau matin « téléportés » au milieu de la basilique depuis la Palestine. Pas mal !

– *Le trésor :* *avr-sept, tlj sf lun mat 10h-12h, 13h30-17h ; le reste de l'année, sur demande. Entrée : 2,50 €.* C'est l'un des plus riches du pays, avec plus de 100 pièces au catalogue. En vedette, une agrafe mérovingienne en or (VIᵉ s) sertie de pierres et d'émaux, un évangéliaire garni d'ivoire (IXᵉ s) et, surtout, une tête de Christ en bois (roman du XIᵉ s), dont Malraux a dit dans son *Musée imaginaire* que le sculpteur avait réussi à matérialiser, dans le regard du Christ, le moment indicible où la vie fait place à la mort.

– Il faut encore mentionner l'élégant *cloître* en U, d'une simplicité émouvante et qui serait ce qu'il reste d'un ancien monastère. Pierres tombales dressées contre les murs.

✹ *Stadhuis* (*hôtel de ville*) *:* modèle réduit de celui de Liège. Exemple du classicisme du XVIIIᵉ s.

✹✹ ✇ *Le Musée gallo-romain :* *Kielenstraat, 15.* ☎ *012-67-03-55.* ● *galloro meinsmuseum.be* ● *C'est le curieux bâtiment sombre et moderne à l'arrière droit de la basilique. Mar-ven 9h-17h, w-e 10h-18h. Entrée : 7 € ; réduc. Audioguide en français.* Rénové après 4 ans de travaux, ce musée propose un parcours flambant neuf sur l'histoire humaine dans la région depuis la préhistoire jusqu'au Moyen Âge. Près de 2 500 pièces sont présentées dans de grandes salles extrêmement bien pensées et faisant appel à toutes sortes de supports : films, cartels, dessins, maquettes et reconstitutions avec des personnages en cire. Autre idée géniale, la reproduction de certains objets, comme des silex, que le public peut prendre dans ses mains. À l'étage, la salle romaine s'organise comme la structure de la ville antique avec ses quartiers bien distincts. Bref, petit ou grand, on ne s'ennuie pas une seconde. Le musée atteint son objectif : faire revivre l'histoire et offrir aux visiteurs une lecture sociale, économique et culturelle de l'évolution de l'humanité. Une réussite !

✹ ⊚ *Le béguinage :* bel ensemble de petites maisons joliment restaurées, quelques-unes de style Renaissance, qui s'ordonne autour de son église gothique du XIIIᵉ s. Promenade dans un univers tranquille, agrémenté d'innombrables statues de la Vierge et de roucoulades des pigeons. Visite possible de l'église Sainte-Catherine, lorsque celle-ci accueille des expositions.

✹ *Les murs romains :* *à l'ouest de la ville, au-delà du boulevard périphérique.* Ils faisaient 4,5 km de circonférence sous Trajan, au IIᵉ s. Il en subsiste tout de même encore plus de 1 km. Ils mesurent à certains endroits près de 4 m de haut.

Manifestations

– Chaque année *(mai-juil)*, la basilique sert de cadre au programme **Basilica** du festival des Flandres (concerts symphoniques). *Rens : Basilica Concerten,* ☎ *012-23-57-19.* ● *festival.be* ●

– *Fête de Notre-Dame-de-Tongres :* *ts les 7 ans (prochaine en 2016).* Lire plus haut dans « À voir ».

LA PROVINCE DU LIMBOURG

LA PROVINCE D'ANVERS (PROVINCIE ANTWERPEN)

Anvers... La métropole se taille la part du lion dans sa province, bien sûr. S'il vous reste une découverte à faire aujourd'hui en Belgique, la ville de Rubens, des diamants et de la mode, en pleine mutation architecturale et sociale, devrait vous surprendre. Malines, archevêché et ancienne capitale bourguignonne, reste une ville à l'histoire chargée. Lierre s'enorgueillit d'un mignon béguinage classé à l'Unesco.

ANVERS (ANTWERPEN)

472 000 hab.

« Anvers doit l'Escaut à la Providence, et tout le reste à l'Escaut. »

Un poète néerlandais.

Jusque dans son nom – comme le reflet d'un endroit –, cette ville est un mythe. Elle chef-lieu de province, mais elle est bien plus : au XVIe et XVIIe s, elle rayonnait sur le commerce de l'Europe du Nord avant de céder la place à Amsterdam. De nos jours, son arrière-pays, c'est toute la Belgique et aussi la France du Nord, Aix-la-Chapelle... Cologne et la vallée du Rhin. Avec moins d'un demi-million d'âmes (plus si l'on prend toute l'agglomération), Anvers est une cité cosmopolite qui parle toutes les langues du monde. Aujourd'hui, c'est le deuxième port d'Europe après Rotterdam. Voici la corne d'abondance des grands armateurs, des capitaines d'industrie, des négociants cossus. Mais aussi une des plus vieilles villes libres d'Europe, qui attire depuis toujours artistes et intellectuels. Marins en escale dans des auberges aux pignons baroques, courtiers en diamants, chefs-d'œuvre de Rubens et fruits du Congo : Anvers est née de l'Escaut qui la relie à la mer et au monde. Il y a là de quoi être secoué comme un vulgaire ballot débarqué sur les quais : Anvers n'est-elle pas cousue d'or ? Comme Marseille, cette ville semble être chouchoutée par Mercure, le dieu antique des voyageurs et du commerce. Comme Marseille aussi, Anvers semble avoir attendu la seconde décennie du XXIe s pour changer de vitesse, recréer un accès à la mer, s'inventer un nouveau visage. Autour du vieux port, les prostituées ne font plus recette. Des bars, des restaurants, des esplanades viennent accompagner l'émergence de nouveaux lieux culturels dressant dans le ciel le symbole de la ville de demain.

Il n'y a pas que les diamants qui brillent à Anvers, les esprits locaux ne sont jamais simples. Ici, la Flandre a oublié la farce pour arborer le masque du génie. Anvers abrita Christophe Plantin – le Gutenberg des Flandres – et le grand Rubens, à la fois artiste, humaniste et diplomate. Ces deux personnages résument à eux seuls l'esprit qui souffle à Anvers. Ainsi s'épanouirent toutes les avant-gardes. Et la ville n'est pas non plus du genre à dilapider son héritage. Tout en recréant de nouveaux quartiers au nord et au sud, reliés bientôt par la promenade le long de l'Escaut, Anvers ne cesse de bichonner ses trésors. Aménageant, restaurant son patrimoine, lançant des expositions ou de nouveaux lieux prestigieux comme le spectaculaire musée MAS dans le quartier des docks, puis celui, en 2013, consacré à la prestigieuse compagnie maritime « Red Star Line ». Et protégeant ce qui fait son âme : places, jardins, églises baroques et sanctuaires des guildes. Vieux cafés à vitraux où l'on sirote son genièvre sur des tables en marbre. Asperges à la flamande et bières d'abbaye. Une chaleur de tous les instants, portée par une qualité de vie que peu d'autres ports voisins approchent. Quel est le souverain qui n'a pas rêvé de contrôler ces bouches de l'Escaut ?

LA VILLE DE RUBENS

Pierre Paul Rubens naît en 1577 à Siegen, près de Cologne, où sa famille s'était réfugiée. Il ne gagne Anvers qu'à l'âge de 12 ans. Sa précoce attirance pour l'art et pour l'*Antiquité* va orienter sa destinée. Rubens fait ses classes chez divers maîtres, dont le plus connu est Otto Venius. À l'instar d'autres artistes, il abreuve son jeune talent aux sources de l'Antiquité lors de son séjour en Italie. Cette influence ne se démentira plus. Elle inspire son œuvre, et jusqu'à

ARISTOCRATIE LOCALE

Un sinjoor, c'est comme un señor. Dans le sens ancien et honorifique du terme. Les Anversois l'ont emprunté aux Espagnols du XVIe s qui étaient venus les mettre au pas. À l'instar de l'hidalgo castillan, ombrageux mais rapiécé et bon à rien, le sinjoor se veut un businessman prodigue et enjoué. Ne rêvez pas : pour intégrer le club, il faut être anversois, fils d'Anversois et, même, né dans la vieille ville.

l'architecture de sa demeure. Pour percer les secrets des anciens maîtres, Rubens s'astreint toujours et toujours à reproduire leurs travaux. En 1598, il devient le **Maître de la Guilde de Saint-Luc,** le patron des peintres. Rubens vit ses meilleures années sous le règne des archiducs Albert et Isabelle. En 1609, il est nommé peintre à la cour de Bruxelles et il devient le représentant de sa ville et l'ambassadeur des souverains. À son retour d'Italie vers 1615, Rubens s'installe dans une vaste maison en plein centre d'Anvers (aujourd'hui la maison Rubens, difficile de la manquer !). Son atelier atteint une réputation internationale. Dès 1622, cet artiste, prospère et pétri d'humanisme, sillonne les routes d'Europe comme diplomate pour tâcher d'apaiser les antagonismes de la **guerre de Trente Ans.** Il meurt à Anvers en 1640 et on l'enterre dans l'église Saint-Jacques. À défaut de l'égaler, ses élèves se feront un nom dans la peinture : Bruegel de Velours, Jordaens, Van Dyck...

Rubens réconcilia la peinture italienne et le génie flamand. Delacroix l'a surnommé « Homère de la peinture ». Les Anversois l'aiment comme un père. Certains s'en proclament même les descendants.

MENUS PLAISIRS

Anvers est un port, et un port flamand. Deux bonnes raisons de faire la fête. Apprêtez-vous à y retrouver, quelque peu modernisées, les bambochades de Bruegel. Vous ne serez pas les seuls. Chaque week-end, les Néerlandais passent en masse la frontière pour faire la noce dans les rues d'Anvers. Ici, on n'aime pas trop ces immigrés de fin de semaine. Et de toute façon, les Néerlandais n'ont jamais eu bonne presse.

Des bars ? Des boîtes ? Sans doute. Mais la fête, c'est aussi, pour les vieilles dames, tenir leurs assises dans les pâtisseries en chipotant des *wafels* (gaufres) et, pour les employés de bureau, renouer, dès la pause, avec leur bistrot préféré (on dit *stampcafé*).

– N.B. : si vous parlez français, on ne vous en voudra pas, surtout si vous déclarez votre amour pour la ville. Mais déclarez-le bien. Et si en langue locale la ville s'appelle Antwerpen, en français, ne l'oubliez pas, on dit Anvers comme dans « aver**se** ».

SPÉCIALITÉS

– *Antwerpse handen,* des biscuits au beurre ou au chocolat, avec ou sans massepain, en forme de main.
– *Le gâteau anversois,* une fine pâtisserie entre biscuit et cake, garnie d'amandes, de confiture d'abricot et de sucre glacé.
– *Le semini,* un biscuit léger garni de graines de sésame et d'une figurine en massepain représentant Sémini, symbole de la fertilité (c'est mignon).
– *Les pains à la saucisse* et *les chaussons aux pommes* sont très appréciés des *sinjoren,* tout comme le *roggeverdommeke,* un délicieux pain gris bourré de raisins secs.
– La bière elle aussi a été élevée au rang d'art de vivre à Anvers. La brasserie *De Koninck* est célèbre pour sa savoureuse *Bolleke* aux reflets ambrés, sa noble cuvée, la blonde *Antoon* (créée en 1999 à l'occasion de l'année Van Dyck), et la bière de saison *Winterkoninck.* La *Ganzenbier* (la « bière des oies ») de Lillo, blonde ou brune, servie dans des bocks en pierre, rend quant à elle hommage au folklore du polder.
– Pour finir, l'*Élixir d'Anvers* est une liqueur aux vertus digestives, à base de 32 plantes et épices, préparée de manière traditionnelle depuis 1863.

LES ANVERSOIS CÉLÈBRES

– *Hendrik Conscience* (1812-1883) : le plus renommé des auteurs flamands de la période romantique est le fils de Pierre Conscience, un menuisier de Besançon venu à Anvers sous Napoléon, et de Cornelia Balieu, une jeune Campinoise. Il est connu pour avoir écrit *Le Lion des Flandres,* récit de la bataille des Éperons d'or en 1302 devenu le texte de référence du mouvement nationaliste flamand.
– *Christophe Plantin :* né près de Tours en 1514 dans une famille modeste. Il s'établit comme relieur à Anvers en 1549 et devient imprimeur à la suite d'une blessure. Il est élevé à la dignité de bourgeois de cette ville en 1550. Il imprime son premier livre en 1555. Son atelier d'imprimerie *De Gulden Passer* (le Compas d'or) acquiert une renommée justifiée. Nommé architypographe par le roi Philippe II en 1570, il se hisse au premier rang des imprimeurs européens de son temps. Il publie en 34 ans plus de 1 200 ouvrages, essentiellement religieux. Il décède à Anvers le 1er juillet 1589. À sa mort, son gendre *Balthasar Moretus* hérite de l'imprimerie et la développe. Elle restera dans la famille jusqu'en 1871 : un record de transmission familiale. Les Plantin-Moretus, ses descendants, vivent toujours à Anvers.
– *Piet Pot :* un bourgeois hollandais d'autrefois qui faisait distribuer aux condamnés des pains aux raisins. Des rues ont pris son nom. Et dans la Korte Gasthuisstraat, une boulangerie se targue de fabriquer les mêmes pains aux raisins qu'alors.
– *Lange Wapper :* sa statue se trouve au Steen. Ce lutin à métamorphoses se fait tour à tour minuscule ou gigantesque. Il s'infiltre partout pour punir les méchants. Les ivrognes, il se contente de les taquiner lorsqu'ils rentrent chez eux : du coup, ces braves gens s'en retournent boire...
– *Les statuettes de la Vierge :* nichées à tous les coins de rue. Les premières furent installées en 1585 par les jésuites, lors de la chute d'Anvers. Les mauvaises langues disent que c'était par souci d'économie : leur présence exemptait la rue des taxes alors perçues pour l'éclairage...

UN PEU D'HISTOIRE

Un point stratégique

Aux IVe et Ve s, bien avant d'arriver en France, les Francs s'étaient établis sur l'Escaut. Au Xe s, le marquisat d'Anvers intégrait le Saint Empire germanique.

Un siècle plus tard, le Castellum et l'église Sainte-Walburge surgissaient du limon. Au XIIe s, on retrouve la ville annexée au duché de Brabant. Son importance va grandir avec l'essor de l'industrie du drap.

L'âge d'or

XVe s. Anvers est le centre économique et commercial de l'Europe. Les marchands de tous les pays se font un devoir d'y ouvrir une succursale. Les bateaux ingurgitent et régurgitent à tour de bras

JEU DE MAIN, JEU DE VILAIN

Autrefois, un géant nommé Druon Antigoon taxe lourdement les bateaux qui doublent la courbe de l'Escaut. À ceux qui renâclent à payer, il tranche la main. Silvius Brabo, un soldat romain, décide de mettre fin à ce racket. Il tue le géant, lui coupe la main et la jette dans l'Escaut. D'ailleurs, en flamand, « jeter la main » se dit « hand werpen ». Du coup, le sculpteur Jef Lambeaux a statufié le valeureux légionnaire sur la Grand-Place.

poissons, grains, sel. Anvers détrône alors Bruges et déploie ses fastes au cours du XVIe s. Sa population bondit de 40 000 à 100 000 habitants. La ville sur l'Escaut redistribue les trésors – soies, diamants, verre et faïences – d'un Extrême-Orient tout juste découvert. Pas étonnant si sa prospérité attire les meilleurs artistes de l'époque. Anvers est saisie par la fièvre culturelle. On y voit du beau monde : *Quentin Metsys, Mercator, Bruegel, Juste Lipse, Plantin, Marnix de Saint-Aldegonde...* En 1559, l'église Notre-Dame est élevée au rang de cathédrale. Pour exhiber la bonne santé des affaires, on s'offre une Bourse, une maison des Bouchers... C'est sous la protection de Charles Quint, Sa Majesté très catholique, qu'Anvers exporte ses retables.

Les guerres de Religion

Dans la seconde moitié du XVIe s, s'amorce le déclin. Philippe II, le fils de Charles Quint, est un souverain moins flamand qu'espagnol : c'est-à-dire absolutiste et catholique. Il est bien décidé à remettre de l'ordre dans ses possessions du Nord. Or les protestants sont nombreux à Anvers. En 1566, un parti d'iconoclastes s'acharne sur la cathédrale, détruisant statues et tableaux. Entre catholiques et réformés, la guerre civile fait rage. En 1576, le roi d'Espagne envoie ses armées. Cette « furie espagnole » est restée fameuse. Un an plus tard, Anvers se soulève. Un an plus tard, elle est reprise. Le siège de 1 an, en 1585, aura un retentissement européen. L'homme de Philippe II, *Alexandre Farnèse,* ferme l'Escaut et donne 4 ans aux non-catholiques pour quitter la ville. Pour le grand port, c'est l'isolement et la ruine. Amsterdam recevra les fugitifs... et les marchands. Il faudra attendre 1795, en effet, pour que l'Escaut soit rouvert à la navigation.

1804-1814 : Anvers dans l'Empire français

Quand le Premier consul Bonaparte arrive à Anvers en 1803, il a de la ville, c'est le moins qu'on puisse dire, une opinion tranchée (« C'est le patelin de province le plus délabré que j'aie jamais vu ! »). Il y passera une nuit et le lendemain, son premier soin sera d'ordonner la construction de nouveaux docks et des bassins plus vastes. Par sa position géographique, Anvers jouera le rôle d'« un pistolet braqué sur l'Angleterre ». L'Escaut tenant lieu de canon. En 1810, Napoléon, devenu empereur, inaugure sur une galère d'apparat le petit Bassin, nommé aujourd'hui Bonaparte Dok. Il pense bâtir une ville nouvelle, sur la rive gauche de l'Escaut : la *Cité Marie-Louise.* Cette cité ne verra pas le jour, mais l'idée ne quittera pas l'esprit des édiles anversois jusqu'à l'urbanisation de la rive gauche dans les années 1950-1960. En 1814, *Lazare Carnot,* gouverneur de la ville, défend vigoureusement celle-ci contre les Alliés.

ANVERS

La paix revenue après la bataille de Waterloo, les Pays-Bas sont à nouveau réunis, pour la plus grande prospérité d'Anvers. En 1830, l'indépendance apporte d'autres soucis. Pour condition de leur départ, en effet, les Hollandais ont instauré une lourde taxe sur l'Escaut qui ne disparaîtra qu'en 1863 ! Après quoi, entre 1877 et 1885, la ville utilise les grands moyens pour rectifier les quais. De vieux quartiers en font les frais. Néanmoins, la ville captive les artistes de passage : **Victor Hugo,** puis **Théophile Gautier** qui, en 1846, apprécie la propreté de la ville mais s'insurge contre le plâtrage des façades anciennes. Sa nouvelle *La Toison d'or* se passe à Anvers.

Les XIXe et XXe s

L'époque moderne ramène le dynamisme économique et culturel. On croise à Anvers le peintre **De Braekeleer,** le sculpteur **Lambeaux,** l'écrivain **Hendrik Conscience,** les gloires de la Belgique. La ville, on s'en doute, profite à plein de la révolution industrielle. Elle va même s'en faire un drapeau. Des bâtiments bâtis en verre et en fer y proclament la modernité. Deux Expositions universelles ajoutent au rayonnement international de même que les Jeux olympiques de 1920. Malgré les épreuves des deux guerres mondiales et les bombardements, en 1944, de V1 et V2 qui éventrent plusieurs quartiers (la ville a reçu en 1945 plus de bombes que Londres pendant le *blitz*), Anvers va reprendre son souffle grâce aux investissements américains après 1945.

Avec plus de 180 millions de tonnes de marchandises et 15 000 navires qui y transitent chaque année, son activité portuaire se classe au deuxième rang européen, derrière Rotterdam (17e rang mondial), et son industrie pétrochimique en deuxième place dans le monde, après Houston.

Une réputation sulfureuse

Plus d'un demi-siècle après la guerre, aux élections communales de 2000, un électeur sur trois vote pour le Vlaams Blok, l'extrême droite flamande. Mais les deux autres tiers des Anversois votent encore pour la démocratie. Au printemps 2003, ce « cordon sanitaire » autour dudit parti (aujourd'hui le Vlaams Belang) a failli se désagréger à la suite de la démission collective du collège de la Ville (le conseil municipal). Les élections de l'automne 2006 ont heureusement changé la donne et les partis démocrates ont réussi à regagner la confiance des électeurs. Le Vlaams Belang, qui espérait investir la mairie, a dû renoncer à son objectif de conquête. Aux municipales de fin 2012, on s'attend à un raz-de-marée du parti nationaliste N-VA, dont le leader, Bart De Wever pourrait prendre le poste de bourgmestre.

N'arrivez pas avec des idées préconçues pour autant, les Anversois sont accueillants et parleront volontiers de l'avenir de leur ville, de leur région, de leur pays et de l'Europe (dans l'ordre !) autour d'un verre et plus, si affinités. Il faut un peu de temps pour découvrir Anvers et ses habitants. L'alternance de « fun shopping » et de culture décontractée fait partie des recettes conseillées pour apprivoiser une ville qui revendique un caractère à la fois éclectique et « bourguignon », terme ici n'ayant rien à voir avec l'image de terroir que les Français attribuent à la région du même nom.

Arriver – Quitter

En train

Attention, ne confondez pas les deux gares principales d'Anvers ! Pour toute info sur le trafic et les tarifs, il faut télé-phoner à Bruxelles au ☎ 02-528-28-28 (6h-22h). ● nmbs.be ●

🚆 **Gare d'Antwerpen Centraal** (Anvers Central ; plan I, D3) : Koningin Astridplein, 27 (Pelikaanstraat). Dans le centre, comme son nom l'indique, mais à 15-20 mn à pied du cœur historique.

6 à 8 *Thalys* quotidiens en provenance de France, mais aussi de Bruxelles, d'Amsterdam s'y arrêtent chaque jour... Quelques trains nationaux aussi, rassurez-vous, si vous avez choisi de faire les villes flamandes en train, ce qui est une excellente idée.

🚂 **Gare de Berchem :** *à 2 km au sud de la précédente (à peine quelques mn*

en train). Bien vérifier votre billet, car, mis à part les *Thalys,* de nombreux trains internationaux et nationaux s'arrêtent ici.

➤ **De Bruxelles :** départs des gares du Nord, Centrale et du Midi. Trains très fréquents (ttes les 20 à 30 mn), directs (parfois avec changement à Lierre) pour Anvers Central. Compter

ANVERS

ANVERS

WAASLANDTUNNEL

NORD

Schelde (Escaut)

|●| 78, |●| 62 ✦ MAS, Quartier de l'Ilot, Docks Nord, Port

127

Brouwersvliet — Oude — Leeuwenrui

Van Meterenkaai
Kieken str.
Sint Pieters Vliet
Leguit
Kommekens str.
Verversrui 103
FALCONPLEIN
Falconrui
142
Paardenmark
Venusstraat

Ortelluskaai
ST PAULUS PLAATS
69
Nosestraat
Sint Paulusstr.
Klapdorp
Klapdorp
Mutsaerstraat
Blindenstraat

Burghgracht
VEE MARKT
130
Zwartzusters str.
63
Zirkstr.
Lange Koepoort str.
Minderbroedersrui
Keizerstraat

Zak str.
25
70
126
STEENPLEIN
Jordaenskaai
125
Kulpers str.
Oude Beurs
Hof straat
Lange Nieuwstr.
K. Koepoort str.
2
Wolstraat 90
135
Kipdorp
Kipdorp

104
99
GROTE MARKT
120
65
Kaasrui
57
HENDRIK CONSCIENCE PLEIN
136
Boorestr.
Lange

Suikerrui
101
Pieter Potstr.
P. Potstr.
129
Blauwmoezelstr.
Lijnwaadmarkt
Melkmarkt
94
23
Sint Katelijnevest
Lange

Ernest Van Dijckkaai
Vlasmarkt
98
37
121
22
Blom str.
Sint Peterstr.
Eiermarkt
137
Lange Clarenstr.

Zand
32
61
54
100
Reyndersstr.
96
153
GROEN PLAATS
3
138
Meir brug
Meir

148
SINT JANS VLIET
122
Hoog str.
Schoenmarkt
66
Wapper
Rubensstr.
133

35
Oever
VRIJDAG MARKT
Steenhouwersvest
154
51
150
107
Lombardenvest
56
64
Jodenstr.
Schuttershofstr.
55

Klooster str.
Lange Ridderstr.
Augustijnenstr.
St Andriesstr.
Nationalestraat
Kammenstr.
151
Everdijstr.
K. Gasthuisstr.
Huldevtterstr.
Komedie Pl.
157
124
91
GRAAN MARKT

St Antoniusstr.
Oudaan
Lange
Arenbergstr.

Schoytestraat
Bredestr.
Vleminckveld
95
Gasthuisstr.
123
Leopoldstraat
Oude Vaartplaats

Prekersstraat
Aalmoezenierstraat
Rosier
50

W. Lepelstraat
Sint Rochusstr.
Begijnenstr.
Schermers str.
Tabaksvest

voir plan II
31

Quartier musée des Beaux-Arts et Vlaamse Kaai ↓

A   B

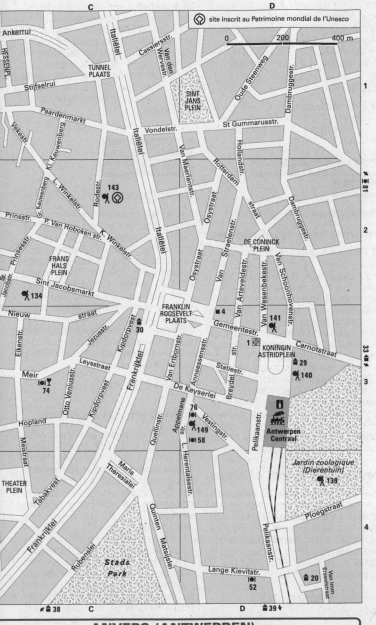

ANVERS (ANTWERPEN) – PLAN D'ENSEMBLE (PLAN I)

env 50 mn de trajet. Trains également pour Anvers Berchem ; compter alors 35 mn ; il faudra faire une petite correspondance pour Anvers Central.

➤ *De Paris :* de 6 à 8 *Thalys*/j. via Bruxelles. Durée du trajet : 2h10 env.

En bus

■ *Eurolines* (*plan I, D3, 4*) : *Van Stralenstraat, 8.* ☎ 02-274-13-50. ● *eurolines.be* ● *Lun-ven 9h-18h, sam 9h-15h30.*

Adresses et infos utiles

Codes postaux : 2000, 2018, 2050.

Informations touristiques

🛈 *Tourisme Anvers* (*plan I, A2*) : *Grote Markt 13.* ☎ 03-232-01-03. ● *antwerpen.be* ● *Tlj 9h-17h45 (16h45 dim).* Guide d'information général, comprenant un bon plan de la ville (1 €). Vend aussi, outre des cartes de transports et des tickets de musée, toutes sortes d'autres brochures et petits guides pour découvrir tel ou tel aspect ou quartier de la ville (*Route portuaire, Guide de la mode...*). Enfin, l'office de tourisme peut se charger (et sans commission !) de vous réserver un logement.

🛈 Vous trouverez un *autre bureau d'informations* à la gare centrale (*plan I, D3*), ouvert aux mêmes heures que l'office de tourisme principal.

Argent, banques, change

Pour nos amis suisses ou canadiens qui auraient besoin de changer des devises, il y a un *bureau Travelex* (*ouv tlj*) en face de la gare centrale. Pour les autres, il y a des *distributeurs automatiques* acceptant les principales cartes de paiement (*Visa, Maestro...*) un peu partout en ville.

Poste, téléphone, Internet

✉ *Bureau de poste* (*plan I, A-B3*) : *Groenplaats, 43. Lun-ven 9h-17h ; sam 9h-12h.*

@ *Internet :* sur *Gemeentestraat,* notamment au *Central Internet* (*plan I, D3, 1* ; *tlj 7h-2h*). Dans le centre historique, sur *Nationalestraat* (*plan I, A3-4*) ; mais il y a aussi le cybercafé *2Zones* (*plan I, B2, 2* ; *Wolstraat, 15* ; *tlj 11h-minuit*). Sinon, dans les hôtels et les chambres d'hôtes, la gratuité devient aujourd'hui la grande tendance. Profitez-en !

Se déplacer dans Anvers

En voiture

Pas facile de rouler dans le centre d'Anvers car le trafic est dense et les rues plutôt étroites. On se facilitera grandement la vie en laissant sa voiture dans l'un des nombreux parkings du centre-ville... pour continuer à pied, voire en transports publics (bus et tram). Exemple : le parking de Groenplaats (*plan I, A-B3*), pratique, central et ouvert 24h/24. Ou encore celui d'Ernest-Van-Dijckkaai, face au château du Steen (*plan I, A2*). En revanche, évitez le parking Oudaan (*plan I, B3-4*), plus cher que les autres.

■ *Taxis :* ☎ 03-238-38-38.

Transports en commun

Les trams et les bus sont ceux de la société *De Lijn*. En tout, il y a 34 lignes. Des plans du réseau peuvent s'obtenir à la *station de tram souterraine* de Groenplaats (*plan I, A-B3, 3* ; *lun-ven 8h-18h, sam 8h-16h*), ainsi qu'au *guichet De Lijn* situé Franklin Rooseveltplaats (*plan I, D3* ; *lun-ven 7h-19h, sam 8h-16h*).

– Les billets simples ou les cartes de 1 jour peuvent s'acheter dans les bus ou les trams. Compter 1,60 € pour les premiers et 6 € pour les secondes. Mais acheter son billet avant de monter à bord coûte moins cher. Autre possibilité : la carte de 10 voyages, à 8 €, mais attention, celle-ci ne s'obtient qu'aux machines des stations souterraines ou aux deux endroits cités plus haut.

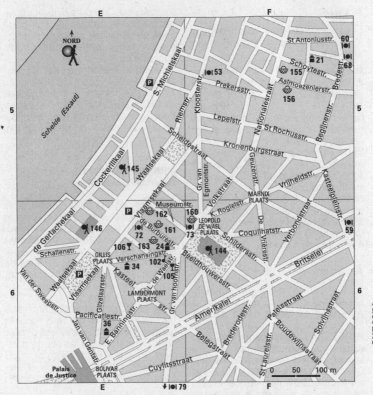

ANVERS (ANTWERPEN) – SUD-OUEST (PLAN II)

À vélo

Les loueurs de vélos ne courent pas les rues mais voici quand même des adresses :

■ **Freewieler** *(plan I, A2)* **:** Steenplein, 1. ☎ 03-213-22-51. ● *info@v-zit.be* ● *Pâques-début nov, tlj 10h-17h. Compter 3 €/h, 12 €/j.* Une bonne cinquantaine de vélos mais on conseille de réserver. Suggestions de balades dans (et hors de) la ville.

■ **De Ligfiets** *(plan I, A3)* **:** Steenhouwervest, 25. ☎ 03-293-74-56. ● *info@ligfiets.be* ● *Mer-sam 11h-18h.* Spécialité de vélos couchés.

Nouveauté 2012 : Velo-Antwerpen : un système de location de bicyclettes à la manière de *Vélib'* à Paris. Carte à la journée (3 €) et à la semaine (7 €). ● *velo-antwerpen.be* ●

À pied

Finalement la meilleure solution. L'essentiel de ce qu'il y a à voir à Anvers ne se trouve pas à plus de 20 mn à pied de la Grand-Place. IMPORTANT : des panneaux indicateurs vous remettront toujours dans le droit chemin si vous vous perdez. Chaque mât est surmonté d'une balise rouge indiquant le nom du quartier. Les flèches orange indiquent la direction de celui que vous recherchez et le nombre de minutes qui vous séparent de votre destination, les grises précisent votre destination.

Visites guidées de la ville

➤ Outre un grand nombre de visites à thème sur demande, l'office de tourisme propose deux *balades guidées* régulières de la ville pour les individuels. Réservations à l'office de tourisme donc, au ☎ 03-232-01-03.

– *À pied :* tlj en juil-août et le w-e slt le reste de l'année, à 14h (français). Prix : 6 €. Il s'agit d'une promenade avec un guide municipal à travers le cœur historique d'Anvers.

– *À vélo :* **Antwerp by bike'** *(plan I, A2, Steenplein)*. ☎ 471-46-76-85. ● *info@antwerpbybike.be* ● *antwerpbybike.be* ● *Juin-sept, sam-dim départ 13h45.* Compter 15 € par pers (8 € pour qui vient en vélo). 3 circuits de belles balades de 3h en compagnie d'un guide (mais seulement en anglais et néerlandais), à la découverte d'endroits moins connus d'Anvers.

➤ *Avec le Touristram :* ttes les heures, avr-fin sept 11h-17h ; oct-fin déc 13h-16h ; janv-mars, le w-e slt. Départ de Groenplaats. Coût : 5,50 € ; réduc. Pour les fatigués, un tram qui fait le tour de la vieille ville et du port en 35 mn. Pas cher et amusant.

Où dormir ?

Sauf promos sur leur site, les tarifs hôteliers sont généralement les mêmes pendant la semaine et le week-end. Ils ne varient guère non plus selon les saisons. Pensez toutefois à réserver les vendredi et samedi, à cause de l'affluence néerlandaise. Adresses non-fumeurs uniquement désormais. La formule des chambres d'hôtes se développe beaucoup en Flandre. Anvers ne fait pas exception. On vous rappelle que généralement, les maisons d'hôtes ne prennent pas les cartes de paiement. Pour la liste complète des *B&B* anversois, vous pouvez aussi cliquer sur ● *bedandbreakfast-antwerp.com* ●

Dans le quartier de la gare centrale

Hôtels pour jeunes

🛏 **Scoutel** *(plan I, D4, 20)* **:** Stoomstraat, 3-7, 2018. ☎ 03-226-46-06. ● *scoutel@hopper.be* ● *hopper.be* ● À 5 mn à pied de la gare centrale et du zoo. Pas de couvre-feu, on vous prête une clé. 2 sortes de prix (moins et plus de 25 ans). Selon l'âge, compter 31,30-34,80 € pour 1 pers, env 50-57 € pour une chambre double, petit déj inclus. Repas 10,60 €. Réduc de 10 % sur l'hébergement sur présentation de ce guide. 🛜 Environ 24 chambres de 1 à 4 personnes, avec douche et w-c. Cuisine équipée, petit salon et grande salle à manger. Appartient à l'association des Guides et Scouts de Flandre. Façade austère, atmosphère un peu froide. Accueille de nombreux groupes scolaires.

Chambres d'hôtes

🛏 *Melkhuis, Chez Hendrik Roelandt et Anne Salomez* (hors plan I par D3, **33**) : Groenstraat, 25. 📠 0485-72-15-12. ● bbmelkhuis@hotmail.com ● bedand breakfastmelkhuis.be ● De la gare centrale, sortie Astridplein-Zoo ; à l'autre bout de la place, prendre la rue à droite (Carnotstraat), puis la 5e rue à gauche (Kerkstraat) et, enfin, la 4e rue à droite (Groenstraat). Compter 65-70 € pour 2 ; petit déj compris. Paiement en espèces slt. 🛜 Dans un quartier tranquille où il est facile de se garer. Jeune couple jovial vivant avec leurs 3 filles dans une maison à l'architecture moderne. Intérieur lumineux mêlant harmonieusement le bois et le métal. Petites chambres réalisées dans les tons bruns, très nettes et très agréables, avec parquet. Douche et w-c privés. Agréable jardin. Un endroit remarquable à tous points de vue : décor, accueil et rapport qualité-prix. Vélos à louer.

Plus chic

🛏 *Colombus Hotel* (plan I, C3, **30**) : Frankrijklei, 4. 🕿 03-233-03-90. ● colombushotel@skynet.be ● colom bushotel.com ● Chambres standardisées mais très cosy 85-117 €, petit déj-buffet compris, servi dans un décor style Art nouveau. Parking payant à proximité, mais fermé 19h-7h. Face à l'opéra, hôtel confortable et chaleureux. Son principal atout, et non des moindres : une petite piscine couverte (et donc accessible toute l'année), doublée d'une salle de fitness. Accueil très pro et souriant.

🛏 *Park Inn Antwerpen* (plan I, D3, **29**) : Koningin Astridplein, 14. 🕿 03-202-31-70. ● info.antwerpen@rezidor parkinn.com ● parkinn.com/hotelant werpen ● Chambres 102-206 €, mais promos à surveiller. 🛜 Tout près de la gare, face à la place, un hôtel de chaîne pratique et agréable à la fois, avec un accueil pro, une soixantaine de chambres colorées et lumineuses et un petit déj des plus correct, servi dans une salle agréable. Petite machine à café dans la chambre. Bien desservi par le tram, qui s'arrête juste devant l'hôtel. Salle de remise en forme.

Autour de la Grand-Place

Chambres d'hôtes

🛏 *Le Patio* (plan I, A2, **22**) : Pelgrimstraat, 8. 🕿 03-232-76-61. ● info@lepa tio.be ● lepatio.be ● Double 105 €. Résa w-e 2 j. min. Fermé en août, paiement en espèces slt. 🖵 Une belle maison paisible à deux pas de la cathédrale. Il suffit de passer la porte pour oublier l'agitation extérieure. L'accueil de Nicole, la tranquillité des 3 chambres, coquettes, chaleureuses, invitent les pèlerins d'aujourd'hui (chez eux dans cette rue qui porte leur nom) à déstresser. Tout le monde loge au rez-de-chaussée, près d'un petit patio adorable. Petit déjeuner très copieux.

Prix moyens

🛏 *Hôtel Scheldezicht* (plan I, A3, **35**) : St. Jansvliet, 10-12. 🕿 03-231-66-02. ● info@hotelscheldezicht.be ● hotel scheldezicht.be ● Doubles 70-95 €, petit déj-buffet inclus. Réduc de 10 % sur présentation de ce guide. Petit hôtel très bien situé, à deux pas de l'Escaut et du centre historique. Accès aux étages plutôt raide (normal, c'est la configuration des anciennes demeures et... leur charme aussi). Une vingtaine de chambres plaisantes, avec double vitrage, mobilier de caractère (certains lits par exemple), salle de bains carrelée. 3 d'entre elles (les moins chères) avec salle de bains commune mais joliment meublées. Le niveau sonore de l'environnement, peut être dérangeant, prévoir des boules Quies. Réception un peu débordée.

🛏 *Hôtel Antigone* (plan I, A2, **25**) : Jordaenskaai, 11-12. 🕿 03-231-66-77. ● info@antigonehotel.be ● antigo nehotel.be ● Doubles 100-110 €, petit déj inclus. Parking. 🛜 Réduc de 10 % sur présentation de ce guide (et non via un central de résa, bien sûr). Proche de la maison des Bouchers (Vleeshuis), cet hôtel classique offre une jolie vue sur l'Escaut et sa rive gauche. Beau lobby au mobilier d'époque et agréable salle de petit déj. Chambres plutôt correctes, et bien tenues, mais les plus tranquilles sont à l'arrière. Possibilité de louer des vélos.

Plus chic

🏠 *Hôtel Julien* (plan I, B2, **23**) : Korte Nieuwstraat, 24. ☎ 03-229-06-00. ● info@hotel-julien.com ● hotel-julien. com ● Compter 170-300 € pour 2, petit déj inclus. Cher mais vraiment superbe ! Il s'agit d'un petit hôtel de grand charme niché dans deux maisons restaurées du XVIe s. Tout y est soigné à l'extrême, aménagé magnifiquement dans un esprit zen, plutôt contemporain. 11 chambres en tout, dotées, cela va sans dire, de tout le confort (wifi, TV, lecteur de CD et de DVD, clim, minibar...). Les 2 suites donnent sur la cathédrale.

🏠 *'t Sandt* (plan I, A3, **32**) : Zand, 13-19. ☎ 03-232-93-90. ● info@hotel-sandt.be ● hotel-sandt.be ● Double standard 200 € (170 € le w-e), petit déj compris ; suites 250-300 € (190-260 € le w-e). Parking 16 €/nuit. Drôle d'histoire que celle de cet hôtel de charme qui servit tour à tour de bureau des douanes et d'entrepôt pour agrumes. C'est aujourd'hui une belle maison de maître de style néorococo, classée Monument historique. L'ensemble a été entièrement rénové, alliant confort et élégance. Sur l'arrière, jardin à l'italienne où est servi le petit déj aux beaux jours.

Quartier au sud et à l'ouest du Stadspark

Hôtels pour jeunes

🏠 *Boomerang Youth Hostel* (hors plan I par C4, **38**) : Lange Leemstraat, 95. ☎ 03-238-47-82. ● boomeranghostel@hotmail.com ● boomeranghostel.be ● Depuis la gare, tram n° 15 (direction Mortsel) ou n° 2 (direction Hoboken). 2e arrêt après le tunnel du métro. Compter 12 € en dortoir et 30 € en chambre privée. Petit déj et draps en sus. Très central. Installé dans un bel

immeuble, mais l'intérieur est plus de style baba cool. Une centaine de lits. Un des logements les moins chers de la ville, souvent plein de bonne heure. Confort basique, mais c'est bien tenu et bonne atmosphère. Jardin. Cuisine équipée.

Chambres d'hôtes

🏠 *Molenaars Droom* (hors plan I par B4, **31**) : Molenstraat, 35, 2018. ☎ 03-259-15-90. ▣ 0474-52-70-61. ● greta.stevens@telenet.be ● bedandbreakfastdream.com ● Dans une rue entre Britselei et Mechelsesteenweg. Fermé en juil. Double 80 €, studio prévu fin 2012 pour 1 à 4 pers, 80-120 € ; petit déj inclus. Paiement cash demandé à l'arrivée. Parking aisé dans la rue. Chambre-studio meublée avec beaucoup de goût, dans une grande maison de maître... Petit déj très soigné, servi dans la chambre. La proprio est avenante et parle très bien le français.

Dans le quartier sud

Hôtels pour jeunes

🏠 *Auberge de jeunesse Pulcinella* (plan II, F5, **21**) : Bogaardeplein 1. ☎ 03-234-03-14. ● info@vjh.be ● vjh. be ● Dans le quartier de la mode, à 5 mn à pied de la cathédrale. Compter 22 € en dortoir et 26,80 € en chambre privée (moins cher pour les moins de 26 ans : respectivement 20,30 et 24,30 €). Petit déj et draps compris. Tout neuf et très central. Chambres avec douche et toilettes, nickel. Garage à vélos.

Chambres d'hôtes

🏠 *Bed & Breakfast Because the night* (plan II, E6, **34**) : Verschansingstraat, 55. ☎ 03-248-02-48. ● ann55paul@skynet.be ● bbantwerp.be ● Dans une rue débouchant sur le musée des Beaux-Arts d'un côté et le musée de la Photographie de l'autre. Compter 90 € pour 2, réduc dès la 2de nuit ; petit déj 5 €. Belle maison 1900 avec 2 chambres mansardées. La 1re, pour 2 ou 3 personnes, est charmante ;

l'autre est plus ordinaire. Salle de bains commune très soignée. Kitchenette à disposition. Grand jardin et terrasse. Ceux qui recherchent la simplicité et une bonne qualité d'accueil trouveront là une adresse chez l'habitant authentiquement conviviale et sympathique. Ann, l'épouse de Paul, dispense quotidiennement des cours de yoga. 2 studios à louer avec coin-cuisine.

Prix moyens

🛏 *Hôtel Industrie* (plan II, E6, **36**) : Emiel-Banningstraat, 52. ☎ 03-238-66-00. ● info@hotelindustrie.be ● hotel industrie.be ● *Près de la Lambermontplaats. Doubles 60-67 €, petit déj 5 €. Parking privé payant (7 €). Dans une petite maison de brique, à l'escalier plutôt raide, 13 chambres confortables. Petit déj-buffet. Ensemble très cosy mais déco n'ayant rien de très design. Une bonne adresse dans sa catégorie. Bon accueil de la patronne et excellents renseignements sur le quartier.*

Plus chic

🛏 *Hôtel O* (plan II, E6, **24**) : Leopold de Waelplaats, 34. ☎ 03-292-65-10. ● info@ hotelhotelo.com ● hotelhotelo.com ● *Double 145 €. Mais promos sur Internet. Petit déj 15,50-20 € (un vrai repas, en fait).* 📶 *Un rêve d'architecte, pour des amateurs d'insolite rêvant de se payer une nuit dans le quartier le plus tendance de la ville. Il y a même des chambres « jeunes mariés », avec baignoire double. Déco tout en noir et blanc, jouant sur la lumière, les techniques actuelles pour rendre le séjour plus agréable encore. On vous laisse la surprise. N'essayez pas d'ouvrir les fenêtres par contre (les claustrophobes risquent de ne pas supporter). Le buffet du petit déjeuner est proposé côté brasserie, on peut le prendre en terrasse, sur la place.*

Dans le quartier de Zurenborg

🛏 *Mabuhay Lodgings* (hors plan I par D4, **39**) : Draakstraat, 32. ☎ 0290-88-15 📱 0495-84-29-53. ● info@mabu hay.be ● mabuhay.be ● *2 chambres 51 € (1 pers) et 59 € (2 pers) ; belle sdb*

commune ; petit déj, 4 €. Studios et appartement à partir de 65 €. Petit déj 10 €. 📶 et TV. Un petit B&B tout simple et bien tenu pour ceux qui souhaiteraient résider dans cet intéressant quartier de Zurenborg. Un poil en dehors des sentiers battus, mais facilement accessible du centre par tram direct (8 mn de la gare avec le n° 11). Accueil très sympa du couple belgo-philippin. Une touche d'Asie dans la déco.*

À la périphérie

Camping

🏕 *Camping de Molen* : Jachthavenweg, 6, Sint-Annastrand, Thonetlaan. ☎ 03-219-81-79. ● camping-de-molen. be ● *Accès pour les piétons par le Waaslandtunnel. Depuis Anvers (par l'E 19), suivre la direction de Gand, sortir vers Linkeroever (rive gauche). De l'autre côté de l'Escaut, avec une belle vue sur la cathédrale. Ouv 16 mars-15 oct. Compter 10 € pour 2 avec tente, 12,50 € avec l'électricité ; 18,50 € pour 2 avec caravane et électricité. Tarif familial 21,50 €. 4 chalets à louer. Le camping le plus proche du centre-ville. Petite plage à proximité, donnant sur l'Escaut.*

Où manger ?

Vaste question. Il n'y a que l'embarras du choix. Restos à touristes des environs de la gare centrale, près de la cathédrale ou le long de l'Escaut ; cuisine exotique, dans des lieux à la déco complètement déjantée, du côté du Zuid ; ou encore restaurants à thème, très en vogue à Anvers. Ces derniers prennent toutes les formes : restaurant métallurgique, à chicons (endives), XVIIIᵉ s, *lounge*, ecclésiastique et on en passe.

Dans le quartier juif et autour de la gare centrale

De prix moyens à plus chic

🍴 *Hoffy's* (plan I, D4, **52**) : Lange Kievitstraat, 52. ☎ 03-234-35-35.

ANVERS

● hoffys@pandora.be ● Tlj 11h-22h sf ven soir (après 16h), sam et fêtes juives. Compter 12 € pour un plat, 25 € si vous voulez vous faire plaisir. Un traiteur juif au cœur du quartier des diamantaires, qui sert une cuisine casher, chère mais d'excellente tenue, variée et copieuse, comme à Tel-Aviv ou à New York. Service aimable et efficace. Salle pas vraiment faite au départ pour un tête-à-tête en amoureux, mais on s'y sent bien, et l'équipe est là pour vous faire partager sa passion et sa connaissance de la cuisine juive.

I●I **Lamalo** (plan I, D3, **58**) : Appelmansstraat, 21. ☎ 03-213-22-00. ● info@lamalo.com ● Tlj sf ven-sam, 12h-15h et 18h-22h. Fermé 10 j. à Pâques et en août. Compter env 20 € pour un lunch. Le soir, carte 45 €. Un peu plus chic, un peu plus choc que le précédent, voilà un restaurant qui porte, fièrement, la double étiquette : casher et méditerranéen. Mezze, viandes grillées et desserts pour vous culpabiliser de ne pas marcher des heures ensuite. Beaucoup de monde le dimanche.

I●I **Del Rey** (plan I, D3, **76**) : Appelmansstraat, 5. ☎ 03-470-28-67 ou 61. ● info@delrey.be ● Salon de thé tlj sf dim 10h-18h. Fermé 2 sem en août. Compter env 25 € par pers. Toutes les femmes qui viennent ici dépenser l'argent gagné par leur mari ne s'appellent pas Marilyn, mais elles partagent avec elle une passion pour les diamants. C'est LE dernier salon où l'on cause (fort, parfois), tout en grignotant des salades d'une grande fraîcheur, des plats du jour qui ne vous restent pas sur le ventre, des pâtisseries et des gâteaux à se damner. Ici, le lunch est servi à toute heure. À côté se trouve la pâtisserie-chocolaterie du même nom (goûtez le merveilleux, qui porte bien son nom).

Entre la gare centrale et le centre historique, en bord du « Meir »

De bon marché à prix moyens

I●I **Lombardia** (plan I, B3, **56**) : Lombardenvest, 78. ☎ 03-233-68-19.

● info@lombardia.be ● Tlj sf dim. Menus végétariens 13,50-15,50 €, salades 12-19 €. Un lieu coloré tenu depuis près de 20 ans par Alain et sa mère, qui ont tout à la fois le sens du commerce, de l'accueil et le souci de notre santé. Ils ont mis au point un nombre étonnant de formules bio et bonnes à la fois, on se régale avec un simple sandwich au thon, naturellement bon, ou un burger maison à étages, aussi bien qu'avec les plats végétariens du moment. Ne manquez pas de goûter au ginger tea, boisson fétiche de la maison, universelle et tonique, à l'image du propriétaire de cette épicerie-resto qui affiche une belle santé. Un végétarien branché pas triste, vraiment.

I●I **Zeppo's** (plan I, B4, **50**) : Vleminckveld, 78. ☎ 03-231-1789. Tlj, petit déj jusqu'à 12h, puis omelette ou croq' soir 18h-21h30 (22h le w-e). Sympathique bar-resto de quartier où jeunes et étudiants sont assurés de trouver une cuisine, simple, bonne, généreuse à prix abordable. Salle tout en longueur, plancher et tables usées jusqu'à la moelle. Quelques banquettes conviviales et on partage sans façon sa table avec les nouveaux venus. Bande-son éclectique, rock cool des années 1970 ou balades accordéon... Au menu, soupes, copieuses salades, fish burger, viande hachée ou veggie enroulé dans une grosse crêpe, steak... Bières pas chères.

Plus chic

I●I **Bien Soigné** (plan II, F5, **68**) : Kleine Markt, 9. ☎ 03-293-63-18. Lun-ven 12h-14h, 18h-22h. Résa très conseillée. Menu le midi autour de 24 € ; carte le soir 40-65 €. Un resto un poil tendance... Pas de menu affiché dehors, le nombre de tables est limité. Deux associés, l'un au piano, l'autre en salle qui se fait un devoir et un plaisir de décrypter le menu en flamand. Et dans ce cadre contemporain à l'élégante sobriété, on déguste une cuisine française aux accents italiens et plus largement méditerranéens... Cuisine moderne et goûteuse tout à la fois, aux produits bien choisis et pleine d'inspiration dans les sauces et les saveurs nouvelles. Accueil affable, atmosphère feutrée.

|●| Grandcafé Horta (plan I, B3, **55**) : Hopland, 2. ☎ 03-232-28-15. ● info@grandcafehorta.be ● Tlj à partir de 9h ; service 11h-23h (minuit w-e). Plats et salades 15-22,50 €. Menu 37 €. Un des plus spectaculaires décors de restaurant d'Anvers, qui porte le nom de son architecte : Horta. Des éléments de la Maison du peuple détruite dans les années 1950 à Bruxelles ont été réemployés pour réaliser, sur plusieurs niveaux, ce mélange très design de poutrelles métalliques et de planchers en bois. La splendide salle Art nouveau est réservée aux groupes. Cuisine fine et élaborée dans un cadre spacieux et lumineux, où l'on trouve aussi un coin-bar (au niveau bas) plus cosy et plus intime. Terrasse tranquille. Beaucoup de monde le week-end.

Autour de la Grand-Place et vers l'Escaut

Prix modérés

|●| Le Pain Quotidien (plan I, A3, **51**) : Steenhouwersvest, 48. ☎ 03-226-76-13. Lun-sam 7h-18h30, dim 8h-17h. Petit déj jusqu'à 12h sur la longue table commune. Une formule, toujours la même, mais qui, de Bruxelles à Paris, en passant par Rome et New York, a fait ses preuves, mais pas encore son temps. D'abord, une ancienne boulangerie haute de plafond et son traditionnel comptoir de marbre. Des petits pains tout frais, des viennoiseries croustillantes, de bons gâteaux, des pâtes à tartiner (dont le célèbre sirop de Liège), des tartines salées, quelques salades et une grande table d'hôtes pour grignoter dès potron-minet tout en lisant le journal. Très bien aussi pour une pause-déjeuner entre deux musées ou deux séances de shopping, sur fond de musique classique... Au tableau noir, les snacks du jour.

|●| Restaurant Gistelein (plan I, A3, **61**) : Zand, 25-27. ☎ 03-233-13-66. Jeu-ven à partir de 17h, sam-dim à partir de 12h. Plats 10-18 €. Vénérable demeure de brique. Petite salle très chaleureuse et gezellig (confortable) à deux pas de l'Escaut. Bon vieux piano au milieu. On y mange notamment de bonnes salades composées.

Prix moyens

|●| Ulcke Van Zurich (plan I, B2, **65**) : Oude Beurs, 50. ☎ 03-234-04-94. ● ulcke_van_zurich@hotmail.com ● Tlj sf mar à partir de 18h. Résa conseillée le w-e. Plat env 17-21 €. Digestif offert sur présentation de ce guide. Excellente adresse mais recettes classiques. Mme Ulcke, qui jadis occupait les lieux, avait, dit-on, un cœur plus grand que sa vertu. Qu'importe : aujourd'hui, c'est surtout pour les grillades et la côte à l'os qu'on vient, préparées et servies dans un cadre de boiseries très chaleureux, avec de grandes baies vitrées à l'ancienne donnant sur la rue.

|●| Mata Mata et Pili-Pili (plan I, A3, **54**) : Hoogstraat, 44. ☎ 03-213-19-28. Tlj 17h-22h30. Menu env 14,50 €. Plats 13-19 €. Apéro offert sur présentation de ce guide. Pour changer complètement de registre, cuisine africaine ! À la carte : mafe sénégalais et malien, moambe, poulet yassa, kuku nanasi (plat tanzanien), boboti (sud-africain), djege (capitaine façon ivoirienne), tilapia au curry vert, brochette de scampi, etc. C'est bon et il y a du passage, ce qui rassure toujours sur la fraîcheur des produits. Cadre et déco sympas. Bons cocktails.

|●| Berlin (plan II, F5, **60**) : Kleine-Markt, 1-3. ☎ 03-227-11-01. Tlj de 8h30 (10h sam-dim) jusque tard. Actu sur ● brasserieberlin.be ● Compter 20-25 €. Occupant un vaste volume, un café-resto dans la mouvance actuelle. Cadre faux-rustique sans chichis où d'énormes tuyaux courent le long du plafond, grosses tables de bois et long comptoir en U au milieu. Petite cuisine de brasserie tout à fait correcte et à prix abordables. Longue liste de cocktails, vins au verre et petite liste de bières pour accompagner. Snacks dans la journée. Le soir, carte plus étoffée : excellent thai curry wok scampi, cheeseburger, « croque van camembert », steak à toutes les sauces, tataki, etc.

|●| De Pottekijker (plan I, B2, **57**) : Kaasrui, 5. ☎ 03-225-21-97. ● info@

ANVERS

depottekijker.be ● Pas loin de l'office de tourisme, dans une rue qui donne sur le Grote Markt. Ouv slt le soir à partir de 18h (17h le w-e). Plats 14-19 € ; carte 30 €. Belle demeure du XVIe s. Déco de boiseries sombres et de marionnettes birmanes, avec des miroirs, des lustres baroques et une sympathique mezzanine. La carte affiche diverses salades (de deux tailles), de juteuses grillades et des poissons, dont un succulent bar en papillote. Accueil souriant. Agréable pour un tête-à-tête.

Chic

I●I Le Zoute Zoen (plan I, A2, **63**) : Zirkstraat 23. ☎ 03-226-92-20. ● lezoutezoen@telenet.be ● Tlj sf sam midi et lun. Résa conseillée. Menus 29-45 €. Digestif offert sur présentation de ce guide. Viviane Verheyen a été élue « femme chef de l'année 2006 ». Une vraie consécration ! Cette adresse semble faire l'unanimité et elle fait d'ailleurs le plein. Les chauds partisans de la tradition y retrouvent les tenants de la modernité et tous se régalent dans un cadre original, chaleureux et pas guindé du tout. Dans l'une des salles (la romantique), on adore l'alliance de tous ces tons de rouge, livres et vénérables objets. Croquettes et carbonades version « améliorée », mais aussi plats d'inspiration française, italienne et japonaise. Viandes et poissons sont cuits à la perfection et très joliment servis...

I●I ☖ La Salle (plan I, C3, **74**) : Meir, 78. ☎ 03-226-60-11. Tlj sf dim 9h-20h (service en continu). Carte 40 €. Installé dans le Stadfeest, l'un des plus importants centres commerciaux du centre-ville. Après avoir admiré la superbe et monumentale entrée, on pénètre dans un hall immense, surmonté d'une verrière et croulant sous les stucs dorés. Dans cet espace aéré, on trouve ce café-resto à « ciel ouvert » et offrant de confortables fauteuils et des tables bien séparées pour une excellente cuisine de brasserie, à prix encore raisonnables. Carte d'un éclectisme de bon goût allant du club sandwich et aux spaghettis bolognaise, au gado-gado

indonésien et aux tagliatelles scampi en passant par un iberico burger (au pata negra). Petite carte des vins servis au verre également.

Dans le quartier du vieux port et du MAS

C'est le nouveau quartier où il faut se montrer, en toutes saisons, autour du MAS, le musée dont toute la ville parle.

Prix moyens

I●I Amadeus (plan I, A1, **69**) : Sint Paulusplaats, 20. ☎ 03-232-25-87. ● ives@mail-box.be ● Tlj 18h30-23h (18h-23h30 ven-dim). Repas 13-25 €. Café offert sur présentation de ce guide. Vaste salle de style années 1920, devanture ancienne en bois, avec vitraux colorés, glaces biseautées et nappes à carreaux rouges. On y vient surtout en groupes s'empiffrer de spare ribs à volonté pour un prix fixe étudié (16 €). La cuisine traditionnelle de grand-mère plaira aussi aux fans des carbonades. Le tout arrosé d'un gros rouge qui tache et égayé par la proximité des demoiselles en vitrine du quartier rouge. Pour les accros des doigts gras, même maison à Gand !

Plus chic

I●I Dock's Café (plan I, A1, **70**) : Jordaenskaai, 7. ☎ 03-226-63-30. ● info@ docks.be ● Tlj sf sam midi et dim soir (fermé dim en été) ; service jusqu'à 23h (minuit w-e). Résa vivement conseillée le w-e. Lunch 18 €. Menus 25-40 € ; plats 14-30 €. Pas loin du Steenplein, brasserie branchée au décor impressionnant alliant harmonieusement la fonte, le marbre, le bronze et le bois. Personnel efficace et empressé à servir sur 2 étages les mets sophistiqués – à base de viande et de poisson – de la carte ou encore de gros plateaux de fruits de mer et crustacés. Spécialité d'huîtres (Colchester, Gillardeau...). Goûtez sinon à l'agneau des Pyrénées rôti au romarin, ou à la sole de la mer du Nord, rien que des bons produits.

Coup d'œil aux toilettes, étonnantes comme le reste. Menu en français.

I●I *Lux* (hors plan I par A-B1, *78*) : Sint Aldegondiskaai, 20. ☎ 03-233-30-30. ● info@luxantwerp ● *Tlj 12h-14h30, 18h-22h30 sf dim midi et lun en hiver. Business lunch 24-30 € ; menus à partir de 29 €.* Installé dans un ancien entrepôt, juste devant le MAS. Cadre intérieur d'un luxe et d'une élégance étonnants (mais c'était la vitrine de l'entreprise !). Rien n'a changé, seuls l'atrium et l'ascenseur sont nouveaux. Immense volume, énormes colonnes et cheminée ouvragée en serpentine (marbre vert), lambris de chêne ciselé, plancher en bois... Tables bien séparées, parfois longues banquettes de moleskine. Cuisine sérieuse avec une touche personnelle. Fine alliance des petits légumes aux goûts souvent venus d'ailleurs. Plats joliment présentés. L'été, agréable terrasse face au bassin.

I●I 🍷 *Het Pomphuis* (hors plan I par A-B1, *62*) : Siberiastraat. ☎ 03-770-86-25. ● info@hetpomphuis.be ● *Tlj 12h-15h, 18h-22h30 (23h ven-sam). Carte 45-50 €.* Spectaculaire décor Art nouveau à 2 km au nord du centre, dans les docks. Il s'agit d'un bâtiment abritant de gigantesques pompes qui servaient autrefois à vider l'eau du bassin n° 7 pour mettre les navires en cale sèche. Assez spectaculaire de se restaurer dans ce décor, d'autant plus que la cuisine est d'une qualité remarquable, et le service étonnamment rapide, vu le monde qui s'y presse en soirée. On peut aussi se contenter d'y boire un verre.

Dans le quartier des anciens abattoirs, au nord-est de la ville (hors plan I par D2)

Si vous voulez découvrir les quartiers de demain, en voie d'aménagements dans le nord de la ville, et surtout si vous avez une voiture, poussez jusqu'à ce quartier fréquenté par les locaux. Les abattoirs ont déménagé, mais il subsiste, sur Lobroekstraat, quelques grossistes, des fournisseurs de matériels de cuisine et, bien entendu, les anciens restos spécialisés à l'époque

dans la bonne viande. Et pour de bonnes bières, de vieux troquets de quartier comme au n° 39, au n° 77, le *café Commercial* ou le *Den Draver*, au coin de la rue Mouturu. Pour digérer, à quelques centaines de mètres, la *rue De Marbaix,* une rue résidentielle présentant d'intéressantes façades Art nouveau ou éclectiques.

I●I *Piétrain* (hors plan I par D2, *81*) : Lange Lobroekstraat, 25. ☎ 03-236-51-62. *De la gare, bus n° 23. Ouv 12h-14h30, 18h-21h30 (12h-18h sam). Fermé dim. Compter 30-40 €.* Pour les aventuriers urbains gastronomes, amateurs de viande, une valeur sûre. Certes, un poil excentrée, mais vaut le coup. Des photos rappellent le temps des abattoirs et des boucheries. Tout est inévitablement un peu modernisé, mais on a conservé les lambris et les banquettes de moleskine. Et puis c'est un bien sympathique resto de femmes. Le service, très pro, est mené tambour battant et le chef vient s'enquérir à la fin de l'avis du client. D'ailleurs, pas de risques, il se régale depuis 1955 de viandes tendres et bien servies. Spécialité d'entrecôte, goulasch, fricassée de veau...

Dans le quartier sud (le Zuid)

C'est un des quartiers les plus recherchés par les amateurs de cuisine contemporaine, de bars branchés et de lieux tout simplement pittoresques. Les terrasses envahissent les rues aux beaux jours : vous avez le choix. Pour les fauchés, plusieurs petits restos turcs autour de la Gillisplaats. Cuisine et prix identiques.

Prix modérés à plus chic

I●I *Walrus* (hors plan II par E6, *79*) : Jan van Beersstraat, 2 (Troonplaats). ☎ 03-238-39-93. ● info@eetcafewalrus.com ● *Tlj 12h-22h ; sam-dim, brunch à 11h. Plat du jour à 9 €. Café offert sur présentation de ce guide.* Cadre de resto de quartier sans chichis dont la vieille clientèle locale s'est vue renforcée des néo-bobos. Ça donne

ANVERS

une atmosphère animée réjouissante. Accueil gentil comme tout et cuisine classique (tartare, bœuf à l'étuvée) bien troussée et généreuse. Vin au verre pas cher.

I●I Den Artist *(plan II, F6,* **73**) *: Museumstraat, 45.* ☎ *03-238-09-95.* ● *brasserie.denartist@skynet.be* ● *En face du musée des Beaux-Arts. Tlj, service à tte heure. Menus 14-22 €.* Au milieu d'une carte de brasserie assez éclectique (salades, pâtes...), une bonne dizaine de spécialités belges (comme un délicieux *stampot*), servies avec le sourire. Joli et chaleureux cadre Art nouveau. Terrasse très courue aux beaux jours, et pas que par les artistes. Carte traduite en français.

I●I De Broers van Julienne *(plan II, F6,* **59**) *: Kasteelpleinstraat, 45-47.* ☎ *03-232-02-03.* ● *broersvanjulien ne@skynet.be* ● *Lun-jeu 12h-21h (ven-sam 22h), dim et j. fériés 17h30-21h. Plat du jour 9,70 € (12h-17h), salades 8-14 €, repas autour de 27 €.* Cuisine naturelle, volontiers végétarienne. Spécialité de quiches dans une salle bordée d'étagères pleines de bouteilles et de boîtes métalliques, au rez-de-chaussée d'une maison de maître. On n'a qu'à faire son choix dans la vitrine. Sinon, il y a des plats plus élaborés, tels la lasagne de quorn, les pâtes aux algues, le tajine de daurade et on en passe. Délicieux thés exotiques. Une halte très recommandée !

I●I L'Entrepôt du Congo *(plan II, E6,* **72**) *: Vlaamse Kaai, 42.* ☎ *475-52-82-15.* ● *info@entrepotducongo.com* ● *Tlj à partir de 8h ; service jusqu'à 22h30. Plats 9-18 €.* Autrefois, cet entrepôt tout proche de l'Escaut stockait les marchandises pour les colonies. C'est aujourd'hui un café-resto à la déco rétro, évoquant, avec ses carrelages, ses colonnes et ses dessus de table en marbre, les cafés littéraires viennois. Idéal pour faire une pause, à deux pas des musées des Beaux-Arts et de la Photographie. Steaks, salades et pâtes à la carte tout à fait corrects. Excellent *scampi inferno* à 14 € (et bien servi !). Attention, le service peut être parfois un peu longuet (voire dépassé !).

I●I Chez Fred *(Eten Drinken ; plan II, F5,* **53**) *: Kloosterstraat, 83.* ☎ *03-257-14-71. Tlj 10h-minuit (cuisine en continu jusqu'à 22h et 23h le w-e). Plats env 12-20 €.* Petit resto de quartier à la chaleureuse atmosphère et délivrant une classique cuisine de qualité régulière. Généreuses portions. Grande variété de salades, gambas *a la plancha, pasta,* tartares... Bons produits, légumes tout juste saisis, frites bien croustillantes. Bar également, si l'on veut juste étancher une vieille soif. Arriver de bonne heure, pas beaucoup de tables en bas. Terrasse l'été.

Où déguster une irrésistible pâtisserie ? Où acheter d'excellents chocolats ?

I●I ❀ Günther Watté *(plan I, A3,* **107**) *: Steenhouwersvest, 30.* ☎ *03-293-58-94. Tlj sf lun 10h30-18h30 (13h-18h dim).* C'est un « Chocolade Café » dans un cadre contemporain sophistiqué pour déguster un succulent chocolat chaud ou faire emplette de café de qualité, de ganache au thé, de praliné amandes et miel, de fourré de chocolat blanc aux fraises ou de pâtes de fruits de saison (ah, les citrons confits enrobés de chocolat noir !)... Noyés dans de profonds fauteuils baroques, sous de beaux lustres, on atteint là une plénitude totale... En prime, une sélection de beaux desserts.

I●I ❀ Paleis op de Meir-Chocolats Line *(plan I, B3,* **66**) *: Meir, 50.* ☎ *03-206-20-30.* ● *info@thechocola teline.com* ● *Tlj 9h30-18h30 (10h30 dim-lun). Fermé 2 sem à la mi-janv.* C'est un cadre exceptionnel qui accueille aujourd'hui la marque Chocolate Line. Ce palais passa dans les mains de Napoléon, du roi Guillaume Ier des Pays-Bas et de la maison royale belge avant d'abriter aujourd'hui le nouveau roi du chocolat, qui est à la fois le plus fou des chocolatiers belges : Dominique Persoone, qui s'est fait un nom depuis Bruges. Visites guidées du palais en petits groupes seulement *(10h30 tlj, plus visite 14h lun-ven),* voir site ● *paleisopdemeir.be* ● Boutique et café sur place.

🍽 **Goossens** (plan I, B3, **64**) : Korte Gasthuisstraat, 8. Tlj sf dim-lun 7h-19h. Cette boulangerie-pâtisserie à l'ancienne existe depuis 1864. La vieille pendule marque définitivement 10h45. À voir la queue, le succès semble ne s'être jamais démenti. Et pour cause, ici, rien que du traditionnel : brioche, cramique et autres pains et feuilletés aux amandes, qui feront à jamais le délice des gourmands.

Où boire un verre ?

Pas d'inquiétude, en été, les fins de semaine sont chaudes à Anvers. Les alentours de la cathédrale, de l'hôtel de ville, du Vlaamse Kaai et du port ne forment plus qu'une seule et immense fête. Alors, composez votre circuit : il y a des cafés littéraires, des bars à bière, des bars à genièvre, des cafés bruns séculaires, des bars à thème, à la déco ultradesign et branchée, en bref des bars à tout et à rien. La plupart servent aussi à manger, à grignoter tout au moins.

Dans le quartier de la Grand-Place et vers le Zuid

🍸 **Via Via** (plan I, B2, **90**) : Wolstraat, 43. ☎ 03-226-47-49. ● antwerpen. belgium@viaviacafe.com ● Tlj 11h30-15h, 17h-22h30 ; dim 15h-22h30. Plats 10-15 €. Un café-resto sur le thème du voyage, qui possède des succursales dans le monde entier (Tanzanie, Honduras, Mali, Nicaragua, Népal, Argentine...). On y écoute de la world music dans une grande salle à plusieurs niveaux ornée d'un immense planisphère. Petits plats et boissons des quatre coins du globe. Petite bibliothèque et, tout au fond, un panneau avec des annonces en tout genre.

🍸 **Heksen Ketel** (plan I, A3, **37**) : Pelgrimstraat, 22. ☎ 03-283-5673. ● den heksenketel@hotmail.com ● Tlj jusque tard le soir. À deux pas de la cathédrale, un troquet musical, l'un des plus sympa de la ville. Cadre vieillot hyper chaleureux où se réunissent tous les amoureux de folk music (surtout irlandaise). Régulièrement, il s'y déroule des sessions d'enfer, dans une atmosphère réjouissante de convivialité. D'ailleurs, c'est un café associatif et beaucoup de ceux qui y travaillent sont quasi bénévoles. Bières pas chères, ça va de soi ! À l'étage, une petite AJ privée à ouvertures variables, avec des chambres simples, réservées aux musiciens et aux amoureux de la musique.

🍸 **De Foyer** (plan I, B3-4, **91**) : Komedieplaats, 18. ☎ 03-233-55-17. ● info@defoyer.be ● Tlj 11h-18h (plus tard en cas de représentation). Brunch 11h-13h et afternoon tea 14h-18h. Fermé en juil. Le somptueux cadre du théâtre Bourla a été réaménagé. On mange sous la coupole de la rotonde, de style néoclassique. Non content de se désaltérer à l'entracte, on peut encore grignoter à toute heure. L'ambiance et le décor se dégustent en même temps qu'un choix de vins de toutes provenances. Brunch et buffet de desserts le dimanche après-midi, avec petite musique d'accompagnement.

🍸 **De Negen Vaten** (plan I, A3, **98**) : Zand, 1. ☎ 03-293-91-91. ● denegenvaten@pandora.be ● Dans un passage à côté du Beveren Café (voir plus bas). Tlj dès 17h (13h le w-e). De Negen Vaten, ce sont « Les Neuf Tonneaux » (porto, fino, sangria...) qui ornent cette bodega, nichée au fond d'une cour ravissante, à la terrasse chauffée. Ambiance sympa et carte de tapas, paella et zarzuela.

🍸 **De Vagant** (plan I, A3, **96**) : Reyndersstraat, 25. ☎ 03-233-15-38. ● info@devagant.be ● Tt près de la maison de Jordaens. Tlj à partir de 11h (12h w-e). Vieux troquet qui est aussi un centre de promotion du genièvre belge. Cadre ancien vraiment resté dans son jus. Très vaste choix de genièvres (plus de 200 !) qui se propose d'ouvrir les appétits ou de faciliter la digestion. En face, la boutique dépendant du café, où des dizaines de genièvres sont vendus à emporter.

🍸 **Bierhuis Kulminator** (plan I, B4, **95**) : Vleminckveld, 32-34. ☎ 03-232-45-38. Tlj sf dim-lun et j. fériés 11h (17h sam, 20h lun)-minuit. Petite principauté (voire royaume, mais c'est tout petit et intime) de la bière. Avec 800 étiquettes, probablement, le troquet qui en propose le plus de Belgique ! Un vrai gisement. La « carte des bières », c'est en fait un livre avec des trésors, des bières rares, certaines millésimées, d'autres de micro-brasseries inconnues produisant des merveilles... Cadre vieillot et chaleureux idéal pour déguster lentement, lentement ces divines cervoises...

Beveren Café *(plan I, A3, 98)* : Vlasmarkt, 2. ☎ 03-231-22-25. *Tlj sf marmer à partir de 13h.* Célèbre pour son orgue de cape, voici incontestablement une bonne adresse pour prendre le pouls de la ville. Ici, les Anversois ne rechignent pas à se mélanger avec les touristes et les marins. Il faut dire que certains soirs, en été, le bastringue fait des étincelles (en semaine, l'hiver, quand même beaucoup plus calme !)... Et ça continue sur les tables, dans la rue même... Ça, c'est Anvers !

Den Engel *(plan I, A2, 99)* : Grote Markt, 3. ☎ 03-233-12-52. *Tlj dès 9h.* Une institution ! Qui, passant par la Grand-Place, ne s'est jamais arrêté au *Den Engel* ? Ce vénérable café, très bruyant, très enfumé et éclairé aux néons, pourrait n'être qu'un lieu de passage mais il a ses habitués. Nous, on l'aime beaucoup pour son côté authentiquement populaire, ses dures banquettes en bois et ses tables de marbre, ses glaces craquelées, sa vieille pendule qui s'obstine à rester sur 11h55 et sa collection de casquettes au-dessus du bar... Pourvou que ça doure !

Café au lait *(plan I, A2, 104)* : Oude Beurs, 8. ☎ 03-225-19-81. *Tlj dès 18h (20h dim), mais ne s'anime vraiment qu'à partir de 23h.* Bar de nuit à la clientèle variée et multiculturelle. Pas mal de cocktails, le plus apprécié étant le strawberry daiquiri, à base de fraises fraîches. Sinon, il y a le mélange – 3 couches – de liqueur de café, Grand Marnier et Bailey's, à boire cul sec à la paille et puis encore la caïpiroska (vodka, citron et sucre de canne) ! Bondé le week-end, surtout après l'arrivée du DJ.

De Groote Witte Arend *(plan I, A3, 100)* : Reyndersstraat, 18. ☎ 03-233-50-33. ● degrootewittearend.be ● *Dim-jeu 11h30-minuit (plus tard ven-sam). Snacks 11h-18h. Menus 25-35 €.* Chapelle privée et cour retirée loin de la foule déchaînée. Anciennement occupée par les filles de la Charité-de-Saint-Vincent-de-Paul. Un havre de paix, avec musique classique, où déguster un flacon de vin. Belle terrasse en été bordée de colonnes et arcades, avec de longues tables. Possibilité de se restaurer.

De Faam *(plan I, A2, 101)* : Grote Pieter Potstraat, 12. ☎ 03-234-05-78. *Tlj dès 16h.* Café centenaire, indémodable, ancien repaire de l'écrivain Hendrik Conscience, où il fait toujours bon se presser autour du comptoir pour engager la conversation avec d'éventuels compagnons de virée. Cette rue recèle une profusion de lieux nocturnes. Les atmosphères changent d'un soir à l'autre. À l'angle de Grote Pieter Potstraat et de Haarstaat, au *Chill-li*, certaines soirées sont chaudes (surtout les fêtes étudiantes). Au *Chartreux Bar*, belle ambiance aussi, ainsi qu'à la *Casa Bella*, dans le même coin...

Le triangle Vleminckveld-Gasthuisstraat *(plan I, B4)* concentre quelques sympathiques refuges pour oiseaux de nuit. D'abord, le **Zeppo's** (voir « Où manger ? »). En face, serrés les uns contre les autres, le **Bar 219**, le **Bato batu**, l'**Hypothalamus,** le **Pallieter...** Tous vaguement bohèmes, tamisés et fermant tard...

Du côté du MAS et du port

C'est là que bat son plein, de jour comme de nuit, l'ouverture du MAS, le nouveau musée de la ville, coïncidant avec l'ouverture de bars et restos appelés à participer au renouveau du quartier.

Dans le quartier sud

Le Chaleroi *(plan II, E6, 105)* : coin G.-Van-Horn et Leopold-De-Wael. *Situé en face du* Hopper. *Tlj jusque tard.* Endroit chaleureux et patiné, quelques cadres dorés donnent une touche élégante à l'ensemble. Dès le milieu de semaine, plein comme un œuf. Une clientèle 25-35 ans s'y abreuve bruyamment et « chatte » sur de rugueuses tables de bois. D'ailleurs, pas de mal à « chatter », le chat y est roi...

Zar *(plan II, E6, 106)* : Pourbusstraat, 8. ☎ 03-293-32-13. *Ferme à 2h* *tlj.* Typique de la nouvelle génération de cafés tendance au décor assez sophistiqué. Mélange savant d'éléments kitsch et destroy, de mobilier et d'éclairages originaux, dans une mise en scène quasi théâtrale... Superbe bar pour un grand choix de cocktails (dont au moins 10 recettes de mojito)...

Où écouter du jazz ?

♪ *De Muze* (plan I, B2, **94**) : Melkmarkt, 10. ☎ 03-226-01-26. *Tlj à partir de 11h. Concerts (le plus souvent gratuits) tlj à 22h, ainsi que dim à 15h.* Ce café jazz est le repaire des rescapés du *flower power.* À croire qu'ils ne l'ont pas quitté depuis les années 1960... Ambiance hyper cool dans un cadre étonnant. Cadre bois et brique sur plusieurs niveaux. Dans une atmosphère bruyante, fiévreuse, tamisée et enfumée, on s'écroule dans des fauteuils en osier ou sur des banquettes de tram. Bon choix de bières, ça va de soi ! On y écoute encore John Lee Hooker, Memphis Slim et Johnny Griffin, c'est tout dire !

♪ *Café Hopper* (plan II, E6, **102**) : Léopold-De-Waelstraat, 2. ☎ 03-248-49-33. ● info@cafehopper.br ● hop perjazz.org ● *Tlj dès 10h30.* Maison d'angle, avec carrelage et murs de stuc. Concerts (généralement gratuits) de septembre à mai, le dimanche après-midi et le lundi, mardi ou mercredi soir. Bonne ambiance, enfumée, sous le portrait du regretté Chet Baker...

Où danser ?

♫ *Café d'Anvers* (plan I, B1, **103**) : Verversrui, 15. ☎ 03-226-38-70. ● cafe danvers.com ● *En plein quartier rouge, dans la rue des dames en vitrine, qui commencent à disparaître elles aussi. Entrée : env 10 €.* Bourré de monde les vendredi et samedi de 23h à 7h30. Le plus drôle, c'est que cette discothèque, la plus ancienne boîte *house* du Benelux, se situe dans une ancienne église ! On peut d'ailleurs en voir les restes, joliment intégrés dans le décor. Se paie les meilleurs DJs (inter)nationaux pour faire danser la jeunesse. Soirées thématiques fréquentes.

Shopping

La réputation de l'école d'Anvers n'est plus à faire : coupes déstructurées parfaites, finitions impeccables et détail loufoque qui compense le style parfois austère. Mais attention, prix astronomiques ! Heureusement, on vous a déniché quelques marques et créateurs nettement plus accessibles, sans oublier quelques boutiques spécialisées dans le *vintage*. Si vous souhaitez suivre les traces des *fashion victims,* procurez-vous (par exemple à l'office de tourisme) le petit livre rouge *(Fashion Walk)* édité par le *Flanders Fashion Institute.* Et puis, n'oubliez pas, les soldes démarrent le 1er janvier et le 1er juillet, avec des rabais de 30 à 70 % !

Stylistes et créateurs

Huidevettersstraat, Komedieplaats et Schuttershof sont de jolies rues élégantes et huppées où se concentrent pas mal de boutiques de luxe, aux enseignes bien connues. Les créateurs belges ont, quant à eux, plutôt investi le quartier de la Nationalestraat, suivant l'exemple de la star incontestée de la mode anversoise, Dries Van Noten (au n° 16). Toujours aussi incontournable, on ne le présente plus (mais on adore toujours !). Le *Fashion Walk* recense l'ensemble des marques et des jeunes créateurs, voici déjà quelques adresses qui font parler d'elles à Anvers.

⊕ *Ann Demeulemeester* (plan II, F6, **160**) : Leopold de Waelplaats. ☎ 03-216-01-33. ● adshop@skynet. be ● *Tlj 10h30-18h30.* Encore un bel exemple de boutique de mode qui se visite comme l'on visite une galerie d'art. Là encore, on frise la provocation, tant par les formes et les matières que par les prix... Les Japonais adorent ! L'espace est splendide en tout cas.

⊕ ♟ *Verso* (plan I, B4, **157**) : Lange Gasthuisstraat, 9-11. ☎ 03-226-92-92. ● info@verso.be ● *Tlj sf dim 10h-18h.* Le nouveau temple du luxe a trouvé ici un écrin magistral. Sous la verrière Art déco de l'ancienne *Deutsche Bank*, près de 2 000 m^2 entièrement dévolus à la mode, homme et femme. On y trouve les plus grandes marques internationales (Armani, Dior, Dolce Gabbana, Fendi, Alexander Mc Queen, Gucci, Paul Smith, etc.) mais aussi quelques créateurs belges. Rien de bon marché, on s'en doute. Passez au moins admirer les lieux... Vous pouvez aussi boire un verre sur place, dans un décor design très *trendy*. D'un côté, le *Verso Café,* aux murs tout noirs et aux cheminées monumentales, avec, juste en face, le *Martini bar,* tout blanc, quant à lui... Très belle déco, mais l'endroit, très conceptuel, manque singulièrement d'âme. Dommage...

Fripe et vintage

⚜ *Sussies* (plan I, A3, **153**) : Oude Koornarkt, 69. ● sussieswinkel@hotmail.com ● Tlj sf dim 11h (13h lun)-18h. Boutique spécialisée dans le vintage seventies : fourrures, chemises à fleurs, robes « chasuble » ou à volants. Pas vraiment de griffes mais de tout petits prix.

⚜ *Episode* (plan I, A3, **154**) : Steenhouwersverst, 34a. ☎ 03-234-34-14. ● episode.eu ● Genre de hangar immense où l'on trouve des fripes de tous les genres : du neuf, du vintage à tous les prix... Petites robes rétro, sacs à main, blousons, liquettes originales, T-shirts, chaussures, chapeaux et même des masques à gaz ! Extra pour chiner.

⚜ *Labels INC* (plan II, F5, **156**) : Aalmoezenierstraat, 4. ☎ 03-232-60-56. ● info@labelsinc.be ● Tlj sf dim 11h (14h mer)-18h. Vêtements griffés d'occasion. Pas vraiment du vintage, les modèles datent pour la plupart des dernières saisons. Peu de choix mais de véritables affaires à faire.

⚜ *Jutka Riska* (plan II, F5, **155**) : Nationalestraat, 87. 📱 0473-52-82-52. ● riska@skynet.be ● Tlj sf dim 10h-18h30. Encore du vintage ! On y trouve de tout, de la paire de Moon Boots

argentés à la petite robe Dior, en passant par des tenues très « Yvette Horner »... Grand choix de sacs à main et de pochettes. Dominante eighties.

Une mode urbaine plus abordable (ou presque)

⚜ *Mais il est où le soleil ?* (plan II, E6, **162**) : Museumstraat, 2. ☎ 03-238-33-60. ● antwerpen@ousoleil.com ● Tlj sf dim mat et lun 10h30-18h. Fermé dim en août. Belles coupes déstructurées, jolies matières. Ultra-féminine, originale et intemporelle, cette petite marque belge à peine distribuée en France a pignon sur rue à Anvers. Esprit créateur à prix plutôt abordables, voilà qui change.

⚜ *Fish Chips* (plan I, A3, **151**) : Kammenstraat, 36-38. ☎ 03-227-08-24. ● info@fishandchips.be ● Lun-sam 10h-18h30. Le rendez-vous des ados branchés et des adeptes du *street wear*, dans une rue plutôt vouée au gothique et au piercing... On y trouve de tout, y compris à boire et à manger ! Et pour ceux et celles qui aiment faire leur shopping en musique, DJ sur place !

⚜ *Clinic* (plan II, E6, **161**) : De Burburestraat, 5. ☎ 03-248-69-11. ● info@clinicantwerpen.com ● Tlj sf dim mat et lun 10h-18h30. Un *concept store*, un peu comme le *Colette* parisien mais en moins sélect. Jeans et baskets édités en séries limitées s'arrachent littéralement. Un des cadres les plus tendance. Si vous voulez être dans le coup, c'est là qu'il faut aller !

Pas abordable du tout mais si tendance !

⚜ *Hospital* (plan II, E6, **163**) : De Burburestraat, 4. ☎ 03-311-89-80. ● hospitalantwerp.com ● Là encore un ancien entrepôt aménagé, sur plusieurs niveaux. Mélange astucieux de décor ancien et moderne, utilisant toutes sortes de matériaux totalement éclectiques...

À voir

Afin de simplifier votre découverte d'Anvers, nous avons choisi de regrouper les monuments et musées par quartier, en commençant par le centre ancien, sur les pas de Rubens, avant de partir à la découverte du quartier des diamantaires et de l'est de la ville. Le sud et le nord sont à garder pour la fin, ces deux quartiers nécessitant que vous ayez repris des forces entre-temps. Le nord surtout, depuis l'ouverture du MAS, le musée phare de la nouvelle décennie, qui donne une nouvelle dynamique au vieux port. Très attendu aussi pour 2013, le *Red Star Line Museum,* du nom de la compagnie maritime qui transporta des millions d'émigrés vers les Amériques. L'office de tourisme propose des itinéraires de promenades à thème qui pourront compléter la lecture de ces pages, à commencer par un circuit « Rubens ». Il faut dire que l'on ne peut pas rêver meilleur guide que lui. Il fut avec son ami Rockox l'artisan de la transformation d'Anvers. À eux deux, ils changèrent la physionomie de la ville gothique pour en faire une splendide métropole baroque. Si vous voulez aller à l'essentiel, vous pouvez commencer la visite de la ville par celle de la *maison de Rockox* (voir plus bas « Entre la cathédrale et la gare centrale »). Ensuite, vous n'aurez plus qu'à filer à l'église Saint-Charles-Borromée, située à deux pas. La façade a été dessinée par Rubens lui-même, de même que la décoration intérieure. Puis direction la cathédrale et ses retables. Ensuite, en fonction de l'heure et de votre appétit (au sens propre comme au figuré), vous pourrez vous diriger vers la maison Rubens.

Dans le centre ancien, autour de la Grand-Place et le long de l'Escaut

🎭🎭 *Grote Markt* (Grand-Place) *et ses maisons des guildes* (plan I, A2, *120*) *:* au centre, une fontaine monumentale de Jef Lambeaux où un Brabo de bronze lance vers le fleuve la main du géant Antigoon. Le triangle de la Grand-Place est entouré par les maisons Renaissance des gildes. Au n° 5, la maison qui abrite le café *Den Bengel* était le siège des tonneliers : on y distingue, au sommet, la statue de leur patron, saint Matthieu. Le n° 7, qui porte une statue de saint Georges, hébergeait les réunions des arbalétriers. Le n° 38 accueillait la corporation des drapiers. Et quant au n° 40, la maison Roodenborgh, elle passa des mains des tanneurs et des cordonniers à celles des charpentiers. On comprend leur convoitise : la façade baroque est la plus belle de la place.

🎭 *Stadhuis* (hôtel de ville ; plan I, A2, *120*) : *Grote Markt.* Date de 1564. Le style en fut Renaissance. Ou à peu près... Ainsi, la partie centrale est plutôt très flamande. Incendié par les Espagnols en 1576, il fut aussitôt rebâti. Trois niches surplombent l'hôtel. L'une abrite la Vierge – qui en a délogé Brabo vers la fin du XVIe s. Dans les autres, notez – c'est toujours utile – les deux vertus indispensables à qui veut gouverner : la Justice et la Prudence. Vous verrez aussi trois blasons : celui du duché de Brabant à gauche, celui de Philippe II au milieu et celui du marquisat d'Anvers sur la droite. L'aigle regarde en direction d'Aix-la-Chapelle (la « capitale » du Saint Empire romain).

🎭🎭🎭 *Onze-Lieve-Vrouwekathedraal* (cathédrale ; plan I, A2, *121*) : ● deka thedraal.be ● *Lun-ven 10h-17h, sam 10h-15h, dim et j. fériés 13h-16h. Interdit d'y circuler pdt les offices. Entrée : 5 €. À l'entrée, vous trouverez annoncé l'horaire de la visite guidée et gratuite en français (en général, lun-sam à 11h et 14h15, dim à 14h15 ; quelques visites supplémentaires en juil-août). À signaler : le remarquable site internet, en français !*
C'est la plus grande église gothique des anciens Pays-Bas. Sa construction (1352-1521) prit quasiment deux siècles. Rien n'était trop beau pour afficher la prospérité de la cité. Comme toutes ses consœurs, elle a connu des hauts et des bas. Parmi les bas, le grand incendie de 1517, les raids iconoclastes des protestants (entre 1566 et 1581), la « sollicitude » de l'occupant français révolutionnaire. Le bon côté de ces désagréments fut que chaque destruction fut réparée par un embellissement inédit. Plusieurs architectes s'y sont donc succédé. Et les plus

récents n'ont pas été les plus malhabiles. De 1973 à 1993, l'édifice a été nettoyé du sol au clocher, restauré, consolidé. On a fouillé ses sous-sols, mis en valeur ses trésors.

Commencez par admirer la tour : 123 m de haut s'il vous plaît, avec un carillon de 47 cloches. Du même coup, vous remarquerez sans doute, au sommet de la croisée du transept, une coupole à bulbe, plutôt incongrue...

La cathédrale comprend 7 nefs et 125 piliers. En plein centre, difficile de manquer la splendide chaire de Vérité, véritable chef-d'œuvre de la sculpture flamande de style baroque naturaliste, à la limite du rococo. Toutes aussi impressionnantes, les très belles stalles néogothiques. Parmi les innombrables statues et tableaux, Rubens impose quatre merveilles, d'un réalisme qui frôle le baroque. *L'Érection de la croix* (1610), *La Résurrection du Christ* (1612), *La Descente de croix* (même année) et *L'Assomption de la Sainte Vierge* (1625-1626). Le tableau *La Descente de croix* est très admiré par les touristes japonais qui apprennent à l'école

> ## FAUT PAS PLEURER COMME ÇA !
>
> *C'est pas qu'on manque de cœur, mais on a parfois du mal à comprendre l'émotion ressentie par nos amis Japonais devant le triptyque de la Descente de croix. C'est simplement qu'on n'a pas lu, enfant, A dog of Flanders, conte anglais de la fin du XIXe s, que tous les petits Japonais apprennent à l'école. Une histoire bien triste, puisque le héros, qui rêvait de devenir un émule de Rubens, vient mourir au pied du tableau. Un conte vendu à plus de 100 millions d'exemplaires, ce qui explique le véritable culte rendu à Nello et à son chien Patrache, samouraïs des temps modernes.*

une histoire intitulée « Nello et son chien Patrache », dont le dénouement pathétique s'achève au pied de cette peinture (voir encadré). Rubens aurait élaboré sa fameuse couleur rouge avec du sang de pigeon. Si *La Résurrection* lui a été commandée par Moretus, gendre de l'imprimeur Plantin, d'autres auraient été réalisées pour des corporations. Vous verrez encore deux magnifiques retables, *Notre-Dame de la Paix* et *La Légende de sainte Barbe*, ainsi que le remarquable gisant d'Isabelle de Bourbon. Avant de partir, n'oubliez pas de jeter un œil à la maquette, installée dans le transept gauche.

★ **Le puits de Quentin Metsys** *(plan I, A2, 121) : devant l'entrée de la cathédrale, juste à droite en sortant.* L'histoire raconte que le jeune Metsys était forgeron. Il s'éprit de la fille d'un peintre mais ce dernier s'opposait à tout mariage. Dès qu'il terminait une toile, le peintre s'octroyait une petite fête en ville... en laissant sa fille seule. Profitant d'un de ces soirs, la jeune fille ouvrit la porte à Quentin Metsys. Le forgeron peignit une mouche sur le tableau que le peintre venait d'achever. À son retour, le père s'efforça de chasser la mouche tant elle était plus vraie que nature ! Beau joueur, il reconnut le talent de Metsys et l'accepta pour gendre. Ainsi est-il inscrit sur le puits : « De smidt die uit liefde schilder werd », autrement dit « Le forgeron qui devint peintre par amour ». On attribue l'élégante grille en fer forgé à Quentin Metsys issu d'une famille de forgerons de Louvain, qui s'initia à la peinture avec Dirk Bouts.

★★★ ◎ **Museum Plantin-Moretus** *(plan I, A3, 122) :* Vrijdagmarkt, 22. ☎ 03-232-01-03. Rens pour les visites guidées : ☎ 03-203-95-30. ● museum. antwerpen.be/plantin_moretus ● Tlj sf lun et certains j. fériés 10h-17h. Entrée : 8 €, audioguide inclus ; réduc ; gratuit le dernier mer du mois.

Une véritable machine à remonter le temps, un lieu incontournable pour tous ceux qui s'intéressent à l'histoire du livre imprimé, et aux belles demeures en général. L'Unesco l'a d'ailleurs classé au Patrimoine mondial en 2005. Cette façade du XVIIIe s cache une belle demeure patricienne, doublée d'un lieu historique. Atmosphère un peu austère, comme il se doit dans un bel intérieur flamand : les murs couverts de cuir de Malines, les tapisseries d'Audenarde et de Bruxelles, les tables laquées incrustées d'ivoire, les parquets qui craquent, les cheminées en carreaux de Delft, le tintement du carillon dans le lointain...

C'est ici que, dans les années 1549, l'imprimeur tourangeau Christophe Plantin établit son imprimerie. Moretus, son gendre, poursuivit son œuvre, imité en cela par ses descendants, qui perpétuèrent cette activité de père en fils jusqu'en 1876, date à laquelle l'imprimerie fut vendue à l'État. C'est ainsi que, trois siècles durant, la même famille imprima et exporta à tour de bras atlas, bibles, bréviaires et missels. La maison ayant été transformée en musée remarquable, pas une salle qui n'apporte quelque élément essentiel à l'histoire de l'imprimerie.

Rez-de-chaussée

– **Salle 1 :** c'est le *Petit Salon* construit en 1620. Décoré de superbes tapisseries de Bruxelles du XVIe s aux thèmes mythologiques. Les corbeaux supportant les poutres sont ornés des deux symboles de la famille : l'étoile des Moretus et le compas des Plantin. Au-dessus de la belle cheminée en céramique et montants de bois sculpté, copie ancienne d'une *Chasse au lion* de Rubens (aujourd'hui à Munich). Bible de 1578 et les *Heures de Notre-Dame* en français.

– **Salle 2 :** le *Grand Salon* avec la galerie des portraits de famille par Rubens et des cabinets d'art, dont un extraordinaire meuble soutenu par quatre esclaves, débauche de bois précieux, dorures et délicates scénettes.

– **Salle 3 :** là encore de magnifiques bibles latines, dont plusieurs richement enluminées. Et un chef-d'œuvre : les *Chroniques de Jean Froissart*.

– **Salle 4 :** la librairie, qui avait son propre accès sur la rue. Superbe ! Au mur, un index de 1569 recensant les livres interdits par l'Église... À propos, les livres étaient seulement vendus en feuilles. Si on souhaitait les relier, nécessité de s'adresser ensuite à un relieur, une autre corporation. Noter les balances destinées à donner la valeur exacte de pièces d'or et d'argent. La boutique serait quasiment opérationnelle aujourd'hui !

– **Salle 6 :** tapisseries aux fraîches couleurs (des « verdures » tissées à Audernade) et un magnifique encadrement de porte intérieure donnant sur cour et ciselé style Renaissance.

– **Salle 9 :** la salle des correcteurs et une incroyable table de travail posée contre la fenêtre pour profiter au maximum de la lumière. Très large aussi pour pouvoir y poser les grandes feuilles d'impression. Beaux meubles sculptés et buste de *Kilianus*, l'un des plus célèbres correcteurs de Plantin et qui participa au premier vrai dictionnaire franco-

néerlandais-latin (40 000 entrées !). L'une des pièces du musée possédant le plus grand pouvoir d'évocation !

– **Salle 10 :** le bureau de l'homme d'affaires Plantin, aux murs entièrement tapissés de cuir doré de Malines, autant signe d'opulence que pratique puisqu'il conservait la chaleur. C'est ici qu'on gardait les liquidités, d'où les grilles aux fenêtres.

– **Salle 11 :** la *chambre de Juste-Lipse.* Une des plus émouvantes. Revêtue de cuir de Cordoue d'origine (1659). Les motifs en arabesque indiquent bien entendu une influence maure. On y trouve une copie ancienne du tableau de Rubens *Lipse et ses élèves,* le plus célèbre humaniste après Érasme (noter Rubens en spectateur devant le rideau rouge).

– **Salles 13 et 14 :** deux salles étonnantes, d'abord la salle des caractères *(salle 13).* Grandes casses où l'on rangeait les lettres. Dans la *salle 14,* l'imprimerie. Dès 1580, le cœur de l'entreprise. Elle abrite des presses en bois des XVIe et XVIIe s, qui sont les plus anciennes du monde. Cinq d'entre elles sont encore en état de fonctionner. Deux autres datant de 1600 connurent Plantin et Moretus. Un trésor très bien conservé, où l'on peut voir les caractères anciens (qui se retrouvent également dans la fonderie). 80 ouvriers y travaillaient à l'époque. Ce fut la plus grande entreprise typographique du monde.

– **La cour intérieure :** un chef-d'œuvre de la Renaissance flamande. Festival de lignes horizontales, brique alternant avec le grès, fenêtres à meneaux, galeries à arcades. Curieusement, alors que le baroque était très tendance à l'époque, Moretus perpétua le style Renaissance afin d'homogénéiser la cour avec le style des parties anciennes. Jardin scrupuleusement dessiné comme à l'époque.

1er étage

– **Salles 15 et 16 :** quelques pièces comme le premier volume de *l'Orlando furioso* de l'Arioste en français. Cabinet de lecture du XVIIIe s.

– **Salles 17 et 18 :** autres salles admirables. Différentes bibliothèques où l'on trouve une partie de la fameuse bible polyglotte (1568-1573), c'est-à-dire traduite en cinq langues (hébreu, grec, latin, syriaque et araméen). Plantin y travailla sous la direction directe du confesseur du roi Philippe II et ce dernier finança l'entreprise. Dessin de 1588, qui n'est autre que la plus ancienne représentation connue d'un plant de pomme de terre !

– **Salle 19 :** salle consacrée à Rubens. Il fit notamment deux illustrations pour un missel (1613). Il réalisa également de nombreux frontispices pour son grand ami d'enfance Balthasar Ier Moretus.

– **Salle 20 :** on y trouve de précieux incunables (tout ce qui fut imprimé avant 1500), notamment des exemples de la production des 10 imprimeurs anversois de l'époque (de 1482 à 1500). Entre autres, *Mathias van der Goes* (1482, la première impression réalisée aux Pays-Bas : 8 ans à peine après l'introduction de l'imprimerie). Sur les 900 ouvrages imprimés sur cette période, 395 le furent à Anvers.

– **Salle 21 :** c'est le salon des XVIIe et XVIIIe s. Atmosphère authentique de l'époque avec ses collections de porcelaines de Chine et du Japon, la vénérable horloge et le grand clavecin épinette peint comme une toile.

– **Salle 22 :** présentation des manuscrits et enluminures de la plus haute rareté dans cette chambre des Archives. Plusieurs archives classées par l'Unesco au Patrimoine mondial de l'humanité en 2001 comme « mémoire du monde ». En effet, ce sont les seules archives sur l'histoire et le fonctionnement de l'imprimerie depuis Gutenberg jusqu'au-delà du XVIIe s (journaux comptables, inventaires, lettres commerciales, testaments, affaires de famille, etc.). On peut ainsi suivre l'évolution d'une entreprise quasiment au jour le jour sur plusieurs siècles ! Parmi les documents : un livre des ouvriers de 1580, un registre des réclamations de 1713 et l'une des plus vieilles polices d'assurance, qui date de 1682.

– **Salle 23 :** c'est la salle de Géographie, où est présenté le *Premier atlas moderne,* d'Abraham Ortelius. Publié en 1591 à Anvers, ce livre de cartes planétaires portait pour la première fois le nom d'atlas. Il connut un grand succès (46 rééditions !). Avant d'être dépossédé par Amsterdam, Anvers fut la capitale mondiale de la production de cartes et ouvrages géographiques (dont bien sûr Plantin est l'un des piliers). Une carte des Flandres du XVIe s, œuvre du célèbre *Mercator,* montre la plus grande extension du comté de Flandre englobant Dunkerque, Gravelines, Douai et Lille. Remarquer cette carte planétaire de 1587 où l'on possédait déjà une sacrée vision de la forme des continents (sauf l'Amérique du Sud qui a encore celle d'une patate).

– **Salle 24 :** l'une des plus fascinantes avec toutes les productions étrangères à la même époque, classées par périodes et par pays. Impossible de citer toutes les merveilles qui s'étalent sous les vitrines. Émouvant, le dico latin-français de Robert Estienne (1549), la première édition du premier tome de l'*Encyclopédie ou Dictionnaire raisonné des sciences, des arts et des métiers* de Diderot et d'Alembert (1751), une bible en hébreu de Venise juste après l'arrivée des premiers juifs chassés d'Espagne et tant d'autres.

– **Salles 25 et 26 :** petit salon et chambre à coucher tendus de cuir de Malines. Beau lit clos Renaissance.

– **Salle 27 :** toute l'illustration des livres, de la gravure sur bois (impression en relief) à la gravure sur cuivre (impression en creux). Superbes exemples de décors en imprimerie, notamment bords et culs-de-lampe. Noter au mur la richesse de l'alphabet romain, avec ses motifs bibliques, de la pomme d'Ève à la Crucifixion.

– **Salles 29 et 30 :** les ateliers de fonderie. On y voit encore les établis, les seaux à plomb et les outils utilisés pour fondre les caractères d'imprimerie. Du sur-mesure ! Vous saurez tout sur la création des caractères (poinçonner, marteler, fondre). Pièces uniques : les poinçons de *Claude Garamond* et *Robert Granjon*, les plus grands créateurs de caractères du monde (d'ailleurs le « garamond » est un caractère encore largement utilisé aujourd'hui).

– **Salles 31 et 32 :** la grande et la petite bibliothèque. Une des rares bibliothèques privées qui nous soit arrivée quasi intacte. Une atmosphère magique qui redonnerait l'envie de lire à n'importe quel drogué de la télé... À propos, la valeur de l'ouvrage déterminait la reliure en parchemin blanc ou en cuir brun. La splendide *Crucifixion* du XVIIe s est de Peter Thijs. Elle rappelle que la bibliothèque, même si l'autel a disparu, servit aussi de chapelle privée.

– **Salle 33 :** c'est la *salle Max Horn*, dédiée à ce bibliophile anversois qui légua en 1953 une collection unique de 1 447 ouvrages du XVIe au XVIIIe s. On découvre ici tout le travail de la reliure du XIIIe au XVIIIe s. En 1240, un prêtre anversois réalise d'ailleurs la plus ancienne reliure estampée à froid au monde. On peut en admirer ici parmi les plus anciennes, dont le frottis d'une plaque de la seconde moitié du XIVe s. Vers 1550 apparaît la technique de la reliure à décor doré importé d'Orient. Mais le chef-d'œuvre de cette pièce reste cette gravure sur bois, imprimée sur 24 feuilles de parchemin et entièrement coloriée à la main. C'est *L'Entrée triomphale de Charles Quint et du pape Clément VII dans Bologne,* le 24 février 1530.

– **Salle 34 :** souvenirs et témoignages sur le grand auteur flamand francophone Émile Verhaeren (1855-1916).

🐾🦌 **Vleeshuis** *(maison des Bouchers ; plan I, A2, 125)* : Vleeshouwersstraat, 38-40. ☎ 03-233-64-04. ● *museum.antwerpen.be/vleeshuis* ● *Tlj sf lun et certains j. fériés (ouv lun de Pâques et de Pentecôte) 10h-17h. Entrée : 5 € ; réduc.*
Encore nommée, pour que ce soit plus clair, « Vieille Boucherie » ou « Halle aux Viandes ». Impressionnante dans tous les cas. La gilde des bouchers l'occupa de 1503 à 1795. L'architecture de style gothique tardif, conçue en 1500, est typique des dernières années du Moyen Âge. Elle mélange pierre et brique sur le mode dit *speklagen* (couches de lard). La maison des Bouchers fut édifiée dans un but hygiénique : le quartier s'était lassé de s'imbiber du sang des bêtes (on le surnommait *bloedberg,* la « montagne au sang »). Jusqu'à l'ère napoléonienne, les bouchers de la gilde se mariaient entre eux pour garder le pouvoir : le bâtiment comprenait même une salle des mariages. Dans leur cas on pouvait vraiment parler de consanguinité !

Un musée a été aménagé au rez-de-chaussée et au sous-sol. Il accueille une *collection d'instruments de musique* dont les fameux *clavecins* des XVIe et XVIIe s, fabriqués par la famille Ruckiers. La visite ne s'adressait jusqu'à présent guère qu'aux mélomanes et aux amateurs d'instruments anciens car l'audioguide n'était qu'en néerlandais. On promet pour bientôt un audioguide en français qui bénéficiera en outre des toutes dernières techniques. Ainsi on pourra, en plus de la vision et de l'explication sur l'instrument, l'entendre aussi jouer et régler les vibrations sonores (vraiment révolutionnaire !). Visite fort intéressante donc à travers tous ces instruments de musique et leur histoire. Muséographie vraiment extra. Ne pas rater, au fond de la grande salle, dans une douce pénombre, la fascinante galerie sur les livres de musique : fragments de partition de chants grégoriens du XIIe s, livres des cantiques des XIVe et XVe s. Le plus ancien livre de musique présenté ici date de 1528. Premier livre de chansons de 1544. Précieux clavecin avec couvercle peint du XVIIe s.

– *Le sous-sol :* possède toujours son pavé médiéval d'origine. Intéressantes sections sur la fabrication des cloches, les musiques militaires et les harmonies du XIXe s. Reconstitution d'un célèbre atelier de fabrication et de réparation d'instruments en cuivre : établis, tours, presses... Section colorée sur la musique comme art populaire : vidéos rigolotes, extraits de vieux films en noir et blanc, cartes postales... Affiches anciennes, vénérables instruments comme ce *polyphon* de 1900, ce « piano-orchestrion », les orgues de Barbarie...

🕯 *Het Steen* *(plan I, A2, 126)* : *Steenplein, le long de l'Escaut.* L'histoire du château du Steen se confond avec celle d'Anvers. C'est ici que vivaient les premiers agriculteurs à l'époque romaine. Le *castrum* (château) ne serait apparu qu'au IXe s et ses remparts (côté place), au XIIIe s. À cette époque, le Steen faisait office de prison : le crucifix de l'entrée servait aux dernières prières. Mais le Steen eut également une vocation militaire. Planté sur le bord de l'Escaut, ce château stratégique gardait en quelque sorte la frontière entre les terres françaises et celles de l'Empire. C'est pourquoi Charles Quint, dont la devise *Plus Oultre* (« Toujours plus ») flotte au-dessus de la porte, le fortifia considérablement.

PRIAPE ESCAMOTABLE

La statuette qui loge au-dessus du porche du Steen est un dieu nordique de la Fécondité appelé Sémini. Contre la stérilité, les dames avaient l'habitude autrefois d'embrasser sa virilité. Choqués par ces mœurs païennes, les jésuites l'émasculèrent. Son attribut fut replacé puis disparut à nouveau sans laisser de trace. Indignés, des citoyens se groupèrent en un Club des amis de Sémini et le grand fécondateur recouvra son intégrité physique. On décida de masquer l'attribut merveilleux pour le préserver des jaloux. Il ne s'exhibe plus qu'une fois l'an, le premier jour du printemps.

🕯 *Vlaeykensgang* *(plan I, A2, 129)* : on le rejoint en partant du no 16 de l'Oude Koornmarkt. Dans ces ruelles pimpantes s'alignent d'étroites maisonnettes blanches à volets verts. Elles passent pour avoir abrité, au XVIe s, les cordonniers et les sonneurs de cloches. Le Vlaeykensgang reste un lieu de rêve pour écouter les concerts de carillon.

➢ *Balade autour de la Grand-Place :* toutes les ruelles voisines regorgent de maisons de corporations qui sont autant de trésors. Par exemple la *Suikerrui* (rue au Sucre), qui relie l'ancien hôtel de ville au Steen : cette rue fut jadis un canal. On y apportait les cargaisons de mélasse de sucre venues des îles Canaries. Le no 5 abrite la *maison des Hanses,* qui fut l'un des premiers immeubles de bureaux. Sur sa façade, Jef Lambeaux a sculpté les figures allégoriques des grands fleuves d'Allemagne. Sur le côté, la belle dame reproduite dans le style opulent de Rubens n'est autre que la muse du sculpteur : comme son atelier se trouvait dans la rue voisine, il la voyait beaucoup.

Entre la cathédrale et la gare centrale, en bordure du Meir

Ce sont les « ramblas » de la ville, comme vous le diront ses habitants, qui ont vu, d'un œil amusé, les trottoirs s'élargir et tout le secteur devenir piétonnier, ou presque, entre les deux « cathédrales », la gare centrale ayant acquis ce statut peu catholique. Et c'est le Meir, une des plus grandes artères commerciales de Belgique, qui relie tout naturellement ces deux monuments. Ne manquez pas, au milieu, de faire une pause dans la galerie *Stadsfeestzaal,* entièrement rénovée.

🏹🏹🏹 *Rubenshuis (maison de Rubens ; plan I, B3, 133) :* Wapper, 9-11.
☎ 03-201-15-55. ● rubenshuis.be ● Tlj sf lun et certains j. fériés 10h-17h (tickets
16h30). Entrée : 8 € (un peu plus en cas de grande expo temporaire), billet combiné
avec la visite du musée Mayer-Van-den-Berghe (sf pdt les expos) 10 € ; réduc ;
gratuit pour les - de 12 ans, et pour ts le dernier mer du mois. Audioguide (en
français) compris.
Plus qu'une révélation esthétique, la maison de Rubens propose un voyage dans
la vie d'un homme.

Rubens chez lui
En 1608, à son retour d'Italie, Rubens a 38 ans. Il est déjà père de deux enfants.
Peintre de la Cour, représentant officiel d'Anvers, il est aussi un artiste riche et
reconnu, ainsi qu'un diplomate chevronné. Propriétaire de cette maison *du Wapper* en 1611, il l'agrandit et l'embellit. Il y fait construire un musée très spécial
inspiré du Panthéon de Rome. Sous une coupole de verre, il expose sa collection
de sculptures antiques. Il fait construire un portique intérieur aux allures d'arc de
triomphe romain qui donne à la demeure un petit côté *palazzo* italien. La maison
de Rubens, moderne pour l'époque, devient ainsi la première demeure baroque
d'Anvers. Il y vit et y travaille. Comme diplomate, il y reçoit les grands de ce
monde : Ladislas de Pologne, Marie de Médicis, la reine mère de France et le duc
de Buckingham. La maison renfermait des œuvres de Titien, Tintoret, Véronèse,
Léonard de Vinci, Raphaël, Ribéra, Holbein, Antonio Moro, Van Eyck, Breughel le
Vieux, Brouwer, etc. Comment vivait Rubens au quotidien ? D'après une correspondance, on sait qu'il se levait tôt (5h), qu'il pratiquait l'équitation sur les remparts
et qu'il assistait à la messe avant de se mettre au travail. On sait aussi que, pendant qu'il travaillait, il recevait les visiteurs ou dictait une lettre et on lui faisait la
lecture d'œuvres de l'Antiquité. Il s'intéressait d'ailleurs à tout : voyages, histoire
naturelle, art antique, archéologie. Après un déjeuner léger, il travaillait jusqu'à 5h
ou 6h du soir. Sa tâche quotidienne terminée, il rédigeait son courrier. Il a laissé
une importante correspondance. Il dînait ensuite, parfois en compagnie d'hôtes
de marque, remplissant ses obligations de diplomate devant cultiver ses relations.
Cette vie sévère et réglée n'était-elle pas à l'image de la devise *Prions pour une
âme saine dans un corps sain,* qui orne le portail de la maison ? Pourtant, les
conditions de vie dans la maison étaient loin d'être faciles. À la cuisine, pas de four
ni de fourneau. Il faisait très froid en hiver, bien que les murs fussent tapissés de
cuir mordoré de Malines (à la façon de Cordoue, un très bon isolant).
Travailleur infatigable et aussi homme d'affaires avisé, l'artiste produisit ainsi
2 500 œuvres tout au long de sa vie. On ne restait pas inactif, à l'époque baroque.
Cette maison fut la maison des joies et des peines de Rubens : en 1618 son fils
Nicolas y naît, en 1623 sa fille Clara y meurt et en 1626 son épouse Isabelle Brandt
la rejoint dans la tombe, sans doute frappée par la peste. À 53 ans, Rubens se
remarie avec Hélène Fourment, une jeune beauté de 16 ans. Le portrait de ce
second mariage (1630) a été réalisé dans le jardin de la maison. De cette union
naissent cinq enfants. Souffrant d'arthrite, Rubens meurt le 30 mai 1640 dans
cette maison qui fut à l'image de son génie.
La maison renferme aussi de nombreux souvenirs de son séjour en Italie. Trompe-
l'œil, bustes de la Renaissance, maison de Mantegna, de Vasari... À l'image de
la noblesse des Flandres, Rubens fut un collectionneur avisé. En témoigne la
richesse de son cabinet d'art, au rez-de-chaussée, envisagé comme un temple
dédié à l'art : antiquités, instruments et livres scientifiques...

Visite de la maison
➤ **Rez-de-chaussée**
– *Dans la première pièce :* murs en cuir doré de Malines. Tableau représentant l'une
des propriétés de Rubens. C'est du Watteau avant l'heure.
– *La cuisine :* vaste âtre et pots en majolique peinte de couleurs vives. Dans
la pièce attenante, *Femme au raisin* de Jacob Jordaens, plein de références à
l'amour (le perroquet, symbole de volupté et le panier de fruits, la fécondité !).

– *La salle à manger :* noter le superbe linteau en bois sculpté de la cheminée, ainsi que le buffet ciselé de style Renaissance.

– *Le cabinet d'art :* on y trouve quatre esquisses importantes, car les tableaux disparurent. Petit cabinet de curiosités peint d'angelots.

➤ *1er étage*

– *La grande chambre à coucher :* avec encore une large cheminée, un lit de bois sculpté, un joli coffret marqueté d'ivoire et le collier d'Hélène Fourment.

– *La lingerie :* mobilier de qualité dont une « presse à linge » abondamment ciselée et un buffet marqueté de style Renaissance.

– Dans la pièce suivante, portrait de Van Dyck par Rubens. Intéressante répartition de la lumière et ce regard un poil insolent !

– *Living-room :* c'était effectivement la pièce à vivre. Collier de guilde, entouré des portraits de ses grands-parents paternels.

➤ *Retour au rez-de-chaussée*

– Dans la pièce précédant l'atelier, on découvre plusieurs œuvres majeures : *Silenus qui dort* en bronze doré et lapis-lazulis du sculpteur bruxellois Frans Duquesnoy. Le livre que Rubens écrivit sur les palais où il démontrait également sa profonde connaissance de l'architecture italienne, un *Portrait de sainte Agnès* (on reconnaît à l'arrière-plan le portique de la maison de Rubens) et une vue de la demeure de l'artiste par un inconnu.

– *Le grand atelier :* de la tribune, les visiteurs étaient autorisés à admirer le maître au travail. Nos coups de cœur : deux œuvres que tout oppose. D'abord *Adam et Ève,* une production pré-italienne (une des rares avant 1600), reconnaissable au style classique presque rigide, aux tons assez ternes. En fait, ce sont presque des statues. Il trouvera sa voie et la liberté à Rome. Ainsi, dans l'*Annonciation,* au retour de la Ville Éternelle, les couleurs sont éblouissantes, les corps déliés, personnages en mouvement, ornés d'élégants drapés... Une curiosité : *Henri IV à la bataille d'Ivry* (commandé par Marie de Médicis), un tableau inachevé qui permet de comprendre la technique de Rubens. Il travaille les grandes lignes à grands coups de pinceau. Au centre, par exemple, un soldat casqué possède trois bras et deux armes. Rubens n'a pas encore choisi la bonne position du corps...

UNE PETITE ENTREPRISE FLORISSANTE

Sans l'aide d'élèves et de collaborateurs, l'atelier de Rubens n'aurait pu faire face à l'afflux des commandes : Van Dyck et Jordaens peignaient les visages ; Snyders et de Vos, les animaux ; Breughel de Velours et d'autres, le paysage. Le travail fini était facturé selon un barème précis en cinq catégories ; les œuvres de sa main étaient les plus chères, puis venaient les tableaux réalisés par Van Dyck et achevés par lui ; ensuite ceux d'un autre collaborateur et retouchés par le maître, enfin, un tableau sans ajouts et en queue de liste, une simple copie.

🏃🏃 **Sint-Jacobskerk** *(église Saint-Jacques ; plan I, C2, 134) :* Lange Nieuwstraat, 73-75. ☎ 03-225-04-14. Avr-oct, tlj sf mar 14h-17h. Ne se visite pas pdt les offices. Entrée : 2 €. Cette église de style gothique flamboyant (XVe et XVIe s) fut la paroisse de Rubens. C'est là qu'il se remaria, c'est là qu'on l'enterra. Il avait lui-même choisi l'œuvre qui décore sa chapelle funéraire : *Notre-Dame entourée des saints* (1634). Une photo de famille en somme, Rubens étant saint Georges. En plus de la profusion luxuriante des marbres et des 23 autels, admirez au passage le *Saint Charles Borromée soignant les pestiférés* (1655), de Jacob Jordaens.

🏃🏃 ⊚ **Begijnhof** *(le béguinage ; plan I, C2, 143) :* entrée par la Rodestraat, laquelle donne dans l'Ossenmarkt. Tlj 9h-17h. Entrée gratuite. Petit détour pour visiter, au nord du centre historique, un quartier qui cache en son sein un havre de paix, ceci dit pour ceux et celles qui ont un peu de temps, car le béguinage d'Anvers n'a rien à voir avec celui de Bruges. On situe l'arrivée des béguines en 1544. En plus de leurs habituelles maisonnettes, ces dames de grande vertu construisirent un hôpital. Quand elles ne s'occupaient pas des malades, elles priaient ou faisaient de la dentelle. Des courettes charmantes précèdent les maisons aux noms évocateurs. Un conseil, venez tôt le matin (de toute façon, c'est le seul site ouvert à cette heure). La rue pavée, la vieille église, presque toujours fermée, baignent d'une paix sereine ces lieux délicieux. Allez savoir pourquoi les béguines ont disparu...

🏃🏃 *Rockoxhuis (maison de Rockox ; plan I, B2, 135) :* Keizerstraat, 12. ☎ 03-201-92-50. ● rockoxhuis.be ● Tlj sf lun 10h-17h. Entrée : 2,50 € ; gratuit pour ts le dernier mer du mois. Audioguide en français compris.
Retour au centre ancien, pour repartir à la découverte d'Anvers... au temps de Rubens.
Rockox, humaniste, mécène et bienfaiteur des Arts, était l'ami, le protecteur de Rubens. Un ami haut placé qui plus est : neuf fois bourgmestre entre 1603 et 1625 (son oncle l'avait été sept fois avant lui !). Il vivait dans un hôtel de maître séduisant. Le voici, dans son jus, devenu une sorte de musée de l'Art et de l'Habitat au XVIIe s avec, au premier chef, l'une des toiles que cet amateur d'art commanda à son ami Rubens : *La Vierge à l'Enfant,* où figurent sa femme et son fils. Au fil des pièces, le notable d'Anvers dévoile son existence et ses goûts. Il aimait aussi le beau mobilier comme vous allez le voir.
– *Première salle :* la *Multiplication des pains* de Lambert Lombard se révèle une fort belle composition, addition harmonieuse de mini-scènes. Très gracieuse *Vierge à l'Enfant* de Quentin Metsys, une de ses œuvres les plus anciennes, transition du style gothique vers la Renaissance. Cheveux très longs, car c'était (avec la taille fine) l'un des grands critères de la beauté féminine à l'époque.
– *Deuxième salle :* on trouve deux études pour une toile de Van Dyck (1618) réalisée à l'âge de 19 ans. Son immense talent éclate déjà dans l'expression du clair-obscur. Puis une *Marie en adoration.* C'est en fait la première femme de Rubens et le message est clair : « bonheur conjugal et dévotion »... De David II Teniers, une *Fête de village* ou la vision d'un bourgeois sur ce qu'était la vie à la campagne.
– *Troisième salle :* magnifiques meubles sculptés dont un cabinet incrusté d'ivoire montrant Adam et Ève chassés du paradis, sur un remarquable fond d'oiseaux.
– *Quatrième salle :* l'*Allégorie du Droit* de Maarten de Vos et un chef-d'œuvre anversois : un cabinet tout en broderie de soie rehaussé de fil d'or.
– *Cinquième salle :* un admirable Frans Snijders : le *Marché aux poissons d'Anvers.* Il semble impossible que sur un marché il y ait autant de variétés et de formes aussi riches. Et toujours ce petit chat dans un coin, symbolisant souvent à l'époque la fourberie, la duperie, dans cette fausse abondance (Anvers était en paix depuis 12 ans). Au centre de la demeure, jardin des simples.
– *Sixième salle :* Fête au village de Peter Bruegel le Jeune (1560). Il a réalisé ici une remarquable copie de l'œuvre de son père. Cabinet avec des peintures sur cuivre car destiné à l'exportation (il ne risquait pas de s'abîmer à cause de l'humidité et des différences de température).
– *Dernière salle :* encore une jolie nature morte de Snijders, un Frans Francken et une intéressante *Kermesse* de Hans Bol. Quand on la détaille, on note les différences de classes et les diverses activités sociales : les gens du peuple sont personnifiés par ceux qui relèvent un personnage ivre. La noblesse, les riches négociants sont en bas à gauche. Ils ne viennent que pour se faire admirer. Au fond, une procession sort de l'église, tandis que des paysans traversent la foire avec leurs produits. Tous les acteurs de la société sont bien en place.

🏃🏃 *Sint-Carolus-Borromeuskerk (église Saint-Charles-Borromée ; plan I, B2, 136) :* Hendrik Conscienceplein, 12. ☎ 03-231-37-51. Lun-sam 10h-12h30, 14h-17h. Fermé dim sf pour le culte (à 10h et 11h30 mais « circulation » interdite). Entrée gratuite.

ANVERS

C'est l'un des joyaux du baroque dans le monde occidental. C'est aussi l'église de Rubens par excellence. Il en dessina même la façade. Évidemment, l'église comptait plusieurs œuvres du maître.

Les jésuites ont édifié l'église de 1615 à 1621. L'intérieur est un modèle de légè-reté dans ses volumes et d'équilibre entre ses ors baroques, ses murs blancs et ses boiseries sombres, le tout rythmé par d'élégantes arcades. Remarquez les confessionnaux, ô combien gracieux et originaux. L'ensemble jouit d'une grande clarté. À l'étage, une belle loggia rappelle les églises latines du Sud. Avant d'être rendue au culte, l'église a servi de temple de la Loi, et même d'hôpital. Dans le chœur, un ingénieux système de poulie permet de remplacer le tableau central par un autre. La chapelle de Marie abrite les peintures religieuses de Rubens. Selon la brochure de l'église, « celui qui ne quitte pas ce lieu plein de joie doit être un endurci ».

– En programmant votre visite de l'église, n'oubliez pas, si vous êtes là un mer-credi, de vous réserver l'accès au *musée de la Dentelle.*

– À côté de l'église se dresse la riche *bibliothèque* publique de la ville. Tout cela fait de la place Conscience l'un des lieux les plus romantiques d'Anvers.

– Petite curiosité : au n° 37 de la Wolstraat, poussez la porte, c'est ouvert ; vous vous trouvez dans une charmante courette au centre d'un pâté de maisons. Cela s'appelle *Bontwerkersplaats* et faisait partie d'un ensemble architectural de mai-sons ouvrières.

🏛 Handelsbeurs *(Bourse du commerce ; plan I, B3,* **137***) :* Twaalfmaandenstraat. Construit au XVIe s, ce bâtiment a essentiellement servi aux activités boursières. Après l'incendie de 1858, on l'a rebâti au croisement de quatre rues. L'édifice vaut pour ses arcades gothico-Renaissance vaguement mâtinées d'influence mauresque. Longtemps réservée aux opérations financières, la Bourse s'est un temps changé les idées en accueillant des manifestations plus culturelles mais a récemment cessé toute activité. Gros projets : agora couverte, grand café, hôtel 5 étoiles...

🏛 Le Boerentoren *(plan I, B3,* **138***) :* Schoenmarkt. Construit de 1929 à 1932, le Boerentoren, siège de la banque *KBC,* serait le plus vieux gratte-ciel d'Europe. Art déco s'il vous plaît... L'édifice avait pour vocation d'abriter la première banque d'épargne destinée aux paysans. On ne peut pas le rater : il domine tout Anvers (93,75 m).

🏛🏛 Museum Mayer Van den Bergh *(plan I, B4,* **124***) :* Lange Gasthuisstraat, 19. ☎ 03-232-42-37. ● museummayervandenbergh.be ● *Accès : trams n°s 7 et 8 ou bus n° 9 ; arrêt Lange Gasthuisstraat. Tlj sf lun 10h-17h. Entrée : 8 € ; réduc ; gratuit le dernier mer du mois. Ticket combiné avec la maison de Rubens : 10 €.*

Vous voici dans le cénacle d'un grand collectionneur, Fritz Mayer Van den Bergh (1858-1901). L'homme menait une triple vie : d'un côté, il cumulait les fonctions officielles ; de l'autre, il passait son temps à collectionner les œuvres d'art avec une certaine prédilection pour le gothique et la Renaissance (tableaux, sculptures, faïences, porcelaines...) ; enfin, il enquêtait longuement pour déterminer l'histoire de chaque objet. Il rêvait de pouvoir montrer ses collections dans un musée. Il avait déjà acquis les manteaux de cheminée dont il comptait décorer l'endroit, quand la mort le surprit, encore jeune. Sa mère reprit le flambeau. Non contente de créer le musée, elle s'en institua même – chose incroyable pour l'époque – la conservatrice.

En tout, les collections comprennent 3 000 objets d'art et quelque 2 000 médailles et monnaies, mais seule une petite partie en est exposée. Impossible de tout citer, voici nos grands coups de cœur.

Rez-de-chaussée

Nombreux jolis petits maîtres, *Faune* de l'atelier de Rubens, mais surtout la fan-tastique *Fête paysanne* de Pieter Bout où le soleil, très inconstant, crée tout un jeu d'ombres sur la fête... Merveilleux triptyques *salle 4,* dont l'horrible *Martyre d'Erasmus* et la *Vierge allaitante* de Roger Van Weyden. À côté, les visages empreints de douceur de Marie, Catherine et Barbe du Maître de la légende de Madeleine. Mais le must, c'est ce *Calvaire* de Quentin Metsys, encadré des deux donateurs (à propos, à droite, que fait là Ève, pas plus haute que trois pommes ?). La palme de l'insolite revient à la *Dormition de la Vierge* du Maître d'Amiens où tous les personnages sont horribles et d'une pâleur cadavérique hallucinante.

1er étage
Francesco de Medici par A. Allori (super rendu du métal de la cuirasse), belle tapisserie de Bruxelles et une *Catherine et Barbe* de Lucas Cranach pleines de charme où l'on retrouve les critères de beauté de l'époque : les cheveux très longs et la taille de guêpe.
Salle 5 : des natures mortes et de jolis vitraux peints des XVe au XVIIe s. Salle suivante, un étonnant *Jésus et saint Jean reposant sur sa poitrine* du Maître Heinrich de Constance, plein d'une tendre intimité (vers 1300). Puis encore des ivoires ciselés, un adorable petit retable de poche sculpté du XIIIe s et le plus ancien vitrail du pays (une *Annonciation* du XIIIe s).

Grande salle tapissée de cuir de Malines, c'est la bibliothèque. Grands portraits, enluminures, bijoux, superbe mobilier. Dans la petite salle attenante, *Fête de village* de Martin Van Cleef, mais surtout l'extraordinaire *Dulle Griet* (Margot l'Enragée) de Pieter Bruegel Ier, impressionnante dénonciation de la guerre et de ses méfaits, magistrale allégorie de la Folie, du Vice et de la Bêtise et, surtout dénonciation des horreurs de l'Inquisition.
En plus, on peut admirer ses *Douze Proverbes* peints sur des assiettes de bois, et, en prime, le *Recensement à Bethléem* de Bruegel le Jeune (une copie d'une œuvre de son père), ainsi que l'*Arrivée des Rois mages* de Jan Bruegel (un vrai boulot de miniaturiste).

Salle des sculptures religieuses (salle 8) : d'abord, on admire la *Marie-Madeleine* de Jan Gossaert, dit Mabuse : richesse du rendu du vêtement et de la coiffure sans égal, velouté et toucher de la peau exceptionnels... elle semble défendre fermement son bol à onguent !
Le salon : on finit par un exquis *Portrait de Dame* par Nicolas de Largillière, un autoportrait de Van Loo, de prestigieux objets d'art.

🏛 **Maagdenhuis** *(maison des Vierges ; plan I, B4, 123) :* Lange Gasthuisstraat, 33. ☎ 03-223-56-20. *Tlj sf mar 10h (13h le w-e)-17h. Entrée : 5 € ; réduc. Gratuit dernier mer du mois.* Des siècles durant, ce bâtiment logea les orphelines. Fort logiquement, il sert aujourd'hui de local au Centre public d'aide sociale. On ne visite que le rez-de-chaussée. Et d'abord le musée. Dans un décor superbement carrelé où reposent des armoires en chêne, vous admirerez quelques beaux tableaux. Et deux majestueux *Saint Jérôme,* l'un d'Antoon Van Dijck et l'autre de Maarten De Vos, tous deux datés de la fin du XVIe s.

ANVERS

De la gare centrale à la gare de Berchem, promenade jusqu'au quartier Zurenborg (Art nouveau)

Quartier en pleine mutation, où le chic côtoie la déglingue, le quartier de la gare centrale reste un bon point de chute pour nombre de voyageurs. Forte présence de l'Asie, d'un côté, avec des karaokés coréens et des épiceries chinoises. Pour les habitants d'Anvers, c'est un autre quartier, de l'autre côté de la voie ferrée, qui a leurs faveurs. Nombreuses villas Art nouveau et adresses très trendy. Acheter à l'office de tourisme la « Promenade Zurenborg ».

🦶🦶 👫 **Le Jardin zoologique** *(plan I, D4, 139)* : *Koningin Astridplein.* ☎ *03-202-45-40.* ● *zooantwerpen.be* ● *Sur la droite en sortant de la gare. Tlj tte l'année : 10h-19h en juil-août ; jusqu'à 18h en mai-juin et sept ; 17h30 en mars-avr et oct ; 16h45 le reste de l'année. Entrée : 22 € ; 17 € pour les 3-17 ans. Billet combiné avec Aquatopia : 34,50 € ; réduc.*

Créé en 1843, le zoo d'Anvers est l'un des plus vieux au monde. Tout commença par une collection d'oiseaux empaillés car les concepteurs du lieu avaient en tête de promouvoir l'étude des sciences naturelles. Aujourd'hui, le zoo regroupe quelque 750 espèces et plusieurs milliers d'animaux, dont certains très menacés, comme l'*okapi* ou le *paon du Congo*. Outre les grands mammifères communs à tous les zoos, vous pourrez voir, toutes les heures, les crocos prendre une douche dans le bâtiment des reptiles, assister à l'alimentation des oisillons dans la maternité du bâtiment des oiseaux ou encore profiter des spectacles d'otaries à l'*aquaforum*.

Ce zoo reste aujourd'hui un lieu de promenade unique en son genre, où l'on vient de toute la Belgique, en famille, passer la journée. On mange plus devant les grilles que derrière, et les animaux semblent blasés devant le spectacle des enfants repus qui passent et repassent, avec leur glaces et leurs pop-corns. Profitez des heures creuses pour visiter le *Vriesland,* où évoluent manchots et loutres de mer, et, surtout, le biotope *hippotopia,* qui

ÉTONNANT OKAPI

Ce mammifère ne fut découvert qu'au début du XXe s, en Afrique Centrale. Bien connu des pygmées, son existence avait été rapportée, par l'explorateur Stanley. Très rare, ce ruminant tient à la fois de la gazelle, du zèbre et d'une petite girafe. Sa langue peut atteindre 50 cm et lui permet de se nettoyer les oreilles. Ce qui est effectivement bien pratique.

héberge des hippos bien sûr mais aussi des tapirs de Malaisie. Vous serez amusés par le *temple égyptien,* construit pour les girafes, mais ça, c'est vieux de 150 ans... Son auteur, C. Servais, devait être encore sous le coup de l'égyptomanie mise à la mode par l'équipée de Bonaparte en visite chez les Mamelouks. Mais les animaux commencent à s'y sentir à l'étroit. Déjà, le roi des animaux devrait avoir reçu en cadeau, lors de votre passage, un espace plus digne de lui...

Le zoo d'Anvers occupe plus de 10 ha en plein centre-ville. C'est beaucoup. Et comme les Belges sont amateurs d'étrange, il court pas mal d'histoires parfois véridiques à propos d'animaux en fuite dans la ville. Le zoo a sa succursale près de Malines, à Muizen : c'est le parc zoologique de *Planckendael,* une vaste réserve où la nature est en beauté. On dit que les animaux du zoo d'Anvers y vont en vacances, quand ils sont las des gesticulations des humains...

🦶🦶 👫 **Aquatopia** *(plan I, D3, 141)* : *Koningin Astridplein, 7.* ☎ *03-205-07-40.* ● *aquatopia.be* ● *Dans les bâtiments de l'hôtel Astrid Park Plaza. Tlj (sf j. de Noël) 10h-18h (dernier billet 1h avt). Entrée : 14,50 € ; réduc et forfaits famille. Billet combiné avec le zoo : 34,50 € ; réduc.*

Pour les amateurs de faune aquatique, un aquarium d'un million de litres, 16 km de tuyaux et 10 000 poissons. Divisé en une dizaine de sections (la forêt et les mers tropicales, la mangrove, les merveilles de l'océan, les lits des rivières australiennes...), il renferme une multitude d'espèces aux noms hilarants, comme les dollars d'argent, poissons-porcs, souffleurs épineux, chirurgiens olivâtres, cœurs saignants, demoiselles à queue dorée, oursins-crayons ou « chelmons à bec médiocre » !

Bien sûr, vous passerez dans le traditionnel tunnel à requins, où se meut aussi un poisson Napoléon, et pourrez admirer raies, murènes et poissons-pierres. Les curieux apprendront également, grâce aux bornes interactives, que les piranhas ne sont en fait guère dangereux pour l'homme... et que les poissons-clowns femelles sont tous d'anciens mâles auxquels une supériorité physique sur leurs congénères a imposé un changement de sexe !

🏃 *La gare d'Antwerpen Centraal (plan I, D3) :* construite entre 1895 et 1905 par l'architecte L.-J.-J. de La Censerie, elle a subi d'importants travaux pour accueillir, depuis 2007, les *Thalys* en provenance de France. Son style néobaroque vaut le coup d'œil. Une gigantesque verrière et un magnifique dôme coiffent l'ensemble. Les matériaux (fer et verre) autorisent tous les éclectismes (mélanges de styles, pour ceux qui auraient oublié). Ce grand urbaniste qu'était le roi Léopold II fut le plus ferme soutien de cette « cathédrale du chemin de fer ». Il y a même des touristes qui la prennent pour une église ! Jeter un coup d'œil au buffet du 1er étage, qui a été restauré. Vous pouvez rejoindre directement le quartier des diamantaires, qui longe la gare, ou partir à la découverte d'un des quartiers les plus attachants et les plus recherchés (par ses habitants) : Zurenborg, de l'autre côté de la voie ferrée, au sud-est de la ville.

🏃 *Le quartier Zurenborg et la rue Cogels Osylei : non loin de la gare ferroviaire de Berchem (elle-même à 2 km au sud du centre). On peut s'y rendre en train depuis Antwerpen Centraal. Ou en passant sous le pont de la Guldenvliesstraat : c'est là que commence la Cogels Osylei. La gare de Berchem est également desservie par les bus nos 6, 9 et 34, venant du centre, ainsi que par les trams nos 8 et 16. Acheter à l'office de tourisme la « Promenade Zurenborg » ou suivre la promenade no 10, décrite dans les « 12 Adventures in Antwerp ».*

Vers la fin du XIXe s, le quartier Zurenborg n'était qu'une vaste exploitation agricole. Édouard Osy et John Cogels, descendants du banquier baron Jean Osy, décidèrent d'y bâtir une gare ferroviaire marchande afin d'y créer une zone industrielle le long de la voie ferrée Anvers-Bruxelles. Observant, vers 1880, l'accroissement de la population anversoise, ils changèrent leur fusil d'épaule et construisirent des habitations. L'opération immobilière se révéla aussitôt juteuse. Toute la bourgeoisie catholique et dorée rêvait d'une belle villa sur ces terres que l'on surnomma, du coup, le « quartier des Calotins » (Kalottenwijk).

Le style est typique du *Jugendstil* (Art nouveau), on ne peut plus éclectique et pourtant très homogène. Chacune de ces villas, qu'elle soit néogrecque, néogothique, néo-Renaissance, néobaroque ou encore Arts Craft, est un modèle du genre, dans un pur esprit Belle Époque. Quelques très beaux exemples de pur *Jugendstil,* aux influences végétales et florales, fortement inspirées de l'architecte bruxellois Victor Horta. Détail : le Neuilly anversois vaut pour ses façades car l'intérieur en serait, prétend-on, plus banal. Pour les *sinjoren,* le look primait sur tout. Mais ne boudez pas votre plaisir, 170 de ces maisons sont classées Monuments historiques, signées, qui plus est, par de grands architectes, tels que Jos Bascourt, un élève de Horta. Les amateurs d'ambiance et d'architecture seront comblés et ne regretteront pas cette petite virée à l'écart du centre-ville. Il suffit de repasser en dessous de la voie ferrée pour poursuivre la visite par celle du quartier juif, à l'ouest de la gare centrale.

Le quartier juif et les rues des diamantaires

En regardant la façade de la gare ferroviaire, prendre sur la droite. On s'enfonce alors au cœur du quartier juif. La *Pelikaanstraat* et les rues alentour *(plan I, D4)* sont bordées par des dizaines d'entreprises de bijouterie qui ont souvent leur boutique sous les voies du chemin de fer. Ici, les juifs hassidim (qui suivent les préceptes talmudiques de manière stricte), rejoints par des Indiens, des Libanais et des Arméniens, forment une communauté de quelque 20 000 âmes. Très pratiquants, ces juifs portent une tenue austère et simple : un manteau noir, un chapeau ou bien la traditionnelle kippa. Selon la tra-

DIAMANT ET PESTE NOIRE

Au Moyen Âge, en tuant 30 millions de personnes, la peste noire décima la moitié de la population européenne. Le diamant avait la réputation de protéger de la peste. Il devait être d'une pureté absolue, incolore ou blanc-bleu. En revanche, les gemmes jaunes ou roses étaient maléfiques. Grâce à cette superstition, le diamant devint la pierre la plus convoitée, donc la plus chère.

dition, ils ont de longues mèches en papillote roulées autour des oreilles. Ceux qui connaissent le quartier de Mea Sharim à Jérusalem ou de Williamsburg à New York ne seront pas dépaysés.

Jusqu'à présent, beaucoup de ces juifs pratiquants travaillaient dans l'industrie et le commerce du diamant (aujourd'hui, de plus en plus d'Indiens). Clin d'œil linguistique : le mot anglais *jew* n'est-il pas contenu dans le mot *jewel* ? Le quartier des diamantaires d'Anvers joue le XVe s un rôle essentiel dans l'économie de la ville. Les juifs étaient déjà à Anvers au XIIe s. C'est aujourd'hui le **plus grand centre diamantaire au monde.** Voilà un espace urbain qui ne mesure pas 1 km² mais dont le chiffre d'affaires dépasse les 20 milliards d'euros par an. Ce petit quartier assure à lui tout seul pas loin de 7 % (en valeur) des exportations annuelles de la Belgique !

Savez-vous que quatre des 29 Bourses du diamant que compte la planète se situent à Anvers ? On trouve dans ce quartier 1 500 sièges de sociétés diamantaires. Côté diamants bruts, c'est près de 85 % de la production mondiale et 50 % des diamants taillés qui passent par Anvers. Selon des rites immuables au sein de la profession, les transactions orales y sont la règle. Et on est forcément entre gens de parole : celui qui ne respecterait pas la sienne verrait sa tête mise à prix dans le monde entier. Cela dit, le marché est de plus en plus entre les mains de négociants jaïns du Nord de l'Inde, qui réalisent déjà 65 % des transactions. Le succès de ces Indiens, qui pratiquent une religion non violente où dominent le végétarisme et le respect des êtres vivants, provient de leur capacité à délocaliser leurs ateliers de taille dans leurs entreprises familiales de Bombay et du Gujarat. Mais ils ont réussi surtout par leur rigueur morale à s'assurer la confiance et le respect des hassidim.

🕎 **Diamondland** *(plan I, D3,* **149)** *:* Appelmansstraat, 33 A. ☎ 03-229-29-90. ● diamondland.be ● *Lun-sam 9h30-17h30. On vous conseille la visite guidée (20 mn) lun-ven à 11h. Entrée gratuite.* On peut y voir les tailleurs de diamants au travail et suivre les étapes de ce délicat processus : le marquage, le clivage, le débrutage, la taille (facettage et polissage). Pour qu'un diamant soit beau, il doit réunir quatre qualités, les « Four C » en anglais : *Carat, Clarity, Color and Cut,* c'est-à-dire le carat, la clarté, la couleur et la coupe. Bien sûr, rien ne vous empêche d'acheter.

🕎🕎 **Diamantmuseum** *(musée du Diamant ; plan I, D3,* **140)** *:* Koningin Astridplein, 19-23. ☎ 03-202-48-90. ● diamantmuseum.be ● *Tlj sf mer et j. fériés 10h-17h30. Fermé en janv. Entrée : 6 € ; réduc. Visite avec audioguide. Démonstration de taille de diamants (lun-ven).* Une visite du plus grand musée au monde consacré au diamant s'impose, si vous n'êtes pas venus à Anvers rendre visite à un de vos diamantaires préférés. Présentation ultramoderne et interactive grâce aux écrans tactiles et à la haute technologie. On y découvre la captivante histoire de cette pierre mystérieuse et unique, depuis la mine jusqu'à la vente en bijouterie en passant par les différentes étapes de sa mise en valeur : la fouille, la taille, l'industrie. Si l'or est inaltérable, le diamant reste la pierre la plus dure de la création. Elle a une dimension presque mystique et sacrée. Ce n'est pas un hasard si le diamant est associé aux sentiments humains les plus forts : la passion, l'amour. On l'offre ainsi aux grands moments de la vie, les fiançailles ou le mariage. La visite commence dans une salle où les plus grandes actrices du cinéma hollywoodien posent pour l'éternité, sourire éclatant ou mutin aux lèvres, en arborant une parure de diamants. Au fil de cette visite passionnante, on découvre que la taille dite « brillant » présente 57 facettes. Parmi les plus célèbres diamants du monde : le *Cullinan* pèse 530 carats soit 106 g (1 carat = 1/5 de gramme) ; il est actuellement conservé à la tour de Londres. Le diamant *Taylor-Burton* (69,5 carats) offert par l'acteur Richard Burton à Liz Taylor (quel geste d'amour !) avait la forme d'une poire (quelle bonne poire !) et il serait actuellement en Arabie Saoudite, au pays de l'or noir !

Dans le quartier du MAS et du vieux port, au nord de la ville ancienne

🦌 **Hessenhuis** *(plan I, B1, 142)* **:** *Falconrui, 53.* Cette majestueuse demeure du XVIe s hébergeait les armateurs allemands. L'extérieur vaut le coup d'œil mais l'intérieur ne se visite pas. N'allez pas faire un détour rien que pour elle, ceci dit.

🦌 **Sint-Pauluskerk** *(église Saint-Paul ; plan I, A1, 130)* **:** *Veemarkt, 14, au nord de la Grand-Place.* ☎ *03-232-32-67. Entrée par la Nosestraat, au Veemarkt (marché au bétail). Ouv 1er mai-30 sept tlj 14h-17h ; le reste de l'année, ouv pour la messe (mar-ven à 18h et dim à 11h) mais la visite est interdite pdt l'office. Rens par tél conseillé. Entrée gratuite (mais 1 € pour le trésor).* L'incendie qui ravagea l'édifice dans les années 1960 semble avoir encore accentué son mystère (bien que tout ait été reconstruit). Le baroque du XVIIIe s imprègne particulièrement les stalles, élégantes autant que majestueuses, ainsi que les confessionnaux richement ouvragés. Rubens a laissé ici plusieurs œuvres majeures : *La Dispute du saint sacrement* (1609), *L'Adoration du berger* et surtout *La Flagellation* (1617), qui font partie des 15 panneaux du *Mystère du rosaire*. L'église Saint-Paul passe pour être le seul lieu au monde où un Rubens, un Van Dyck et un Jordaens sont encore accrochés à leur place initiale. Vous apprécierez également le jardin et la cour de l'église – entre autres –, le calvaire, aux figures richement sculptées, surtout aux abords de la nuit, lorsqu'une lumière hitchcockienne enveloppe l'église.

– Entre l'église Saint-Paul et le vieux port se trouve toujours ce que l'on appelait le **quartier chaud** d'Anvers. Un quartier en mutation, colonisé par une clientèle plus jeune qui petit à petit éteint les fameux néons rouges et roses qui formaient une auréole cosmétique pas toujours esthétique autour des corps féminins, réunis ici sans distinction d'âge ou d'ethnie.

🦌🦌 **Het Eilandje :** avec l'ouverture du MAS, le musée de la décennie, qui a créé l'événement dans les Flandres et dans le monde des amateurs de muséographie contemporaine, en mai 2011, c'est le quartier de la ville le plus tendance aujourd'hui que vous allez découvrir. Un projet de six tours de logements conçues par des architectes de renommée mondiale est par contre freiné par certains habitants de la ville, qui craignent de voir ce quartier perdre son âme, alors que d'autres imaginent déjà Anvers en nouveau Bilbao, tout un pan de la cité revivant suite à l'implantation d'un musée digne du Guggenheim de Gehry...
Les temps changent mais, pour les habitants d'Anvers qui continuent à l'appeler par son petit nom, ce quartier reste *Het Eilandje,* la partie la plus ancienne du port. Dans la longue courbe qu'effectue l'Escaut (au niveau de Montevideostraat) s'amarraient jadis les paquebots transatlantiques de la célèbre *Red Star Line* pour embarquer les énormes contingents d'émigrants à destination des Amériques... Aujourd'hui, il ne subsiste plus, au coude à coude, que de hautes grues désœuvrées et des quais déserts, propices à de romantiques promenades au

soleil couchant... L'itinéraire démarre au *dock Bonaparte* où s'élève désormais le MAS (voir ci-dessous). À partir de là, vers le nord, ce ne sont que succession d'entrepôts abandonnés, de bassins délaissés, au long de rues et de quais dont les noms sont autant d'invitations au voyage ! Bataviastraat, Braziliestraat, Limastraat, Madrasstraat, Indiestraat... Balade qui permet de saisir d'insolites architectures (comme le néogothique immeuble du pilotage), de vénérables enseignes coloniales délavées, d'antiques écluses désormais classées (Kattendijkhuis sur Limastraat), d'agences maritimes au chômage... Tout cela baigne dans une atmosphère d'une âpre nostalgie, dans l'attente du nouveau plan de développement. Quelques restos et cafés branchés n'ont pas attendu et commencent à animer Bordeauxstraat et Napoleonkaai. Tout en haut déjà, sur Siberiatstraat, les anciennes pompes servant à vider l'eau des bassins abritent un beau restaurant à la mode (*Het Pomphuis,* voir chapitres « Où manger ? Où boire un verre ? »)... Ne pas manquer de se procurer l'excellente brochure « Het Eilandje » (éditée par l'office de tourisme) avec ses itinéraires fort bien détaillés, révélant toutes les richesses architecturales du port et son émouvante histoire à travers nombre de passionnantes anecdotes.

🏃🏃🏃 *MAS – Museum aan de Stroom* (*Musée sur le fleuve ; hors plan I, A-B1, 127*) : Hanzestedenplaats, 1. ☎ 03-338-44-34. ● *mas.be* ● *Avr-oct mar-ven 10h-17h, jeu nocturne jusqu'à 21h ; w-e 10h-18h. Mêmes horaires reste de l'année sf w-e 10h-17h. Entrée : 8 € ; réduc. 10 € avec expos temporaires. Accès libre pour qui veut profiter de la vue, au 9ᵉ étage.*

Impressionnant et intrigant. C'est le nouveau symbole de la ville qui s'auto-célèbre de manière ostentatoire. Dressé au dessus des anciens docks, évoquant les formes des conteneurs du port, l'entrepôt géant réalisé par l'architecte néerlandais *Willem Jan Neutelings* superpose sur 10 étages d'énormes coffres en porte à faux et reliés entre eux par des galeries vitrées. Des « boîtes de pierre empilées pour illustrer physiquement le poids de l'histoire », pour reprendre l'explication donnée par son concepteur, abritent désormais les témoins du passé. Des « pierres de sable » d'Agra, dont la tonalité oscille du rouge au brun, habillent les façades, parsemées de 3 185 mains en aluminium, autre clin d'œil à la légende anversoise de *Silvius Brabo.*

Au cœur de ce bunker des temps passés et à venir, les salles (pour reprendre un terme plus muséographique) compilent toute l'histoire de la cité, du Moyen Âge à nos jours, en passant par l'âge d'or, et l'évocation des trésors ethnographiques ou maritimes d'autrefois, au moyen d'une muséographie résolument contemporaine, proche peut-être de l'esprit du *Musée Imaginaire* dont rêvait Malraux.

Des escalators vous incitent à passer du passé au présent, des salles d'exposition à la lumière des couloirs aux vitres déformantes, du noir au clair. « Une vraie folie dans la ville », aux yeux de son créateur, qui dialogue désormais d'égal à égal, signe des temps, avec la flèche gothique de la cathédrale d'Anvers.

Le *Museum aan de Stroom,* le *MAS* (pour faire bref) est un bâtiment hors normes, voulu comme tel pour raconter aux hommes et femmes d'aujourd'hui l'histoire de la cité, de son port et de l'Escaut et de leur ouverture sur le Monde. Musée communal, il regroupe les collections disséminées autrefois dans des musées qui conservaient, chacun à sa façon, un peu de la mémoire des siècles : marine, folklore, ethnographique...

Au premier niveau, on vous montre l'« Anvers » du décor avec le dépôt où sont stockées les 180 000 pièces des collections de la Métropole. On retrouvera également au niveau suivant, le meilleur des peintures en provenance du prestigieux musée des Beaux-Arts de la ville, mis en hibernation pour quelques années, le temps pour lui de se refaire un look plus en accord avec les mœurs muséographiques du siècle.

Plus haut, à partir de la prospérité de la ville au XVIᵉ s se développe l'idée de la puissance politique avec les stratégies de conquête et de persuasion des masses par les élites. Tableau effrayant de la *Furie espagnole* lors de la prise de la ville, alors aux mains des Réformés, par **Alexandre Farnèse** en 1576. Vitrines illustrant la puissance à l'aide d'objets en provenance du Japon, de Polynésie et des royaumes africains.

Au 5e niveau, rayonnement d'Anvers, comme ville-monde avec les lieux sur la terre baptisés également Anvers ; têtes de géants, travaux portuaires ordonnés par Napoléon et magnifique automobile **Minerva** de 1930.

Le sixième montre toutes les facettes de l'activité portuaire : maquettes de navires, liaisons vers le Congo, logistique du débarquement des marchandises et statue de **Constantin Meunier** en illustration au labeur des dockers.

« Vie, mort et au-delà » est le thème des deux niveaux suivants qui débutent par un parcours dans un espace complètement opaque agrémenté d'un environnement sonore de bruits étranges quasi-organiques. Sarcophages égyptiens, statuaire africaine, masques mélanésiens, estampes japonaises montrant les phases de décomposition du corps humain, chamanisme et culte des morts mexicains plongent le visiteur dans une réflexion sur la précarité de la vie et les solutions spirituelles pour y faire face, notamment par le soutien des religions du livre.

À chaque sortie d'étage, le visiteur est invité à participer à la thématique proposée comme écrire un message dans une bouteille, confectionner des nœuds mayas ou laisser une bafouille personnelle aux proches dans l'Au-delà...

En fin de parcours, découvrez la ville d'un œil neuf, sur la terrasse qui surplombe Anvers.

Au sud de la ville : le quartier du musée de la Mode et des Arts

L'ouverture du musée de la Mode en 2002 a donné un nouvel essor à ce quartier et à son artère principale, la Nationalestraat (plan I, A3). Entraînés par le vent du renouveau, des créateurs et des stylistes, tels que Dries Van Noten ou Walter Van Beirendonck, y ont installé leur atelier ou leur magasin (voir plus haut la rubrique « Shopping »). Le quartier, animé le soir, voit aussi fleurir les restos et cafés branchés. Les anciens entrepôts sont réhabilités et transformés en lofts à l'architecture d'avant-garde. Voilà un périmètre en pleine renaissance donc, et si différent des quartiers

UNE VILLE D'ART, DE DESIGN ET DE MODE

Depuis la fin des années 1980, Anvers s'est confectionné une réputation dans le domaine de la mode avec un style « minimaliste » très caractéristique. On connaît des femmes branchées qui font le déplacement à Anvers rien que pour faire les soldes ou découvrir les dernières créations du groupe des « Six d'Anvers ». Dans le quartier du Vlaamse Kaai, on peut visiter leurs showrooms, où se combinent, dans un mélange détonnant, mode décoiffante et art contemporain.

historiques autour de la cathédrale. Depuis le musée de la Mode jusqu'aux quais de l'Escaut, des édifices contemporains s'intègrent désormais aux maisons populaires, encore peuplées d'immigrés turcs. L'un des symboles de ce renouveau est la **Kloosterstraat,** quasiment dévolue aujourd'hui aux antiquaires. Au n° 15 (à côté du resto *Hecker*), on remarque une noble façade à pignon et fenêtres à meneaux. C'est la **maison Mercator Ortelius,** superbe demeure patricienne des XVIe-XVIIe s. Cour intérieure avec façades de brique surmontées de pignons à la flamande sur trois côtés. Aile du fond plus tardive ornée de deux statues du XVIIIe s (Vénus et Bacchus). Le bâtiment abrite aujourd'hui un service archéologique de la ville. Entre Klooster et Nationalstraat s'étend un sympathique quartier résidentiel. Élégante rue bobo, la **Rijke Beukelaerstraat.** Les riverains ont installé des bancs devant chez eux et fait pousser buissons et fleurs. Au n° 4, une élégante demeure de 1651 en brique avec porche baroque en grès.

Plus au sud, dans le quartier du *Zuid,* le musée d'Art contemporain se réclame de cette nouvelle ligne architecturale, qualifiée d'« architecture navale ». À l'angle du Sint Michielskaai, voici les zébrures noires et blanches de l'immeuble de Bob Van Reeth, architecte contemporain très controversé.

🏃 *ModeMuseum (musée de la Mode ; plan I, A3, 150) :* Nationalestraat, 28. ☎ 03-470-27-70. ● momu.be ● *Depuis la gare centrale, Tram nos 2, 3 et 15, arrêt Groenplaats. Ouv slt pdt les expos, tlj sf lun 10h-18h. Entrée : 8 € ; réduc.* Les Anversois le surnomment le MoMu. Dans un immeuble réaménagé, le musée de la Mode n'abrite que des expositions temporaires à thèmes. On y trouve aussi l'académie d'Anvers, sa célèbre école, et le *Flanders Fashion Institute* (institut de la mode des Flandres) imprégné de l'esprit de la « Bande des six » constituée à la fin des années 1980 : Marina Yee, Ann Demeulemeester, Dries Van Noten, Martin Margiela, Walter Van Beirendonck et Dirk Bikkembergs.

🏃🏃🏃 *Koninklijk Museum voor Schone Kunsten (musée royal des Beaux-Arts ; plan II, F6, 144) :* Leopold De Waelplaats. ☎ 03-238-78-09. ● kmska.be ● **ATTENTION, LE MUSÉE EST FERMÉ POUR RÉNOVATION JUSQU'EN 2018.**

🏃🏃 *Muhka (musée d'Art contemporain ; plan II, E5, 145) :* Leuvenstraat, 32. ☎ 03-260-99-99. ● muhka.be ● *Bus nº 23, arrêt Zuid. Tlj sf lun et certains j. fériés 11h-18h (jeu 10h-21h). Entrée : 8 € ; réduc.* L'architecture de cet ancien silo à céréales brille par sa sobriété fonctionnelle. À l'extérieur, façade abricot dans un environnement délabré. À l'intérieur, vastes salles blanc de blanc. Elles accueillent des expositions à thèmes ou des rétrospectives d'artistes contemporains. Un musée bien plus expérimental que son cousin de Gand. Espaces immenses : parfois une œuvre seule dans une salle de 100 m². Le Muhka veut questionner le réel et notre quotidien de la façon la plus artistique qui soit. C'est réussi ! Une œuvre étonnante par exemple n'est accessible qu'en prenant l'ascenseur. Si les collections du musée (de 1970 à nos jours) vous intéressent plus que ses expositions, il faudra venir pendant la période creuse, c'est-à-dire en été. Mais les expos tournantes sauront certainement retenir votre attention.
|●| Agréables terrasse et *cafétéria.*

🏃🏃 *FotoMuseum (musée de la Photo ; plan II, E6, 146) :* Waalse Kaai, 47. ☎ 03-242-93-00. ● fotomuseum.be ● *Bus nº 23. Tlj sf lun 10h-18h. Entrée : 7 € ; réduc.*
Ce musée exceptionnel est l'un des grands musées de la photo. À voir surtout pour ses expos temporaires mais aussi, au 2e étage, pour sa collection permanente, exposée par roulement : August Sander, Man Ray, Doisneau, Cartier-Bresson, William Klein, Brassaï, Izis, Boubat...
Attention, ce n'est pas un musée de l'histoire de la photo. Vous ne trouverez que quelques appareils, à commencer par ceux, à silhouette, du XVIIIe s. Les visiteurs s'extasieront cependant devant le gros truc circulaire en bois pour visionner des photos à l'aide de jumelles. Quelques agrandisseurs aussi de-ci de-là. Voir encore les « caméras de voyage », qui rappellent qu'on voyageait alors avec de grandes malles. Chemin faisant, on découvre que la Belgique avait tôt succombé à la mode parisienne des cartes de visite-portraits. Que des bourses d'échange existaient déjà. Qu'on s'échangeait les photographies des célébrités pour les coller dans des albums. Plus « gadget », les ancêtres des appareils de James Bond : appareils camouflés dans des revolvers, des cannes, des montres à gousset, des chapeaux, des paquets de cigarettes...

🏃 *Paleis van Justicie (palais de Justice ; plan II, E6) :* architecture étonnante, d'apparence à la fois majestueuse et délicate, surplombant cette entrée sud de la ville. Un grand souci écologique a présidé à sa construction. Curieux toit en forme de crêtes de vague ou d'écailles dorsales de dinosaure. Au choix ! C'est l'architecte Richard Rogers qui l'a conçu (il avait déjà travaillé avec Renzo Piano pour le centre Beaubourg à Paris).

ANVERS

Manifestations

– **Marché aux Oiseaux :** *dim 8h-13h, sur Oudevaartplaats (Theaterplein, près du théâtre Bourla, du café De Foyer et de la maison de Rubens).* Beaucoup de plantes et pas mal de brocante.
– **Marché du Vendredi** (Vrijdagmarkt) **:** *chaque ven mat sur la place devant la maison de Plantin.* Ventes publiques de brocante et de fonds de greniers.
– **Concerts de carillon :** *à la cathédrale, tte l'année, lun, mer et ven 12h-13h ; 1er mai-30 sept, 15h-16h ; juin-sept, également lun soir 20h-21h.*
– **Grande foire d'Anvers :** *à partir de la Pentecôte et pdt 6 sem, au Waalse Kaai et au Vlaamse Kaai.*
– **Fashion Show :** *en juin. Rens :* ☎ 03-226-14-47. ● *ffi.be/* ● Défilés de mode permettant de voir les créations des étudiants de l'Académie royale des Beaux-Arts. Très populaire.
– **Marché de Rubens :** *le 15 août, sur la Grand-Place.* Vendeurs en costume de l'époque de Rubens.

DANS LES ENVIRONS D'ANVERS

🏃 **Linkeroever** *(rive gauche de l'Escaut) : pour y aller en voiture, emprunter l'un des tunnels qui passent sous l'Escaut : soit le Waaslandtunnel (il part non loin de l'Italielei), soit – plus au sud – le tunnel Kennedy. En empruntant l'un des trams qui passent sous l'Escaut (le n° 2 ou le n° 15), descendre à l'arrêt Frederik-Van-Eeden. À pied, à vélo ou à moto : emprunter le tunnel Sainte-Anne, que vous trouverez tt au bout d'une longue descente, en arrivant des escalators (ou du grand ascenseur) du Sint Jans Vliet (plan I, A3, 148). Ce tunnel est long de 572 m, pour 4,74 m de diamètre, le tt à près de 32 m de profondeur ! Malgré ces petits frissons, ça vaut vraiment le coup : la rive gauche offre un panorama exceptionnel sur la ville.* Dans ce **quartier** baptisé **Sint-Anna** – comme le tunnel et la plage voisine –, n'attendez pas trop d'extases architecturales. Mais ses cafés et ses restaurants, campés devant le panorama mentionné plus haut, forment un îlot de détente apprécié des Anversois.

🏃🏃 **Openluchtmuseum voor Beeldhouwkunst Middelheim** *(musée de Sculptures en plein air du Middelheim) : parc du Middelheim, Middelheimlaan, 61.* ☎ *03-827-15-34. Bus n°s 17, 27 et 32. Tlj sf lun et certains j. fériés 10h-17h (21h juin-juil, 20h mai et août, 19h sept et avr). Entrée gratuite sf s'il y a une expo temporaire.* Avant tout, procurez-vous un plan du parc et de ses sculptures au guichet qui se trouve à l'entrée du bois, en face du château (vu la circulation, prudence en traversant la Middelheimlaan). Ce musée est né en 1950 d'une idée qui a germé à l'occasion d'une exposition de sculptures. Sur 12 ha, le parc montre des statues dans tous les coins – il y en a 300, un vrai jeu de piste ! – et vous offre, en prime, un joli château. Tâchez de reconnaître le *Monument à Balzac* (1892-1897) de Rodin, *Le Chien* (1958) de Calder – on le voit mieux de loin que de près –, *Orpheus* (1956) de Zadkine, l'amusant *Prophète* (1933) de Gargallo, les très expressifs *Roi et reine* (1952-1953) de Henry Moore et encore Maillol, Henri Laurens, Rik Wouters... Plus les œuvres prêtées pour des expositions ponctuelles. Au fond du parc, un pavillon abrite les statues les plus fragiles.

LE PORT D'ANVERS

🏃🏃 Anvers est à 88 km de la mer, via l'Escaut. Ça ne l'empêche pas d'être le deuxième port d'Europe (après Rotterdam). Napoléon l'y a bien aidé... 2 000 ouvriers ont œuvré à la construction des bassins (Bonapartedok et Willemdok) de sa base navale. Deux siècles ont passé... Mais, à présent, l'activité a déserté le vieux port pour se concentrer dans les nouvelles zones portuaires. Inutile d'y chercher les parfums du Congo qu'exhalaient autrefois les marchandises débarquées sur le Steen...

Poumon de l'économie nationale, le port d'Anvers a généré un important pôle industriel. Celui-ci s'agrandit constamment : vers le nord, en direction de la frontière hollandaise, en amont et vers la mer. Des écluses géantes sont nées pour accueillir des navires toujours plus gros. La Berendrecht est la plus vaste au monde : 500 m de long, 68 m de large et 19,5 m de profondeur. Les esthètes regretteront pourtant que les docks et les tours des centrales atomiques aient évincé les polders et englouti tant de villages superbes pour pousser leur extension...

Entre le secteur industriel et les activités strictement portuaires, le port emploie plus de 70 000 personnes. Ce monstre aligne, tenez-vous bien, 127 km de débarcadères et 2 100 ha de docks. 110 millions de tonnes de marchandises y sont transbordées chaque année, au fil de 16 000 accostages. Ajoutez-y les raffineries, la pétrochimie, la chimie (une des plus grosses concentrations au monde) et des installations industrielles qui portent des noms célèbres : Monsanto, Solvay, Total Fina, Exxon-Mobil, BASF, Bayer, Air Liquide, Esso...

➤ **En voiture :** muni d'une bonne carte (*Havenroute,* en vente à l'office de tourisme), tracez votre itinéraire au fil des panneaux indiquant les villages ou industries. On a vu plus facile... Mais pas question de s'abstenir. Ce port géant a quelque chose de surréaliste, avec ses grues immenses égarées au milieu des raffineries, ses ponts levants qui trouent souvent votre route jusqu'au village de *Lillo* et sa petite église en pleine nature qui rappelle que, au bon vieux temps, la campagne des polders s'étendait à perte de vue. ● *portofantwerp.be* ● (en anglais).

➤ **En bateau :** la compagnie *Flandria* (Steenplein ; plan I, A2 ; infos : ☎ 03-231-31-00 ; ● *flandria.nu* ●) propose plusieurs types d'excursions.

Excursion de 50 mn : mai-fin sept ; départ du quai voisin du château du Steen, 13h-16h (ttes les heures). Les billets (7,50 € ; réduc) s'achètent au moment du départ (en hte saison, venir un peu plus tôt). Vous découvrirez le panorama de la ville, sa respiration architecturale et ses écluses de légende.

Excursion de 3h : 1 départ/j. à 14h30 mai-fin sept et ven-dim oct-nov. Compter 12 €. Le bateau part du Londenbrugkaai, à 1 km au nord du Steen (suivre les flèches « Flandria » postées sur les quais).

Excursion aux chandelles : sur résa sam soir mai-fin sept, ainsi que le 3ᵉ sam du mois nov-avr. Croisière nocturne de 3h avec repas à bord. Cher et gentiment ringard.

Excursion d'une journée : juil-août, 1 à 2 fois/sem. Jusqu'en Hollande (Vlissingen, Middelburg, Veere Goes).

LIERRE (LIER)   (2500)   33 900 hab.

Souvent surnommée « la Petite Bruges » ou « Lierke Plezierke » (« Lierre Petit Plaisir »). C'est un détour obligé lorsqu'on quitte Anvers. Si ses canaux et son béguinage rappellent le Grand Port, sa Grand-Place et sa curieuse tour Zimmer ont un charme bien à elles. Faites-vous plaisir en croquant les *Lierse Vlaaikens,* exquises tartelettes dont personne ne voudra vous confier la recette... mais, légères, onctueuses et savoureuses, vous comprendrez rapidement pourquoi ! Leur goût épicé rappelle celui du *speculoos.* Un label protège la recette originale.

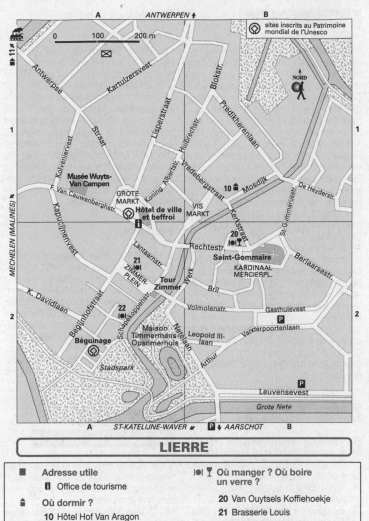

LIERRE

Adresse utile		Où manger ? Où boire un verre ?
fi Office de tourisme		
		20 Van Ouytsels Koffiehoekje
Où dormir ?		**21** Brasserie Louis
10 Hôtel Hof Van Aragon		**22** Zuster Agnes
11 City Spa B&B		

UN PEU D'HISTOIRE

La première mention de Lierre date du VIIe s. La légende dit que *saint Gommaire* en aimait les cours d'eau et qu'il y installa son ermitage. Lierre attendit 1212 pour prendre rang de ville. Depuis, sa prospérité ne s'est jamais démentie. La ville a enfanté quelques grands noms des Flandres : le peintre Opsomer, l'écrivain Felix Timmermans, l'horloger Zimmer... Les gens de Lierre, on peut le dire, ont la tête près du bonnet. Ayant eu à choisir entre une université et un marché au bétail, ils se décidèrent pour le second. Et gagnèrent le surnom flatteur de « Têtes de mouton » *(Schapenkoppen)*.

Arriver – Quitter

➤ **En train :** d'Anvers Central ou de Bruxelles Centrale, départ ttes les heures.

➤ **En voiture :** à 17 km d'Anvers. Quitter Anvers par l'E 19 en direction de Malines (Mechelen)-Bruxelles, prendre la sortie Duffel n° 8, ensuite c'est tout droit jusqu'à Lierre. Ou encore par l'autoroute de Liège (Luik)-Hasselt (E 313), prendre la sortie Massenhoven n° 19 et suivre les panneaux indiquant Lier. Garez-vous au parking payant de Gasthuisvest *(plan B2)*, près de Saint-Gommaire. Sinon, parking gratuit au sud de la ville (10 mn à pied ou navette gratuite pour gagner la Grand-Place).

➤ **À vélo :** mais oui ! On peut venir d'Anvers ou de Malines en suivant les chemins de halage, à travers la campagne. Demandez dans les offices de tourisme concernés la carte des différents circuits balisés. Beaucoup de ces pistes cyclables sont en site propre et c'est tout plat ! Compter 6 € le topoguide régional. En plus de la carte et de l'itinéraire, vous y trouverez les étapes pour manger, dormir ou réparer le vélo.

Adresses utiles

🛈 **Office de tourisme** *(plan A1-2)* : hôtel de ville (Stadhuis), Grote Markt, 57. ☎ 03-800-05-55. ● toerismelier. be ● 1er avr-31 oct, tlj 9h-17h, dim 9h-16h. Fermé le we et 12h30-13h30 en hiver. Liste de B&B.

■ **Location de vélos :** Fietspunt Lier, Leopoldplein, 32. ☎ 03-488-18-51. ● fietspuntlier@skynet.be ● Lun-ven 7h-19h, w-e 9h-17h. Fermé le w-e sept-mars. Compter 10 €/j.

Où dormir ?

Cette petite ville tranquille ne justifie pas forcément une étape nocturne, mais voici quelques points de chute, au cas où.

Chambres d'hôtes

🛏 **City Spa B&B** *(hors plan par A1, 11)* : Baron Opsomerlaan, 29. 📱 0476-28-82-61. ● info@allmedi-aesthetics. be ● Sur les bords du canal qui ceinture la vieille ville. Doubles 90-100 €, petit déj inclus. Voilà une adresse qui plaira aux amateurs d'ambiance zen. Kristel De Roovere partage son temps entre son cabinet de physiothérapie et ses 3 chambres d'hôtes. Les chambres sont joliment apprêtées, tout comme le spa accessible aux hôtes. Saluons aussi son initiative de reverser une partie du prix de la chambre à une association pour handicapés.

Plus chic

🛏 **Hôtel Hof Van Aragon** *(plan B1, 10)* : Mosdijk, 4. ☎ 03-491-08-00. ● info@hofvanaragon.be ● hofvanaragon.be ● Doubles 87-119 € selon catégorie, petit déj compris. 📶 Bien situé le long d'un petit canal. Calme et confortable, avec toutefois un ameublement assez vieillot. Grandes salles de bains soignées pour les plus chères, simple douche pour les *small rooms*. Chouette salle côté jardin où prendre le petit déj. Bon accueil.

Où manger ?
Où boire un verre ?

🍷 Le coin le plus animé de Lierre se trouve autour de la *Zimmerplein (plan A2)*, avec ses nombreuses terrasses face à la Zimmertoren.

|●| 🍷 **Van Ouytsels Koffiehoekje** *(plan B2, 20)* : Rechtestraat, 27. ☎ 03-480-29-17. ● ludovano@skynet.be ● Près de l'église Saint-Gommaire. Tlj sf lun 9h (12h dim)-18h. Plat env 10 €. Tout juste une dizaine de tables dans cette vieille « maison de café » qui torréfie encore elle-même. Quelques plats simples (salades, tartines, lasagnes, etc.) à l'heure du déjeuner.

|●| **Zuster Agnes** *(plan A2, 22)* : Schapekoppenstraat, 16. ☎ 03-288-94-73. ● info@zusteragnes.be ● Service tlj sf lun 11h-22h. Plats 10-22 € ; quelques

snacks et tapas pas trop chers. Situé à l'orée du béguinage, à deux pas de la tour Zimmer, voici le resto le plus sympa de Lierre, avec une vaste terrasse aux beaux jours. La salle, plutôt contemporaine, est très chaleureuse. On s'y retrouve volontiers à l'heure du déjeuner pour des croquettes, une salade, une soupe, un wok ou des crevettes sautées.

I●I *Brasserie Louis (plan A2, 21) :* Zimmerplein, 2-3. ☎ 03-488-77-40.

● *info@brasserielouis.be* ● *Tlj 11h30-22h. Menu midi 17,50 € ; plats 15-22 € et snacks.* Une belle brasserie moderne à la salle parquetée, avec des murs taupe et un énorme lustre de bois blanc pour le moins original. On y sert une cuisine savoureuse et soignée, de quoi grignoter le midi (*broodjes,* toasts et pâtes) ou faire bombance le soir (bon navarin, notamment). C'est chic, mais l'addition reste relativement sage et le service est impeccable.

À voir. À faire

🕴 *Grote Markt (Grand-Place ; plan A1) :* on ne peut plus central, c'est donc un excellent point de départ pour la balade. Admirez déjà les façades des anciennes maisons des corporations, notamment celle des bouchers (la *Vleeshuis*).

🕴 *Stadhuis (hôtel de ville ; plan A1-2) :* de style rococo, il occupe le centre de la Grand-Place, juste sur l'emplacement d'une ancienne halle aux grains. La tour gothique du beffroi (1369) est classée Patrimoine mondial par l'Unesco, comme 53 autres beffrois en France et Belgique.

🕴🕴 ⊚ *Begijnhof (le béguinage ; plan A2) : ouv tte l'année (visite libre).* L'église est fermée aux individuels. Construit au XIIIᵉ s et remanié au XVIIᵉ, voilà une vraie cité miniature, où le temps semble s'être arrêté. Commencez par visiter l'église de style baroque flamand, puis flânez dans les ruelles voisines où de pittoresques vieilles maisons rappellent le rayonnement du béguinage. Admirez enfin le calvaire et le chemin de croix.

🕴 *Zimmertoren (tour Zimmer ; plan A2) :* Zimmerplein, 18. ● *zimmertoren.be* ● *Tlj sf lun 9h-12h, 13h30-17h30. Entrée : 3 € ; réduc.* La fameuse tour date du XIIIᵉ s, c'est un vestige des anciens remparts. L'horloge, quant à elle, date de 1930. Elle fut offerte à la ville par Louis Zimmer à l'occasion du centenaire de la Belgique. Onze cadrans ornent la façade, portant des représentations de la Terre et de la Lune. Sur le côté droit de la tour, les personnalités les plus marquantes de l'histoire belge défilent chaque jour à midi pile. Voir à l'intérieur le « studio astronomique » et le planétarium. Commentaires sonores en français. Le bâtiment voisin abrite l'atelier de Zimmer, ainsi qu'une autre horloge astronomique. Le tout est amusant et aussi bien intrigant, dans le genre casse-tête scientifique.

🕴🕴 *Le musée Wuyts-Van Campen (plan A1) :* Florent Van Cauwenberghstraat, 14. ☎ 03-800-03-96. *Tlj sf lun et certains j. fériés 10h-12h, 13h-17h. Entrée : 4 € ; réduc.* Ce musée a la chance d'accueillir jusqu'en 2017 une belle collection de Pieter Bruegel l'Ancien, prêtée par le musée d'Anvers. Admirez avant toute chose *Les Proverbes flamands* (1607). Dans cette seule œuvre, il avait réussi à représenter 85 proverbes. Il s'agit ici d'une belle copie, réalisée par son fils Pieter Bruegel le Jeune. Plus intimistes, un tout petit Rubens, et *Les Paysans se chamaillant (Vechtende boeren)* de Jan Steen ou encore *Les Pèlerins* de Constant Permeke, typiques de l'art flamand du XXᵉ s. Signalons encore Tytgat, Maurice de Vlaminck, Henri de Braekeleer... Mobilier et objets gracieux, dignes d'un joli musée de province. Et pour finir, d'intéressantes vues de Lierre au XVIIᵉ s.

🕴 *La collégiale Saint-Gommaire (plan B2) :* sur la Kardinaal Mercierplein. *Ouv Pâques-nov, tlj 10h-12h, 14h-17h sf sam et dim mat. Expo de vitraux : 4 €. Accès libre au lieu de culte.* Cette église (1378-1625) de style gothique flamboyant brabançon vaut une visite pour son jubé d'une extrême finesse, véritable dentelle de grès blanc. Coup d'œil également à la châsse d'argent contenant les reliques de Saint-Gommaire. L'exposition (payante) des vitraux de la Renaissance permet d'admirer de près les vitraux du Roi, un époustouflant triptyque attribué à Nicolas Rombouts.

Manifestations

– **Marché aux Pigeons :** *Grote Markt ; dim 6h-12h.* De réputation internationale : des clients viennent du Japon et de Chine. De préférence entre janvier et avril pour l'animation.
– **Procession de Saint-Gommaire :** *en général le 2ᵉ dim d'oct.* Enfermées dans une châsse d'argent, les reliques du saint sont portées en défilé dans la ville (ça pèse tout de même 800 kg !).

MALINES (MECHELEN) (2800) 80 000 hab.

LA PROVINCE D'ANVERS

Malines a été une des capitales des Pays-Bas bourguignons. On ne sera pas surpris d'y voir tant de monuments classés, ainsi qu'un carillon célèbre dans le monde entier. Mais sa réputation tient aussi à ses cuirs dorés et à mille autres choses : des meubles, des tapisseries et des spécialités gastronomiques, comme les asperges blanches (en saison), les « coucous » de Malines (une race de poulet, à la chair extrêmement fine et moelleuse, traditionnellement cuit dans l'argile) et les choux-fleurs, sans oublier la Gouden Carolus, reine des bières brunes. Aujourd'hui, elle compte 80 000 habitants, dont le primat de Belgique. Bref, prévoyez du temps.

HALLUCINATION LUNAIRE

Question à cent sous : pourquoi les Malinois sont-ils affublés du sobriquet d'« extincteurs de lune » (maneblusser) ? En 1684, un homme qui rentrait chez lui après avoir visité pas mal d'estaminets croit voir, dans le brouillard, la tour de l'église Saint-Rombaut en feu. À ses cris, toute la ville accourt avec des seaux d'eau et commence à faire la chaîne dans les escaliers de la tour. Et voilà que la brume se dissipe et que la lune apparaît dans sa totalité : chacun réalise alors que l'incendie en question n'est autre que l'astre rougeâtre, dont le flamboiement s'encadrait dans le sommet de la tour...

UN PEU D'HISTOIRE

Avez-vous remarqué que l'hôtel de ville est une ancienne halle aux draps du XIVᵉ s ? Malines est née du drap. Ça lui a réussi... À la fin du Moyen Âge, elle était la capitale des Pays-Bas. En 1473, Charles le Téméraire choisit Malines pour y installer sa Cour des comptes. En 1503, la ville est désignée siège du Grand Conseil, le tribunal qui rendait la justice sur les 17 provinces des Pays-Bas espagnols. Au début du XVIᵉ s, **Marguerite d'Autriche** eut le bon sens politique d'y établir son palais. Toutes les bonnes choses ont une fin. **Marie de Hongrie** ayant déménagé la Cour à Bruxelles, la gloire de Malines se fana. La ville ne s'en remit jamais, d'autant qu'au XVIᵉ s les Espagnols y occasionnèrent de fameux ravages...

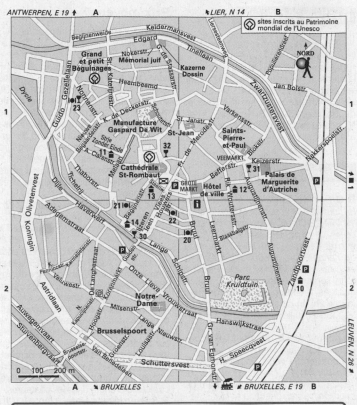

ANTWERPEN, E 19 — A — LIER, N 14 — B

sites inscrits au Patrimoine mondial de l'Unesco

NORD

LA PROVINCE D'ANVERS

MALINES

Pendant la Première Guerre mondiale, la ville souffrit beaucoup des bombardements mais la zone détruite fut reconstruite à l'identique. Malines est aussi tristement célèbre pour avoir servi de lieu de regroupement des juifs en partance pour Auschwitz. Un épisode peu glorieux que relate le magnifique musée de la Caserne Dossin.
De nos jours, sa position idéale entre Bruxelles et Anvers attire une nouvelle population, jeune et active, faisant de Malines une petite ville vivante et agréable.

Arriver – Quitter

➤ *En train :* d'Anvers, train ttes les 30 mn par le TGV Amsterdam-Bruxelles-Charleroi... De Bruxelles : par la même ligne, voire ttes les 15 mn par le train *Corail.* ● *b-rail.be* ●
➤ *En voiture :* à 25 km d'Anvers et de Bruxelles par l'E 19. Les sorties Mechelen Noord ou Zuid aboutissent à la rocade.

Adresses utiles

🛈 *Office de tourisme* (plan B1-2) : Hallestraat, 4 ; sur le Grote Markt. ☎ 070-22-00-08. ● *toerismemechelen. be* ● Avr-sept, lun-ven 9h30-17h30, w-e et j. fériés 9h30-16h30 ; le reste de l'année, lun-ven 9h30-16h30, w-e et j. fériés 9h30-15h30. De Pâques à fin septembre, le week-end, visites guidées thématiques et historiques (durée 2h) en différentes langues (tous les jours en juillet-août). Assez riche en infos.
✉ *Poste* (plan A1) : Grote Markt. Lun-ven 9h-18h ; sam 9h-12h30.
■ *Location de vélos De Nekker* (hors plan par B1, *1*) : Nekkerspoel, Borcht 19. ☎ 015-55-70-05. Dans le parc de sport de Nekker, direction N 15.
@ *Internet :* Netpl@ce, Korenmarkt 28 (plan A2). Tlj sf ven 10h-22h.

Où dormir ?

Bon marché

🛏 *Jeugdherberg De Zandpoort* (plan B2, *10*) : Zandpoortvest, 70. ☎ 015-27-85-39. ● *mechelen@vjh.be* ● *mechelenhostel.com* ● Fermé janv. Lit en dortoir 21,50 € (3 € de plus au-delà de 26 ans) ; double env 51 €. Draps et petit déj inclus. Parking. 🖥 (payant). 📶 Une AJ de 112 lits récente et pimpante, bien située aux abords du centre-ville. Dortoirs de 3 à 5 lits, tous dotés d'une salle de bains. Salon convivial, petit bar, prêt de jeux de société. *Lunch* et dîner possibles. Le staff est disponible et super sympa.

Prix moyens

🛏 *Fran Van Buggenhout* (plan A1, *11*) : Straatje Zonder Einde, 3. ☎ 015-20-97-21. 🖥 0476-26-45-92. ● *fran. ronny@skynet.be* ● Studios 65-75 € sans petit déj ; loc pour au moins 2 nuits. Apéro offert sur présentation de ce guide. Dans un quartier très calme et pourtant proche du centre. Les 2 petits studios à la déco chaleureuse occupent une maison au fond du jardin avec entrée privative. Le plus grand est en duplex (idéal pour une famille) et tous les deux possèdent une petite salle de bains et une cuisinette. Très bon accueil.
🛏 *B&B De Groene Maan* (plan B1, *12*) : Rik Wouterssstraat, 19. 🖥 0497-67-22-17. ● *degroenemaan@hotmail.com* ● *degroenemaan.be* ● Doubles 70-85 €. 📶 10 % sur le prix de la chambre pour nos lecteurs. À 200 m du Markt, Klaas et Marijke proposent 2 charmantes chambres d'hôtes dans leur maison de maître du XIXᵉ s. La moins chère avec salle de bains sur le palier. L'autre, côté cour, avec 2 chambres séparées par une salle de bains où trône une baignoire sur pieds. Très belle hauteur sous plafond avec poutres apparentes, parquet, meubles chinés avec goût, tons ocre et gris. Idéal pour une famille. Petit déj copieux à prendre dans les chambres.
🛏 *3 Paardekens Hotel* (plan A1, *13*) : Begijnenstraat, 3. ☎ 015-34-27-13. ● *info@3paardekens.be* ● *3paardekens. be* ● Doubles 62-72 € le w-e, 83-98 € en sem ; petit déj en sus (10 €/pers). Un hôtel 3 étoiles niché dans l'hyper centre, à 30 secondes de la cathédrale (que l'on peut d'ailleurs admirer depuis la salle de petit déj !). Il s'agit en réalité du plus ancien hôtel de la ville, qui est resté fermé pendant longtemps et a bénéficié d'une rénovation totale avant de rouvrir récemment ses portes. Le résultat n'a rien de bien original, mais c'est sans conteste une bonne affaire dans sa catégorie. Des prix raisonnables pour des chambres agréables, de style contemporain. De plus, l'accueil est super aimable.

Très chic

🛏 *Mercure Hotel Vé* (plan A2, *14*) : Vismarkt, 14. ☎ 015-20-07-55. ● *info@*

hotelve.com ● *hotelve.com* ● *Doubles env 119-169 € selon saison et catégorie (moins cher le w-e) ; petit déj inclus.* 🛜 🖥 *(payant).* Sur la place du marché aux poissons, dans une ancienne fumerie à poissons réhabilitée. L'escalier qui mène aux chambres est une ancienne cheminée et l'architecture réserve d'autres surprises. Cela dit, les chambres sont d'un aspect très conventionnel : matériaux contemporains, confort moderne classique. Certaines ont vue sur le marché et le canal. Accueil aussi pro que sympa.

Où manger ?

Prix moyens

|●| *De Margriet (plan B2, 20)* : Bruul, 52. ☎ 015-21-00-17. ● *info@demargriet.be* ● *En plein centre. Service non-stop tlj sf dim 10h-22h. Plats 8-22 € ; menu midi 12 €.* C'est dans un ancien couvent qu'a été aménagé ce joli resto, salon de thé à ses heures. Une carte brasserie permet de se sustenter à moindre prix mais l'on peut décider de craquer pour un plat plus copieux comme du gibier (en saison) ou du coucou de Malines. Et pourquoi ne pas revenir à l'heure du goûter pour une gaufre maison ? Idéal pour un déjeuner rapide et gourmand. Terrasse aux beaux jours.

|●| *Graspoort (plan A2, 21)* : Begijnenstraat, 28. ☎ 015-21-97-10. ● *info@graspoort.be* ● *Petite impasse discrète. Tlj sf dim et sam midi 12h-22h. Plats 11-26 €.* Ce resto propose une cuisine fusion placée sous la triple influence de la Flandre, de l'Italie et du Japon : pâtes, woks, scampi, viandes grillées et quelques plats végétariens travaillés avec des produits d'une grande fraîcheur. Terrasse idéale pour écouter le carillon le lundi soir.

|●| *Nostradam (plan A2, 22)* : Blauwhondstraat, 25. ☎ 015-21-14-99. ● *eet cafenostradam@gmail.com* ● *Marven 11h-15h, 17h-22h ; sam 10h-22h. Fermé dim-lun. Plats 8-17 €.* Un amusant petit resto-brocante truffé de babioles attendrissantes : vierges et angelots, photos anciennes, mobilier

en bois de provenances diverses... On s'y sent tout de suite bien, car l'ambiance est intime et l'accueil très gentil. Dans l'assiette, une honnête petite cuisine à base de pâtes fraîches, lasagnes de différentes sortes, scampi et woks, ainsi qu'une large gamme de croques pour les petits creux. Sans prétention et bien plaisant !

|●| 🍴 *Brouwerij Het Anker (plan A1, 23)* : Guido Gezellelaan, 49. ☎ 015-28-71-47. ● *info@hetanker.be* ● *Non loin des béguinages. Tlj sf lun 11h30-23h30 (0h30 ven-sam et 23h dim). Plats variés env 8-23 €.* Cette brasserie produit les bières qui ont fait la renommée de la ville : la Gouden Carolus... inégalable depuis Charles Quint ! En saison, ne ratez pas la bière de Noël, une pure merveille ! Et pour accompagner toutes ces Gouden Carolus, déclinées en blonde, brune, ambrée, triple, etc., rien de mieux que de bonnes spécialités locales. Et ça tombe bien car la brasserie fait aussi restaurant. Dans une taverne donnant pour partie sur la fabrique et l'embouteillage, on se cale l'estomac en toute simplicité. C'est l'occasion, par exemple, de goûter au fameux coucou de Malines cuisiné... à la bière, bien sûr. Excellent accueil et prix raisonnables.

Où boire un verre ?

🍸 *De Gouden Vis (plan A2, 30)* : Nauwstraat, 7. ☎ 015-20-72-06. *Près du Vismarkt dans le coin animé de Malines. Tlj à partir de 12h (10h sam).* Difficile d'imaginer que ce beau café rétro, avec sa devanture Art nouveau, ses éclairages étudiés, son comptoir à miroirs biseautés et ses grandes affiches publicitaires, était autrefois une poissonnerie. À l'arrière, jardinet et terrasse sous verrière, surplombant la Dyle.

🍸 *D'Hanekeef (plan B1, 31)* : Keizerstraat, 8. Tlj à partir de 9h (13h sam). Petit bar de quartier éminemment sympathique. Dans la journée, on y voit défiler avocats et magistrats (le palais de justice est à deux pas) tandis que le soir, à l'heure de l'apéro, ce sont plutôt les intellos et les philosophes qui se

LA PROVINCE D'ANVERS

retrouvent pour lire, discuter et parfois s'enflammer...

🍷 **Borrel Babbel** (plan A1, 32) : Nieuwwerk. ● de.vijf.vaten@skynet.be ● Sur une placette cachée derrière la cathédrale. Tlj sf lun à partir de 17h (15h sam). Un minuscule troquet qui ne doit son salut qu'à son emplacement sur une place adorable et très vivante le soir. À moins que cela ne soit pour sa spécialité de genièvre bien corsé... Oups ! On a un trou de mémoire.

À voir. À faire

Malines n'est sans doute pas Bruges. Mais avec 350 bâtiments classés et pas moins de quatre classements au Patrimoine mondial (son beffroi et sa tour Saint-Rombaut, son grand béguinage et ses géants ; un record pour une si petite ville !), la ville réserve bien des surprises et distille un charme bien à elle. Sans compter quelques beaux musées à découvrir loin des hordes de touristes.

🐾🐾🐾 **Grote Markt** (Grand-Place ; plan A-B1) : départ d'une visite pleine d'intérêt. Les façades de la Grand-Place appartiennent à plusieurs styles différents. Une bonne raison : pour éviter la propagation du feu lors des incendies, la ville avait décidé de subventionner le remplacement des maisons en bois par des maisons en pierre. Ces rénovations se sont étalées sur plusieurs siècles, enrichissant l'architecture urbaine de toute la succession des styles depuis le gothique, facilement reconnaissable à ses pignons à redans. Quant aux bâtisses baroques, elles se reconnaissent à leurs volutes. La maison échevinale et l'actuelle poste sont les deux plus vieilles maisons de la ville.

– **Stadhuis** (hôtel de ville) : cette ancienne halle aux draps du XIVe s a sa grande sœur à Bruges : les Malinois avaient envoyé des gens la copier ! Malheureusement, avec la crise du textile (eh oui, déjà !), le beffroi ne fut jamais achevé, faute de moyens. L'intérieur est intéressant mais ne se visite qu'en groupe guidé (inscription à l'office de tourisme ; en juil-août, tlj à 14h ; avr-juin et sept, sam-dim à 14h). Les superbes stalles en bois rappellent que Malines a été la ville du meuble. Accolé et ne faisant plus qu'un, le palais du Grand Conseil, du pur néogothique. Très réussi ! Il fut achevé en 1911, d'après les plans de 1526.

– Au sud du Grote Markt, la **Schepenhuis** (maison échevinale ; mar-dim 10h-17h ; entrée 8 €), steen du XIVe s. Retapée, elle accueille une exposition très complète consacrée à Rik Wouters, un peintre et sculpteur du cru, adepte du fauvisme. Un artiste au destin tragique, mort jeune, qui aimait surtout peindre les femmes, qu'elles soient nues ou habillées, parfois même occupées à leurs tâches domestiques.

– **L'Ijzerenleen et les bailles de fer** : au-delà, la place allongée bordée de belles façades bourgeoises, l'Ijzerenleen est le résultat du comblement d'un canal. Les balustrades de fer datant de 1531 sont les vestiges de l'ancien marché aux poissons. À l'époque, elles empêchaient les badauds de tomber à l'eau.

🐾🐾🐾 **Sint-Romboutskathedraal** (cathédrale Saint-Rombaut ; plan A1) : également sur la Grand-Place. Tlj sf lun 10h-17h (16h nov-mars). Chapeau bas : voici la merveille du gothique brabançon. Avant de monter au sommet de la tour, ne négligez pas les quelques merveilles que recèle la cathédrale. Une splendide chaire de Vérité, pur chef-d'œuvre d'ébénisterie baroque, qui semble faire corps avec la colonne de pierre. Prodigieux ! Côté œuvres d'art : les Martyres de saint Sébastien ou de saint George de **Michel Coxie** et le Christ crucifié d'**Antoon Van Dyck** situé dans la partie droite du transept.

🔘 **La tour** : tlj sf lun 10h-18h (dernière montée 16h30). Entrée : 7 € ; réduc. Préparez votre souffle avant d'entamer l'ascension des 538 marches qui mènent à la plate-forme au sommet. La visite fléchée offre toutefois de multiples arrêts aux étages. Dire que sur les plans d'origine, elle devait faire 167 m ! Mais les Malinois n'eurent pas les moyens de leur orgueil : moins d'un siècle après le début des travaux, le manque d'argent fige l'ascension de la tour à une hauteur de 97 m. Viennent les guerres de Religion : l'église se découvre alors d'autres soucis que le prestige. Au vu des projections réalisées par les architectes modernes, il paraît que la tour est mieux ainsi. Notez qu'au début des guerres de Religion le gardien logeait dans la balustrade supérieure. C'est là qu'il claironnait en cas d'attaque ou de départ de feu. Enfin, cette tour est la seule au monde à comprendre deux jeux de 49 cloches. Les notes de ses carillons descendent baigner toute la ville d'une merveilleuse pluie sonore... (un orage si vous vous retrouvez dans la chambre des carillons à heure fixe !).

🎋 *L'école de Carillon* (plan B1) : *Frederik de Merodestraat, 63.* ☎ 015-20-47-92. Accès malheureusement réservé aux groupes ou à quelques rares visites guidées (s'adresser à l'office de tourisme). Cela dit, quand les élèves sont en répétition, rien ne vous empêche de demander gentiment à entrer. Avec un peu de chance, vous aurez droit à un petit concert... *La Marche turque*, par exemple, plutôt que *Let It Be*... Cette école unique au monde, sise dans un charmant bâtiment dans le goût rococo, accueille les étudiants pour 6 ans d'études. Croyez-le ou non, il y a chaque année une soixantaine d'inscrits. Les élèves, donc, s'entraînent sur les carillons de l'école, sur ceux du musée et sur ceux de Saint-Rombaut : impossible de ne pas entendre les répétitions... C'est à Malines qu'est née l'habitude d'assister aux concerts de carillon. En 1930, les concerts du lundi soir réunissaient près de 30 000 auditeurs, dont le Tout-Paris, venu exprès par train spécial.
– On peut les entendre carillonner le samedi à 11h30 et le dimanche à 15h. Pour mieux en profiter, concerts tous les lundis à 20h30, de juin à fin septembre (voir aussi la rubrique « Manifestations »).

🎋 *Le palais de Marguerite d'Autriche* (plan B1) : *Keizerstraat, 20.* Le palais de celle qui exerça la régence après 1507 n'ouvre pas son intérieur aux visites. Reste la cour intérieure gothique tardif, superbe et accessible la journée. La façade frontale (en brique), de style Renaissance, serait antérieure aux châteaux de la Loire. Les appartements de la régente occupaient le 1er étage, au-dessus des colonnes. La salle du Trône (à droite, quand on entre par la rue) abrite aujourd'hui le palais de justice.

🎋🎋 *Museum Het Zotte Kunstkabinet* (Cabinet d'art fou ; plan A1) : *Sint-Katelijnestraat, 22.*
☎ 015-29-01-55. Jeu-ven 14h-17h (11h sam). Entrée : 4 €. Une collection privée que les amateurs de Jérôme Bosch ne manqueront pas. Très pédagogique, elle s'efforce de mettre en lumière tout le symbolisme contenu dans les toiles des peintres flamands des XVe-XVIe s. Financés par une nouvelle clientèle bourgeoise et plus uniquement par le clergé, ces peintres mettent alors en avant un langage pictural profane, dont les idées sont puisées dans la morale et la littérature moyenâgeuses. Avertissement satirique aux maris soumis et aux épouses infidèles dans *Hye Soeckt de Byle* attribué à l'atelier de Jérôme Bosch (avec le cupidon le plus laid de l'histoire de l'art !) ; satire sur la lascivité des personnes âgées dans *L'Étuve* de Hans Baldung Grien, plutôt brute de décoffrage, etc. Seulement deux salles situées dans une belle demeure ayant appartenu à la belle-mère de Pieter Bruegel, mais quelle bonne idée que ce Kunstkabinet !

UNE GRANDE DAME

Fille de Maximilien et de Marie de Bourgogne, Marguerite d'Autriche naît en 1480 à Bruxelles. Promise à l'âge de 3 ans, elle est répudiée par son époux Charles VIII, fils de Louis XI, qui épouse Anne de Bretagne. Remariée à Don Juan de Castille, elle se retrouve veuve en 1497. Son père la marie alors à Philibert le Beau de Savoie, région stratégique par excellence. À 21 ans, la duchesse est enfin heureuse et amoureuse. Malheureusement, Philibert meurt prématurément en 1504. Marguerite reste seule pour administrer Savoie et Bresse. Régente des Pays-Bas, elle élève ses neveux, dont le futur Charles Quint.

LA PROVINCE D'ANVERS

🦌 *Sint Peter en Pauluskerk* (*église Saints-Pierre-et-Paul ; plan B1*) : *Veemarkt. Ouv, comme ttes les églises de la ville, tlj sf lun 13h-17h (16h 1er nov-31 mars).* En 1670, les jésuites ont dédié cette église à l'un des leurs, saint François-Xavier. Difficile d'imaginer plus baroque. Admirez la chaire en chêne qui représente un globe avec les quatre continents de l'époque, symbolisés chacun par un personnage et un animal fétiche. Accolé à l'église, l'ancien palais de **Marguerite d'York,** l'arrière-grand-mère de Charles Quint (qui y séjourna de 1500 à 1503). Superbement restauré, il abrite aujourd'hui le théâtre municipal.

🦌 *Sint Janskerk* (*église Saint-Jean ; plan B1*) : *Sint Jansstraat. Mêmes horaires que pour l'église Saints-Pierre-et-Paul.* Belle église à l'architecture gothique mais à la décoration baroque (jolis bancs de bois sculpté). Trois œuvres à voir en particulier : l'*Adoration des mages* de Rubens, triptyque où sa femme, Isabelle Brandt, a posé pour le visage de la Vierge. Et puis, derrière le buffet d'orgues, au 1er étage de la tour, deux grandes fresques murales du XIVe s représentant saint Georges, le tueur de dragons, et saint Christophe, patron des routards. C'est à l'occasion de travaux que ces œuvres étonnamment bien conservées ont été découvertes.

🦌 ⊚ *Groot en Klein Begijnhof* (*grand et petit béguinages ; plan A1*) : *de part et d'autre de la Sint Katelijnestraat, la rue qui mène à Saint-Rombaut.* Plus ou moins fondu dans la ville, l'ensemble n'a pas le charme de la plupart des autres béguinages de Flandres. Quelques jolies maisons sur les Schrijnstraat, Twaalfapostelenstraat et Krommestraat.

🦌🦌 *Haverwerf* (*quai aux Avoines ; plan A1-2*) : n'y manquez pas les trois maisons. Celle de l'angle, dite *du Paradis,* est un bâtiment du XVIe s, typique du gothique brabançon, affichant sur un bas-relief la fuite d'Adam et Ève, honteusement chassés du paradis après l'affaire de la pomme. La maison suivante, à gauche, est de style Renaissance : on l'appelle *Les Diablotins.* La troisième, la rouge, est baroque. Datée de 1669, elle porte le nom de *Saint-Joseph.*

🦌 À la porte de Louvain, l'*église* baroque **Notre-Dame-d'Hanswijck** (*plan A2*), au dôme lumineux.

🦌 **Koninklijke Manufactuur van Wandtapijten** (*manufacture royale des tapisseries Gaspard De Wit ; plan A1*) : *Schoutetstraat, 7.* ☎ *015-20-29-05.* ● *dewit.be* ● *Visite guidée slt sam à 10h30 (sf en juil et entre Noël et le Nouvel An). Entrée : 6 €.* C'est ici que vous apprendrez à distinguer les tapisseries d'Amiens de celles de Bruxelles ou des Flandres, à deviner leur époque de fabrication et même les ateliers où elles sont nées. Les matériaux vont de la soie à la laine, en passant par le fil d'or ou d'argent. Et, de siècle en siècle, bien sûr, les coloris et la taille des figures évoluent. Pour illustrer ces spéculations passionnantes, voici des tapisseries d'exception : *L'Allégorie du temps* (XVIe s, Tournai ou nord de la France) illustre une sage maxime : « Si tu prétends aux honneurs, vois le passé et le présent, et prévois l'avenir. » ; *L'Offrande d'Isaac,* d'après Simon Vouet, date probablement de 1640 et provient d'Amiens. La visite s'achève au 2e étage sur des œuvres contemporaines.

🦌🦌 🦌 **Speelgoed Museum** (*musée du Jouet ; hors plan par B2*) : *Nekkerspoelstraat, 21.* ☎ *015-55-70-75.* ● *speelgoedmuseum.be* ● *Sortir de Malines direction Heist op den Berg, passer sous le chemin de fer ; le musée se trouve à côté de la gare ferroviaire de Nekkerspoel. Tlj sf lun et certains j. fériés 10h-17h. Entrée : 8 € ; réduc.* Tous les jouets d'antan qui font rêver les enfants d'aujourd'hui et les collectionneurs. Poupées, peluches, jouets mécaniques, marionnettes, Meccanos, puzzles, crypto-jeux de l'oie, jeux optiques et sonores... Et même une reproduction en 3D d'un tableau de Bruegel. On fera la révérence au vélo d'enfant du roi Léopold III. Également des expos temporaires, un coin-jeux et des ateliers pour enfants.

🏃🏃 *Kazerne Dossin* *(musée juif de la Résistance et de la Déportation ; plan A1) :* *Stassartstraat, 153.* ☎ *015-29-06-60.* ● *kazernedossin.be* ● *Tlj sf mer 10h-17h. Entrée : 10 €.* Construit face à l'ancienne caserne qui servit de lieu de rassemblement et de transit pour la sinistre besogne des nazis, ce musée flambant neuf raconte, sur 3 étages, la déportation et l'extermination des juifs et tziganes de Belgique et du Nord de la France : 28 convois partirent d'ici, emportant 25 835 détenus jusqu'à Auschwitz. Il n'y eut que 1 240 survivants. La force des documents présentés se suffit à elle-même. Intelligemment, l'exposition se prolonge par une réflexion sur les Droits de l'homme en général, les génocides passés et présents, la dynamique qui fait monter l'extrémisme et le racisme. Une approche globale intéressante. Quant à la caserne proprement dite, elle accueille désormais un mémorial et un centre de documentation qui permet aux familles de faire des recherches sur la destinée de leurs proches.

➤ *Balade en bateau :* avr-fin sept. Rens à l'office de tourisme ou au point de départ, sur le Haverwerf. A/R : 6 €. Un moyen original de découvrir Malines. Empruntez l'un des bateaux qui sillonnent la Dyle et laissez-vous mener.

Manifestations

– *Procession d'Hanswijck :* en mai, le dim qui précède l'Ascension. Cette procession historico-religieuse est une des plus anciennes de Belgique. Une grande procession (cavalcade) se déroule aussi tous les 25 ans, la prochaine en 2013.
– *Concerts de carillon :* juin-sept, lun 20h30. Voir le paragraphe consacré à l'école de Carillon. La petite rue Straatje Zonder Einde ou encore le Minderbroedersgang (à droite devant la tour de Saint-Rombaut) offrent la meilleure acoustique pour écouter les carillons.
– *Park Pop :* chaque jeu soir, en juil-août. Concerts gratuits de musique populaire dans le parc Kruidtuin.
– *Maan Rock :* le dernier w-e d'août. Gratuit. Concerts de rock sur la Grand-Place avec des groupes belges et néerlandais.

DANS LES ENVIRONS DE MALINES

🏃 🏃 *Dierenpark Planckendael (parc animalier de Planckendael) :* Leuvensesteenweg, 582, *Muizen* (2812). ☎ *015-41-49-21.* ● *planckendael.be* ● *À 4 km au sud-est de Malines. Accès en bus ou, mieux, en bateau (depuis Malines, du Colomabrug, près de la gare ferroviaire : départ ttes les 30 mn 9h30-17h30 en saison). Tlj 10h-17h30 (19h juil-août, 18h mai-juin). Fermeture des caisses 1h avt. Entrée : 22 € ; 17 € pour les 3-17 ans. Billet combiné avec le zoo d'Anvers : 35 € ; 26 € pour les enfants.* C'est une sorte de lieu de repos des animaux du zoo d'Anvers dans un grand parc avec plaine de jeux.

LA PROVINCE DE FLANDRE ORIENTALE (OOST-VLAANDEREN)

C'est la Flandre de l'intérieur, enchâssée entre sa consœur occidentale qui a fenêtre sur mer à l'ouest, les collines du Hainaut au sud, le Brabant à l'est, pourvue d'une frontière naturelle, l'Escaut, au nord-est, qui ferme son espace avec la province d'Anvers, et pour finir une frontière hollandaise qui verrouille au nord l'accès à l'estuaire de l'Escaut. En plus de Gand, son chef-lieu, « capitale spirituelle » de la Flandre, et de ses environs, quatre régions assez différentes sont à distinguer : le *pays de Waas,* axe économique essentiel entre Gand et Anvers, fortement peuplé ; le *pays de l'Escaut et de la Dendre,* région d'habitation de nombreux Flamands qui travaillent à Bruxelles (avec Termonde, Alost et Grammont) ; les *Ardennes flamandes,* pays vallonné autour d'Audenarde ; et le *Meetjesland,* très agricole avec Eeklo.

GAND (GENT) (9000) 249 000 hab.

▶ Pour le plan de Gand, se reporter au cahier couleur.

« Une des plus belles villes historiques d'Europe », déclarait François Mitterrand en 1983. On ne pourra pas enlever à l'ancien président un certain talent de précurseur, car aujourd'hui, les voyageurs du monde placent Gand dans le Top 10 des villes à visiter en priorité.

Si elle est fière de son passé, elle s'enorgueillit désormais d'être une ville du présent, que l'on visite à pied et à vélo, en s'intéressant aussi bien à son avenir qu'aux épisodes mouvementés de son passé.

Et c'est d'ailleurs en passant par le STAM, dans un de ces musées d'histoire tout neufs dont la Flandre a le secret, qu'il vous faudra entamer votre visite de Gand, visite que plus personne n'oserait proposer le temps d'une seule journée désormais.

Il faut prendre du temps pour découvrir les différents visages de cette ville « de gueux » qui n'a pas été confinée dans un rôle de ville-musée (à la différence de Bruges). L'essor industriel, au XIXᵉ s, a laissé sa marque dans l'urbanisme, mais au lieu de procéder à des amputations massives, les Gantois se sont livrés à un lent travail de réhabilitation des quartiers historiques du centre sans oublier les quartiers plus délaissés. Il se dégage de cet ensemble un indéfinissable

GAND, VILLE VÉGÉTARIENNE

Un petit coup de pouce contre l'effet de serre. À Gand, désormais, le jeudi est décrété jour végétarien par la municipalité. Une première européenne ! Rien d'obligatoire, mais la population, les cantines des écoles et de nombreuses entreprises jouent vraiment le jeu. Certains restaurants proposent même des menus 100 % verts ce jour-là pour sensibiliser les touristes. Selon l'ONU, 18 % des gaz à effet de serre proviendraient de la production de viande.

pouvoir d'attraction. Voilà une ville qui est un savant mélange de splendides constructions vieilles de plusieurs siècles, aux façades de brique rehaussées d'extraordinaires pignons dentelés, signes d'un art flamand riche et sûr de lui, et de modernité bien intégrée, portée par ces 60 000 étudiants qui en font la plus grande ville universitaire de Belgique.

Le centre ancien se découvre à pied (surtout pas en voiture !) au fil des rues commerçantes bordées d'hôtels particuliers et d'imposantes constructions civiles et religieuses. Bref : l'histoire de Gand, c'est aussi celle de l'Europe occidentale dont elle fut l'un des cœurs actifs. Les Gantois et les Gantoises ont gardé à la fois le goût du faste et du décor, ainsi qu'une approche très simple et chaleureuse des rapports humains, héritage des traditions corporatistes et ouvrières. Cela fait partie de leur génie.

VISITER GAND

N'espérez donc pas découvrir Gand en une journée de visite même en galopant. Il faut y passer une nuit, et même deux, pour profiter pleinement de la vie nocturne tout en se reposant d'escapades diurnes multidirectionnelles. Et puis, il y a des éclairages qui rappelleront non sans raison aux Lyonnais ceux de leur ville ! En effet, chaque soir, à la nuit tombée, la ville se pare de mille lumières, mettant en valeur les façades, soulignant chaque détail architectural, modifiant les perspectives, restructurant l'espace... Le tout se reflétant sur les eaux de la Lys. Gand brille de mille feux et c'est féerique.

Outre l'hiver, calme et empreint de mystère, la meilleure époque pour venir se situe pendant les *Gentse Feesten,* les fêtes locales (entre le week-end précédant le 21 juillet et le week-end qui suit). Durant cette période, réjouissances, bals et braderies donnent le tourbillon à la ville de Charles Quint ; l'affluence, à cette période, vous posera cependant quelques problèmes de circulation, de réservation et de prix !

UN PEU D'HISTOIRE

Le STAM racontant mieux que nous, dans une muséographie contemporaine exemplaire, et selon un ordre chronologique, les transformations de la ville au travers des âges, nous n'aurons pas la prétention ici de remplacer cette jolie machine à remonter le temps. Plantons juste le décor, pour vous donner quelques repères. Les débuts connus de Gand sont bien modestes. Des hommes s'y installèrent, il y a 3 000 ans. Et un siècle après la conquête de la Gaule, des colonies romaines s'y établirent. Au confluent de la Lys et de l'Escaut, se trouvait un noyau d'habitations, baptisé *Ganda* (« confluent » en celte). Au VIIe s, arrive saint Amand, qui s'établit sur le mont Blandin. Il y érige une petite chapelle qui n'est pas encore l'abbaye Saint-Pierre et entame sa mission d'évangélisation. Au confluent des deux cours d'eau, il fonde un deuxième centre religieux, modeste au départ, qui sera à l'origine de l'abbaye Saint-Bavon. Une agglomération se développe. Au VIIIe s, Charlemagne y fait construire un port pour sa flotte, ce qui n'empêche pas, au IXe s, les Normands de venir passer les moines au fil de l'épée. C'est la raison pour laquelle on choisit de construire une forteresse, qui deviendra par la suite le château des Comtes.

Le traité de Verdun

En 843, l'empire de Charlemagne est divisé par ses héritiers en trois royaumes indépendants. La Flandre est attribuée à **Charles le Chauve,** roi de Francie occidentale. Gand en fait partie et devient ainsi une ville frontière entre royaume franc et Germanie, l'Escaut faisant office de ligne de démarcation. La prospérité arrive avec l'industrie de transformation de la laine anglaise en drap « flamand ».

Plus de la moitié de la population est employée par cette industrie. Les draps sont vendus dans l'Europe entière, notamment sur les marchés de Champagne. Dès cette époque, une oligarchie de patriciens drapiers tient les rênes du pouvoir au nom du **comte de Flandre** mais souvent en opposition avec lui et surtout en conflit avec les métiers issus de la paysannerie pauvre, venus gonfler les effectifs de l'industrie textile. Les conditions d'existence de ces foulons et teinturiers sont particulièrement misérables. L'exploitation capitaliste est organisée au seul profit de cette caste marchande, dont l'intérêt est de maintenir des relations avec la source d'approvisionnement des matières premières, l'Angleterre.

Or un conflit éclate au sujet de l'Angleterre, opposant **Gui de Dampierre,** comte de Flandre, à son suzerain **Philippe le Bel.** Le conseil des patriciens (rassemblés sous l'emblème du lys : **Leliaerts**) prend le parti du roi contre le comte et les métiers (rangés sous la bannière des griffes : **Klauwaerts**). La bataille des Éperons d'or (1302), où les Français se font dérouiller, entérine la défaite de leurs partisans à Gand et le prolétariat a droit à sa part de gâteau dans la gestion de la ville. Gand la révoltée a engrangé une première victoire populaire et ce fait marquera son histoire.

La liberté, le commerce et l'essor économique

Ville emblématique des libertés communales où, pour la première fois en Occident, le peuple a son mot à dire dans les affaires de sa cité par le biais de ses élus, elle connaît le déclin du fait même du mauvais fonctionnement de son système « démocratique ».

La situation économique se dégrade au cours de la guerre de Cent Ans. Gand, deuxième ville d'Europe après Paris au XIVe s par sa population (60 000 habitants !), multiplie les mesures protectionnistes vis-à-vis de ses voisins tout proches et se débarrasse de celui qui la défendait magistralement sur la scène internationale : *Jacques Van Artevelde,* leader des tisserands.

Partisan du rapprochement avec l'Angleterre au nom des intérêts économiques de la Flandre, il parvient à maintenir celle-ci à l'écart du conflit et à obtenir la levée du blocus anglais. En 1345, à la suite de sordides querelles corporatistes, il est assassiné par ses concitoyens, qui se rattraperont par la suite en surnommant Gand « la ville d'Artevelde ». Fils du peuple, il traitait d'égal à égal avec les rois, le peuple a eu sa peau !

La ville natale de Charles Quint

Le XVe s marque la fin des libertés. Les princes s'attellent à rogner ce que leurs prédécesseurs avaient concédé. Les ducs de Bourgogne qui ont hérité de la Flandre répriment les dernières révoltes dans le sang. C'est un Habsbourg, Gantois de naissance, *Charles Quint,* qui finit d'asservir la ville, lorsque, en 1539, ses habitants se révoltent contre une nouvelle levée d'impôts. Charles Quint prend des mesures brutales pour réprimer le soulèvement en exigeant des notables de la ville qu'ils défilent pieds nus avec une corde autour du cou. Depuis cette époque, les Gantois sont surnommés *Stroppendragers* (les « garrottés »).

La congrégation de Saint-Bavon quitte l'abbaye, son monastère est rasé et remplacé par une caserne. Seuls quelques édifices de l'ancienne abbaye échappent à la démolition. L'empereur était cependant fier de sa cité : il se faisait fort de « mettre Paris dans son Gant ». En fait, un gant de velours sur une main de fer... Les Gantois en perdent tous leurs privilèges historiques.

Gand est encore au centre du conflit pendant les guerres de Religion. Lorsque l'absolutisme espagnol impose sa loi, Gand est républicaine et calviniste. On signe dans ses murs le traité de Pacification, qui doit coaliser les catholiques et les réformés des Pays-Bas contre le pouvoir de *Philippe II* d'Espagne. Un siège très dur mené par Alexandre Farnèse l'oblige en 1584 à ouvrir ses portes aux troupes espagnoles. Les exactions, l'exil de milliers d'habitants, les famines font chuter sa population de moitié (elle passe à 30 000 habitants) et la ville entre en léthargie pour deux siècles. Mais le catholicisme est rétabli dans les Pays-Bas du Sud après la prise d'Anvers.

Une relation particulière avec la France

Au cours des XVIIe et XVIIIe s, Gand se relève lentement. Elle est occupée à trois reprises par les Français, pour de courtes durées. Mais Gand ne change pas : la ville reste antifrançaise, de Louis XIV jusqu'à Napoléon.

En 1713, la Flandre passe aux mains des Habsbourg d'Autriche. La permanence de la fermeture de l'Escaut maintient l'asphyxie malgré la bienveillante parenthèse autrichienne. À la Révolution, après la victoire de *Jemmapes,* Gand est annexée à la France comme le reste de la Belgique. Encouragé par Napoléon,

Liévin Bauwens importe clandestinement d'Angleterre une machine à filer à vapeur, qui va révolutionner l'industrie textile.

Du 20 mars au 22 juin 1815, Gand sert de capitale provisoire au roi *Louis XVIII* et au gouvernement français de la Restauration en exil : cet épisode des Cent-Jours est raconté par Chateaubriand dans les *Mémoires d'outre-tombe*.

Ville d'histoire, d'art et de commerce

La création du royaume de Belgique en 1830 va permettre à Gand de renouer avec la prospérité. L'université (francophone) forme les cadres de la bourgeoisie industrielle et la ville connaît un essor intellectuel remarquable avec l'éclosion des talents de ses artistes et écrivains (francophones).

Au XIXᵉ s, l'industrialisation fait de Gand le bastion du socialisme flamand ; le mouvement *Vooruit* en est le fer de lance. Édouard Anseele sera le premier député socialiste flamand. En réaction contre une bourgeoisie « libérale » francophone, l'université de Gand devient, en 1930, la première du pays à dispenser l'enseignement uniquement en flamand.

DES FLEURS POUR LA CASTAFIORE

Tous ceux qui ont lu Tintin et les Bijoux de la Castafiore, se demandent toujours pourquoi Bianca se vantait auprès des journalistes de Paris-Flash d'avoir rencontré Haddock à Gand (perle des Ardennes ! – sic –), parmi les fleurs. Sachez que la ville connaît une renommée internationale en la matière (la région de Lochristi, toute proche, est le centre d'une industrie florale). Eh oui, tous les 5 ans, les Floralies attirent des dizaines de milliers d'amateurs. La prochaine édition se déroulera en avril 2015.

Avec l'élargissement du canal Gand-Terneuzen et la construction du port, Gand se dote d'une ceinture industrielle qui en fait l'une des villes les plus actives du pays. La suite, découvrez-la au STAM, à travers les films et les photos de l'époque, que chacun peut sélectionner selon ses envies.

Arriver – Quitter

En bus

■ *Eurolines :* Koningin Elisabethlaan, 73. ☎ 09-220-90-24. *À proximité de la gare ferroviaire. En sem 9h-12h30, 13h30-18h ; sam 9h-12h30. Durée du trajet depuis Paris : un peu plus de 4h.*

En train

🚂 *Gare Saint-Pierre (Gent Sint-Pieters-Station ; hors plan couleur par B3) :* Kon. Maria Hendrikaplein. *Infos horaires et billets au ☎ 02-528-28-28 (à Bruxelles). Située à 30 mn à pied du centre historique. Pour rejoindre le centre historique, prendre les trams nᵒˢ 1, 21 ou 22 (à la sortie). Bâtiment de style néogothique construit pour l'Exposition universelle de 1913. Gros travaux en cours jusqu'en 2014,*

n'arrivez pas au dernier moment pour prendre votre train !

➢ *De/vers Bruxelles :* 3 trains directs/h en sem, 2 le w-e. Durée : env 30 mn.
➢ *De/vers Lille :* 1 train direct ttes les heures. Durée : env 1h10.
➢ *De/vers Paris :* 1 à 2 *Thalys*/h relient directement (via Bruxelles) Paris à Gand en 2h10. Mais il est plus probable que vous preniez un *Thalys* pour Bruxelles puis, de là, un train pour Gand.

En voiture

Gand est au carrefour de deux axes autoroutiers, l'E 40 *Bruxelles-Ostende* et l'E 17 *Lille-Anvers*. Une fois dans le centre, il va de soi que la voiture doit être laissée au parking. Celui du Vrijdagmarkt, souterrain, a l'avantage de permettre d'emblée la visite du centre.

Comment se déplacer dans Gand ?

Les zones à visiter sont suffisamment concentrées pour permettre les déplacements à pied. De toute façon, il est très difficile de rouler dans le centre... et encore plus de s'y arrêter ! Moralité : si vous êtes en voiture, cherchez-vous un parking tranquille ou, mieux, garez-vous dans une rue juste en dehors du centre. Là, en poussant sur le bouton jaune de l'horodateur, vous pourrez stationner 10h pour environ 3 € ! Seuls le quartier universitaire, celui du musée des Beaux-Arts et celui de la gare ferroviaire sont un peu excentrés (20 à 30 mn de marche depuis Saint-Bavon). Sinon, il est toujours possible de louer un vélo à la gare ou dans le centre (voir plus loin « Adresses utiles »)... et de faire comme la moitié des Gantois : se déplacer en pédalant. Si le temps n'est pas favorable, le tram vous rendra bien service, de 6h à 23h (ou minuit).

Où se garer ?

🅿 Si vous n'avez pas suivi le conseil donné plus haut (se garer juste en dehors du centre), les *parkings P1* (Vrijdagmarkt ; *plan couleur C1*) et *P7* (*près de l'église Saint-Michel ; plan couleur B2*) sont centraux et municipaux (donc pas trop chers).

Adresses utiles

🛈 *Office de tourisme gantois (plan couleur B1) :* Sint-Veerleplein, 5. ☎ 09-266-56-60. ● visitgent.be ● Tlj 9h30-18h30 (16h30 mi-oct à mi-mars). Fermé Noël et Jour de l'an. Installé dans *l'Oude Vismijn* (ancienne halle aux poissons), tout près du château des Comtes. Un aménagement ultramoderne, tout à côté de la brasserie *Bord'eau*, où vous pourrez à loisir consulter sur une table tactile les documents en français, très bien faits, concernant la ville, ses musées, etc. Brochures et plans en libre-service. Peut aussi se charger de vous réserver un hébergement (sans commission).

– *Visites guidées* du centre historique, tous les jours à 14h30 (mai-octobre). *Compter 8 €/pers. Durée : 2h.*

– *Pass musées :* excellente initiative proposée par l'office. Vous pouvez vous procurer ici, pour 20 €, une carte donnant accès à 14 musées et monuments de la ville, valable 3 jours. En outre, elle donne accès aux trams et bus de la zone urbaine.

🛈 *Office de tourisme provincial :* Sint-Niklaasstraat, 2. ☎ 09-269-26-00. ● tov.be ● Lun-ven 9h-12h, 13h15-16h45.

✉ *Poste centrale (plan couleur C2) :* Lange Kruisstraat.

@ *Internet :* au *Coffee Lounge Chocolat Bar (plan couleur C2, 1),* Botermarkt, 6. ☎ 09-329-39-11. ● coffe lounge@gand.be ● Tlj sf dim 10h-22h (19h sam). Un petit café chaleureux où l'on peut consommer un morceau de tarte avec, par exemple, un chocolat chaud à l'orange. Semblables adresses ne manquent pas à Gand, qui est d'ailleurs passée au tout-wifi. La plupart des cafés et hôtels l'offrent gratuitement.

■ *Taxistop (hors plan couleur par B3) :* Koning Maria Hendrikaplein, 65 B (sur la pl. de la gare). ☎ 070-222-292. ● taxistop.be ●

■ *Location de vélos : Biker (plan couleur C1, 2),* Steendam, 16. ☎ 09-224-29-03. Tlj sf dim 9h-12h30, 13h30-18h (17h sam). Également, *Max Mobiel,* Voskenslaan, 27. ☎ 09-242-80-46. Lun-ven 7h15-18h45. Mêmes tarifs, à peu près, autour de 12 €/j.

Et si l'on allait dormir chez l'habitant ?

C'est le meilleur moyen d'aller à la rencontre des Gantois. Gand possède un joli bouquet de *Bed Breakfast* (près de 70 !), dont vous pourrez vous procurer la liste, très bien faite et munie d'un plan, à l'office de tourisme. Comme partout, il est plus prudent de réserver, surtout si vous voulez y loger un week-end, car le nombre de chambres y est évidemment limité (en principe pas plus de trois). Sinon, il existe aussi un site

internet : ● *bedandbreakfast-gent.be* ●
Attention, beaucoup refusent les cartes
de paiement. Toutes sont non-fumeurs,
désormais.

🛏 l●l *Artigand* *(hors plan couleur
par B3, 18)* : Rozemarijnstraat, 27.
☎ 09-233-49-68. 🖥 0485-14-16-31.
● *artigand@pandora.be* ● *users.telenet.
be/artigand* ● *À 10 bonnes mn à pied
du centre, dans le prolongement de
Papegaaistraat, après Coupure Links.
Fermé 3 sem début oct. Compter 70 €
pour 2, petit déj compris.* 📶 *Réduc de
10 % sur le prix de la chambre, à partir de 3 nuitées, sur présentation de
ce guide.* 3 chambres à la charmante
simplicité chez un couple chaleureux
qui parle le français. Celle dite « des
roses » possède une frise avec toutes
les roses que l'on trouve en Belgique.
L'« Art déco », quant à elle, est la plus
spacieuse, et la « japonaise », la plus
exotique. Petit déj avec confitures maison. Il faut dire que Pierre et Margareta
adorent aussi cuisiner, tant et si bien,
d'ailleurs, qu'ils font table d'hôtes sur
demande.

🛏 *Chambre Anne Gourhant-Steyaert*
(plan couleur B2, 19) : Burgstraat, 25.
☎ 09-234-19-15. 🖥 0486-761-946.
● *annegourhant@hotmail.com* ● *Double 68 €.* 📶 Tenu par Anne, une sympathique Française·qui connaît très
bien la ville. Vous n'y trouverez qu'une
seule chambre, mais celle-ci est très
agréable, en retrait de la rue, avec un
plafond en pente traversé de poutres,
grand lit, TV et petite table pour le petit
déj. Petite précision toutefois : aucune
séparation entre la salle de bains et la
chambre.

🛏 *La Maison de Claudine* *(plan couleur B2, 20)* : Pussemierstraat, 20.
☎ 09-225-75-08. 🖥 0495-44-31-30.
● *maison.claudine@telenet.be* ● *Doubles 90-115 €, petit déj inclus. Pour la
plus grande pièce, 25 €/pers supplémentaire. Attention, ici, on reste min
2 nuits.* 📶 Claudine habite cet ancien
cloître du XVIIe s, qui abrite 3 grandes
chambres, dont 2 « suites » fort sympathiques, au mobilier dépareillé,
équipées d'un coin-cuisine. L'une,
immense, se trouve sous les toits (vue
imprenable sur les tours de Gand) et
possède 2 salles de bains. La dernière

se trouve dans une maisonnette attenante avec entrée indépendante. Petit
déj dans le salon près des adorables
chats et de la cheminée. Excellent
accueil.

🛏 *Chambre Plus, chez Mia Ackaert*
(plan couleur B2, 21) : Hoogpoort,
31. ☎ 09-225-37-75. 🖥 0496-74-
81-29. ● *chambreplus@telenet.be* ●
chambreplus.be ● *Doubles 95-125 €,
petit déj compris ; une suite avec
jacuzzi 150-165 €. Min 2 nuits le w-e.*
📶 *Café et pâtisserie offerts sur présentation de ce guide.* En plein centre,
dans une maison du XVIIe s rénovée.
2 chambres tout confort, la « Congo »
et la « Sultan », dont les noms parlent
d'eux-mêmes, et une suite en duplex,
exceptionnelle, dans une adorable
maisonnette située à l'arrière. Petit
déj servi sous une verrière... Que des
produits frais et de qualité, absolument
savoureux ! Mia, qui est professeur de
cuisine, fait elle-même les croissants et
les gâteaux. Au sous-sol, un superbe
atelier culinaire. Un des *B&B* les plus
séduisants qu'on connaisse.

🛏 *B3-Bed-Breakfast-Boat* *(hors
plan couleur par A1-2)* : Zuidkaai, 43.
☎ 09-324-49-50. 🖥 0477-54-00-03.
● *info@bnbtripleb.be* ● *bnbtripleb.
be* ● *Tram n° 3. 105 € pour 2, petit déj
compris (min 2 nuits le w-e).* Dormir sur
une péniche, pourquoi pas ? Surtout
lorsqu'elle est amarrée sur un canal
d'un calme total (à part les coin-coin
des canards peut-être !) à quelques
minutes du centre en tram (compter
un quart d'heure à pied). 2 chambres
fort plaisantes, celle du « Capitaine »
et celle du « Matelot » (avec un lit rond)
au confort égal, mais de personnalité
différente. Toutes deux avec salle de
bains et entrée indépendante. Copieux
petit déjeuner. Possibilité de jacuzzi et
sauna. Accueil très sympa.

🛏 *Verzameld Werk* *(plan couleur B1-2,
16)* : Onderstraat, 23 A. ☎ 09-224-27-
12. 🖥 0497-55-09-10. ● *info@verza
meldwerk.be* ● *verzameldwerk.be* ●
*Doubles 95-130 €, petit déj compris.
Prix dégressifs à partir de 3 nuits.*
📶 Dans l'ancienne demeure de la
famille Maeterlinck. Les propriétaires
tiennent, à côté, une galerie d'art
design avec les objets les plus fous qui
soient... Du coup, les chambres sont,

GAND ET SES ENVIRONS

elles aussi, déjantées, garnies et meublées avec des œuvres de la galerie. La plus grande, qui fait environ 80 m², possède une cheminée en état de marche. Les 2 autres sont des duplex. Toutes ont une cuisinette, aux couleurs pétantes, pour le petit déj déposé la veille dans le frigo...

🛏 *Simon says (plan couleur B1, 13) : Sluizeken, 8.* ☎ 09-233-03-43. ● *info@simon-says.be* ● *simon-says. be* ● *Double 105 €, petit déj compris. Prix dégressifs à partir de 3 nuits.* 📶 *Un lieu attachant.* Derrière cette magnifique façade Art nouveau se cache au rez-de-chaussée un *coffee-bar* décontracté et, dans les étages, des chambres zen, remarquablement bien aménagées. Du noir et blanc qui vous fait voir la vie en couleurs, avec la vue sur la place et la terrasse, pour prendre son petit déjeuner ou grignoter, si l'envie vous en dit. *Simon says...* prends la vie du bon côté (c'est l'équivalent de notre *Jacques a dit* d'autrefois, le patron ne s'appelle pas Simon, vous l'aviez deviné !).

🛏 *Baeten's B&B (plan couleur B1, 17) : Burgstraat, 11.* ☎ 09-223-06-17. ● *baetenbenb@skynet.be* ● *baetenb nbgent.be* ● *Doubles 80-95 €, petit déj compris.* À l'arrière d'une boutique de brocante tenue par Stefan (francophone), une dépendance abrite 2 chambres calmes et très bien tenues. On préfère un peu la moins chère mais l'autre a une belle salle de bains avec baignoire à l'ancienne. Pas d'animaux. Au passage, admirer dans le magasin le superbe escalier intérieur.

🛏 *Be Our Guest (plan couleur C2, 24) : Houtbriel, 18.* ☎ 09-224-29-04. 📠 *0474-80-77-95.* ● *be-our-guest.be* ● *Double 90 € avec petit déj.* 📶 Rue très tranquille. Une maison de caractère avec, à l'entrée, un piano et un petit ange en pierre. La propriétaire est photographe et on retrouve ses œuvres un peu partout dans la maison (remarquables photos en noir et blanc). Déco plutôt épurée dans les chambres, avec une pointe de baroque... Petite véranda pour le petit déj. Accueil vraiment affable.

🛏 *Aanaajaanaa B&B (plan couleur B2, 28) : Hoogpoort, 25.* 📠 *0476-75-52-55.* ● *info@aanaajaanaa.be* ● *aanaajaanaa.*

be ● *Doubles 90-110 €, triples 110-130 €, petit déj compris. 2 nuits min le w-e. Réduc à partir de 5 j. Vélos à dispo gratuitement.* 📶 Un *B&B* chargé d'histoire (cave du XIII° s, auberge au XVI° s, puis imprimerie pendant 150 ans, enfin presbytère). Adresse intégralement écolo : peinture non toxique sur les murs, lits aux composants naturels, nourriture organique... Chambres de bon confort, fraîches et colorées. Ce curieux nom signifie « venir, partir » en langue hindi. Nuits parfois un peu bruyantes le week-end en raison de la présence d'une boîte de nuit en face.

🛏 *De Waterzooi (plan couleur B1, 22) : Sint-Veerleplein, 2.* 📠 *0475-43-61-11.* ● *info@waterzooi.be* ● *dewa terzooi.be* ● *Double 160 €, petit déj et garage compris. Prix dégressifs à partir de 3 nuits.* 📶 Tout à côté du nouvel office de tourisme, et face au Château des Comtes. Une des plus belles réalisations que l'on connaisse, en matière de chambres en ville. Les propriétaires ont transformé un ancien resto avec vue sur le canal en une maison du bonheur, décorée de façon contemporaine. Escabeaux, armoires à souvenirs, fenêtres sur chambres, depuis la salle de bains, beaucoup de charme et d'humour. Et superbe accueil (en français).

Où dormir, sinon, à Gand et dans les environs ?

Camping

⛺ *Camping Blaarmeersen (hors plan couleur par A3) : Zuiderlaan, 12.* ☎ 09-266-81-60. ● *camping.blaar meersen@gent.be* ● *blaarmeersen.be* ● *Un peu excentré, à 5 km à l'ouest de la ville en direction de Drongen, dans un complexe de loisirs sportifs doublé d'une réserve naturelle. Par l'autoroute de Bruxelles, sortie n° 13 ; ou bus n°s 38 et 39 depuis le centre. Ouv 1er mars-15 oct. En hte saison, prévoir 18 € pour 2 avec tente et voiture. 8 chalets à prix modérés.* 📶 Un 4-étoiles, très bien équipé pour les campeurs, même si les caravanes y sont légion. Pas franchement convivial mais bon confort. Sanitaires chauffés. Épicerie et cafétéria. Baignades, piscine, squash, tennis, ping-pong, pétanque et beach-volley.

Hôtels pour jeunes

▸ **Auberge de jeunesse De Draecke** (plan couleur B1, **11**) : Sint Widostraat, 11. ☎ 09-233-70-50. ● gent@vjh. be ● vjh.be ● À proximité du château des Comtes. Accueil 7h30-23h. Nuitée en dortoir 18,60 €, single 35 €, double 50 € ; petit déj draps inclus. Supplément de 3 € pour les non-membres. Lunch env 7 € et dîner 11 €. 📶 💻 (payant). Neuf, central, propre et fonctionnel : parfait pour les petits budgets. Dommage que l'ambiance y fasse un peu défaut (au moins, c'est calme !). Dortoirs de 3 à 6 lits, avec douche et w-c. Au 3e étage, vue sur les 3 tours de Gand. Consigne, téléphone et laverie (à proximité).

▸ **Homes universitaires** (hors plan couleur par C3, **10**) : dans le quartier étudiant. Rens au Home Vermeylen, Stalhof, 6. ☎ 09-264-71-12. Fax : 09-264-72-96. Ouv 15 juil-20 sept slt. Compter env 30 € pour 1 nuit en chambre simple, avec lavabo (douches à l'étage). 2 nuits min. Sur 8 étages, environ 460 chambres. Peut être intéressant pour ceux qui n'ont pas trouvé de place à l'AJ. À noter que le home ne prend de réservation que pour les groupes.

▸ **Ecohostel Andromeda** (hors plan couleur par A1) : Bargiekaai, 35. 📱 0486-67-80-33. ● andromeda@eco hostel.be ● ecohostel.be ● Sortir du centre par Begijnhoflaan ; arrivé au canal, longez-le par la droite, le bateau est amarré 200 m plus loin. Nuit à 22-24 €/pers en dortoir de 6 ou 8 lits ; double 65 €. Draps et petit déj compris. 📶 Voici une AJ privée bien originale, installée dans une péniche au toit recouvert de végétation. Coquettes petites chambres et dortoirs dotés de matelas moelleux ; salle de bains commune. Seulement 18 places au total. L'idéal pour un séjour décalé, convivial et écolo, puisque le bateau est conçu pour consommer un mini-

mum d'énergie (système de purification d'eau, bonne isolation, produits bio et équitables au petit déj). Salon pour bavarder et terrasse sur le pont pour prendre un bain de soleil, quand il y en a... Une bonne adresse à l'ambiance jeune et solidaire, avec un confort très correct et située à seulement 15 mn à pied du centre,

▸ **Hostel 47** (plan couleur C1, **27**) : Blekerijstraat 47. 📱 0478-71-28-27. ● info@hostel47.com ● hostel47.com ● Dortoirs de 4-6 lits à 24-27 €/pers et chambre privée 66 € pour 2 (90 € pour 3). Petit déj inclus. 📶 On vous prévient, c'est loin d'être une adresse de charme : zéro déco, ambiance impersonnelle, et les salles de bains communes, certes modernes, donnent directement sur les couloirs. Mais Gand est une ville chère et les tarifs de cet « Hostel » plutôt destiné aux jeunes en font une bonne affaire pour les budgets serrés. De plus, c'est bien tenu, lumineux, et à quelques minutes du centre-ville.

Prix modérés

▸ **Hôtel Flandria Centrum** (plan couleur C2, **12**) : Barrestraat, 3. ☎ 09-223-06-26. ● gent@flandria-centrum.be ● flandria-centrum.be ● Derrière Saint-Bavon. Doubles avec ou sans sdb 50-65 €, triple 98 € et 115 € pour 4, petit déj-buffet compris. 23 chambres, certaines pouvant accueillir jusqu'à 4 pers. 📶 Sympathique et convivial, ce petit hôtel niché dans une rue calme, est un lieu de rencontreJ des routards du monde entier. Ils trouvent ici un hébergement simple mais bien tenu. On s'y croise dans le salon, tapissé de cartes géographiques, ou dans l'agréable salle de petit déj. Propose aussi en haute saison une annexe, plus sommaire.

Prix moyens

▸ **Limited.co Hotel-Food** (plan couleur A2, **14**) : Hoogstraat, 60. ☎ 09-225-14-95. ● info@limited-co. be ● limited-co.be ● Double 90 €, petit déj inclus. Loft avec cuisine 105 € pour 2 (130 € pour 4). Parking à proximité. ☎ Apéritif offert sur présentation de ce guide. Les chambres au mobilier ludique et coloré offrent un confort plus que convenable pour le prix. Les plus grandes peuvent accueillir jusqu'à 4 personnes. Toutes donnent sur un petit jardin bien agréable les soirs d'été. Petit bar-resto (soupes, salades, pâtes ; fermé le dimanche) au rez-de-chaussée. Accueil familial extra et ambiance jeune et fraîche.

Plus chic

⌂ *Hotel Harmony* (plan couleur B1, 25) : Kraanlei, 37. ☎ 09-324-26-80. ● info@hotel-harmony.be ● hotel-harmony.be ● Doubles 150-225 € selon catégorie, petit déj compris. Parking payant (12 €). ☎ Déco très soignée, au goût du jour, est plein de petites attentions qui font toute la différence et tout le charme du lieu : belles matières, coin-salon, baldaquin, cheminée, superbe rampe d'escalier sculptée... 4 catégories. Les chambres les plus chères sont équipées de jacuzzi et bénéficient d'une terrasse, voire d'une vue sur le canal. Chose rare pour un 4-étoiles, l'atmosphère a su rester simple et familiale. Le petit déj est tout bonnement exceptionnel avec œufs et gaufres à la demande, salade de fruits frais, charcuterie, poissons fumés... Il y a même une piscine sur le toit ! Un excellent rapport qualité-prix quand on en a les moyens. Vélos à louer.

⌂ *Ghent River Hotel* (plan couleur B1, 26) : Waaistraat, 5. ☎ 09-266-10-10. ● info@ghent-river-hotel.be ● ghent-river-hotel.be ● Au bord de la Lys. Doubles 180-225 € selon confort et saison (suite 300 €) ; petit déj 21 €. Promo le w-e : 165 € (et 3e nuit gratuite en hiver !). Parking à 50 m. Accessible par voie d'eau ! Cette ancienne filature de coton, transformée en entrepôt par la suite, est aujourd'hui devenue un bien bel hôtel. 77 chambres en tout, d'excellent confort. L'architecture offre de beaux volumes et la déco mêle des matériaux bruts, comme le bois et la brique, à des meubles contemporains et design. L'ensemble est plutôt réussi. Voir la grande cave médiévale avec ses colonnes ciselées. Sauna et salle de fitness.

⌂ *The Boatel* (plan couleur D2, 23) : Voorhoutkaai, 44. ☎ 09-267-10-30. ● info@theboatel.com ● theboatel.com ● Fermé 1er-7 janv. Résa conseillée. Doubles 115-135 €, petit déj compris. Parking privé payant. 5 chambres standard et 2 de luxe. Un bateau-hôtel, comme son nom l'indique, amarré dans l'un des deux nouveaux ports de plaisance de Gand. Une grosse péniche fluviale en fait, qui abrite 7 chambres très bien aménagées et calmes. Vraiment impeccable. De plus, elles sont très confortables. Petit déj avec œufs, assortiment de pains et jus d'orange pressée. Attention, en vente.

⌂ *Hôtel Erasmus* (plan couleur A2, 15) : Poel, 25. ☎ 09-224-21-95. ● info@erasmushotel.be ● erasmushotel.be ● Fermé 23 déc-10 janv. Doubles 99-130 €, petit déj compris. En plein centre, un petit hôtel agencé à l'ancienne par un antiquaire collectionneur, dans une vénérable maison du XVIe s à double pignon à la flamande. Très bon accueil. Les plus grandes (et les plus chères) sont aussi les plus belles. On aime beaucoup celle donnant sur la rue, avec sa belle hauteur sous plafond, sa cheminée et ses fenêtres à meneaux. Quelques-unes donnent sur le jardin à l'arrière. Les moins chères n'ont pas toujours le même cachet, mais restent très correctes. Au sous-sol, minuscule chapelle, près de la cave.

⌂ *Gent Belfort* (plan couleur B2, 29) : Hoogpoort, 63. ☎ 09-233-33-31. ● nhgentbelfort@nh-hotels.com ● nh-hotels.com ● Doubles 118 € (standard)-178 € (junior suite). Parking payant (15 €). On ne peut guère plus central (face à la superbe façade gothique de l'hôtel de ville). Un poil en retrait de la rue. Architecture plaisante, hôtel fonctionnel, agréable et offrant de très confortables chambres. Réception pro. Copieux petit déjeuner-buffet.

Où manger ?

L'embarras du choix ! Contrairement à beaucoup de villes historiques, les restaurants des abords immédiats des grands monuments ne sont pas synonymes d'attrape-touristes.

Voici quelques bonnes adresses, testées pour vous, mais il est certain que vous en trouverez d'autres, tant l'offre est large. Repérez plutôt les restos aux abords desquels des vélos sont garés. C'est là que mangent les Gantois ! Profitez de votre passage à Gand pour essayer le fameux waterzoi gantois : bouillon crémeux de légumes (carottes, poireaux, céleri) et de pommes de terre, mijoté avec soit du poulet, soit du poisson. Bien préparé, c'est un régal !

Mais Gand se distingue surtout par ses nombreux restaurants végétariens de qualité, dont vous trouverez la liste dans un dépliant remis à jour chaque année, distribué à l'office : « A guide to veggie Ghent », Gand étant à l'avant-garde en ce domaine, avec son jeudi, jour décrété végétarien par la municipalité.

À noter sinon que plusieurs adresses citées dans la rubrique « Où boire un verre ? » proposent également une petite restauration peu chère.

Spécial végétariens

I●I Avalon (plan couleur B1, 36) : Geldmunt, 32. ☎ 09-224-37-24. ● info@restaurantavalon.be ● Derrière le château des Comtes. Lun-sam 11h30-14h30, plus 18h-21h ven-sam. Fermé 2 sem en août. Menu du jour 14 €, sinon compter 10-15 € pour une salade, une quiche ou des pâtes. Un resto végétarien bien connu des fanas de produits macrobiotiques et de cuisine organique, dans un décor composé de carreaux de faïence, tables en bois et même d'un poêle. Jolie fenêtre Art nouveau côté rue. Prix plancher ! Petite terrasse aux beaux jours.

I●I De Brooderie (plan couleur B2, 46) : Jan Breydelstraat, 8. ☎ 09-225-06-23. ● hilde@brooderie.be ● Tlj sf lun 8h-18h (22h ven-sam). Brunch 17,50-25 € ; menu 20,50 €. CB refusées. Au cœur du vieux Gand, une jolie maison ancienne avec pignon cranté. Boulangerie-restaurant qui sert, en semaine, un superbe plat du jour végétarien. Cadre vieillot et patiné, tables rugueuses en bois. Uniquement

produits bio. Sinon, il y a des salades, soupes maison, quiches, lasagne saumon-épinards, fromage de chèvre chaud au miel et pâtes à la carte. Pains aux céréales, aux olives, noix et raisins, etc. Salle agréable. 3 petites chambres toute simples au-dessus.

I●I Patiron (plan couleur B1, 52) : Sluizeken, 30 (Oudburg). ☎ 09-233-45-87. ● patiron@skynet.be ● patiron.be ● Mar-sam 11h30-18h (sam 15h). Menu 11 € ; carte 15-20 €. Un lieu chaleureux consacré aux quiches et aux tartes en général, qui sent bon la vie. Essentiellement végétarien. Superbe petite terrasse cachée, avec quelques tables au soleil. Potager en pot original.

I●I Warempel (plan couleur C2, 35) : Zandberg, 8. ☎ 09-224-30-62. ● warempel@skynet.be ● warempel.be ● Lun-sam 11h45-14h. Lunch 11 €. Uniquement végétarien, un espace où il faut montrer patte blanche, mais qui se remplit très vite d'une clientèle d'habitués. Cosy, gentil, et surtout fort bon.

I●I Komkommertijd (plan couleur C2, 53) : Reep, 14. 🖃 0485-73-16-17. ● info@komkommertijd.be ● Tlj sf lun-mar et sam midi. Déj sem 12,50 € (15 € w-e). Carte 20-25 €. Service midi et soir. Un lieu improbable, au fond d'une cour, près d'un canal qui réapparaît après avoir dû longtemps se cacher. Un restaurant végétalien et végétarien à la fois, avec un grand buffet. Accueil un peu sec, mais on ne rigole pas toujours, dans la vie... Au fait, vous avez traduit, bien sûr : ici, c'est tous les jours le « temps des concombres ».

De bon marché à prix moyens

I●I Lepelblad (plan couleur B2, 38) : Onderbergen, 40. ☎ 09-324-02-44. ● info@lepelblad.be ● Service non-stop, mar-sam 11h-20h30. Formule du jour env 12 €. À la carte, restauration légère ou plus consistante : 6-25 €. CB refusées. Voici un endroit où l'on se sent tout de suite bien. D'abord, il y a le cadre, clair et sympa, avec plancher, tables en bois, art contemporain aux murs et sièges design très confortables ; puis, la carte, alléchante, où figurent soupes, sandwichs (chauds et froids), pâtes, salades et divers plats chauds ; et enfin, le contenu de l'assiette, tout simplement réjouissant (et copieux !). Bons légumes de saison. Bon accueil, qui plus est. Petite terrasse en été. Carte en français.

|●| *Du Progrès* (plan couleur B2, *32*) : Korenmarkt, 10. ☎ 09-225-17-16. ● info@duprogres.be ● *Ouv midi et soir jusqu'à 21h30 (puis jusqu'à 22h, pas d'entrées, on ne peut commander qu'un plat chaud). Fermé mar-mer. Congés : 2ᵈᵉ quinzaine mars. Menu du jour 12 €. Compter env 30 € pour un repas.* ☞ *Café offert à nos lecteurs.* Vu l'emplacement en plein centre touristique, on pourrait craindre une cuisine de brasserie un peu passe-partout. Eh bien pas du tout, ici c'est du bon, du sérieux, de l'élaboré. Décor de boiseries et glaces biseautées, clientèle locale et populaire. Fameuses croquettes de crevettes, viandes tendres (excellent filet à l'argentine), sans oublier le rumsteck, les poissons (saumon, truite, tilapia...), pâtes et salades diverses. Mon tout servi copieusement. Accueil gentil comme tout.

|●| *Uit Steppe Oase* (plan couleur B1-2, *30*) : Jan Breydelstraat, 21. ☎ 09-224-07-36. *Ouv slt le dim mai-oct et à midi... sf s'il pleut. Plat max 10 €.* Traverser la galerie des antiquités, jusqu'au jardin de thé, îlot de verdure aménagé par Tanya, une archéologue voyageuse. On y sert des petits plats orientaux et des boissons. Cadre superbe. Les grandes arches en bois du jardin proviennent d'une vieille mosquée du nord du Pakistan.

|●| *Brasserie Café des Arts* (plan couleur B3, *40*) : Schouwburgstraat, 12. ☎ 09-225-79-06. *Tlj sf lun soir 10h-22h (23h le w-e). Fermé 2 sem début août. Plat du jour env 9 €, salades, soupes 6-9 €, compter 25-30 € à la carte.* Taverne un peu sombre. Glaces, lambris et banquettes de bois, houblon séché au mur pour une restauration sans façon mais copieuse : pâtes, lasagne, scampi *des Arts*, quiches, salades, *spare ribs*, *hochepot*, carbonades flamandes. Les Gantois y viennent pour un en-cas rapide à midi ou un godet vite bu après le boulot.

|●| *Het Gouden Hoofd* (plan couleur D2, *51*) : Schlachthuisstraat, 104.

☎ 0487-20-65-01. ● info@hetgou denhoofd.be ● *Tlj 11h30-22h (à partir de 16h sam et dim). Lunch le midi 11 €. Carte 20-25 €.* Un café typique, dans un quartier de plus en plus couru, repaire d'habitués avec ses tables en formica à l'intérieur et sa terrasse cachée où il faut venir tôt pour avoir une place, aux beaux jours. Un lieu à deux pas de l'abbaye Saint-Bavon, où il vous faudra aller faire un tour, ensuite, pour digérer, côté jardin, si les voisins sont là pour ouvrir ce lieu des plus secret.

|●| *De Lieve* (plan couleur B1, *50*) : Sint-Margrietstraat, 1. ☎ 09-223-29-47. *Tlj sf sam-dim et j. fériés, 11h30-14h30, 17h30-22h. Suggestions 9-19 €. La Chouette,* c'est tout un poème. Il y a la télé dans un coin pour les soirs de match, un bout de terrasse côté rue pour avoir la paix et des boxes pour s'attabler entre amis, près du bar. La cuisine se veut française mais est surtout, à nos yeux, délicieusement belge. Formule unique avec une douzaine de suggestions. Patron qui est là, pour tout commenter, et vous guider dans les plats typiques. Bon choix de bières.

|●| *Amadeus* (plan couleur B1, *41*) : Plotersgracht, 8/10. ▯ 0497-43-85-71. *Dans le quartier de Patershol. Tlj 18h30-23h, ouv dim midi. Menus 16-40 €. Café offert sur présentation de ce guide.* Boiseries, vitraux Art nouveau et musique des années 1920. Ici, les *spare ribs à volonté* (16 €) se mangent avec les doigts et sont servis à volonté. Pas de carte, les quelques plats sont présentés sur un buffet : gambas grillées, waterzooi gantois. Certes, quand même pas d'une grande finesse, les gens y vont presque autant pour le *fun* ! Pour les fans, autre *Amadeus* sur le Gouden Leeuwplein, 7 *(mêmes ouvertures),* non loin de l'hôtel de ville, avec terrasse et vue sur le beffroi.

Prix moyens

|●| *'t Vosken* (plan couleur C2, *33*) : Sint Baafsplein, 19. ☎ 09-225-73-61. ● brasserie@tvosken.be ● *Tlj 9h-minuit. Plats 10-20 € ; quelques snacks moins chers.* Papiers peints à impression noir et blanc, mobilier design et esprit baroque. Bons snacks et sandwichs.

On trouve à la carte toutes sortes de pâtes, salades et grillades, mais les classiques flamands tiennent la place d'honneur : délicieux lapin à la bière, waterzoi, *spare ribs*... Petite sélection de vins. Terrasse au pied de la cathédrale.

|●| De Gekroonde Hoofden (plan couleur B1, 39) : Burgstraat, 4. ☎ 09-233-37-74. ● info@degekroondehoofden. be ● Tlj 18h-minuit (23h dim). Fermé Noël-Jour de l'an. Grande affluence en permanence, résa conseillée. Menus 25-39 €. D'abord, la façade, où ont été sculptées les têtes des comtes de Flandre, mérite un coup d'œil appuyé. Intérieur particulièrement agréable avec poutres, grande cheminée et lustre monumental. On y sert également les *spare ribs* à volonté pour 17 € (endroit plus classe qu'*Amadeus*). Salades, grillades, *scampi picobello* et belle carte de vins. C'est toujours succulent.

|●| Vier Tafels (plan couleur B1, 47) : Plotersgracht, 6. ☎ 09-225-05-25. ● resto@viertafels.be ● Dans le quartier de Patershol. Fermé lun-mar et 2de quinzaine d'août. Menus 25-30 €, plats 12-30 €. L'un des rares restos gantois qui ne servent pas de frites ! Et pour cause : la cuisine, ici, est un audacieux pot-pourri de produits et ingrédients originaires des quatre coins du globe. Aujourd'hui, le patron, très accueillant, a gagné en simplicité, proposant des mets comme le kangourou sauce échalotes, le renne finlandais aux chicons, ou tout simplement le thon à la coriandre. Routards du monde entier, à vos fourchettes !

|●| De Foyer (plan couleur C2, 37) : Sint-Baafsplein, 17. ☎ 09-234-13-54. ● info@foyerntgent.be ● Tlj sf lun-mar 12h-14h, 18h30-22h. Lunch env 14 €, compter 25-30 € à la carte. C'est le foyer du théâtre, à l'étage du *Koninglijke Nederlandse Schouwburg*. Il accueille, entre autres, les troupes de comédiens. Il faut dire que le cadre est plaisant (plafond à caissons) et la vue sur la cathédrale (depuis le balcon-terrasse), imprenable. On peut aussi y venir à midi, grignoter une salade ou un plat dans l'air du temps.

|●| Grand Café Godot (plan couleur B2, 49) : Hooiard, 8. ☎ 09-329-82-08. ● info@godotgent.be ● Tlj 11h-1h. Menu lunch 16 € ; plats 17-22 € et pâtes à moins de 12 €. Un endroit très branché et souvent plein comme un œuf, au décor design blanc, noir et doré, avec une terrasse située au cœur de l'animation. Le midi, les employés du coin viennent en masse, attirés par la fraîcheur et la saveur de bons petits plats à prix raisonnables (pour ce genre de lieu). Le soir, c'est un point de rendez-vous populaire auprès des noctambules en partance pour la tournée des bars. On peut aussi grignoter à toute heure des tartines et tapas peu chers. Service attentif et rapide : du coup, on n'a même pas besoin de l'attendre, ce satané Godot !

De prix moyens à chic

|●| Belga Queen (plan couleur B2, 34) : Graslei, 10. ☎ 09-280-01-00. ● info.gent@belgaqueen.be ● Service tlj 12h-14h30, 19h-minuit (23h30 dim). Formule lunch 18 €, entrées 14-22 €, plats 19-35 €. Menu 35 €. Aménagé dans la plus vieille maison du Graslei (un ancien entrepôt à grains). La mise en espace ultra-contemporaine, avec des passerelles métalliques suspendues, contraste avec les solides murs du XIIIe s : fauteuils en cuir pour un esprit *lounge*, vaisselle design, etc., jusqu'aux tabliers des serveurs et au cornet de frites artistiquement présenté ! Le chef revisite les recettes traditionnelles et n'utilise que des produits locaux. La carte des bières (ou des vins) n'est pas en reste. Terrasse aux beaux jours.

|●| Bij den Wijzen en den Zot (plan couleur B1, 45) : Hertogstraat, 42. ☎ 09-223-42-30. 🖷 0475-66-62-39. ● bijdenwijzenendenzot@telenet.be ● Tlj sf dim-lun 12h-14h, 18h30-22h. Résa hautement recommandée, surtout le w-e, car les 3 petites salles sont vite remplies. Plats 20-30 € env. Cette jolie maison du XVe s du Patershol est un des hauts lieux du waterzoi gantois. Assurément l'un des meilleurs de la ville (sinon le meilleur !). Pas de secret, madame (car c'est une femme qui officie en cuisine) n'utilise que des poissons nobles, ne trahissant, en cela, la recette que pour la bonne cause !

IOI *Café Théâtre* (plan couleur B3, **31**) : Schouwburgstraat, 5-7. ☎ 09-265-05-50. ● info@cafetheatre.be ● Tlj sf sam midi 12h-14h, 19h (18h dim)-23h (minuit le w-e). Bar ouv à 10h. Brunch dim jusqu'à 15h. Fermé de mi-juil à mi-août. Formule lunch 15,90 €, plats 19-32 €. Près de la place du Kouter, un bar-restaurant pour les jeunes urbains branchés et les employés du quartier. Salle aux couleurs rouge, brun et noir et à la sobre élégance, avec mezzanine et toilettes de style maghrébo-design. Ambiance chaleureuse, service rapide. Cuisine de brasserie nouvelle génération, aux senteurs provençales et aux influences exotiques. Bon rapport qualité-prix. La partie *lounge* (apéritif, musique et petite restauration soignée) est plus cosy que la partie resto.

IOI *Brasserie Pakhuis* (plan couleur B2, **48**) : Schuurkenstraat, 4. ☎ 09-223-55-55. ● info@pakhuis.be ● Dans une ruelle derrière le McDo du Korenmarkt. Tlj sf dim 12h-14h30, 18h30-23h (minuit w-e). Résa vivement conseillée le soir. Formule lunch env 14 €, menus 27-44 €. Dans le style *Quincaillerie* à Bruxelles et *Pomphuis* à Anvers, la brasserie branchée de Gand. Entrepôt monumental en fer forgé surmonté d'une grande verrière. Bar à huîtres et bar tout court dans la galerie en contre-haut. On pourrait croire que ça serait l'usine avec une cuisine de brasserie passe-partout, mais pas du tout, c'est une cuisine tout à fait sérieuse. En outre, service jeune et impeccable. Viandes savoureuses et bien servies, accompagnées de petits légumes frais et bien choisis.

IOI *Cœur d'Artichaut* (plan couleur B2, **43**) : Onderbergen, 6. ☎ 09-225-33-18. ● info@artichaut.be ● Tlj sf dim-lun 12h-14h30, 19h-23h30. Plats 17-27 €, le midi 12 €. À la carte, compter 40 €. Brasserie à la déco contemporaine, très agréable, au rez-de-chaussée d'une maison de maître. On y sert une cuisine savoureuse et variée, aux accents thaïs. Feu dans la cheminée l'hiver, terrasse-jardin l'été. Carte en français. Autres adresses dans l'air du temps à découvrir, au hasard des balades dans ce quartier très prisé des Gantois.

Très chic

IOI *The House of Eliott* (plan couleur B1, **42**) : Jan Breydelstraat, 36. ☎ 09-225-21-28. ● house.of.eliott@ telenet.be ● Fermé mar-jeu midi, 2de quinzaine de fév et 1re de septembre. Menu du marché 46 €. Repas min 40-50 €. Digestif offert sur présentation de ce guide. Cadre délicieux, plein de charme. Décor de mannequins portant de belles robes vintage, poupées, beaux objets, bibelots, photos anciennes, cadres argentés, miroirs, miniatures, mobilier cossu... Tout concourt ici à créer une atmosphère cosy, intime et chaleureuse, teintée de préciosité. L'idéal pour un dîner en tête à tête et de grandes déclarations d'amour. Cuisine au diapason, fine, raffinée, aux sauces délicates. Poisson cuit à la perfection. Spécialité de homard, décliné de nombreuses façons. Service parfois un peu longuet, mais tout est fait à la demande. Et puis ce temps qui s'écoule paisiblement...

IOI *De 3 Biggetjes* (plan couleur B1, **44**) : Zeugsteeg, 7 (Patershol). ☎ 09-224-46-48. Tlj, sf mer, sam et dim midi, 12h-14h et 18h30-21h30. Menu 32 €, carte 45-50 €. Dans une belle demeure médiévale, 2 petites salles tranquilles et cosy pour une cuisine française raffinée. Beaux produits suivant marché et saisons. Délicieux desserts. Menu d'un remarquable rapport qualité-prix. Une de nos plus belles adresses.

Où boire un café et manger une bonne gaufre ou une part de tarte ?

☛ IOI *Max* (plan couleur B2, **73**) : Gouden Leeuwplein, 3. ☎ 09-233-97-31. Tlj sf mar 14h-18h. Tout à côté du beffroi. Une institution à ne pas manquer, surtout si vous rêvez d'une gaufre confectionnée dans les règles de l'art. Rétro, mais pas trop.

☛ IOI *Julie's House* (plan couleur B1, **78**) : Kraanlei, 13. ☎ 09-233-33-90. ● julie@julieshouse.be ● Service non-

stop, mer-dim (tlj vac scol) 11h-19h30.
Formule du j.env 10 €. Pour les becs
sucrés, une jolie petite adresse pour
prendre un vrai bon petit déj, le matin,
et revenir s'offrir une tarte au speculoos ou un clafoutis, avec un café,
l'après-midi.

Où boire un verre ?

On pourrait aisément consacrer un
volume entier aux cafés gantois : bruin
cafés, kroegen, caves, estaminets,
rock-cafés, temples de la bière ou du
genièvre... vous n'épuiserez jamais le
sujet. Les quelque 60 000 étudiants
que compte la ville se chargent d'animer tous ces troquets.
Pas mal de terrasses autour de Saint-
Bavon et du beffroi, pour se reposer dans la journée ou se donner
rendez-vous.

Dans le centre historique

🍷 I●I Bord'eau (plan couleur B1-2,
74) : Sint-Veerleplein, 5. ☎ 09-233-20-
00. ● info@bordeau.be ● Menu lunch
env 15 €. Tout à côté du nouvel office
de tourisme. Architecture en fer, brique
et verre du XIXᵉ, ample volume et mobilier épuré. Un espace contemporain où
il fait bon se poser, au bord de l'eau,
vous l'aviez deviné. On peut même
déjeuner en paix. Cuisine de brasserie
un peu chère, sinon.
🍷 Den Turk (plan couleur C2, 62) :
Botermarkt, 3. ☎ 09-233-01-97. ● in
fo@cafedenturk.be ● Tlj 11h-3h. Il est
écrit que la maison date de 1228. Par
son nom, ce café évoque les Turcs,
peuple avec lequel commerçait Gand
à son âge d'or. On peut y boire un verre
dans un décor gantois traditionnel
marron et blanc crème et, de temps
en temps, écouter de la musique (jazz,
blues). Atmosphère chaleureuse et
animée, surtout le week-end. Bonne
sélection de bières.
🍷 Damberd (plan couleur B2, 63) :
Korenmarkt, 19. ☎ 09-329-53-37.
● damberd@pandora.be ● damberd.
be ● Sa terrasse est le meilleur endroit
pour faire connaissance, à condition
de trouver une chaise entre les tables
et les vélos joyeusement dispersés.

Si personne ne vient prendre votre
commande, allez vous servir au comptoir et observez une partie d'échecs en
cours. À l'intérieur, sur les murs, vues
de Gand en marqueterie, assez fantastiques. Concerts de jazz (voir plus loin).
🍷 Hotsy Totsy (plan couleur A2, 72) :
Hoogstraat, 1. ☎ 09-224-20-12. ● hot
sytotsy.be ● Tlj dès 18h (w-e 20h). Dans
le temps, un club de jazz pour intellectuels de gauche, aujourd'hui, un café
d'étudiants où les discussions vont bon
train, devant les photos de Mohammed
Ali ou d'Al Capone. Billard.
🍷 Het Galgenhuisje (La Potence ;
plan couleur B1-2, 64) : Groetenmarkt,
5. À l'extrémité de la Grande Boucherie
(Groot Vleeshuis). Tlj 11h-5h. Le « plus
petit estaminet de Gand » (plus historique, tu meurs !). Petite salle, petite
terrasse, petite cave (hyper touristique),
carreaux de Delft et vestige d'un ancien
pilori où l'on attachait, c'est selon, les
mauvais payeurs ou les « femmes de
mauvaise vie ». Les condamnés à la
pendaison y prenaient leur dernier
repas. On s'y entasse aujourd'hui pour
une bonne bière (brune) maison.
🍷 Het Waterhuis aan de Bierkant
(plan couleur B1, 65) : Groentenmarkt,
9. ☎ 09-225-06-80. ● waterhuis.aan.
de.bierkant@skynet.be ● À côté du
pont qui relie le Groentenmarkt au
quartier de Patershol. Tlj 11h-2h (min).
Fermé 1ᵉʳ janv et 24-25 déc. Difficile à
louper, avec sa terrasse privilégiée en
bord de Lys. Véritable académie de la
bière : plus de 150 bières belges disponibles (dont 14 au fût), quelques-
unes assez rares, toutes détaillées et
expliquées sur la carte que vous ne
manquerez pas de lire attentivement.
Toutes servies à température idéale.
Les commentaires sont différents selon
la langue utilisée ! On peut même lire
du « gensch », le patois gantois très
savoureux.
🍷 't Dreupelkot (plan couleur B1, 65) :
sur le même quai que le précédent,
dont il partage d'ailleurs la terrasse,
vu que c'est le même propriétaire
(une personnalité !). ☎ 09-224-21-20.
● dreupelkot@skynet.be ● Ferme 3 j.
après les fêtes de Gand (faut bien ça
pour se remettre !). Complément obligatoire du bar à bière, le bar à genièvre
(évitez, si possible, de mélanger les

deux : les eaux de la Lys sont déjà assez peu engageantes comme ça. Ici, on boit debout, au comptoir ou autour des tonneaux, et cela se justifie. Assis, on n'est pas sûr de pouvoir se relever. Au coude à coude, on sirote, comme il se doit, l'alcool de grain dans de petits verres givrés, remplis à ras bord, et les tournées avec les Gantois se succèdent facilement...

Dans le quartier de Patershol (plan couleur B1)

Dans le triangle Kraanlei-Oudburg, Lange Steenstraat et Geldmunt, le *Patershol* est un vieux quartier idéal pour sortir le soir. On y trouve une trentaine de restos et quelques lieux nocturnes inoubliables. En hiver comme en été, on s'y sent bien mais à la mi-août les rues grouillent de monde pour les fêtes du Patershol. Ce fut un quartier bourgeois aux XVIIe et XVIIIe s, puis au XIXe s un quartier ouvrier avec l'implantation des industries textiles. Quasi à l'abandon, peuplé de familles immigrées, il fut sauvé de la démolition par la volonté des Gantois de préserver cet ensemble unique de structure urbaine de type médiéval. Il est aujourd'hui habité par des jeunes qui aménagent tantôt des lofts, tantôt des appartements au design recherché.

Raj *(plan couleur B1, 70)* : Kraanlei, 43 A. ☎ 09-234-34-59. ● resto@raj.be ● Tlj sf mar à partir de 18h30. Décor indien traditionnel, certainement l'un des plus exotiques de Gand ! L'atmosphère y est douce, on vient ici pour s'installer sur des coussins, derrière une tenture rouge, et déguster un *badamka sherbet* (lait aux amandes, safran et cardamome) ou une « canette » de thé (indien, bien sûr). En bref, pour savourer un moment de tranquillité et repartir serein. Fait aussi sauna.

Rococo *(plan couleur B1, 66)* : Corduwaniersstraat, 57. ☎ 09-224-30-35. Tlj dès 22h. Au cœur du quartier. Beau plafond mouluré bruni par les cierges et la fumée des cigarettes. Oasis de chaleur, de douceur et d'intimité, refuge des artistes dont Betty la Blonde est la muse. Le feu de l'âtre et des candé-labres se reflète dans ses yeux... qui pétillent de toute façon. Presque toujours quelqu'un le week-end pour jouer du piano. On remplit les tables au fur et à mesure, bonne occasion de rencontre et de discussion. Un super café de nuit !

't Velootje *(plan couleur B1, 67)* : Kalversteeg, 2. Dans une ruelle perpendiculaire à l'Oudburg, c'est la façade de briques jaunes et blanches. Tlj à partir de 19h (en fait, suivant l'humeur du patron) jusque tard, dépendant du moment. Sur 40 m², un incroyable bric-à-brac, sorte de remise où s'entassent vieilles fringues et vélos suspendus, là où on peut encore planter un clou. Liéven est l'ermite qui habite cet antre, moitié réparateur de bécanes, moitié fripier. Il est assez farouche et, si vous n'êtes pas assis, vous ne serez pas servi. Une pancarte interdit formellement de danser ! Il faut dire que, dans un tel espace, cela tiendrait de l'exploit. Une anecdote court au sujet de Liéven : il possède un vélo des régiments cyclistes de Napoléon III, qu'un fils de baron gantois, junkie, lui aurait vendu pour se procurer des substances illicites. Le musée du Louvre le convoiterait mais Liéven refuse de s'en défaire !

Dans le quartier du Vrijdagmarkt (plan couleur B1-B2)

L'âme populaire de Gand se perçoit sur le Vrijdagmarkt : le personnage de la statue centrale, le tribun Jacques Van Artevelde, y haranguait les foules. Il en est resté une habitude qui fait de cette place un lieu permanent de rassemblement. Tavernes nombreuses et terrasses souvent noires de monde. Marché le vendredi bien sûr.

Herberg Dulle Griet *(plan couleur B1, 68)* : Vrijdagmarkt, 50. ☎ 09-224-24-55. ● info@dullegriet.be ● Tlj 12h (16h30 lun)-1h (19h30 dim). Dulle Griet (« Margot l'Enragée ») est cette créature du tableau de Pieter Bruegel personnifiant la Guerre, et c'est ici un autre haut lieu gantois de la bière. Quelques exclusivités au fût, dont la Dulle Griet. Autre spécialité :

le Max, un verre de 1,2 l. Attention, on vous demandera de laisser en gage une chaussure, qu'on mettra dans un panier au plafond et on ne vous la restituera que si vous rendez le verre en bon état ! À propos, la Max est uniquement brassée pour ce café qui offre d'ailleurs pas moins de 250 sortes de bières. Sinon, plusieurs petites salles vieillottes en enfilade et l'endroit se visite comme un musée, avec ses bouteilles aux étiquettes délavées en fond de comptoir et ses plaques publicitaires émaillées...

Pink Flamingo's (plan couleur B2, 71) : Onderstraat, 55. ☎ 09-233-47-18. ● info@pinkflamingos.be ● Lun-mer 12h-minuit, jeu-ven 12h-3h, sam 14h-3h, dim 14h-minuit. Fermé fin juil-mi août après les fêtes de Gand (pour cause d'épuisement). Bar au décor assez délirant, un vrai repaire du kitsch. Hormis les toiles cirées à fleurs, les lustres de poupées Barbie, les statues religieuses, les trophées de chasse et les photos de stars hollywoodiennes, le décor change tous les 3 ou 4 mois. Musique pop et eighties. Accessoirement, plats de petite restauration.

Autour de Sint Jacobskerk (plan couleur C2)

De Trollekelder Bier café (plan couleur C2, 69) : Bij Sint Jacobs, 17. ☎ 09-223-76-96. ● info@trollekelder. be ● Tlj 17h (16h w-e)-2h (voire 3h). Fermé en août. Attention, des créatures grimaçantes vous entourent : les trolls des légendes germaniques ! Ils ne sont nullement menaçants et, si vous leur ouvrez votre bourse, ils vous régaleront de fromage, bière, saucisson ou de quelque autre mixture mitonnée dans la marmite du chef. Grande salle au sous-sol, avec un bon feu qui crépite dans l'âtre. La musique classique est leur mélopée préférée. Quelques bières rares parmi les 150 proposées.

Trefpunt (plan couleur C2, 69) : Bij Sint Jacobs, 18. ☎ 09-233-58-48 et 225-36-76. ● info@trefpuntvzw.be ● trefpuntvzw.be ● Tlj à partir de 17h. Fermé 1er-15 août. « Point de rencontre pour la promotion de l'art dans la rue », Trefpunt est le lieu où se prépare l'animation d'une partie des Gentse Fees-

ten. C'est aussi, et avant tout, un bruin café qui reçoit, tous les lundis, de fort bons musiciens. Excellente animation la plupart du temps, car c'est l'un des populaires rendos des musicos et de la bohème locale.

Au-delà de la Belfortstraat, le Vlasmarkt rassemble quelques cafés « jeunes » un peu destroy. À grands coups de décibels. Le spectacle est autant dans la rue que dans les salles enfumées.

Où sortir ? Où écouter de la musique ?

La vie nocturne est aussi très intense au sud de la ville historique, dans le quartier de l'université : le long de Sint Pietersnieuwstraat et, surtout, d'Overpoortstraat, jusqu'au Citadelpark, où se trouvent les musées des Beaux-Arts et d'Art contemporain ; là, s'égrène une kyrielle de cafés d'étudiants, parmi lesquels l'**Abu Simbel**, connu pour ses concerts, et le **Décadanse**, un bar où l'on guinche jusque très tard. Ambiance « guindaille », beuveries bruyantes et chansons paillardes garanties... sauf les week-ends et pendant les vacances scolaires (les étudiants sont de retour chez papa-maman).

♪ **Kunstencentrum Vooruit VZW** (plan couleur C3, 80) : St-Pietersnieuwstraat, 23. ☎ 09-267-28-28. ● vooruit. be ● Mar-sam 11h30-2h (3h ven-sam), dim 16h-1h. Fermé lun. Immense salle pour boire, manger (plat du jour bon marché) et écouter de la musique. C'est le grand rendez-vous des jeunes, des étudiants, des artistes de Gand, de ceux qui sortent le soir. Spectacle presque tous les jours (dans une autre salle prévue à cet effet) et concerts (gratuits) tous les jeudis. Inutile de dire qu'il y a de l'ambiance.

Les clubs de jazz...

♪ **Lazy River Jazz Club** (plan couleur B2, 61) : Stadhuissteeg, 5. ☎ 09-230-41-39 et 09-225-18-58. ● lazyriver clubgent.be ● Derrière l'hôtel de ville. Ouv 2 ou 3 soirs/mois dès 21h. Permet de finir la soirée en douceur dans un club où la qualité des concerts de jazz ne s'est pas démentie depuis plus de 20 ans.

♪ ¶ *Damberd (plan couleur B2, 63) :* *Korenmarkt, 19.* ☎ 09-329-53-37. ● *damberd@pandora.be* ● *damberd. be* ● À l'intérieur, sur les murs, vues de Gand en marqueterie, assez fantastiques. Concerts de jazz le mardi d'octobre à mars.

♪ ¶ *Hot Club de Gand (plan couleur B1, 65) : Groentenmarkt, 15.* ☎ 0486-53-94-55. ● *hotclubdegand. be* ● À côté du pont, au bout d'un couloir, un petit bar avec concert de jazz à la fraîche (normal, pour un hot club) et petite terrasse devant l'entrée.

...et les boîtes jeunes

♫ Sur Oude Beestenmarkt *(plan couleur C2)*, entre St-Jacobsnieuwstraat et Nieuwbrugkaai, se succèdent quelques hauts lieux incontournables de la nuit gantoise. On y trouve côte à côte le *Bardot*, le *Club 69*, le *Club Atlantic* et le *Video*. Les soirs de fin de semaine en été, ils sont noirs de monde. Musique et danse.

– Le quartier Afrikalaan, près de la gare Dampoort, est un autre lieu branché de la nuit avec, en vedette, le *Culture Club.*

Achats

⊛ *Temmerman (plan couleur B1, 113) : Kraanlei, 79.* ☎ 092-24-00-41. *Tlj sf lun.* Adorable et minuscule échoppe à l'ancienne, située dans l'une des plus jolies demeures du Patershol et spécialisée pour le plus grand bonheur des gourmands dans la (re)création de bonbons traditionnels. Entre autres spécialités, les *cuberdons* (ou *neuskes*), petits cônes violets fourrés à l'anis et toutes sortes de guimauves, de pains d'épice et de *speculoos*.
– Juste en face, ne manquez pas (bien que cela n'ait aucun rapport !) la **bou-**

tique de papiers peints. À fleurs ou totalement psyché, il y a de quoi se dire que les Belges ont un train de retard en matière de déco... Que nenni ! La boutique, célèbre dans le monde entier, fournit le théâtre et le cinéma en motifs originaux et s'est spécialisée dans les années 1950-1960... La vitrine, assurément, vaut le coup d'œil !

⊛ *Vve Tierenteyn-Verlent (plan couleur B2, 115) : Groentenmarkt, 3.* ☎ 09-225-83-36. *Tlj sf dim 8h30-18h30.* Cette belle boutique à l'ancienne est celle d'un célèbre moutardier gantois. Comme le décor, la recette est restée la même, sans conservateurs, à base de grains noirs et vendue à la louche. Pour amateurs de goûts vrais et de sensations fortes !

⊛ *Sjapoo (plan couleur B1, 114) : Sluizeken, 29.* ☎ 09-225-75-35. *Mar-ven 10h-13h, 14h-18h ; sam 11h-18h30.* Ria de Wilde est une jeune modiste qui crée de ses petites mains de splendides chapeaux, très structurés. N'utilisant que des feutres ou des pailles de première qualité, ses créations ont une classe folle. Prix tout à fait abordables. Compter quand même une centaine d'euros pour un modèle unique.

Marchés

– *Marché aux antiquités et aux puces :* le mat ven-dim. Marché mixte qui se tient sur la pl. Beverhoutplein, près de l'église Saint-Jacques (Bij Sint Jacob).
– *Marché aux fleurs :* le dim mat, sur la fameuse pl. du Kouter.
– *Marché aux oiseaux :* le dim mat, sur le Vrijdagmarkt.
– *Marché aux livres :* le dim mat, rive gauche.
– *Marché aux oiseaux de basse-cour :* le dim mat, sur l'Oude Beestenmarkt.
– *Marché au poisson et marchandise neuve :* le ven mat, sur le Vrijdagmarkt.

À voir

On vous rappelle l'existence d'un *pass* (20 € pour 3 jours) que vous pouvez vous procurer à l'office de tourisme mais aussi dans chacun des sites et musées

GAND ET SES ENVIRONS

concernés. Il offre la gratuité dans les principaux musées (expos temporaires comprises), ainsi que dans les bus et trains urbains « De Lijn »...

Le centre historique

Le tour de Gand commence inévitablement par la Sint Baafsplein, au centre de l'espace piéton. Les terrasses ou les petits bancs permettent de s'y préparer, *Routard* et plan de ville en main (disponible à l'office de tourisme). Avec le plan, vous comprendrez bien ce que l'on nomme « *la Cuve* », il s'agit de la boucle comprise entre la Lys et l'Escaut, qui correspond aux origines de la ville. Un projet vise à remettre le canal en eau (entre le Brabantdam, le Oude Beestenmarkt et le Nieuwbrugkaai), dans le but de créer une grande piste cyclable et une voie navigable qui ferait, comme autrefois, le tour de la ville.

🎭🎭🎭 **Sintbaafskathedraal** *(cathédrale Saint-Bavon ; plan couleur C2, 90) : Sint Baafsplein. ● sintbaafskathedraal-gent.be ● Tlj 8h30-18h (17h nov-fin mars). Fermé pour les offices religieux (dim mat et j. fériés). Entrée gratuite. Tour de la cathédrale accessible slt au moment des fêtes de Gand (4ᵉ sem de juil 11h-18h).*
Avec le beffroi et sa halle, Saint-Bavon est l'orgueil des Gantois. Si le style dominant est gothique, la construction, échelonnée sur plusieurs siècles, est partie de l'église primitive dédiée à saint Jean-Baptiste, première paroisse de la ville. Charles Quint y fut baptisé et elle prit le nom de Saint-Bavon à la suite de la démolition de l'abbaye du même nom. Philippe II en fit une cathédrale et la confia au premier évêque de Gand. Elle subit des transformations tout au long des siècles : la crypte est romane, le chœur gothique rayonnant, la tour, la nef et le transept art gothique tardif. La tour de 82 m fut même dotée d'une flèche qui brûla en 1603. Pour se repérer, il suffit de savoir que l'on utilisa tout d'abord la pierre grise de Tournai par facilité, puis la pierre blanche du pays d'Alost, du temps de sa splendeur, et que l'on dut se rabattre sur la brique après le XVIᵉ s, faute d'argent...
Saint-Bavon est un grand musée, son statut de cathédrale ayant incité tous les nantis de la ville à y construire l'un une chapelle, l'autre un tombeau, ou à doter l'intérieur de mobilier et de peintures monumentales. Remarquez le dessin des voûtes, plutôt compliqué. Sans entrer dans les détails, on devine immédiatement l'apport du baroque, par un jubé monumental en marbre orné de grisailles. Voir la chaire de vérité, réalisée par Laurent Delvaux, prototype du style rococo, avec le mélange de bois et de marbre (les arbres en marbre !).
– *Le chœur :* superbes stalles et candélabres aux armes de la couronne d'Angleterre.
– *Le déambulatoire :* avec autour ses chapelles commanditées par les grandes familles (l'une d'elles abritait l'*Agneau mystique*). Dans la première à droite du chœur, *Jésus au milieu des docteurs,* de Pourbus : Charles Quint, Philippe II et le duc d'Albe y sont représentés. À voir, tout autour, les mausolées d'évêques. Celui de Mgr Triest, dont l'expression semble porter tout le poids de la condition humaine (d'où son nom ?). Et encore les portes richement ouvragées et les tableaux, dont un Rubens, dans la chapelle de Saint-Pierre-et-Saint-Paul, la dernière, dans le déambulatoire (nᵒ 25 sur le dépliant en français).
– Aux murs, dans le chœur et le transept, votre attention sera attirée par **les blasons** portant les armes des grandes familles de la noblesse des Pays-Bas bourguignons et espagnols. Le 23ᵉ et dernier chapitre (réunion) des chevaliers de la Toison d'or se tint à Gand en 1559 et on peut remarquer la présence des armoiries des comtes d'Egmont et de Hornes, membres de l'ordre, décapités à Bruxelles en 1568 sur ordre d'un autre membre, le duc d'Albe. Scandale chez les aristos car, même en ces temps troublés, on avait des principes.
– *La crypte :* *mêmes horaires que la cathédrale. Accès gratuit.* L'une des plus grandes cryptes romanes de Belgique, elle remonte aux années 1150 et contient un trésor religieux constitué d'objets du culte, d'une châsse (saint Macaire), de

reliquaires, d'évangéliaires et de pierres tombales. Une peinture remarquable : *Triptyque du Calvaire* de Juste de Gand, un artiste flamand qui poursuivit sa carrière en Italie. L'architecture du lieu est particulièrement intéressante. La crypte fut agrandie pour permettre l'adjonction d'un chœur et de chapelles. Colonnes romanes ornées de fresques du XVe s.

– Le fac-similé de l'Agneau mystique : dans une chapelle latérale (celle des donateurs). Cette copie a retrouvé l'exacte place qu'occupait le polyptyque. Regardez l'éclairage et les ombres sur le tableau... Ils correspondent exactement à la lumière naturelle provenant de la fenêtre de la chapelle.

– ♣♣♣ Le polyptyque de l'Adoration de l'Agneau mystique : *à gauche après l'entrée, dans l'ancienne chapelle baptismale. Avr-fin oct, lun-sam 9h30-17h, dim 13h-17h ; le reste de l'année, lun-sam 10h30-16h, dim 13h-16h. Dernière entrée 30 mn avt. Entrée : 4 €, audioguide compris.*

ATTENTION, cette œuvre est en restauration jusqu'en 2017. Les panneaux seront démontés un par un : seule une partie du polyptique restera donc exposée à Saint-Bavon, tandis que le panneau en cours de rafraîchissement sera transféré au musée des Beaux-arts. Là, les visiteurs pourront assister au travail de restauration derrière une vitre.

À ne manquer sous aucun prétexte ! Un des plus importants chefs-d'œuvre de l'histoire de la peinture. Une littérature considérable lui est consacrée, concernant ses origines, sa facture, son histoire au long des siècles et les déboires qu'il connut. Depuis toujours, le retable se trouvait dans la sixième chapelle (où se trouve aujourd'hui le fac-similé). Au grand dam des partisans de la tradition, les responsables de l'œuvre ont opté pour son déménagement afin de la protéger d'un vandalisme criminel et de lui assurer des conditions de conservation optimales. On peut donc à présent l'admirer dans une cage de verre à l'épreuve des balles mais, à notre avis, l'éclairage est loin d'être idéal. On vous recommande, même si ce n'est pas facile, d'éviter les heures de grande affluence pour vous imprégner du réalisme mystique de cet extraordinaire ensemble.

Une inscription en latin sur le cadre du retable indique qu'Hubert Van Eyck commença cette œuvre, en vantant les talents du peintre, « le plus grand qui fut ». Le problème est que l'on ne connaît aucune autre œuvre de sa main, ce qui a amené certains à douter de l'existence même d'Hubert Van Eyck. Le quatrain dit aussi que son frère Jan acheva le tableau. Il a d'ailleurs signé neuf panneaux. La science et les techniques nouvelles ne donnent pas encore de réponse formelle.

La meilleure façon de l'aborder est d'en faire le tour, pour voir les panneaux qui apparaissent lorsqu'il est fermé. C'est ainsi qu'il était présenté aux fidèles, en dehors des jours de fête : car il était conçu comme une mise en scène du mystère divin, dont le retable extérieur était le prologue. On y voit, dans leurs vêtements d'apparat, les commanditaires : le riche magistrat Joost Vijdt et sa femme Isabelle Borluut. L'un, empreint d'une dignité dévote, l'autre, pas très heureuse d'avoir été obligée de poser ! Leur piété s'adresse aux statues des deux saints Jean, dans leurs niches (le Baptiste et l'Évangéliste). La partie médiane montre l'annonce à la Vierge dans une pièce basse de plafond (par où est donc passé l'archange Gabriel ?), dont les fenêtres nous laissent voir un décor urbain (si vous regardez bien, vous verrez des gens dans la rue !). Curieusement, les « paroles » sortant de la bouche de Marie sont à l'envers, symbolisant ainsi qu'elle s'adresse à Dieu, au monde céleste et non au commun des mortels. Les personnages du haut sont les sibylles de Cumes et d'Érythrée (selon les exégètes chrétiens, ces oracles avaient annoncé la venue du Christ), et les prophètes Michée et Zacharie.

Revenez ensuite devant le retable pour recevoir de face le choc de la révélation du mystère de l'Agneau. Dieu, le Père (ou le Fils ?), préside la scène de toute la magnificence de sa parure (regardez la transparence cristalline de son sceptre, on peut y voir la déviation de la lumière : Van Eyck maîtrisa les lois de l'optique). Que dire aussi de la fabuleuse précision du rendu des étoffes et des bijoux ? La couronne à ses pieds est sans doute celle des ducs de Bourgogne. En se tordant un peu le cou et à la loupe, on peut lire le texte du livre que tient saint Jean-Baptiste (en vert) ; chaque pierre de la couronne de la Vierge reflète la lumière censée venir de la droite. Les cheveux ont été peints un à un ! C'est tout bonnement prodigieux de précision et de maîtrise technique. De part et d'autre, la bande-son est assurée par les anges chanteurs et musiciens. Nul besoin d'attirer votre attention sur la somptuosité des brocarts et la complexité du pavement.

L'orgue a été reconstitué de nos jours sur la base de la représentation que l'on voit ici et il fonctionne parfaitement. Adam et Ève, émouvants de sincérité (surmontés de « grisailles » représentant Caïn et Abel), sont les premières représentations « naturalistes » du corps humain de la peinture occidentale. C'était révolutionnaire à l'époque (on peut même compter les poils des mollets d'Adam) et cela choqua l'empereur d'Autriche, Joseph II qui, en 1781, les trouva indécents et les fit remplacer par des personnages « habillés ». On peut les voir à l'entrée de la cathédrale.

Pour bien comprendre l'œuvre, il ne faut pas perdre de vue l'importance de la symbolique dans la religion et dans l'art médiéval. Chaque détail a une signification propre.

– *La partie inférieure* du retable nous montre l'accomplissement du mystère : l'Agneau de la Rédemption est la clé pour la compréhension du sentiment mystique au Moyen Âge. Le salut vient du sacrifice du sang versé pour le rachat du péché originel : le sang jaillit du flanc de l'agneau et irrigue la terre via la fontaine de Vie (avec 12 jets comme les 12 apôtres). Le cortège des élus et des vierges sort des bocages et converge vers l'autel entouré d'anges. Le tableau s'articule de trois octogones, symbole de perfection : la fontaine, tout d'abord, puis les anges faisant « cercle » autour de l'agneau, le tout inclus dans un troisième octogone, délimité par les quatre groupes de personnages. On sent bien aussi la transition, le passage du Moyen Âge à la Renaissance et les influences italiennes. Les perspectives et les proportions sont justes en ce qui concerne les paysages mais les personnages ont encore une attitude hiératique et ultra-réaliste.

– *À l'avant-plan à gauche,* les prophètes et les patriarches de l'Ancien Testament (parmi eux, Virgile !) et, à droite, les apôtres et confesseurs du Nouveau Testament. Chacun d'entre eux peut être identifié par ses attributs.

– *À l'arrière-plan,* dans la lumière irradiante de l'Esprit saint, la Jérusalem céleste, ville idéale où l'on a pu identifier plusieurs clochers : ceux de Mayence, Cologne, Utrecht et Bruges, notamment. L'environnement végétal est d'une précision encyclopédique. Des botanistes armés de loupes y auraient identifié 42 espèces de plantes, qui sont autant de symboles de pureté, d'humilité, de fidélité... Parmi elles, des figuiers, des grenadiers, des lauriers, des vignes et des palmiers peu connus sous les latitudes septentrionales ! (Jan Van Eyck aurait séjourné au Portugal et en aurait rapporté des croquis.)

– *Les panneaux latéraux* complètent le cortège, en illustrant les quatre vertus cardinales : à droite, les ermites (la Tempérance) sortant d'un ravin, saint Antoine à leur tête ; derrière eux, guidés par le géant saint Christophe, les pèlerins (la Prudence) ; repérez la coquille Saint-Jacques sur le capuchon du pèlerin de Compostelle ; et, en queue de peloton, un curieux personnage hilare (ce qui ne peut que choquer dans le contexte) en qui certains voient le diable ! À gauche, les chevaliers du Christ (la Force) avec, successivement, saint Georges, saint Michel et saint Sébastien dans leur équipement somptueux et, sortant du défilé rocheux, à leur suite, les très fameux Juges intègres (la Justice).

– *Le panneau de gauche* (Les Juges intègres) n'est qu'une copie puisque l'original fut volé en 1934 par un inconnu, qui restitua le verso (saint Jean-Baptiste) pour attester qu'il était bien le voleur. Mais ceci est déjà une autre histoire, qui intéresse plus les amateurs de polars que de mystère divin, quoique...

Il vous faudra attendre d'aller visiter le **STAM** pour tout savoir sur ce qui reste aujourd'hui un mystère tenant en haleine nombre de passionnés. Chaque année ou presque, un nouvel ouvrage sort sur le sujet. À l'heure actuelle, ce vol du panneau *Les Juges Intègres,* en 1934, reste l'un des grands mystères non résolus de l'histoire policière du pays. L'enquête mit en évidence que le coupable ne pouvait être qu'un familier des lieux et que le panneau pourrait bien se trouver caché... dans la cathédrale ou dans le caveau funéraire du roi Albert Ier à Laeken ! Avis aux émules d'Hercule Poirot !

L'artiste qui fut chargé de la copie termina son travail en 1941, à grand-peine, découragé de ne pas pouvoir arriver au même degré de perfection que Jan Van Eyck. Tout méritoire que soit le résultat, on ne peut s'empêcher de remarquer la différence de luminosité du ciel et le manque de « piqué » des détails. Jan ou/ et Hubert détenaient des secrets de technique picturale inégalés.

UN VRAI POLAR !

En 1974, un criminologue relança les recherches du panneau volé sur base de révélations faites 40 ans plus tôt, sur son lit de mort par le présumé-voleur, l'agent de change Goedertier. Ce rebondissement lança de nombreux détectives amateurs dans une chasse au trésor qui n'est pas terminée. Hitler avait même fait ouvrir le cercueil de Goedertier espérant y retrouver le panneau, en vain ! À quand un Van Eyck Code, écrit par un émule de Dan Brown ?

Pour achever la saga du polyptyque, sachez encore qu'en plus du vol des Juges intègres, il suscita bien des convoitises. Philippe II voulut l'emporter en Espagne, les iconoclastes protestants le brûler, les sans-culottes ne se gênèrent pas pour le transférer au Louvre, d'où il revint après la chute de Napoléon. En l'absence de l'évêque de Gand, six volets furent vendus et aboutirent dans la collection d'un amateur anglais, puis ils furent rachetés par le roi de Prusse qui les exposa au musée de Berlin. Adam et Ève (« les indécents ») furent achetés par le musée de Bruxelles.

Les panneaux berlinois revinrent à Gand en 1920, au titre de remboursement des dommages de guerre dus par les Allemands après 1914-1918. Transféré à Pau en 1940 (on était devenu méfiant), il fut volé par les services spécialisés en pillage de Goering, pour échouer en 1945 dans une mine de sel de Styrie en compagnie d'une grande partie du butin nazi. De là, l'ensemble fut rendu à la Belgique et placé à Saint-Bavon sans connaître de nouvelles péripéties. Ouf !

GAND ET SES ENVIRONS

🏃🏃 *Lakenhalle et Belfort* (halle aux draps et beffroi ; plan couleur B2, 91) : Staafsplein. Pile en face du porche de Saint-Bavon.

– 🕙 *Le beffroi :* on accède à la tour et à son carillon ainsi qu'à son musée des Cloches par le double escalier de côté. Tlj 10h-18h (17h de mi-nov à mi-mars). Entrée : 5 € ; réduc. Visites guidées 1er mai-fin oct. Entrée : 5 €.

Le beffroi est le fier symbole du pouvoir civil, en opposition au pouvoir religieux. Il domine de ses 91 m la halle et le Botermarkt, dégagés à présent du tissu urbain qui les enserrait. Au sommet de l'édifice, un dragon-girouette en cuivre doré. On monte à pied (ou en ascenseur), en passant par la salle où sont conservés les vestiges des dragons anciens et des statues de chevaliers. La *salle du Secret* contenait les coffres où étaient conservées jalousement les chartes des libertés. Un ascenseur permet d'accéder à la galerie à ciel ouvert où patrouillait la garde chargée de prévenir les incendies (fléau redoutable pour les maisons, construites essentiellement en bois). La contemplation de la ville est déconseillée à ceux qui souffrent de vertige ! Le beffroi abrite un carillon de 53 cloches (la Rolls des carillons, au dire des spécialistes). On vous conseille d'attendre l'heure ou la demi-heure pour voir fonctionner l'ensemble des mécanismes qui l'actionnent, ainsi que le bourdon de 6 t. Comme tous ses cousins flamands, le beffroi de Gand est classé au Patrimoine mondial de l'Unesco.

– *La halle aux draps* (Lakenhalle) : elle servait au XVe s de centre d'affaires et de cour d'arbitrage pour le négoce du drap. C'est là que l'on accordait ou non, sous forme d'un sceau, la « Pucelle de Gand », label et gage de qualité, ancêtre de nos AOC ! Puis elle perdit sa fonction pour servir de salle d'entraînement à la confrérie des escrimeurs.

– À la sortie, vous verrez, dans l'angle de la halle et du beffroi, le bâtiment qui servait de prison et qui est surmonté d'un bien curieux fronton, le ***Mammelokker,*** réalisé d'après une légende romaine : le vieux Cimon emprisonné et édenté était condamné à mourir de faim mais sa fille le sauva en lui donnant le sein à travers les barreaux !

🦅 ***Stadhuis*** *(hôtel de ville ; plan couleur B2, 92) : Botermarkt. L'hôtel de ville n'est accessible que dans le cadre des visites guidées du centre historique organisées par l'office de tourisme (mai-nov, lun-mer et ven 14h30).* Du Botermarkt, on remarque facilement, en contre-haut, l'ensemble hétéroclite de l'hôtel de ville. Les Gantois ont commis le péché d'orgueil en entamant sa construction. Ils voulaient bâtir le plus grand hôtel de ville d'Europe. Sa surface actuelle ne représente que 20 % de celle prévue par les plans d'origine, et comme il leur a fallu beaucoup de temps pour en venir à bout (400 ans), ils se sont retrouvés avec une bâtisse hybride : la mode architecturale avait changé entre-temps. Il fut entamé en 1518, sur le mode gothique fleuri (la maison des Échevins de la Keure), interrompu au moment des troubles religieux, poursuivi sous l'administration calviniste en style Renaissance (la maison « des Parchons ») avec des matériaux de réemploi (les protestants s'empressèrent de choisir ce style, catalogué « Réforme », en réaction contre le gothique, connoté « papiste »), complété par une aile en baroque flamand (la grande conciergerie) et parachevé par une chambre des Pauvres. Les statues de la façade gothique datent du XIXe s. Les factions catholique et protestante y signèrent en 1576 la « Pacification de Gand », qui devait mettre fin au sanglant conflit religieux qui ravageait les Pays-Bas espagnols. Ses effets ne durèrent que quelques mois et le pays se retrouva à nouveau à feu et à sang, pour de longues années encore...

🦅 ***Sint Niklaaskerk*** *(église Saint-Nicolas ; plan couleur B2, 94) : Korenmarkt. Accès par le côté gauche quand on l'aborde par l'arrière. Tlj 10h-17h (ouv 14h lun). Fermé pdt les offices.* De style gothique scaldien, sa masse de pierre impose le respect. Elle fut l'église de la chambre de rhétorique et de plusieurs corporations. Elle connut pas mal de déboires, au point de servir d'écuries pendant la Révolution française. Il fallut un long travail de restauration pour lui rendre son cachet actuel. On y trouve le plus bel orgue de la ville, signé Cavaillé, l'un des plus grands facteurs d'orgues de l'époque.

Les grands travaux de réaménagement du Korenmarkt, de la Belfortsstraat et de l'Emile Braunplein ont métamorphosé ce lieu idéalement situé au cœur de la ville. Une halle ouverte, avec un café-resto spacieux et donnant sur un nouveau parc communal, apporte un air neuf à cet endroit.

🦅 ***Sint Michielsbrug*** *(pont Saint-Michel ; plan couleur B2, 95) :* délaissant provisoirement le Korenmarkt et ses cafés sur la droite, le consciencieux lecteur du *Routard* se dirige vers le pont Saint-Michel à gauche du bâtiment de l'ancienne poste, le franchit mais pas tout à fait... parce que, arrivé là où se trouve la colonne surmontée d'un saint Michel, il effectue (comme des millions de visiteurs de Gand avant lui) un demi-tour-droite qui lui permet, ô merveille, d'admirer la célèbre enfilade des tours de Gand, connue dans le monde entier. De ce point de vue, à votre droite le *Predikherenlei* et la façade massive de la *Grande Bâtisse (Het Pand)*, ancien couvent des dominicains, et, collée à cette dernière, l'*église Saint-Michel*, dont la tour, qui devait être la plus haute de Belgique, est restée inachevée. *Golgotha* de Van Dyck, donnant une image de la Vierge inhabituelle (c'est le personnage le plus important du tableau).

Depuis le pont Saint-Michel, vous admirez un des plus beaux paysages urbains de Belgique : le quai au Blé (Korenlei) et le quai aux Herbes (Graslei) : leurs façades se reflètent dans la Lys, avec le château des Comtes au fond. Un escalier descendant du pont vous mène au premier et, de là, le regard embrasse d'un seul coup dix siècles d'architecture ! On vous signale quand même que notre point de vue favori, tout aussi impressionnant mais beaucoup plus intime, se situe sur l'autre petit pont, *Grasbrug.*

🎭🎭🎭 *Graslei* *(quai aux Herbes ; plan couleur B2, 96)* : ancien port de Gand, on peut voir la haute silhouette de *l'ancienne poste,* de style néogothique. C'est maintenant un centre commercial *(Post Plaza).*

– *La maison des Bateliers francs* (1531) : gothique tardif aux pignons à volutes qui annonce déjà les fantaisies du baroque. Joli bateau de la Baltique en décoration.

– *La maison des Mesureurs de grains* (1698) : sur fond de brique, le style Renaissance flamande agrémenté de quelques ornementations baroques.

– *La petite maison du Tonlieu* (1682) : où officiait le receveur des taxes (en nature) au profit de la ville. Café bien placé, avec terrasse en été.

– *L'imposante maison de l'Étape du blé* (Het Spijker, 1200) : construction romane, une des plus anciennes que l'on connaisse en Europe. Maison fonctionnelle, destinée à l'entreposage du grain, hissé à l'intérieur par des échelles. Elle abrite le restaurant *Belga Queen* (voir « Où manger ? »).

– *La première maison des Mesureurs de grains* (1435) : de style Renaissance flamande.

– *La maison des Maçons* (1527) : haute et élégante façade gothique aux pignons surmontés de pinacles. Juste à côté, presque cachée, la plus petite maison de la ville.

➤ Du Graslei partent, en saison, des *excursions en bateau* qui vous font découvrir en 40 mn les rives d'un bout de la Lys et de la Lieve sous un angle inhabituel mais le commentaire est soporifique et inintéressant. Celui de son concurrent qui part du Korenlei, en face, est bien plus sympathique. *Tarif : 6,50 € pour une balade de 40 mn. Sur demande, il est possible de faire le tour des fortifications (90 mn).*

🎭🎭 *Korenlei* *(quai au Blé ; plan couleur B2, 97)* : présente un visage plus récent, avec des constructions baroques et classiques, dont la mignonne *maison des Bateliers non francs,* peinte en ocre et blanc et surmontée d'une girouette en forme de caravelle. À remarquer la *fontaine* à trois étages permettant d'abreuver les chevaux, les humains et les oiseaux.

➤ On quitte les quais pour prendre la Jan Breydelstraat où, au confluent de la Lys et du canal Lieve, on a une première perspective sur la masse du château des Comtes. Au n° 5 de la rue se trouve, dans un hôtel du XVIIIe s, le musée du Design. De là, on aperçoit l'arrière de l'ancien marché aux poissons, d'où l'on jetait, il y a peu encore, les déchets directement dans l'eau. En 1913 se tint à Gand une grande expo universelle et l'on craignait que cela ne donnât une image peu flatteuse de la ville. On camoufla donc élégamment ce cloaque avec cette jolie construction surplombant l'eau. L'un des endroits les plus photogéniques aujourd'hui !

🎭🎭 *Design Museum* *(musée du Design ; plan couleur B2, 98)* : Jan Breydelstraat, 5. ☎ 09-267-99-99. ● designmuseumgent.be ● *Tlj sf lun et certains j. fériés 10h-18h. Entrée : 5 € ; réduc. Supplément pour les grandes expos.* Un musée étonnant, qui ne cherche pas à être « plaisant » et demande un minimum de connaissances et de concentration. Autour d'une belle cour intérieure où s'élève un vase en polyester de 9 m, des salles qui restituent le mobilier, la décoration, la vaisselle et les bibelots de la bourgeoisie gantoise des XVIIIe et XIXe s. Grand portrait de Louis XVIII qui y vécut en exil forcé lors de l'épopée napoléonienne des Cent-Jours. La majeure partie (la plus belle aussi) est consacrée au mobilier contemporain, à l'Art nouveau et déco, avec des pièces d'Horta, Hankar, Van de Velde, Serrurier-Bovy et des bijoux de Wolfers. Après, on passe au design des années 1960 à nos jours. C'est la partie la plus ludique, évidemment. Plancher qui grince d'un côté, plancher en verre de l'autre.

🎭 Au bout de la Jan Breydelstraat, à l'angle de la Burgstraat, le resto *De Gekroonde Hoofden* (plan couleur B1, 39), où l'on voit, sculptées en médaillon, les têtes de tous les comtes de Flandre jusqu'au dernier, Philippe II. Vous remarquerez qu'il manque les trois comtesses ; un peu misogynes, les Gantois !

� À droite, toujours dans la Jan Breydelstraat, en franchissant la Lieve, on jette un œil sur la dernière maison de bois de Gand (resto *Le Tête-à-Tête*) et on débouche sur la **Sint Veerleplein** (place Saint-Pharaïlde), lieu des exécutions capitales et ancien marché aux poissons dont le portique baroque met en scène Neptune, la Lys et l'Escaut. Celui-ci a fait l'objet d'un projet de réhabilitation important qui a permis d'accueillir l'office de tourisme et une galerie marchande, sans oublier cette brasserie *Bord'eau* où vous irez boire un verre en terrasse, si le temps s'y prête. À gauche, l'entrée du château des Comtes.

�� **Gravensteen** (*le château des Comtes ; plan couleur B1, 99*) **:** *Sint Veerleplein.* ☎ 09-225-93-06. ● gent.be/gravensteen ● *Tlj 9h-18h (17h oct-fin mars). Dernière entrée 1h avt. Entrée : 8 € (ciné-guide inclus remis en échange de votre passeport) ; réduc ; gratuit pour les - de 18 ans (mais ils payent le ciné-guide 3 €). Le ciné-guide permet de suivre 14 saynètes retraçant in situ la vie de Philippe d'Alsace et de Mathilde du Portugal.*
Superbe exemple d'une forteresse médiévale, inspirée du krak des Chevaliers en Syrie. Mais ne rêvons pas, il fut fortement restauré par la ville de Gand au début du XXᵉ s (on distingue la partie restaurée, du reste, à la différence de coloration de la pierre). Au XIXᵉ s, le château était occupé par une filature, dans des conditions de travail que l'on devine. Des masures d'ouvriers étaient bâties dans la cour !
C'est Philippe d'Alsace, en 1180, qui l'éleva en remplacement d'un premier château. Il fut pendant 300 ans la résidence des comtes de Flandre qui utilisèrent ses formidables défenses à des fins essentiellement internes car les Gantois étaient souvent en révolte contre leur seigneur. En 1353, lassés de grelotter dans leur peu confortable donjon, les comtes s'établirent en périphérie, au Prinsenhof, aujourd'hui disparu. C'est dans ce dernier que naquit Charles Quint. Le château servit de prison et de lieu où l'on battait monnaie.
La visite du château vous permettra de vous promener sur les remparts, de visiter les salles monumentales, de frissonner à l'évocation de ce qui pouvait se passer dans l'inévitable salle des tortures et de vous représenter sans trop d'effort d'imagination les joyeusetés de la vie médiévale. Salle d'armes avec armures pour finir. Mais les amateurs d'histoire resteront sur leur faim, la mise en valeur du monument, de ce point de vue, manque sérieusement de consistance. En fait, si votre programme gantois est déjà bien chargé, rien ne vous empêche d'en faire le tour et d'économiser pour vous offrir une pause sucrée-salée dans les environs.

➢ Retour à présent au bord de la Lys, où vous apercevez, là où le tram franchit le pont, le célèbre café *Het Waterhuis aan de Bierkant* (voir « Où boire un verre ? Vers le Groentenmarkt » ; *plan couleur B1, 65*). Halte recommandée. En face, le long bâtiment sombre de la *Grande Boucherie*, du XVᵉ s. Impressionnant ! Sa taille gigantesque témoigne de l'importance de la ville au Moyen Âge. Entrez pour y admirer la charpente (on y trouve désormais une cafétéria et une boutique destinées à promouvoir les produits du terroir de la Flandre orientale). Quant aux avancées à l'extérieur, elles accueillaient autrefois les marchands de tripes et de volailles qui n'avaient pas le droit de pénétrer dans la halle, réservée à la viande. Le bâtiment annonce l'entrée du marché aux légumes (Groentenmarkt). Tous les ingrédients d'un waterzoi complet !

�� **Le quartier de Patershol** (*plan couleur B1*) **:** sur la rive gauche de la Lys, par le quai de la Grue (Kraanlei), ce vieux quartier est un foyer d'attraction pour noctambules et gastronomes (voir « Où manger ? » et « Où boire un verre ? »). Au nº 65, l'ancien *hospice des enfants Alijn* qui abrite un musée. À la mi-août, fêtes du quartier.

✎✎ ✠ **Het Huis Van Alijn** (*maison Alijn ; plan couleur B1, 100*) **:** *Kraanlei, 65.* ☎ 09-269-23-50. ● huisvanalijn.be ● *Tlj sf lun 11h (10h dim)-17h. Fermé 1ᵉʳ janv et 25 déc. Entrée : 5 € ; réduc ; gratuit pour les - de 18 ans.*
Un lieu incontournable, pour comprendre la vie des Gantois d'hier et d'aujourd'hui. Charmant ensemble d'une vingtaine de maisonnettes communiquant entre elles et

GAND ET SES ENVIRONS

formant un carré autour d'un jardin. La visite ne vous prendra qu'une petite heure mais nous vous la recommandons chaudement. La vie quotidienne au XIXᵉ s et au début du XXᵉ s y est évoquée avec beaucoup de détails touchants. Les cycles de la vie quotidienne, les intérieurs bourgeois et les ateliers des artisans, les métiers révolus, la vie associative, les boutiques vieillottes, tout cela contribue à faire de la visite un fascinant voyage dans le temps.

1ᵉʳ étage
Les rituels de la naissance et de la mort. Photos, voilettes, couronnes, faire-part, vêtement de veuves. Un incroyable reliquaire dans la troisième pièce sous forme de tableau... Plus, des talismans, un herbier, des ex-voto en cire ou en argent. Tout sur la vie religieuse, assez impressionnant.
Salle à manger traditionnelle, objets domestiques, poêle original. Émouvante estampe sur la misère. Petite section sur les jouets et vêtements d'enfants.

Rez-de-chaussée
Objets de tous les jours : robes, éventails, chapeaux et chaussures. Souvenirs divers : scolaires, militaires, communion solennelle. Traditions du mariage, costumes et gadgets en tout genre. De l'autre côté, reconstitution de boutiques traditionnelles dont une pittoresque échoppe d'apothicaire, puis celle du coiffeur, du droguiste, de l'épicier... Également, reconstitution d'intérieurs domestiques par décennies (années 1950-1960-1970...). Ça évoque beaucoup de choses et des remarques amusantes chez les visiteurs.

Retour au 1ᵉʳ étage (autre côté de la cour)
Fêtes et fanfares, jeux de société, loisirs à travers photos étonnantes et affiches. Le tout ponctué d'intéressantes vidéos. Jeux d'estaminets, dont la fameuse grenouille. Expo sur la musique et les vieux appareils photo. Puis la technique au service de la nostalgie dans un long couloir de vidéos et de films en noir et blanc sur un riche passé. C'est là qu'on s'aperçoit que la visite se révèle fascinante et sûrement plus longue qu'une heure ! Pour finir en beauté et parce que l'émotion donne nécessairement soif, ne pas manquer d'aller rendre visite au charmant vieil estaminet au fond de la cour. Boutique intéressante également.

🎬🎬 *Kraanlei (quai de la Grue, plan couleur B1) :* il doit son nom à la grue qui y était installée. Arrimée à une petite maison, celle-ci permettait de décharger des pièces lourdes comme les fûts, les meubles ou les canons. Pour actionner son treuil, deux roues de part et d'autre entraînées par... des enfants orphelins qui avaient obtenu le privilège exclusif de faire fonctionner l'engin. On connaît la forme de ces grues grâce à plusieurs tableaux de l'époque où elles se trouvent reproduites, le décor urbain en arrière-plan (par exemple dans le triptyque de Memling, *Le Mariage mystique de sainte Catherine,* à l'hôpital Saint-Jean à Bruges).

🎬 À la hauteur du pont qui franchit la Lys, deux ***maisons*** baroques, dont l'une est décorée des *Sept Miséricordes.* Autrement dit les sept œuvres de charité : enterrer les morts, délivrer les prisonniers, visiter les malades, nourrir les affamés, désaltérer les assoiffés, habiller les dévêtus et accueillir les étrangers... Ce septième commandement est implicite car il s'agissait autrefois d'une auberge.

🎬🎬 *Vrijdagmarkt (marché du Vendredi ; plan couleur B1, 102) :* centre politique et névralgique de la ville. Cette place a vu se dérouler tournois, prestations de serment et harangues de la maison des Tanneurs avec sa tour d'angle *(toreken),* où des luttes fratricides entre foulons et tisserands coûtèrent la vie au fier Jacques Van Artevelde, dont la statue continue de hanter la place. À l'un des angles, la façade vaguement Art nouveau de l'*Ons Huis,* la Maison du peuple, du parti socialiste gantois. Dans la Baudeloostraat, une enfilade étonnante de maisons Art nouveau, de style néo-Renaissance.

🎬 *Bij Sint Jacobs (église Saint-Jacques ; plan couleur C1, 101) :* en traversant en diagonale, on se retrouve sur le parvis et devant le portail roman (bien noir !)

de cette église commencée en 1200. Le chantier s'étala sur cinq siècles et elle fut restaurée en néogothique. C'est là que se tient le marché aux puces.

Au sud de la Cuve

🏃 *La place du Kouter* (plan couleur B3, *103*) : grand quadrilatère bordé de constructions classiques. L'*opéra* et le *palais de justice* sont à côté et précèdent l'entrée de la *Veldstraat,* la rue commerçante la plus populaire de Gand. Au n° 45, dans un immeuble occupé par un grand magasin de confection, des diplomates anglais et américains signèrent en 1814 le traité mettant fin à l'état de guerre qui existait entre eux, à la suite de l'indépendance américaine.

🏃 *Museum Arnold Vander Haeghen* (plan couleur B2, *104*) : Veldstraat, 82 (sonner à « Culturele zaken onthaal »). ☎ 09-269-84-60. Lun-ven 10h-12h, 14h-16h. Entrée gratuite.

UN HYMNE RÉVOLUTIONNAIRE

On le sait peu : le compositeur de la musique de l'Internationale était gantois. Exilé à Lille où il travaille dans une usine textile, Pierre Degeyter s'intéresse très tôt à la musique et dirige une harmonie. Il reçoit une commande du Parti Ouvrier français pour mettre en musique un puissant poème écrit par Eugène Pottier en 1871. Le succès est immédiat et l'air est adopté par la IIe Internationale en 1922, avant de devenir l'hymne de l'URSS. Malgré une pension versée par Staline, il mourra dans l'indigence en 1932, mais ses funérailles seront suivies par 50 000 personnes.

Derrière cette belle façade vert pâle, la bibliothèque du lauréat du prix Nobel de littérature 1911, Maurice Maeterlinck (mort anobli en 1949), dont l'œuvre symboliste (en français) connut en son temps un retentissement considérable. Il fut qualifié de « nouveau Shakespeare » par un Octave Mirbeau enthousiaste. Debussy tira un opéra de son *Pelléas et Mélisande* mais, curieusement, ce sont ses ouvrages à vocation scientifique, comme *La Vie des abeilles, La Vie des termites* et *La Vie des fourmis,* qui sont le plus souvent réédités de nos jours.

Sous le même toit, le cabinet des illustrateurs et graphistes Doudelet et Stuyvaert, proches de Maeterlinck, et une petite merveille des Arts décoratifs : le salon chinois, aux murs tendus de soie peinte au XVIIIe s. Voir aussi sur le mur arrière, donnant sur le canal, le poème « Serre d'ennui » visible depuis le quai Ajuinlei.

🏃 *Het Pand* (plan couleur B2, *106*) : Onderbergen, la « Grande Bâtisse ». On la reconnaît à son immense toit d'ardoises, sur le quai de la Lys, à côté de l'église Saint-Michel. Ancien couvent des dominicains, elle appartient aujourd'hui à l'université et est utilisée comme centre culturel, resto et foyer étudiant, mais on y trouve aussi le *musée des Vitraux* (visite sur demande). Le jardin est une réalisation de Jacques Wirtz, architecte du jardin des Tuileries à Paris.

🏃 *MIAT* (plan couleur C1, *105*) : Minnemeers, 9. ☎ 09-269-42-00. ● miat.gent. be ● Tlj sf lun 10h-18h. Entrée : 5 € ; 1 € pour les 19-25 ans ; réduc enfants. Expo temporaire en supplément. Le *Museum voor Industriële Archeologie en Textiel* (*musée d'Archéologie industrielle et du Textile*) a suivi l'exemple de ses confrères, en prenant un petit nom plus facile à retenir aux yeux (et aux oreilles) des visiteurs. Cela dit, la muséographie semble bien vieillotte et rébarbative par rapport à ses camarades, et les explications en français se limitent au minimum. Il faut dire que le sujet n'est pas facile : ce musée, installé dans une ancienne manufacture en brique, retrace les bouleversements technologiques des 250 dernières années dans le domaine textile. Le 4e étage est le plus intéressant, puisqu'il évoque les conditions de travail (notamment celui des enfants) et la vie quotidienne à cette époque : c'était le début du confort moderne, avec l'apparition de l'électroménager et des produits d'hygiène (voir le papier toilette du XIXᵉ s !), l'essor du cinéma (reconstitution d'une salle à l'époque où la séance coûtait 4 francs) et les progrès de l'imprimerie. Au 5ᵉ étage, après avoir admiré la vue sur les toits de Gand, penchez-vous sur ces diables d'engins que sont la machine à vapeur de Watt (enfin, une copie) ou la fameuse Mule Jenny, machine à filer que Liéven Bauwens rapporta clandestinement en pièces détachées de Manchester, alors que l'Angleterre avait instauré le blocus du continent. Plusieurs générations de fillettes s'y abîmèrent définitivement les mains, mais le progrès industriel n'avait cure de ce genre de considérations !

➤ Le retour vers le centre peut se faire par la Belfortstraat mais il sera plus agréable de rejoindre le Korenmarkt par les Serpentstraat, Onderstraat et Langemunt pour déboucher à nouveau sur le *Groentenmarkt (plan couleur B1-2)*, où vous ne manquerez pas d'entrer dans l'adorable boutique *Veuve Tierenteyn-Verlent* (voir « Achats »), qui fabrique, dans un grand tonneau, une moutarde artisanale dont la recette (secrète) fut donnée par des grognards de Napoléon, originaires de Dijon. Autre spécialité gantoise à rapporter à votre grand-tante à héritage : les *gentse mokken*, petits biscuits secs parfumés à l'anis. Le *Korenmarkt (plan couleur B2)* et ses tavernes vous attendent à présent pour reposer vos pieds fatigués et arroser vos gosiers desséchés.

Vers le nord-ouest

🏛 ⊗ **Oud begijnhof** *(vieux béguinage Sainte-Élisabeth ; plan couleur A1, 107) :* on y parvient en partant du pont Saint-Michel et en poursuivant la Hoogstraat jusqu'au Begijnhoflaan et à droite. Au XVᵉ s, il n'était constitué que de huttes de paille. Un grand travail de restauration des maisons de brique a eu lieu. On peut y voir l'église baroque et, à droite, un monument à la gloire de Georges Rodenbach (dû au ciseau de Georges Minne), qui n'était pas un brasseur, comme le reste de sa famille (il existe une bière de ce nom), mais un poète symboliste, condisciple de Maeterlinck, qui fut attiré par ces lieux de rêverie et de mélancolie nostalgique.

🏛 **Le Rabot** *(plan couleur A1, 108) : prendre, au départ du béguinage, la Rabot-straat sur 100 m.* C'est une ancienne écluse fortifiée qui gardait l'entrée de la Lieve dans la ville. Ces deux grosses tours rondes, coiffées d'un petit cône, sont caractéristiques de l'architecture militaire du XVᵉ s.

🏛 **Museum Dr Guislain :** *J. Guislainstraat, 43.* ☎ 09-216-35-95. ● *museumdr guislain.be ● À 2 km au nord-ouest du centre. Pour s'y rendre, tram nᵒ 1 de la gare Saint-Pierre ou du Korenmarkt ; arrêt juste devant le musée. Tlj sf lun et certains j. fériés 9h (13h w-e)-17h. Fermé 1ᵉʳ janv, 24, 25 et 31 déc. Entrée : 6 € ; réduc.* Un musée qui fait partie désormais des incontournables de la ville. L'art brut, devenu si « tendance » aujourd'hui, attire la plupart des visiteurs, même la base du musée reste l'histoire du traitement réservé aux troubles mentaux, de l'Antiquité à nos jours, dans un centre psychiatrique du XIXᵉ s. C'est en effet à cette époque qu'apparurent les premiers soins psychiatriques, lorsque la « science » – incarnée par des praticiens comme le docteur Guislain – commença à s'intéresser aux désordres de l'âme. On y voit des scènes de trépanation (qui, rappelons-le, avait pour but de libérer l'esprit malin qui habitait celui du fou), les châtiments infligés aux prétendues sorcières, les premières camisoles de force, des appareils destinés à produire des chocs chez les malades, des « lits-boîtes », baignoires thérapeutiques, une machine à couper le cerveau et toute la pharmacopée moderne. Globalement édifiant, même si l'ensemble manque parfois un peu d'explications. Intéressante section consacrée à une collection d'œuvres d'artistes « hors norme » (on parle plus facilement d'art brut aujourd'hui) et belles expos temporaires.

Au sud de Gand (Université et quartier des Arts)

On peut partir du **Botermarkt** en prenant l'enfilade des rues commerçantes qui débutent par Mageleinstraat. Elles sont piétonnes et très agréables à parcourir, bordées de quelques hôtels de maîtres baroques et néoclassiques. Ravissante placette, agrémentée de bancs et de fontaines à la hauteur de Kalandestraat. Puis, par la Koestraat, on aborde le quartier de l'Université après avoir croisé les rails du tram.

🏃 **Vooruit** (plan couleur C3, 80) **:** au début de Sint Pieternieuwstraat, cette façade imposante est celle du Vooruit, qui hébergea le mouvement socialiste gantois. La grande salle des fêtes, décorée de fresques allégoriques Art nouveau, rappelle, par son alignement de petites tables en bois, les réunions syndicales qui s'y déroulaient naguère. Aujourd'hui, les étudiants viennent y réviser leurs cours, manger un morceau ou boire un verre (voir « Où sortir ? Où écouter de la musique ? »). Le Vooruit est aussi une très grande salle de spectacles au programme éclectique.

🏃 Dans le même courant de pensée, on repère sur la droite, 100 m plus loin, une façade style « constructivisme soviétique » des années 1920 : c'était l'imprimerie du journal **Vooruit,** disparu à présent. Le verre et l'acier auraient besoin d'un coup de nettoyant pour figurer dignement au catalogue d'une architecture révolue.

🏃 L'architecture contemporaine est encore présente dans ce quartier, avec la **tour de la bibliothèque de l'Université.** Elle est l'œuvre d'Henry Van de Velde et mélange élégamment le modernisme et l'Art déco.

🏃 En poursuivant vers le sud, au milieu des nombreux cafés d'étudiants, on débouche sur une vaste esplanade, Sint Pietersplein. On y découvre la majestueuse façade baroque et le dôme de l'**église de l'abbaye Saint-Pierre.**

🏃 **Abdij Sint-Pieters** (centre d'art de l'abbaye Saint-Pierre ; plan quartier des Arts, **111**) **:** Sint Pietersplein, 9. ☎ 09-243-97-30. ● gent.be/spa ● Tlj sf lun et certains j. fériés 10h-18h (dernière entrée 16h30). Entrée pour l'abbaye seule : 5 € ; ajouter 3 € pour le movieguide Alison ; réduc ; gratuit pour les moins de 18 ans.
Les bâtiments actuels datent des XVIIe et XVIIIe s. Inspirée du classicisme romain, l'église abbatiale fut le fer de lance de la Contre-Réforme à Gand. Le terrain est en déclivité et, à l'arrière de l'abbaye, vers l'Escaut, on cultive encore la vigne sur un coteau, suivant la tradition des moines. Le lieu accueille des expositions temporaires de grande envergure (droit d'entrée séparé) sur les civilisations et l'art en général, mais vous pouvez n'y venir que pour voir l'abbaye.
Alison – Le Secret des Anges déchus est un parcours de 70 mn à effectuer à l'aide d'un movieguide où l'on suit le moine Alison, personnage qui vécut de 1753 à 1823, tout au long d'une intrigue historico-policière.
– Dans l'aile de l'abbaye Saint-Pierre (Sint Pietersplein, 14), petit musée scolaire (géologie, minéraux, pierres, sciences naturelles).

🏃🏃🏃 **MSK – Museum voor Schone Kunsten** (musée des Beaux-Arts ; plan quartier des Arts, **112**) **:** Nicolas de Liemaeckereplein, 3 (Citadel Park). ☎ 09-240-07-00. ● mskgent.be ● À 15 mn à pied de la gare Saint-Pierre et à 20 mn du centre. Tlj sf lun 10h-18h. Entrée : 5 € ; réduc ; gratuit pour les - de 18 ans. Plan pour vous permettre de mieux vous repérer dans le dédale des salles. À signaler : les visiteurs auront le plaisir d'admirer le travail de restauration du Polyptique de l'Adoration de l'Agneau mystique, dont les panneaux vont être démontés et restaurés un par un au sein du MSK.
Il figure parmi les plus anciens musées du pays. Le bâtiment qui l'abrite fut construit en 1902 par Charles Van Rysselberghe, frère du peintre Théo. De style éclectique mais de dimension humaine, il se trouve dans le parc de la Citadelle au sud du centre-ville en face du SMAK, le musée municipal d'Art contemporain.

Un nouvel agencement aéré et didactique vous invite à remonter le temps, des primitifs flamands aux modernes, l'intervention d'un créateur contemporain pouvant très bien venir perturber l'ordonnancement des salles. Surtout, l'accent est mis sur la confrontation de l'art flamand avec d'autres courants artistiques en Europe.
La visite chronologique commence par la droite.

Les primitifs flamands et hollandais (XVe et XVIe s)
– *Salle 1 :* trinité du XVe s en albâtre, divers triptyques dont celui de la famille de sainte Anne (ou l'apologie de la lecture)
– *Salle 2 :* ne pas manquer cette prédelle de retable du XVe s (le reste a disparu) représentant la *Prise de Jérusalem*. Scènes sanglantes et cruauté des soldats. Les blasons et fanions germaniques sont probablement une métaphore de la prise de Gand. Tortures infligées aux prisonniers, exécutions, vraiment les détails qui tuent... *Crucifixion* de Jan Provost. Étonnante disproportion des têtes. L'une d'entre elles cache celle du larron de droite. Noter aussi comme l'artiste « bouche les trous et les vides » avec des têtes pour créer la multitude. Le *Saint Jérôme* de Jérôme Bosch est une œuvre de jeunesse sur le thème de l'opposition du Bien et du Mal : le saint en prière est entouré de paysages contrastés, l'un effrayant à l'avant et l'autre paisible à l'arrière. Le hibou symbolise le mal guettant l'oiseau. Dans toute la toile, lutte de la lumière et de l'obscurité, du bien et du mal... Dans la *Madone et Enfant* de Roger Van der Weyden se dégage plein de tendresse. L'œillet rouge symbolise tout à la fois l'amour et la future souffrance du Christ. Peinture intime invitant à la méditation.
– *Salle 3 : Vierge à l'Enfant* du Maître de Francfort entre deux anges. Beau drapé. *Adoration des Mages* avec premiers effets de perspective (ruines, personnages, paysages).

Renaissance et baroque (XVIe et XVIIe s)
Maarten Van Heemskerck, Maarten de Vos et Michel Coxie sont représentatifs du courant maniériste.
– *Salle 4 :* immenses triptyques dont celui à 16 panneaux de Frans Ier Francken. Virtuosité dans le drapé, bel exemple de maniérisme triomphant en cette fin de XVIe s. *Mise au tombeau* du Maître de sainte Madeleine. Perfection de la composition, équilibres des lumières et des couleurs s'inscrivant probablement dans le nombre d'or. Dans *L'Homme des douleurs* de Marteen Van Heemskerck, remarquer l'impressionnante musculature. Un détail insolite et probablement gag quasi subliminal de l'artiste : le pagne semble tourner très discrètement autour du sexe du Christ. À côté, du même artiste, une monumentale *Crucifixion.* Foisonnement des corps tordus et musculeux (fesses superbement « sculptées »). Vierge grise et livide et le soldat à droite porte curieusement comme un sparadrap sur la tête (il a dû se cogner sur la croix !).
Jugement dernier de Michel Coxie pour un tribunal de Gand (dans l'hôtel de ville jusqu'en 1825). Dans les nuages, les prophètes, les saints, les martyrs. Clin d'œil à Michel-Ange avec les personnages à gauche. Noter le tumulte des corps disgracieux des damnés emportés en enfer par les diables et les serpents à tête de chien. *Sainte Famille* et *Sainte Anne* de Maarten de Vos. Juste avant Rubens, ce fut le peintre le plus en vogue. Des bébés partout, symbolisant plusieurs états de la vie de Jésus. Belles couleurs, déjà les influences italiennes.
Les toiles exposées dans les salles plus petites sont groupées par thème : la peinture de genre (Pieter Bruegel le Jeune), les paysages (Roelant Savery) et les portraits (Frans Hals, le Tintoret). L'époque baroque est magistralement illustrée par Rubens, mais aussi par Jordaens, Van Dyck, et Philippe de Champaigne.
– *Salle 5 :* dans *François d'Assise recevant les stigmates* de Rubens (peint 5 ans avant sa mort), vive expression du désarroi et de la douleur. *Couronnement de sainte Rosalie* de Gaspar de Crayer (1644), l'un des héritiers de Rubens. Cependant le style s'est affadi, peinture « statique », couleurs peu dynamiques, comme si le successeur n'avait rien à apporter de plus !
– *Salle 6 :* Jordaens, de Crayer encore, Cornelis de Vos...

– *Salle 7 : Flagellation* de Rubens. C'est une esquisse pour un commanditaire, mais même une esquisse est un chef-d'œuvre ! Plein de dynamisme déjà.

– *Salle 8 :* l'*Avocat du village* de Pieter Bruegel le Jeune. Quel désordre dans l'étude, le classement des dossiers (les paysans payent en nature). Deux autres œuvres présentées en complément de programme. *Portement de croix* miniaturisé dans un beau paysage d'un certain « Monogramist DR » ! Noter les soldats qui repoussent la foule, tandis que d'autres semblent amener quelqu'un vers le cavalier... Ce serait une métaphore des pratiques de l'Inquisition.

– *Salle 13 :* belle *Bataille de Lépante*, victoire décisive sur la flotte ottomane (remarquable rendu dramatique de la tempête). Pittoresque *Étalage de poissonnier* d'Adrian Van Utrecht. Quasiment de l'hyperréalisme, et ça apparaît même largement fantasmé, car on n'a jamais vu tant de variétés de poissons sur un même étal. Sûrement un éloge à la diversité de la nature. En même temps, contraste entre l'attitude figée du personnage et le sentiment presque de répulsion à la vue de ces poissons trop sensuels. À propos, noter le petit voleur à gauche.

XVIIIᵉ et XIXᵉ s

On pourrait continuer à vous présenter pièce par pièce tous les chefs d'œuvre de ce musée mais, pour ne pas vous lasser et toujours vous surprendre, nous allons juste vous donner quelques repères, les accrochages étant ici plus souvent remis en question.

– *Le grand hémicycle (salle 14)* abrite *le néoclassicisme belge* (seconde moitié du XVIIᵉ s, première moitié du XIXᵉ s), avec entre autres Joseph Suvée et François Navez, élèves de David. Avant de pénétrer dans la section des maîtres modernes, un crochet par la *salle 16* dédiée aux tapisseries bruxelloises du XVIIIᵉ s.

– *Salle 15 :* les *petits maîtres flamands*. Scènes campagnardes, fêtes de village... *Portrait de femme* de Frans Hals. Elle a 53 ans, aucune complaisance de la part de l'artiste, regardez les mains usées par le temps... Portrait de *Giovanni Paolo Cornaro* du Tintoret. Éclairage sur les mains et ce visage très humaniste. Très curieux *Trompe-l'œil* de Cornelis Gijsbrechts (1664) qui permettait de démontrer son talent et sa virtuosité technique. Toile pleine de symboles du temps qui passe et de la précarité de l'existence.

– *Salle 17 :* Gustave Doré *(Incendie de Rome),* J.-F. Millet, Chassériau, Daumier, Fromentin... Et l'on découvre l'un des chefs-d'œuvre de Géricault : le *Portrait d'un cleptomane*. Il a peint une dizaine de portraits de malades mentaux dont celui-ci. Le personnage semble surpris, Géricault lui rend une certaine dignité dans l'expression.

– *Salle 18 :* détailler *La Chauve-souris* de Ferdinand de Braeckeleer. Certes la manière est académique, mais scène amusante avec tous ces braves gens apeurés agissant chacun différemment. Quant à la *Vierge en prière* de Théophile Lybaert, c'est un exemple rare de peinture néogothique au XIXᵉ s plutôt réussi. À l'époque, on l'avait surnommé le « Hans Memling du XIXᵉ s ». Finesse du visage, remarquable technique du drapé.

– *Salle 19 :* panorama de la peinture du XIXᵉ s. Des paysages, mais surtout un joli petit Corot, *La Carrière de Chaise-Marie.* Peindre en plein air était assez rare à l'époque... surtout sur papier. Puis, l'école de Barbizon (Th. Rousseau, d'Aubigny...).

Vers la fin du XIXᵉ s, la Belgique connaît une vie artistique florissante où l'impressionnisme français tient le haut du pavé. Pour preuve, les toiles d'Émile Claus, d'Henri Evenepoel *(L'Espagnol à Paris)* et de Théo Van Rysselberghe, à qui l'on doit *La Lecture*. Avec une technique pointilliste éprouvée, il nous brosse une composition de groupe autour du poète Émile Verhaeren. On y identifie des personnages franco-belges en vue au tournant des XIXᵉ et XXᵉ s : le critique Le Dantec, le philosophe Vielé-Griffin, André Gide, le poète et dramaturge Maeterlinck et, vu de dos, le peintre Cross.

Tant en littérature (Maeterlinck) que dans les arts plastiques, le symbolisme a été particulièrement prolifique en Belgique. Plusieurs symbolistes comme

Fernand Khnopff, Léon Frédéric, William Degouve de Nuncques et Léon Spilliaert sont bien mis en valeur.

Le Gantois George Minne est à l'honneur dans la section sculptures *(salle O),* en compagnie de Rodin et Bourdelle. Le musée possède un modèle en plâtre de son œuvre phare, la *Fontaine des agenouillés,* exposée à la Sécession à Vienne en 1900. Vient ensuite la *salle N* monumentale en hémicycle, dominée par un relief gigantesque du sculpteur anversois Jef Lambeaux, *Les Passions humaines.*

XXᵉ s : les temps modernes

Laissez-vous ici guider moins par l'alphabet (chaque salle est indiquée par une lettre) que par votre humeur et vos envies.

Pour le XXᵉ s émergent deux courants où les artistes gantois ont joué un rôle important : le symbolisme rural de l'école de Laethem-Saint-Martin avec Gustave Van de Woestyne et Valerius de Saedeleer, et surtout l'expressionnisme flamand. Après la Première Guerre mondiale, ce mouvement influencé par le cubisme français et l'expressionnisme allemand a tenté de faire converger plusieurs tendances vers un expressionnisme populaire et figuratif. En fer de lance, Constant Permeke *(Paysan allongé),* Frits Van den Berghe, Gustave de Smet, Edgard Tytgat et Jean Brusselmans. Quelques exemples intéressants d'expressionnisme européen avec Heckel, Kirchner, et Rouault. De Kokoschka, *Portrait de Ludwig Adler.* Peinture dense et brutale (influence certaine de Freud).

– *Salle S :* la peinture moderne avec notamment Rik Wouters et *Perspective II.*

– *Salle P :* James Ensor et son célèbre *Squelette regardant des chinoiseries* ou le thème obsédant de la mort chez l'artiste. Belle lumière sur la scène. À côté, *Pierrot et squelette en robe jaune...*

– *Salle R :* l'*Entrée du Christ à Jérusalem* toujours d'Ensor. Un vrai tumulte présurréaliste ! D'Alfred Stevens, une fascinante *Marie-Madeleine* aux longs cheveux, avec beaucoup de sensualité dans le coup de pinceau et une certaine théâtralité. Superbe travail sur la lumière. Quant au symboliste Fernand Khnopff, il peint de belles choses, essentiellement pour échapper à la laideur du monde industriel. Il visait avant tout un monde idéal et harmonieux. Dessin vraiment magistral.

– *Salles J-K-L :* paysages industriels et vie quotidienne à la fin du XIXᵉ s. Notamment œuvres de Den Duyts et Pierre Paulus.

Et puis, en fonction de votre état de fatigue, vous parcourrez les dernières salles, à la recherche peut-être d'un Delvaux, ou d'un Magritte bousculant sans cesse la manière occidentale de représenter les choses. Dans *Le Balcon de Manet,* il remplace les personnages de la peinture de Manet par des cercueils...

▮●▮ Si la fatigue est la plus forte, allez reprendre des forces au *Mub'art,* la brasserie-restaurant aménagée à l'entresol du musée... *Lunch* autour de 13 €, sinon plats à la carte 17-25 €. Accueillant et correct.

🗽 **SMAK** *(musée municipal d'Art contemporain ; plan quartier des Arts, 113)* : Citadelpark. ☎ 09-221-17-03. ● smak.be ● *En face du musée des Beaux-Arts.* Tlj sf lun 10h-18h. Entrée : 6 € ; réduc ; gratuit pour les - de 12 ans. L'art contemporain depuis 1945. Le *Stedelijk Museum voor Actuele Kunst* abrite toujours au moins une expo temporaire conjointement à l'exposition – tournante – d'œuvres de la collection permanente. Impossible, donc, de citer des œuvres en particulier mais vous êtes presque assuré d'y voir sous une forme ou une autre des artistes tels que Panamarenko, Bacon, Raysse, Hammons, Beuys, Broodthaers, Juan Muños ou encore Villeglé. Tout est présenté sur deux niveaux, dans d'immenses espaces lumineux.

🗽🗽🗽 **STAM** *(musée de la ville de Gand ; plan quartier des Arts, 114)* : Godshuizenlaan, 2. ☎ 09-269-87-90. ● stamgent.be ● *À 15 mn à pied de la gare ou trams nᵒˢ 1 (arrêt Kerchovelaan) ou 4, 21 et 22 (arrêt Bijlokehof).* Mar-dim 10h-18h. Entrée : 6 € ; réduc ; gratuit pour les - de 19 ans. Entièrement rénové durant cinq longues années, il a rouvert ses portes en 2010. Situé dans les bâtiments de l'abbaye et du couvent de la Bijloke (fondés au XIIIᵉ s par Jeanne de Constantinople), il vous invite à remonter le temps, en partant du présent au passé, tout en savourant une muséographie exemplaire. Trouvant un bel équilibre entre les besoins d'un musée du XXIᵉ s et la valeur historique de ces lieux, il replace dans un cadre unique les nombreux témoignages de l'histoire de la ville, de la préhistoire au XXIᵉ s, naguères éparpillés dans d'autres musées, centres d'archives et bibliothèques.

L'ajout d'un bâtiment contemporain en verre, par lequel on pénètre dans les lieux, et le parti pris de l'architecte de jouer sur les volumes et le design font du STAM un musée du futur, ouvert à tous, où chacun peut prendre plaisir et intérêt.

Il vous faudra d'entrée glisser vos pieds dans des chaussettes (elles sont destinées à la protection du plan de ville en verre géant que vous allez fouler) avant de faire un premier saut dans le passé. Seules deux salles ont échappé aux destructions (les autres bâtiments ont subi au XVIᵉ s les conséquences des troubles religieux de l'époque). La première, le dortoir de l'abbaye, raconte l'histoire à travers des objets originaux, des manuscrits, des documents intelligemment, joliment choisis. En revanche, dans le réfectoire, aucune pièce n'est présentée afin de respecter son atmosphère apaisante.

C'est dans le cellier que la splendeur de Gand au Moyen Âge vous sera contée : vous saurez tout, sans tomber jamais dans le didactisme ni l'ennui, sur les grands et les petits métiers du textile, sur l'importance du port et de l'eau. Des portraits des ducs de Bourgogne devraient permettre de vous y retrouver dans cette histoire complexe où la Flandre d'hier allait jusqu'à Beaune, pour reprendre une image qui ici ne choque pas (ailleurs, on parle bien de Grande Bourgogne allant de Dijon à Gand !). Après un salon consacré à Charles Quint, la seconde salle dédiée au XVIᵉ s est plus sombre, reflet d'une période noire, de la fureur iconoclaste du moment.

Tout ce que l'on vous a conté, en bref, dans l'introduction de ce chapitre est ici développé, illustré. On voit Gand devenir une ville provinciale, et les rêves d'indépendance s'envoler. La suite vous transformera en enquêteur, puisque que le plus grand mystère gantois de tous les temps, le vol du panneau *Les Juges Intègres* (voir plus haut les pages sur *l'Agneau mystique*) vous est ici livré à travers des documents d'époque.

Bandes-son interactives, écrans tactiles, murs d'images et trouvailles technologiques de toutes sortes vous guident jusqu'aux temps modernes, la vie industrielle surgissant à travers des images et des films en noir et blanc, tout au long d'un tunnel où vous pourrez vous asseoir, pour voir le temps passer, au sens strict.

Vous pourrez à la sortie jouer à votre tour avec des Legos, pour construire l'avenir de la cité. Un avenir qui rappellera à certains la reconquête des docks de Lisbonne, puisque tout un quartier devrait voir le jour, à la place des anciens docks. Un avenir qui passe aussi par ce quartier des Arts en train de naître autour du STAM et des deux autres grands musées de la ville, qui pourraient être un jour reliés par un immense jardin, si la quatre-voies était enfin enterrée.

À voir encore, si vous avez du temps

Au sud-est de Gand

🍴 **Geraard de Duivelsteen** (château de Gérard le Diable ; plan couleur C2, **109**) : ☎ 09-225-13-38. *Derrière la cathédrale Saint-Bavon, au bord d'une portion de l'Escaut qui n'est pas voûtée.* Ici se trouvait, au Moyen Âge, la frontière entre France et Saint Empire germanique. Gérard le Diable était seigneur de Gand en 1216 et son château est aussi sombre que l'était sa peau (d'où son surnom). On ne le visite plus, le château servant de lieu de stockage des archives de l'État. Ce quartier a été rénové et transformé par la construction d'un port de plaisance : le *Portus Ganda*.

🍴 ⊘ En poursuivant par les Sint Annaplein et Lange Violettenstraat, on aboutit au *klein begijnhof* (petit béguinage Notre-Dame ter Hoyen ; plan couleur D3,

110), fondé vers 1234 par Jeanne de Constantinople (reconstruit vers 1600). Oasis de paix, comme il se doit, où l'on peut profiter de la grande pelouse pour rêver à cette époque lointaine où les hommes partaient de longues années en croisade, pendant que leurs femmes, telle Pénélope, attendaient leur retour en vivant de piété, de charité et de la solidarité entre épouses délaissées... Les béguines furent probablement, à l'origine, des épouses solitaires. En réalité, par ce fait, elles prirent les habitudes des nonnes. Dans leur monde clos et pieux, elles eurent au fil des siècles le statut de chanoinesses, suivant une règle monastique ascétique basée sur la prière, le travail manuel et les œuvres caritatives.

Manifestations

– **Gent Jazz Festival :** *ts les ans à la mi-juil, sur 10 j.* ● *gentjazz.com* ● Des artistes de renommée internationale se produisent au centre musical de Bijloke, sur Godshuizenlaan.
– **Gentse Feesten** *(Fêtes de Gand) : chaque année, sur 10 j. en juil.* ● *gentsefeesten.be* ● Grande manifestation populaire qui se déroule dans un centre-ville rendu entièrement piéton. Chars décorés, spectacles de rue, concerts gratuits, etc. Le dernier jour, une procession reconstitue l'épisode historique des *stroppendragers*.
– **International Film Festival :** *ts les ans, pdt 10 j. à la mi-oct.* ● *filmfestival.be* ● Un festival de cinéma existant depuis 1974, axé tout particulièrement sur les musiques de films. Les meilleurs compositeurs de B.O. y sont passés : Ennio Morricone, Georges Delerue, Maurice Jarre...

AUTOUR DE GAND :
LA RÉGION DE LA LYS (LEIE)

Avant de se jeter dans l'Escaut, la Lys se traîne paresseusement dans la plaine flamande et ses berges aux méandres alanguis constituent un environnement rural particulièrement bucolique. Ce tableau attira, au tournant du XXe s, une colonie de peintres et de sculpteurs qui firent des villages de Deurle et Laethem-Saint-Martin un centre artistique réputé, sortes de Barbizon ou de Pont-Aven flamands. L'art ayant besoin de commanditaires, ils furent suivis de la bourgeoisie gantoise aisée. Les bois et les prairies cachent derrière leurs haies de splendides résidences à moins de 6 km du beffroi de Gand. Voilà certainement de quoi meubler une petite journée d'excursion.

➤ **Croisière sur la Lys :** *rens à l'office de tourisme de Gand :* ☎ 09-266-56-60. Puisqu'il n'y a pas de route longeant la Lys, le meilleur moyen d'en apprécier les charmes en été (en dehors du vélo) est de s'embarquer pour une de ces minicroisières qui partent de Recollettenlei *(plan Gand, B3),* au sud du centre. Plusieurs compagnies proposent des formules similaires, mais sachez que l'aller-retour peut prendre de 4 à 5h et, souvent, on vous débarque, comme par hasard, devant une brasserie où l'on vous laisse tout le temps de consommer... À vous de juger.

➤ **Circuit des villages de la Lys à vélo :** la meilleure façon de découvrir en individuel ces très jolis coins. En vous rappelant qu'il est possible de vous procurer des vélos pour la journée à la gare Saint-Pierre de Gand. *Résas :* ☎ 09-241-22-24. Tarif préférentiel si vous voyagez en train. Le point de départ idéal se situe aux abords du Waterspoortbaan de Gand (le bassin des compétitions d'aviron). Avant de vous mettre en selle, procurez-vous, à l'office de tourisme, la carte de promenade *Leiestreekroute, Fietsen tussen Gent en Deinze.* L'itinéraire balisé vous fait parcourir 55 km d'un environnement de marécages, de boqueteaux, de sous-bois jusqu'aux villages d'Afsnee, Laethem-St-Martin, Deurle, Bachte-Maria-Leerne (château d'Ooidonk) et Deinze. Un ravissement sans trop d'efforts. Les villas cossues avec leur embarcadère et hangar à bateaux, le golf, les haras, les pelouses taillées aux ciseaux à ongles, les voitures haut de gamme dans les garages, tout cela a un petit air de Palm Beach, palmiers en moins, et fleure bon la Flandre prospère.

DEINZE (9800)

Adresse utile

🖺 **Office de tourisme :** Emiel Clausplein, 4. ☎ 09-380-46-01. ● vvvleies treek.be ● Tlj en sem 10h-12h, 14h-16h.

Où camper ?

⚊ **Camping Groeneveld :** Groenevelddreef, 14, Bachte-Maria-Leerne.

☎ 09-380-10-14. ● info@camping groeneveld.be ● campinggroeneveld. be ● Ouv de mi-mars à mi-nov. Selon période, 17-20 € pour 2 avec tente. Environnement boisé pas loin d'Ooidonk. 5 cabanes équipées (trekker-shutten).

À voir

🍴🎭 **Museum van Deinze en Leiestreek** (musée de Deinze et de la région de la Lys) **:** L. Matthyslaan, 3-5. ☎ 09-381-96-70. ● museumdeinze.be ● Mar-ven 14h-17h30 ; w-e 10h-12h, 14h-17h. Entrée : 2,75 € ; réduc. Attachant musée, situé dans un bâtiment blanc et moderne, lui-même sis dans la bourgade de Deinze, ville principale de la région, au bord de la Lys, et connue pour son marché à la volaille. Deux sections distinctes : les peintres et sculpteurs de la Lys, avec de superbes compositions post-impressionnistes d'Émile Claus (La Récolte des betteraves !) et de Van Rysselberghe, les œuvres très nombreuses des artistes cités plus haut et une découverte : la sculpture de Jozef Cantré. C'est également un musée de la vie quotidienne en ville, avec des objets se rapportant aux métiers, aux commerces (un comptoir à épices), etc. Une idée à relever : pour certaines collections d'objets, on vous montre sur un lutrin une reproduction picturale en rapport avec les objets exposés. Par exemple, une scène d'arrachage de dents de Jan Steen pour les instruments de dentisterie. Bravo !

LE CHÂTEAU D'OOIDONK

🍴🎭 Accessible par le village de **Bachte-Maria-Leerne,** au bout d'une allée de tilleuls. ☎ 09-282-35-70. ● ooidonk.be ● Avr-15 sept, dim et j. fériés 14h-17h30 ; juil-août, ouv sam également. Parc ouv tlj sf lun. L'entrée du château est assez chère : 7 € ; celle du parc seul beaucoup moins : 1 €. Une brasserie à gauche de l'entrée permet de se restaurer. Les Belges appellent Ooidonk le « Petit Chambord », et c'est vrai que cette résidence princière de style Renaissance flamande a beaucoup d'allure. Les deux corps de logis en brique, les douves, le pont-levis, les toits d'ardoise et les tours d'angle surmontées d'élégants clochers à bulbe lui donnent un air à la fois austère et tarabiscoté. Il est encore habité et l'aménagement intérieur est riche de mobilier Louis XV et Louis XVI, de portraits imposants, dont celui de Philippe de Montmorency, comte de Hornes. Le bras mort de la Lys, les jardins à la française, les prés et les plantations boisées donnent à l'ensemble un cachet classieux.

LE CHÂTEAU DE LAARNE

🐾 *À 13 km de Gand, accès par la R 4 autour de Gand, sortie nº 5.* ☎ *09-230-91-55. Mai-sept, dim 14h-17h30 ; juil-août, dim et jeu ap-m. Entrée : 7 € ; réduc.* Un des châteaux de défense de Gand datant du XIIe s, entouré de douves. Grosses tours d'angle au toit pointu. L'entrée et la loggia sont évidemment postérieures. On pénètre par un pont de pierre. La partie centrale du château a été aménagée récemment pour abriter un très beau mobilier anversois, ainsi que des tapisseries, des peintures et une magnifique collection d'orfèvrerie et d'argenterie.

LES ARDENNES FLAMANDES

Le sud de la province est une région de collines ondulantes où, venant de Tournai, l'Escaut se faufile dans un paysage verdoyant, parsemé de villages anciens et de routes sinueuses. Ici, le plat pays prend du relief : pensez, le mont de l'Enclus, près de Renaix, culmine à 150 m ! C'est presque dans les nuages !

AUDENARDE (OUDENAARDE)   (9700)   30 000 hab.

La « capitale » de la région est une petite cité située au bord de l'Escaut, à la frontière historique du Saint Empire romain germanique et du royaume de France. Cette position stratégique explique beaucoup d'événements de son histoire. La tapisserie permit à Audenarde de connaître la richesse et la prospérité au XVIe s. Autour de sa Grand-Place, l'hôtel de ville gothique et les quelques maisons à pignon témoignent de cette splendeur passée. On s'y adonne à deux activités multiséculaires : le brassage et la tapisserie. Le jeudi, jour de marché, est le jour le plus animé.

UN PEU D'HISTOIRE

Après une implantation d'origine située un peu plus au nord et la construction d'une abbaye Saint-Sauveur à Ename, Audenarde se développa autour d'un petit port au bord du fleuve. On ceintura le tout de remparts, la situation de ville frontière entre France et Saint Empire germanique n'étant pas des plus confortable. En 1521, Charles Quint, venu guerroyer dans le Tournaisis (alors français), séjourne six semaines à Audenarde et s'éprend d'une servante locale, Jeanne Van der Ginst de Nukerke.

Au moment des guerres de Religion entre catholiques et protestants, 40 % des tisserands protestants d'Audenarde s'exilent aux Pays-Bas ou dans le Nord de la France. C'est le cas de Franz der Planken, licier (tapissier) d'Audenarde, qui émigre en France où il francise son nom : de la Planche. Le roi Henri IV lui demande de développer son activité dans son royaume. Ses descendants fonderont plus tard, à l'initiative de Colbert, la manufacture des Gobelins à Paris.

Au XVIIe s, la tapisserie donne du boulot à 20 000 habitants ! Hélas, comme partout en Flandre, les guerres portent un coup fatal à cette belle prospérité : les Français viennent trois fois sous ses murs avant de se faire rétamer par un certain duc de Marlborough en 1708. Reprise en 1745, la ville est démantelée.

Une bâtarde au destin glorieux

Née à Audenarde des amours de Charles Quint avec la fille d'un tapissier, Marguerite de Parme, élevée comme une princesse de sang, épouse à 14 ans le duc de Florence, Alexandre de Médicis. Restée veuve après l'assassinat de son mari par Lorenzaccio, son cousin, elle épouse Octave Farnèse âgé de 13 ans. De ce mariage naissent en 1545 des jumeaux, dont un seul survit : il deviendra le condottiere Alexandre Farnèse. En 1559, alors qu'elle est devenue entre-temps duchesse de Parme, son demi-frère, le roi Philippe II, la nomme régente des Pays-Bas sous la tutelle d'une *Consulta*, un triumvirat qui prend directement ses ordres à Madrid. Elle réussit à tempérer la politique anti-calviniste de Philippe II, dans l'espoir de se concilier les éléments les plus modérés de la société flamande. Mais, en raison des troubles, le roi demande au duc d'Albe de mener une expédition punitive dans les Flandres. Il entre en 1567 à Bruxelles à la tête d'une armée de 40 000 soldats. Marguerite demande à être relevée de ses fonctions et se retire dans le royaume de Naples. À nouveau sollicitée par Philippe II pour reprendre le gouvernement des Flandres en 1579, elle doit faire face aux ambitions de son fils, Alexandre. C'est finalement lui qui devient gouverneur des Pays-Bas avec les pleins pouvoirs. Marguerite retourne en Italie où elle meurt la même année que son époux.

Arriver – Quitter

➢ **En train :** une ligne relie Bruges à Bruxelles en passant par Courtrai, Audenarde et Zottegem.
➢ **En bus :** Audenarde est sur la ligne de bus Gand-Renaix du réseau *De Lijn*.
➢ **En voiture :** venant de Gand, par la N 60 (28 km). Venant du sud, par Tournai et Renaix (Ronse).

Adresse utile

🄸 **Office de tourisme :** Hoogstraat, 1 (sur un côté de l'hôtel de ville). ☎ 055-31-72-51. ● oudenaarde.be ● 1er mars-30 sept, tlj 9h30-17h30. Hors saison, lun-ven 9h30-17h, w-e 14h-17h. Demandez le *Guide touristique d'Oudenaarde*, gratuit.

Où dormir ?

🛏 |●| **Hôtel César :** Grote Markt, 6. ☎ 055-30-13-81. ● info@hotel-cesar. be ● hotel-cesar.be ● Chambres situées au-dessus de la brasserie-salon de thé du même nom. Compter 110 € pour 2, petit déj inclus. Menu du jour 12 € ou carte à prix doux. 🛜 Une vieille maison rénovée donnant sur la grande place centrale. La déco classique joue plutôt la carte du confort : moquette épaisse et literie prête à accueillir vos plus beaux rêves. Salles de bains fonctionnelles et ultra-propres, avec baignoire. Préférez les chambres avec vue sur le Grote Markt. Fait aussi resto d'un bon rapport qualité-prix.

🛏 **Hôtel-restaurant De Zalm :** Hoogstraat, 2-4 (donnant sur la grande place). ☎ 055-31-13-14. ● info@hoteldezalm. be ● hoteldezalm.be ● Resto fermé lun. Fermé en juil. Doubles 100-120 €. 🛜 Parfaitement situé, donnant sur Grote Markt et l'hôtel de ville. Grande façade du XIXe s et resto classique au rez-de-chaussée. 9 chambres fonctionnelles et confortables, à la déco un peu froide. Quelques-unes, les plus chères, de style contemporain-épuré dans les tons noir et blanc. Location de vélos.

Où manger ?
Où boire un verre ?

Pas mal de terrasses et restos autour du Grote Markt, en tout cas de quoi caler tous les appétits ; s'il fait beau, vous serez sans doute tenté de choisir la mieux exposée.

|●| **De Mouterij :** Meerspoortsteeg, 2. ☎ 055-30-48-10. ● mouterij@sky net.be ● Dans une ruelle qui part du Grote Markt et longe le musée du Tour des Flandres. Tlj sf mar-mer 10h30-21h (22h w-e). Plats 10-26 €. Endroit

original que cette ancienne malterie, bâtiment industriel réaménagé avec beaucoup d'à-propos en resto. Sol carrelé, voûtes de brique, banquettes de cuir clouté, plaques publicitaires émaillées, instruments de brassage et photos rappelant l'activité passée. Jardin agréable à l'arrière. Dommage que la cuisine soit un peu moins originale.

|●| Bistrot L'Escaut : *Tussenbruggen, 20.* ☎ *055-45-77-75. Situé au bord de l'Escaut face à la maison de Lalaing. Tlj mat et soir, sf lun-mar et sam midi. Plats 10-20 €.* Joli bistrot avec une déco à l'ancienne (boiseries, papier peint à fleurs, lampes-clochettes,

rideaux à mi-verrière et grosse tenture brune à l'entrée) mais un esprit résolument contemporain. Cuisine dans le même ton : salades, pâtes, carbonade et potée de poissons. Bon rapport qualité-prix.

♟ Café De Carillon : *Grote Markt, 49.* ☎ *055-31-14-09. Tlj sf lun.* À l'ombre de l'église Sainte-Walburge, cette croquignolette maison aménagée en taverne se remarque à ses deux mignons petits pignons jumeaux en brique jaune. Intérieur rustique et terrasse bien en vue, idéale pour prendre le pouls de la ville. Possibilité aussi d'y boulotter un plat du jour à prix modérés.

À voir

⋇⋇ MOU (Museum van Oudenaarde) : *dans l'hôtel de ville, sur Grote Markt (accès par l'office de tourisme).* ● *mou-oudenaarde.be* ● *De mars à fin sept, mar-dim 10h-17h30 ; oct-fév, mar-ven 10h-17h, sam-dim 14h-17h. Entrée : 6 € ; réduc. Ticket valable aussi pour la* Huis de Lalaing.

Quel plus bel écrin pour un musée que le splendide hôtel de ville d'Audenarde ? Voilà une construction du plus beau gothique brabançon, achevée en 1537 (règne de Charles Quint) et ciselée comme une pièce d'orfèvrerie. La tour-beffroi centrale porte, comme émergeant d'un bouquet (la couronne impériale), la statue dorée de *Hanske de Krijger* (petit Jean-le-Guerrier, le protecteur de la cité). Vous remarquerez les deux aigles bicéphales des Habsbourg. Le coût de la construction a représenté à l'époque l'équivalent de celui de 35 maisons bourgeoises. Le matériau utilisé fut la pierre de Balegem mais celle-ci, trop poreuse, subit au XXe s la corrosion de l'oxyde de carbone. Chaque pierre abîmée a été remplacée par du grès français.

– La visite du musée permet d'admirer *la halle aux draps* du rez-de-chaussée, datant du XIIIe s. Elle abrite une exposition virtuelle sur le développement de la ville et des documents sonores où l'on entend par exemple le peintre Adrian Brouwer s'exprimer sur son travail. Quelques objets « solides » néanmoins, comme cette *collection de 12 pots en étain* à couvercle (les *simarts*), offerts autrefois aux hôtes de marque. Aucune autre ville de Belgique n'a conservé la douzaine complète.

– Au 1er étage, une autre halle aux draps du XIVe s sert de salle d'exposition à une douzaine de panneaux des fameuses *tapisseries d'Audenarde,* appelées « verdures » (à cause de la dominante bleu-jaune-vert de leurs coloris). Les thèmes sont pour la plupart bibliques, mythologiques ou paysagers. Il fallait entre 4 et 5 ans pour en tisser une, sur la base d'un projet appelé carton. Si vous voulez épater votre copain (ou copine), voici un petit truc pour les reconnaître infailliblement : un chardon atteste le *made in Audenarde.* Cherchez-le ! Après la tapisserie, l'autre richesse était le drap. Celui d'Audenarde, réputé dans toute l'Europe, était exporté jusqu'à Venise.

– Les 2e et 3e étages abritent la *collection d'argenterie,* qui comprend des objets raffinés offerts à la ville par Ernest de Boever, un riche commerçant d'Audenarde : pintes à bière sculptées, cruche en forme de cerf, tabatières en coquillage et cette étonnante boîte de poudre à canon en écailles de tortue... Dans un coin de la *salle des Échevins,* un tambour de porte en bois sculpté du XVIe s et un portrait équestre de Louis XIV, à qui l'on devait bien cela puisqu'il avait payé la fontaine aux dauphins qui se trouve devant l'hôtel de ville. On peut achever la visite par un tour sous les combles, afin de jeter un œil à l'impressionnante charpente de l'édifice.

🏃 *Le gigantesque Grote Markt :* au milieu duquel trône majestueusement le bel hôtel de ville. La place est ceinturée par quelques belles maisons Renaissance. La plus remarquable, la maison de Marguerite de Parme, mérite plus qu'un coup d'œil. Elle abrite un très bon resto, pas donné. En revanche, l'église Sainte-Walburge a toujours l'air d'un éléphant sur la route du cimetière. L'ensemble manque malgré tout d'harmonie, avec toutes ses enseignes et son immense parking.

🏃 *Sint Walburgakerk (collégiale Sainte-Walburge) : juste à côté du Grote Markt. En saison, mar-dim 14h30-17h ; ainsi que jeu 10h-11h30.* La construction a dû être un peu chaotique car de l'extérieur on dirait deux églises mises dos à dos. N'empêche qu'au pied de son portail, la vue de sa tour de 90 m couronnée d'un petit chapeau baroque donne le vertige. Abrite un splendide *trésor* d'église.

🏃 *Centrum Ronde Van Vlaanderen (musée du Tour des Flandres) : entre le Markt et Sainte-Walburge. ☎ 055-33-99-33. ● crvv.be/nl/crvv ▼ Tlj sf lun 10h-18h ; dernière entrée 1h avt. Entrée : 8 € ; réduc.* Évocation détaillée de l'épopée du cyclisme belge à travers sa course la plus célèbre, le Tour des Flandres. Elle commence par un petit film tâchant de restituer l'atmosphère dudit tour (qui, rappelons-le, a lieu chaque 1er dimanche d'avril, au départ de Bruges) ; ensuite, on passe dans une salle pleine de bruit et d'écrans pour tout savoir sur la course, ses embûches (les fameux chemins pavés des Ardennes flamandes !), l'évolution de son itinéraire et l'importance qu'elle revêt par ici. Grâce à une carte codée remise à l'entrée, on peut aussi suivre les stratégies et les habitudes de l'un des 12 cyclistes à avoir remporté le tour au moins deux fois. Ce n'est toutefois pas le cas de l'ancien champion du monde, Freddy Maertens, que vous croiserez à l'accueil.

🏃 Exilée sur l'autre berge, la silhouette sombre et énigmatique de l'*OLV van Pamelekerk (église Notre-Dame-de-Pamele ; pour les individuels, visites slt Pâques-fin sept, sam 14h-16h30).* On doit cette église à un certain Arnulf de Binche. C'est un pur exemple du gothique scaldien du XIIIe s. Les gisants des seigneurs de Pamele s'y trouvent. Chœur très coloré.

🏃 *Huis de Lalaing : Bourgondiëstraat, 9. Sur la même rive que Notre-Dame-de-Pamele, de l'autre côté du pont. Mars-oct, tlj sf lun 14h-17h30 ; l'hiver, mar-ven 14h-17h. Même ticket que pour le MOU.* La belle façade Renaissance de cette maison du XVIIe s abrite un centre qui fait office de « clinique de la tapisserie ». On peut assister au travail de restauration et un espace éducatif à base de photos permet d'en comprendre le processus. Intéressant. Sur le même palier, au sein de l'atelier VASA, on crée de nouvelles œuvres, selon les mêmes techniques qu'au Moyen Âge (à savoir 1 m² par an). C'est aussi un centre d'apprentissage du métier de tapissier. En sortant, on peut se reposer dans le jardin où pousse un ginkgo biloba vieux de plus de 150 ans.

🏃 Une visite d'Audenarde ne pourrait être complète si l'on oubliait la bière locale, une brune rousse aigre-douce sortie de la *brasserie Liefmans (Aalststraat, 200 ; ☎ 03-860-94-00 ; ● info@liefmans.be ●).* Elle se trouve à environ 2 km du centre, sur la rive droite. Une visite s'impose pour déguster une Kriek ou une bière à la framboise, et éventuellement parcourir les installations, sur rendez-vous préalable *(prix : 7,50 € ; tlj sf dim à 10h, 13h et 15h).*

Manifestation

– *Fête de la Bière : le dernier w-e de juin.* On l'appelle aussi la fête Adrien Brouwer (peintre de l'époque de Rubens) car, apparemment, c'est lui qui en est à l'origine.

DANS LES ENVIRONS D'AUDENARDE

🎋 *Ename :* à 2 km à l'est d'Audenarde. Ce bourg paisible au pied d'une colline servit autrefois de frontière entre la France et le Saint Empire romain germanique. Des moines bénédictins y fondèrent une abbaye au bord de l'Escaut, qui fut détruite à la Révolution (française). Ename possède son musée :
– 🕴 *Pam Ename :* Lijnwaadmarkt, 20. ☎ 055-30-90-40. ● ename974.org ● Bus n° 41 depuis Audenarde. Tlj sf lun 9h30-17h. Entrée : 2,50 € ; réduc. Petit mais intéressant et conçu avec les moyens les plus modernes. Les visiteurs ont à leur disposition des audioguides multilingues. Le thème du musée est la mémoire collective d'Ename à travers les histoires locales, les souvenirs familiaux, les photos du passé, de 974 à aujourd'hui. Des écrans tactiles permettent de remonter dans le temps et de reconstituer avec des images de synthèse le site de l'abbaye (incroyable pour un si petit musée !). Le clou de la visite : le son et lumière, reconstitution d'un banquet villageois avec des personnages en résine, style musée Grévin. On se croirait dans un tableau de Bruegel.
– La visite du musée inclut aussi celle de l'église et du jardin, très agréable en été. Construite en 974 avec des éléments datant d'Othon, l'église a été rénovée et abrite une peinture murale de style byzantin.

LA PROVINCE DE FLANDRE OCCIDENTALE (WEST-VLAANDEREN)

« Le pays où un canal s'est perdu. » Personne n'a pu mieux que Brel décrire les paysages de la Flandre côtière. Immense platitude arrachée à la mer au cours des siècles, où le ciel, l'eau et la terre se confondent dans les brumes maritimes. Les polders, terres âpres aux habitations abritées des vents, où les hommes se livrent peu. Plaines inondées où des hommes venus de loin se sont entre-tués, pendant 4 ans, dans un carnage aussi effroyable qu'absurde, ne laissant que ruines et cimetières. Bande côtière où le béton du tourisme sauvage a créé un nouveau mur de l'Atlantique. Dunes et prés salés préservés où viennent encore nicher des oiseaux rares.
Et Bruges, bien sûr. Bruges la Morte, oubliée de l'histoire, il y a 100 ans, Bruges la Belle de ses trésors admirablement restaurés, Bruges la Riche de ses visiteurs innombrables et Bruges la Secrète de ses quartiers méconnus et de son mysticisme hors du temps.

BRUGES (BRUGGE)   (8000)   117 000 hab.

▶ Pour les plans de Bruges, se reporter au cahier couleur.

◎ Ville n° 1 du tourisme en Belgique, Bruges est un miracle de l'histoire. Tombée en léthargie pendant quatre siècles, elle n'a pas connu d'industrialisation et ses magnifiques bâtiments ont été judicieusement retapés lors de la vague néogothique du XIXe s. Ce qui lui vaut, pour son centre historique, un classement au Patrimoine mondial de l'humanité de l'Unesco. En la visitant, même si tout n'est pas vraiment d'origine, vous aurez d'abord l'impression de faire un voyage dans le temps, à l'époque des splendeurs des ducs de

Bourgogne. Et puis, en sortant des sentiers battus, en flânant le nez au vent vous découvrirez aussi, un peu plus secrètes, les facettes romantiques et mystiques de l'âme flamande.

UN PEU D'HISTOIRE

L'existence de Bruges est liée aux sables : il y a 1 000 ans, la côte de la mer du Nord ne présentait pas la même configuration qu'aujourd'hui. À cette époque, des marées d'équinoxe rompent régulièrement la frêle barrière des dunes et la mer envahit les basses terres, en y laissant plus tard des bandes sablonneuses et des chenaux naturels. Sur ces terres pauvres vivent tant bien que mal des peuplades à peine christianisées, descendantes des tribus de Morins et de Ménapiens que César n'avait même pas pris la peine de combattre.

Sur l'une de ces jetées naturelles *(brygghia),* un peu moins précaire que les autres, s'installent des *paysans libres* qui entreprennent de fortifier le lieu pour se garder des raids des Normands. Un certain *comte Baudouin Bras-de-Fer,* soudard notoire, obtient en dot ces terres incultes du roi Charles le Chauve dont il avait kidnappé la fille. Cette « Flandre » vient s'ajouter à ses possessions de l'Artois et du Cambrésis. Voilà comment la Flandre et la France ont lié leur destin.

Le miracle de la mer

Le site est fortifié et des échanges commerciaux se développent avec les ports du Nord. Une enceinte est construite et, en 1134, les éléments se déchaînent : la mer ouvre largement le chenal qui mène à elle. L'estuaire du Zwin s'est formé et assure à Bruges trois siècles de prospérité, à condition d'assurer un drainage permanent pour éviter l'ensablement. Lorsqu'en 1150 *Philippe d'Alsace,* comte de Flandre, accorde des privilèges à la cité, Bruges se trouve à la tête du commerce avec l'Angleterre et les villes de la Baltique. Elle est administrée par des marchands prospères qui organisent leur propre justice.

En 1180 déjà, *Damme* est fondée pour servir d'avant-port d'où les marchandises sont transbordées dans des embarcations plus petites. La situation géographique, entre Angleterre, foires de Champagne et Lombardie, entre sud-ouest de la France et Baltique, entre bassin du Rhin et Bretagne, fait de Bruges le plus grand centre de transit du Moyen Âge. Les comtes de Flandre touchent les dividendes de ce florissant commerce et s'efforcent en retour d'en préserver la sécurité.

Le *libre-échange* et le *capitalisme* naissent dans cette cité avec la fondation du *premier marché des changes.* L'établissement libre de « comptoirs commerciaux » de toutes les nations voit affluer des marchands des quatre coins de l'Europe. L'import-export est leur apanage, les Brugeois se réservant la vente de détail et la transformation du drap anglais, avec l'embauche d'une main-d'œuvre paysanne sévèrement contrôlée.

Au XIVe s, les Flamands affrontent la France

À l'avènement du XIVe s, des difficultés surgissent : par le jeu des successions comtales, le roi de France Philippe le Bel fait main basse sur la Flandre et favorise le parti des notables (les *Leliaerts,* à l'emblème de la fleur de lys). Ceux qui exercent des petits métiers se révoltent, à la fois contre leur condition d'exploités et contre le pouvoir en place inféodé aux Français. Le parti des *Klauwaerts* (les griffes du lion héraldique des Flandres), le matin du 18 mai 1302, prend les armes et passe au fil de l'épée tous ceux qui, au saut du lit, sont incapables de prononcer, avec l'accent guttural requis, les mots : *schild en vriend* (« bouclier et ami », mais plus vraisemblablement : *'s gilden vriend,* « ami des guildes »). Et, comme on le sait, le Français n'a jamais été doué pour les langues étrangères... Quelque 1 400 Français disparaissent ainsi du paysage lors de cet épisode de l'histoire connu sous le titre de « Matines brugeoises ». Les Français et les francophiles sont donc massacrés, ce qui provoque l'ire légitime de Philippe le Bel, qui s'empresse d'envoyer la fine fleur de sa chevalerie pour arracher les griffes du lion.

11 juillet 1302 : la bataille des Éperons d'or

Le combat se déroule sous les murs de **Courtrai le 11 juillet 1302** et la piétaille flamande n'a pas trop de mal à dérouiller les chevaliers français embourbés dans la gadoue avec armures pesantes et chevaux caparaçonnés. Aucun combattant n'est fait prisonnier et on ramène les éperons en guise de trophées. Ils resteront longtemps suspendus dans la cathédrale en souvenir de la victoire des petits sur les grands.

D'autres batailles, aussi cruelles et aussi importantes militairement, se dérouleront sur le sol flamand mais c'est celle-là que le mouvement flamand, au XIXe s, choisira comme emblème de la lutte du peuple contre l'oppression de ses notables. C'est connu, l'histoire vient toujours au secours des desseins politiques.

L'âge d'or du commerce et des arts

En 1369, le mariage de l'héritière du comté de Flandre, Marguerite de Maele, avec Philippe le Hardi, duc de Bourgogne, marque le début de l'âge d'or de Bruges mais aussi l'amorce de son déclin. Le Zwin commence à s'ensabler, il reste encore à la ville un siècle de fastes à vivre, mais quel siècle ! Sur le plan artistique, Bruges rivalise avec Florence. Ses peintres **Memling, Van Eyck, Van der Goes** et **Gérard David** réalisent des chefs-d'œuvre de l'école flamande du XVe s.

Des navires vénitiens, catalans, russes, génois, biscayens, bretons, hanséatiques et portugais débarquent tous les jours des marchandises. On en compte jusqu'à 150 à la fois dans le bassin du Minnewater. Ils débarquent le vin, les tapis, les oranges, les fourrures, l'huile, les cuirs, les soies, les métaux, les épices, la laine, les animaux exotiques et même l'ivoire et les diamants.

1429 : une ville courtisée par toute l'Europe

En 1429, **Philippe le Bon** installe sa cour au Prinsenhof et, lors de son mariage avec **Isabelle de Portugal,** donne des fêtes somptueuses. Bruges est tapissée de draperies vermeilles. Quelque 800 marchands en tenue d'apparat accueillent la fiancée. Le repas de noce se déroule dans un faste inouï (ne croyez pas qu'on en rajoute, c'est pas notre style !) : vaisselle d'or, draperies de brocart tissé d'or et banquet monumental. On continue le lendemain avec joutes et réceptions dans un décorum tel que les échotiers de l'époque en parlent

UN ORDRE UN PEU TROP CATHOLIQUE

L'ordre de la Toison d'or exalte l'esprit chevaleresque ; son but est la gloire de Dieu et la défense de la religion chrétienne, comme le rappelle l'inscription sur le tombeau du duc de Bourgogne à Dijon. Il passe ensuite aux Habsbourg autrichiens et espagnols en conservant le caractère religieux et aristocratique que lui avait donné Philippe le Bon. Son rituel d'admission demeure toujours, avec adoubement par l'épée et serment en français.

comme d'un événement inégalé en Occident. Pour couronner le tout, Philippe le Bon en profite pour s'introniser, ainsi que 23 seigneurs de sa suite, dans un nouvel ordre de chevalerie qui suscitera toutes les jalousies : **l'ordre de la Toison d'or.**

Bruges, la Bourgogne et les Habsbourg

En 1468, on remet le couvert pour le mariage de **Charles le Téméraire** et de **Marguerite d'York.** Mais le nouveau (et dernier, d'ailleurs) duc de Bourgogne est

moins apprécié. Il lève des impôts pour financer ses campagnes militaires. En tombant, en 1477, au siège de Nancy, il laisse à sa fille Marie (l'idole des jeunes et même des vieux Brugeois) l'héritage bourguignon qui est transmis illico aux **Habsbourg** par le mariage de celle-ci avec **Maximilien d'Autriche.**
Marie meurt au cours d'un accident de chasse et Maximilien se rend impopulaire au point de se faire séquestrer par les Brugeois. Son principal conseiller, **Pieter Lanchals** (Long-Cou en flamand), se fait décapiter devant ses yeux et l'archiduc, en proie à une frayeur légitime, concède tout et n'importe quoi aux Brugeois pour recouvrer sa liberté mais obtient de ceux-ci (dit la belle légende) d'entretenir à tout jamais des cygnes (pour leur long cou, suivez un peu !) en souvenir du supplicié. Promesse tenue.

XVIᵉ s : le déclin

En 1500, la ville totalise 100 000 habitants. C'est la cité la plus riche d'Europe du Nord mais le Zwin, la voie économique vitale, s'ensable définitivement et les Brugeois dépendent de plus en plus de leurs avant-ports, Damme et Sluis. Ils multiplient les mesures protectionnistes et les contrôles vexatoires. Leur drap n'est plus compétitif, l'Angleterre a appris à le tisser et n'a plus besoin de la Flandre pour écouler sa laine. Quant à Maximilien d'Autriche, rancunier, il favorise l'installation des marchands à Anvers, la place commerciale montante. Anvers, port sur l'Escaut, devient la rivale de Bruges et finit par la supplanter.
Au début du XVIᵉ s, les étrangers ont quitté Bruges et plus de 5 000 maisons sont vides. En 1520, deux galères vénitiennes jettent l'ancre à Sluis. La Sérénissime République, elle aussi en déclin, vient pour la dernière fois saluer sa consœur du Nord. Les guerres de Religion entre protestants et catholiques accélèrent ce déclin, beaucoup de Brugeois nantis choisissant l'exil vers la Hollande, plutôt que les persécutions de l'Inquisition.

Du XVIIᵉ au XXᵉ s : trois siècles de sommeil

Au cours de ces trois siècles, Bruges vivote dans l'espoir cent fois remis au lendemain d'un canal qui la relierait à la mer. Hélas, les flux commerciaux empruntent à présent d'autres routes. Et, avec la liaison Gand-Bruges, la ville se maintient au rang de port régional. Elle entretient une industrie locale de dentelle qui parvient à peine à nourrir une partie de la population. Le petit peuple vit de charité. Les propriétaires rentiers organisent le système d'assistance des *maisons-Dieu* et des hospices.
À l'intérieur de l'enceinte des remparts, on trouve des champs cultivés ! L'indépendance belge de 1830 en fait un chef-lieu de province et, en 1848, *une famine* pousse les habitants à l'émeute. On ressort des cartons un projet de canal vers la mer qui, grâce aux efforts de Léopold II, voit le jour en 1907, entre Blankenberghe et Heist, mais il est détruit par la guerre de 1914-1918.

Le réveil de la Belle Endormie

Curieusement, Bruges doit son renouveau à son passé oublié. Dans la seconde moitié du XIXᵉ s, des écrivains et artistes anglais romantiques, en visite sur le continent, se prennent de passion pour cette ville qui rencontre leur engouement pour la redécouverte du Moyen Âge. Ils sont rejoints par d'autres Britanniques qui choisissent de s'établir à Bruges pour des raisons bien plus terre à terre. Ce sont des officiers britanniques de l'armée des Indes à la retraite, qui ne peuvent, avec leur modeste pension, mener le même train de vie qu'au Bengale ou au Pendjab. Ils achètent à Bruges, à quelques encablures de leurs blanches falaises, de superbes maisons pour une bouchée de pain et trouvent un personnel de maison prêt à travailler pour de modestes gages. Tout ce beau monde forme une petite colonie, qui reçoit des visites de parents et amis et, bientôt, un collège de petits Anglais en casquette et uniforme voit le jour. Bruges lentement sort de sa torpeur, se met à restaurer son patrimoine monumental, et assainit ses canaux. On construit de nouveaux bâtiments, à l'imitation du Moyen Âge. Des hôtels s'ouvrent, des restaurants également, et la suite aurait pu donner naissance à un dessin animé signé Disney tellement elle est connue et reconnue internationalement. Voilà pourquoi aussi vous lisez ces lignes, car le conte de fée peut réserver des surprises, si l'on manque de repères...

La ville étant devenue la destination idéale pour tout couple en voie de formation durable, certains commerçants n'hésitent pas à vendre au prix fort tout ce qui est autre que l'amour et l'eau fraîche, d'où la valse de certaines adresses d'une année sur l'autre.

Pour rester dans le domaine culturel, Bruges s'enorgueillit d'une salle de spectacle que les guides locaux n'ont toujours pas intégrée dans leur paysage, mais qui depuis 10 ans fait partie des grandes réussites de l'architecture contemporaine : le *Concertgebouw*. Avec un orchestre « *Anima Eterna Brugge* » connu de toute l'Europe et un festival Ars Musica qui abolit les frontières entre les amoureux de la musique (liens étroits tissés avec Lille et Arras, entre autres).

Depuis 1949, en reconnaissance de son passé de cité internationale, Bruges a par ailleurs le privilège d'avoir été choisie pour former, dans *le Collège de l'Europe,* les futures élites de la Communauté européenne.

Petites infos en vrac, pour terminer. D'abord, un film à voir en DVD d'urgence, un polar loufoque tourné à Bruges pendant l'hiver 2007 par Martin Mc Donagh : *Bons Baisers de Bruges.* Une curiosité : le joueur de basket Tony Parker est né à Bruges, ce qui n'est nullement le cas du chocolatier Jeff.

Conseils pour visiter Bruges

Pour aborder cette ville dans les meilleures conditions, nous vous ferons une triple recommandation.

– *Primo :* Bruges est une ville au romantisme incomparable, alors venez-y, si possible, en couple. Vous vous forgerez des souvenirs pour la vie en vous baladant enlacés, le long des canaux, même sous la pluie. Les petits restos intimes et les cafés chaleureux, perdus dans la nuit, abriteront vos confidences. Vous y reviendrez ensuite avec les enfants, puis avec d'autres parents, puis autrement, qui sait, ainsi la vie...

– *Deuzio :* la haute saison (en particulier mai, juin et septembre) n'est pas le meilleur moment pour en profiter. La ville est submergée de visiteurs. De plus, vous payerez plus cher votre chambre d'hôtel. Essayez plutôt le début du *printemps,* lorsque les jonquilles tapissent les pelouses du béguinage, ou quand vient *l'automne* et que l'on peut flâner à l'aise sur les quais des brocanteurs et se repaître à satiété des trésors de la peinture flamande. Les week-ends sont aussi, en général, plus chargés que la semaine.

– *Tertio :* et c'est une injonction ! La ville n'est *pas faite pour la voiture,* et les meilleures surprises, vous les aurez en la parcourant à pied ou à bicyclette. Vous perdre dans les ruelles est la meilleure chose qui puisse vous arriver. Au détour d'un pont ou d'un canal, vous tomberez sur une église ignorée des foules, sur un vieil estaminet où le temps s'est arrêté ou la très digne confrérie des arbalétriers en train de s'exercer au tir. Les seules déclivités sont les dos d'âne des petits ponts de pierre. De même, pédaler la nuit dans la ville endormie, au hasard des pavés, s'avère une véritable plongée dans un univers de formes fantasmagoriques.

Arriver – Quitter

➢ *En train :* de et vers Lille, 4 trains directs/j (env 2h45 de trajet). Sinon, nombreuses liaisons depuis Lille via Courtrai *(Kortrijk).* De Bruxelles, liaison ttes les 30 mn. Enfin, de Paris, 1 à 2 *Thalys* directs/j. (env 2h30 de trajet).
➢ *En voiture :* Bruges se trouve en

bordure de l'E 40 Bruxelles-Ostende, à 90 km de la capitale. On peut aussi la rejoindre de Paris (320 km) par l'autoroute du Nord et Lille, ensuite par Courtrai *(Kortrijk)* et l'A 17.

Où se garer ?

La ville compte plusieurs parkings, notamment dans le centre (cinq parkings souterrains à moins de 10 €/24h), et plusieurs parkings périphériques gratuits, mais le plus grand (1 600 places), le plus pratique (ouvert tous les jours 24h/24) et de loin le moins cher (seulement 3,50 € par jour !) se trouve à côté de la gare *(plan couleur I, A3)*. Inutile donc, à notre avis, d'en chercher un autre, d'autant qu'il n'est qu'à 15 mn à pied du centre et qu'il est même possible, avec le ticket de ce parking, de rejoindre gratuitement le Markt en bus. Un autre parking, à proximité de l'hôpital Saint-Jean, affiche lui un tarif unique de 6 € (maximum 12 h).
On précise aussi, pour ceux qui voudraient découvrir la ville avec la petite reine, qu'on peut louer des vélos à la gare. Autre raison de laisser votre voiture au parking, une réglementation très contraignante régit le stationnement en centre-ville. Dans les rues principales, c'est payant tous les jours entre 9h et 20h, avec une durée maximale de 2h. Les autres rues sont en zone bleue et vous devez donc mettre un disque de stationnement (maximum 4h), sauf les dimanche et jours fériés, entre 9h et 20h, sous peine d'une amende de 35 € par jour. Pas la peine d'essayer de gruger en relançant le disque pour 4h de plus : la société privée qui est désormais en charge de dresser les contraventions (quelle époque !) est équipée d'appareils photos et de GPS pour repérer les petits malins. Enfin, dans certaines parties du quartier West-Brugge, le stationnement est uniquement réservé aux riverains, et là vous risquez carrément la fourrière si vous ne respectez pas l'interdiction.

Comment circuler ?

Le cœur historique de Bruges est un ovale de 2 à 3 km de diamètre, c'est dire que tout peut se visiter *à pied* ou *à vélo*. L'organisation des sens uniques est délibérément faite pour empoisonner la vie des automobilistes et la vitesse est limitée à 30 km/h. En revanche, les vélos peuvent emprunter les rues dans les deux sens (pas toutes, attention !).
À la sortie de la gare ferroviaire, un bureau d'information de *De Lijn* vend des billets pour les *autobus* (1,20 € ; plus cher, autour de 2 €, si vous les achetez dans le bus même), qui passent presque tous par le Markt (« Centrum »). Pour vous repérer à l'intérieur de la ville, levez le nez, vous apercevrez toujours l'une des trois tours principales. Vous apprendrez vite à les reconnaître !

Adresses utiles

🛈 *Office de tourisme et Concertgebouw Brugge* (plan couleur I, A2) : *Concertgebouw, 't Zand, 34 ; au rdc de la célèbre salle de concerts de Bruges.* ☎ 050-44-46-46. ● *toerisme@brugge. be* ● *brugge.be* ● *Tlj 10h-18h.* 3 écrans de consultation sont à la disposition du public. L'office de tourisme propose différentes formules et documents intéressants pour visiter Bruges et ses environs : vente d'un billet combiné pour tous les musées municipaux à 15 € (valable 3 jours). Vente également de la « Brugge City Card » valable 48h ou 72h au prix de 35 et 40 € (réduc de 3 € pour les moins de 26 ans) donnant droit à l'entrée gratuite dans 22 musées de Bruges et la région, balade en bateau et des réductions sur les transports et les spectacles. On peut s'y procurer également le dépliant mensuel gratuit *Events@brugge* qui détaille le calendrier des manifestations culturelles en ville.
– En juillet-août (et les week-ends de juin et septembre), départ à 14h30 d'une *visite guidée* de la ville. Prix par personne : 5 € ; réduction familles.
– Enfin, une borne interactive informe en permanence de l'état de disponibilité du logement à Bruges et dans les environs. Pratique !
🛈 *Bureau du tourisme de la gare* (plan couleur I, A3) : *dans la gare, en*

entrant par la porte de gauche. Lun-ven 10h-17h, sam-dim 10h-14h. On peut y acheter un plan de la ville pour 0,50 €.

✉ **Bureau de poste** (plan couleur II, B2) : Markt, 5. ☎ 050-33-14-11.

■ **Argent et change :** vous trouverez des distributeurs **Bancontact/Mister-Cash** (ceux-ci permettent des retraits avec les cartes Visa ou MasterCard) sur le Markt, sur Simon Stevin Plein (plan couleur II, B2), ainsi que sur Vlamingstraat (plan couleur II, B1-2).

@ **Téléboutique** (plan couleur II, B2) : Philipstockstraat, 4. Tlj 9h-20h. Une dizaine de terminaux.

🚃 **Gare** (plan couleur I, A3) : Stationsplein, à env 15 mn à pied du centre. ☎ 050-30-24-24. Outre un bureau du tourisme, on y trouve également des consignes.

🚌 **Transports publics : De Lijn,** ☎ 059-56-53-53. Le billet d'un trajet en bus coûte 2 €. Billet pour une journée : 5 €.

■ **Location de vélos :** ATTENTION, devant la recrudescence des vols, beaucoup de loueurs sont réticents à l'idée de laisser leurs vélos passer la nuit dehors. Si vous voulez louer un vélo plus de 1 jour et le garder le soir, il vous faudra vérifier auprès de votre hôtel (et prouver à votre loueur) que votre monture pourra dormir à l'abri. Par ailleurs, on vous rappelle que certains hôtels mettent des vélos à votre disposition. Sinon, les locations varient entre 6 et 12 € par jour.

– À la **gare ferroviaire** (plan couleur I, A3) : ☎ 050-30-23-29. Le service de loc (tlj 6h30-19h30) se trouve près de la bagagerie. Compter 8 € la ½ journée et 12 €/j. Il est arrivé qu'ils exigent le billet du train. On signale d'ailleurs au passage que vous pouvez acheter, avant d'entamer votre voyage, un forfait train/vélos dans de nombreuses gares belges.

– **Koffieboontje** (plan couleur II, B2, **1**) : Hallestraat, 4. ☎ 050-33-80-27. Tlj 9h-22h. Compter 12 €/j. et 38 €/sem. Tarif préférentiel pour étudiants. Possibilité de louer un tandem ou un VTT.

– **De Ketting** (plan couleur I, B-C3) : Gentpoortstraat, 23. ☎ 050-34-41-96. Le moins cher de la ville : 6 €/j.

– **Éric Popelier** (plan couleur II, B2, **2**) : Mariastraat, 26. ☎ 050-34-32-62. Tlj sf lun en hiver 10h-18h. Compter 12 €/j. Loue également tandems, scooters et vélos électriques.

– **Bruges Bike Rental** (plan couleur II, B2, **3**) : Niklaas Desparsstraat, 17. ☎ 050-61-61-08. Tlj 10h-22h. Env 10 €/j. Loue aussi des tandems.

– **Bauhaus Bike Rental** (plan couleur I, C1, **11**) : 135, Langestraat, à la Bauhaus International Youth Hostel (voir « Où dormir ? »). ☎ 050-34-10-93. Slt au printemps et en été : 12 €/j.

– **Quasimundo :** rens et résas au ☎ 050-33-07-75 ou ● quasimundo. com ● Compter 25 €/pers ; 21 € pour les - de 26 ans. Tours guidés (en anglais) à vélo dans Bruges mais aussi dans les environs, jusqu'à la frontière hollandaise (en passant par Damme). En été, Bruges by night, à partir de 19h30. Ciré, casque et eau fournis, ainsi qu'un pot dans un café local. Départ du Burg.

■ **Taxis : Markt,** ☎ 050-33-44-44. **Stationsplein,** ☎ 050-38-46-60.

Où dormir ?

Bruges compte plus de 100 hôtels et, la concurrence aidant, les prix sont restés majoritairement raisonnables pour la qualité proposée. Beaucoup d'adresses de charme sont dispersées dans la ville et faire un choix peut s'avérer embarrassant tant sont dignes d'éloges le sens de l'hospitalité et le savoir-faire des hôteliers brugeois. Parler le français ne leur pose aucun problème. À noter tout de même que les tarifs sont plus élevés en haute saison, à savoir, en gros, de mai à octobre, ainsi que, d'une façon générale, le week-end. Janvier et février sont les mois creux.

– **Réservations :** directement auprès de l'hôtel. Possible aussi à l'office de tourisme, mais uniquement pour le jour même (compter 2,50 € de frais). Inutile de préciser qu'en période de grande affluence, et notamment les week-ends de printemps, il est vivement conseillé de réserver sa chambre le plus à l'avance possible.

– **Réductions :** toute l'année, de nombreux hôteliers proposent des formules spéciales, tant pour la semaine que pour le week-end. Outre une ou deux nuitées, elles comprennent généralement un repas, une entrée dans un musée ou un tour en bateau.

CAMPING

⛺ **Memling** (hors plan couleur I par C1) : Veltemweg, 109, **Brugge-Sint Kruis** (8310). ☎ 050-35-58-45. • info@camping-memling.be • camping-memling.be • À 4 km vers l'est. Bus n°s 11 ou 58A qui passe à la gare ferroviaire. Arrêt Carrefour sur la Maalsesteenweg. Résa conseillée. Compter 14-16 € pour 2 avec tente et 25-30 € avec caravane. 5 € supplémentaires pour 1 seule nuit (juil-août). 🛜 Sous les arbres mais banal, bien équipé, douches gratuites. Quelques cabanes en bois (trekkershutten) à 40 € environ (1 à 4 personnes) et même quelques roulottes et caravanes (2 chambres, cuisine équipée) autour de 100 € en juillet-août (et Pentecôte) et 70 € le reste de l'année (4 personnes ou famille de 5) ! Resto au camping. Vélos à louer. Supermarché et piscine couverte et toboggan à 300 m. Le camping n'étant pas très grand, pensez à réserver suffisamment à l'avance sauf si vous arrivez avant 13h.

AUBERGES DE JEUNESSE À BRUGES ET DANS LES ENVIRONS

🏠 **Auberge de jeunesse Europa** (plan couleur I, B3, **10**) : Baron Ruzettelaan, 143, **Assebroek** (8310). ☎ 050-35-26-79. • brugge@vjh.be • vjh.be • À la sortie de la ville, direction Oostkamp. De la gare ferroviaire, bus n°s 2 et 20, direction Assebroek, arrêt Wantestraat. À pied, compter 20 mn (1,5 km). Attention, réception fermée 10h30-13h30 (17h dim). Fermé 3 sem après Noël. Résa conseillée. À partir de 16,50 €/pers (en chambre de 4 à 6), draps et petit déj compris (2 € en plus au-delà de 26 ans). Compter 4 € supplémentaires si vous ne possédez pas votre carte de membre de la FUAJ. La plus grande AJ du pays : 208 lits, 42 chambres dont 22 familiales et 4 doubles avec douche et w-c privés, bâtiments en brique, ultramoderne avec de grandes baies vitrées, donnant sur un grand jardin. Laverie toute proche. Beaucoup de groupes.

🏠 **Bauhaus International Youth Hostel** (plan couleur I, C1, **11**) : Langestraat, 133-137. ☎ 050-34-10-93. • bruges@bedsandbars.com • bauhaus.be • Dans la partie est du centre. Bus n°s 6 ou 16 de la gare ferroviaire. Pas de couvre-feu. Bar-resto ouv 8h-minuit (resto 12h-14h, 18h-22h30). Compter 14-17 € pour une place en dortoir de 3 à 8 lits, doubles 19-25 €/pers (avec douche) ; draps et petit déj inclus. 🛜 🖥 (payant). L'auberge abrite quelque 150 lits sur plusieurs étages. Lavabos dans les chambres. Spacieux et plus ou moins propre, cela dépend de l'époque et de l'affluence. Douches en commun, sauf pour 2 ou 3 chambres. Le grand bar-resto du rez-de-chaussée, le Sacré-Cœur, est toujours assez animé. Laverie pas très loin, location de vélos (9 € par jour). Bauhaus est membre de l'association Europe Famous 5 Hostels. Une adresse bruyante, tout comme son annexe, le **Bauhaus Budget Hotel** tout à côté.

🏠 **De Passage** (plan couleur II, A2, **12**) : Dweersstraat, 26-28. ☎ 050-34-02-32. • info@passagebruges.com • passagebruges.com • Bus de la gare ferroviaire vers le Markt, arrêt Sint Salvatorkerk. Parking payant dans la même rue. Fermé début janv à mi-fév. Compter 15 €/pers la nuit, draps et couette compris ; petit déj 5 €. Réduc de 10 % sur présentation de ce guide. Bien situé. Dortoirs de 4, 6 ou 7 lits superposés. Douches et toilettes à l'étage. À la fois café-resto, mais il vaut mieux éviter d'y manger, et hôtel pour petits budgets. Cela dit, les chambres ont beau être pas chères, elles ne sont vraiment pas terribles.

🏠 **Snuffel Backpacker Hostel** (plan couleur II, A1, **13**) : Ezelstraat, 47-49. ☎ 050-33-31-33. • info@snuffel.be • snuffel.be • Bus n°s 3 et 13 de la gare ferroviaire, arrêt Snuffel. Une soixantaine de lits répartis en chambres de 4 mixtes (17-20 €/pers) ou 6 lits pour les filles (17-19 €/pers) ou 8-14 lits mixtes (16-18 €/pers), avec petit déj. Prix variables selon les jours. Possibilité de louer une chambre de 4 pour un couple (18 €/pers). 🛜 Toutes les chambres ont une literie en bois clair, un lavabo et certaines bénéficient d'une douche. Armoires de sécurité. Café ambiance rock (là aussi, vous êtes prévenu, si vous cherchez le calme, prenez une chambre d'hôtes). Carte forfait pour essayer 5 bières (le patron en propose 25 dont la *Snuffel*, fabriquée sur place !). Location de vélos possible (6-8 € par jour) mais à condition de ne pas le sortir le soir ! Concerts gratuits à 21h tous les 1er et 3e samedis du mois (sauf juillet-août, autre programme).

🏠 *Charlie Rockets (plan couleur II, B2, 23)* : Hoogstraat, 19-21. ☎ 050-33-06-60. ● info@charlierockets.com ● charlierockets.com ● Compter 16 € la nuit en chambre de 4 ou 6 (19 € avec le petit déj). Double 45 €, petit déj inclus. Parking payant. 🛜 Pour nos lecteurs, 10 % sur le prix de la chambre. Central, simple, pas cher, pas génial non plus. Adresse originale, il faut le reconnaître, aménagée dans un ancien cinéma aux couloirs tortueux et plein d'escaliers. Bar au rez-de-chaussée qui anime la rue. Ne conviendra pas à ceux qui cherchent avant tout la tranquillité, autant prévenir ! Entretien aléatoire et accueil pas forcément polyglotte. Service laverie, *lockers,* consigne à bagages. Billards.

🏠 *Auberge de jeunesse Herdersbrug* : LodewijkCoiseaukaai, 46, *Brugge-Dudzele (8380).* ☎ 050-59-93-21. ● brugge.dudzele@vjh.be ● jeugdherbergbrugge.com ● Au bord du canal Bruges-Zeebrugge, à 5 km au nord de la ville. Bus nos 41 (Knokke) ou 42 (Breskens) de la gare ferroviaire, arrêt Dudzele Dorp, puis 15 mn à pied. Fermé 15 déc-15 janv. Pour une nuit, prévoir 23 €/pers, petit déj compris, 3 € de plus pour les non-encartés. Dîner 13 €. Parking gratuit. AJ moderne et horizontale. Entièrement rénovée. 21 chambres, dont une double seulement et 4 familiales. Location de vélos. Resto et terrasse. Court de tennis, aviron, kayak.

CHAMBRES D'HÔTES

On vous recommande chaudement les agréables et économiques formules des chambres d'hôtes (*Bed & Breakfast*) à Bruges. Certaines de ces adresses sont de véritables petits trésors de convivialité et de charme, qui vous procureront les meilleurs souvenirs de votre séjour et, qui sait, créeront peut-être des amitiés durables. De très nombreuses possibilités (on en compte plus de 170 officielles) de chambres doubles ou familiales à consulter dans la *Logiesbrochure* disponible à l'office de tourisme. Attention, la plupart n'acceptent pas les cartes de paiement et toutes sont non-fumeurs.

Un site intéressant pour aller au-delà de notre sélection : ● weekendhotel.nl/hotels/brugge/1/fr ●

De bon marché à prix moyens

🏠 *Marie-Rose Debruyne et Ronny D'Hespeel (plan couleur I, B1, 14)* : Lange Raamstraat, 18. ☎ 050-34-76-06. ● mietjedebruyne@yahoo.co.uk ● bedandbreakfastbruges.com ● Depuis la gare, bus nos 14 ou 4. Doubles 60-80 € avec petit déj. Attention : pour 1 seule nuit, frais de résa supplémentaires 10 €. Parking payant. 🛜 Tranchant sur son environnement, une maison qui semble sortie d'une B.D. futuriste : sas d'ouverture cosmique, salle de bains en inox, aux courbes arrondies et dessinée par Ronny, architecte de métier. 3 chambres à la fois très design et confortables. Accueil particulièrement prévenant et chaleureux.

🏠 *Chambres d'hôtes Ivonne de Vriese (plan couleur II, C2, 21)* : Predikherenstraat, 40. ☎ 050-33-42-24. ● ivonne.de.vriese@pandora.be ● de-vriese.be ● Fermé en janv. Doubles 55-65 € (15 €/pers supplémentaires), petit déj inclus. Réduc à partir d'un séjour d'1 sem. Vieille maison très bien située, près d'un canal, avec des propriétaires courtois (francophones), qui louent des chambres familiales (avec ou sans douche et w-c) très confortables. Atmosphère authentique, qui conviendra à des couples d'un certain âge et même d'un âge certain. Le quartier lui-même est d'ailleurs très attachant. Possibilité de parking (zone bleue).

▲ *Dieltiens Koen Annemie (plan couleur II, B-C2, 15) :* Waalsestraat, 40. ☎ 050-33-42-94. ● dieltiens@bed andbreakfastbruges.be ● bedandbreak fastbruges.be ● Doubles 85-90 € (10 € de plus pour 1 seule nuit). 🛜 Une maison du XIXᵉ s, dans la plus pure tradition brugeoise, avec des pièces lumineuses et charmantes, et des objets anciens. Accueil jovial et souriant, par un couple de musiciens (Koen est flûtiste). 3 chambres avec tout le confort (TV, cafetière, frigo, etc.). Elles donnent sur une petite rue calme. Petit déj copieux pris dans la salle à manger commune. Possibilité par ailleurs de location sur plusieurs jours d'un studio et d'un appartement dans une jolie demeure ancienne. Possibilité de stationner les vélos et de louer un garage à deux pas.

▲ *AM/PM (plan couleur I, A3, 16) :* Singel, 10. 🖥 0485-07-10-03. ● info@ bruges-bedandbreakfast.com ● bru ges-bedandbreakfast.com ● Congés : fin juil à mi-août. Compter 70 € pour 2 (80 € si l'on reste 1 seule nuit), petit déj compris. Caché dans une impasse, au bord d'un petit canal et à proximité du centre-ville, voici un *B&B* très bien conçu et vraiment pas cher (pour Bruges !) tenu par Tiny et Kevin, un jeune couple très accueillant. Cette maison de 1905 a été transformée en un genre de loft par Kevin, architecte de son état, dans un esprit contemporain aéré et chaleureux. Les chambres, hautes de plafond et dans les tons gris souris, sont mi-futuristes, mi-pop art, toutes avec salle de bains et rendues lumineuses par de très hautes fenêtres. Pas d'élément de confort superflu. Les deux plus grandes peuvent accueillir un troisième lit si besoin. Prix modérés et ambiance relax assurée : une aubaine pour les routards !

▲ *Absoluut Verhulst (plan couleur II, C2, 27) :* Verbrand Nieuwland, 1. ☎ 050-33-45-15. ● b-b.verhulst@ telenet.be ● b-bverhulst.com ● Compter 95-120 € pour 2, petit déj compris ; 10 € de supplément pour 1 seule nuit et le w-e, 2 nuits obligatoires. 🛜 Dans une maison de 1650, à la pimpante façade rouge, une adresse de charme. 2 chambres confortables au 1ᵉʳ dont la plus grande possède une salle de bains

très design. Sous les toits, un petit appart très agréable pour 4 personnes (2 chambres et une pièce commune). Les propriétaires, Frieda et Benno, sont vraiment très sympathiques. Petit jardin fort agréable avec bassin. C'est là qu'on prend le copieux petit déj quand il fait beau. Sinon, c'est dans la chaleureuse salle à manger aux tons bleus et décorée avec personnalité. Vélos à disposition.

▲ *Baert Bed & Breakfast (plan couleur I, A3, 19) :* Westmeers, 28. ☎ 050-33-05-30. 🖥 0477-33-31-46. ● info@ bedandbreakfastbrugge.be ● bedand breakfastbrugge.be ● Doubles 60-85 €, moins pour 2 nuits et ensuite dégressif jusqu'à 5 nuits. Diverses réducs selon période à découvrir sur le site. Petit déj 10 €. Réduc de 5 € sur présentation de ce guide (slt pour la chambre rouge), ainsi qu'une bière et des chocolats de Bruges. Une maison d'hôtes toute cosy et colorée dans un quartier qui a gardé une allure de village. Ancienne maison datant du XVIIᵉ s, au bord d'un gentil ruisseau (le canal des Capucins), dans un environnement verdoyant. Accueil particulièrement affable des hôtes qui se mettront en quatre pour vous. Ce sont aussi des artistes et leurs œuvres égayent encore plus la demeure. 2 chambres fort plaisantes avec salle de bains privée à côté de la chambre. Copieux petit déjeuner à base de bonnes choses maison, pris dans la chaleureuse salle commune. Petite terrasse pour regarder le temps s'écouler au fil de l'eau. Vélos à louer. Une adresse pour romantiques, poètes et amoureux de la vie en général...

▲ *Den Witten Leeuw (plan couleur I, B3, 22) :* Walplein, 27. ☎ 050-33-28-26. ● denwittenleeuw@hotmail.com ● denwittenleeuw.be ● Doubles 90-110 € avec petit déj ; suite 135-145 € pour 2 pers. Parking payant. Située dans une ravissante placette pavée, une adresse à la déco chic et ethnique proposant 2 chambres doubles calmes et confortables, avec salle de bains, TV et, dans l'une d'elles, un lit à baldaquin. Quant à la spacieuse suite, qui peut accueillir jusqu'à 5 personnes, elle est bien pratique pour une famille. Autre atout, un paisible jardin à l'arrière, doté d'une petite piscine (chauffée en été) et de transats. Hammam payant. Excellent accueil, de surcroît.

🏠 *Contrast Bed & Breakfast (plan couleur II, C2, 49) :* Predikherenrei, 5. ☎ 050-33-46-67. ● *info@contrast brugge.be* ● *contrastbrugge.be* ● *Bus nos 16 et 6. Doubles 80-90 €, triples 110-120 €, petit déj compris ; 10 € de supplément pour 1 seule nuit. Possibilité de garage fermé.* 🛜 En bord de canal, quartier calme, très proche du centre. Dries et Cathy proposent 3 chambres d'hôtes dans un bâtiment restauré dans un style résolument géométrique et contemporain. Les chambres au design très étudié intègrent chacune une salle de bains en rond et bénéficient d'une mezzanine dotée d'un lit supplémentaire. Elles donnent toutes sur le jardin et sont reliées à la maison d'habitation par une verrière originale, elle aussi.

🏠 *Het Wit Beertje, M. Defour (hors plan couleur I par A3) :* Witte Beerstraat, 4. ☎ 050-45-08-88. ● *info@ hetwitbeertje.be* ● *hetwitbeertje.be* ● *À 200 m après le chemin de fer au bout de la Smedenstraat. Fermé janv et fév. Doubles 66-77 €, petit déj compris.* 🛜 *Réduc de 10 % sur les chambres sur présentation de ce guide.* Petite maison simple, un peu en dehors du centre historique mais à proximité de la gare ferroviaire et de la *Smedenpoort* (ancienne porte de ville). Beaucoup de gentillesse chez ce couple masculin de Brugeois qui proposent 3 chambres un peu kitsch avec TV, douche et w-c privés à prix vraiment bon marché. Petit déj varié, servi dans un charmant jardin ou dans la chambre. Si vous arrivez par le train, prévenez, on vient vous chercher.

🏠 *Marjan Degraeve (plan couleur I, C2, 18) :* Kazernevest, 32. ☎ 050-34-57-11. ● *marjan.degraeve@wol.be* ● *bedandbreakfastmarjandegraeve.be* ● *En face du canal périphérique. 2 chambres avec sdb et w.-c. 60 € pour 2, petit déj compris. Parking gratuit.* 🛜 *Apéro offert sur présentation de ce guide.* Une adresse aux surprises artistiques décoiffantes. Décor assez délirant, mêlant le kitsch et le culte du 7e art. Marjan propose une excellente liste d'adresses de restos pas chers, ainsi qu'une bière spéciale à son nom et un

apéro à base de pomme de sa fabrication. Vélos à louer *(6 €/j.).*

🏠 *Waterside B&B (plan couleur I, C2, 26) :* Kazernevest, 88. ☎ 050-61-66-86. ● *waterside@telenet.be* ● *pink bear.freeservers.com* ● *2 doubles 70 € avec sdb commune. Pour 1 seule nuit, 10 € de plus.* Petite maison, ambiance familiale et 2 chambres claires et pimpantes. Conviendrait tout à fait à une famille souhaitant préserver l'autonomie des parents. Il suffit de traverser pour aller saluer les canards et partir en balade au fil de l'eau. Voie rapide en bruit de fond, par contre.

🏠 *Chambres Rita Riemaker (hors plan couleur I par B1, 20) :* J M. Sabbestraat, 46. ☎ 0486-83-87-88. ● *rita. riemaker@pandora.be* ● *bedandbreak fast-brugge.com* ● *Doubles 65-75 €, petit déj copieux inclus.* 🛜 *Réduc de 10 % sur le prix de la chambre sur présentation de ce guide.* Accueil jovial de Rita. Son mari est peintre, spécialisé en vitraux et gravures. Ses œuvres couvrent les murs. Les 2 chambres rénovées se trouvent côte à côte à l'étage. L'une avec salle de bains, l'autre avec douche et w-c extérieur. Vue sur le jardin ou sur la rue. Bonne adresse pour un couple et 2 enfants. La pâte à tartiner au chocolat du petit déj est divine !

🏠 *Bed & Breakfast Royal Stewart (plan couleur II, B1, 48) :* Genthof, 27. ☎ 050-33-79-18. ☎ 0478-55-95-89. ● *r.stewart@pandora.be* ● *royalstewart. be* ● *Compter 65 € pour 2 et 85 € pour 3, petit déj compris.* Maggie, d'origine écossaise, et son mari ont aménagé au-dessus de leur boutique d'antiquités 3 chambres (dont 2 partagent leur salle de bains) dans les tons bleus, avec de beaux lustres et du mobilier ancien, comme il se doit. Si vous réservez en avance, demandez la no 1. Au rez-de-chaussée, coquette petite salle à manger donnant sur un minuscule jardinet. Accueil charmant et polyglotte.

🏠 *'t Geerwijn, M. et Mme De Loof (plan couleur II, A2, 17) :* Geerwijnstraat, 14. ☎ 050-34-05-44. ☎ 0475-72-47-02. ● *info@geerwijn.be* ● *geerwijn. be* ● *Une rue tranquille, très près du centre. Fermé en janv. Double 75 €, triple 85 €, beau petit déj compris. Parking aisé à proximité.* 🛜 *Apéritif offert* sur présentation de ce guide. Une jolie demeure de 1871. 3 chambres rénovées avec sanitaires, aux noms de peintres impressionnistes, décorées de tissus provençaux et meublées avec beaucoup de goût, chez un couple charmant ; madame soigne les petits déjeuners, monsieur s'adonne à l'aquarelle.

Plus chic

🛏 *Asinello B&B (plan couleur II, A1, 39)* : Ezelstraat, 59A. ☎ 050-34-52-74. 📱 0478-38-86-47. ● welcom@asi nello.be ● asinello.be ● *Doubles 100-150 €, petit déj compris. Le w-e, 2 nuits min. CB refusées.* 📶 À deux pas de la vieille ville, un *B&B* capable d'allier confort, esthétique, bien-être et qualité d'accueil. Sous l'œil attentif et amical d'un petit âne en peluche, symbole de la maison. Bien en retrait de la rue, calme total. 3 chambres d'une blancheur immaculée et au design contemporain d'une finesse et d'une élégance achevée. D'intéressants tableaux d'avant-garde pour ceux qui douteraient de l'évolution de la ville. La chambre la plus chère, sous de vastes combles, possède beaucoup de charme. Un « bain à bulles » dans deux chambres. Petit déjeuner copieux et accueil particulièrement affable de Monique et Peter. Hammam gratuit (résa conseillée).

🛏 *B&B Sint Niklaas (plan couleur II, B2, 42)* : Sint-Niklaasstraat, 18. ☎ 050-61-03-08. 📱 0473-35-09-80. ● anne@ sintnik.be ● sintnik.be ● *Single env 100 €, double 145 €, copieux petit déj compris avec produits faits maison. Possibilité de louer un vélo.* 📶 *En hiver, une petite boîte de chocolats offerte à nos lecteurs.* Dans une ruelle parallèle au Markt, une somptueuse maison de maître rénovée dans un style design. 3 belles chambres, dont une vaste chambre ovale avec baignoire d'antan, ou deux plus petites sous les toits mais avec vue imprenable sur le beffroi. Dilemme pour faire un choix ! Élégance des tons et des tissus.

🛏 *Number 11 (plan couleur II, B2, 47)* : Peerdenstraat, 11. ☎ 050-33-06-75. ● contact@number11 ● number11.

be ● *Doubles 155-175-235 €, petit déj compris. Vélos à louer. Parking privé payant.* 📶 Au cœur du vieux Bruges, sur l'un des plus vieux ponts de la ville. Maison d'hôtes de grand charme : les chambres, réalisées dans les tons vanille et gris-blanc, sont splendides. Pas données, c'est sûr, mais prix plutôt justifiés. D'autant que l'ensemble de la demeure est à l'avenant : jardin d'hiver, salles de bains 1930, bibliothèque et cheminée dans le salon... le grand style, quoi !

🛏 *Nuit Blanche (plan couleur II, B2, 50)* : Groeningestraat, 2. 📱 0494-40-04-47. ● contact@nuit-blanche.be ● nuit-blanche.be ● *Doubles 175 et 195 € avec petit déj. Résa impérative plusieurs mois à l'avance en saison et les w-e ; le site internet indique les disponibilités.* 📶 Attention, adresse d'exception ! Cette magnifique demeure médiévale du XVe s fait face à l'église Notre-Dame et sa porte donne directement sur le plus petit pont de Bruges : un tableau enchanteur que l'on peut admirer à loisir depuis le ravissant jardin clos. Le maître des lieux, David De Graef, est un peintre d'une jovialité sans pareille. Il faut dire qu'il a la chance d'habiter la maison de ses rêves ! Les deux chambres possèdent à la fois le charme de leur âge (cheminée, vitraux d'origine...) et tout le confort moderne, à ceci près que l'habituelle TV est remplacée par un écran de cinéma et un projecteur. Pour l'anecdote, sachez que ces murs ont vu le roi Léopold III être présenté à sa seconde femme Lilian et que l'actuel roi Albert II aurait consommé son mariage avec la reine Paola dans l'une des chambres. Ça en jette, non ? Le rez-de-chaussée sert de galerie d'expo pour les peintures de David, ce qui ne l'empêche pas d'être aux petits soins avec ses hôtes. Quant au petit déjeuner, gourmet et plantureux, il apporte chaque jour son lot de surprises. L'adresse ultime pour une nuit de noces ou un petit coup de folie !

HÔTELS

Prix moyens

🛏 *Hôtel Van Eyck (plan couleur II, B2, 24)* : Korte Zilverstraat, 7. ☎ 050-33-

52-67. ● vaneyck@unicall.be ● hotel vaneyck.be ● À proximité immédiate du Markt. Doubles avec petit déj, 72-80 € selon confort et taille, également triples et quadruples. Chèques français acceptés. Parking payant. 10 % de remise, jan-mars, pour la nuit de dim à lun sur présentation de ce guide. En plein quartier commerçant, mais dans une rue tranquille, cette grande maison blanche datant du XVIIe s, à l'ambiance « bonne bourgeoisie » brugeoise, abrite un hôtel au charme un peu passé. Atmosphère familiale, 8 chambres seulement. Un incroyable escalier tournant, couronné d'une verrière, mène aux chambres sobrement meublées et à la déco un peu vieillotte. Les moins chères sont sans w-c. La n° 7 a une vue sur le beffroi. Le petit déj-buffet est servi dans une salle aux tons lumineux. L'accueil est très affable.

â Hôtel Fevery (plan couleur I, B1, 28) : Collaert Mansionstraat, 3. ☎ 050-33-12-69. ● paul@hotelfevery. be ● ecohotelfevery.be ● À l'ombre de l'église Saint-Gilles. Fermé une sem, fin juin et fin juil et la 3e sem de nov. Chambres rénovées 60-90 € avec douche ou bains, petit déj compris. Familiales (intéressant pour 4 pers, avec 2 chambres) 100-125 €. Parking privé payant. ⎈ Une petite maison banale à l'extérieur mais bien fleurie et décorée comme un intérieur familial. En tout cas, nuits paisibles garanties et accueil du patron particulièrement affable. Depuis quelques décennies déjà, une maison sérieuse.

â Hôtel Cavalier (plan couleur II, B2, 29) : Kuiperstraat, 25. ☎ 050-33-02-07. ● info@hotelcavalier.be ● hotelcavalier.be ● Tt près du Markt et derrière le théâtre municipal. Double 73 € avec douche et w-c, petit déj-buffet compris ; env 65 € en basse saison (sf ven et sam). Garage à vélos. ⎈ Un hôtel familial fort bien placé, avec une salle à manger décorée de fresques d'inspiration antique. Environ 8 chambres joliment rénovées et de très bon confort (double vitrage). Accueil très pro et sympa à la fois de la patronne.

â Hôtel De Pauw (plan couleur I, B1, 31) : Sint Gilliskerkhof, 8. ☎ 050-33-71-18. ● info@hoteldepauw.be ● hoteldepauw.be ● Derrière l'église

Saint-Gilles. Fermé en janv. Chambres 70-90 €, petit déj inclus. Possibilité de ½ pens à la Taverne Oud Handbogenhof tte proche (même maison), 25 €/pers. Parking privé payant. ⎈ Un petit hôtel à la façade en brique, plutôt récente mais toute fleurie. Abrite 8 chambres rénovées, avec w-c, lavabo ou douche. Petit déj servi au milieu des fleurs, resto en annexe.

De prix moyens à chic

â Hôtel Lucca (plan couleur II, B1-2, 33) : Naaldenstraat, 30. ☎ 050-34-20-67. ● lucca@hotellucca.be ● hotellucca.be ● Dans le quartier de l'église Saint-Jacques. Doubles 55 € (avec lavabo)-98 €, chambres pour 4 pers 118-128 € (idéales pour les familles). Tarifs dégressifs à partir de 3 nuits. 18 chambres à la déco assez hétéroclite, voire kitsch. Les parties communes rappellent d'ailleurs le lustre d'antan de cette ancienne maison des marchands de Lucques, en Toscane, qui fut aussi une loge maçonnique. Les chambres, hautes de plafond, sont assez vastes, sauf celles sous les combles (les moins chères) de très petites dimensions et pas toujours bien chauffées. Caves voûtées du XIVe s servant de réception, bar et salle du petit déj possédant beaucoup d'allure !

â Hôtel Impérial (plan couleur II, A2, 32) : Dweersstraat, 24. ☎ 050-33-90-14. ● info@hotelimperial.be ● hotelimperial.be ● Résa impérative. Doubles 75-95 € et 110-140 € pour 3-4 pers. CB refusées. Possibilité de parking payant. ⎈ Petite adresse de charme proposant des chambres familiales et d'autres plus petites, avec douche et w-c. La cour intérieure, aménagée en jardin, donne sur la grande et pimpante salle du petit déj. On peut aussi loger au calme dans l'annexe, à 200 m de là, tout aussi charmante que l'hôtel et un joli jardin.

â Hôtel Jacobs (plan couleur I, B1, 34) : Baliestraat, 1. ☎ 050-33-98-31. ● info@hoteljacobs.be ● hoteljacobs. be ● Près de l'église Saint-Gilles. Resto le soir slt. Fermé 10 j. en janv. Doubles 69-99 € selon confort et jour de la sem ; familiale env 140 € ; petit déj-buffet copieux inclus. Ascenseur. Belle maison d'angle, fleurie, avec pignons à redans. Chambres très convenables, rénovées il y a peu. Jolie vue sur les toits depuis le dernier étage, par exemple depuis la chambre n° 304 qu'on aime bien. Ambiance cosy, couleurs chaleureuses et bar-salon agréable. L'ensemble est parfaitement tenu. Accueil très souriant et pro à la fois. Parking aisé, dans un quartier calme et résidentiel.

🛏 **Hôtel De Goezeput** (plan couleur II, A2-3, 30) : Goezeputstraat, 29. ☎ 050-34-26-94. ● info@hotelgoe zeput.be ● hotelgoezeput.be ● Bar ouv jusqu'à 23h. Fermé en janv. Doubles 95-110 € (150-185 € pour 4-5 pers) ; petit déj 10 €. Promos sur Internet. 🖵 Belle bâtisse, ancienne dépendance d'abbaye dans une rue tranquille près du Zand. Parties communes cossues mêlant habilement le moderne et l'ancien. Un bel escalier mène aux chambres, confortables, avec poutres pour les plus belles. Parfois mansardées pour les romantiques. Bon accueil.

🛏 **Hôtel Groeninghe** (plan couleur II, A2, 25) : Korte Vuldersstraat, 29. ☎ 050-34-32-55. ● hotelgroe ninghe@pandora.be ● hotelgroe ninghe.be ● 🛜 🖵 Doubles 85-120 € avec petit déj. 🛜 🖵 Hôtel fleuri d'allure cossue et entièrement rénové, avec une agréable salle de petit déj très claire, qui contraste avec le salon de style flamand plus sombre. Dans les 8 chambres, déco « bonbonnière » dans les tons rose ou bleu, certaines (les n°s 1 et 2) avec ciel de lit et toutes avec douche. Excellent accueil.

🛏 **Hôtel Karel De Stoute** (plan couleur II, A2, 40) : Moerstraat, 23. ☎ 050-34-33-17. ● kareldestoute@pandora. be ● hotelkareldestoute.be ● Près de l'église Saint-Jacques. Fermé début janv-début fév, une dizaine de j. en juin et à Noël. Doubles 70-115 € selon confort et saison, petit déj compris ; familiales 95-140 €. Dans un quartier tranquille, une grande bâtisse blanche pleine d'histoire, comme l'attestent une cave voûtée avec bar et une tour d'angle. Cette maison, qui aurait tendance à s'endormir un peu sur son passé, faisait partie du Prinsenhof (cour

des Princes), résidence des ducs de Bourgogne. Une dizaine de chambres, spacieuses et confortables, les plus belles avec poutres au plafond. Les n°s 3 et 7 ont leur salle de bains dans la tour. Les n°s 9 et 11 donnent sur le jardin.

🛏 **Hôtel Martin's Brugge** (plan couleur II, B2, 37) : Oude Burg, 5. ☎ 050-44-51-11. ● brugge@martinshotels. com ● martinshotels.com ● Près de la grande place et de l'hôtel de ville. Doubles 90-170 €. 🛜 Un hôtel de chaîne qui a commencé sa mue, avec des chambres d'un design contemporain très agréable, en complément d'autres, pratiques, basiques. Bon accueil, très pro. Espace très agréable pour prendre le petit déj, et bar pour patienter devant une bière. Une adresse on ne peut plus centrale.

🛏 **Hôtel Botaniek** (plan couleur II, B2, 35) : Waalsestraat, 23. ☎ 050-34-14-24. ● info@botaniek.be ● botaniek. be ● Non loin du parc Astrid et du Burg. Doubles 95-100 €, petit déj-buffet compris. Parking payant à 50 m. 🛜 Hôtel de maître du XVIIe s, sis dans un quartier et une rue tranquilles. Décor classe sans chichis. 9 chambres très confortables, entièrement rénovées en 2006. Belle vue sur les tours depuis les chambres n°s 7, 8 et 9 situées sous le toit.

🛏 **Hôtel Malleberg** (plan couleur II, B2, 36) : Hoogstraat, 7. ☎ 050-34-41-11. ● hotel@malleberg.be ● malleberg. be ● Près du Burg. Doubles 89-130 € avec petit déj. Quelques chambres pour 3 et 4 pers 120-180 €. À partir de 2 nuits, promos diverses consultables sur le site. Fermé une sem mi-juin. Vélos à louer. 🛜 Petit hôtel plutôt chic, très central. Élégante façade de pierre avec fenêtres à meneaux. 9 chambres avec douche, certaines mansardées, décorées dans des tons chauds et modernes, avec parquet ciré et poutres apparentes. La rue est très animée, préférez les chambres à l'arrière ou au dernier étage.

Plus chic à très chic

🛏 **Hôtel Boterhuis** (plan couleur II, A-B2, 41) : Sint Jacobsstraat, 38-40.

☎ *050-34-15-11.* ● *boterhuis@telenet.*
be ● *boterhuis.be* ● *Doubles 95-130 €*
selon saison ; 110-170 € pour 4 pers.
Parking privé payant. 🌐 *Café offert sur*
présentation de ce guide. Rénovation
habile d'une portion d'enceinte (élégante cour intérieure médiévale avec
tour et passage voûté). Façade au
pignon cranté. 11 chambres de belle
taille, claires, de bon confort, sobrement décorées et avec parquet. Les
moins chères sont en façade d'une jolie
rue passante et surtout assez animée
le soir (pas mal de bars, dont un juste
en face). Les prix, peut-être un peu
élevés, s'avèrent proportionnellement
plus intéressants pour les chambres
familiales. La plus belle, située dans
une tour, est la n° 8. C'est aussi la plus
chère. Salle voûtée pour le petit déj.
Taverne au rez-de-chaussée.

🏠 *Hôtel Adornès (plan couleur II, B1,*
38) : Sint Annarei, 26. ☎ *050-34-13-*
36. ● *info@adornes.be* ● *adornes.be* ●
Fermé en janv. Doubles 115-185 €
selon taille, petit déj continental inclus.
Parking gratuit à condition de prévenir.
3 maisons à pignon à redans restaurées et formant un ensemble charmant
au point de rencontre de 3 canaux,
dans le quartier Sainte-Anne, le plus
authentique de Bruges. Une vingtaine
de chambres proprettes couleur crème,
avec mobilier de pin et poutres apparentes. Salles de bains décorées de
plantes. Les meilleures chambres : la
n° 15, les n°s 16 et 17 avec vue sur le
canal. Très jolie salle de petit déj avec
une belle cheminée. Buffet plantureux.
Accueil sympathique. Vélos gratuits à
disposition.

🏠 *Hôtel Ter Duinen (plan couleur I,*
B1, 43) : Langerei, 52. ☎ *050-33-04-*
37. ● *info@terduinenhotel.be* ● *terdui*
nenhotel.be ● *Fermé en janv ainsi que*
la 1re quinzaine de juil et nov-fin déc.
Doubles 129-199 € selon vue, confort
et saison ; triples et quadruples éga-
lement ; petit déj 20 €. Réduc de 5 %
sur présentation de la dernière édi-
tion de ce guide, slt si paiement en
espèces, sf w-e (arrivée ven ou sam)
et j. fériés, et slt sur le site de l'hôtel.
🌐 Belle demeure blanche au bord d'un
canal romantique, à 5 mn du centre.
Chambres doubles chaleureuses et
délicieusement meublées. Demandez

la n° 28 ou la n° 34, pour leur vue sur
le canal. Adorable orangerie aménagée
en patio. Superbe salle à manger décorée avec un goût très sûr. Accueil charmant et prévenant. Une vraie adresse
de charme.

Coups de folie

🏠 *'t Pand Hotel (plan couleur II, B2,*
44) : Pandreitje, 16. ☎ *050-34-06-66.*
● *info@pandhotel.com* ● *pandhotel.*
com ● *À proximité de l'embarcadère*
des bateaux. Doubles 150-450 € ;
petit déj 22 €. Pensez à surveiller les
promos (très intéressantes) sur Inter-
net. 🌐 *Carte de réduc pour les musées*
offerte. Un vrai hôtel de charme, à
l'aménagement alliant le raffinement
et le confort anglo-saxon (voir le salon
et sa cheminée, et le bar *so British*).
Considéré comme l'un des 100 plus
beaux hôtels au monde par des guides
et revues spécialisés. Chambres de
très grand confort, toutes différentes,
avec un magnifique mobilier d'antiquaire. Jacuzzi et produits cosmé-
tiques de marque, boutique. La maîtresse des lieux personnifie à elle seule
la tradition de l'hospitalité brugeoise.
Elle vous proposera les chambres
d'hôtes cosy de sa fille, si l'hôtel familial est déjà plein.

🏠 *Martin's Relais Oud Huis Ams-*
terdam (plan couleur II, B1, 46) : Spie-
gelrei, 3. ☎ *050-34-18-10.* ● *info@oha.*
be ● *oha.be* ● *Dans le quartier de la*
Hanse. Compter 135-155 € pour 2 ;
suite 235 € ; petit déj 18 €. Le luxe
feutré et la volupté des authentiques
maisons de tradition hôtelière. Le long
d'un des plus beaux canaux. 4 maisons
de maître du XVIIe s réunies. Couloirs
ornés de gravures et de tapisseries,
parquets qui craquent juste ce qu'il faut
pour apprécier le moelleux des tapis.
Superbe entrée. Une des cheminées
offre un ravissant décor de céramique.
Chambres de dimensions plus que
confortables, aux meubles d'époque,
avec vue sur le canal ou sur le jardin.
Bar cosy pour les fins de soirée. Jardin
et terrasse gazonnée. Petit déj-buffet
plantureux, servi dans une belle salle
imposante.

🏠 *Hôtel Die Swaene (plan cou-*

leur II, B2, 45) : Steenhouwersdijk, 1.
☎ 050-34-27-98. ● info@dieswaene.
com ● dieswaene-hotel.com ● *Au bord
du Groenerei, à deux pas du Burg.
Doubles 195 € (standard)-295 € (supérieure) ; petit déj 20 €. Parking 15 €.*
📶 Cet hôtel brugeois a été classé
3ᵉ au palmarès des hôtels les plus
romantiques de la planète. Dire que
son aménagement est luxueux tient
du lieu commun. Certes, le mobilier
est de style, les toiles, de maître et
la cuisine du resto, celle d'un chef
étoilé. Mais certains de nos lecteurs
y ont déploré une atmosphère un peu
compassée, les critères retenus par
certains classements les laissant de
marbre.

Où manger ?

Il y a incontestablement de très bonnes
tables à Bruges, mais il vous faudra,
hélas, y mettre le prix. De même, les
quelques endroits où l'addition ne fera
pas trop mal ne proposeront à vos
papilles gustatives que les recettes
prévisibles de la gastronomie touristique. Votre courrier en atteste, pas
mal de petites arnaques aussi : des
suppléments imprévus ou non mentionnés à la carte, le pain payant, des
bouteilles d'eau surfacturées, des vins
médiocres... C'est dommage, mais
lorsque la demande dépasse l'offre,
c'est souvent le cas. Ne vous étonnez
pas non plus si telle ou telle adresse
avec terrasse vite remplie aux beaux
jours ne fait pas ou plus partie de ce
guide, ce n'est pas forcément un oubli
de notre part. Conclusion, si vous êtes
un peu exigeant, il faudra choisir dans
nos adresses « Plus chic ».
Un dernier conseil : si vous redoutez
les ambiances lourdement touristiques,
évitez le Zand et surtout le Markt, si ce
n'est pour y prendre un verre.

Sur le pouce

Pour ceux qui ne vivent pas que
d'amour et d'eau fraîche (et encore :
on vous rappelle qu'il n'y a JAMAIS de
carafe d'eau gratuite en Belgique), la
vie à Bruges demande un minimum de
vigilance, si l'on veut continuer d'arborer un sourire de bienheureux. Même
la gaufre réchauffée que l'on vous proposera pour 2 €, à deux pas du béguinage, aura un goût qui vous incitera à
la laisser dans la plus proche corbeille.

🍵 *Tea-room 't Eekhoetje (plan
couleur II, B2, 61)* : Eekhoutstraat, 3.
☎ 050-34-89-79. *Tlj sf mar 8h30-
21h30. Sandwichs délicieux 3,50-6 €.*
Bar-salon de thé proposant de bons
petits plats et sandwichs bon marché
à emporter ou à consommer sur place.
Toujours beaucoup de monde, en salle
comme en terrasse. Idéal pour un café,
avec un gâteau.

|●| *'t Brugs Pitahuis (plan couleur II,
B2, 74)* : Philipstockstraat, 35. ☎ 050-
67-76-11. *Tlj sf lun 12h-14h, 18h-env
22h. À la carte, 7-22 €.* Sympathique
adresse, idéale pour un repas sur le
pouce, tout en profitant, assis, d'un
cadre reposant et agréable. Bons pitas
et falafels préparés à partir de produits
frais, généreusement fourrés. Généreuse brochette bengali.

Bon marché

|●| *Salade Folle (plan couleur I, B3,
60)* : Walplein, 13-14. ☎ 050-34-94-
43. ● dany.albrecht@skynet.be ● *Tlj sf
mer et dim soir 11h-21h30 (18h lunmar). Ouv tlj juil-août. Menus 10-25 €.
Apéro maison offert sur présentation
de ce guide.* Pour de savoureuses
salades chaudes ou froides, un plat
de pâtes bio ou encore une quiche au
roquefort ou à la feta. 2 petites salles
et une mezzanine. Tout, ici, est soigné,
du décor (clair, avec des tables en bois)
au pain qu'on vous sert, accompagné
de 2 types de beurre. Quelques fleurons de la carte : le poulet au curry
et le magret de canard aux champignons. Vraiment un bon endroit où se
restaurer.

|●| *Passion for Food (plan couleur II,
B2, 74)* : Philipstockstraat, 39. 📱 0477-
40-17-14. ● sherifhasuna1760@msn.
com ● *Tlj sf mar 11h-14h30, 17h-20h
(22h ven-sam). Plats 11-18 € ; soupe
du jour 4 €. 4 « mezze-tapas » 10 €. CB
refusées.* Gentil petit resto-salon de thé
à la déco moderne et colorée. Salades
(2 tailles) et soupes aux saveurs orien-

tales et méditerranéennes relevées et accompagnées d'un très bon pain au sésame. Spécialité de tajines. Également de délicieux jus de fruits frais. Une petite halte bien agréable. Minuscule cour aux beaux jours.

I●I *Het Dagelijkse Brood-Le Pain Quotidien (plan couleur II, B2, 77)* : *Philipstockstraat, 21.* ☎ *050-33-60-50. Tlj sf mar 8h-18h. Petit déj (salé et sucré), sandwichs, soupes, salades, quiches aux légumes, env 9-14 €.* Formule à succès qui a fait plein de petits sous l'appellation « Pain quotidien » (même maison à Bruxelles, Anvers et Gand). Grande salle sobre et chaleureuse à la fois où l'on s'attable avec plaisir pour bruncher dans une ambiance conviviale autour de la grande table d'hôtes ou sur les côtés pour plus d'intimité. Produits frais et bien entendu toutes sortes d'excellents pains et de bonnes tartes. Possibilité d'acheter pain et confitures.

I●I *Ganzespel (plan couleur I, C2, 83)* : *Ganzestraat, 37.* ☎ *050-33-12-33.* ● *nicky.s.b.b@skynet.be* ● *Ouv ven-sam et dim soir 12h-14h, 18h30-22h. Plat du jour 9,35 € ; à peine plus cher à la carte.* Dans une jolie petite maison d'époque aux fenêtres rouge brique, un peu à l'écart des grands sentiers touristiques, 2 petites salles intimes (l'une équipée d'une grande table) avec plein de jeux de l'oie (d'où le nom du resto) aux murs. Ambiance flamande (petites bougies, couleurs chaudes) et clientèle d'habitués. Nicky, la patronne, fait presque tout toute seule. Accessoirement, fait aussi *B&B*.

I●I *Trium Trattoria Snack (plan couleur II, B1, 62)* : *Academiestraat, 23.* ☎ *050-33-30-60. Tlj sf lun 9h-21h. Menus 12-19 €. Compter 25 €.* Resto italien, très bien placé et économique (idéal en famille ou entre copains). Cadre contemporain classique. Pas de chichis, c'est pratique à midi. Entre le resto et la cafétéria (pas franchement intime !). Pâtes, risotto, pizzas (sur place ou à emporter) et petits vins convenables. Les serveurs parlent une sorte de « néerlando-italo-franglais ». Service rapide.

I●I *Terrastje (plan couleur II, B1, 65)* : *Genthof, 45.* ☎ *050-33-09-19.* ● *cafeterrastje@yahoo.co.uk* ● *En face*

de l'hôtel Adornès. Tlj sf mar soir et mer-jeu. Fermé en janv. Plats à partir de 10 €.* Charmante petite maison du XVIIIe s à la façade rouge rutilante avec, comme son nom l'indique, une toute petite terrasse riante pour déguster une croquette de crevettes, une petite salade, un croque-monsieur ou un pavé de bœuf. Servent le fameux waterzoi. Idéal pour une petite halte sans chichis au bord du canal loin du tintouin touristique. Service parfois débordé. Si c'est le cas, vous n'aurez qu'à en profiter pour feuilleter les différentes lectures laissées à disposition (beaucoup de guides et de livres sur Bruges).

I●I *Restaurant Sint-Barbe (plan couleur II, C1, 87)* : *St-Annaplein, 29.* ☎ *050-33-09-99.* ● *info@sintbarbe. be* ● *Tlj sf mar et mer 8h30-11h pour le petit déj, 11h30-14h30 pour le déj, puis jusqu'à 17h salon de thé, avec tarte du jour, scones, etc. Formules déj 12 €, 17 € (quart de vin et café compris) et 24,50 €. Plats 21-25 €. Café offert sur présentation de ce guide.* Plats bien élaborés genre scampi à la thaïe, ou un *rib eye* bien tendre avec de bons légumes. Une petite étape fraîche et agréable dans ce quartier Sainte-Anne peu touristique et où il n'y a pas trop de petites adresses.

Prix moyens à plus chic

I●I *Oude Burg 22 (plan couleur II, B2, 84)* : *Oude Burg, 22.* ☎ *050-68-52-98.* ● *info@oudeburg22.be* ● *Tlj sf dim-lun 11h30-22h. Lunch 14 €, menu 34 €. Compter sinon (hors boissons) 25-35 €.* Un bistrot flamand accueillant, avec du rose au mur et du noir au lustre, pour faire tendance, et des bons plats de grand-mère actuelle, tel le lapin du même nom, pour se régaler, dans une ambiance pas prise de tête. Y aller le soir, pour profiter des couleurs autant que des saveurs de cette cuisine qui ne triche pas avec les produits.

I●I *Arthie's (plan couleur II, B2, 82)* : *Wollestraat, 10.* ☎ *050-33-43-13.* ● *info@arthies.com* ● *Tout près du Markt. Tlj sf mar 11h30-22h (w-e 23h). Le midi, menus 18-22 € ou snacks, tapas et plats à moins de 14 €. Le soir, menu*

36 €. Un vrai bon resto que ce Arthie's, où l'on déguste une cuisine flamande moderne et travaillée, faisant preuve d'inventivité dans les sauces et les associations de saveurs. De bons produits, une présentation attractive, un service soigné... Comme quoi, même dans les coins les plus touristiques, il se trouve toujours des restaurateurs pour prendre leur travail au sérieux ! Le cadre contemporain est également très réussi : murs habillés de cuir noir jusqu'à mi-hauteur, bar illuminé, éclairages savamment distillés. Terrasse à l'arrière. On recommande vivement.

IOI De Bottelier (plan couleur II, A1, **79**) : Sint Jakobsstraat, 63. ☎ 050-33-18-60. ● restaurant@debottelier.com ● Tlj sf sam midi et dim-lun. Résa conseillée. Formules lunch 10-18 €, pâtes et salades 11-14 €, plats 16-20 €. 🛜 Un superbe bistrot à la déco intemporelle, où l'on passerait bien son temps à regarder s'égrener les heures sur l'une des innombrables horloges qui ornent les murs. De bons petits plats à tous les prix et pour tous les goûts. Le patron parle parfaitement le français et vous traduira gentiment la carte. Clientèle éclectique et atmosphère conviviale. L'adresse est bonne et cela se sait, mieux vaut réserver.

IOI 't Klein Genoegen (plan couleur II, B2, **81**) : Sint Salvatorskoorstraat, 3. ☎ 050-34-02-38. Tlj sf dim-lun. Lunch 17 €, plats 14-23 €. CB refusées. Un adorable resto, bien dans l'air du temps. Jolie déco au design basquisant. Cuisine authentique, à base de produits frais, ne reniant pas ses origines flamandes (croquettes, carbonades) mais faisant la part belle aux salades et pâtes et autres spécialités un peu plus méditerranéennes. L'originalité réside beaucoup plus dans la présentation des assiettes que dans la cuisine mais l'ensemble est très correct.

IOI Bistro De Schaar (plan couleur I, C2, **72**) : Hooistraat, 2. ☎ 050-33-59-79. Tlj sf mer-jeu 12h-14h30, 18h-22h. Fermé en fév et juil. Plats 18-24 €. Compter 40 € pour un repas. Vieille maison au bord d'un canal, où il fait bon s'asseoir en hiver. Le chef cuisine au centre de la salle à manger, dans un

intérieur chaleureux et sobre, brique et poutres. Spécialité de grillades. Et puis aussi champignons farcis aux escargots crème curry, magret sauce framboise, tournedos de lotte ou onglet irlandais sauce bordelaise.

IOI Bistro De Nisse (plan couleur I, C2, **88**) : Hooistraat, 12. ☎ 050-34-86-51. 🖥 0498-93-86-53. ● kriscas telein@hotmail.com ● Ouv jeu-ven de 18h jusque tard ; sam-dim 12h-14h30, 18h... Fermé lun-mar. Plats 16-28 €. Digestif offert sur présentation de ce guide. Belle maison traditionnelle avec une coquille Saint-Jacques en façade. Cadre bois et brique plaisant pour une honnête et classique cuisine. Spécialité de fondues viande et poisson. Sinon, scampi au curry, gambas à la Christine, pâtes diverses...

IOI De Stoepa (plan couleur I, A3, **89**) : Oostmeers, 124. ☎ 050-33-04-54. Tlj sf lun 12h-14h, 18h-minuit. Plats 16-20 €. Une bonne petite adresse qui intéressera les lecteurs résidant au B&B Baert (voir « Où dormir ? ») ou se baladant dans le sud de la ville. Dans une mignonne ancienne demeure d'angle. Cuisine aux influences orientales et méditerranéennes. Snacks divers, pâtes, curries, belles salades et excellent wok aux scampi citron et légumes sautés. Cadre fort plaisant et accueil jeune. Aux beaux jours, très agréable terrasse.

IOI 't Gulden Vlies (plan couleur II, B2, **86**) : Mallebergplaats, 17. ☎ 050-33-47-09. ● mail@tguldenvlies.be ● Tlj sf lun-mar 19h-3h (rare à Bruges !). Fermé en janv. Menus régionaux 16,50-29 € ; également à la carte. 🛜 Un sympathique petit restaurant tenu par un jeune couple accueillant. On y mange une honnête cuisine du terroir flamand dans un décor chaleureux récemment rénové. Bonne cuvée du patron.

IOI De Koetse (plan couleur II, B2, **75**) : Oude Burg, 31. ☎ 050-33-76-80. ● koetse@proximedia.be ● Tlj sf jeu. Fermé début janv et la 1re quinzaine de juil. Menus env 23 € le midi (sf dim), puis 33-45 €. Grosse maison jaune datée de 1681. On y cultive les traditions de la mer : anguille, moules, écrevisses, croquettes de crevettes et poisson grillé sont donc à la carte avec les bières qui conviennent. Le tout servi

dans un intérieur typiquement flamand.
I●I *Taverne The Hobbit* (plan couleur II, B2, 63) : Kemelstraat, 8. ☎ 050-33-55-20. ● valeriehobbit@telenet.be ● Tlj 18h-minuit. Fermé en sept. Menus 25-40 € (tt compris pour ce dernier). Digestif offert sur présentation de ce guide. Déco hétéroclite très *Lord of the Rings,* un bric-à-brac sympa. *Spare ribs,* spaghettis, lasagnes, osso-buco et spécialité de grillades. Chaude atmosphère près du feu de bois. Salle à l'étage et une annexe en face, *Le Bistrot Tolkien* (forcément !). Ne pas manquer de prendre leur petit journal, le *Daily Hobbit,* assez rigolo !

Chic

I●I *Kok au Vin* (plan couleur II, A1, 67) : Ezelstraat, 19-21. ☎ 050-33-95-21. ● info@kok-au-vin.be ● Tlj sf dim-lun 12h-14h30, 18h30-23h. Congés : fin juil-début août et début nov. Formule Lunch 13 € en sem ; menus 35-55 €. La déco ludique et colorée cache une adresse tout bonnement exceptionnelle. Le jeune chef propose à prix doux une cuisine simple mais déjà gastronomique. Malgré son nom, le resto est spécialisé dans le poisson, livré chaque matin. Mêlant terre et mer, sucré et salé, le chef revisite tous les terroirs avec brio. Les produits sont de première qualité et les poissons cuits à la perfection. Évidemment, on trouve du coq au vin en bonne place sur la carte, Accueil et service sont à l'avenant.
I●I *Refter* (plan couleur II, C2, 70) : Molenmeers, 2. ☎ 050-44-45-00. Tlj sf dim-lun. Congés : 1re quinzaine janv et juil et 1re sem sept. Résa indispensable le soir. Menu 35 €. Divine surprise que cette idée du grand chef belge Geert van Hecke d'avoir ouvert une annexe façon brasserie en plein cœur de Bruges ! Ici, c'est son fils qui tient la boutique. Et l'héritage n'a pas été dilapidé. Résultat, une cuisine flamande remodelée à la sauce contemporaine, savoureuse, légère, fraîche. La cuisine ouverte sur la salle permet également aux cuisiniers en herbe de voir les maestros à l'œuvre. Ça sera plus compliqué de l'agréable terrasse dans

la cour ! Mais le plaisir des papilles en dit déjà tellement long...
I●I *De Pottekijker* (plan couleur II, A1, 90) : Achiel Van Ackerplein, 2 (hoek Ezelstraat). ☎ 050-33-81-41. Fermé mer-jeu et sam midi. Menus 37-47 €. Un cadre un peu moins décontracté, à choisir de préférence si on vient avec bonne-maman pour parler d'héritage ou des petits-enfants. Cadre sobre pour une cuisine assez classique, mais fort bien exécutée avec une touche bien personnelle. Spécialités au foie gras mais vous vous régalerez avec le filet de lapin au lard, ou tout autre plat exécuté avec professionnalisme...
I●I *Breydel-De Coninc* (plan couleur II, B2, 69) : Breidelstraat, 24. ☎ 050-33-97-46. Tlj sf mer 12h-14h, 18h-21h30 (22h sam). Résa indispensable le w-e. Carte min 30 €. Ouvert depuis plus de 50 ans. Avec le temps, l'adresse, spécialisée dans les poissons et les fruits de mer, s'est faite plus élégante et les prix ont grimpé. La casserole de moules fait plus ou moins 1,3 kg (par personne !), le poisson est d'une fraîcheur irréprochable et les frites sont croustillantes à souhait. Les amateurs trouveront également des coquilles Saint-Jacques aux épinards, un excellent waterzoi et des anguilles à la carte, cuisinées de différentes manières. Un peu en perte de vitesse...
I●I *De Pepermolen* (plan couleur II, C2, 71) : Langestraat, 16. ☎ 050-49-02-25. Tlj sf jeu 12h-14h30, 18h-22h. Fermé la 2de quinzaine de juil. Menus 14 € (le midi)-42 €. Plat env 22 €. Un petit restaurant très recommandable à l'enseigne du moulin à poivre. Salle coquette ouvrant sur la rue ; le soir, éclairage joliment tamisé avec des bougies. Ardoise avec les suggestions du chef. Cuisine flamande mais pas uniquement, copieuse et jeune d'esprit. Quelques plats vedettes : la sole de Douvres, le filet de canard épices et sauce au porto, l'agneau gratin dauphinois et la bouillabaisse. Accueil attentionné. Menu en français. Beaucoup de monde, pensez à réserver.
I●I *L'Assiette Blanche* (plan couleur II, B2, 77) : Philipstockstraat, 23-25. ☎ 050-34-00-94. ● stefaan.timmerman@telenet.be ● Tlj sf mar-mer.

Fermé fin juil.-début août. Tout à côté du Pain Quotidien, *mais pas dans la même catégorie de prix... Lunch 20 €. Menu gourmand 35 € et menu 4 services 47 €* (café offert). Carte 50-60 €. Une des adresses les plus sincères et les plus passionnantes de la ville, repaire d'habitués venus se régaler en tenue de ville, de familles en tenue du dimanche et de touristes gourmets en tenue plus décontractée. Le chef est un amoureux des produits qui vous surprendra en travaillant à sa façon *la pluma* de porc iberico ou le navarin d'agneau. Cuisine forte en goût, que l'on savoure dans un décor de boiseries à l'ancienne, en parlant vins avec un sommelier qui connaît son métier et une patronne qui sait mettre tout le monde à l'aise.

|●| De Stove (plan couleur II, B2, 76) : Kleine Sint Amandsstraat, 4. ☎ 050-33-78-35. ● info@restaurantdestove. be ● Tlj sf mer-jeu et ven midi. Fermé 1 sem en janv, 15 j. en juin et 1 sem en nov. Résa conseillée. Menus 47-62 €. Décor simple mais lumineux. Le vieux poêle de fonte trône devant la cheminée et le chef s'affaire à ses fourneaux avec autant de cœur pour une collation simple que pour un plat élaboré. Tout, du pain jusqu'aux desserts, est fait maison. Spécialité : bouillabaisse à la flamande. Vins d'Afrique du Sud, du Chili et d'Argentine.

|●| Huidevettershuis-Dreveken (plan couleur II, B2, 66) : Huidevettersplein, 10-11. ☎ 050-33-95-06. ● info@hui devettershuis.be ● Tlj sf mar. Menus lunch 21 €, et 31 € le soir. Carte env 40 €. ☏ Digestif offert sur présentation de ce guide. Dans l'ancien siège de la gilde des tanneurs, une adresse ultra-touristique mais sérieuse. Idéalement située au bord du canal du quai du Rosaire. L'un des plus beaux pignons baroques du coin (1716). Ambiance « bourguignonne » et cossue, avec du mobilier du XVII e s. Spécialités flamandes mitonnées dans le respect de la tradition. Produits nobles et plats à la bière. N'hésitez pas à découvrir la variété des fromages belges en fin de repas. Service stylé, à l'ancienne. Si c'est complet, cette place pleine de charme offre maints autres restos.

Très chic

|●| Den Dyver (plan couleur II, B2, 78) : Dijver, 5. ☎ 050-33-60-69. ● in fo@dyver.be ● Tlj sf mer-jeu. Fermé fin janv et la 1re quinzaine de juil. Menus 22 € le midi et 52-93 € (boissons comprises pour les plus chers). Plats 22-29 €. La cuisine à la bière dans toute sa dimension gastronomique ! Carte (en français) renouvelée au fil des saisons. À essayer pour ses trouvailles qui vous étonneront. Irréprochable fraîcheur des produits. Décor à la mesure des ambitions culinaires : rustique flamand avec chaises en cuir sombre, poutres massives, tapisseries et bouquets séchés.

|●| Restaurant Patrick Devos (plan couleur II, A2, 80) : Zilverstraat, 41. ☎ 050-33-55-66. ● info@patrick devos.be ● Tlj sf sam midi et dim. Fermé fin juil-début août. Menu en sem 45 € (55 € avec les vins) ; sinon menu végétarien 35 € ; autre menu 85 € ; carte env 90 €. Une magnifique demeure qui figurait déjà sur le plan de ville en 1261. En 1880, elle hérita d'une nouvelle façade et en 1900 d'un superbe décor Art nouveau à l'intérieur. Salle aux boiseries néogothiques, jardin intérieur semi-sauvage. Ici officie Patrick Devos, un des chefs les plus cotés du royaume, perpétuellement en quête des harmonies les plus subtiles, malgré quelques audaces à priori acrobatiques, qui en surprendront plus d'un.

Où goûter ? Où prendre un café ou un chocolat chaud ? Où acheter de bons chocolats ?

La ville compte une cinquantaine de chocolatiers mais seulement six artisans. Autant dire que la « Capitale du chocolat » propose le pire et le meilleur. Et comme souvent, le meilleur se paie. À vous de voir si vous préférez la quantité ou la qualité...

BRUGES ET SES ENVIRONS

|●| 🍵 **Tea-room De Proeverie** (plan couleur I, B3, **102**) : Katelijnestraat, 6. ☎ 050-33-08-87. ● info@sukerbuyc. be ● En face de la maison mère, la chocolaterie Sukerbuyc. Tlj 9h30-18h. Un véritable salon de thé avec sa déco coquette et sa musique classique qui ronronne non-stop. Le café, le thé ou le chocolat chaud vous sont servis avec style et sucreries en accompagnement. Difficile de résister aux affolantes pâtisseries maison.

🍫 **Depla Pol** (plan couleur II, B2, **107**) : Mariastraat, 20. ☎ 050-34-74-12. Tlj. Compter 38 € le kilo. À notre avis, le meilleur rapport qualité-prix, dans un cadre sobre et élégant. Du chocolat haut de gamme à prix encore raisonnable. Ganaches plutôt classiques mais qui frôlent la perfection. Le praliné, par exemple, est un pur délice : croquant et pas trop sucré, avec un vrai goût de noisette. Évidemment, vous ne manquerez pas de choix et, si vous hésitez, on vous fera gentiment goûter...

🍫 **The Chocolate Line** (plan couleur II, B2, **104**) : Simon Stevinplein, 19. ☎ 050-34-10-90. ● info@chocolateline.be ● Tlj 9h30 (10h30 dim-lun)-18h30. Compter 50 € le kilo. L'une des chocolateries les plus cotées de Bruges. Bien sûr, elle a son prix, mais qualité garantie. Tout y est fait à base de produits naturels et même bio. Si vous l'avez manqué à Anvers, retrouvez l'univers très personnel de Dominique Persoone, qui s'est fait un nom ici, avant de partir à la conquête de l'Europe. On s'y presse pour ses associations originales (voire audacieuses), comme les chocolats à l'huile d'olive, à la tomate et aux olives, ou encore au piment, au safran, au curry... Difficile, vraiment, de résister à l'envie de s'offrir un ballotin !

🍫 **Chocolats Dumon** (plan couleur II, B2, **103**) : Eiermarkt, 6, Simon Stevinplein, 11 et Walstraat, 6. ☎ 050-34-62-82 et 050-33-33-60. ● stephan. dumon@telenet.be ● Tlj 10h-18h30. Compter 20 € le kilo. Autre artisan chocolatier qui vend de bons chocolats. Plus classique mais bien moins cher aussi que les autres, c'est un bon compromis. Accueil expéditif.

Où boire un verre ? Où sortir ?

Par comparaison avec Gand ou Anvers, vous risquez de trouver la nuit brugeoise bien provinciale. Pourtant, il existe, parfois bien cachés, quelques bistrots ou muziek cafés où l'on pourra, en compagnie de riverains, disserter à l'envi des mérites de la cervoise locale, évoquer les légendes brumeuses d'un passé mythifié ou, plus prosaïquement, parler du parcours en championnat du football-club de Bruges.

Cafés traditionnels

🍺 **Staminee De Garre** (plan couleur II, B2, **90**) : De Garre, 1. ☎ 050-34-10-29. Tlj 12h-minuit (1h w-e). Dans un minuscule boyau (ancien coupe-feu) qui donne sur la Breidelstraat, on trouve cette maison du XVIe s, réservée aux amateurs de bière. Plus de 130 variétés régionales, 5 véritables trappistes et le cru local, le redoutable Triple Garre ! Avec le décor de brique et de poutres, le vieux poêle en fonte, difficile de faire plus couleur locale. Carte pleine d'humour pour qui comprend le flamand. Si, vers minuit, la sono distille le Boléro de Ravel, sachez que c'est le signal convenu pour vous mettre élégamment à la porte.

🍺 **Vlissinghe** (plan couleur II, B1, **91**) : Blekersstraat, 2. ☎ 050-34-37-37. ● info@cafevlissinghe.be ● Tlj sf lun-mar 11h-minuit (plus tard ven-sam, 19h dim). Fermé en janv. Cachée dans une petite rue, cette ancienne auberge a un passé qui remonte à 1515. Bien qu'il ait été entièrement refait en 1870, on s'aperçoit dès l'entrée qu'on est dans un lieu où l'histoire est présente (dommage que le présent soit moins souriant !). Portraits d'ancêtres, lambris patinés par la fumée des pipes, tables en bois usées et vieux poêle donnent un cachet fou à l'ensemble. On a l'impression de pénétrer dans la salle à manger d'une demeure bourgeoise traditionnelle. Une agréable cour fleurie de rosiers grimpants sert de terrasse.

🍺 **L'Estaminet** (plan couleur II, B2,

***98*) :** *Park, 5.* ☎ *050-33-09-16.* ● *cafe lestaminet@skynet.be* ● *Tlj sf lun de 11h30 (16h jeu) jusque très tard le soir.* En face du parc Astrid, un authentique estaminet datant de 1900. À l'intérieur, une salle des plus pittoresque où s'affiche à toute heure une gaieté bon enfant. Joyeux chahut à l'heure de l'apéro où tout le monde semble se connaître. Une grande terrasse sous verrière accueille les touristes, puis les noctambules, dans des fauteuils en rotin.

🍸 ***Craenenburg*** *(plan couleur II, B2,* ***92*****) :** *Markt, 16.* ☎ *050-33-66-10. Tlj. Possibilité de se restaurer sur le pouce.* C'est toujours, sur le Markt, le lieu de rendez-vous des Brugeois. Terrasse stratégique s'il en est. Belle demeure datant de 1305, relookée comme ses voisines avec habileté. De l'étage, Marguerite d'York suivit les tournois de chevaliers sur la place à l'occasion de son mariage avec Charles le Téméraire. Maximilien d'Autriche y fut enfermé par les Brugeois en 1488. Intérieur chaleureux, banquettes de moleskine et vitraux.

Bar à vins

🍸 |●| ***Wijnbar Est*** *(plan couleur II, B2,* ***93*****) :** *Braambergstraat, 7.* ☎ *050-33-38-39.* ● *wijnbarest@scarlet.be* ● *Tlj sf lun-mar à partir de 16h. Fermé en sept. Service jusqu'à minuit. Plats 10-20 €. Compter 4,50 € le verre.* Une carte des vins épaisse comme un livre et une quinzaine de vins servis au verre. Jolie déco, très XIXe s, avec déjà, à l'époque, un beau travail de récup' : antiques carreaux de Delft, immense cheminée sculptée, boiseries, vitraux... L'ensemble finit par être harmonieux, on ne peut plus intime et chaleureux. Possibilité de grignoter à l'apéro (olives, chorizo, etc.) ou quelques plats plus consistants pour les oiseaux de nuit (pâtes, raclette, planches de fromage et charcuterie...). Concert le dimanche soir.

Escales de nuit

🍸 ***'t Brugs Beertje*** *(plan couleur II, B2,* ***94*****) :** *Kemelstraat, 5.* ☎ *050-33-96-16.* ● *info@brugsbeertje.be* ● *En face de la taverne* The Hobbit. *Tlj sf mar-mer 16h-1h (2h le w-e).* Un véritable musée de la bière : bouteilles rares, sous-bocks de toutes les provenances, verres de collection, plaques publicitaires et, en dégustation, plus de 300 variétés aux arômes vraiment variés (dont 5 à la pression qui changent régulièrement). 2 raretés : *'t Sanisje Honingbier,* bière artisanale au miel, et la Rolls des cervoises, la *Sint-Bernardus* – si rares qu'elles ne sont pas toujours en stock. Possibilité de grignoter assiette de fromages, pâtés, spaghettis, toasts divers...

🍸 ***Lokkedize :*** *Korte Vuldersstraat, 33.* ☎ *050-33-44-50.* ● *erik.broos@skynet.be* ● *lokkedize.be* ● *Dans les environs du Zand. Tlj 19h-minuit (1h sam-dim).* Étape de nuit sympa. Cheminée, brique, tablées animées et petite restauration. Chants grégoriens, R'n'B et jazz. Chanson française le samedi. *Live music* le week-end. Petite restauration de type *eetcafee* : pitas et petits plats du monde. Loue aussi de coquets studios et apparts de 70 à 100 €.

🍸 |●| ***Vino Vino blues&bar à tapas*** *(plan couleur II, B1,* ***95*****) :** *Grauwwerkersstraat, 15.* ☎ *0486-39-80-66.* ● *rick.corty@hotmail.com* ● *Tlj sf dim-lun 18h-2h. Congés : août et 1re sem sept.* Dans le quartier Saint-Jacques, ce café draine les amateurs de bon blues et de très bons vins espagnols. Tables éclairées à la bougie pour grignoter *empanadas,* fromages et tapas. Ambiance flamande plutôt que *movida.*

🍸 ***Du Phare :*** *Sasplein, 2.* ☎ *050-34-35-90.* ● *info@duphare.be* ● *Loin du centre, au nord de Bruges, mais facile à trouver. Il suffit de suivre le Langerei jusqu'au bout (hors plan couleur I par B1). Tlj sf mar de 11h30 jusque tard.* C'est presque une expédition que d'arriver au Dampoort (entrée du canal de Damme), où se trouve ce *bruin café* chaleureux, installé dans une grosse demeure. Mais vous ne le regretterez pas. Après tout, ce n'est jamais qu'à 10 mn à vélo ! Chicago-blues et Delta-blues bercent les conversations autour du comptoir, sous l'œil goguenard de Gainsbarre en buste de plâtre. Bien aussi pour casser la croûte au bord de l'eau. Concerts 2 à 3 fois par mois.

Musiek cafés

🍸 ♪ **Cafe De Republiek** (plan couleur II, A-B2, **99**) : Sint Jacobsstraat, 36. ☎ 050-34-02-29. ● info@republiek. be ● Tlj 11h-3h. Cocktails env 6-7 €. De Republiek est un centre culturel alternatif qui organise des expos, un ciné-club, des concerts... Bref, ici ça bouge dans une ambiance décontractée. Grande salle de café à l'atmosphère tamisée (bons cocktails) où l'on se retrouve souvent pour un dernier verre. Bonne musique jazzy-rock. Salades, pâtes et plats végétariens. Ça donne faim de refaire le monde ! Aux beaux jours, terrasse sur cour avec parasols.

🍸 ♪ **De Versteende Nacht** (plan couleur II, C2, **100**) : Langestraat, 11. ☎ 050-68-81-77. ● de.versteende. nacht@hotmail.com ● Tlj sf dim 19h (17h pour le bar)-2h. Fermé fin août. Café offert sur présentation de ce guide à nos lecteurs qui y prennent un repas. Jazzkroeg pour les fanas de la note bleue. Assez calme. On écoute religieusement les formations qui s'y produisent régulièrement sous un immense portrait de jazzman. C'est aussi un eet-cafee, avec plats assez chers et généreuse carte de bières.

🍸 ♪ **Ma Rica Rokk** (plan couleur II, A2, **101**) : 't Zand, 7-8. ☎ 050-33-24-34. ● info@maricarokk.be ● Tlj de 11h à très tard le w-e. Point de rencontre permanent, sur la place la plus animée le soir. Grande terrasse et long bar en bois pour draguer. Clientèle plutôt jeune. Cocktails et apéritifs mais aussi petit café l'après-midi.

🍸 ♪ **Charlie Rockets** (plan couleur II, B2, **23**) : Hoogstraat, 19. Au rdc de l'auberge de jeunesse du même nom. Ouv presque tt le temps. Un des rares rock bar de Bruges et l'atmosphère la plus jeune et électrique. Décor totalement hétéroclite, énorme projo rappelant le passé de l'établissement. On peut également y jouer au billard et aux fléchettes. Soirées DJ (parfois très animées) les vendredi et samedi. Concerts.

🍸 **De Kelk** (plan couleur I, C2, **108**) : Langestraat 69. 🖩 0473-73-34-60 ou 0472-71-32-32. ● dekelk.be ● Tlj jusque tard. Décor de vieilles bouteilles dans tous les sens et la grande pendule s'est

définitivement arrêtée à 18h30... Dans un coin, la cagnotte traditionnelle des clients pour faire la fête de temps à autre. Atmosphère tamisée et houblonnée à souhait. Venez tester une des 400 bières au menu. Les plus populaires ici sont la Brugse tripel et les bières de Rochefort, mais on en a trouvé de vraiment zarbies comme celle au cacao (la Floris chocolat, goût intéressant cependant !), la Mongozo coconut, la Gribousine et même une XX !

🍸 **The Car Crash** (plan couleur I, C1-2, **109**) : Langestraat, 78. ● thecrash.be ● En face du Kelk. Tlj sf lun en principe 20h (ou 21h ; 16h ven)-minuit (et au-delà). Un autre rock bar, plus intime. Quelques soirées à thème genre Beach Party. Bonne musique et assez animé, ça va de soi.

♪ **Joey's Café** (plan couleur I, A2) : Zuidzandstraat, 16 A. ☎ 050-34-12-64. Accessible par le centre commercial du Zilverpand. Fermé dim. Longue salle tout en brique nue, calme certains soirs, délirante parfois. On peut pousser la sono à fond, les boutiques aux alentours sont désertes. Petite restauration.

Bar à bière

🍸 ⊛ **2Be** (plan couleur II, B2, **96**) : Wollestraat, 53. ☎ 050-61-12-22. ● shop@2-be.biz ● 2-be.biz ● Tlj 10h30-18h45 (bar et magasin). Situé dans une demeure du XVe s ayant appartenu au maire (espagnol) de la ville, 2Be est vite devenu une véritable attraction touristique. C'est avant tout un magasin où l'on trouve plus de 1 100 sortes de bières belges, sans oublier les verres et le merchandising qui vont avec, ainsi que des produits régionaux (confiseries, moutarde, etc.). De quoi s'alourdir de manière insensée avant le voyage retour ! Pour déguster sur place, un bar a été aménagé au fond de l'impasse : chaque mois, 7 bières sont sélectionnées pour être servies à la pression, dans la petite salle vite remplie ou sur l'agréable terrasse en bord de canal. Également quelques bières en bouteilles, qui changent par roulement. Certes, le concept est outrageusement commercial. Mais comment ne pas mordre à l'hameçon ?

Marchés

– *Vismarkt :* *le mat mar-sam.* Marché aux poissons, produits de la mer hyper frais.
– *Markt :* *le mer.* Marché traditionnel, avec maraîchers et fleuristes. Ça surprend dans ce cadre.

– *'t Zand :* *le sam, sur le Beursplein.* Un marché tous produits qui déborde sur la place.
– *Dijver :* *les sam-dim en saison touristique.* Brocante le long du canal sillonné par les petits bateaux remplis à ras bord de touristes. Le plus filmé par les caméscopes.

À voir

Il est évidemment illusoire de penser pouvoir saisir l'atmosphère de Bruges en un court week-end. Il faut compter une troisième journée, pour profiter pleinement de la ville et des environs. L'itinéraire qui vous est présenté est scindé en deux parties qui, chacune, peuvent convenir pour une journée très bien remplie.
La première balade peut se faire à pied. Pour la seconde, un vélo vous fera gagner du temps. Cela dit, vous pouvez vous passer de ces conseils et musarder à votre guise car le charme de Bruges, c'est aussi la flânerie au hasard des rues et des canaux.
– Le *Bruggemuseum* est un *pass* à 8 € la journée, qui englobe 12 sites différents autour du thème de l'histoire de la ville. À travers des thématiques symboliques qui y sont chaque fois liées, c'est une bonne façon de découvrir le récit de la vie de Bruges et de ses habitants, à travers les siècles. Ce *pass* n'inclut pas le Beffroi.
– Sinon, il existe un *billet combiné* à 15 € valable dans tous les musées municipaux de la ville. En vente à l'office de tourisme. Ce qu'il faut savoir : ils sont fermés le lundi, ainsi que le 1er janvier, le jour de l'Ascension et le 25 décembre. Le beffroi ainsi que l'hôtel de ville restent ouverts le lundi.
– Bon à savoir encore : tous ces musées accordent aux ressortissants de l'Union européenne âgés de moins de 26 ans un tarif d'entrée unique dans chaque lieu (à l'exception du beffroi) pour la modique somme de 1 €.

Promenade dans le centre de la ville

🎥🎥🎥 *Le Burg* (*plan couleur II, B2, 120*) : le Burg est le site du *castrum* originel, l'endroit fortifié bâti par Baudouin Bras-de-Fer, vers 879. Ce fut le lieu où s'exerçait le pouvoir. La diversité architecturale y est étonnante. Le quadrilatère du Burg (marché le mercredi matin si la grande place est occupée) est incomplet : il s'ouvre au nord sur une place plantée de tilleuls. C'est à cet endroit que s'élevait, jusqu'en 1799, l'église Saint-Donatien, rasée par la Révolution française. La construction de l'hôtel sur la place a mis au jour les bases de l'édifice roman disparu. On peut voir ces vestiges dans la cave de l'hôtel (visite en groupe), ainsi qu'une maquette de l'église de style carolingien réalisée avec les pierres des fouilles. Le pavement de la place restitue le tracé des murs.

🎥🎥 *Stadhuis* (hôtel de ville ; *plan couleur II, B2, 121*) : *tlj 9h30-17h. Entrée : 2 € ; réduc ; billet combiné avec le palais du « Franc ».*
Joyau du gothique (achevé en 1421), c'est le premier d'une lignée de bâtiments communaux de prestige construits en Flandre et en Brabant. Son érection marque le passage du pouvoir du comte de Flandre vers les édiles de la cité. À l'inverse de la brique, le choix de la pierre (plus chère au transport et rare en ces régions) dénote une volonté de prestige. L'élan vertical du gothique est renforcé par les 48 statues des comtes et comtesses de Flandre. Elles sont de facture assez récente. Les originaux (peints par Jan Van Eyck) étaient comme par hasard « tombés » de leur niche lors de la visite des sans-culottes.
– À noter, les 24 blasons des villes qui formaient le « Franc » de Bruges. On y voit celui de Dunkerque, vassale de Bruges.

– Dans *le hall,* avant de prendre l'escalier à gauche menant à la salle gothique, jetez un coup d'œil sur le vestibule où, à gauche, se trouve une toile monumentale avec Napoléon Ier et le bourgmestre de Bruges de l'époque. Celui-ci, voulant immortaliser la visite de l'Empereur qui lui avait remis la Légion d'honneur, commanda cette toile. Entre-temps, le vent de l'histoire avait tourné et ce portrait était devenu compromettant pour lui. En vous déplaçant légèrement pour faire jouer les reflets, vous remarquerez autour de la tête du brave homme une découpe masquée par une restauration récente. Il avait préféré se faire « décapiter » pour éviter les critiques de ses rivaux politiques. D'autres toiles monumentales du XIXe s.

– *La salle gothique* de l'hôtel de ville constitue une entrée en matière amusante de l'histoire de Bruges, et de la Flandre en général. Vous trouvez sur les murs un bon aperçu des événements importants qui jalonnèrent la période médiévale où Bruges connut son apogée. Suivez la numérotation des tableaux car, outre que ces fresques néogothiques subliment l'histoire à la manière des images d'Épinal, le déroulement des épisodes de la « Bruges Story » est peu conforme à la chronologie. L'illustration du retour des Brugeois de la bataille des Éperons d'or est particulièrement représentative de la manière romantique de traiter l'histoire. La voûte de la salle est composée d'une magnifique armature de chêne ornée de médaillons et de clefs de voûte sculptées.

– *Dans la salle annexe,* de très intéressantes cartes anciennes permettent de voir le développement de la ville et les bâtiments disparus (remparts, Saint-Donatien).

🎥🎥 *Markt (plan couleur II, B2, 122) :* le marché s'y tient depuis l'an 958 ! C'est dire le nombre de choses que ces pierres auraient à raconter si elles le pouvaient : fêtes somptueuses, révoltes, tournois, exécutions capitales, mariages, bûchers, défilés de troupes.

La diversité architecturale couvre six siècles. Deux maisons se distinguent de part et d'autre de l'entrée de la Sint Amandstraat : à gauche, celle à la haute façade gothique avec la girouette et l'anémoscope (du XXe s), à droite celle du *café Craenenburg* (du XIVe s) avec sa façade habilement reconstituée. Petites maisons aux pignons à redans du côté nord (du XVIIe s). L'une d'entre elles a un joli panier d'or au sommet. La façade du palais provincial, malgré sa grande allure, n'a pas plus de 100 ans, elle non plus. C'est du néogothique pas très catholique, mais le résultat est réussi. À côté, la poste, dans le même esprit.

> ## UN RÉVEIL BRUTAL SUR LEQUEL IL FAUT METTRE L'ACCENT !
>
> *Le 18 mai 1302, 1 600 rebelles au comte de Flandre fouillent, maison par maison, à la recherche des Français du clan des Leliaerts. Les deux compères statufiés sur le Markt, Jan Breydel et Pieter De Coninck, leaders des métiers, participent à la ratonnade. Au saut du lit, les occupants sont priés de répéter* Schild en vriend *(« bouclier et ami »). Trahis par leur accent, les Français sont massacrés sur place : plus de 1 000 victimes.*

Le monument le plus étonnant est bien sûr le fier *beffroi* avec la *halle* à ses pieds. Le beffroi écrase véritablement la halle de sa hauteur démesurée. Cet empilement d'éléments a quelque chose de curieux. On s'attend à voir, du sommet, surgir encore un cylindre supplémentaire comme issu d'une structure télescopique. Il paraît que, avant 1741, une flèche surmontait le tout. Elle fut détruite par la foudre. Mais sans doute cette impression de disproportion s'atténue-t-elle lorsqu'on considère l'ensemble de plus loin.

🎥 *Historium (plan couleur II, B2, 153) :* Markt, 1. ☎ 050-27-03-11. ● historium. be ● *Dans l'ancienne halle aux draps. Représentations ttes les 4-5 mn.* La Flandre aime son passé, mais elle est également passionnée par la modernité. Pour preuve, ce tout nouveau musée interactif ouvert fin 2012, qui propose un voyage sensoriel au cœur de l'âge d'or de Bruges. Plus précisément, en 1435, juste avant que les Brugeois ne se soulèvent contre Philippe le Bon. Projection de films à effets spéciaux, bandes sonores réalistes (dans toutes les langues) et en plus du bruit, il y a l'odeur... Le goût et le toucher sont également sollicités au travers des sept salles thématiques. En fil rouge, le visiteur suit l'histoire d'un damoiseau qui cherche éperdument sa damoiselle, ce qui l'amène à passer par le port, l'atelier de Van Eyck ou encore les bains publics. Une expérience à tenter.

🎥🎥🏃 **Belfort** (beffroi ; plan couleur II, B2, **123**) : tlj 9h30-17h (dernier accès à 16h15). Entrée : 8 € ; réduc. Les sportifs s'empresseront de grimper les 366 marches qui mènent à la terrasse supérieure. Pour vous permettre de souffler, des étapes sont prévues. Après 55 marches : la chambre du trésor, où étaient conservées les précieuses chartes. Protégées derrière des grilles de fer forgé, elles étaient enfermées dans des coffres à serrure multiple : le bourgmestre et les huit échevins avaient chacun une clé et il fallait absolument la présence des neuf au complet pour en actionner l'ouverture.
À la 112e marche, petit arrêt pour regarder le panorama. Après 220 marches, vue sur la cloche de 6 t. Elle s'appelle « Victoire ». Début de l'escalier de bois, jusqu'à la marche 333, où est placé le mécanisme qui actionne le carillon de 47 cloches. Après 352 marches, la pièce du carillonneur. Il donne l'aubade trois fois par semaine le soir en été. Encore quelques marches et vous recueillez le fruit de vos efforts pour profiter de la vue sur la ville. Sur le pourtour de la balustrade, table d'orientation.
– Au pied du beffroi, maquette de l'ensemble avec des explications en braille.
– **Concerts de carillon :** en été, lun, mer et sam 21h et 22h, dim 14h et 15h ; 16 sept-14 juin, mer 11h et 12h, sam 14h et 15h.

🏃 **Les halles** (plan couleur II, B2, **123**) : elles datent du XIIIe s et servaient de marché couvert. La fonction d'entrepôt était assurée par une autre halle, aujourd'hui disparue. La Waterhalle (à l'emplacement du palais provincial actuel) était construite à cheval sur la Reie et ses quais permettaient un transbordement immédiat des bateaux à fond plat qui venaient des avant-ports.

➤ Retour vers le Burg.

🎥🎥 **Basiliek van het Heilig Bloed** (basilique du Saint-Sang ; plan couleur II, B2, **124**) : à droite de l'hôtel de ville. ● holyblood.org ● Avr-fin sept, tlj 9h30-12h, 14h-18h ; le reste de l'année, tlj sf mer ap-m 10h-12h, 14h-16h. Certaines parties peuvent être éventuellement fermées. Entrée : 1,50 € ; gratuit pour les - de 12 ans. Curieuse construction que cette « basilique » dédiée aussi à saint Basile, un saint byzantin dont quatre vertèbres ont été rapportées au retour d'une croisade. Il s'agit en fait de l'imbrication d'une église inférieure, romane, et d'une seconde, gothique, par-dessus, le tout relié par un escalier extérieur Renaissance, à l'angle de l'hôtel de ville.
– **La chapelle inférieure** a gardé un style roman des plus pur : gros murs de moellons, quatre colonnes rondes massives, un chœur étriqué et peu d'ouvertures sur la lumière. À droite, une madone de bois polychrome, comme toute la statuaire du Moyen Âge (1300). La restauration de ces statues réserve parfois des surprises. Celles que l'on qualifie parfois de « Vierges noires » peuvent s'avérer, au nettoyage, être des statues peintes de couleurs délicates : des siècles d'offrandes de cierges laissent des traces de suie durables mais pas indélébiles. Une statue du Christ en bois et un tympan de porte représentant le baptême de saint Basile complètent l'inventaire du trésor roman.
– **La chapelle haute,** d'origine romane, fut comme souvent modifiée au XVe s ; elle fut démolie par les Français à la Révolution et reconstruite au XIXe s en style néogothique. À droite, sur un autel rococo, l'ampoule du Saint-Sang qui contiendrait quelques gouttes du sang du Christ. Cette ampoule est exposée sur un reposoir tous les jours (normalement) à 11h30 après la messe et de 14h à 16h. Voici une relique vénérée des Brugeois depuis le XIIe s. La légende raconte que lors de

la deuxième croisade, en 1146, Thierry d'Alsace reçut des mains du patriarche de Jérusalem quelques gouttes du sang du Christ. L'histoire ressemble à celle du calice du Graal, recherché par les chevaliers de la Table ronde. La précieuse relique fut préservée dans une fiole de cristal, rapportée en grande pompe à Bruges et exposée à la vénération des fidèles. La tradition rapporte qu'il se liquéfiait tous les vendredis, ce qui multiplia le nombre de pèlerins. Chaque année, le jeudi de l'Ascension, la procession du

UN DON DU SANG !

C'est un étrange cérémonial, aux yeux des profanes, qui se déroule chaque jour, après la messe, dans la chapelle haute, sous le regard imperturbable du (ou de la) dépositaire de la précieuse ampoule contenant quelques gouttes du sang du Christ. Les croyants attendent leur tour pour aller imposer leurs mains sur le reliquaire, avant d'offrir leur propre don en faveur de l'église. Le reliquaire est essuyé entre chaque « imposition ».

Saint-Sang rassemble des centaines de pèlerins et draine des dizaines de milliers de spectateurs sur son parcours (voir plus loin la rubrique « Manifestations »).

– *Le musée de la basilique :* il expose, entre autres, le magnifique reliquaire du Saint-Sang, merveille d'orfèvrerie réalisée au début du XVIIe s. Les respectables membres de la confrérie du Saint-Sang entourent la châsse. Ils ont été peints par Pourbus en 1556.

🦌 *Brugse Vrije (ancien palais du « Franc » ; plan couleur II, B2) :* pl. du Burg, 11 A. *Tlj 9h30-12h30, 13h-17h. Entrée combinée avec la visite de la salle gothique de l'hôtel de ville, audioguide inclus.*

L'ensemble architectural classique actuel remplace le palais du « Franc » destiné à abriter l'administration des communes périphériques à la ville. Il servit de palais de justice. De l'ancien édifice de 1525, il ne subsiste à l'extérieur que la façade sud (que l'on voit du Steenhouwerdijk) et aussi la salle des échevins où se trouve le musée.

Vous y verrez, dans la *salle Renaissance,* la formidable *cheminée monumentale de Charles Quint,* réalisée en 1531 par Blondeel à la demande de la ville, qui voulait ainsi fêter la victoire de l'empereur sur François Ier à Pavie. Faite de marbre noir pour l'âtre, d'albâtre pour la frise et de chêne pour la composition qui la surmonte, elle comporte des poignées de cuivre accrochées à la hotte, pour permettre aux seigneurs de se tenir en équilibre lorsqu'ils séchaient leurs bottes à la chaleur du feu. Parmi les personnages entourant Charles Quint, on reconnaîtra Maximilien d'Autriche, Marie de Bourgogne, Ferdinand d'Aragon et Isabelle de Castille. Les figures masculines semblent bien pourvues par la nature.

🦌 Entre le greffe du palais et l'hôtel de ville, on emprunte, sous la mignonne arcade, une rue au nom bizarre, la *Blinde Ezelstraat (rue de l'Âne-Aveugle).* En pente légère, elle débouche sur la *Reie,* qui permettait aux bateaux d'aller jusqu'au Markt. Vous remarquerez le peu de profondeur de l'eau, à peine 2 m au centre. Lorsque les progrès de la construction navale firent apparaître les bateaux à quille, le tirant d'eau de la Reie se révéla insuffisant et Damme devint un relais obligé pour le transbordement des marchandises. Il prit alors de plus en plus d'importance.

🦌 La vue des deux côtés du pont est pleine de charme. Le *Vismarkt (marché aux poissons),* sur la gauche, est un cadeau de Napoléon (marché tous les matins sauf dimanche et lundi).

🦌 La petite *Huidevettersplein (place des Tanneurs),* sur la droite, servait, comme son nom l'indique, au commerce des peaux. La colonnette au centre comportait une balance utilisée pour peser les peaux et, sur la façade de l'hôtel de Bourgogne on voit, sculptées en bas-relief, les étapes du travail du cuir. Il faut dire qu'avant de prendre ce nom plus chic, le lieu s'appelait autrefois *De Koe* (« La Vache »).

🐾🐾 Passé la place, après l'embarcadère des bateaux, le *Rozenhoedkaai (quai du Rosaire)*. Re-cliché sur les maisons de bois (reconstituées), l'eau, le lierre, les saules, le beffroi, les tourelles de l'hôtel de ville...

🐾 La promenade se prolonge par le *Dijver* et, le long des canaux, on se rend compte, par les types de maisons, de la stratification sociale de la ville : aux patriciens et marchands, les maisons pourvues d'un embarcadère ; aux artisans, les maisons à pignons ; aux petits métiers, les maisons basses de la périphérie. Sur le Dijver se trouve le collège d'Europe et, le week-end, les étals de brocanteurs s'y pressent.

🐾🐾🐾 *Groeninge museum (musée Groeninge ; plan couleur II, B2, 125)* : Dijver, 12. Tlj sf lundi (ouv lun de Pâques et de Pentecôte) 9h30-17h. Entrée : 8 € ; réduc. Audioguide inclus.

Le parcours, ré-agencé de manière épurée, reste néanmoins chronologique. Voici quelques points de repère :

➢ *Salle 1 : la Ville comme commanditaire d'ouvrages*
On retrouve ici les commandes faites dans le but de rappeler aux édiles les devoirs de leur charge. En vedette, *Le Jugement de Cambyse* de Gérard David, tableau de justice décrivant le supplice du juge corrompu. La surprise du juge qu'on arrête est manifeste et, lors de l'écor-

> ## LES FLAMANDS ONT PERFECTIONNÉ LA PEINTURE À L'HUILE
>
> *Le climat humide empêchant la peinture « a fresco » sur les murs comme en Italie, les peintres du Nord ont utilisé des supports de bois sur lesquels les pigments en poudre étaient mélangés à un mélange de colle de peau de poisson et d'huile de lin. Au XVe s, Jan Van Eyck perfectionne la méthode en ajoutant l'essence de térébenthine. Pourtant, il ne fut pas le premier : en 2008, on a découvert dans les grottes de Bamiyan en Afghanistan, des peintures bouddhiques remontant au VIIIe s réalisées grâce à cette technique de la peinture à l'huile.*

chement du coupable, les chiens n'ont pas le beau rôle ! Sur le siège du fils qui succède à la charge de son père, on a tendu la peau de celui-ci. Deux *Jugement dernier* rassemblés dans un même lieu : celui de Provost, qui rappelle étrangement Jérôme Bosch, est la seule œuvre authentifiée de l'artiste, et celui de Pourbus est inspiré de celui de Michel-Ange à la chapelle Sixtine au Vatican. Pourbus est considéré comme le dernier primitif. Pour cette œuvre, il utilisa de mauvais pigments qui disparaissent peu à peu, faisant apparaître du même coup les dessins préparatoires.

➢ *Salle 2 : les œuvres des primitifs flamands*
L'appellation, quelque peu péjorative en français, apparaît à la fin du XIXe s et est employée lors de l'exposition rétrospective de Bruges en 1902. Il faudrait en fait dire « la peinture des Pays-Bas méridionaux au XVe s ». À cette époque, le travail de la peinture est encore proche de l'artisanat. L'« ymagier » peint sur des supports très divers : tissus, meubles, murs, papier (enluminures) ou armoiries. Comme tout artisan, il se voit passer des commandes où toutes les contraintes sont précisées : sujet, coloris, dimensions. Il exécute et est payé en retour. Il appartient à une corporation qui lui a appris les techniques de son métier et qui codifie son activité. Ses œuvres sont anonymes. Il ne signe pas. Son talent, s'il en a, sera de restituer le plus exactement possible la réalité et, comme tout bon artisan, de chercher de nouveaux moyens pour y arriver. La technique de la peinture à l'huile existe, elle ne demande qu'à être perfectionnée.
Ce sont les conditions économiques qui provoquent le boom de la peinture. Les riches marchands et les notables aiment montrer qu'ils ont des moyens ; ils financent des chapelles privées et les dotent d'œuvres où le sujet religieux domine mais où ils apprécient de se retrouver portraiturés. Confits en dévotion

peut-être mais aussi affublés de leurs plus beaux atours, dans des décors familiers, urbains ou privés. En jouisseurs des plaisirs et des richesses, ils exigent qu'on y voie les ors, les tapis, les brocarts et tout le luxe que leur condition leur procure. L'« ymagier » exécute. Son génie, il l'emploie à faire briller les pierres et les émaux, à rendre un tapis tellement réaliste qu'on a l'impression de pouvoir toucher ses boucles, à peindre un visage si finement que l'on peut en inventorier chacun des défauts, à trouver pour chaque chose la nuance de coloris la plus adéquate. Il est perpétuellement en quête de la perfection. Les grands (ducs, princes, évêques) ont l'ego moins scrupuleux et se font simplement tirer le portrait. Tâche lucrative pour le peintre, qu'ils envoient en voyage pour se faire une idée de la princesse lointaine qu'ils comptent épouser. Le peintre remplit alors une double mission. Il est à la fois portraitiste mandaté mais aussi diplomate chargé de négocier les conditions du mariage. Ce statut le sort de l'anonymat. Ce fut ainsi que Jan Van Eyck devint célèbre. De « valet de chambre » de Philippe le Bon, Jan devient ambassadeur secret de celui-ci pour demander la main d'Isabelle de Portugal. À partir de sa réussite, les peintres connaîtront des fortunes plus publiques.

De Jan Van Eyck, admirez ici *La Madone au chanoine Van der Paele*. Sublime composition sur bois dans un état de conservation exceptionnel. Le cadre en imitation marbre est couvert de commentaires. Le rendu des étoffes, de l'armure, du tapis (regardez là où il fait un pli sur la marche !) est hallucinant de précision. Le pauvre chanoine n'est pas épargné, on peut compter le nombre de ses verrues. *Portrait de Marguerite Van Eyck,* la femme du peintre, à l'âge de 33 ans. Un portrait sans concession.

Voir aussi, de Hans Memling, le triptyque *Moreel,* de Hugo Van der Goes, *Mort de la Vierge,* et de Lancelot Bondeel, *Saint Luc peignant le portrait de la Sainte Vierge.*

➤ *Salles 3 à 11 : de la fin du XVe à la fin du XIXe s*
La disposition définitive des salles risquant d'évoluer d'ici votre passage, donnons juste quelques indications quant au nouveau sens de visite envisagé par la conservation du musée. La période bourguignonne attira de nombreux artistes à Bruges – certains dont on ne connaît toujours pas l'identité, comme le Maître de la *Légende de sainte Ursule.* Mais à partir de 1520, la peinture brugeoise s'enrichit du contact avec l'Italie. La salle 3 nous invite à découvrir la peinture brugeoise de l'époque.

– *Le Jugement dernier* attribué à Jérôme Bosch devrait retrouver sa place ici après un séjour à Vienne,. Il existe plusieurs versions de ce chef-d'œuvre. Quand bien même il s'agirait de l'œuvre d'un élève, elle est de bien belle facture. Insensée et hétéroclite, avec profusion de détails et de symboles, elle nous apparaît aujourd'hui bien burlesque, sinon surréaliste. C'est oublier la forte puissance du symbole au Moyen Âge.

– Un chef-d'œuvre signé Gérard David, *Baptême du Christ.* Plusieurs œuvres de Pieter Pourbus dont une *Cène* pour le moins agitée, illustrent, salle 4, le thème Renaissance et la transition vers le Baroque.

– Salle 5 : œuvres de Quellinus, Achtschellink, et Jacob van Oost le Vieux. La fin du XVIIIe s correspond à la redécouverte de l'Antiquité classique.

– On retrouve, salle 6, les peintres brugeois qui ont fait le voyage obligatoire à Rome et en rapportent des œuvres empreintes de rationalité. Les salles suivantes sont consacrées au XIXe s : historisme et symbolisme avec Khnopff, Minne et Ensor ; expressionisme (Permeke, Wouters, de Smet, Van den Berghe, Brusselmans)...

Les deux représentants emblématiques du surréalisme belge ne manquent bien sûr pas à l'appel : Magritte avec *L'Attentat* et Paul Delvaux avec *Sérénité.*

La dernière salle est réservée à l'art moderne et notamment à l'artiste-plasticien Marcel Broodthaers, qui s'interroge sur l'art et le musée comme produits commerciaux. Autodérision du Groeninge Museum ou clin d'œil aux visiteurs qui viennent de parcourir innocemment six siècles de l'histoire de la peinture ?

🏛 *Museum Arentshuis* (maison Arents ; plan couleur II, B2, **126**) : Dijver, 16. Tlj sf lun 9h30-17h. Fermé 1er janv, ap-m du 21 mai et 25 déc. Le billet acheté pour le musée Groeninge donne droit (pdt 2 j.) à l'entrée de la maison Arents ; sinon, entrée 2 € ; réduc. Anciennement nommé Brangwyn, du nom d'un architecte et décorateur anglais qui vécut à Bruges au XIXe s et légua ses collections à la Ville, et auquel l'étage est consacré, cet édifice de style Empire accueille désormais des expos temporaires de qualité. En face de l'entrée, la boutique des musées brugeois (assez décevante, très peu d'ouvrages en français).

🏛🏛 *Gruuthuse museum* (musée Gruuthuse ; plan couleur II, B2, **127**) : Dijver, 17. Tlj sf lun 9h30-17h. Entrée : 6 € ; réduc ; audioguide inclus dans le prix. En 2006-2007, la toiture et les façades de l'édifice ont été restaurées. Dans l'attente d'une seconde phase de restauration, qui sera peut-être entamée lors de votre passage, une exposition « De A(lbâtre) à Z(inc) » permet de découvrir les œuvres maîtresses, civiles et religieuses, de la collection.

Chaque salle du parcours fait le lien avec un autre site du *Brugge-museum,* ceci dans le but d'éclai-

> ## UNE DEVISE QUI SONNE CREUX !
>
> *Le plus célèbre de la dynastie, Louis de Gruuthuse, fut conseiller de trois ducs de Bourgogne, chevalier de la Toison d'or et ami d'un roi d'Angleterre. Il contribua au progrès de l'humanité en inventant le boulet creux qui, comme chacun sait, est bien plus meurtrier que le boulet plein. D'où sa devise : « Plus est en vous », qui n'est pas, comme on pourrait le penser, un slogan pour favoriser le développement personnel mais bien un rappel direct de l'efficacité de la charge creuse !*

rer le concept muséal dans son ensemble. Ne soyez pas étonné de n'apercevoir qu'une faible partie de cet édifice dont le nom même fait référence à sa fonction initiale, oubliée même des amateurs de bière, ce qui est un comble.

Le *gruut* était le mélange de fleurs et de plantes séchées qu'il fallait ajouter au moût de froment et d'orge pour donner du goût à la bière. Le monopole du *gruut* était détenu par une famille : les Van Brugghe. Par extension, le lieu de leur activité, *Gruuthuse* (maison du *gruut*), supplanta leur patronyme et ils devinrent les seigneurs de Gruuthuse. Au XVIe s, le houblon rendit inutile l'usage du *gruut* et les Gruuthuse aménagèrent les anciens entrepôts en maisons seigneuriales.

À l'extinction de la lignée, la ville fit de la demeure des Gruuthuse un mont-de-piété, puis finalement ce musée, qui abrite une vaste collection de meubles, d'objets de la vie quotidienne et des métiers, d'armes, de monnaies, de tapisseries étonnantes (truffées de proverbes sous la forme de bulles de B.D.), d'instruments de musique, d'ustensiles de cuisine, de pharmacie... Vous y découvrirez un oratoire unique dans son genre et une cuisine vieille de 500 ans. On trouve à l'entrée des salles, consacrées chacune à un thème précis, des fiches explicatives en différentes langues. L'ensemble du musée (quelque peu raccourci pour quelques années encore) est agréable à parcourir et permet une instructive plongée dans le temps.

Le palais Gruuthuse est situé au pied de la formidable masse de l'église Notre-Dame. Pour en apprécier les dimensions, il vaut mieux la contourner par la gauche en passant par les jardins aux tilleuls en espalier et le petit pont Saint-Boniface, sous lequel passent les bateaux en route pour le béguinage. Au risque de décevoir les âmes romantiques, les petites maisons en bois sont des reconstitutions récentes. Mais c'est tellement joli !

🏛🏛🏛 *Onze Lieve-Vrouwekerk* (église Notre-Dame ; plan couleur II, B2, **128**) : tlj 9h30 (13h30 dim)-17h. Accès gratuit à l'espace de culte ; mais pour voir les mausolées et la Madone de Michel-Ange, c'est payant (4 € ; réduc). Construite en gothique scaldien au XIIIe s, elle présente une caractéristique immédiatement visible, sa vertigineuse tour de 122 m, qui en fait la plus haute construction de brique d'Europe. La brique permet de monter très haut mais présente un défaut : on ne peut la sculpter. D'où l'allure un peu sévère de tous ces édifices. Dès l'entrée, l'attention est attirée à droite par le rassemblement devant la chapelle de la Vierge où se trouve, dans une niche noire, une *Vierge à l'Enfant* de Michel-Ange, œuvre de jeunesse en marbre blanc (de Carrare) du sculpteur italien. Réalisée en 1504, elle était destinée à la famille des Piccolomini de Sienne mais ne put être payée. Michel-Ange fut tout heureux de la vendre à un marchand brugeois, qui la légua à l'église. C'est une des rares œuvres de Michel-Ange à avoir quitté l'Italie de son vivant.

On y vient surtout, n'en déplaise aux admirateurs de Michel-Ange, pour les deux *mausolées funéraires* de Marie de Bourgogne et de son père, Charles le Téméraire. Lorsque Charles le Téméraire, dernier duc de Bourgogne, meurt au siège de Nancy en 1477, il laisse ses possessions à sa fille unique, Marie de Bourgogne. Celle-ci épouse l'archiduc Maximilien d'Autriche. Elle devient l'enfant chérie des Brugeois : la beauté, la jeunesse, deux enfants, etc. Une star de magazine (la Lady Diana de l'époque vous diront certains guides). Le malheur survient en 1482 lorsque, à l'âge de 25 ans, au cours d'une partie de chasse, elle fait une lourde chute. On la relève, elle est blessée mais apparemment pas trop gravement. Elle meurt néanmoins une semaine plus tard. Elle laisse son mari aux prises avec les Brugeois et deux enfants au destin agité : Philippe le Beau et Marguerite d'Autriche. Elle avait formulé le désir d'être enterrée à Bruges. On lui fera un mausolée de légende sur lequel des Bourguignons anonymes viennent encore se recueillir. Son père, qui avait été enseveli à Nancy, vint, sur ordre de Charles Quint, rejoindre sa fille pour le sommeil éternel, dans un mausolée jumeau. Geste symbolique, car il ne restait plus rien du Téméraire, qui avait tout perdu à Nancy (sa vie, son œuvre, son armée, son pouvoir et... son fameux trésor !).

Lors de fouilles récentes, les restes de Marie furent exhumés et des légistes purent déterminer la cause de sa mort. En plus des fractures apparentes aux bras, ils s'aperçurent que des côtes étaient enfoncées : les sabots du cheval avaient provoqué des blessures internes et perforé le poumon. De plus, Marie était enceinte. Sortez vos mouchoirs !

Les mausolées sont d'une facture superbe : Marie est touchante de grâce, ses longues mains sont finement ciselées. Le mausolée de son père, fondu 70 ans plus tard sur le modèle du premier, dénote dans ses détails l'apport de la Renaissance.

– Les *sarcophages* que l'on aperçoit dans la crypte, sous les mausolées et dans une chapelle, sont ceux de prélats du XIIIe s. Les fresques romanes qui en ornent l'intérieur sont absolument splendides et admirablement conservées. L'artiste, plutôt contorsionné au fond de son trou, n'avait que quelques heures pour peindre *al fresco,* ce qui n'était pas sans complication. Pour les sarcophages les plus récents, on se contenta de tapisser les parois de dessins faits à l'avance sur papier, qu'il suffisait ensuite de coller à la chaux.

– L'église recèle encore bien des trésors tels la *Vierge aux sept douleurs* (1528) d'Isembrant, un *Christ en croix* de Van Dyck et des tableaux de Pourbus et de Gérard David. En contournant le déambulatoire, vous remarquerez de superbes confessionnaux sculptés et en contre-haut la chapelle privée des Gruuthuse.

🐾🐾🐾 ***Memling in Sint Jan*** *(Memling à Saint-Jean ; plan couleur II, B2-3, 129) : Mariastraat, 38. Tlj sf lun 9h30-17h (dernier billet à 16h30). Billet : 8 € ; réduc (le billet inclut la visite de l'hôpital Saint-Jean, du musée Memling et de la vieille pharmacie). Textes en français.* En face du parvis de Notre-Dame, ce vaste ensemble de brique servit d'hôpital à la ville jusqu'en 1976. Fondé au XIIe s, il était utilisé comme hôtel pour offrir le gîte et le couvert aux marchands. Des miséreux y étaient abrités pour la nuit mais remis à la porte dès le matin. Sa fonction de lieu de soins et de bienfaisance ne vint que plus tard. Sa construction d'origine se vit augmentée de plusieurs annexes au cours des siècles. Dans les salles des malades sont présentés des objets relatifs à la vie hospitalière ainsi que quelques œuvres d'art religieux dans une muséographie sobre et aérée.

L'intéressante expo décrit le rôle de l'hôpital et des œuvres de charité depuis sa fondation, la vie quotidienne des sœurs et des malades, ainsi que les soins donnés par les chirurgiens, assistés des barbiers. Pour se faire une idée précise de l'organisation de l'hôpital autrefois, il faut s'attarder sur le tableau assez angoissant de Jean Beerblock (1778) qui représente la salle des malades et ses 150 lits répartis en travées selon le sexe. Quelques écrans interactifs permettent d'approfondir le fonctionnement de l'institution. Au fond de la salle, prendre l'escalier en colimaçon pour accéder au grenier de Diksmuide qui servait à stocker les réserves et pour en admirer la monumentale charpente de 15 m construite en chêne en 1234 et considérée comme la plus ancienne du Benelux.

Le musée Memling

Né en 1435 en Allemagne, soldat, Hans Memling travaille à Cologne et à Bruxelles avec Rogier Van der Weyden (de la Pasture). Il s'installe en 1465 à Bruges, dont il devient citoyen, après avoir été soigné, dit-on, à l'hôpital pour blessures de guerre. Il a pour clients des ordres religieux, des bourgeois et des marchands italiens. On remarque d'ailleurs l'importance des scènes urbaines. Doté d'un sens aigu de la couleur, il réussit dans ses compositions la synthèse des apports de ses prédécesseurs et annonce déjà la Renaissance. La sérénité de ses personnages contraste avec le maniérisme qui caractérisera les peintres du XVIe s.

Situé dans une petite salle qui n'est autre que la chapelle de l'hôpital Saint-Jean. Quelques œuvres exceptionnelles sont installées dans ce lieu spécialement conçu pour leur mise en valeur. Privilège esthétique rare !

– *La châsse de sainte Ursule :* sur un coffre de bois sculpté, agencé comme une chapelle gothique, on voit le récit du pèlerinage à Rome de sainte Ursule accompagnée de ses 11 000 vierges, leur retour par Bâle et leur massacre par des païens à Cologne. La légende se situe aux premiers siècles de la chrétienté, mais Memling a représenté le cadre géographique et les costumes de son époque. On reconnaît les clochers de Cologne.

– *Triptyque de saint Jean-Baptiste et saint Jean l'Évangéliste :* le panneau central évoque le mariage mystique de sainte Catherine. Les épisodes de la vie des deux saints Jean (patrons de l'hôpital) sont évoqués par une succession de scènes à l'arrière-plan. La vision de l'Apocalypse de l'Évangéliste à Patmos est fulgurante d'imagination et le regard que posent les spectateurs sur le Baptiste lors de sa décapitation en dit long sur le dédain qu'ils ont pour lui.

– Deux petits triptyques : celui de l'*Adoration des Mages* et celui de la *Déploration du Christ* sont moins spectaculaires mais bien délicats tout de même.

– Dans la chapelle Corneille adjacente (mais parfois placé aussi dans la salle) : un portrait de jeune fille, souvent appelée la *Sybille Sambetha* car on a longtemps pensé qu'elle représentait la Persane qui annonça la venue du Christ. Le relief est accentué par le bout des doigts débordant du cadre.

– *Diptyque de Maarten Van Nieuwenhove :* les deux personnages se trouvent dans la même pièce. La preuve en est donnée par le reflet de leur dos dans un petit miroir rond derrière la Vierge. Le portrait du donateur est attendrissant.

L'ancienne pharmacie

On y accède par l'extérieur, avec des horaires un peu réduits (9h30-11h45, 14h-17h). Mérite absolument ce détour qui ne vous prendra que quelques minutes : un petit cloître entoure une jolie cour intérieure avec un puits à margelle et des parterres de simples. Dans la pharmacie : mortiers, balances, pots en grès témoignent de l'activité de cette ancienne institution. Dans la salle de réunion annexe, quatre siècles de pharmaciens vous contemplent. Certains étaient espagnols.

🍸 Au bord du canal, et à l'intérieur des anciens bâtiments de l'hôpital, restaurés de façon très contemporaine, un bar *lounge,* le *B.In.* L'endroit est plaisant, design au possible, sous une grande verrière. Si le resto est hors de prix, on peut toujours s'y arrêter pour boire un verre. De la terrasse (merveilleuse !), on voit passer les bateaux et on aperçoit les visiteurs se balader sur le toit de la brasserie *De Halve Maan.*

🎥🎥 **Godshuizen** (*maisons-Dieu ; plan couleur I, B3, 130*) : *sortir de l'hôpital Saint-Jean, prendre à droite et emprunter la très animée Katelijnestraat. Immédiatement, vous apercevrez à gauche et à droite (Stoofstraat) des entrées de couloir chaulées et surmontées d'un nom et d'une date. Allez voir, vous vous trouvez en présence des maisons-Dieu.* La maison-Dieu est un phénomène social et urbain typiquement brugeois. Les plus vieilles datent du XIIIe s mais leur nombre n'a cessé d'augmenter au fil des siècles.

Au milieu du XIXe s, Bruges était la ville la plus pauvre du pays et on se rappelle qu'à partir du XVIe s elle a cessé de se développer : de grandes zones sont restées vides à l'intérieur des remparts. Par ailleurs, la misère s'est installée et une partie de la population s'est retrouvée sans même un toit. Les gildes, propriétaires de terrains vides (souvent des « fonds de jardins »), se sont préoccupées du sort de ces miséreux et ont financé la construction de ces petites maisons basses, faites d'une seule pièce, une seule fenêtre et une lucarne mais, luxe pour l'époque, disposant au centre d'un point d'eau, d'un jardin potager et de toilettes.

Une chapelle jouxte l'ensemble et rappelle par sa présence le caractère religieux de cette assistance. Les riches Brugeois ont toujours pratiqué la charité mais les causes de la pauvreté n'ont jamais été éradiquées. Actuellement, ces maisons sont restaurées et gérées par la commission d'assistance publique qui les attribue à des retraités ou à des personnes à revenus modestes. Il s'en dégage un charme de maison de poupée tout à fait désuet et une grande quiétude.

Un peu plus loin se trouvent plusieurs beaux ensembles, datant du XVIIe s pour la plupart : *Godhuis De Pelikaan* (Groene Rei), *Zorghe* et *Schippers* (Stijn Streuvelsstraat), *De Vos* (Noordstraat), *Meulenaere* et *Saint Joseph* (Nieuwe Gentweg), etc. On compte en tout à Bruges près de 40 sites et 260 maisons. Vous pouvez y pénétrer, tout en respectant bien sûr l'intimité des habitants.

➤ Par la *Stoofstraat* (rue des Étuves : bains publics, fréquentés au Moyen Âge par les hommes et les femmes ensemble !), on débouche sur le ***Walplein,*** petite place ombragée où se trouve une des « attractions » favorites des touristes...

🎥🎥 **Brouwerij De Halve Maan** (*brasserie la Demi-Lune ; plan couleur I, B3, 131*) : *Walplein, 26.* ☎ *050-33-26-97.* ● halvemaan.be ● *Visite guidée : Pâques-oct, départ ttes les heures 11h-16h (17h sam) ; en hiver, départ en sem 11h-15h, le w-e jusqu'à 16h. Entrée : 6 € ; boisson comprise ; réduc. Durée : 45 mn. Accès difficile pour les pers à mobilité réduite.* Datant de 1546, c'est la dernière brasserie qui subsiste en centre-ville. La visite de cette ancienne malterie intéressera tous ceux qui n'ont jamais vu ce genre d'exploitation, d'autant plus que « la » guide est un modèle du genre, dosant érudition et humour, pour mieux captiver petits et grands. Tout le processus de fabrication est expliqué et, en parcourant les installations, restées dans leurs jus, les visiteurs apprendront nombre de détails concernant aussi bien les plantes que les hommes ayant leur rôle à jouer dans le brassage de la bière, tandis que les amateurs apprécieront les collections de verres, de canettes, de cartons à bière, etc. Dans les cuves, vous l'apprendrez peut-être, comme les 100 000 visiteurs annuels, les ouvriers chargés du nettoyage devaient porter un masque pour se prémunir d'une cuite aux vapeurs d'alcool. Suivez la visite, d'ailleurs, si vous voulez éviter les maux de tête à l'avenir, et ne plus vous faire remarquer en demandant une bière sans mousse. L'atelier du tonnelier et l'estaminet 1900 achèvent la visite, ça tombe bien, vous allez pouvoir passer aux travaux pratiques. À noter : la vue depuis les toits est magnifique et la bière, la *Brugse Zot* – offerte avec le billet –, une blonde du meilleur goût.

🎥 **Diamond House** (*musée du Diamant ; plan couleur I, B3, 132*) : *Katelijnestraat, 43.* ☎ *050-34-20-56.* ● diamondmuseum.be ● *Tlj 10h30-17h30. Entrée : 7 € ; 10 € si vous voulez assister à une démonstration de taille à 12h15.*

Si le but est malgré tout commercial (ne rêvons pas !), cet espace d'exposition nous apporte la preuve que le diamant était déjà taillé à Bruges à la fin du XIVe s, et ce avant Anvers, la grande rivale commerciale. La présence dans les chroniques d'un certain Van Berquem, tailleur de pierres précieuses de son état, l'atteste. Il est vrai que la présence de la cour de Bourgogne dans la ville avait de quoi lui garantir du boulot.

DIAMANT CONTRE DIABLE

L'incube, cet avatar satanique qui couchait avec les femmes endormies, était la terreur des hommes au Moyen Âge. Le diamant, symbole de fidélité, protégeait l'épouse de ces assauts répugnants. Voilà pourquoi, même si on en a oublié la signification, on offre toujours un diamant à sa fiancée.

Toutes les facettes de la taille sont décrites et les outils d'époque exposés. Volonté didactique des panneaux décrivant l'origine géologique du diamant, ainsi que les aspects contemporains de cette industrie, dont la valeur des échanges commerciaux atteint des sommes faramineuses. Expo de quelques-uns de ces précieux joyaux sertis dans des parures tant anciennes que modernes et copies des diamants les plus célèbres du monde. Prix d'entrée quand même très élevé par rapport à l'intérêt, dommage. À moins, bien sûr, d'être passionné par le sujet.

🎒🎒🚶 ◎ **Prinselijk Begijnhof ten Wijngaarde** (béguinage princier de la Vigne ; plan couleur I, B3, **133**) : par la Wijngaardstraat, on rejoint le site le plus emblématique de la ville. Tlj 6h30-18h30. Le béguinage de Bruges est à la Flandre ce que la tour Eiffel est à la France : un lieu emblématique. Avec les autres béguinages de Flandre, il est désormais classé au Patrimoine mondial de l'Unesco. C'est vrai que de cet endroit (exceptionnel en hiver) se dégage une indicible poésie, comme si une grâce divine se manifestait en permanence dans le bruissement du feuillage de ses hauts peupliers. L'éclat impressionniste des taches de soleil sur les pelouses piquetées de jonquilles, le trottinement d'une religieuse se pressant vers la chapelle, le bandeau

WHEN BEGAN THE BÉGUINE

Fondé en 1245, le béguinage héberge des femmes qui, tout en vivant en communauté – mais sans prononcer de vœux –, mènent une vie à la fois contemplative et active, une sorte de spiritualité laïque, en somme. Les béguines donnent des soins aux malades et lavent la laine destinée aux tisserands, ce qui leur vaut un conflit avec les foulons. Elles sont chassées par les guerres de religion, puis par la Révolution française, et la dernière béguine s'éteint en 1928. Les lieux sont actuellement occupés par une congrégation de bénédictines qui portent la traditionnelle robe noire rehaussée de la guimpe blanche.

rouge et blanc des maisonnettes cachées derrière le muret de leur jardin, tout cela contribue à faire du béguinage un lieu habité par les anges.

– Une petite **église Sainte-Élisabeth** sert de lieu de culte aux bénédictines. Vous pourrez, en vous faisant discret, assister à la célébration des vêpres, chantées de leurs petites voix cristallines. Vous y verrez une belle chaire sculptée supportée par un ange solide et courageux. Tout autour, lambris de chêne. Belles stalles ciselées ainsi que le buffet d'orgues.

– Une **maison de béguines** est aménagée en petit **musée** (à gauche près du portail d'entrée ; lun-sam 10h-17h – dim à partir de 14h30 ; entrée : 2 €, réduc). Vie quotidienne, cuisine, meubles et petit cloître.

🎒🎒 **Minnewater** (lac d'Amour ; plan couleur I, B3, **134**) : autre lieu d'un romantisme incontesté. L'ancien bassin principal est fermé vers l'intérieur par la maison de l'Éclusier. De l'autre côté, une grosse tour de défense garde l'accès au canal Bruges-Gand. C'est un vestige des fortifications qui ceinturaient la ville.

➢ Arrivé à l'extrémité sud de la promenade, pour rejoindre le centre, reprendre la Katelijnestraat jusqu'à Notre-Dame et poursuivre par la *Heilige Geeststraat* jusqu'au pied de la grande tour de brique.

ℜℜ *Sint Salvatorskathedraal* (cathédrale Saint-Sauveur ; plan couleur II, A2, **135**) : Sint Salvatorhof. Tlj sf dim pdt les offices et lun mat 9h-12h, 14h-17h30 (15h30 sam).

Au IXᵉ s se dressait ici une église romane. De construction en incendie et de destruction en restauration, cette église de brique est devenue cathédrale à la suite de la disparition de Saint-Donatien. Il se dégage de son clocher une impression de massive austérité, même si le sommet néoroman égaye un peu l'ensemble. L'intérieur atténue cette impression : pour une fois, le chœur n'est pas trop envahi de baroque, le jubé du XVIIIᵉ s a été déplacé en 1935 pour se retrouver au fond de l'église, surmonté d'orgues, et c'est mieux ainsi. La statue du Dieu créateur en marbre blanc est signée Arthus Quellin. Le XIIIᵉ chapitre des chevaliers de la Toison d'or s'y est tenu en 1478. On peut y voir les blasons. Dans le chœur, deux mausolées et une belle châsse (de saint Éloi), ainsi que de belles stalles du XVᵉ s. Huit tapisseries du XVIIᵉ s, largement tendues sur les murs, racontent la vie du Christ. Dans les chapelles adjacentes, tout à fait dignes d'intérêt, un triptyque de Pourbus (1556) et un christ en croix qui a l'air de taper dans un ballon. La légende dit qu'en fait il a repoussé un iconoclaste qui voulait le détruire.

En revenant vers le narthex, on aperçoit, comme à l'église d'accueil Notre-Dame, des sarcophages peints, véritables chefs-d'œuvre de l'art roman (en accès gratuit cette fois !). En levant la tête, on peut voir l'intérieur de la tour (0,50 € pour éclairer).

ℜℜ *Le trésor de la cathédrale* : tlj sf sam 14h-17h. Entrée : 2,50 € ; réduc. Le musée, qui devrait rouvrir en 2012, contient des œuvres importantes : le *Martyre de saint Hippolyte* de Bouts et Van der Goes, une série de lames funéraires en cuivre (spécialité brugeoise née du manque de pierres dans la région), un sarcophage de pierre du XIVᵉ s orné de fresques, une crosse de saint Maclou en ivoire du VIᵉ s et un très beau portrait de Charles Quint à 20 ans.

➢ Par la très commerçante *Steenstraat,* à droite, on rejoint le Markt, terme du premier itinéraire.

ℜ *Sound Factory* (plan couleur II, A2, **142**) : t'Zand, 34. ● sound-factory.be ● Juste à côté de l'office de tourisme, au 7ᵉ étage. Tlj sf lun 9h30-17h (dernier ticket 16h30). Entrée : 6 €. Une nouvelle attraction qui permet de jouer de la musique à l'aide d'engins high-tech comme l'OMNI, un gros champignon à 108 faces qui synthétise une infinité de sons, ou plus simplement de jouer du carillon sur les 21 cloches de bronze de l'ancien beffroi. C'est distrayant, mais un peu cher pour ce que c'est... Reste la très belle vue sur les toits de Bruges depuis le toit-terrasse.

Promenade dans les quartiers moins fréquentés

Si vous avez décidé de faire la suite à vélo, c'est le moment d'en louer un dans la Hallestraat, à droite du beffroi. À vélo, attention, certaines portions de rue sont à sens unique même pour les cyclistes. Regardez bien les panneaux : *uitgezonderd* signifie « sauf ». Dans le cas d'une interdiction totale, poussez votre bécane à la main sur le trottoir. La maréchaussée est aimable mais ferme.

➢ On quitte le Markt par le fond à droite (Philipstockstraat). Quatrième à gauche (Middelburg), ensuite tout droit par Sint Walburgstraat pour arriver sur Sint Maartensplein.

ℜ *Sint-Walburgakerk* (église Sainte-Walburge ; plan couleur II, B1, **136**) : Boomgaardstraat. Le prototype de l'église de style jésuite, c'est un monument d'une grande unité esthétique. Première au monde à avoir été dédiée à saint François-Xavier. On a affaire à un baroque assez dépouillé et la succession des colonnes

BRUGES ET SES ENVIRONS

toscanes rythme harmonieusement la nef. Les confessionnaux Empire ont quelque chose d'égyptien ; jetez un coup d'œil sur la finesse du travail du banc de communion. C'est une église qui contraste beaucoup avec ses consœurs brugeoises. Tous les soirs de Pâques à fin septembre, sauf le mercredi, le doyen y organise des auditions de musique enregistrée (entre 20h et 22h) ; du Bach ou des chants grégoriens, dans la lumière nimbée du couchant irradiant la grande nef blanche.

🎭🎭 *Le quartier Sainte-Anne : contourner Sainte-Walburge sur la droite, par Kandelaarstraat, pour se retrouver sur le Verversdijk ; prendre à gauche et passer le petit pont en dos d'âne pour plonger vers l'église Sainte-Anne.* Cette partie de Bruges est éminemment pittoresque. Le quartier fut aussi très pauvre. Si les petites maisons basses ont l'air de nos jours toutes pimpantes, il faut se rappeler qu'au XIXe s elles hébergeaient une population misérable. Le miracle, c'est qu'elles n'aient pas été rasées.

🎭🎭 *Sint Annakerk (église Sainte-Anne ; plan couleur II, C1, 137) : avr-fin sept, tlj 10h-12h, 14h-16h sf sam ap-m et dim.* D'apparence extérieure banale, elle surprend dès l'entrée par l'exubérance de la décoration, essentiellement du XVIIe s. Une église paroissiale frappée par le délire ornemental. Profusion de boiseries, de cuivre, de peintures monumentales et d'odeurs d'encens. C'est lourd, surchargé et il n'y a pas un mètre carré de libre. Mais, en définitive, c'est cohérent. Après la messe, le *disbank* à droite de l'entrée servait de comptoir de distribution de jetons pour se procurer vivres et vêtements.

➤ Prendre ensuite, à l'arrière de l'église, la Venkelstraat et, tout de suite à droite, le Rolweg.

🎭🎭 🚶 *Stedelijk museum voor Volkskunde (musée communal des Arts et Traditions populaires ; plan couleur I, C1, 138) : tlj sf lun 9h30-17h. Entrée : 2 €. Plan en français.* Huit anciennes maisons-Dieu en enfilade abritent cet adorable et intéressant petit musée. On se promène dans des reconstitutions thématiques de la vie d'il y a 100 ans. Dans l'ordre, la classe, la cordonnerie, le sabotier, l'épicerie et la salle consacrée aux pipes et au tabac, la chambre à coucher, la salle de séjour, la confiserie, la pharmacie, la chapellerie, le tailleur... La cour aménagée en jardin intérieur offre un cadre idéal à une halte reposante. L'estaminet du *Zwarte Kat* contient un piano mécanique et la salle du haut présente des souvenirs du tirage au sort pour le service militaire et pas mal d'autres objets thématiques.

➤ Par la *Balstraat,* on arrive à l'exotique église de Jérusalem et au centre de la Dentelle attenant.

🎭🎭 *L'église de Jérusalem (plan couleur I, C1, 139) : Peperstraat. Pour les heures d'ouverture, voir le centre de la Dentelle.* C'était l'église privée d'une riche famille de marchands génois, les Adornès. Elle appartient toujours à leurs descendants. Deux d'entre eux, vers 1470, au retour d'un pèlerinage en Terre sainte, obtinrent du pape l'autorisation de bâtir une église sur la base des plans de l'église du Saint-Sépulcre. Voilà pourquoi cette construction paraît si atypique, avec son clocher-tour surmonté de la croix de Jérusalem et de la palme de Sainte-Catherine (du mont Sinaï). Les deux tourelles arborent un soleil et un croissant de lune. À l'intérieur, les gisants Adornès, dont le visage est illuminé par le soleil au solstice d'été (d'autres membres de la famille reposent sous les dalles). Sous la chapelle, une fausse crypte avec une copie du tombeau du Christ. Vitraux remarquables également.

🎭 *Kantcentrum (centre de la Dentelle) : Peperstraat, 3 A (mais devrait déménager au Balstraat, 14 en 2013).* ● kantcentrum.eu ● *Tlj sf dim 10h-12h, 14h-18h (17h sam). Entrée : 2,50 €.* Des maisons-Dieu à l'arrière de la propriété des Adornès sont organisées en petit musée de la Dentelle. L'après-midi, on y voit des dentellières au travail. À ce propos, sachez que la dentelle fabriquée à Bruges est, sinon introuvable, du moins chère et bien cachée. Celle qui est vendue dans les boutiques est authentique, dans la mesure où les techniques utilisées et les modèles le sont, mais elle est faite en Asie dans des ateliers gérés par les sœurs missionnaires qui ont enseigné cet art populaire aux jeunes Philippines.

➢ 🏃 De là, on emprunte la Stijn Streuvelsstraat pour se retrouver en bordure d'un parc où s'exercent, au n° 59, les très dignes arbalétriers de la *Sint Jorisgilde (guilde Saint-Georges ; plan couleur I, C1, 140)* : entrée : 1,50 €). Les membres tirent tous les mardi et vendredi dès 18h. Ils sont en blazer avec écusson et cravate, portent des titres et s'appellent *confrater*. Ils ont le privilège d'escorter le Saint-Sang avant la procession et sont fiers de leurs traditions qui remontent au XIVe s. Leur local, visible sur demande, abrite une collection d'arbalètes et de souvenirs passionnants. Ils se font un plaisir d'accueillir le visiteur pour expliquer toutes les subtilités de ce noble art, pas du tout dépassé puisqu'il paraît que l'armée suisse utilise encore cet engin ! Vous pourrez aussi les voir tirer à la verticale des plumets fichés à 36 m au sommet d'un mât.

➢ En poursuivant dans la même rue, on aboutit au canal extérieur.

🏃 *Windmolens (moulins à vent ; plan couleur I, C1, 141)* : en saison, mai-sept, tlj sf lun 9h30-12h30, 13h30-17h (slt le w-e en sept). Entrée : 2,50 €. Au XVe s, 28 moulins tournaient de concert. Aujourd'hui, seuls celui du nord (Sint Janhuis), encore en activité et le moulin Koelewei (juillet-août mêmes horaires), peuvent être visités. La machinerie est toujours aussi impressionnante.

🏃 *Sint Sebastiaansgilde (guilde des Archers de Saint-Sébastien ; plan couleur I, C1, 143)* : Carmerstraat. 1er mai-30 sept, lun et ven 10h-12h, mer et sam 14h-17h ; hors saison, mar-ven 14h-17h. Entrée gratuite. Demandez que l'on vous diffuse le commentaire en français, très bien réalisé. Sa fondation date de 1302 (encore !). La milice très sélect accueillit Charles II d'Angleterre lorsqu'il vivait en exil à Bruges, chassé par Cromwell. Depuis, tous les souverains anglais en sont membres de fait. Ces messieurs s'exercent le lundi soir soit dans le jardin, soit dans une longue galerie couverte.

🏃 *Engels Klooster (couvent anglais ; plan couleur I, C1, 144)* : Carmerstraat, 85. Sonnez au n° 83 et la sœur tourière vous fera entrer en vous remettant un dépliant explicatif. Tlj 14h-15h30, 16h15-17h15. Fermé le 1er dim du mois. Entrée gratuite pour les individuels. La seule église avec coupole de la province est un superbe édifice baroque Renaissance. Le pavement bicolore en étoile et l'autel composé de 23 marbres différents sont remarquables.

➢ Pour la suite du parcours, il vous faudra un peu pédaler (ou marcher) : prenez à droite la *Speelmanstraat*, puis à gauche la *Snaggaardstraat* (petits zigzags, dus aux sens interdits) pour déboucher sur le *Potterierei*, le très joli canal qui mène au Dampoort. Remontez-le sur la droite sur 300 ou 400 m. Profitez du charme fou de ce canal tranquille à l'écart des foules. Si vous apercevez l'un des célèbres cygnes brugeois, sachez que la ville s'en occupe attentivement (la promesse faite à Maximilien !) et qu'ils ont, gravés sur le bec, le « B » de Bruges ainsi que leur date de naissance !

🏃 *Onze Lieve Vrouw ter Potterie (musée de l'hôpital Notre-Dame-de-la-Potterie ; hors plan couleur I par B1, 145)* : Dijver, 1. ☎ 050-44-87-11. Tlj sf lun 9h30-12h30, 13h30-17h. Entrée : 2,50 € ; réduc. Très ancienne institution caritative qui fonctionne encore de nos jours. L'hôpital a rassemblé dans un musée les trésors de son patrimoine : toiles de Van Oost, de Pourbus, art religieux, livres d'heures et meubles. L'*église* attenante est d'un baroque somptueux : les cuivres brillent, les marbres resplendissent. On vous propose de poser vos lèvres sur une relique de saint Idesbald !

➢ En quittant le quai droit, on passe en face sur le *Lange Rei* pour retourner vers le centre. À la hauteur de Sint Gilliskoorstraat, tourner à droite.

🦐 *Sint Gilliskerk (église Saint-Gilles ; plan couleur I, B1, 146) :* église de quartier, elle est intéressante pour son architecture de type église-halle. À l'intérieur, un polyptyque de Pourbus, *L'Adoration des Mages.* Pour le reste, l'église est un peu dénudée.

🦐 En quittant ce quartier d'un calme hors du temps, on prend par l'Oostggistelhof, le Spaansebrug et la Spanjaarstraat pour arriver à hauteur de la jolie *Van Eyckplein* (avec la statue du peintre). À l'angle d'Academiestraat se dresse la masse imposante du *Oude Tolhuis (ancien Tonlieu ; plan couleur II, B1, 147)* de 1478. C'était une sorte de douane où le droit de passage était perçu. Il contient à présent les 130 000 volumes de la bibliothèque communale.

Cette place est le centre du *quartier hanséatique,* du nom de la Hanse, association des ports de la Baltique à laquelle Bruges était affiliée. Les diverses nationalités présentes à Bruges avaient leur propre rue, leur auberge et leur comptoir commercial. Les noms des rues environnantes en gardent la trace.

À proximité, à un angle, la *loge des Bourgeois* où, entre autres statues, on peut voir l'*ours de Bruges* que Baudouin Bras-de-Fer terrassa, selon la légende.

🦐 *Choco-Story (plan couleur II, B1, 151) : Wijnzakstraat, 2 (Sint Jansplein).* ☎ *050-61-22-37.* ● *choco-story.be* ● *Tlj sf certains j. fériés 10h-17h. Fermé 5-16 janv. Entrée : 7 € ; réduc. Billet groupé avec Lumina et musée de la Frite 15 € ; réduc.* Un petit musée consacré à l'histoire de la fève de cacao, son importance rituelle dans les civilisations précolombiennes, jusqu'à son arrivée en Europe par le biais des Espagnols, et son succès dans les cours royales au XVIIe s, pour devenir une boisson populaire à partir du XIXe s. Ce qui représente 2 600 ans d'histoire, tout de même ! L'aspect économique de la production du cacao n'est pas non plus oublié.

Au fil des salles, belle collection de chocolatières et surtout quelques splendides spécimens d'art précolombien. On y trouve aussi un ensemble de moules et de râpes de toutes formes. Enfin – à tout seigneur, tout honneur –, le dernier étage est consacré au chocolat belge et à ses spécificités, rendant ainsi hommage à Neuhaus, l'inventeur de la praline en 1912. Les spécialistes apprécieront la collection de boîtes à l'effigie de la famille royale. Quant aux plus raisonnables, ils s'attarderont sur les panneaux qui expliquent les effets du chocolat sur la santé.

Et, pour finir la visite, après la salle des sculptures (en chocolat bien sûr !), démonstration de la fabrication des différents types de chocolat, histoire de vous mettre l'eau à la bouche avant de sortir par la boutique. Un joli petit musée succulent à parcourir, avec des vitrines et des panneaux explicatifs concis et bien faits, qui fera saliver les amateurs mais intéressera aussi tous les gourmands.

🦐 *Lumina Domestica (musée de l'Éclairage) (plan couleur II, B1, 151) : Wijnzakstraat, 2 (Sint-Jansplein).* ☎ *050-61-22-37.* ● *luminadomestica.be* ● *Tlj 10h-17h. Fermé 1er janv, 7-18 janv, 24, 25 et 31 déc. Entrée : 6 € ; réduc. Billet groupé avec Choco-Story 11 €.* Pour les lecteurs intéressés par l'histoire de l'éclairage artificiel à travers les âges (y a de la matière, ça remonte à 400 000 ans), un musée passionnant regroupant les collections du patron de *Choco-Story,* qui n'a rien d'un illuminé, sa réussite le prouve. De la torche à l'ampoule électrique (plus de 6 000 pièces anciennes), en passant par les lampes à huile égyptiennes et romaines, les lampes à pétrole et à gaz... En prime, vous saurez tout sur le ver luisant et le poisson-lanterne !

🦐🦐 *Friet Museum (musée de la Frite ; plan couleur II, B1, 152) : Vlamingstraat, 33.* ☎ *050-34-01-50.* ● *info@frietmuseum.be* ● *frietmuseum.be* ● *Tlj 10h-17h. Fermé 1er janv, 5-16 janv, 24, 25 et 31 déc. Entrée : 6 € ; réduc.* Étonnant, le premier musée au monde consacré à la frite, même si on aurait rêvé d'un lieu plus aéré, plus fou, pour ce voyage au pays de la frite. Nouvelle création du patron de *Choco-Story,* installée derrière une façade magnifique des XIVe-XVe s (l'édifice original abritait la représentation commerciale de Gênes). Ce musée de la Frite aurait dû se compléter d'ailleurs de « et de la Pomme de terre » ! Riche histoire qui commence au Pérou et qui livre son pesant d'anecdotes et infos insolites. Vous apprendrez comment le tubercule arriva en Belgique en 1567 via les Canaries, et comment il contribua à supprimer la terrible maladie de l'ergot de seigle (fléau des paysans). Édition originale du livre écrit par Parmentier et édité en 1789. Émouvante séquence sur la Grande Famine qui frappa l'Irlande en 1845 lorsque toutes les cultures de pomme de terre furent anéanties par le *phytophthora infestans,* un genre de mildiou (entre les morts et l'émigration, le pays tomba de huit à quatre millions d'habitants). Bien sûr, séquences sur ses cousines : les maniocs, patates douces et autre topinambours...

Pour qui voudrait tout savoir sur *la frite, sa culture,* explications sur sa naissance dans la vallée de la Meuse, ses premiers bains à 170 °C dans la graisse de bœuf et de cheval. Premiers appareils à faire les frites, pittoresques vieux modèles, friteuses de toutes tailles... On apprend comment la Belgique devint la terre d'élection de la frite, sur fond de photos de baraques à frites, livres, affiches, documents divers.

C'est dans la cave médiévale voûtée, faute de jardin, qu'on dégustera des frites délicieuses, fondantes et cependant bien craquantes à l'extérieur...

🎋 **Huis ter Beurze** *(maison Van der Beurse ; plan couleur II, B1, 148)* **:** *à l'angle de la Grauwwerkersstraat.*

🎋 **Bladelin Hof** *(ancien hôtel Bladelin ; plan couleur II, B1, 149)* **:** *Naaldenstraat, 19. Tlj sf dim ap-m 10h-12h, 14h-17h. Si c'est fermé, il suffit de sonner ! Entrée gratuite.* Il se distingue par sa tourelle décorative. Il eut des occupants célèbres : Bladelin, trésorier de la Toison d'or, Laurent de Médicis (buste dans une niche), Tomasso Portinari et le malheureux Lamoraal d'Egmont (raccourci par le duc d'Albe). On peut visiter la cour.

BOURSE STORY

Le terme de « bourse » apparaît au début du XIVe s. Une place de Bruges, qui porte le nom d'un aubergiste, Van der Beurse, est le lieu d'échange pour les marchands. Rapidement, on disait aller à la Beurse, chaque fois qu'on réglait le volet financier d'une affaire. En 1309, le phénomène s'institutionnalise par la création de la Bourse de Bruges.

➤ En poursuivant par la même rue et en empruntant la petite Boterhuis, on aperçoit l'arrière de l'église Saint-Jacques.

🎋 **Sint Jacobskerk** *(église Saint-Jacques ; plan couleur II, A2, 150)* **:** *tlj en saison slt, 10h-12h, 14h-17h (ou alors à l'occasion de la messe, sam à 14h30).* Églisehalle à trois nefs, elle fut embellie par les dons des ducs de Bourgogne, proches résidents. Les iconoclastes ne laissèrent pas grand-chose des trésors qui la meublaient. Il reste tout de même quelques miettes remarquables : le jubé, des peintures de Blondeel et de Van Oost et, surtout, un retable attribué à un anonyme brugeois, le Maître de la légende de sainte Lucie, qui peignit *La Légende de sainte Lucie de Syracuse.* La ville de Bruges y est représentée à l'arrière-plan.

➤ L'itinéraire se termine par un retour vers le Markt par la Sint Jacobsstraat. Il reste des quantités de petits coins à explorer mais là, on vous laisse le plaisir de la découverte.

Balade en bateau

🎋🎋🎋 Cinq embarcadères différents mais tous situés en plein centre, à un jet de pierre les uns des autres. *Même itinéraire de 30 mn pour ts les bateaux. Pas d'horaires fixes : on attend que le bateau soit plein pour partir. En saison (de mars à mi-nov), ils circulent en principe tlj 10h-18h ; hors saison, w-e et vac scol slt. Arrêt complet de la navigation janv-fév. Prix : 6,90 € ; ½ tarif pour les enfants. En cas d'averse, on vous prête un parapluie.* Un complément sympa à votre promenade pédestre. S'il ne faut rien en attendre du point de vue du commentaire (inepte, bavard et débité en quatre ou cinq langues à la fois), le parcours offre des points de vue légèrement différents de ce qu'on voit en marchant.

Manifestations

– **Procession du Saint-Sang :** *ts les ans, le jeudi de l'Ascension (le 9 mai en 2013).* On en trouve la trace depuis 1291. Bruges sort ses plus beaux atours pour célébrer la tradition de la procession du Saint-Sang. Cette fête à caractère essentiellement religieux draine des dizaines de milliers de spectateurs, qui s'installent des heures à l'avance pour se trouver aux lieux de passage stratégiques du cortège. Le défilé présente des tableaux vivants de l'Ancien et du Nouveau Testaments. Suit alors un cortège de marchands et de métiers du Moyen Âge, qui précèdent Thierry d'Alsace et sa suite rapportant la précieuse fiole du Saint-Sang de Jérusalem. La mise en scène n'a rien d'un carnaval et une certaine dramaturgie naïve n'est pas sans rappeler les « mystères » moyenâgeux. Et lorsque la véritable relique passe, portée par l'évêque et sa suite, l'assistance se lève et se signe dans un recueillement impressionnant. On entend voler les mouches. C'est aussi cela la Flandre.

– **Zandfeesten :** *puces de luxe sur le Zand. Juil-sept.*

– **Cactus Festival :** *le 2e w-e de juil.* ● *cactusmusic.be* ● Festival de musique en plein air (rock, reggae...).

– **Fête des Canaux :** *ts les 3 ans en août. Prochaine édition en 2013.* Plus folklotouristique, cette fête se passe en nocturne à grand renfort de costumes chatoyants, de danses et d'effets sonores et lumineux le long des canaux.

– **Fastes de l'Arbre d'or :** *ts les 5 ans fin août. Deux dimanches consécutifs. Prochaine édition en 2017.* Dans le même registre, ceux-ci reconstituent le mariage de Charles le Téméraire et de Marguerite d'York. Quelque 90 groupes participent au spectacle qui est, par son ampleur, la reconstitution la plus brillante du calendrier brugeois.

DANS LES ENVIRONS DE BRUGES

JABBEKE (8490)

🎭 **Le musée provincial Constant Permeke :** *Gistelsesteenweg, 341.* ☎ *050-81-12-88. À 15 km à l'ouest de Bruges. Tlj sf lun 10h-12h30, 13h30-18h (17h30 en hiver). Entrée : 4 €.*

Permeke a habité cette grosse maison des « Quatre-Vents » de 1930 à sa mort en 1952. Quelque 150 œuvres y sont exposées, dont la quasi-intégralité de ses sculptures.

Membre actif de la première école de Laethem-Saint-Martin, Permeke participe à la guerre de 1914-1918, est blessé et soigné en Angleterre. C'est là qu'il réalise ses premières compositions inspirées du monde agricole et animées de personnages façonnés dans la glaise. Revenu à l'Ostende de son enfance, il traite le milieu des pêcheurs et peint inlassablement la mer et ses aspects changeants. Installé dans sa maison de Jabbeke, il s'adonne à la sculpture monumentale. La Bretagne lui inspire un retour aux paysages. Une rétrospective a lieu à Anvers un an avant sa mort, où il se voit consacré comme le peintre belge le plus important de l'entre-deux-guerres.

Ce qui différencie Permeke de l'école expressionniste allemande, c'est l'exploitation systématique de la matière. La couleur est appliquée sur la toile en couches superposées qui rappellent les dépôts argileux des berges des fleuves. Le brun et le vert dominent, le minéral et le végétal fossilisé s'interpénètrent dans un univers au tellurisme instinctif. À ceux qui faisaient de longues exégèses de son œuvre, Permeke répondait par un rire gras et sonore, en affirmant que son art était simplement flamand et paysan. De fait, l'émergence de cette école a coïncidé avec celle du Mouvement flamand, ancré dans les valeurs liées au sol.

Les œuvres sont disposées agréablement dans cette grosse villa, sans fioritures. Ses tableaux les plus connus sont ici : *L'Adieu, Le Semeur, Famille*... Mais aussi une très belle série de dessins de nus qui peuvent rappeler Modigliani en plus lourd. Dans l'atelier de sculpture, des nus gisants et un « autobuste » en bois qu'on pourrait croire issu de la statuaire africaine. Quelques sculptures sont disséminées dans le jardin.

DAMME (8430) 11 000 hab.

L'ancien avant-port de Bruges est une ville miniature qu'il ne faut pas rater si vous avez un peu de temps après votre marathon brugeois. C'est à Damme que la légende d'Ulenspiegel (Thyl l'Espiègle) a vu le jour. C'est aussi un excellent point de départ pour randonner à vélo dans les polders, « là où un canal s'est perdu », comme le chantait le grand Jacques. Enfin, un peu à l'instar de Redu (dans les Ardennes), Damme est devenu un village du livre en 1997 et accueille, outre une dizaine de bouquinistes permanents, un marché aux livres le deuxième dimanche de chaque mois.

UN PEU D'HISTOIRE

Damme vient de *dam* (digue), comme dans « Amsterdam ». Vous voyez, c'est facile le flamand ! Après la fameuse tempête de 1134 qui crée le Zwin, des Frisons (des spécialistes, déjà) viennent endiguer la région et sécher les polders. Une jetée d'accostage est construite sur le Zwin. À son extrémité, un village de pêcheurs : Damme. Un canal le relie alors à Bruges. Rapidement, la petite cité obtient des droits de monopole : le vin de Bordeaux et le hareng de Suède. Début du boom de la construction, avec l'église Notre-Dame, les halles et l'hôpital Saint-Jean. Philippe Auguste incendie la ville. On reconstruit mais, dès la fin du XIIe s, l'ensablement du Zwin menace. Damme reste pour Bruges un relais de première nécessité. En 1468, c'est à Damme que Charles le Téméraire épouse Marguerite d'York. Ensuite, même destinée que sa voisine avec la décadence et les guerres de Religion. Au XVIIe s, les remparts médiévaux sont remplacés par des fortifications à la Vauban. Damme est alors un avant-poste dans la guerre contre les Pays-Bas. Napoléon fait creuser un canal vers l'estuaire de l'Escaut, sans tenir compte de l'urbanisation. Résultat, la ville est amputée de moitié. Et, en 1944, de terribles combats ont lieu à proximité.

Arriver – Quitter

➤ **À pied, en voiture ou à vélo :** il n'y a que 5 km à parcourir de Bruges, c'est dire si on a le choix du moyen de transport. De plus, c'est enfantin à trouver : du Dampoort, au nord de la ville, prendre le long du Damsevaart (le canal) et

c'est tout droit.

➤ **En bateau :** départ du Noorweegsekaai *(hors plan couleur I de Bruges par B1)*. Le *Lamme Goedzak,* petit bateau touristique à aubes, navigue d'avr à mi-oct 5 fois/j. Le voyage prend 35 mn et le départ a lieu à l'entrée du canal (à gauche) ttes les 2h, 10h-18h. Vous pouvez le prendre à l'aller ou au retour ou bien les deux. A/R : 8,50 €, trajet simple 7 € ; réduc.

➢ *En bus :* début avr-début oct, possibilité de prendre le n° 43 depuis la gare ou le Markt (6 liaisons/j.).

Adresses utiles

🛈 *Office de tourisme :* Jacob Van Maerlandtstraat, 3. ☎ 050-28-86-10. ● toerismedamme.be ● Sur la place principale. De mi-avr à mi-oct, lun-ven 9h-12h, 13h-18h ; w-e 10h-12h et 14h-18h. Le reste de l'année, lun-ven 9h-12h, 13h-17h ; w-e et j. fériés 14h-17h. Le bâtiment *Het Huyse de Grote Sterre* abrite un musée sur Thyl l'Espiègle (voir rubrique « Personnages » dans « Hommes, culture et environnement ») mais, à moins de bien comprendre le flamand, celui-ci vous laissera plutôt perplexe, la brochure en français proposée à l'accueil n'aidant guère à s'y retrouver. Possibilité de louer des vélos.

■ *Location de vélos : Tijl et Nele,* J. Van Maerlantstraat, 2. ☎ 050-35-71-92. Tlj sf ven 9h30-18h30. Compter 10 €/j. et 2,50 €/h. Demandez le parcours fléché de la *« Riante Polder-route ».*

Où dormir ?

Camping

⚕ *Camping Hoeke :* Damse Vaart Oost, 10, à *Hoeke* à 12 km de Bruges et 7 km de la mer. ☎ 050-50-04-96. Le long du canal, entre Damme et Sluis, dans la verdure. Ouv de mars à mi-nov. Compter env 15 € pour 2 avec tente et voiture. Le calme ! Sauf en haute saison où l'on a tendance à entasser les campeurs.

De prix moyens à chic

🏠 I●I *Hôtel De Speye :* Damse Vaart Zuid, 5-6. ☎ 050-54-85-42. ● info@hoteldespeye.be ● hoteldespeye.be ● À l'entrée de Damme sur la route venant de Bruges, face au moulin.

Juste à côté de l'embarcadère pour Bruges, ce qui est bien pratique. Doubles 80-90 €. 📶 Parking payant et loc de vélos. Dans une jolie maison blanche restaurée avec soin, 5 grandes chambres spacieuses, standard et parfaitement tenues. Parking privé sur demande. Vélos à louer. Au resto, menus à partir de 24 €. En vedette, anguilles et côte à l'os.

🏠 *De Stamper :* Zuiddijk, 12. ☎ 050-50-01-97. En pleine campagne à env 2 km de Damme. Depuis Damme, traverser la place, passer devant l'église, puis tourner à gauche vers Lapscheure ; prendre la 1re petite route à droite (Zuiddijk) et rouler env 1 km pour trouver un portail blanc sur votre droite. Chambre 90 €, petit déj compris, prix dégressifs. Supplément de 10 € pour 1 seule nuit. Possibilité de table d'hôtes (slt le soir), 33 €/pers (sans la boisson). Apéritif offert sur présentation de ce guide. 📶 Dans une belle ferme du XVIIe s, toujours en activité, Marc Nyssen a aménagé avec beaucoup de goût 5 chambres rustiques avec tomettes anciennes au sol et poutres apparentes. Beau mobilier traditionnel et une attention toute particulière à ne pas dénaturer le lieu. On est à la campagne flamande, pas dans *La Ferme Célébrités* ! Également, dans un petit bâtiment annexe, un studio avec 2 lits clos avec des rideaux, une kitchenette et une salle de douche. L'ensemble tout en pin ressemble à une maison de poupée mais, attention, l'escalier pour y accéder est très raide.

🏠 *B&B Hoeve de Steenoven :* Damse Vaart Zuid, 24. ☎ 050-50-13-62. 📱 0474-27-25-80. ● info@hoevedesteenoven.be ● hoevedesteenoven.be ● À 1,5 km de Damme, tt droit en longeant le canal. Doubles 55-70 €, petit déj inclus. 10 € de plus en cas de résa pour 1 seule nuit. 📶 Café offert sur présentation de ce guide. Entre canaux et champs, Geert et Ingrid proposent 3 chambres d'hôtes installées dans un ancien corps de ferme. Même déco mi-rustique, mi-contemporaine, mais aménagements différents : la *cosy* possède un lit en alcôve, la *family* dispose de lits superposés pour les enfants. Salle de petit déj et salle de billard donnent sur la cour de la ferme. Location de vélos pour de superbes balades en perspective.

Où manger ?

Côté restos, l'embarras du choix mais aussi du portefeuille. On est en plein dans la zone des excursions gastronomiques du dimanche, chères aux familles flamandes. À l'addition, c'est le coup d'arbalète !

I●I Tante Marie : *Kerkstraat, 38.* ☎ *050-35-45-03.* ● *info@tantemarie. be* ● *Dans la rue principale. Tlj sf ven 10h-19h. Fermé 10 j. en mars et 2 sem en déc. Formules 16-25 € (avec coupe de champagne !), menu 32 €, plats chauds 13-19 €.* Salle spacieuse, au décor clair, avec une partie salon de thé et un comptoir où reposent de succulentes pâtisseries (un peu chères néanmoins) et le café. Côté resto, la maison fait dans les pâtes, salades et quiches, croquettes de crevettes. On adore la formule dégustation de 3 plats au choix façon tapas. Idéal pour le déjeuner, d'autant que c'est franchement bon. Service attentionné.

I●I Bistro Soetkin : *Kerkstraat, 1.* ☎ *050-37-29-47. Tlj sf mer (et jeu en hiver). Snacks 7-13 €, plats 13-21 €.* Le long du canal, près de l'embarcadère. Salle type bistrot, mais surtout grande terrasse idéale en été pour un repas rapide : salades, steaks, anguilles, scampi...

I●I Restaurant Den Heerd : *Jacob Van Maerlandtstraat, 7-9.* ☎ *050-35-44-00.* ● *info@denheerd.be* ● *Près de l'office de tourisme. Tlj sf mer-jeu. Plats à partir de 24 € ; menu 19,50 € le midi sf dim, 34,50 € le soir (avec apéro, vin et café). CB refusées.* Nos lecteurs qui ont envie de faire une halte plus sophistiquée à Damme iront s'installer dans cet élégant resto pour déguster une cuisine tournée vers la mer. Également spécialité de côte à l'os. Préférer la salle donnant sur la rue. Carte en français.

À voir

🎥🎥 Le meilleur moyen de se rendre compte visuellement de ce que Damme a pu être par le passé est de grimper en haut de la **tour de l'église** *(1 € ; ascension slt en saison)* et, à 43 m d'altitude, d'embrasser le paysage alentour. On distingue nettement le tracé des anciennes fortifications, à l'intérieur desquelles toute une ville se serrait. Il n'en reste pas le quart. Et pourtant, ce qui subsiste ne trompe pas. Damme a connu des temps meilleurs mais il y règne un climat un peu aristo (très *gentleman farmer*), comme si ses vieilles pierres n'en finissaient pas de se remémorer la gloire d'antan.

– Au pied de l'église, un **cimetière** où les saules taillés en candélabres répondent aux pierres de la nef en ruine.

🎥 **Stadhuis** *(hôtel de ville) : ne se visite pas, sf quand il y a des expos.* Datant de 1464, coiffé d'un immense toit, il offre un bel exemple du gothique tardif : dans les niches, entre les fenêtres, les comtes de Flandre continuent à monter la garde du passé. À l'angle sud, deux pierres de justice : on les pendait au cou des femmes médisantes, qui étaient forcées de trimbaler ce lourd collier jusqu'à l'église pour se confesser. L'horloge, quant à elle, est d'origine.

🎥 **La statue** sur la place est celle d'un Flamand important : **Jacob Van Maerlant** (XIIIe s), appelé le « père de la poésie néerlandaise ». Ce fut surtout un moraliste que les écoliers flamands sont obligés de se farcir, parce qu'il fut l'un des premiers à utiliser la langue populaire, le *diets*. Sa pierre tombale est dans l'église. On la prend à tort pour celle de Thyl l'Espiègle, qui est un personnage de fiction. Une farce digne de son esprit frondeur serait à l'origine de la confusion.

🎥 **Sint Janshospitaal** *(hôpital Saint-Jean) : Kerkstraat, 33.* ☎ *050-46-10-80.* ● *ocmw-damme.be/museum-st-jan* ● *Pâques-fin sept, tlj sf lun et ven mat 11h-12h, 14h-18h. Entrée : 1,50 € ; réduc.* Fondé par Marguerite de Constantinople au XIIIe s, il tenait ses revenus de la « jauge des vins ». Le père jaugeur mesurait la

capacité des tonneaux de vin de bordeaux, importés à Damme. Nul doute que la fonction était très convoitée.
– Un petit **musée** présente un ensemble d'objets religieux, de meubles, de pierres tombales et un *Christ* de Duquesnoy.

Manifestation

– **Marché aux livres :** *le 2ᵉ dim de chaque mois.*

OSTENDE (OOSTENDE) (8400) 69 000 hab.

La « reine des plages » de la Belle Époque a perdu beaucoup de son lustre. Elle ressemble davantage aujourd'hui à une vieille dame anglaise un peu fripée, surtout en basse saison. Le rêve de Léopold II d'en faire le centre d'un littoral à l'urbanisation cohérente et harmonieuse s'est bel et bien effiloché au fil des décennies sous l'appétit des promoteurs et l'absence de scrupules des responsables politiques. Il faut dire aussi que l'ouverture du tunnel sous la Manche, privant les Ostendais du flux maritime des *British* qui avaient l'habitude d'y faire escale, n'a pas aidé la ville à trouver un nouveau souffle. On notera tout de même qu'Ostende reste la ville la plus animée de la côte belge, en particulier les soirs de fin de semaine, le long de *Langestraat.* Pour conclure sur une autre note positive, on précisera aussi que les amateurs d'art y trouveront un excellent musée nouvellement refait, et que les inconditionnels des produits de la mer se délecteront du contenu des petites barquettes vendues dans les échoppes qui, en saison, se succèdent le long du port. Mais il faut bien chercher car, de plus en plus, on remplace les crevettes et les langoustes par du surimi. Ostende est la ville natale du chanteur Arno (mais il vit à Bruxelles).

UN PEU D'HISTOIRE

Au début du XVIIᵉ s, Ostende s'est ralliée à la cause des Réformés : son port est utilisé par les « gueux de mer » hollandais, ce que ne peut admettre le commandement espagnol. Pendant 3 ans son siège en fait le centre du monde : l'Empire espagnol et l'Europe catholique y affrontent les Pays-Bas du Nord et l'Europe protestante en un véritable conflit international, où 55 000 Espagnols, Italiens, Français, Anglais, Hollandais, Italiens, Wallons, Flamands perdent la vie dans les fossés et tranchées entourant la ville ruinée.

Le champ de bataille autour d'Ostende devient un centre d'expérimentation militaire où toutes sortes de nouvelles techniques sont testées. Les conséquences pour la population locale sont désastreuses. Le général Spinola en vient à bout en 1604 après avoir affamé les assiégés. Pour se faire pardonner, les Espagnols mettent sur pied une « compagnie d'Ostende » qui établit des comptoirs en Inde et sur les côtes africaines. Expérience qui ne dure que 60 ans.

LA CHEMISE DE L'ARCHIDUCHESSE

En 1601, l'archiduchesse Isabelle, fille de Philippe II, dresse le siège devant la ville et fait le serment de ne pas changer de chemise tant que la ville ne sera pas prise. Le siège dure 3 ans. Depuis, le terme de « couleur Isabelle » signifie une teinte plutôt... incertaine.

Après Waterloo en 1815, les Anglais se piquent de plaisirs balnéaires et installent les premières cabines de plage. *The Queen Victoria herself* vient même y faire trempette en 1834. On découvre une nappe aquifère aux propriétés thérapeutiques.

Le chemin de fer depuis Bruxelles, la liaison quotidienne avec l'Angleterre et l'engouement de la bourgeoisie aisée pour les casinos et les champs de course assurent à Ostende une réputation internationale, semblable à celle de Deauville ou de Monte-Carlo. Léopold II, roi bâtisseur, ne s'y trompe pas et œuvre pour donner un cachet prestigieux au front de mer. À l'arrière de la digue aujourd'hui défigurée, on trouve encore pas mal de ces maisons 1900, mélange de style Art nouveau et balnéaire.

La guerre de 1914-1918 apporte son lot de destructions et la période 1940-1945 voit les Allemands raser le vieux casino 1900 pour installer une batterie côtière. Les dunes sont hérissées de bunkers de béton. Le goût pour les casemates était pris...

Arriver – Quitter

➤ **En voiture :** à l'extrémité de l'E 40, à 115 km de Bruxelles.

➤ **En train :** au bout de la ligne Cologne-Bruxelles. 1 train/h depuis et vers Bruxelles. Désormais desservi 1 fois/j. (2 fois le dim) par le *Thalys* depuis Paris en 2h45.

➤ **En tramway :** Ostende se situe au milieu des 69 km de la ligne du tram qui longe la côte. Circule de 5h-6h à 23h-minuit ; fréquence ttes les 10 mn en été (20 mn en hiver). Il n'en coûte que 5 € pour une carte de 1 j. Pour un trajet court (1 à 2 zones), compter 1,20 €. Tickets vendus dans les librairies, gares, supermarchés, etc. On peut aussi les acheter directement à bord, mais ils sont plus chers. Pour demander l'arrêt, sonnez. Horaires et tarifs sur ● delijn.be ● dekusttram.be ●

➤ **En bateau :** en juil-août, 1 liaison/j. avec Nieuwpoort avec la compagnie *Seastar*. Durée : 1h30. ● seastar.be ●

Où se garer ?

Toutes les rues du centre sont payantes *(tlj 9h-19h),* mais restent moins chères que les parkings. En revanche, on ne peut s'y garer que pendant 2h ou 4h, ça dépend des rues (celles des abords du front de mer et du parc Léopold – *plan A-B2* – permettent de se garer 4h). Si vous êtes là pour la journée, on vous conseille plutôt d'utiliser l'un des deux grands parkings **gratuits** situés en bordure du Maria-Hendrikapark *(plan B-C3),* à 10 mn à pied du centre. Cerise sur le gâteau, on peut même y emprunter gratuitement des vélos pour la journée (au Rand parking Maria-Hendrikapark) ! Autre solution : se garer, gratuitement là encore, près du fort Napoléon et gagner le centre-ville avec la navette maritime *Blue Link* (voir ci-dessous).

Adresses utiles

🏠 **In&Uit** *(office de tourisme ; plan B1) :* Monacoplein, 2. ☎ 059-70-11-99. ● visitoostende.be ● Juin-août, tlj 9h (10h dim)-19h ; le reste de l'année, 10h-18h. Brochure gratuite avec plan de la ville. Vous pouvez demander le dépliant *Trajets à vélo et à pied à travers et autour d'Ostende,* gratuit lui aussi.

✉ **Poste** *(plan B2) :* Van Iseghemlaan, 52. Lun-ven 9h-18h ; sam 9h-12h30.

🚉 **Gare NMBS** *(plan C3) :* Natiënkaai, 2. ☎ 02-528-28-28 (n° national). ● b-rail.be ● À côté du port. Service de loc de vélos (à gauche des guichets) tlj 8h-20h. Env 10 €/j.

🚏 **Station de trams et bus De Lijn** *(plan C3) :* Brandariskaai. ☎ 070-220-200. À 100 m de la gare ferroviaire. Également sur Marie-Josée Plein.

⬛ **Blue Link** *(plan C2) :* embarcadère à côté de l'aquarium. Navette qui fonctionne tlj 6h30-21h en saison, 7h45-18h15 en hiver. Billet gratuit. Une jolie chaloupe de sauvetage en mer permet, entre autres, de gagner le fort Napoléon en évitant de contourner la ville. On peut y embarquer les vélos.

OSTENDE

Où dormir ?

Avec plus de 4 000 lits disponibles, vous n'aurez, en principe, aucun problème pour trouver où vous loger. En cas de difficultés néanmoins (les week-ends des vacances d'été sont très chargés), adressez-vous à l'office de tourisme, ils tâcheront (sans commission) de vous dégoter quelque chose.
À savoir aussi : beaucoup d'hôtels pratiquent des tarifs haute et basse saison, la haute saison correspondant grosso modo aux week-ends et aux vacances scolaires.

Très bon marché

🛏 *De Ploate Jeugdherberg* (plan C1, 1) : Langestraat, 82. ☎ 059-80-52-97. ● oostende@vjh.be ● vjh.be ● *Fermé fin déc-début fév. Nuitées à partir de 18,60 € (20,80 € si plus de 26 ans), petit déj inclus.* 📶 🖥 *Au total, 124 lits dans 21 chambres de 3 à 8 lits. Surtout fréquentée par les groupes, pas de chambres pour couples. Moderne, confortable et en plein centre. Bar, salle TV et salle de lecture. Pas de cuisine pour les hôtes mais on peut y prendre ses repas midi et soir sur commande préalable. Local pour les vélos.*

Prix modérés

🛏 *Hôtel Cardiff* (plan B2, 2) : St.-Sebastiaanstraat, 4. ☎ 059-70-28-98. *Fermé mar en basse saison et de mi-nov à mi-déc. En hte saison, doubles avec ou sans sdb 73,50-80,50 €, petit déj inclus. Un poil plus cher pdt les vac scol et grands w-e.* Petit hôtel familial à la déco ultra-classique mais chaleureuse, tenu depuis près de 40 ans par le même couple de proprios. Propose 16 chambres, dont 6 se partagent une salle de bains... payante (2 € par personne). Resto attenant, décoré d'une fresque de Madou (peintre belge du XIXᵉ s).

De prix moyens à un peu plus chic

🛏 *Hôtel Albert II* (plan B1, 3) : Vlaanderenstraat, 42. ☎ 059-80-80-00. ● info@hotelalbert2.be ● hotelalbert2.be ● *Compter 66-110 € pour 2 selon confort et saison, petit déj copieux inclus.* Les chambres les plus chères sont impec', avec lits douillets, TV à écran plat, baignoire et bouilloire. Les « standard » (moins chères) sont plus petites, surtout les salles de bains, vraiment riquiquis. Mais elles doivent être peu à peu rénovées pour offrir le même confort que les autres. Également des chambres pour 4, voire 6 personnes. Peu de charme, mais un bon choix dans cette catégorie, d'autant que l'accueil est bien sympa.

🛏 *Ostend Hotel* (plan C1, 4) : Londenstraat, 6. ☎ 059-70-46-25. ● info@hotelostend.be ● hotelostend.be ● *Doubles standard 82-96 € selon saison, petit déj inclus. Familiales pour 4 pers 104-114 €. Promos en basse saison. Parking payant.* 📶 *(gratuit dans le lobby).* Construction moderne sans cachet. Vaste *lobby* décoré d'œuvres conceptuelles. Les étages se partagent 110 gentilles chambres au confort standard, avec lits bleus et boiseries claires. Banal, mais sans bavure.

🛏 *Hôtel Bero* (plan C1, 5) : Hofstraat, 1 A. ☎ 059-70-23-35. ● info@hotelbero.be ● hotelbero.be ● *Doubles 140-190 € selon confort, petit déj compris. Parking payant.* 🖥 📶 *Réduc de 10 % sur le prix de la chambre accordée à nos lecteurs.* Établissement de la chaîne *Tulip Inn* offrant d'excellentes prestations à des tarifs encore abordables. Les chambres standard sont équipées d'un purificateur d'air (et de TV et salle de bains bien sûr). Literie récente. Il existe même une gamme de chambres « écolo » avec, entre autres, l'éclairage aux leds et du triple vitrage. Agréable piscine couverte en accès libre, tout comme le sauna, le bain turc et la salle de fitness. Solarium et terrain de squash payants. Vélos à louer. L'hôtel, tenu par la même famille depuis près d'un siècle, possède aussi un bar à whiskies... élu 2ᵉ meilleur du Benelux en 2009 par une association de connaisseurs.

Où manger ?

Comme ailleurs sur la côte, manger revient plutôt cher à Ostende. Le resto

OSTENDE

0   100   200 m

NORD

MER DU NORD

Plage

Albert I Promenade

Plage

Galeries Royales

Casino

Vlaanderenstraat
Iseghem laan
33
20 21
Langestraat
32

Albert I Promenade
13

Hippodrome

Koningstraat

A. Buylstr.

St. Sebastiaanstr.

WAPEN PL.

3

22

LÉOPOLD I PL.

K. Janssenslaan

Leopold II

Hendrik Serruyslaan

Witte Nonnenstr.

Christinastr.

GROENTEN-MARKT

Kaaistr.

14

Ooststr.

Sint-Paulusstr.

NIEWPOORT, DE PANNE

Torhoutse steenweg

Rogierlaan

Léopoldspark

laan

Jozef II

E. Beernaerstraat

E. Beernaertstr.

Saints-Pierre-et-Paul straat

Alfons

Pierterslaan

Kappellenstraat

31

Romestraat

Ieperstraat

Hôtel de ville

Vindictive laan

34

Kaïrostraat

Leopold III laan

Koninginnelaan

Ed. Gavellstr.

Spoorwegstraat

Verenigda Natieslaan

Mercatorlaan

Lijndraaïersstr.

Graaf De Smet De Naeyerlaan

Leffingestraat

■ Adresses utiles

ℹ In & Uit
🚃 Station de trams et bus De Lijn
🚤 Embarcadère Blue Link

🏠 Où dormir ?

1 De Ploate Jeugdherberg
2 Hôtel Cardiff
3 Hôtel Albert II
4 Ostend Hotel
5 Hôtel Bero

🍴 Où manger ?

10 Stad Kortrijk
11 L'Enfant Terrible
12 Taverne Den Artiest
13 Toi, Moi et la Mer
14 DiVino Wijnbistro

🍷 Où boire un verre ?

12 Taverne Den Artiest
20 Cafe Botteltje
21 De Zeegeuzen

🍷🎵 Où sortir ?

22 Tao Bar

🎨 À voir

31 Mu.ZEE
32 Musée d'Histoire locale « De Plate »
33 James Ensorhuis
34 Navire « Le Mercator »
35 Navire « 0.129 Amandine »
36 Port et marché aux poissons

OSTENDE

OSTENDE (OOSTENDE)

« type » propose une cuisine assez, non, *très* bourgeoise (en sauce) dans un décor genre faux chic tapageur, avec des plats compris entre 12 et 30 € (plutôt à partir de 15-20 € pour le poisson). Si c'est sur la digue que vous avez décidé de vous asseoir, attendez-vous à payer pour le coucher du soleil. Parfois cependant, vous trouverez à la carte des salades et des pâtes, ce qui permet de manger non seulement moins cher mais aussi plus léger. Ouf ! Surtout si on passe plusieurs jours à Ostende... Et puis voici quand même quelques bons petits restos.

Prix moyens

|●| **Stad Kortrijk** (plan C1, **10**) : Langestraat, 119. ☎ 059-70-71-89. Tlj midi et soir. Plats 9-15 € (moules plus chères). Petit resto bien conservé dans son jus, où l'on s'entasse midi et soir pour s'envoyer vite fait une plie-frites, un rumsteak, une tomate-crevettes ou un plat de moules. Cuisine simple mais soignée, à base de produits frais et, surtout, à prix modérés. Également des omelettes, pratique si l'on n'a pas trop faim. La salle est à l'image du reste : simple, avec cloisons en bois et fourneaux bien en vue. Attention, il y a parfois tellement de monde qu'il faut (après avoir fait la queue) mettre le couvert soi-même !

|●| **L'Enfant Terrible** (plan C2, **11**) : Nieuwstraat, 16. ☎ 059-51-33-86. À l'entrée de la rue, côté port. Tlj sf mer. Menus (servis midi et soir) 15-25 €. Digestif offert sur présentation du guide. Décor coquet rehaussé de fausses plantes. Spécialités de moules (de Zélande), de croquettes de crevettes, de soupe de poisson (en entrée), sans oublier le *mixed grill* de viande ou de poisson. C'est simple, savoureux, et on n'y laisse pas son porte-monnaie. Bon accueil mais service parfois un peu long.

|●| **DiVino Wijnbistro** (plan B2, **14**) : Wittenonnenstraat, 2. 🖷 0473-87-12-97. ● nathalie@wijnbistrodivino.be ● Tlj midi et soir (sf lun-mar en période scol). Menu lunch 10,50 €, le soir 26,50 € ; plats 8,50-18 €. Un peu de Sud dans l'assiette, ça change de la cuisine

roborative ! Ce resto d'influence italo-française propose des plats riches de maintes saveurs : pâtes maison, poissons gratinés, et de nouvelles suggestions chaque jour. Également des assiettes de fromage. Belle carte des vins du monde entier. La toute petite salle, romantique et intimiste, est idéale pour un dîner en amoureux, à la lueur des chandelles et bercé par une musique douce.

Un peu plus chic

|●| **Taverne Den Artiest** (plan C1, **12**) : Kapucijnenstraat, 13. ☎ 059-80-88-89. ● info@artiest.be ● Tlj 17h-2h. Plats 17-24 €. Ici, déco Art nouveau avec mezzanine à balustrade qui abrite en permanence une expo d'art. Clientèle locale et de touristes, venue se repaître des côtes à l'os, *spare ribs* et autres filets brésiliens qui rôtissent en salle. Parfois figure aussi à la carte le canard au calvados. Quoi qu'il en soit, c'est copieux, bien réalisé, le staff est adorable et l'atmosphère « Années Folles » unique. Voir aussi « Où boire un verre ? ».

|●| **Toi, Moi et la Mer** (plan A1, **13**) : Albert I Promenade, 68. 🖷 0475-128-97-95. ● snowycook@hotmail.com ● Fermé lun soir et mar. Lunch 17 € (sf dim et j. fériés), menus 30-33 €. Digestif offert sur présentation de ce guide. Une bonne adresse sur la digue pour les amateurs de poissons et fruits de mer : croquettes de crevettes, solettes meunière, assortiment de poissons au jus de veau, cabillaud à la moutarde, homard, etc. La bouillabaisse de la mer du Nord, avec Saint-Jacques, langoustines, crevettes grises et divers poissons nous a laissé un excellent souvenir ! On dîne en terrasse ou dans une salle feutrée, assis sur des sièges en cuir rembourrés. Accueil parfois rugeux.

Où boire un verre ?

Un des attraits indéniables d'Ostende, c'est son animation nocturne, et ce malgré une baisse de la fréquentation des jeunes *British* qui, imbibés, mettaient de l'ambiance (euphémisme !) dans les rues de la ville. Ceux-ci, paraît-il, en faisaient d'ailleurs trop (notamment dans les chambres) au goût de certains hôteliers qui, depuis, leur barrent tout simplement l'accès à leurs établissements. Mais bon, cela n'empêche pas Ostende de continuer à vivre... le soir.

🍷 🎵 **Taverne Den Artiest** (plan C1, **12**) : voir plus haut « Où manger ? ». En plus d'être un chouette resto, c'est aussi un endroit sympathique pour vider un godet, et même parfois écouter de la musique car il y a des concerts blues et jazz de temps en temps (agenda sur leur site ● artiest.be ●). Essayez une bière maison ou encore une Hapkin, la bière à la hache !

🍷 **Cafe Botteltje** (plan B1, **20**) : Louisastraat, 19. Tlj 11h30 (16h30 lun)-1h. Vénérable institution locale. Vous y trouverez le plus grand choix de bières et de genièvres de la côte : quelque 300 sortes pour les premières et 50 sortes pour les seconds. À la bonne vôtre ! Quelques plats pas chers aussi. Le tout dans un décor de pub anglais : boiseries de rigueur et vieux objets sur des étagères.

🍷 **De Zeegeuzen** (Auberge des Gueux de Mer ; plan B1, **21**) : Kapucijnenstraat, 38. Tlj sf mar à partir de 17h (18h hors saison) à 4h. Dans plusieurs pièces en enfilade, discussions animées autour des tables en forme de roues. Aux murs, souvenirs de marine et généalogie des familles seigneuriales de Belgique. Commandez donc une zeegeuzen, gueuze (bière bruxelloise) additionnée d'un alcool... secret. Très rafraîchissante ! À côté, le **Spanish Inn,** une des seules maisons rescapées de l'époque espagnole, propose des petits concerts au synthé tous les week-ends dès 21h.

Où sortir ?

Au début de la Langestraat, sur 300 m, succession de bars, karaokés, pita-houses, night shops et disco-clubs. C'est à celui qui produit le plus de décibels ! Dans l'ordre : le **Hemingway** (spécialiste du mojito), le **Copador** (belle sélection de cocktails), le **Lafayette** (soul et funk), le **Twilight** (beach parties en hiver), le **Manuscript** (déco évoquant le sud des États-Unis), le mexicanisant **Desperado** ou encore le **Pepper** se partagent les noctambules.

🍷 🎵 **Tao Bar** (plan B1, **22**) : Langestraat, 24-26. ● info@tao-oostende. be ● Tlj à partir de 14h. C'est le bar qui draine le plus de monde. Le week-end, il peut y avoir jusqu'à 500 personnes ! On danse alors où on peut, au son de la house, du R'n'b ou de la musique électro. Lounge bar le reste du temps, fréquenté par une clientèle assez BC-BG. À côté, un resto de cuisine du monde (fermé lun-mar).

À voir

Bon à savoir : il existe un City Pass donnant accès aux principaux musées et attractions d'Ostende. Intéressant si vous comptez voir plusieurs attractions (sinon, oubliez). Pour ceux qui prévoient de passer plusieurs jours entre La Panne et Knokke, il existe aussi un pass pour toute la côte. Ces différents passes peuvent inclure ou non une carte du tram côtier. On les achète à l'office de tourisme.

👬👬👬 **Mu.ZEE** (plan A2, **31**) : Romestraat, 11. ☎ 059-50-81-18. ● kunstmuseummaanzee.be ● Tlj sf lun 10h-18h. Entrée : 5 € (plus cher en cas de grande expo temporaire) ; réduc. Consacré à l'art belge depuis 1830, il passionnera les amateurs ! Les œuvres changent régulièrement car elles sont exposées par roulement mais, en gros, on découvre des dessins et peintures de **James Ensor, Spillaert,** des classiques du symbolisme et de l'expressionnisme : Servaes, Permeke, Daye, Van den Berghe, De Smet, Tytgat, Brusselmans, Wouters... Sculptures d'Oscar Jespers, compositions dada de Paul Joostens.

Parmi les représentants du mouvement CoBrA, il y a **Alechinsky** et **Dotremont**. Puis du pop art et des mouvements plus récents, avec **Raveel**, **Panamarenko, Broodthaers** et **Fabre.** La principale salle du musée, nouvellement aménagée, abrite des pièces maîtresses comme l'*Autoportrait au chapeau fleuri* de **Ensor,** ou *La Nuque* de **Tuymans.** Place a été faite aussi à Van Anderlecht, digne représentant de la peinture lyrique abstraite, apparentée à la peinture gestuelle (coups de pinceau violents). Sculptures en bois de Vic Gentils, qui utilise des pièces détachées de piano, pieds de table, etc. Enfin, l'art belge actuel s'incarne dans les peintures de **Tuymans** et les œuvres picturales de toute une nouvelle génération de jeunes créateurs.

– Expositions temporaires de grande qualité.

🎭 *Le musée d'Histoire locale « De Plate »* (plan B1, **32**) *:* Langestraat, 69. ☎ 059-51-67-21. ● deplate.be ● *Ouv pdt les vac scol, tlj sf mar 10h-12h, 14h-17h ; le reste de l'année, slt sam (mêmes heures). Entrée : 2 € ; gratuit pour les - de 12 ans.* Dans l'ancienne maison de Marie-Louise, épouse de Léopold Iᵉʳ, le premier roi des Belges. C'est ici aussi qu'elle mourut, en 1850, dans la chambre à l'étage que l'on peut visiter. Mais cette belle demeure abrite avant tout un intéressant musée sur l'histoire de la ville, de l'époque espagnole à aujourd'hui. Quelques pièces et œuvres, comme ça, en vrac : peintures du port d'Ostende au XVIIᵉ s et représentations diverses de la ville à la Belle Époque (on y voit, entre autres, les cabines de plage montées sur roues que les Ostendais louaient aux bourgeois venus se détendre à la côte). Nombreuses maquettes de bateaux également comme celle d'un transporteur de glace norvégien du XIXᵉ s. On a bien aimé aussi la reconstitution d'un vieil estaminet, ou encore celle d'une rue de la ville au début du XXᵉ s, avec « dame en vitrine ». Enfin, tout en haut, salles consacrées à la liaison Ostende-Douvres, qui dura de 1846 à 2002. Là encore, nombreuses maquettes, du premier bateau à vapeur au *Prince Philippe,* qui fut la dernière « malle » utilisée pour relier les villes belge et anglaise.

🎨 *James Ensorhuis (maison et atelier de James Ensor ; plan B1, 33) :* Vlaanderenstraat, 27. ☎ 059-50-81-18. *Tlj sf mar et certains j. fériés 10h-12h, 14h-17h. Fermé en cas de grosse tempête. Entrée : 2 € ; réduc ; gratuit pour les - de 12 ans.* En 1917, Ensor hérita de cette maison, qui appartenait à son oncle, et du magasin de souvenirs qui allait avec. Il ferma le négoce mais garda tout tel quel. C'est ici qu'il recevait ses amis, peintres et critiques. Il y vécut jusqu'à sa mort, en 1949. Beaucoup de tableaux furent alors vendus. Le lieu est une tentative de reconstitution de son univers mais les toiles sont remplacées par des reproductions. Les objets du magasin, en revanche, sont authentiques et ont souvent été source d'inspiration : la carapace de tortue, le poisson-scie, le cygne empaillé et surtout les fameux masques de carnaval. À l'entresol, reconstitution en trois dimensions d'un tableau qui fut perdu dans l'incendie de l'hôtel de ville en 1940, *Pauvre bougre qui se chauffe.* À l'étage : le salon-atelier où Ensor travaillait. Ses principales compositions monumentales y sont, là encore, reproduites. Le mobilier et l'harmonium se retrouvent dans certains tableaux. Ensemble émouvant.

🚢 *Le navire « Le Mercator »* (plan B3, **34**) *:* Pensjagersstraat, 8. ☎ 059-51-70-10. ● zeilschip-mercator.be ● *Tlj 10h-17h (17h30 juil-août). Entrée : 4 € ; réduc.* Amarré dans le port de plaisance, le navire-école de la Marine marchande belge fut opérationnel de 1932 à 1960. On peut parcourir ses ponts et ses coursives, et se rendre compte des conditions d'existence spartiates des cadets embarqués pour faire leur apprentissage d'officiers de marine. Les commentaires en quatre langues nous apprennent que le navire a rapporté une statue de moai de l'île de Pâques, ainsi que la dépouille du père Damien, béatifié par Jean-Paul II en 1995.

🚢 *Le navire « 0.129 Amandine »* (plan C2, **35**) *:* Vindictivelaan, 35Z. ☎ 059-23-43-01. ● museum-amandine.be ● *Amarré un peu plus loin, à l'entrée du port. Tlj 10h-17h (17h30 juil-août). Entrée : 4 € ; réduc.* Le symbole de la pêche ostendaise dans les eaux islandaises. Construit à Ostende en 1961, ce chalutier a voyagé pendant plus de 30 ans avec de vieux loups de mer. Il pouvait rapporter l'équivalent de 70 t de cabillauds, d'aiglefins, de flétans, de raies, de homards et de limandes en une campagne. On frissonne, le temps d'une visite, en songeant à ce que devait être le quotidien des neuf membres d'équipage. Conçu comme un musée interactif, on n'échappe ni au vacarme de la salle des machines... ni aux odeurs recréées.

🦐 **Le fort Napoléon** (hors plan par A3) : *Vuurtorenweg, de l'autre côté du port.* ☎ *059-32-00-48.* ● *fortnapoleon.be* ● *Suivre la direction Blankenberghe.* 🚌 *Duin en Zuin. Sinon, navette maritime gratuite Blue Link (voir plus haut). Avr-fin oct, tlj sf lun (sf juil-août) 10h-18h ; le reste de l'année, mer-ven 13h-17h, w-e et vac scol 14h-17h. Entrée : 5 €, audioguide inclus ; réduc.* Vestige d'un passé mouvementé, le fort a été construit au début du XIXᵉ s pour protéger la côte, alors napoléonienne, d'une invasion anglaise. Achevé en 1814, il n'eut guère le temps de remplir sa fonction. Un siècle plus tard, durant la Première Guerre mondiale, il sert de logement aux artilleurs allemands. On peut voir de cette époque la fresque *Der Barbar,* représentant un soldat allemand qui, de son sabre, transperce la tête des ennemis. Derrière lui, les drapeaux des nations à vaincre. Durant la Seconde Guerre mondiale, il redevient l'un des quartiers d'artillerie de l'occupant allemand mais aussi un bar à bières pour officiers. Enfin, déclaré Monument national en 1976, il est restauré à partir de 1995 et ouvre ses portes, en tant que musée cette fois, au public en 2000. Les différentes salles retracent plutôt bien toute son histoire et permettent de comprendre son fonctionnement.

🍷 *Bar* au design branché près de l'accueil et un *restaurant* (chic) au milieu des dunes.

À voir encore

🦐🦐 *L'estacade ouest :* elle date de 1837. C'est un des emblèmes de la ville. Idéal pour profiter du vent du large. Rien que pour ça, on aimerait Ostende !

🦐🦐 *La digue ouest et les colonnades du promenoir ou « galeries royales » :* prolongent la villa royale jusqu'à l'hippodrome Wellington. Effets géométriques et perspectives sur 400 m de long, qui ne manquent pas de rappeler les compositions de Giorgio De Chirico.

🦐 *Le casino,* pour les fresques de Delvaux.

🦐🦐 *Le port et le petit marché aux poissons* (plan C2, 36) : *sur le quai des Pêcheurs.* On y trouve aussi l'*aquarium de la mer du*

CO-PÉDALAGE BALNÉAIRE

Le cuistax (en France, on l'appelle Rosalie) fait partie intégrante du paysage des stations de la côte belge. Il s'agit de cycles, comportant plus de deux roues (tricycles, quadricycles), munis d'un nombre variable de sièges (jusqu'à 12) et de pédaliers et loués aux estivants. Ils roulent sur la digue de mer mais sont interdits sur la route. Ils peuvent ressembler à tout et n'importe quoi, pourvu qu'ils fassent mal aux cuisses. D'où leur nom.

Nord (tlj en saison ; entrée : 2 €), totalement inintéressant et où se languissent quelques pauvres créatures marines neurasthéniques à force de voir défiler les rares visiteurs. Y aller plutôt pour renifler l'atmosphère portuaire et profiter des échoppes sur les quais qui vendent des barquettes de poisson et de crevettes, succulentes de fraîcheur.

🦐 Enfin, voir la monumentale *église Saints-Pierre-et-Paul* (néogothique), à laquelle on a ajouté un mausolée de marbre à la mémoire de Louise-Marie, première reine des Belges.

À faire

La promenade de la digue et du port est l'activité principale de l'immense majorité des villégiateurs sur la côte belge. Avec les pâtés de sable des enfants qu'on surveille en somnolant derrière un paravent, la balade en « cuistax » et la traditionnelle halte de l'après-midi au tea-room pour avaler force glaces, crêpes et gaufres de Bruxelles (les toutes fines, excellentes !), le séjour se passe plutôt sereinement. Pourquoi cet engouement étrange pour une côte finalement toute plate et qui n'offre au regard qu'une muraille quasi ininterrompue d'immeubles ? Difficile à dire, mais ce qui est sûr, c'est que cette habitude de séjour est partagée par nombre de Français (du Nord), d'Allemands, d'Anglais et de Néerlandais. Bon an mal an, on dénombre environ 35 millions de nuitées sur la côte belge ! Chiffre impressionnant qui ne tient même pas compte des visiteurs d'un jour, très nombreux. La réponse à cette interrogation se trouve sans doute dans la mer elle-même : son climat tonique est reconnu et il arrive souvent que la bande côtière seule bénéficie de soleil quand le temps est couvert partout ailleurs. De plus, cette partie du pays offre un spectacle de lumière perpétuellement changeant. Les peintres et écrivains ne s'y sont pas trompés : beaucoup s'y sont établis et la mer du Nord a toujours été pour eux une source d'inspiration.

➤ **Midnight Love Tour :** *inscription auprès de l'office de tourisme. Prix : 5 €.* Marvin Gaye, ça vous dit quelque chose ? Eh bien sachez qu'à Ostende a joué un rôle particulier dans sa vie. Alors qu'il était dépressif, accro à l'alcool et aux drogues, en conflit avec sa maison de disques et pourchassé par le fisc, c'est ici, sur la côte belge, qu'il s'est ressourcé et s'est remis à composer. Ostende a ainsi vu naître le tube immortel « Sexual healing ». C'est cette renaissance que la balade *Midnight Love Tour* vous propose de suivre, à travers un parcours de 2h guidé par lecteur MP3, au gré de témoignages et d'anecdotes qui amènent le visiteur dans une douzaine de lieux fréquentés par le Prince de la Soul.

➤ **Excursion en mer :** *en saison, de 45 mn à 1h30 le long de la côte, vers Nieuport, avec la compagnie* Seastar *(☎ 058-23-24-25 ; ● seastar.be ●) ou avec le* Franlis, *au départ de l'estacade (plan C2 ; ☎ 059-70-62-94 ; ● franlis.be ●).*

Manifestations

– **Le 1ᵉʳ w-e de mars :** le vendredi, cortège des Lumignons. Le samedi, bal costumé du Rat mort.
– **Lotto Kites International :** *le 2ᵉ w-e de mai.* Le plus important lâcher de cerfs-volants de Belgique.
– **Ostende à l'Ancre :** *fin mai-début juin, pdt 4 j.* Grand rassemblement de voiliers de différents pays, marché d'antiquités maritimes et spectacles divers.
– **FUZEE :** *en juil ou en août, pdt 4 j. (pour connaître les dates précises : ● fuzee. be ●).* Théâtre de rue avec des spectacles parfois hauts en couleur, assurés par différentes troupes et compagnies.
– **Fin d'année à Ostende :** *pdt tt le mois de déc.* Patinoire, marché de Noël et autres festivités.

DANS LES ENVIRONS D'OSTENDE

🏹 **Le domaine de Raversijde :** *Nieuwpoortsesteenweg, 636. ☎ 059-70-22-85. ● west-vlaanderen.be/raversijde ● Dans les dunes, vers Middelkerke, au sud-ouest d'Ostende. Avr-11 nov : sem 14h-17h, w-e, j. fériés et vac scol 10h30-18h (dernière entrée 1h avt). Entrée par musée : 6,50 €, audioguide compris. Billet combiné pour les 3 musées : 9,75 € ; réduc.*

– Premier volet : le **mémorial Prince Charles.** On y trouve l'ancienne résidence du prince Charles, frère du roi Léopold III, qui assura la régence du royaume pendant l'épisode de la « question royale ». Souvenirs historiques de l'ex-propriétaire, homme curieux, chaud lapin volontiers misanthrope, qui fut aussi un petit peintre pendant ses années de retraite.

– Deuxième partie : le **musée en plein air du Mur-de-l'Atlantique.** Aménagé dans les bunkers et les tranchées fortifiées, bâtis par les Allemands au cours des deux guerres mondiales, un site qui intéressera les amateurs d'histoire militaire (batteries d'artillerie, poste de commandement, uniformes sur des mannequins presque vrais, etc.).

– Enfin, la troisième partie : un **village de pêcheurs** du XVIe s reconstitué, avec maisons en toit de chaume.

LA CÔTE EST, D'OSTENDE AU ZWIN

Une trentaine de kilomètres séparent Ostende de la frontière hollandaise. L'alternance de stations balnéaires et de dunes n'est interrompue que par le port de Zeebrugge et son environnement industriel. La réserve ornithologique du Zwin marque la fin du littoral belge. N'hésitez pas à prendre le tram de la côte pour relier les différents sites.

DE HAAN (LE COQ)   (8420)   12 400 hab.

Adorable petite station balnéaire au nord-est d'Ostende, précédée d'un beau cordon de dunes. À l'instar du Zoute, ses habitants ont eu le bon goût de préserver l'habitat de cottages 1900 entourés de jardinets, ce qui dégage un charme certain. La plage est modeste mais l'ensemble respire une douceur de vivre qu'on retrouve difficilement dans les autres stations de la côte.

– **Fête du Trammelant :** le 1er sam d'août. En costumes Belle Époque.

– **Fête des Géants :** le 2e w-e de juil. Cortège d'une cinquantaine de géants, fête folklorique, brocante, etc.

Adresses utiles

🅸 **Office de tourisme :** Koninklijk Plein, dans la petite gare du tram. ☎ 059-24-21-34. ● dehaan.be ● Tlj 9h30-12h, 14h-17h (16h30 l'hiver). Réservation gratuite de chambres d'hôtel. Demandez-leur la très belle brochure qui raconte, photos sépia à l'appui, l'histoire architecturale de la ville.

■ **Location de vélos et « cuistax » :** Fietsen André, Leopoldlaan, 9-11. ☎ 059-23-37-89. ● fietsenandre@hotmail.com ● À deux pas de l'office de tourisme. Tlj sf lun 9h-18h. Vélo env 13 €/j. Très nombreux modèles pour pédaler seul, à deux ou en famille, comme ces mignons petits karts à pédales customisés pour les enfants.

Où dormir ?

🛏 **De Stoeten Hoane :** Jasmijnlaan, 2. 🖵 0473-49-82-54. ● carla@destoetenhoane.be ● destoetenhoane.be ● Un peu à l'écart de la station, par la Nieuwe Steenweg (une fois sur celle-ci, prendre à droite après le centre sportif puis la 2e à gauche, et de nouveau à gauche). Compter 62-69 € selon chambre ; 3 € de moins dès la 2e nuit. Petit déj... plus 2 bières et une bouteille d'eau comprises ! 🛜 Bienvenu au

« Coq hardi », un *B&B*... d'exception, qui n'a pour seul petit inconvénient que d'être un peu éloigné de la plage. La maison, moderne, n'a l'air de rien mais à l'intérieur, c'est la surprise... D'abord les deux chambres, design, avec des meubles déjantés (réalisés par Geert, le proprio) et super bien équipées : TV à écran plat, frigo, lecteurs de CD/DVD (belle collection de films), lampes télécommandées et literie confortable, avec matelas inclinable. Il y a même des peignoirs pour faire le voyage jusqu'à la salle de bains commune, équipée d'une douche à hydromassage et de vasques reposant sur une tranche de peuplier vernie... Petit déj très complet (jus d'orange frais et œufs préparés différemment tous les jours) que Carla, la très accueillante hôtesse, annonce en faisant sonner un gros réveil rouge ! Aux beaux jours, on peut le prendre au jardin, où coule un petit ruisseau. Vaisselle signée Philippe Starck ; tout ici est décalé, pour le plus grand plaisir des hôtes... Un vrai coup de cœur !

â *Chambres d'hôtes Stella Maris :* Memlinglaan, 11. ☎ 059-23-56-69. ● stellamaris@stellamaris.be ● stella maris.be ● *Juste derrière l'adorable gare de tram (côté plage). Fermé déc-fév. Min 2 nuits le w-e et pdt les vac scol. Compter 65-80 € pour 2 avec petit déj ; tarif dégressif dès la 2e nuit.* Une villa 1890, l'une des plus anciennes de la ville, reconnaissable à son toit rayé orange et noir. L'intérieur très agréable est tout en bois, ce qui lui donne un petit air d'isba russe. Propose 3 chambres pour 2 personnes, dont une avec douche, et une qui peut accueillir un 3e lit ; très chouette salle de bains commune de style rétro, avec baignoire à pieds. Un style que l'on retrouve d'ailleurs dans les chambres, ornées de belles affiches. Terrasse, jardin et, surtout, des hôtes charmants, qui parlent très bien le français et collectionnent les pipes, les chapeaux et les lunettes. Une adresse pleine de

cachet et de caractère, qu'on vous recommande vivement ! Les enfants de moins de 8 ans ne sont pas souhaités, pour des raisons de sécurité.

â *Hôtel-Villa La Tourelle :* Vondellaan, 4. ☎ 059-23-34-54. ● info@latourelle.be ● latourelle.be ● *Pas loin de la plage. Congés : janv. Doubles 70-95 € avec petit déj. Séjour de 3 nuits min en juil-août.* ☎ Charmant petit hôtel de 9 chambres installé dans une maison à tourelle (on l'aurait deviné !) qui fleure bon la Belle Époque. Déco intérieure aux tons doux et apaisants, avec frises marines et planchers récents. Les chambres possèdent toutes une salle de bains, la plupart ont un lit à baldaquin et certaines un balcon. Également des chambres triples. Accueil et service de qualité : en définitive, une bien bonne adresse.

Où manger ?

|●| *Edwart Eethuis :* Driftweg, 4. ☎ 059-23-72-43. ● eethuisedwart@skynet.be ● *Face à l'arrêt de tram. Mer-dim 18h-22h. Plats 21-27 € ; menu du marché 38 €.* Un bon resto gastronomique à prix encore abordables, au vu de la qualité. Les menus changent en fonction des produits du marché et de l'inspiration du chef : langue d'agneau au curry, joue de porc à la bière, bouillabaisse... C'est du sérieux, du goûteux. Service dans une élégante salle avec cheminée et poutrelles blanches.

|●| *Au Bien Venu :* Driftweg, 14. ☎ 059-23-32-54. ● au.bien.venu@pandora.be ● *Près de l'arrêt du tram. Tlj sf mar-mer 12h-14h, 18h30-21h. Menus 30-37 € ; à la carte, compter au moins 50 €.* Spécialiste des huîtres, du poisson, des fruits de mer, du homard et de la bouillabaisse locale (la *zeebrugeoise*), mitonnée par un chef haut en couleur. Sole à l'essence de homard, Saint-Jacques au pistou, langoustines géantes aux herbes... Cela donne le ton, non ? Cadre chic. Bien mais cher.

DANS LES ENVIRONS DE DE HAAN

✗✗ *Sea Life Centre :* Koning Albertlaan, 116, **Blankenberge** (8370). ☎ 050-42-43-00. ● sealife.be ● *À la sortie de Blankenberge en direction de Knokke. Tlj*

10h-18h (19h juil-août et 17h en hiver). Entrée : 17 € ; réduc. Une belle initiative que ces *Sea Life Centres,* un groupe d'aquariums implantés dans plusieurs pays européens. Centres de revalidation pour phoques mal en point, leur mission est aussi d'œuvrer pour la conservation du monde marin en sensibilisant le public à sa galopante détérioration. Une cinquantaine d'aquariums permettent ainsi d'admirer la faune de la mer du Nord et d'autres mers du globe. En vedette, les piranhas, l'hippocampe moucheté, les requins, l'esturgeon, les raies pastenagues, les calamars, les poissons-scorpions, le jardin des pieuvres (avec une géante de plus de 2 m) et, le plus étonnant, les bébés crabes japonais géants, les plus grands crustacés du monde, pouvant atteindre, à l'âge adulte, 3,70 m d'envergure et envelopper de leurs pinces une voiture ! À l'extérieur, on trouve des loutres, des pingouins du Chili et, bien sûr, les phoques, que l'on peut voir s'ébattre avec entrain dans un vaste bassin extérieur... ou soignés et nourris dans la section prévue à cet effet.

KNOKKE-HEIST   (8300)   33 900 hab.

Knokke-Heist, tout au long de ces 11 km de littoral, voit s'égrener quantité de villages et de plages aux noms plus ou moins évocateurs : Heist, Duinbergen, Albertstrand (ou Albert Plage), puis Knokke et enfin le Zoute. De plus en plus chic au fur et à mesure qu'on se rapproche du Zoute. Hôtels, boutiques (et quelles boutiques ! Hermès, Cartier...), restos chics, villas, casino, galeries d'art, frime sur les terrasses de la « place m'as-tu-vu », Jaguar, Mercedes et night-clubs sélects. Dommage que, comme ailleurs, les cottages aux murs blancs et aux toits rouges aient largement cédé la place à des immeubles sans grâce, et ce malgré une réglementation draconienne. C'est vrai que l'on ne peut pas tout à fait parler de massacre, car les immeubles n'ont que quelques étages. Mais bon, quand même !... Heureusement reste la magnifique réserve tout au bout du Zoute, sauvage et préservée, et qui vaut le voyage à elle seule.
À Knokke, si vous avez de l'argent à flanquer par les fenêtres, rendez-vous au casino, où vous aurez le privilège de flamber sous la grande peinture murale de 72 m commandée à Magritte et rassemblant la majorité de ses thèmes favoris.

Adresses utiles

ℹ️ Office de tourisme : Zeedijk-Knokke, 660. ☎ 050-63-03-80. ● knokke-heist.info ● Tlj 8h30-18h. Demander la brochure de la ville, très complète. Bornes Internet gratuites (accès limité à 15 mn).
ℹ️ Autre bureau à Heist : Knokkestraat, 22. Même téléphone. À côté du tram. Tlj 9h-12h30, 13h30-17h30.

Où dormir ?

🏠 B&B Villa Zonneslag : Elizabethlaan, 103. ☎ 050-60-56-99. ● info@

villazonneslag.be ● villazonneslag.be ● Double 110 € ; supplément de 10 € pour 1 seule nuit. Dans un quartier résidentiel très calme, et pourtant à deux pas de la fameuse Lippenslaan. Seulement 2 chambres tenues avec gentillesse par un couple âgé. Monsieur a des tas d'histoires à raconter sur la ville et la région, puisqu'il est guide de métier. Quant à Madame, elle met un point d'honneur à chouchouter ses hôtes. Les chambres sont spacieuses et tout confort, avec baignoire, sèche-cheveux, TV, parquet au sol et literie de qualité.
🏠 B&B Knotwilgenhoeve : Jonckheersestraat, 44. Dans l'adorable village de **Ramskapelle,** sur la N 300, au

sud de Heist. ☎ 050-51-54-55. ● info@knotwilgenhoeve.be ● knotwilgenhoeve.be ● Ouv tte l'année, sf 1 sem en juin. Compter 76 € pour 2 avec petit déj ; 10 € de plus pour 1 seule nuit. Un endroit tout indiqué pour les familles : dans une ferme en plein milieu des champs, de spacieux duplex pour 4 personnes avec sanitaires, frigo, TV, et les lits des enfants en mezzanine. Quel plaisir de voir les vaches, chèvres naines et moutons brouter paisiblement, bien loin des rues clinquantes de Knokke ! Autre atout, le petit déj fermier très complet où presque tout est maison : confiture, pain, yaourts, jus de pomme... Cuisine commune à disposition, bien pratique. Et en prime, un accueil charmant, d'un grand naturel. Le seul souci, c'est que l'adresse est très populaire : il faut donc réserver bien à l'avance, surtout pendant les vacances scolaires.

Où manger ?

Knokke concentre la majorité de ses restaurants et brasseries sur le Lippenslaan. La qualité est souvent au rendez-vous, mais ponction sérieuse du portefeuille garantie...

|●| **Cézanne :** Lippenslaan, 98. ☎ 050-62-39-00. Tlj sf mar-mer. Fermé en oct. Lunch 15 € (20 € dim), menus 27-35 €. Cadre minimaliste et néanmoins chic, mais cuisine à prix raisonnables pour Knokke. Même le petit menu du déjeuner est de qualité. On vous recommande la bouillabaisse, particulièrement bonne. Service efficace et très aimable.

|●| **Alexandra :** Van Bunnenplein, 17. ☎ 050-60-63-44. ● info@restaurantalexandra.be ● Tlj sf jeu (et ven hors vac scol). Résa conseillée. Menu lunch 22,50 €, le soir 37,50 € ; plat env 25 €. Une des adresses que l'on serait tenté de ranger dans la catégorie « Plus chic » au vu de certains prix qui s'envolent à la carte. Pourtant, à regarder de près, les moules, tout en étant excellentes, ne sont pas beaucoup plus chères qu'ailleurs. Clientèle plutôt chic. Service aimable. Terrasse aux beaux jours.

|●| **Roland :** Lippenslaan, 110. ☎ 050-60-23-50. ● roland.marreyt@skynet.be ● Tlj (sf lun et mer hors saison). Lunch en sem 15 €, menus midi et soir 22 et 38,50 € ; à la carte, compter 40-50 €. Apéro offert sur présentation de ce guide. Petite façade rétro. La salle du resto, très soignée et plutôt chaleureuse, est prolongée par une véranda qui s'avance sur la rue. Poisson et moules ont leur place au menu, mais la grande spécialité, c'est la bouillabaisse Mer du Nord, mitonnée (comme le reste) par le patron lui-même. Accueil moyen.

Où sortir ? Où boire un verre ?

|♀| ♪ **Antique café :** Lippenslaan, 135. ☎ 050-62-50-50. ● info@antiquecafe.be ● Tlj 9h-21h (plus tard le w-e). Boire un café assis sur une bergère Louis XV, ou un verre de vin confortablement installé dans un authentique chesterfield en cuir, ou encore siroter un cocktail au coin du feu, à Knokke, c'est possible ! À vous de choisir. Ici, comme chez tous les antiquaires, tout est à vendre, mais cet endroit hors norme est aussi un bar, plutôt branché. Et on adore ! Ambiance un peu huppée, genre « chic décontracté », et prix à l'avenant. Concerts et soirées à thème de temps à autre en été.

À voir

🐦🐦 **Le Zwin, réserve naturelle :** Gr. L. Lippensdreef, 8, 8300. ☎ 050-60-70-86. ● west-vlaanderen.be/zwin ● Bus De Lijn n° 12 et n° 13, slt en juil-août, depuis la gare ferroviaire de Knokke. Accès facile à vélo, en longeant la côte, ou en voiture, en empruntant Zoutelaan ou Kustlaan. Tlj (sf lun hors vac scol) 9h-17h30 (16h30 oct-Pâques). Entrée : 5,20 € ; réduc. Visite guidée chaudement recommandée *(possible en français) dim tte l'année à 10h : 7,20 €.* Sinon, audioguide à louer (2,50 €) ou à télécharger gratuitement sur votre lecteur MP3. De l'estuaire qui, au Moyen Âge, portait à marée haute les bateaux jusqu'à Bruges, il ne reste qu'une trouée au milieu des dunes, encore submergées aux marées d'équinoxe et lors des grandes tempêtes du nord-ouest. Entre-temps subsistent des prés salés qui constituent un biotope spécifique, où 120 espèces d'oiseaux viennent nidifier. La réserve, créée en 1952, présente deux visages : d'abord les pinèdes, à l'entrée (où nichent les cigognes blanches, qui sont nourries chaque jour à 15h), qui sont aménagées en étangs et volières avec oiseaux aquatiques, rapaces, échassiers et palmipèdes ; ensuite, sur une centaine d'hectares, une étendue marécageuse, battue par les vents, où l'on peut observer à la jumelle (et bien botté !) les espèces migratrices et les plantes salines. Attention, pas d'accès à la plage à partir de la réserve, il faut pour cela passer par Knokke ou par la petite ville hollandaise de Cadzand. La végétation au printemps et à l'automne offre des coloris de toute beauté.

LA BATAILLE DE L'ÉCLUSE

En 1340, le bras de mer du Zwin est le théâtre d'une terrible bataille navale entre les navires d'Édouard III d'Angleterre et les vaisseaux de Philippe VI de Valois. Quatre navires sont équipés d'un nouvel engin : le canon. La bataille est dantesque, 200 navires et leurs cargaisons gisent encore par le fond, à l'entrée de l'estuaire. C'est le début de la guerre de Cent Ans.

🏃 **Museum Sincfala :** *Pannenstraat, 140, à Heist.* ☎ *050-63-08-72.* ● *sincfala. be* ● *Tlj 10h-12h, 14h-17h30. Entrée : 3,50 € ; réduc.* Toute l'histoire de la région du Zwin : la poldérisation, les soubresauts de l'histoire, la vie des pêcheurs... Dans le jardin du musée, on monte à bord du crevettier Jessica, des années 1930. L'une des rares visites culturelles à faire à Knokke.

LA CÔTE OUEST, D'OSTENDE À LA PANNE

Au fur et à mesure que l'on suit la route royale vers la frontière française, les plages s'élargissent et la bande de dunes croît en hauteur et en densité. L'estuaire de l'Yser, ce petit fleuve côtier qui fit tant parler de lui, force la route à faire un crochet et, après La Panne, une autre réserve naturelle marque la fin du territoire belge.

NIEUPORT (NIEUWPOORT)   (8620)   10 000 hab.

Port de pêche, port de plaisance le plus important de la côte, Nieuport fut entièrement détruit en 1914-1918. Tout fut reconstruit sur le modèle ancien mais en utilisant une brique de couleur jaune un peu triste. À part ça, le front de mer y est presque aussi laid qu'ailleurs. Reste la jolie jetée et la réserve naturelle qui s'avèrent deux bonnes raisons de venir à Nieuport. La lumière y est souvent magique.

LA PROVINCE DE FLANDRES OCCIDENTALE

Adresses utiles

ℹ *Pavillon d'information :* Hendri-kaplein, 11. ☎ 058-23-39-23. • nieuw poort.be • Au début de la digue (à Nieuwpoort-Bad). Juil-août, tlj 9h30-18h ; avr-juin et sept-oct, tlj 9h30-12h30, 14h-17h ; en hiver, tlj 10h-12h30, 14h-16h30.

ℹ Autre *office de tourisme* à Nieuport Stad, sur Marktplein (☎ 058-22-44-44) : juil-août, tlj 9h-17h (12h w-e) ; le reste de l'année, lun-ven 9h-12h, 13h30-16h30. Donne une liste des hébergements.

Où dormir ?
Où manger ?

Camping

⛺ *Kompas Camping :* Brugsesteenweg, 49. ☎ 058-23-60-37. • nieuw poort@kompascamping.be • kompas camping.be • À 4 km de la plage. Descendre à l'arrêt de tram Nieuwpoort Stad. Ouv fin mars à mi-nov. Env 17 € pour 2 avec tente. 📶 (payant). Un immense terrain à caravanes avec taverne, friterie, piscine, toboggan, pétanque, minigolf et ferme pour les enfants. Location de vélos et, plus original, de tipis pour 4 personnes. Essentiellement pour les familles.

Prix moyens

🛏 *Lighthouse :* Kaai, 46. ☎ 058-23-73-52. • info@light-house.be • lighthouse.be • Fermé mi-nov à mi-mars. À env 3 km du front de mer, face aux rails du tram. Compter 65-85 € pour 2 avec le petit déj, réduc de 10 % à partir de 3 nuits. Loc de vélo. 📶 Pour les amateurs de décor marin, un petit B&B proposant 3 chambres simples mais bien tenues, avec douche intégrée, w-c privatifs, TV et jolies photos de bateaux. Agréable salon commun accolé à la salle de petit déjeuner, là encore décorée de vieilles affiches et de maquettes de bateaux : le patron tenait, ici même, une boutique d'articles nautiques, et c'est un sacré bricoleur puisqu'il a tout transformé lui-même !

🍽 *Het Kompas :* Henegouwenstraat, 1. ☎ 058-23-08-23. • info@hetkom pas.be • Sur la digue, à env 500 m de l'office de tourisme. Tlj sf mar (et mer hors vac scol) 11h30-22h. Fermé 2 sem en oct et 2 sem en fév. Plats 13-36 €. Apéritif maison offert sur présentation de ce guide. Joli décor : salle tout en longueur, avec de gros piliers en bois massif et des petits recoins délimités par des rambardes en fer forgé. Beaucoup de monde, on y vient à toute heure pour savourer une cuisine variée, avec aussi des options végétariennes. Si vous venez l'après-midi, fendez-vous carrément d'une crêpe normande aux pommes ! Également des suggestions du jour. Très bon accueil.

À voir. À faire

🎯 *L'estacade* (la jetée) *:* promenade pour humer l'air du large, assister au retour des plaisanciers ou, pour les mômes, louer à l'heure (en saison) des filets carrés que l'on remonte à l'aide d'une poulie. Les prises miraculeuses sont rares. Depuis que le chenal reliant la ville à son bord de mer a été réaménagé, la promenade y est aussi agréable pour les piétons que pour les cyclistes. À signaler : une nouvelle tradition, lancée par les gamins des écoles paraît-il, qui consiste à enfoncer une capsule de bouteille (en plastique et si possible de couleur pétante) sur un des boulons de l'estacade. Il ne reste plus guère de place aujourd'hui et tous ces petits poucets ont transformé la jetée en arc-en-ciel !

🎯 *La réserve naturelle de Ijzermonding :* l'estuaire de l'Yser est classé réserve naturelle. À cet endroit, la côte n'est qu'une splendide succession de plages, de dunes, de prés-salés, de vasières et de polders. On y accède à pied ou à vélo depuis la station ou l'estacade, via l'ancien domaine militaire. L'ancienne base navale a été entièrement démantelée, permettant à la nature de reprendre ses droits.

🕺 **Le monument au roi Albert :** tlj sf w-e et j. fériés 8h45-12h, 13h15-18h (17h en hiver). Entrée : 1 €. Monument grandiloquent (et assez laid pour tout dire) avec statue équestre à la mémoire du « roi-chevalier », érigé à l'endroit précis où, en 1914, en accord avec ses alliés, Albert Ier décida d'inonder la plaine de l'Yser pour arrêter l'avance allemande. C'est l'éclusier Geeraert qui ouvrit, à l'endroit appelé la « patte d'oie », les vannes du canal de dérivation. Les polders furent immédiatement inondés et les troupes du Kaiser stoppées pour 4 ans. Panorama du sommet du monument.

🕺 **Le Markt** est un quadrilatère aux façades de brique jaune un peu sévères, très répandues dans la région. Les arcades de la halle surmontée d'un beffroi sont très élégantes.

➢ **Promenades en bateau :** en juil-août, de Nieuport à Dixmude ou Ostende, avec la compagnie Seastar (Orientpromenade, 2 ; ☎ 058-23-24-25 ; ● seastar. be ●). Prix A/R : 18,50 €. Compter 1h30 pour la balade, dans chaque sens. Un bon moyen, quoiqu'un peu cher, de découvrir la plaine de l'Yser.

COXYDE-OOSTDUINKERKE (KOKSIJDE)

(8670)   18 000 hab.

Ces deux stations sont à présent réunies depuis la fusion des communes. Au menu, hautes dunes (jusqu'à 33 m), larges plages propices à la pratique du char à voile ou à la traditionnelle pêche à la crevette à cheval et, surtout, trois intéressants musées. Il est un peu difficile de se repérer dans les différents quartiers de cette station très étendue. Pour faire simple, vers l'ouest, plutôt au bord de mer, on trouve Sint-Idesbald. En continuant vers l'est, par l'avenue longeant le tram, on arrive à Coxyde-sur-Mer (Koksijde-Bad), avec, en retrait dans les terres, le village de Coxyde. De même qu'un peu plus loin, après quelques dunes, on trouve Oostduinkerke. Là encore, il faut distinguer le front de mer du village.

Adresse utile

🛈 **Office de tourisme :** Gemeentehuis Zeelaan, 303 (à côté du casino de Coxyde-sur-Mer). ☎ 058-51-29-10. ● koksijde.be ● Avr-sept, tlj 10h-12h, 14h-17h45 (9h-18h juil-août) ; oct-mars, tlj 10h-12h, 14h-16h45. Autres bureaux d'information sur la plage de Sint-Idesbald et à Oostduinkerke-Bad, ouv tlj pdt vac scol et le w-e tte l'année. Demandez le calendrier des sorties de pêche à la crevette (en saison, de juin à mi-septembre).

Où dormir ?

Camping

🏕 **Eureka :** Clauslaan, 2. ☎ 058-51-22-39. ● info@campingeureka.be ● campingeureka.be ● Entre Coxyde-sur-Mer et Coxyde « village », derrière le musée Ten Duinen 1138. Ouv mars-fin oct. Compter 16-20 €/nuit pour 2 avec tente. Propose aussi des mobile homes aménagés 50-75 € (10 % de réduc hors saison sur présentation de ce guide). Attention, seuls les emplacements caravanes permettent de garer sa voiture. Camping familial situé à l'arrière de la station, non loin de 2 ou 3 îlots de dunes.

Très bon marché

🏠 **Jeugdherberg De Peerdevisser :** Duinparklaan, 41, à Oostduinkerke-Bad. ☎ 058-51-26-49. ● oostduin kerke@vjh.be ● peerdevisser.be ● Fermé 15 déc-1er fév. Nuitée 18,60 € (20,80 € pour les + de 25 ans), petit déj compris ; doubles 46-50 €. Carte obligatoire. 🖥 📶 Dans un bâtiment moderne aux allures de quartier de haute sécurité. Quelque 135 lits en chambres de 2, 4 et 6 lits. Terrains de jeux, petit bar et salle à manger ressemblant à un réfectoire d'école (repas à heures fixes). Bus et tram à 800 m.

Où manger un peu chic ?

I●I **Maison de la Mer :** *Koninklijke Baan, 215, à la sortie de Coxyde en allant vers La Panne, sur la gauche.* ☎ *058-52-38-88. Tlj midi et soir sf lun jusqu'à 21h30. Plats 28-45 €.* Difficile à rater, c'est l'énorme maison au toit pentu posée sur la route entre Coxyde et La Panne. Pas pour toutes les bourses, certes, mais on en a pour son argent. Spécialités de poisson et fruits de mer bien sûr, servies dans une très grande salle aux tons gris assez classe, avec plafond à poutres et baies vitrées garnies de rideaux courts. Le plat vedette, c'est la bouillabaisse maison, normale ou royale mais toujours très réussie, servie dans une gigantesque assiette ! Agréable terrasse à l'arrière aux beaux jours. Propose aussi 3 chambres d'hôtes, de charme, autour de 125 €.

À voir

🎨🎨 **Paul-Delvaux Stichting** (Fondation Paul-Delvaux) **:** *Paul Delvauxlaan, 42, à Sint-Idesbald.* ☎ *058-52-12-29.* ● *delvauxmuseum.com* ● *Avr-sept et pdt vac scol, tlj sf lun (excepté lun fériés) 10h30-17h30 ; le reste de l'année, jeu-dim. Fermé début janv-fin mars. Entrée : 8 € ; réduc.* Dans une ancienne fermette, au milieu d'un quartier de villas pimpantes, la Fondation Delvaux, créée bien avant la disparition du peintre en 1994, est un magnifique musée que nous vous recommandons chaudement. L'univers personnel de ce prince de l'onirisme est magistralement restitué. Breton ne le considérait pas comme un surréaliste, son univers était trop léché, pas assez spontané... On y retrouve en tout cas tout le magasin d'accessoires de son imaginaire : sa collection de trains miniatures, les tramways en bois, un squelette, des maquettes de temples grecs, des palettes maculées de couleurs et la reconstitution de son atelier de Boisfort à Bruxelles. Les photos de Delvaux, de sa petite enfance (Paul-Henri Spaak fut son camarade de classe) jusqu'à ses vieux jours, nous le montrent vêtu éternellement d'une originale chemise à grand col ouvert mais sans manches.
Les peintures plongeront ses fans dans la délectation. La pénombre bleutée des deux grandes salles d'exposition met superbement en valeur les corps statufiés de ces belles créatures éthérées, aux poitrines parfaites. Plongée dans des songes à la fois précis dans leurs détails et improbables dans leur juxtaposition, humour absurde des hommes en chapeau boule, trains fantômes pénétrant les entrailles d'acropoles lunaires, jeunes dames en chapeau et crinoline guettant l'arrivée de trois-mâts immobiles...

🎨🎨 **Le musée abbatial Ten Duinen 1138 :** *Koninklijke Prinslaan, 6-8, à Coxyde-sur-Mer* (très bien fléché). ☎ *058-53-39-50.* ● *tenduinen.be* ● *Fermé en janv. Mar-ven 10h-18h ; sam-dim et en hiver, 14h-18h. Entrée : 5 € ; réduc.* Installé à côté des ruines de l'abbaye des Dunes, dans une grosse bâtisse de pierre et de verre, ce récent musée vous révélera tout, ou à peu près, sur les moines cisterciens, leur vie quotidienne et le fonctionnement de leur abbaye. Une bonne façon d'en apprendre plus sur le Moyen Âge, d'autant que tout est présenté de manière ludique et interactive. On peut par exemple interroger des écrans tactiles, faire parler des mannequins ou encore écouter les chants des frères dans des combinés téléphoniques. Vous voulez savoir ce que mangeaient les moines ? Réponse dans la cuisine reconstituée de l'abbaye, où des tiroirs révèlent non seulement le contenu mais aussi la valeur nutritionnelle de leur ration quotidienne. Tout est évoqué, jusqu'à la question de l'abstinence sexuelle. À voir encore, au second étage, une belle collection d'objets liturgiques (calices, ciboires, vases d'autel...) provenant de différents pays d'Europe. Et bien sûr les ruines de l'abbaye elle-même, en partie reconstituées.

🚶🚶 **National Visserijmuseum Navigo** (Musée de la pêche) : Pastoor Schmitzstraat, 5, à **Oost-duinkerke-village.** ☎ 058-51-24-68. ● navigomuseum.be ● Fermé en janv. Mar-ven 10h-18h ; le w-e et en hiver, slt 14h-18h. Entrée : 5 € ; réduc. Audioguide inclus. Musée récent et moderne consacré à l'histoire de la pêche dans la région. Sachez pour commencer que la plage d'Oost-duinkerke est la seule au monde où l'on pratique encore la pêche aux crevettes à cheval. Les techniques ont un peu évolué (cette tradition remonte à plus de cinq siècles) mais le travail reste épui-

UNE TRADITION CREVETTIÈRE QUI PERDURE

Sur la plage d'Oostduinkerke, on peut admirer une pratique qui a failli dispa-raître, mais qui est encore exercée par une douzaine de passionnés : la pêche aux crevettes à cheval. Le canasson (un robuste Brabançon) tire un chalut de 10 m de large dans lequel les crevettes viennent s'engouffrer. Elles sont stoc-kées dans des paniers accrochés aux flancs du cheval, avant d'être cuites sur la digue. Bien sûr, c'est un peu folklo-rique, mais ne manquez pas ce spec-tacle : ça vaut le coup d'œil.

sant. En fait, cette pêche était surtout pratiquée par les petits paysans des dunes, qui pouvaient ainsi compléter leurs maigres revenus et mettre un peu de beurre dans les chicons. La visite, très complète, nous amène tour à tour sur une plage (avec le cri des mouettes !), dans une maison de pêcheur, un atelier de charpen-terie, une salle de navigation, et sur le pont de l'un des rares bateaux de pêche à avoir survécu à la guerre. Un musée à la fois plaisant et instructif.

LA PANNE (DE PANNE)   (8660)   10 000 hab.

La station balnéaire, bien connue des Lillois et des Ch'tis, partage avec la France toute proche une immense plage sans brise-lames. Cela permet la pratique grisante du char à voile. Ambiance lourdement touristique. La réserve naturelle du Westhoek, elle, est une belle étendue sauvage, lorgnée sans cesse par les promoteurs et défendue bec et ongles par les associa-tions de protection de la nature.

Adresses utiles

🛈 **Office de tourisme :** Zeelaan, 21. ☎ 058-42-18-18. ● depanne.be ● Juil-août, tlj 8h (9h w-e)-18h ; le reste de l'année, 8h (9h w-e)-12h, 13h-17h. Donne une carte des sentiers pédes-tres dans la réserve.
🚂 **Gare NMBS :** à **Adinkerke** (3 km au sud de La Panne). ● b-rail.be ● Liaisons avec Gand et Bruxelles.

Où dormir ?

🛏 **Hôtel Maxim :** Toeristenlaan, 7. ☎ 058-42-14-57. ● info@hotelmaxim. be ● hotelmaxim.be ● Double 96 €, petit déj compris ; moins cher hors saison et à partir de 2 nuits. Parking payant. Dans un quartier résidentiel, à proximité des plages. Petit bâtiment des années 1970 un peu démodé mais les chambres (20 en tout) sont très confortables, avec TV écran plat, bonne literie, bureau et salle de bains nickel. Certaines d'entre elles possèdent une terrasse. Accueil tout à fait charmant. Une bonne adresse.

À voir

Au-delà du monument prétentieux à Léopold Ier, qui fit là ses premiers pas sur le sol belge (comme Armstrong sur la Lune), débute la réserve du Westhoek. Quelques lotissements de tours cubiques ne réussissent pas à gâcher le site.

🦌 *La réserve du Westhoek :* on peut parcourir cet espace naturel tte l'année, à condition de ne pas quitter les sentiers balisés. Le mieux consiste à faire une promenade guidée. Infos à l'office de tourisme. Les 340 ha (même superficie que *Central Park*, à New York) appartiennent à la Région flamande, qui en a réglementé strictement l'accès. Les dunes constituent un milieu perpétuellement changeant, à cause de l'action de la mer et des vents. Une zone centrale, dépourvue de végétation, est appelée le « petit Sahara ». Quand il fait très chaud, avec un peu d'imagination, cela peut faire illusion... La végétation faite d'oyats, de troènes, d'argousiers, de sureaux noirs et de saules rampants contribue tout de même à fixer les dunes. Entre les plus hautes de celles-ci se creusent des dépressions situées sous le niveau de la mer, appelées « pannes ». Enfin, inondées par la mer en hiver, elles forment un milieu marécageux où se développe une végétation spécifique : orchidées sauvages et gentianes.

🦌 *De Nachtegaal :* Olmendreef, 2, au sud du centre-ville par Kerkstraat. ☎ 058-42-21-51. En été, tlj 10h-18h ; le reste de l'année, lun-ven 10h-17h, sam-dim 10h (13h30 l'hiver)-17h30. Entrée gratuite. Centre de visiteurs dédié à la nature. Sur 3 étages, on peut glaner plein d'infos sur l'écosystème côtier, sa faune, sa flore, son climat. Des jeux éducatifs pour enfants le rendent assez ludique. Sentier nature dans les dunes.

À faire

– Les routards amateurs de sensations fortes pourront s'essayer au *char à voile* ou à la *planche à voile à roues* (infos auprès de *LAZEF*, Dynastielaan, 20 ; ☎ 058-41-57-47 ; ● lazef.be ●). La largeur exceptionnelle de la plage à marée basse permet des évolutions qui peuvent flirter avec les 50 km/h par bonne brise. Au ras du sable, c'est décoiffant !

FURNES (VEURNE)   (8630)   11 500 hab.

Cette adorable petite ville, au centre de l'arrière-pays côtier appelé Veurne-Ambacht, est une cité tout à fait intéressante. L'influence espagnole y a laissé des traces durables, tant du point de vue de l'architecture que du côté des traditions. La procession des Pénitents, héritage des Pays-Bas espagnols, n'a rien à envier à celle de Séville.

FURNES LA GLORIEUSE !

On le sait peu mais Furnes fut la capitale de la Belgique pendant près de 4 ans ! En effet, ayant échappé aux bombardements, elle était la seule ville encore intacte pendant la Première Guerre mondiale, sur le petit bout de Belgique non occupé. Le roi Albert Ier en fit son quartier général. La reine Élisabeth, elle, préféra s'installer sur la côte, à La Panne.

UN PEU D'HISTOIRE

Ville drapière comme la majorité des villes de Flandre, elle jouit d'une prospérité en dents de scie, en fonction des relations triangulaires Flandre-Angleterre-France. Lors du règne des archiducs Albert et Isabelle, les polders environnants ont été asséchés. Une garnison espagnole permanente défend Furnes, avant-poste de l'Espagne aux confins de l'Empire face au royaume de France, jusqu'au début du XVIIIe s.

Comment y aller ?

➤ **En voiture ;** à 7 km de La Panne et 28 km d'Ostende. Tout au bout de l'E 40.
➤ **En train :** en provenance de Bruxelles, Gand, La Panne...
➤ **En bus :** depuis Ypres, Poperinge, Nieuport, La Panne, Ostende, Dixmude... *Horaires et tarifs :* ☎ 070-220-200. ● delijn.be ●

Adresses utiles

🅸 **Office de tourisme :** *Landshuis, Grote Markt, 29.* ☎ 058-33-55-31. ● veurne.be ● *En été, tlj 9h (w-e 10h)-17h. Avr à mi-juin et mi-sept à mi-oct 9h (w-e 10h)-12h, 13h30-17h. En hiver, lun-jeu 9h-12h, 13h30-17h ; ven-sam 10h-12h, 14h-16h, fermé dim.* Demandez la brochure *Veurne de A à Z* (1 €) : 2 promenades y sont proposées. Également une petite salle d'information avec écrans tactiles.
◼ **Location de vélos :** *2 adresses en ville, tlj 1er mars-15 oct :* **Tweewielcenter de Voorstad** *(Ieperse Steenweg, 20 ;* ☎ 058-31-16-86) *et* **Wim's Bike Center** *(Pannestraat, 35 ;* ☎ 058-31-22-09).* Moyen de transport idéal pour visiter les Moëres (marais asséchés) et la région Bachten de Kupe (l'arrière-pays de l'Yser).

Où dormir ?

🛏 **De Loft :** *Oude Vestingstraat, 36.* ☎ 058-31-59-49. ● deloft@pandora.be ● deloft.be ● *Doubles 85-90 € selon saison, petit déj inclus. Tarifs dégressifs. Parking payant.* 📶 *Reproduction d'aquarelle offerte sur présentation de ce guide.* À 300 m du Markt, une ancienne forge aménagée en hôtel

– taverne – tea-room, avec une dizaine de chambres sans fioritures et d'un confort correct. Jeune tenancier aimable qui organise des expos dans son salon de thé *(ouv tlj sf mar 8h30-19h).* Vélos à louer.

Plus chic

🛏 **'t Kasteel en Koetshuys :** *Lindendreef, 5-7.* ☎ 058-31-53-72. ● info@kasteelenkoetshuys.be ● kasteelenkoetshuys.be ● *Compter 108-125 € pour 2, petit déj compris. Possibilité de ½ pens le w-e.* Dans un joli hôtel particulier qui a fêté ses 100 ans, une douzaine de chambres d'hôtes de belle taille. Déco de charme, avec plancher et hauts plafonds moulurés. Petit déj gourmand pour démarrer la journée d'un bon pied. En option, un sauna, un hammam et une salle de massages (à réserver). Une belle adresse de style.
🛏 **The Old House :** *Zwarte Nonnenstraat, 8.* ☎ 058-31-19-31. ● info@theoldhouse.be ● theoldhouse.be ● *Compter 80-105 € selon chambre et saison ; petit déj 15 €. Parking gratuit.* 📶 Ici, c'est un ancien commissariat d'arrondissement, datant de plus de 200 ans, qui a été transformé en hôtel. Les 14 chambres sont superbes, spacieuses et tout confort. Un bon mélange d'atmosphère XVIIIe s et de modernité. Pour se détendre, un salon-piano d'époque et, ouvert à tout le monde, un agréable tea-room où l'on peut déguster un délicieux chocolat chaud ; c'est là aussi qu'on prend l'excellent petit déj. Très bon accueil.

Où manger ?
Où boire un verre ?

Toutes ces adresses sont situées sur ou à un jet de pierre de la Grand-Place.

LA PROVINCE DE FLANDRES OCCIDENTALE

De bon marché à prix moyens

IOI ▼ Taverne Flandria : *Grote Markt, 30.* ☎ *058-31-11-74.* ● *taverneflandria@telenet.be* ● *À côté de l'office de tourisme. Tlj sf mer soir et jeu 10h-22h (minuit en saison). Plat 8-14 €.* Taverne classique avec son décor traditionnel et son lot d'habitués. L'occasion de goûter à quelques produits du terroir, comme le boudin blanc et le pâté de Furnes, ou le fromage de Lo. Sinon, lasagnes, croquettes ou chicons au jambon... Service aimable et choix de bières important (120 !), dont la Westmalle au fût. Une bonne halte.

IOI Grill De Vette Os : *Zuidstraat, 1.* ☎ *058-31-31-10.* ● *info@grilldevetteos.be* ● *Tlj sf mer-jeu 18h-2h ; ouv aussi dim midi. Fermé 2 sem début oct. Repas env 25 €.* 📶 *Apéro offert sur présentation de ce guide.* De Vette Os, c'est le « bœuf gras » en flamand. Réputé pour ses demi-poulets (rôtis en salle), son carré d'agneau, son bœuf Angus, ses grillades diverses et, l'hiver, ses *stoofpotjes* (sortes de pot-au-feu). Amusant, on prend place sur des bancs de parc. Ambiance très animée.

tard le soir. Bon choix de vins de différents pays.

IOI ▼ 't Hof van de Hemel : *Noordstraat, 13.* 📶 *0474-88-46-84.* ● *info@thofvandehemel@be* ● *Tlj de 9h30 au dernier client. Service en continu. Fermé lun et dim sf pdt vac scol. Plats 10-25 €.* Pour une cuisine simple mais servie avec gentillesse, dans le beau cadre d'une maison médiévale. Dans cette jolie taverne à l'ancienne, on vient siroter avec une modération toute monastique la St-Bernardus, produite dans le village frontalier de Watou et disponible au fût. Côté assiette, plein de snacks pour toutes les faims et des spécialités pas trop ruineuses de pâtes maison, de crevettes et d'escargots. Terrasse à l'arrière.

Où sortir ?

▼ Café Oud Veurne : *Appelmarkt, 2.* 📶 *0485-31-36-20.* ● *info@oud-veurne.be* ● *Ouv ven-sam slt (mer-dim pdt vac scol) dès 16h.* Bar dansant dans une spectaculaire petite cave voûtée. On vient de loin pour s'y amuser. Prix corrects.

À voir

🎎 Grote Markt *(Grand-Place) :* ensemble harmonieux, surtout du côté des maisons Renaissance flamande, avec leurs pignons mignons, tous différents. Le bâtiment du *Landshuis,* ancienne châtellenie gérant les communes environnantes, plus tard palais de justice, est de facture classique. Le *beffroi* qui le surplombe fut érigé en gothique mais le joli clocher à bulbes aux boiseries jaunes est baroquisant. D'autres maisons méritent qu'on s'y attarde : le *Pavillon espagnol (Spaans paviljoen),* à l'angle gauche de l'Ooststraat, fut construit au XVe s et servit de Q.G. aux officiers ibériques. C'est une sorte de tour fortifiée de quatre étages, en brique claire. En face, l'ancienne *boucherie (Vleeshuis),* au pignon joliment festonné, est reconvertie en salle d'exposition. À l'un des angles du Markt, une maison à arcades servait de base à la garde de nuit. Une girouette en forme de lion des Flandres la surmonte.

🎎 Stadhuis *(hôtel de ville) : Grote Markt. Horaires de visite annoncés sur un panneau devant l'office de tourisme. Se renseigner pour savoir à quelle heure est la visite en français. Entrée : 3 € ; réduc.* Coincé dans un angle de la place, à côté du Landshuis, il présente une double façade dont l'une est précédée d'une élégante loggia à quatre colonnettes. À l'arrière, un clocheton avec un bulbe en forme de goutte.

L'intérieur de l'édifice a conservé de magnifiques reliques du passé. On trouve dans l'entrée des objets expiatoires de justice et le portrait du héros local qui informa en 1914 l'état-major allié sur les potentiels de défense que présentait l'inondation de la plaine de l'Yser. Dans plusieurs salles, mobilier des XVIIe et

XVIIIe s très bien conservé, portraits des archiducs Albert et Isabelle, de Louis XIV, de Joseph II et de son frère Léopold. Un superbe manteau de cheminée aux armes d'Espagne et, dans la chapelle attenante à la salle d'audience de l'ancien palais de justice, deux *Delvaux*, *La Dame de Furnes* et *Le Parc*. Remarquables aussi sont les revêtements muraux : tentures en cuir de Malines dans l'ancienne salle du conseil, tentures et chaises de velours bleu dans la salle du collège et, surtout, cuir repoussé de Malines dans la salle qui servit de bureau à Albert Ier et où il reçut Poincaré et George V.

🦅 *Sint-Walburgakerk (église Sainte-Walburge) :* *Grote Markt.* Elle est restée long-temps incomplète et son achèvement ne fut clôturé qu'au début du XIXe s. Dans la nef de droite, on peut voir un reliquaire contenant un morceau de la « Vraie Croix », bien sûr ! La ruine en face du parvis est celle de la nef du XIVe s et de son portail, restés isolés du corps principal de l'église.
– Le petit parc qui borde cet ensemble est un havre de paix charmant, aux arbres centenaires, retentissant du sifflement des merles. Un beau buste du peintre Paul Delvaux y trône. Il était citoyen d'honneur de Furnes, où il passa ses dernières années.

🦅 *La tour-donjon de l'église Saint-Nicolas :* à l'autre bout de la Grand-Place. Cette massive tour-donjon carrée (qui ne se visite plus) écrase les petites maisons attenantes. Le carillon égrène les notes de l'*Hymne à la joie*. Le niveau du portail d'origine donne une idée du rehaussement du sol depuis le XIIIe s, date de sa construction.

Manifestation

– *Procession des Pénitents (Boetprocessie) :* le dernier dim de juil. On voit de très nombreux participants (250 cagoulés) venir expier leurs fautes en traînant de lourdes croix. Le sommet est atteint avec le Christ, qui se coltine une double barre de 40 kg. Cela dure depuis 1644, preuve indéniable que l'Espagne a laissé ici plus que des souvenirs. Le nombre des participants croît même d'année en année !

Spécialités

Les *potjesvlèsch* sont des rillettes en gelée composées de lapin, de poulet, de veau. On en tartine une tranche de pain de campagne et on arrose le tout d'une trappiste de Sainte-Sixte. Également le *jambon de Furnes,* sans rival au rayon des jambons séchés.

DANS LES ENVIRONS (PROCHES) DE FURNES

🦅 👫 *Bakkerijmuseum (musée de la Boulangerie et de la Confiserie) :* Albert I-laan, 2. ☎ 058-31-38-97. ● bakkerijmuseum.be ● À proximité du carrefour E 40-A 18, dans la banlieue de Furnes. Juil-août : tlj 10h (w-e 14h30)-17h30 ; le reste de l'année, tlj sf ven 10h (w-e 14h)-17h. Fermé déc-janv. Entrée : 5 € ; réduc. Une ferme du XVIIe s qui abrite un petit musée attachant. La place du pain dans l'art, les chefs-d'œuvre

SUCE ET TAIS-TOI !

Une spécialité locale : la babelutte, un caramel fait de sucre et de beurre salé emballé dans un papier blanc et bleu. Ce nom provient du flamand babelen (« bavarder ») et uit (« terminé »). On dit qu'autrefois, pour faire taire quelqu'un, on lui offrait une babelutte. En effet, cette friandise a tendance, pendant la mastication, à tellement coller aux dents que ça empêche de parler.

en sucre, en massepain ou en chocolat, une boulangerie 1900, tous les outils de la pâtisserie, les fers à gaufres et à hosties, les moules à dragées, un vieux four à bois, une pelle à enfourner un « pain français » de 2,5 m, des cylindres pour bonbons acidulés et plein d'autres objets destinés à mettre la main à la pâte... En sortant, allez donc déguster une crêpe, une gaufre ou une part de tarte maison à la cafétéria.

DIXMUDE (DIKSMUIDE) (8600) 15 000 hab.

La « perle » des polders, comme ses habitants la nomment, est une ville char-gée de symboles. Ville verrou de la plaine de l'Yser, elle se trouva aux avant-postes des combats de 1914 et fut à ce titre une des villes martyres de la Grande Guerre. Choisie comme lieu de commémoration du souvenir des sol-dats flamands tombés dans les tranchées, elle vit l'érection d'une première *tour de l'Yser,* symbole international de la Paix et lieu de rassemblement des mouvements nationalistes flamands.

UN PEU D'HISTOIRE

Dixmude, à présent à près de 20 km de la mer, fut un port qui commerçait avec l'Angleterre via l'Yser, alors un estuaire. Ville drapière, elle vendait aussi son célè-bre beurre à Paris. Les troupes allemandes de 1914 s'y heurtèrent à une défense acharnée des Belges, épaulés par une brigade de 6 000 fusiliers marins français. La ville fut pilonnée par l'artillerie lourde et les défenseurs durent se replier derrière l'Yser et s'y enterrer pour 4 ans. Dixmude n'était plus qu'un champ de ruines. Après le conflit, ses habitants la rebâtirent à l'identique.

Adresses utiles

🛈 *Office de tourisme :* Grote Markt, 28. ☎ 051-51-91-46. ● diksmuide. be ● Tlj 10h-12h, 14h-17h. Prenez-y la brochure *Diksmuide* qui propose une petite promenade guidée de la ville et les différents circuits à vélo à faire dans les polders. Vous y trouverez aussi les adresses où louer votre deux-roues.
🚂 *Gare NMBS :* Bortierlaan. À 300 m du Markt. Trains pour Gand et La Panne.

Où dormir dans le coin ?

🏠 *Kasteelhoeve Viconia :* Kasteel-hoevestraat, 2, **Diksmuide-Stuive-kenskerke** (8600). ☎ 051-55-52-30. ● info@viconia.be ● viconia.be ● Fermé en janv et 1re quinzaine de sept. En sem, 61-75 €/pers en ½ pens ; le w-e, séjour de 2 nuits obligatoire (toujours en ½ pens) 127-155 €/pers. En pleine nature, à 7 km de Dixmude en direction de Veurne et 20 km de la frontière fran-çaise, une ferme-château en brique de style néogothique, ancienne institution norbertine. Chambres à la déco et au confort standard et cuisine du terroir de bonne tenue. Grandes pelouses et jar-din. Location de vélos sur place.

Où manger ?

🍴 *'t Fort :* Kaaskerkestraat, 2. ☎ 051-50-65-80. ● info@brasserietfort.be ● Tlj (sf lun hors saison) 11h-21h. For-mule moules à volonté : 15 €. Maison d'angle juste à côté de l'accueil de la tour de l'Yser. Pratique pour ceux qui vont visiter cette dernière. L'endroit est d'ailleurs assez fréquenté, on y bou-lotte des plats de pâtes et de belles pizzas bien garnies à prix raisonnables.

Également des viandes et poissons (plus chers). Déco contemporaine un poil chic, mais atmosphère très relax. Terrasse couverte.

À voir

🍴 **Grote Markt :** grande place reconstruite à l'identique après 1918 en brique jaune du pays. Hôtel de ville néogothique.

🍴 **Sint-Niklaaskerk** (église Saint-Nicolas) **:** *Grote Markt.* Fidèlement reconstituée d'après un original du XIVᵉ s, elle contient un *Chemin de croix* de Georges Minne. Sur une colonne, photo de la ville détruite.

🍴 Au-delà du portail gauche de l'église Saint-Nicolas, la rue mène au **Vismarkt** (*marché aux poissons*) puis, franchissant un canal, jusqu'au **béguinage.** Agréable lieu de paix articulé autour d'une pelouse et d'une chapelle. Si ça a l'air si propre et net, c'est qu'ici aussi il a fallu reconstruire.

🍴🍴 **Ijzertoren** (tour de l'Yser et musée de la Paix) **:** *Ijzerdijk, 49.* ● ijzertoren.org ● *Tlj 9h (10h le w-e)-18h (17h en hiver). Fermé 3 sem après vac de Noël. Entrée : 7 € ; réduc.* Construite après la Première Guerre mondiale, cette tour assez peu gracieuse se dresse à la sortie de la ville et abrite un musée réparti sur... 22 étages. En 1946, elle fut dynamitée « d'une façon professionnelle, efficace, anonyme et tout de même connue » (!) et reconstruite en plus grand (84 m). Avec les débris de la première tour, on dressa une **porte de la Paix,** à la manière d'un arc de triomphe. Aujourd'hui, son musée, par le biais d'une muséologie interactive, se consacre aux deux grandes guerres et à ses victimes, à la paix et aux Droits de l'enfant... le tout sur fond de reconnaissance et d'affirmation de l'identité du peuple flamand. On peut d'ailleurs lire, au sommet de la tour, la devise-slogan en croix *AVV-VVK – Alles voor Vlaanderen, Vlaanderen voor Kristus !* – « Tout pour la Flandre, la Flandre pour le Christ ! ». Mais bon, plus qu'un endroit consacré à la gloire et à l'autonomie dudit peuple, il s'agit d'un monument à la paix et à la liberté, comme en témoigne d'ailleurs le festival musical organisé chaque année autour de ces deux thèmes par l'association responsable du musée. Vue panoramique du haut de la tour, auquel on accède par ascenseur avant de redescendre à pied.

🍴 **Dodengang** (« *Le Boyau de la Mort* ») **:** *Ijzerdijk, 65. Sur la berge gauche du fleuve, à 3 km du pont qui enjambe l'Yser. D'avr au 11 nov, tlj 10h-17h ; le reste de l'année, slt mar et ven 9h30-16h. Fermé Noël-Nouvel An. Entrée gratuite.* Ce réseau de tranchées en chicane se trouve sur la berge gauche du petit fleuve, à l'endroit où celui-ci, large d'une vingtaine de mètres, séparait les lignes des Allemands et des Belges. Les Allemands avaient une tête de pont sur la rive gauche.

HÉROÏQUES ANIMAUX

Pendant la Grande Guerre, bien des animaux ont souffert de la stupidité humaine. Les mules acheminaient ravitaillement et munitions ; les chiens dénichaient les blessés sous la mitraille ; les pigeons portaient les messages et étaient souvent abattus. Les canaris et les grillons s'arrêtaient de chanter à l'approche des gaz asphyxiants... Les seuls à en avoir profité furent les mouches, les rats et les poux.

Les tranchées conservées serpentent sur environ 400 m. Dans le musée, le premier étage aborde les faits historiques et la vie quotidienne dans les tranchées. Photos, bandes vidéo, cartes et pièces de collection illustrent cette tranche d'histoire dramatique. En entendant gazouiller les oiseaux aujourd'hui, on a du mal à imaginer que des combats effroyables se sont déroulés dans ces avant-postes, sans cesse sous le feu de la mitraille. Il arriva même que, à portée de voix les uns des autres, des soldats des deux camps se mettent à vouloir fraterniser...

DANS LES ENVIRONS DE DIXMUDE

🏃 *Le cimetière allemand de Praetbos-Vlasdo :* à 7 km à l'est de Dixmude, c'est une large pelouse installée au milieu d'un bois tranquille. Depuis plus de 60 ans, un magnifique groupe statuaire veille sur le repos éternel de 25 638 soldats allemands de la Grande Guerre. Leurs noms sont gravés par groupes de 20, sur de simples dalles plates. Beaucoup étaient des étudiants et, parmi eux, Peter, le fils de Käthe Kollwitz. L'artiste berlinoise a donné au cimetière deux poignantes statues agenouillées, celles d'un père et d'une mère accablés par le chagrin, muets de douleur. L'expression de leur désespoir est la meilleure propagande que l'on ait faite contre la guerre.

🏃 *Old Timer Museum Bossaert :* *Tempelaere, 12, Reninge* (8647). ☎ *057-40-04-42.* ● *oldtimermuseum.be* ● *Sur la N 8, entre Furnes et Ypres, entre Oostvleteren et Woesten. Lun-ven 13h (13h30 lun)-18h15, sam 10h30-17h15. Fermé dim et j. fériés. Entrée : 7 € ; réduc.* Installé dans un complexe commercial flanqué d'une café'. Superbe collection privée d'une centaine de voitures anciennes et de motos, pour les amateurs de belles carrosseries. Vaste hall d'expo lumineux. En vrac, quelques modèles qui nous ont tapé dans l'œil : Lincoln Continental 1978, Fawcett Flyer 1918, Mercedes 600 de 1965, Moskovitch 1951, FN 1924, Minerva 1930, Packard 1939, Alcyon 1925, Landaulet 1908, Austin Seven 1932 et plusieurs légendaires Ford T...

YPRES (IEPER)　　　　(8900)　　　　35 000 hab.

> « J'aimerais acquérir toute la ville d'Ypres comme grande ruine.
> Pour le peuple britannique, il n'existe pas de lieu plus saint. »
>
> Winston Churchill.

Ville martyre symbole de la folie des hommes (elle donna son nom à un gaz de combat, l'ypérite), ville souvenir pour des centaines de milliers de familles britanniques, ville modèle de la reconstruction courageuse, Ypres est une cité qu'il ne faut en aucun cas manquer lors d'une visite de la Flandre. Les monuments détruits ont été rebâtis avec une précision de maquettiste. Malgré tout, une certaine froideur domine. Le musée In Flanders Fields fait revivre avec tous les moyens technologiques modernes la réalité de ces années terribles.

UN PEU D'HISTOIRE

Ypres, au Moyen Âge, est l'une des trois grandes villes de la Flandre avec Bruges et Gand. Sa population compte au XIIIᵉ s jusqu'à 40 000 habitants (plus qu'aujourd'hui), occupés essentiellement à la production du drap qui se vendait dans l'Europe entière. Encore une fois, le déclin vient de troubles sociaux, suivis d'une épidémie de peste et de conflits sanglants avec la France. On voit la récession se prolonger au cours des siècles suivants avec la prise dévastatrice par le duc de Parme en 1584, qui fait massacrer sa population. Objet de sièges successifs de la part des Français au XVIIᵉ s, la ville leur échoit au traité de Nimègue en 1678. Aussitôt, *Vauban* s'empresse d'en faire une place forte modèle. L'Autriche en 1716, puis la France à nouveau en 1792, la Hollande en 1815... Ypres partage en ces siècles troublés le destin commun de toutes ces villes frontalières, victimes du grand jeu de ping-pong de la politique européenne. Malgré tous les aléas de l'histoire, Ypres avait réussi à conserver à peu près intacts ses monuments architecturaux. C'était sans compter les canons Krupp de l'armée du Kaiser.

Il fallut près de 50 ans (1919-1967) pour reconstruire Ypres. Les travaux furent financés en grande partie par les dommages de guerre allemands et, le moins que l'on puisse dire, c'est que le résultat est époustouflant. La halle est une parfaite illusion de gothique authentique !

La ville se souvient chaque jour de cette tragédie en perpétuant la cérémonie de la sonnerie aux morts de la Première Guerre mondiale.

1914-1918 : l'Apocalypse à Ypres

En octobre 1914, alors que l'inondation des polders bloque l'avance allemande un peu plus au nord, les Anglais supportent autour d'Ypres le poids d'une offensive de grande envergure. Ils se maintiennent avec les Canadiens et les Français, mais Ypres et ses monuments servent de cible aux grosses pièces prussiennes. Huit siècles d'architecture sont réduits à un tas de ruines fumantes.

Pendant 4 ans, cette partie du

> ### GALERIE DE SOLDATS
>
> *Parmi les combattants présents à Ypres durant la période 1914-1918 : Louis-Ferdinand Céline, gravement blessé en 1914 à Poelkappelle (il fut invalide à 75 %) ; l'Allemand Ernst Jünger (écrivain aussi), qui connut l'enfer de Passendale ; Georges Guynemer, tué en combat aérien à Poelkappelle et Adolf Hitler (jeune soldat), blessé à Wijtschate.*

front occidental *(le saillant d'Ypres)* va connaître des combats d'une violence inégalée dans l'Histoire. Les conditions effroyables (boue, pluie) et les moyens employés (pilonnage incessant, gaz de combat) vont décimer toute une génération de jeunes des deux camps. Défendu par les troupes venues des quatre coins de l'Empire britannique, le champ de bataille de la Flandre va coûter la vie à près de 450 000 d'entre eux ! Des dizaines de milliers n'eurent même pas de sépulture officielle. Les pertes allemandes furent encore plus épouvantables.

Comment y aller ?

➤ *En train :* • b-rail.be • Au bout de la ligne Bruxelles-Courtrai-Ypres.
➤ *En voiture :* de Lille et Courtrai (E 17), prendre l'A 19 qui mène aux abords de la ville.

Adresses utiles

🄸 *Office de tourisme :* Lakenhalle, Grote Markt, 34. ☎ 057-23-92-20. • ieper.be • 1er avr-15 nov : lun-ven 9h-18h, w-e 10h-18h ; fermeture à 17h le reste de l'année. Guide des loisirs gratuit, avec la liste et un petit commentaire sur toutes les balades à faire dans le coin. Sinon, vente des cartes des promenades à vélo, notamment *Le Circuit de la paix*. C'est aussi le centre d'infos pour la région autour d'Ypres,

appelée le *Westhoek* (voir aussi le site • toerismewesthoek.be •). Belle librairie. Ne partez pas sans jeter un œil aux cartes postales, on y voit la ville avant 1914-1918, après 1914-1918 et aujourd'hui. Édifiant !

■ *Location de vélos :* au camping *Jeugdstadion*, situé juste en dehors du centre, côté sud. ☎ 057-21-72-82. Compter 10 €/j. Sinon, à l'*Hôtel Ambrosia*, D'Hondtstraat 54 (mêmes tarifs) et dans d'autres hôtels.

Où dormir ?

Chic

🛏 *Regina :* Grote Markt, 45. ☎ 057-21-88-88. • info@hotelregina.be • hotelregina.be • Doubles à partir de 80 €, petit déj compris. 10 % sur le prix de chambre offert à nos lecteurs.

Grande bâtisse de brique jaune sur la place principale, en face de la halle. Chacune des 20 chambres porte le nom d'un artiste : Piaf, Garbo, Ensor, Magritte... Elles sont toutes différentes, très confortables et originales dans la déco, avec une salle de bains en carreaux de faïence ou en pierre apparente, ça dépend. Bar et resto sur place (fermé le dimanche). Accueil très pro.

🛏 **Hôtel O :** D'Hondtstraat, 4. ☎ 057-36-23-30. ● ieper@hotelhotelo.com ● hotelhotelo.com ● À deux pas de la Grand-Place. Fermé fin déc-fin janv. Doubles 79-119 € selon chambre et saison, petit déj (moyen) inclus. Réduc de 4 € si on réserve par e-mail. 📶 Thé et café offerts. Cet hôtel de centre-ville a choisi de coller à la thématique récurrente de la ville : la guerre. Chambres décorées de malles, jerricans et vrais-faux téléphones d'époque. Sans oublier les éléments du confort moderne : clim, écran plat, literie d'excellente qualité. Ça pourrait être de mauvais goût, mais tout est conçu avec une sobre élégance et sans le côté oppressant qu'on serait en droit de craindre. Certaines chambres ont une vue extra sur la place (carillon toni-truant compris), d'autres sont mansardées. Tables et chaises de mess dans la salle de petit déj. Vous aurez sans doute l'occasion de bavarder avec les gérants, un couple d'Anglais hauts en couleur. Vélos en location.

🛏 **Albion :** Sint Jacobsstraat, 28. ☎ 057-20-02-20. ● info@albion hotel.be ● albionhotel.be ● Doubles 99-133 €, petit déj inclus. Parking gratuit à deux pas. 📶 Dans les anciens locaux des services sociaux de la ville, un hôtel non dénué de charme, occupant de vastes volumes. Déco standard dans les chambres, impeccables et spacieuses, avec salle de bains moderne. Le petit déj (excellent) se prend dans une sorte de salon-bibliothèque. Propriétaire très courtoise. Vélos à louer.

Où manger ?

La vie nocturne se réduit à quelques cafés-tavernes-restos autour du Markt.

Prix moyens

🍴 **In 't Klein Stadhuis :** Grote Markt, 32. ☎ 057-21-55-42. ● info@ kleinstadhuis.be ● Tlj midi et soir de 9h jusqu'au dernier client (cuisine 11h-minuit) ; fermé dim hors saison. Lunch dès 14 €, plats 15-22 €. Snacks à prix modérés. Cette façade à pignon abrite une joyeuse taverne peinte dans les tons gais, sur 2 étages. Ça ne désemplit pas, on y vient autant pour boire un godet que pour se caler la panse. Cuisine soignée pour toutes les bourses, du spaghet' maison au jambonneau sauce champignon (la spécialité archi-copieuse) en passant par la moussaka, l'onglet, la tartiflette ou le gratin de poisson. Également des options végétariennes. Profitez-en aussi pour siffler une (ou deux) Hommelbier, la bière de la proche petite ville de Poperinge. Concert gratuit le mardi soir en juillet-août.

🍴 **Den Anker :** Grote Markt, 30. ☎ 057-20-12-72. ● denanker-petrus@ telenet.be ● Tlj 12h-22h. Menus à partir de 13 € le midi et 21 € le soir ; plats 15-25 €. À côté du Klein Stadhuis, mais changement radical de décor et de clientèle, plus classe et plus sage. Ici, on sert des moules-frites et autres plats traditionnels, comme la côte à l'os ou la brochette géante de bœuf, à déguster dans une salle classique. Copieux et bien mijoté. Également de grosses salades.

Où boire un verre ?

🍺 **De Vage Belofte :** Vismarkt, 3. ☎ 057-21-56-50. ● devagebeloft@ gmail.com ● Tlj dès 16h ; fermé lun en période scol. Une Queue de charrue (bière) offerte sur présentation de ce guide. Le Vismarkt est l'un des rares endroits d'Ypres qui s'animent un peu le week-end. Plusieurs bars, les uns à côté des autres. Dans celui-ci, on peut goûter une blonde mousseuse, conseillée par le jeune patron, passé maître ès bières (belges).

À voir. À faire

🎭🎭 L'immense **Grand-Place**, la gigantesque **halle aux draps** de style gothique (125 m de long) et le massif **beffroi** carré (classé, comme les autres beffrois de Belgique, au Patrimoine mondial de l'Unesco, il se visite depuis le musée In Flanders Fields), pour 2 € de supplément) donnent une idée du volume du commerce qui pouvait se traiter ici avant le XIIIᵉ s. La halle, comme presque toute la ville, fut entièrement dévastée par les bombardements et reconstruite à l'identique (une prouesse !). De nos jours, même si l'ensemble est harmonieux, leur taille frise la démesure : la halle aux draps pourrait, à vue de nez, contenir toute la population de la ville !

🎭🎭🎭 **In Flanders Fields :** au 1ᵉʳ étage de la halle aux draps, Grote Markt, 34. ☎ 057-23-92-20. ● inflandersfields.be ● D'avr à mi-nov, tlj 10h-18h ; le reste de l'année, mar-dim 10h-17h. La caisse ferme 1h plus tôt. Fermé 3 sem après les vac de Noël. Entrée : 8 € ; 1 € jusqu'à 25 ans. Billet (en fait, un bracelet à puce prêté contre une caution de 1 €) valable également pour les autres musées de la ville. À ne pas rater ! Musée moderne rénové en 2012 et interactif utilisant les dernières technologies pour restituer avec brio les douloureuses années 1914-1918, où la ville fut prise dans l'œil du cyclone de batailles titanesques et meurtrières au point d'hériter, comme Coventry, Verdun, Dresde, Stalingrad, Hiroshima ou Sarajevo, du label peu enviable de ville martyre.

Le parcours s'appuie sur une quantité d'objets, de documents et de témoignages qui imprègnent le visiteur de la réalité de cette tragique page d'histoire. Le bracelet remis à l'entrée permet de suivre l'histoire personnelle d'un homme ou d'une femme ayant vécu la guerre. Des écrans interactifs permettent également d'approfondir un aspect particulier du conflit, tel que le traitement des blessés ou la vie en dehors du front. Après un bref rappel de l'histoire de la ville, bourgeoisement tranquille au début du XXᵉ s, on entre de plain-pied dans le contexte international orageux de l'été 1914. L'invasion de la Belgique par les troupes de Guillaume II est montrée via un montage de films d'époque. Puis, suite à une phase joyeuse où la guerre est perçue par les officiers britanniques comme un aimable pique-nique, se présente la première bataille de l'Yser, l'inondation de la plaine et la mise en place des tranchées. La désuétude des équipements, inadaptés à ce type de guerre, y est illustrée par une citation de Louis-Ferdinand Céline, qui se plaint du raffut que fait son sabre de cuirassier lorsqu'il chevauche vers le front.

Dès Noël 1914, des tentatives de fraternisation entre les belligérants qui doutent du bien-fondé des tueries déclenchent une répression féroce des états-majors. Dans l'armée belge, des conscrits flamands ont du fil à retordre avec les ordres donnés par leurs officiers francophones. Très vite, tout l'arsenal industriel est mis à contribution pour fabriquer des armements capables de provoquer des percées décisives. L'artillerie lourde, aidée par l'observation aérienne, réduit la campagne des environs d'Ypres à l'état d'un sol lunaire. On va même jusqu'à construire des faux arbres en acier pour épier les lignes ennemies. L'emploi du **gaz moutarde** (nommé *ypérite* en hommage malheureux à la cité rasée) décime les rangs des combattants, pris de court et contraints d'uriner sur leurs mouchoirs pour se protéger sommairement le visage. L'usage du masque se révèle obligatoire, et le « saillant d'Ypres », où un demi-million de combattants laissent la vie, devient l'antichambre de l'Apocalypse.

Dans un espace empli de vapeurs de gaz, des images d'archives montrent de braves Tommies déboussolés se faire dégommer par les mitrailleuses des Teutons, des membres figés par la mort émergeant de la boue sous une dalle. En agonisant, les pauvres troufions posent la question cruciale : « *Why?* »

Pendant ce temps, à l'arrière, les permissionnaires tentent d'oublier quelques instants ces horreurs avant de retourner au casse-pipe, les chirurgiens et les infirmières des hôpitaux de campagne s'efforcent de rafistoler les gueules cassées et les mutilés ; les prisonniers de guerre se disent que, malgré leur captivité,

LA PROVINCE DE FLANDRES OCCIDENTALE

ils ont tiré le bon numéro. Après 4 années, le calme revient enfin sur Ypres, ses habitants rentrent et entament courageusement une longue reconstruction, et la région voit émerger les alignements de dizaines de milliers de croix fleuries de coquelicots.

Vous l'aurez compris, ce musée captivant, riche de témoignages humains plutôt que de fastidieuses descriptions stratégiques, nous a beaucoup émus et nous sommes sûrs qu'en accueillant un énorme public il contribuera à enlever aux générations futures toute envie de faire la guerre.

POPPYS IN FLANDER'S FIELDS

Associés dans les pays du Commonwealth au souvenir des combattants, tombés en 1914-1918, les coquelicots fleurissaient en abondance dans les champs de Somme et des Flandres et leur couleur rouge vif constituait un symbole évident pour le bain de sang de la guerre des tranchées. Une Française, Madame Guérin, proposa au maréchal anglais Haig que les femmes et les enfants des régions dévastées de France produisent des coquelicots en papier pour recueillir des fonds et venir en aide aux gueules cassées. En 1921, les premiers coquelicots furent distribués. La tradition se poursuit depuis.

🏛 *Stedelijk Museum :* Leperstraat, 31. ☎ 057-23-92-20. Près de la Rijselpoort. Tlj sf lun 10h-12h30, 14h-18h (17h l'hiver). Entrée : 2,50 € ou incluse dans le billet du musée In Flanders Fields. Musée de la ville situé dans un ancien hospice, intéressant pour se rendre compte du chantier colossal qu'a été la reconstruction d'Ypres. À cet égard, le film de 15 mn (en français) est édifiant. Au 2e étage, le plus ancien plan de la ville (1564). Au 1er, toiles de la peintre yproise Louise de Hem.

🏛 *La cathédrale Saint-Martin :* elle a également bénéficié de la reconstruction, en héritant d'une nouvelle flèche, absente avant 1914 et culminant à 102 m. L'intérieur est assez grandiose. Le tombeau du fondateur de la doctrine janséniste, l'évêque Jansénius, s'y trouve en compagnie de Robert de Béthune, comte de Flandre, dans la chapelle du Saint-Sacrement. Une stèle rappelle l'aide apportée par les Flamands aux partisans de William Wallace à la bataille de Bannockburn, où les Écossais flanquèrent la raclée aux Anglais en 1314 ! Une autre rend hommage aux enfants de France tombés sur le sol belge pendant la Grande Guerre. Ouf, l'honneur est sauf !

➤ *La promenade des remparts :* à partir de la poudrière. Demandez le plan du parcours à l'office de tourisme. Longue de 2,6 km, elle permet de passer par la *Boterplas*, à l'ouest de la ville, avec les ouvrages à cornes de Belle et Elverdinge, de voir la *tour des Lions* ou l'*hospice Saint-Jean*. Elle se poursuit par les *fortifications de Vauban,* qui surplombent les douves, et se termine à la *porte de Menin* (où se déroule la cérémonie du Last Post ; voir ci-dessous « Manifestations »).

LE PRIX NOBEL ÉTAIT UN CRIMINEL DE GUERRE

Fritz Haber, chimiste allemand d'origine juive, découvrit le gaz moutarde qui tua tant de soldats dans les tranchées de la Grande Guerre. En 1918, considéré comme un héros dans son pays, il reçut le prix Nobel de chimie ! Confrontée à cette horreur, sa femme se suicida. Il fut aussi à l'origine du Zyklon B que les nazis utilisèrent dans les chambres à gaz.

Manifestations

– *Cérémonie du Last Post :* ts les soirs à 20h, à la porte de Menin (sur ● lastpost. be ●, vous trouverez le calendrier des grandes manifestations, en uniformes, avec *fanfare, etc.).* Depuis 1928, une cérémonie simple mais émouvante se déroule sous l'arche. Deux clairons yprois (du corps des pompiers) jouent la sonnerie aux morts en mémoire des 54 896 militaires du British Empire tués avant le 15 août 1917 et dont les corps ne furent jamais retrouvés. Après cette date, 34 984 autres disparurent encore. Leurs noms sont inscrits au *Tyne Cot Cemetary* à Passendale. Toutes les nationalités de l'Empire y sont présentes : quel destin incroyable pour ces Australiens, Néo-Zélandais, Sikhs, Écossais, Gallois, Irlandais, Afghans, Sud-Africains ou Birmans, d'avoir respiré pour la dernière fois sous le ciel de la Flandre... Les morts ne sont pas oubliés.

– *Fête des Chats :* ts les 3 ans, le 2e dim de mai. *Prochaine édition en 2015.* D'après une tradition médiévale qui voulait qu'à date fixe des chats fussent jetés du haut de la tour du beffroi. Cette cruelle coutume servait de support à la « fête des Chats », qui se perpétue de nos jours. Festivités le samedi et cortège de chats le dimanche, à l'issue duquel on jette encore des chats du haut du beffroi, mais des chats en peluche. En recevoir un sur le crâne est censé porter bonheur !

DANS LES ENVIRONS D'YPRES

Quelques hauts lieux de 1914-1918 au départ d'Ypres

La région d'Ypres est parsemée de cimetières, de cratères d'obus et de petits musées. On retrouve encore des vestiges de la guerre tous les ans en labourant. La brochure *In Flanders Fields* décrivant l'itinéraire 1914-1918 (à faire en voiture) est disponible en français (3 €) auprès des offices de tourisme de la région. Cette route de 82 km et 30 étapes environ (deux boucles autour d'Ypres) vous aidera à faire le tri parmi les innombrables tranchées et cimetières. Voici, en attendant, l'essentiel de l'essentiel.

🎖 En partant vers l'est sur la route de Menin, le *Hooge-Crater* *(Meenseweg, 467 ;* ● *hoogecrater.com* ●*)* témoigne des énormes trous laissés par les explosions de sapes souterraines. Chapelle et petit musée avec de nombreux objets et armes retrouvés dans le sol *(entrée 4,50 € ; mar-dim 10h-18h).*

🎖 À *Langemark,* le plus grand cimetière allemand, avec plus de 44 000 noms gravés sur des stèles de bronze, mélangés sans distinction d'âge ou de grades. Belle présentation vidéo sur place.

🎖 À *Poelkappelle,* au carrefour de la N 313 et de la route de la forêt d'Houthust, d'où démarra l'offensive libératrice de 1918, le très beau *monument à Georges Guynemer,* commandant de l'escadrille des cigognes, titulaire de 54 victoires et abattu le 11 septembre 1917.

🎖🎖 À *Zillebeke,* deux *collines, Hill 60* et *Hill 62,* portaient des noms de cotes d'altitude. Des milliers de Britanniques y succombèrent. On y trouve un mémorial aux *Queen Victoria Rifles* et un monument aux sapeurs australiens, ainsi qu'un petit musée au *Sanctuary Wood.* Celui-ci n'est pas forcément des plus palpitant (comme souvent avec ces petits musées privés faits avec les moyens du bord) ; en revanche, il donne accès à des tranchées qui se trouvent être dans un remarquable état de conservation.

🎖 Sur le territoire de *Zonnebeke,* le *Tyne Cot Cemetary* rappelle aux Anglais l'enfer de Passendale, le point du front le plus redouté par les Tommies. Au flanc de la colline, dans une ordonnance qu'on hésite à qualifier « de parade », s'alignent plus de 12 000 tombes, souvent anonymes, et sur les murs sont gravés les noms de plus de 35 000 autres disparus.

%% *Dugout Experience – Memorial museum Passchendaele 1917 :* Ieperstraat, 7a, à Zonnebeke (8980). ☎ 051-77-04-41. ● passchendaele.be ● Fév-nov, tlj 9h-17h. Entrée : 5 € ; réduc. Ce musée relate brillamment l'offensive britannique de 1917. On commence la visite par le 1er étage et les cinq grandes batailles d'Ypres, pour s'intéresser plus spécialement à la bataille de Passchendaele, une tentative de percée de la ligne des crêtes (le « saillant d'Ypres »). 100 jours ! Au total

SE BATTRE ENTRE COPAINS

La conscription n'existait pas en Grande-Bretagne. Les 300 000 soldats de l'armée de métier étaient insuffisants pour faire face aux besoins de la Première Guerre mondiale. L'État-major leva des « bataillons de copains » (chums brigade) réunissant des volontaires de la même école ou du même village. Avec la garantie de combattre côte à côte, les épreuves de la guerre des tranchées devenaient, en principe, plus supportables.

500 000 morts de part et d'autre. Tout ça pour grignoter 8 km sur l'ennemi. Vous parlez d'une victoire ! Pour rendre compte de cette absurdité mais aussi pour rendre hommage à tous ces soldats sacrifiés, le musée présente toutes sortes d'objets militaires ou personnels, des maquettes, des photos, des documents cinématographiques, des gravures. Des commentaires audio (en français) donnent vie aux vitrines. Muséographie ludique et interactive. On pourra ainsi respirer (ou tout au moins sentir !) de l'ypérite et surtout crapahuter dans des souterrains, puisqu'une galerie a été reconstituée à l'identique dans les sous-sols, avec le poste de commandement, un poste de secours, les dortoirs, etc. Claustrophobes s'abstenir !

Ce musée, qui est en train de s'agrandir et de se moderniser, constitue une bonne introduction à la visite des champs de bataille et n'est pas réservé, bien au contraire, aux seuls fanatiques d'histoire militaire. D'ailleurs, on y croise souvent des groupes scolaires.

%% Et encore, dans les environs, des quantités de petits mémoriaux et cimetières, enchâssés dans les cultures et dédiés aux Canadiens, Australiens, Néo-Zélandais, Sud-Africains... ayant combattu pour la gloire de l'Empire britannique.

POPERINGE (8970) 19 500 hab.

Après avoir donné son nom au tissu appelé « popeline », cette petite cité à 11 km à l'ouest d'Ypres est devenue la *capitale du houblon.* Le paysage est ponctué de ces hauts tuteurs autour desquels la plante s'enroule. La préparation des jets de houblon au printemps est l'une des particularités de la cuisine locale. Bref, avec en plus un centre charmant autour du Markt, Poperinge mérite bien une brève halte.

Adresses utiles

🄘 *Office de tourisme :* Stadhuis, Grote Markt, 1. ☎ 057-34-66-76. ● poperinge.be ● Tlj (sf dim oct-mars) 9h-12h, 13h-17h (16h w-e). Prenez-y le plan de la ville, où sont pointées toutes les curiosités.

🚃 *Gare :* Ieperstraat, 165. ☎ 056-26-35-51. Trains de Courtrai via Ypres.

■ *Location de vélos :* à l'*Hôtel Belfort,* Grote Markt, 29. ☎ 057-33-88-88. Compter 10 €/j.

Où dormir ?

De prix modérés à prix moyens

🛏 I●I **Predikherenhof :** *Elverding-seweg, 25.* ☎ 057-42-23-66. ● *predik herenhof@telenet.be* ● *predikherenhof. be* ● *À 4 km de Poperinge, direction Elverdinge. Double 78 €, petit déj inclus. Table d'hôtes 22 €, le soir slt ; ½ pens possible (61 €/pers).* Ferme au milieu des champs, proposant 6 chambres impeccables et toutes différentes équipées de mobilier en bois et d'une très bonne literie. Chacune porte le nom d'une vache... décédée puisque, maintenant, les vaches n'ont plus de nom. Vraiment l'endroit idéal pour sentir la région ! Terrasse agréable, qui plus est, donnant sur des cultures de moutarde, et même quelques paons dans la cour. Le petit déj-buffet est servi dans une salle rustique bien sympathique. Accueil charmant.

🛏 **Talbot House :** *Gasthuisstraat, 43.* ☎ 057-33-32-28. ● *info@talbot house.be* ● *talbothouse.be* ● *Fermé 20 déc-5 janv. Doubles avec sdb commune 52-64 € selon saison ; petit déj 7 €.* 🛜 La *Talbot House,* ancien refuge pour les soldats anglais de 1914-1918, continue d'accueillir ceux qui le désirent (principalement des Britanniques) pour la nuit. Pas le grand luxe (chambres de 1 à 4 lits avec lavabo, salle de bains à l'étage) mais bien tenu et literie douillette. Et puis, quel pied de dormir dans un musée ! Quelques chambres plus modernes au fond du jardin. Pour plus d'infos sur l'histoire du lieu, lire plus loin la rubrique « À voir ».

Où manger dans la région ?

I●I **Gasthof 't Hommelhof :** *Watou-plein, 17, Watou-Poperinge (8978).* ☎ 057-38-80-24. ● *info@hommelhof. be* ● *Watou est à un jet de pierre de la frontière française. Fermé lun, mar et jeu soir, mer tte la journée. Juil-août*

ouv tlj. 1er menu 34 € ; carte 40 €. Café offert sur présentation de ce guide. Une étape gastronomique au cœur du mignon village de Watou. Décor d'auberge flamande, le houblon sèche au-dessus du comptoir. Spécialité de cuisine à la bière : le demi-coq à la blanche de Watou, le jambonneau à la triple Saint-Bernard et, en saison, les délicieux jets de houblon qui accompagnent la solette sauce Nantua. Prix raisonnables pour la qualité. Terrasse aux beaux jours.

Où boire un verre dans les environs ?

🍷 ● **In de Vrede :** *Donkerstraat, 13, Westvleteren (8640).* ☎ 057-40-03-77. ● *philip@indevrede.be* ● *À 6 km au nord de Poperinge, par la N 321, en direction de Westvleteren (c'est fléché). Tlj sf ven (et jeu sf été) 10h-20h (au moins). Fermé 1re quinzaine de janv, 2e sem des vac de Pâques et 2e quinzaine de sept.* Cafétéria située en face de l'abbaye Saint-Sixtus, perdue au milieu des polders et qui ne se visite pas, mais où l'on fabrique une des 6 vraies bières trappistes de Belgique : la **Westvleteren,** une brune mousseuse et charpentée qui existe en version 6, 8 ou 12°. Cette dernière a été élue à plusieurs reprises « meilleure bière du monde » par les connaisseurs. Comme ce nectar ne se vend pas dans le commerce, les aficionados viennent de loin pour s'en procurer, dans la boutique accolée à l'abbaye... mais seulement sur réservation, et par caisses de 24 bouteilles (via le site ● *sintsixtus. be* ●). On peut cependant la déguster au café, et en acheter 6 bouteilles par personne sans avoir commandé à l'avance. Au fond de la cafét', petite expo gratuite *(14h-17h sf ven)* sur la vie des moines et le travail à la brasserie.

I●I ♪ **Wally's Farm :** *Abeelsweg, 232 ; dans la campagne environnante, à 3 km au sud de Poperinge.* ☎ 57-33-52-24. 📠 0475-37-78-04. ● *info@wallysfarm. be* ● *wallysfarm.be* ● *Ouv ven-sam dès 19h, dim 12h, les j. fériés et tlj sf lun mi-juil mi-août. Menus 15,50-18 €. CB refusées. Résa recommandée.* Une adresse dans la région connue comme le houblon ! Immense salle conviviale, pleine de souvenirs, icônes et symboles de la culture rock et country américaines. Il faut dire que le maître des lieux, le grand Wally, voue un véritable culte à Elvis, Chuck, Gene et Buddy and Co et... se révèle lui-même un super chanteur de rock doué d'une belle voix « presleysienne » ! Atmosphère bon enfant, grosses tablées de gens de tout bord et se repaissant de belles planches de saucisses et côtelettes (dimanche, travers de pórc), arrosées d'une gamme exhaustive de bières... Vins à prix modérés et bons desserts. Avec Wally sur scène, vous ne resterez pas une minute sur votre séant. Ne pas manquer le 15 août, la grande commémoration Elvis (musique à fond la caisse, BBQ, etc.). D'autres initiatives dans l'année, voir le site internet... *Ô ouap babeloula balap benboum !...*

À voir

🎙 Près du Markt, la *collégiale Saint-Bertin,* église-halle avec tour massive carrée. On y verra un jubé assez original, le baldaquin du Saint-Sacrement en style Louis XV, et une chaire de vérité, en provenance de Bruges, particulièrement ouvragée.

🎙 *L'église Saint-Jean :* construite au XIIIe s, après une forte progression de la population. Elle est surmontée d'un coquet clocher à bulbes. À l'intérieur, des grandes orgues imposantes ainsi qu'un lustre de fer forgé et un autel Renaissance, où s'expose une statue de la Vierge miraculeuse, baladée tous les ans en procession à la suite d'un miracle survenu en 1479, lorsqu'un bébé mort-né, non baptisé et enterré en terre non consacrée, fut exhumé vivant après que ses parents avaient prié la Vierge pendant 3 jours. Enfin oint par le curé, il put alors trépasser en paix quelques heures plus tard... provoquant un afflux de pèlerins émerveillés par la miséricorde de la Vierge.

🎙 *L'église Notre-Dame :* autre église-halle, elle recèle un joli portail Renaissance et des stalles et bancs de communion ouvragés.

🎙 *Hopmuseum (musée national du Houblon) :* Gasthuisstraat, 71 (tt près de la Grand-Place). ☎ 057-33-79-22. ● hopmuseum. be ● Mar-ven 10h-18h ; sam-dim 14h-18h. Fermé lun et déc-fév. Entrée : 5 € ; réduc. Situé dans l'ancien « poids public », où, jusqu'à la fin des années 1960, le houblon fut contrôlé, pesé et

BOIS DU DIABLE

Personne ne sait vraiment pourquoi, au Moyen Âge, le houblon était surnommé ainsi. Peut-être parce qu'il est de la même famille que la salsepareille, chère aux Schtroumpfs, le chanvre, mais aussi le cannabis !

pressé. Instruments, pressoirs et cuves sont accompagnés de panneaux explicatifs (en français), dans le cadre d'une nouvelle muséographie, et racontent l'histoire du houblon au fil du temps et des saisons.

🎙 *Talbot House :* Gasthuisstraat, 43. ☎ 057-33-32-28. ● talbothouse.be ● Tlj sf lun 10h-17h30. Entrée : 8 € pour le musée et la maison Talbot ; réduc. Un peu cher pour ce qu'il y a à voir, dommage. En tout cas, mieux vaut bien maîtriser l'anglais (ou le flamand !). Poperinge, à l'arrière de la ligne de front en 1914-1918, servait de centre de récréation et de repos pour les Tommies. Un prêtre anglican, Thomas « Tubby » Clayton, fit de cette maison un véritable lieu de fraternité et de réconfort pour les soldats durement éprouvés par les combats. Aucune discrimination de grade ou de condition n'y était faite, et l'optimisme et l'humour *British* y étaient imposés (pour ceux qui n'étaient pas d'humeur, une chapelle était aménagée dans le grenier). La réputation de ce havre de tranquillité au milieu de l'enfer fit le tour du front, même dans les lignes ennemies ! Et Talbot

House devint un véritable symbole de paix pour tous ceux qui connurent cette époque. Récupérée par ses propriétaires, la maison recevait encore des visites quotidiennes après la guerre. En 1940, la Gestapo tenta de s'emparer de ses archives. En 1944, Talbot House reprit du service pour les soldats polonais qui libérèrent la région.

C'est aujourd'hui pour les Anglais un véritable pèlerinage. On visite la maison, qui est aussi un lieu d'hébergement (voir plus haut « Où dormir ? »), ainsi que le musée attenant qui, au travers d'objets, photos et documents variés, restitue l'histoire de la maison et l'atmosphère qui y régnait. Naturellement, si vous y dormez, la visite est comprise dans le prix de la nuit.

Manifestations

– **Triennale du Houblon :** le 3ᵉ dim de sept, ts les 3 ans. Prochaine édition en 2014. Une grande manifestation sur les terres de la houblonnerie flamande.
– **Fête de la Bière :** le dernier w-e d'oct. Dégustation de bières de caractère à l'*hôtel Palace (Leperstraat, 34),* derrière l'office de tourisme.

COURTRAI (KORTRIJK)   (8500)   74 900 hab.

Depuis le XIVᵉ s, Courtrai est la capitale mondiale du lin, grâce à la spécificité des eaux de la Lys, propices au rouissage. De grands travaux d'aménagements (espaces verts, pistes cyclables, plage urbaine en été) ont redonné à ses rives leur caractère bucolique, tandis que de nouveaux ponts à l'allure futuriste apportent une touche de folie à l'ensemble. C'est aussi un pôle économique et universitaire (plus de 25 000 étudiants) de première importance, à proximité de la métropole lilloise.

UN PEU D'HISTOIRE

Un château fort, dont on a conservé les tours « Broel », voit le jour au XIIᵉ s. Dans la plaine de Groeninge, les chevaliers de Philippe le Bel sont mis en pièces le 11 juillet 1302. Cette grande déroute, appelée la bataille des Éperons d'or, inspira au fil des siècles de nombreux chansonniers et romanciers, et ce de part et d'autre de la frontière. Les Français rendront la monnaie des éperons en 1382, en n'omettant pas de mettre le feu à la ville.

Sinon, dès le XVᵉ s, Courtrai est connue dans le monde occidental pour sa spécialité du damassé. De nos jours, les tissus d'ameublement, les tapis et la décoration perpétuent cette tradition.

Adresses utiles

🄳 **Office de tourisme pour Courtrai et la vallée de la Lys** *(Streekbezoekerscentrum) :* Begijnhofpark. ☎ 056-27-78-40.
● *kortrijk.be* ● *1ᵉʳ avr-30 sept : en sem 10h-18h, le w-e 10h-17h ; 1ᵉʳ oct-31 mars : en sem 10h-17h, le w-e 10h-17h.* Liste des *B&B.* Nombreuses brochures détaillées à disposition sur les principaux monuments

de la ville. Location de vélos *(10 €/j.).*
🚆 **Gare :** *Stationplein, 8.* ☎ 056-27-32-00. ● *b-rail.be* ● À 300 m du Markt. Trains pour Lille, Ypres, Gand, Bruges et Bruxelles.

Où dormir ?

Courtrai, bien que très sympathique, ne justifie pas forcément une étape nocturne. Voici quelques adresses au cas où...

Bon marché

🛏 *Jeugdherberg Groeninghe :* Passionistenlaan, 1 A. ☎ 056-20-14-42. ● kortrijk@vjh.be ● vjh.be ● À 1 km à l'est de la gare ferroviaire, le long du chemin de fer. Réception fermée 10h-17h. Congés : de mi-déc à mi-janv. Nuitées à partir de 16,50 €, petit déj et draps compris. ⌨ (payant) 📶 À l'étage d'un centre communal. Pour les « ajistes » endurcis, une centaine de lits en chambres de 1 à 8 lits. Propre et assez calme. Grande salle commune avec bar, billard et TV. Terrains de sport tout autour. Le bâtiment, un peu vétuste, sera bientôt remplacé par un nouvel édifice. En attendant, l'adorable gérant fait de son mieux pour tenir la baraque et rendre service à ses hôtes.

Prix moyens

🛏 *Hôtel Focus :* Hovenierstraat, 50. ☎ 056-21-29-08. 📱 0475-36-15-71. ● info@focushotel.be ● focushotel. be ● Un peu à l'écart du centre au sud de la gare. Résa souhaitée. Téléphoner avt de venir (parfois il n'y a personne à la réception). Fermé 20 déc-5 janv. Double 95 €, petit déj inclus. Possibilité de ½ pens. Également 2 apparts et 1 villa (de 1 nuit à 1 mois). 📶 Réduc de 10 % sur une chambre double sur présentation de ce guide. Une adresse vraiment sympathique, où les 12 chambres, lumineuses et tout confort, ont été décorées de façon personnalisée par différents artistes courtraisiens. Haute en couleur pour celle du peintre, couverte de manuscrits aux murs pour celle de l'écrivain ou très fonctionnaliste pour celle du designer. Salon plein d'agrément. Les enfants sont les bienvenus et pourront, en prime, disposer de livres et de jeux. Loue également des vélos. Au n° 34 de la même rue, une annexe à prix moyens propose des chambres d'un standing correct *(compter 60 € la double avec petit déj)*.

Où manger ?
Où boire un verre ?

Bon marché

🍴 🍷 *'t Fonteintje :* Handboogstraat, 12. ☎ 056-22-20-88. ● laurence@cafe fonteintje.be ● En bordure de la Lys, non loin de la Grand-Place. Ouv 17h-1h (3h w-e). Fermé dim en hiver, mar en été. Plats 8-12 €. Difficile à deviner de l'extérieur, mais voici l'un des plus vieux cafés de Courtrai, sinon le plus vieux puisque la maison date de 1661. Intérieur chaleureux, mêlant vieux bois, tableaux contemporains et éclairages intimistes. En été, agréable terrasse au bord de l'eau. Y circulent de bonnes grosses assiettes bien fumantes et pas chères du tout. Une aubaine pour les affamés pas trop fortunés, d'autant que l'accueil est extra. Si vous êtes satisfait, n'hésitez pas à le dire à Laurence, la sympathique patronne, ça lui fera grand plaisir !

Prix moyens

🍴 🍷 *Café Rouge :* sur la pl. Sint Maartenskerkhof, 6a. ☎ 056-25-86-03. ● caferouge@skynet.be ● Tlj sf lun. Fermé 2 sem en oct. Plats 15-25 €, snack env 10 €. Une maison blanche du XIXᵉ s. Au rez-de-chaussée, bistrot et tea-room à la déco moderne et agréable, propice à une rêverie mélancolique en face de l'église. On entend le parquet craquer, le vent bruire dans les grands arbres et le bourdon égrener les heures... Dans l'assiette, une belle variété de plats bien mijotés.

🍴 *Beau M :* Grote Markt, 22. ☎ 056-22-42-20. ● alain.van.de.sande@ telenet.be ● Tlj 10h30-22h (minuit ven-sam). Menu midi 12,50 € ; plats 15-26 €. Un beau petit resto au décor design, qui séduit la clientèle locale grâce à sa cuisine flamande remise au goût du jour et mâtinée d'influences italiennes. Au-delà des clichés tendance (ah, la mode des woks et des verrines !), c'est à la fois bien exécuté et assez copieux. L'après-midi, on y sert des gaufres et de jolis gâteaux pour un quatre-heures gourmand.

À voir

🕴 *L'hôtel de ville :* sur le Markt. Date des XVe, XVIe et XVIIe s. Il possède, dans sa belle salle des échevins, une remarquable cheminée gothique, mélange de bois, de pierre et d'albâtre. Sur la façade de style Renaissance (restaurée aux XIXe et XXe s), les figures sculptées des comtes de Flandre. Visite en dehors des cérémonies officielles (se renseigner à l'office de tourisme).

🕴 ⊚ *Le beffroi :* solitaire au milieu du Markt, c'est un vestige de l'ancienne halle aux draps du XIIIe s. Il est coiffé de cinq tourelles et d'un Mercure, symbole du dynamisme des habitants et du commerce. Les deux jacquemarts, Manten et Kalle, sont quant à eux de création récente et sonnent les heures.

🕴 *Onze Lieve-Vrouwkerk (église Notre-Dame) :* bâtie au XIIe s, elle eut le grand privilège de servir de salle d'expo pour les fameux éperons français. Comme ils furent récupérés, ceux qui restèrent n'étaient que des copies. Un chef-d'œuvre : la statue de sainte Catherine, du XIVe s. À voir aussi, les fresques murales de la chapelle comtale et les portraits des comtes de Flandre, ainsi qu'une *Élévation de la Croix* d'Antoon Van Dyck.

🕴🕴 ⊚ *Le béguinage :* dans la rue Begijnhofstraat. Tlj 7h-21h (hiver 20h). C'est l'un des plus attachants du pays, classé comme tous les autres par l'Unesco. Une quarantaine de maisonnettes d'une blancheur éclatante s'ordonne autour d'une charmante place d'où partent quelques ruelles pavées. En dehors de la chapelle Saint-Matthieu dotée d'un des plus vieux orgues des Flandres (1678), on savoure ce village miniature de l'extérieur. Pour l'anecdote, les maisons appartiennent désormais à des particuliers qui doivent obligatoirement être âgés de plus de 50 ans.

🕴🕴 *Kortrijk 1302 :* Begijnhofpark. ☎ 056-27-78-50. ● kortrijk1302.be ● Tlj sf lun 10h-18h (17h oct-mars). Entrée : 6 €, audioguide compris ; réduc. Billet combiné avec le Broelmuseum et le Vlasmuseum : 8 €. Situé dans l'ancienne abbaye de Groeninge, ce musée retrace l'histoire de la cité en faisant la part belle à la fameuse bataille des Éperons d'or de 1302. Remarquable scénographie interactive qui rend la visite absolument palpitante. On revit la bataille au jour le jour par le biais de maquettes, d'écrans vidéo... Les protagonistes (de splendides sculptures d'époque placées sur un échiquier géant) nous content la grande Histoire mais nous dévoilent aussi les enjeux diplomatiques et les arcanes de la politique... Ne manquez pas, par exemple, la triste histoire de Philippine de Dampierre, qui serait morte empoisonnée par la reine de France...

Récit d'une bataille

Le 11 juillet 1302, suite à l'épisode des *Matines brugeoises* (voir le texte sur Bruges), l'armée de Philippe le Bel rencontre les milices communales de Flandre aux abords de Courtrai. Les milices flamandes, les *Klauwaerts* (du « parti de la griffe »), encadrées par quelques chevaliers wallons, prennent position sur une hauteur, au bord de la Lys. Les chevaliers français, en bien plus grand nombre, s'établissent sur la colline en face. Ils sont organisés sous le commandement de grands seigneurs de la Cour. La bataille commence avec l'intervention des arbalétriers français. Ils repoussent leurs adversaires, puis les « piétons » (les fantassins) se mettent en marche pour achever d'écraser l'ennemi.

Le comte Robert d'Artois, qui dirige l'*ost royal,* lance à son tour sa chevalerie à l'attaque. Mais, dans leur impatience d'en découdre, les chevaliers bousculent leurs propres troupes à pied, pour ensuite chuter et s'embourber dans les fossés derrière lesquels s'abritent les Flamands. La bataille s'achève en quelques heures sur un désastre sans nom. Robert d'Artois lui-même est tué, les assaillants dédaignant le capturer pour en tirer rançon.

Les Flamands ramassent alors dans la boue de la plaine de Groeninge les orne-ments abandonnés par les chevaliers français. Ces fameux éperons d'or iront garnir l'église Notre-Dame de Courtrai.

Une bataille qui en dit long...
La bataille des Éperons d'or n'est pas un détour anodin de l'histoire, elle symbo-lise aussi la libération, la résistance contre l'occupant français. À ce titre, elle tient une place à part dans la littérature flamande, depuis sept siècles. Plus encore, depuis la création de l'État belge, en plein âge d'or du romantisme. Le 11 juillet 1302 devint même une date emblématique pour les mouvements nationalistes qui fleurirent un peu plus tard en Flandre comme dans le reste de l'Europe d'ail-leurs. Cristallisant l'identité flamande, cette date fut commémorée et récupérée comme un précieux outil de propagande contre la « contamination » de la Flandre par la langue et la culture françaises. C'est ce que nous racontent les dernières salles du musée et en partie le film d'une dizaine de minutes qui clôt la visite. Passionnant !
– Pour finir, un petit tour si le cœur vous en dit dans le *dormitorium* qui abrite le *musée de l'histoire de Courtrai,* de la préhistoire au XXIe s.

⚑ ✹ **Broelmuseum :** *Broelkaai, 6. ☎ 056-27-77-80. Au bord de la Lys, à deux pas des tours médiévales, derniers vestiges des fortifications de la ville. Tlj sf lun 10h-12h, 14h-17h ; w-e 11h-17h. Entrée : 3 €. Billet combiné avec le Kortrijk 1302 et le Vlasmuseum :* 8 €. Musée communal restituant le passé artistique de la ville avec ses figures de proue que sont Roelandt Savery, paysagiste baroque, actif à Cour-trai au début du XVIe s, et Louis-Pierre Verwée, peintre animalier réaliste du XIXe s et grand amateur de vaches. Salle de céramiques avec abondantes explications techniques.

✹✹ *Vlasmuseum (musée du Lin) : E. Sabbelaan, 4. ☎ 056-21-01-38. Au sud de la ville ; prendre le bus n° 13 jusqu'à l'arrêt Erasmus. Mars-nov, mar-ven 9h-12h30, 13h30-18h ; w-e 14h-18h. Entrée : 3 € avec audioguide en français. Billet combiné avec le Kortrijk 1302 et le Broelmuseum :* 8 €. Attention, ce musée ferme en 2013 et ne rouvrira qu'en 2014, après avoir investi son nouvel écrin : une ancienne usine textile située au bord de la Lys, sur le Nijverheidskaai, en plein centre-ville.
Consacré à la culture du lin toute particulière à la Lys, il sera agencé sur le même modèle que *Kortrijk 1302,* c'est-à-dire entièrement interactif. En attendant, le vieux musée présente une collection unique de vieilles dentelles, broderies, textiles damassés et toile de lin.

LA WALLONIE

LA PROVINCE DU BRABANT WALLON

Suite à la scission politique de l'ancien Brabant, le Brabant wallon a reçu son autonomie et constitue depuis l'une des 10 provinces belges. À Nivelles, les traditions sont proches de celles des cités hennuyères voisines. Wavre et les riantes communes vertes des environs deviennent de plus en plus la banlieue proche de Bruxelles. Enfin, Louvain-la-Neuve, comme on le sait, est une ville créée de toutes pièces mais qui a réussi une greffe spectaculaire.

À ceux qui se demandent ce qu'il y a à voir en Brabant wallon, on rappelle les deux principaux pôles d'attraction de la province : le site de Waterloo et ses musées, les superbes ruines cisterciennes de Villers-la-Ville, sans oublier le musée Hergé de Louvain-la-Neuve.

WATERLOO   (1410)   29 700 hab.

Poétisé par Victor Hugo au XIXe s, chanté par le groupe Abba au XXe s, victoire pour les uns, débâcle pour les autres, Waterloo est devenu au fil des temps un lieu mythique. Situé en lisière de la forêt de Soignes, à une petite vingtaine de kilomètres au sud de la capitale, c'est une excursion de quelques heures, facile à inclure dans la visite de Bruxelles. La petite ville de Waterloo n'a pas un grand intérêt en soi mais c'est juste un peu plus au sud que s'est déroulée la fameuse bataille, où les armées anglaises, hanovriennes et hollando-belges commandées par Wellington, alliées aux Prussiens de Blücher, mirent définitivement en déroute l'impérialisme napoléonien. Les Belges, eux, ont un peu de mal à se situer dans tout ça. Ils avaient des soldats dans les deux camps ! Curieusement, en Belgique, la bataille de Waterloo a engendré un véritable culte du souvenir napoléonien : dans certains endroits, notamment dans la province du Hainaut, des processions liées au calendrier religieux sont organisées régulièrement, avec grognards en costume, fifres, tambours et tout le tralala. Et de grandes festivités sont d'ores et déjà prévues pour le bicentenaire de la bataille de Waterloo en 2015.

ET ROTHSCHILD DOUBLA SA FORTUNE

Le 18 juin 1815, l'un de ses employés se trouvait sur les lieux de la bataille de Waterloo. Il envoya un pigeon-voyageur à Londres, lorsque son issue penchait pour la victoire des Alliés. À la Bourse, Nathan Rothschild fit courir le bruit contraire. Les cours s'effondrèrent et le banquier n'eut qu'à racheter des paquets d'actions à bas prix avant que la nouvelle officielle de la déroute de l'Empereur n'arrive dans la capitale.

UN PEU D'HISTOIRE

« Waterloo Waterloo Waterloo, morne plaine.
Comme une onde qui bout dans une urne trop pleine.
Dans ton cirque de bois, de coteaux, de vallons.
La pâle mort mêlait les sombres bataillons... »

Victor Hugo.

Au matin du 18 juin 1815, tout est calme. Le mauvais temps empêche la bataille de s'engager avant 11h30. Sur le terrain, deux armées : celle des alliés, menée par Arthur Wellesley, duc de Wellington, maréchal de sept armées, alliée à celle de Blücher, maréchal de l'armée prussienne et à celle du prince d'Orange-Nassau, commandant en chef des troupes hollando-belges et qui sera (légèrement) blessé au combat. En face, celle dirigée par Napoléon Bonaparte, empereur des Français, qui a repris le pouvoir de retour de son exil à l'île d'Elbe.

Les hostilités étaient déjà engagées depuis quelques jours. Le 14 juin, Napoléon avance rapidement à la rencontre des armées alliées dans le but de les combattre séparément, avant qu'elles ne se rejoignent. Le 16, à Ligny, l'armée française arrache une victoire sur Blücher. Le 17, Napoléon arrive à la plaine du Mont-Saint-Jean. Il passe la nuit à la ferme du Caillou (devenue un musée). De son côté, Wellington s'installe dans une auberge au village de Waterloo qu'il a transformée en quartier général. Les deux hommes dorment à quelques kilomètres de distance.

Le dimanche 18, à 11h30, la bataille s'engage ; elle dure toute la journée. Les deux camps s'affrontent d'abord à la ferme d'Hougoumont, où des rangs entiers d'hommes tombent. C'est à 13h30 que la principale attaque française se déchaîne, tandis que les combats redoublent à la ferme de la Haie-Sainte, puis à celle de la Papelotte. Sur l'aile gauche, Ney n'en fait qu'à sa tête et les Français sont contraints d'abandonner leurs positions. Napoléon attend les renforts de Grouchy, qui ne viennent pas. À 16h, c'est la grande canonnade. Un peu plus tard, le bruit court que les troupes prussiennes arrivent. Napoléon abat ses dernières cartes et envoie la garde impériale. C'est le va-tout. Les canons sont pointés, les troupes en place. Elles avancent, lentement mais sûrement. Les bombardements sont terribles, la garde impériale passe de front mais subit une attaque sur son flanc. Au passage du chemin creux, la bataille devient tangente. À 20h10, Wellington ordonne une avancée générale. La garde impériale s'effondre. À la nuit tombante, tout est perdu, l'Empire est défait. Sur les 180 000 soldats qui ont pris part au combat, 48 000 sont blessés ou morts. Une partie de ceux-ci gisent sur la plaine, morne plaine...

LE GROS MOT LE PLUS CÉLÈBRE

Le mot de Cambronne est passé à la postérité. Certains disent pourtant que le bouillant général, commandant le dernier carré de la Vieille Garde, aurait plutôt dit : « La garde meurt mais ne se rend pas. » Par la suite, il a toujours prétendu n'avoir jamais dit ni le mot ni la phrase. Néanmoins, Victor Hugo, dans Les Misérables, écrit qu'au général anglais Colville qui exhorte la garde à la reddition : « Braves Français, rendez-vous ! » Cambronne aurait bien rétorqué : « Merde ! »

Comment y aller de Bruxelles ?

➤ **En voiture :** c'est de loin le moyen le plus pratique pour visiter les trois sites historiques majeurs de Waterloo, situés sur la même route en partant de Bruxelles (la chaussée de Waterloo qui devient, à Waterloo, la chaussée de Bruxelles), la N 5, qui, à l'époque de la bataille était déjà la principale route d'accès à Bruxelles ; on rencontre donc successivement du nord au sud (en venant de Bruxelles) : le musée Wellington, la butte du Lion et le dernier QG de Napoléon, à quelques kilomètres les uns des autres. Par le ring Est, sorties 28 (Waterloo-nord), 27 (Waterloo-centre) et 25 (Butte du lion).

➤ **En bus :** compliqué, surtout si on veut voir tous les sites. Le **bus W,** pour Waterloo et la butte du Lion (50 mn), quitte la gare du Midi à Bruxelles ttes les 30 mn env. Si vous voulez voir le musée Wellington, le Hameau du Lion puis revenir sur Bruxelles, on conseille de prendre la carte 1 j. à 7 €. Le dernier QG de Napoléon n'est accessible qu'avec le **bus n° 365,** peu fréquent.

Adresse utile

🛈 **Maison du tourisme de Waterloo :** chaussée de Bruxelles, 218. ☎ 02-352-09-10. ● waterloo-tourisme.be ● *Dans le centre de Waterloo, face au musée Wellington. Juin-sept, tlj 9h30-18h ; le reste de l'année, tlj 10h-17h.*

Petit guide de visite téléchargeable sur leur site internet, plan du champ de bataille très complet, liste des chambres d'hôtes, accès Internet, plan des sentiers de balade sur le site historique... Vend aussi le petit guide *Le Champ de bataille de Waterloo pas à pas,* et d'autres publications sur le sujet.

Où dormir ? Où manger ?

🛏 **Chambres d'hôtes Le Vert Bocage :** av. du Vert-Bocage, 9. ☎ 02-387-28-34. 📱 0472-77-72-02. ● yahya zaouk@hotmail.com ● levertbocage. be ● *À env 2 km du musée Wellington. Double à 70 €, petit déj inclus. CB refusées.* 🖥 📶 *(gratuit). Apéritif maison offert sur présentation de ce guide.* Plantée dans un quartier résidentiel vert et tranquille, cette maison offre 3 chambres d'hôtes impeccables et fonctionnelles. Proprios charmants. Le petit déj, varié, se prend à la grande table du salon, moderne, avec cheminée et belle vue sur le grand jardin et sa terrasse. Une bonne adresse.

🛏 **Hôtel Le Joli Bois :** rue Sainte-Anne, 59. ☎ 02-353-18-18. ● info@ hoteljolibois.be ● hoteljolibois.be ● *Entre le musée Wellington et le Hameau du Lion. Doubles 103-119 €, selon taille ; petit déj inclus.* 📶 *(gratuit). Installé dans un quartier résidentiel tranquille, à deux pas de la N 5, un hôtel* familial d'une petite quinzaine de chambres nickel et confortables, plus ou moins grandes selon le prix. Certaines avec vue sur jardin. Une bonne adresse assez centrale.

🏠 |●| *Gîtes de La Tourelle :* rue E.-Hecq, 20, **Ways** (1474). ☎ 067-77-27-17. 📠 0474-63-43-48. ● *info@ferme tourelle.be* ● *fermetourelle.be* ● *À côté de Genappe, env 7 km au sud de la butte du Lion. Résa conseillée. Gîte (2-4 pers) 286 € le w-e, 416 € la sem ; petit déj en sus 6 €/pers/j. ; repas 20 €/ pers.* Au cœur du village de Ways, c'est un ancien moulin, bâtisse blanche totalement rénovée, donnant sur un pré où coule une rivière. En tout, 4 superbes gîtes (2-4 personnes) et un autre plus grand (8-10 personnes). Sanitaires nickel et coin-cuisine équipé d'un lavabo ancien. En prime, une fromagerie, de l'autre côté de la rue, ainsi qu'un salon de dégustation, tous deux installés dans un ancien béguinage. Ne pas négliger le salon : on se régale, dans une salle rustique, de petits plats délicieux pas chers du tout, faits maison à base de fromage de chèvre (elles sont juste à côté !) mais pas seulement.

|●| *L'Amusoir :* chaussée de Bruxelles, 121. ☎ 02-354-82-33. ● *lamusoir. chef@yahoo.com* ● *Tlj, et jusqu'à minuit jeu-sam. Lunch env 10 € ; plats 10-22 €.* 🛜 Le resto de Waterloo qui ne désemplit pas. Agréable déco rustique, de style ancienne ferme, avec cheminées qui ronronnent en hiver et terrasse sur jardin aux beaux jours. Dans l'assiette, de bonnes viandes mitonnées avec soin, leur spécialité. Simple et à prix juste. Accueil aimable.

|●| *La Sucrerie :* chaussée de Tervueren, 198. ☎ 02-352-18-18. ● *ghw@ martins-hotels.com* ● *Dans le* Martin's Grand Hotel. *Fermé à midi le w-e. Lunch 21 € ; menu du soir 65 € ; plats 20-25 €.* L'un des meilleurs restos de Waterloo. Ce bâtiment industriel, une ancienne sucrerie de betteraves, offre un cadre spectaculaire : splendides voûtes en brique subtilement éclairées. Côté fourneaux, délicieuse cuisine à la fois classique et sophistiquée, dont la carte change au gré des saisons. Pour ne pas se ruiner, le *lunch* laisse déjà de bons souvenirs.

À voir. À faire

– *Conseil :* pour mieux sentir ce que fut cette terrible bataille qui scella le sort de l'Europe pour plus d'un siècle, on vous conseille de commencer par la visite du *musée Wellington*, un rien vieillot mais très bien fait, puis de vous diriger vers le *Hameau du Lion*, 5 km plus au sud, qui regroupe plusieurs attractions : la fameuse butte du Lion, l'impressionnante fresque circulaire de la bataille, un musée de Cire, la diffusion de deux films historiques dans le Centre du visiteur, et le *Battlefield Tour* (tour guidé du champ de bataille dans un camion). Enfin, 4 km plus au sud, on termine par le *dernier QG de Napoléon.*

– *Tickets :* la Maison du tourisme de Waterloo propose le *Pass 1815,* très complet, qui comprend l'entrée au *musée Wellington*, les attractions du *Hameau du Lion* (avec un supplément de 3,30 € pour le *Battlefield Tour*), et donne aussi accès au *dernier QG de Napoléon (musée du Caillou)* pour 12 € (réductions). Et si le temps de tout voir vous manque, sachez que les attractions du *Hameau du Lion* sont seules accessibles – indépendamment du reste – avec un *Pass Hameau* à 8,70 € (12 € avec le *Battlefield Tour* ; réductions).

🎎 *Le musée Wellington :* chaussée de Bruxelles, 147. ☎ 02-357-28-60. ● *museewellington.be* ● *Au centre de Waterloo, face à l'église. Tlj, avr-sept 9h30-18h, oct-mars 10h-17h. Entrée (audioguide compris) : 5 € ; réduc ; accès inclus dans le* Pass 1815.

Le quartier général de Wellington, ancienne auberge-relais, a été transformé en un passionnant musée, riche en souvenirs d'époque. De plus, la visite se fait avec un excellent audioguide dispensant, outre un commentaire très complet sur l'exposition, un tas d'explications annexes qui replacent véritablement le visiteur dans ce que devait être l'atmosphère de l'époque. 14 salles en tout, chacune donnant un éclairage particulier. Voici quelques points forts.

– *Salle 2 :* schéma général de la bataille. Voir l'avis de recherche des déserteurs lancé par l'armée britannique !

– *Salle 4 :* sur les victimes de Waterloo, dont le colonel Gordon, l'aide de camp de Wellington, mort le 18 juin pendant la bataille.

– *Salle 6 :* c'est là que Wellington passa la nuit du 17 au 18 juin et qu'il reçut, à 2h du matin, la confirmation de la participation à la bataille des armées prussiennes. Dans une armoire vitrée reposent deux des 247 pièces du service en porcelaine que Louis XVIII offrit au duc de Wellington pour le remercier d'avoir réduit la dette de guerre et fait évacuer, après 3 ans d'occupation, ses troupes du territoire français.

UNE JAMBE QUI VOYAGE SEULE

Une vitrine de la salle 4 du musée Wellington expose la jambe de bois de Lord Uxbridge, commandant en chef, qui perdit sa vraie jambe gauche au combat. Détail macabre et cocasse : la jambe emportée par un boulet fut retrouvée sur le champ de bataille et Lord Uxbridge assista plus tard à l'enterrement de celle-ci ! Lorsqu'il mourut en 1854, la jambe fut exhumée, ramenée en Angleterre et placée dans sa tombe. La prothèse fit le chemin inverse et se trouve donc au musée de Waterloo !

– *Salle 8 :* gravures sur la rencontre entre Wellington et Blücher, chef des forces prussiennes âgé de 73 ans lors de la bataille (qu'il se contenta, du coup, de suivre à cheval).

– *Salle 10 :* consacrée à Napoléon et à ses généraux. Peintures et aquarelles rappelant ses batailles et son exil à Sainte-Hélène, belle gravure de l'Empereur sur son lit de mort.

– *Salle 14 :* la grande salle, qui retrace la bataille par des plans lumineux, le tout accompagné d'excellentes explications et de morceaux choisis de textes. Armes, récits, costumes... Très bien fait.

Détails historiques : c'est parce que Wellington signa ici, à Waterloo, et non dans un autre village, le soir du 18 juin, son communiqué de victoire que le nom de Waterloo resta attaché à la bataille. On trouve depuis des « Waterloo » un peu partout, pas moins de 124 dans le monde, dont 35 aux États-Unis ! Pour les Français, le lieu de la bataille resta longtemps Mont-Saint-Jean, pour les Prussiens Belle-Alliance (du nom de la ferme où Wellington et Blücher se congratulèrent) et pour les Hollando-Belges, Quatre-Bras. C'est aussi à Waterloo qu'est né, après 1815, le tourisme en rapport avec la bataille : pendant des décennies, une malle-poste a conduit, de Bruxelles, des voyageurs essentiellement anglais désireux de se tremper dans le fleuve de l'Histoire. Le descendant du duc de Wellington vient une fois par an inspecter les 2 000 ha de fermes qui furent attribués à son ancêtre après la bataille et toucher son pactole de droits de fermage. C'est Bonaparte qui a perdu et ce sont les Belges qui trinquent !

🎏 *La chapelle royale : en face du musée Wellington.* Beau dôme du XVIIe s. Érigée dans le style baroque par le gouverneur espagnol des Pays-Bas dans l'espoir de voir enfin le roi Charles II engendrer un héritier (peine perdue !). Après 1815, les Anglais en firent un lieu de commémoration et financèrent la construction de l'église. On peut y voir des plaques gravées par des familles ou des régiments britanniques et hollando-belges. Une plaque mentionne que l'église a été aussi financée par les compagnons d'armes du prince d'Orange ; une autre, à la gloire de Napoléon, apposée récemment dans ce lieu dédié aux vainqueurs, aurait pas mal irrité la reine Élisabeth II lors d'une visite...

Le Hameau du Lion

À 5 km au sud du musée Wellington par la chaussée de Bruxelles. ☎ 02-385-19-12. ● waterloo1815.be ● *Tlj 9h30-18h30 (10h-17h oct-mars). Accès inclus dans le* Pass 1815. *Également le* Pass Hameau *pour visiter les seules attractions du*

LA PROVINCE DU BRABANT WALLON

site : 8,70 € (12 € avec le Battlefield Tour) ; réduc. Le Hameau du Lion regroupe les attractions suivantes :

🎭 **La butte du Lion :** entrée : 6 € (inclut le panorama de la bataille) ; réduc ; accès inclus dans le Pass 1815 et le Pass Hameau. Élevée entre 1823 et 1826 à l'endroit précis où fut blessé le prince d'Orange-Nassau lors des combats, son ascension par un escalier de 226 marches gratifie le visiteur d'un panorama sur la campagne où Français et alliés eurent à en découdre. C'est le gouvernement des Pays-Bas qui fit édifier cette colline pour y percher, à 45 m, cet énorme lion de fonte de 28 t, emblème des Orange-Nassau. En fait, le jeune prince hollandais n'y subit qu'une blessure légère, mais on en fit tout un fromage ! La bête, elle, regarde vers la France, pour protéger le pays de l'envahisseur (les Frenchies, of course!).

🎭 **Le panorama de la bataille :** entrée : 6 € (inclut la butte du Lion) ; réduc ; accès inclus dans le Pass 1815 et le Pass Hameau. Réalisée en 1912, la peinture retrace un épisode crucial de la bataille vers 17 h : une des charges de la cavalerie : le 3e corps de Kellermann, les survivants du 4e corps de Milhaud, la division de cavalerie légère de Lefèbvre-Desnoëttes et la cavalerie lourde de la garde impériale de Guyot. Même si cette technique de représentation appartient à un autre âge, on ne peut qu'être impressionné par la facture de ce panorama de 110 m de long et de 12 m de haut, doublée aujourd'hui d'une sonorisation appropriée. Les peintres ont réussi à restituer, par la perspective et le foisonnement des personnages, l'extrême confusion de la bataille, la rage de vaincre des combattants et la détresse des mourants. Une œuvre traversée par le souffle de l'épopée.

AVOIR LES DENTS DU BONHEUR

À l'époque napoléonienne, les soldats devaient ouvrir leur charge de poudre avec les dents, tandis qu'ils tenaient leur fusil des deux mains pour le recharger. Ceux qui avaient les incisives écartées ou pas assez résistantes étaient réformés. Une petite imperfection à l'origine d'un grand bonheur.

🎭 **Le musée de Cire :** accès inclus dans le Pass 1815 et le Pass Hameau. Annexe du Bivouac de l'Empereur (la taverne rustique du site), ce petit musée poussiéreux présente des mannequins de cire (les visages ont été réalisés par des artistes du musée Grévin... en 1949 !) mis en scène avec des uniformes d'époque. Il évoque la veille et le lendemain de la bataille. L'endroit faisait déjà fonction d'hôtel et de musée vers 1825, lorsque le sergent-major Edward Cotton, rescapé des combats, décida d'y installer la collection d'armes et d'objets qu'il avait ramassés sur le champ de bataille pendant plusieurs années. Parmi les touristes anglais de l'époque, il y eut la reine Victoria.

🔫 **Les deux films historiques :** dans le Centre du visiteur. Accès inclus dans le Pass 1815 et le Pass Hameau. D'abord, le film documentaire « Waterloo, histoire d'une bataille » (20 mn) permet de visualiser la chronologie du déroulement des combats. Ensuite, le 2nd film, qui est en fait un montage d'une sélection d'extraits du film Waterloo, réalisé par Sergueï Bondartchouk en 1970, nous plonge dans les grandes heures de la bataille.

– **Le Battlefield Tour :** tlj avr-oct, w-e slt nov-mars. Accès inclus dans le Pass 1815 avec un supplément de 3,30 € ; et dans le Pass Hameau à 12 €. C'est un tour guidé du champ de bataille à bord d'un camion. Durée : 50 mn. Sympa s'il fait beau.

À voir encore

🔫 **Le dernier Q.G. de Napoléon :** chaussée de Bruxelles, 66. ☎ 02-384-24-24. À 4 km au sud de la Butte, côté gauche de la route N 5 en allant vers Genappe. Tlj 9h30-18h (10h-17h oct-mars). Entrée : 4 € ; réduc. Accès inclus dans le Pass 1815.

C'est dans cette demeure champêtre que Napoléon passa sa dernière nuit... à régner sur l'Europe. Quelques salles (bien moins complètes que le musée Wellington) où l'on peut voir le lit de l'Empereur, un masque mortuaire, des plans de bataille ainsi que le curieux squelette d'un hussard français trouvé en 1910 sur le champ de bataille. Armes, médailles, souvenirs de campagne, dont un bicorne de l'Empereur. Petit ossuaire dans le jardin derrière et grand verger.

BONAPARTE SENTAIT LA COCOTTE !

C'est à l'arrivée des Français en Allemagne en 1801 que le commerce de l'eau de Cologne se répandit. Son plus célèbre utilisateur était Napoléon, qui en versait un flacon dans ses bottes avant de monter à cheval. Il en consommait jusqu'à 43 l par mois ! À Sainte-Hélène, privé de son eau favorite, il parvint à en retrouver la formule en faisant appel aux souvenirs de ses compagnons d'infortune.

Manifestations

– **Week-end de reconstitution de la bataille de Waterloo :** *le w-e le plus proche du 18 juin.* Des soldats en costume d'époque bivouaquent et recréent l'atmosphère de la bataille à travers des mouvements de troupes. Grosses pétarades ! En 2015, le bicentenaire de la bataille de Waterloo donnera lieu à une commémoration d'envergure. Infos : ● *waterloo-tourisme.be* ●
– **Animations historiques :** *ts les w-e de juil-août.* Démonstrations d'infanterie, de cavalerie et de tir d'artillerie. Infos : ● *waterloo1815.be* ●

NIVELLES   (1400)   26 000 hab.

À une bonne demi-heure en voiture du centre de Bruxelles, Nivelles, malgré les bombardements allemands de 1940, est une grosse bourgade tranquille, surtout connue pour sa fameuse collégiale romane superbement restaurée et sa tarte *al djote* bien goûteuse.

UN PEU D'HISTOIRE

C'est l'abbaye fondée au VIIe s par Itte, femme de Pépin l'Ancien, comme chacun le sait, qui est à l'origine de la ville. Leur fille **Gertrude** en fut la première abbesse (avec un nom pareil, que pouvait-elle faire d'autre ?, nous direz-vous). Au fil des siècles, l'abbaye prend de l'importance et, au XIIe s, la cité se dote d'une enceinte. Elle poursuit son extension, à l'image de l'abbaye qui accueille des chanoinesses de haut rang qui vivent dans le luxe. À Nivelles, on fabrique du lin et de la dentelle. Avec la dispersion de

UN DRÔLE DE BINZ !

À côté de Nivelles, le village d'Ittre fut longtemps considéré comme le centre géographique de la Belgique. Un monument y fut construit, avant de se rendre compte qu'il s'agissait d'une monumentale erreur, due au traité de Versailles, lorsque la Belgique s'était vu attribuer les cantons germanophones de l'est comme dédommagement de guerre et oubliés dans les calculs des cartographes. L'erreur fut officiellement réparée en 1998, faisant de la commune de Walhain, située un peu plus à l'est le nouveau centre de la Belgique. Ittre a malgré tout conservé son monument.

l'artisanat, la ville perd de son importance. Quant à l'abbaye, elle périclite à la fin du XVIIIe s. Le principal fait marquant de son histoire récente reste ancré dans la mémoire des anciens : c'est le terrible bombardement de 1940, qui ruina la collégiale et tout le centre-ville.

Adresse utile

🛈 **Maison du tourisme du Roman Païs :** rue de Saintes, 48. ☎ 067-22-04-44. ● tourisme-roman-pais.be ● Tlj 8h30-17h. Outre les infos classiques, vous y trouverez une douzaine de topo-guides et de fiches pour partir en randonnée cycliste dans le pays Roman et même une grande virée en voiture.

Où dormir ?

🏠 **La Ferme des Églantines :** chemin de Fontaine-L'Évêque, 8. ☎ 067-84-10-10. ● fermedeseglantines@hotmail.com ● fermedeseglantines.be ● À 2,5 km du centre de Nivelles. De la Grand-Place, prendre la direction de Mons puis, au 1er rond-point, le grand axe de gauche et suivre les indications. La « ferme » est au milieu des champs. Compter 75 € pour 2, 100 € pour 4, petit déj compris. Table d'hôtes sur résa : 25 €. 🛜 Tenu par Rose-Mary et son mari, Robert, qui a entièrement retapé le fenil de cette ancienne ferme (et pas seulement !) pour y installer des chambres d'hôtes bien confortables (plancher, salle de bains en carreaux de faïence, TV satellite, etc.). Petit déj (varié) pris dans l'ancienne étable, à la déco agréablement rustique. On peut aussi y dîner pour 25 € sans les boissons (sur réservation avant 16h sauf le dimanche), ce sera pour vous l'occasion de discussions animées avec ce passionné de Robert ! Enfin, amis des bêtes, sachez que vous serez ici entourés de chiens, chats, lapins, oies, ânes, chevaux et moutons. Au total, quelque 250 animaux !

Où manger ?

– Les amateurs de terroir goûteront la spécialité de Nivelles, la tarte al'djote, composée pour moitié de fromage (le bètchéye) et de bettes (autrefois appelées « jottes »), mais aussi d'oignons hachés et de fines herbes. Une recette qui remonte à 1218, sinon plus, et à consommer avec une bière locale, la Jean de Nivelles. Les meilleures à emporter se vendent au restaurant **Au duc de Brabant,** (voir ci-dessous), et à la boulangerie **Tout au Beurre,** rue de Namur, 70, mais également à la brasserie de **L'Union,** Grand Place, 27. Pour tout savoir sur la recette, la confrérie et les tartes labellisées, rendez-vous sur le site ● djote.be ●

– Certains petits restos servent aussi les doubles, des crêpes de sarrasin au fromage gras.

🍴 **Au Duc de Brabant :** chaussée de Bruxelles, 102. ☎ 067-22-02-53. ● pol@auducdebrabant.be ● À la sortie nord de la ville sur la N 27. Tlj sf lun soir et mar. Lunch 7 € ; plats 11-30 € ; menu 30 €. Résa obligatoire le w-e. Un resto à l'ancienne, vieillot et populaire à souhait... On y goûte une cuisine tout ce qu'il y a de plus typique et traditionnelle. La tarte al'djote, considérée comme l'une des meilleures en ville (fabriquée le jeudi, après l'dimanche, y'en a plus !)... Autres spécialités (toutes plus copieuses les unes que les autres), les champignons al'djote, les croquettes à l'ardennaise, le bœuf BBB, la côte de veau à la boulette (fromage) et à la bière ou encore la truite aux amandes... Quant au plat du jour, les habitués sont nombreux à le faire mettre de côté dès le matin ; si vous voulez profiter de l'aubaine, on vous conseille d'en faire autant (passé midi, y'en a plus non plus !). Accueil rustique et chaleureux.

🍴 **Brasserie-restaurant des Arts :** Grand-Place, 51. ☎ 067-21-83-73. ● info@brasseriedesarts.be ● Pile en face de l'entrée de la collégiale. Mar-ven 11h-15h, 18h-23h (minuit ven et sam ; fermé dim soir et lun). Fermé également certains j. fériés et 8 j. en sept. Menu 26 € ; plats 15-35 €. Apéro

offert sur présentation de ce guide.
La brasserie qui fait courir le Tout-Nivelles pour dîner en joyeux groupes autour des grandes tables rondes ou tout simplement pour boire un verre en terrasse aux beaux jours. Cuisine franco-italienne bien enlevée, avec quelques curiosités locales, comme le saumon cru mariné à la nivelloise, la raclette nivelloise ou la côte de veau à la d'Jean d'Jean (une bière de Nivelles). Service prévenant et virevoltant. Soirée à thème les 2e et 4e samedis du mois.

À voir

Une promenade de 2h30 *Sur les pas de Jean de Nivelles* est disponible à l'office de tourisme. L'occasion de découvrir le joli centre-ville, en grande partie piétonnier.

🏃🏛 *La collégiale Sainte-Gertrude :* sur la Grand-Place. ☎ 067-22-04-44. *Tlj sf dim mat 9h-17h. Visite guidée (6 € ; réduc) tlj à 14h, ainsi qu'à 15h30 le w-e. Durée : 1h30. On précise que la crypte et la salle impériale ne sont accessibles que lors de ces visites.*
Avant de vous en raconter l'histoire, il faut savoir que ce que vous voyez aujourd'hui est en quelque sorte une « copie conforme » de la collégiale du Moyen Âge. En grande partie détruite pendant la guerre, elle fut reconstruite grâce aux indemnisations payées par les Allemands. Et là fut donnée une formidable leçon de démocratie directe. Les autorités organisèrent un référendum auprès des habitants pour définir le style qu'on allait adopter pour la nouvelle collégiale. C'est le roman rhénan qui l'emporta. Bravo à lui.
Fondée en 650, la collégiale fut édifiée sous sa forme actuelle au XIe s pour montrer la puissance de l'Empire germanique. Le style se rapproche du roman classique et se définit précisément comme ottonien, caractérisé notamment par un plafond plat. Celui-ci est en béton imitant le bois. La grande particularité tient au côté bicéphale de l'ouvrage, c'est-à-dire à la présence de deux chœurs. Celui situé à l'est s'élève sur une crypte et était utilisé pour les messes, tandis que l'autre, situé à l'ouest, servait aux grandes célébrations (Noël, Pâques, Pentecôte). Ensemble aux belles proportions (102 m de long). Autre élément particulier du style ottonien : l'absence de décoration sur les piliers carrés et sa grande simplicité.
– *Le chœur :* avec, au fond, un vestige de fresque du XVe s représentant le martyre de saint Laurent. Derrière le chœur, la châsse de sainte Gertrude, refaite de façon particulièrement moderne après que l'original avait fondu sous les bombes allemandes. Les habitants de Nivelles, qui goûtent assez peu son style, la surnomment la « boîte à sardines ». À droite du chœur ouest, un char en bois du XVe s qu'on sort le jour de la Saint-Michel pour une grande procession, chargé de la châsse. La sainte, ainsi tirée par six chevaux, est censée protéger les récoltes de l'invasion des rongeurs. D'ailleurs, ne voit-on pas sur toutes les représentations de sainte Gertrude des rats courir à ses pieds ou sur la crosse qu'elle tient ? Dans la nef, une maquette en carton de l'ancienne collégiale avec sa flèche gothique et ses petites maisons adjacentes.
– *L'avant-corps :* il donne à la façade de l'église l'aspect d'un chevet. Édifié au XIIe s, il est le siège du chœur occidental de l'église. Le tout a été restauré superbement. Admirables coupoles de pierre.
Dans le cadre de la visite guidée, possibilité d'accéder aux chapelles-tribunes de l'avant-corps. Voir le trou de Sainte-Gertrude, curieux passage entre un mur et une colonne où seuls réussissaient à passer les gens en état de grâce. Un état dont étaient exclus les gros, étant donné l'étroitesse du paysage.
En poursuivant la grimpette dans la tour, on passe par les prisons de l'abbaye. Tout en haut, la salle impériale est l'endroit où l'abbesse rendait la justice. Aujourd'hui transformée en petit musée, elle abrite notamment les restes fondus de la châsse originelle de la sainte. Au sommet de la tour, le jacquemart doré, Jean de Nivelles, sonne toutes les heures.

– *La crypte :* accessible uniquement lors des visites guidées. Ce n'était pas un cimetière mais un lieu de prière. Les deux piliers carrés servaient à se repérer pour être sous les reliques de sainte Gertrude situées dans le chœur. En se positionnant juste en dessous, les pèlerins venaient se sanctifier. À côté, on peut deviner les ruines de cinq églises, bâties ici entre les VIIe et Xe s. On y retrouva de nombreux ossements mais, comme les gens y étaient enterrés nus, il fut impossible de les identifier. Certains évoquent la présence d'Ermentrude (petite-fille de Charlemagne) et d'Himeltrude (épouse supposée de Charlemagne), qui mesurait 1,90 m.

– *Le cloître :* sur le flanc nord de l'église, alors que d'habitude les cloîtres sont au sud. Pas toujours ouvert. À l'époque de sa construction au XIIIe s, Nivelles était une importante place marchande et le côté sud était occupé par le marché qu'on ne pouvait déplacer. Seul un flanc du cloître a survécu aux bombardements. Ancien cimetière de moines, c'est aujourd'hui un cimetière de carillons.

🍴 *Le Musée communal :* rue de Bruxelles, 27. ☎ 067-88-22-80. ● *musee-nivelles.be* ● *Ouv mar-ven 9h30-12h, 14h-17h, ainsi que les 2e et 4e dim du mois. Entrée : 2 € ; réduc. Visite guidée sur rdv.* Installé dans un édifice du XVIIIe s, coquet et noble, ce petit musée abrite de riches collections concernant l'histoire de la ville. Parmi les plus belles pièces, quatre statues provenant de l'ancien jubé de la collégiale, de pur style gothique brabançon tardif (fin du XVe s), tout en finesse et en grâce. Le 1er étage se consacre à la musique et à l'artisanat local. Une des salles les plus intéressantes présente les études des sculptures de Laurent Delvaux, sculpteur baroque du XVIIIe s, originaire de Nivelles. Au 2e étage sont mises en avant les fouilles archéologiques de la région.

Manifestations

– *Carnaval :* le dim après Mardi gras. Carnaval *Aclot* le lendemain, avec cortège nocturne (assuré par les *Gilles de Nivelles*).

– *Tour Sainte-Gertrude :* le dim qui suit le 29 sept. Sur une quinzaine de kilomètres à la découverte des champs, six chevaux tirent un char du XVe s sur lequel est posée la châsse de sainte Gertrude.

L'ABBAYE DE VILLERS-LA-VILLE

Située à une douzaine de kilomètres à l'est de Nivelles et à une trentaine au sud de Bruxelles. Villers-la-Ville est aussi minuscule que connue. Et ce grâce aux ruines de sa superbe abbaye gothique.

➤ *Pour s'y rendre :* prendre l'E 19 vers Mons ; sortie 19 à Nivelles, puis N 93. Villers est ensuite fléchée sur la gauche.

UN PEU D'HISTOIRE

Ce sont les cisterciens, et notamment saint Bernard, qui fondent l'abbaye au XIIe s dans cette belle vallée de la Thyle. Ce sera la plus importante jamais construite dans le pays. Elle commence sa vie tambour battant, et la petite église se voit rapidement adjoindre des édifices complémentaires. Un siècle après son érection, elle rayonne sur tout l'Occident chrétien. Les moines sont propriétaires de terres immenses et gèrent d'autres communautés. Son aura s'amenuise aux XVIe et XVIIe s avec les guerres de Religion, avant de connaître un renouveau puis d'être pillée par les Français en 1794, après leur victoire à Fleurus. Comme beaucoup d'abbayes à l'époque, elle servit alors de carrière de pierre et tomba rapidement en ruine. Aujourd'hui, outre la beauté romantique qui se dégage du site, c'est la grande cohérence architecturale qui frappe et émeut, quand on sait que des ajouts continuels vinrent l'enrichir tout au long de ses six siècles d'existence. Se mêlent ici avec harmonie des styles fort différents.

L'État racheta l'abbaye en 1892 pour la restaurer et l'ouvrir à la visite. En déambulant au gré de votre humeur, vous découvrirez facilement les édifices les plus importants.

Infos pratiques

– *Rens :* ☎ *071-88-09-80.* • *villers.be* •

Avr-oct, tlj 10h-18h ; le reste de l'année, tlj sf mar 10h-17h. Entrée : 6 € pour la visite libre, 7,50 € avec l'audioguide ; réduc.

La visite

🙋🙋 L'église abbatiale : proportions impressionnantes (94 m x 40 m) et voûte de 23 m. Il en subsiste encore la nef. Élevée au début du XIIIe s en forme de croix, elle fut la première en style gothique dans la province, tout en conservant une grande sobriété.

🙋 Le cloître : d'abord roman, il se mit à la mode gothique comme tout le monde. Dans l'un des angles repose le croisé Gobert d'Aspremont, qui mourut en odeur de sainteté à Villers. Nous, on n'a rien senti. Un gisant en marbre recouvre son tombeau.

🙋 Le réfectoire : sa taille permet de s'imaginer le nombre de convives à table. Son style n'est déjà plus roman, tout en n'étant pas encore complètement gothique. Les fenêtres ogivales accueillaient la lumière tandis que nos bons moines accueillaient généreusement la bonne bière brassée par leurs soins. À côté, la cuisine dont on aperçoit encore la hotte.

🙋 L'hôtellerie : tout au fond de l'abbaye, c'est une remarquable construction basse de style roman épuré, avec ses grosses voûtes à arêtes et ses épaisses colonnes. On y brassait la bière. Vu la taille imposante du lieu, on peut aisément imaginer les quantités qui y circulaient.

🙋 Le palais abbatial : ce fut en fait le dernier ajout de l'histoire de l'abbaye au début du XVIIIe s, avant son abandon à la fin de celui-ci. C'est sans doute la partie qui colle le moins à la cohérence architecturale de l'ensemble. Mais ce n'est pas bien grave, vu ce qui subsiste aujourd'hui.

🙋 Le jardin médiéval : 70 sortes de plantes médicinales dans un espace clos bordé de hauts murs. Le choix des plantes a été fait sur la base des écrits médicaux d'Hildegarde de Bingen, abbesse de la région rhénane au XIIe s.

|●| En face de l'abbaye, l'***Auberge du Moulin*** sert des assiettes de fromage et de charcuterie, ainsi qu'un plat du jour à environ 10 €.

Manifestations

L'abbaye et l'église accueillent des ***manifestations culturelles*** variées : animations familiales le lundi de Pâques, représentations théâtrales tous les soirs de mi-juillet à mi-août, concerts musicaux la nuit « des chœurs » (fin août), etc.

LOUVAIN-LA-NEUVE (1348) 18 700 hab.

Vous ne viendrez pas ici par hasard, non ! Il est fort à parier que le fameux *musée Hergé*, implanté à Louvain-la-Neuve, demeure la raison essentielle de votre visite, à 25 km au sud de Bruxelles, dans cette ville bien curieuse, entièrement sortie du sol dans les années 1970.

À l'origine, ce sont des heurts entre communautés flamande et wallonne au sein de l'université de Leuven – la Louvain flamande – qui ont provoqué la « sécession ». Littéralement fichus à la porte de la ville, les francophones se sont retranchés en Wallonie pour créer leur Louvain à eux.

C'est une ville neuve donc, la première en Belgique depuis Charleroi. Posée au-dessus du sol sur des pilotis, son centre urbain est entièrement piéton, les voitures ayant été reléguées dans de grands parkings en sous-sol, tout comme les trains et les bus. En surface, Louvain-la-Neuve affiche une physionomie simple, à taille humaine, avec beaucoup de béton certes, mais des bâtiments parés de brique et d'ardoise. Passerelles, places, unités de vie, facs, commerces... tout cela est intimement lié, répondant bien à l'idée de mixité des fonctions. Et puis les espaces verts n'ont pas été oubliés, ni les œuvres d'art qui parsèment les rues...

L'arrivée en ville est un peu curieuse. On cherche des rues, un centre, des gens, et on ne rencontre que des panneaux nous donnant le choix entre plusieurs parkings (le parking « Accueil » est central et tout près de l'office de tourisme). On tourne en rond avant de comprendre comment ça marche !

LES 24H VÉLO DE LOUVAIN-LA-NEUVE

Depuis 1976, chaque année en octobre, les Néo-Louvanistes se mettent en selle pour un marathon cycliste de... 24h ! Comme ces coureurs ne sont pas des surhommes, ils se relaient au sein d'équipes. Et c'est l'équipe qui, au bout des 24h, a totalisé le plus grand nombre de tours qui remporte la course. Au tout début, il s'agissait d'un véritable défi sportif mais, très vite, l'humour a pris le dessus et les vélos se sont mués en véhicules à pédales au look complètement fou !

Adresses utiles

fi *Office de tourisme :* Galerie des Halles (à côté des guichets de la gare ferroviaire), pl. de l'Université, 1. ☎ 010-47-47-47. ● *tourisme-olln.be* ● *Lun-sam 9h (11h sam)-17h ; juil-août, ouv dim 11h-15h.* Plan de la ville et infos générales sur L-l-N et ses environs, guide de balade pour découvrir les œuvres d'art de la ville (payant). Sur place : maquette de L-l-N, projection d'un petit film sur la ville, et expos d'art temporaires.

Gare ferroviaire SNCB : *entrée par la rue des Wallons ou pl. de l'Université ; les rails se trouvant en sous-*sol. ☎ *081-25-85-71.* ● *b-rail.be* ● De Bruxelles, train direct pour Ottignies, puis celui vers L-l-N (l'option la plus rapide) ; ou train omnibus (sans changement à Ottignies).

Gare routière TEC : *bd du Sud (angle bd de Wallonie).* ● *infotec.be* ● Nombreuses lignes rayonnant autour de L-l-N et sillonnant la région.

Où manger ?
Où boire un verre ?

Ville estudiantine, Louvain-la-Neuve regorge de snacks, friteries, *pitahouses,* pizzerias et autres brasseries où l'on peut tout aussi bien se sustenter d'un plat simple que s'envoyer une Gueuze...

De bon marché à prix moyens

|●| Le Respect-Table : terrasse des Ardennais, 20. ☎ 010-45-89-58. Lunsam 12h-14h, mar, jeu et ven 19h-21h. Formule déj 13 € ; menu du soir 23 € ; plats à partir de 9 €. À mi-chemin entre le resto et la table d'hôtes, une adresse qu'on aime beaucoup pour son cadre gai et coloré, et surtout pour la qualité de sa cuisine, copieuse, saine et bien fraîche... tendance bio, équitable et respectueuse de l'environnement. Vue directe sur les fourneaux où les plats savoureux sont mitonnés simplement, mais avec soin et inventivité. Bons petits vins bio. Service aimable.

|●| ♀ ♀ Crêperie bretonne La Mère Fillioux : pl. des Brabançons, 1a. ☎ 010-45-15-85. Tlj 9h-0h. Crêpes 3-20 €. 📶 (gratuit). Adresse décalée au pays de la frite ! Une foule de crêpes salées et sucrées pour tous les goûts. Simple et correct, mais un peu cher parfois. En tous cas, les gens s'y pressent toute la journée, installés sur du gros mobilier rustique en bois. Et le choix est tout aussi exorbitant côté glaces et boissons (bières, cafés et thés de toutes provenances).

♀ Le Brasse-Temps : pl. des Brabançons, 4. ☎ 010-45-70-27. Tlj 11h (19h w-e)-1h ; fermé w-e juin-août. Deux grandes cuves en cuivre dans cette microbrasserie où l'on déguste quelques bonnes bières maison.

Un peu plus chic

|●| Empreintes Nomades : rue Rabelais, 26. ☎ 010-45-61-60. ● emprein tesnomades@gmail.com ● Tlj 12h-15h, 18h-23h (0h ven-sam). Résa conseillée le soir. Formule déj 10-14-18 € ; plats 10-18 € ; carte 25-30 €. 📶 (gratuit). Apéritif maison sans alcool offert sur présentation de ce guide. Ambiance orientalisante de bon goût (plafond tendu de tissus, bons gros fauteuils, petites loupiotes...) dans ce resto où les assiettes sont bien remplies de mets succulents. Spécialités de grillades, couscous et tajines, sans oublier des plats plus classiques, et puis les suggestions, genre fusion... Espace ciné et activités pour divertir les enfants. Accueil sympa. Une très bonne adresse.

|●| Nulle Part Ailleurs : Grand-Rue, 9. ☎ 010-45-13-27. Tlj sf dim 12h-15h, 18h-23h. Résa conseillée. Formule déj env 15 € ; menus 22-30 € ; plats 12-20 €. Un autre bon resto dont la carte affiche des couscous et des tajines, mais également d'honnêtes plats de poisson ou de viande, et puis des salades. Déco chaleureuse, un brin arabisante.

À voir

🏃 Le musée de L-I-N : pl. Blaise-Pascal, 1. ☎ 010-47-48-41. ● muse.ucl.ac.be ● Tlj sf lun et j. fériés 10h (14h w-e)-18h. Fermé 24 déc-2 janv. Entrée : 3 € ; réduc ; gratuit pour les - de 18 ans, et pour ts le 1er dim du mois. Installé dans un bâtiment de la faculté de Philo Lettres, dont la bibliothèque surplombe les salles d'expo, ce musée des arts et civilisations abrite aussi bien des statues anciennes à caractère religieux et des collections ethnographiques (essentiellement d'Afrique et d'Océanie), que des œuvres d'art naïf et contemporain. Belles gravures de Dürer, Goya, Picasso ou Rembrandt, et peintures, dessins, estampes et sculptures belges du XXe s, exposées par rotation. Seule une salle est réservée à l'expo permanente : la « salle du dialogue », avec des œuvres de même thème, traitées par des artistes d'époque et d'origine très différentes. Également des expos temporaires venant d'ailleurs, tous les 2 ou 3 mois.

♣♣♣ 👫 *Le musée Hergé :* rue du Labrador, 26. ☎ 010-48-84-21. ● museeherge.com ● Parking « Grand-Place ». Tlj sf lun et j. fériés 10h30-17h30, w-e 10h-18h (fermeture caisse 1h avt). Entrée : 9,50 € ; réducs ; 5 € pour les 7-14 ans.

« À force de croire à ses rêves, l'homme en fait une réalité », disait un jour le créateur de Tintin à l'astronaute Neil Armstrong. Le musée qui lui est consacré est sans aucun doute à la hauteur de ses rêves. Les familiers du petit reporter remarqueront tout de suite le clin d'œil dès la lecture de l'adresse : la **rue du Labrador,** créée à Louvain-la-Neuve en hommage à celle où Tintin habi-

SAVEZ-VOUS KOTER ?

En Belgique, les chambres d'étudiants portent le joli nom de « kot ». Habiter un « kot » se dit donc « koter ». On peut partager son kot avec un « cokoteur » ou une « cokoteuse » qu'on appelle parfois cokotier ou cokotière. Il existe aussi à LLN des « kots à projets » (kap en abrégé). Le kap est le lieu de rassemblement d'un groupe d'étudiants, qui, en plus de vivre ensemble, mène à bien un projet qui lui tient à cœur dans de multiples domaines allant de la musique au sport, en passant par le théâtre, l'improvisation, l'humanitaire, le social, les langues, la photographie, la danse, l'environnement, etc.

tait dans une ville ressemblant à s'y méprendre à Bruxelles, avant de s'installer entre deux voyages au château de Moulinsart acheté par le capitaine Haddock après *Le Trésor de Rackham le Rouge.* Moulinsart qui est, comme tout bédéphile le sait, inspiré du **château de Cheverny,** demeure aussi entouré de paysages de la campagne brabançonne qui servent à présent aussi d'écrin au musée Hergé conçu par l'architecte **Christian de Portzampac.**

Depuis la plate-forme qui coiffe la ville universitaire, on accède à cet étrange vaisseau suspendu par une longue passerelle, comme pour un embarquement portuaire vers l'aventure. La façade se présente comme les deux pages d'un livre ouvert : à gauche, la silhouette de Tintin de dos, à droite comme une page blanche avec, au bas, la signature d'Hergé.

La construction, d'une légèreté étonnante, est un hommage stylistique évident à la « ligne claire », avec ses volumes suspendus disposés en quinconce, ses murs obliques sans angles droits, entre lesquels s'articulent huit salles d'exposition, reliées entre elles par des passerelles et des escaliers. Aux murs dans des tons pastel, des thèmes décoratifs comme du papier peint inspirés par l'œuvre d'Hergé (les murs des buildings américains, les vagues de la mer...).

Sur deux niveaux, les huit salles thématiques nous plongent immédiatement au cœur de l'œuvre : début de la visite au dernier étage, avec une première salle consacrée aux débuts de ce garçon modeste mais très tôt griffonneur compulsif, né à Bruxelles en 1907 sous le nom de Georges Rémi et qui trouva son pseudo en inversant les initiales de son nom : RG. Ses premiers dessins sont publiés dans le journal **Boy-scout belge** où il crée le personnage de Totor qui ressemble déjà étrangement au futur Tintin, sans la houppette.

Les aventures de Tintin et Milou, publiées à partir de 1929 dans le journal *Petit Vingtième* – annexe pour jeunes du *Vingtième siècle* –, occupent évidemment une grande place dans le musée. On découvre de nombreuses planches originales (en rotation au fil des mois), le processus de leur élaboration, mais aussi les autres facettes d'Hergé : affiches, publicité, cinéma et caricatures. De 1940 à 1944, Hergé a collaboré au journal *Le Soir,* aux mains de l'occupant, cela n'en faisait pas pour autant un pronazi, preuve en est cette caricature publiée en 1939 dans un journal satirique où une de ses créatures, Monsieur Bellum, taggue un mur d'un « *Hitler est un fou* » sans ambiguïté.

Tout ce parcours foisonne de citations souvent pleines d'humour qui ajoutent encore au plaisir d'une visite passionnante lorsqu'on découvre l'extraordinaire galerie de portraits des 228 personnages qui peuplent les aventures de Tintin, dont les principaux (Milou, Haddock, Tournesol, les Dupond/t...) sont présentés en détail ; leur genèse, l'inspiration de l'auteur... Cette identification à ses personnages, Hergé la revendiquait haut et fort : « *Tintin, et tous les autres,* disait-il, *c'est moi !* » Suit encore une salle passionnante où l'on découvre les rapports étroits entre l'œuvre d'Hergé et le cinéma, tant du point de vue du découpage scénaristique que des influences du 7e art sur les aventures de Tintin (King Kong pour *l'Île noire,* Charlot, Tom Mix, les frères Marx, etc.).

Dès *Le Lotus Bleu,* influencé par sa rencontre avec son ami chinois Tchang, Hergé se documente sur les révolutions étrangères, les réalités sociales et politiques des pays où Tintin se rend. Une démarche qui rompt avec la naïveté et l'insouciance des premiers albums. Car « la civilisation ne s'arrête pas aux portes de l'Europe » ; c'est la fin des clichés !

Dans la salle du *Laboratoire,* l'influence de la science, jusqu'au paranormal, apporte la preuve de la rigueur avec laquelle la vulgarisation scientifique était traitée pour créer les engins aussi sophistiqués que la fusée lunaire (*On a marché sur la lune* sort en 1954, alors que le premier pas de Neil Armstrong sur la lune a lieu en 1969) ou le sous-marin en forme de requin du *Trésor de Rakham le Rouge,* et autres inventions du professeur Tournesol.

Puis, le *Musée imaginaire* rassemble de nombreux objets réels ou fictifs évoquant les mondes lointains et les civilisations mystérieuses auxquelles Tintin se frotte. Ils ont été accumulés par Hergé au moment où il dessina les albums...

Les studios Hergé sont une autre facette de sa carrière. Durant 21 ans, Hergé est à la tête d'une entreprise florissante qui fait vivre de nombreux collaborateurs (dont Bob de Moor et Jacques Martin) et où il rencontre une jeune coloriste, Fanny Vlamynck, qui devient sa seconde épouse et, à sa mort, la gestionnaire parfois controversée des droits d'auteur liés à l'œuvre...

À la fin de sa vie, Hergé s'est littéralement passionné pour l'art contemporain. Pour preuve, les esquisses de son dernier album, *Tintin et l'Alph Art* où un personnage apparaît sous les traits du marchand d'art Fernand Legros.

En fin de parcours, d'éminents personnages tels que Michel Serres, Haroun Tazieff, le dalaï-lama,

USURPATION DE PATERNITÉ

À l'été 1965, Hergé est en vacances. Un journaliste suisse débarque aux Studios Hergé pour enquêter sur le prochain album de Tintin... en fait, il n'y a rien en préparation, mais l'idée d'un canular germe auprès de Bob de Moor et Jacques Martin, qui réalisent une planche bidon et la présentent comme la première d'un tout nouvel album. Enthousiaste, le reporter helvète la photographie et l'article est publié, dans L'Illustré de Lausanne, avec ce fameux document en vedette. Lorsqu'Hergé l'apprend, il ne dit rien, mais piqué au vif, il déclare peu après dans une interview : « Il n'y a qu'un seul père pour Tintin, c'est moi, un point c'est tout ! »

Alain Resnais rendent hommage à Hergé. Mais le plus durable n'est-il pas celui de la société belge d'astronomie qui a baptisé un corps céleste, découvert entre Mars et Jupiter, du nom d'Hergé ?

« *Tintin m'a rendu heureux,* disait ce dernier, *je me suis beaucoup amusé, et, en plus, on m'a payé pour le faire !* » Une vie bien remplie...

Le rez-de-chaussée est consacré à d'intéressantes expos temporaires qui changent tous les 6 mois.

🕸 *Boutique :* au rez-de chaussée, pour des articles plutôt chers !

🍽 *Le Petit Vingtième :* au rez-de-chaussée, c'est le café-resto du musée.

🚶 Si vous avez un peu de temps, allez jeter un œil au *quartier de la Baraque,* au nord-est du centre. C'est l'une des « zones résidentielles » (si on peut appeler ça comme ça) les plus étranges de Belgique, caractérisée par son habitat alternatif, suite au refus d'accepter le plan urbanistique imposé par l'université.

LE LAC DE GENVAL

Faire un petit tour au sud de Bruxelles et ne pas s'arrêter à Genval serait bien dommage. Genval, lieu de villégiature, est bien connu des Bruxellois puisqu'ils viennent y flâner le dimanche, au bord de son charmant lac, entouré de coquettes demeures et aménagé pour les sports nautiques.

Où manger ?

Nombreux restos, chers évidemment, mais le cadre champêtre et bourgeois à la fois donne bien envie de prendre place en terrasse, au bord de l'eau, pour un bon repas arrosé. À part ces restos assez cossus, en voici un à prix moyens dans le centre du village.

|●| *La Clé :* rue de la Station, 39, 1332. ☎ 02-654-17-20. ● *info@restaurant lacle.be* ● *Juste en face de la gare. Tlj sf sam midi, dim et j. fériés 12h-14h30, 19h-22h30. Fermé dernière sem d'août-1re sem de sept. Plat du jour 9 € ; plats 12-22 €. Café offert sur présentation de ce guide.* Bistrot-brasserie sympa avec coin-véranda ou bien, au fond, une salle garnie de miroirs. Honnête cuisine saisonnière affichant salades, pâtes, grillades et quelques plats moins classiques comme le waterzoi de poussin ou les lasagnes de Saint-Jacques et crevettes grises. Plats à emporter.

À voir

🎣 *Le musée de l'Eau et de la Fontaine :* av. Hoover, 63, 1332. ☎ 02-654-19-23. ● *lemuseedeleauetdelafontaine.be* ● *Juste en retrait du lac. Lun-ven 9h30-12h, 13h30-16h30 ; w-e et j. fériés 10h-18h. Entrée : 3,50 € ; réduc.* En visitant ce musée, vous saurez enfin tout sur l'eau, son origine, ses différents usages, sa nécessité et la manière de l'amener jusqu'à nous. Ouf ! Une section est également consacrée aux fontaines et aux pompes à eau, dont vous découvrirez enfin le fonctionnement. Visite instructive et plaisante. Devant le musée, jeter un œil à la *Sirène échouée sur un rocher,* véritable cri d'alarme contre la pollution aquatique.

DANS LES ENVIRONS DE GENVAL

En bordure de la forêt de Soignes

🎣 *Le domaine de La Hulpe :* traversée par la charmante rivière Argentine, l'ancienne propriété de l'industriel Ernest-John Solvay est un superbe parc de 220 ha qui appartient à la Wallonie. Des pelouses bordées de massifs d'azalées et de rhododendrons, des étangs, des collines plantées d'essences rares (séquoias notamment) en font un lieu de promenade particulièrement apprécié. Un grand lac servait autrefois de source d'approvisionnement en eau aux fabricants papetiers de la région. Le domaine et le château au milieu ont servi de décor pour le tournage du film *Le Maître de musique.*

🎣🎣 *La Fondation Jean-Michel-Folon :* drève de la Ramée, dans la ferme du château de **La Hulpe,** 111 chaussée de la Hulpe, 1310. ☎ 02-653-34-56. ● *fon dationfolon.be* ● *Accès fléché depuis le carrefour des Trois-Colonnes du village de La Hulpe. Parking à 400 m de la ferme, petite trotte. En bus, depuis Bruxelles, prendre la ligne n° 366 des TEC, au départ de la pl. Flagey, arrêt Parc Solvay. Tlj sf* *lun 9h-17h, w-e 10h-18h (la caisse ferme à 17h). Entrée : 9 € ; réduc. Visite entièrement accessible et gratuite pour les pers handicapées.*

Tout l'univers de l'artiste est évoqué à travers un parcours très joliment aménagé dans d'anciens bâtiments agricoles disposés autour d'une cour carrée. La visite s'ouvre sur une projection où glisse le pinceau de l'aquarelliste sur la feuille blanche, puis on pénètre, par une porte-livre, dans l'imaginaire poétique et onirique de Jean-Michel Folon. Dans un accrochage plus ou moins chronologique, ses aquarelles, peintures, sérigraphies, vitraux, tapisseries et ses illustrations d'œuvres littéraires (Prévert, Kafka, Apollinaire) évoquent un monde d'intimité et de douceur, où les thèmes récurrents sont la défense de l'environnement et la place de l'homme, souvent seul, dans la ville. À noter, le mur d'affiches encadré de miroirs produisant une vertigineuse mise en abîme.

Remarquable collection de timbres et de correspondance illustrée, envoyée à son ami Soavi. Dans la *Tête de l'homme bleu,* une salle des glaces diffuse le célébrissime générique d'Antenne 2 en compagnie de sa contribution publicitaire à la prospection gazière. Avec ses sculptures en bois, ses marbres et bronzes patinés, ses eaux-fortes et une étonnante série de petits personnages aux têtes toutes différentes, on découvre une œuvre moins connue, détournant les objets de leur usage courant et qui ne cache pas sa parenté avec la thématique surréaliste si présente dans l'univers artistique belge. Reconstitution de l'atelier du sculpteur et commentaires de Folon en vidéo. On a vraiment bien aimé aussi, dans une courette, le parapluie d'eau qui protège un personnage debout à la Magritte, la salle où un bonhomme assis rappelle celui qui résiste aux marées de la plage de Knokke-Heist et surtout, surtout, dans une autre pièce, l'élégant ballet d'un petit automate acrobate, sous une voûte étoilée. Magnifique !

🍴 La visite se termine par la *boutique* du musée. À côté se trouve la *Taverne de l'Homme bleu,* cafétéria où l'on peut prendre une tartine de fromage blanc aux radis et aux oignons, arrosée d'une Kriek.

LA PROVINCE DE LIÈGE

Visage avenant, épanoui, facettes multiples et même, devrions-nous dire, particulièrement contrastées, quand, aux bocages du pays de Herve, succèdent, sans transition, les Fagnes, relief et végétation plus proches de la toundra sibérienne que des prairies à pommiers. Fagnes d'ailleurs merveilleusement chantées par Apollinaire. Paradis des randonneurs et autres amateurs de tourisme vert. Sans oublier la dimension industrielle et humaine, avec le bassin minier de Blégny et son fascinant écomusée. Et pour finir, Liège, qu'on a aimé pour sa chaleur. Mais trève de bavardage, on vous en cause tout de suite...

LIÈGE

(4000, 4020)　　　197 000 hab. (agglomération : environ 600 000 hab.)

En préambule, force est de reconnaître que Liège n'est pas la plus belle ville de Belgique : hormis le cœur de la cité, qui recèle quelques perles architecturales, pas mal de béton mal placé, de constructions disgracieuses et de bâtiments gris formant un ensemble assez anarchique, auquel il n'est pas facile de trouver une once d'harmonie ; sans parler du passé industriel de la région qui, avec ses usines massives dans la banlieue sud-ouest, à Ougrée notamment, a littéralement défiguré certains abords de l'agglomération.

Mais en dehors de cela, Liège véhicule une réputation justifiée de ville accueillante, vivante, rieuse, voire exubérante. N'y fête-t-on pas le 14 Juillet avec presque plus d'enthousiasme qu'en France ? Mieux : au centre de Liège se trouve le « Carré », un petit périmètre plein de cafés animés pour la plus grande joie des noctambules. Ce fameux Carré serait même – imaginez un peu ! – la zone où coule le plus de bière au mètre carré... dans le monde !

En effet, s'il est une chose qui ne déçoit pas à Liège, c'est bien cette chaleur, cette convivialité, qu'on retrouve dans la rue, sur les marchés, au comptoir des estaminets... Ce n'est d'ailleurs pas pour rien qu'on la surnomme la Cité Ardente ! Et puis, on le disait, la ville possède quand même un patrimoine architectural non négligeable (près de 400 bâtiments classés), et quelques musées intéressants. Enfin, routards coquins, sachez que les Liégeoises passent pour les plus jolies et effrontées des Belges ; alors, à 2h10 de Paris en *Thalys*, n'hésitez plus à débarquer sous l'aérienne structure de la nouvelle gare conçue par Santiago Calatrava pour y faire la bamboche !

UN PEU D'HISTOIRE

Tout commence un jour noir de 705, lorsque saint Lambert, évêque de Tongres-Maastricht, se fait trucider sur les berges de la Légia. Son successeur, saint Hubert, décide de construire, sur les lieux mêmes de l'assassinat, un sanctuaire qui rapidement devient un lieu de pèlerinage très populaire. Plus tard, il y transfère son évêché. Liège n'est alors qu'un minuscule village. Charlemagne lui accorde pourtant quelque attention. Car sur la route d'Aix-la-Chapelle, c'est une étape obligée et plaisante. Il y fait même battre monnaie. Pour les Normands, c'est déjà la « cité ardente » : elle brûle en 881. La belle aventure va-t-elle s'arrêter là ? Non car, en 972, un nouvel évêque est nommé par l'empereur Otton Ier. C'est *Notger,* un gars décidé, un bâtisseur, qui essaime les églises et les palais, et met en place les bases d'un État souverain et prospère : la principauté de Liège. À l'époque, on disait : « Liège doit Notger au Christ et tout le reste à Notger. »

Liège, ville cléricale, voit aussi se développer une société civile de commerçants, d'artisans et de professions libérales. Des tensions, des luttes âpres pour le pouvoir se déroulent entre l'évêque et ses subordonnés. Révoltes, négociations, trêves ponctuent la vie liégeoise jusqu'à la paix de Fexhe, signée en 1316 entre l'évêque et les représentants du peuple. C'est la grande charte fondatrice de la démocratie liégeoise, qui proclame le droit d'intervention du peuple dans le gouvernement de l'État.

Nombreux sont ceux qui convoitent la principauté de Liège, à commencer par les Bourguignons, gênés dans leur expansion par ces turbulents Liégeois. Louis XI, en bisbille avec la maison de Bourgogne, leur accorde son soutien en catimini mais par deux fois les laisse tomber lorsque ça n'arrange plus ses affaires. La première fois, Liège y perd ses remparts, ses libertés (et même son perron transporté à Bruges) ; la seconde fois, en 1468, Charles le Téméraire rase carrément la ville, ne sauvegardant que les églises. Bon prince cependant, il autorise immédiatement sa reconstruction.

Sous le règne d'*Érard de La Marck,* prince-évêque de 1505 à 1538, Liège remonte la pente. D'autant plus que le développement de l'industrialisation, grâce au charbon de la région et au fer des Ardennes, apporte une prospérité sans égale. Notamment par les fabriques d'armes. L'appui donné à Charles Quint se révèle également bien récompensé. Jean de Corte (dit Curtius) s'enrichit en fournissant la poudre à canon aux armées impériales. Et la cerise sur le gâteau : l'esprit de la Renaissance, qui pénètre abondamment la cité. Humanistes et artistes y insufflent une riche vie culturelle et intellectuelle.

La belle saga de Liège s'interrompt en 1789, lorsque la ville s'enflamme pour la Révolution et chasse les princes-évêques après avoir démantelé leur belle cathédrale Saint-Lambert. L'intervention des armées de la République est décisive et, le moins qu'on puisse dire, c'est qu'elles ne s'y conduisent pas de façon très conviviale pour les Liégeois eux-mêmes. En 1795, Liège devient département français sous le nom de département de l'Ourthe, et la ville découvre les ravissements de la centralisation et de la bureaucratie françaises ! Napoléon a besoin de canons. Liège se met à en fondre en masse. Le savoir-faire de ses forgerons et de ses fondeurs attire aussi le fameux industriel anglais John Cockerill, qui y installe ses usines métallurgiques. Le paysage en est bouleversé. Victor Hugo saura, comme toujours, trouver les mots : « Toute la vallée semble trouée de cratères en éruption. Quelques-uns dégorgent des tourbillons de vapeur écarlate étoilée d'étincelles ; d'autres dessinent lugubrement, sur un fond rouge, la noire silhouette des villages... Ce spectacle de guerre est donné par la paix. »

En 1826, démarrage du premier four des cristalleries du Val Saint-Lambert. Pendant ce temps-là, la politique continue son chemin. À l'amer épisode français succède la transition batave. En 1815, à Liège, on n'apprécie guère Guillaume d'Orange. Le divorce ne tarde pas. Pour le précipiter, Liège s'allie à Bruxelles. La révolution de 1830 et la création de la Belgique doivent beaucoup aux Liégeois... En 1889, naissance de la manufacture d'armes d'Herstal. En 1914, la résistance de la ceinture des forts retarde l'avancée en Belgique des troupes du Kaiser. Cet héroïsme vaut à la ville l'attribution de la Légion d'honneur.

LE CAFÉ LIÉGEOIS

Avant 1914, ce grand classique, à la carte de bien des bistrots, s'appelait le café viennois. Pourquoi ce changement de nom ? En 1914, lors de l'invasion allemande de la Belgique, les forts ceinturant Liège offrent une résistance acharnée aux Teutons, qui ne viennent à bout des assiégés qu'en convoyant à grand peine les énormes canons autrichiens. Enthousiasmés par cet héroïsme et écœurés par la brutalité germanique, les cafetiers parisiens décident alors, par solidarité, de rebaptiser le café viennois « café liégeois » !

Simenon, fils de Liège

Il naît à Liège le 13 février 1903 et meurt à Lausanne le 4 septembre 1989. Entre ces deux dates, plusieurs centaines de romans, nouvelles, contes et ouvrages à caractère autobiographique. C'est l'auteur francophone le plus traduit au monde (avec, paraît-il, Hergé ; encore un Belge !). Famille modeste, originaire d'*Outremeuse,* quartier populaire de Liège, dont l'histoire et l'atmosphère le marquent beaucoup. Ado, il écume les librairies et montre un esprit curieux et fouineur. À 16 ans, il devient reporter pour la *Gazette de Liège,* où il s'occupe des faits-divers. À 18 ans, il rejoint un cercle culturel et intellectuel d'inspiration libertaire, la « Caque ». Soirées de poésie dans les vapeurs d'alcool et exaltation de la bohème. Il ne s'y implique pas vraiment et écrit son premier roman sous le nom de Georges Sim. Mais Simenon s'ennuie dans cette ville provinciale. Il prend le train pour Paris, un jour froid de décembre 1922, sans se retourner. Plus tard, il expliquera : « Comme au foot, il faut choisir la ligue dans laquelle on jouera : locale, nationale ou internationale. » Il ne revint pas ou presque. En 1930, il crée le personnage du fameux commissaire Maigret dont la devise était : *Comprendre, ne pas juger.* Son rythme de production fascine tout le monde. Sait-on qu'il écrivit aussi plus de 100 romans non policiers ? Il lui arrivait même d'en écrire un en une semaine ! Liège est fière de son auteur universel et populaire, même si cette fierté se teinte parfois d'amertume pour l'infidèle qu'il fut à l'égard de sa terre natale. N'a-t-il pas été jusqu'à faire disperser ses cendres sur la terre suisse ? Qu'importe ! L'esprit de Simenon restera longtemps encore associé à Liège. Il nous a même semblé qu'il a mis tellement de Liège dans ses ouvrages que la moindre rue d'Outremeuse nous paraît familière...

LIÈGE

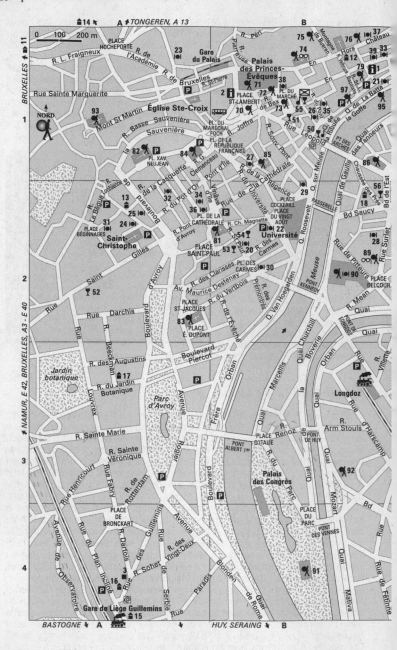

BRUXELLES

TONGEREN, A 13

A

B

NORD

0   100   200 m

PLACE HOCHEPORTE

R. L. Fraigneux

R. de l'Académie

R. de Bruxelles

23

Gare du Palais

Rue Sainte Marguerite

Mont St Martin

Église Ste-Croix

R. Basse Sauvenière

Sauvenière

PL. DU MARÉCHAL FOCH

PL. DE LA RÉPUBLIQUE FRANÇAISE

R. Joffre

Palais des Princes-Évêques

PL. DE
ST-LAMBERT

PL. DU MARCHÉ

R. de Bex

R. Léopold

R. St-Pierre

PL. XAV. NEUJEAN

R. G. Clemenceau

Pont d'Île

R. de la Cathédrale

R. de la Régence

R. de l'Université

PLACE COCKERILL

PLACE DU VINGT AOÛT

Université

Quai Roosevelt

Quai sur Meuse

PASSERELLE

Quai de Gaulle

Chaussée des Prés

Bd de l'Est

Quai des Tanneurs

Quai de la Goffe

PT DES ARCHES

R. de la Casquette

R. du Pot d'Or

Boulevard

R. Pont d'Avroy

PLACE CATHÉDRALE

R. Ch. Magnette

PLACE SAINT-PAUL

PLACE DES CARMES

R. des Carmes

R. des Clarisses

Bd Saucy

Rue de Pitteurs

PLACE DELCOUR

NAMUR, E 42, BRUXELLES, A3 - E 40

Rue

Saint

Gilles

Saint-Christophe

PLACE BÉGUINNAGES

R. La Bègue

R. Lonhienne

Boulevard d'Avroy

Av. Maurice Destenay

R. du Vertbois

R. des Prémontrés

Quai Van Hoegaerden

PONT KENNEDY

Meuse

PLACE ST-JACQUES

PLACE É. DUPONT

Rue Darchis

R. Beeckman

R. des Augustins

R. du Jardin Botanique

Jardin botanique

Louvrex

Parc d'Avroy

Boulevard Piercot

Avenue

Frère

Orban

Quai Marcellis

Quai Churchill

Quai Boverie

Quai Orban

Longdoz

R. Rue de Harscamp

R. Arm Stouls

R. Sainte Marie

R. Sainte Véronique

R. de Rotterdam

Rigler

PLACE D'ITALIE

PONT ALBERT 1er

R. Renoz

PONT DE HUY

Quai du

Palais des Congrès

PLACE DU PARC

PONT DES VENNES

Quai Mozart

Bd

Rue de Fétinne

PLACE DE BRONCKART

Rue Henricourt

Rue Fabry

R. de Rotterdam

Avenue de l'Observatoire

R. du Plan Incliné

Rue des Guillemins

Rue Dartois

R. Soher

R. des Vingt-Deux

Rue Serbie

Paradis

Blonden

Quai de Rome

Gare de Liège Guillemins

16

3

15

BASTOGNE

HUY, SERAING

A

B

PLACE DES DÉPORTES

77

80   78 P   1

Féronstrée

Q. de Maastricht

PONT ST-LÉONARD
R.A. Maloki

Q. Sainte Barbe

R. des Tanneurs

94

Bd de la Constitution

R. H. de Dinant   10   R. G. Simenon

88   87

Rue Puits d'Outre-Meuse

Rue Roture

R. Jean en Sock

PLACE GOBERT

de   l'Ourthe

de   Longdoz

Douffet

Rue   des Champs

R.

Natalis   Grétry

R. Poincaré

R. B. Heinz   96

R. des Vennes

C

■ **Adresses utiles**

ℹ 1 Office de tourisme de la ville
        de Liège
ℹ 2 Maison du tourisme
        du pays de Liège
🚂   Gare ferroviaire SNCB de
        Liège-Guillemins (Thalys),
        Maison des cyclistes
🚌   Gare des bus TEC
3   Eurolines

🏨 **Où dormir ?**

10   Auberge de jeunesse
        Georges-Simenon
11   B&B Ceci n'est pas un Hôtel
12   Hôtel Hors Château
13   Hôtel Les Acteurs
14   B&B Maison Tranquille
15   Hôtel de la Couronne – Husa
16   Hôtel Univers – Best Western
17   Le Cygne d'Argent
18   Hôtel La Passerelle

🍴 **Où manger ?**

20   La Main à la Pâte
21   L'Œuf au Plat
22   Le Taboulé
23   Paris-Brest
24   Amour, Maracas et Salami
25   Bruit qui court
26   La Frite
27   Terre Mère
28   Taverne Tchantchès et
        Nanesse
29   Café Lequet
30   Le Bouquin
31   Le Numidie
32   Les Sabots d'Hélène
33   Chez Léo
34   Le Pain Quotidien
35   Le Bistrot d'en Face
36   Exki, Pollux
37   Le Thème
38   Le Vin sur Vin
39   España
90   Le Labo 4

🍷 **Où boire un verre ?**
🎵 **Où écouter de
   la musique ?**

50   Le Jardin des Olivettes
51   La Maison du Peket

52   Le Vaudrée II
53   Taverne Saint-Paul
54   Le Pot-au-lait
55   The Senor Duck
56   Le Ramdaxhe

🏃 **À voir**

70   Archéoforum
71   Palais des Princes-Evêques
72   Place du marché
73   Hôtel de ville
74   Musée de la Vie wallonne,
        église Saint-Antoine
75   Escalier de la montagne
        de Bueren
76   Impasses du quartier
        Hors-Château
77   Collégiale Saint-Barthélemy
78   Grand Curtius
79   Musée des Beaux Arts
        de Liège (BAL)
80   Musée d'Ansembourg
81   Cathédrale Saint-Paul
82   Eglise Saint-Jean-
        l'Évangéliste
83   Église Saint-Jacques
84   Opéra royal de Wallonie
85   Église Saint-Denis
86   Église Saint-Pholien,
        rue des Ecoliers
87   Église Saint-Nicolas
88   Musée Grétry
89   Musée Tchantchès
90   Aquarium,
        musée de Zoologie,
        Maison de la science
91   Centre International d'Art
        et de Culture (CIAC)
92   Maison de la métallurgie
93   Basilique Saint-Martin
94   Brocante de Saint-Pholien
95   Marché de la Batte
96   Musée des Transports
        en commun
97   Maison Havart

🎭 **Théâtres**

74   Théâtre de marionnettes
        du musée de la Vie wallonne
89   Théâtre des marionnettes
        de Liège

LIÈGE

Adresses et infos utiles

Infos touristiques

🄸 *Office de tourisme de la ville de Liège* (plan B1, *1*) : Féronstrée, 92. ☎ 04-221-92-21. ● liege.be ● Lun-ven 9h-17h, sam 10h-16h30, dim 10h-14h30. 📶 *(gratuit).* Plan de la ville et de ses environs, liste des hébergements et restos, agenda culturel, infos transports, itinéraires de treks urbains à faire soi-même, intéressants dépliants pour découvrir *Les Coteaux de la Citadelle* (le quartier le plus ancien et pittoresque), et les circuits Simenon (avec audioguide gratuit), brochures pour explorer les grands thèmes de l'architecture liégeoise (Moyen Âge, Renaissance, Art nouveau, Art déco...). Organise aussi de passionnantes balades guidées à thème (voir le programme), principalement d'avril à octobre *(prix : 6-10 €, réduc ; durée : env 2h).* On peut enfin acheter sur place le *Liège City Pass* *(12 €, valable 48h)* pour visiter les musées et sites remarquables liégeois.
🄸 *Maison du tourisme du pays de Liège* (plan B1, *2*) : pl. Saint Lambert, 32-35. ☎ 04-237-92-92. ● province deliege.be ● Tlj 9h-18h (9h30-17h30 en hiver). Toutes les infos sur la province de Liège et ses points d'intérêt : musées, sites historiques, curiosités... Ils éditent plusieurs brochures intéressantes, téléchargeables sur : ● ftpl.be ● – Un site précieux pour les amateurs de culture, d'histoire et de patrimoine : ● fabrice-muller.be ●

Poste, télécommunications

✉ *Poste* (plan B1) : pl. du Marché, 32. Lun-ven 9h-18h, sam 10h-16h.
@ *Internet :* la plupart des hébergements et cafés sont équipés du wifi gratuit, tout comme l'office de tourisme, d'ailleurs. Sinon, on trouve des *phone shops* équipés d'ordinateurs, notamment rue des Guillemins *(plan A4)* ; ouverts tous les jours 9h-20h, pour la plupart.

Transports

🚆 *Gare ferroviaire SNCB de Liège-Guillemins* (plan A4) : pl. des Guillemins. ☎ 04-234-84-11. ● b-rail. be ● thalys.com ● Trains directs pour Bruxelles, Gand, Bruges, Ostende, Verviers, Aix-la-Chapelle, Cologne, Eupen, Luxembourg, Namur, Charleroi, Mons, Tournai et Anvers. Également 6 *Thalys*/j. depuis et à destination de Paris (2h10 de trajet, via Bruxelles, et 3h, 1 fois/j., via Mons, Charleroi et Namur). En descendant du train, on est saisi par le gigantisme de cette voûte blanche d'acier au look futuriste, réalisée en 2009 par l'architecte espagnol Santiago Calatrava. Un bel ouvrage, certes, mais qui tranche avec le quartier alentour, plutôt vétuste mais en cours de rénovation. Sur place, un *point d'infos touristiques* (tlj 9h30-17h30). Puis, bus n°s 1 et 4 pour rejoindre le centre-ville.
🚌 *Gare des bus TEC* (plan B1) : *maison du TEC,* pl. Saint-Lambert. ☎ 04-361-94-44. ● infotec.be ● Lun-ven 8h-18h30, sam 9h-13h. Pour se déplacer dans la ville et en Wallonie. Prix du ticket pour un trajet urbain : 1,70 €. Bon plan : un ticket à 3,40 € pour circuler sur tous les transports en commun durant toute une journée.
■ *Eurolines* (plan A4, *3*) : rue des Guillemins, 94. ☎ 04-222-36-18. ● eurolines. be ● Lun-ven 9h-13h, 14h-17h30 ; sam 10h-13h, 14h-15h30. Nombreux A/R en autocar avec Paris, Londres et Amsterdam. Également des liaisons régulières avec l'Italie, l'Allemagne et l'Espagne.
■ *Location de vélos :* à la *Maison des cyclistes* (plan A4), à la gare ferroviaire SNCB de Liège-Guillemins, place des Guillemins. ☎ 081-81-38-48. ● mai sonsdescyclistes.be ● Avr-oct : lun-ven 11h (7h mar et jeu)-19h ; oct-mars : lun-ven 11h (7h mar)-19h. Loc : 12 €/j. Propose aussi des promenades guidées à bicyclette.

Où dormir ?

De bon marché à prix modéré

🛏 *Auberge de jeunesse Georges-Simenon* (plan C2, *10*) : rue Georges-

Simenon, 2, 4020. ☎ 04-344-56-89.
● liege@lesaubergesdejeunesse.be ●
laj.be ● ♿ En Outremeuse. Bus n° 4
depuis la gare de Liège-Guillemins.
Réception ouv jusqu'à 1h (23h dim).
Fermé en janv et 1 sem mi-nov. Nuitées
18-34 €/pers selon âge et taille de la
chambre ; petit déj et draps compris.
Menu 12 €. 🛜🖥 Remise de 10 % sur
le prix de la 1re nuit sur présentation
de ce guide. Accolée au cloître des
Récollets, cette belle AJ en intègre
des parties, mêlant harmonieusement
les matériaux modernes aux antiques
structures. En tout, 215 lits répartis
dans 45 chambres de 2 à 7 lits superposés, disposant chacune de sanitaires
complets et d'armoires à cadenas.
Celles du dernier étage possèdent une
mezzanine. Cuisine, resto, grande salle
à manger, coin-TV, bagagerie et petite
bibliothèque. Dehors, la grande cour
pavée accueille parfois des animations,
notamment pour la fête du 15 août et
la fête de la musique. Et puis, petit
détail amusant : ce n'est pas la peine
d'apporter vos bombes à tag, le ciment
des murs est traité anti-graffiti !

🏠 **B&B Ceci n'est pas un Hôtel** (hors
plan par A1, **11**) : rue Sainte-Margue-
rite, 47, 4000. ☎ 04-77-53-63-17.
📱 0475-48-84-80. ● info@pasunhotel.
be ● hotel-liege.be ● Double 60 € ; petit
déj en sus : 5 €/pers. 🛜 (gratuit). Dans
un quartier populaire métissé à 10 mn
à pied du centre, on recommande
volontiers cette vieille maison abritant 3 belles chambres confortables
et aménagées avec goût, mettant en
valeur l'architecture originale. Salon
et cuisine à dispo des hôtes. Accueil
sympa de Joan qui connaît les bonnes
tables du quartier.

Prix moyens

🏠 **B&B Maison Tranquille** (hors plan
par A1, **14**) : rue Auguste-Donnay, 74,
4000. ☎ 04-224-44-60. 📱 0485-05-
37-44. ● matin.tranquille@mail.com ●
matintranquille.be ● À 20 mn à pied du
centre. Doubles 70-90 € selon taille
et confort ; petit déj compris ; réduc
de 10 € dès la 2e nuit. 🛜 (gratuit). Au
sommet de la colline de la Citadelle,
dans un secteur résidentiel calme,
agréable et vert. Maison de caractère

des années 1930, construite avec des
éléments d'architecture Art nouveau,
provenant à l'époque, de la destruction d'une banque dans le centre-ville,
suite à un incendie. Un charme fou ! Au
choix, 3 jolies chambres confortables,
dont une avec salle de bains séparée
mais privée, et une autre – la plus
chère – avec kitchenette et salon. Petit
jardin. Accueil gentil.

🏠 **Hôtel Les Acteurs** (plan A2, **13**) : rue
des Urbanistes, 10, 4000. ☎ 04-223-
00-80. ● lesacteurs@skynet.be ● les
acteurs.be ● Dans une rue donnant
sur le bd de la Sauvenière. Doubles
58-66 € selon j. de la sem ; petit déj en
sus 8 €/pers mais offert à nos lecteurs
à raison d'un par chambre. Parking
extérieur : 10 € la nuit. 🛜 À deux pas
du Carré, plébiscité par les noctambules, un hôtel simplement décoré sur
le thème du cinéma. Une quinzaine de
chambres avec TV et sanitaires privés,
sobres, fonctionnelles et vraiment
nickel. Salle du petit déj colorée. Une
affaire familiale qui roule toute seule et
ne demande rien à personne.

🏠 **Le Cygne d'Argent** (plan A3, **17**) :
rue Beeckman, 49, 4000. ☎ 04-223-
70-01. ● info@cygnedargent.be ●
cygnedargent.be ● Bus n° 1 depuis la
gare et pour le centre. Doubles 83-87 €
selon j. de la sem ; petit déj en sus : 9 €/
pers. Garage fermé payant. 🖥🛜 Dans
une rue résidentielle calme, hôtel d'une
vingtaine de chambres confortables
et bien tenues. Au même prix, les plus
récentes sont dotées d'une belle déco
contemporaine, avec parquet et jolie
salle de bains (nos préférées) ; sinon,
les autres sont très correctes mais
un brin kitsch, avec moquette et tentures assorties aux couvre-lits. Une très
bonne adresse.

De chic à plus chic

🏠 **Hôtel de la Couronne – Husa** (plan
A4, **15**) : pl. des Guillemins, 11, 4000.
☎ 04-340-30-00. ● info.couronne@
husa.es ● hotelhusadelacouronne.be ●
Devant la gare TGV de Liège-Guillemins, et à 10 mn du centre avec les
bus nos 1 et 4. Doubles 65-125 € selon
période et promos ; petit déj-buffet en
sus 11 €. 🛜 (gratuit). Si la façade rétro
a été préservée, ce bel hôtel de grand

LIÈGE

standing compte près de 80 chambres aménagées avec soin dans un design contemporain élégant, coloré et chaleureux. Bien confortables et d'un excellent rapport qualité-prix. Bravo, on recommande !

🛏 *Hôtel Hors Château (plan B1, 12)* : rue Hors-Château, 62, 4000. ☎ 04-250-60-68. ● info@hors-chateau.be ● hors-chateau.be ● Doubles 95-125 € selon confort ; petit déj (cher et succinct) en sus 12 €/pers. Parking privé payant. 🛜 (gratuit). Niché dans un bâtiment rénové du XVIIIe s, au cœur du vieux Liège, face à l'ancienne église des Rédemptoristes, on aime bien cet hôtel, l'un des rares de la ville véritablement doté de cachet. Une petite dizaine de chambres confortables, douillettes, et agrémentées d'une déco moderne bien aiguisée dans des tons brun-gris. Resto sur place.

🛏 *Hôtel Univers – Best Western (plan A4, 16)* : rue des Guillemins, 116, 4000. ☎ 04-254-55-55. ● univershotel@skynet.be ● univershotel.be ● À deux pas de la gare TGV de Liège-Guillemins, et 10 mn du centre avec les bus nos 1 et 4. Double 103 € ; petit déj-buffet compris ; moins cher en réservant sur le site internet. Parking payant. 🛜 (payant). Hôtel de bon confort mais sans caractère particulier, avec des chambres fonctionnelles d'allure moderne : tons chauds, parquet... Une bonne adresse, bien dans sa catégorie.

🛏 *Hôtel La Passerelle (plan B2, 18)* : chaussée des Prés, 24, 4020. ☎ 04-341-20-20. ● passerellehotel@skynet.be ● hotelpasserelle.be ● En Outremeuse. Doubles 80-170 € ; petit déj-buffet en sus 12 €. Parking privé payant. 🛜 (gratuit). Hôtel familial proposant une quinzaine de chambres, un peu petites pour les moins chères mais agréables, confortables et nickel. Certaines ont même un tout petit coin-salon. Prix surestimés, dommage !

Où manger ?

Bon marché

🍴 *La Frite (plan B1, 26)* : rue de la Cité, 5. ☎ 04-223-44-21. Tlj sf lun 11h30-14h30, 18h-21h30. Moins de 10 €.

Ici, on dévore des frites de qualité, réalisées avec des pommes de terre locales coupées juste avant leur double cuisson, et accompagnées de sauces maison, de *boulets*, ou d'un *burger* cuit à votre goût. Salle toute simple avec des comptoirs et vue sur la rue. Accueil sympa.

🍴 *Terre Mère (plan B1, 27)* : rue de la Régence, 21. ☎ 04-221-38-05. ● info@terremere.be ● Tlj sf dim 9h-15h30 (16h30 sam). Plats 6-13 €. Des saveurs étonnantes ! Tout petit resto bio, détox et végétarien, tenu par un nutritionniste – soucieux du développement durable – qui concocte salades, tartines et sandwichs avec des légumes et fleurs oubliés. Également de bons cocktails de jus frais. Mobilier épuré en bois recyclé. Une bonne alternative au régime liégeois surcalorifique.

🍴 *Le Pain Quotidien (plan A2, 34)* : rue du Mouton-Blanc, 19. ☎ 04-223-60-12. Tlj 8h-18h (17h dim). Plats 5-11 €. Dans le quartier commerçant et branché du Carré, c'est un resto de la célèbre chaîne belge. On retrouve ici tout ce qui fait son succès à travers le monde : cadre cosy et chaleureux avec la grande table d'hôtes, et puis les pains spéciaux, viennoiseries, soupes, salades, tartes, tartines, etc. ; le tout réalisé avec de bons produits bio en majorité.

🍴 *Exki (plan A2, 36)* : pl. de la Cathédrale, 6-8. ☎ 04-221-42-29. ● liege@exki.com ● Lun-sam 7h30-20h. Plats 4-7 €. Une autre chaîne, spécialisée dans la restauration rapide de qualité et essentiellement bio. À la carte : salades, sandwichs, soupes, tourtes, etc., sans oublier de bons petits plats aux intonations italiennes... Recettes riches en légumes et en saveurs. Et à ce prix-là, c'est du bonheur !

De prix modérés à prix moyens

🍴 *Café Lequet (plan B2, 29)* : quai sur Meuse, 17. ☎ 04-222-21-34. Tlj sf dim soir et mar 12h-14h30, 18h-21h. Plats 10-17 €. Digestif offert sur présentation de ce guide. On adore ce bistrot populaire dans son vieux décor de bois.

Vous y bâfrerez – à prix justes – l'un des meilleurs *boulets* de la ville et de solides plats de ménage traditionnels, type potée. Steak issu directement de l'abattoir et frites bien croustillantes. Une adresse authentique où l'un des meilleurs moments demeure le dimanche midi, lorsque la foule rugissante du marché de la « batte » envahit la salle. Service gouailleur à souhait !

|●| *Le Bouquin* (plan B2, 30) : pl. des Carmes, 8. ☎ 04-222-37-07. Tlj 7h-1h. Plats 6-20 €. Gentille brasserie de quartier plantée sur un angle de rue. On y déguste de délicieux petits plats traditionnels ou aux intonations françaises, sur des tables en marbre. Également des salades, pâtes et autres croques. Une adresse authentique fréquentée par les gens du coin. Terrasse aux beaux jours.

|●| *Chez Léo* (plan B1, 33) : En Feronstrée, 111. ☎ 04-221-43-14. ● leowit trock@skynet.be ● Tlj sf lun-mar 11h-15h30, 18h-23h. Formule déj 12 € ; menus 17-25 € ; plats 11-25 €. La bonne cantine du quartier ! Le patron, jovial et débonnaire, mitonne avec amour une savoureuse cuisine traditionnelle, simple et de saison. C'est soigné, aimablement servi et gentiment tarifé. Cadre coloré plutôt chaleureux.

|●| *Amour, Maracas et Salami* (plan A2, 24) : rue Sur-la-Fontaine, 78. ☎ 04-223-65-86. ● maracas@sky net.be ● Ouv le midi lun-ven, et le ven soir. Fermé w-e. Plats du jour 13-14 €. Petite adresse assez simple, nommée d'après une phrase d'un roman de Georges Perec. Petites tables étroites dans 3 charmantes pièces en enfilade ; celle du fond étant surplombée d'une mezzanine garnie de plantes et d'une verrière. L'endroit idéal pour se sustenter d'un délicieux plat du jour mijoté avec soin, copieux et économique. Plus simple encore : le potage du jour, une assiette de fromage ou une salade. Atmosphère gentiment bohème.

|●| *L'Œuf au Plat* (plan B1, 21) : quai de la Batte, 30. ☎ 04-222-40-32. ● œuf.plat@skynet.be ● Lun-sam sf mar 12h-14h, 18h-21h30 ; dim 8h-15h. Menus 10-18 € ; plats 6-16 €. Digestif maison offert sur présentation de ce guide. Agréable salle aux murs en brique, vieilles poutres et poêle à bois qui ronronne en hiver. Ici, la spécialité, c'est l'œuf, servi sous la forme de bonnes grosses omelettes (paysanne, végétarienne, *matoufet*...) et autres fricassées. Mais il y a aussi des steaks et des raclettes aux œufs, avec divers accompagnements permettant, en tout, 2 048 combinaisons ! Également des petit déj le dimanche matin (marché de la Batte à deux pas) et, tous les jours, un menu pas cher incluant le *peket*, deux œufs, lard et saucisse, quart de vin rouge et re-*peket* ! Clientèle locale, au parler qui ne l'est pas moins. On aime !

|●| *Le Taboulé* (plan B2, 22) : pl. du 20-Août, 22. ☎ 04-221-12-22. ● leta boule@gmail.com ● Lun-ven 12h-13h30, 18h30-23h. Fermé sam midi, dim, et midi de j. fériés. Congés : 21 juil-21 août. Résa nécessaire le sam soir. Plats 7-14 € ; mezze env 12 €. Digestif, café ou thé offert sur présentation de ce guide. Un resto libanais plébiscité par les gens du quartier pour sa cuisine sérieuse et goûtue : *houmous, kebab, couscous, felafel*, etc., et puis aussi des grillades. Bref, tout ce qu'on fait de bon au pays du cèdre ! Cadre plutôt agréable avec murs de brique.

|●| *Le Numidie* (plan A2, 31) : rue du Frère-Michel, 21. ☎ 04-223-36-85. Tlj 18h-2h (4h w-e). Plats 10-17 €. Ici, on engloutit un fameux couscous servi jusqu'à tard. Également des tajines, à engloutir dans une ambiance orientale sympa. Bref, un resto idéal pour les noctambules affamés !

|●| *Les Sabots d'Hélène* (plan A2, 32) : rue Saint-Jean-en-Isle, 18. ☎ 04-223-45-46. ● marstevin@hotmail.com ● Au cœur du Carré. Tlj 18h30-0h. Résa impérative le w-e. Plats 9-19 €. Apéritif maison offert sur présentation de ce guide. Derrière sa façade discrète, une adresse où venir entre amis profiter d'une formule conviviale : la charbonade. Selon votre choix, on vous apporte, à table, côte à l'os, bœuf argentin, filet d'autruche ou scampi, à cuire sur un petit barbecue au charbon de bois surmonté d'une hotte, au milieu de chaque table. C'est servi avec un gratin dauphinois et des crudités. Sympa mais enfumé !

|●| *Bruit qui Court* (plan A2, 25) : bd de la Sauvenière, 142. ☎ 04-232-18-

LIÈGE

18. ● info@bruitquicourt.be ● Tlj 11h-13h (1h w-e). Résa impérative le w-e. Plats 11-17 €. Dans cette ancienne banque, étonnante grande salle sous verrière – un peu *lounge* branché sur les bords – aux tons brun et pourpre. Côté fourneaux, des plats simples et pas trop chers, du genre : salades, pâtes, assortiment de fromages belges et son véritable sirop de Liège...

l●l La Main à la Pâte *(plan B2, 20)* : rue Saint-Paul, 23. ☎ 04-222-13-40. ● lamainalapate@skynet.be ● Tlj 11h30-14h30, 18h-22h30 (23h30 ven-sam). Plats 9-26 €. Un honnête resto italien proposant des plats pour toutes les bourses, à commencer par les pizzas et les pâtes. Le tout servi dans une grande salle assez élégante. Service efficace et stylé.

De prix moyens à plus chic

l●l Paris-Brest *(plan A1, 23)* : rue des Anglais, 18. ☎ 04-223-47-11. ● dans michelparisbrest@gmail.com ● Tlj sf w-e 11h30-13h30, 18h30-21h. Résa impérative, surtout le soir. Plats 4-17 € ; menus 25-30 €. Dans une rue paisible, à deux pas de la place Saint-Lambert, ce petit bistrot caché fait l'unanimité à Liège. Les habitués sont nombreux à s'y presser le midi, que ce soit côté bar pour s'envoyer un petit plat vite fait, ou côté resto, aménagé dans une jolie cour couverte avec mur végétal. Une ambiance assez conviviale pour une cuisine surprenante d'invention, de finesse et de saveurs, mitonnée avec des produits traditionnels et frais de terroir. Quelques plats aux accents plus exotiques. On s'est régalé !

l●l Le Bistrot d'en Face *(plan B1, 35)* : rue de la Goffe, 8-10. ☎ 04-223-15-84. ● info@lebistrotdenface.be ● Fermé sam midi et lun-mar. Résa très conseillée. Plats 11-24 €. La pierre apparente, les petits vichys, le plafond rustique, les toiles aux murs et les bouteilles au garde-à-vous sur le comptoir ; le tout saupoudré de quelques symboles de la vie rurale. Bref, toute la mythologie du bouchon lyonnais jusque dans les assiettes, avec de succulents plats du genre : andouillette grillée, fricassée de

rognons de veau, cassolette d'escargot, museau de porc, etc., affichés sur l'ardoise. Également quelques spécialités liégeoises, du coup plus discrètes. Nos papilles ont aimé !

l●l Le Labo 4 *(plan B2, 90)* : quai van Beneden, 22. ☎ 04-344-24-04. ● info@lelabo4.be ● En Outremeuse, derrière l'Aquarium. Tlj sf sam midi. Résa conseillée le w-e. Menus 22-33 € ; plats 16-19 €. Étonnant ! Un ancien labo de chimie reconverti en resto. Les tables sont installées entre les paillasses, éviers, becs de gaz ; le tout sous une charpente industrielle sous baies vitrées. L'originalité se poursuit jusqu'en cuisine, où 3 chefs – coréen, brésilien et belge – mitonnent de savant mélanges culturels pour une alchimie de saveurs. Adeptes des portions copieuses, passez votre chemin !

l●l Le Vin sur Vin *(plan B1, 38)* : pl. du Marché, 9. ☎ 04-223-28-13. ● alain remy.vins@skynet.be ● Tlj sf j. fériés. Menu 24 € ; plats 10-22 €. En face du Perron, symbole des libertés liégeoises, dans une des plus anciennes maisons de la place avec ses poutres basses et sa belle cheminée en carreaux de faïence bleue. Juste quelques plats à la carte pour une cuisine de terroir subtile et originale, avec quelques touches méditerranéennes. Bœuf et poisson y sont à l'honneur. Et le tout est habilement valorisé par d'excellents crus bien choisis. Une adresse à fréquenter surtout en soirée pour roucouler en tête-à-tête.

l●l Taverne Tchantchès et Nanesse *(plan B2, 28)* : rue Grande-Bêche, 35. ☎ 0475-58-36-91. ● info@taverne-tchantches.be ● En Outremeuse. Fermé lun midi, mar midi, sam midi et dim. Plats 13-25 €. D'abord, cette pittoresque maison de XVIe s avec façade couverte de plantes et fenêtres à vitraux, donne le ton. À l'intérieur, cadre rustique : brique, poutres apparentes et, au-dessus du bar, des rangées de marionnettes. Dans l'assiette, cuisine liégeoise typique et servie copieusement.

l●l España *(plan B1, 39)* : En Férons-trée, 109. ☎ 04-223-34-07. Fermé mer et jeu. Résa conseillée le w-e. Paella 19 € (prévoir 40 mn d'attente). Si le cadre ne paie pas de mine, le contenu de l'assiette, lui, détonne : magnifique et très copieuse paella aux fruits de mer pour s'empiffrer sans compter !

Chic

|●| Le Thème *(plan B1, 37)* : *impasse de la Couronne, 9.* ☎ *04-222-02-02.* ● *letheme@letheme.com* ● *Signalé par une pancarte dans la rue Hors-Château. Tlj sf dim 19h-21h. Menus 35-40 €.* Très secret, au fond d'un étroit passage pavé qui s'ouvre sur des courettes privées. Et surtout très original : tous les ans, on change entièrement le décor, toujours autour d'un thème bien précis. Atmosphère classe et très intime pour une cuisine tout aussi exceptionnelle, raffinée et inventive, dont les menus changent eux aussi souvent. Idéal pour un tête à tête amoureux.

Où déguster une bonne gaufre de Liège ?

|●| Pollux *(plan A2, 36)* : *pl. de la Cathédrale, 2 (angle rue Vinâve-d'île).* Des gaufres de Liège préparées à la demande et à base d'ingrédients de qualité... La gaufre de Liège se distingue de celle de Bruxelles par une pâte bien plus épaisse, sucrée (et qui donc caramélise à la cuisson) et aromatisée à la cannelle et à la vanille... miam !

Où boire un verre ? Où écouter de la musique ?

Dans le Carré *(plan A1-2)*

Le Carré, c'est le cœur ardent du Liège nocturne ! Un espace piéton appartenant à la jeunesse, avec ses cafés et bars rugissants où règne une atmosphère chaude et trépidante, surtout en fin de semaine. Presque exclusivement étudiant jusqu'à peu, le Carré attire désormais trentenaires et quadras ; ceux qui avaient 20 ans dans les

années 1990 et qui n'ont pas bien su s'extraire du lieu...

Inutile de citer tous les endroits sympas du Carré. L'ambiance change régulièrement de trottoir, et les musiques se concurrencent à qui mieux mieux. Mais voici quand même quelques incontournables.

🍷 ♪ Comme ça, en vrac, une poignée de rades, tels l'**Aller Simple**, le **Déluge**, **Le Soleil a rendez-vous avec la Lune**, le **Geographic Café**, et le **Cour Saint-Jean**, toujours pleins d'étudiants bien braillards. Pour les plus âgés, il y a aussi **L'Escalier** (réputé pour ses concerts électro), l'**Orange Givrée** (avec ses balançoires en guise de tabourets), les **3 Rivières** (belle sélection de rhums dans une ambiance *lounge*), le **Notger** (bar-*lounge* très design attirant trentenaires et quadras branchés), la **Guimbarde** (déco postindustrielle) et le **Mad Murphys**, où l'on peut se causer sans devoir forcément s'époumoner.

En dehors du Carré

🍷 La Maison du Peket *(plan B1, 51)* : *rue du Stalon, 1-3.* ☎ *04-250-67-83.* ● *contact@maisondupeket.be* ● *Tlj de 10h à tard.* Un lieu rustique et chaleureux, tout en pierre et brique, avec plein de salles et de recoins. On y sert tous types de *pekets*, fruités, nature, flambés ou mélangés à la bière. Terrasse sympa en été.

🍷 ♪ The Senor Duck *(plan B1, 55)* : *En Neuvice, 5.* ☎ *0485-91-44-21. Tlj de 11h à tard. Concerts ou session DJ mer-dim.* La dernière coqueluche du centre-ville ! C'est un petit bar à concerts au programme éclectique, installé dans une vieille maison où l'escalier dessert un dédale de mezzanines intimistes. Ambiance festive.

🍷 Taverne Saint-Paul *(plan B2, 53)* : *rue Saint-Paul, 8. Tlj sf dim de 10h à tard.* Ce bâtiment du XVIIe s était un ancien relais de diligence, transformé en débit de boissons en 1881. C'est un des plus vieux cafés de Liège, surtout le plus pittoresque... C'est le cœur vibrant, l'âme de Liège. Une institution ! C'est l'un des seuls de la ville à se rapprocher des « cafés bruns » flamands. Décor de bois patiné, stucs, fenêtres à vitraux, vieux carrelage, objets anciens. Excellentes bières au fût.

Ⓨ Le Pot-au-Lait (plan B2, **54**) : rue Sœurs-de-Hasques, 9. ☎ 04-222-07-94. ● info@potaulait.be ● Tlj 12h-3h. Murs complètement fous, peinturlurés de couleurs pétantes, avec des sculptures surréalistes, des formes en bois, des fresques d'anges, des déesses hindoues... Thèmes majeurs : le mysticisme et les extraterrestres ! Musique forte distillée par un DJ.

Ⓨ ♪ Le Jardin des Olivettes (plan B1, **50**) : rue Pied-du-Pont-des-Arches, 6. Dans une ruelle menant au pont. Ouv ven-sam dès 20h (9h dim). Une véritable institution liégeoise : depuis des lustres, dans une ambiance vraiment folklo, vieux et moins vieux montent sur la petite estrade chanter des tubes inusables. D'ailleurs, aux murs, pas mal de photos noir et blanc des habitués. La musique est toujours assurée par un pianiste, souvent le patron lui-même, qui n'a qu'à puiser dans les 6 ou 7 valises de partitions mises à disposition.

Ⓨ Le Vaudrée II (plan A2, **52**) : rue Saint-Gilles, 149. ☎ 04-223-18-80. ● vaudree@gmail.com ● Tlj 10h (14h dim)-3h. Une adresse qui devrait ravir les biérophiles. Certes pas pour le cadre, plutôt moche, ni pour l'ambiance, assez morne, mais pour son énorme choix de bières : quelque 900 étiquettes (fruitées, ambrées, bio, sans alcool...) et une vingtaine à la pression ! Goûtez aussi aux cocktails de bières (Merveilleuse de Rochefort, Flambée, Superbe), c'est la spécialité de la maison. Fait aussi resto.

En Outremeuse

Ⓨ Le Randaxhe (plan B2, **56**) : Chaussée des Prés, 61. ☎ 04-341-19-29. Tlj 8h-0h. Un bistrot de quartier tout de qu'il y a de plus typique, avec son comptoir, son mobilier en bois et ses consommations à prix plancher : vins, bières café, chocolat... Et pour mettre un peu de solide dans le liquide, carte de restauration sommaire, du genre : soupe du jour, boulets, croque monsieur... Le rendez-vous tranquille des habitants du coin. Accueil affable.

À voir

Avant de vous lancer à la découverte de la ville, procurez-vous le plan du centre de Liège à l'office de tourisme. Il est joliment illustré et vous sera très utile pour arpenter la ville à pied. L'office propose un riche programme de visites thématiques guidées de la ville (urbanisme et architecture, histoire et patrimoine, en famille, nature, folklore, littérature, etc.) ; une cinquantaine en tout, principalement d'avril à octobre (prix : 6-10 €, réduc ; durée : env 2h). On peut enfin y acheter le **Liège City Pass** (12 €, valable 48h) pour visiter les musées et sites remarquables liégeois.

L'art mosan

Vous entendrez souvent parler d'art mosan à Liège. Pour un néophyte, ce concept abscons semble faire référence à des contrées lointaines sinon exotiques ou renvoyer à des temps prébibliques... Et pourtant, il désigne tout simplement l'art né sur les bords de Meuse, géographiquement entre Dinant et Maastricht. Ce néologisme de 1882, créé par un universitaire, désigne un art né de la rencontre aux XIe et XIIe s des cultures romanes (donc latines) et germaniques. Il se distingue par le culte du beau... Et ce beau trouve toute son expression dans l'orfèvrerie, la sculpture et l'architecture. Cela dit, l'art mosan par excellence, c'est le travail des métaux, avec une certaine prédilection pour le bronze et le laiton (la ville de Dinant est l'héritière de cette tradition et est toujours réputée pour sa « dinanderie »). Ce travail du métal est souvent associé, comme à Limoges, à celui des émaux champlevés.

⚜ La place Saint-Lambert (plan B1) : cette vaste place est le cœur historique de la ville. Elle a été réaménagée après 30 ans de travaux ! À la décharge des pouvoirs publics, il faut préciser que les découvertes archéologiques y furent très importantes et qu'il fallut concilier la circulation automobile et les fouilles ; fouilles dont on peut désormais contempler le résultat à l'Archéoforum (voir plus bas). Sur cette place s'élevait l'une des plus imposantes cathédrales du Nord de l'Europe. Elle fut démolie par les révolutionnaires liégeois en 1793, puis servit de carrière de pierre jusqu'en 1828. Lors des fameuses fouilles dont on vous parlait, on en retrouva les fondations mais aussi les vestiges de la première église édifiée sous Notger (X^e s), ceux d'une villa gallo-romaine, ainsi que des traces d'habitat néolithique et même paléolithique. Finalement, c'est au sculpteur-architecte **Claude Strebelle** qu'on a confié la tâche d'aménager la place en fonction de toutes les contraintes existantes, et le résultat est plutôt réussi : une belle place bien revêtue et bordée d'îlots de bâtiments certes très modernes mais non sans harmonie avec le gabarit et les lignes du palais des princes-évêques. En face de ce dernier, on a même percé une nouvelle galerie marchande.

🚶 🚶 **L'Archéoforum** (plan B1, **70**) : pl. Saint Lambert. ☎ 04-250-93-70. ● archeoforumdeliege.be ● Entrée à côté du tunnel d'où débouchent les bus. Visite guidée (1h30). Tlj sf lun 9h (10h sam-dim)-17h (dernier départ). Entrée : 5,50 € ; réduc ; gratuit pour les - 6 ans. Il s'agit donc des vestiges archéologiques de la place Saint-Lambert, mis au jour pendant près d'un siècle et aménagés dans un vaste espace multimédia, le plus grand du genre en Europe. Accompagné d'un guide, on y découvre, outre des objets préhistoriques (pierres, ossements d'animaux, etc.), les fondations des différents édifices qui se sont succédé ici, de la villa gallo-romaine à la dernière cathédrale, en passant par l'église romane de Notger et divers éléments d'architecture mérovingienne et carolingienne. Tout est imbriqué, entremêlé, mais le ou la guide, par ses subtiles explications, permet d'y voir plus clair. Une belle visite, surtout si le sujet vous parle.

🚶 **Le palais des Princes-Évêques** (plan B1, **71**) : dominant la place Saint-Lambert, voici l'imposant palais qui fut la résidence des princes-évêques. Construit à l'emplacement de la première résidence de Notger. Ce que l'on voit aujourd'hui est une reconstruction de 1536 (après maints pillages, incendies et guerres). Il échappa, on ne sait pourquoi, à la fureur iconoclaste de 1793. Il servit ensuite d'entrepôt, de prison, d'hôpital, et abrite aujourd'hui le palais de Justice et le siège du Gouvernement provincial de Liège.

Accès libre à la première cour qui sert de parking. On y notera une certaine influence italienne dans le plan et le style, s'alliant avec le gothique. Superbement rythmé par les portiques à colonnes. Une curiosité architecturale : pour renforcer le rythme de l'ensemble, sur chaque côté, la forme des colonnes change, tantôt cylindre, anneau et bulbe, tantôt bulbe-anneau-bulbe, tantôt bulbe-anneau-cylindre, se conjuguant avec la grande variété des motifs des chapiteaux et socles des colonnes. Décor floral, bouffons, masques grimaçants, etc. Le prince-évêque Érard de La Marck, grand ami d'Érasme, y fit introduire des éléments de l'œuvre de ce dernier, notamment de l'*Éloge de la folie*. La découverte des Amériques inspira également les sculpteurs, comme en témoignent ces plantes, perroquets, têtes de singe et masques ethniques. Voûtes gothiques en brique. Les façades présentent un harmonieux ordonnancement de hautes fenêtres croisées, balustrades ajourées et lucarnes à pinacles.

Au 1er étage, l'ancienne salle de réception et de banquet des princes-évêques, à la superbe décoration du XVIIIe s, qu'on ne peut malheureusement visiter qu'à des moments exceptionnels ou sur rendez-vous (se renseigner à l'office de tourisme).

🚶🚶 **La place du Marché** (plan B1, **72**) : l'une des plus anciennes de la ville. Toujours bordée d'immeubles du XVIIIe s (Louis XIV fit détruire ceux des siècles précédents) et de nombreux cafés-restos avec terrasse qui en font l'un des lieux les plus agréables les soirs d'été, et des plus touristiques aussi. Au centre, le *Perron* et sa fontaine, symbole des libertés communales. Il fut transféré à Bruges pendant 11 ans, après la prise de la ville par Charles le Téméraire en 1467. Sur la colonne, la traditionnelle pomme de pin qu'on retrouve sur beaucoup de perrons. En se refermant, elle symboliserait le peuple qui sait se serrer les coudes pour se défendre. En s'ouvrant, c'est la joie qui s'exprime, l'ouverture sur le monde et la fertilité quand elle libère ses graines. Belle métaphore !

🎍 *L'hôtel de ville* (plan B1, 73) : bordant au sud la place du Marché, c'est un élégant édifice appelé familièrement « la Violette » par les Liégeois. Depuis le XIIIe s s'élève ici le pouvoir communal, contrepoids indispensable à la tyrannie des évêques. D'abord dans une demeure à l'enseigne de la Violette, remplacée en 1718 par l'édifice actuel, après diverses destructions causées de nouveau par Louis XIV. Style classique, d'une certaine sobriété, avec un double escalier décoré de... pommes de pin. Noter, au second étage, l'élégante alternance de frontons courbes ou triangulaires au-dessus des fenêtres, ainsi que le large fronton frappé des armoiries du prince-évêque et des deux bourgmestres qui président à la construction de l'édifice. De l'autre côté, cour d'honneur encadrée de deux ailes. Sur le mémorial des policiers morts pour la patrie, un certain Arnold Maigret qui inspira en partie le personnage du célèbre commissaire. D'autres sources affirment que Maigret était le nom d'un médecin voisin de Simenon, place des Vosges à Paris, avec lequel il partageait la passion des bateaux.
Possibilité de visiter l'intérieur de l'hôtel de ville. Essayez de vous joindre à un groupe. Grande salle des pas perdus avec joli plafond polychrome. Espaces rythmés de colonnes de granit noir. De Del Cour, sculpture originale des *Trois Grâces*, supportant la pomme de pin du Perron. À l'étage supérieur, l'ancienne salle des mariages (nombreux bustes et tableaux) et salle du conseil communal au plafond richement décoré de stucs.

🎍 *Le quartier Féronstrée et Hors Château* (plan B-C1) : entre colline et Meuse, la naturelle extension de la ville médiévale vers le nord-est. C'est un quartier qui vaut une visite approfondie, pour son intérêt architectural et tous ses petits secrets charmants...
La rue Hors-Château, tracée au XIe s en dehors des murailles, aligne aujourd'hui nombre de belles demeures aristocratiques et bourgeoises. Tout au début, l'ancienne *église Saint-Antoine* (plan B1, 74). Construite en 1645 dans le style jésuite. Noter les cinq étages à pilastres, chapiteaux, volutes, guirlandes et niches à statues. Elle a été restaurée assez récemment et accueille depuis des expos temporaires.

🎍🎍 🚶‍ *Le musée de la Vie wallonne* (plan B1, 74) : cour des Mineurs, 1. ☎ 04-237-90-50. ● viewallonne.be ● À côté de l'église Saint-Antoine. Tlj sf lun 9h30-18h. Fermé 1re sem de janv et certains j. fériés. Entrée : 5 € ; réduc ; 3 € pour les 6-18 ans ; gratuit le 1er dim du mois. Abrité dans l'ancien couvent des frères mineurs, de style Renaissance mosane, c'est le plus riche musée ethnographique de Wallonie. Son architecture moderne aux excroissances de verre et de métal offre une magnifique vue sur la ville. Elle a aussi le mérite de fluidifier le circuit et d'ouvrir, d'illuminer le bâtiment, assez austère à la base. Sur deux niveaux, la muséographie présente des collections d'objets, de documents et d'images touchant à tous les aspects de la vie wallonne

WALLONS, ENFANTS DE LA PATRIE...

Liège est considérée comme la ville la plus francophile de Belgique. Elle a même reçu, par un décret d'août 1914, la Légion d'Honneur, en hommage à la résistance de ses forts lors de l'avancée des troupes allemandes. Elle lui fut officiellement remise lors d'une visite du président Poincaré en 1919. Liège était ainsi la première ville étrangère digne de cet honneur. Aujourd'hui, elle ne partage ce privilège qu'avec quatre cités hors Hexagone : Luxembourg, Belgrade, Volgograd (ex-Stalingrad) et Alger.

du XIXᵉ s à nos jours : au total 100 000 pièces, dont beaucoup de photos, affiches, cartes postales, vidéos. Sections thématiques : histoire, géographie, économie, vie quotidienne, consommation, religions et croyances, fêtes, savoirs, métiers d'art. L'espace Saint-Antoine, aménagé dans une église désacralisée, accueille les grosses expos temporaires (prix d'entrée séparé) tandis que les plus petites sont intégrées au parcours permanent. Un musée d'une rare succulence ! Parmi les mets de choix : une authentique guillotine (avec un moulage en plâtre de la tête du dernier guillotiné, en 1824). Beaucoup plus gai (quoique), les terres cuites de Léopold Harzé : entre Goya et Dickens, il a su donner force et vie à ses fabuleuses scènes de rue... Un théâtre actif de marionnettes (voir plus loin la rubrique « Théâtre »), un centre de documentation, une boutique et un espace saveurs viennent compléter ce nouvel ensemble.

¶¶¶ Le Grand Curtius (plan C1, **78**) **:** quai de Maastricht, 13 (accès possible par En Feronstrée, 136). ☎ 04-221-68-40. ● grandcurtiusliege.be ● Tlj sf mar 10h-18h. Entrée : 9 € ; réduc ; gratuit pour les - de 12 ans, et pour ts le 1ᵉʳ dim du mois. Expos temporaires avec billets combinés. Audioguide compris.
L'ensemble muséal du Grand Curtius regroupe, en une seule et même entité de 5 600 m², les collections des anciens *musées d'Armes, du Verre, d'Archéologie, des Arts décoratifs, d'Art religieux et d'Art mosan.* Organisé sur trois niveaux en **parcours chronologique,** il restitue l'histoire du pays mosan de la préhistoire à nos jours. Un **parcours thématique** vient compléter le précédent : il regroupe les richesses muséales de la ville de Liège autour des thèmes de l'égyptologie, le verre, les armes, les spiritualités chrétiennes et philosophiques.
Commençons par le plus spectaculaire : dans sa belle livrée rouge en brique et pierre calcaire, le fier palais (en fait un bâtiment à vocation commerciale) construit par Jan de Corte un industriel qui a fait fortune dans le commerce des armes et de la poudre à canon, est familier aux promeneurs des bords de Meuse. On qualifie son style de « Renaissance mosane ». La tour de guet qui le coiffe est postérieure à sa construction qui débuta à la fin du XVIᵉ s. Remarquez sur la façade les mascarons en tuffeau repeints comme à l'origine. Il y a là un mélange d'armoiries familiales, de grotesques et même une scène scatologique (rangée du milieu à l'extrême droite) où un personnage accroupi vient déposer son petit cadeau ! Le bâtiment principal accueille des expos temporaires de prestige. Ne manquez pas de visiter les combles et de remarquer les pièces d'apparat qui comportent de magnifiques cheminées monumentales.
Le **parcours chronologique** débute par la section préhistoire particulièrement riche dans la vallée de la Meuse où abondaient les grottes favorables au peuplement : ossements, pierres taillées, céramiques, armes en bronze, bijoux... La période gallo-romaine apporte aussi son lot de témoignages, avec des céramiques, amulettes, verres, statuettes, mosaïques, monnaies... Le Moyen Âge constitue le point culminant du parcours, notamment avec l'art religieux mosan. Il propose quelques trésors incomparables : l'*évangéliaire* de Notger en ivoire et émaux ; une *Sedes Sapientiae* de 1060, appelée Vierge d'Évegnée, à la confondante ressemblance avec un président de la France disparu ; un triptyque doré du XIIᵉ s ; une *Vierge à l'Enfant,* dite Vierge de Dom Rupert, en grès sculpté, qui donne le sein ; un *Christ en majesté* du XIIIᵉ s où l'on sent déjà l'influence du gothique parisien, ainsi qu'une *Mise au tombeau* en marbre de Carrare. Ne manquez pas, caché derrière son rideau, un sublime dessin d'un élève de Van Eyck – *La Vierge dans l'église* – d'après un tableau du maître ; puis une magnifique *Vierge* à la donatrice et *Sainte Marie-Madeleine,* attribuée à un maître bruxellois.
Ensuite, les luttes pour le pouvoir sont évoquées par ce tableau de la restitution du Perron aux Liégeois après son exil à Bruges par Charles le Téméraire ; collier de gildes en argent dans la salle Renaissance et singulière représentation en marbre d'un cadavre rongé par les vers sur un tombeau. Puis, dans la section XVIIᵉ s, beaux cabinets marquetés ; jolie guirlande florale entourant la Sainte famille, de Jan Bruegel de Velours ; magnifique statuaire baroque de Jean Del Cour, un enfant

doué du pays qui fut l'élève du Bernin. On rejoint alors les salons aux dorures rutilantes de l'hôtel Hayme de Bomal, où sont exposés les trésors du legs du baron et de la baronne Duesberg, grands collectionneurs de pendules. Napoléon se rendit deux fois à Liège. On peut admirer plusieurs bustes et peintures le représentant, ainsi qu'une petite sélection d'armes de l'époque... Et justement, on finit par l'industrie des armes, tradition liégeoise depuis le XVIᵉ s. Les **sections thématiques** dans la résidence Curtius débutent par une petite section consacrée à l'égyptologie (sarcophages, statuettes funéraires...). Ensuite, la collection des **verres** est sans aucun doute une des plus riches qui soit : verres antiques incroyablement bien conservés, vénitiens, hollandais, anglais et bien sûr les plus belles pièces de la cristallerie du Val Saint-Lambert.

Côté **armes,** l'arsenal est encore plus impressionnant ; bien sûr la production de la FN (Fabrique Nationale) de Herstal est largement représentée, mais la profusion des armes blanches tant militaires que civiles laissent pantois. Notez le travail sur les magnifiques fusils de chasse et autres gourdes à poudre incrustés de nacre et d'ivoire, et puis ces armes insolites : intégré dans un porte-monnaie, voué à la défense d'un bureau-secrétaire, stylo d'agent secret, en forme de cane ou d'épée, ou encore façon couteau suisse avec canif et tire-bouchon !

🏃 Retour dans la **rue Hors-Château** (plan B1) pour détailler d'autres **hôtels particuliers** du XVIIIᵉ s. Notamment aux nᵒˢ 5, 9 et 13. Tout au bout, le temple de culte antoiniste, siège de la seule religion d'origine belge. L'antoinisme est largement teinté de spiritisme et propose de parvenir au bonheur à travers un certain nombre de réincarnations...

🏃🏃 **L'escalier de la montagne de Bueren** (plan B1, 75) **:** insolite et colossal escalier de 375 marches, l'un des plus longs d'Europe ! Construit en 1880 pour permettre aux soldats de la caserne située tout en haut de gagner la ville directement, sans avoir à passer par certaines rues... mal famées ! À propos, on lui donna le nom de « montagne de Bueren » en souvenir des 600 Franchimontois et de leur célèbre capitaine, Vincent de Bueren, qui tentèrent héroïquement de s'emparer de Charles le Téméraire, alors cantonné en haut de la colline. Vous pouvez bien sûr partir à l'assaut des marches pour découvrir les quartiers accrochés aux pentes de la colline mais nous vous conseillons plutôt un autre itinéraire.

🏃 À gauche de l'escalier de Bueren, suivre l'exquise petite **impasse des Ursulines.** C'est le début du sentier des coteaux (dépliant disponible à l'office de tourisme). Vestiges d'un béguinage fort bien rénové. Devant, un ancien relais de poste du XVIIᵉ s entièrement remonté ici. Aventurez-vous, sans hésiter, jusqu'au panorama que l'on a de la tour des Vieux-Joncs. La ville est à vos pieds... Descente possible par la rue Pierreuse.

🏃 Retour à nouveau dans la rue **Hors-Château** pour partir à la découverte des **impasses du quartier** (plan B1, 76). Elles menaient jadis aux logements des employés des grands hôtels particuliers, où s'installèrent par la suite des familles ouvrières aux revenus modestes. Comme les **mews** anglais, elles sont réinvesties aujourd'hui par les amoureux du charme et du calme de ces ruelles piétonnes bordées de courettes intimes. Demeures rénovées avec goût et fleuries. Pénétrez sur la pointe des pieds dans ce mode de vie privilégié : impasse Venta, impasse de la Couronne (qui revient par celle de l'Ange), à leur jonction une **potale** (petite chapelle murale), impasse de la Vignette, l'une des plus mignonnes.

🏃 Traverser la rue Hors-Château pour la **cour Saint-Antoine,** située au niveau du nᵒ 114, entre les rues des Brasseurs et Hors-Château. Exemple typique de rénovation intelligente dans les années 1970. Compromis harmonieux d'immeubles anciens et de rajouts ou réadaptations modernes. À une extrémité, on distingue bien les vestiges d'une brasserie du XVIᵉ s. À l'autre se détachent, au-dessus de la petite maison rouge, les tours avec clochers de l'église Saint-Barthélemy.

↟↟ La collégiale Saint-Barthélemy (plan C1, **77**) : pl. Saint-Barthélemy.
☎ 04-250-23-72. ● st-barthelemy.be ● Entre la rue Hors-Château et En Féronstrée.
Tlj 10h-12h (sf dim), 14h-17h. Entrée : 2 € pour la visite avec les fonts baptismaux.
Une des plus anciennes de Liège. Consacrée en 1015. Extérieur roman typique.
Seul le grand porche de style néoclassique fut ajouté au XVIIIe s et rebouché
depuis. Sa rénovation, qui a pris près de 10 ans, s'est achevée en 2006. La façade
a été joliment repeinte à la mode allemande afin de rappeler que l'église dépendait
autrefois de l'archevêché de Cologne, d'où ce blanc et ce rouge qui détonnent
assez. C'est malgré tout l'un des rares exemples de collégiales romanes demeu-
rées en l'état sans modification (ou presque), à l'époque du gothique. Élégants
clochers en forme de losanges biseautés. L'intérieur, décoré de stucs au XVIIIe s,
est resté en style baroque mais épuré de tous ses excès.
L'église est en fait surtout connue pour ses **fonts baptismaux** du XIIe s, dits de
« Renier de Huy », un pur chef-d'œuvre d'art mosan. Ils appartenaient à une autre
église détruite à la Révolution et constituent aujourd'hui l'une des sept merveilles
de Belgique, rien que ça ! Cuve en laiton de 500 kg, soutenue par 10 pieds en
forme de bœufs (au lieu des 12 initiaux) et ornée de scènes de baptême dont celui
du Christ dans le Jourdain, de Craton (un philosophe grec), de Corneille (un cen-
turion romain)... Le couvercle, lui, a disparu. C'est vraiment un pur chef-d'œuvre,
empreint d'un style d'une grande maturité, montrant un modelé superbe ; bref, un
véritable poème inscrit dans le métal. Ses origines restent toutefois incertaines :
au vu des caractères nettement orientaux, certains parlent d'un butin arraché à
une basilique byzantine lors de la prise de Constantinople, d'autres assurent qu'il
s'agit d'une réalisation qui ne doit qu'au génie des fondeurs des bords de Meuse.
Un peu plus loin, une dalle en verre permet de voir les fondations d'un escalier en
colimaçon qui appartenait à l'église antérieure. À la croisée du transept du chœur,
une pierre tombale formée de losanges de marbre.

**↟↟ Le musée des Beaux-Arts
de Liège** (BAL ; plan B1, **79**) : En
Féronstrée, 86. ☎ 04-221-92-
31. ● liege.be ● Dans l'îlot Saint-
Georges (entrée sur l'esplanade
du bâtiment, dans une petite rue
à l'angle de l'office de tourisme).
Tlj sf lun et j. fériés 13h (11h dim)-
18h. Entrée : 5 € ; réduc ; gratuit
le 1er dim du mois.
Récemment ouvert, il regroupe
désormais en une seule entité,
les collections anciennes de l'ex-
musée d'Art wallon qui occupait
les lieux jusqu'ici, et les œuvres

ADOLF N'A AUCUN GOÛT !

*Parmi les œuvres majeures présentes
au BAL : Gauguin, Picasso, Kokoschka
et Chagall. Amusant : c'est au mauvais
goût de Hitler que ces derniers doivent
leur présence au musée... Comment ?
Tout bêtement parce que Hitler, souhaitant expurger les musées allemands
de « l'art dégénéré », les mit en vente
en Suisse et que, coup de bol pour le
musée, un groupe de mécènes liégeois
les acheta !*

du **musée d'Art moderne et d'Art contemporain (MAMAC)** et de son cabinet
des estampes et dessins. Le bâtiment de l'ex-MAMAC deviendra le **Centre International d'Art et de Culture** (CIAC ; plan B4, **91**) en 2015...

↟ Le musée d'Ansembourg (plan C1, **80**) : En Féronstrée, 114. ☎ 04-221-94-02.
● liege.be/tourisme ● Tlj sf dim et j. fériés 13h (11h dim)-18h. Entrée : 5 € ; réduc ;
gratuit le 1er dim du mois. Musée dédié aux Arts décoratifs liégeois du XVIIIe s. Installé d'ailleurs dans un hôtel particulier de l'époque, construit en 1738 dans le style
Régence pour un banquier négociant en cuir. Ici, pas de vitrines. On visite comme
si le proprio nous avait laissé un moment les clés. Vous y admirerez le génie des
ébénistes liégeois exprimé au travers des meubles, portes et lambris. Superbe
salon de musique avec son plafond orné de stucs, ses tapisseries d'Audenarde,
aux fraîches couleurs, ses panneaux de bois ciselés. Dans la salle à manger, murs
recouverts de cuirs polychromes et dorés, dits « style Cordoue ». Lambris et bois
sculptés de toute beauté. Voir aussi la cuisine, entièrement revêtue de carreaux de

faïence de Delft. D'autres salles à l'étage, dont une possède l'ancienne table du conseil privé du palais des Princes-Évêques, en chêne et marqueterie.

🕏 *L'îlot Saint-Georges (plan B1) :* entre le musée de l'Art wallon et la rue Sur-les-Foulons, une série de façades des XVIIe et XVIIIe s, victimes d'opérations immobilières de-ci de-là, dans les années 1970, et remontées ici. Un îlot archéologique en quelque sorte. C'est tellement rare que ça mérite d'être signalé ! L'édifice d'angle est un bel exemple d'architecture Renaissance mosane du XVIIe s, avec ses alternances de bandes de brique et de fenêtres à meneaux. *En Féronstrée* signifie littéralement la « rue des *férons* », cela indique qu'y travaillèrent jadis les ouvriers des métaux. C'est l'une des plus vieilles rues de Liège.
Noter, à l'entrée de la rue Sur-les-Foulons, la *fontaine* dite *Montefiore.* Il y en eut d'autres en ville, offertes par des mécènes. Remarquer le bassin au pied, destiné à étancher la soif des chiens qui tiraient souvent de petites charrettes (notamment pour livrer le lait).

🕏 Autres immeubles intéressants dans le coin : la *maison Havart (plan B1, 97)*, quai de la Goffe. Abritant aujourd'hui le restaurant *Au Vieux-Liège,* elle date du XVIe s. Imposante et pittoresque, avec ses étages en encorbellement couverts d'ardoises. De l'autre côté du parking (rue de la Goffe), tout en longueur, l'ancienne **halle aux viandes**, le plus vieil édifice public de la ville (1546) où, il n'y a pas si longtemps, œuvraient encore les *mangons* (bouchers).
La **rue de la Goffe** aligne nombre d'intéressantes demeures des XVIIe et XVIIIe s. Le *quai de la Goffe,* quant à lui, témoigne de l'activité batelière et portuaire importante qui s'y déroulait. La *Goffe* (le « gouffre ») indique une échancrure, un refuge où pouvaient « s'engouffrer » les bateaux pour décharger les marchandises. Les deux mâts en forme de crayon rappellent la fonction du lieu. Tout le long de la Goffe et de la Batte se déroule le dimanche matin un fameux marché aux puces très couru régionalement (voir plus loin la rubrique « Marchés et puces »).

🕏 Des quais, vous pouvez revenir vers la place du Marché par la rue de la Cité et la **rue Neuvice,** *vinâve* du XIIe s, reliant la Meuse à la place du Marché. Les maisons du XVe s abritent encore pas mal de commerces populaires, décorés d'enseignes métalliques à l'ancienne aux noms évocateurs : « Le Cerf fleuri », « Le Lion vert », « Al Manoie di Noûvice »...
Entre les nos 23 et 24, la **rue du Carré,** venelle moyenâgeuse où l'on a quelque mal à se balader en couple !

Le quartier de l'île

Eh oui ! C'est dans une ancienne île liégeoise que nous vous convions à traîner vos baskets. Regardez le plan de la ville, notez la boucle des boulevards de la Sauvenière et d'Avroy. C'est un ancien bras de la Meuse comblé au début du XIXe s. D'ailleurs, subsistent pas mal de noms de rues évoquant cette époque : rue Pont-d'Isle, rue Pont-d'Avroy, Vinâve-d'Isle, rue Saint-Jean-en-Isle, etc. Aujourd'hui, en tout cas, la jeunesse l'a investi et en a fait son pré carré, comme d'ailleurs l'indique le nom du cœur actif de la nuit liégeoise, le *Carré (plan B2)*... Nombreuses rues piétonnes et commerçantes où, à part les églises, vous découvrirez, de-ci de-là,(malgré les enseignes envahissantes, quelques demeures anciennes intéressantes. Pas de vestiges antérieurs à 1468, car Charles le Téméraire incendia toute cette partie là de la ville.

🕏 *La cathédrale Saint-Paul (plan B2, 81) :* pl. Cathédrale. ☎ 04-232-61-31.
● cathedraledeliege.be ● Tlj 8h-17h.
Ancienne collégiale fondée au Xe s et rebâtie en gothique au XIIIe s. Au XIXe s, à la suite du Concordat, elle devint cathédrale et fut même restaurée, remplaçant la cathédrale Saint-Lambert agonisante (dont elle recueillit quelques dépouilles, comme le carillon). Certes, le clocher et ses clochetons sentent un peu trop le

XIXe s, mais le vaisseau ravit par son ordonnance rigoureuse, ainsi que par les grandes baies surmontées de pinacles.

À l'intérieur, on retrouve d'ailleurs la rigueur gothique d'origine. Voûte de la nef du XIIIe s, voûtes du plafond du XVIe, ainsi que les hautes fenêtres et l'abside (avec peinture d'inspiration allemande). Notre grand coup de cœur : le magnifique *Christ gisant* (1696), œuvre de Jean Del Cour. Influence du Bernin certaine. Quelle maîtrise, quelle capacité à faire fusionner ainsi tragédie et esthétique ! La mort rend le visage encore plus beau, pathétique et serein tout à la fois. Richesse du drapé, corps encore frémissant, que la matière du marbre n'arrive même pas à exprimer glacé. Autre merveille, la verrière du transept sud, datant du XVIe s. Dans sa partie supérieure, vous reconnaîtrez le *Couronnement de la Vierge,* par les trois membres de la Sainte-Trinité. En dessous, la *Conversion de saint Paul.*

Remarquable également, la chaire avec une étonnante représentation de Satan presque séduisante (cornes très discrètes mais, attention, pieds fourchus et ailes de vampire !). À droite du chœur, *Vierge à l'Enfant* inhabituelle. Elle n'a pas de contact maternel avec Jésus qu'elle présente déjà comme un homme. Longiligne avec un grand cou, et traces de polychromie.

– Ne pas manquer non plus le beau **cloître,** voûté de brique, et son petit jardin.

– **Le trésor :** *dans l'annexe claustrale, entrée par la cathédrale ou par la rue Bonne-Fortune, 6. ☎ 04-232-61-32. ● tresordeliege.be ● Tlj sf lun 14h-17h ; visite guidée à 15h. Entrée (audioguide inclus) : 5 € ; réduc.* Au XVIe s, un voyageur italien qui visitait Liège parlait de la cité comme un « paradis des prêtres ». Le trésor en est l'un des témoignages encore tangible. Il propose, sur trois niveaux, un nouveau parcours historique et artistique de la ville avec quelques chefs-d'œuvre issus de la défunte cathédrale Saint-Lambert, comme l'impressionnant **buste-reliquaire de saint Lambert** (à la mesure de la dévotion dont il faisait l'objet !). Le prince-évêque Érard de La Marck offrit les 5 kg d'argent nécessaires pour le réaliser. On le voit d'ailleurs agenouillé devant le socle où se nichent différentes scènes particulièrement travaillées de la vie de saint Lambert. Autres pièces fameuses, le **reliquaire de saint Georges,** offert par Charles le Téméraire (pour se faire pardonner l'incendie de la ville en 1468 ?), en or massif, d'une grande finesse de détails (observez le plissé du coussin !), et la chasuble de David de Bourgogne. Pour le reste, ciboires, ostensoirs, croix serties, crosses et anneaux épiscopaux, textiles de haute époque, calices, burettes... et des manuscrits heureusement épargnés par l'inondation de 1926, quand l'eau de la Meuse monta jusqu'à 1,20 m.

🚶 **L'église Saint-Jean-l'Évangéliste** *(plan A1, 82) : pl. Xavier-Neujean. ▯ 0474-49-36-86. ● fabrice-muller.be ● Ouv à Pâques et de mi-juin à mi-sept : tlj sf lun mat, ven mat et dim mat, 10h-12h, 14h-17h. Visite guidée gratuite.* Ancienne collégiale fondée au Xe s. Style hybride pittoresque car le clocher carré flanqué de deux tourelles est roman et la rotonde qui le sépare de la nef est une reconstruction du XVIIIe s. De loin, sous un certain angle, l'ensemble évoque curieusement la silhouette d'un chameau. À l'intérieur, la rotonde de style néoclassique est surmontée d'une très haute coupole et entourée d'une galerie circulaire avec une dizaine de chapelles. Admirable *Vierge* dite « des Miracles », datant du début du XIIIe s. Là aussi, Jésus trône sur le genou, détaché de sa mère, et le regard de la Vierge, pas maternel pour un rond, porte loin et haut, tandis qu'elle foule un dragon des pieds. À quoi pense-t-elle à ce moment-là ?

🚶 **L'église Saint-Jacques** *(plan A2, 83) : pl. Saint-Jacques. ☎ 04-222-14-41. ● fabrice-muller.be ● Tlj sf dim mat 10h-12h, 14h-17h (16h30 sam ; 18h juin-sept). Visite guidée gratuite sur rdv.* Considérée par beaucoup comme la plus belle de Liège. Abordez-la par le sud – côté Meuse – pour en avoir l'approche la plus intéressante. À gauche, le narthex, massive et rustique construction romane prolongée par un volumineux vaisseau de style gothique flamboyant. Curieusement, pas de mât au vaisseau, nulle flèche élancée, si ce n'est ce dérisoire petit clocheton. Côté place Saint-Jacques, portail Renaissance italienne de 1558.

La première église fut fondée en 1016 par Baldéric II, successeur de Notger, comme abbatiale d'un monastère bénédictin. Exceptionnellement, les abbés portaient crosses et mitres, et relevaient directement du pape. C'est à Saint-Jacques que les deux bourgmestres (élus le jour de la Saint-Jacques) venaient jurer de défendre les droits et les libertés de la commune. C'est là également que se déroulaient les négociations avec le prince-évêque lorsque des tensions avec la commune éclataient. Au début du XVIe s, la vieille voûte romane s'effondra. Le nouveau vaisseau gothique flamboyant fut construit en un temps record (25 ans !). C'est à l'intérieur qu'on prend encore plus la mesure de la richesse architecturale de Saint-Jacques. C'est le summum du style flamboyant. Il jette ses derniers feux avant de céder le pas au style Renaissance ! Ce qui frappe d'abord, c'est la voûte, la plus travaillée au monde, dit-on ! Festival de nervures, d'entrelacements et de clefs de voûte (plus de 150 !). S'y intercalent nombre de portraits, médaillons et motifs peints. Tout autour, peu de surfaces planes : faux triforium, véritable dentelle de pierre, arches festonnées. Toutes les surfaces entre triforium et arcades sont sculptées d'arabesques et de têtes de personnages bibliques. Tout le long de la nef, monumentales statues blanches. Ni marbre ni albâtre, c'est du tilleul peint, œuvre du grand Del Cour.

– **La chapelle Saint-Rémy :** dans le transept gauche. Oubliez le retable XIXe s, de peu d'intérêt, pour vous laisser émouvoir par la douceur et l'air douloureux tout à la fois de la *pietà* du XVe s. Sur le mur, une imposante dalle funéraire noire d'un abbé du XVIe s. On ne s'aperçoit pas que c'est une copie (fort bien réalisée d'ailleurs) de l'original qui fut volé par les révolutionnaires français. Le bateau qui l'emportait vers Paris coula en outre dans la Meuse, à Charleville. Elle resta un siècle au fond de l'eau avant d'être remontée et exposée au musée du Louvre. Pour la petite histoire, la ville de Liège, à défaut de récupérer légitimement son bien, en réclama en 1925 une copie qui lui fut, tenez-vous bien... facturée par le Louvre ! Pour oublier cette mesquinerie, laissez-vous séduire à droite de cette chapelle, par l'adorable *Vierge à l'Enfant* (1523) en bois doré, debout sur un croissant de lune.

– **Le transept droit :** pierre tombale du prince-évêque Baldéric II en marbre noir de Theux (du XVIIe s). Dans une chapelle latérale du chœur, à droite, découvrez, cachée sous l'autel, une *Mise au tombeau* polychrome du XVIe s (avec pleureuses et figures d'orientaux).

– Retour dans **le chœur** : seuls nos lecteurs les plus exégètes, dotés de très bons yeux, détailleront la voûte et ses clefs. Ils pourront y voir une rare représentation à deux faces de la Vierge, les symboles des évangélistes, un saint Michel combattant le dragon et, au centre du chœur, une statue du Christ sur une clé en pendentif. À droite du chœur toujours, la tribune des bourgmestres.

– **Les stalles :** elles datent de la fin du XIVe s et méritent d'être détaillées. Pas si tristes que ça, les moines à l'époque ! Nombre de miséricordes (ces rebords sous le siège relevé qui permettaient de se reposer un peu en station debout) montrent de surprenantes figures et représentations satiriques, grotesques ou fantastiques. À vous de découvrir les deux personnages accroupis en train de déféquer... (allez, on vous aide, ils sont à droite !).

– Ne partez pas, il reste à voir les superbes *vitraux* du XVIe s. Au centre du chœur, le *Sacrifice d'Abraham,* offert par l'abbé qui reconstruisit l'église. De part et d'autre, les vitraux offerts par deux grandes familles ennemies et qui se réconcilièrent à cette occasion. À gauche, les Hornes, avec Jacques III à genoux et, sur le vitrail à côté, ses deux épouses. À droite du chœur, la famille des La Marck, avec son chef agenouillé devant le Christ et, sur l'autre vitrail, sa femme.

🎭 **L'Opéra royal de Wallonie** (plan A1, 84) : rue de la Casquette, 4. ☎ 04-221-47-22. ● operaliege.be ● ♿
C'est l'un des rares bâtiment de style Empire à Liège. Édifié en 1818, il peut recevoir 1 600 personnes. L'architecte s'inspira du théâtre de l'Odéon à Paris. Beau plafond peint. Le fronton triangulaire fut un rajout tardif, les Liégeois trouvant leur opéra pas assez cossu !

De part et d'autre, l'occasion de juger des conceptions architecturales bien différentes. À gauche, la longue barre de verre du centre commercial que l'architecte, pour se donner bonne conscience, a pourvue d'arcades, rappelant celles de l'opéra. Noter également l'architecture en gradins laissant respirer l'opéra et permettant, en outre, d'amener en douceur le paysage urbain au niveau de l'église Saint-Martin sur sa colline.

Devant l'opéra, la *statue d'André-Modeste Grétry,* le célèbre compositeur liégeois (dont vous visiterez la demeure dans l'Outremeuse). Dans le socle, une urne avec son cœur.

➤ Maintenant, nous allons rendre visite à quelques rues et monuments voisins du quartier de l'Île...

🏃 *L'église Saint-Denis* (plan B1, **85**) : *rue Cathédrale, 64.* ☎ 04-223-57-56. Tlj 9h30 (12h dim)-17h. L'une des plus anciennes églises de la ville, puisqu'elle fut fondée par l'évêque Notger à la fin du Xe s. De ce fait, on y trouve plusieurs styles. Narthex et nef romans, chœur gothique. Le narthex a retrouvé son aspect d'antan mais l'intérieur est de style baroque du XVIIIe s. Repeinte en jaune, l'église recèle des stucs rococo dans les chapelles latérales, une belle tribune d'orgue de 1589 et, dans le transept droit, on découvre un retable gothique avec une remarquable *Passion,* véritable foisonnement de personnages. Dans les nefs, plusieurs œuvres de Lambert Lombard (du XVIe s), dont un *Ecce Homo,* le *Baptême du Christ.*

🏃 *La rue Léopold* (plan B1) : tracée et construite en 1875 dans la grande tradition haussmannienne, à travers le vieux quartier de la Madeleine. En janvier 2010, une violente explosion a détruit plusieurs immeubles de la rue, faisant 14 victimes.

Le quartier d'Outremeuse (où vécut Simenon)

OÙ MAMAN SIMENON SE RÉVÈLE SUPERSTITIEUSE

C'est au n° 24 de la rue Léopold, au-dessus d'une boutique de chapelier, que naît Georges Simenon le vendredi 13 février 1903 à minuit dix. Il est le premier fils de Désiré Simenon, comptable, et d'Henriette, mère au foyer. Presque un début de roman, puisque sa mère le déclare finalement né le 12 à 23h30 ! À l'époque, le vendredi 13 portait malheur (comme encore aux États-Unis).

Outre la Meuse, *djus d'là Moûse* (comme disent en dialecte wallon ses habitants), vous découvrirez le quartier exprimant le mieux, à notre avis, l'esprit liégeois. C'est la patrie de Tchantchès, le gavroche de la ville qui incarne vraiment cet esprit. Le goût de l'indépendance et l'esprit frondeur des gens d'Outremeuse s'expriment d'ailleurs bien par les deux « institutions culturelles » qui y coexistent : la « République libre d'Outremeuse » et la « Commune libre de Saint-Pholien ». Elles recouvrent très exactement les paroisses de Saint-Nicolas et de Saint-Pholien, ainsi que les deux anciennes activités professionnelles de l'île : les tisserands pour Saint-Nicolas et les tanneurs pour Saint-Pholien. Les habitants d'Outremeuse mettent un point d'honneur à défendre leur quartier, à préserver la langue wallonne et les traditions culturelles de Liège. Ils y ajoutent même un aimable esprit de clocher entre les deux paroisses, presque une gentille rivalité. Une anecdote révélatrice : quand ils vont rive gauche, les gens d'Outremeuse, toutes tendances, disent « aller en ville ». De même dans deux livres, *Je me souviens* et *Pedigree,* Simenon va jusqu'à faire dire à sa grand-mère, quand elle va rive gauche, parlant d'Henriette (la mère de Simenon) : « Je vais voir l'enfant de l'étrangère qui n'est pas d'Outremeuse... »

En fait, ce n'est même pas le plus beau des quartiers et, depuis quelques années, de l'avis même des Liégeois, il connaît un certain déclin, perdant progressivement restos, cafés et autres lieux autrefois conviviaux, même en Roture. Architecturalement, ça donne plutôt l'aspect d'un patchwork hybride de styles (principalement du XIXe s déclinant et banales tours du XXe). En outre, beaucoup de choses ont disparu dans les tourmentes immobilières. Les rues et points pittoresques se circonscrivent à l'axe allant de l'église Saint-Pholien à la rue Puits-en-Sock et aux ruelles alentour.

Vous nous avez compris, l'Outremeuse ne conviendra pas aux visiteurs pressés. Il vous faudra traîner les pieds, le plus souvent le nez en l'air, pour repérer des détails architecturaux insolites et bien sûr les *potales* ! L'attention en éveil aussi pour saisir ces chaleureuses conversations, en dialecte wallon, au détour d'une rue, d'un verre...

On en profitera pour s'arrêter à tous les hauts lieux simenoniens. Le grand Georges avait dit : « C'est de l'enfance et de l'adolescence que nous tirons le principal de notre acquis. À 70 ans, j'agis, je pense, je me comporte comme l'enfant d'Outremeuse. » Et, plus tard, comme on lui faisait remarquer que ses descriptions de quartiers de banlieue possédaient souvent un air d'Outremeuse, il avait ajouté : « Dans mes romans, on retrouve Liège, même si cela se passe à Nantes ou à Charleroi. » Bien, on y va, par le *pont des Arches* (titre du premier roman de Simenon, écrit à 16 ans, signé Georges Sim), ou la populaire passerelle qui rejoint le boulevard Saucy. Citons encore Simenon : « Il y a, frontière entre le faubourg et le centre de la ville, un large pont de bois qu'on appelle la Passerelle. C'est plus court, plus familier. La Passerelle est un peu la chose des habitants d'Outremeuse, le pont qu'on franchit sans chapeau, pour une course de quelques instants... »

🪶 À l'angle de la rue Surlet et du boulevard Saucy *(plan B2)*, **statue de Tchantchès,** symbole du Liégeois éternel. Puis prendre le boulevard de l'Est. Intéressante enfilade d'immeubles bourgeois de la fin du XIXe s.

🪶 **L'église Saint-Pholien** *(plan B1, 86) : bd de la Constitution, 1.* ☎ 04-343-26-35. *Ouv lun-ven 8h-12h.* Elle n'est pas particulièrement sexy (reconstruite au début du XXe s avant qu'elle ne s'écroule) mais c'est un peu le phare de la Commune libre. Décoration intérieure typique du style kitsch néogothique. Ce fut le cadre du premier Maigret, *Le Pendu de Saint-Pholien.* Simenon construisit son intrigue à partir de la mort de Joseph Kleine, l'un de ses amis, retrouvé pendu un matin à la clenche (poignée) de la porte droite de l'église. Kleine faisait partie avec Simenon de la fameuse « Caque », cette minisociété secrète où l'on buvait fort, tout en philosophant à longueur de nuit sur l'art et la littérature. La thèse du suicide parut à l'époque la plus probable mais une version pencha pour un règlement de compte entre pourvoyeurs de drogue (Kleine était cocaïnomane).

🪶 **La rue des Écoliers** *(plan B1, 86) :* c'est la « rue du Pot-au-Noir », dans le roman. Au no 13, accès à l'impasse de la Houpe, aujourd'hui fermée par une porte. C'est là, tout au fond, au 1er étage d'une menuiserie, que se réunissait la « Caque », la bohème de Liège. Elle regroupait peintres, décorateurs, musiciens, jeunes écrivains et poètes. En plus de Simenon, on y trouvait le malheureux Kleine, ainsi que le peintre Auguste Mambour et le futur éditeur Denoël. Accoutrements bizarres, looks de néoromantiques, lectures publiques de Nietzsche, de textes sacrés d'Inde, de poèmes de Laforgue, et saouleries. Cela dura de 1919 à 1922. La mort de Kleine mit fin à la cohésion du groupe.

🪶 Quelques rues où habita successivement **Simenon.** Au no 25, rue Georges-Simenon (ancienne rue Pasteur), il résida avec sa famille de 1905 à 1911. On y trouve aujourd'hui la nouvelle et belle AJ. Également au no 53, rue de la Loi, de 1911 à 1917. Dernier domicile, au no 29, rue de l'Enseignement, de 1919 à 1922, quand il était jeune reporter à la *Gazette de Liège,* avant de fuir à Paris. Place du Congrès, buste de l'écrivain. Ce fut son premier terrain de jeu. À 12 ans, il aimait y observer les étoiles, toujours allongé sur le même banc.

🪶 **L'église Saint-Nicolas** *(plan C2, 87) : rue Fosse-aux-Raines.* ☎ 04-343-26-35. *Ouv lun, mar et jeu 8h-12h.* Vous êtes désormais en République libre d'Outremeuse. C'est le plus vieil édifice religieux du quartier. Construit en 1710. Façade baroque. À l'intérieur, mobilier XVIIIe s. À droite, sous vitrine, calvaire de bois du début du XVIe s. Chaire évoquant saint Antoine. Dans le chœur, les saints des prémontrés. Dans le transept gauche, la célèbre Vierge noire que l'on emmène en procession le 15 août. La famille Simenon occupait le dernier banc au fond à droite. C'est le grand-père, Chrétien (c'était son prénom !), qui faisait la quête, pour la confrérie Saint-Roch.

🚶 Juste en face de l'église, la **rue des Récollets,** l'une des plus typiques du quartier. Bordée de maisons basses, elle n'a guère changé depuis le temps où Henriette (la maman de Georges) se plaignait de la saleté des innombrables gosses jouant dans cette rue habitée par des familles pauvres. Aujourd'hui, il n'y a presque plus d'enfants...

🚶 **Le musée Grétry** (plan C2, 88): *rue des Récollets, 34.* ☎ *04-223-06-27. Mar et ven 14h-16h, sam 10h-12h, et sur demande. Entrée : 1,50 €.* Demeure-musée d'André-Modeste Grétry (1741-1815), grand compositeur d'opéras-comiques qui a « réussi à Paris ». On lui doit des œuvres immortelles comme : *Zémir et Azor, Isabelle et Gertrude, La Rosière de Salency, Diogène et Alexandre* ou le ballet *Céphale et Pocris* et l'immortel *Où peut-on être mieux qu'au sein de sa famille ?* Il est aussi l'auteur de souvenirs littéraires plutôt rousseauistes : *Réflexions d'un solitaire ;* il eut le malheur de perdre ses trois filles. Cette demeure, édifiée au XVIIIe s avec une jolie façade à colombages, plut à Simenon qui la visita lors d'une de ses rares visites à Liège, en 1952 (à l'occasion de sa réception à l'Académie royale). Il écrivit dans ses mémoires : « Ses fenêtres ont gardé leur vitrage verdâtre en culs de bouteille cernés de plomb. Une maison comme on en voit sur les tableaux des maîtres flamands, en clair-obscur... une maison comme j'aurais aimé... » L'intérieur se révèle effectivement charmant, voire un poil émouvant. Il semble encore habité. Tout est en place, mobilier d'époque et pianos du maître. Demander à voir la façade sur cour avec son élégante tourelle d'escalier à colombages.

🚶 **La rue Puits-en-Sock** (plan C2): notre rue préférée. C'est le *vinâve,* la rue principale du quartier. Nombreuses ruelles perpendiculaires et commerces. C'est là que naquit Désiré, le père de Simenon et, dans les années 1950-1960, on y voyait encore trottiner, pour faire ses courses, Henriette, sa maman. Chrétien, le grand-père, tenait une chapellerie au n° 58. Désiré, qui travaillait aux Guillemins, ne manquait pourtant pas d'aller embrasser son père chaque matin. Le petit Georges, lui, venait le dimanche.

🚶 **La rue Roture** (plan C2): au niveau du n° 44, rue Puits-en-Sock, une ruelle mène à En Roture. Insolite double grille en chicane à l'entrée, appelée familièrement « la cage aux lions ». Elle servait à casser l'élan des mômes lorsqu'ils jaillissaient de la ruelle, leur évitant ainsi de passer sous le tram ! On peut y voir aussi un christ et une belle *potale.* Jusque dans les années 1920, on y trouvait des théâtres traditionnels de marionnettes liégeoises. Aujourd'hui, En Roture est une rue où s'alignent restos et bars, malgré le déclin qui touche tout le quartier.

🚶🚶 **Le musée Tchantchès** (plan B2, 89): *rue Surlet, 56.* ☎ *04-342-75-75.* ● *tchantches.be* ● *Mar et jeu 14h-16h (sf juil-août et j. fériés). Entrée : 1 €.* Siège de la République libre d'Outremeuse. D'après la légende, Tchantchès (François en wallon) naît en 760 en Outremeuse. Après une jeunesse turbulente, il devient le compagnon d'armes de Roland, le neveu de Charlemagne. On le représente avec un grand sarrau, un pantalon rapiécé, une casquette de soie noire, un foulard à carreaux rouges et des sabots. C'est un franc buveur, préférant, tout bébé déjà, le *peket* au lait. Sa compagne, Nanesse, a un fort caractère. Lui-même possède un grand cœur, beaucoup de bon sens et « il tiesse près dè bonèt » (la tête près du bonnet). Sa marionnette, créée au XIXe s, est célèbre et Tchantchès continue à symboliser l'esprit frondeur et le goût de la liberté des Liégeois. Nombreux souvenirs de notre héros liégeois (photos, tableaux, diplômes) et superbe collec-

tion de marionnettes. Chaque année, le musée s'enrichit de nouveaux costumes.
C'est ici que vint se réfugier le théâtre royal Ancien Impérial d'En Roture avec ses
130 marionnettes à tringles. *Oct-avr, spectacles mer 14h30 et dim 10h ; entrée :
3 € (voir plus loin la rubrique « Théâtre »).*
– À côté, la *maison des Métiers d'art* : expos temporaires.

𝕏 𝕏 L'Aquarium, le musée de Zoologie et la Maison de la science *(plan B2,
90) : quai Van Beneden, 22. ☎ 04-366-50-21. ● aquarium-museum.be ● Maison de
la science : ☎ 04-366-50-04. ● masc.ulg.ac.be ● Aquarium et musée de Zoologie
ouv lun-ven 9h-17h (10h-18h w-e, j. fériés, juil-août et pdt les vac de Pâques).
Entrée : 6 € ; réduc ; gratuit pour les - de 6 ans. Maison de la science ouv lun-ven
9h-12h30, 13h30-17h ; w-e et j. fériés 14h-18h (juil-août tlj 13h30-18h). Entrée :
3,50 € ; réduc. Billet combiné pour l'ensemble : 8,20 € ; réduc.*
Dans un grand bâtiment, trois attractions différentes pour vous faire découvrir
le monde de la science et de la zoologie. Vaut la visite, même si on aimerait voir
quelques travaux de rénovation rafraîchir un peu l'ensemble.
– *L'aquarium Dubuisson* abrite deux ou trois dizaines de bassins renfermant, en
tout, 250 espèces des mers chaudes ou froides. Un réservoir de 66 m³ accueille
aussi de petits requins. Au fil de la visite, on peut admirer la daurade royale, le bar
commun, l'énigmatique murène, la rascasse rouge, le mérou noir, les poissons-
vaches, poissons-pierres (pas faciles à repérer) et les axolotls, pour ne citer
qu'eux. Quelques tortues aussi, et un alligator miniature qui a l'air de s'ennuyer
ferme dans son reptilarium. Enfin, reconstitution du biotope des rivières wallonnes.
Fresque de Paul Delvaux avec l'évolution des espèces pour thème.
– *Le musée de Zoologie :* présentation vieillotte, digne des musées de la première moitié du XXᵉ s, mais très riche collection d'espèces, conservées dans
des bocaux à formol ou naturalisées. Les amateurs apprécieront ! Entre autres
raretés, on peut y voir des vers solitaires, une salamandre, un homard géant, un
casoar à casque, une souris à miel, un diable de Tasmanie, ainsi que des squelettes de poissons, reptiles et mammifères, notamment ceux d'un anaconda et
d'une fabuleuse baleine-rorqual de près de 20 m. Fort belle section aussi sur les
coraux.
– *La Maison de la science :* ici, il est interdit de ne pas toucher ! De plus, il y a
(en principe) toujours un animateur pour orienter les visiteurs et faire la démonstration d'expériences, les plus drôles étant celles réalisées avec l'azote liquide ou
l'électricité statique (horripilation, cage de Faraday, simulation d'éclairs...). Belle
collection aussi d'appareils et nombreuses installations pour faire comprendre
les phénomènes optiques (disque de Newton, hologrammes, fibres optiques...),
électriques, radioactifs (étonnante chambre de Wilson permettant de visualiser les
particules !) ou de transformation d'énergie (dynamo de Zénobe Gramme). Et pour
terminer : un phonogramme Edison, des postes de télé ancestraux, un curieux
tableau périodique des éléments et une section minéralogique.

𝕏 La Maison de la métallurgie
*(plan B3, 92) : bd Raymond-
Poincaré, 17. ☎ 04-342-65-63.
● mmil.be ● Lun-ven 9h-17h ;
avr-oct, également sam-dim
14h-18h. Entrée : 5 € ; réduc.*
Dans une ancienne usine, un
passionnant musée consacré à
ce qui fut l'une des plus grandes
activités de la région liégeoise.
Agrémenté de panneaux et petits
films didactiques, on parcourt
plusieurs espaces thématiques,
à commencer par la reconstitution d'une vieille forge wallonne

DES LIÉGEOIS À VERSAILLES

*Arnold de Ville, un jeune Hutois (de
Huy) vient en 1678 à Paris travailler
pour le Grand Condé. Très ambitieux, il
propose au roi Louis XIV un projet de
pompe pour élever l'eau de la Seine
afin d'alimenter les jardins de Versailles
en eau. Ce sera la fameuse « machine
de Marly », construite sur les plans d'un
maître-charpentier, Rennequin Sualem,
une pompe monumentale sur la Seine
située entre Bougival et Port-Marly.*

(XVIIe-XVIIIe s) avec ses outils d'époque, sans oublier le plus vieux haut-fourneau du pays (1693), équipé d'énormes soufflets et marteaux. On se familiarise alors avec les différents types de minerais de fer et la fabrication du charbon de bois, le combustible des origines. Ensuite, un espace est consacré aux métaux non ferreux, comme le zinc, dont la première usine naquit à Liège au XIXe s. Là, figure une curieuse baignoire offerte par l'industriel local Dony à Napoléon Ier. Autre industriel emblématique de la révolution industrielle en Wallonie, l'Anglais John Cockerill est ici évoqué à travers quelques objets personnels, et les nouvelles technologies qu'il développe, notamment grâce au coke et à la machine à vapeur. Et c'est tout naturellement qu'on aboutit à la sidérurgie moderne, ses techniques, ses enjeux... En parallèle, un autre circuit consacré aux énergies nous promène à travers une salle informatique où l'on découvre les ancêtres de nos ordinateurs, comme cette étonnante tabulatrice de la fin du XIXe s. L'énergie hydraulique est aussi abordée avec, en point d'orgue, une maquette de la fameuse « machine de Marly » commandée par Louis XIV pour alimenter en eau le château de Versailles. La machine à vapeur, puis le moteur à explosion (inventé par un Belge !) nous propulse dans l'ère du pétrole et du gaz ; pour finir par l'électricité, ses débuts et ses moyens de production actuels.

🏃 🏃 **Le musée des Transports en commun** (plan C4, 96) **:** rue Richard-Heintz, 9. ☎ 04-361-94-19. ● musee-transports.be ● Ouv mars-nov, lun-ven 10h-12h, 13h30-17h ; sam-dim 14h-18h. Entrée (avec audioguide) : 4 € ; réduc ; gratuit pour les - de 6 ans. Sous un vaste hangar, pour les amoureux des vieux trams, une balade dans l'histoire des transports de la ville. Ils ont retrouvé toutes leurs couleurs vives et leurs banquettes de bois bien astiquées. Projection de films anciens.

🏃 **La nouvelle gare des Guillemins** (hors plan par A4) **:** même si vous ne venez pas en train, la nouvelle gare de Liège-Guillemins vaut le coup d'œil. L'ancienne datait de 1958. Après un concours international, la réalisation du projet a été confiée au célèbre architecte catalan Santiago Calatrava Valls, choisi notamment pour son expérience en matière de gare : Stadelhofen à Zurich, Lyon-Saint-Exupéry et la Estação do Oriente à Lisbonne, construite pour l'Expo de 1998. Avec ses 32 000 m² et ses 40 m de hauteur, la gigantesque voûte de verre et d'acier qui couvre les neuf voies impressionne. Dommage qu'elle détonne quelque peu dans le quartier plutôt délabré qui l'environne mais, ce dernier connaît aujourd'hui une profonde rénovation. Enfin, une première en Europe : un accès autoroutier direct à la gare doublé d'une aire de parking.

Quelques balades hors des sentiers battus

Pour nos lecteurs impénitents trekkeurs urbains, pour ceux qui ont du temps, voici quelques itinéraires tout à fait insolites et passionnants.

Le quartier Pierreuse

C'est la **ville haute** (plan B1), un quartier très ancien où le « pittoresque » naît avant tout de l'observation et de l'émotion. Longtemps habité par une population un peu en marge, immigrés de fraîche date, familles ouvrières, artisans, petits boulots marginaux, artistes..., il doit bien sûr son nom à une carrière de pierre. Aujourd'hui, son aspect n'a guère changé.

🏃 **La rue Pierreuse** débute derrière le palais des Princes-Évêques, au débouché de la rue Hors-Château, et musarde jusqu'à la citadelle. Ça grimpe dur. Nombreuses demeures basses en brique des XVIIIe et XIXe s. Au n° 71, enseigne À la couronne de fer de 1757 (martelée). Au carrefour de la rue Volière (ancienne enseigne de cabaret) et de la cour des Minimes, grand christ. À gauche, la rue Volière aux rustiques pavés. Aux nᵒˢ 29-31, authentique demeure du XVIIᵉ s. Fenêtres à gros meneaux. Tout le coin possède une atmosphère de paisible village.

🏹 *La cour des Minimes :* *de l'autre côté de la rue Pierreuse. Une grille en ferme parfois l'accès.* Elle mène à la tour des Vieux-Joncs. Sur la droite, petite porte (accès possible 9h-18h). L'allée de gauche qui monte a conservé son aspect médiéval primitif, bombée et tordue à souhait. Bordée de demeures aux hauts murs et jardins secrets. Ici, on est loin de Liège ! La rue Péri invite à rejoindre la montagne du Bueren.

🏹 En continuant la rue Pierreuse, à droite dans une niche, un *calvaire poly-chrome*, *Li grand bon Diu d'Piéreuse,* qui protège depuis plusieurs siècles les gens du quartier.

À l'assaut du mont Saint-Martin

C'est le *Publemont,* la plus ancienne colline habitée de Liège. Départ rue Haute-Sauvenière (place de la République-Française). Derrière l'église Saint-Martin, vous découvrirez l'un des quartiers les plus charmants de Liège.

🏹 En remontant la *rue Haute-Sauvenière* *(plan A1)* à droite, accès à l'*hôtel de Bocholtz,* ancienne maison canoniale du XVIᵉ s, aux réminiscences Renaissance italienne et mosane. Fort bien restaurée.

🏹 Première étape, l'*église Sainte-Croix,* fondée par l'évêque Notger en 979. De cette époque, il ne subsiste quasiment rien. Clocher du XIIᵉ s, chœur et nefs du XIVᵉ s. De fait, c'est la seule église de Belgique possédant une abside romane, s'opposant à une abside gothique. Intérieur malheureusement inaccessible sauf durant les offices.

🏹 *La rue Saint-Pierre* *(plan A-B1) :* en impasse. Au nᵒ 15, l'hôtel Torrentius du XVIᵉ s. Au nᵒ 13 naquit César Franck. Charmante « cour-ruelle » au chevet de Sainte-Croix. Une maison intégrée dans le cloître présente deux ouvertures ogivales. À l'angle, petite église Saint-Nicolas-aux-Mouches (presque la taille d'une chapelle). Aujourd'hui, demeure particulière.

🏹 Vers la basilique Saint-Martin, la *rue Mont-Saint-Martin* *(plan A-B1)* propose, au nᵒ 9, l'hôtel de Selys-Longchamps du XVIᵉ s, avec un pignon en gradins à la flamande. D'autres édifices intéressants jusqu'à la basilique. Petite cour pavée au nᵒ 23, avec fontaine et naïades.

🏹 *La basilique Saint-Martin* *(plan A1, 93) :* *Mont-Saint-Martin, 66 (au bout de la longue rue Saint-Martin).* ☎ *04-223-27-03. Juil-août, tlj sf lun 14h-17h. Visite guidée sur rdv tte l'année.*
On est étonné de trouver là une architecture si prestigieuse. C'est qu'elle faillit devenir la cathédrale de Liège ! En effet, le prédécesseur de Notger, trouvant que la première cathédrale (Saint-Lambert) était trop souvent inaccessible à cause des inondations, décida d'en construire une autre sur la colline. Il se heurta cependant à l'opposition de la population, bien décidée à conserver sa cathédrale sur le lieu même du martyre de saint Lambert. Des émeutes populaires, pendant lesquelles la résidence de l'évêque fut mise à sac (et les émeutiers lui burent tout son vin), transformèrent l'ex-future nouvelle cathédrale Saint-Lambert en... collégiale Saint-Martin.
À l'intérieur, plan en croix traditionnel. Moins grande que Saint-Jacques-et-Saint-Paul, d'aspect plus trapu, elle n'en dégage pas moins une certaine ampleur. Voûte en brique rouge. Massifs piliers mi-grès, mi-calcaire. Chaire de chêne sculpté du XVIIIᵉ s. Superbes vitraux racontant la vie de la Vierge, du XVIᵉ s. Couleurs resplendissantes. Voûte du chœur aux multiples nervures. Fort

belle Vierge couronnée en bois polychrome, du XVIᵉ s. Dans la chapelle du Saint-Sacrement, une douzaine de médaillons en marbre ciselés par Jean Del Cour. Dans la crypte, tombeau du prévôt Conrad de Gavre.

➤ En sortant de Saint-Martin, on est d'emblée invité à descendre les degrés des Tisserands et à traverser la rue Saint-Séverin, pour parvenir à la rue des Remparts, ancien chemin de ronde, qui dégringole romantiquement vers la place Hocheporte. Tout le long, demeures couvertes de lierre ou de vigne vierge et jardins secrets. La rue Hocheporte, quant à elle très ancienne, aligne de belles façades des XVIIᵉ et XVIIIᵉ s. Dans sa partie supérieure, elle mène à la pittoresque rue pavée Naimette, bordée de hauts murs et de contreforts. Tout le coin a su garder un adorable et authentique cachet rural.

La descente vers le boulevard de la Sauvenière par l'escalier des Bégards est intéressante sur le plan archéologique (remparts) mais un peu craignos (squats mal famés).

Marchés et puces

🚶 **Brocante de Saint-Pholien** (plan C1, **94**) : en Outremeuse, ven mat, sur le bd de la Constitution. Elle a tellement de succès qu'elle s'étend désormais presque jusqu'à l'ancien hôpital de Bavière. Les vrais chineurs sont là avant 7h, pour faire de bonnes affaires. Chouette atmosphère dans les vieux troquets alentour.

🚶 **Marché de la Batte** (plan B1, **95**) : dim mat, quai de la Batte, entre la Passerelle et le pont Saint-Léonard. Énorme marché coloré. Tout aussi énorme foule qui s'en va boire et manger dans les cafés et petits restos qui bordent le quai.

Théâtre de marionnettes

∞] **Théâtre des marionnettes de Liège** (plan B2, **89**) : au musée Tchantchès, rue Surlet, 56. ☎ 04-342-75-75. ● tchantches.be ● Ouv oct-avr, spectacles mer 14h30 et dim 10h. Entrée : 3 €. Grands thèmes historiques traditionnels : l'épopée de Charlemagne, La Chanson de Roland, etc.

∞] **Théâtre de marionnettes du musée de la Vie wallonne** (plan B1, **74**) : Cour des Mineurs, 1. ☎ 04-237-90-50. ● viewallonne.be ● À côté de l'église Saint-Antoine. Spectacle pour adultes le 3ᵉ jeu du mois à 20h, et pour ts le mer à 14h30 et le dim à 10h30 ; séances supplémentaires les mar et jeu à 14h30 pdt les vac scol. Entrée : 3 €. On retrouve les mêmes personnages qu'au musée Tchantchès et, pour cause, car font partie intégrante de la vie et du folklore wallons.

Manifestations

– **Festival de Jazz de Liège** : en mai, pdt 2 j., au palais des congrès.
– **Le 14 juillet** : fêté davantage à Liège (ville de tradition républicaine) que le 21 juillet, la fête nationale belge.
– **Les fêtes du 15 août** : en Outremeuse. Parmi les plus vivantes de Liège ! Elles s'étalent en fait sur une semaine et attirent plus de 200 000 personnes. Le 14, on promène le « bouquet », structure métallique de 6 m de haut garnie de fleurs et reproduisant les emblèmes des vieux métiers. Suivent des chants et danses folkloriques wallons, puis les bals populaires (jusqu'à 2h du mat) dans les rues En Roture et Grande-Bêche. Au même moment, le tir de campes (une grosse pétarade) marque l'ouverture officielle des festivités (qui en réalité débutent dès le 12). Le lendemain, le 15 donc, constitue l'apothéose de la fête, avec d'abord

une procession de la Vierge noire d'Outremeuse. Départ de l'église Saint-Nicolas (rue Fosse-aux-Raines). Grand-messe (avec sermon en wallon). Mât de cocagne. Exposition et spectacles des marionnettes liégeoises au musée Tchantchès. Cortège folklo avec des géants à travers les rues du quartier. Dans la soirée, re-grands bals, notamment rue Grande-Bêche. Le 16 août, enfin, enterrement, vers 17h, de Mati l'Ohe... suivi d'un bal (où chacun est déguisé) dans la rue En Roture et d'un feu d'artifice. Fête foraine place de l'Isère.

– *Liège Cité de Noël :* pl. du Marché et le long des grands magasins de la pl. Saint-Lambert (en fait dans tt le centre). Le plus grand marché de Noël de Wallonie dure tout le mois de décembre. Un vrai village d'échoppes en bois décorées, proposant dégustations et artisanat.

UN TAUREAU TRÈS MEMBRÉ

Li Tore, autrement dit le « dompteur de taureau », est un des symboles de Liège (entre le parc d'Avray et le pont Albert Ier) et la mascote des étudiants. Il s'agit d'une sculpture de Léon Mignon. À l'époque, la nudité de son dompteur, Djôsef, provoqua un scandale et les âmes bien pensantes n'eurent de cesse que de le rhabiller à grand renfort de caleçons ou de feuilles de vigne. La sculpture fut même mise à l'abri en 1940-45 dans les caves de l'Université. Une tradition potache veut que les étudiants repeignent chaque année les testicules du taureau en rouge.

DANS LES ENVIRONS PROCHES DE LIÈGE

🏃 🧗 *Le préhistosite de Ramioul :* rue de la Grotte, 128, *Flémalle* 4400 (Ivoz-Ramet). ☎ 04-275-49-75. ● ramioul.org ● Env 15 km au sud-ouest de Liège. Accès : bus n° 9 de la pl. de l'Opéra (attention, slt 1/h). Fermé pdt les vac de Noël. On peut visiter seul, tlj 9h-17h (slt en sem hors saison), le musée interactif (entrée : 3,50 €), mais on vous conseille plutôt la visite complète et guidée du site : Pâques-début nov, mer, w-e et j. fériés (tlj pdt les vac scol) à 14h. Durée : 3h. Prix : 10,50-13 € (musée inclus ou non) ; réduc ; gratuit 1er dim. du mois.

Le préhistosite vise à plonger le visiteur dans le mode de vie de nos lointains ancêtres. Elle a pour thème : « Réveillez le primitif qui est en vous ! » D'abord, on visite la grotte de Ramioul, puis on assiste à diverses démonstrations dans des habitats préhistoriques reconstitués : comment faire du feu avec un bout de silex et de marcassite, tresser une corde, tailler la pierre ou façonner une poterie. Instructif et amusant, d'autant qu'on peut soi-même s'essayer à certaines de ces techniques. Les pressés, eux, se contenteront de la visite du *musée de la Préhistoire,* plutôt bien fait, qui propose, en guise d'intro, un petit film comparant l'homme moderne et l'homme « primitif ».

Suivent des collections d'objets classés chronologiquement, des restes d'animaux, de mammouth ou de rhino laineux (pour ne citer qu'eux), et des « boîtes » avec des écrans munis de manettes qui permettent de voyager virtuellement dans le paysage préhistorique. Possibilité aussi de manipuler des silex, de gratter des peaux et de découvrir comment l'homme de l'âge de la pierre faisait des aiguilles. À voir encore, des instruments de musique (ou simplement destinés à produire des sons), une table avec des aliments consommés par nos ancêtres, la plus vieille marcassite conservée en Belgique (12 000 ans) et des sections sur les rites (funéraires notamment), l'art et la pensée de l'homme préhistorique (là, la conjecture occupe plus de place).

Enfin, si vous voulez tout faire, vous pourrez également vous exercer au tir à l'arc ou au propulseur (en supplément) sur des cibles animalières en 3 D... Au total, une expérience dépaysante, qui génère quelques réflexions vertigineuses sur les prétendues valeurs essentielles de la vie moderne.

⚹⚹ *Le château et les cristalleries du Val Saint-Lambert :* *esplanade du Val, Seraing (4100).* ☎ *04-330-36-20.* ● *immoval.be* ● *Accès : bus n° 9 de la pl. de l'Opéra. Château ouv avr-oct, tlj 10h-17h. Pour la cristallerie : visites tlj (avec guide le w-e, sans supplément) à 10h, 11h30, 14h et 15h30. Entrée : 12 € ; réduc.*
Installée dans une ancienne abbaye cistercienne transformée en manufacture après la Révolution française, la cristallerie du Val Saint-Lambert a pas mal perdu de son aura. Bien sûr, quand on a été la plus importante fabrique de verre au monde, ce n'est pas difficile. En un siècle, sa main-d'œuvre a été divisée par 100 et sa production, jadis de 150 000 pièces par jour, est désormais limitée à des articles de luxe (cependant encore et toujours de grande renommée).
Outre les ateliers qui se visitent (la cristallerie proprement dite), le site s'est doté, dans ce qu'on appelle le *château,* d'un musée et d'un parcours multimédia. Plutôt bien fichu, celui-ci retrace, lors d'un voyage fictif en ballon, l'évolution du Val Saint-Lambert puis, à travers différentes mises en scène, l'histoire du verre, depuis les Babyloniens jusqu'au XIXᵉ s en passant par les maîtres verriers du Moyen Âge. La partie musée, elle, présente un espace « ludique » qui permet d'appréhender le cristal à travers quelques œuvres massives, ainsi qu'une galerie à plusieurs niveaux où l'on peut admirer les plus belles pièces réalisées par la manufacture. Celle-ci, comme on l'a dit, se visite aussi (droit d'entrée compris dans le billet) et complète bien les expos du château car c'est ici qu'on peut assister au soufflage et au façonnage des pièces de cristal. Une bonne occasion de s'émerveiller du savoir-faire de ces maîtres artisans !

⚹ ⚹⚹ *Source O Rama :* *av. des Thermes, 78 bis,* ***Chaudfontaine*** *(4050).* ☎ *04-364-20-20.* ● *sourceorama.com* ● ⚹ *Env 10 km au sud-est de Liège. Tlj sf sam 9h-17h (10h-18h dim) ; pdt les vac scol, tlj 10h-18h. Entrée : 10 € ; réduc ; gratuit pour les - de 6 ans.* Chaudfontaine (la bien nommée !) est le seul endroit en Belgique où jaillit, au terme d'un cycle de 60 ans, de l'eau thermale chaude (également conditionnée en bouteilles pour la consommation). Un long parcours donc, abondamment expliqué et illustré au travers de modules multimédia (dont une petite salle de ciné avec sièges mouvants et minipulvérisateurs d'eau). Les mômes apprécieront. Sinon, le musée parle aussi de l'eau en général : son cycle naturel (explication de la nappe phréatique dans une grotte fictive), ses « méfaits » (évocation des catastrophes liées à l'eau), la nécessité qu'elle représente pour les êtres vivants, ses propriétés physico-chimiques, thérapeutiques... L'eau existe-t-elle ailleurs dans le système solaire ? Réponse, de nouveau, dans l'un des modules. La visite s'achève par un concert ponctué de jets d'eau, dirigé par « O », petit personnage en forme de goutte... d'eau.

LA BASSE MEUSE

LA MINE DE BLEGNY

À une dizaine de kilomètres au nord-est de Liège, le charbonnage de Blegny, qui fut le dernier à fermer dans le bassin liégeois (1980), s'est reconverti en un captivant musée industriel. La mine fut exploitée très longtemps. D'abord en surface, puis en sous-sol dès le XIXᵉ s, elle descendait sur huit étages jusqu'à 530 m de profondeur et employait 650 personnes. On y extrayait jusqu'à 1 000 t de charbon par jour. Aujourd'hui, on visite la mine et le musée qui lui a été adjoint, en partie dans d'anciens bâtiments et salles. On peut même, depuis peu, faire un tour en tortillard et se balader sur un des terrils du site pour découvrir son écosystème. L'ensemble fait partie du circuit de la *route du Feu*.

Comment y aller ?

➢ **En bus :** de Liège, prendre le bus n° 67 pl. Lambert ; arrêt près de Blegny-Mine.

Où dormir ? Où manger dans le coin ?

🏠 **Maison d'hôtes Le Logis fleuri :** *rue Vieille-Voie-d'Ardenne, 86, Saive (4671).* ☎ *04-362-33-96.* ● *lelogisfleuri@sky net.be* ● *logisfleuri.be* ● *Fermé début juin.* Double 60 €, petit déj inclus ; 55 € à partir de 2 nuits. CB refusées. Apéritif, café ou digestif offert sur présentation de ce guide. Dans une vieille maison rustique de 1847 flanquée d'un grand jardin avec petit étang où s'ébattent des koï (poissons japonais). Voici

3 chambres soignées de style campagnard, avec salle de bains, dont une dotée d'une mezzanine peut accueillir 4 personnes. Bon rapport qualité-prix.
🍴 **Le Jardin de Caroline :** *rue Saive-lette, 8, Housse-Blegny (4671).* ☎ *04-387-42-11.* ● *lejardindecaroline@bel gacom.net* ● *Fermé mar-mer. Résa conseillée. Menus 29-49 € ; plats 20-34 €.* Dans un coin résidentiel calme, jolie maison en brique pourvue de jolies petites salles rustiques et assez cosy, réchauffées en hiver par la cheminée. Dans l'assiette, une fine cuisine française réputée bien au-delà de Blegny. Le 1er menu (pas servi le samedi soir) présente un excellent rapport qualité-prix. La carte évolue au gré des saisons et fait la part belle au foie gras, aux langoustines et Jacques. Si vous ne le connaissez pas encore, tentez le fromage de Herve au dessert. Terrasse aux beaux jours. Bon accueil.

À voir

🐾🚶🔍 **La mine :** *rue Lambert Marlet, 23, Blegny (4670).* ☎ *04-387-43-33.* ● *blegnymine.be* ● *Ouv mi-fév à nov : d'avr à début sept et pdt les vac de carnaval et de Toussaint, tlj ; le reste de la saison, slt w-e et j. fériés. Visites en français à 11h, 13h30, 14h30 (slt dim et j. fériés) et 15h30 ; en hte saison, visites supplémentaires à 12h30, 14h30 et 16h30. Durée : 2h. Entrée : 9,30 € ; 12 € avec le musée ; réduc.* Une visite particulièrement vivante et émouvante, surtout si vous avez la chance d'être guidé par un ancien mineur. Elle commence par un film sur l'histoire du charbon. Puis on descend à 30 m de profondeur, par la cage de mine, pour se balader dans une galerie avec toute sa machinerie, en état de marche et audible ! On y voit les procédés d'extraction, d'étayage, l'évolution des outils et des techniques à travers le temps, ainsi que les différents métiers liés à la mine (boutefeu, géomètre...). Ensuite, descente à 60 m avec, entre les deux niveaux, l'exploration d'une « taille ». En bas, vous saurez tout sur « l'anse de cinq pouces », la mesure du travail du mineur, et les rudes conditions de labeur de ce dernier. Incroyable, on apprend également que la silicose ne fut reconnue comme maladie professionnelle qu'en 1964 ! Enfin, on remonte à la surface, jusqu'à la Recette et le Triage-lavoir, perché à 12 m de haut. C'est là qu'était trié puis lavé le charbon. Impressionnants culbuteurs, tamis, trémies et systèmes d'encagement et de décagement des berlines (wagonnets).
Le site a été classé au Patrimoine de l'Unesco en 2012.

🐾🚶 **Le musée :** *ouv mi-fév à nov : d'avr à début sept, tlj ; le reste de la saison, slt w-e et j. fériés. Entrée : 6 €, audioguide compris ; réduc. Billet jumelé avec la visite de la mine 12 €. Durée : 1h30.* Situé dans l'un des plus anciens édifices miniers de Belgique (1816). Une quinzaine de salles thématiques d'origine ou reconstituées. On y découvre toute l'organisation de surface de la mine (guichets où le mineur prenait son matériel, infirmerie, douches, « salle des pendus », bureau du géomètre...), plus l'outillage des XIXᵉ et XXᵉ s, des lampes à chandelles (très dangereuses, à cause des fuites de grisou) aux marteaux-piqueurs. Également des végétaux fossilisés, des explications sur les produits dérivés du charbon (encore bien présents dans notre vie quotidienne), etc. Vraiment intéressant.

I●I Possibilité de se restaurer sur place, notamment, à la *brasserie*, d'une planchette de fromage ou de la « fricassée du mineur », accompagnées d'une bière des Houyeû.

LE PAYS DE HERVE

Au nord-est de Liège s'étend le pays de Herve, une région bocagère verdoyante qui évoque parfois la Normandie. Même si l'urbanisation galopante tend à en faire de plus en plus une grande banlieue de Liège, il reste quelques villages à la personnalité affirmée et des coins champêtres se prêtant à de magnifiques balades.

AUBEL   (4880)   4 150 hab.

Petit bourg du pays de Herve, producteur de beurre, de sirop et de cidre, qui draine les habitants des villages voisins pour son marché séculaire du dimanche.

Adresse utile

🛈 *Office de tourisme :* hôtel de ville, pl. Nicolaï, 1. ☎ 087-68-01-39. ● aubel-info.eu ● Mar-ven 8h-12h, 13h-16h30 ; sam 10h-14h ; plus dim de Pâques à fin sept 9h30-13h30. Plan des environs ; brochure très complète pour bouger, visiter, manger et dormir dans le coin ; agenda culturel ; carte de 10 promenades balisées à la découverte des fermes ancestrales et de splendides balades dans la région ; le tout délivré par un personnel sympa, compétent, et passionné par sa région. ■ *Marché :* dim mat. Réputé chez les gastronomes du coin, il recèle les succulents produits du terroir local, parmi lesquels : sirops, fromage d'Herve...

Où dormir ?
Où manger ?

🏠 I●I *Aux Berges de la Bel :* route de Val-Dieu, 112. ☎ 087-76-69-52. ● info@auxbergesdelabel.be ● auxbergesdelabel.be ● Env 2 km d'Aubel (panneaux). Doubles 68-77 €, selon taille ; petit déj compris. Au resto : formule midi 16 €, menu 26 €, plats 13-23 €. 🛜 Au fond d'un petit vallon où coule un ruisseau, cette vieille ferme a été rénovée avec une touche contemporaine qui nous plaît. En tout, 4 jolies chambres confortables, mâtinant vieilles pierres et mobilier moderne. Côté fourneaux, cuisine inventive et savoureuse qui mijote les produits frais du cru. Un bon rapport qualité-prix général.

I●I *Le Casse-Croûte de Val Dieu :* dans l'abbaye du Val-Dieu, route de Val-Dieu, 226. ☎ 087-69-28-48. ● leon.stassen@aubel.be ● Env 2,5 km d'Aubel (panneaux). Tlj sf mar 11h30-17h30. Plats 9-18 €. C'est la cantoche self-service des gens du coin, aménagée dans les anciennes étables de l'abbaye de Val-Dieu, avec mangeoires, vieilles poutres, murs blancs, grandes tablées et chaises d'école. Sur l'ardoise, quelques bons plats typiques, simples et copieux, du genre : chou farci, *boulets* frites, omelette, lasagnes... que l'on arrose volontiers des bières brassées dans l'abbaye. Ambiance authentique. C'est sûr, on reviendra ! Et tant qu'on y est, l'abbaye (XIIIe-XIXe s) se visite *(mai-sept, visite guidée sam 13h30 ; billet : 5 €).*

l●l *Le Panier Gourmand :* *pl. Antoine-Ernst, 19.* ☎ *087-68-81-11.* ● *le.panier. gourmand@skynet.be* ● *En plein cen-tre, sur la place en dessous de l'église. Fermé lun, mer-jeu soir et sam midi. Lunch env 15 €, menus 26-31 €.* La valeur sûre du village. Cuisine soignée qui sublime les saveurs des produits du terroir local. La carte change au gré des saisons, tout en conservant des bons petits plats de ménage pas chers, type vol-au-vent, boulettes, salades...

Spécialité

– ***Le sirop d'Aubel (autrement dit sirop de Liège) :*** vous verrez vite qu'il est à la Wallonie ce que le sirop d'érable est au Canada. On en voit partout, on en met dans tout ! Il s'agit d'un sirop de pommes et de poires réduit à l'extrême. Dès le XVIIe s, les fermiers du pays d'Aubel fabriquaient, via une double cuisson et un pressage, du sirop avec des poires et des pommes de leurs vergers, essentiellement dans un but de conservation. Pour obtenir 1 kg de sirop artisanal, il faut 8 kg de fruits (généralement 80 % de poires et 20 % de pommes). Aucune adjonction de sucre n'est nécessaire. Il fait merveille sur des crêpes ou une simple tartine, mais c'est en cuisine qu'il révèle toutes ses qualités : lapin ou lièvre à la bière, boulettes liégeoises, carbonades... Il accompagne évidemment le fromage de Herve. ⊛ ***Siroperie Artisanale d'Aubel :*** *rue Kierberg, 20.* ☎ *087-68-64-38.* ● *sirop. be* ● Cette petite entreprise familiale fabrique un savoureux sirop, mais aussi des confitures et du jus de pomme. Visite guidée possible (le samedi à 16h) et boutique sur place.

HERVE   (4650)   17 210 hab.

Petite capitale du pays du même nom, elle produit depuis le XIIIe s un fameux fromage, qui, pensons-nous, bat le munster au niveau senteur ! Le Herve, tel est aussi son nom, est le seul fromage belge titulaire d'une AOP (Appellation d'Origine Protégée), délivrée par l'Union européenne en 1996.

Adresse utile

🛈 *Maison du tourisme du Pays de Herve :* *pl. de la Gare, 1.* ☎ *087-69-31-70.* ● *paysdeherve.be* ● *Avr-sept, 9h (10h le w-e)-18h ; oct-mars, 9h (10h le w-e)-17h. Fermé lun (juil-août).* Plan pour découvrir le village à pied, brochure très complète pour bouger, visiter, manger et dormir dans le coin, liste des hébergements et des restos du terroir, agenda culturel, expos temporaires et espace multimédia consacrés au Pays de Herve, carte des balades pédestres dans les alentours ; location de VTT et vélos électriques pour parcourir l'ancienne ligne de chemin de fer n° 38. Sur place, également un bistrot pour s'essayer aux bons produits du cru.

Où dormir ? Où manger à Herve et dans les environs ?

l●l *Brunch Panier :* *rue Jardon, 71, à* **Herve.** ☎ *087-46-26-72.* ● *info@ lebrunchpanier.be* ● *À proximité de la piscine de Herve. Fermé sam midi, et lun. Plats 12-24 €, menus 37-47 €.* L'une des bonnes tables de Herve.

Installé dans une vieille maison du village, charmant petit resto à la déco moderne, colorée et soignée. Dans l'assiette, délicieuse cuisine mariant tradition et évolution, avec des sauces formidables. Également des moules.

🛏 ❙●❙ *Chambres d'hôtes La Ferme de Berwausault :* voie de Hougnes, 12, **Battice** (4651). ☎ 087-67-89-12. 🖳 0479-21-89-40. ● *bpauquay@hot mail.com* ● *chambresherve.be* ● ✿ *Env 2 mn de Herve en voiture. Doubles 55 € en sem ; 65 € le w-e, petit déj compris. Table d'hôte env 18 €/pers.* Isolée sur les hauteurs campagnardes de Herve, une ravissante ferme où l'on élève des moutons. À dispo, plusieurs jolies chambres (2-4 personnes) agréablement décorées, confortables et nickel, toutes avec vue sur les prés. Fait aussi table d'hôtes pour les seuls clients. Accueil très aimable. Une excellente adresse à prix doux.

🛏 ❙●❙ *Hôtel Le Wadeleux :* Wadeleux, 417, **Charneux** (4654). ☎ 087-78-59-12. ● *info@wadeleux.be* ● *wadeleux. be* ● *Env 10 mn de Herve en voiture.*

Resto fermé mer-jeu. Double 110 €, petit déj en sus env 13 €/pers. Menu 30 €. Nichée sur le haut d'un coteau, cette ancienne ferme est devenue un bel hôtel de charme de 6 chambres confortables et aménagées avec goût sur une note toute contemporaine. Grandes salles de bains et vue imprenable sur la campagne. Sur place, centre de remise en forme avec hammam, jacuzzi, sauna... C'est aussi l'une des meilleures tables du coin. Cuisine savoureuse et créative, qui magnifie les bons produits du cru, et dont le thème change régulièrement.

Achat

⊗ *Fromagerie Le Vieux Moulin :* rue Sur la Commune, 14, **Battice** (4651). ☎ 087-67-42-86. *Fév-nov, visite guidée sam 14h30. Tarif : 1,50 €.* Fromagerie artisanale produisant le succulent Herve, que l'on vous emballe sous vide pour faciliter son transport, ouf !

À voir

🗡 Dans le centre de Herve, quelques *demeures* des XVIIe et XVIIIe s. Un truc curieux : les *Six Fontaines,* grand lavoir public en brique construit en 1773. Il s'agit d'une longue galerie à arcades abritant six bacs en pierre, alimentés chacun par une source différente.

🗡 *L'Espace des Saveurs et Découvertes :* à la Maison du tourisme. Mêmes horaires. ● *espacedessaveurs.be* ● *Entrée : 3 € ; réduc.* Spectacle audiovisuel expliquant la fabrication du fromage, du sirop de pomme et de poire, et du jus de pomme. Dégustation et vente de produits sur place.

Manifestation

– *Grande cavalcade :* le lun de Pâques. Étonnante parade de chars tirés par des chevaux de traits ; unique en Belgique.

SOIRON   (4861)

Important carrefour au temps des Romains, Soiron est aujourd'hui classé parmi les « Plus beaux villages de Wallonie ». Il faut dire que ses vieilles demeures de granit gris blotties sur une colline autour de sa ravissante église affichent un caractère vraiment pittoresque.

Où dormir ? Où manger à Soiron et dans les environs ?

I●I Restaurant Vieux Soiron : *rue du Centre, 51, à Soiron.* ☎ *087-46-03-55. Ouv ven-dim et j. fériés, 12h-14h et 18h-21h. Fermé 2ᵈᵉ quinzaine de sept. Résa très conseillée. Menus 25-38 €, plats 14-22 €. Café offert sur présentation de ce guide.* Un vrai resto de village, fait de petites salles rustiques, basses de plafond, avec poutres et parquet qui craque, cheminée en fonte et carreaux bleu de Delft (Hollande)... Côté miam-miam, excellente cuisine traditionnelle qui porte haut les viandes et autres produits du terroir, sans oublier le gibier en saison. Une adresse largement plébiscitée par les gens du cru.

≜ Chambres d'hôtes Des Genêts sur l'Herbe : *chemin du Terril, 15, Xhendelesse (4652).* ☎ *087-66-04-33. 0472-78-23-58.* ● *des.genets@belgacom.net* ● *users.skynet.be/fb641695* ● *Env 4,5 km de Soiron par la rue de Xhendelesse, puis suivre la rue du Bief et son prolongement sur 3 km env, et tourner rue du Terril. Double 65 €, petit déj inclus.* Au bout d'une impasse donnant sur les champs, cette jolie maison d'hôtes est tenue par un couple charmant. Voici de superbes chambres (2-4 personnes) confortables et meublées d'ancien pour une atmosphère sympathique, voire assez romantique. Petit déj copieux, avec confitures et gâteaux maison. Coin-salon sur mezzanine, avec livres et jeux. Et même un jardin avec piscine ! **I●I A Potche é Foure :** *trou du Bois, 30, Xhendelesse (4652).* ☎ *087-26-81-39. Dans le village, prendre la rue Nicolas-Hardy qui coupe la voie principale, puis continuer tt droit ; au « grand » carrefour, prendre à droite, puis tourner à gauche (panneaux). Ouv ven-sam 19h-21h, dim 12h-14h et 18h30-20h30, et les j. fériés 18h30-20h30. Plats 12-23 €, menus 28-33 €. Apéro offert sur présentation de ce guide.* Cette vieille maison cache un petit intérieur chaleureux avec voûte en brique rouge. Également une terrasse sur jardin pour déguster une vraie cuisine de terroir à prix modérés. Les habitués qui fréquentent les lieux sont aussi séduits que nous. Accueil cordial. Ah, au fait, *A Potche é Foure* signifie « À la Sauterelle »...

À voir

🕯 **L'église Roch :** son clocher est une ancienne tour de défense du XIᵉ s. À l'intérieur, remarquable harmonie décorative. Riche ornementation du tabernacle (le sacrifice d'Abraham). Noter, autour du chœur, le délicat ciselage des lambris. Les stalles, confessionnaux et bancs ont été réalisés au XVIIIᵉ s par le même artisan. Confessionnal marqué d'un étrange « confesseur étranger »... À gauche, chapelle des seigneurs de Soiron. Dans le chœur, le tableau central est une bonne copie de la *Transfiguration* de Raphaël.

🕯 Devant l'église, à droite, deux **maisons** de 1663 de style Renaissance liégeoise, avec portes en accolades. Descendre la petite rue du cimetière pour rejoindre une pittoresque petite place entourée de demeures anciennes. La grande maison d'angle, au n° 80, est l'ancienne brasserie du village. Et encore d'autres édifices intéressants : le séchoir à chardons, le lavoir...

VERVIERS   (4800)   56 600 hab.

Verviers, « Capitale wallonne de l'Eau », est une ancienne ville industrielle spécialisée, dès le XVIIᵉ s, dans la production de la laine. Située au bord de la Vesdre, c'est l'une des têtes de pont de l'industrialisation européenne du XIXe s, reconnue mondialement pour ses innovations techniques. La richesse des grands patrons se traduit alors par la construction de somptueuses demeures et hôtels particuliers. Après la Première Guerre mondiale, Verviers est le centre lainier le plus florissant d'Europe. Parallèlement, les luttes ouvrières pour de meilleures conditions de travail et de salaire en font aussi l'un des phares du syndicalisme européen. La concurrence internationale de la seconde moitié du XXe s provoque le déclin de Verviers, qui tente dès lors une difficile reconversion... Pour le voyageur de passage, la « ville de l'eau et de la laine » présente quelques curiosités : vestiges industriels de la grande période de prospérité, demeures patriciennes, musées insolites, fontaines... Sans oublier la fameuse Ploquette, la bière de Verviers !

Adresses et info utiles

LA PROVINCE DE LIÈGE

🛈 **Maison du tourisme du Pays de Vesdre :** rue Jules-Cerexhe, 86. ☎ 087-30-79-26. ● paysdevesdre.be ● Au rdc de la Maison de l'eau. Tlj (sf lun nov-mars) 9h-17h. Toutes les infos sur la ville et sa région : plan, agenda culturel, tourisme vert... Propose aussi des visites guidées thématiques à la découverte du patrimoine naturel, culturel ou industriel du pays de Vesdre. Vente de produits du terroir local.

🛈 **Antenne d'infos de la province de Liège :** rue des Martyrs, 1. ☎ 087-35-08-48. ● provincedeliege.be ● Lun-ven 9h-17h, sam 10h-12h (sf juil-août).

🚆 **Gare ferroviaire SNCB :** pl. de la Victoire, 1. ☎ 02-528-28-28. ● b-rail.be ● Trains directs pour et depuis Liège, Eupen et Spa.

🚌 **Arrêt des bus TEC :** devant la gare ferroviaire. Également un bureau TEC en centre-ville (pl. Verte, 33. ☎ 087-35-44-30 ou 087-33-91-46. ● infotec.be ●). Bus pour les Fagnes.

■ **Marché :** sam mat, pl. du Marché (devant d'hôtel de ville).

Où dormir à Verviers et dans les environs ?

De prix modérés à plus chic

🏠 **Chambres d'hôtes La Villa Fleurie :** rue de la Libération, 18b. ☎ 087-22-38-21. ● la_villa_fleurie@yahoo.fr ● lavillafleurie.be ● À quelques km

au sud de Verviers. Prendre la E 42 vers Spa, sortie n° 7, puis la route vers Theux ; c'est env 1,5 km plus loin, au fond de l'impasse qui part sur la droite après la station Total. Double 60 €, petit déj inclus. Au bout d'une rue qui donne sur la campagne, cette maison agréable et fort bien tenue dispose de 2 chambres aux tons estivaux avec TV et lavabo. Salle de bains commune impeccable. Jardin avec piscine. Accueil gentil.

🏠 **Hôtel-restaurant Verviers :** rue de La Station, 4. ☎ 087-30-56-56. ● sales@hotelverviers.be ● hotelverviers.be ● Doubles 95-150 € selon confort, petit déj 13 €/pers. 📶 Un 4-étoiles à prix attractifs, installé dans l'imposant bâtiment de l'ancienne douane (XIXe s). Verviers ne pouvait rêver plus bel hommage à son passé industriel ! Une centaine de chambres confortables, élégantes et résolument contemporaines. Certaines sont même de charmants petits duplex. Sur place : piscine, resto, brasserie...

Où manger ?

De prix modérés à prix moyens

🍴 **L'Auberg'in :** rue Xhavée, 76-78. ☎ 087-33-97-68. ● locht.joseph@skynet.be ● À proximité du théâtre. Tlj sf lun, mar midi et mer, 11h30-14h30 et 18h-22h30 (23h ven-dim). Fermé en août et fin déc. Résa conseillée le w-e. Lunchs en sem 10-16 €, menu 26 €, plats 9-20 €. Apéritif maison offert sur présentation de ce guide. Dans cette

LA PROVINCE DE LIÈGE

salle simple, avenante et souvent pleine, on sert une bonne et généreuse cuisine de marché, mitonnée avec des produits de terroir. Accueil prévenant. On recommande !

|●| **Le Café du Théâtre :** rue Jardon, 21. ☎ 087-31-34-14. Tlj sf dim 12h-13h45 et 18h-20h30. Fermé la 2de quinzaine de juil. Menus 10-21 €. CB refusées. Café offert sur présentation de ce guide. À deux pas du théâtre, un bon resto où l'on trouve, inscrits à l'ardoise, des plats de ménage amoureusement préparés et copieux. Cochon et bœuf sont à l'honneur ; la maison affichant pour spécialité : les pieds ou la tête au chutney. Prix serrés et déco un tantinet rétro, bien dans l'air du temps...

|●| **Le Patch :** chaussée de Heusy, 173. ☎ 087-22-45-39. ● lepatch@skynet.be ● Sur les hauteurs de Verviers. Fermé sam midi, dim et lun soir. Plats 9-18 € ; lunch à prix attractif. Petites maisons de charme. Patine à l'ancienne, collection d'objets chinés aux puces, tables en bois décorées à la main. Dans l'assiette, cuisine goûteuse, mitonnée par la maîtresse des lieux et servie avec le sourire. Pièces de viande de belle taille qui fondent dans la bouche, bons plats de pâtes fumantes, appétissantes salades et suggestions variées en fonction du marché. Terrasse en été.

Où boire un verre ? Où écouter de la musique ?

🍸 **La Boule Rouge :** pont Laurent, 10. ☎ 087-33-39-50. ● la.boule.rouge@skynet.be ● En plein centre. Tlj sf dim midi 10h-15h, 18h-23h. 📶 Apéritif offert sur présentation de ce guide. On aime bien cette brasserie chaleureuse, avec ses boiseries, recoins, affiches colorées et excellente bande musicale. Belle carte des bières. Fait aussi resto. Accueil sympa.

🍸 **Le Saint Andrews :** pl. du Martyr, 50. ☎ 087-70-64-86. ● standrews pub@gmail.com ● Ouv tlj. Congés : le 1er janv et 1 sem mi-juil. 📶 Sur présentation de ce guide, une pinte de Guinness au prix d'une demie, mais une seule fois ! Petit pub à l'ambiance Irish, qui sert la seule Guinness au fût de Verviers. Beau choix de whiskies aussi.

🎵 **Spirit of 66 :** pl. du Martyr, 16. ☎ 087-35-24-24. ● info@spiritof66. be ● spiritof66.be ● En plein centre. Entrée : 10-30 €. On y vient de toute l'Europe pour assister aux nombreux concerts (quasi tous les soirs) de blues, rock, pop, métal... assurés par des artistes anglo-saxons. Excellente ambiance.

À voir

🔎🔎 **Le centre touristique de la Laine et de la Mode :** rue de la Chapelle, 30. ☎ 087-30-79-20. ● aqualaine.be ● Tlj sf lun 10h-17h. Entrée : 6 € (audioguide compris) ; réduc. Expo temporaires 5 € (audioguide payant) ; billet jumelé 7 €.
Installée dans un bâtiment néoclassique ayant appartenu à la famille d'industriels Dethier (en

UN GOÛTEUR PAS DÉGOÛTÉ

Avant l'apparition du savon, on dégraissait la laine à l'urine ! Celle-ci était récoltée dans les foyers par un monsieur qui devait aussi goûter le liquide, histoire de s'assurer qu'il contenait assez d'ammoniaque. Ah, les joies des métiers d'antan !

activité jusqu'en 1970), cette expo propose deux parcours audioguidés. Le premier retrace, à travers une mise en scène, les différentes étapes du processus de fabrication de la laine (de la tonte du mouton au salon du tailleur) à l'époque où le commerce de ladite laine faisait la fortune de la ville (1800-1950). Ambiance d'atelier reconstitué à grand renfort d'outils, machines, laboratoire, coloration, etc. On s'y croit vraiment ! Le second parcours évoque la mode, en présentant les costumes des principales époques, de l'Antiquité à nos jours... Des expos temporaires, une boutique et un centre de documentation viennent compléter cette initiative destinée à donner un second souffle touristique à la ville. Ceux que le sujet passionne pourront également demander à l'accueil le parcours-promenade de 1h30 sur le thème « Je file en ville ». La première étape du circuit se situe dans la cour : une machine à vapeur, symbole de la révolution industrielle, apparue à Verviers à la fin du XVIIIᵉ s.

🏃 *La Maison de l'eau :* rue Jules-Cerexhe, 86. ☎ 087-30-14-33. • aqualaine. be • *Dans le même bâtiment que l'office de tourisme. Mêmes horaires. Entrée : 2,50 € ; réduc.* Déclarée « Capitale wallonne de l'eau », Verviers se devait d'avoir son musée de l'Eau. En effet, c'est grâce à l'eau de la Vesdre – pauvre en calcaire – que la ville fit prospérer son industrie lainière ; l'eau fournissait aussi la force motrice des machines. Ce parcours multimédia montre les aménagements réalisés sur la rivière pour servir les ambitions industrielles, mais évoque aussi le traitement des eaux usées et les menaces qui pèsent sur sa préservation. Ceux qui souhaitent creuser le sujet feront le parcours-promenade dans les rues de Verviers, à la découverte des fontaines de la ville (dépliant disponible à l'entrée).

🏃🏃 *Le musée des Beaux-Arts et de la Céramique :* rue Renier, 17. ☎ 087-33-16-95. • verviers.be • *Lun, mer et sam 14h-17h, dim 15h-18h. Entrée : 2 € ; réduc.* Dans un ancien hospice (façade couverte de dalles funéraires !), ce musée recèle une riche collection de peintures et de porcelaines ; donation privée de Jean-Simon Rénier, peintre et archéologue verviétois décédé au début du XXᵉ s.
– *Au rez-de-chaussée* on trouve essentiellement des *peintures du XVIᵉ au XIXᵉ s.* Châtiment d'Ananias et Saphira de Pierre Pourbus le Vieux, paysage de Jean Van Goyen, portrait d'homme de Nicolas de Largillière, *La Vierge, l'Enfant Jésus et saint Jean* de Jacques Van Oost, *Marchand de gibier à plumes* de Pierre Van Schendel. Pas mal de peintres flamands.
Pièce Louis-Philippe avec de grandes scènes champêtres. Voir aussi le meuble à gravures liégeoises. Ne pas rater la collection de *porcelaines* : de Chine, d'Andenne et de Bruxelles, polychrome de Delft, faïence anglaise, grès de Raeren (XVIIᵉ s), céramique contemporaine (dont une de Picasso) ; bref l'un des ensembles du genre les plus complets de Belgique !
– *Au 1ᵉʳ étage,* enfin, *peintures des XIXᵉ et XXᵉ s,* avec notamment des représentants de la petite école verviétoise (tendance intimiste), mais aussi une poignée d'œuvres d'artistes plus connus, tels que Constantin Meunier, Carpentier, Courbet, Fernand Khnopff, Paul Delvaux ou Magritte. Ce même niveau abrite aussi des expos temporaires d'art contemporain.

🏃 *Le musée d'Archéologie et du Folklore :* rue des Raines, 42. ☎ 087-33-16-95. • verviers.be • *Mar et jeu 14h-17h, sam 9h-12h, dim 10h-13h. Entrée : 2 € ; réduc.* Installé dans une demeure bourgeoise du XVIIIᵉ s, ce musée expose les découvertes archéologiques de la région, mais aussi des collections d'armes et de mobilier anciens, faïences bleu de Delft (Hollande), meuble à dentelle, boîtes de Spa... Salles consacrées à la préhistoire et à l'Antiquité : silex, monnaies liégeoises et romaines, statuettes égyptiennes (retrouvées dans une valise abandonnée à la gare de Verviers !). Et au sous-sol, une surprise : le théâtre de Bethléem (l'un des derniers d'Europe !) qui, chaque année entre les 20 et 30 décembre, conte l'histoire de Noël avec des personnages verviétois en papier mâché (la méchante Marguerite, le compère Ernou...), animés par des enfants.

Petite balade en ville

🏃 *L'hôtel de ville :* pl. du Marché. Élégante bâtisse blanc et gris du XVIIIᵉ s, de style classique. Sur le fronton, une devise qui devrait plaire à Jacques Séguéla : *Publicité Sauvegarde du Peuple.* Bien entendu, il s'agissait probablement de la publicité des débats ! Devant, le traditionnel *Perron.*

🛬 *La rue des Raines :* l'une des plus aristocratiques, elle mène à l'église Remacle. Nombreuses demeures bourgeoises. Aux nᵒˢ 42 et 50, noter les encadrements de fenêtres, tout à la fois élégants et sobres. Aux nᵒˢ 11 et 13, charmantes maisons à colombages et brique. La *place Remacle* est bien calme et mystérieuse la nuit, lorsque l'église paraît moins sévère.

🚶 Repasser par la rue Renier, traverser le pont. À gauche, part la charmante *promenade des Récollets,* qui court sur la colline au milieu des arbres et offre un joli panorama sur la ville. Tout au bout, des escaliers. On a le choix entre revenir en ville ou se balader dans le vieux quartier populaire autour de la rue Spintay.

🚶 Voir aussi la *chaussée d'Heusy,* avec ses superbes villas Art nouveau et Art déco.
Un quartier excentré et cossu qui plaira aux amateurs d'architecture urbaine.

DE L'USAGE RELIGIEUX DES PHÉNOMÈNES NATURELS

On attribue un miracle étonnant à la Vierge noire de l'église Notre-Dame-des-Récollets. Lors d'un tremblement de terre, en 1692, le bras gauche de la statue de la Madone, tendu vers l'extérieur, se replia pour saisir la main de l'Enfant Jésus qu'elle portait... afin de le protéger de la chute, selon les 4 000 fidèles qui assistèrent à l'événement !

LIMBOURG (4830) 5 800 hab.

Sur une colline, l'une des plus charmantes petites cités médiévales de Wallonie. Place forte importante jusqu'à la fin du XVIIIᵉ s, elle connut une existence agitée (guerres de Religion, guerre de Trente Ans, etc.). Louis XIV fit sauter le château en 1675. On peut d'ailleurs voir cet épisode peint sur un mur du réfectoire au musée des Invalides à Paris... Malgré cela, la ville conserve les beaux vestiges de ses remparts, d'où le panorama est superbe. Mais notre coup de cœur, c'est la place principale aux hauts pavés disjoints : plantée de vieux tilleuls, tout en longueur, de guingois, elle a conservé une délicieuse homogénéité architecturale. Tout en haut, petit manoir néo-Renaissance ; l'occasion d'une jolie promenade à flanc de colline par le chemin des Écureuils.

Adresse utile

🏢 *Office de tourisme :* av. David, 15, Dolhain (en ville basse de Limbourg). ☎ 087-76-04-00. ● ville-limbourg.be ● Tlj 8h-12h, 13h-16h (sf lun 13h-18h), sam 10h-12h. Fermé mar et ven ap-m. Plan de la ville, itinéraires de promenades, agenda culturel... Propose en saison, le dimanche, une visite guidée gratuite de la vieille ville.

Où manger ?
Où boire un verre ?

🍽 🍷 *Aux Ambassadeurs :* rue des Remparts, 116. ☎ 087-76-63-36. En arrivant dans la ville haute, sur la gauche dans le virage. Tlj sf ven. Plats 3-10 €. Cette vieille maison en pierre s'ouvre sur une salle rustique avec cheminée et pierres apparentes. À la carte : crêpes, gaufres, sandwichs, pâtes, soupes... Simple et bon. On a bâfré !

Où dormir ? Où manger dans les environs ?

🏠 |●| *Chambres d'hôtes Bretts :* Herbiester, 68, *Jalhay* (4845). ☎ 087-37-76-68. ● *info@bretts.be* ● *bretts. be* ● Env 8 km au sud de Limbourg. Double env 60 €, petit déj compris. Menu complet 20 €. Aménagées dans une vieille maison d'un village tranquille, voici 5 chambres à la fois rustiques et bohèmes, toutes avec salle de bains nickel. Fait aussi table d'hôtes pour les seuls clients, dans une salle chaleureuse parsemée d'objets anciens. Copieux et pas trop cher. Jardin verdoyant. Tenu par un couple

anglo-belge sympa. Une bonne petite adresse, qu'on vous dit !

🏠 |●| *Au Vieux Hêtre :* route de La Fagne, 18, *Jalhay* (4845). ☎ 087-64-70-92. ● *vieuxhetre@skynet.be* ● *vieuxhetre.com* ● À 8 km au sud de Limbourg. Résa bien en avance conseillée. Resto ouv jeu-dim et j. fériés. Doubles 60-150 € selon confort et saison, petit déj inclus. Menus 25-35 €. En bord de route, une accueillante auberge construite en pierre de pays. Pour dormir, une dizaine de chambres confortables et d'allure classiques. Côté fourneaux, Robert Dedouaire, chef réputé de la région, concocte des plats de saison particulièrement inspirés et inventifs, avec des produits d'une extrême fraîcheur. Le premier menu présente un bon rapport qualité-prix. Agréable jardin aux beaux jours. L'une des meilleures tables de la région.

À voir

On accède au vieux Limbourg depuis le faubourg de Dolhain ; au niveau du pont sur la rivière, une discrète pancarte vous indique la ville médiévale, perchée sur son promontoire...

🎭 *L'église Georges :* du XVe s. Beau porche avec, en médaillon, saint Georges terrassant le dragon.

🎭 *L'Ancienne Justice de Paix :* pl. Georges, 30. Mai-sept, mer-dim 14h-19h. *Entrée gratuite.* Intéressante maquette de Limbourg en 1632, donc avant sa destruction par les Français.

DANS LES ENVIRONS DE LIMBOURG

🎭 *Le barrage et le lac de la Gileppe :* inauguré par Léopold II en 1878, pour répondre aux besoins de l'industrie textile verviétoise, il retient plus de 25 millions de mètres cubes d'eau sur une surface de 130 ha. Un majestueux lion de grès de 300 t monte la garde au faîte du barrage. Le tour du lac de retenue constitue un excellent but de rando à vélo.

EUPEN   (4700)   19 250 hab.

À la frontière du plateau de Herve et de la grande forêt d'Hertogenwald, Eupen est la petite « capitale » de la Belgique germanophone. Elle abrite ainsi le siège du Gouvernement de la communauté germanophone. Juchée sur une colline bordant la Vesdre, c'est une ville commerciale et industrielle plutôt agréable. Elle s'enrichit aux XVIIe et XVIIIe s grâce au textile et à la laine, et aligne aujourd'hui dans son charmant petit centre historique de jolies demeures bourgeoises de cette époque.

Adresses utiles

🛈 Office de tourisme : *Marktplatz, 7.* ☎ *087-55-34-50.* ● *eupen.be* ● *Lun-ven 9h-17h, sam 9h-15h, fermé dim (w-e juil-août 9h-15h).* Plan de la ville, liste des hébergements alentours, brochure proposant plusieurs balades pour découvrir le centre historique, itinéraires de randonnées pédestres dans la région, agenda culturel... Organise aussi une promenade de 2h dans la ville avec, à la clé, une entrée à la chocolaterie *Jacques* (sf w-e) et la visite du musée de la Forêt à Ternell (situé à 7 km d'Eupen). Également des visites du Parlement germanophone (XVIIIe s), et loue des vélos électriques.

🚆 Gare ferroviaire SNCB : *Banhofstrasse.* ☎ *04-241-56-68.* Trains directs pour et depuis Liège, Louvain, Bruxelles, Gand, Bruges et Ostende.

🚌 Gare routière TEC : *Aachenerstrasse.* ☎ *087-74-25-92.* ● *infotec. be* ● *À 10 mn à pied du centre historique.* Bus ttes les 30 mn à 1h pour Aix-la-Chapelle (Aachen), et les Hautes-Fagnes (Malmedy, Botrange, Saint-Vith...).

Où dormir ? Où manger à Eupen et dans les environs proches ?

Camping

⚊ Camping Hertogenwald : *Oestrasse, 78, à Eupen.* ☎ *087-74-32-22.* ● *info@camping-hertogenwald.be* ● *camping-hertogenwald.be* ● *Env 3 km au sud-ouest d'Eupen, sur la N 629. Ouv tte l'année. Env 20 € pour 2 avec tente et voiture.* Bien aménagé, dans un environnement vert, on plante sa tente à la lisière du bois. Sanitaires propres. Sur place : jeux enfants, pub avec billard et baby-foot.

Bon marché

⚊ |●| Gîte d'étape d'Eupen : *Judenstrasse, 79, à Eupen.* ☎ *087-55-31-26.* ● *gite.eupen@gitesdetape.be* ● *gitesdetape.be/eupen* ● *♿ À 1 km de la gare. Nuit env 16 €/pers, petit déj inclus mais draps en sus 4 €. Possibilité de ½ pens et pens complète.* Planté sur un coteau verdoyant dominant la ville, au cœur d'un quartier résidentiel tranquille, cette grande bâtisse rouvre ses portes au printemps 2013 après une totale rénovation. Au choix : des chambres doubles, triples, ou des dortoirs (4-6 personnes), avec sanitaires privés. Une adresse idéale en famille. Très bon rapport qualité-prix.

⚊ Pension Packbier : *Feldstrasse, 37, Kettenis (4701).* ☎ *087-55-64-89.* ● *w. packbier@skynet.be* ● *D'Eupen, suivre la direction Aachen-Raeren ; puis dans Kettenis, tourner à droite dans la rue Lindenberg, puis tt de suite à gauche et à droite dans la fourche ; la maison est un peu plus loin sur la droite. Ouv sam-mar. Nuitée 18 €/pers, petit déj compris.* Vous lisez bien ! À peine le prix d'une auberge de jeunesse. Évidemment, l'endroit n'a rien de luxueux. C'est au contraire tout simple mais extrêmement cosy, chaleureux et nickel. La belle cuisine, avec son poêle à bois, est laissée à disposition. En tout, 4 chambres doubles avec sanitaires sur le palier. Accueil et atmosphère très bohème.

⚊ Pension Zum Goldenen Anker : *Marktplatz, 13, à Eupen.* ☎ *087-74-39-97.* ● *zum.goldenen.anker@gmail. com* ● *zum-goldenen-anker.be* ● *Réception au bistrot du rdc. Double 60 €, petit déj compris.* En plein cœur historique d'Eupen, petite pension de 6 chambres fonctionnelles et proprettes, avec douche et lavabo (w-c à l'étage). Une bonne adresse toute simple.

De prix moyens à plus chic

⚊ B&B Julevi : *Heidberg, 4, à Eupen.* ☎ *478-49-32-36.* ● *info@julevi.be* ●

julevi.be ● *Double 95 €, petit déj compris.* À deux pas du centre historique, dans une magnifique maison de caractère du XIXe s, voici 3 chambres d'hôtes de charme. Tout confort et déco contemporaine de très bon goût. Adorable véranda donnant sur un jardinet à l'arrière. Une excellente adresse. C'est sûr, on y reviendra !

I●I *Restaurant Delcoeur: Gospertstrasse, 22-24, à **Eupen**.* ☎ 087-56-16-66. ● *delcoeur@skynet.be* ● *En* plein centre. Tlj sf jeu, et sam midi. Menus 33-50 €, plats 11-23 €. D'abord, une grande salle haute, mansardée, et dotée d'une déco contemporaine aux couleurs chaudes. Peu de plats à la carte – ce qui est une garantie de fraîcheur – pour une cuisine de terroir un brin créative mais sans esbroufe. Également des plats dits « rustiques », plus simples et très abordables. Un resto chic finalement pour toutes les bourses.

À voir. À faire

🏃 *L'église Nicolas: Marktplatz.* Édifiée en 1724. Les deux clochers furent ajoutés au XIXe s. À l'intérieur, trois nefs de même hauteur, type « halle ». La déco est un chef-d'œuvre du style rococo chargé (pléonasme !). Autel dans le genre imbattable, comme le sont aussi les niches à baldaquin, abritant (à gauche) la Vierge et (à droite) saint Joseph. Tout le pourtour est lambrissé avec des confessionnaux sculptés et ciselés d'un seul tenant. Chaire richement ornementée également. Noter, sur les bancs, les traditionnels noms gravés (ou en lettres de cuivre) des grandes familles de la ville. À commencer, au 1er rang, par le « Magistratus Eupensis ».

➢ *Balade dans la vieille ville (ville haute – Oberstadt): se procurer le dépliant à l'office de tourisme.* Marktplatz, demeures patriciennes du XVIIIe s, ainsi que dans Kirchstrasse et Bergstrasse. Au n° 32, Klotzerbahn, voici l'édifice du Gouvernement de la Communauté germanophone, dite *Maison Grand Ry,* construite au XVIIIe s par un important marchand de textile. Gospertstrasse, on remarque nombre de jolies façades cossues. Werthplatz, se dresse la chapelle Lambert. Sur Aachenerstrasse, encore d'autres maisons patriciennes baroques, et l'hôtel de ville, abrité dans un ancien couvent du XVIIe s. À côté, l'église de l'Immaculée Conception (nombreuses statues XVIe-XVIIIe s et autels latéraux très intéressants, offerts par les tondeurs et tisseurs de draps).

🏃 *Eupener Stadtmuseum (musée de la ville d'Eupen): Gospertstrasse, 52.* ☎ 087-74-00-05. ● *eupener-stadtmuseum.be* ● *Mar-ven 9h30-12h, 13h-16h ; sam 14h-17h ; dim 10h-12h, 14h-17h. Entrée payante.* Tout juste réaménagé, il est abrité dans cette belle maison bourgeoise du XVIIe s, à l'élégant fronton. Exposition sur l'industrie textilo-lainière et l'artisanat local, sans oublier le carnaval, grande tradition locale. On y apprend ainsi que des poteries de Raeren (XVIIe s) furent retrouvées dans les tombeaux indiens d'Amérique du Nord. Comme quoi, la mondialisation ne date pas d'hier ! Belle collection d'horloges. Reconstitution d'un atelier d'orfèvre et présentation de vêtements anciens.

🏃 🚶 *La chocolaterie Jacques: rue de l'Industrie, 16.* ☎ 087-59-29-67. ● *chocojacques.be* ● *Lun-ven 9h-17h. Fermé w-e et j. fériés. Entrée : 2 € ; réduc.* L'une des grandes marques du chocolat belge, pas encore sous contrôle d'une multinationale. Après un petit film sur le processus de fabrication du chocolat, on entre dans un musée qui raconte l'histoire du chocolatier en exposant d'anciens moules, des chromos, des emballages et des publicités anciennes. Puis on accède à une passerelle surplombant la partie de l'usine où sont emballées les tablettes de chocolat. Pour finir, boutique avec les produits de la marque mais pas seulement, puisqu'on y vend bière et peket au chocolat.

➢ Si vous avez du temps, une seconde promenade est consacrée à la *ville basse.* Ce parcours (se procurer le dépliant de l'office de tourisme) s'intéresse plus particulièrement aux digues et barrages de la Vesdre et de la Helle (environ 3,5 km de balade). À côté des digues, d'anciennes teintureries et manufactures de drap, le tout dans une belle nature, au pied de la forêt de l'Hertogenwald.

Manifestations

– *Carnaval :* l'un des plus captivants du pays, bien dans la tradition rhénane. Dans cette ville du textile, les costumes furent longtemps confectionnés à partir de chutes de tissus multicolores. Le samedi, le prince du carnaval reçoit tous pouvoirs des mains du bourgmestre. Le jeudi, cortège des Vieilles Femmes. Le dimanche, défilé des Enfants. Le lundi, grand cortège « des Roses » *(Rosenmontag),* avec jets de caramels. Grand bal chaque soir.

– *La Martin :* le 11 nov. Très fêtée à Eupen, où elle se termine par un grand feu de joie.

– *Summer in the City :* w-e de fin-avr à début sept. Concerts gratuits dans le cœur historique : rock, jazz, tyrolien...

LES HAUTES-FAGNES

Une région bien particulière en Belgique. Alors qu'un peu au sud, à Torgny, c'est presque la Provence, ici, en Hautes-Fagnes, c'est quasi la toundra ! D'Eupen à Malmedy s'étendent plus de 4 000 ha de zone humide, marais, landes et tourbières, parsemés de quelques sapinières et bosquets de feuillus. Ici, le climat est rude quasiment toute l'année. Étés frais, hivers longs et rigoureux, brouillards fréquents. Pensez que la température moyenne annuelle est de 7 °C, qu'il peut déjà geler fin septembre, qu'il peut encore geler fin mai, qu'il a parfois neigé en avril, voire en mai (aventure vécue !), que c'est en août qu'il pleut le plus...

Arrêtons là, on n'est pas ici pour décourager le lecteur. Car c'est aussi un formidable écosystème, avec des plantes de montagne et d'autres presque boréales : molinia, linaigrettes, myrtilles, airelles, orchis des sphaignes, jonquilles et toutes les variétés de mousses, bruyères et lichens, etc. Riche faune représentée par les grosses bébêtes d'abord – sangliers, cerfs, chevreuils – et les plus petites – renards, belettes, hermines. On y a répertorié 160 espèces d'oiseaux, dont la moitié vit là de façon permanente. Parmi lesquels : la pie grièche, le geai, la grive, la fauvette, le coucou, l'alouette, la mésange, le vanneau huppé, le faucon, l'épervier, la buse et, le roi d'entre eux, le tétras-lyre (ou coq de bruyère), dont il ne reste que quelques dizaines d'individus (très difficiles à observer).

Une curiosité géologique : de larges cuvettes, les *pingos* ou *palses,* dépressions remplies d'eau et de tourbières allant jusqu'à 50 m de diamètre et entourées d'un talus. À l'origine, des bulles de glace qui, au moment de la fonte, taraudèrent le sol.

Mais tout cela se révèle bien fragile. Depuis le XIXe s, l'assèchement des sols, la reforestation, les mises en culture ou prairie ont considérablement réduit les Fagnes. En outre, ces paysages âpres, voire dramatiques, attirent nombre d'amoureux de la nature et de randonneurs, ce qui peut, si ce n'est pas réglementé, présenter un danger pour l'écosystème. C'est pour préserver cette nature que, depuis 1957, cette zone est désormais protégée et fait partie du parc naturel Fagnes-Eifel, à cheval entre Belgique et Allemagne, classé Natura 2000.

LE CENTRE NATURE DE BOTRANGE

🕴 🚶 *Route de Botrange, 131,* **Robertville** *(4950).* ☎ *080-44-03-00.* ● *botrange. be* ● *Situé sur la route qui va d'Eupen à Robertville. Pour s'y rendre de Liège en transports en commun : train jusqu'à Verviers, puis bus n° 390. Tlj 10h-18h. Entrée (audioguide compris) : 3 € ; réduc.* Le centre nature de Botrange, un beau bâtiment en bois clair qui se fond bien dans l'environnement, a ouvert pour faire connaître à un large public le parc naturel des Hautes-Fagnes. Outre une grande variété de promenades pédestres guidées axées sur la découverte de la nature (de l'excursion ornithologique à l'observation des chauves-souris, en passant par les balades en char à bancs), le lieu propose une exposition permanente, bien conçue, présentant l'évolution géologique de la région, son histoire récente, sa faune, sa flore et son écosystème. On y apprend pas mal de choses, notamment que Botrange, il y a 500 millions d'années, se situait au pôle Sud et que la zone, tout au long de sa dérive vers sa position actuelle, fut successivement sous-marine, désertique, tropicale et hautement montagneuse. On trouve sur place aussi une boutique avec de la documentation, des livres et des cartes de promenade. Enfin, le centre dispose d'une bibliothèque, d'une cafétéria et organise des expos temporaires et des animations pour enfants. Les étourdis pourront également y louer une paire de bottes en caoutchouc, ou encore des skis de fond...

DANS LES ENVIRONS DU CENTRE NATURE DE BOTRANGE

BOTRANGE

À 694 m, « Le Signal », comme on l'appelle ici, est le point culminant de la Belgique. De la tour, par beau temps (oui, ça arrive !), on découvre un vaste panorama sur les Fagnes.

➤ *Trois itinéraires* didactiques permettent de découvrir à pied le plateau sous ses différents aspects. Il s'agit du *sentier de Neûr Lowé* (5 km), du *sentier de la Polleur* (2,5 ou 4,5 km) et du *parcours des 3-Bornes* (5 km). Plan disponible au centre nature, mais mieux vaut se munir de la carte IGN au 1/25 000 (vendue au centre) et bien sûr de bonnes chaussures, de préférence imperméables.

LA BARAQUE MICHEL

Elle est à la Wallonie ce que la tour Eiffel ou Notre-Dame sont à Paris ! Fléchée sur toutes les routes de la région (ou presque), elle n'en finit pas d'intriguer l'automobiliste... Il s'agit d'un repère fort populaire : le 2ᵉ point le plus haut de Belgique, avec 674 m d'altitude, bien qu'en réalité ce point se situe quelque part sur la frontière allemande. La confusion vient du fait qu'avant l'annexion du plateau par la Belgique en 1919, il s'agissait purement et simplement du point culminant du pays ! Sur place, une modeste auberge, fondée en 1811, servit de refuge et sauva la vie à des centaines de voyageurs égarés... Le mythe était né.

– Le 1ᵉʳ itinéraire, qui part du centre nature, traverse ou longe les landes, les tourbières et les forêts d'épicéas, 3 composantes essentielles des Hautes-Fagnes, et montre comment celles-ci se sont imposées au paysage d'origine.
– Le 2ᵉ, qui démarre un peu avant la bifurcation de la N 68 en venant d'Eupen (à environ 3 km du centre), porte sur la formation de la tourbière et sa transformation, par l'homme, en un paysage de landes (par assèchement).

– Le dernier, enfin, part de la baraque Michel, située à quelque 4 km du centre. Il suit les traces de la présence humaine sur le plateau au cours des siècles (on y voit notamment les *bornes,* qui signalaient les confins d'États, tels que le duché de Limbourg ou le marquisat de Franchimont) et offre quelques-uns des plus beaux points de vue sur les Fagnes. Vous y croiserez le « pavé de Charlemagne », voie mérovingienne enfouie sous la tourbe.

➤ Vous pouvez aussi récupérer au centre nature *La Ronde de Botrange,* un « itinéraire de promenade, à la découverte des bornes, croix, monuments et vestiges historiques sur le plateau des Hautes-Fagnes ». On vous y conte toutes les histoires (souvent tragiques) et les légendes qui se rattachent à ces sites, à l'instar de la Croix des Fiancés...

LE CHÂTEAU DE REINHARDSTEIN

🎥🎥 *Chemin du Cheneux, 50, **Ovifat** (4950).* ☎ 080-44-68-68. ● *reinhardstein.net* ● *Accès en voiture par Ovifat (panneaux), puis 750 m de marche à partir du parking. Visites guidées sam-dim 11h15 et 14h30 ; j. fériés 14h30 ; vac scol : w-e, mar et jeu 14h30. Entrée : 6,50 € ; réduc.*

Situé dans une vallée étroite, sur un éperon rocheux. Tôt, à l'ère médiévale, le site fut fortifié. Les célèbres quatre fils Aymon s'y réfugièrent un jour. En 1354, un nouveau château fut édifié, qui connut, au fil des siècles, de prestigieux proprios : les Nassau, les Schwarzenberg et, pour finir, les Metternich. Le père du fameux négociateur de Vienne vendit le château, qui fut ensuite démantelé et servit de carrière de pierre. Reconstruit à partir de 1969, il a retrouvé son imposante allure et domine à nouveau ce site exceptionnel. Côté ouest, avec ses 60 m de haut, il paraît inexpugnable.

À l'intérieur, le professeur Overloop, collectionneur passionné, a brillamment remeublé et décoré les salles. Entre autres pièces remarquables, nous avons relevé, dans la *salle des Chevaliers,* une cathèdre seigneuriale, une très rare armure italienne articulée du XVIe s, une belle tapisserie d'Audenarde, un coffre italien de mariage, un christ de Sluter en bois sculpté du XVe s. Dans la première salle, statue de Charlemagne du XVIIe s et superbe roi David sculpté avec harpe.

MALMEDY (4960) 12 350 hab.

À l'origine : deux abbayes jumelles, l'une à Stavelot, l'autre à Malmedy, fondées en 648 par saint Remacle. Si l'abbaye de Stavelot prit plus d'importance, le scriptorium de Malmedy, en revanche, était réputé, ainsi que son école. Comme beaucoup de villes, Malmedy eut droit à son cortège de destructions : pillée par les Vikings et les Magyars aux IXe et Xe s, ratiboisée par Louis XIV en 1689. Elle connut toutefois une période de prospérité au XVIIIe s, avec le développement des tanneries, des papeteries, du textile et autres industries. La Révolution y trouva un écho considérable. Elle devint sous-préfecture du département français de l'Ourthe puis, en 1815, après le Congrès de Vienne, fut rattachée à l'Allemagne. Ce n'est qu'en 1925 que Malmedy devint belge, après un référendum. Elle fut reconstruite à la suite d'un bombardement américain effectué par erreur en décembre 1944 et demeure aujourd'hui un important centre commerçant, également réputé chez les adeptes du tourisme vert dans les Hautes-Fagnes, qui offre de nombreuses possibilités.

➤ *Pour s'y rendre depuis Liège :* train jusqu'à Verviers, puis bus n° 395 jusqu'à Malmedy. Autre solution : train jusqu'à Trois-Ponts, puis bus n° 47.

LE « CWARMÉ », CARNAVAL DE MALMEDY

Un des plus pittoresques de Belgique ! Les 4 jours (appelés ici « Grantès Haguètes ») précédant le Mardi gras sont particulièrement intenses. Liesse populaire. Auparavant quatre jeudis, disons de « mise en jambes », l'auront préparé. En principe, tout le monde se déguise. Costumes et personnages originaux portant des noms qui ne le sont pas moins : le *sôté* (le nain), la *Djoupsène* (l'Égyptienne), le *véheû* (le putois), *Grosse-Police* (qui ouvre le carnaval), le *sâvadje* (le sauvage), etc. Carnaval mené par le *trouv'lé* à qui l'on remet les pleins pouvoirs pendant 4 jours. Les *longs-nés* se baladent en *bâne corante* (« bande courante »), taquinent les passants et imitent leurs gestes. Ces derniers, pour s'en débarrasser, leur paient parfois un verre. La *haguète,* quant à elle, immobilise ses victimes avec un « happe-chair » pour qu'elles demandent pardon.

Le lundi se déroulent des jeux de rôle. Petits théâtres de rue. Des sketchs, souvent en wallon, racontent les petits travers de la ville et de ses habitants. Événements politiques et politiciens sont souvent brocardés avec force et humour. Le mardi soir, on brûle la *haguète.*

Adresses utiles

🛈 *Maison du tourisme des Cantons de l'Est :* pl. Albert-Ier, 29 A. ☎ 080-33-02-50. ● cantons-de-lest.be ● malmedy. be ● Lun-sam 10h-18h, dim 10h-17h (hors saison, lun et mar fermé) dim 10h-17h. Plan de la ville, liste des hébergements, agenda culturel, infos loisirs vert (randonnées pédestres, VTT...) dans la région, etc.

🚌 *Gare routière TEC :* av. de la Gare. ☎ 04-361-94-44. ● infotec.be ● Bus de et pour Vith, Verviers, Stavelot, Trois-Ponts, Ligneuville, Waimes...

■ *Location de vélos et VTT :* chez *Sport et Nature,* pl. du Parc, 21. ☎ 080-33-97-01. ● sportetnature.be ● À proximité de la gare routière TEC.

Où dormir ? Où manger à Malmédy et dans les environs proches ?

Des dizaines de logis et de chambres d'hôtes dans la campagne des environs. N'hésitez pas à vous procurer la brochure à la maison du tourisme. Précision utile : à moins que vous ne veniez pour ça, évitez absolument les périodes de courses au circuit de Spa-Francorchamps, les prix s'affolent sans mesure !

Camping

⚎ *Camping familial :* rue des Bruyères, 19, à *Arimont* (4960). ☎ 080-33-08-62. ● info@campingfamilial.be ● campingfamilial.be ● À quelques mn en voiture de Malmedy. Fermé en nov. Env 16 € pour 2 avec tente et voiture. 📶 Situé sur une colline, à proximité de la forêt. Belle vue sur Malmedy et les alentours. Piscine, jeux enfants, friterie...

Bon marché

🏠 |●| *Auberge de jeunesse Hautes-Fagnes :* route d'Eupen, 36, à *Bevercé.* ☎ 080-33-83-86. ● malmedy@laj. be ● laj.be ● À 2,5 km du centre de Malmedy, sur la route d'Eupen. Bus n°s 395 et 397 depuis le centre-ville. Selon confort : nuitée en dortoir 16-20 €/ pers, doubles 46-50 € ; petit déj inclus. Repas env 10 €. 📺 📶 AJ moderne et spacieuse avec salle commune équipée d'une cheminée. En tout, près de 180 lits, répartis dans des chambres de 2, 4, 6 et 8 lits, avec ou sans sanitaires. Fonctionnel et nickel. Coin-TV, bar, ping-pong et plaine de jeux.

🏠 |●| *Gîte d'étape :* rue des Charmilles, 69, à *Ovifat.* ☎ 080-44-46-77. ● gite.ovifat@gitesdetape.be ● gitesde tape.be/ovifat ● Nuit env 16 €/pers, petit déj inclus mais draps en sus 4 €. Possibilité de ½ pens et pens complète. En pleine nature, ce bâtiment moderne abrite des chambres pour 2, 4, 6 et

12 personnes ; toutes avec lits superposés et lavabo. Douche et w-c communs. Sommaire mais impeccable et pas cher. Et puis plein de bons conseils pour découvrir la région côté nature (VTT, ski de fond, randonnée pédestre...).

lOl *Au Petit Chef :* *pl. de Rome, à Malmedy.* ☎ 080-33-07-49. ● *restaurant@ aupetitchef.be* ● *Tlj sf mer. Plats 9-20 €.* En plein centre, c'est d'abord LA friterie des gens du cru. C'est ensuite une taverne spécialisée dans les moules, déclinées à toutes les sauces. Également des petits plats du jour sans prétention, et des salades... Simple, bon et pas cher ; le tout servi dans une salle qui ne paie pas de mine.

De prix moyens à plus chic

lOl *La Boulinière :* *chemin du Château, 9, à Arimont (4960).* ☎ 080-77-15-39. ● *sabine.fabritius@belgacom. net* ● *labouliniere.be* ● *Resto (sur résa slt) fermé lun-mar. Doubles à partir de 85 €, petit déj compris. Menus 25-30 €, plats env 16 €.* Sur le plateau dominant Malmedy, cette jolie maison, une ancienne ferme, abrite des chambres charmantes, à la déco néorustique. On aime bien la « Louise », pour sa petite touche rétro et montagnarde. Fait aussi resto, proposant des plats de terroir toujours mitonnés avec soin.

lOl *À La Truite argentée :* *Bellevue, 3, à Malmedy.* ☎ 080-78-61-73. ● *marc. bodarwe@skynet.be* ● *À la sortie de Malmedy, direction Waimes. Tlj sf mer-jeu. Menus 20 € (le midi en sem)-35 €, plats 14-27 €.* Installée dans une maisonnette en bois, un resto élégant, réputé pour son excellente cuisine gastronomique à prix juste. Juste quelques plats à la carte, dont la truite d'élevage demeure la grande spécialité (vivier attenant à la maison). Également du gibier en saison. Une fraîcheur formi-

dable ! Service dans le jardin aux beaux jours.

lOl *Gîtes et chambres d'hôtes à la ferme d'Arimont :* *chemin de la Cense, 22, à Arimont (4960).* ☎ 080-33-00-68. ● *info@fermedarimont.be* ● *fermedarimont.be* ● *À 3 km de Malmedy. Double 60 €, petit déj compris.* Dans un beau coin de nature, voici 2 chambres d'hôtes de style campagnard, aménagées dans l'ancienne grange, avec petit coin-cuisine et salon commun équipé d'un poêle. Également 4 gîtes rustiques pour 4 à 6 personnes. On peut jouer au ping-pong, au babyfoot et même tirer à l'arc dans le fenil. Une bonne adresse où se mettre au vert.

lOl *Ferme Libert :* *route de la ferme Libert, 33, à Bevercé.* ☎ 080-33-02-47. ● *fermelibert@skynet.be* ● *ferme libert.be* ● *À 3 km du centre de Malmedy, sur la route d'Eupen (panneaux). Doubles 42-88 € selon confort, petit déj inclus. Resto fermé mar. Menus 20-45 €.* Plantée sur le haut d'un coteau environné de forêt, cette vieille auberge montagnarde du XVIIIe s est devenue une grosse structure hôtelière pour toutes les bourses. Chambres assez simples et vieillottes mais bien tenues, avec ou sans sanitaires. Côté fourneaux, classique et copieuse cuisine de campagne où les viandes tiennent la vedette ; servie dans une vaste salle dominant la vallée. Le lieu est aussi couru pour ses fameuses gaufres. Miam !

lOl *L'Esprit Sain :* *chemin Rue, 46, à Malmedy.* ☎ 080-33-03-14. ● *info@ espritsain.be* ● *espritsain.be* ● *Double env 100 €, petit déj compris. Menu 30 €, plats 15-20 €.* En plein centre, un bel hôtel récemment rénové dans un style moderne simple et sympa. Une dizaine d'agréables chambres tout confort. Fait aussi resto, réputé pour ses recettes originales et pleines de goût, réalisées avec de bons produits frais.

À voir. À faire

La cathédrale Pierre-Paul-et-Quirin : héritière de l'ancienne abbatiale, dernier souvenir de l'abbaye qui reçut le statut de cathédrale entre 1920 et 1925, quand Malmedy n'était ni belge ni allemande. Reconstruite au XVIIIe s après le grand incendie de 1689. Façade de pierre assez sobre. Voûte en berceau, nef unique avec coupole à la croisée du transept. Si l'atmosphère intérieure paraît froide, en revanche, intéressant mobilier. Chaire en bois doré particulièrement ornementée (fleurs, feuillages, etc.). Dans le chœur, siège épiscopal à baldaquin, stalles et portes sculptées. À gauche, sarcophage-reliquaire de saint Quirin (XVIIIᵉ s).

🏃🏃 **Le Malmundarium :** pl. du Chatelet, 9. ☎ 080-79-96-68. ● *malmundarium. be* ● *À côté de la cathédrale. Tlj sf lun et vac scol 10h-18h (17h nov-Pâques). Entrée : 6 € ; réduc. Audioguide en français 2 €.*
Récemment réhabilité par la ville, l'ancien monastère de Malmedy (XVIIIᵉ s) abrite désormais plusieurs musées intéressants, sans oublier les expos temporaires dans les combles.
– *Le musée du Papier :* ce fut l'une des industries les plus importantes de la région. Origine du papier depuis les guêpes triturant les fibres de bois jusqu'au papier d'écorce chinois, en passant par le papyrus, le parchemin et les tablettes d'argile. Représentation de toutes les qualités : papier d'Extrême-Orient, papier de fibre de mûrier, papier filigrané de Taiwan, papier arabe (de chiffon), etc. Qu'est-ce que le papier ? D'où vient-il ? Comment est-il fabriqué ? Peut-il être recyclé ? Toutes ces questions et bien d'autres encore sont abordées par le biais d'une scénographie multimédia attrayante et adaptée. Petit atelier de fabrication du papier.
– *Le musée de la Tannerie :* la vue, le toucher et l'odorat seront sollicités lors de ce voyage au cœur du cuir, de son histoire et de sa fabrication. Ce savoir-faire s'est développé à Malmedy dès 1500, grâce aux moines, pour finalement péricliter dans les années 1990.
– *Le musée du Carnaval :* souvenirs, documents, amusantes photos et vidéos des carnavals passés. Maquettes de chars, affiches, journaux spécifiques, etc. Présentation de personnages et de costumes traditionnels très colorés.
– *Le trésor de la cathédrale :* tableaux représentent les différents princes et autres abbés de Malmedy, calices, ostensoir, statuettes, croix...

DANS LES ENVIRONS DE MALMEDY (ET DE VITH)

🍴 **Brasserie de Bellevaux :** *à Bellevaux.* ☎ *080-88-15-40.* ● *brasseriedebelle vaux.be* ● *Bellevaux est fléché dans la zone industrielle, à l'entrée de Malmedy, puis suivre la route et le fléchage sur 5 km env. Ouv sam-dim (mi-juil à août, mer-dim) 11h-18h. Visite guidée de la brasserie à 16h ces mêmes jours, suivie d'une dégustation : 6 €.* Fondée par un Néerlandais, autodidacte et passionné de bière, une micro-brasserie charmante et bucolique... Le brassage et la fermentation se font à l'ancienne, mais il vous expliquera tout ça très bien... Blonde, blanche, ambrée, brune et noire (la fierté du brasseur !), il y en a pour tous les goûts. Chemins de randonnée tout autour de la vieille ferme et de quoi grignoter au retour, en buvant une bière bien fraîche...

🏃🏃 **Baugnez 44 Historical Center :** *route de Luxembourg, 10, à* **Baugnez.** ☎ *080-44-04-82.* ● *baugnez44.be* ● *Env 4 km au sud-ouest de Malmedy, direction Waimes. Tlj sf lun-mar (sf j. fériés et vac scol) 10h-18h. Entrée : 7,50 € ; réduc.*
Ce musée porte sur la bataille des Ardennes, ultime offensive d'Hitler dont l'ambition était de reprendre le port d'Anvers... Un parcours audioguidé nous en retrace l'évolution à grand renfort d'images, d'objets et de matériel militaires d'époque mis en scène avec des mannequins dans des vitrines. Certaines reconstitutions sont parfois glaçantes, comme celle évoquant le massacre de 84 prisonniers américains par les soldats allemands à Baugnez... Un film de 25 mn complète le tout. Boutique et brasserie sur place. C'est l'un des meilleurs musées du genre de la région, qui en compte plusieurs.

🏃🏃 **Schieferstollen Recht :** *Zum Schieferstollen, 9 A,* **Recht** (4780). ☎ *080-57-00-67.* ● *schieferstollen-recht.be* ● *Entre Malmedy et Vith (sorties 12 ou 13 sur* *l'autoroute E 42). Avr-oct, tlj sf lun et j. fériés 10h-18h (fermeture caisse 16h30). Visite guidée à 11h et 14h. Durée : 1h30. Entrée : 7 € ; réduc.* Le village de Recht, en communauté germanophone, a longtemps recelé d'importantes carrières de pierre bleue, le fameux schiste, avant que les frères Margraff ne décident d'y creuser une galerie souterraine d'extraction, à la fin du XIXᵉ s. Elle fut exploitée jusqu'en 1908 et devint une réserve d'eau de 1936 à 1975. Elle est désormais ouverte au public, après plusieurs années de travaux de déblayage. C'est une visite intéressante : après avoir revêtu un casque et un ciré, on traverse un tunnel de 400 m sous terre, avant de découvrir la « salle de la cathédrale », l'énorme cavité où s'affairaient les mineurs. Leur boulot ? Extraire, à la dynamite, des dalles de schiste, 12h à 14h par jour, dans la quasi-obscurité. Les gravats (qui constituaient 70 % de la masse extraite) servaient d'échafaudages. Émouvant témoignage d'un labeur aujourd'hui inconcevable. Pourtant, la mine, tout au long de son exploitation, ne fit qu'un seul mort : Nicolas Zangerle, dont on peut voir la croix tombale, celle-là même en fait qui causa sa mort, en l'écrasant ! Avant d'entamer la descente, procurez-vous un flacon de liqueur aux herbes à la réception, ça vous réchauffera le cœur dans la galerie.

VITH (SANKT VITH)   (4780)   3 300 hab.

Belge depuis 1920, Vith est, après Eupen, la deuxième ville de la communauté germanophone. Rasée par l'aviation américaine en 1944, elle a été reconstruite avec la volonté d'offrir à ses habitants un cadre plaisant, dans un environnement de prairies et de bosquets. Le seul vestige ancien est la tour Büchel, dernière trace d'une enceinte du XIVᵉ s.

Adresses utiles

🛈 *Office de tourisme :* Hauptstrasse, 43. ☎ 080-28-01-30. ● st.vith.be ● Juil-août, lun-sam 9h-12h30, 13h-16h30 (18h ven), dim et j. fériés 9h30-14h ; le reste de l'année, tlj 9h-12h30, 13h-15h30 (18h ven), fermé dim et j. fériés. Plan de la ville avec circuit de visite à pied, doc sur toute la région et ses possibilités de tourisme côté nature (VTT, randonnées pédestres, ski...), visite guidée de la ville, location de vélos électriques...

🚌 *Arrêt des bus TEC :* sur le rond-point Am den Linden. ☎ 04-361-94-44. ● infotec.be ● À deux pas de l'office de tourisme. Bus réguliers de et pour Verviers, Stavelot, Eupen, Malmedy...

Où dormir ? Où manger ?

Camping

⅄ 🍽 *Camping Wiesenbach :* Wiesenbachstrasse, 58C. ☎ 080-22-61-

37. ● info@campingwiesenbach.be ● campingwiesenbach.be ● ♿ À 1 km du centre. Ouv tte l'année. Env 15 € pour 2 avec tente et voiture. Dans un cadre boisé. Resto, piscine et sentiers de promenades à pied et à VTT.

Bon marché

🛏 🍽 *Auberge de jeunesse Ardennen-Eifel :* Rodterstrasse, 13 A. ☎ 080-22-93-31. ● sankt-vith@vjh.be ● vjh.be ● ♿ En contrebas du centre, env 500 m de l'arrêt des bus. Réception à partir de 17h. Nuitées 15,60-22 €/pers, petit déj compris. Dans un coin vert et boisé, une AJ en forme de quadrilatère, avec une pelouse intérieure. Une centaine de lits répartis dans des chambres de 2 à 8 personnes, fonctionnelles et nickel. Resto-bar, ping-pong et jeux de société.

Prix moyens

🛏 🍽 *Hôtel-restaurant Am Steineweiher :* Rodterstrasse, 32. ☎ 080-22-

72-70. ● info@steineweiher.be ● stei
neweiher.be ● *En contrebas du centre.
Double 90 €, petit déj inclus. Menus à
partir de 24 €, plats 6-20 €. Parking gratuit.* 📶 Dans un environnement boisé
au bord d'un étang, une quinzaine de
chambres un peu kitsch mais douillettes, confortables et impeccablement
tenues, avec balcon sur le parc pour
certaines. Grande salle de resto au
style un peu suranné, avec lambris,
tableaux, tapisseries et cheminée.
Délicieuse cuisine aux intonations françaises, qui mitonne à merveille truite et
gibier.

🛏 **B&B Schlommefurth :** *Rodt, 217.*
☎ *080-57-03-80.* ● *info@schlomme
furth.be* ● *schlommefurth.be* ● *À 7 km
au nord-ouest du centre-ville. Double
80 €, petit déj inclus.* En contrebas
d'une route départementale tranquille
et à la lisière de la forêt sillonnée par
une multitude de chemins de randonnée pédestre. Cette vieille maison
rénovée en pierre du pays compte
4 chambres charmantes et tout confort.
Une belle adresse pour se mettre au
vert. Accueil gentil.

🍽 **Restaurant Le Luxembourg :**
Hauptstrasse, 71. ☎ *080-22-80-22.*
● *info@luxembourg-restaurant.be* ●
*En plein centre, à deux pas de l'office
de tourisme. Tlj sf mar soir, mer et jeu.
Plats 12-19 €.* De ce resto gastronomique cher et réputé, on ne recommande
que la brasserie, dans une petite salle
élégante avec cheminée, donnant sur
la rue. Même cuisine, mais carte plus
démocratique. Juste quelques plats de
saison savoureux et concoctés avec
des produits d'une fraîcheur absolue.
Un bon rapport qualité-prix au final.

Achats dans les environs

🍫 **Belgium Chocolate Design :**
K.F. Schinkelstrasse, 45, **Schönberg**
(4782). ☎ *080-54-93-33.* ● *belgium-
chocolate-design.be* ● *Tlj sf dim-lun.
Mar 13h-18h, mer-sam 9h-17h.* Dans
ce patelin perdu des Ardennes, voici
l'atelier et la boutique d'Axel Hanf, artisan chocolatier de renommée nationale. Vraiment exquis !

À voir

🎿 **Heimatmuseum** *(musée de la Vie régionale) :* Schwarzerweg, 6. ☎ 080-22-
92-09. *Tlj 13h (14h sam et dim)-17h (16h ven et sam). Entrée : 1,50 €.* Dans
l'un des bâtiments de l'ancienne gare ferroviaire. Reconstitution d'intérieurs
au XIXe s, archéologie et traditions populaires de la région. Art sacré et belle
bibliothèque.

🎿 **Le musée de la Bière :** *Rodt, 89A.* ☎ 080-22-63-01. ● *biermuseum.be* ● *À 7 km
au nord-ouest du centre-ville. Pdt les vac scol, tlj 10h-18h ; le reste du temps, slt
le w-e. Gratuit.* Plutôt une taverne qu'un musée. Le patron expose son impressionnante collection : 4 500 sortes de bières issues de 140 pays, avec les verres
assortis. Dans un refuge de ski, des gadgets et des pièces de collection, ainsi
qu'un petit montage vidéo pour expliquer les processus de fabrication. On peut
bien sûr y boire un verre, mais aussi louer des skis de fond en hiver pour profiter
d'un parcours récréatif.

Manifestations

– **Carnaval :** le dimanche du Mardi gras. Réputé.
– **Grand marché aux puces :** *le 1er ven d'août.* Accueille chaque année plus de
600 exposants.

STAVELOT (4970) 6 900 hab.

L'histoire de la ville est bien entendu étroitement liée à celle de son abbaye, concurrente de celle de Malmedy. Elle était le siège d'une petite principauté autonome dirigée par un prince-abbé. Membre du Saint Empire germanique dès 843, elle conserve une certaine indépendance. C'est la Révolution française qui met fin à ce statut en 1795, en l'intégrant au département de l'Ourthe. En 1815, Stavelot est séparée de Malmedy et reste à la Belgique.

Aujourd'hui, elle présente un visage avenant de ville d'histoire ayant su, malgré les affres des guerres, conserver une grande partie de son patrimoine architectural. Pour les fans de vieilles automobiles, arrêt obligatoire aux caves de l'abbaye !

Apollinaire à Stavelot

Stavelot fut une étape importante dans la vie du poète, et la ville lui rend aujourd'hui un vibrant hommage avec un musée. Le jeune Wilhelm Apollinaris de Kostrowitsky naît à Rome le 26 août 1880, de père inconnu. Sa mère, la baronne Olga-Angelica de Kostrowitsky, lui donne les prénoms de Guillaume et Apollinaire. En 1899, la petite famille s'installe à Paris, avant de prendre des vacances en Belgique. La baronne, grande joueuse ruinée, tente de se refaire au casino de Spa et place le jeune Guillaume et son frère à la pension *Constant,* rue Neuve, 12 (aujourd'hui, l'hôtel-resto *Ô Mal-Aimé*).

Apollinaire y passe l'été, sympathisant avec les milieux littéraires de la ville, randonnant en forêt et, surtout, nouant une idylle avec Maria Dubois, sa première muse. Celle-ci est aussi jolie que spirituelle. Quant à la maman joueuse, elle se fait virer de Spa et part tenter sa chance à Ostende, oubliant ses enfants, cependant que le patron de la pension s'inquiète car l'argent de la location ne rentre plus. Guillaume écrit alors à sa mère qui lui répond, avec l'argent... du billet de train pour revenir à Paris. Dans la nuit du 5 octobre, les deux jeunes gens partent à la cloche de bois, laissant une lourde ardoise ! Gros scandale dans la ville, une famille qui présentait si bien ! Depuis, Stavelot a plutôt fort justement tiré profit de l'anecdote.

Adresses et info utiles

🛈 **Office de tourisme :** *dans l'ancienne abbaye, cours de l'Abbaye, 1.* ☎ 080-86-27-06. ● *stavelot.be/tourisme* ● *Tlj 10h-13h, 13h30-17h.* Plan de la ville, liste des hébergements à la campagne, agenda culturel, brochure *Stavelot à pas de loup* pour découvrir la ville et ses environs lors d'une promenade inspirée par la légende locale du loup, jadis très présent dans la région. Organise des promenades guidées à thèmes dans la nature environnante *(sam ap-m juil-sept, et pdt certaines vac scol).*

🚉 **Gare ferroviaire SNCB :** *la plus proche se trouve à* **Trois-Ponts,** *6 km de Stavelot.* ☎ 02-528-28-28. ● *b-rail. be* ● De là, trains pour Liège. Pour aller à Trois-Ponts, bus n° 745. Sinon, de la gare de Verviers, bus n° 294 pour Stavelot (et Trois-Ponts).

■ **Location de vélos et VTT :** *chez* **Ardennes Cycling,** *av. du Doyard, 5E.* 📱 *0476-47-17-40.* ● *ardennes-cycling. be* ● *Également chez* **Coo Adventure,** *Petit Coo, 4,* **Coo** *4970 (à 9 km à l'ouest de Stavelot).* ☎ *080-68-91-33.* ● *coo-adventure.be* ● Organise aussi des activités sportives.

■ **Marché :** *jeu mat, sur l'esplanade de l'abbaye.*

Où dormir ?
Où manger ?

Campings

⚊ **Camping de L'Eau Rouge :** Cheneux, 25. ☎ 080-86-30-75. ● fb220 447@skynet.be ● eaurouge.eu ● À 4 km du centre. Ouv tte l'année. Compter 15 € pour 2 avec tente et voiture. 📶 Bordé par une rivière, un petit camping au vert. Jeux enfants, tir à l'arc...

⚊ **Camping de Challes :** route de Challes, 5. ☎ 080-86-23-31. À 2 km du centre. Ouv avr-nov. Env 7 €/pers. CB refusées. Camping simple, rustique et familial, dans un cadre verdoyant, en bord de rivière.

⚊ **Camping de la Cascade :** chemin des Faravennes, 5, à **Coo.** ☎ 080-68-43-12. ● info@camping-coo.be ● camping-coo.be ● À côté du parc de loisirs de Coo. Ouv avr-oct. Env 18 € pour 2 avec tente et voiture. Bordé par un cours d'eau, petit camping confortable largement ombragé par les arbres.

De bon marché à prix moyens

🏠 **Chambres d'hôtes Bel Natura :** av. F.- Nicolay, 18. ☎ 080-86-14-21. 📱 0473-37-03-54. ● di.dublet@skynet. be ● belnatura.be ● Double 72 €, petit déj compris. Dans la rue principale (tranquille) de Stavelot, à deux pas de l'abbaye, on est sous le charme de ces 4 chambres confortables, toutes décorées avec goût dans un style moderne qui met en valeur l'architecture de cette charmante maison du XIXe s. Belles salles de bains et aménagements de qualité. Tenu par un gentil couple italo-belge qui possède aussi l'épicerie fine italienne du rez-de-chaussée. Une adresse de charme à prix très raisonnable. On recommande !

🏠 **I●I Rest'Ô Mal-Aimé :** rue Neuve, 12. ☎ 080-86-20-01. ● info@omalaime.be ● omalaime.be ● Resto ouv ven-sam 19h-22h, et dim 12h-14h, 18h30-21h30. Fermé les 3 premières sem de juil. Doubles 50-75 € selon saison, (bon) petit déj en sus 10 €/pers. Ajouter 27,50 € pour la ½ pens. Menu 30 €. CB refusées. Digestif maison offert sur présentation de ce guide. Bienvenue dans la maison historique qui abritait jadis la fameuse pension Constant d'où Apollinaire s'enfuit à la cloche de bois. Un peu partout sur les murs figurent des portraits du bonhomme, et puis des poèmes de Desnos et de Soupault, sans oublier quelques vers d'Apollinaire himself. Côté dodo, 6 chambres confortables et colorées, dotées de jolies salles de bains. Au resto, cuisine d'humeur et de saison, inventive et audacieuse, d'un bon rapport qualité-prix. Accueil pétulant.

🏠 I●I **Auberge Saint Remacle :** av. F.-Nicolay, 9. ☎ 080-86-20-47. ● info@ auberge-stavelot.be ● auberge-stave lot.be ● Double 75 €, petit déj en sus 7,50 €/pers. ½ pens possible. Au resto, plats 13-21 €. Une maison bien tenue qui abrite une dizaine de chambres confortables, à la déco contemporaine sobre (noir et blanc) et de bon goût. Également d'autres chambres et studios dans la rue derrière, tout aussi confortables et bien tenus, mais d'allure plus standard. Fait aussi resto avec de bonnes spécialités de viandes grillées.

🍴 **Friterie Ardennaise :** rue basse, 7. ☎ 080-86-40-66. Moins de 10 €. Une vraie friterie où les pommes de terre sont sélectionnées et épluchées à la main, avant d'être plongées dans l'huile suivant un protocole précis ! Idéal pour caler un petit creux sur le pouce. On peut aussi accompagner les frites d'un steak ou d'une côte de porc, à avaler dans une petite salle quelconque. Simple, honnête, et pas cher du tout. Une adresse plébiscitée par les gens du cru qui s'y pressent en soirée pour acheter leurs frites.

Chic

🏠 **B&B Dufays :** rue Neuve, 115. ☎ 080-54-80-08. ● dufays@skynet. be ● bbb-dufays.be ● Doubles 115-125 € selon j. de la sem et période, petit déj inclus. Tenu par un Néerlandais, c'est un B&B de grand style, dans une demeure de caractère de la fin du XVIIIᵉ s. En tout 6 chambres à thème (française, africaine, Mille et Une Nuits, années 1930...), superbes et confortables, avec TV et grande salle de bains. Petit déj-buffet bien fourni, servi dans une très jolie salle. Une bien belle adresse.

Où dormir ? Où manger dans les environs ?

🏠 *Gîte d'étape du Château de Wanne :* à Wanne, *Trois-Ponts (4980).* ☎ 080-86-31-06. ● *gite.wanne@gites detape.be* ● *gitesdetape.be* ● *À 6 km au sud de Stavelot. Nuit env 16 €/ pers, petit déj inclus mais draps en sus 4 €. Possibilité de ½ pens et pens complète.* 🖳 Assis face à la vallée, ce

château du XVIIIᵉ s abrite un vingtaine de chambres de 2 à 7 lits. Fonctionnel, nickel et sympa.

🏠 ●I● *Auberge La Métairie :* Wanne, 4, *Trois-Ponts (4980).* ☎ *080-86-40-89.* ● *lametairie@skynet.be* ● *lame tairie.be* ● *Dans le village de Wanne, au niveau du rond-point. Resto fermé lun-mar. Doubles 95-110 € selon taille, petit déj-buffet inclus ; tarifs dégressifs en sem. Lunch 20 €, menus 31-45 €.* Cette ravissante auberge de village compte 6 chambres douillettes, confortables, et aménagées avec soin et beaucoup de goût. Côté resto, 2 salles chauffées au bois en hiver. On s'y régale d'une savoureuse cuisine réalisée avec des produits frais de saison et servie à prix justes. Si vous n'avez pas trop faim, petite restauration aussi à midi. Terrasse aux beaux jours.

À voir

🦌 *La place Remacle :* avec ses gros pavés et entourée de demeures de caractère, elle montre une plaisante homogénéité architecturale, dans toutes les nuances de gris. Fontaine du perron du XVIIIᵉ s, symbolisant les libertés communales. Ruelles charmantes en haut de la place, bordées de maisons à colombages ou à façade d'ardoise.

🦌 *L'église Sébastien :* pl. du Vinave. Tlj 9h-18h. Édifiée au XVIIIᵉ s. Autel central en bois imitation marbre de 1717. Belle chaire en chêne sculpté de la même époque, ornementée des quatre docteurs de l'église. Ne pas manquer, dans le chœur, l'un des chefs-d'œuvre de l'art mosan : la *châsse de saint Remacle* (avec les reliques du fondateur de l'abbaye), datant du XIIIᵉ s. Elle mesure 1,70 m (longueur inhabituelle). Remarquable travail d'orfèvrerie. Possibilité aussi de voir le *trésor* où se trouve le buste reliquaire de l'abbé Poppon *(slt pdt les vac scol de Pâques, d'été et de Noël, jeu-dim 14h-18h ; infos :* ☎ *474-08-65-75).*

🦌🦌 *L'ancienne abbaye :* cours de l'Abbaye, 1. ☎ 080-88-08-78. ● *abbayedesta velot.be* ● *Tlj 10h-18h. Accès aux 3 musées : 8,50 € ; réduc.* Rayonnant de la Loire à l'Empire germanique, l'abbaye de Stavelot fut édifiée au XIᵉ s. Elle était alors plus grande que celle de Malmedy, et saint Remacle la préférait. De l'abbaye des origines ne subsistent que les vestiges archéologiques (en plein air) de son église, mais aussi la base de la tour qui, jadis, s'élevait à 100 m de hauteur. À voir aussi son immense baie et le porche du XVIᵉ s au blason martelé, ainsi que les bâtiments du couvent du XVIIIᵉ s. Ils s'ordonnent autour du jardin du cloître et abritent aujourd'hui un complexe muséal. Sur rue, beau porche en brique avec fenêtres à meneaux en pierre et portes en accolades.
L'abbaye accueille également, toute l'année, de nombreuses manifestations artistiques et abrite l'office de tourisme, la bibliothèque publique, le centre culturel local et la galerie *Triangle Bleu* (art contemporain).
🍷 Au *Café des Musées,* bières, fromages et salaisons artisanaux de la région.

🦌🦌 *Le musée du Circuit de Spa-Francorchamps :* au sous-sol de l'abbaye. Pour les amateurs de vieilles guimbardes de course et de vénérables motocyclettes, c'est la visite à ne pas rater, dans les splendides caves médiévales voûtées en brique de l'abbaye. On ne va pas vous décrire tout le catalogue mais en voici quelques fleurons rutilants (certains d'entre eux pouvant toutefois être temporairement exposés ailleurs) : d'abord, la production de la fameuse usine FN (Fabrique Nationale), notamment le premier vélomoteur un cylindre (133 cm³) de 1902, mais aussi de nombreux exemplaires des usines Saroléa et Gillet (les productions de ces trois usines, installées toutes trois à Herstal, furent dénommées les « demoiselles d'Herstal »). Puis la Ferrari F40, une Chevron B48. Citons encore la Talbot Lago et la Ford Capri, victorieuses aux 24 Heures de Francorchamps, ainsi qu'une Porsche 917 de 1970, qui permet d'apprécier l'évolution des véhicules, et vous aurez une bonne idée du trésor que recèlent ces galeries... Le tout, bien sûr, saupoudré de photos, châssis, moteurs de F1 et affiches insolites.

🍴 *Le musée historique de la Principauté de Stavelot-Malmedy :* au rdc de l'abbaye. Parcours multimédia retraçant l'histoire de la principauté abbatiale de Stavelot-Malmedy. On peut y voir une belle sélection d'objets religieux et archéologiques, savamment mis en valeur par un environnement de sons et d'images. La section consacrée à Wibald bénéficie d'une scénographie particulièrement soignée. Elle correspond à l'âge d'or de l'abbaye (XIIᵉ s), qui connut avec cet abbé un essor sans précédent. C'est ce que l'on comprend en admirant le fac-similé de la célèbre « bible de Stavelot » dont l'original est aujourd'hui conservé à la *British Library*. Et sinon, en vrac : calices, croix de cimetière en fonte ou *Vierge* de procession en bois polychrome du XVIIIᵉ s, ostensoirs cylindriques du XVIIᵉ s. Sarcophage en calcaire de l'abbé d'Odon (an 836), visage gravé d'un moine aux grandes oreilles, crosse de l'évêque Wibald et sainte Anne trinitaire en chêne du XVIᵉ s. Portraits des derniers abbés, en guise de conclusion.

🍴 *Le musée Apollinaire :* au 1ᵉʳ étage de l'abbaye. Pour les amoureux du poète, visite obligatoire ! Pour les autres, une intéressante dérive dans ce musée où traînent des odeurs de génie, sur les pas d'un destin peu ordinaire. La première salle en restitue les différentes étapes, année par année, sur la base de textes illustrés de photos et surmontés de citations – à son propos – de ceux qui l'ont connu (Picasso, Chagall, Marie Laurencin, Cocteau...). Le parcours s'achève donc en 1918, lorsque, 2 ans après avoir été blessé durant la Grande Guerre, Apollinaire succombe de la grippe espagnole. S'ensuit une évocation de son univers poétique dans la petite bibliothèque (où reposent, sur une table, ses principales œuvres). Au salon de poésie enfin, possibilité d'écouter certains de ses poèmes et de jeter un œil à la doc de l'Association des amis d'Apollinaire.

Manifestations

– **Carnaval du Laetare :** le dim 3 sem avt Pâques (en fait, du sam soir au lun soir). Des centaines de *Blancs Moussis,* revêtus d'une cape et d'un capuchon blancs, affublés d'un long nez rouge, se répandent dans la ville en compagnie des chars et des géants. À l'origine, un édit du prince-abbé en 1499, interdisant aux moines de participer au carnaval. Les habitants, résolus à se moquer de l'abbé, participèrent aux festivités en se déguisant en moines blancs.
– **Festival de Théâtre :** début juil, dans l'abbaye. Infos et résas : ● festival-vts.net ● ou à l'office de tourisme.
– **Festival de Musique de Stavelot :** les 2 premières sem d'août, dans l'ancienne abbaye. Infos et résas : ☎ 080-86-27-34 ● festivalstavelot.be ● ou à l'office du tourisme. Musique de chambre.
– **Festival du Conte et de la Légende :** 3 j. en oct. Infos et résas : ☎ 080-88-05-20. Apéro, spectacles et promenades dans la nature, entremêlées de récits.
– **Festival de la Chanson française :** en oct. ● 1chanson.be ●
– **Festival de Jazz :** le 2ᵉ w-e de nov, dans les caves romanes de l'abbaye. Résas : ☎ 080-88-05-20. ● centre.stavelot.be ●

DANS LES ENVIRONS DE STAVELOT

🏃 *Le musée historique de Décembre-1944 :* rue de l'Église, 7, à **La Gleize-Stoumont** (4987). ☎ 080-78-51-91. ● december44.com ● *Ouv mars-nov, tlj 10h-18h ; le reste de l'année, vac scol, w-e et j. fériés slt. Entrée : 5 € ; réduc.* Dédié à la bataille des Ardennes, dont l'offensive allemande se brisa finalement ici, à La Gleize, ce petit musée très complet présente de nombreuses vitrines, où des mannequins habillés en soldats sont mis en scène à grand renfort de matériel de guerre, photos, plans-reliefs, armes, poste de secours reconstitué... Au 1er étage : collections d'insignes et de grades. Unes de journaux originales annonçant l'échec de l'offensive et la libération de la Belgique. Émouvant, le vieux vélo qui sauva un blessé américain. Ou encore, mais ça c'est moins émouvant, un char allemand abandonné au moment de la débâcle.

🏃 🏃 *Coo :* village renommé pour sa cascade, ses multiples activités sportives, dont les balades en kayak sur l'Amblève, et son fameux parc d'attractions extrêmement touristique, *Plopsa Coo* : ☎ 058-42-02-02. ● plopsa.be ● *Ouv avr-déc, horaires variables (voir site internet). Entrée : 27 € ; réduc.*

SPA   (4900)   10 500 hab.

Une des plus célèbres stations thermales et de villégiature d'Europe. De nouveaux thermes ont été construits sur la colline en 2004, dont l'accès peut se faire par un funiculaire. Pas vraiment une destination routarde, mais une ville pépère, très atmosphère début de siècle (l'autre !), et un point de départ idéal pour de multiples randonnées alentour.

UN PEU D'HISTOIRE

Les Romains connaissaient déjà les vertus curatives des eaux de la région. D'ailleurs, « Spa » ne vient-il pas de *sparsa* (« qui jaillit » en latin) ? C'est au XVIe s qu'apparaît un début d'amorce d'activité thermale. Les *bobelins* (toujours du latin : *bibulus*, « grand buveur ») débarquent de plus en plus nombreux à Spa dans les *pouhons* (fontaines). Et du beau linge : la reine Margot, Christine de Suède, le tsar Pierre le Grand, l'empereur Joseph II, Charles II d'Angleterre, Monteverdi (qu'inspirait le chuintement cristallin des sources), Victor Hugo, Meyerbeer... Parallèlement à cela, l'eau se transforme en or lorsqu'on découvre qu'il est possible d'occuper les *bobelins* avec les jeux d'argent et de hasard. Ainsi Spa gagne-t-elle, au XVIIIe s, le surnom de « Café de l'Europe ».
Pendant la Première Guerre mondiale, la ville sert de lieu de repos et de convalescence à 100 000 soldats allemands. Le Kaiser Guillaume II choisit également d'y résider avec son état-major... Spa demeure assurément le berceau du thermalisme moderne, et son nom a été étendu à l'activité elle-même.

Adresses et info utiles

🛈 *Maison du tourisme du Pays des Sources :* pl. Pierre-le-Grand, 14. ☎ 087-79-53-53. ● pays-des-sources. be ● *Ouv 9h (10h w-e)-18h (17h oct-mars).* Plan de la ville, liste des hébergements, agenda culturel, brochure *Pays des Sources – guide touristique* pour connaître toutes les curiosités et loisirs vert de la région. Propose aussi des promenades guidées à la ½ journée (plus fréquentes en été).
🚉 *Gare ferroviaire SNCB :* rue de la

Gare. ☎ 04-241-58-23. • b-rail.be • Trains toutes les heures pour Liège avec changement à Pepinster ou Verviers-Central.

■ **Location de vélos et de VTT :** chez **Velodream,** rue Général-Bertrand, 6. ☎ 087-77-11-77. • velodream.be • Mar-sam 9h-18h. Assez cher.

Où dormir ?

Spa se distingue par une hôtellerie de qualité... Rien de vraiment bon marché mais le confort et le charme sont au rendez-vous. Beaucoup de belles chambres d'hôtes aux alentours, installées dans des maisons de caractère (liste disponible à la maison du tourisme).

Camping

⋏ **Camping Parc des Sources :** rue de la Sauvenière, 141. ☎ 087-77-23-11. • info@parcdessources.be • camping spa.be • À 1,5 km au sud-est de Spa par la N 62, direction Francorchamps. Ouv avr-oct. Env 25 € pour 2 avec tente et voiture. En bordure de la forêt, dans un joli petit coin de nature. Piscine, jeux enfants et cafétéria.

Prix modérés

🛏 **Pension des sources :** chemin du Soyeureux, 2. ☎ 087-77-11-53. À 3 km à l'est du centre de Spa. Double 60 €, petit déj inclus. Parking gratuit. Sur les bords du lac Warfaaz, un petit hôtel pourvu de chambres basiques mais propres ; toutes avec salle de bains. Fait aussi resto chinois (les proprios en sont), mais on ne l'a pas testé. Un rapport qualité-prix correct dans le coin.

Chic

🛏 |●| **Chambres d'hôtes L'Étape Fagnarde :** av. Gaspar, 14. ☎ 087-77-56-50. • info@ef-spa.be • ef-spa.be • Fermé 2 sem en juin. Résa conseillée w-e. Doubles 95-125 € selon saison, petit déj inclus. Table d'hôtes (pour les seuls clients) 40 € (vin compris). Par-

king gratuit. 💻 🛜 Apéritif maison offert sur présentation de ce guide. Sur les hauteurs de Spa, entourée de verdure, cette vaste demeure ancienne dispose de 5 chambres confortables, impeccablement tenues et régulièrement rénovées. Le reste de la maison est aussi bien arrangé et soigné : bibliothèque, sauna et, dans le jardin, ping-pong, volley-ball et pétanque.

🛏 **Hôtel La Tonnellerie :** parc des Sept-Heures, 1. ☎ 087-77-22-84. • la tonnellerie@skynet.be • latonnellerie. be • Doubles 90-115 € selon taille, petit déj compris. 🛜 Juste à côté de la gare de funiculaire, cette élégante maison isolée livre 8 jolies chambres aménagées dans un style « bord de mer » (parquet et planches cérusées aux murs), charmantes et tout confort. Bon resto sur place (cher).

🛏 **Hôtel l'Auberge de Spa – Best Western :** pl. du Monument, 3-4. ☎ 087-77-44-10. • info@hotel-ther mes.be • hotel-thermes.be • Doubles à partir de 90 €, petit déj compris. 🛜 En plein cœur de Spa, dans un pittoresque bâtiment ancien à colombages, de belles chambres confortables et récemment rénovées avec de beaux matériaux, dans un style résolument moderne. Fait aussi resto (cher). Ambiance Cocoon !

Plus chic

🛏 **Chambres d'hôtes Villa d'Olne :** chemin Henrotte, 92. ☎ 087-77-12-99. • info@villadolne.be • villadolne. be • Doubles 125-190 € selon taille et confort, petit déj inclus. 🛜 Ici, on est vraiment tombé sous le charme ! Perché sur un coteau verdoyant résidentiel, c'est une élégante maison restée à l'abandon pendant un demi-siècle et que les proprios, un couple accueillant, ont retapée avec passion pendant... 10 ans. Résultat : une grande et sublime villa avec 6 chambres d'hôtes tout confort, et dignes d'un magazine de déco. Certaines, les plus chères, sont de vrais petits appartements avec coin-cuisine et salon. Sur place : billard, salle de gym, sauna-hammam-jacuzzi et piscine. C'est sûr, on reviendra !

Où manger ?

Bon marché à prix moyens

I●I *Aux Caprices de Sophie :* pl. Verte, 15. ☎ 087-77-62-28. Ouv mer-dim. Plats 5-16 €, menu 25 €. Sandwichs, salades, tartines, pâtes soupes et quelques plats chauds tout simples ; telle est la carte de Sophie, qui officie dans un joli local aux intonations contemporaines colorées. Nourriture saine, bonne et pas chère. Ambiance *bobo* à fond !

Chic

I●I *Le Grand Maur :* rue Xhrouet, 41. ☎ 087-77-36-16. ● info@legrand-maur.com ● Ouv le soir mar-sam, et dim midi. Formules 27-35 €, menu 40 €. Dans une demeure ancienne au style particulièrement élégant. Plancher de bois verni, superbe cheminée ornée de faïences et de stucs délicats, belles estampes. On retrouve cette élégance dans une cuisine de saison, classique mais parfaitement exécutée, ainsi que dans le service. La carte change au gré des saisons.

Prix raisonnables pour la qualité proposée.

Où manger dans les environs ?

I●I *Le Vinâve :* Solwaster, 90, *Jalhay* (4815). ☎ 087-47-48-69. ● info@levinave.be ● levinave.be ● Fermé lun soir et mar, plus mer en hiver. Menus 25-34 €, plat 13-17 €. À l'écart des sentiers touristiques, ce resto de village est largement apprécié par les gens du coin. L'accueillant patron est en salle, pendant que sa femme concocte une magnifique cuisine de terroir et de saison, inventive et à base de produits fermiers. Et copieuse avec cela, monsieur passant régulièrement entre les tables pour s'assurer qu'on en a encore assez dans l'assiette (faute de quoi, il ressert !). Un vrai coup de cœur !

Achats

⊛ *Maison Daenen :* pl. Pierre-le-Grand, 5. ☎ 087-77-04-08. Fermé lun. Ici, vous trouverez l'*Élixir de Spa,* un alcool à base de plantes mais dont la recette est tenue secrète...

À voir. À faire

🗼🗼 *Les anciens thermes de Spa :* pl. Royale. Construits en 1868, ils présentent une façade typique Napoléon III. Ils ont été fermés pour faire place aux *nouveaux thermes de Spa :* colline d'Annette et Lubin. ☎ 087-77-25-60. ● thermesdespa. com ● Accès par le funiculaire qui part au pied de l'hôtel Radisson, ou bien en voiture ou à pied (sentier). Tlj 9h-21h (22h ven, 20h dim). Soins à partir de 25 €. Perchés sur la colline mais toujours alimentés par l'eau de la source Clémentine, les nouveaux thermes de Spa représentent un centre ultramoderne, avec bains carbo-gazeux, buses hydromassantes, canons à eau, sièges à bulles, canapés bouillonnants, saunas, hammams, espaces de relaxation et de remise en forme. La totale, quoi ! Le tout complété par un bar-cafétéria et des terrasses avec vue panoramique sur la ville de Spa.

🗼 *Le musée de la Ville d'eau :* av. Reine-Astrid, 77 B. ☎ 087-77-44-86. ● spavillaroyale.be ● De mars à mi-nov, tlj 14h-18h. Entrée (billet jumelé avec l'entrée au musée spadois du Cheval) : 3 € ; réduc. Installé dans l'ancienne villa Marie-Henriette, reine de Belgique et épouse de Leopold II, qui vivait ici au XIXe s avec sa fille Clémentine... On découvre ici les plus beaux exemples de l'art local : les *jolités,* les fameuses boîtes peintes de Spa. Elles pouvaient recevoir de 12 à 16 couches de laque, avec à chaque fois ponçage, puis polissage à la paume pour la dernière couche afin d'obtenir ce précieux aspect satiné. Motifs divers : avec incrustation de nacre ou de laiton, décor à l'encre de Chine, scènes mythologiques ou champêtres. Tous types d'objets : boîtes à quadrilles, coffrets, boîtes à ouvrage, nécessaires de toilette, coffrets à jeux, etc. Belles boîtes jaunes décorées de fleurs et miniatures sur papier vélin. Noter le piano en loupe d'érable, joliment décoré.

🏇 **Le musée spadois du Cheval :** *av. Reine-Astrid, 77 B. Dans les anciennes écuries de la villa Marie-Henriette. Mêmes horaires et billet d'entrée que le musée de la Ville d'eau.* Au rez-de-chaussée, calèches, instruments de pesage, sellerie, uniformes, gravures et miniatures, atelier de maréchal-ferrant. Au 1er étage : peintures diverses, aquarelles et photos anciennes.

🏇 **Le musée de la Lessive :** *rue de la Géronstère, 10 (déménagement prévu rue Hanster ; se renseigner).* ☎ 087-77-14-18. *Vac de Pâques et juil-août, tlj 14h-18h ; avr-oct, le w-e slt ; le reste de l'année, dim et j. fériés slt. Entrée : 3 € ; réduc.* Voici l'histoire de la lessive de l'Antiquité à nos jours ! Ne riez pas, on y apprend plein de choses. Par exemple, que pour blanchir le linge on a utilisé l'urine (un puissant dégraissant) pendant 2 000 ans ; ou qu'au Moyen Âge on lessivait 2 fois par an (c'était la « grande buée » de printemps et d'automne !), ou encore que l'apparition de la machine à laver individuelle doit beaucoup aux mouvements hygiénistes du XIXe s (liés à la condition ouvrière de l'époque) ainsi qu'à la découverte de l'existence des germes pathogènes et de leur rôle dans de nombreuses maladies... Au fil des salles, on passe en revue toute cette histoire, des « tonneaux lessive » avec système de bielles aux « fouloirs » des années 1930 avec pieds mécaniques pour battre le linge, en passant par la « lessiveuse du célibataire » (munie d'un grand moulinet) et la petite Hoover des années 1950, vendue à l'époque pour l'équivalent de 3 mois de salaire d'instit'... L'avenir de notre bonne vieille lessiveuse ? Peut-être la machine à ultrasons, ces derniers ayant des propriétés... détachantes. Qui a dit que la lessive ne pouvait pas être un sujet intéressant ?

Petite balade architecturale en ville

Architecture majoritairement XIXe s en d'aimables déclinaisons de style. Établissements de bains, sources, grands hôtels témoignent de l'époque prospère de Spa.

🏇 **Le pouhon Pierre-le-Grand :** *pl. Pierre-le-Grand, là où se trouve la maison du tourisme.* C'est la source la plus célèbre. Grande structure sur poutres en fer forgé. Au mur, le *Livre d'or,* grand tableau avec tous les VIP qui ont honoré Spa de leur présence (dont Pierre le Grand en 1717). La source distille une eau riche en fer, légèrement piquante et acidulée. Aujourd'hui, le *pouhon* abrite la maison du tourisme, et son jardin d'hiver donne lieu parfois à des expos temporaires.

🏇 À côté des anciens thermes, le ***casino,*** avec sa demi-rotonde à colonnes, demeure le plus ancien du monde (1763), même si l'édifice actuel date du début du XXe s. Salles de jeux et salon rose de style Louis XVI. Salle des fêtes imitant le théâtre de la reine à Versailles. Théâtre style Napoléon III. Pour nos lecteurs qui veulent perdre la boule *(tlj 11h-4h)* !

🏇 **La galerie Léopold-II :** *dans le parc des Sept-Heures.* C'est une longue galerie, supportée par 160 colonnes de fonte gracieuses, qui relie deux petits pavillons. Elle permettait de se promener tranquillement par temps de pluie. Tous les dimanches matin, la galerie abrite une brocante renommée.

➢ Et sinon, Spa, au cœur d'une belle nature préservée, offre une infinité de balades à faire à pied, à cheval, à V.T.T mais aussi en skis de fond ou en luge ; ce qui explique sans doute que l'animation y est présente à longueur d'année, et qu'en hiver, la petite station thermale prenne des airs de station de ski.

Fêtes et manifestations

Spa, comme beaucoup de villes thermales, propose de nombreuses activités et animations culturelles. Agenda disponible à la maison du tourisme.
– **Les Francofolies de Spa :** 5 j., autour du 21 juil. ● francofolies.be ● Billets en vente dès janv. Transfuge des Franco de La Rochelle, c'est l'événement musical majeur pour la francophonie.

DANS LES ENVIRONS DE SPA

✹✹ Le circuit de Spa-Francorchamps : route du Circuit, 5, **Francorchamps (4970)**. ☎ 087-29-37-10. ● spa-francorchamps.be ● À 9 km au sud-est de Spa et 8 km au nord de Stavelot. Visites guidées de mi-mars à mi-nov, chaque 1er et 3e mar, et 2e mer du mois à 14h. Entrée : 9,50 € ; réduc. Durée : 1h30. Aux dires de certains pilotes, le plus beau circuit du monde ! 7 km de bitume en pleine nature et un site qui ne cesse de s'étendre depuis 1924. Les grands prix de F1, mais aussi les 24h en 2CV, accueillent chaque année des milliers de spectateurs. En saison, possibilité de visiter le circuit mais aussi ses coulisses, et pourquoi pas de s'offrir quelques tours de piste au volant d'un bolide !

✹ ✹ Le château de Franchimont : allée du Château, 17, **Theux (4910)**. ☎ 087-53-04-89. ● chateau-franchimont.be ● À 8 km au nord de Spa. Mai-sept, tlj 10h-18h ; avr et oct, les w-e 11h-17h ; vac scol de Pâques et Toussaint 11h-17h. Fermé le reste de l'année. Entrée : 3 € ; réduc. S'il n'y a personne à l'entrée, les billets se prennent à la cafétéria à côté du château.
Ancienne place forte qui défendait le marquisat du prince-évêque de Liège. On y reconnaît le « bouclier » caractéristique du XIVe s, fait de deux tours semi-circulaires, encadrant un mur en étrave et qui protégeait le donjon des tirs d'artillerie. Sa vue

UNE OFFENSIVE AUDACIEUSE

C'est de Franchimont que partirent 600 habitants pour tenter un raid osé : délivrer le roi Louis XI, captif de Charles le Téméraire. Le camp de ce dernier était situé en haut de la montagne de Liège (voir « L'escalier de la montagne de Bueren » dans la rubrique « À voir » à Liège). Le raid s'effectua de nuit. Malgré l'effet de surprise et le courage des assaillants, les Bourguignons étaient trop nombreux et les 600 Franchimontois furent massacrés. Les représailles du Téméraire se révélèrent terribles : incendie de Liège et de Theux. L'exploit des 600 resta profondément ancré dans les mémoires et l'histoire de la Belgique.

commandait deux vallées mais son importance stratégique diminua au fil des siècles. À la fin du XVIIIe s, il tomba en ruine et servit ensuite de carrière de pierre. Ancien escalier à vis dont ne subsistent que les premières marches, menant au chemin de ronde et à la chambre haute de la tour carrée. Belle vue sur les deux vallées. Nombreux escaliers descendant dans les casemates. Au milieu, basse-cour avec vestiges de bâtiments à destination rurale (puits, cuisine, fours banaux, etc.).

AU SUD DE LIÈGE

Pour ceux et celles qui se dirigent vers la province du Luxembourg (La Roche-en-Ardenne, Bastogne) ou Namur, voici quelques sites ou villages balisant la route qui y mène.

LES GROTTES DE REMOUCHAMPS

🎣🚶🚲 *Route de Louveigné, 3,* **Remouchamps** *(4920).* ☎ 04-360-90-70. ● *mon desauvages.be* ● *En plein centre du village. Fév-nov, tlj 10h-17h30 ; déc-janv, w-e et vac de Noël 10h-16h (fermeture caisse 1h15 avt). Entrée : 11 € ; réduc ; 8 € pour les 3-12 ans. Compter 1h15 pour la visite (prévoir une petite laine).* Moins spectaculaires que celles de Han, on chemine à pied sur 1 200 m avant d'arriver à la grande salle dite « de la cathédrale » (70 m de long et 40 m de haut). En cherchant un peu, vous verrez comment la nature a sculpté, bien avant l'homme, une crèche de Noël, des orgues et des fonts baptismaux ! Le retour se fait en barque par la rivière ; ce qui, paraît-il, constitue la plus longue navigation souterraine d'Europe.

– 🛈 **Maison du tourisme du Pays d'Ourthe-Amblève :** *route de Louveigné, 3-5,* **Remouchamps** *4920.* ☎ 04-384-35-44. ● *ourthe-ambleve. be* ● *À côté des grottes. Tlj 9h (10h w-e)-17h.*

AYWAILLE

Important carrefour routier, surnommé la « porte de l'Ardenne liégeoise ».

➤ Agréable liaison pédestre et cycliste vers Remouchamps par la *voie des Aulnes.*

À voir dans les environs

🎣🚶 **Le château de Jehay :** *rue du Parc, 1,* **Amay** *(4540).* ☎ 085-82-44-00. ● *chateaujehay.be* ● *À 20 km au sud-ouest de Liège. Avr-oct, mar-ven 14h-18h, w-e et j. fériés 11h-18h (fermeture caisse 17h). Entrée (château, parc et expo) : 5 € ; réduc.*
L'un des plus ravissants châteaux du Liégeois. Magnifique exemple de la Renaissance mosane au XVIᵉ s. Construit sur pilotis et cerné par les eaux, il présente des façades à damier, alternance de moellons et de pierre de taille, unique en Belgique. C'est aussi l'un des plus intéressants musées privés qu'on connaisse.
D'abord, les collections d'art. Dans le grand hall, meubles anciens, tapisseries, christ en ivoire de Jean Del Cour, belles dentelles. Collection d'argenterie, un tableau de Bruegel de Velours et d'autres toiles intéressantes comme le *Saint Jean Baptiste* de Murillo. Grande salle à manger meublée en style Renaissance et vaste salon décoré de façon extrêmement raffinée. Vous y découvrirez encore quelques pièces, comme d'inestimables porcelaines, une splendide *Sedes Sapientiae* (Vierge assise) romane, une tapisserie des Gobelins sur un carton de Teniers, des œuvres de Lambert Lombard, un clavecin peint du XVIIIᵉ s, de superbes horloges, etc.
Les caves renferment de riches collections archéologiques mais sont actuellement en réfection. Expositions temporaires (juin à septembre).

🎣 **La collégiale Sainte-Ode :** *à* **Amay.** Entièrement restaurée. Odeou Chrodoara, aristocrate mérovingienne, y fut inhumée. Sarcophage dans la crypte.

LA PROVINCE DE LIÈGE

HUY
(4500)   22 300 hab.

L'une des villes préférées de Victor Hugo en Belgique. Avec quelques raisons. Elle possède une magnifique collégiale et un vieux centre offrant de paisibles promenades à travers l'histoire.

UN PEU D'HISTOIRE...

Situé au confluent de la Meuse et du Hoyoux, à mi-chemin entre Liège et Namur, le site fut toujours stratégique. Au Xe s, c'était la deuxième ville de la principauté après Liège et le centre commercial le plus actif. Ce qui lui valut d'obtenir la première charte de l'Empire germanique. La ville fit partie de la province de Liège jusqu'à la Révolution française.
C'est à Huy que Pierre l'Ermite prêcha en 1095 la première croisade.

> ## JEUX DE MAINS, JEUX DE VILAINS
>
> *D'après la légende, le nom du jeu viendrait de Jean Colin-Maillard, un chevalier hutois (originaire de Huy), anobli par le roi Robert en 999. Le récit veut que notre guerrier eût les yeux crevés au cours d'une bataille, mais qu'il continuât de se battre, frappant au hasard et tout autour de lui de son gourdin d'acier...*

La ville dut également sa renommée au travail du métal. Elle donna naissance à de fameux orfèvres, dont Renier de Huy (créateur des fonts baptismaux de l'église Barthélemy à Liège) et Godefroy de Huy (auteur des châsses de la collégiale). Huy a vu naître le père Pire (Prix Nobel de la paix 1958) et Jean-Joseph Merlin. Qui c'est ça ? Eh bien rien de moins que l'inventeur du patin à roulettes ! Autre célébrité : un certain Colin-Maillard.
Huy dut subir, tout au long de l'histoire, des dizaines de sièges et de guerres. En 1944, elle n'échappa pas aux destructions, mais la reconstruction et la restauration de la ville respectèrent assez bien le caractère des quartiers anciens. À signaler, un impressionnant patrimoine industriel, réduit malheureusement le plus souvent au triste état de friches.

Adresses et info utiles

🛈 *Maison du tourisme du pays de Huy Meuse-Condroz :* quai de Namur, 1. ☎ 085-21-29-15. ● pays-de-huy. be ● *Installé dans l'ancien hospice d'Oultremont. Avr-sept, sem 8h30-18h, w-e 10h-18h ; le reste de l'année, sem 9h-16h, w-e 10h-16h.* Plan de la ville, itinéraire de balade urbaine (sur le tracé du pèlerinage de Jacques de Compostelle), agenda culturel, plan des randonnées pédestres dans la campagne environnante, infos sur la route des vins de Huy. Accueil compétent.
🛈 *Antenne d'infos de la province de Liège :* av. des Ardennes, 8. ☎ 085-25-45-53. ● *provincedeliege.be* ● *Lun-ven 9h-17h, sam 10h-12h (sf juil-août).*
🚆 *Gare ferroviaire SNCB :* pl. Z.-Gramme, 4. ☎ 04-241-31-42. Trains directs pour et depuis Liège, Namur, Charleroi...
🚌 *Gare routière TEC :* pl. Z.-Gramme. ☎ 04-361-94-44. Bus n°s 9 et 85 pour Liège, notamment.

Où dormir ?
Où manger ?

Bon marché

|●| *Le Gourmand'wich :* rue sous le Château, 15. ☎ 085-25-27-64. En plein

centre. *Ouv lun-ven midi. Sandwichs 4-7 € ; assiettes 12-14 €.* Petite boutique sobre pour engloutir de fameux sandwichs. Carte longue comme le bras où l'on choisit aussi le pain. Également la soupe du jour, et des assiettes froides préparées simplement avec de bons produits frais. Une adresse pour les fauchés.

Prix moyens

🏠 |●| ***Hôtel du Fort :*** *chaussée Napoléon, 5-9.* ☎ *085-21-24-03.* ● *info@ hoteldufort.be* ● *hoteldufort.be* ● *En bord de Meuse, au pied du pont. Resto fermé le soir le w-e et j. fériés (sf 15 août). Doubles 75-95 € selon taille ; petit déj en sus 7,50-10 €. Menus 13-36 €, plats 10-19 €.* 🖥 🛜 *(gratuit). Apéritif maison offert, ainsi qu'un petit déj par chambre sur présentation de ce guide.* Le long d'une route à grand passage, un hôtel familial bien tenu avec des chambres fonctionnelles plutôt banales, mais bien insonorisées et équipées de salles de bains récentes et TV. Côté resto, cuisine passe-partout pour le 1er menu mais, à la carte, quelques délicieuses suggestions plus élaborées. Belle carte des vins, le dada du patron. Accueil gentil.

|●| 🍷 ***La Maison Batta :*** *av. de Batta, 5.* ☎ *085-25-18-91.* ● *info@mai sonbatta.be* ● *De l'autre côté de la Meuse. Mar-sam 10h-17h. Fermé de fin-fév à fin-mars et 1er-11 nov. Plats 9-15 €. Apéritif offert sur présentation de ce guide.* En bord de Meuse, face au fort, élégante maison du XVIIe s abritant 2 charmantes salles avec parquet, murs clairs et objets sous vitrines. À la carte, savoureuse petite restauration concoctée avec des produits de terroir, du genre : quiche, salade, pâtes à la truffe... On s'est régalé pour pas bien cher. Idéal aussi pour prendre le thé dans le jardin aux beaux jours. Sur place, boutique de produits du terroir.

|●| ***La Petite Cour :*** *rue des Fouarges, 20.* ☎ *085-24-07-32.* ● *emmanuel@ lapetitecour.be* ● *En plein centre. Mar-sam 12h-14h, ven soir (menu unique), et 1 sam soir/mois (menu à thème).*

Plats 8-15 €. Table d'hôtes installée au fond d'une épicerie fine. Sur l'ardoise, petite suggestion de soupes, ravioles, spécialités savoyardes, etc., mitonnées simplement sous vos yeux dans la cuisine ouverte. Belle cave à vins. Une adresse côté saveurs. Terrasse aux beaux jours.

Un peu plus chic

|●| ***La Tête de Chou :*** *rue Vierset-Godin, 8.* ☎ *085-23-59-65.* ● *info@ latetedechou.be* ● *À proximité de la Grand-Place. Fermé sam midi, dim-lun, j. fériés et en sept. Plat du jour 13 €, plats 20-22 €, menus 36 €.* En plein cœur historique de Huy, cette façade verte cache un délicieux petit resto à la déco contemporaine dans les tons beige-bleu. Plusieurs tables et une ambiance assez intime en soirée. Petite carte de saison bien balancée pour une cuisine inventive, généreuse et pleine de goûts. Au final, un bon rapport qualité-prix.

Où dormir ? Où manger dans les environs ?

🏠 |●| ***Hôtel des Touristes :*** *vallée du Hoyoux, 4,* **Modave** *(4577).* ☎ *085-31-15-78.* ● *info@hoteldestouristes. be* ● *hoteldestouristes.be* ● *Env 12 km au sud de Huy. Au carrefour du village. Double 65 €, petit déj en sus 7 €/pers. Resto tlj sf lun 12h-14h, 18h30-21h. Plats 9-19 €.* 🛜 *Café en fin de repas offert sur présentation de ce guide.* Hôtel d'une douzaine de chambres plutôt simples mais ravissantes, avec plancher brut, TV et salles de bains nickel. Côté fourneaux, spécialité de viandes grillées pour des plats simples et bons. Et puis on aime bien aussi le bar de pays du rez-de-chaussée qui accueille en journée les papys du village le temps d'une partie de cartes. À proximité, le château de Modave qui se visite (voir « Dans les environs de Huy »).

🏠 ***Domaine du Château de***

Modave : *rue du parc, 2,* **Modave** *(4577).* ☎ *085-23-35-83.* ● *info@do maineduchateaudemodave.be* ● *domaineduchateaudemodave.be* ● *Env 15 km au sud de Huy. Doubles à partir de 80 € ; petit déj en sus 12 €/ pers.* ☞ *Dans une dépendance du château de Modave, une vingtaine de belles chambres confortables à la déco contemporaine, dont les moins chères – plutôt petites – se trouvent sous les toits. Les autres sont plus spacieuses et s'ouvrent sur la campagne à perte de vue. Resto sur place. Une bonne adresse au vert.*

Où boire un verre ?

🍸 Une foule de thés, cafés et infusions à déguster dans l'agréable grande salle d'**Aromes et Volup'thés** *(rue Vierset-Godin, 3).* Et puis juste à côté, poussez donc la porte du **Contre Vents et Marées** *(rue du Coq),* un joli cocktail-bar où Michou, le tenancier, donne parfois un petit concert.

🍸 **Les bars de la Grand-Place** concentrent l'essentiel de l'animation en soirée. Ambiance souvent festive le week-end. Allez-y à l'instinct !

À voir. À faire

🎥🎥 **La collégiale Notre-Dame :** *rue des Cloîtres, 1.* ☎ *085-21-29-15 (maison du tourisme). Au bord du quai de Namur, face à la Maison du tourisme. Tlj sf lun 9h-12h, 14h-17h.*

Sur l'emplacement de plusieurs sanctuaires antérieurs, sa construction commença en 1311 pour s'achever en 1536. Extérieurement, architecture homogène, d'aspect cependant massif dû probablement à la grosse tour, réminiscence du style roman et qui, perdant sa flèche en 1803 à la suite d'un coup de foudre, ramassa un peu plus l'allure générale. La rosace qui la perce fut longtemps considérée comme l'une des quatre merveilles légen-

LA VIA MOSANA

Elle relie Aix-la-Chapelle (Aachen) à Namur. C'est l'une des nombreuses routes qui mènent à Compostelle. Celle-ci vient du Danemark, via Liège et rejoint Paris ou Vézelay... Autant dire que la route est encore longue ! L'ampleur de la majestueuse collégiale de Huy s'explique en grande partie par le fait que la ville était une étape privilégiée pour les pèlerins. C'est sans doute pour cela que Huy est la ville mosane où l'on trouve le plus de traces du pèlerinage. Il existe d'ailleurs un circuit fléché ; il suffit de suivre les coquilles dorées qui se trouvent devant les monuments concernés.

daires de Huy (dont deux disparurent : le pont et le château médiéval) et demeure la plus grande rosace rayonnante du pays. Pour ceux qui savent compter, la 3e merveille est la fontaine du XVe s au centre de la Grand-Place ! Par beau temps, remarquable contre-jour en fin d'après-midi.

À l'intérieur, plan à trois nefs avec un beau sentiment d'élévation et une impression d'harmonie globale. Fenêtres du chœur s'élançant à 20 m. Peintures des voûtes de 1536, de style Renaissance. Crypte correspondant au chevet de l'église de 1066. Pavé d'origine. Christ en bois du XIIIe s.

– **Le trésor :** *juil-sept, ouv ts les w-e 14h-16h45 ; avr-juin et oct, slt le 1er w-e du mois. Entrée : 3 € ; réduc.* C'est le chef-d'œuvre de la collégiale. Exposition des plus belles châsses de Belgique. Châsse de saint Domitien (1172) avec ses personnages en argent et ses vêtements en or. Châsse de saint Marc (XIIIe s) en cuivre doré et émaux champlevés. Scènes de la vie du Christ : les bergers, les Rois mages, l'entrée à Jérusalem, la Descente de croix, etc. De l'autre côté, la fuite en Égypte, la résurrection de Lazare, etc. Châsse de saint Mengold (avec trois léopards). Châsse Notre-Dame, attribuée au maître de la *châsse de saint Remacle* à Stavelot. Beau travail niellé et filigrané avec ses 12 apôtres en métal repoussé et pierres précieuses.

🏃 En sortant, longer le flanc intérieur de la collégiale jusqu'au ***portail de Bethléem***, l'ancienne entrée du cloître. *Nativité* datant du XIVe s. Au-dessus, âne et bœuf soufflant séparément sur le Christ emmailloté. Sur les colonnes, animaux fantastiques et personnages grotesques.

🏃 ***Le musée de la Charte des Libertés :*** *rue Vankeerberghen, 20.* ☎ *085-23-24-35. De mi-mai à sept, tlj 14h-18h ; d'oct à mi-mai, tlj sf w-e 10h-16h. Entrée gratuite.*
Installé dans l'ancien couvent des frères mineurs, ce musée est dédié à l'histoire et aux activités traditionnelles de la ville. On passe d'abord un portique monumental de style Louis XIII et le cloître de 1662. Petit topo, dans l'ordre, des collections.
– *Salle 1 :* évocation de la charte de libertés de Huy (1066) sur des sceaux et des monnaies. Art et orfèvrerie religieuse aussi, notamment des parchemins, reliquaires de voyage, un saint Jacques le Majeur en bois sculpté du XVIe s. Puis un véritable chef-d'œuvre : le *Beau Dieu* (1240) de Huy, un des plus grands crucifix du pays. Intéressant travail sur le plissé du périzonium (le péri quoi ?... le pagne, si vous préférez !).
– *Salle 2 :* Arts décoratifs mosans, argenterie, vaisselle en faïence d'Andenne, étains et horlogerie du XVIIe au XIXe s.
– *Salle 3 :* peintures et gravures représentant la ville.
– *Salle 4 :* c'est la section archéologique, qui couvre la préhistoire et les périodes gallo-romaine (poterie...), mérovingienne (fouilles de Victor), le Moyen Âge et les temps modernes (verrerie, balles de mousquets, clés et serrures, etc.).
– *Salle 5 :* consacrée à la viticulture ; grand pressoir du XVIIIe s.
– *Dans les dernières salles,* collection de pipes et de lampes, outils pour fabriquer les balles, boîtes à poudre, vêtements du XIXe s, ameublement rural, lit clos wallon du XVIIIe s. Reconstitution d'une cuisine paysanne aussi, et formes à beurre aux dessins naïfs. Pour finir, salon et salle à manger bourgeois du XIXe s et outils de sabotier et de corroyeur.

🏃 ***Le fort :*** *chaussée Napoléon.* ☎ *085-21-53-34 ou 085-21-29-15 (maison du tourisme).* ● *fortdehuy.be* ● *Accès à pied, ou en téléphérique en saison (cher). Avr-sept, en sem 9h-12h30, 13h-16h30 ; w-e et j. fériés 11h-18h. Juil-août, tlj 11h-19h. Entrée : 4 € ; réduc.* Construit en 1818 à 45 m au-dessus de la Meuse, à l'emplacement de l'ancien château. Prison au XIXe s, caserne dans les années 1920 et 1930, il servit à nouveau de prison sous les nazis. Aujourd'hui, il abrite un ***musée de la Résistance et des Camps de concentration.***

Balade dans la ville

🏃 En partant du musée de la Charte des Libertés, on aperçoit la ***tour octogonale d'Oultremont***, rue du Palais-de-Justice, vestige de l'ancien palais comtal (XVIe s.). À deux pas, précédée d'une cour, la ***maison du gouverneur*** (1535). Suivre la pittoresque ***rue des Frères-Mineurs*** avec son *årvô* et ses hauts murs. On arrive à l'***église Mengold***. En face, belle ***maison*** dite ***près la Tour***, la plus ancienne de Huy (XIIe s), avec tour pentagonale. Place Verte s'élève l'ancienne ***maison Nokin***, avec une ravissante fenêtre et ses accolades.

🏃 ***L'hôtel de ville :*** *sur la Grand-Place.* Il fut construit en 1766. Façade classique en pierre bleue et brique surmontée d'un fronton triangulaire sculpté. Au milieu de la Grand-Place, le ***Bassinia***. C'est une fontaine (en restauration) du XVe s, avec un bassin de bronze surmonté de quatre statuettes. Le beau fer forgé, avec l'aigle bicéphale autrichien, fut ajouté en 1733.

🏃 De l'autre côté du pont Roi-Baudouin, voir la ***maison Batta*** de 1575 (voir aussi la rubrique « Où manger ? Où boire un verre ? »), l'***hôtel de la Cloche*** (quai de Compiègne), bel édifice de la Renaissance mosane (1606). Plus loin, l'***église***

Pierre, avec une intéressante cuve baptismale du XIIᵉ s et le *jardin de curé en quatre saisons*, pas toujours ouvert (se renseigner à la maison du tourisme).

On cultivait la vigne à Huy depuis l'époque mérovingienne, et cette activité connut son apogée au XVIᵉ s. Louis XIV fit arracher les pieds de vigne. Le déclin vint au XIXᵉ s, mais, depuis 1963, une petite dizaine de viticulteurs produisent un petit pinard honnête et entretiennent la tradition en faisant vivre la confrérie du Briolet. On peut voir, sur la rive gauche de la Meuse, les coteaux du vin de Huy.

Manifestations

– **La Flèche wallone :** *mi-avr.* Un événement cycliste majeur en Belgique. La course relie Charleroi à Huy, où une côte de 22 % attend les coureurs. Très populaire !

– **Les fêtes de la Jean au mont Falise :** avec animations musicales et grands feux. À ne pas manquer.

– **Les fêtes du 15 août :** LA grande fête de Huy : rassemblement des confréries gastronomiques, grande fête foraine, et feu d'artifice tiré du fort.

DANS LES ENVIRONS DE HUY

🎿🚶 **Le château de Modave :** *rue du Parc, 4, Modave (4577).* ☎ 085-41-13-69. ● modave-castle.be ● Env 15 km au sud de Huy. Avr à mi-nov, tlj 10h-18h ; fermé lun sf juil-août et j. fériés. Entrée : 7,50 € (audioguide compris), réduc ; gratuit pour les - de 12 ans. Accroché sur un piton rocheux, le château date en grande partie du XVIIᵉ s. Belle alliance de pierre grise et de brique dans un ordonnancement classique. Un charpentier liégeois ingénieux, qui avait réussi à faire monter l'eau de la rivière au château, fut invité à Versailles par Louis XIV. Il inventa la fameuse « machine de Marly » qui acheminait l'eau de la Seine jusqu'aux fontaines du château. Autre anecdote, c'est à Modave que Louis XVI devait se rendre (attendu par le comte d'Artois) au moment de sa fuite. Mais il y eut Varennes... À l'intérieur, somptueux décors. Remarquables plafonds, mobilier, peintures, tapisseries de Bruxelles et même une salle de bains avec sa baignoire taillée dans le rocher. Beaux jardins. Un hôtel a été aménagé dans une dépendance (voir plus haut « Où dormir dans les environs de Huy ? »).

LA PROVINCE DU LUXEMBOURG

C'est la province la plus boisée de Belgique. Ici, point de grandes villes ayant entamé les forêts profondes. Les rivières elles-mêmes hésitent à s'y frayer un chemin et, au moindre obstacle, s'écoulent en d'interminables boucles. On connaît un coin où, sur quelques hectares, on peut apercevoir six méandres de l'Ourthe. Comme les paysans du cru, les rivières ici prennent leur temps. Le Semois, au sud, n'est pas en reste, livrant en outre d'impressionnants paysages, comme le tombeau du Géant à Botassart. Dans ces paysages accidentés, des châteaux, encore des châteaux, et des souvenirs nécessairement douloureux quand on évoque la bataille des Ardennes et Bastogne, la ville martyre. De quoi alimenter la réflexion lors des longues randonnées en pays de Gaume. Au point de ne pas s'apercevoir, pour parodier Brel, que, dans la région de Virton, la Provence redescendait la Vire et le Ton...

LA ROCHE-EN-ARDENNE (6980) 4 350 hab.

Nichée dans la vallée de l'Ourthe, petite capitale du tourisme du Nord de la province. Paysage escarpé qui attira longtemps stratèges et bâtisseurs de châteaux. Les premiers touristes furent les Celtes, les Romains, les comtes de Namur, puis les ducs de Luxembourg, les Bourguignons, les Autrichiens, Charles Quint, Philippe II. Louis XIV, ayant trouvé l'esthétique du château plutôt ratée, se hâta de le démolir et commanda à un disciple de Vauban une nouvelle mouture. En décembre 1944, l'offensive des Ardennes fut terriblement destructrice pour la ville. Mais La Roche-en-Ardenne se reconstruisit vaillamment. Aujourd'hui, quasiment chaque maison abrite une boutique touristique. Beaucoup de Néerlandais et de Flamands en saison, pour qui le moindre relief prend des allures d'Alpes...

Adresses utiles

🛈 **Maison du tourisme du pays d'Houffalize-La Roche-en-Ardenne** : pl. du Marché, 15. ☎ 084-36-77-36. ● coeurdelardenne.be ● Tlj 9h-17h30 (9h30-19h30 en juil-août). Brochure des terrains de camping de Wallonie et carte des promenades, qui compte 10 circuits. Ils peuvent aussi, et sans frais, vous réserver une chambre d'hôtes ou d'hôtel.

■ **Location de VTT et de kayaks** : **Ardenne Aventures**, rue de l'Église, 35 (dans le centre). ☎ 084-41-19-00. ● ardenne-aventures.be ● Ouv tte l'année.

Où dormir ?
Où manger ?

La Roche compte quelque 17 hôtels, plusieurs campings et de nombreuses chambres chez l'habitant, dont la liste est disponible à l'office de tourisme.

Campings

⚹ **Floréal** : route de Houffalize, 18. ☎ 084-21-94-67. ● camping.laroche@ florealclub.be ● camping-floreal.be ● Le seul camping de La Roche ouv tte l'année. Compter 23 € (en hte saison) pour 2 avec tente. Un peu l'usine, mais bon équipement.

⚹ 🍴 **Le Benelux** : rue de Harzé, 24. ☎ 084-41-15-59. ● info@campingbe nelux.be ● campingbenelux.be ● Ouv avr-sept. Emplacement 12,50 € (parking inclus).

⚹ 🍴 **Le Vieux Moulin** : Petite Strument, 62. ☎ 084-41-13-80. ● info@ strument.com ● strument.com ● Ouv Pâques-oct. Env 13,20 € pour 2 avec tente (électricité et douche en sus). Non loin du centre et, cependant, dans une vallée encaissée à l'écart de toutes constructions. Resto à l'hôtel en annexe.

⚹ **Camping du Pouhou** : route de Marche, 4. ☎ 084-41-11-74. ● cam pingdupouhou@skynet.be ● camping-dupouhou.be ● À 3 km du centre. Ouv Pâques-oct. Compter 10 € pour 2 avec tente et voiture. Le plus simple, le plus nature et le moins cher de tous.

Bon marché

🛏 **Chambres d'hôtes Le Vieux La Roche** : rue du Chalet, 45. ☎ 084-41-25-86. ● levieuxlaroche@skynet. be ● levieuxlaroche.com ● Tt près du centre. Doubles 43-60 € selon confort et saison, petit déj inclus. Une maison ardennaise joliment restaurée, proposant 5 chambres avec douche ou bain et lavabo, simples mais plutôt coquettes et vraiment pas chères. Petite terrasse-jardin.

De prix moyens à plus chic

🛏 🍴 **Hôtel Moulin de la Strument** : Petite Strument, 62. ☎ 084-41-15-07. ● info@strument.com ● strument.com ●

Sur le parcours de la Transardennaise, à 600 m du centre. Fermé en janv. Compter 85 € pour 2, petit déj compris. Au resto, menus 24-45 € ; plats 15-25 €. Wifi (hôtel slt). Bel établissement installé dans un ancien moulin à eau, lui-même situé dans une belle vallée. Chambres colorées, sympas et soignées. Également une très belle suite, à peine plus chère. Feu de cheminée et pierre du pays au resto, où l'on peut goûter, le week-end, à une cuisine de terroir fine et généreuse (en semaine, ce n'est pas toujours le patron qui est aux fourneaux) : truites, civet de chevreuil, carré de porcelet au miel, saumon fumé artisanal. Profitez-en aussi pour visiter le petit musée de la Meunerie, en annexe. Accueil inégal, dommage !

|●| Hôtel-restaurant Le Midi : *rue de Beausaint, 6.* ☎ *084-41-11-38.* ● *info@hotelmidi.be* ● *Tlj 12h-14h, 18h-21h. Menus 22-35 € ; plats 13-24 €.* 📶 *Apéro offert sur présentation de ce guide.* Salle classique et cossue mais pas forcément très gaie (mise à part la collection de bouteilles entreposées dans un renfoncement creusé dans la roche ; plutôt kitch !). Accueil sympathique et excellente cuisine, fort bien maîtrisée. La carte change souvent, mais on y trouve des plats genre sandre au beurre rouge, terrine maison aux foies de volailles ou suprême de poularde fermière.

Où dormir ? Où manger dans le coin ?

🏠 Chambres d'hôtes Le Clos de la Fontaine : *rue de la Fontaine, 2, Chéoux-Rendeux (6987).* ☎ *084-47-77-01.* ● *leclosdelafontaine@swing. be* ● *À 15 km env à l'ouest de La Roche. Fermé 1re sem de janv. Double 80 €, petit déj compris.* 🖥 📶 *Apéritif offert sur présentation de ce guide.* Dans une solide maison de pays à colombages, 5 chambres d'hôtes agréables et rustiques, avec plancher brut, poutres, TV et sanitaires impeccables. Idéal pour ceux qui recherchent un hébergement sympa dans un joli coin de campagne, d'autant qu'il y a

pas mal de balades à faire dans les environs (le couple de proprios peut vous prêter des cartes au 1/25 000). En prime, une salle à manger très cosy avec cheminée, là même où se prend le petit déj composé de confitures maison, de fromages et charcuteries artisanales et même de jus de pomme pressée ! De quoi démarrer d'un bon pied ! Pour les séjours, un gîte pouvant accueillir 8 adultes et 3 enfants.

🏠 Chambres d'hôtes Le Marronnier : *rue du Marronnier, 2, Beausaint (6980).* ☎ *084-41-15-04.* ● *info@lemar ronnier.be* ● *lemarronnier.be* ● *À 3 km de La Roche sur la N 89 direction Saint-Hubert. Double 60 € ; familiales 80-110 € ; petit déj 10 €.* 📶 *Réduc de 10 % sur le prix de la chambre, sur présentation de ce guide.* 4 chambres mansardées dans l'annexe d'une maison en pierre : Gauguin, Klimt, Monet et Von Gogh. Simple mais charmant, comme l'accueil d'Yvette, la sympathique proprio flamande. Possibilité de table d'hôtes le soir et, le matin, petit déj-buffet complet avec omelette au lard.

|●| Au Comte d'Harscamp : *route de Marche, 5, Rendeux-le-Haut (6987).* ☎ *084-45-74-54.* ● *jurgen.schreurs@ hotmail.com* ● *À 11 km de La Roche et 3 km de Chéoux (et du Clos de la Fontaine). Tlj sf mer-jeu (sf j. fériés). Menus 29-37 € ; carte 34 € env (pas de lunch).* Cette solide bâtisse médiévale fut autrefois cour de justice. Massive et impressionnante, elle a de quoi intriguer avec ses murs épais et ses barreaux aux fenêtres. Aujourd'hui, bougies et lumières tamisées participent à la féerie, tandis qu'un feu crépite dans la cheminée. Salle tout à la fois élégante, chic et rustique. Sols de galets, murs de pierre et murs taupe, mobilier de bois brut, l'esprit médiéval est cultivé mais dans une ambiance *lounge* tout de qu'il y a de plus contemporaine... Une belle adresse dans tous les sens du terme. Cuisine de terroir d'ici et d'ailleurs, fine et créative : croquettes ardennaise au (jambon de) Cobourg fumé et petite friture de roquette ; coquelet fermier grillé (en crapaudine) à l'estragon et ses grosses frites. Impressionnante « carte » des vins que l'on va chercher soi-même à la cave. Terrasse aux beaux jours.

À voir

🧗 *Le château : rue du Vieux-Château, 4.* ☎ 084-41-13-42. ● chateaudelaroche. be ● *Juil-août, tlj 10h-18h30 ; avr-juin et sept-oct, 11h-17h ; le reste de l'année, lun-ven 13h-16h, w-e 11h-16h30. Entrée : 5 € ; réduc.* Belles ruines dominant fièrement La Roche. Le premier château fut bâti au XIe s. Renforcé ensuite par tous ses occupants. Au XVIIIe s, il fut démantelé par Joseph II. Ses murs, tout en tranches de schiste superposées et partiellement couverts de mousse, ne manquent pas d'allure. Spectacle de fauconnerie le week-end en saison (tous les jours pendant les vacances scolaires) et autres animations, telles que l'apparition d'un fantôme à heures fixes...

🧗🧗 *Le musée de la Bataille des Ardennes : rue Châmont, 5.* ☎ 084-41-17-25. ● batarden.be ● *Mer-dim 10h-18h ; janv-mars (sf vac de carnaval), slt le w-e et vac scol. Fermé Noël et Jour de l'an. Entrée : 6,40 € ; réduc.* Un musée qu'on aime bien pour son côté didactique et la richesse de ses collections. Son proprio, un jeune passionné par la Seconde Guerre mondiale, n'a pas ménagé ses forces pour réaliser une exposition claire sur l'origine et le déroulement de la bataille des Ardennes, avec une insistance particulière sur le bombardement de La Roche en décembre 1944, perpétré par les Américains pour contrer l'avancée allemande. Le tapis de bombes (voir les photos au rez-de-chaussée) n'épargna que 18 maisons ! Au 1er étage : diaporamas sur les paras, vieilles affiches, reconstitution du 10 janvier 1945 (seconde libération de La Roche par la 84e division d'infanterie US), armes, grenades et objets personnels, dont des biscuits et l'ancêtre de la barre chocolatée Mars. Vitrines troupes anglaises, aviateurs... Le 2e étage est dédié à l'armée allemande. Quelques pièces : une édition de *Mein Kampf* de 1932 et la fameuse « Enigma », machine à encoder les messages. Également une salle d'armes.

🧗 *Le musée de la Meunerie de la Strument : voir l'adresse plus haut dans « Où dormir ? Où manger ? ».* ☎ 084-41-15-07. *Juil-août, tlj 10h-18h ; le reste de l'année, slt le w-e et vac. Fermé janv-fév. Entrée : 3,75 € ; réduc ; gratuit pour les clients de l'hôtel.* Moulin du XIXe s, conservé dans l'état d'origine et joliment rénové par les soins du propriétaire.

À voir encore dans les environs

🧗 🚶 *Le parc Chlorophylle : près de Dochamps, village à une douzaine de km au nord de La Roche.* ☎ 084-37-87-74. ● parcchlorophylle.com ● *Tlj 10h-17h (18h juil-août). Fermé de mi-nov à mi-mars. Entrée : 6 € ; petite réduc pour les enfants.* Parc forestier de 9 ha, avec plaines de jeux pour les mômes et circuits didactiques sur tout ce qui a trait à la forêt. À noter aussi : la longue passerelle de 15 m de haut permettant de côtoyer la cime des arbres, ainsi qu'un superbe point de vue sur près de 40 km de campagne depuis la cafétéria du site. Pour les familles.

VIELSALM
(6690) 7 000 hab.

À 450 m d'altitude, petite ville dans un environnement sympa de forêts et de collines rocheuses. L'une des régions les plus intéressantes de Belgique sur le plan géologique. Belle fête le 20 juillet avec le sabbat des Macrâlles (sorcières). Le lendemain, fête des Myrtilles. Piscine subtropicale dans le complexe *Sunparks* ; bon à savoir si le temps est à la pluie.

LA PROVINCE DU LUXEMBOURG

Adresses utiles

🛈 **Maison du tourisme du val de Salm et des sources de l'Ourthe :** av. de la Salm, 50. ☎ 080-21-50-52. ● vielsalm-gouvy.org ● Tlj 9h-18h (10h-17h sam-dim). Fermé aux fêtes de fin d'année.

■ **Location de vélos :** au Garage **Léonard,** rue Fosse-Roulette, 24. ☎ 080-21-53-81.

Où manger à Vielsalm et dans les environs ?

|●| **Le Petit Restaurant :** rue des Comtes-de-Salm, 33, à **Salmchateau** (à 2 km). ☎ 080-21-44-80. ● jlmonfort@skynet.be ● Dans la rue principale du village. Ouv le soir ven-dim de fin nov à fin mars-début avr (mais mieux vaut téléphoner avt). Plats 8-15 €. Café offert à nos lecteurs. Décor comme à la maison, poêle au milieu, meubles bourgeois, horloge et petits cadres. Dégustation de petits plats de terroir 100 % maison. Salades, soupes, truite fumée, fricassée au lard, chèvre chaud et, même, une raclette « mieux et moins chère qu'à la montagne » (un peu plus chère quand même que les autres plats)... C'est savoureux et bien servi. Une adresse toute simple et chaleureuse comme on les aime.

|●| **Contes de Salme :** rue J.-Bertholet, 6. ☎ 080-21-62-36. ● info@contesdesalme.be ● En face de l'église de Vielsalm. Tlj 11h-21h30 (22h w-e et j. fériés). Fermé 2 sem en janv et 10 j. en juin. Plats 13-26 € ; lunchs 14-20 € selon le nombre de plats et menu 40 €. 🛜 Restaurant-brasserie-bar à vins (et même gîte) édifié sur le site du premier château des comtes de Salm. L'intérieur en jette : on mange dans une grande salle chaleureuse, tout en bois et en pierre du pays, pleine de niches et de recoins. Allez faire un tour aux toilettes, elles valent le coup d'œil ! Au menu, solide tartiflette, truite du val de Salm, entrecôte du pays, spare ribs, jambonneau et beaucoup, beaucoup de salades l'été. On peut aussi juste venir siroter un café (de grande origine), une bière de Vielsalm ou encore un verre de vin, accompagné, pourquoi pas, d'une assiette de charcuterie ou de fromage. Très touristique.

À voir

🗡 **La maison du pays de Salm :** av. de la Salm, 50. ☎ 080-21-50-52. Tlj 10h30-16h30. Fermé aux fêtes de fin d'année. Entrée : 5,50 € ; réduc. Parcours multimédia fort bien conçu, d'environ 45 mn, sur l'histoire, le patrimoine et la géologie de la région. Film d'introduction d'abord, puis plongée dans les entrailles du sol avec la découverte des variétés de schistes dont l'exploitation fit vivre la population du val de Salm. Photos, outils et reconstitution miniature sur le travail de l'ardoise ou du coticule et les traditions des ouvriers mineurs et carriers. Inventaire des richesses architecturales et du folklore des environs et petit « show » des macralles, avant de passer au coin de l'âtre d'une chaumière ardennaise pour écouter le récit de bien belles légendes où le diable est souvent évoqué mais toujours vaincu !

🗡 **Le musée de l'Histoire et de la Vie salmienne :** rue Tienne Messe, 3. ☎ 080-21-57-68. Près de l'église. Ouv slt juil-août : mar-sam 10h-12h, 13h-17h, dim 14h-17h30. Entrée : 2 €. Billet combiné avec le musée du Coticule : 4 €. Installé dans une maison du XVIIIe s. Expo de vêtements régionaux et de tous les aspects de la maison traditionnelle en haute Ardenne.

🏃 *Le musée du Coticule :* à *Salmchateau,* à 2 km. ☎ 080-21-57-68. Avr-oct, mar-sam 10h-12h, 13h-17h ; dim et j. fériés 14h-17h30. Entrée : 2,50 €. Billet combiné avec le musée de l'Histoire et de la Vie salmienne : 4 €. Aujourd'hui, ce petit musée, installé dans un ancien atelier, permet de ne pas oublier ce qui fit vivre une région entière. Présentation géologique, documents, outils, machines en état de fonctionnement montrant toutes les étapes de la fabrication.

C'ÉTAIT AVANT GILLETTE

Le coticule, unique au monde, est un schiste très dur dont on s'aperçut qu'il usait les meilleurs aciers. Pas étonnant qu'il soit devenu la pierre à affûter les rasoirs. Depuis le XVIe s, date du début de l'exploitation massive du coticule, Vielsalmen en était devenu la capitale, exportant dans le monde entier (en particulier au XIXe s). Mais le triomphe du jetable et du rasoir électrique fit péricliter cette activité et, dans les années 1970, les puits d'extraction et les ateliers fermèrent progressivement.

HOUFFALIZE   (6660)   5 025 hab.

Petite bourgade lovée dans un méandre de l'Ourthe, Houffalize fut complètement rasée en janvier 1945 par les bombardements. Sur une place, un char allemand Panther, repêché dans la rivière après l'offensive, témoigne encore de ce tragique épisode d'une histoire jusque-là paisible. À l'endroit où se trouvait une tannerie et où furent ensevelis des dizaines d'habitants dont de nombreux enfants, la ville a voulu construire un site de mémoire tourné vers l'avenir : Houtopia, né de cette volonté de sensibiliser nos contemporains aux valeurs pacifiques universelles par le biais des Droits de l'enfance. On applaudit à cette initiative. Les environs d'Houffalize hébergent quelques centres d'activités de plein air.

Adresse utile

ℹ️ *Office de tourisme :* pl. de Janvier-45, 2. ☎ 061-28-81-16. ● houffalize.be ● Tlj 9h-13h, 13h30-16h30 (17h30 juil-août).

Où dormir ?
Où manger ? Où boire
un verre dans le coin ?

🏠 |●| *Hôtel L'Ermitage :* rue de La Roche, 32. ☎ 061-28-81-40. ● hotellermitage@euphonynet.be ● hotelermitage.be ● À 1 km du centre-ville (déjà la campagne !). Fermé mer (sf juil-août), ainsi que pdt le Carnaval, fin juin-début juil et 5-15 sept. Doubles avec sdb 78-85 €, petit déj compris. Menus

27-45 € ; à la carte, plats 18-27 €. 📶 Remise de 5 % sur le montant de l'addition, à l'hôtel comme au resto, sur présentation de ce guide. Un petit hôtel familial tout simple, à l'ancienne... Les chambres, refaites récemment pour certaines, sont tout à fait convenables pour le prix. Cuisine de spécialités ardennaises avec quelques échappées exotiques : casserole d'écrevisses, truite au jambon, coq à la Chouffe et wok de scampi au beurre d'agrume. Gibier en saison. Accueil adorable.

🍷 |●| 🎵 *La Petite Fontaine :* dans le village d'*Achouffe* (6600), à 6 km de Nadrin et à 7 km d'Houffalize. ☎ 061-28-80-13. Ouv tlj 10h-18h, puis à nouveau le sam soir à partir de 21h pour les concerts. En face de la brasserie artisanale d'Achouffe, un étrange endroit, souvent bondé et peuplé de nains de jardin. Kitschissime ! Et plutôt (très) enfumé. On peut s'envoyer une Chouffe (blonde) ou une Mac Chouffe (brune), dans une ambiance typiquement belge, éminemment conviviale. Concerts le samedi soir. Dans la taverne, située au sein même de la brasserie, on peut manger un bout, notamment un honnête lapin à la Chouffe (☎ *061-28-94-55. Fermé mar-mer hors saison et de fin juin à mi-juil*). La visite de la brasserie est malheureusement réservée aux groupes (● *achouffe.be* ●).

À voir

🥾 🧍🧒 *Houtopia, Le Monde aux enfants :* pl. de l'Église, 17. ☎ 061-28-92-05. ● *houtopia.be* ● *Tlj sf sam hors vac scol 11h-17h (10h-19h juil-août). Fermé en janv. Entrée : 6,25 € ; petites réduc enfants et familles.*

Centre récréatif et éducatif destiné aux enfants, qui découvriront leurs droits et leurs devoirs au travers d'abord d'un montage filmé multiécran, fort bien fait, d'une vingtaine de minutes, présenté par le regretté Peter Ustinov. Des artistes de cirque miment des saynètes qui, mêlées à des images d'archives parfois assez dures, enseignent aux mômes qu'ils sont les hommes et les femmes de demain et que, en leur garantissant leurs droits irrépressibles à l'éducation et à la sécurité, notre pauvre monde ne pourra qu'évoluer harmonieusement. Pas d'angélisme pour autant : l'exploitation des enfants à des fins guerrières, les perversions des adultes, les dégâts causés à l'environnement et toutes les tares dramatiques de nos sociétés sont exposés sans complaisance.

Au sous-sol, un espace d'activités ludiques et interactives développe par modules des thèmes un peu rebattus pour nous mais non pas pour les enfants, comme la sécurité routière, la santé, le recyclage des déchets, les dangers domestiques, les cinq sens, les migrations des espèces menacées (comme la cigogne noire), etc. Des aires de pique-nique, une cafétéria et une plaine de jeux sont également prévues pour permettre à tous de se délasser.

DURBUY   (6940)   10 800 hab.

Blottie au pied d'une paroi rocheuse (la Falize), dominée par son château et à l'abri derrière ses remparts, Durbuy fut une petite bourgade de 400 habitants jusqu'en 1977, année où elle fusionna avec d'autres communes. Ce qui ne l'empêche pas de se prévaloir, pour sa promotion, d'avoir été (et d'être encore !) « la plus petite ville du monde ». Avec ses quelques ruelles médiévales, ses demeures anciennes et son site pittoresque (premier vrai paysage abrupt en venant des polders), elle draine tout au long de l'année une foule de Néerlandais et de Flamands, lassés de leur morne plaine et aspirant légitimement à un peu de relief ! Vous l'avez compris : en haute saison, ce centre de villégiature peut distiller une atmosphère lourdement touristique...

Adresse utile

🛈 @ *Office de tourisme :* pl. aux Foires, 25. ☎ 086-21-24-28. ● *durbuyinfo. be* ● *En plein centre. Lun-ven 9h-18h, w-e 10h-18h. Hors saison, ferme à 17h. Internet.* Nombreuses activités plus ou moins sportives à effectuer dans le coin. Propose à certaines dates, des visites guidées pour les individuels (à 10h30). Se renseigner pour le calendrier ; inscription obligatoire.

Où dormir ?

Une quinzaine d'hôtels (essentiellement des 3-4 étoiles de charme, avec des doubles aux environs de 80-100 €, voire plus) et une vingtaine de restos (plutôt chicos là encore).

Chic

🏠 **Chambres d'hôtes à la Ferme de Durbuy :** *Warre (6941).* ☎ 086-21-44-44. ● info@fermededurbuy.com ● fermededurbuy.com ● *À 2 km au nord de Durbuy. Compter 115 € pour 2, petit déj compris. Table d'hôtes le soir sur résa 30 €.* 🛜 *10 % de réduc sur présentation de ce guide.* Jolie ferme équestre donnant sur la vallée de l'Ourthe. Outre 2 gîtes pour les groupes, l'endroit dispose de 2 chambres doubles charmantes et très soignées, avec vieux plancher, salle de bains à l'ancienne, tentures et couvre-lits à carreaux. Salle à manger du même tonneau. Et pour démarrer la journée du bon pied, un petit déj composé de jus d'orange pressée, œufs, charcuterie et fromages de la région. Bien pour une retraite en pleine nature, d'autant qu'on peut y monter à cheval.

Où manger ?

Bon marché

|●| **La Ferme au Chêne :** *rue Comte-d'Ursel, 36.* ☎ 086-21-10-67. ● la.ferme.au.chene@skynet.be ● *Dans la rue principale, non loin du Sanglier des Ardennes. Pâques-Toussaint, tlj sf mer-jeu (fermé mer slt en juil-août) ; ouv slt ven-dim le reste de l'année. Fermé en janv et 5 j. début juil. Compter 15-20 €. CB refusées.* Terrasse au calme avec vue sur l'Ourthe, pour une petite restauration sans histoire : crêpes, omelettes, gaufres, *matoufé* grand-mère (spécialité maison). Essayez l'assiette « Trio du brasseur ». Fabrique aussi sa propre bière, la Marckloff (voir un peu plus loin). Accueil à la bonne franquette.

De prix moyens à très chic

|●| **Le Sanglier des Ardennes :** *rue Comte d'Ursel, 14.* ☎ 086-21-32-62. ● info@sanglier-des-ardennes.be ● *Tlj 12h-14h, 19h-21h. Compter 14-25 € le plat côté brasserie ; formule 28 € et menu 35 €. Au resto, plats 22-35 € et menus 40-75 €.* 🛜 Grosse maison dominant la place principale, relookée au goût du jour. Salle à manger avec vue panoramique sur l'Ourthe et la verdure, clientèle et atmosphère plutôt chicos. Que cela ne vous décourage pas, vous découvrirez ici une cuisine de haute volée, qui ne faiblit quasiment jamais. Vraiment fine et goûteuse. Une affaire qui tourne de façon très pro ! Le menu « clin d'œil », servi à midi, en donne un bon aperçu. À la carte : poularde au gros sel, côte de sanglier en panure de poivre ou, côté desserts, soupe « du vieux garçon » (aux fruits rouges) et trilogie de crème brûlée. Si vous n'avez pas de quoi vous payer le resto, essayez la brasserie, sur la terrasse chauffée, qui sert des plats plus simples mais aussi un peu plus démocratiques.

|●| **Le Fou du roy :** *rue du Comte d'Ursel, 4.* ☎ 086-21-08-68. *Tlj sf lun. Lunch 3 services 21 € ; formule 29 € ; menu 35 €.* Une table un peu surfaite mais offrant néanmoins un rapport qualité-prix honnête pour Durbuy. Jolie déco dans un style brocante décalée et cuisine correcte et dans l'air du temps. À quelques pas, *La Canette (1, rue Alphonse Foy),* l'annexe bistrotière, plus terroir, plus conviviale, plus abordable mais aux horaires malheureusement plus réduits *(ouv slt le soir ven-mar, plus dim midi).* Dans une vieille auberge du XVIIIᵉ s.

À voir. À faire

➤ **Balade dans le vieux centre :** petit mais d'une remarquable homogénéité. Rue des Récollectines, rue Éloi, rue de la Prévôté, vous découvrirez de nobles demeures anciennes en pierre grise et de ravissants clins d'œil architecturaux. Rue Comte d'Ursel s'élève la vieille halle au blé du XVIᵉ s (qui vient d'être restaurée), un des rares exemples de pignon à colombages de la province. C'est l'ancienne grange aux dîmes, où les paysans venaient payer leur fermage. Plus tard, elle fut utilisée pour rendre la justice.

🦌 🚶 *Le parc des Topiaires :* sur la rive de l'Ourthe opposée à celle de la vieille ville. ☎ 086-21-90-75. ● topiairesdurbuy.be ● Tlj 10h-18h mars-oct ; 10h-17h nov ; déc, ouv slt w-e et vac scol 10h-16h. Fermé de début janv à mi-mars. Entrée : 4,50 € ; réduc ; 1 € pour les - de 12 ans et gratuit pour les - 5 ans. Un hectare de buissons, les fameux topiaires, taillés de toutes les manières, du crocodile au Manneken-Pis. Au total, plus de 250 figures ; plus touristique qu'artistique. Sympa en famille.

🦌 🚶 *La brasserie artisanale Marckloff :* à la ferme du Chêne. Tlj sf mer-jeu (fermé mer slt en juil-août). Fermé en janv. Entrée gratuite, mais dégustation payante, ce qui n'est pas cher. Une microbrasserie qui a repris des traditions brassicoles qui remontent au XIVe s. On aperçoit les cuves de fermentation ; une petite vidéo explique le reste du processus.

DANS LES ENVIRONS DE DURBUY

BARVAUX-SUR-OURTHE (6940)

🛈 *Maison du tourisme du pays d'Ourthe et Aisne :* Grand'Rue, 16. ☎ 086-21-35-00. ● ourthe-et-aisne. be ● Lun-ven 8h30-18h30, sam 10h-18h, dim 10h-16h. Fermé janv-mai et 11 nov-25 déc.

Où dormir dans le coin ?

🏠 *Maison d'hôtes « Lai L'Oiseau » :* Petite Hoursinne, 9, **Erezée** (6997). ☎ 086-49-95-63. ● lailoiseau@hot mail.com ● lailoiseau.be ● À env 15 km à l'est de Barvaux. Compter 65-75 €

pour 2 (10 € de plus pour 1 seule nuit), petit déj compris. CB refusées. 📶 Apéritif offert sur présentation de ce guide. Dans un hameau entouré de forêts, où brament des cerfs à la saison des amours (on en dénombre une centaine dans la zone !). Si vous tombez bien (entre septembre et octobre), Jean-Pierre se fera un plaisir de vous guider pour vous les faire entendre (on n'en dit pas plus...). Mais revenons au lieu : il s'agit d'une pimpante et charmante maison campagnarde proposant 2 chambres d'hôtes (dont une pouvant accueillir jusqu'à 4 personnes) aménagées avec beaucoup de goût et impeccablement tenues. Le matin, petit déj bio, très apprécié des hôtes. Le sympathique couple peut aussi vous prêter des VTT, histoire de parfaire le processus de remise en forme.

À voir à Barvaux et dans les environs

🦌 🚶 *Le labyrinthe :* rue Basse-Commène. ☎ 086-21-90-42. ● lelabyrinthe.be ● À 10 mn à pied de la gare de Barvaux. De début juil à début oct, tlj 10h30-19h30 (dernière entrée à 17h30). Entrée : 9,50 € ; réduc pour les enfants de - de 1,50 m. Tous les ans, un champ de maïs de 2 ha est aménagé en labyrinthe géant animé de personnages déguisés. Un régal pour les mômes qui prennent un malin plaisir à perdre leurs parents dans ce dédale végétal.

🦌 🦌 *Les grottes de Hotton :* au sud de **Durbuy**, chemin du Speleo Club, 1 (6990). ☎ 084-46-60-46. ● grottesdehotton.com ● Avr-oct, tlj 10h-17h (18h juil-

août) ; le reste de l'année, visites w-e 12h30, 14h et 15h30, et tlj à 11h, 12h30, 14h et 15h30 pdt les vac de Noël, de Carnaval et de la Toussaint. Entrée : 9 € ; réduc. CB refusées. Découvertes dans les années 1960 et classées depuis. Concrétions de couleurs et de formes d'une grande variété. « Macaronis » transparents, belles draperies minérales. Mais la grande originalité de ces grottes réside dans la surprenante faille souterraine que vous parcourrez d'abord tout en bas puis par un aménagement en corniche : 35 m de haut sur 200 m de long ! Très impressionnant !

🍴 **Le Chat de Geluck :** *pl. du Chat (!), **Hotton** (6990). Sur la rive opposée au centre-ville (enjamber le pont, emprunter la rue principale puis tourner dans la 3e à droite).* Le chat de Geluck est le premier personnage fictif à avoir une voie à son nom. Avant Tintin, pensez donc ! Cela méritait bien une statue... et celle-ci est plutôt imposante et sympathique. Surréaliste aussi ! À bien y regarder, on voit qu'il pleut SOUS le parapluie ! Certes l'environnement laisse quelque peu à désirer (un parking et une station-service) mais que ne ferait un fan pour être photographié auprès de son matou préféré ?

🍴 ⊕ **La chocolaterie Defroidmont :** *Briscol, 19, **Erezée** (6997). ☎ 086-21-84-40. • chocolatier-defroidmont.be • Mar-sam 10h-17h, dim 10h-16h30, tlj en hte saison ; boutique ouv mar-sam 10h-18h et dim 10h-16h30 fermé jeu. Entrée : 3,50 € ; réduc.* Vous pouvez tout à fait vous dispenser de la visite du petit musée, si vous avez déjà visité un autre musée consacré au chocolat ; vous n'apprendrez pas grand chose de plus, hormis la belle saga de la famille Defroidmont. En revanche, les amateurs de chocolat ne manqueront pas de faire un petit tour à la boutique (on aperçoit les ateliers à travers la baie vitrée). Mention spéciale pour les pâtes à tartiner, bonnes à se damner (mais à l'huile de palme, ah que scrogneugneu !).

MARCHE-EN-FAMENNE
(6900)   17 200 hab.

Agréable petite ville administrative et commerçante qui, depuis de nombreuses années, déploie beaucoup d'efforts pour mettre en valeur son patrimoine architectural. Résultat globalement positif, puisqu'elle est capable aujourd'hui de présenter un centre-ville fort intelligemment restauré et une gentille animation.
Sur le plan historique, relevons que c'est là que fut conclu, en 1577, le traité dit « Édit perpétuel » qui confirmait la pacification de Gand et la fin du joug espagnol. La ville possédait jadis une ceinture de remparts qui fut liquidée par les armées de Louis XIV et dont seule une tour subsiste aujourd'hui. La dentelle, jusqu'à la fin du XIXe s, fut une importante activité (300 dentellières en ville à l'époque et 850 dans la région). Une école de dentelle travaille à sa relance aujourd'hui.

Adresse utile

ℹ️ **Maison du tourisme du pays de Marche et de Nassogne :** *pl. de l'Étang, 15. ☎ 084-34-53-27. • maisontourisme.nassogne.marche.be • Lun-ven 8h30-17h30, w-e et j. fériés 9h30-17h. Fermé vac de Noël.*

Où manger assez chic ?

🍽️ **La Gloriette :** *rue de Bastogne, 18, **Marche-en-Famenne** (6900). ☎ 084-37-98-22. • info@lagloriette. net • À env 2 km du centre de Marche. Fermé lun et mer soir. Menu en sem 25 €, puis 35-55 € ; plats 22-33 €.*

Jolie façade en brique rouge rehaussée de volets verts. Dans une salle agréable, aux murs blancs et tables joliment dressées, on y savoure des mets raffinés et délicats, tels (mais la carte change bien sûr) : pot-au-feu de volaille fermière au bouillon de truffes ou les Saint-Jacques en consommé de crustacés... Bien bon accueil. Une bonne adresse pour une halte gastronomique dans le coin.

À voir. À faire

🍴 *Le musée de la Famenne :* rue du Commerce, 17. ☎ 084-32-70-60. ● musee.marche.be ● *Mar-ven 10h-12h, 13h-17h, sam 14h-18h ; dim et j. fériés 14h-17h ; fermé lun et w-e déc-mars. Entrée : 3 € ; réduc.* Installé dans un joli édifice en brique du XVIIIe s, ce musée évoque l'histoire de la Famenne, du bas Moyen Âge au XIXe s. Objets retrouvés dans les cimetières et décharge de Wellin et Hamoir ; maquette d'un village carolingien, sculptures du Maître de Waha et meubles de Chignesse (un anonyme du XVIIIe s). À l'étage, belle salle du « monument », une chapelle de Marche, encore visible aujourd'hui, où les parents d'enfants mort-nés allaient porter leur défunte progéniture pour tenter de leur faire retrouver quelques signes de vie et, ainsi, pouvoir vite les baptiser (faute de quoi ils étaient condamnés à errer dans les limbes !). Une nouvelle salle est dédiée à la dentelle de Famenne. Enfin, au grenier, outils de tonnellerie et cordonnerie du XIXe s, et toiles d'artistes contemporains.

➤ *Balade dans le centre :* église Saint-Remacle dominant la jolie place centrale. Elle date du XIVe s. Abside gothique et pittoresque clocher. Tout autour, beaucoup de *demeures anciennes* des XVIIIe et XIXe s. Façades peaufinées, bien léchées. Tout le quartier a conservé un certain cachet. Maisons basses, *rue des Dentellières,* avec de petites marches devant chaque porte. Le circuit « Balade au cœur de Marche » (en vente à l'office de tourisme) permet de découvrir de belles bâtisses de caractère, telles que l'ancienne halle aux blés, la maison Jadot et son jardin à la française, la maison Dochain dit « Le Manoir », etc.

Manifestations

– *Carnaval :* temps fort de l'année, avec l'élection du prince, le cortège, le « gugusse » et la « grosse biesse ».
– *Marché 1900 :* le 15 août.

DANS LES ENVIRONS DE MARCHE-EN-FAMENNE

🍴 *L'église Saint-Étienne et les vitraux de Jean-Michel Folon :* à Waha, à 2 km de Marche. La plus ancienne église romane de Belgique. Elle possède encore, à droite du chœur, sa pierre de dédicace (23 juin 1050). Clocher avec toits biseautés se superposant dans une certaine rigueur géométrique. À l'intérieur, voûte et baies romanes. Trois nefs à l'architecture simple. Au-dessus du chœur, remarquer le superbe calvaire gothique. Surtout, ne pas manquer les splendides vitraux contemporains, œuvre de Jean-Michel Folon. Devant le porche, un vénérable « tilleul de justice » au corps noueux, très vieux. On y attachait les prévenus en attente de jugement.

SAINT-HUBERT   (6870)   5 700 hab.

Petit centre de villégiature entouré de belles forêts (que l'on peut découvrir sur des chemins balisés), Saint-Hubert propose aussi une remarquable basilique. Le jeune saint Hubert était, en 683, un prince insouciant, amateur de chasse. Il s'apprêtait à abattre un cerf un vendredi saint, quand une croix lumineuse apparut entre les bois. Il entra ainsi dans un monastère et, plus tard, devint le prince-évêque de Liège. C'est le saint patron des chasseurs et des bouchers.

Adresses utiles

🏠 **Maison du tourisme du pays de Saint-Hubert :** rue Saint-Gilles, 12. ☎ 061-61-30-10. ● saint-hubert-tourisme.be ● Tlj 9h-17h30. Petit dépliant gratuit proposant une promenade historique dans la ville et vente de cartes des différentes balades thématiques à faire dans la région.

■ **Location de vélos : Godfroid Sports,** route de Poix, 11 B. ☎ 061-61-28-10. Mar-sam 9h-19h, dim 9h-12h. Fermé lun.

Où dormir ? Où manger ?
Où boire un verre ?

Camping

⚖ **Camping Europacamp :** rue de Martelange. ☎ 061-61-12-69. À 1,5 km du centre, sur la route de Bastogne. Ouv mars-déc. Compter 11 € env pour 2 avec tente et voiture. Situé dans les bois, camping familial sur une quinzaine d'hectares. Emplacements bien isolés et végétation généreuse. Jeux pour les enfants.

De prix moyens
à un peu plus chic

🏠 |●| 🍷 **L'Ancien Hôpital :** rue de la Fontaine, 23. ☎ 061-41-69-65. ● info@ancienhopital.be ● ancienhopital.be ● Tlj sf mar-mer hors vac scol (hôtel ouv tlj). Doubles 95-110 €, petit déj compris ; suite 145 €. Menus 25-45 €. Vous l'aviez deviné, l'endroit est sis dans un ancien hôpital (du XVIIᵉ s), superbement rénové. Propose de bien belles chambres dont une suite en duplex avec salle de bains en mezzanine. Petit déj varié, comprenant même un dessert ! C'est aussi un bar à vins où, dans une salle à la fois classe et chaleureuse, on peut s'enfiler de bonnes fondues bourguignonnes, au fromage ou... au chocolat !

Où dormir dans
les environs ?

🏠 **Auberge de jeunesse :** rue de la Gendarmerie, 5, **Champlon** 6971. ☎ 084-45-52-94. ● champlon@laj.be ● laj.be ● Arrêt de bus à 50 m. Fermé en janv. Nuitées 15,90-33,50 €, petit déj compris. Internet. Apéritif ou café offert sur présentation de ce guide. Presque en bordure de la N 4, belle maison en pierre entièrement rénovée. Bon confort. Quelque 75 lits en chambres de 1 à 15 lits. Cuisine équipée, bar, ping-pong, terrain de volley et mur d'escalade. Jardin avec barbecue. Location de vélos. Restauration sur place.

À voir

🏹 **La basilique Saint-Pierre-Saint-Paul-Saint-Hubert** (ouf !) : tlj 9h-18h (17h nov-mars). Elle dépendait de l'abbaye. Édifiée au XIᵉ s, reconstruite en gothique au XVIᵉ. Elle hérita en 1700 d'une façade classique un peu massive et surmontée de deux clochers. À l'intérieur, belle ampleur du vaisseau à cinq nefs, alternance de gris et de rose pour les piles, calcaire blond pour le haut et certaines parties du triforium. Superbe voûte en brique avec arches en grès. Dans le transept gauche, mausolée assez grandiloquent de saint Hubert, du XIXe s. Stalles de 1733, notables pour leurs panneaux sculptés contant la vie de saint Hubert et de saint Benoît. Beau travail sur les accoudoirs et miséricordes. Autel monumental en marbre avec Vierge de l'école de Del Cour.

– *Le déambulatoire :* avec chapelles rayonnantes. Troisième chapelle à gauche, ancien trésor avec fenêtrage Renaissance. Première chapelle à droite, 24 émaux peints à Limoges abîmés par les huguenots.

– *La crypte :* voûtes d'origine en brique reposant sur deux piles centrales.

– *Le transept droit :* autel de saint Hubert, style Renaissance tardive avec relique de l'étole du saint. Devant, balustrade sculptée. Retable tout en hauteur *(Saint Hubert et le cerf)*. Buffet d'orgue Renaissance joliment restauré reprenant les motifs de la porte.

🏛 *Le musée Pierre-Joseph-Redouté :* rue Redouté, 11. ☎ 061-14-67. ● musee-pierre-joseph-redoute.be ● Juil-sept, 14h-18h. Entrée : 2,50 € ; réduc ; gratuit pour les - de 14 ans. Pierre-Joseph, l'enfant prodige de la région, est né à Saint-Hubert en 1759 et décédé à Paris en 1840. Il y devient l'un des meilleurs aquarellistes de son époque. Il est universellement connu pour les illustrations de ses ouvrages de botanique. Une renommée qui poussa les scientifiques du monde entier à venir le rencontrer, comme l'Américain Audubon. Professeur talentueux, il compte parmi ses élèves des personnages illustres : la reine Marie-Antoinette, Metternich, le roi de Wurtemberg et la première reine des Belges, Louise-Marie d'Orléans. La rose qui porte son nom lui assure l'immortalité.

Manifestations

– *Royal Juillet musical :* ts les w-e du mois. Concerts et récitals.
– *Journées internationales de la chasse et de la nature :* le 1er w-e de sept. Bénédiction de pains et d'animaux, concert de trompes de chasse, messe, cortège historique et marché artisanal. Festivités un peu similaires (sans le concert et le cortège mais avec un rallye équestre) le 3 nov (pour la canonisation de saint Hubert).

DANS LES ENVIRONS DE SAINT-HUBERT

🏛 🚶 *Euro Space Center :* à côté de la sortie 24 de l'E 411, sur la commune de Transinne (6890). ☎ 061-65-64-65. ● eurospacecenter.be ● Tlj juil-août 10h-17h (horaires réduits hors saison). Compter 2h de visite. Entrée : 11 € ; réduc. Rajouter 4 € pour le simulateur de marche lunaire.

Pour tout savoir sur l'espace, son histoire et sa conquête. Cadre évidemment en relation avec le sujet : un vaste hangar divisé en modules dédiés chacun à un aspect de la thématique spatiale. Le parcours commence par un film un peu cucul sur l'ESA (l'Agence spatiale européenne), puis on entre dans le *temple des planètes,* consacré aux satellites artificiels et aux corps célestes, avant de passer par un espace dédié à la conquête spatiale, puis dans une réplique du module qui a été arrimé à l'ISS (la station spatiale internationale), et, enfin, le long d'une impressionnante réplique d'*Atlantis*. Ceux qui ne sont pas sujets aux maux de tête pourront également se faire le *Space Show*...

Possibilité de stages de 2 ou 6 jours avec hébergement pour initier les jeunes aux techniques spatiales.

FOURNEAU-SAINT-MICHEL *(6870)*

Un musée consacré à la vie rurale, niché dans une vallée vierge entre des collines boisées, à 8 km au nord de Saint-Hubert. Au XVIIIe s, le dernier abbé de Saint-Hubert installa sur ce site un fourneau destiné à une exploitation métallurgique, dont on pouvait encore voir il y a peu la halle aux soufflets et l'étonnant « maka », ou « martinet », un énorme marteau d'affinage pesant jusqu'à 200 kg (non visible jusqu'à nouvel ordre).

Où manger ?
Où boire un verre ?

I●I *L'Auberge du Prévost :* à côté du musée. ☎ 084-21-09-15. ● auberge duprevost@skynet.be ● *Ouv ts les midis sf mar, ainsi que le soir ven-dim. Congés : déc-fév. Résa conseillée. Entrées ou plats à partir de 12 € ; menus 25-33 €. Café offert sur présentation de ce guide.* Comme dans une ancienne grange aménagée, vaste salle pleine de poutres sous un haut plafond en pente. Beaucoup de charme et de rusticité avec vue sur la vallée. Le chef, un Flamand jovial, se plaît à renouveler constamment ses recettes, même s'il tient beaucoup à quelques classiques comme le cassoulet, l'entrecôte de Nassogne ou les rognons à la bière. Également quelques plats végétariens, ce qui n'est pas courant par ici. Une excellente adresse ! Dommage qu'en cas d'affluence, le service soit vite débordé et l'attente trop longue.

I●I ♟ *Bar Al Pêle :* *un peu avt L'Auberge du Prévost en venant de Saint-Hubert.* ☎ 084-21-00-24. ● info@al pele.be ● *Tlj sf mer 10h-19h (17h en sem). Plats 8,50-12 €. CB refusées. Café offert sur présentation de ce guide.* Intérieur rustique et volontairement vieillot, à l'étage d'une maison blanche. Restauration paysanne à prix modiques, servie dans des petites poêles : omelette forestière, fricassée au jambon, *matoufé,* patates aux lardons, potée, soupe grand-mère, crêpes, gaufres et glaces. Terrasse ombragée. Accueil chaleureux.

À voir

🗲🗲 *Le musée provincial luxembourgeois du Fourneau Saint-Michel :* ☎ 084-21-08-90. ● province.luxembourg.be ● *Mars-nov, tlj sf lun (excepté juil-août et j. fériés) : 9h30-17h (17h30 juil-août). Entrée : 5 € ; réduc.*
Dans une vallée ravissante et paisible, à l'écart de la campagne plus peuplée des environs, ont été réinstallés de nombreuses habitations rurales, fermes et édifices divers, provenant de tous les coins de la Wallonie. Vous y admirerez l'adorable chapelle de Farnières en son enclos, avec quelques jolies pierres tombales, la vieille imprimerie (ses casses, son marbre), la vénérable école communale et son vieux poêle au milieu, la siroperie, diverses granges, ainsi tous les anciens métiers. Deux parcours ; un de 1 km et un autre de 2,2 km.
De nombreuses animations émaillent la saison. Chaque année, le dernier week-end ouvert de novembre, *veillée d'Ardenne* avec conteurs. Activités folkloriques et artisanales le week-end du 21 juillet (fête nationale).

LE VILLAGE DU LIVRE DE REDU

À l'ouest de Saint-Hubert, un village entièrement dédié au livre. Tout a commencé, très précisément, à Pâques, en 1984, un jour particulièrement ensoleillé... Ce jour-là, pour la première fois, les livres ont envahi les rues de ce petit village d'à peine 400 habitants. Il y en avait partout : sur les trottoirs, dans les granges et les anciennes étables, sur des tréteaux dressés pour l'occasion. Et le succès fut au rendez-vous : 15 000 visiteurs s'étaient déplacés pour participer au premier grand marché du livre rare ou d'occasion jamais tenu en Wallonie. Le village du Livre de Redu était né. Ce fut le premier en Europe continentale (depuis, il y a eu Bécherel en Bretagne et bien d'autres). Une vingtaine de librairies spécialisées en livres rares et précieux, avec une multitude de livres d'occasion dans tous les domaines. Plus quelques artisans dont l'activité est liée au livre (dorure, reliure, fabrication de papier). Aujourd'hui, ça devient vraiment un succès populaire (plus de 350 000 visiteurs annuels), mais évitez de venir en semaine hors saison, car beaucoup de librairies sont fermées. À noter aussi, un petit *musée de l'Imprimerie*, dans la *Librairie Ardennaise*.

Les grands rendez-vous annuels des amateurs de bouquins ont toujours lieu le week-end de Pâques plus le 1er samedi du mois d'août pour la *nuit du Livre* (feu d'artifice ce soir-là). Plus d'infos sur ● *redu-villagedulivre.be* ●

Adresse utile

🛈 **Maison du tourisme du pays de la Haute-Lesse** *(Daverdisse, Libin, Tellin, Wellin)* : pl. de l'Esro, 60. ☎ 061-65-66-99. ● haute-lesse-tourisme.be ● *En plein centre. Tlj mars-oct 9h-18h et nov-fév 9h30-16h30.*

Où dormir ?
Où manger ?

Plusieurs possibilités de **chambres d'hôtes** à Redu. La maison du tourisme en donne la liste.

🛏 |●| **L'Escargon** : *rue de la Prairie, 36,* **Libin** *6890.* ☎ 061-65-63-27. ● *lescargon@gmail.com* ● *Double env 45 €, petit déj compris. Table d'hôtes les soirs de fin de sem pdt les vac d'été, le 1er w-e du mois le reste de l'année, ou tt simplement sur demande. Menus 17-22 €. Car* L'Escargon, *c'est l'une des librairies de Redu. Accessoirement, le sympathique couple de propriétaires loue deux de ses chambres, naturellement pleines de livres, et fait de temps en temps à manger... pour le plus grand bonheur de ceux qui se laissent tenter !*

BASTOGNE (6600) 13 800 hab.

D'aucuns pourraient penser que Bastogne est une ville moins séduisante que Liège, surtout si l'on songe au comportement étonnant des coureurs participant à la célèbre course cycliste. À peine arrivés à Bastogne, nos pédaleurs s'en retournent aussi sec à Liège ! Trêve de boutade, Bastogne est aujourd'hui la ville symbole de l'héroïque résistance à l'offensive von Rundstedt, restée dans l'histoire sous le nom de bataille des Ardennes. C'est à Bastogne que s'achève la voie de la Liberté, bornée depuis Utah Beach. Sur la place principale, char Sherman et buste du général McAuliffe. Outre son monument commémoratif, la ville propose une remarquable église ancienne, Saint-Pierre, rescapée de toutes les guerres. Un nouveau Centre d'interprétation de la Seconde Guerre mondiale devrait ouvrir en 2013 ; il remplacera le *Bastogne Historical Center* qui a d'ores et déjà fermé ses portes.

UN PEU D'HISTOIRE

Le 16 décembre 1944, à l'aube, l'armée allemande, dirigée par le général von Rundstedt, lance une ultime offensive en Belgique. Son but : reprendre Anvers, isoler les armées alliées du Nord et, si possible, les contraindre à capituler. Les conditions sont favorables : les usines d'armement tournent à plein et la mobilisation des hommes de 16 à 60 ans a permis de créer de nouvelles divisions. Seule faiblesse : l'aviation. Mais les conditions météo leur sont, sur ce terrain, également favorables. 240 000 hommes, 2 000 canons et 1 000 chars Tigre et Panther sont lancés dans la bataille. En face, pour contrer le choc de l'offensive, à peine 240 chars, 576 canons et 83 000 hommes (dont beaucoup de troupes peu expérimentées). L'offensive allemande s'enfonce comme un coin dans le dispositif allié et Bastogne est encerclée. Le 22 décembre, à la demande de reddition des Allemands, le **général McAuliffe** aura cette réplique devenue célèbre : « *Nuts !* » (« Des noix ! »).

LES FAUX SOLDATS AMÉRICAINS DE SKORZENY

Le plan d'Hitler pour gagner l'offensive des Ardennes comportait un volet secret. Pour prendre les ponts sur la Meuse et désorganiser les communications alliées, il confia au SS Otto Skorzeny (qui avait délivré Mussolini) la mission de recruter des commandos parlant anglais et dotés d'uniformes et de matériels américains. Une des erreurs qui permit de les repérer fut qu'ils embarquaient à quatre par jeep alors que les yankees ne circulaient jamais à plus de deux ! La police militaire les arrêta facilement en leur posant des colles relatives aux vedettes d'Hollywood et aux tournois de base ball. Ceux qui furent capturés terminèrent devant le peloton d'exécution.

Par chance, le lendemain, le brouillard se lève et Bastogne peut être ravitaillée par les airs. Attaques inlassables des Panzer, bombardements et raids aériens allemands terribles ne changent rien à la détermination des défenseurs. Fin décembre, il n'y a plus que 1 000 habitants en ville. La IIIe armée, dirigée par **Patton,** lance une offensive du sud pour libérer Bastogne. Le 26 décembre, c'est chose faite. La résistance de Bastogne a permis de fixer une grosse partie de l'armée allemande et a été déterminante dans l'échec de l'offensive.

Adresse utile

🛈 **Maison du tourisme du pays de Bastogne :** pl. McAuliffe, 60. ☎ 061-21-27-11. ● *paysdebastogne.be* ● Mi-sept à mi-juin 9h30-12h30, 13h-17h30 et de mi-juin à mi-sept 9h00-12h30, 13h-18h.

Où dormir à Bastogne et dans les environs ?

De bon marché à prix modérés

🛏 **La Pommeraie :** *dans le village de Sprimont,* Ste Ode (6680). ☎ 061-68-86-11. ● *contact@europaventure.be* ● *europaventure.be* ● À 12 km à l'ouest de Bastogne. Compter 35 €/pers, petit déj compris. Table d'hôtes à partir de 18 € ; menu-enfants. CB refusées. Internet, 📶 Digestif, carte d'hôte et autres petits cadeaux offerts sur présentation de ce guide. 3 chambres d'hôtes rénovées, rustiques et confortables, avec salle de bains, dans une vieille maison du pays, plutôt basse de plafond ! Table d'hôtes, assez simple, avec spécialités régionales et gibier en saison, servie tous les soirs vers 19h30. Jardin et location de vélos. *La Pommeraie,* c'est aussi une étape de la Trans-ardennaise, sur le parcours de grande randonnée, reliant La Roche à Bouillon en plusieurs jours. Renseignez-vous si l'aventure vous tente. Dans tous les cas, faites-vous bien préciser votre réservation... ici et pas ailleurs.

🛏 **La Ferme des Bisons :** à Recogne. ☎ 061-21-06-40. ● *info@fermedes bisons.be* ● *fermedesbisons.be* ● À 6 km au nord de Bastogne, direction Houffalize. Gîtes (min 4 pers) à partir de

LA PROVINCE DU LUXEMBOURG

151 € le w-e et 214 € la sem. 🛜 *10 % de remise sur présentation de ce guide.* 5 splendides gîtes en bordure de forêt, aménagés avec tout le confort moderne, dans les dépendances d'une grosse ferme du XVIIIᵉ s dont les lourdes charpentes et les espaces généreux ont été préservés. L'un des gîtes dispose d'une dizaine de mignonnes petites chambres neuves avec sanitaires privés, que peuvent occuper les individuels en juillet et août ; un autre, de chambres entièrement équipées (TV, cuisine, salle de bains...) de 4 à 13 lits, pour les familles ou les groupes. Les autres voient encore plus grands et peuvent accueillir de 13 à 28 personnes. Chacun des gîtes possède un espace commun avec salon, billard et Internet. Un petit coin de paradis pour les enfants, d'autant que dans la prairie voisine, un troupeau d'une centaine de vrais bisons américains broute paisiblement l'herbe ardennaise (voir « Dans les environs de Bastogne »).

Un peu plus chic

🏠 *Hôtel Léo@Home :* pl. McAuliffe, 50. ☎ 061-21-14-41. ● *info@hotel-leo.com* ● *wagon-leo.com* ● *En plein centre de Bastogne, presque à côté du wagon-resto du même nom. Doubles 80-85 €, petit déj inclus.* 🛜 *Joli petit hôtel moderne et central abritant 6 chambres bien arrangées et d'un* excellent confort pour le prix. 6 nouvelles chambres dans un immeuble voisin, *L'Hôtel Léo, le 2ᵉ.* Le petit déj-buffet se prend dans un espace très agréable, avec mobilier en bois clair, au rez-de-chaussée. Sympa ! Les clients de l'hôtel auront droit à une réduction de 10 % au resto (au wagon ou au bistrot).

Où manger ?

|●| *Le wagon-restaurant Léo :* rue du Vivier, 4-6. ☎ 061-21-14-41. ● *res taurant@wagon-leo.com* ● *En plein centre. Service non-stop 11h30-21h30. Fermé lun, et 21 déc-23 janv. Lunch 19,90 € ; menus 33-39 € ; plats 10-38 €. Résa obligatoire le w-e (ou alors venir tôt... ou tard !).* Difficile à rater, c'est le wagon-restaurant bleu. De toute façon, tout le monde le connaît car, ici, c'est une sorte d'institution et, ce, depuis 1946 ! À l'intérieur, banquettes et boiseries vernissées, comme dans un train de la Belle Époque. Salle plus importante à l'arrière, avec moquette et quelques motifs Art nouveau. Service efficace (plus ou moins aimable) et cuisine soignée, axée sur les grands classiques : croquettes de crevettes, moules de Zélande, anguilles au vert, bœuf BBB, choucroute paysanne, vol-au-vent (bouchée à la reine) à l'ancienne, truite, On peut dire que la maison assure parfaitement son rôle de promoteur de la cuisine belge !

À voir

🎋 *Le mémorial :* sur la colline du Mardasson. Immense construction en forme d'étoile à cinq branches, hommage au peuple belge à l'armée américaine et à ses alliés pour leur participation à la libération de l'Europe. Au centre, une simple phrase : « Le peuple belge se souvient de ses libérateurs américains. » Sur les murs sont gravés les noms de toutes les unités ayant participé à la bataille des Ardennes. Possibilité de monter sur la terrasse du mémorial.

🎋 *L'église Saint-Pierre :* pl. Saint-Pierre. Sur le chemin du mémorial, ne pas manquer cette étonnante église. Du XIIᵉ s subsiste le massif clocher roman. Nef reconstruite au XVᵉ s en gothique flamboyant. À l'intérieur, c'est la voûte des trois nefs qui frappe d'emblée, véritable treillis de lierres, nervures et clefs de voûtes qui jaillissent de chaque pilier. Derrière l'orgue, remarquable *Mise au tombeau* en bois du XVIᵉ s. Mais le chef-d'œuvre de l'église, ce sont les fonts baptismaux romans en pierre sculptée cachés derrière une porte au fond. Aux angles, des têtes taillées de facture assez primitive. Surmontées d'un ravissant dais en fer forgé.

Manifestation

– **Foire aux Noix :** en déc.

DANS LES ENVIRONS DE BASTOGNE

🕯🚶 **La Ferme des Bisons :** à Recogne. ☎ 061-21-06-40. Voir plus haut « Où dormir à Bastogne et dans les environs ? ». De début juil à fin août, tlj sf lun et ven 12h-18h. L'Ouest américain en plein cœur de l'Ardenne, avec une harde d'une bonne centaine de têtes de ces puissants, fascinants et pourtant paisibles bestiaux. À voir de près en char à bancs (tarif : 3,50 €). En plus, et surtout, dans un bâtiment de la ferme, un étonnant petit musée de la vie des Indiens des plaines (☎ 061-21-06-40 ; ● fermedesbisons.be ● ; visites guidées (1h) l'ap-m en juil-août ; entrée : 4 €, réduc), avec un conservateur-guide passionnant et intarissable qui se fait plaisir, au travers de tous les tableaux vivants et des dizaines d'objets authentiques, en racontant la vie et les mœurs des tribus Sioux, Creeks ou Dakotas. La reconstitution d'un grand tipi est réellement spectaculaire.

ARLON (6700) 27 950 hab.

Chef-lieu de la province du Luxembourg. Petite ville tranquillou de la Lorraine belge. Après Tongres, elle est considérée comme la ville la plus ancienne du pays. Elle fut une opulente cité romaine fortifiée qui succomba néanmoins aux invasions barbares et franques. Après une vraie scoumoune, d'autres barbares, déguisés en civilisateurs (les Français pour ne pas les nommer), pillèrent et saccagèrent la ville, que ce soit ceux du duc de Guise, du Roi-Soleil ou ceux de l'an II (Arlon, z'enfants de la patrie...). Même des Croates sévirent en 1636 !

Adresse utile

🛈 **Maison du tourisme du pays d'Arlon :** rue des Faubourgs, 2. ☎ 063-21-94-54. ● arlon-tourisme.be ● Près de la pl. Léopold. En sem 8h30-17h, le w-e 9h-17h. Plan d'Arlon et petite brochure proposant une promenade en ville. Et évidemment, toutes les informations touristiques locales, et régionales, comme par exemple des cartes de promenades (deux parcs naturels à moins de 15 km).

Où dormir ?
Où manger ?

🏠 **Hôtel des Druides :** rue de Neufchâteau, 108. ☎ 063-22-04-89. ● alaingis

quet@gmail.com ● À la sortie de la ville. Fermé de mi-déc à fin déc. Doubles 38-44 €, petit déj compris. Parking privé. 🛜 Café offert sur présentation de ce guide. Derrière une façade ocre et baroque, un hôtel vieillot mais bien tenu, proposant des chambres peu excitantes mais pas chères du tout. Accueil correct. Sanitaires privés ou à l'étage. Pas de télé.

🏠 |●| **Hostellerie du Peiffeschof :** chemin du Peiffeschof, 111. ☎ 063-41-00-50. ● info@peiffeschof.be ● peiffeschof.be ● 🍴 À 2-3 km à l'est du centre. Resto fermé le dim. Doubles 115-160 €, petit déj (avec yaourt de ferme et fromage artisanal) compris ; familiales 150-160 €. Plats 13-23 € ; formules 23-36 €. 🛜 Une carte de promenades et un plan de la ville offerts sur présentation de ce guide. Un bel hôtel contemporain non loin de la ville mais déjà dans les champs (et appartenant d'ailleurs au réseau des *Relais du Silence*). Bon accueil et belles chambres, bien finies, dans les tons chauds et équipées, en plus du confort habituel, de lits douillets. Côté cuisine, l'établissement a du répondant, avec son agréable brasserie *Le Zinc*. Salon fumoir, terrasse sympa avec tables et chaises en bois. Une bonne adresse.

I●I *Maison Knopes* : *Grand-Place, 24.* ☎ *063-22-74-07. Tlj sf lun 8h30 (14h dim)-18h30 ; repas le midi slt. Formules et menus 12-15 €. Café offert sur présentation de ce guide.* Fondé en 1936 (mais franchement relooké depuis), cet endroit est à la fois une boutique, un salon de thé et un resto. Jolie salle au sol pavé et murs en crépi, ou tables en terrasse pour les beaux jours. On y vient tant pour un petit déj que pour une boisson chaude ou pour grignoter un morceau (attention, pas de restauration le dimanche). Carte d'une grande diversité : *ginger coffee, moka de java,* cafés alcoolisés, 25 sortes de thés, crêpes, gaufres, glaces, croques, galettes au sarrasin, salades et autres plats tels que le vol-au-vent maison, les croquettes artisanales ou la suggestion du jour.

I●I *Faubourg 101* : *rue des Faubourgs... 101.* ☎ *063-60-28-33.* ● *faubourg101@skynet.be* ● *Fermé sam midi et dim ; service non stop jusqu'à 22h en sem et 23h les ven-sam. Lunch env 12 €. À la carte, plats 11-25 €.* 🛜 *En bordure du centre.* L'endroit a de quoi intriguer ; derrière cette façade austère aux faux airs de chapelle, se cachent en réalité d'anciennes écuries, réhabi-

litées en lieu de convivialité. Bel espace sur 2 étages mêlant harmonieusement le rustique et le contemporain. Très souvent bondé, mais l'ambiance n'en est que meilleure ! À la carte, des plats du genre camembert rôti, daurade grillée, onglet à l'échalote, tortellinis à la crème et au jambon et salade du Faubourg (aux lardons, avec un œuf à cheval). Rien à redire, c'est bon, copieux et bien présenté. De plus service sympa et efficace. À fréquenter sans hésitation !

Où boire un verre ?

La spécialité du coin est le *maitrank,* qui existait déjà du temps de Charlemagne. Les moines ajoutaient des plantes ou des fruits dans le vin blanc pour en diminuer l'acidité. La coutume se perdit en Luxembourg, sauf à Arlon où familles et estaminets continuent de le fabriquer. Dans le vin, on fait macérer de l'aspérule odorante avec du cognac et du sucre (et parfois une tranche d'orange). C'est en mai qu'on réalise cette opération, d'où le nom ! On peut s'en procurer à la maison du tourisme du pays d'Arlon ou en déguster à la terrasse du *Gathy, la* brasserie de la place Léopold.

🍷 🎵 Et sinon, l'endroit sympa d'Arlon, *Faubourg 101* (*voir ci-dessus*) propose aussi des expos, des soirées à thème, des concerts : *ouv jusqu'à 1h en sem et 3h les ven-sam. Programme sur* ● *faubourg101.be* ● 🛜 Bien aussi pour boire un verre, tout simplement.

À voir

🗝 *L'église Saint-Donat :* elle s'élève sur une butte qui fut fortifiée d'après des plans de Vauban. Accès par un escalier bordé d'un calvaire. Église de style hybride. Dans le chœur, boiseries et portes du XVIIIe s. Maître-autel de style rococo. Chapelle de gauche, vestiges de fresques du XVIIIe s. Autel de la même époque. À côté, *Vierge à l'Enfant* sur un croissant de lune. Entre la Grand Place et l'église Saint-Donnat, jolies ruelles tout autour comme la rue Capucine, la rue Saint-Donnat avec leurs petites maisons serrées les unes contre les autres...

🗝 *Le Musée archéologique :* rue des Martyrs, 13. ☎ 063-21-28-49. ● ial.be ● Mar-sam 9h-12h, 13h-17h30, dim (d'avr à oct) et j. fériés 13h30-17h30, fermé pdt vac de Noël. Entrée : 4 € ; réduc. Ticket combiné avec le musée Gaspar.

Collections d'antiquités romaines (en particulier de bas-reliefs), témoignage de l'occupation de l'empire dans la région. En voici les pièces les plus significatives : *Officier assistant à un sacrifice*, belle sculpture du Ier s, autel funéraire de Julius Maximinus, stèle au satyre *(Vénus au long drap)*, la *Louve androphage* et puis, le must du musée, *Les Voyageurs, Routard* à la main (si, si !). Exemples de poterie sigillée et verres romains (délicats flacons à parfum), lampes à huile, armes et outils en bronze, fibules et autres objets de parure. Moule en plomb de faux-monnayeurs, petits dieux en bronze.

– Au 1er *étage :* époque mérovingienne, matériel funéraire de l'époque franque retrouvé au vieux cimetière, belles boucles de ceinture, bijoux, armes.

⚒ *Le musée Gaspar :* en face du précédent. ☎ 063-60-06-54. *Mar-sam 9h30-12h, 13h-17h30 ; dim (d'avr à oct) et j. fériés 13h30-17h30. Fermé lun pdt les vac de Noël. Entrée :* 4 € (voir précédent). Jean Gaspar était un sculpteur animalier d'Arlon. Quelques-unes de ses œuvres (parfois à contenu politique, comme le « Coq gaulois », perché sur un casque allemand) sont présentées à l'étage, dans deux salles. Au rez-de-chaussée, remarquable retable de l'école anversoise du XVIe s. Le musée organise aussi deux expositions temporaires (liées à l'art et à l'histoire du pays d'Arlon) par an.

⚒ *Le musée du Scoutisme :* rue du Maitrank, 49, à **Bonnert** *(village à quelques km au nord d'Arlon).* ☎ 063-22-15-53. ● museescout.be ● *Ouv aux individuels de juil-sept, sam-dim 14h-16h. Entrée :* 4 € ; réduc. Pour ceux qui ont été *scout toujours !,* ou qui le sont restés, évocation du mouvement depuis sa création à travers toutes sortes d'affiches, d'objets, de mannequins et même, au grenier, de constructions en bois telles qu'on en voit dans les camps scouts.

⚒ *Le parc archéologique :* rue des Thermes-Romains. Au sud de la ville. Vestiges de la plus ancienne église chrétienne de Belgique (IVe s). À côté, restes des thermes romains. Pas très spectaculaire mais intéressera les fans.

⚒ *Le site médiéval et historique de Clairefontaine :* rue du Cloître à **Clairefontaine** *(village à quelques km à l'est d'Arlon).* ☎ 063-21-78-02. ● clairefontaine-arlon.be ● *Ouv tlj tte l'année 8h-20h ; accès libre et gratuit.* Outre le site archéologique médiéval (habitation et prieuré) ainsi que des ruines de l'ancienne abbaye cistercienne, on y retrouve une chapelle néo-romane du XIXe s qui, au travers de son mobilier et ses vitraux, rappelle l'histoire de l'abbaye. Berceau de l'histoire luxembourgeoise, la chapelle abrite la sépulture de la comtesse Ermesinde. À côté de la stèle commémorative de la nécropole comtale on peut se rafraîchir à la source sacrée de saint Bernard. Possibilité de randonnée à partir de la maison du tourisme du pays d'Arlon (environ 12 km A/R).

|●| ▼ *Café L'Alcazar* aux produits cisterciens, terrasse avec joli point de vue sur le site médiéval de Clairefontaine *(ouv le dim ap-m de mai à sept).*

Manifestations

– **Marché aux puces :** le 1er *dim de chaque mois, sf déc-fév.*
– **Les Aralunaires :** *de fin avr à début mai.* Festival de musique, plus de 90 concerts dans 40 lieux.
– **Carnaval :** *le w-e avt le Laetare (4e dim du carême).*
– **Faaschtebounen** *(Fèves de carême) :* le 1er *dim de carême.*
– **Fêtes du Maitrank :** 3e *ou* 4e *w-e de mai. Rens à l'office de tourisme.*

LA GAUME

Le point le plus au sud de la Wallonie. Un relief assez différent du reste du pays. Ici, le paysage est tout en douceur, rondeur et volupté. Villages riants aux toits en tuile romaine bénéficiant d'un légendaire microclimat. En quelques dizaines de kilomètres, il peut y faire 2 à 3 °C plus chaud (et même plus, comparé à la Fagne). Chimay, dans le Hainaut, reçoit presque deux fois plus d'eau que Torgny !

Bienvenue au pays de la *touffaye* et du pâté gaumais ! Les gens d'ici sont naturellement frondeurs et affichent quelques traits du caractère méridional, dont la jovialité. Alors qu'en Ardenne on parle le wallon, en Gaume, on parle le lorrain. Bref, ça en deviendrait presque exotique !

VIRTON (6760) 11 000 hab.

Aimable petite ville bâtie sur un mamelon dominant le Ton. Capitale de la Gaume, dont elle présente la culture et l'histoire dans un remarquable musée.

Adresse utile

🏠 *Maison du tourisme de la Gaume :* rue des Grasses-Oies, 2 B. ☎ 063-57-89-04. ● soleildegaume.be ● Tlj 9h-18h. Donne un livre touristique magnifique et très complet sur la région.

Où dormir ? Où manger dans le coin ?

⚕ IOI *Camping de la Colline de Rabais :* à 3 km de Virton, direction Arlon. ☎ 063-57-11-95. ● info@collinederabais.be ● collinederabais.be ● Ouv tte l'année. Compter 17,50-24 € pour l'emplacement et 2 pers, selon saison. Grand camping bien équipé et en pleine nature. Resto, bar, épicerie, piscine, minigolf, fitness, tennis et location de vélos.

🏠 *Maison d'hôtes La Bajocienne :* rue de l'Abbé-Dorion, 22, **Ruette** (6760). ☎ 063-57-00-63. ● labajocienne.be ● À deux pas de la frontière française. Doubles avec sdb 50-55 €, petit déj compris. Table d'hôtes sur demande (sf dim) 20 €. Apéro offert sur présentation de ce guide. Bienvenue dans cette ferme « bio », qui abrite 4 fort jolies chambres très soignées de style romantico-campagnard, avec salle de bains privée nickel. Le pied, quoi ! Espace commun pour les hôtes et salle de jeux pour les enfants. Produits de la ferme à la table d'hôtes.

🏠 IOI *Château de Latour :* Latour (6761), à 3 km à l'est de Virton. ☎ 063-57-83-52. ● chateaudelatourbernard@skynet.be ● chateaudelatour.be ● Resto fermé dim soir et lun. Congés annuels : 3 sem en janv et fin août. Double 83 €, petit déj non compris. Menu 29 €. 🛜 Apéro maison offert sur présentation de ce guide, ainsi qu'une bouteille de jus de pomme maison pour les hôtes. Un château dont les fondations sont vieilles de 1 000 ans, abandonné à la Révolution française. On raconte encore dans le coin que Marie-Antoinette s'y serait réfugiée avec ses bijoux... L'endroit possède un certain cachet. 14 chambres, dont 7 (celles de la nouvelle aile) bien agréables pour leur mariage de pierre nue, tons chauds et fenêtres à carreaux. Élégant salon avec âtre et restaurant au rez-de-chaussée. Accueil très courtois.

Où acheter du bon pâté gaumais ?

Deux adresses incontournables pour cette délicieuse tourte (une pâte levée farcie de viande de porc marinée), désormais protégée par une I.G.P. Le 26 décembre a lieu chaque année le concours du plus gros mangeur de pâté gaumais ; le record à battre est de 1,451 kg en 20 mn !

🍲 *Bitaine : Val d'Away, 17.* ☎ *063-57-08-88. Dans la zone industrielle en sortie de Virton. Tlj 6h-19h.* Cette boulangerie fait le meilleur pâté gaumais que l'on connaisse. Fabrication sur place (on pourra vous le mettre sous vide). Autre adresse en centre-ville : *Grand-Rue, 43 ;* ☎ *063-57-72-24.*

🍲 *A. Maréchal : Grand-Rue, 88, Gérouville (6769).* ☎ *063-57-75-38. Tlj sf dim-lun.* Cette boucherie charcuterie confectionne chaque mercredi l'authentique pâté gaumais à la pâte levée ; les autres jours, il faudra se contenter de celui à la pâte feuilletée ou l'acheter sous vide et surgelé (pratique pour le voyage !). Un peu plus loin, sur la place, l'arbre le plus vieux de Belgique, un tilleul de 1259 ! Planté à l'occasion de l'affranchissement de la ville, il s'agit en réalité d'un orme. À dire vrai, il est un peu mal en point depuis 1877...

À voir

🚶🚶 **Le Musée gaumais :** *rue d'Arlon, 38-40.* ☎ *063-57-03-15.* ● *musees-gaumais.be* ● *Tlj (sf mar de mars à janv) 9h30-12h, 14h-18h. Slt sur rdv en hiver. Entrée : 5 € ; réduc.*
Riches collections ayant trait à l'histoire et à la culture de la Gaume. C'est aussi l'un des plus riches musées de métallurgie ancienne de Belgique. L'expo se tient sur quatre niveaux, dans l'ancienne partie (un couvent du XVIIIe s) et dans une aile plus récente.

Ancienne partie
– *Rez-de-chaussée :* pierres tombales et tabernacle en pierre du XVIe s. Cheminées monumentales, vieux poêles, ferronnerie d'art.
– *Caves :* ateliers de vieux métiers, notamment du sabotier, du cordonnier, de l'imprimeur, du bourrelier (qui travailla jusqu'en 1984 !) et du ferblantier. Forges du maréchal-ferrant.
– *Cour :* plaques de cheminées et pierres tombales.
– *1er étage :* cabinet de curiosités, avec un exemplaire original de l'*Encyclopédie* de Diderot et d'Alembert. Cabinet médical aussi, avec le premier transfuseur de sang (1914) connu. Reconstitution de la cuisine avec sa pompe en cuivre.
– *2e étage :* consacré à l'enfance (berceaux, jouets...). On y voit aussi un vieux mécanisme d'horloge, l'un des trois du genre encore en état de marche en Belgique.

Nouvelle aile
– *Rez-de-chaussée :* collections archéologiques. Pierre montrant la moissonneuse de Trévires mentionnée par Pline l'Ancien au Ier s. Bassin en bronze de Sainte-Marie-sur-Semois. Fouilles de la nécropole mérovingienne de Torgny. Colliers de perles en pâte de verre et fibule discoïde en or. Également une salle dédiée aux hommes illustres de la région, et une section médiévale.
– *1er étage :* beaux-arts d'artistes gaumais, dont Nestor Outer.
– *2e étage :* coutumes et croyances, pratiques religieuses. Ex-voto et pharmacopée. Vierges de pèlerinages et de procession. Croix en faïence du curé Pierre Pierre (1780) et *Assomption* du frère Abraham Gilson (XVIIIe s). Orfèvrerie religieuse, crèches populaires, fers à hosties.

Manifestation

– **Foire aux Amoureux :** *26 déc.* Grande fête avec DJean d'Mady et Djeanne, les géants de Virton.

TORGNY (6767)

Le village le plus au sud de la Belgique, dans un environnement bucolique extra. Magie du microclimat, on se retrouve presque dans un bourg provençal. Une chose est sûre, ce village mérite amplement son classement parmi les plus Beaux villages de Wallonie. Un peu dommage qu'à force de vouloir plaire, il ait perdu une part de son âme. En attendant, on pourra admirer les demeures de calcaire blond qui prennent des tonalités or et miel au soleil couchant, les toits de tuiles romaines rouges et, sur la place, le lavoir du XIXe s, à la solide charpente de bois. Beaucoup de maisons possèdent des linteaux millésimés. Et sinon, c'est la rivière Chiers qui sert de séparation entre la Belgique et la France. Elle est considérée comme la plus ancienne frontière du royaume de France, fixée en 1659, au traité des Pyrénées.
Torgny possède une tradition viticole. Deux vignobles y sont en exploitation, dont un joliment appelé Clos du Poirier du Loup. On en produit 6 000 bouteilles. Rien d'étonnant finalement, ce sont les Romains qui y importèrent la vigne et elle subsista jusqu'à la fin du XIXe s. Il faut dire que la protection des vents du nord et le sol de calcaire se réchauffant rapidement au soleil sont autant de facteurs favorables.
– Attention, les jours d'affluence, le parking est difficile, il faut se garer à l'entrée du village.

Adresse utile

🛈 *Syndicat d'initiative Le Méridional :* pl. Albert-Paul, 6. ☎ 063-57-83-81. ● *torgny.be* ● *En haut du village, près de l'église, au-dessus de* La Grappe d'Or. *Tlj sf lun (et dim hors saison) 13h30-17h30.* Vente de cartes de promenades balisées à faire à pied, à cheval ou à vélo dans la région.

Où dormir ? Où manger ?

Prix modérés

🛏 *Chambres d'hôtes L'Escofiette :* rue de l'Escoffiette, 7. ☎ 063-57-71-70. ● *lescofiette@skynet.be* ● *lesco-fiette.be* ● *Fermé pdt les fêtes de fin d'année. Double 60 € (65 € si 1 seule nuit), petit déj compris ; familiale 100 €. CB refusées.* ⌨ *Sur présentation de ce guide, réduc de 10 % en sem sur le prix de la chambre à partir de 2 nuits.* Dans une belle demeure du village, ancien pensionnat de jeunes filles, 5 chambres doubles personnalisées, avec équipement complet et du linge très soigné. Accueil particulièrement aimable de Dany, et chaleureux salon équipé d'une cheminée. Magnifique petit déj, gourmand et varié, avec produits du terroir. Une bien sympathique adresse.

🛏 ❙●❙ *La Romanette :* rue Grande, 3. ☎ 063-57-79-58. ● *romanettetorgny@gmail.com* ● *romanette.be* ● *Hors saison, fermé mar soir et mer. Chambre double 68 €, petit déj compris (104 € en ½ pens). Menus 15-23 € les w-e d'oct à mars ; plats 13-18 €.* 🛜 À côté d'un café-resto avec terrasse, 4 chambres d'hôtes bien finies, avec TV et belle salle de bains. Rien à redire pour le prix ! Bon accueil. Soirée barbecue pas chère au resto les mercredis d'été.

De plus chic à très chic

🛏 ❙●❙ *L'Empreinte du Temps :* rue de l'Escoffiette, 12. ☎ 063-60-81-80. ● *info@lempreintedutemps.be* ● *lem preintedutemps.be* ● *Fermé lun-mar, ainsi que fin janv-début fév et fin août-début sept. Doubles 95-120 €, suite 220 €, petit déj inclus. Menu 26 € ; plats env 17 € et carte 37-41 €.* Tenu par le même couple de proprios que La Grappe d'Or (voir ci-dessous), mais moins cher que celui-ci. Pourtant, les chambres sont superbes et très chaleureuses ! Toutes personnalisées, avec vieux plancher et murs en crépi ou en pierre de Torgny. Au resto (résa conseillée le week-end !), sis dans une belle cave aménagée au goût du jour, excellente cuisine, du même « tonneau » qu'à *La Grappe d'Or* mais en un peu moins sophistiqué, vu la différence de prix. N'empêche, c'est l'un des meilleurs endroits où casser la graine de toute la région !

⌂ |●| *La Grappe d'Or : rue de l'Ermitage, 18.* ☎ *063-57-70-56.* ● *info@ lagrappedor.com* ● *lagrappedor.com* ● *Dans la rue menant à l'église. Mêmes horaires d'ouverture que* L'Empreinte du Temps. *Doubles 140-160 €, petit déj (sublime !) compris. Au resto (résa indispensable le w-e), menu le midi en sem 32 € (42 € avec le vin) : plats* 27-35 € ; *menus 57-99 € (92-147 € avec les vins).* Un établissement de caractère, tenu par un jeune couple accueillant, qui sont aussi les proprios de *L'Empreinte du Temps.* Si vous y logez, préférez les chambres de l'annexe, superbes. Mais les autres, de style plus ancien, sont progressivement rénovées. Pour manger, on a le choix entre le jardin d'hiver et deux salles plus intimes. Repas cher mais cuisine de saison de très grande réputation. Pour vous mettre l'eau à la bouche : jarret de bœuf des prairies gaumaises braisé au vin rouge et truffe, croustillant de pieds de porc, jeune oignon au vinaigre de vin jaune ; filet de sole limande en infusion de tilleul et eau de jeune coco, tapioca à l'orange sanguine, brocoli brûlé. Astiquez, mais alors sérieusement, vos papilles !

DANS LES ENVIRONS DE TORGNY

🏃 Gentil village de *Montquintin* au sommet d'une colline à 6 km au nord de Torgny. Ruines imposantes du château fort. Petite église romane. Intéressante *ferme-musée* de 1765 (*ouv 14h-18h juil-août ou sur rdv* ☎ *063-57-03-15).* Cuisine et chambre reconstituées, et grange pleine d'outils agricoles.

➤ Pour ceux qui ont un peu de temps et qui aiment sortir des sentiers battus, possibilité de rejoindre l'*abbaye d'Orval* par une *route champêtre* : en redescendant vers Virton, prendre la première route à gauche vers Couvreux ; traverser le village puis, de nouveau dans les champs, prendre à gauche le chemin marqué d'un sens interdit, vers le hameau de Thonne-la-Long (France) ; continuer ensuite vers Avioth, puis suivre les indications pour la Belgique et l'abbaye d'Orval. Dépaysement (presque) garanti !

Manifestation

– *Grande fête artisanale : le 3ᵉ dim de juil.*

L'ABBAYE D'ORVAL   (6823)

Nichée, comme la plupart des abbayes, dans un site exceptionnel. Elle fut fondée au XIᵉ s et devint rapidement l'une des plus prospères d'Europe. Elle est célèbre aujourd'hui pour son fromage (malheureusement pasteurisé) et plus encore pour sa bière trappiste, l'une des meilleures bières de Belgique, autant dire l'une des meilleures bières au monde ! « Orval » viendrait de « Val d'or » (le verlan existait-il déjà dans ces contrées ?). Selon une solide légende, la comtesse Mathilde, protectrice de l'abbaye, avait perdu sa bague nuptiale,

d'une très grande valeur sentimentale, dans une source. Une truite mira-culeuse la lui retrouva. L'histoire de l'abbaye ne fut pas de tout repos. Elle fut détruite plusieurs fois mais se releva toujours : au XIVᵉ s, en 1637, par le maréchal de Châtillon, en 1793 au canon par les troupes du général Loison. En 1926, des moines s'y installèrent et une nouvelle église fut édifiée sur les anciennes caves du XVIIIᵉ s. Et ce n'est pas l'une des moindres originalités que la cohabitation des deux abbayes côte à côte.

Infos utiles

– *Renseignements :* ☎ 061-31-10-60. ● orval.be ●

– *Horaires et tarifs :* tlj, 9h30-18h30 juin-fin sept ; jusqu'à 18h mars-mai et oct ; 10h30-17h30 nov-fév. Visites gui-dées (1h) l'ap-m en juil-août et dim en sept. Entrée : 5,50 € ; réduc.

La visite

🏃 En fait, la nouvelle abbaye de style Art déco (tout comme l'étiquette de sa bière !) ne se visite pas mais elle est suffisamment imposante pour ne pas passer inaperçue. Le visiteur n'a accès qu'aux ruines de l'ancienne abbaye gothique et cistercienne.

– Toutes les heures, un *audiovisuel* retrace l'histoire de l'abbaye.

Au fil de la visite, on peut apercevoir la *fontaine Mathilde,* où comme le prétend la légende, la truite miraculeuse retrouva la fameuse bague en or de la comtesse. Un petit *musée,* aménagé dans les superbes caves du XVIIIᵉ s, présente divers objets : des plaques de cheminée aux armes des abbés, de vieux pavements, des maquettes de l'ancien et du nouveau monastère, ainsi qu'un historique des abbayes cisterciennes.

Le plus intéressant reste la visite des *ruines de l'église abbatiale,* romantiques en diable ! Elles n'ont rien perdu de leur grandeur ni de leur émouvante noblesse. Remarquable puissance d'évocation. Nombreux vestiges significatifs, comme la grande rosace du transept gauche, les chapiteaux romans et gothiques. Noter, près du chœur, les piliers plats destinés à recevoir les stalles qui s'y adossaient. À droite, accès au cloître. Belle salle capitulaire.

En fin de parcours, ne pas manquer non plus la *vieille pharmacie* en sortant à gauche, puis en droite ligne. Bocaux vénérables, mortiers, petits tiroirs peints, cornues, balance sculptée du XVIIIᵉ s. Expos temporaires.

🍺 Si vous voulez acheter la célèbre bière d'Orval, on vous déconseille la boutique de « souvenirs » car elle y est vendue plutôt plus cher qu'en France (vous y trouverez néanmoins de beaux verres sérigraphiés, du fromage et de délicieux petits biscuits). En revanche, pour faire le plein de bière, contournez donc l'abbaye par la droite, jusqu'à l'entrée de la brasserie (qui ne se visite pas) et vous pourrez acheter l'Orval par caisse de 24, plus la consigne de la caisse. *Vente aux particuliers lun-jeu 8h30-9h, 9h15-12h, 13h-16h et ven 8h30-9h, 9h15-12h.*

DANS LES ENVIRONS DE L'ABBAYE D'ORVAL

🍖 *Le relais romain de Chameleux :* au sud de Florenville. Bien indiqué de la route N 88. Visite guidée possible sur demande au ☎ 061-31-35-89 (M. Hizette). Après avoir traversé une belle forêt, on parvient dans une vallée avec de nombreux étangs. Beaucoup de charme, ce qui explique les luxueuses propriétés et rési-dences secondaires. Relais romain du Iᵉʳ s, dont on retrouve un certain nombre de vestiges significatifs (entrepôts, puits, etc.). Si le dallage a disparu, en revanche, on distingue encore bien une portion du remblai de la route romaine.

Où manger dans le coin ?

|●| **Le Chameleux :** *Chameleux (6820).* ☎ *061-31-10-20.* ● *lechameleux@sky net.be* ● *À côté du relais romain. Fermé mar soir et mer plus mar midi hors saison, ainsi que de mi-août à début sept. Plats* *9-12 € env. Café offert sur présentation de ce guide.* On aime beaucoup cette petite auberge de campagne avec une terrasse reposante face à la vallée. Patron très sympa. Cuisine simple, goûteuse, copieuse et à petits prix. Truite meunière, omelette aux pommes de terre et lard, crêpes et quelques plats en plus l'hiver.

LA VALLÉE DE LA SEMOIS

LA HAUTE SEMOIS

Adresse utile

🛈 **Maison du tourisme du pays de la Semois entre Ardenne et Gaume :** *esplanade du Panorama, 1, Florenville (6820).* ☎ *061-31-12-29.* ● *semois- tourisme.be* ● *Au pied de l'église. Pdt vac scol, tlj 9h-19h (18h vac de Noël et Toussaint) ; le reste de l'année, lun- sam 9h-18h, dim 10h-16h.* Très bien documenté, notamment en ce qui concerne les nombreuses activités pro- posées dans le coin (randos, kayak).

À voir

🏃 **Chassepierre :** l'un des plus beaux et des plus pittoresques villages du coin. Voir les vieilles demeures et l'église se mirant dans l'eau le soir, au soleil couchant. Le week-end qui suit le 15 août, festival des Artistes et théâtre de rue.

BOUILLON (6830) 5 450 hab.

Ici, la Semois forme une large boucle. À l'endroit le plus étroit de celle-ci, sur une arête, s'étire l'une des plus impressionnantes forteresses d'Europe (et la plus grande de Belgique). Bouillon, petite capitale d'un duché, dont le dernier héritier était un prénommé... Godefroy. Avant de partir prendre Jéru- salem avec le succès que l'on sait, il vendit en 1096 son château aux princes- évêques de Liège. Les proprios suivants seront successivement les princes de La Marck, puis à nouveau les princes-évêques. En 1676, Louis XIV l'accorde à la famille de La Tour d'Auvergne. En 1795, le duché est intégré au nouveau département des Forêts et, en 1830, à la Belgique définitivement. Aujourd'hui, Bouillon se révèle l'une des destinations les plus touristiques de Wal- lonie. Beaucoup de monde en été et le week-end. Hôtels en nombre, ça va de soi.

Adresses utiles

🛈 **Maison du tourisme du pays de Bouillon :** *quai des Saulx, 12.* ☎ *061- 46-52-11.* ● *bouillon-tourisme.be* ● *Juil-août, tlj 9h30-18h30 ; le reste de* *l'année, tlj 10h-18h (17h dim).* Vente des cartes de promenades balisées à faire dans la région (pas moins de 99 !).

🛈 **Syndicat d'initiative :** *au guichet du château. Mêmes horaires d'ouverture que ce dernier.*

LA PROVINCE DU LUXEMBOURG

| Où dormir ? |

De bon marché à prix moyens

⋉ *Camping Au Moulin de la Falize :* Vieille-Route-de-France, 62. ☎ 061-46-62-00. ● moulindelafalize@swing.be ● Sur les hauteurs de la ville. Du centre de Bouillon, prendre à gauche avt le tunnel qui mène au château et faire 1 km. Fermé en janv. Compter 16 € l'emplacement pour 2. Entouré de bois. Tennis et centre de loisirs avec jeu de quilles, billard et, en juillet-août, une piscine. Accueille pas mal de caravanes.

🏠 *Auberge de jeunesse :* route du Christ, 16. ☎ 061-46-81-37. ● bouillon@laj.be ● laj.be ● Sur les hauteurs de Bouillon également. Nuitées à partir de 15,90 € (17,90 € pour les + de 26 ans), petit déj et draps compris. 💻 📶 Apéritif ou café offert sur présentation de ce guide. Propose 134 lits en chambres de 4 à 10 lits. Véranda, ping-pong, cuisine, machine à laver et jeux de société. Possibilité, souvent, d'y manger un plat du jour bon marché. Surtout, l'AJ offre une superbe vue sur la ville et sur le château, en particulier la nuit. Également des gîtes pour 8 et 20 personnes, tout équipés.

🏠 *Hôtel Relais Godefroy :* quai de la Tannerie, 5. 📱 061-46-42-04. ● relaisgodefroy@skynet.be ● relais godefroy.be ● Au bord de la Semois. Fermé début janv-fin fév et 10 j. fin juin-début juil. Doubles 65-72 €, petit déj non compris (5 €). Également des chambres familiales et un dortoir pour les groupes. Parking gratuit. 💻 📶 Petit déj offert la 1re nuit sur présentation de ce guide. Hôtel moderne et fonctionnel, s'apparentant un peu à un centre d'hébergement. Chambres avec ou sans vue sur la Semois, équipées ou non de salle de bains, mais toutes très bien tenues. Les plus chères bénéficient même d'un réel effort de déco. Idéal pour les sportifs qui viennent s'exercer dans la région, d'autant que l'établissement organise aussi des week-ends d'entraînement VTT tout compris (logement, repas, matériel) à prix forfaitaires.

🏠 *Chambres d'hôtes Belle Vue :* rue Au-Dessus-de-la-Ville, 4. ☎ 061-32-17-71. ● chambre.bellevue@skynet.be ● belle-vue.info ● Fermé de mi-déc à fin janv. Doubles avec sdb 55-58 €, petit déj compris ; tarif dégressif dès la 2e nuit. CB refusées. À deux pas du centre, sur les hauteurs. Vous y trouverez 5 chambres convenables (garnies de photos du vieux Bouillon, dont 2 avec très belle vue sur le château. Le petit déj, composé de pâtisseries maison, se prend au salon, là encore face au château.

Plus chic

🏠 *Hôtel de la Poste :* pl. Saint-Arnould, 1. ☎ 061-46-51-51. ● info@hotelposte.be ● hotelposte.be ● Dans le centre. Doubles 50-98 €, petit déj compris. 📶 Bâtiment blanc datant du XVIIIe s, avec tourelles d'angle. L'intérieur est resté à peu près comme à l'époque, avec ses boiseries, son marbre rose, ses salons... Pas mal de charme en fait, y compris dans les chambres, arrangées à l'ancienne, avec parquet qui craque et, pour certaines, un petit coin-salon meublé de fauteuils donnant sur la rivière... Très bonne tenue générale. Petit déj varié pris dans la grande salle cossue du rez-de-chaussée, là même où l'on peut manger, et fort bien, à midi ou le soir (voir « Où manger ? »).

🏠 *La Ferronnière :* voie Jocquée, 44. ☎ 061-23-07-50. ● info@laferronniere.be ● laferronniere.be ● Doubles 85-135 €, petit déj compris ; familiales 155-180 €. 📶 Près du centre mais déjà en hauteur, cette grosse bâtisse abrite, outre un resto de haute tenue (voir « Où manger ? »), une demi-douzaine de chambres de bon aloi, avec sanitaires nickel et excellente literie. Les prix varient selon la taille et l'orientation (certaines donnent sur le château). Dans *Les Jardins de la Ferronnière,* création de nouvelles suites, avec accès à l'espace bien-être (sauna, hammam, jacuzzi ; payant pour les autres clients). Petit déj remarquable.

Où manger ?

Certes, les restos ne manquent pas à Bouillon, de là à y faire bonne chère... En voici toutefois quelques-uns qui méritent une attention particulière. Pas vraiment bon marché malheureusement...

|●| **Le restaurant de l'hôtel Panorama :** *rue Au-Dessus-de-la-Ville, 25.* ☎ *061-46-61-38.* ● *info@panorama hotel.be* ● *Fermé mer-jeu hors saison. Plats 19-25 € ; menus 34-44 €.* Tenu par la même famille depuis 3 générations. Sur les hauteurs de la ville, on s'installe dans une salle assez classe, au fond musical discret, avec lustre en fer forgé et vue sur le château. L'un des restos les plus recommandables de Bouillon. Cuisine dans l'air du temps, mêlant allégrement les terroirs d'ici et d'ailleurs.

|●| **Le restaurant de l'hôtel de la Poste :** *voir plus haut la rubrique « Où dormir ? ». Plats ou entrées 16-29 € ; menu 39 €.* Outre un hôtel assez charmant, c'est aussi un resto gastro, à prix plutôt élevés. On y mange cependant très bien, en terrasse aux beaux jours ou dans la grande salle cossue du rez-de-chaussée, face à la Semois. Service très sympa.

|●| **La Ferronnière :** *voir plus haut la rubrique « Où dormir ? ». Fermé lun et mar midi. Lunch 25 € (sf dim) ; plats 15-30 € ; menus 34-85 €. Apéro offert sur présentation de ce guide.* Cuisine française élaborée et très réputée sur la place de Bouillon. Agréable salle aux tentures, nappes et revêtements de chaises assortis. En été, service au jardin.

Où boire un verre le soir ?

🍸 **The Saloon :** *Vieille-Route-de-France, 62.* ☎ *0495-54-17-30. Sur les hauteurs de Bouillon, attenant au camping* Au Moulin de la Falize *(voir plus haut). Juil-août, tlj dès 20h ; le reste de l'année, fermé lun-mer.* Peu d'endroits un peu animés après 21h dans cette ville. Alors pourquoi pas un petit parfum de western avec cette espèce de saloon tout en bois, qui propose une soirée dansante le samedi. Les autres soirs, ambiance musicale, mais on ne danse pas particulièrement. Parfois un concert ou une soirée à thème.

Achats

⊗ **Le Marché de Nathalie :** *Grand-Rue, 22.* Une boutique où l'on trouve 300 sortes de bières belges (la plupart artisanales) : Vieille Brune et Petrus, Cochonnette, Quintine, Lupulus et, bien sûr, leurs bières à eux (brassées à 3 km), que sont la Médiévale, la Cuvée de Bouillon, la Blanche de Bouillon, la Bouillonnaise, la Vauban et la Noirefontaine. Également, pour les amateurs, de la gelée et du saucisson à la bière.

À voir

Sachez qu'il existe des billets jumelés pour l'ensemble des trois sites. Pour la visite du château, du musée ducal et de l'Archéoscope, comptez 14,50 € (réduc) ; pour le château et l'Archéoscope, comptez 8,60 €.

🎯🎯 🚶 **Le château :** ☎ *061-46-62-57. Juil-août, tlj 10h-19h ; avr-juin et sept, tlj 10h-18h (18h30 w-e) ; mars et oct-nov, tlj 10h-17h, (w-e d'oct 18h) ; déc-fév 13h (10h w-e et pdt vac de Noël et de Carnaval)-17h. Derniers billets vendus 45 mn avt la fermeture. Fermé en sem en janv. Entrée : 6,50 € ; réduc. Visite nocturne à la torche, les mer, ven et sam en juil-août, moyennant un petit supplément (pour la torche...).* Long de 340 m, large de 40 m, le château aurait été construit au VIIIe s sur ordre de Charles Martel. Il fut considérablement remanié au XVIe s puis sous Vauban. C'est donc un condensé de l'art de la défense à travers les siècles, auquel ne manque que le donjon médiéval détruit par les Hollandais en 1824. De la cour d'honneur, parcours fléché qui vous réserve quelques surprises pittoresques : oubliettes, salle de torture, escaliers taillés dans le roc, greniers souterrains et

LA PROVINCE DU LUXEMBOURG

autres passages secrets. Du haut de la tour d'Autriche, terminée en 1551, charmant point de vue sur l'ensemble du château, la ville et les caprices nonchalants de la Semois. Également une expo (intitulée *Scriptura*) sur l'écriture et son enseignement au cours des siècles, à laquelle on accède par la salle *Godefroy*. Enfin, spectacle décoiffant de fauconnerie dans la cour d'honneur (installez-vous à l'arrière des gradins !), trois ou quatre fois par jour tous les jours entre Pâques et début novembre mais aussi le reste de l'année, les week-ends et pendant les vacances scolaires.

🦌 *Le Musée ducal :* rue du Petit, 1-3. ☎ 061-46-41-89. *De Pâques à mi-nov : tlj 10h-18h (17h oct-nov), jusqu'à 17h le reste de la saison. Entrée : 3,50 € ; réduc.* Installé dans une grosse demeure du XVIIIᵉ s, ancien palais du gouvernement. Histoire et folklore, reconstitution d'un logis ardennais (cuisine, salle à manger). Atelier de tisserand. Souvenirs de l'époque où les écrivains brimés politiquement en France se faisaient imprimer ou écrivaient des articles ailleurs, notamment à Bouillon. Voltaire, Buffon, d'Alembert, Chamfort, l'abbé Prévost, Mirabeau, Diderot participèrent à ce premier « Bouillon de culture » ! Salle historique consacrée à Godefroy de Bouillon et aux croisades. Grande maquette du château au XIIᵉ s.

🦌🚶 *L'archéoscope Godefroy-de-Bouillon :* quai des Saulx, 14. ☎ 061-46-83-03. ● *archeoscopebouillon.be* ● *Ouv 10h-18h juil-août, jusqu'à 17h mai-juin et sept, et 16h le reste de l'année. Fermé lun, oct-début mars, le mat en sem déc et fév, et tt le mois de janv. Entrée : 6,25 € ; réduc.* Attraction de prestige de la ville de Bouillon. Installé dans une ancienne ferronnerie – elle-même ancien couvent –, complètement rénovée des combles au sous-sol avec un savoir-faire remarquable. La preuve vivante que l'on peut faire du beau avec du vieux. L'archéoscope se veut une attraction de vulgarisation offrant

RÉCUPÉRATION HISTORICO-POLITIQUE

En 1830, la Belgique se cherchait des racines historiques solides et fut saisie par le besoin d'exalter « ses gloires du passé ». Les historiens s'approprient Godefroy (né à Boulogne-sur-Mer !) et vont glorifier ce supposé ancêtre. Godefroy devient l'idéal du Belge pieux et brave. Considéré comme un modèle « bilingue » pour la Belgique unitaire, il est aussi récupéré par les fascistes belges qui font, dans un amalgame entre croisés et SS, un parallèle entre Godefroy et son chef Léon Degrelle, lui aussi originaire de Bouillon.

un regard sur le passé prestigieux, ou prétendu tel (tous les historiens ne sont pas d'accord), du duché de Bouillon. Place, donc, à la légende dorée du héros des lieux : le preux Godefroy, seigneur de Bouillon sacré roi de Jérusalem à l'issue de la première croisade. Un spectacle multimédia nous fait le récit (très romancé) du pieux duc en route pour la Terre sainte et son glorieux destin. Son et lumière spectaculaire. L'histoire reprend ensuite ses droits avec une section où les croisades sont évoquées du point de vue musulman par Bichara Kader, professeur palestinien de l'Université libre de Bruxelles. À l'étage, expo sur l'histoire de la défense militaire du territoire de Bouillon à travers les siècles, avec un comparatif des différentes forteresses du coin. Du multimédia encore, avec une immense carte au sol et des vidéos. Plus loin, hologramme du *Journal encyclopédique* qu'on verra au Musée ducal. Le parcours s'achève avec les cellules reconstituées des religieuses qui habitaient ces murs avant la Révolution.

🦌🚶 *La ferme des Fées :* Mont-de-Zatrou, 1, Les Hayons. ☎ 061-46-89-17. ● *fermedesfees.be* ● *À env 8 km à l'est de Bouillon. Ouv 10h-12h30, 13h30-18h. Fermé mar en juil-août, mar-mer le reste de l'année.* Ce lieu, c'est la création de Marie-Laure et Michel, qui ont tout lâché pour venir faire des bonshommes en pâte à modeler dans ce petit village. Réalisés à l'échelle un quart, ils figurent les Ardennais d'il y a 100 ans dans leurs activités quotidiennes, mais aussi les fées et sorcières qui peuplaient, sinon la région, en tout cas l'imagination de ses habitants. On est reçu par le couple, qui expose et vend sur les lieux ces drôles de petits personnages.

– En partant, ne manquez surtout pas de faire un saut jusqu'au *point de vue du Mont-de-Zatrou,* situé à 500 m de là.

DANS LES ENVIRONS DE BOUILLON : LA BASSE SEMOIS

CORBION (6838)

Village ardennais typique à l'ouest de Bouillon, à 400 m d'altitude, au cœur des forêts, fier d'un enfant du pays, né en 1520 : Sébastien de Corbion, dit Sébastien « Pistolet », inventeur de l'arme à feu et non du petit pain rond vendu dans les boulangeries belges.

Avec **70 km de sentiers balisés,** Corbion, sur le parcours du GR 14 Ardenne-Eifel, est également une base de départ pour les marcheurs ; alors astiquez vos bottines et préparez vos mollets : huit magnifiques points de vue sur la vallée de la Semois vous attendent. Itinéraires de randonnées à l'*Hôtel des Ardennes.* Si vous êtes fumeur, vous pouvez bien sûr faire les promenades (c'est même recommandé !) mais vous pourrez aussi faire halte au petit **musée du Tabac** (pas mal de plantations dans la région), dont le proprio confectionne des « bouchons de tabac », à fumer dans une pipe.

Où dormir ?
Où manger ?

Prix moyens

▲ **Auberge Le Relais :** *rue des Abattis, 5.* ☎ *061-46-66-13.* ● *info@hotellerelais.be* ● *hotellerelais.be* ● *Près de l'église. Résa souhaitée. Doubles 78-92 €, petit déj-buffet compris. Formules w-e et sem.* 📶 *(à la réception slt). Apéro offert sur présentation de ce guide.* Ambiance familiale comme chez papa et maman. 11 chambres un peu étriquées et vieillottes avec salle de bains. Salon et resto au cadre rustique ardennais, agrémentés l'un et l'autre d'une cheminée. Bon camp de base pour des randonnées en forêt, d'autant que la patronne est très accueillante. Loue aussi un gîte avec cheminée. Le resto n'est pas à la hauteur, malheureusement.

Plus chic

▲ |●| *Hôtel des Ardennes :* rue de la Hate, 1. ☎ 061-25-01-00. ● contact@ hoteldesardennes.be ● hoteldesardennes.be ● Fermé de janv à mi-mars. Doubles 97-122 €, petit déj-buffet compris ; triple 130 €. Formules et menus 25-55 € ; plats 12-25 €. 📶 Sur présentation de ce guide, en cas de résa, réduc de 10 % à l'hôtel comme au resto (5 % les w-e et j. fériés). Hôtel de bonne réputation dans ce village tranquille, tenu par la même famille depuis plus d'un siècle. Chambres confortables. Un conseil : choisissez-les plus petites, moins chères et pas très différentes. Ambiance feutrée, salle à manger cossue et clientèle assez chicos. Excellente cuisine : truite au bleu, papillotes de homard et Saint-Jacques, poêlée de foie d'oie aux crosnes et fèves des marais, selle d'agneau au romarin... Billard, ping-pong et joli jardin avec jeux pour les enfants.

ROCHEHAUT (6830)

Fort jolie route par Corbion et Poupehan. Village haut perché (d'où le nom !) offrant un panorama remarquable sur le méandre de la Semois, qui abrite le petit village de Frahan. Un chemin de 1,5 km y conduit (mais par la route, comptez huit bornes !).

Où dormir ?
Où manger ?

🛏 **Les 3 Mousquetaires :** *rue de la Cense, 37.* ☎ *061-46-69-70.* ● *info@ ardennechalet.com* ● *ardennechalet. com* ● *Double 65 € (60 € à partir de 2 nuits).* L'un des premiers *B&B* de Belgique, puisqu'il existe depuis... 1974 ! Il est tenu par Sylvie et son époux, qui vous donneront de bonnes infos sur la région et tout ce qu'on peut y faire. Dans une maison moderne (et sans véritable cachet), les chambres toutes différentes mais toutes avec TV, salle de bains, petit coin-salon et peintures sur les murs. Petit déj varié, composé de yaourt, fromage et charcuterie. Un bon rapport qualité-prix.

🛏 **L'Auberge de la Ferme :** *rue de la Cense, 12.* ☎ *061-46-10-00.* ● *info@ aubergedelaferme.com* ● *aubergede laferme.com* ● *Fermé en janv. Doubles 65-125 € ; petit déj compris. Nombreux forfaits « étape » et « séjour ».* Au cœur du village, immanquable, car *L'Auberge de la Ferme,* c'est en fait aussi l'*Auberge de la Fermette,* l'*Auberg'Inn,* l'*Auberge du Palis* et la *P'tite Auberge,* en tout 4 beaux bâtiments en pierre de pays regroupant 70 chambres. Celles-ci sont toutes bien conçues et confortables, mais plus on paie et plus le confort croît bien sûr : de la « petite chambre » avec sanitaires et TV à la suite avec vaste salon, baie vitrée munie de tentures électriques et salle de bains immense équipée de baignoire-jacuzzi et douche à multijets... Faites votre choix ! Le proprio, c'est Michel Boreux (et sa famille), un personnage controversé dans le coin pour les ambitions démesurées que certains lui prêtent (en plus de l'hôtel et de ses deux restos, il possède une boutique de produits du terroir, un musée agricole et un parc animalier – voir plus loin – de 40 ha ! Sans compter plusieurs gîtes ruraux dans le vil-

lage...) mais qui a le sens de l'accueil et qui, indéniablement, fait bien les choses.

|●| **La Taverne de la Fermette :** *dans la rue principale, à côté de L'Auberge de la Ferme (mêmes coordonnées que celle-ci). Tlj 12h-22h (carte réduite 15h-18h). Plats 6,50-20 € ; menu 30 €.* C'est l'un des deux restos de *L'Auberge de la Ferme* (l'autre, gastro, est plus cher !). Très bonne cuisine de terroir (pur et dur), à prix tout à fait raisonnables et généreusement servie. La viande vient en droite ligne de l'élevage familial (race limousine essentiellement). La cuvée de Rochehaut est une bière brassée spécialement pour la maison. De plus, le cadre faussement rustique est soigné et chaleureux. Toujours du monde, accueil extra, bref, un sans-faute et, à notre humble avis, l'une des meilleures adresses du coin.

Où dormir ? Où manger dans les environs ?

🛏 |●| **Hôtel-restaurant Beau Séjour :** *rue du Tabac, 7, Frahan (6830).* ☎ *061-46-65-21.* ● *info@hotel-beau-sejour.be* ● *hotel-beausejour.be* ● *Tlj avr-nov ; slt le w-e le reste de l'année. Fermé en janv et de mi-juin à début juil. Doubles 80-90 €, petit déj compris ; promo « mid-week » avec la 4e nuit offerte en ½ pens. Menus 22-32 €.* 🛜 *(au bar slt). Sur présentation de ce guide, une coupe de champagne offerte.* Grosse bâtisse en contrebas de Rochehaut (situé à 9 km par la route), au bord du méandre de la Semois. Chambres convenables, un peu vieillottes pour certaines, mais l'ensemble est bien tenu. Préférez celles qui donnent sur la rivière. Bonne cuisine au resto. Spécialités de truite aux amandes et de magret de canard au sirop de Liège... Jardin. Point de départ pour des balades dans les environs.

À voir

🏹 🚶 **Le parc animalier « entre Ferme Forêt » :** ● *entrefermeetforet.be* ● *Ouv tte l'année (sf en cas de neige abondante) ; départs pour la visite en face de La*

Taverne de la Fermette, *tlj à 10h, 11h10, 14h, 15h15, 16h30 et 17h30 (à vérifier quand même) ; hors saison, départs à 11h (le w-e et pdt les vac scol slt) et à 15h10. Billet : 9,50 € ; réduc. Ticket combiné avec l'*Agrimusée *: 16 €.* On vous le disait, Michel Boreux voit les choses en grand : il a créé, en bordure du village, sur une pente douce donnant sur un beau vallon, un parc animalier de 40 ha regroupant une quarantaine d'espèces de nos régions, ou plus exotiques : ânes, chèvres, sangliers, cerfs blancs, moutons roux d'Ardenne mais aussi bisons, aurochs, bouquetins, lamas, autruches, émeus (autruches d'Australie), walabys (petits kangourous), ainsi que certains des animaux... consommés aux restos de *L'Auberge de la Ferme* (les vaches « limousines », entre autres). C'est joli, et les bêtes sont loin d'être confinées, mais la balade en petit train peut se révéler lourdement touristique... En revanche, on peut le découvrir seul et à pied si on loge à l'hôtel.

BOTASSART *(6833)*

🎥🚶 On aime bien ce village menant peut-être au plus beau méandre, le **tombeau du Géant.** On reste saisi par la grandeur, l'harmonie du paysage. À contempler en amoureux. On retrouve ses émois d'ado.

ALLE-SUR-SEMOIS *(5550)*

Sans bien s'en rendre compte, on est passé dans la province de Namur. Centre ardoisier et village très touristique de la basse Semois. Les campings se succèdent le long de la rivière et, désolé pour les heureux propriétaires de caravanes, cela gâche vraiment le paysage. Le centre du village, restauré récemment, est toutefois bien joli avec ses maisons en pierre de schiste autour de l'église au clocher bulbeux.

À voir. À faire

🚶 **Ardois'Alle :** *rue de Reposseau, 12.* 📱 *0497-45-43-74.* ● ardoisalle.be ● *Ouv avr-1er nov, tlj sf lun pdt les vac scol, ainsi que les w-e et j. fériés ; visites à 11h, 13h30, 14h30, 15h30 et 16h30. Entrée : 6 € ; réduc.* Plongée dans le sous-sol schisteux (attention, température d'environ 10 °C !) pour découvrir l'industrie ardoisière à présent disparue. Magie des profondeurs, couloirs angoissants et salles baignées par la nappe aquifère. Vidéo et petit musée pour en savoir plus. Compter environ 1h en tout.

➤ Plusieurs activités sportives sont possibles au départ d'Alle, à commencer par la **descente de la Semois en kayak** *(compter 2 à 6h, selon le lieu d'embarquement et min 12,50 €/pers ;* **Chez L'Ami Pierre :** 📞 *061-50-03-67 ;* **Kayaks de la Semois :** 📞 *061-50-13-87,* ● kayakslavanne.be ● *;* **Récréalle :** 📞 *061-50-03-81,* ● recrealle.be ●*).* Également du **VTT** (8 circuits balisés dans le coin). Infos au centre *Récréalle (voir ci-dessus),* où se trouvent aussi un bowling et un minigolf.

VRESSE-SUR-SEMOIS *(5550)*

Frère jumeau du précédent, Vresse est aussi un village apprécié des peintres (plusieurs lieux d'expos). Le *Centre d'interprétation d'art de l'École de Vresse* expose de façon permanente 250 tableaux d'artistes ayant contribué, depuis plus de 100 ans, à la renommée artistique de la région *(112a, rue Albert Raty.* 📞 *061-58-92-99 ; tlj début avr-fin déc, 14h-17h).* On trouve aussi à Vresse un pont à trois arches, dont la dernière construction remonte à 1774 et depuis quelques années déjà, une curiosité qui attire les curieux. Protégée par une

« cabane » vitrée, une reproduction, en bois et en taille réelle, de la locomotive « Le Belge » (datant quant à elle de 1835)...

Adresse utile

🛈 **Maison du tourisme de l'Ardenne namuroise :** rue Albert-Raty, 83. ☎ 061-29-28-27. ● ardenne-namuroise.be ● Juil-août, tlj 9h-19h ; le reste de l'année, ouv tlj (sf 1er janv et 25 déc) mais horaires variables. Toute la doc sur la région et, en prime, une galerie de peinture à l'étage.

Où dormir ? Où manger dans le coin ?

🛏 I●I **Maison d'hôtes Les Alisiers :** rue du Coin, 17, **Membre (5550)**, à 3 km de Vresse-sur-Semois. ☎ 061-50-00-01. ● alisiers@swing.be ● lesalisiers.be ● Fermé 1 sem en janv et en sept. Double 75 €, petit déj inclus. Table d'hôtes 38 €, apéro, vin et café compris. CB refusées. 📶 Réduc de 10 % sur le prix de la chambre, sur présentation de ce guide. Une bonne adresse si vous cherchez à vous poser, même une nuit, dans la région. Dans la maison, 3 chambres coquettes et très bien tenues, avec mobilier en bois et murs de pierre apparente. On aime bien la « Simone » (là même où la proprio est née !), avec mezzanine et grosses poutres au plafond. Mais il y a fort à parier que vous craquerez pour la magnifique roulotte qui campe dans un jardin voisin ; rose et bleue, bourrée de charme et ultra cosy ! Petit déj (confitures maison, croissants, œufs de ferme) pris dans un beau salon avec piano. La maison est fière aussi de sa table d'hôtes, concoctée par le proprio, qui était restaurateur à Namur.

À voir, à faire dans les environs

🎿🥾 **Laforêt :** à 2 km de là, un croquignolet petit village, considéré comme un des plus beaux de Wallonie, voire de Belgique. Un havre de quiétude ! Ses solides maisons rurales construites en schiste ont bien de quoi séduire le visiteur mais on peut regretter qu'il soit réduit malheureusement à l'état de village résidentiel ou, pire, de village-musée. Remarquez ces curieuses granges à la charpente branlante et apparente ; ce sont d'anciens séchoirs à tabac.

LA PROVINCE DE NAMUR

> « Les bords de la Meuse sont beaux et jolis.
> Il est étrange qu'on en parle si peu ! »
>
> Victor Hugo (1838).

Comme il avait raison, le père Hugo. Et aujourd'hui c'est toujours aussi vrai. Les habitants de la *Belle Province* belge pèchent par excès de modestie et auraient intérêt à mieux faire connaître leurs trésors. Encore une province bien verte, profondément entaillée par la Meuse qui livre là, de Namur à la frontière française, une délicieuse balade bucolique. L'eau est bien présente. Surtout en profondeur, où elle a taraudé la roche et produit parmi les plus belles grottes du pays. Du coup, les sportifs sont à la noce : il faut voir les grimpeurs faire la queue, le dimanche, au pied des falaises de Freÿr. Et puis son lot de châteaux, manoirs, remarquables musées, églises et abbayes. Et le meilleur tout de suite... Namur, l'autre capitale de la Belgique !

NAMUR   (5000)   108 000 hab.

Si Liège étourdit par son rythme effréné, Namur, au contraire, apaise par son côté gentiment provincial. Et puis, ici, point de voies à grande vitesse ou trop de ponts à franchir pour découvrir de nouveaux quartiers. Au pied de son rocher, tout est à portée de lance-pierre, circonscrit à un beau centre historique, en grande partie préservé. Et pourtant, sa position stratégi-

L'ESCARGOT NAMUROIS

Le petit-gris de Namur est l'une des grandes spécialités culinaires de la ville... mais l'escargot se trouve être également son emblème. Jusqu'à une chanson taquine qui compare le Namurois au gastéropode : « On dit qu'les Namurwès sont lents... mais quand ils sont dedans, ils y sont pour longtemps. »

que entre Sambre et Meuse lui valut bien des sièges au long des siècles. Les promoteurs immobiliers l'ont aussi durement attaqué dans les années 1970-1980. À ce dernier siège cependant, les Namurois ont bien riposté. Aujourd'hui, Namur est la capitale administrative de la Wallonie et le siège du Parlement wallon s'est installé au pied de la citadelle, dans l'ancien hospice *Saint-Gilles.*

Namur jette sa réputation de ville « sage » aux orties lors des fêtes de Wallonie, le troisième week-end de septembre. La ville est alors prise de frénésie : de la musique à tous les coins de rue et le *peket* qui coule à flots. À ne pas manquer.

UN PEU D'HISTOIRE

Même si une occupation préhistorique est avérée, ce sont les Romains qui donnent à Namur une réelle urbanisation. Le site est stratégique et se développe rapidement. Sous Charlemagne, c'est déjà une petite ville. S'ensuivent les raids des Vikings et autres Normands avant que la situation se stabilise de nouveau. Au Xe s, installation du premier comte de Namur. Le dernier, ruiné, vend sa ville en 1421 à *Philippe le Bon,* duc de Bourgogne. Dès lors, Namur ne cesse, pendant cinq siècles, d'être convoitée et assiégée. À tel point que les maisons possédaient des greniers carrelés pour éviter que les boulets chauffés à blanc n'y mettent le feu. Non, on ne va pas vous faire la liste des sièges, mais voici quand même quelques temps forts : après la séquence bourguignonne vient l'occupation espagnole. Au XVIIe s, *Louis XIV* s'intéresse à son tour à cette position stratégique. Après l'avoir conquise en 1692, il la perd 3 ans plus tard, au profit de *Guillaume d'Orange.* Puis, en 1701, retour de la France et, en 1715, de la Hollande. En 1746, *Louis XV* remet le couvert, mais la ville est reprise par l'Autriche qui se hâte de démolir les remparts. En 1792, les armées de la Révolution française s'en emparent et en font la préfecture de Sambre-et-Meuse jusqu'en 1814.

Au XIXe s, cachée par son rocher, Namur est oubliée par la révolution industrielle. Tant mieux ! En outre au XXe s, les deux guerres mondiales furent moins meurtrières pour l'architecture de la ville que dans nombre d'autres cités belges. Une anecdote importante : la résistance de Namur en 1914 donna le temps à *Joffre* d'élaborer sa tactique pour remporter la bataille de la Marne.

Adresses et info utiles

🛈 **Maison du tourisme du pays de Namur** *(plan C1, 1)* **:** sq. Léopold. ☎ 081-24-64-49. ● namurtourisme. be ● *Tlj 9h30-18h.* 📶 *(gratuit).* Plan de la ville, liste des hébergements (hôtels, chambres d'hôtes, « gîtes citadins »...), dépliant sur les différents circuits pédestres pour découvrir la citadelle, brochure payante détaillée *Vill' en*

NAMUR

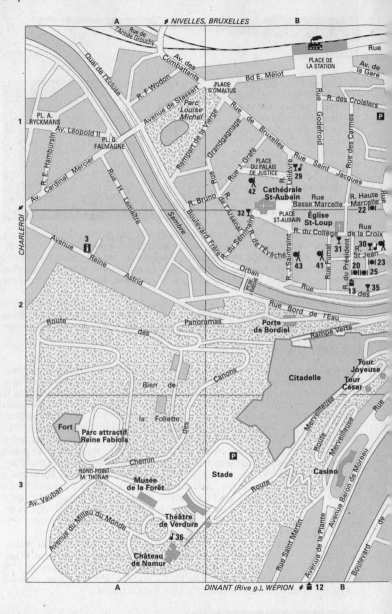

NIVELLES, BRUXELLES

A   B

Rue de l'Armée Grouchy

Rue

PLACE DE
LA STATION

Av. de
la Gare

Quai de l'Écluse

Av. des Combattants

Bd E. Mélot

R. des Croisiers

R. F. Wodon

Rue Godefroid

R. des Carmes

PLACE
D'OMALIUS

Avenue de Stassart

Rue de Bruxelles

PL. A.
RYCKMANS

Parc
Louise
Michel

Rue Saint Jacques

Av. Léopold II

PL. G.
FALMAGNE

Rempart de la Vierge

Rue J. Grafé

PLACE
DU PALAIS
DE JUSTICE

29

R. E. Hambursin

Rue Grandgagnage

R. Lelièvre

R. Haute
Marcelle

42

Cathédrale
St-Aubain

Rue
Basse Marcelle

22

Av. Cardinal Mercier

Rue H. Lemaître

R. Bruno

32

PLACE
ST-AUBAIN

Église
St-Loup

Rue
de la Croix

30

R. de l'Arsenal

Sambre

Boulevard Frère

R. du Séminaire

R. de l'Évêché

R. du Collège

31

R. du Président

St Jean

3

Avenue

Reine

Astrid

R. J. Saintraint

43   41

20

23

25

Orban

Rue Fumal

13

des

35

Pte LEUZE

Rue

CHARLEROI

Rue Bord de l'Eau

2

Route

Panoramas

Porte
de Bordial

Rampe Verte

des

Tour
Joyeuse

Bien   de

Canons

Citadelle

Tour
César

Merveilleuse

Rue

la   Foliette

Merveilleuse

Fort

Parc attractif
Reine Fabiola

des

Route

Chemin

ROND-POINT
M. THONAR

P

Casino

Avenue Baron de Moreau

Av. Vauban

Musée
de la Forêt

Stade

Route

3

Avenue du Milieu du Monde

Théâtre
de Verdure

Rue Saint Martin

Avenue de la Plante

Boulevard

de

36

Château
de Namur

A   DINANT (Rive g.), WÉPION ⚓ 12   B

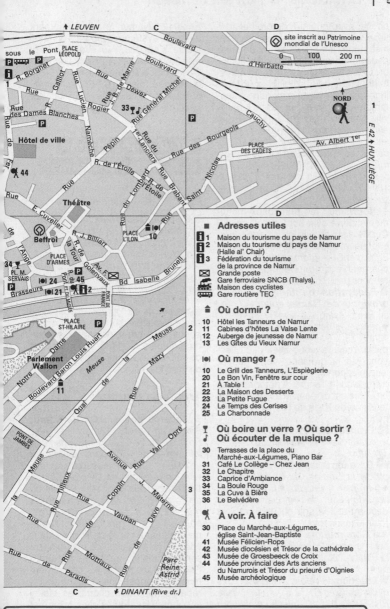

↑ *LEUVEN*

⊙ site inscrit au Patrimoine mondial de l'Unesco

0   100   200 m

NORD

E 42 → HUY, LIÈGE

■ Adresses utiles

ℹ **1** Maison du tourisme du pays de Namur
ℹ **2** Maison du tourisme du pays de Namur (Halle al' Chair)
ℹ **3** Fédération du tourisme de la province de Namur
✉ Grande poste
🚂 Gare ferroviaire SNCB (Thalys), Maison des cyclistes
🚌 Gare routière TEC

🛏 Où dormir ?

10 Hôtel les Tanneurs de Namur
11 Cabines d'hôtes La Valse Lente
12 Auberge de jeunesse de Namur
13 Les Gîtes du Vieux Namur

🍽 Où manger ?

10 Le Grill des Tanneurs, L'Espièglerie
20 Le Bon Vin, Fenêtre sur cour
21 À Table !
22 La Maison des Desserts
23 La Petite Fugue
24 Le Temps des Cerises
25 La Charbonnade

🍷 Où boire un verre ? Où sortir ?
🎵 Où écouter de la musique ?

30 Terrasses de la place du Marché-aux-Légumes, Piano Bar
31 Café Le Collège – Chez Jean
32 Le Chapitre
33 Caprice d'Ambiance
34 La Boule Rouge
35 La Cuve à Bière
36 Le Belvédère

🎿 À voir. À faire

30 Place du Marché-aux-Légumes, église Saint-Jean-Baptiste
41 Musée Félicien-Rops
42 Musée diocésien et Trésor de la cathédrale
43 Musée de Groesbeeck de Croix
44 Musée provincial des Arts anciens du Namurois et Trésor du prieuré d'Oignies
45 Musée archéologique

↓ *DINANT (Rive dr.)*

NAMUR

poche, avec quantité de promenades urbaines et thématiques dans le centre historique, itinéraires de randonnées pédestres dans la région. Enfin, l'office de tourisme organise tous les après-midi (sauf jeudi) en juillet-août (et le lundi après-midi en mai, juin et septembre) des visites guidées de la vieille ville (durée : 1h30-2h). *Également un autre point infos à la* **halle al'Chair** *(ex-maison de la Viande ; plan C2,* **2***), dans le bâtiment Musée archéologique, rue du Pont, 21.* ☎ *081-24-64-48. Avr-sept, tlj 9h30-18h ; oct-mars tlj sf lun 10h-17h. Vente des billets de croisière sur la Meuse.*

– *@tourisme :* les principaux monuments de la ville sont dotés de **QR Codes,** lisibles par les smartphones, et donnant accès à des infos précises. Également un **audioguide MP3** téléchargeable gratuitement sur smartphones depuis leur site internet.

🛈 *Fédération du tourisme de la province de Namur (plan A2, 3) : av. Reine-Astrid, 22.* ☎ *081-77-67-57.* ● *paysdesvallees.be* ● *Lun-ven 9h-12h, 13h-16h30.* Pas vraiment réservé au public mais, si vous avez des questions sur la province, vous pouvez leur téléphoner, consulter leur site ou même vous y rendre. À noter que leur brochure est disponible à la maison du tourisme du Pays de Namur (voir plus haut).

✉ *Grande poste (plan C2) : av. Golenvaux, 43. Dans le quartier du théâtre. Tlj sf dim.*

🚆 *Gare ferroviaire SNCB (plan B1) : pl. de la Station.* ☎ *02-528-28-28.* ● *b-rail.be* ● *thalys.com* ● Env 500 m au nord du centre ancien. Liaison *Thalys* depuis Paris le soir en 2h20, et vers Paris le matin tôt.

🚍 *Gare routière TEC (plan C1) : rue sous le pont.* **Point info TEC :** *pl. de la Station.* ☎ *081-25-35-55.* ● *infotec. be* ●

■ *Location de vélos : à la Maison des cyclistes (plan B1), à la gare ferroviaire* SNCB. ☎ *081-81-38-48.* ● *maisonsdescyclistes.be* ● *Avr-sept : lun-ven 11h (7h mar et ven)-19h, w-e 9h30-12h, 12h45-18h ; oct-mars : tlj sf w-e 10h-18h, mar 7h-19h. Loc : 12 €/j.* Propose aussi des promenades guidées à bicyclette.

En 2012, Namur s'est également mise au système *Vélib'.* La version locale s'appelle « **Li Bia Vélo** » et met 240 biclounes à disposition dans 24 stations. ● *libiavelo.be* ●

■ *Marché (plan B-C1-2) : sam mat ; rue de Fer, rue de l'Ange, rue Saint Jacques, rue Lelièvre, et pl. Saint Aubin.*

Où dormir à Namur et dans les environs ?

Camping

⛺ *Camping Les Trieux : rue des Trîs, 99,* **Malonne** *(5020).* ☎ *081-44-55-83.* ● *camping.les.trieux@skynet.be* ● *À quelques km à l'ouest de Namur ; accès : bus n° 6 (ils peuvent aussi venir vous chercher à la gare). Ouv avr-oct.* Compter 11-14 € pour 2 pers avec tente et voiture. 🛜 Café offert sur présentation de ce guide. Un camping plutôt bien situé, sur une pente douce bordée d'un pré et de sapins, en bordure d'une forêt. Ping-pong, location de vélos, et quelques ânes aussi pour distraire les mômes.

Très bon marché

🛏 *Auberge de jeunesse de Namur (hors plan par B3,* **12***) : av. Félicien-Rops, 8.* ☎ *081-22-36-88.* ● *namur@laj.be* ● *laj.be* ● ♿ *Dans le quartier La Plante, env 2 km au sud du centre-ville, en direction de Wépion-Dinant. De la gare, bus n°s 3 et 4.* Nuitée en dortoir 18-20 €/pers ; chambres doubles 46-50 € ; draps et petit déj compris. 🖥 🛜 (gratuit). Agréablement située en bord de Meuse, dans une ancienne maison de maître ayant servie d'atelier au célèbre peintre Félicien Rops, cette AJ récemment rénovée propose une centaine de lits répartis dans des chambres nickel à 2, 4 ou 5 lits, toutes avec lavabo et douche ; w-c sur le palier. Certaines ont vue sur la Meuse. Sur place : resto-bar, coin-TV, petite bibliothèque, laverie, cuisine aménagée, jardin, terrain de volley... Accueil et ambiance sympas.

De prix modérés à prix moyens

🛏 *Les Gîtes du Vieux Namur* (plan B2, **13**) : *rue du Président, 32.* 📞 0495-27-59-31. • *info@lesgitesduvieuxnamur.be* • *lesgitesduvieuxnamur.be* • *Studios (2 pers) 85 € (2 nuits min) ; réduc dès la 4e nuit ; pas de petit déj.* 📶 *(gratuit).* Dans cette charmante maison du XVIIe s en plein cœur historique de Namur, on recommande volontiers ces 4 beaux studios confortables (cuisine équipée, TV...) aménagés dans un style moderne, sobre et clair. Également d'autres « gîtes citadins » du même tonneau (dont un duplex pour 4 personnes) dans la maison d'en face. Accueil vraiment sympa. Un bon plan pour explorer la vieille ville, animée le jour et calme la nuit.

🛏 *Cabines d'hôtes La Valse Lente* (plan C2, **11**) : *péniche amarrée au quai face au bd Baron-Louis-Huart.* 📞 0479-56-91-16. • *info@lavalselente.be* • *lavalselente.be* • *Cabine double 70 € ; petit déj compris.* Amarrée sous la citadelle, cette ancienne péniche de transport de 38 m de long compte désormais 4 chambres assez petites et simples, mais joliment décorées et toutes avec salle de bains. Agréable grand salon-cuisine ouverte avec larges hublots sur la Meuse pour musarder. Propose aussi des formules croisières. Accueil vraiment gentil. Une belle adresse décalée pour dormir aux portes de la vieille ville.

🛏 *La Maison Couleurs, Nature* : *rue du Try, 13, Thon-Samson (5300).* 📞 081-21-06-38. 📞 0497-32-55-64. • *manuelle.biernaux@yahoo.fr* • *thon-samson.be* • *Env 10 km à l'est de Namur ; en venant par la N 90, entrer dans le village de Samson ; ne pas prendre la 1re route qui monte sur Thon mais la 2e à la sortie du village (panneaux). Double 55 €, petit déj compris.* Dans l'environnement champêtre et joliment préservé du village de Thon, classé parmi les plus beaux de Wallonie, cette ancienne ferme reconvertie propose 5 chambres mansardées et personnalisées, avec sanitaires impeccables. Petit coin-TV et bel espace pour les repas (bonne table d'hôtes), si le ciel fait grise mine. Sinon, belle terrasse à l'arrière donnant sur les champs et les rochers des hautes berges de la Meuse. Une bonne adresse.

Plus chic

🛏 *Hôtel Les Tanneurs de Namur* (plan C2, **10**) : *rue des Tanneries, 13.* 📞 081-24-00-24. • *info@tanneurs.com* • *tanneurs.com* • *Doubles 55-215 € ; petit déj-buffet (extraordinaire !) en sus 10 €/pers.* 📶 *(gratuit).* Dans une ruelle pittoresque du vieux Namur, ces 13 maisons anciennes ont été réunies et transformées en un petit complexe hôtelier de charme. Remarquable rénovation intérieure, en matériaux nobles, prenant place dans un festival d'angles, de recoins, petits escaliers et décrochages. À dispo, une trentaine de jolies chambres, de taille, configuration et prix très variables, mais affichant toutes plus ou moins le même style. Les moins chères, agréables et d'un bon niveau de confort (TV, minibar), demeurent une excellente affaire ; les autres, les plus chères notamment (en duplex), sont tout bonnement superbes et luxueuses (jacuzzi, minichaîne...). Sur place, 2 excellents restos : *Le Grill des Tanneurs* (abordable) et *L'Espièglerie* (chic). Voir plus loin « Où manger ? ».

🛏 *Chambres d'hôte Le Manoir Ivoire* : *chaussée de Dinant, 642, Wépion (5100).* 📞 0477-52-75-60. • *info@manoir-ivoire.com* • *manoir-ivoire.com* • *Doubles 109-149 €, selon taille ; réduc dès la 3e nuit ; petit déj compris.* Plantée au bord de la Meuse et bien isolée du bruit de la route qui passe devant, cette superbe maison de maître du début XXe s abrite 4 chambres confortables et coquettes, décorées avec un charme fou en soignant les détails de l'architecture d'antan. Salles de bains géantes avec douche et bain. Terrasse à l'arrière, donnant sur un parc privé. Une adresse de charme, romantique à souhait.

Où manger ?

Prix moyens

🍽 *La Maison des Desserts* (plan B1-2, **22**) : *rue Haute-Marcelle, 17.* 📞 081-22-74-51. • *mddnam@hotmail.com* • *Tlj sf lun 8h30 (8h sam-dim)-19h. Fermé les 3 dernières sem de juil. Plats 7-19 €.* Dans une jolie demeure du XVIIIe s, c'est un salon de thé à la déco bourgeoise, doublé, à l'arrière, d'une

NAMUR

salle sous verrière, fleurie et plus cosy. On s'y régale des croques, crêpes, gaufres, quiches, salades, mais aussi de bons petits plats de saison, plus consistants. Également de beaux desserts dans d'alléchantes vitrines, que l'on peut aussi dévorer à l'heure du thé. Idéal aussi au petit déj. Une excellente adresse.

I●I À Table ! *(plan C2, 21)* : rue des Brasseurs, 21. ☎ 081-26-16-26. ● a.table. namur@gmail.com ● Tlj sf dim ; lun-sam 12h-14h30, ven-sam 18h30-21h30. Plats 10-15 €. On a un petit faible pour cette adresse, à mi-chemin entre le resto et la table d'hôtes, où l'on est accueilli par les bonnes odeurs de la cuisine ouverte. Là, deux copines mitonnent omelettes, risottos, et autres plats de saison assez simples, mais plein de goût et 100 % bio. Le tout servi dans deux petites salles dont une donne sur la Meuse.

I●I La Charbonnade *(plan B2, 25)* : pl. Chamoine-Deschamps, 40. ☎ 081-22-44-45. Tlj sf mer. Lunch 12,50 € ; menu 15 €. Ambiance tex-mex dans ce resto spécialisé dans les viandes, cuites à même les tables, équipées d'un grill et d'une hotte. Simple et bon, mais assez enfumé quand même ! Un resto idéal entre copains.

De prix moyens à un peu plus chic

I●I Le Temps des Cerises *(plan C2, 24)* : rue des Brasseurs, 22. ☎ 081-22-53-26. ● cerises@cerises.be ● Ouv tlj sf dim, lun et sam midi. Fermé mi-juil à mi-août. Résa conseillée. Le midi, menu 21 € ; plats 19-21 €. Compter 35 € à la carte. Vin au verre. Petite salle pimpante tout en blanc et rouge avec, aux murs, les signatures des vedettes qui s'y sont déjà mis les pieds sous la table. La cuisine, réalisée exclusivement avec des produits frais, est goûteuse, méticuleuse, et révèle même des saveurs qu'on croyait perdues. Juste quelques plats à la carte, dont la locomotive demeure sans conteste : le fameux groin de cochon à la sauce Sambre et Meuse ! Également une carte à thèmes changeant tous les 2-3 mois. Bon accueil et atmosphère

détendue. Quelques tables dehors à la belle saison. Une des adresses les plus typiques du vieux Namur. On aime !

I●I Le Bon Vin *(plan B2, 20)* : rue du Président, 43 (angle rue des Fossés-Fleuris). ☎ 081-22-28-08. Tlj sf lun 12h-14h, 19h-21h (sf mar, mer et dim). Fermé j. fériés et 3 sem en juil-août. Résa conseillée le sam. Formules déj 17-20 € ; menu w-e 30 € ; plats 9-23 €. CB refusées. On a bien mangé dans ce petit resto chaleureux du centre, bondé en fin de semaine, qui fait aussi bar à vins. Peu de choix sur l'ardoise, mais des plats bien ficelés, savoureux, et toujours concoctés avec des produits bio régionaux. Également de bonnes salades pour les fauchés. Vins au verre. Une adresse à prix juste.

I●I Le Grill des Tanneurs *(plan C2, 10)* : rue des Tanneries, 13. ☎ 081-24-00-24. Au 1er étage de l'Hôtel Les Tanneurs de Namur *(voir « Où dormir ? »)*. Tlj midi et soir. Formule déj env 9 € ; menu 28 € ; plats 13-25 €. Dans ces quelques maisons anciennes transformées en auberge, ce resto agréable sert d'excellents petits plats de brasserie, et des viandes grillées, leur spécialité. À midi, leur menu est un formidable rapport qualité-prix. Bravo ! Terrasse aux beaux jours.

I●I Fenêtre sur Cour *(plan B2, 20)* : rue du Président, 35. ☎ 081-23-09-08. ● resto@exterieurnuit.be ● Tlj sf dim. Formule déj (en sem slt) 8,50-12 € ; plats 11-23 €. Avec parquet, moulures et cheminée, la salle – chaleureuse et intime en soirée – affiche tout le charme de l'ancien. Également une jolie véranda Art nouveau donnant sur la cour intérieure. Dans l'assiette, cuisine de marché honnête et d'un bon rapport qualité-prix, notamment leur imbattable formule du midi. Les gens qui travaillent dans le quartier l'ont bien compris !

Chic

I●I La Petite Fugue *(plan B2, 23)* : pl. Chanoine-Descamps, 5. ☎ 081-23-13-20. ● lapetitefugue@yahoo. fr ● Tlj 12h-14h et 18h-21h30. Lunch 17 € ; menus 29-55 € ; plats 17-29 €. Le cadre contemporain, élégant et feutré, sans ostentation, s'avère un écrin parfait pour la cuisine de ce chef inspiré. Ici, le terroir belge est à l'honneur, cuisiné de manière subtile et audacieuse, et la carte, sans cesse renouvelée, fait de belles échappées, toujours dans le plus grand respect des saisons et des produits du cru. Un sans-faute à prix raisonnable. Belle cave à vins. Une vraie expérience !

I●I *L'Espièglerie* (plan C2, **10**) : rue des Tanneries, 13. ☎ 081-24-00-24. *Au rez-de-chaussée de l*'Hôtel Les Tanneurs de Namur *(voir « Où dormir ? »). Fermé sam midi et dim soir. Formule déj 22 € ; menus 46-60 € ; plats 25-36 €.* Sous d'antiques voûtes en pierre, on est séduit par le cadre à la fois rustique et cossu de ce resto, l'un des meilleurs de Namur. Cuisine de saison, fine, inventive et de haute volée, qui travaille à merveille les produits frais du terroir. On s'est regalé !

Où boire un verre ? Où sortir ? Où écouter de la musique ?

♈ Nombreuses *terrasses* sur la *place du Marché-aux-Légumes (plan B2, 30),* prises d'assaut dès que le soleil darde ses rayons.

♈ *Café Le Collège – Chez Jean (plan B2, 31) : rue du Collège, 15.* ☎ *081-23-09-95. Tlj sf dim-lun jusqu'à 20h.* Sympathique troquet de quartier. Derrière sa façade discrète, difficile d'imaginer qu'il s'agit du café fétiche des Namurois, tenu par un patron charmeur et gouailleur... un sacré personnage ! Toute la ville y défile, à un moment de la journée. La bière est tirée de main de maître, mousseuse à souhait. Et ça, ça vous change une Stella ! Quelques bonnes trappistes pour les amateurs.

♈ *Le Chapitre (plan B1-2, 32) : rue du Séminaire, 4 (angle de pl. Saint-Aubain).* ☎ *081-22-69-60. Tlj sf dim 14h-jusqu'à tard.* Estaminet chaleureux tout en briques, poutres, vieilles plaques émaillées et autres affiches publicitaires aux murs. Parfait pour descendre une bière spéciale... dont la sélection est affichée sur l'ardoise. On y sert aussi, en exclusivité, la Chapitre, une bière genre Pils mais meilleure !

♈ ♪ *Piano-Bar (plan B2, 30) : pl. du Marché-aux-Légumes, 10.* ☎ *081-23-06-33.* ● *annie.pianob@hotmail. fr* ● *lepianobarnamur.be* ● Toujours très courue, cette longue salle avec écran TV et petite scène accueille des concerts de blues, rock, disco, etc., les vendredi et samedi soir, dans une atmosphère très amicale.

♈ ♪ *Caprice d'Ambiance (plan C1, 33) : rue Général Michel, 13.* On aime bien ce bar-*lounge* tout rouge, avec ses fauteuils et canapés baroques. Clientèle de tous âges qui sirote une foule de cocktails sur fond de musique branchée. Un lieu étonnant !

♈ *La Boule Rouge (plan C2, 34) : rue des Frippiers, 3.* ▯ *0479-29-49-52.* ● *labouleerouge3@gmail.com* ● *Ouv mer-sam dès 16h30.* Un café d'artistes sympa et vivant, proposant des soirées à thème. Un lieu « différent » pour des soirées originales et conviviales, un peu dans le style « Namur en mai » (voir plus loin « Manifestations »). Mezzanines et gros ventilos pour refroidir les esprits féconds.

♈ *La Cuve à Bière (plan B2, 35) : rue des Brasseurs, 108.* ☎ *081-26-13-63. Ouv mar-sam dès 17h.* Taverne chaleureuse dédiée à Gambrinus, avec un bar en forme de cuve, bien sûr. Grand choix de bières qui réunit pas mal d'habitués et alimente un joyeux brouhaha.

♪ *Le Belvédère (plan A3, 36) : av. Marie-d'Artois, 1 (dans la Citadelle).* ☎ *081-81-39-00.* ● *belvedere-namur. be* ● *Concerts en fin de sem.* Un temple de la musique contemporaine doté d'une programmation éclectique étonnante : jazz, pop, rock, *psychedelic,* punk, *hardcore...*

À voir. À faire

Rappel : la Maison du tourisme (voir « Adresses utiles ») donne des brochures et organise des visites guidées thématiques pour partir à la découverte du riche patrimoine namurois.

Le vieux centre historique

⚲ La place du Marché-aux-Légumes *(plan B2, 30)* **:** le cœur de la cité. À l'ombre de l'église Saint-Jean. Charmante en tous points, avec ses demeures XVIIIe s et ses vastes terrasses de cafés qui s'emplissent d'une jeunesse vite dissipée à la moindre apparition du soleil. On y trouve le *Ratin Tot,* la plus ancienne taverne de la ville (1616). Au milieu de la place, l'antique pompe à eau.

⚲ L'église Saint-Jean-Baptiste *(plan B2, 30)* **:** c'est le plus vieux sanctuaire de Namur dont la construction date du XVIe s ; coiffée par la suite d'un clocher baroque... dissymétrique. Voyez par vous-même, il n'est pas dans la ligne ! À l'intérieur, il se dégage une certaine intimité. Style composite avec tous les ajouts de ces deux derniers siècles. Chaire et tribune d'orgue en bois sculpté du XVIIIe s. De part et d'autre du chœur, deux toiles intéressantes : à gauche, *Salomé et la tête de saint Jean-Baptiste* et, à droite, *L'Enfant Jésus.* Ce dernier et l'angelot sont particulièrement réussis (touche Rubens).

⚲⚲ À la découverte de demeures anciennes : marchez donc dans les rues du Président, Rupplemont, Fumal, des Brasseurs *(plan B2),* pour découvrir nombre d'anciennes maisons (XVIIe et XVIIIe s) joliment restaurées. En 1704, un édit obligea de construire les façades en brique et en pierre pour remplacer les colombages. Noter les « coins cassés », angles de rues coupés en biseau qui permettaient aux carrosses et autres charrettes de manœuvrer. À l'angle de la rue du Président et de la rue Saint-Jean, précisément, l'une des plus anciennes demeures de Namur avec, en corniche, son « cordon larmier », permettant à la pluie de s'écouler en larmes. Un romantisme fou !
Au no 20, rue Rupplemont, porte de l'École dominicale des pauvres, construite en 1660. La rue des Brasseurs, qui échappa de peu à la tourmente immobilière des années 1960, a retrouvé son bel ordonnancement. Au no 107, l'une des plus vieilles maisons du quartier et, au no 135, une jolie façade baroque. Au passage, ancienne porte du XVIIIe s, donnant accès à la Sambre.
Rue du Collège, on trouve l'Athénée royal. En dessous de la voûte, les lettres de l'alphabet, pour apprendre dès la rue. Noter le lion hollandais imposé en 1815 après le départ des Français.

⚲⚲⚲ Le musée Félicien-Rops *(plan B2, 41)* **:** rue Fumal, 12. ☎ 081-77-67-65.
● museerops.be ● Tlj sf lun (sf juil-août) 10h-18h. Entrée : 3 € (5 € avec l'expo temporaire) ; réduc ; gratuit pour les – de 12 ans. Audioguide ou Ipod : 2 €.
Commençons par cette citation de Baudelaire : « Ce tant folâtre M. Rops qui n'est pas un prix de Rome, mais dont le talent est haut comme la pyramide de Khéops. » Félicien Rops, hélas ignoré en France, est en fait un immense artiste. Il naît à Namur en 1833 et meurt à Paris en 1898. Étudiant aux Beaux-Arts, influencé par les courants pamphlétaires et libertaires de son époque, il se révèle un caricaturiste au trait féroce et au talent exceptionnel. Nul ne sera étonné de son amitié avec Baudelaire, dont il illustre les *Épaves.* Installé à Paris, il travaille aussi avec Verlaine, Mallarmé, Maupassant, les Goncourt, Barbey d'Aurevilly... La Femme domine nettement son œuvre fantasmagorique. En revanche, sa peinture s'attache exclusivement aux paysages, comme une respiration, un ressourcement quand il broie trop d'idées noires...
Abrité dans un bel hôtel particulier du XVIIIe s, le musée reflète bien les divers aspects de la personnalité de Félicien Rops.
– Au 1er étage, on débute par ses premières armes artistiques, avec la création du journal *Uylenspiegel,* des lithographies caricaturales et un admirable *Enterrement en pays wallon* (avec du Daumier dans le trait). Plus tard, sa rencontre avec Baudelaire donne des œuvres étonnantes, telles *La Mort qui danse, Épaves, Mors syphilitica...*

NAMUR

Paris l'attire. Il y découvre la modernité. Des œuvres majeures sont créées : les remarquables *Dames au pantin, Le Bouge à matelots* (influencé par Lautrec), *La Buveuse d'absinthe* aux yeux qui brillent...

Vient ensuite le Rops graveur avec des planches d'essais et des vitrines techniques...

– Au 2e étage, on aborde Rops le peintre. Une œuvre assez sombre dans l'ensemble, sauf *La Plage de Heyst.* À côté de la *Baie de Monaco,* pas vraiment méditerranéenne, on croise de nombreux souvenirs de voyage, croquis, dessins de personnages... À voir absolument : *Cent légers croquis sans prétention pour réjouir les honnêtes gens* (tout un programme !) et, bien sûr : l'emblématique, sulfureux et formidable *Pornokratès,* qu'il n'aura cessé de décliner.

Découverte, ensuite, du Rops illustrateur d'ouvrages littéraires, en particulier *Le Bonheur dans le crime,* un superbe dessin original au crayon et à l'estompe pour *Les Diaboliques* de Jules Barbey d'Aurevilly ou encore *La Lyre* pour Stéphane Mallarmé.

La visite se termine avec le Rops « satanique » et une surprenante série : *Les Sataniques* et une *Sœur Marie Alacoque* tout à fait inhabituelle !

Pour en savoir plus, le musée propose aussi trois courts-métrages sur la vie de l'artiste, et une bibliothèque centrée sur le XIXe s et l'art de la gravure.

🦶🦶 **L'église Saint-Loup** *(plan B2)* : **rue du Collège, 1.** Construite en 1621. Magnifique exemple de baroque jésuite où perce l'influence de la Renaissance italienne. L'intérieur, visible uniquement d'une cage de verre à l'entrée, vaut le détour : grande nef majestueuse avec deux bas-côtés en berceau ouvragés. Remarquable plafond dit « en berceau à lunettes », en pierre de sable sculptée directement par l'artiste. Ce qui, avec les tonalités grises globales de l'église et les piliers de marbre rouge annelés, donne une polychromie originale. Confessionnaux en « baroque fou » (est-ce encore possible ?) avec abondance de pampres, chérubins et colonnes torses. Chaire du même tabac, d'un style violemment exubérant. L'église accueille parfois des concerts. À ne pas rater !

🦶 **La cathédrale Saint-Aubain** *(plan B1-2)* : édifiée en 1751 par un architecte italien. Elle remplace une église gothique dont on garda une tour du XIIIe s. Triomphe du style classique. Imposante croisée de transept avec coupole ajourée. Décor particulièrement grandiloquent et chargé. Chaire de 1848 à double escalier affichant une stupéfiante monumentalité. Confessionnaux immenses, à la dimension de l'église. Dans le chœur, toiles de Jacques Nicolaï (élève de Rubens). Le Calvaire, à gauche, serait de Van Dyck.

Derrière l'autel de marbre de la cathédrale se trouve un cénotaphe contenant les entrailles de **don Juan d'Autriche,** né en 1545, fils bâtard de Charles Quint et d'une habitante de Ratisbonne. Élevé à la cour d'Espagne, comme un infant, il fait une brillante carrière militaire, combat les pirates barbaresques, dirige la répression de la révolte des Morisques, ces descendants des musulmans du royaume de Grenade, et fait partie des vainqueurs de la bataille de Lépante (1571) comme amiral de la flotte de la Sainte Ligue contre les Turcs. Nommé gouverneur des

UNE DÉPOUILLE CHAHUTÉE

Mourant, don Juan est revêtu de son armure ; à ses doigts, 17 bagues pour les 17 provinces des Pays-Bas, mais la légende raconte qu'elles sont un hommage à ses 17 maîtresses... Son corps embaumé est déposé à la cathédrale de Namur. Un an plus tard, les Espagnols décident du transfert de ses restes au Palais royal de l'Escurial : on démembre le cadavre en tronçons et on l'achemine à cheval clandestinement par la France. Après une cérémonie funèbre, il est déposé dans une crypte spéciale du Palais royal.

Pays-Bas à la suite de l'échec du duc d'Albe, il peine à contenir la rébellion des protestants. Il meurt brusquement du typhus en 1578 au camp de Bouge (à côté de Namur) où campaient ses armées. Pour info, Edmonde Charles-Roux en a brossé le portrait fascinant dans une remarquable bio : *Stèle pour un bâtard* (Grasset, 1992).

🏛 *Le Musée diocésain et Trésor de la cathédrale* (*plan B1, 42*) **:** pl. du Chapitre, 1. ☎ 081-44-42-85. 📱 0476-97-23-24. *Entrée par la cathédrale. Pas d'heures fixes d'ouverture, il faut téléphoner pour visiter le musée. Entrée : 3 € ; réduc.*
Dans deux annexes de la cathédrale récemment restaurées. Beaucoup de pièces présentées se révèlent d'un grand intérêt, à commencer par le *trésor de Saint-Aubain*. On admire aussi la *couronne-reliquaire des saintes Épines* (1210) et son écrin : un autel portatif décoré de 18 scènes de l'Évangile en ivoire de morse, taillées peu après l'an 1000 ; un baiser de paix émaillé du trésor des rois maudits ; une *Notre-Dame du Bon Succès* offerte par Léopold Guillaume en réparation des exactions commises par des soldats espagnols lâchés un soir dans les rues de Namur ; ainsi que la croix de Brogne, orfèvrerie namuroise de 1505.

🏛🏛 *Le musée de Groesbeeck de Croix* (*plan B2, 43*) **:** rue Joseph-Saintraint, 3. ☎ 081-24-87-20. *Tlj sf lun 10h-12h30, 13h15-17h. Fermé Noël-Nouvel An. Entrée : 3 € ; réduc. Audioguide payant.*
Remarquable musée d'Art décoratif, abrité dans une belle demeure patricienne du XVIII° s. La disposition des salles et chambres révèle bien ce que furent les préoccupations de l'aristocratie éclairée de l'époque : recherche du plaisir de vivre, de l'ostentation et de l'intimité tout à la fois. Riches collections d'objets d'art dont nous n'énumérons ici que les plus belles pièces.
– À gauche de l'entrée, grandes salles décorées XVIII° s, nombreux portraits de nobles et d'aristos, meubles d'époque, horloge marquetée namuroise. Pas mal de toiles sur le célèbre siège de Namur de 1695. Argenterie, aiguière Louis XIV et coffret au poinçon de Namur de 1692. Dans la salle à manger, une pièce rare : un jeu de loto complet et peint à la main, du XVIII° s.
– En bas de l'escalier : horloge originale en marbre, énormes bottes de postillon (pas pratiques pour marcher), traîneau, etc. Une élégante cage d'escalier avec rampe sculptée mène à la rotonde du 1er étage. *Triomphe de la Sicile*, attribué à Tiepolo.
– Harpe ancienne et clavecin de 1640 dans le salon de musique. Buffet de mariage et toiles de Juppin, paysagiste namurois. Certaines pièces sont décorées en cuir repoussé de Malines, doré et polychrome (scènes de chasse). Cet ensemble est dans un état de conservation remarquable et justifie à lui seul la visite de ce joli musée, bien romantique au demeurant.
– Ne pas manquer le vestibule des petits appartements, présentant d'intéressants petits portraits des gens du peuple par Henri Michel, et voir, dans le grand couloir, ces portraits des échevins de Namur du XVII° s, ainsi que le joyau du musée : tout un ensemble de toiles et de papiers peints, parmi lesquels un grand panorama de la ville au confluent de la Sambre et de la Meuse.
– Pour se dégourdir les jambes, une balade dans le petit jardin à la française, pour le calme et la vue sur la façade arrière.
– Enfin, à droite de l'entrée, une fabuleuse cuisine aux murs couverts de carreaux de faïence tous différents !

🏛🏛🏛 *Le musée provincial des Arts anciens du Namurois et Trésor du prieuré d'Oignies* (*plan C1, 44*) **:** rue de Fer, 24. ☎ 081-77-67-54. ● museedesartsanciens. be ● *Tlj sf lun 10h-18h. Entrée : 3 € (5 € en cas d'expo temporaire) ; réduc ; gratuit pour les - de 12 ans. Audioguide 2 €.*
Vous êtes gâtés : encore un superbe petit musée médiéval, niché dans l'hôtel de Gaiffier d'Hestroy, une élégante demeure aristocratique du XVIII° s. Doublement incontournable depuis qu'il héberge l'un des joyaux du patrimoine artistique belge : *le trésor du prieuré d'Oignies.*
– *Au rez-de-chaussée – à droite :* la visite débute par le sublime trésor du prieuré d'Oignies. Considéré comme l'une des sept merveilles de Belgique, il s'agit

NAMUR

d'une collection d'orfèvrerie religieuse exceptionnelle, œuvre de l'atelier d'Hugo d'Oignies, grand orfèvre du XIIIe s. À cette époque, l'art religieux mosan atteint des sommets et une renommée dans toute l'Europe continentale... Pendant les guerres qui font suite à la Révolution française, le trésor du prieuré d'Oignies est muré dans une cache jusqu'en 1818, date à laquelle les sœurs de Notre-Dame de Namur le prennent en charge, et le soustraient à leur tour aux soldats Allemands, lors des deux guerres mondiales. Aujourd'hui, hébergé dans ce musée et quasiment au complet, il comprend une quarantaine de pièces sublimes que nous vous laisserons la joie de découvrir. Voici néanmoins nos grands coups de cœur !
– *La reliure d'évangéliaire :* recouverte de feuilles d'argent, lacis de feuillage et plaques niellées. En bas, à gauche, Hugo s'y représente lui-même. À gauche toujours, christ en majesté ; à droite, la Crucifixion.
– La superbe croix byzantine « à double traverse », le reliquaire de la côte de saint Pierre (en forme... de côte), le phylactère de saint Martin (énorme travail de filigrane), d'adorables pyxides (petites boîtes à hosties) d'ivoire, le calice de Gilles de Walcourt (signé Hugo), le pied-reliquaire de saint Blaise, une mitre brodée en fil d'or montrant le martyre de saint Thomas Becket.
– Et puis, bien sûr, le *« Lait de la Vierge »,* incontestablement le reliquaire le plus original. En forme de colombe, il contient, non le lait de la Vierge, mais de la galactite (de la pierre de lait, quoi !) recueillie sur les parois de la grotte du Lait à Bethléem.
– *À l'étage :* à gauche, salle avec de nombreuses sculptures religieuses en bois polychromes. Là, ne pas manquer le magnifique retable doré décrivant l'enfance et la passion du Christ, véritable bande dessinée avant l'heure. Commencer la lecture en bas à gauche par *l'Annonciation.* Toujours à l'étage, côté droit, encore une salle avec de belles pièces, comme ce remarquable retable en pierre tendre représentant la passion et la résurrection du Christ (XVIe s). Bas-reliefs en albâtre, gobelets, patènes, croix, bougeoirs, encensoirs, reliquaires... Et puis cette noble *Vierge à l'Enfant* (XVIe s) en bois polychrome de l'ancienne collégiale Notre-Dame. Enfin, petite salle d'audiovisuel.
– *Retour au rez-de-chaussée – à gauche :* on découvre ici les toiles d'Henri Bles, un peintre namurois du XVIe s qui signait avec une chouette. Amusez-vous à la chercher dans ses œuvres ! Ses paysages sont pleins de fantaisie et de poésie. Alors, vous avez trouvé la chouette ?... Beau triptyque de *L'Adoration des Mages, Pêche miraculeuse devant Namur,* et puis encore *Paysage avec saint Jérôme...*

🦃 *Le mur de la consécration (plan C1) :* non loin du théâtre, et à deux pas du musée des Arts anciens, un des pignons de l'hôtel de ville accueille depuis 2004 la *Fresque des Wallons.* C'est toute la culture et l'histoire wallonnes qui se trouvent ainsi projetées sur ce mur de 320 m². Des personnages historiques bien sûr (Charlemagne, Blanche de Namur...), mais aussi des hommes politiques (comme François Bovesse), des scientifiques (Ernest Solvay), des artistes (Georges Simenon, Salvatore Adamo, Maurane, Benoît Poelvoorde, Paul Delvaux, Félicien Rops...), des sportifs (Justine Henin)... Le coq wallon, le marsupilami, la schtroumpfette ou le Gille de Binche ont eux aussi droit de cité. Près de 250 personnages sont ainsi représentés, certains mieux évoqués que d'autres. Détail amusant : cette fresque est par définition amenée à évoluer, c'est pourquoi certaines tranches de livre ont été laissées vierges afin d'accueillir, le moment venu, de futures célébrités...

🦃 *Le Musée archéologique (plan C2, 45) :* rue du Pont, 21. ☎ 081-23-16-31. Tlj sf lun 10h (10h40 le w-e)-17h. Fermé Noël-Nouvel An. Entrée : 3 € ; réduc ; gratuit le 1er dim du mois. Installé dans la « halle al'Chair », l'ancienne halle aux viandes, voici l'un des plus beaux et rares exemples d'architecture civile du XVIe s. Sur la façade, les armoiries du roi d'Espagne, Philippe II. Les collections seront... un jour transférées dans un nouveau musée mais, en attendant, on peut encore voir la section protohistoire (torques – colliers – en bronze du rocher de Néviau, haches, poteries), la section gallo-romaine (verrerie de Penteville, vestiges de mosaïques) et d'autres objets de sites, tumuli, cimetières du Ier s à l'époque mérovingienne.

Sur le plan-relief de Namur en 1747, on note comme le « Grognon » (quartier du confluent de la Meuse et de la Sambre) était alors urbanisé ; et donc l'ampleur du « crime architectural » commis il y a peu ! Au 1er étage, vestiges du site de Taviers et outils retrouvés dans la villa belgo-romaine d'Anthée. Belle collection de fibules romaines, bijoux, broches émaillées et encore des objets provenant des cimetières francs du Ve s : peignes en os gravés, boucles de ceinturons...

➢ *Petite balade dans le centre :* place d'Armes *(plan C2)* s'élève le bâtiment qui abritait le Conseil régional wallon avant son installation sur le site de l'hospice Saint-Gilles. À sa gauche, le passage voûté pour le beffroi, ancienne tour Saint-Jacques et porte de ville au XIVe s (désormais inscrit par l'Unesco au « Patrimoine mondial de l'humanité », comme l'ensemble des beffrois de France et de Belgique). Puis arrivée au Théâtre royal, magnifique réalisation du début du XIXe s, complètement rénové. Essayez de jeter un coup d'œil sur la grande salle ronde. Rue de la Tour s'élève la tour Marie-Spilar, également vestige de l'enceinte du XIVe s. Au n° 2, rue de la Gravière, porche baroque du XVIIe s de l'ancienne maison de ville de l'abbaye de Floreffe. La rue du Lombard et la rue de l'Étoile sont les axes d'un vieux quartier en pleine restauration. Rue des Tanneries on peut admirer un exemple de rénovation urbaine intelligente : une dizaine d'édifices des XVIIe et XVIIIe s, anciennes tanneries et maisons closes, restaurés en respectant leur architecture originelle et l'ordonnancement de la rue.

La Citadelle

Passé le pont du musée, on parvient au pied de la citadelle, qui est aussi le point d'arrivée du tronçon namurois du pèlerinage de Saint-Jacques-de-Compostelle. Ici, au confluent de la Sambre et de la Meuse, s'étendait un quartier très ancien de la ville, le « Grognon », liquidé dans les années 1970 par les « architectes ». Résultat : un no man's land sur lequel on projetait, jusqu'à il y a peu, de construire le siège du Parlement wallon... ou d'y bâtir un quartier d'habitations, ou encore un centre commercial... mais pour l'instant, on se contente d'un aménagement modeste, et le Parlement wallon s'est installé sagement dans l'hospice Saint-Gilles, rénové pour la circonstance.

🖐 🏃 *La citadelle (plan B-C2-3) :* centre d'infos Terra Nova, ouv tlj 9h-19h (oct-mars : mer, w-e et vac scol 10-17h). ☎ 081-65-45-00. ● *citadelle.namur.be* ● 🥾 *Plusieurs itinéraires d'interprétation balisés gratuits pour découvrir le site et son histoire (plan à la maison du tourisme, ou sur place, au centre d'infos Terra Nova) ; départ au pied de la citadelle, devant le Parlement wallon ; durée : 40 mn-2h45. Avr-sept, tlj, visites guidées thématiques : « les souterrains » (5 € ; réduc ; durée 1h30) et « la médiévale » (5 € ; réduc ; durée 1h30), et découverte du site à bord d'un petit train touristique (5 € ; réduc ; durée : 25 mn) ; le tout accessible aussi avec l'avantageux Citadelle Pass : 9 € ; réduc ; 6 € pour les - de 18 ans ; gratuit pour les - de 4 ans. Oct-mars, visites (sf « la Médiévale ») mer, sam et dim slt. Se renseigner sur les horaires.*
La Citadelle de Namur est un ancien complexe militaro-défensif perché sur un éperon rocheux au confluent de la Meuse et de la Sambre. La première forteresse espagnole du XVe s fut fortifiée par Vauban au XVIIe s et reconstruite par les Hollandais en 1816. Son histoire fut tumultueuse : on dit que le rocher connut 20 sièges en 20 siècles ! Aujourd'hui, il n'y a plus guère que les touristes pour le prendre d'assaut, poussés par quelques attractions : promenades balisées, visites guidées, petit train touristique, et puis encore d'autres curiosités au sommet, comme l'*atelier de parfumerie Guy Delforge (lun-sam 10h-17h30 ; dim 14h-18h. Visites guidées payantes. Infos : ☎ 081-22-12-19. ● delforge.com ●),* les jardins, la vieille forge (artisans), le château des comtes (resto), ainsi qu'une plaine de jeux.

À faire si vous avez encore du temps

➢ **Balades en bateau** *(plan C2, 2) : rens et résas au point infos touristiques de la « halle al' Chair » pour embarquement juste en face.* ☎ *081-24-64-48 ou auprès de la* Compagnie des Bateaux *:* ☎ *082-22-23-15.* ● *bateaux-meuse.be* ● D'avril à septembre, croisières panoramiques sur la Sambre et la Meuse, balade Namur-Wépion et, le dimanche de fin juillet à fin août, circuit Namur-Dinant-Namur (avec passage d'écluses et d'intéressants points de vue en cours de route).

➢ Possibilité aussi de prendre la **Namourette,** une ancienne baleinière reconvertie en *vaporetto* namurois couvert, reliant en quelques minutes le centre de Namur et le port de plaisance de Jambes *(rens auprès du point infos).*

Manifestations

– **Marché aux puces** *: le dim mat sur le quai de la Meuse, de part et d'autre du pont de Jambes.* Beaucoup de stands et de belles affaires si l'on vient de bonne heure. Une institution à Namur.

– **Grands feux sur les hauteurs** *: le 1er w-e du carême.* On allume successivement sept bûchers autour de Namur et la fête culmine avec un grand feu d'artifice.

– **Namur en mai** *: le w-e de l'Ascension (jeu-dim).* Festival des arts forains : magiciens, saltimbanques, bonimenteurs... animent la voie publique. Très chouette.

– **Les fêtes de Wallonie** *: le 3e w-e (lun compris) de sept. Infos :* ☎ *081-24-64-49.* Un véritable cortège de tout le folklore namurois, montrant les lointaines et profondes racines de la ville. Les festivités s'articulent autour de deux points forts : la messe en wallon, le lundi matin à l'église Saint-Jean-Baptiste, et le combat d'échasses, le dimanche après-midi sur la place Saint-Aubain, au cours duquel s'affrontent les « Mélans » et les « Avresses ». Le samedi est surtout consacré à des animations de rue (jeux de quilles, sauts dans des sacs, etc.).

– **Festival international du Film francophone** *: la 1re sem d'oct.* ● *fiff.be* ● Près de 30 années d'existence. Environ 150 films projetés.

DANS LES ENVIRONS DE NAMUR

🏃 **Le musée de la Fraise** *: chaussée de Dinant, 1037, à* **Wépion (5100).** ☎ *081-46-20-07.* ● *museedelafraise.be* ● Env 8 km au sud de Namur. Mi avr-mi-oct, tlj sf lun (sf j. fériés) 14h-18h. Entrée : 3 € ; réduc ; gratuit pour les - de 6 ans. Pour nos lecteurs dentistes ou ceux qui la ramènent trop ! Les collines dominant la ville produisent quelque 400 t de fraises par an, qui sont renommées dans toute la Belgique !

LA PROVINCE DE NAMUR

ANDENNE   (5300)   25 700 hab.

Petite cité mosane à mi-chemin entre Namur et Huy, Andenne s'est développée au sortir du VIIe s autour de la fondation d'une abbaye par sainte Begge, fille d'un Pépin. Y naquit aussi Charles Martel, qui stoppa l'expansion musulmane à Poitiers. À l'âge de 9 ans, il tua d'ailleurs de ses propres mains un ours ; animal devenu aujourd'hui l'emblème de la ville. Si, à première vue, Andenne ne présente qu'une longue rue commerçante perpendiculaire au fleuve, un œil attentif y découvre quelques belles demeures des

XVIIᵉ et XVIIIᵉ s et, au fond de la vallée, un intéressant quartier préservé autour de la collégiale Sainte-Begge.

Adresse utile

ℹ Office de tourisme : pl. des Tilleuls, 48. ☎ 085-84-96-40. ● andennetourisme.be ● Lun-ven 9h-17h et, mai-sept et vac scol w-e 10h-16h. Situé dans un magnifique édifice Art nouveau de 1907. Plan de la ville, agenda culturel, guide numérique de découverte d'Andenne, téléchargeable sur smartphones à partir de leur site internet, cartes (payantes) des promenades de la région. Organise aussi des visites guidées. Bon accueil.

Où manger ?

|●| Le Barcelone : rue Brun, 14. ☎ 085-84-32-68. ● barcelone@skynet.

be ● Tlj 11h-15h, 18h-23h (minuit w-e). Plats 9-20 €. Bar-resto à la déco faux chic. La salle à manger en contrebas est plus sobre, grise et assez zen. Sert une cuisine honnête, variée et copieuse, capable de contenter un estomac affamé normalement constitué. Également des moules et pas mal de petits en-cas pas chers.

|●| Des lecteurs s'enthousiasment aussi pour les restos **Saveurs Plaisirs** et **Gaïvota** (spécialités portugaises), situés tout deux sur la place des Tilleuls (juste à côté de l'office de tourisme) et dotés d'une agréable terrasse au soleil sur la place. Mais nous ne les avons pas testés.

À voir

🏃 La place des Tilleuls : le cœur d'Andenne, bordée de maisons fin XIXᵉ s-début XXᵉ s, avec son hôtel de ville et un kiosque à musique.

🏃 Le musée de la Céramique : rue Charles-Lapierre, 29. ☎ 085-84-41-81. ● ceramandenne.be ● Mar-ven 9h-12h, 13h-16h30 ; le w-e 14h-17h. Entrée : 4 € ; réduc. Musée installé dans une maison du cœur de la vieille ville et dédié à l'une des grandes activités traditionnelles du coin. Au rez-de-chaussée : salle géologique et archéologique. Explication sur l'origine du travail de la céramique à Andenne. Belle maquette de la ville au XVIIIᵉ s. Aux 1ᵉʳ et 2ᵉ étages, beaux exemples des productions issues de la terre de la région, réalisés entre les XVIIIᵉ et XXᵉ s : céramique, faïence, porcelaine... S'attarder sur le travail d'Arthur Craco, qui réalisa notamment des fontaines en grès cérame, ainsi qu'une belle nativité composée de 17 personnages (au 2ᵉ étage) pour l'expo universelle de Bruxelles de 1935.

🏃 On débouche ensuite sur la magnifique **place du Chapitre,** bordée de maisons patriciennes qui fleurent bon leur notabilité Ancien Régime.

– **La collégiale Sainte-Begge :** pl. du Chapitre, 19. ☎ 085-84-13-60. Mai-juin et sept, visite les 1ᵉʳ et 3ᵉ dim du mois 14h-16h ; juil-août, ts les dim et j. fériés 14h-18h. Entrée : env 3 €.
Elle est l'œuvre du prolifique Laurent-Benoît Dewez, architecte attitré des Pays-Bas autrichiens. Facture classique à trois nefs, tour carrée avec toiture en cloche. Façade à niveaux ionique et corinthien surplombés d'un fronton triangulaire. Intérieur lumineux meublé en Louis XVI, statues gothiques et baroques, et tombeau de la sainte, censée protéger la santé des enfants.

– **Le trésor :** à l'intérieur de la collégiale. On peut y admirer la châsse en argent doré renfermant les reliques de sainte Begge et un buste-reliquaire du XVIᵉ s en argent.

– Sur la place, voir encore l'ancienne **fontaine Sainte-Begge,** qui descend de la colline.

Manifestations

– **Carnaval des Ours :** *le dim de la mi-carême.* Honore la légende locale qui prétend que Charles Martel tua un ours de ses mains alors qu'il n'avait que 9 ans ! Jets d'ours en peluche.
– **Biennale de la céramique :** *dim-lun de Pentecôte les années paires.* Grand marché de poterie et expos diverses de l'art céramique d'Europe et du monde.

DANS LES ENVIRONS D'ANDENNE

➤ **La vallée du Samson :** en amont d'Andenne, à la hauteur de Namêche, s'ouvre une croquignolette vallée, creusée par un ruisseau bien courageux : le Samson. Fortement encaissée et truffée de grottes. À l'entrée, **Thon-Samson,** un village classé parmi les « Plus Beaux Villages de Wallonie » (voir dans le chapitre « Namur » la rubrique « Où dormir à Namur et dans les environs ? »). On remonte la vallée sur 16 km jusqu'à Gesves, en croisant le superbe **château de Faulx-les-Tombes** et en passant par d'adorables hameaux aux maisons en pierre du pays.

🧗 🚶 À **Goyet**, on peut voir des **grottes et cavernes** où vécurent des hommes de Cro-Magnon et autres Néandertaliens. *Rue de Strouvia, 3,5340.* ☎ 081-58-85-45. ● grottesgoyet.be ● *Fermé déc-fév. Juil-août : tlj sf mer ; mars-nov : ven, w-e et j. fériés. Départs de visites à 11h, 14h et 15h30. Entrée : 7 € ; réduc.*

🧗🚶 🚶 **Centre archéologique de la grotte Scladina :** *rue Fond des Vaux, 39d, Sclayn 5300.* ☎ 081-58-29-58. ● scladina.be ● *Tlj sf w-e 10h-16h, et ouv certains dim 14h-18h. Fermé de mi-déc à mi-janv. Entrée : 5 € ; réduc ; gratuit pour les - de 6 ans.* Fréquenté par l'Homme de Néandertal, ce site majeur de la préhistoire européenne est d'abord un centre de recherche privilégié pour les archéologues. D'ores et déjà, plus de 20 000 outils et déchets de taille (ossements d'animaux...) ont été mis au jour, à côté de restes humains, dont le fameux squelette de *l'Enfant de Sclayn,* qui a livré de l'ADN vieux de 100 000 ans. À ce jour, il s'agit du code génétique le plus ancien au monde ! On découvre donc un site exceptionnel, en compagnie des archéologues qui y poursuivent les fouilles. Expos temporaires de qualité sur le thème.

EN REMONTANT LA VALLÉE DE LA MEUSE

Entre Namur et Hastière, l'une des plus agréables balades à faire en Wallonie. Balisée de châteaux, de superbes jardins, de petites villes anciennes. Avec, en prime, les minuscules vallées des affluents de la Meuse menant à d'autres sites et villages intéressants, comme le château de Montaigle ou les charmants villages de Falaën et de Crupet, qui figurent parmi les « Plus Beaux Villages de Wallonie ».

Où dormir ? Où manger dans le coin ?

De prix modérés à prix moyens

🏠 **Les Pigeries :** *rue de Froidebise, 1, Florelle (5150).* ☎ 081-44-01-19. ● info@lespigeries.be ● lespigeries. be ● *À 10 km au sud-ouest de Namur. Fermé fin mai. Compter 75 € pour 2, petit déj compris ; 120 € pour 3.* 📶 Une très jolie adresse, aménagée dans une ancienne école. La déco, originale sans excès, est surtout très personnelle, très « belge » (couleur mates et foncées) mêlant meubles de famille et souvenirs de voyages. Le nom des chambres est écrit sur la porte en lettres de scrabble (références à leurs destinations fétiches) : Tihany, La Renardière. Raffinées et de bon confort, elles donnent toutes sur le jardin. Les propriétaires sont adorables et vous accueillent avec une bière produite par l'abbaye du village... Pour le dîner, ils vous conseilleront sans doute le resto des *Forges*, LA bonne table de terroir au village (fermée le mercredi). Ils connaissent parfaitement la région et seront de bons conseils. Ils vous fourniront une carte d'accès pour les forêts et les balades en VTT. Petit déj gourmand avec jambon des Ardennes, œufs et fromages fermiers, oranges pressées.

🛏 I●I ☂ ♪ *À la limite !* : rue de Sommière, 69, **Haut-le-Wastia** (5537). ☎ 082-22-33-41. ● alalimite.be ● *À 9 km env au nord-ouest de Dinant, à 25 km au sud-ouest de Namur et 4,5 km à l'ouest d'Anhée. Tlj sf mar-mer ; taverne et resto dès 16h en sem, dès 10h les w-e, les j. fériés et pdt les vac scol.* Doubles 65-75 €, petit déj compris. Carte 15-20 € env. CB refusées. Ce qui est sûr, c'est que ce grand loft détonne quelque peu, au cœur de ce village perdu en pleine campagne wallonne. Restauré dans un esprit « atelier » où dominent le métal, le bois et la pierre, « On y dort, on y mange, on y boit ! »... C'est avant tout un lieu de convivialité où l'on vient boire l'un des demis les moins chers du coin... On peut grignoter au coin du feu ou goûter le plat du jour (3 choix tout au plus pour garantir la fraîcheur). 4 belles chambres à l'étage (avec une certaine préférence pour les nos 1 et 4). Accueil extra. Concerts certains soirs.

🛏 I●I *Chambres d'hôtes Beau Vallon* : chemin du Beau-Vallon, 38, **Wépion** (5100). ☎ 081-41-15-91. ● bed@deribaucourt.be ● lebeauvallon wepion.be ● *Situé dans un chemin de campagne qui part de la route Namur-Dinant à env 2 km au nord de Profondeville. Prendre le chemin du Beau-Vallon et faire 1 km. La bâtisse est sur la droite après un virage à droite. On y pénètre par une sorte de cour de ferme. Fermé de mi-déc à mi-fév. Ouv tt le reste de l'année en théorie.* Doubles 55-65 €, petit déj inclus. Apéro ou café offert sur présentation de ce guide. Belle bâtisse

à la façade rose avec jardin classique d'un côté et perspective sur les bois de l'autre. Sur la colline à l'arrière, une minuscule chapelle. 4 chambres doubles dont une avec salle de bains. Les 3 autres partagent la même salle de bains. Lits d'enfants sur demande. Agréable salle de séjour avec TV et cheminée. Jeux de société à la pelle.

🛏 *Les Vergers de la Marmite* : rue Simone-Patiny, 7, **Bois-de-Villers** (5170). ☎ 081-43-46-93. 🖥 0475-81-70-40. ● deltombe.lemen@scarlet. be ● vergersdelamarmite.be ● *Gîte rural pour 5-7 pers, ouv tte l'année. Prix de la sem* : 280-400 € selon saison. Gîte dans une petite maison en pierre du pays et bardée de bois, simple et prévue pour 7 personnes et bien équipée, avec un agréable poêle à bois au milieu de la pièce, pour ceux qui souhaitent passer au moins 2 ou 3 jours dans la région, c'est parfait. Très au calme et jardin sur l'arrière.

I●I *Le Jardin d'En Bas* : rue d'En-Bas, 1, Hun, **Annevoie** (5537). ☎ 082-61-37-06. ● lejardindenbas@gmail.com ● lejardindenbas.be ● *Tlj sf mar-mer, 12h-14h, 19h-21h. Résa conseillée.* Plats 15-27 € ; menu 28 €. Café offert sur présentation de ce guide. Grosse bâtisse paysanne en pierre, dans une ruelle cachée en bord de Meuse. Calme et sérénité garantis. À l'intérieur, brique et colombages, poutres apparentes et atmosphère d'intimité chaleureuse pour une excellente et plantureuse cuisine de terroir. Ne pas manquer le pot-au-feu d'escargots frais (il y a un élevage réputé dans le secteur) ! Également la salade de gésiers confits, la fricassée de lapin au romarin, la tarte aux chèvre et thym, l'omelette de campagne, le jarret de veau à l'ancienne, les crêpes aux pommes, etc. On a également adoré les boulettes sauce liégeoise. Service efficace. L'une des terrasses-jardins les plus charmantes qu'on ait vues dans la région. Aux beaux jours, sous les parasols, les places sont convoitées.

I●I *Café de la Gare* : rue Colonel-Bourg, 15, **Profondeville** (5170). ☎ 081-41-23-22. *Dans le centre de Profondeville à 10 km au sud de Namur. Tlj sf lun 18h (19h30 pour la cuisine)-2h. Résa conseillée.* Plats

12-30 € ; carte 30-45 €. Étonnant de trouver un resto ouvert si tard dans le coin ! Petite salle souvent pleine comme un œuf, au décor chargé d'objets de marine et d'images de bateaux car le patron (aux fourneaux) est un ancien plongeur-démineur de l'armée belge. Carte courte mais proposant des plats copieux comme le magret de canard, l'aloyau, les cro-

quettes de crevettes ou l'entrecôte irlandaise et la côte à l'os (qui risquent de décevoir les vrais amateurs). Également un tableau de suggestions avec pas mal de produits de la mer. Au fait, ne cherchez pas la gare de Profondeville, elle n'a jamais existé, c'est juste une fantaisie du premier proprio, qui, pour faire de l'humour, avait appelé son bistrot le *Café de la Gare* !

À voir. À faire

Le musée des Bières belges : à **Lustin**, village presque en face de Profondeville. ☎ 081-41-11-02. Tlj en juil-août ; w-e et j. fériés 11h-19h30 ou sur rdv. Entrée : 1,50 €. Capharnaüm insolite de tout ce qui a trait à la bière. Pas moins de 18 000 bouteilles, étiquettes, sous-bocks, verres, publicités, etc. On peut consommer au bar mais aussi acheter à boire et à voir. En mai et le premier dimanche d'octobre, brocante et bourse d'échange sur le thème du fameux breuvage.

Les jardins du château d'Annevoie-Rouillon : sur la commune d'**Anhée**. ☎ 082-67-97-97. • annevoie.be • Bien indiqué. Début avr-Toussaint, tlj 9h30-17h30 (heure limite d'entrée), et 18h30 juil-août, nov-avr 9h-17h pdt la sem (sur rdv le w-e) Entrée : 7,80 € ; réduc. Le château date des XVIIe et XVIIIe s. Il a appartenu pendant 305 ans à la famille de Montpellier, qui l'a vendu en 2000. Actuellement, seuls les jardins se visitent, agrémentés d'un potager, d'une framboiseraie et d'une prairie fleurie. C'est en 1758 qu'ils furent commencés. Leur originalité provient du fait qu'étangs, jets d'eau et cascatelles sont alimentés sans machinerie, grâce à des sources se prolongeant en un long canal en haut de la colline. Ce dernier mesurant 365 m (nombre de jours dans une année) et faisant 7 m de large (nombre de jours dans une semaine). Tous les jeux d'eau du parc fonctionnent donc grâce à la pression naturelle. Une très agréable promenade en perspective, facilitée par le petit plan explicatif qui vous sera remis à l'entrée.

Le château de Poilvache : surplombant la Meuse et le village de **Houx** (5530). • poilvache.be • Juil-août, tlj 10h30-18h ; Pâques-fin oct, slt le w-e. Entrée : 2 € ; réduc. Ruines impressionnantes. Classé « Patrimoine majeur de la Région Wallonne », le château date du XIIe s. Appartenant au comté de Namur, Poilvache occupe une place stratégique dans la vallée mosane. Le château fut fortifié par Jean l'Aveugle, comte du Luxembourg, roi de Bohême, puis par le Bourguignon Philippe le Bon. Finalement, il fut incendié au XVe s par le prince-évêque de Liège, allié aux Dinantais.

Le château de Montaigle : situé au début de la vallée de la Molignée, à quelques km à l'ouest d'Anhée. ☎ 082-69-95-85. • montaigle.be • Juil-août, tlj 11h-18h ; avr-juin et sept-oct, slt le w-e et les j. fériés 11h-18h et pdt les vac scol 11h-16h. Fermé nov-fin mars. Entrée : 4 € ; réduc. Date du XIIIe s. Ses ruines ont fière allure sur leur rocher. Au XVe s, véritable place forte des Bourguignons. L'armée d'Henri II la détruisit en 1554. Il a été restauré grâce à une technique de projection de micro-béton.

➤ **Les draisines de la Molignée :** balade à vélo à 4 roues posé sur des rails. Vente des billets rue de la Gare, 82, à **Falaën** (5522), ou à **Warnant** à 4 km de là, rue de la Molignée, 116. ☎ 082-69-90-79. • draisine.be • Tte l'année, tlj 11h-17h30. Prix d'une draisine de 4 pers : 17 €. Promenade sur une ancienne voie de chemin de fer, entre Falaën ou Warnant et Maredsous aller et retour, à travers nature sauvage et rochers. Trois parcours donc, respectivement de 3 et 4 km de long, plus le combiné des deux (7 km). Avec arrêt casse-croûte possible à l'ancienne gare de Maredsous. Compter aux alentours de 90 mn par trajet. Touristique en diable mais sympa à faire avec des mômes.

L'ABBAYE DE MAREDSOUS

🏃 *Rens et billets au centre d'accueil Saint-Joseph, juste à côté de l'abbaye,* **Denee** *(5537).* ☎ *082-69-82-84.* ● *tourisme.maredsous.be* ● *Pdt les vac scol (Noël, Carnaval, Pâques, été, Toussaint), visites guidées sam et dim à 14h et 16h ; le reste de l'année, à 15h30. Durée : 1h15. Prix : 4 €. Une visite guidée gratuite d'une valeur de 4 € offerte sur présentation de ce guide.* L'abbaye est une imposante construction mais, lecteurs romantiques, ne rêvez pas trop, elle a été édifiée en 1872 dans un style néogothique pas vraiment aérien. Aujourd'hui encore, des moines y vivent et y travaillent. Destination incroyablement touristique (il faut dire que la vallée et son environnement ont du charme). À moins que ça ne soit pour la brasserie de l'école d'Art non loin de l'abbaye, où se donnent rendez-vous les personnages préférés de Cartier-Bresson et de Doisneau ; échantillonnage pittoresque de la Belgique profonde (surtout le week-end !). Ici, la bière coule à flots et il y était précisé il n'y a pas longtemps encore que ceux qui partiraient en emportant négligemment leur chope iraient en enfer... La plaque a disparu, dommage.

Où dormir ? Où manger ? Où boire un verre dans les environs de l'abbaye ?

🛏 ▮❶▮ **Le Chalet des Grottes :** *route d'Inzemont, 1, 52,* **Hastières-Lavaux** *(5540).* ☎ *082-64-41-86.* ● *info@cha letdesgrottes.be* ● *chaletdesgrottes. be* ● *Entre Anthée et Hastière, juste à côté des grottes du pont d'Arcole (qui ne se visitent plus). Resto fermé lun-mer et en mars. Doubles 75-85 €, petit déj compris. Formule lunch 15 € ; menu 38 €.* 🍷 *Apéro maison offert sur présentation de ce guide.* Relais rustique et chaleureux, bien revisité de manière contemporaine, dans un environnement très boisé, un peu à l'écart de tout. Idéal pour s'isoler un peu. Propose 3 chambres plaisantes et confortables avec vue sur les bois, toutes avec sanitaires. Au resto, une cuisine de saison et d'inspiration française, parfois mâtinée de saveurs exotiques.

▮❶▮ **Les Montagnards :** *rue du Marteau, 29,* **Sosoye** *(5537).* ☎ *082-69-91-38.* ● *lesmontagnards@skynet.be* ● *À quelques km de l'abbaye de Maredsous. Fermé lun-mar en basse saison et mer-ven soir. Plat du jour 12 € ; menus*

15-36 €. Café offert sur présentation de ce guide. Agréable petite salle et bonne cuisine, préparée avec soin. Éminçé de volaille à la bière de Maredsous, onglet à l'échalote, jambon à l'os maison, paupiettes de veau, salades variées, truites à l'estragon, terrine de campagne artisanale, etc. Terrasse avec vue aux beaux jours.

▮❶▮ 🍷 **Café de Maredsous :** *peu avt l'abbaye de Maredsous, sur la grande route qui y mène.* ☎ *082-69-91-64.* ● *gare.de.maredsous@gmail.com* ● *Fermé jeu sf juil-août (en janv, ouv slt w-e) ; horaires très larges y compris en basse saison. Plats 10-16 €. Café offert à nos lecteurs qui prennent un repas.* L'ancienne gare toute blanche a été aménagée en un café-resto et le quai en terrasse. C'est là qu'arrivent les draisines de la Molignée (voir plus haut). Pratique pour boire un verre en descendant des draisines, avant de repartir dans l'autre sens. Possibilité aussi de grignoter tartines, salades et quelques plats chauds à base de produits régionaux.

Achats

🏵 ▮❶▮ 🍷 **Centre d'accueil Saint-Joseph :** *rue de Maredsous, 11.* ☎ *082-69-82-84.* ● *accueil@mared sous.com* ● *tourisme.maredsous.be* ●

Avr-sept, sem 10h-18h, sam 9h-19h, dim 9h-20h ; juil-août, lun-sam 9h-19h, dim 9h-20h ; oct-mars, sem 10h-18h, w-e 9h-19h. Sur présentation de ce guide, visite guidée gratuite de l'abbaye pour 2 pers. Vaste et agréable cafétéria où vous trouverez la 6, 8 ou 10° « au fût ». Son goût se révèle résolument rural et rustique. Vous pouvez la consommer sur place avec même, pourquoi pas, une assiette de fromage, une tartine de jambon fumé ou une saucisse. Vaste terrasse aux beaux jours. Le fromage est affiné sur place, mais la bière n'est pas brassée ici (mais à la brasserie Duvel). Également une boutique de souvenirs, une librairie et, à l'étage, des expos temporaires (entrée payante).

⊗ À 1 km de l'abbaye se trouve le minuscule village artisanal de *Maredret,* connu pour sa fameuse boutique de *poterie (ouv sam et dim ap-m en saison)* et son petit musée du Bois.

LA VALLÉE DU CRUPET

CRUPET (5532)

Sur le flanc est de la Meuse. D'Yvoir, après les carrières de pierre, la route musarde dans une petite vallée verdoyante et débouche sur les hauteurs du village de Crupet. Demeures de pierre noyées dans les fleurs et la végétation. Beaucoup de charme, tout ça ! Pas étonnant, Crupet fait partie de l'association des « Plus Beaux Villages de Wallonie » dont le siège se trouve dans la localité. ● beauxvillages.be ● pour ceux qui voudraient en connaître la liste complète.

Adresse utile

🛈 *Office de tourisme :* rue Haute, 17. ☎ 083-66-85-78. ● assesse.be ● En juil-août, tlj 10h-18h ; en mai-juin et sept-oct, sam et dim (1ᵉʳ et 3ᵉ du mois) 13h-18h ; pdt les vac scol, slt w-e 13h-18h.

Où dormir ? Où manger à Crupet et dans les environs ?

Prix modérés

🛏 *Chambres d'hôtes Le Marronnier :* rue des Fossés, 1A, à *Dorinne* (5530). ☎ 083-69-90-33. ● jean.paquet@hotmail.be ● Compter 50 € pour 2 (5 € de plus pour slt une nuit), petit déj inclus. Remise de 10 % accordée sur présentation de ce guide. 🛜 Dans un superbe petit village situé à quelques km au sud de Crupet, un petit *B&B* de campagne dans une ancienne dépendance de ferme fort joliment restaurée avec pierre brune et baies vitrées. 2 chambres à peine (dont une triple), mais coquettes et impeccablement tenues, sous une mansarde, au 2ᵉ étage de la maison. Accueil gentil comme tout. Le petit déj, avec du pain et des confitures maison, se prend dans un salon chargé de plantes.

🍽 *Auberge D'ol Besace :* rue Haute, 11. ☎ 083-69-90-41. *Juste en face de l'église. Tlj midi et soir ; sf mar en hiver. Résa indispensable le w-e. Menu midi en sem 22 €, puis 35-48 € ; plats 13,50-25 €.* Sympathique auberge au décor très... auberge, simple et chaleureux, doublée d'une salle toute vitrée où l'on fait rôtir la volaille et griller les viandes. « Po riches et poves igna place ! », comme profession de foi, ça donne le ton ! Le patron se pose comme un ardent défenseur de la cuisine « rurale »

LA PROVINCE DE NAMUR

et propose une excellente cuisine de terroir : jambon de la Sûre, escargots de Warnant, croquette de pied de porc sauce gribiche, croquant au fromage de Chimay, truites, potée au chou et ses cochonnailles, squinée (travers de porc, en été seulement), blanquette de veau aux légumes d'automne. Et s'il vous prend l'envie d'un petit os à moelle, attendez-vous à un tibia de bœuf entier ! Il faut dire que le patron est un ancien boucher. Également, bien sûr, quelques spécialités de gibier en saison. Atmosphère conviviale et relax.

Plus chic

🏠 *La Ferme de l'Airbois :* Tricointe, 55, *Yvoir* (5530). ☎ 082-61-41-43. ● mca@airbois.com ● airbois.com ● *À env 3 km d'Yvoir. De la poste, prendre la rue en face qui monte puis, env 2 km plus loin, à droite au T. Ensuite c'est fléché. Doubles 104-117 € selon nombre de nuits, petit déj compris.* La ferme se trouve sur un plateau à l'écart de tout, battu par les vents mais avec une vue formidable. Situation excep-

tionnelle pour ceux qui veulent fuir la ville ! Superbe endroit composé de 3 maisons : celle des proprios, qui dispose d'une très belle chambre d'hôtes, et 2 annexes de 5 chambres chacune. En principe, ces 2 dernières sont réservées aux groupes mais dès que l'une d'elles est libre, les chambres (très cosy, avec de vieux meubles de famille) se louent à la nuit à des individuels. En été, possibilité d'utiliser la piscine des proprios, un couple qui se consacre à la création de carreaux de faïence !

🏠 *Le Moulin des Ramiers :* rue Basse, 31. ☎ 083-69-02-40. ● moulindes ramiers@hotmail.com ● moulindesra miers.be ● *Fermé de mi-déc à mi-janv. Double 125 € ven-sam ; promo autour de 85 € en sem (lun-jeu) et 100 € dim ; petit déj 12 €, inclus à partir de 2 nuits.* 📶 *10 % de remise sur présentation de ce guide.* Auberge de luxe installée dans une vieille demeure de pierre en bord de rivière. Environnement bucolique extra. Chambres agréables avec mobilier recherché et tout le confort, du minibar à la loupe de maquillage en passant par le peignoir de bain et le coffre-fort !

À voir

🥢 *Le château :* en bas du village. C'est un gros donjon datant du XIIIe s qui, au XVIe s, reçut sa tourelle et le hourd (charpente en encorbellement) en brique et colombages, surmonté d'un toit d'ardoise. On y accède par un petit pont de pierre. Carte postale en tout point charmante ! Dommage que ce soit une propriété privée.

🥢 *L'église Saint-Martin :* en haut du village. Tour et nef romanes du XIIe s. Église agrandie à la période gothique mais arcades et colonnes d'origine. Chœur agrandi à nouveau au XVIIIe s. À l'entrée, belles pierres tombales. Intérieur pimpant blanc et mauve. Beau plafond à caissons. Fonts baptismaux du XIIIe s.

🥢 *Insolite grotte de Saint-Antoine de Padoue :* à côté de l'église Saint-Martin. Construite au début du XXe s par les habitants du village à l'initiative et sous la direction de l'abbé Jules Gérard. Le tout avec des représentations polychromes de saint Antoine grandeur nature, dans des scènes de sa vie, d'un kitsch imbattable. Ne pas manquer d'emprunter l'escalier intérieur pour celle où saint Antoine repousse le démon. Grotte populaire si l'on en juge par le nombre d'ex-voto et de bougies qui se consument.

DANS LES ENVIRONS DE CRUPET

🥢 *Le château féodal de Spontin :* dissimulé derrière une partie plus récente servant à la fois d'enceinte et de dépendance, c'est, avec ses douves et son pont-levis, l'un des plus séduisants de Wallonie ! Le donjon remonte à 1160. Ne se visite malheureusement plus.

DINANT (5500) 13 000 hab.

Ce fut la deuxième bonne ville de la principauté de Liège. Tout en longueur. Normal, entre falaises et fleuve, il ne lui restait plus beaucoup de place pour s'urbaniser. Avec le clocher à bulbes de sa collégiale, sa forteresse et ses toits bleus, une des images les plus célèbres du tourisme wallon.

UN PEU D'HISTOIRE

Bien défendu par son rocher, le site connaît d'abord un peuplement celtique. Puis se crée une bourgade gallo-romaine prospère. Au Moyen Âge, c'est l'un des ports les plus importants, avec Liège et Namur. À partir du XIIᵉ s, la richesse de la ville s'accroît avec l'industrie de la dinanderie (le cuivre martelé), nom dont la ville est gracieusement à l'origine. Appartenant à la principauté de Liège, Dinant est souvent en bisbille avec sa voisine Bouvignes, appartenant quant à elle à la province de Namur et qui travaille aussi le cuivre.
Dans le genre « scoumoune guerrière », Dinant rivalise avec Namur. 17 sièges, paraît-il, et de nombreuses fois détruite. Ça commence avec les Bourguignons en 1466. Dinant fait le mauvais choix et rejoint le camp de Louis XI. Charles le Téméraire, en une *Blitzkrieg* de 7 jours, liquide la ville. 800 Dinantais, attachés deux par deux, sont noyés dans la Meuse. Depuis, ils portent le nom de *copères* (encore une paire... à l'eau). En 1554, ce sont les Français, alors en guerre contre Charles Quint, qui remettent ça. En 1675, Louis XIV s'empare de la ville (mais dégâts minimum) et, en 1789, elle est affaiblie par les troubles révolutionnaires. La guerre de 1914-1918 fut elle aussi très meurtrière. Les Allemands en incendient les trois quarts. Beaucoup de massacres. Un certain lieutenant Charles de Gaulle est d'ailleurs blessé sur le pont. Reconstruite, la ville subit à nouveau des bombardements destructeurs de 1940 à 1944. Et pourtant, Dinant est toujours là, debout, pimpante, accueillante.

SPÉCIALITÉS LOCALES

Outre la *flamiche,* tarte chaude aux beurre et fromage piquant, il y a les fameuses *couques de Dinant,* fabriquées depuis le XVᵉ s. C'est une subtile gâterie très dure, faite de farine et de miel, inventée au moment du siège par Charles le Téméraire. Bonnes mâchoires de rigueur !
Pour info, c'est à Dinant que se trouve l'abbaye Notre-Dame-de-Leffe, où les moines brassent depuis plusieurs siècles la bière du même nom... Bière de grande consommation, de notoriété internationale, elle n'a pas besoin du Routard pour faire sa promotion ! Les amateurs trouveront toutes les infos nécessaires sur ● *leffe.com* ● ou visiteront le tout nouveau musée ouvert en 2012 dans une ancienne chapelle *(23, Cherreau des Capucines. Mar-dim 11h-19h. Entrée : 7 €).*

Adresses utiles

ℹ Maison du tourisme de la Haute Meuse dinantaise : *av. Colonel-Cadoux, 8.* ☎ *082-22-28-70.* ● *dinant-tourisme.com* ● *En face de la citadelle, de l'autre côté du pont (rive gauche). Lun-ven 8h30-17h (18h30 juil-août), sam nov-avr 9h30-16h, dim 10h30-*

14h. Vente de cartes de randonnées pédestres et cyclistes. Brochure sur Dinant et la Haute Meuse.

■ *Location de VTT : Cyclos Adnet,* rue Saint-Roch, 17. ☎ 082-22-32-43.

Où dormir ?
Où manger ?

🏠 *Maison d'hôtes Au Fil de l'Eau :* av. Colonel-Cadoux, 88. ☎ 082-22-76-06. ● aufildeleaudinant@skynet.be ● En bordure de Meuse, face à la citadelle, dans la même allée que l'office de tourisme. Compter 52 € pour 2, petit déj inclus. 🛜 Une chambre pour 4 personnes, meublée très simplement, au rez-de-chaussée de la maison, colorée et très bien tenue, avec sanitaires, TV et frigo. Pas très grand mais les endroits où loger à Dinant sont plutôt rares. L'accueil est bon, l'atmosphère familiale, et l'on mettra même, si vous voulez, des vélos à votre disposition... Au petit déj, confiture maison et jus de pomme pressée !

🏠 *Hôtel Ibis :* Rempart d'Albeau, 16. ☎ 082-21-15-00. ● ibisdinant@skynet. be ● ibishotel.com ● Doubles 70-73 € selon saison ; petit déj 13 € (très cher, on peut parfaitement le prendre ailleurs). 🛜 *Une boisson (soft ou bière) offerte au bar de l'hôtel sur présentation de ce guide.* Bon, vous nous connaissez, on n'est pas très « hôtels de chaîne ». Mais vu qu'il n'y a plus un seul établissement dans le centre-ville, on n'a pas trop le choix. Les chambres sont évidemment très standardisées, mais sans mauvaise surprise, absolument impeccables et fonctionnelles. Évitez celles donnant sur la rue, bruyantes. Choisir celles donnant sur la rivière.

|●| *Les Mougneûs d'As :* pl. du Baillage, 24, **Bouvignes-sur-Meuse** (5500). ☎ 082-22-44-81. ● lesmougneuxdas@ hotmail.com ● Sur la jolie place de Bouvignes, à côté du musée (Bouvignes est la commune limitrophe de Dinant ; on pourrait presque y aller à pied). Ouv mer-dim 10h30-18h (le soir sur résa). Fermé 1ʳᵉ quinzaine sept. Lunch 18 € ; menu-carte 25 €. Résa obligatoire ! Ce petit resto de femme est un total coup

de cœur : déco rétro et charmante, cuisine savoureuse et généreuse, à base de recettes intemporelles et de produits de saison. La carte, volontairement limitées à 4 choix, change tous les 10-15 jours. Ce jour-là, on s'est régalé d'un chausson aux escargots de Namur, de côtelettes de cochon de lait et d'une tarte au sucre. Copieux, délicieux et, pour le prix, miraculeux !

|●| *Restaurant La Couronne :* rue Sax, 1. 🖩 082-22-24-41. ● info@hotella couronne.com ● Fermé lun en juil-août et mer-jeu en hiver. Lunch 12 € env ; menu 25 €. *Café offert sur présentation de ce guide.* Une vénérable adresse du centre-ville, classique dans son traité, régulière en qualité. La salle de resto est au fond du café. Bien pour le midi comme pour le soir. En plat du jour, chicons au gratin, quiche ardennaise, *stoemp* au lard et à la saucisse. Tout un programme. À la carte, moules, sole meunière, truite ardennaise et cuisses de grenouilles. Rien à dire, rien à redire.

|●| *La Broche :* rue Grande, 22. ☎ 082-22-82-81. Tlj sf mar-mer. Fermé la 1ʳᵉ sem de janv, 1 sem en mars et 1ʳᵉ quinzaine de juil. Le midi, entrée-plat et café 19,50 € ; menus 28-39 € ; plats 19-26 €. Cadre clair et élégant, tables joliment dressées. Ambiance assez bourgeoise. Voici la bonne table de Dinant ! Bonne cuisine d'inspiration française : sandre et ris de veau poêlé, magret de canard, filet pur grillé ou *papadum* de scampi. Gibier en saison. Service pro. Tout simplement une valeur sûre.

Où dormir ? Où manger
dans les environs ?

Deux adresses situées à Falaën, très joli village rural, très justement classé parmi les plus beaux de Wallonie. Situé à 12 km de Dinant, 20 km de Crupet, et 9 km d'Hastière.

🏠 *Le Gîte de Chession :* rue du Chession, 38, **Falaën** (5522). ☎ 082-69-96-34. ● contact@gitedechession. be ● gitedechession.be ● À la sortie du village. Compter 60 € pour 2, petit déj compris. Falaën est classé comme

l'un des plus beaux villages de Wallonie (et il est effectivement très joli). Voici des chambres d'hôtes à la ferme. Une adresse familiale, simple et plaisante. Les chambres sont coquettes et confortables : l'une d'elles avec salle de bains ouverte (généralement louée comme single), une double et une familiale (5-6 personnes). Bon petit déj de terroir avec pain maison et produits locaux. Accueil gentil comme tout. Également un grand gîte (7 personnes) avec cuisine tout équipée, idéale en famille pour rayonner dans le secteur.
🍴 *Le Chession :* rue du Chession, 9A, *Falaën (5522).* ☎ 082-22-54-00.

● *lechession@skynet.be* ● *Entre l'église et le gîte de Chession. Tlj sf lun-mar soir, mer et sam midi. Le midi en sem, plat du jour (+ café) 11 € ; plats 18-23 €.* Dans une belle maison de pierre, une adresse bien agréable. La carte est éclectique (pâtes, crevettes...) mais propose pas mal de spécialités belges, à commencer par de délicieuses croquettes et le non moins délicieux jambonneau pané. Service en terrasse aux beaux jours. Accueil un peu sec, dommage. À deux pas du resto, au cœur du village, quatre magnifiques chambres d'hôtes à *L'Échappée Belle* (☎ *0497-41-51-35.* ● *lechappeebelle.be* ●).

À voir. À faire

🚶 *La collégiale Notre-Dame :* en bord de Meuse, au centre-ville. *Tlj en général 10h-17h, visite guidée dim 15h juil-août.* Il y eut d'abord une église romane, écrasée en 1227 par un pan de la falaise et reconstruite peu après. Les voûtes furent refaites après le passage de Charles le Téméraire. Le curieux clocher à bulbes date, quant à lui, de 1566. Le seul vestige de l'église romane se trouve sur le côté extérieur gauche. C'est un portail, aujourd'hui muré, avec une Vierge à l'Enfant très dégradée. À l'intérieur, à droite, la petite chapelle avec les fonts baptismaux de 1472 fut aménagée devant un vieux portail du XIIIᵉ s. Belle ampleur de la nef voûtée d'ogives en pierre. Chaire du XVIIIᵉ s. Grands confessionnaux au fond, d'époque Louis XIV. Déambulatoire autour du chœur, avec, derrière l'autel, un curieux saint Perpète (patron des forçats ?). L'immense verrière est l'une des plus hautes d'Europe (bleus superbes). Dans le transept gauche, gisant de 1356.

🚶 *La citadelle :* pl. Reine-Astrid, 5. ☎ 082-22-36-70. ● *citadelledinant.be* ● *Pour s'y rendre : à pied, départ de la pl. Reine-Astrid. Hardi petit, 408 marches ! En voiture, depuis le centre, prendre direction Liège et grimper sur env 3 km. En téléphérique enfin, du pied de la citadelle (toujours pl. Reine-Astrid). Avr-sept, tlj 10h-18h ; oct-mars, 10h-16h30 (fermé le ven 15 nov-31 mars et ouv slt le w-e en janv). Entrée : 7,80 € (avec ou sans téléphérique) ; réduc.* Il y eut d'abord une première forteresse construite par le prince-évêque de Liège. Démolie par Charles (le Téméraire) en 1466. Aménagée par Louis XIV. Pour finir, reconstruite par les Hollandais en 1818 pour empêcher les Français de refaire des bêtises. La visite (guidée) commence par trois dioramas grand format sur l'histoire militaire de la région. Ensuite, on va voir la prison (doublée d'une salle de torture), avant d'aller admirer le panorama puis de visiter encore d'autres parties, comme la boulangerie, les cuisines, le musée d'armes et la reconstitution d'une tranchée de la Première Guerre mondiale... qui réserve une surprise un peu désagréable à la fin.

🚶 *Le rocher Bayard :* à 1 km du centre, vers le sud *(rive droite, comme la collégiale).* Spectaculaire aiguille de 35 m de haut, séparée de la falaise. La légende veut que le rocher ait été fendu par le sabot du fameux cheval Bayard transportant les quatre frères Aymon en fuite. Plus prosaïquement, ce sont les artificiers de Louis XIV qui agrandirent, à l'explosif, la brèche existante pour y faire passer la route.

🚶 *La maison de la Pataphonie :* rue En-Rhée, 51. ☎ 082-21-39-39. ● *pataphonie.be* ● *À deux pas de la collégiale. Pdt les vac scol d'été, ainsi que les petites vac scol, visites tlj sf sam à 14h et 16h30 ; le reste de l'année, slt mer à 14h30,* dim et j. fériés à 14h et 16h30. Important : mieux vaut téléphoner pour réserver sa visite, car le nombre de places est limité. Entrée : 6 €. Billet combiné avec la grotte La Merveilleuse (12 €) ou le bateau Le Bayard (10,50 €). Dinant est vraiment une ville pionnière en matière de sonorités musicales (rappelons que c'est ici qu'est né Adolphe Sax). Elle le prouve à nouveau avec ce lieu où vous découvrirez, par vous-même, toutes sortes de sons provenant de toute une série d'objets, de mécanismes, d'assemblages et de matières. Six salles en tout, s'articulant chacune autour d'un type de source sonore. Amusant et instructif. On est surpris de voir (enfin, d'entendre) ce qui peut sortir de simples boîtes de conserves, de barres d'acier, de clous, de pots de fleurs, de saladiers en plastique et même de galets... À voir aussi : le *zigzagboule,* l'*embarcassons,* le *lithophone,* le grand échantillonneur ou encore le *chahutophone* ! Et puis, à la clé de tout cela, une petite morale : qu'il faut au fond peu de fonds pour faire des sons à la fois complexes et harmonieux.

🎵 **La maison de Sax :** *rue Adolphe Sax, 37.* ☎ *082-21-39-39.* ● *sax.dinant.be* ● *Dans la rue principale. Accès libre, tlj 9h-18h.* La modeste maison a cédé la place à un immeuble cossu mais c'est bien à cette adresse que naquit, en 1814, Adolphe Sax, l'inventeur du saxophone. Véritable icône dinantaise (une rue à son nom, deux statues, etc.), il a désormais sa maison ; plus espace ludique que musée. Une seule salle, en longueur, pour mieux découvrir l'univers de ce génie de la musique. On y trouve le brevet d'invention du saxophone daté de 1846 avec une reproduction du premier dessin, ainsi que quelques dessins, hommages, photos. On clique sur des cornets et l'on entend des commentaires sur l'histoire ou la fabrication ou des enregistrements des différents airs et compositeurs ayant écrit pour le saxo (aussi bien en jazz qu'en classique). C'est ainsi que l'on apprend qu'il fut inventé à Paris en 1842 et que Berlioz fut le premier à composer pour cet instrument en 1844... Jolie, l'expo reste bien succincte et symbolique ; heureusement que c'est gratuit.

🎵 **La grotte La Merveilleuse :** *à 500 m du centre, sur la route de Philippeville, sur la rive gauche de la Meuse.* ☎ *082-22-22-10. Avr-oct, tlj 10h-17h (18h juil-août, w-e) ; nov-mars, le w-e et durant les petites vac scol 13h-16h (fermé le 1er janv et les 24, 25 et 31 déc). Entrée : 8 € ; réduc. Visite guidée slt. Départ chaque heure (à l'heure pile). Durée : 50 mn. Billet combiné avec la maison de la Pataphonie 12 €. Prix de groupe appliqué sur présentation de ce guide.* Une petite heure de visite parmi des stalactites et - gmites d'une grande finesse et le glouglou des cascades. Quelque 300 habitants de la ville y passèrent 8 jours dans le noir pendant la Seconde Guerre mondiale ! La grande salle est assez spectaculaire.

🎵 **Bouvignes-sur-Meuse :** *juste avant Dinant (à laquelle elle est désormais rattachée après avoir été rivale), une gentille bourgade chargée d'histoire (et pourtant moins touristique).* Spécialisée dans la dinanderie (travail du cuivre) pendant cinq siècles. On aime beaucoup le charme ancien de sa place du Bailliage et de ses gros pavés, à l'ombre de l'église et de la splendide maison espagnole (voir plus loin la Maison du patrimoine médiéval mosan). Elle a peu changé de visage depuis la période médiévale. D'ailleurs, la ville possède encore le plan de l'époque, avec les rues et ruelles perpendiculaires au fleuve.

– *L'église Saint-Lambert :* elle possède l'originalité d'avoir deux chœurs, l'un du XIIIe s et l'autre du XVIe s (lorsqu'on reconstruisit la nef). Très belle chaire et vitrail de 1562. Malheureusement, l'église n'est ouverte qu'aux heures de messe. À l'extérieur, jouxtant le chevet, les derniers vestiges des remparts de 1215.

– *Le château de Crève-Cœur :* prendre la route qui part de l'église et monte la colline. Bien indiqué. Accès libre et gratuit. En haut de la côte, route jusqu'au parking. Y accède également un petit chemin partant de l'église. Environ 100 m en contrebas, ruines de ce qui fut l'une des plus imposantes places fortes du Namurois. Construite, comme Poilvache, par les comtes du Luxembourg. Démantelée en 1554 au moment des guerres avec Charles Quint. Au soleil couchant, l'un des plus prodigieux panoramas qui soit sur la vallée de la Meuse, Dinant et Bouvignes, dont, d'en haut, on appréhende bien le plan médiéval.

– *Maison du patrimoine médiéval mosan : pl. du Bailliage, 16.* ☎ *082-22-36-16. Ouv avr-nov, tlj sf lun 10h-18h (17h nov-mars). Entrée : 3 € ; réduc.* Dans une admirable maison espagnole. Collections et maquettes évoquant toute la vie médiévale, sur trois niveaux.

➤ *Balades en bateau :* croisières sur la Meuse, dans toutes les directions (genre bateau-mouche). Plusieurs compagnies, toutes situées en bord de Meuse, sur l'avenue Winston-Churchill :

■ *Compagnie des bateaux : quais nᵒˢ 3, 5 ou 6.* ☎ *082-22-23-15.*
– *Dinant-Anseremme :* avr-oct. Départ, 10h30-18h30, ttes les 30 mn ; 45 mn AR. Prix : 6 € ; réduc.
– *Dinant-Freŷr :* 1ᵉʳ mai-11 sept, tlj à 14h30 ; 2 A/R. Prix : 11 € env.
– *Dinant-Waulsort :* 9 juil-21 août. Prix : 13 €.
■ *Bateaux Le Copère : quai nᵒ 3.* ☎ *082-22-43-97.*
– *Dinant-Freyr, visite du château*

comprise :* 9 juil-21 août, départ 14h, retour 17h. Prix : 18,50 €.
– *Croisière gourmande : Dinant-Anseremme :* 9 juil-21 août de 11h45 à 13h. Prix : 19,50 €.
■ *Bateaux Bayard : quai nᵒ 10.* ☎ *082-22-30-42. Prix de groupe appliqué sur présentation de ce guide.* Pour Anseremme (avr-oct 11h-17h), Hastières (mar en juil-août) et Givet (jeu en juil-août à 10h).

➤ *Balade en bateaux électriques sans permis :* au *Yacht Club Dinant,* bd Sasserath.* ☎ *082-22-43-97. De mi-avr à mi-oct, tlj 10h-20h. Prix : 35 € pour 1h (bateau de 5-7 pers).* Électrique, donc silencieux, pour une chouette balade sur la Meuse.

➤ *Descente de la Lesse en kayak :* de Houyet ou Gendron à Anseremme (sud de Dinant). Compter respectivement 21 km et 11 km. Parcours le long d'un paysage de châteaux médiévaux, de coteaux boisés, de cavernes et de massifs rocheux. Un must dans la région. Trois compagnies, basées à Anseremme, proposent la location de kayaks. Anseremme est le point d'arrivée de la balade : on prend un petit train pour remonter la Lesse jusqu'au point de départ... de la descente (Gendron ou Houyet). Tarifs variables selon les loueurs.

■ *Lesse Kayaks : pl. Beaudouin-Iᵉʳ, 2.* ☎ *082-22-43-97.* ● *info@lessekayaks. be* ● *lessekayaks.be* ● *Ouv avr-nov.* Outre la descente de la Lesse, propose plusieurs programmes d'activités sportives du genre escalade, parcours aérien et même de la spéléo.

■ *Kayaks Libert : quai de Meuse, 1.* ☎ *082-22-24-78. Ouv avr-oct. Prix de groupe appliqué sur présentation de ce guide.*
■ *Kayaks Ansiaux : rue du Vélodrome, 15.* ☎ *082-21-35-35.* ● *ansiaux.be* ● *Ouv avr-oct.*

Manifestation

– *Dinant Jazz Nights : 8 j. mi-juil.* Festival de jazz accueillant de grandes pointures ; 1 à 4 concerts par jour. Le reste de l'année, des concerts ont lieu chaque mois au *Jazz l'F* dans le cadre prestigieux de l'abbaye de Leffe... *Infos sur* ● *dinant jazznights.org* ●

LE CHÂTEAU DE FREŸR

Un des plus élégants châteaux de la région, majestueusement situé en bord de Meuse. Ses jardins à la française sont parmi les plus séduisants de Belgique. Édifié sur les ruines d'un donjon à partir de 1571, en brique et pierre

LA PROVINCE DE NAMUR

bleue, dans le style Renaissance mosane traditionnel. Le quadrilatère date du XVIIe s. L'aile côté parking fut abattue pour créer une perspective sur le château de la cour d'honneur.

Infos utiles

– À mi-chemin entre Dinant et Hastière. ☎ 082-22-22-00. ● freyr.be ● Avr-juin et sept, w-e et j. fériés (plus le mer pdt les vac scol belges et néerlandaises) 10h30-12h45 et 14h-17h45 ; juil-août, mar-dim 10h30-12h45, 14h-17h45 ; le reste de l'année, slt dim et j. fériés 14h-16h30. Durée de la visite : 1h. Entrée : 7,50 € ; réduc ; gratuit pour les - de 12 ans. Visite libre.

À voir

%% **Le grand vestibule :** de style rococo et orné de toiles de Snyders représentant des scènes de chasse. C'est ici que se déclara l'incendie de 1995, consécutif, en fait, à une grosse inondation !

%% **L'antichambre des deux Gildas :** le clou en est le carrosse pour enfants, entièrement opérationnel et tracté, jadis, par d'authentiques poneys.

%% **La salle à manger :** du XIXe s et de style néo-Renaissance. Cuirs de Cordoue et grosse cheminée, bustes en terre cuite qui figurent les personnages des cartes à jouer et grande tapisserie en trompe l'œil, prolongeant la pièce.

%% **Le salon des Habsbourg :** on y marche sur le seul parquet qui ait résisté à la mérule. Mobilier Louis XVI.

%% **Le salon Louis XIV :** ainsi nommé pour le portrait du Roi-Soleil qui orne l'un des murs. Décoration de guirlandes de roses et de stucs au plafond.

%% **La chapelle :** elle fut l'église paroissiale jusqu'en 1951. Style rococo. Les vitraux diffusent doucement la lumière. Atmosphère de grâce et d'intimité. Ravissant tabernacle du XVIIe s. Noter, au-dessus de l'autel, ce « deuxième plafond », posé au XVIIIe s pour séparer d'un « étage », ainsi qu'il convenait, l'autel et la chambre à coucher, située juste au-dessus.

%%% **Les jardins :** dessinés à la française en 1760. En plein Siècle des Lumières, ils expriment le triomphe de la raison qui impose son ordre à une nature désordonnée (pas mal dit !). Symétrie quasi parfaite. La Meuse fait ici office de grand canal. Nous trouvons le parterre, les bassins, les quinconces de tilleuls et, au bout, les orangeries voûtées de brique. Aux beaux jours, on sort les orangers, dont certains ont 300 ans et donnent encore des oranges (mais très mauvaises). C'est l'une des rares orangeries en Europe qui possèdent encore vraiment leur fonction initiale. Parallèlement aux parterres s'élève un jardin particulièrement original sur le thème du jeu de cartes. Au milieu, la fontaine de Neptune. Statues évoquant les rois, les reines et les valets. Magnifiques charmilles dessinant les couloirs : le pique, le cœur, le carreau et le trèfle.

Tout en haut, le *Frédéric Salle,* pavillon construit en 1774 pour la visite de la fille de l'impératrice Marie-Thérèse d'Autriche. Rotonde à coupole et fort jolis stucs des Moretti, qui se sont représentés en bambins de part et d'autre de la pièce. La ligne de chemin de fer n'a visiblement été ajoutée qu'après...

DANS LES ENVIRONS DU CHÂTEAU DE FREŸR

%% **Les rochers de FreŸr :** *en face du château.* Vertigineuses falaises qui font le délice des grimpeurs de la région et du club alpin belge. Le week-end, les cordées se suivent à la queue leu leu sur chaque paroi.

CELLES (5561)

Mignonne bourgade classée parmi les « Plus Beaux Villages de Wallonie ». Point extrême de l'offensive allemande lors de la bataille des Ardennes (un char en témoigne à l'entrée de la ville). Autour de l'église, belle homogénéité architecturale des maisons de pierre.

Où dormir ? Où manger ?

🏠 |●| **La Clochette :** rue de Vêves, 1. ☎ 082-66-65-35. ● laclochette@skynet.be ● laclochette.be ● À l'entrée du village, en bord de route. Fermé lun midi et mer, sf en juil-août. Congés : de mi-fév à début mars et fin juin-début juil. Doubles 75-78 €, petit déj compris. Menus 28-40 € ; plats 15-32 €. 🖥 Apéro maison offert sur présentation de ce guide. Cadre cossu et cuisine sûre, classique mais préparée avec savoir-faire (truites du vivier...). Propose également, pour les clients du resto, quelques chambres à l'étage, avec salle de bains. Pratique mais pas de charme particulier.

🏠 |●| **Le Fenil :** rue Saint Hadelin, 27. ☎ 082-66-67-60. ● info@hotellefenil.be ● hotellefenil.be ● Doubles 65-75 € selon confort, petit déj compris. Compter 120-130 € pour 2 en ½ pens. 📶 Une belle maison de pierre, au cœur du village, entièrement rénovée au goût du jour. Belles chambres, plus ou moins spacieuses, là encore réservées aux clients du resto. Cuisine actuelle avec service au jardin aux beaux jours. Cyclistes bienvenus.

Où dormir dans les environs ?

🏠 |●| **La Ferme des Belles Gourmandes :** rue du Camp-Romain, 20, **Furfooz** (5500). ☎ 082-22-55-25. ● valerie_david@me.com ● lafermedesbellesgourmandes.be ● Sur les hauteurs de Dinant, à 7 km, surplombant la vallée de la Lesse. Accès fléché. Double 65 €, petit déj compris. Repas possible les ven soir, sam et dim : plats 10-19 €. CB refusées. 📶 Carte des promenades de la région offerte sur présentation de ce guide ! Dans un village agricole, une ferme du XVIIe s joliment restaurée et tenue par un couple charmant. Accueil adorable de Valérie. Vous y trouverez 4 chambres très agréables, arrangées chacune autour d'un thème et d'une couleur (la mer, la campagne, rêves d'ailleurs et sieste au soleil...). Au resto, scampi, grenouilles... Un super rapport qualité-prix en fait, d'autant que le petit déj, avec ses salaisons locales, ses croissants et pains maison, son assortiment de fromages, ses confitures maison (en été), est costaud ! Pour les séjours un peu plus longs, il y a aussi 3 petits gîtes en duplex pouvant accueillir jusqu'à 4 personnes.

À voir

🏛 **L'église Saint-Hadelin :** elle présente un aspect fortifié avec sa grosse tour carrée, encadrée de deux tourelles avec meurtrières. Intérieur restauré. Nombreuses pierres funéraires et, notamment, à droite du chœur, une énorme dalle en marbre noir reposant sur des bouffons. Visite de la crypte voûtée. Une autre au fond, mais inondée.

DANS LES ENVIRONS DE CELLES

🏛 **Le château de Vêves :** à 2 km de Celles. ☎ 082-66-63-95. ● chateau-deveves.be ● Avr-nov, ouv slt le w-e, les j. fériés 10h-17h ; pdt les vac de Pâques et Toussaint et 14 juil-2 sept, ouv tlj. Entrée : 7,5 € ; réduc.

L'un des châteaux les plus croquignolets (oui, ça faisait longtemps que l'on n'avait pas utilisé cet adjectif !) qu'on connaisse. Superbement perché sur une butte dans une riante vallée. D'abord château fort, puis transformé au cours des siècles en château d'agrément. Il possède encore son allure du XVe s, avec ses tours et tourelles à poivrière et est habité par la même famille depuis le XIIIe s !

Entrée par une porte fortifiée courbe permettant de piéger l'assaillant. Dans la cour, double galerie à colombages. Donjon de 36 m de haut et de 3 m d'épaisseur à la base. C'est la partie la plus ancienne. À l'intérieur, salles d'héraldique et des sceaux. La salle d'armes est la plus vaste du château. Dans le salon Hilarion, joli mobilier XVIIIe s. Chambre à coucher avec alcôve et meubles Louis XVI. Noter la superbe salle à manger, aux décors de châteaux peints. Dans le grand salon, beau cartel d'ébène incrusté de cuivre. Visite également de la cuisine avec sa crémaillère et son four banal. Les enfants visitent le château déguisés en chevalier et princesse.

🐾 *L'église de Foy-Notre-Dame :* petit village au nord de Celles. C'est là qu'on découvrit, dans un vieux chêne, une statue de la Vierge. Il n'en fallait pas plus à l'époque pour provoquer un pèlerinage, puis construire une église à l'image de son succès. Ce qui fut fait en 1623. On ne prit pas vraiment le temps de fignoler l'architecture extérieure (ici assez mastoque) mais, en revanche, beaucoup de soin fut apporté au décor intérieur.

Beau plafond à caissons racontant, en 145 panneaux, la vie de la Vierge et celle du Christ. Richesse des autels du chœur. Les principaux, outre celui en marbre, sont ceux sur le côté en bois sculpté avec colonnes torsadées. Statue de la Vierge miraculeuse dans le tabernacle, objet de grande dévotion. Il faut noter le remarquable travail sur les lambris en chêne qui courent sans discontinuité tout le long des murs de l'église et du balcon d'orgues. Dans le narthex, les écussons des familles nobles et des évêques au plafond.

LE SUD-EST DU NAMUROIS

CINEY (5590) 15 000 hab.

Petite capitale du Condroz, c'est une ville riante et surtout commerçante. Fortement éprouvée lors des innombrables guerres, elle n'a pas conservé beaucoup de monuments anciens. Elle fut au centre d'un conflit féodal, la « guerre de la Vache », qui mit aux prises Liège et Namur pendant 2 ans à la fin du XIIIe s pour une histoire de vache volée. Sans verser dans la folie, à propos de vache, Ciney est aussi le siège de l'Association bovine du bleu-blanc belge (la fameuse B.B.B), race qui fait la fierté du monde agricole et le plaisir des consommateurs de steaks juteux. Une excellente bière (brune ou blonde) porte le nom de Ciney.

Adresse utile

🛈 *Office de tourisme :* pl. Monseu, 23. ☎ 083-75-01-15. ● ciney.be ● Lun-ven (w-e vac scol et j. fériés) 9h-12h30 et 13h30-17h. Édite un guide touristique sur le secteur, très complet, ainsi que des fiches pour partir à la découverte de la ville et ses alentours.

Où dormir ? Où manger ?

🛏 *Hôtel Surlemont :* rue Surlemont, 9. ☎ 083-23-08-68. ● hotel@surlemont. be ● surlemont.be ● En bordure de Ciney (accès fléché), à env 2 km du centre. Fermé dim. Doubles 85-105 €, familiales 125-145 € ; petit déj 12,50 €. 🛜 Un bien bel hôtel ! Dans un espace très dégagé, un peu en dehors de la ville et donc parfaitement au calme, cette ancienne ferme restaurée abrite de fort jolies chambres réalisées dans des tons harmonieux (taupe, sable, grège...), avec un peu de colombages apparents, et équipées de vastes salles de bains nickel. Spa et sauna également. De plus, très bon accueil.

I●I Le Comptoir du Goût : rue du Commerce, 121. ☎ 083-21-75-95. ● *info@lecomptoirdugout.be* ● *Tlj sf dim-lun et sam midi. Plat du jour midi en sem 14 € ; menu 33 € ; carte 44 €.* Façade grise, salle dans les tons sombres, prolongée aux beaux jours par une terrasse donnant sur un bout de jardin. Ensemble très tendance, chic et de bon aloi. Une bien belle cuisine ma foi, appréciée des habitants comme des gens de passage, qui viennent profiter du plat du jour mais aussi des différentes préparations d'ici et d'ailleurs. Cuisine très *world,* déclinée sur différents thèmes : « Un goût... d'iode », « ... d'ici ou d'ailleurs », « ... coupé fin ». Derrière ses appellations quelque peu elliptiques se cachent des préparations souvent inspirées, goûteuses et bien servies.

Manifestations

– **Foires aux puces :** *w-e de Pâques et le 2e w-e d'oct.*
– **Banquet de la Marguerite :** *w-e de l'Ascension.* Grande fête médiévale.
– **Grande foire aux antiquaires :** *w-e autour du 21 juil.*
– **La Plage Monseu :** *de fin juil à début août.* La place Monseu se transforme en plage et propose diverses activités gratuites pour tous (sports, jeux, concerts...).

DANS LES ENVIRONS DE CINEY

🏃 **Chevetogne :** *à une dizaine de km au sud de Ciney.* Une curiosité et une attraction :
– à l'écart du village, une *église byzantine* (mais oui !) de type Novgorod, richement décorée par des artistes grecs. On peut assister aux offices le dimanche. Ah, les chants grégoriens !
– *Le domaine provincial :* ☎ 083-68-72-11. ● *domainedechevetogne.be* ● *Avr-fin oct, tlj 9h-19h (en fait, les horaires diffèrent d'une attraction à l'autre). Entrée : 10 €, réduc ; gratuit nov-fin mars (abonnement annuel pour les locaux). Le billet donne accès à ttes les activités du domaine.* Dans une nature lumineuse (bon d'accord, pas tous les jours), une dizaine de jardins thématiques (dont le *woodland garden,* qui possède de beaux rhododendrons, le jardin de plantes médicinales et le jardin des licornes), une dizaine de plaines de jeux, des topiaires, une piscine avec toboggans, inclus dans le prix (accessible aux beaux jours), un train touristique, un centre équestre, des étangs paysagers où naviguer en barque ou en canoë, des terrains de sport (tennis, mini-foot, basket), un minigolf, de nombreux sentiers de promenade (sentier des fleurs, de la forêt, ornithologique, promenade « Martine », etc.) et un musée (le *Nature Extraordinary Museum,* centre d'interprétation de la nature).

⛺ 🏠 I●I Nombreuses possibilités de logement dans le domaine, du *camping* au *motel* en passant par des *gîtes,* des *chalets familiaux* et des *maisons forestières.* Plusieurs brasseries et restos également ; certains au bord de l'eau.

LE CHÂTEAU DE LAVAUX-SAINTE-ANNE

🏃🏃 *Dans le village de* **Lavaux-Sainte-Anne** *(5580).* ☎ 084-38-83-62. ● *chateau-lavaux.com* ● *Sortie 22a sur l'autoroute E 411. Avr-nov mer-dim 10h-18h, tlj pdt* *vac scol (fermeture de la caisse 1h15 avt). Fermé pdt les fêtes de fin d'année et de début janv à avr. Entrée : 8 € pour le château seul, 9 € pour le château et la zone humide ; réduc. Brochure bien faite avec plan du château et de la zone humide.*

Superbe château médiéval de plaine du XVe s. Ses origines remontent toutefois au XIIIe et il fut modifié au XVIIe s. Totalement entouré de douves. On y distingue deux parties : les tours et le donjon d'origine d'une part, et la cour intérieure de style Renaissance d'autre part. Un mur extérieur fut d'ailleurs abattu au XVIIe s pour l'ouvrir sur la campagne. Galerie à colonnes galbées et chapiteaux toscans. Laissé à l'abandon dès 1810, il fut restauré à partir de 1933. Réaménagé une nouvelle fois en 2004, il abrite à présent des expos permanentes sur la vie rurale (à la cave), la nature famennoise (au 1er) et la vie des seigneurs de Lavaux (au rez-de-chaussée). Également visite possible de la **zone humide,** où sont reconstitués sur 6 ha trois milieux naturels (marais, prairie et étang) tels qu'ils existaient il y a un siècle.

La visite du château est libre. Elle démarre au sous-sol, dans de belles caves voûtées avec le **musée de la vie rurale** au début du XXe s. Métiers, reconstitutions d'intérieurs avec tous les ustensils utilisés dans la vie quotidienne, la grande cuisine, les ateliers... L'ensemble est sonorisé pour créer une atmosphère d'antan. Puis vient la partie sur **les seigneurs de Lavaux,** une succession de salles aménagées comme aux XVIe et XVIIe s. Fiche explicative dans chaque salle, qui est meublée et bruitée comme à l'époque, ce qui crée une jolie ambiance. On traverse successivement la chambre de Mademoiselle, la chapelle des seigneurs, la salle à manger, le cabinet d'écriture (belle table Renaissance, grosse cheminée), prolongé par un cabinet de curiosités, puis le salon de musique, où flottent quelques notes... Noter l'intéressante et rare salle de bains, avec une vraie baignoire en marbre noir, datant du XVIIe s. Particulièrement rare pour l'époque où en général l'on apportait une baignoire dans la chambre de la personne à décrasser (pour ceux qui se lavaient !). Dans le donjon, belle maquette du château fort vers 1450, où l'on peut observer le côté éminemment défensif de l'édifice. **Le musée de la Nature famennoise,** enfin, présente une riche collection d'oiseaux et de mammifères naturalisés, ainsi qu'une petite section sur la chasse. Noter le petit salon, doté d'un mobilier décoré de bois de chevreuil et daims ainsi que l'impressionnante canardière du XIXe s et le miroir aux alouettes (si si, ça existe vraiment !) pour attirer puis tirer les... alouettes.

Si vous avez pris le billet combiné, vous pouvez ensuite aller vous balader dans la zone humide, à côté du château.

Où dormir ?
Où manger à Lavaux-Sainte-Anne et dans les environs ?

De prix moyens à chic

🛏 |●| **Relais Marraine Zulma :** *rue de la Station, 30,* **Wellin (6920).** ☎ 084-38-85-83. ● *info@zulma.be* ● *zulma. be* ● *À quelques km au sud de Lavaux-Sainte-Anne, sur la grande route qui traverse le village. Fermé 1 sem en juin. Compter 90-99 € pour 2 (les plus chères avec baignoire) ; petit déj compris ;*

moins cher à partir de 3 nuits. Menus 30-40 €. 🛜 *Apéro offert sur présentation de ce guide.* Logement chez l'habitant dans une haute maison faite de brique et de tourelles, datant de 1918, situé au bord de la grand-route. Vous y trouverez 7 chambres charmantes avec plancher partout, joli papier peint et lits douillets. Sans oublier les salles de bains, impeccables. Une chambre possède également une chambrette attenante (séparée par une salle de bains, parfait pour une famille).

🛏 |●| **Lemonnier :** *rue Baronne-Lemonnier, 82, au cœur du village de* **Lavaux-Sainte-Anne (5580).** ☎ 084-38-88-83. ● *info@lemonnier.be* ● *lemonnier.be* ● *Resto tlj sf mar-mer. Fermé 1 sem à Pâques, 1 sem fin juin,*

1 sem en août et 2 sem pdt les fêtes de fin d'années. Doubles 100-125 € ; petit déj 12 €. Menus lunch à 35 €. 🛜 *Si vous avez quelque chose à fêter dans le coin, autant le faire ici. Bel hôtel de caractère doublé d'un resto gastronomique réputé (cuisine « française »),* proposant une dizaine de chambres modernes très agréables, spacieuses et tout confort ! Superbes salles de bains dans les chambres rénovées, en particulier celle, très spacieuse, avec bains à bulles, de la chambre de luxe (la plus chère).

LES GROTTES DE HAN

Les plus célèbres grottes de Belgique, situées sur la commune de Han-sur-Lesse, en plein centre. Les premières traces d'occupation humaine remonte à 4 000 ans au moins et l'exploitation touristique du site a démarré il y a 200 ans environ ; bien avant la mode de la spéléologie donc ! En 1895, il fallait compter pas moins de 5h pour la visite qui s'effectuait à la bougie ! Les grottes servirent de refuge aux habitants à maintes reprises, notamment lors de la grande offensive des Ardennes, à l'hiver 1944. Beaucoup de monde en saison, ça va de soi.

Adresse utile

🛈 ***Office de tourisme :*** *pl. Théo-Lannoy, 3,* **Han-sur-Lesse** *(5580).* ☎ *084-37-75-96.* • *valdelesse.be* • *L'été (juil-août), tlj 9h30-17h30 ; à la mi-saison, 10h-16h30 ; en hiver, en sem slt 10h-16h (hors petites vac scol belges).* Vente des cartes de promenades à faire dans le coin. Fait aussi la location de vélos, mais, à 25 € la journée, c'est franchement cher.

Où dormir ?
Où manger à Han ?

De prix modérés à plus chic

🛏 ***Chambres d'hôtes :*** *chez Mme Gillet, rue Grand-Hy, 20.* ☎ *084-37-72-89. Dans le centre, à proximité de la Lesse. Compter 50 € pour 2, petit déj compris. CB refusées. Garage pour vélos et motos à disposition. Réduc de 10 % à partir de la 2e nuit sur présentation de ce guide.* Une grande villa de brique tenue par un adorable couple. Grande pelouse sur le devant, plantée de cerisiers, pommiers et poiriers.

3 chambres simples mais spacieuses avec sanitaires privés, impeccables. L'une d'elle peut accueillir 3 personnes. Confitures maison au petit déj et excellent accueil de la famille qui vous reçoit. Une bonne affaire, vu la modicité des prix.

🍴 ***La Taverne du Centre :*** *rue des Grottes, 5.* ☎ *084-37-73-67. Tlj sf lun midi et soir en saison. Menus 15,50-22,50 €. Nombreux plats (copieux) 11-15 €, qui peuvent faire office de repas ; menus 16,90-24,50 €.* Petite adresse sans chichis pour grignoter un petit bout. Cuisine classique parmi les classiques. Écoutez voir ! Chicons au gratin, carbonade flamande, poêlée forestière (on mange dans la poêle), oiseaux sans tête à la blonde de Han... Plus local tu meurs.

🍴 ***L'Hexagone :*** *rue des Grottes, 19.* ☎ *084-47-71-78.* • *info@hexagone-han.be* • *Tlj sf mer-jeu (ouv jeu soir en saison). Lunch 11,90 € en saison slt ; plats 11-21 €.* Resto de belle tenue, décoré avec goût et modernité, proposant une cuisine à la fois simple et soignée. Mention spéciale pour la fricassée de coq au pain d'épices et à la blonde de Han. Sinon, à la carte, spécialité de *patelles,* copieuses poêlées allant de la plus rustique (du terroir) à la plus exotique (à l'indienne). Excellent accueil.

Où dormir, où manger dans les environs de Han ?

🛏 **Ma Résidence :** rue de l'Église, 124, **Tellin** (6927). 📱 0475-62-70-11. ● dan@ maresidence.be ● maresidence.be ● À env 7 km au sud de Han. Juste sur le flanc droit de l'église (c'est la rue qui en fait le tour). Double 100 €, petit déj compris ; familiale 120 €. CB refusées. 📶 Verre de bienvenue offert sur présentation de ce guide. Pour nos lecteurs pas trop fâchés, un B&B cossu, installé dans une belle et grande maison de pierre grise, avec tourelle pointue, prolongée d'un parc de 2 ha avec piscine. Chambres toutes un peu diffé-rentes et très classes, avec salles de bains équipées de radio et garnies d'un lavabo encastré dans une grosse plan-che en bois. Petit déj (jus de pomme pressée et jambons locaux) servi au salon, très cossu lui aussi (cheminée et canapé moelleux). Sauna à disposition.

🍽 **Chez Mathilde - au Ry d'Ave :** Sourd d'Ave, 5, **Ave-et-Auffe** (5580). ☎ 084-24-48-50. ● rydave@skynet. be ● À 13 km de Rochefort et 5,50 km de Han-sur-Hesse, par la N 86. Plats 19,50-25 € ; menus 35-65 €. Une ancienne auberge en bord de route forestière (devenue depuis un gros car-refour nettement moins bucolique)... Elle a conservé son cadre campagnard et propose une bonne cuisine de ter-roir. Spécialités, entre autres, de bœuf BBB et de truites du vivier. Si le cœur vous en dit, vous pourrez aller la pêcher vous même au fond du jardin ! Fraî-cheur garantie... Très bon accueil. Sur place, le cabaret Jean Trancène... Un des hauts lieux du festival du Rire.

À voir

Bon à savoir, il existe un billet combiné permettant d'accéder aux 4 attractions (la grotte de Han, la réserve, le Speleogame et le musée du Monde souterrain) : compter 25 € par adulte et 16 € par enfant (36,50 € et 21,60 € avec le repas dans l'un des restos du domaine ; il existe aussi des forfaits comprenant l'hébergement). Ces billets sont vendus moins chers sur Internet et évitent la queue aux caisses (qui peut être longue en saison) : ● grotte-de-han.be ● Il existe aussi plusieurs forfaits comprenant la grotte de Lorette-Rochefort.

Autre chose, les horaires sont extrêmement compliqués et fluctuants d'une année sur l'autre (en fonction des vac scol). Mieux vaut donc téléphoner ou vérifier sur le site internet. En gros, le domaine est ouv tlj en saison, 12h-17h30 ou 18h voire 19h ; en hiver, ouv slt à certaines dates (fermé en déc, sf à Noël, et en janv-fév).

🚶‍♂️🚶‍♀️ **Le domaine des grottes de Han :** rue J.-Lamotte, 2, **Han-sur-Lesse** (5580). ☎ 084-37-72-13. ● grotte-de-han.be ● Départs ttes les 30 mn en été, ttes les heures le reste de l'année ; attention, dernier départ à 16h ou 17h30 selon la saison (plus tôt donc que le reste du domaine). Vente des billets dans le hall d'accueil, en face de l'église. Entrée : 14 € (Speleogame compris) ; réduc. Un tramway cente-naire conduit jusqu'à l'entrée de la grotte. Compter 1h30 de visite (et prévoir une petite laine !). Sortie des grottes à 500 m du village. Le parcours dans la grotte, le long des galeries et des salles, fait environ 2 km (plus de 14 km ont été découverts par les spéléos). La grotte fut profondément creusée par la Lesse. On ne va pas tout vous révéler mais voici les principaux temps forts : salles des Mystérieuses décorées de belles concrétions, la grande salle d'armes (là où la Lesse ressurgit), qui mesure 20 m de haut (spectacle son et lumière). Stupéfiante salle du Dôme avec ses 65 m de haut et 145 m de long. En tout, 400 m à monter et à descendre. Au passage, vous admirerez le Minaret, jolie stalagmite qui mérite son nom, et le Trophée, énorme concrétion de 20 m de circonférence. À la sortie de la grotte... surprise sonore.

À voir aussi

🚶 **La réserve d'animaux sauvages :** *se visite en car panoramique. Départs ttes les 30 mn en été, ttes les heures le reste de l'année ; attention, dernier départ à 16h ou 17h30 selon la saison (plus tôt donc que le reste du domaine). Durée : 1h15. Entrée : 13 € ; réduc.*

Un parc de 250 ha, soit l'équivalent de 500 terrains de foot ! 9 kilomètres de clôture ! L'occasion de voir en liberté sangliers, cerfs, daims, bisons, ours bruns, bouquetins, rennes, mouflons, loups et lynxs ! On y voit uniquement des animaux d'origine européenne.

Sur résa, possibilité d'assister à des visites thématiques et saisonnières : les nouveaux nés au printemps, visites crépusculaires en été, le brame du cerf à l'automne, etc.

🚶 **Le musée du Monde souterrain :** *près de l'église, pl. Théo-Lannoy.* ☎ 084-37-75-96. *Entrée : 3,50 € ; réduc.* Collections archéologiques de la période du fer et du bronze et produits des fouilles souterraines. Photos et coupe transversale d'une maquette de grotte.

🚶 **Le Speleogame :** *à « La Ferme », rue des Grottes. Entrée : 4 € ; réduc (gratuit avec le billet de la grotte).* Il s'agit d'un film en 3D de 20 mn qui plonge le spectateur au cœur des grottes, armé d'une commande manuelle lui permettant d'agir sur l'image. Bon, franchement pas convaincant et plutôt cher. Également petite expo sur l'histoire des grottes et le monde souterrain en général.

🚶 **La Maison de la vie paysanne et des métiers oubliés :** *rue des Grottes, 14.* ☎ 084-34-59-08. ● *maison-viepaysanne.be* ● *Juil-août, 10h-18h ; avr-juin et sept-oct, 10h-17h ; tlj sf lun, sf de début juil à mi-août. Fermé nov-fin mars. Entrée : 5 € ; réduc. Ne fait pas partie du domaine des Grottes.* Un peu cher pour ce que c'est, mais permet de découvrir, à travers toute une série de petits ateliers, des métiers – pour certains – qu'on n'imaginait pas avoir existé, comme ceux de scieur de bois, réparateur de parapluies (et seulement de parapluies !), planteur de tabac, fabricant de manches ou organiste.

ROCHEFORT (5580) 12 200 hab.

Populaire centre de villégiature, petite capitale de la Famenne. La Fayette et Chateaubriand y furent arrêtés par les Autrichiens en 1792. Rochefort s'emplit de touristes belges et néerlandais dès le premier rayon de soleil. C'est l'une des particularités de la Wallonie que ces villes qui n'ont pas d'attrait en elles-mêmes mais où l'on va parce que c'est touristique, sans plus se rappeler très bien d'ailleurs pourquoi c'est touristique... Certes, il y eut bien, il y a longtemps déjà, un gros château mais il fut vendu au XIXe s en morceaux. Bon, il reste un donjon et, plus loin, il y a une grotte... Alors, ville-étape ? Allez, ville-étape !

Et puis, n'oublions pas les trappistes de l'abbaye Saint-Rémy, qui assurent à elles seules la notoriété de la ville ! Allons, la vie est belle ! D'autant plus que Rochefort organise chaque année un festival du Rire. Pour en savoir plus : ● *festival-du-rire.be* ●

Adresse utile

🄸 **Maison du tourisme du val de Lesse-Beauraing-Houyet-Roche-** **fort :** *rue de Behogne, 5.* ☎ 084-21-25-37. ● *valdelesse.be* ● *Dans la rue principale. En sem 8h-18h (17h hors saison), le w-e et j. fériés 9h30-17h ; l'hiver, horaires restreints.* Vente de passeports touristiques pour les attractions de Rochefort et d'une carte de balades à pied, à vélo ou à cheval dans la région.

Où dormir ? Où manger ?

🛏 |●| *Gîte d'étape Le Vieux Moulin :* rue du Hableau, 25. ☎ 084-21-46-04. ● gite.rochefort@gitesdetape.be ● giterochefort.be ● À 5 mn à pied du centre. Ouv aux individuels slt pdt les vac scol d'été, les petites vac scol et les w-e. Nuitées 8-15 € selon âge, petit déj compris. Possibilité de pens complète. CB refusées. 📶 Carte de membre demandée pour bénéficier de ces tarifs, mais offerte sur présentation de ce guide. Quelque 90 lits en petites chambres agréables et impeccables, de 4 à 14 lits, dans un ancien moulin rénové, peint couleur corail. Lavabo dans les chambres mais douches communes. L'ensemble est parfaitement tenu.

🛏 *Le Vieux Logis :* rue Jacquet, 71. ☎ 084-21-10-24. ● levieuxlogis@skynet.be ● levieuxlogis.be ● Au pied du château. Fermé 2de quinzaine de sept. Double 80 €, petit déj inclus. Parking gratuit. 📶 Petit hôtel d'une dizaine de chambres. Plus proche d'ailleurs de la pension de famille par son atmosphère intime et calme. Un bel ameublement (armoires anciennes, parquet qui craque, vieux fauteuils...) et le côté gentiment vieillot du décor lui donnent un surcroît de charme. De plus, bon accueil et super jardin à l'arrière, avec tables en fer forgé, transats en été, et même un barbecue à disposition des hôtes ! Une bonne adresse.

🛏 |●| *Hôtel Le Luxembourg :* pl. Albert-Ier, 19. ☎ 084-21-31-68. ● le luxembourg@proximedia.be ● leluxembourg.be ● En plein centre. Resto fermé lun hors saison. Doubles 75-85 €, petit déj-buffet inclus. Plats 13-35 €. Un bon gîte pour une étape à Rochefort : 6 chambres claires et sympathiquement arrangées, avec belle salle de bains toute blanche. Fruits de bienvenue sur la table ! Ravissante salle de petit déj. Quant au resto, il est situé place Albert-Ier, au n° 2, face à l'hôtel

de ville (à 1 mn de l'hôtel). Bonne petite cuisine avec des plats classiques, mais on vient surtout pour les grillades de BBB au feu de bois et les salades en été. Préférez la salle à l'arrière, plus agréable.

|●| *La Diva :* pl. Albert-Ier, 12. ☎ 084-21-15-77. Tlj sf mer-jeu ; service le soir jusqu'à 23h. Plats 7-16 €. Digestif offert sur présentation de ce guide. Cadre banal mais sympathique qu'apprécie bien la clientèle locale. La recette est simple : des pâtes et des pizzas au feu de bois et quelques grillades de bon aloi. Simple, réussi, le tout à prix doux.

Où dormir ? Où manger dans les environs ?

🛏 *Chambres d'hôtes Derrière les Terres :* rue de la Lhomme, 7, *Jemelle* (5580). ☎ 084-22-19-50. ● info@derrierelesterres.be ● derrierelesterres.be ● À 3 km à l'est de Rochefort. Compter 40-45 € pour 2 selon le nombre de nuits. CB refusées. Bienvenue chez Malou, très accueillante. Posée en bordure de rivière, cette petite maison en pierre grise possède 3 jolies chambres soignées, avec sanitaires privés, proposées à un prix vraiment attractif. En outre, les écolos pourront consulter quelques livres sur la nature dans le petit salon réservé aux hôtes. Petit jardin à l'arrière. Dans le même esprit, on est invité, la veille au soir, à préciser ce qu'on veut pour le petit déj, histoire d'éviter le gaspillage. Une démarche qu'on salue !

Où acheter de la bière de Rochefort ?

Au risque de vous décevoir, l'abbaye Notre-Dame-de-Saint-Rémy ne se visite pas (dommage car c'est l'une des plus belles et des mieux préservées)... Les moines brassent mais ne frayent pas. Seule l'église est accessible au public et encore, uniquement pour les offices.

Heureusement, cette rare et précieuse trappiste est en vente dans tous les commerces de la ville et des environs. L'élaboration se fait à l'ancienne (enfin, la recette ne remonte qu'aux années 1950 !), en quantité limitée et l'on a du mal à la trouver en France. Il existe trois Rochefort (trois brunes de haute fermentation) : la 6 (la plus ancienne, la plus « courante »), la 8 (la « Spéciale » car autrefois réservée aux périodes de fêtes ») et la 10 (aussi surnommée la « Merveille »), dont le pourcentage d'alcool en volume est respectivement de 7,5 %, 9,2 % et 11,3 %. Des bières fortes donc ! Contrairement aux idées reçues, le chiffre associé aux bières ne désigne pas le pourcentage d'alcool. Elles ont en commun leur succulence, leur suavité, leur finesse, leur discrète amertume, leur longueur en bouche, leurs arômes épicés, caramélisées, cacaotés... Parmi les meilleures bières au monde à n'en pas douter ! Quelques renseignements sur ● *trap pistbeer.net* ● *abbaye-rochefort.be* ●

À voir

Il existe toutes sortes de forfaits et de billets combinés comprenant la grotte de Lorette-Rochefort, les différentes attractions de Han-sur-Lesse, l'*Archéoparc* ou les vestiges du château.

🚶 **Les vestiges de l'ancien château comtal :** ☎ 084-21-44-09. *Travaux en cours ; ouverture sous réserve. Avr-début nov, tlj 10h-18h. Entrée : 1,80 € visite guidée (avec résa) slt ; réduc.* Les ruines restent imposantes. Panorama intéressant du donjon. Musée dans la tour orientale.

🚶🚶 **La grotte de Lorette-Rochefort :** *pas loin du centre, près de la chapelle de Lorette.* ☎ 084-21-20-80. *Ouv avr-début nov : juil-août, tlj, visites ttes les 90 mn (voire 45 mn en très hte saison) 11h-17h ; le reste de la saison, tlj, ttes les 90 mn 10h30-16h30. Entrée : 8 € ; réduc.* Cette grotte verticale, à l'aspect sauvage et au parcours compliqué, abrite une station de recherche sur les mouvements tectoniques. On descend de 65 m pour voir la salle du cataclysme et, finalement, arriver à la grande et superbe salle du Sabbat, où un nouveau son et lumière a été mis en place. Possibilité de visionner un film au pavillon d'accueil sur les phénomènes tectoniques. Comme d'habitude, prévoir une petite laine !

🚶 **L'Archéoparc de Malagne la Gallo-Romaine :** *rue du Coirbois, 85.* ☎ 084-22-21-03. ● *malagne.be* ● *De début avr à début nov, tlj 11h-18h (dernière entrée 16h30). Entrée : 4,90 € ; 6,90 € en cas d'animations ; réduc. Prix de groupe à nos lecteurs sur présentation de ce guide.* Sur le site archéologique d'une des plus grandes villas romaines de la Gaule du Nord, reconstitution de la vie quotidienne des Gallo-Romains : élevage, artisanat, culture... Reconstitution de thermes. Accueil avec audiovisuel, boutique et cafétéria. Fête de l'été, fin juillet et Fête de l'automne, début octobre.

LE SUD-OUEST DU NAMUROIS

Avant de se diriger vers le Hainaut, petit détour vers Viroinval, en marge de la N 99 (vers Couvin).
Du temps de l'Europe des 15, le centre géographique de l'Union se trouvait à proximité de Oignies. Depuis l'élargissement, il se trouve quelque part du côté de Francfort en Allemagne. Qu'importe ! La vallée du Viroin mérite qu'on s'y attarde pour son remarquable état de préservation et la palette de richesses naturelles qui la caractérisent.

NISMES   (5670)   1 840 hab.

Village millénaire de sabotiers qui voit se rejoindre l'Eau Blanche et l'Eau Noire. Le parc naturel Viroin-Hermeton s'avère être l'une des plus passionnantes zones géographiques du pays. Ensemble de pelouses sur calcaire à la flore particulière (orchidées), le parc se singularise par des curiosités géologiques spectaculaires appelées *fondrys*. Gouffres naturels issus de l'ère glaciaire et creusés par les eaux de pluie dans le calcaire sur une profondeur de 20 m parfois. Une activité minière pour y exploiter le fer s'y déroula jusqu'au XIXe s. Soyez prudent si vous voulez les explorer, cela peut être dangereux !

Adresses utiles

🛈 *Office de tourisme :* rue d'Avignon, 1. ☎ 060-31-16-35. ● viroinval.be ● En basse saison, lun-ven 8h30-16h30, w-e 9h-17h ; en hte saison, tlj 9h-17h (18h juil-août). Très bon accueil et infos précieuses. Guide touristique : nombreuses balades, visites et activités à faire dans le coin et liste des chambres d'hôtes.
■ *Promenades guidées :* avec le *Cercle des naturalistes de Belgique.* Contacter M. Woué à Vierves-sur-Viroin : ☎ 060-31-13-83.
■ *Le parc naturel Viroin-Hermeton :* rue d'Avignon. ☎ 060-39-17-90. ● pnvh.be ●

Où dormir ? Où manger dans les environs ?

⋏ *Camping Le Try des Baudets :* Try des Baudets, 1, **Olloy-sur-Viroin** (5670). ☎ 060-39-01-08. ● info@try desbaudets.be ● fr.trydesbaudets.be ● Ouv tte l'année. Réception fermée mer hors saison. Selon saison, compter 11,50-13,50 € pour 2 avec tente. Bien situé, sur une hauteur en bordure de forêt.
🛏 ❙●❙ *Au Sanglier des Ardennes :* rue J.-B.-Périquet, 4, **Oignies-en-Thiérache** (5670). ☎ 060-39-90-89. ● ausanglierdesardennes@hotmail. com ● ausanglierdesardennes.be ● Au centre du village. Fermé dim soir, lun et mar (également mer janv-juin). Congés : de mi-fév à mi-mars et dernière sem d'août-1re sem de sept. Doubles 60-94 € ; petit déj 15 €. Résa conseillée au resto. Menu 35 € le midi, puis 25-100 € ; plats 18-28 €. Un petit hôtel modeste, genre auberge de campagne, rustique et sympathique. Et une excellente table, réputée pour sa cuisine régionale de haute volée. Spécialité de gibiers en saison, on s'en doute.

À voir, à faire à Nismes et dans les environs

🎿 Au cœur de *Nismes,* le château, entièrement rénové, et son parc invitent à la promenade. Rivières, canaux, étang, cascades, jardin des orchidées, jeux pour enfants... l'eau est omniprésente dans le village. À découvrir à pied (accès libre) ou en barque électrique (loc disponible à l'office de tourisme, compter 12 € la ½ h pour une barque de 6 pers).

🎿🎿 *Viroinval, Vierves-sur-Viroin, Dourbes* sont des localités bâties de calcaire et d'ardoise, et pleines d'histoire : vestiges préhistoriques, gallo-romains et francs, ruines d'anciens châteaux et points de départ pour découvrir une nature propice au kayak, à l'escalade et à la spéléologie. Vierves est répertorié dans la liste des « Plus Beaux Villages de Wallonie ». Réseau de promenades balisées « La Viroinvaloise » en boucle au départ de chacun des 8 villages (carte IGN disponible à l'office du tourisme), ainsi qu'un Nordic Park.

TREIGNES (5670) 640 hab.

Un tout petit village qui a, étonnamment, bien des choses à offrir. Un enfant du pays, Arthur Masson, écrivain régionaliste, y a créé le personnage romanesque de Toine Culot, maire du village imaginaire de Trignolles et archétype presque caricatural du Wallon bon vivant. Son univers est fort bien reconstitué dans l'espace Arthur-Masson.

Où manger dans le coin ?

|●| Le Grain de Sel : 28, av. Roger-Posty, Vireux-Molhain 08320. ☎ 03-24-41-80-90. ● info@grain-de-sel.fr ● Situé juste de l'autre côté de la frontière, donc en France, à 5 km de Treignes. Ouv ts les midis, plus les jeu, ven et sam soir. Plat du jour 9,50 € ; menus 13-36 € ; plats 12-19,50 €. Notre seul resto du guide qui n'est pas sur le territoire belge, mais vu qu'il est à deux pas de Treignes et d'un bon petit rapport qualité-prix, on a décidé de vous l'indiquer quand même. Savoureuse cuisine de terroir en effet, servie avec le sourire dans une agréable petite salle de bistrot. Les suggestions, à prix unique, changent tous les jours au gré du marché.

À voir. À faire

🎎 L'espace Arthur-Masson : parcours-spectacle dans l'ancienne maison communale de Treignes, rue Eugène-Defraire, 29. ☎ 060-39-15-00. ● espace masson.be ● Mars-Toussaint, mar-ven 10h-17h, sam-dim 11h-18h, fermé lun (sf vac scol) ; le reste de l'année, slt le w-e et vac scol 11h-18h. Fermé 3 sem en janv. Entrée : 5,20 € ; réduc. Durée du parcours : 1h15.

Une émouvante évocation, par le truchement d'un audioguide et de scènes en trois dimensions, de l'univers désuet et gentiment rural du « Pagnol wallon » entre les années 1930 et 1960. Humour, sensibilité, truculence et naïveté avec cette résistance au modernisme propre à Toine Culot, maïeur de Trignolles. Une fois qu'on s'est fait aux faciès un peu grossiers des personnages, on tombe vraiment sous le charme d'un monde romanesque révolu.

Pour rester dans l'ambiance après la visite, demandez à voir la salle de classe 1932, où un instit' simule un cours de cette époque pour les groupes qui en font la demande... Vous pouvez, le cas échéant, vous joindre à eux mais préparez-vous alors à revêtir un cache-poussière comme autrefois, voire, si vous faites le malin, à enfiler le bonnet d'âne !

🎎 L'écomusée du Viroin : rue Eugène-Defraire, 63. ☎ 060-39-96-24. ● ecomusee duviroin.be ● Abrité dans une ferme-château au milieu du village, en face de l'église. Lun-ven 9h-12h, 13h-17h, (ouv le w-e d'avr à mi-nov et j. fériés, 10h30-18h). Entrée : 4 € ; réduc. Tour-donjon du XVIe s. Collections présentées dans les anciennes étables. Outre de belles expos temporaires ayant trait à la vie d'autrefois, il y est question de tous les vieux métiers qui firent la prospérité de la région. Comme la saboterie, qui employa à Nismes jusqu'à 500 personnes travaillant sur des machines à sabots modernes. D'autres métiers liés à l'exploitation des forêts sont également évoqués : bûcherons, menuisiers, charpentiers, tonneliers... D'autres encore, liés au fer, sont mis en valeur au travers d'outils et de machines, comme les forgerons, maréchaux-ferrants et fondeurs. Voir aussi, au rez-de-chaussée, l'étonnante horloge astronomique du début du XXe s, puis passer au jardin, qui rassemble de pittoresques vieilles machines agricoles, dont la célèbre charrue brabant double. Enfin, petit estaminet garni d'un vieux poêle, où l'on sert les sept trappistes existantes.

🍴 *Le musée du Chemin de fer à vapeur :* *dans l'ancienne gare de Treignes.*
☎ *060-39-09-48.* ● *cfv3v.in-site-out.com* ● *Mars-juin et sept-nov, tlj sf lun 10h-17h (18h w-e) ; juil-août, tlj 10h-18h. Entrée : 5 € ; réduc.* La gare ferroviaire, quelque peu surdimensionnée par rapport au village, était autrefois une importante plaque tournante du trafic national belge et international (à deux pas de la frontière française). Elle abritait aussi les bureaux des recettes et des douanes, et contrôlait sept voies. Un grand hangar abrite ce musée ouvert en 1994. Nombreuses belles locos, dont la locomotive 808 bicabine datant de 1894, les locomotives Type 1 « Pacific », Type 16 « Atlantic » et toutes productions Belges Tubize, Cockerill, etc. Ainsi que d'antiques wagons de bois, circuits de trains miniatures, collection de gares en cartes postales, petit matériel ferroviaire, etc.
🍴 Cafétéria à côté.

🍴 *Le chemin de fer des Trois Vallées :* *Treignes est aussi le point de départ d'une chouette balade en loco à vapeur jusqu'à Mariembourg. Infos : chaussée de Givet, 49, Mariembourg (5660). ☎ 060-31-24-40. ● cfv3v.in-site-out.com ● Fonctionne le w-e avr-oct (tlj juil-août), à raison de 3 départs/j. (compter 2h A/R). Prix du billet : 12 € ; réduc.* Outre le trajet, vous verrez aussi à Mariembourg, dernière « rotonde » en activité en Belgique, toutes les vieilles locos restaurées qui roulent encore, comme l'impressionnante BR50 allemande de 138 t. Attention, pour le trajet, c'est alternativement la loco à vapeur ou un antique autorail Diesel. Se le faire préciser au moment de la réservation.

– *Festival de la Vapeur :* le 4ᵉ w-e de sept.

🍴🎭 *Le musée du Malgré-Tout :* *rue de la Gare, 28. ☎ 060-39-02-43.* ● *museedu malgretout.be* ● *En sem 9h30-17h30, w-e et j. fériés 10h30-18h. Fermé mer hors j. fériés et vac scol. Entrée : 5 € ; réduc ; gratuit jusqu'à 6 ans.* Son nom provient du lieu-dit voisin. Petit musée de paléontologie et d'archéologie. Il propose non seulement de remarquables expos temporaires mais aussi, de façon permanente, des objets dont le plus ancien remonte à un million d'années. Intéressant. Toujours au rang des collections permanentes, on peut aussi y voir, dans une belle muséographie, des objets et ossements de l'époque de Néandertal à l'Antiquité, ainsi qu'une longue vitrine sur l'évolution de l'homme préhistorique et de ses activités. Enfin, ceux que le sujet titille concluront la visite en se rendant à la villa gallo-romaine des Bruyères, située en campagne à 700 m du centre de Treignes, direction Couvin.

DANS LES ENVIRONS DE TREIGNES

🍴 *Gambrinus Drivers Museum :* *Fontaine-Saint-Pierre, 2 A, Romedenne (5600).*
☎ *082-67-83-48.* ● *gambrinus-drivers-museum.be* ● *Sur la route entre Philippeville et Givet. Avr-oct, ouv slt w-e et j. fériés 11h-19h. Entrée : 10 € ; gratuit pour les - de 12 ans.* Installé dans une ancienne malterie du XIXᵉ s, le seul musée belge consacré aux camions de brasserie. Outre des camions de brasserie donc, le musée présente une expo de photos, jouets, documents et publicités sur une activité traditionnelle qui s'est fortement réduite de nos jours, du fait de la production industrielle.

COUVIN   (5660)   13 500 hab.

➤ *Pour y aller en train :* liaisons avec Charleroi.

UN PEU D'HISTOIRE

En 872, Charles le Chauve cède Couvin à l'abbaye de Saint-Germain, fondée à Paris par le fils de Clovis (oui, celle du Quartier latin, le monde est bien petit).

Ensuite, pour 100 ans, Couvin appartient au Hainaut, puis la ville finit par être vendue à l'évêque de Liège pour 50 marks d'or (feu le mark était alors, déjà, une monnaie forte). Elle fut liégeoise jusqu'en 1794, puis française rattachée au département des Ardennes jusqu'en 1815. Place forte située sur un escarpement au-dessus de l'Eau Noire (noire parce que schisteuse), elle connut à de nombreuses reprises les joies des sièges et des pillages, pour finir par être démantelée par la France en 1673. Dès le Moyen Âge se développa une industrie métallurgique et Couvin peut tirer orgueil d'avoir vu construire en 1824 le premier four à coke d'Europe. De cette activité, il ne reste que quelques ruines d'ateliers mais, dans les archives de la ville, on trouve des traces du premier procès pour pollution connu de mémoire judiciaire.

Adresse utile

🛈 *Maison du tourisme de la vallée des Eaux Vives :* rue de la Falaise, 3. ☎ 060-34-01-40. • *valleesdeseaux vives.be* • Tte l'année, lun-sam 9h-17h, dim 10h-16h.

Où dormir ?
Où manger ?

Spécialité culinaire de Couvin : l'*escavèche,* anguille ou truite cuite ou frite et servie avec une sauce acide et froide assez épaisse aux oignons. Côté douceurs, il y a aussi les « calcaires couviniens », sortes de truffes qu'on ne trouve qu'à la pâtisserie Moraux, sur la N 5 direction Cul-des-Sarts.

🛏 I●I *Chambres d'hôtes Au Milieu de Nulle Part – Restaurant Nulle Part Ailleurs :* rue de la Gare, 8-12. ☎ 060-34-52-84. • *info@nulle-part-ailleurs.be* • *nulle-part-ailleurs.be* • Resto fermé lun-mar. Double 90 € ; petit déj 12 €. Menus 39-49 € ; au resto, plats 20 € env et 15-22 € avec un plat du jour 8 €. Sans doute le meilleur endroit où loger et manger à Couvin. 5 chambres un peu rustiques, impeccables et personnalisées, avec salle de bains et TV. Petit déj pris dans un espace tout mignon aux tables vertes. Petit salon avec minibillard. Le rez-de-chaussée abrite quant à lui deux petits restos à la déco claire et champêtre, très appréciés des locaux. Cuisine de bistrot dans l'un, un peu plus sophistiquée (et un peu plus chère) dans l'autre. Vente de produits fins à la boutique attenante, possibilité de dégustation de vins. Une bien, bien bonne adresse.

Où dormir dans les environs ?

I●I *La Thiérache :* chaussée de Philippeville, 2, **Mariembourg** (5660). ☎ 060-31-24-56. • *lathierache@sky-net.be* • À 5 km au nord de Couvin. Tlj sf sam 11h30-15h, plus ven-sam 18h-21h30. Résa conseillée, car l'endroit est souvent plein comme un œuf ! Plats 12-25 € ; menu 24,50 €. Jolie maison en pierre de pays sur la route principale de Mariembourg. Intérieur chaleureux avec tables en bois, vieille horloge et objets de la vie rurale pour décorer. N'hésitez pas à pousser la porte, on y déguste une bonne et copieuse cuisine de grand-mère, à base de produits frais de la région, comme l'escavèche d'anguille, le jambonneau fermier, le pot-au-feu de petits-gris, les pieds de porc au four ou l'os à moelle gratiné. Attention, nombre de ces spécialités nécessitent 3/4h de cuisson et ne seront mitonnées que sur réservation.

Où camper dans les environs ?

⚟ *Camping Le Bailly :* rue du Bailli, 1, **Cul-des-Sarts.** ☎ 060-37-73-66. À 11 km au sud de Couvin. Ouv de mi-mars à oct. Emplacement (tente, voiture et 2 pers) 8 €. Possibilité de baignade et pêche dans les environs.

À voir. À faire

➤ **Circuit dans la « bonne ville » :** agréable balade dans la vieille ville pour découvrir les maisons anciennes. Demandez la petite brochure à la maison du tourisme. 18 bornes jalonnent le parcours que l'on peut effectuer « by night ».

DANS LES ENVIRONS PROCHES DE COUVIN

🏃 **Les grottes de Neptune :** *rue de l'Adugeoir, 24, à* **Pétigny.** ☎ *060-31-19-54.* ● *grottesdeneptune@skynet.be* ● *grottesdeneptune.be* ● *À 2 km au nord de Couvin. Juil-août, tlj 11h-17h30 ; mi fév-mai 11h-16h et sept-mi nov, tlj 13h-15h15. Fermé mi-nov à mi-fév. Entrée : 8 € ; réduc. Billet combiné avec le bunker d'Hitler : 12 €. Durée : 45 mn.* Après un parcours à pied, on prend place dans une barque pour 20 mn de navigation sur l'Eau Noire souterraine. Pas les grottes les plus spectaculaires de Belgique, non, mais le son et lumière, à la fin de la visite (avec effet stroboscopique sur une cascade d'eau), est sympathique.

🏃 **Le bunker d'Hitler – Q.G. allemand :** *à* **Brûly-de-Pesche.** ☎ *060-37-80-38. À 7 km au sud de Couvin. Pâques-sept, tlj sf lun (excepté juil-août et lun fériés) 10h30-17h (dernier billet) ; oct, le w-e slt. Entrée : 5 € ; réduc.* Q.G. de la Wehrmacht, où le Führer séjourna du 6 au 28 juin 1940, pour diriger la campagne de France. Lieu de mémoire, le musée associe les souvenirs de 1940 à ceux de la Résistance régionale contre les nazis.

🏃 **La brasserie des Fagnes :** *route de Nismes, 26, à* **Mariembourg.** ☎ *060-31-39-19.* ● *fagnes.be* ● *Ouv sem 11h-19h30 ; w-e, j. fériés, juil-août 10h-22h. Fermé lun sf juil-août et j. fériés ; en janv, ouv slt le w-e. Entrée gratuite.* La brasserie des Fagnes, c'est une jeune équipe motivée renouant avec la tradition locale des brasseries familiales et qui a embrassé, si l'on peut dire, le métier de brasseur avec enthousiasme, tout en faisant le pari de tout montrer de leur activité. Ainsi, on peut venir voir les brassins du mercredi au dimanche (pas en permanence car ça dure tout de même 14h !), discuter technique avec le brasseur, observer le travail dans les cuves et déguster le produit fini, à savoir la Super des Fagnes (blonde, brune ou griotte, sans oublier les 8 cuvées spéciales), dans un environnement plus convivial qu'industriel puisqu'on peut aussi apprécier en accompagnement quelques produits faits maison comme la croûte des Fagnes et visiter le petit musée de la Bière où sont exposées quelques pièces intéressantes que les spécialistes reconnaîtront aisément, ainsi qu'une belle collection de plaques émaillées. Borne interactive et petit quiz amusant. On vous recommande le mini plateau de quatre cuvées spéciales à 6,20 €.

LA PROVINCE DU HAINAUT

Peu de voyageurs envisagent de partir, ni même de s'arrêter en Hainaut. Qu'attendre d'une petite région limitrophe de la France, au passé certes prestigieux mais que la révolution industrielle et l'extraction du charbon auraient ravagée ? Qu'espérer de ces gros bourgs et de ces petites villes, de cette campagne jugée monotone avant que d'être vue ? En réalité, plein de choses : d'abord, peut-être, à Binche pour le carnaval, à Tournai pour la cathédrale ou à Mons qui prépare son année de gloire en 2015 où elle sera sous les feux de la rampe en décrochant le titre envié de ville européenne de la Culture. Mais quoi d'autre ?
Pourtant, les villes sont riches de monuments, vivantes et animées ; les restaurants y servent tard et les bistrots veillent parfois jusqu'aux petites heures,

dans le brouhaha sympathique des étudiants houblonnés. Les gros bourgs, fiers de leur passé et de leurs traditions, consacrent une énergie parfois phénoménale pour les préserver. Les villages sont habités, souvent surmontés d'un château ou dominant les vestiges archéologiques d'un phalanstère du XIXᵉ s. Et la campagne est verte, vallonnée, parfois pleine de jolies vaches blanches mouchetées de noir. Et les gens... Le plus beau dans cette province du Hainaut, ce sont eux. Il y a ici un sens de l'accueil, de la chaleur et, surtout, de la fête, qui culmine lors des nombreux carnavals et ducasses. Alors, 60 km avant Bruxelles, quittez l'autoroute !

CHIMAY   (6460)   10 000 hab.

Tout au fond de la botte du Hainaut, à proximité de Couvin, une petite cité chargée d'histoire. Le célèbre Jean Froissart, chroniqueur de la guerre de Cent Ans, y fut chanoine. Deux musts : le château et la collégiale. Et même trois avec la trappiste de Chimay !

Adresse utile

🛈 **Maison du tourisme de la botte du Hainaut :** rue de Noailles, 6. ☎ 060-21-98-84. ● botteduhainaut.com ● Lun-ven 8h30-17h, w-e 10h-17h ; juil-août, tlj 8h30-18h.

Où dormir ? Où manger à Chimay et dans les environs ?

Camping

⚕ **Camping communal de Chimay :** allée des Princes, 1. ☎ 060-51-12-57. ● camping@ville-de-chimay.be ● chimaycamping.be ● Ouv avr-oct. Compter 11 € pour une tente et 2 pers. 135 emplacements mais seulement 35 pour les campeurs de passage. Pas très champêtre. Mieux vaut camper du côté de Couvin.

Prix moyens

🏠 **Chambres d'hôtes Le Petit Chapitre :** pl. du Chapitre, 5. ☎ 060-21-10-42. ● brim@skynet.be ● lepetitchapitre.be ● Résa conseillée. Doubles 85-100 €, petit déj compris. ☎ Belle demeure ancienne, meublée d'antiquités. 4 chambres en tout, bientôt 5... La chambre « Coton », la plus conventionnelle, rend hommage aux sœurs qui occupaient autrefois les lieux... La chambre « des Oiseaux », bucolique et nostalgique, dégage un charme certain. Changement d'ambiance total avec la chambre « Opéra », à la déco bien plus tralala. Salle de bains dans toutes les chambres (parfois au milieu de la chambre !). Le petit déjeuner est servi dans une ravissante salle à manger ou en terrasse. Excellent accueil.

🏠 **Hôtel de Franc-Bois :** rue Courtil-aux-Martias, 18, **Lompret** (6463). ☎ 060-21-44-75. ● info@hoteldefrancbois.be ● hoteldefrancbois.be ● À 6 km à l'est de Chimay. Fermé en janv. Doubles 85-95 €, petit déj compris ; triple 120 €. ☎ Une adresse d'un certain charme, dans l'un des « Plus Beaux Villages de Wallonie ». Face à une falaise, une aile d'un ancien château, accolée à une petite tour, a été complètement restaurée pour accueillir 8 chambres confortables, claires et impeccables, avec sanitaires étincelants. Circuit découverte à partir de là.

|●| **La Malterie :** pl. Léopold, 7. ☎ 060-21-32-30. ● lamalteriechimay@euphonynet.be ● Dans le centre. Fermé mar-mer, plus sem Carnaval et 1ʳᵉ quinzaine de juil. Plats 10-20 € env. Café offert sur présentation de ce guide.

Un resto récent à Chimay, bien inspiré au niveau du décor (salle aux murs de brique et plafond voûté), comme de la cuisine (au point de s'imposer comme la meilleure table). On y mange de bons petits plats et des recettes locales : *escavèche* maison, onglet à la Chimay rouge, plus des suggestions différentes tous les jours... Clientèle d'habitués. Possède aussi un comptoir avec des produits du terroir.

I●I *La Chimassiette :* *Grand-Place, 16.* ☎ *060-21-90-42. Tlj sf lun-mar. Plats 12-21 € ; menus 21-26 €.* Ce bistrot contemporain revisite gentiment les classiques du terroir, avec beaucoup de recettes à base de bière et de fromage de Chimay. Un bon rapport qualité-prix, pour une adresse sans prétention.

🛏 I●I *Auberge de Poteaupré :* *rue de Poteaupré, 5, Bourlers (6464).* ☎ *060-21-14-33.* ● *poteaupre@ chimaygestion.be* ● *chimay.com* ● À 8 km au sud de Chimay, non loin de l'abbaye de la trappe de Scourmont. *Resto fermé lun ; hors saison, fermé les soirs de sem. Congés de mi-déc à début fév. Doubles 65-75 € ; petit déj 10 €. Tartines et tapas 3,50-8,50 € ; plats 10-19 €.* 🖥 📶 Bière « spéciale Poteaupré » offerte sur présentation de ce guide. Bâtiment bas à façade blanche abritant une vaste brasserie rénovée et garnie de photos de... bières. À l'arrière, une véranda avec une grande demi-cuve en cuivre, prolongée par une terrasse donnant sur les prés de l'abbaye (où paissent des vaches, pour le lait). Bref, de l'espace, car avec les cars de touristes qui y font halte, il faut bien ça ! Cuisine de terroir utilisant les produits de Chimay : croquettes au fromage de Chimay, escavèche, lapin à la trappiste... Propose aussi 7 chambres rénovées et tout confort (minibar, chaîne hi-fi...), dont une pour les grands (lits de 2,20 m) !

Où acheter de la bière de Chimay ?

⊛ Partout ! Sauf à l'abbaye ! *L'Auberge de Poteaupré* (voir cidessus) lui sert de vitrine et c'est là que l'on pourra acheter des verres sérigraphiés, du fromage (pasteurisé), sans oublier les fameuses et délicieuses Trappistes de Chimay. Quatre bières sont produites par les moines à l'abbaye de la trappe de Scourmont : la Rouge (ambrée ; la plus ancienne, la plus douce aussi), la Bleue (la plus noire, la plus forte, la plus célèbre !), la Blanche ou « Triple » (la plus récente, la plus claire, la plus fraîche) et la Dorée (la plus légère ; réservée aux moines !).

À voir

🏃 *La collégiale Saints-Pierre-et-Paul :* édifiée en 1250. Le chœur date de cette époque. Trois nefs du XVIᵉ s séparées par des arches et des colonnes d'une grande pureté architecturale. Colonne avec chapiteau. Voûte en brique rouge. Clocher datant de 1732. Les chapelles latérales offrent nombre d'œuvres dignes d'intérêt. À gauche, chapelle Notre-Dame-du-Rosaire, première à partir du chœur, tableau de la Vierge au rosaire attribué à l'école de Bruegel. Souvenir du temps où toute la chrétienté priait contre la menace des Turcs. D'aucuns prétendent même que cela facilita la victoire de Lépante en 1571. Chapelle de Saint-Jacques (troisième en partant du chœur) avec un rare saint Jacques à cheval, appelé *matamore* (qui tue les Maures). Buste de saint Arnould, patron des brasseurs (reconnaissable à sa pelle à malter). Noter aussi les fonts baptismaux en marbre. Les deux grandes coquilles exotiques apposées aux deux premières colonnes servent de bénitier. Elles proviennent de l'océan Indien.

🏃🏃 *Le château des princes de Chimay :* ☎ *060-51-38-27.* ● *chateaudechimay. be* ● *Pâques-Toussaint, visites à 10h, 11h, 15h et 16h. Entrée : 7 € ; réduc. En travaux en 2012.* Construit au XIVᵉ s, le château a connu une existence tumultueuse. Pas moins de huit incendies en tout. Le dernier en 1935 qui épargna uniquement la façade du château et le petit théâtre ! Il fut reconstruit à l'identique. Façade sobre en pierre grisée. Fenêtres à meneaux. Tour massive avec clocheton original.

Propriété des Croÿ jusqu'en 1616, le château fut, au début du XIXe s, la demeure de la célèbre Mme Tallien, dont l'histoire mérite d'être contée. On vous souhaite de faire la visite avec la proprio, absolument adorable et captivante !

Notre-Dame de Thermidor

Née en Espagne, **Juana Maria Ignazia Teresa Cabarrus**, fort jolie, venue à Paris pour entrer dans le monde, épouse un marquis dont elle divorce en 1793. En prison à Bordeaux comme épouse d'émigré et promise à l'échafaud, elle est sauvée in extremis par le futur proconsul Tallien, séduit par sa beauté voluptueuse. Elle devient sa maîtresse dans la cellule de sa prison, puis l'épouse. Menacée à nouveau de la guillotine par le Comité de salut public, qui lui reproche de soustraire ses amis aux foudres de la Terreur, elle accuse Tallien de lâcheté de telle manière que celui-ci n'a plus d'autre issue que de renverser Robespierre le 9 Thermidor pour sauver la tête de sa belle intrigante. Libérée, on la surnomme « Notre-Dame de Thermidor ». Sous le Directoire, elle joue les égéries et lance les modes comme les toilettes inspirées de la Grèce antique. Elle est maîtresse de Barras et copine avec Joséphine de Beauharnais, et reçoit Talleyrand, Fouché, Benjamin Constant et David. Elle divorce à nouveau et un passage dans les bras du banquier Ouvrard dont elle a trois enfants en 2 ans, le coup d'État de Brumaire met un terme à sa vie publique. Teresa épouse en 1805 le comte Riquet de Caraman, prince de Chimay. Après la Restauration, la sulfureuse et intrépide Mme Tallien termine benoîtement sa vie au château de Chimay, où elle tient une petite cour tout en élevant ses 11 enfants nés d'amours différentes. Mélomane avertie, elle y fait venir les grands musiciens de l'époque : la Malibran, Cherubini, qui y donnent des concerts. Elle a été enterrée en 1835 dans la sacristie de l'école locale en compagnie de son époux. Une vie bien remplie, sans aucun doute !

La visite

On entame la visite par la **chapelle,** qui est la partie la plus ancienne. Murs très épais. C'était l'ancienne salle de justice du village. Elle a abrité le fameux saint suaire de Turin. L'évêque de Liège ayant émis des doutes à son sujet, il fut vendu à la maison de Savoie et c'est comme ça qu'il se retrouva à Turin. Puis vient la **grande pièce d'entrée,** avec un beau plafond. Joli meuble avec des tiroirs en *paesina*, ces tranches de marbre choisies pour leur ressemblance avec des paysages. S'ensuit la **salle des gardes,** avec son plafond voûté de brique et croisée d'ogives en pierre. Cheminée monumentale. Un truc étonnant et rare : le pavage de la salle. Des dizaines de milliers d'ardoises posées sur la tranche et formant des figures en étoile ! On passe ensuite au **salon des portraits,** chargé de souvenirs historiques, dont un portrait de Mme Tallien par le baron Gérard. Souvenirs du roi de Rome. Enfin, le **théâtre,** qui surprend par ses dimensions et séduit par sa déco à l'italienne. Il a servi de décor au film belge *Le Maître de musique.* Détruit pendant la dernière guerre et reconstruit en 1958, il a accueilli, 25 ans durant (jusqu'en 1983), des concerts donnés par de grands artistes tels Samson François, Rostropovitch, Rampal, Lagoya, Yehudi Menuhin ou Byron Janis. Des travaux sont actuellement en cours à côté du château pour mettre au jour une église de l'époque carolingienne.

🏃 🚶 **L'Aquascope de Virelles :** *au bord de l'étang de* **Virelles,** *à 3 km au nord de Chimay.* ☎ 060-21-13-63. ● *aquascope.be* ● *De mi-mars à mi-nov, tlj sf lun (sf j. fériés, vac scol et juil-août) 10h-17h (19h juil-août), mi-nov à mi-mars slt dim 10h-17h. Entrée : 6,50 € ; réduc.* Petit parcours nature sur caillebotis le long de l'étang de Virelles, pour en apprendre sur l'écosystème du coin et se voir rappeler les nombreuses menaces qui pèsent sur notre environnement. À faire en famille. Si vous avez du temps et êtes âgé de plus de 12 ans, vous pouvez aussi suivre le « sentier contemplatif », dans la partie la plus sauvage de la réserve. Petit supplément pour ce dernier et, surtout, on vous fera signer une charte par laquelle vous

LA PROVINCE DU HAINAUT

vous engagerez à cheminer seul... le but de la promenade étant de se ressourcer au contact de la nature. On vous remettra même une besace contenant la clé du portail, de quoi dessiner et... un œuf, à poser devant les diverticules où vous aurez choisi de vous isoler pour rêvasser, histoire de ne pas être dérangé...

DANS LES ENVIRONS PROCHES DE CHIMAY

🏃 *Macquenoise :* petit village frontalier que vous connaissez sans doute sous le nom de Courquin (Koorkin en flamand !). C'est le village qui a servi de décor au film de Dany Boon *Rien à déclarer*. Comme à Bergues, après le succès des *Ch'tis,* les touristes se sont mis à affluer en masse pour voir le fameux poste de douane. Seul problème, il ne s'agissait que d'un simple décor. Courquin n'existe pas, qu'on se le dise ! Mais Macquenoise ne l'entendait pas de cette oreille... Résultat, en quelques semaines, on a construit un musée et des visites guidées, riches en anecdotes, se sont organisées sur les lieux du tournage : le *Courq'Tour* ! Le succès semble au rendez-vous puisque le musée avait déjà accueilli 1 000 visiteurs le premier mois. On y trouve des éléments de décor, des extraits, un *making-off,* etc. Et sinon, six panneaux d'interprétation jalonnent la visite du village (libre ou guidée). Six thèmes sont abordés : Courquain, No Man's Land, La douane, Adieu la douane, La contrebande, Ensemble. Ils révèlent de nombreuses informations sur le film, l'envers du décor, et la réalité de l'histoire transfrontalière.
Toutes les infos sur ● courquain.com ● Vous y trouverez une brochure touristique, ainsi qu'un circuit GPS à télécharger (une façon amusante de partir à la découverte du bocage) et des horaires à jour (ils sont encore à l'étude).
– Le Poste de douane de Courquin : ☎ 03-23-58-22-56 *(en France) ou 060-21-98-84 (en Belgique). Pdt les vac scol, lun-dim 14h30-17h ; le reste de l'année, slt mer-sam-dim 14h30-17h. Entrée gratuite.*
– Le Courq'Tour : *sur résa au* ☎ *03-23-58-21-21 (en France) ou* ☎ *060-21-98-84. Slt sam et dim 15h30. Adulte : 4 € ; réduc. Compter 1h.*

🏃 *Rance :* petite ville renommée pour son marbre rouge que l'on retrouve jusqu'à Versailles, dans la galerie des Glaces ! L'exploitation des carrières a malheureusement cessé ; il nous reste un beau musée en guise de témoignage. Non loin se situent les lacs de l'Eau d'Heure, destination familiale par excellence.

🛈 *Office de tourisme de Sivry-Rance :* Grand-Rue, 132a. ☎ 060-21-94-99. ● sivry-rance.be ● Juil-août, pdt les vac scol et les j. fériés, tlj (sf pdt les fêtes de fin d'année), 9h-12h et 13h-16h30 ; le reste de l'année, mer et sam 9h-12h et 13h-16h. 📶 La région est une destination « nature » et familiale avec un aqua-centre, une forêt domaniale, un lac proposant toutes sortes d'activités nautiques et sportives, circuits VTT (Véloroute et Ravel). Vous trouverez ici toutes les infos nécessaires, y compris en ce qui concerne les sorties nature organisées par le centre Nature.

– Le musée du marbre : *Grand'Rue, 22, Rance (6470).* ☎ *060-41-20-48. ● musee dumarbre.be ● Mar-ven 10h-16h, sam 10h-18h, dim et j. fériés 13h-18h. Entrée : 5 € ; réduc.* Sur trois niveaux, riche et complet, il expose beaucoup d'objets, plus ou moins jolis, plus ou moins kitchs, plus ou moins impressionnants que l'on peut toucher. Fabuleuse « marbrothèque » avec 300 échantillons de marbres de Belgique et d'Europe. À sa gauche, un joli cabinet (lui aussi appelé marbrothèque) permettant de faire toutes sortes de simulations d'associations de panneaux et de plinthes. Et sinon, machines, ateliers, avec parfois démonstrations de taille, de polissage et de découpe.

CHARLEROI

(6000)   environ 210 000 hab. (agglomération : environ 500 000 hab.)

*« Plutôt des bouges
Que des maisons,
Quels horizons
De forges rouges
Sites brumeux
Oh, votre haleine
Sueur humaine
Cris des métaux
Les gares tonnent
Les yeux s'étonnent
à Charleroi ? »*

Paul Verlaine.

Grande cité industrielle, capitale de l'ancien pays Noir (rebaptisé « pays de Charleroi »), une des cinq villes les plus importantes de Belgique. Autant vous mettre tout de suite au parfum : Charleroi n'a pas grand-chose d'une destination touristique, ni même routarde. On lui consacre ce modeste chapitre... au cas où vous passeriez justement par ici ; et parce que c'est, on l'a dit, une grande ville ; qu'il y a tout de même quelques musées intéressants (notamment celui de la photo, incontournable pour les amateurs, à Mont-sur-Marchienne) ; que nos lecteurs férus de poésie urbaine y trouveront un marché dominical vivant avec, à deux pas, un des derniers vrais paysages industriels d'Europe ; et que... et que les fondus d'histoire sociale y trouveront leur content, notamment en visitant le *bois du Cazier,* à Marcinelle, dédié aux 262 victimes de la catastrophe minière de 1956 (le site a demandé son classement à l'Unesco). Ses habitants s'appellent les *Carolorégiens* (en abrégé : *Carolos*).

UN PEU D'HISTOIRE

Au début, il y eut les Romains. Preuve que le pays n'était pas si noir que ça. Un colon, du nom de Marcius, s'y construisit une villa. Ça devint *Villa Marcianae,* à l'origine de Marchienne et Marcinelle, deux cités jouxtant aujourd'hui Charleroi. Puis il y eut le Charnoy, tout petit village, appelé comme ça à cause d'un bois de charmes. Les Espagnols, qui ont pris une sévère piquette à Rocroi en 1643 et cédé plein de places fortes proches des Flandres, y édifient une forteresse. Exit le bois des charmes, mais une nouvelle ville naît en 1666, qui prend le nom de Charleroi (en l'honneur de **Charles II, roi d'Espagne**). Un an après, Louis XIV s'en empare. Il fait construire la ville basse. **Vauban** met sa touche aux remparts... qui redeviennent espagnols en 1679. Bref, Charleroi connaît le ballet incessant du vidage des locataires (français, espagnols, autrichiens, hollandais...) avant de choir dans le giron de la France de 1794 à 1814. La ville a adhéré à la Révolution et gagné le beau nom de Libre-sur-Sambre. Toujours en 1814, les cosaques campent devant la ville. Le 15 juin 1815, Napoléon y passe une dernière nuit avant Waterloo. C'est la fin.

Capitale de l'ancien pays Noir

Pendant la révolution industrielle, grâce à ses mines de charbon, la ville connaît un développement extraordinaire et se pare d'usines. C'est le **pays Noir.** D'abord

LA PROVINCE DU HAINAUT

exploité en surface, le charbon va se chercher désormais profond. En 1868, la forteresse est abattue. Un gag ! Ce symbole de l'oppression militaire, c'est la population qui a commencé à le démolir, sans autorisation du pouvoir et dans une ambiance de fête. Sacrés Carolorégiens, leur gaieté aujourd'hui perdure pour toujours ! L'agglomération de Charleroi est alors la ville produisant le plus de richesses du pays et permet à la Belgique d'atteindre le rang de 2e puissance industrielle mondiale, lui donnant ainsi les moyens de mener une politique colonialiste et d'entamer de vastes travaux d'infrastructures qui modernisent spectaculairement le royaume.

En 1886, dans toute la Wallonie, c'est la crise économique sur fond de misère ouvrière. À Liège, pour le 15e anniversaire de la Commune de Paris, la manif dégénère en émeute. Charleroi se met en grève : les mines, puis l'industrie métallurgique, les verreries. Rien n'arrête la colère des grévistes. Les patrons envoient l'armée les mater. Le premier jour : 12 morts. Les leaders ouvriers passent en procès. Les juges ont la main lourde : 20 ans de travaux forcés ! Cependant, tout cela n'a pas été inutile. De grandes réformes sociales se mettent en place et les conditions de vie s'améliorent.

C'est bientôt la fin du charbon. Les puits ne sont plus rentables. Les mines ferment une à une. Cette fantastique école d'union, de solidarité et d'insertion disparaît par la même occasion. Car Charleroi s'est également construite par l'immigration. Surtout italienne. (En 1667, 1 an après la création de la ville, les deux premiers morts par accident du travail étaient italiens.) Le 8 août 1956, tragique catastrophe minière à Marcinelle. Un des sauveteurs remonte effondré et soupire : « *Tutti cadaveri* » (« Tous morts »). Il est italien. Sur les 262 victimes, 136 le sont aussi...

Rimbaud, Verlaine...

Depuis Marcius le Romain, Charleroi a eu ses prestigieux touristes. Le premier d'entre eux échoue dans la ville presque par hasard pour une histoire de train. Il a à peine 16 ans, écrit de la poésie et s'ennuie à Charleville, sa p'tite ville de province. Il décide alors de partir pour Paris, en pleine guerre de 1870. Pas de pot, les Prussiens occupent la voie. Le guichetier lui suggère alors de faire le détour par Charleroi. Le gamin s'exécute, arrive finalement à Paris, où il ne reste pas longtemps, et repart pour Charleroi où il espère un p'tit boulot dans un journal. En train, à pied, en stop. De ce voyage, il laisse une trace : « Depuis 8 jours, j'avais déchiré mes bottines aux cailloux des chemins. J'entrais à Charleroi. » Bonjour, Arthur... Il y retourne une troisième fois, avec Verlaine, en 1872. Ce dernier trouve la ville triste mais revient quand même 21 ans après au pays Noir pour une conférence, invité par ***Jules Destrée.*** Malheureusement, il a très mal vieilli. Complètement déglingué. Il apparaît ivre devant le public et fait le coup de « l'eau ferrugineuse, oui, l'alcool, non ! ».

... et le Marsupilami

Enfin, une bébête sympa, toute jaune avec des points noirs et une longue queue, nous raconte une belle histoire. Elle a consenti à descendre du socle où on l'avait statufiée au milieu d'une grande place pour nous livrer l'explication de sa présence là : « À la fin du XIXe s, un jeune amoureux des livres crée sa propre imprimerie et lui donne son nom : Jean Dupuis. Puis il devient amoureux de la B.D. et cherche un héros vraiment belge. En 1938, *Spirou* surgit avec ses copains Fantasio et moi le marsupilami, houba, houba ! Le succès est immédiat. Avec Franquin, Jijé et plein d'autres, c'est la naissance de l'école de Marcinelle. » Le pays Noir capitale de la B.D., quel incroyable pied de nez aux clichés ! Dis, monsieur, dessine-moi un coron...

Adresses utiles

🛈 *Maison du tourisme du pays de Charleroi :* pl. Charles-II, 20, dans la ville haute. ☎ 071-86-14-14. ● *pays decharleroi.be* ● *Lun-sam 9h-18h, dim et j. fériés 10h-15h.* Brochure sur la ville avec plan. Vous pouvez aussi demander le petit dépliant *Charleroi Art nouveau.*

🛈 *Info touristisme :* dans la gare du sud. ☎ 071-31-82-18. Lun-ven 9h30-12h30 et 13h-17h30, sam 10h-12h30 et 13h15-15h.

◾ *Urban Safari Tours :* ▯ 0494-98-26-43. ● *charleroiadventure.com* ● Attention, réservé aux amateurs de chemins buissonniers parallèles et décalés. Exotisme loufoque garanti. Une initiative peu banale : une sorte de trek urbain un poil surréaliste en minibus pour faire d'un parcours dans les friches industrielles et le long des gâchis urbanistiques d'une ville qui n'en manque pas, un périple décapant de drôlerie et fantaisie. Au programme : la rue la plus déprimante de Belgique, le canal où la mère de Magritte s'est suicidée, le métro fantôme, la maison de Marc Dutroux (facultatif)... Tarifs à la tête du client. Réserver sur Internet. Qui a dit que la poésie ne poussait pas sur les terrils ?

◾ *TEC* (transports communaux) : pl. des Tramways, 9. ☎ 071-23-41-15.

🚉 *Gare de Charleroi-Sud :* ☎ 02-528-28-28. 2 départs/h pour Bruxelles et 1 liaison/h en *Thalys* (le mat) avec Paris (1h48 de trajet).

✈ *Aéroport de Charleroi* (aussi appelé *Bruxelles-Sud*) : l'aéroport de Gosselies (banlieue nord de Charleroi) accueille plusieurs compagnies *lowcost* dont *Ryanair.* On peut rejoindre l'aéroport de Charleroi, au départ de toute gare belge. Demandez le billet « code 814 – aller simple ou code 815 – aller-retour » au guichet. À l'arrivée à la gare de Charleroi-Sud, il suffit d'emprunter le bus direct (bus A) qui relie en quelques minutes la gare au terminal. Le prix du billet comprend le train et le transfert en bus. Une formule rapide, efficace et peu coûteuse. Sinon, un service de bus (bus *Elan*) est assuré chaque heure depuis la gare du Midi à Bruxelles. Rendez-vous 2h30 avant le départ des avions côté rue de France. Prix du trajet : 13 €, A/R 22 €. Les billets sont en vente soit sur ● *voyages-lelan.be* ●, soit dans le terminal de l'aéroport de Charleroi Bruxelles-Sud ou sur le bus au départ de Bruxelles.

Où dormir à Charleroi ou les environs proches ?

Peu touristique, Charleroi ne compte pas beaucoup d'endroits où loger. Le plus recommandable, selon nous, est encore l'hôtel... ou cette jolie chambre d'hôtes.

🛏 *Hôtel Ibis* (si, si !) : quai de Flandre, 15. ☎ 071-20-60-60. ● *ibishotels.com* ● *En face de la gare. Doubles 69-99 € ; petit déj 13,50 €. Parking payant.* 📶 *Cadeau de bienvenue sur présentation de ce guide.* Encore agréable pour un *Ibis.* Les chambres sont des chambres d'*Ibis* mais le bâtiment est joli et il y a même un resto à la déco sympa (avec des nappes en vichy).

🛏 *Chambres avec Vue :* rue du Basson, 30, *Marcinelle* (6001). ☎ 071-36-06-43. ● *info@chambresavecvue. be* ● *chambre-charleroi.be* ● *Double 70 €, petit déj compris.* 2 chambres seulement, une double et une simple, faisant salle de bains commune. Elles répondent aux doux noms évocateurs de « cabinet des Fées » et « chambre des Secrets ». Patricia est décoratrice et elle a peint elle-même les murs de sa maison, la transformant en véritable palais à l'italienne. Le résultat est époustouflant. La déco est chargée, certes, mais d'un goût exquis. Au petit déj, pain perdu et jus de fruits et légumes de saison... Patricia est une authentique carolorégienne ; elle aime passionnément sa ville et saura vous faire partager cette passion.

Où manger ?

🍴 *Les Templiers :* pl. du Manège, 7. ☎ 071-32-18-36. *Derrière l'hôtel de* ville et en face du palais des Beaux-Arts. Bar ouv tlj 10h30-minuit ; resto, lun-ven 12h-15h, plus ven 18h30-22h. Plats 9-15 € env. Déco banale, boiseries, quelques scènes moyenâgeuses, ambiance bon enfant et petit coin-resto avec nappes roses pour se régaler (sauf le week-end) des quelques suggestions du jour. Bonne petite cuisine de base aussi : *américain* garni, boulettes sauce tomate, andouillettes ou escabèche de Virelles. Troquet d'habitués ; siège de la société des Gilles, « les Récalcitrants ».

I●I *La Machine* : *rue du Grand Central, 16.* ☎ *071-30-75-33. Ouv ts les midis en sem sf lun, plus les ven-sam soir. Lunch 19 € ; à la carte, entrées 12-18 € et plats 14-32 €.* Quand une Italienne revisite le terroir belge ça fait des étincelles ! La déco gentiment bordélique et hétéroclite (un mélange de brocante et d'expos de créateurs) ne laisse pas présager l'extrême finesse et inventivité de la cuisine. Ne nous y trompons pas, nous avons là une table éblouissante ! Ravioles farcies de queue de bœuf, petits gris de Namur, anchois sur consommé de queue de bœuf ; saucisse de veau sur *stoemp* de choux de Bruxelles, croustillons de chair de pied de cochon, jus de viande et moutarde bistro ; volaille farcie de chicon braisé et fromage de Maredsous, enrobée de *lardo di colonata,* pâtes au coulis de tomate. Un coup de cœur !

I●I *La Bruxelloise* : *pl. E. Buisset, 9.* ☎ *071-32-29-69.* ● *bruxelloise.charleroi@openweb.be* ● *À deux pas de la Sambre. Tlj 11h45-15h30, 18h-23h.* Cette grande brasserie 70's au cadre assez déprimant propose à sa carte un concentré de Belgique : croquettes, moules de Zélande, bœuf BBB, filet américain, anguilles au vert, etc. Une institution ici, qu'on apprécie pour ses larges horaires d'ouverture et son bon rapport qualité-prix (à condition de rester raisonnable !)

I●I *Le Trou Normand* : *rue du Comptoir, 12.* ☎ *071-32-51-34.* ● *trounormand@proximedia.be* ● *Dans la ville basse, non loin de la gare. Tlj sf dim-lun, 18h-2h (4h le sam !). Plats 13-35 €.* Genre de gros bouchon ouvert la nuit. Cuisine française traditionnelle de qualité constante à prix encore abordables.

Attention, il n'y a presque que de la viande à la carte : magret de canard, brochette de bœuf, cailles à la Normande, contre-filet à la moelle, entrecôte au roquefort, lapin, etc. Huîtres et gibier en saison. Serveurs à l'ancienne.

Où boire un verre ? Où écouter de la musique ?

Charleroi n'est ni Liège ni Gand en matière de vie nocturne. Tant s'en faut ! Le Carolo est liant, n'hésitez pas à lui demander conseil... Curieusement, tout le monde vous parlera de la grande délinquance qui règne le soir en ville et qui cloître chez eux une grande partie des habitants de Charleroi. Fantasme ou réalité ? On ne peut que vous inciter à la prudence... sans tomber dans la psychose.

En attendant, l'office de tourisme édite un petit guide *Charleroi Nightlife* qui porte très bien son nom ; vous y trouverez le programme des festivités (cinés, théâtres, bars, night clubs, etc.).

Achats

❀ *La maison du Terroir* : *rue de la Neuville, 14.* ☎ *071-23-96-80.* ● *antennecharleroi@opw.be* ● *opw.be* ● *Un peu excentré malheureusement ; entre le parc Hiernaux et le stade du Pays de Charleroi (et non pas du stade de la Neuville !). Mar-ven 9h-12h30, 13h-17h3, sam 10h-12h30, 13h-16h30.* Voici le point de vente officiel de l'office des produits de Wallonie ; l'endroit idéal donc pour faire le plein de bons produits du terroir, fermiers et artisanaux.

Marché

– **Marché dominical :** *pl. Charles-II, pl. du Manège et rue d'Orléans.* L'un des plus pittoresques et des plus anciens marchés de Wallonie (1709).

PLANS ET CARTES
EN COULEURS

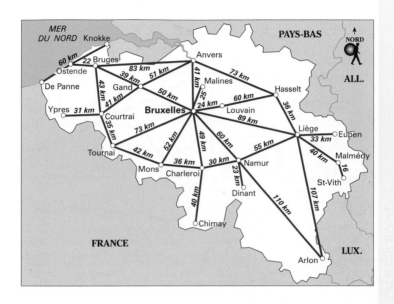

2

LA BELGIQUE

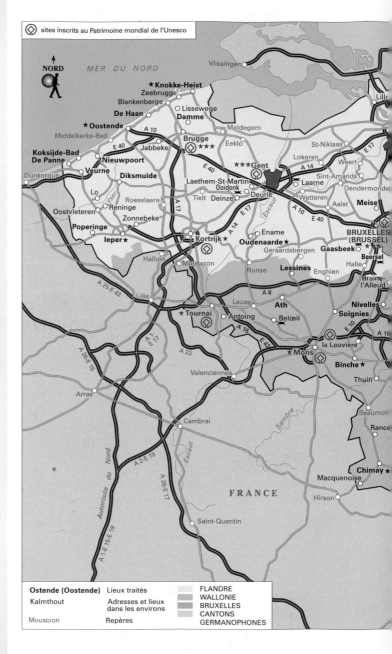

sites inscrits au Patrimoine mondial de l'Unesco

NORD

MER DU NORD

Vlissingen

★ Knokke-Heist
Zeebrugge
Blankenberge   ○ Lissewege
De Haan   Damme
★ Oostende   A 10   Maldegem
Middelkerke-Bad   E 40   St-Niklaas
                        Jabbeke   Brugge   Eeklo
Koksijde-Bad   ★★★   Lokeren   Weert
De Panne   ○ Nieuwpoort   E 40   ★★★ Gent   A 14   Sint-Amands
      Veurne   Diksmuide   Laethem-St-Martin   Laarne   Dendermonde
Dunkerque   Ooidonk   Deurle   Wetteren   Aalst   Meise
            Lo   Tielt Deinze   E 17   A 10   E 40
      Roeselaere   BRUXELLES
Oostvleteren ○Reninge   Escaut   (BRUSSEL)
            Zonnebeke   ○ Ename   Gaasbeek ★ ★★★
Poperinge   ★Kortrijk ★   Oudenaarde ★   Beersel
      Ieper★   Geraardsbergen   Halle   Braine-
            Halluin   Mouscron   Ronse   Enghien   l'Alleud
                                    Lessines   Nivelles
      A 25-E 42   Lille   A 8   Leuze   Ath   Soignies   E 10   A 15
                              ★Tournai Antoing Belœil   la Louvière
      A 26-E 19   A 23   A 16   ★Mons   Binche ★
                        Valenciennes   Thuin
      Arras   Beaumon
                  ○ Cambrai   Sambre   Rance
            Autoroute du Nord   Escaut   Chimay ★
                  A 2-E 19   A 26-E 17   FRANCE   Macquenoise
      A 1-E 15-E 19   Hirson
                        ○ Saint-Quentin

Ostende (Oostende)   Lieux traités   FLANDRE
Kalmthout   Adresses et lieux   WALLONIE
                      dans les environs   BRUXELLES
Mouscron   Repères   CANTONS
                                                  GERMANOPHONES

LA BELGIQUE

BRUXELLES – REPORTS DES PLANS I, II ET III

BRUXELLES – REPORTS DES PLANS I, II ET III

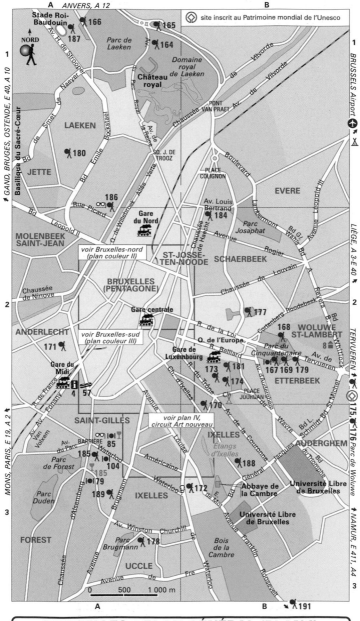

BRUXELLES – PLAN GÉNÉRAL (PLAN I)

BRUXELLES – NORD (PLAN II)

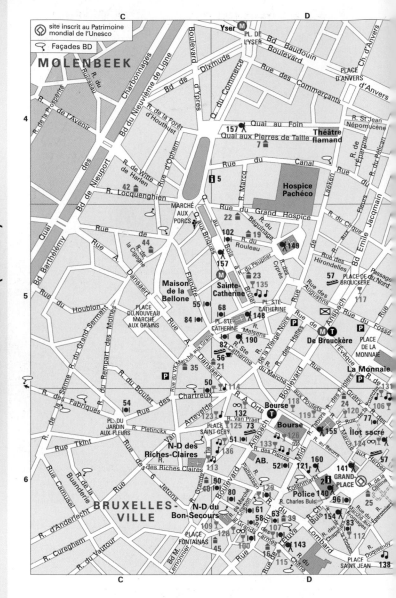

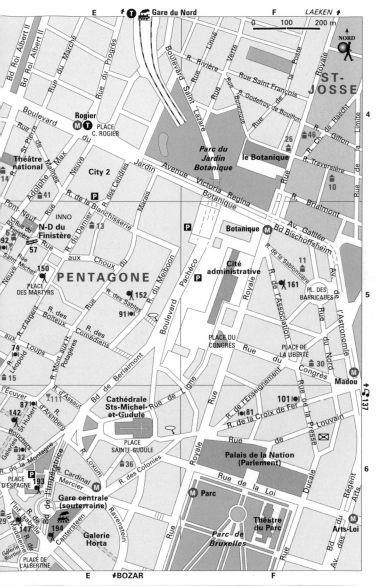

BRUXELLES – SUD (PLAN III)

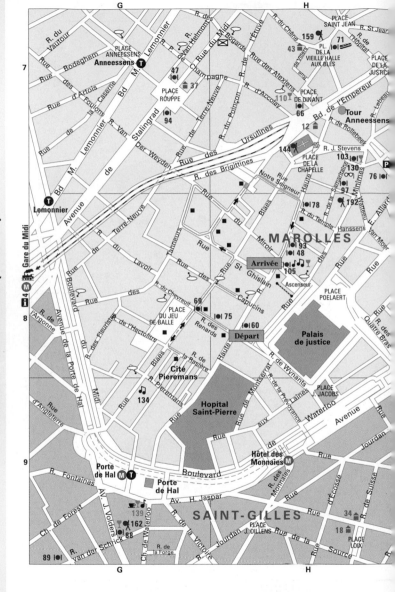

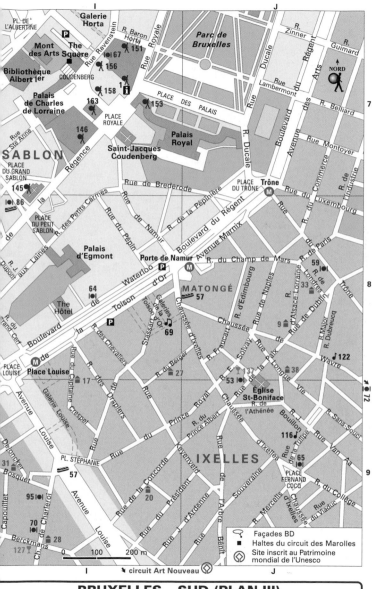

BRUXELLES – SUD (PLAN III)

GAND

A

B

108

Meelstraat

Begijnhoflaan

Bachtenwalle

Sint Antoniuskaai

Molenaarsstr.

St.-Margrietstr.

Grauw
Poort

Sluizekenstr.

Academiestr.

L. Steenstr.

13

114

67

52

Zilverhof

50

PATERSHOL

Oudburg

J. Verspeyenstr.

S. de
Mirabellostr.

Rabotstraat

Prinsenhof

Bradenjstr.

41

26

11

Gewat

Gelemunt

36 44 47

45

66

Abraham
str.

99

78

25 100 113

Waalstr.

102

VRIJDAG
MARKT

Oud
Begijnhof
dries

107

70

Kraanlei

39

Rekelingestr.

22

68 16

Burgstraat

42

17

30

str.

65

Langemunt

Onderstr.

71

Begijnengracht

19

98

46

Breydel

GROTE
VLEESHUIS

Groente

115

21

Hoogpoort

29

14

Peperstr.

Drabstr.

49

Korte

28

Hoogstraat

15

Poel

97

34 63

32

61

73

92

72

St.-Michels
plein

Ravensteijn

96

KORENMARKT

Klein
Turkije

94

GOUDENLEEUW
PLEIN

Maria
Land

Theresianenstr.

Schouwvegersstr.

St-Michielshelling

Cataloniestr.

E. Braun
plein

91

95

Predikherenlei

48

Hoorn

43

106

Jacobijnen
str.

Bennesteeg

P

Zwarte Zustersstr.

Onderbergen

20

38

str.

Voldersstr.

104

P

Koremeer

Universiteitstr.

Blandijnberg

114

Biljokekaai

Leie

Zonnestr.

Vogelmarkt

103

KOUTER

P

IJzerlaan

Kortrijksepoortstraat

Karel Van
Hulthemstraat

Karel Van

Jordaens
str.

Kazernen
str.

SINT-
PIETERS-PLEIN

18

40

Schouwburgstr.

PRUDENS
VAN DUYSEPLEIN

Gaspar de
Craeyerstr.

111

Kantienberg

31

KORTRIJKSEPOORT

QUARTIER DES ARTS

Eekhout

Kunstlaan

KRAMERS
PLEIN

Recolettenlei

Ketelvest

Savaanstraat

F. Van
Marixstr.

Rosseaustraat

Charles de Kerchovelaan

Voetweg
Benedictijnenstr.

W. Van
Nassau
Str.

E.
Felixdreef

G. Den
Duncaerstr.

Overpoort

Stalhof

J.F.Willemsstr.

UNIVERSITÉ

F. Van
Egmont
Str.

Manillastr.

113

N. De
Liemaeckere
Plein

112

Normaalschoolstr.

HEUVELPOORT

Bagattenstraat

Sortbedreef

Holbouwlaan

Citadelpark

K. L. Ledeganckstraat

Ottergemsesteenweg

Verlorenkost

Nederkouter

Lindenlei

A

B

GAND – REPORTS DU PLAN

BRUGES – REPORTS DU PLAN

BRUGES – PLAN GÉNÉRAL (PLAN I)

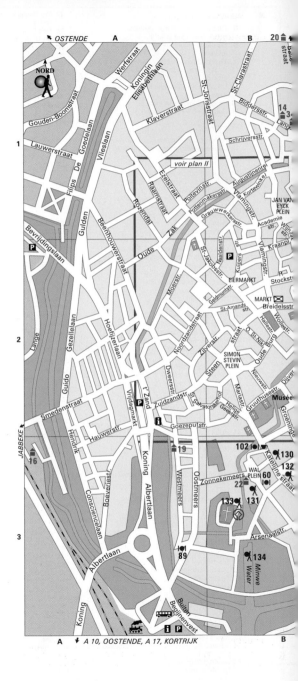

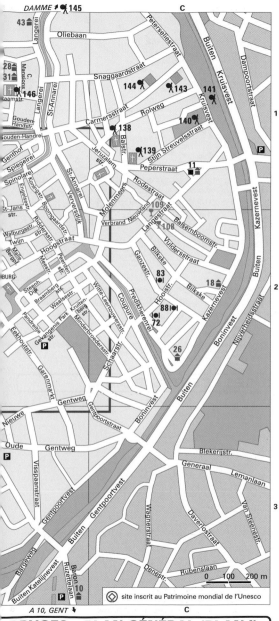

BRUGES – PLAN GÉNÉRAL (PLAN I)

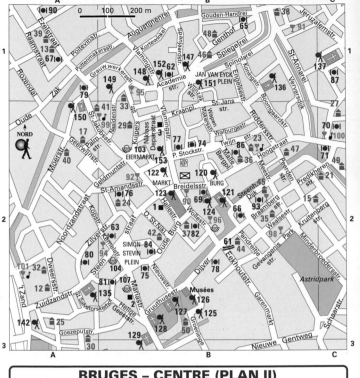

BRUGES – CENTRE (PLAN II)

Coloré et chaleureux, rituel immuable des Carolorégiens. On y va autant pour rencontrer ses amis que pour faire des achats. Arrêt quasi obligatoire au grand café *Les Huit Heures,* haut lieu de la mémoire ouvrière de la ville.

À voir

Vous l'avez remarqué, le Charleroi qu'on visite à pied se divise en deux : ville haute, ville basse. Le centre est en travaux jusqu'en 2014... histoire de se refaire une beauté.
L'office de tourisme propose des circuits en centre-ville, ainsi qu'un circuit Art nouveau et un autre Art déco (très succincts) ; deux époques auxquelles Charleroi a connu un rare essor et qui ont laissé à la ville de beaux immeubles et bâtiments. Pensez à lever le nez !

La ville basse

Face à la gare ferroviaire sud, c'est un demi-cercle limité par la Sambre et le boulevard Tirou (ancien bras de la Sambre), et complètement cerné par les autoroutes du périphérique. On y trouve nombre de petits commerces, restos, boîtes et les quelques hôtels que compte la ville. Également une certaine animation et quelques intéressants éléments architecturaux.

🏃 *La rue du Collège :* immeubles en brique avec pignons dentelés de la fin du XIXᵉ s. D'autres avec corniches ouvragées. À l'angle des rues du Collège et Marchienne, le plus caractéristique d'entre eux, avec une élégante rotonde de brique en angle. À ses pieds, le fameux *Mille Colonnes.*

🏃 *Le passage de la Bourse :* typique du paysage urbain. Ce fut l'un des tout premiers passages commerciaux de la Belgique. Longue façade intérieure de style néoclassique respectant les trois ordres (dorique, ionique et corinthien). On y trouve plusieurs librairies.

➤ *Vers la ville haute :* au passage, place Saint-Fiacre, la minuscule *chapelle Saint-Fiacre* en brique du XVIIᵉ s. À gauche, la place de la Digue, typique du Charleroi XIXᵉ, avec ses demeures basses. À droite, la rue Damprémy, commerçante et piétonne, doyenne des rues de la ville. Au niveau du nᵒ 49, l'*escalier des Rames,* vestige d'un des chemins qui donnaient accès aux remparts. Longtemps, les tisseurs qui y habitaient firent sécher leurs laines aux arbres. Au bout de la rue de Damprémy, débute la fameuse rue de la Montagne, également piétonne. Tout du long, quelques échantillons intéressants d'architecture du début du XXᵉ s, notamment Art nouveau (demander la brochure à la Maison du tourisme).

La ville haute

Regardez un plan de ville. Avec sa place, ses rues rayonnantes et sa forme hexagonale, la ville haute a épousé le schéma de l'ancienne citadelle. Le cœur battant en est la place Charles-II et ses jeux d'eau bien rafraîchissants.

🏃 ⊙ *L'hôtel de ville et le beffroi :* construit en 1936. Façade néoclassique avec colonnes, fronton abondamment sculpté et lanternon sophistiqué. Coquetterie supplémentaire, il s'est payé, comme les autres villes belges, un beau beffroi Art déco. Le classement des beffrois belges au Patrimoine de l'Unesco lui a permis de bénéficier de la consécration alors qu'il n'a que 70 ans. À l'intérieur, une superbe décoration Art déco. Lignes élégantes, volumes harmonieux. Hall d'honneur et grand escalier particulièrement remarquables.

🕯 *La place du Manège :* place jumelle de la place Charles-II. On y trouve le *palais des Beaux-Arts,* édifié en 1954 en style néoclassique et qui accueille le musée des Beaux-Arts jusqu'à nouvel ordre. Plus haut, boulevard Roullier, voir le hall d'entrée de l'*Institut supérieur industriel* (du début du XXe s). On y trouve trois beaux vitraux Art nouveau symbolisant les trois ressources de la région : le charbon, le fer et le verre.

🕯🕯 *Le musée des Beaux-Arts et le musée Jules-Destrée :* *au Palais des Beaux-Arts, pl. du Manège.* ☎ *071-86-11-34 ou 0486-02-25-42 (le w-e).* ● *charleroi-museum.be* ● *Tlj sf dim (sf en cas d'expo importante) et lun, 9h-17h, sam 10h-18h. Fermé certains j. fériés. Entrée gratuite ou payante selon les expos.* Hébergé jusqu'à nouvel ordre au Palais des Beaux-Arts, le musée n'expose plus vraiment ses collections permanentes ou alors par roulement, à l'occasion d'expo plus ou moins temporaires. Il devrait s'agrandir et peut-être exposer plus d'œuvres, à plus ou moins long terme. Pour l'heure, les grands noms de la peinture et de la sculpture carolorégiennes trouvent leur place au gré de ces expos. La plupart de ces artistes ont en point commun leurs préoccupations sociales et leur souci de rendre compte de cette réalité : Gustave Camus, Constantin Meunier, Pierre Paulus, Larion, Van den Houten... Dans un autre genre, Jean Ransy, Fernand Commaerts, Anto Carte, Léon Devos, Gilberte Dumont, ou encore François-Joseph Navez, sans oublier Paul Delvaux ou René Magritte, etc.

➢ Les amateurs de balades insolites ne manqueront pas d'escalader **un terril,** ces collines artificielles si caractéristiques du paysage carolorégien. Résidu issu de l'extraction de la houille, le terril est un vibrant témoignage de l'industrie minière. C'est aussi aujourd'hui un espace vert à part entière, ayant développé une faune et une flore particulières. La plupart d'entre eux offrent un point de vue remarquable sur la ville et le bassin minier. Certains sont en accès libre comme le *terril des Vallées* à Gilly, le *terril du Martinet* à Roux, le *terril du Cazier* à Marcinelle (voir un peu plus loin), le *terril des Piges* à Dampreny, etc. L'office de tourisme propose parfois des visites commentées.

Animations

– **Carnaval de Charleroi :** *le Mardi gras.* Défilé des fameux géants, El Facteur, El Champète, Maka, La Housse, D'Jean et D'Jenne... Grand moment pour les mômes. Ça se finit par le *bal masqué des Climbias,* le samedi suivant le Mardi gras.
– **Brocante de la Saint-Jean :** *en juin.* Immense marché aux puces qui dure 24h. Le grand rendez-vous annuel.

DANS LES ENVIRONS DE CHARLEROI

BALADE DANS LE PAYS DE CHARLEROI

L'ancien pays Noir est là, aux portes de la ville. Longue litanie de banlieues ouvrières : Marchienne-au-Pont, Montignies-sur-Sambre, Couillet, Jumet, Lodelinsart... À priori, pas une destination touristique en soi. Hors de question d'y découvrir merveilles et exotisme torride. En revanche, il y a paradoxalement une véritable poésie urbaine, des clins d'œil architecturaux, des structurations insolites de l'espace, des télescopages esthétiques originaux, etc. Et puis, malgré tout, de belles églises anciennes, les « châteaux » des capitaines d'industrie et plusieurs intéressants musées (comme celui du Verre à Marcinelle, de la Poterie à Châtelet, de la Mine à Fontaine-L'Évêque...) sans oublier le musée de la Photographie et le site du Bois Cazier.

Enfin, l'image des noirs terrils et tristes corons a évolué devant la prodigieuse vitalité de la nature. Progressivement, les terrils se sont couverts d'herbe, d'arbustes, voire d'arbres. Telles maisons, jadis dans un environnement sinistre, se retrouvent aujourd'hui collées à des collines verdoyantes, terrains de jeu, pour les mômes... Des oiseaux y nichent. Sur certains terrils, à Trazegnies, pousse même la vigne. Bien sûr, avec la reconversion des friches industrielles, certains chevalements de mines et terrils ont été rasés mais, aujourd'hui, tout ce patrimoine est protégé, comme témoin d'une dure mais riche époque, comme mémoire du travail des hommes...

MONT-SUR-MARCHIENNE (6032)

Au sud de la ville. Accès par l'échangeur autoroutier situé derrière la gare ferroviaire sud. Sortie 29 sur le ring. Bien indiqué.

🎥🎬 *Le musée de la Photographie :* *av. Paul-Pastur, 11.* ☎ *071-43-58-10.* ● *museephoto.be* ● *À env 3 km au sud-ouest de la gare de Charleroi. Pour s'y rendre depuis celle-ci, bus nᵒˢ 70, 71 et 170. Tlj sf lun 10h-18h. Entrée : 6 € ; réduc ; gratuit pour - de 12 ans.* Installé dans un ancien carmel de style néogothique et doté d'une structure annexe moderne couverte d'aluminium inauguré en 2008. Musée exceptionnel, que les amateurs de photo ne peuvent absolument pas rater, il est en passe d'être reconnu comme le plus grand d'Europe en son genre. On y vient avant tout pour les expositions temporaires d'envergure qui s'y tiennent (une bonne dizaine par an), mais le musée possède aussi une importante collection permanente de clichés originaux représentatifs de l'histoire de la photographie, de sa naissance, il y a plus de 150 ans, à nos jours. Inutile de citer tous les photographes, d'autant que la sélection de photos change parfois, mais vous pouvez être assuré de voir des grands noms tels que Man Ray, Cartier-Bresson, Doisneau, Alvarez-Bravo, Willy Ronis, Diane Arbus, Marissiaux, Capa ou Salgado. Pour finir, outre une excellente bibliothèque en consultation, belle collection de vieux appareils et espace destiné à faire découvrir au visiteur certains procédés et techniques couramment utilisés en photographie. Jardin d'hiver très réussi à l'intérieur. Autour de cet ensemble, un parc où les grands tirages sur bâche annoncent les expos temporaires.

MARCINELLE

Symbole même de la ville minière. C'est là que se déroula la terrible catastrophe de 1956 (262 morts). Le site en question a été reconverti en musée à la mémoire des victimes. Voir aussi, sur la grande place, la belle église Saint-Martin du XVᵉ s, qui possède toujours une grosse tour romane du XIIᵉ s.

🎥🎬 ◎ *Le site du bois du Cazier :* *rue du Cazier, 80.* ☎ *071-88-08-56.* ● *leboisducazier.be* ● *Mar-ven 9h-17h, sam-dim 10h-18h. Entrée : 6 € ; réduc.* C'est donc l'endroit où s'est produite la tragédie de 1956, qui fit 262 victimes, à cause d'une erreur humaine. Un monument en marbre blanc à l'entrée du site permet de lire les noms des mineurs. Un peu plus loin, l'espace « 8 août 1956 » évoque la catastrophe à travers un film et de nombreux témoignages et photos. Il y est aussi question de l'immigration italienne et de la bataille du charbon. Le second axe du musée est l'industrie en Belgique, dans un autre bâtiment où sont installées de grosses machines (dont un laminoir à tôles) et une exposition, bien faite, sur l'industrie du verre et la condition ouvrière au début du XXᵉ s. Expos temporaires dans « l'espace forum ». Enfin, en 2006, le musée du Verre a été inauguré dans l'ancienne lampisterie, de même que d'autres mémoriaux dans la « recette », l'endroit où descendaient et remontaient les mineurs. On peut même désormais monter, en suivant la « drève de la mémoire », sur le terril nᵒ 3, d'où l'on jouit d'une vue panoramique sur toute la région. Le site du Bois du Cazier a été classé par l'Unesco au Patrimoine mondial de l'humanité.

AU SUD DE CHARLEROI EN REMONTANT LA SAMBRE

🚶 *Gozée :* ruines de l'**abbaye d'Aulne.** *Avr-fin sept, tlj sf lun-mar (tlj en juil-août) 13h-18h, w-e 13h-17h en oct. Entrée : 5 € ; réduc.* Abbaye cistercienne créée au XIIe s et incendiée par les sans-culottes en 1794 avec une bibliothèque de 40 000 livres dont 5 000 manuscrits anciens (un vrai Fahrenheit 451 !). Les rescapés de l'autodafé furent rachetés par un libraire de Thuin qui les utilisa comme papier d'emballage ! Il reste tout de même des vestiges impressionnants de grandeur, qui laissent imaginer la richesse passée de l'institution.

🚶 ⊚ *Thuin :* ancienne citadelle de la principauté de Liège, elle vaut assurément la promenade pour sa ville haut perchée au-dessus de la Sambre, riche d'un ensemble de maisons anciennes et de ruelles pavées. Les remparts datent du Xe s. Le beffroi de 1639 est classé au Patrimoine mondial de l'Unesco. La ville basse, elle, a conservé son quartier batelier. En suivant un itinéraire jalonné de panneaux didactiques, on peut aussi visiter les jardins suspendus qui ont été restaurés.

BINCHE   (7130)   33 000 hab.

Binche connut son âge d'or lorsqu'en 1544, Charles Quint donne cette ville fortifiée à sa sœur, Marie de Hongrie. Elle y fait construire un palais, mène grand train, reçoit des hôtes de marque, organise des fêtes fastueuses, jusqu'à ce que le roi de France Henri II prenne la ville et la détruise. Splendeur éphémère. Devenue une bourgade ouvrière qui possède encore des remparts du XIIe au XIVe s, flanqués de 27 tours (rare en Belgique). Chaque année la ville connaît à nouveau son heure de gloire, avec son célèbre carnaval, pendant lequel les célèbres Gilles traversent la cité tout en longueur pour finir leur danse rituelle sur la Grand-Place.

LE CARNAVAL

Ils en sont fiers, les Binchous, de leur carnaval, d'autant plus qu'il a été classé au Patrimoine oral et immatériel de l'Unesco, qui a ainsi reconnu sa valeur culturelle. Que de temps, que de travail, que de sacrifices, pour une journée de folie ! Une version officielle fait remonter le carnaval au temps des fêtes de Marie de Hongrie. Le Gille serait une représentation des Indiens d'Amérique du Sud, dont on venait de découvrir l'existence. Mais les historiens réfutent formellement cette thèse. Car il semble que, bien avant, on fêtait déjà à Binche le début du carême, période de jeûne du calendrier chrétien (d'où, en effet, le sens étymologique du mot carnaval, dérivé du latin *carne,* viande, et *levare,* lever, dans le sens d'ôter).
Toute l'année, Binche ne pense qu'à son carnaval et le prépare selon un rituel immuable. Dès janvier, chaque dimanche est l'occasion d'une répétition. Les fanfares défilent en ville, les *soumonces,* rafales de tambour, claquent dans l'air, et ce peut être déjà une bonne façon d'avoir un aperçu du carnaval. La délirante nuit « des *Trouilles de Nouilles* », où la moitié de Binche se masque, a lieu le lundi de la semaine précédant les jours gras. Le dimanche gras voit les défilés de nombreuses sociétés qui rivalisent d'originalité pour inventer leur costume. Le lundi

appartient aux enfants, et il faut attendre le Mardi gras, le 12 février en 2013, pour qu'enfin les fameux Gilles fassent leur apparition.

Dès le petit matin, après une coupe de champagne, le Gille, qui vit cette journée comme un immense honneur, enfile la blouse et le pantalon décorés de lions héraldiques, d'étoiles et de blasons. Chacun de ses gestes et de ses actes est codifié par une tradition rigoureuse. Portant un fagot (le *ramon*), une ceinture de grelots et chaussé de sabots, il part en dansant au son des tambours chercher ses camarades. Tous se retrouvent masqués de cire devant l'hôtel de ville, accompagnés des paysans, pierrots et arlequins, autres groupes rituels. Après un rondeau, tout ce petit monde part déjeuner. Huîtres et champagne.

L'après-midi, les Gilles reprennent la danse, coiffés (s'il n'y a pas trop de vent) de leur chapeau en plumes d'autruche et armés d'oranges dont ils bombardent la foule (ne jamais les renvoyer : c'est un cadeau, et ils prennent très mal qu'on le refuse). Le martèlement des sabots sur le pavé transmet la transe à la foule, qui se presse sur le parcours. Tout le monde accompagne les « sociétés » sur la Grand-Place pour entamer le rondeau final. À la lumière des feux de Bengale et d'artifice, la fête dure tard dans la nuit, au rythme des tambours, sans lesquels un Gille ne peut se déplacer. Tout le monde rentre au petit matin, et voilà, c'est fini pour 1 an. Sachez aussi, pour être complet, que le Gille authentique ne quitte jamais sa ville. Les Gilles des villes voisines ne seraient que de pâles imitations.

Adresses utiles

🛈 *Office de tourisme :* hôtel de ville, Grand-Place. ☎ 064-33-67-27. ● binche.be ● Lun-ven 10h-12h, 13h-17h ; ouv les w-e d'avr à sept et les 4 w-e précédant le Carnaval 14h-18h.
✉ *Poste :* rue des Récollets. Lun-ven 9h-12h30, 13h30-17h ; sam 9h-12h30.
🚆 *Gare :* pl. Derbaix. ☎ 065-88-42-61. De cette gare néogothique, liaison avec Bruxelles ttes les heures jusqu'à 22h. Tarifs spéciaux pour le carnaval.

Où dormir ?

Plus d'hôtels sur Binche, liste des hébergements disponibles auprès de l'office de tourisme.

🏠 *Les Volets Verts :* rue de la Triperie, 4. ☎ 064-33-31-47. ● lesvoletsverts@ hotmail.com ● lvv.net ● Fermé pdt le Carnaval. Compter 80 € pour 2, petit déj compris. 10 % de réduc à partir de la 2e nuit consécutive. 🛜 Agréable maison d'hôtes proposant 4 chambres confortables, dont 2 (celles de la partie moderne) particulièrement réussies. Toutes avec salle de bains. Petit déj « gourmand », avec pain frais du matin et jus d'orange pressée. Joli jardin pour les beaux jours et bon accueil. Une bonne adresse !

Où dormir dans les environs ?

🏠 *Le Val Fayt :* rue de la Croyère, 21, *Fayt-lez-Manage* (7170). ☎ 064-23-90-85. ● reception@valfayt. be ● valfayt.be ● À 12 km au nord-est de Binche et à 7 km à l'ouest de Houdeng-Goegnies et du canal du Centre. Doubles 85-100 € ; petit déj 12 €. À la sortie de la Louvière, dans un quartier qui sent déjà la campagne, une très jolie ferme du XVIIe s, entièrement restaurée. Les chambres les plus chères sont équipées de jacuzzi, mais les « premiers prix » sont déjà magnifiques, spacieuses et confortables (avec douche). Celles du rez-dechaussée ont conservé leurs tomettes au sol. Salle de petit déj meublée de façon contemporaine mais avec une antique cheminée où le feu crépite dès les premiers frimas. Accueil très jeune, très pro, très souriant. Espace « Bien Être » avec sauna (accès payant).

Où manger ?

🍽 *L'Industrie :* Grand-Place, 4. ☎ 064-33-10-53. ● pierrebuisseret@ hotmail.com ● À gauche de l'hôtel de ville quand on lui fait face. Tlj sf lun-mar, 12h-14h ; 18h-21h30. Fermé début avr et fin sept. Plats 12,50-19,50 €. Cadre agréable, rafraîchi lors du changement de propriétaire. Cuisine sans compli-cation : grillades, croquettes, moules... Possibilité aussi, certains jours, de goûter aux fameuses *doubles* de Binche, ces crêpes de sarrasin fourrées au fromage.

À voir

👥 🚶 *Le musée international du Carnaval et du Masque :* rue Saint-Moustier, 10. ☎ 064-33-57-41. ● museedumasque.be ● *Dans le centre, en face de l'église Saint-Ursmer. Mar-ven 9h30-17h, w-e 10h30-17h. Entrée : 6 € audioguide compris ; réduc ; gratuit 1er dim du mois.* Un Gille de bronze marque l'entrée de ce musée installé dans l'ancien collège des Augustins. Large panorama des masques et costumes d'Europe, des *Sourvaskari* de la Saint-Basile bulgare aux *Krampus* qui accompagnent Saint-Nicolas en Autriche, en passant par les Pierrots du carnaval de Limoux. De quoi éprouver une drôle de sensation, surtout si on est seul dans le musée ! Une section porte sur les carnavals de Wallonie, dont bien sûr celui de Binche, avec la fabrication des différents éléments du costume des Gilles, affiches et photos anciennes. À l'étage, une collection de masques superbement mis en valeur. Enfin, ne pas négliger non plus les expos temporaires qui, chaque année, mettent en avant les fêtes masquées d'une région ou d'un pays en particulier.

🚶 *La collégiale Saint-Ursmer :* *en face du musée du Carnaval et du Masque.* À visiter discrètement pendant les offices. Austère église de pierre grise qui abrite quelques sculptures religieuses des XVe et XVIe s, dont un poignant *Christ de Piété*. De l'autre côté du jubé Renaissance, remarquez la *Mise au tombeau* du XVe s en pierre polychrome, expressive bien qu'un peu ruinée. On conduit saint Ursmer en procession aux alentours du 18 avril. Derrière la collégiale, dans le parc, les imposantes ruines du château de Marie de Hongrie (XIIe-XVIe s), bien mal entretenues malheureusement. Elles font encore l'objet de fouilles ; ceci explique peut-être cela.

🚶 ⊙ *L'hôtel de ville et le beffroi :* *Grand-Place.* Jadis halle aux viandes, avec fondations du XIVe s et beffroi classé au Patrimoine mondial de l'Unesco. Trois jolies salles, avec plafond en chêne et cheminée Renaissance, mais malheureusement pas ouvertes au public.

🚶 Avant de partir, jetez un coup d'œil à l'***enceinte de remparts,*** restaurée, ainsi qu'à la ***pharmacie Davoine*** de l'avenue Charles-Deliège, à gauche en venant de la Grand-Place. On vilipendera au passage les gougnafiers qui n'ont pas respecté cette magnifique façade publicitaire en carreaux de céramique du XIXe s. On y vante, entre autres, les mérites de l'émulsion *Scott* qui, comme chacun le sait, « guérit les maladies de la gorge, des poumons et du sang ».

DANS LES ENVIRONS DE BINCHE

🚶 *Le domaine et le musée royal de Mariemont :* *chaussée de Mariemont, 100,* **Morlanwelz.** ☎ 064-21-21-93. ● musee-mariemont.be ● *À une vingtaine de km au nord-est de Binche. Tlj sf lun (non fériés) 10h-18h (17h oct-mars). Entrée : 1 € pour la collection permanente, 4 € pour les expos temporaires, réduc ; gratuit 1er dim du mois.* Mariemont, c'est à la fois un magnifique parc de 50 ha, dessiné au XIXe s sur un terrain ayant appartenu à Marie de Hongrie (qui lui a donné son nom), et un musée un peu vieillot qui comporte une collection gallo-romaine, égyptienne, orientale et régionale. Allez d'abord faire un tour dans le *parc*, qui possède une roseraie odoriférante et des essences rares, parfois tricentenaires. Il abrite aussi de nombreuses sculptures, dont les *Bourgeois de Calais* de Rodin, la *Fontaine aux lions* de Grenade ou encore le plus grand Bouddha extérieur de Belgique.

Entrez ensuite dans le bâtiment qui, abritant le *musée,* a tenté d'intégrer les ruines du château de Mariemont. Admettons. Quoi qu'il en soit, ce bloc de béton, ombragé par un magnifique cèdre du Liban, offre des espaces clairs et aérés à des collections d'antiquités égyptiennes, grecques, romaines ou d'Asie. Vous y verrez de magnifiques cratères (vases) grecs de l'époque classique, des statuettes du panthéon romain, des sarcophages égyptiens et de la céramique orientale. Au sous-sol, salle dédiée à l'archéologie locale (nécropole mérovingienne de Ciply) et section sur l'histoire de Mariemont. La section des porcelaines de Tournai, pour terminer, conduit à une moderne cafétéria qui, en contrepartie, offre une vue imprenable sur les paons du parc. Pour les amateurs (sur réservation), *cérémonie du thé* au pavillon du Thé, construit par des charpentiers japonais.

🏃🏃 ⓦ *Le canal du Centre :* séparant Mons de Charleroi, le Centre a connu au XIXᵉ s un essor important, dû aux charbonnages. Le développement de la région appela bien sûr celui des moyens de communication. Il fallait relier la Meuse à l'Escaut par le truchement d'un canal. Problème : une dénivellation de 90 m entre les deux bassins, qui rendait délicate la construction d'écluses, au demeurant grandes consommatrices d'eau. On opta alors pour un système venu d'outre-Manche, à savoir quatre ascenseurs successifs permettant aux bateaux de franchir la pente. Si sa capitale, La Louvière, est une ville industrielle relativement inintéressante pour le touriste, on trouve donc ce site majeur, classé par L'Unesco au Patrimoine mondial de l'humanité.

Il s'agit de quatre « escaliers », soit quatre impressionnantes structures métalliques, réparties sur 7,4 km, se composant d'un portique et de deux bacs pour les bateaux, que d'énormes pistons hydrauliques montent ou descendent en balancier sur une quinzaine de mètres. Le premier ascenseur se trouve à Houdeng-Goegnies, le deuxième à Houdeng-Aimeries, le troisième à Strépy-Bracquenies et le quatrième à Thieu. Des huit ascenseurs hydrauliques construits dans le monde à cette époque (fin XIXᵉ-début XXᵉ s), ceux du canal du Centre sont les seuls à être restés dans leur état d'origine et de fonctionnement. C'est d'ailleurs ce qui a justifié leur classement par l'Unesco. Le site se visite en bateau mais a laissé la place, pour le trafic commercial, au gigantesque ascenseur vertical de **Strépy-Thieu,** qui se visite également.

➤ *Balade en bateau au départ de la cantine des Italiens :* rue Tout-y-Faut (à **Houdeng-Goegnies**). D'avr à fin oct, tlj à 10h et 14h, mais mieux vaut réserver ses places à l'avance (au ☎ 078-05-90-59, à Mons ● voiesdeau.hainaut.be ●), car le bateau est parfois vite plein. Prix : 12 € ; réduc. Le bateau circule entre les escaliers 3 et 4.

Visite de la salle des machines pour ce dernier escalier que l'on participe à la « croisière » ou que l'on s'y présente en « électron » libre. Possibilité aussi de longer le canal à vélo (attention, quelques dénivelées pénibles !) ; possibilité de louer des vélos à ce même escalier.

➤ *Visite de l'ascenseur de Strépy-Thieu :* 15 mars-30 oct, tlj 9h30-18h30 (dernière entrée à 17h). Bateau-mouche, dim 1ᵉʳ mai-11 sept (4 départs/j.). ☎ 078-059-059. ● voiesdeau.hainaut.be ● Entrée : 5,50 € pour l'ascenseur seul, 5,50 € pour le bateau-mouche et 9 € pour le billet combiné ; réduc et forfaits famille.

Une œuvre pharaonique que cet ascenseur funiculaire à bateaux de Strépy-Thieu ! C'est bien simple, c'est le plus grand jamais construit dans le monde. Il fait 1 117 m de haut et sa construction, commencée en 1982, ne fut achevée qu'en 2002. Depuis cette année, il remplace pour le trafic commercial les ascenseurs à bateaux cités plus haut et, surtout, il permet désormais le passage par le canal du Centre de péniches de 1 350 t, hissées ou descendues de 73 m dans des bacs de 112 m de long pesant plusieurs milliers de tonnes !

La visite, si elle comprend un parcours-spectacle de 40 mn assez ennuyeux sur le génie belge (dans tous les domaines), permet de monter au sommet de l'ascenseur, pour une vue sur la campagne, et de voir l'impressionnante salle des machines.

🍴 Le centre de la Gravure et de l'Image imprimée : *10, rue des Amours,* **La Louvière** *7100.* ☎ *064-27-87-27.* ● *centredelagravure.be* ● *Mar-dim 10h-18h. Entrée : 5 € ; réduc.* Sous un terme un peu abscons, ce musée se consacre aux images gravées ou imprimées, c'est-à-dire aux estampes, lithographies, sérigraphies, eaux-fortes, affiches, illustrations, etc. Les collections permanentes (près de 11 000 œuvres) sont exposées par roulement pour des raisons, entre autres, de conservation. Le centre propose quatre expos temporaires par an, parfois en simultané. Attention, le centre ne s'intéresse qu'aux XXe et XXIe s. À noter, dans les environs proches, pour tous ceux qui s'intéressent au patrimoine industriel, un musée de la Mine, un musée du Verre...

🍴🍴 ⊙ L'écomusée du Bois-du-Luc : *rue Saint-Patrice, 2B à* **Houdeng-Aimeries,** *7110 (accès fléché).* ☎ *064-28-20-00.* ● *ecomuseeboisduluc.be* ● *À la sortie ouest de La Louvière ; sortie n° 21 (Le Roeulx) depuis l'autoroute. De mi-avr à fin oct, mar-ven 9h-17h, w-e 10h-18h (fermé w-e nov à mi-avr). Fermé lun. Visite guidée tlj sf lun à 9h (sf w-e), 10h, 11h, 13h30, 15h (et 16h le w-e). Entrée : 7,50 € ; réduc ; gratuit 1er dim du mois.* Le site minier du Bois-du-Luc, fondé en 1685, était au début du XXe s l'un des plus importants de Wallonie. La fosse Saint-Emmanuel, ouverte en 1846, ferme en 1959. La société, quant à elle, ferme définitivement ses portes en 1973 mettant ainsi un terme à plus de 300 ans d'activités. Comme d'autres charbonnages du pays, il fut reconverti en musée, dans le but de préserver la mémoire d'une activité qui, au faîte de son rendement, employait 3 300 personnes, toutes professions confondues. Car le site, et c'est sa grande particularité, fonctionnait comme une petite ville, où l'on trouvait tout ce qui était nécessaire ou utile à la vie quotidienne, de l'hôpital à l'école en passant par l'église, la salle des fêtes, les magasins et les ateliers de construction d'outils (ou même de mobilier !). Accompagné d'un guide, le visiteur part à la découverte de cet univers étrange et pourtant pas si lointain, d'abord à travers l'austère bureau du directeur, puis au cœur de la fosse Saint-Emmanuel, où sont évoqués et détaillés la journée des mineurs, le travail des enfants et des femmes, la structure du châssis à molette et l'histoire du charbonnage. Après la visite, n'hésitez pas à vous balader un peu dans la cité ouvrière qui jouxte l'écomusée, c'est l'âme même du site. Le site minier est classé Patrimoine exceptionnel de Wallonie.

🍴🍴 Le musée de la mine Robert Pourbaix : *à côté de l'écomusée.* ☎ *064-22-54-48.* ● *regionducentre.net/musmine.htm* ● *Lun-ven 9h-12h et 13h-17h, w-e et j. fériés 14h-17h slt sur rdv déc-janv. Entrée : 4 € ; réduc.* Il s'agit d'un autre musée de la Mine du Bois-du-Luc, situé à côté (mais totalement indépendant !) du précédent. À la différence de ce dernier, vous y verrez, dans une suite de salles (la salle de paie, les bureaux d'ingénieurs...), un vaste ensemble d'objets relatifs au travail dans la mine et à la vie qui tournait autour, ainsi que des photos, des documents, des reproductions, des reconstitutions. À noter en particulier : la salle de classe 1900, la galerie Castelain avec taille et écurie ou encore la fosse Saint-Hubert. Certes moins vivant que l'écomusée mais, en un sens, plus riche. Quoi qu'il en soit, les deux se complètent plutôt bien.

🍴 Le château de Seneffe : *rue L.-Plasman, 7-9.* ☎ *064-55-69-13.* ● *chateau deseneffe.be* ● *Au nord de La Louvière. Tlj sf lun (non fériés) 10h-18h. Entrée : 5 € ; réduc.* Résidence de plaisance conçue par le fécond Laurent-Benoît Dewez en 1763, le château fut commandé par un certain Julien Depestre, riche parvenu grâce au commerce avec les Indes et les fournitures aux armées françaises. Le nouveau riche en voulut pour son blé et le résultat néoclassique pur jus se donne des airs de petit Versailles. En particulier la *cour d'honneur,* flanquée de chaque côté de colonnades monumentales clôturées par deux pavillons. Le

logis principal, lui, abrite le **musée de l'Orfèvrerie** *de la Communauté française.*
500 pièces en argent, au sein d'une expo sensorielle intitulée « Faste et Intimité », provenant de différents centres de production d'Europe, y sont conservées et exposées dans les salons rehaussés de stucs, de dorures et de miroirs. Les parquets sont tellement précieux et fragiles que vous devrez enfiler des patins pour la visite. Enfin, à l'extérieur, une orangerie, un petit théâtre, une glacière, un parc et des jardins restaurés dans l'esprit des Lumières combleront votre soif de belles choses.

MONS

(7000)   91 000 hab.

Avec un centre qui pourrait, à première vue, se réduire à sa jolie Grand-Place, ses élégantes ruelles pavées, parées de demeures historiques et son impressionnant beffroi, Mons a réussi depuis quelques années, sous l'impulsion d'une administration dynamique et créative, à se doter d'un profil tout ce qu'il de plus avenant qui attire un nombre croissant de visiteurs. D'autant plus que, ville universitaire, ses soirées sont plutôt animées du côté des nombreux cafés.
Bien sûr, à la différence de Naples, on ne mourra pas après avoir vu Mons, mais on y passera, à coup sûr, un agréable moment. Si vous êtes dans le coin le dimanche qui suit la Pentecôte, vous ne manquerez pas d'assister aux incontournables fêtes de la ducasse (voir plus bas). En décrochant le titre de capitale européenne de la Culture pour 2015, Mons concrétise spectaculairement sa métamorphose. À noter également dans les environs de Mons : le musée des Arts contemporains (MAC'S) et le parc d'Aventures scientifiques (PASS), deux lieux uniques en Belgique. En outre, Mons a renforcé sa capacité d'attrait en matière d'offre culturelle en faisant de son désuet musée des Beaux-Arts l'ultramoderniste BAM. Mons est également devenue la « ville aux trois chefs-d'œuvre » grâce à son beffroi, sa ducasse et ses minières néolithiques situées dans le petit village de Spiennes ; trois éléments reconnus par l'Unesco. Qu'on se le dise !

UN PEU D'HISTOIRE

Sur cette colline, que les Romains auraient baptisée Montes, Waudru, pieuse dame et bonne épouse, fonde au VIIᵉ s un monastère. Elle sera rejointe par les comtes de Hainaut qui fortifièrent la ville pour en faire leur capitale. La ville se développe au Moyen Âge et devient très riche sous Charles Quint, grâce à ses manufactures de draps. Cette prospérité sera toutefois mise à mal par les guerres de Religion, puis par le siège de la ville par Louis XIV en 1691. Plusieurs fois occupée puis perdue par la France, Mons fut reprise une dernière fois par Dumouriez en 1792 lors de la bataille de Jemmapes, qui livra le pays aux révolutionnaires français. À l'indépendance de la Belgique, Mons devint le cœur industriel de la région minière du Borinage, puis le théâtre de farouches batailles pendant les deux dernières guerres.
Parmi les Montois célèbres, le peintre Jean Prévost (1472-1529), l'architecte Jacques Du Brœucq (1510-1584) et le musicien Roland de Lassus (1531-1594). Verlaine y rédigea *Romances sans paroles,* alors qu'il était emprisonné pour avoir tenté de flinguer son pote Arthur.

Les fêtes de la Ducasse de Mons

Ce rendez-vous annuel des Montois avec leur tradition plonge la ville dans une incroyable effervescence. On s'y prépare longtemps à l'avance, mais la fête culmine le dimanche de la Trinité, soit celui qui suit la Pentecôte. Premier moment fort : la *procession du Car d'or*. On charge sur la charrette garée dans la collégiale la châsse de sainte Waudru qui sera promenée dans toute la ville, précédée et suivie d'une cinquantaine de groupes folkloriques et de l'ensemble de la population, qui poussera le char jusqu'en haut de la rampe pentue de la collégiale. Un malheur s'abattrait sur la ville si le char venait à échapper au cortège. Second temps fort : le *combat* dit *du Lumeçon*. Un saint Georges à cheval épaulé par les *chinchins*, des figurants déguisés en toutous et harcelés par une bande de diables, combattent un dragon d'osier sur l'air du *Doudou*. Le rituel, très établi, aboutit toujours à la victoire du saint homme sur le monstre, dont les spectateurs arrachent les crins porte-bonheur de la longue queue. À 13h, tout est fini et les Montois font ripaille. En 2005, l'Unesco a classé ces festivités montoises au Patrimoine immatériel de l'Humanité.

Circuler à Mons

La ville n'est pas grande et tout peut se découvrir à pied ; mais en cas de fatigue, sachez que vous pouvez emprunter gratos les minibus du Mons intra-muros. Quatre circuits parcourent la ville. Cette initiative destinée à décongestionner le centre et à réduire la pollution mérite d'être soulignée.

Adresses utiles

🛈 *Maison du tourisme de Mons* (plan B1) : Grand-Place, 22 B. ☎ 065-33-55-80. ● mons.be ● Tlj 10h-18h ; 11h-17h les w-e et j. fériés. Édite des plans de ville et de région ainsi qu'un guide touristique complet et fort bien fait.
– *Mons 2015 :* toutes les infos sur Mons Capitale européenne de la Culture en 2015. ● mons2015.eu ●
■ *Fédération touristique de la province du Hainaut* (plan A1, 1) : rue des Clercs, 31. ☎ 065-36-04-64. ● hainaut. be ● hainauttourisme.be ● Pour des infos sur toute la province.
@ *Internet* (hors plan par B1) : au 2e étage du Mundaneum. Mar-dim 12h-18h. Un espace d'expositions (temporaires) installé dans un ancien grand magasin des années 1930 joliment restauré.
🚉 *Gare* (hors plan par A1) : pl. Léopold. ☎ 065-32-25-86. 2 trains/h pour Bruxelles et 1 liaison/j. (le mat) avec Paris en *Thalys* (durée : 1h18).

Où dormir ?

Camping

⨉ *Camping du Waux-Hall* (hors plan par B1, 11) : av. Saint-Pierre, 17. ☎ 065-33-55-80 ou 065-33-79-23. Jouxte le parc du même nom, à la sortie est de la ville. Ouv tte l'année. Emplacement pour 2 avec tente et voiture 10 €. Pour un camping urbain, il pourrait être plus mal situé. Ouf ! Sanitaires propres, branchements électriques et, même, jeux pour les enfants.

Bon marché

🛏 *Auberge de jeunesse du Beffroi* (plan A1, 12) : rampe du Château, 2. ☎ 065-87-55-70. ● mons@laj.be ● laj. be ● Au pied du beffroi. Navettes gratuites depuis la gare. Fermé en janv. Nuitées 18-22,30 €, petit déj et draps compris. 🖳 🛜 Une AJ moderne, en béton et alu, avec vaste espace commun au rez-de-chaussée. Propose 115 lits en tout, répartis dans des chambres agréables, avec parquet, de 3 à 6 lits. Toutes sont équipées de douche et toilettes. Bar sympa à la réception, belle et grande cuisine à disposition, ping-pong, casiers et téléphone.

Prix moyens à un peu plus chic

🛏 *Compagnons 11* (plan A1, 15) : rue des Compagnons, 11. ☎ 065-33-44-14. ● info@compagnons11.be ●

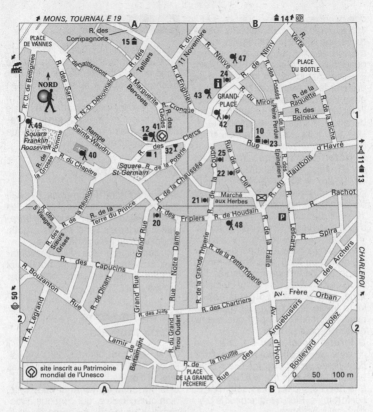

MONS

■	**Adresses utiles**

i Maison du tourisme de Mons
1 Fédération touristique de la province du Hainaut
@ Internet
50 Marché de fruits et légumes et brocante de la place du Béguinage

⚏ 🏠 Où dormir ?

10 Infotel Hotel
11 Camping du Waux-Hall
12 Auberge de jeunesse du Beffroi
13 Hôtel Saint-James
14 Hôtel Mercure Mons
15 Compagnons 11

|●| Où manger ?

20 Le Pastissou

21 Boule de Bleu
22 Aux Folies Potagères
23 Henri
24 No Maison
25 La 5ᵉ Saison
42 Baraque à caricoles

🍸 Où boire un verre ?

32 Le Chinchin

🍴 À voir

40 Collégiale Sainte-Waudru
41 Beffroi
42 Grand-Place
43 Hôtel de ville
47 Beaux-Arts Mons
48 Musée d'Histoire militaire
49 Musée des Arts décoratifs François-Duesberg

compagnons11.be ● *Doubles 85 € ; 106 € pour 2 nuits.* Dans une petite ruelle, non loin de la Grande-Place, une maison de ville, au vert et au calme, ouverte sur un beau jardin plutôt zen. 2 belles chambres. On serait tenté de préférer la plus grande, pour sa taille et sa jolie déco mais ce serait oublier l'incroyable vue sur le beffroi dont bénéficie la plus petite, depuis le lit. Une très jolie adresse ; un excellent rapport qualité-prix.

🏠 *Hôtel Saint-James (hors plan par B1, 13) :* pl. de Flandre, 8. ☎ 065-72-48-24. ● hotelstjames@hotmail. com ● hotelstjames.be ● *Sur l'un des boulevards qui ceinturent le centre, à 10 mn à pied de la Grande-Place. Double 83 € ; petit déj 12 €. Parking gratuit.* 📶 *Réduc de 10 % le w-e sur présentation de ce guide.* Niché dans une résidence du XVIIIe s, un hôtel récent proposant de fort jolies chambres à la déco design. Salles de bains du même style, très réussies. En prime, excellente literie et minibar dans chaque piaule. Le meilleur rapport qualité-prix de la ville, pour un hôtel.

🏠 *Infotel Hotel (plan B1, 10) :* rue d'Havré, 32. ☎ 065-40-18-30. ● info@ hotelinfotel.be ● hotelinfotel.be ● *Doubles 65-149 €, petit déj 13 €.* Chambres à la déco standard mais soignées et confortables. Rien à redire pour le prix. Un hôtel fonctionnel.

Où dormir dans les environs ?

🏠 *Hôtel Mercure Mons (hors plan par B1, 14) :* rue des Fusillés, 12, **Nimy** (7020). ☎ 065-72-36-85. ● hotel.mer cure.mons@skynet.be ● mercure.com ● *À 6 km du centre de Mons. Doubles 89-109 € selon saison ; petit déj (cher !) 16 €.* 📶 *Apéritif offert sur présentation de ce guide.* Bel hôtel, de la chaîne *Accor,* certes, mais plus personnalisé que beaucoup d'autres, on vous le promet ! Situation agréable, dans un parc à l'écart de la ville, et beau bâtiment en brique brune abritant 53 chambres très bien arrangées, dans les tons crème et marron. Beaucoup d'élégance et excellent confort à prix encore raisonnables.

Où manger ?

Mons, ville gourmande ! On ne compte plus les bonnes tables... Impossible donc de les citer toutes. Un petit mot néanmoins sur la spécialité locale : la côte de porc « à l'berdouille »... Point de « boue », rassurez-vous mais une sauce crème-moutarde-bière-cornichon-estragon. Un régal que chacun décline à sa façon.

Très bon marché

🍴 Sur la Grand-Place *(plan B1, 42),* mais seulement le week-end et les jours fériés, de 12h à minuit, une *baraque à caricoles* vend ses escargots. Rappelons qu'il s'agit de bulots.

🍴 Mons étant une ville estudiantine, on y trouve aussi de nombreux *snacks-pitas,* tentants comme des snacks-pitas.

De bon marché à prix moyens

🍴 *No Maison (plan B1, 24) :* Grand-Place, 21. ☎ 065-31-11-11. *Ouv ts les midi et ven-sam soir. Plats env 12 €.* Une brasserie bruyante et conviviale, bien que relookée, qui continue à rassembler les locaux à l'heure du midi, comme on dit ici. À la carte, quelques classiques belges et la très montoise côte de porc « à l'berdouille »... Ambiance plus tristounette le soir mais assez sonore côté bar.

🍴 *Boule de Bleu (plan B1, 21) :* rue de la Coupe, 46. ☎ 065-84-58-19. ● eric. vanderbeque@yucom.be ● *Presque sur la pl. du Marché-aux-Herbes. Tlj sf dim 11h-15h (23h ven-sam). Plats 10-13 €. CB refusées. Thé ou café offert sur présentation de ce guide.* Façade jaune et petite enseigne discrète sur la vitrine. Un très bon choix pour le midi. On y avale d'exquises salades, mais aussi des quiches et des *focaccie* dans une salle genre boutique de brocanteur. Ce qu'est d'ailleurs un peu l'endroit, car ici, tout ce que vous voyez est à vendre ! Agréable petite terrasse couverte avec fontaine. Service très sympa.

🍴 *Aux Folies Potagères (plan B1,*

MONS

22) : rue de la Clef, 36. ☎ 065-36-36-08. Tlj sf dim-lun midi et soir. Plats 8-9 €. Petite salle marocaine avec des tables en bois blanc. À la carte, juste des couscous et des tajines. Pas vraiment typique, on vous l'accorde, mais la cuisine est bonne et copieuse, les prix serrés et il y a toujours du monde !

|●| **Le Pastissou** (plan A2, **20**) : rue des Fripiers, 14. ☎ 065-31-92-60. Tlj sf dim-lun 12h-14h, 18h30-21h30 (20h30 mar-jeu). Fermé de mi-juil à mi-août. Plats 11,50-18,50 €. Café offert sur présentation de ce guide. Salle toute simple. Aux murs, photos du Pays basque. L'essentiel est dans l'assiette, à savoir une irréprochable cuisine du Sud-Ouest (bœuf bordelais, canard périgourdine, cassoulet, tripoux auvergnats...). Vraiment le resto que tous les Montois apprécient.

|●| **Henri** (plan B1, **23**) : rue d'Havré, 41. ☎ 065-35-23-06. Tlj sf dim soir et lun soir 11h30-14h, 18h-20h30. Fermé 2de quinzaine de juil. Plat du jour le midi en sem 6,90 € ; menu 13 €. CB refusées. Café offert sur présentation de ce guide. C'est le rendo familial des employés du centre-ville. Entrée genre café peu tentant, rattrapée par la vieille salle en brique avec cheminée et beau plafond de chêne. En gros, rien de bouleversant dans l'assiette mais c'est correct, bien servi et pas cher. On conseille même la choucroute, surtout aux grosses faims ! À part ça, steaks à toutes les sauces, moules-frites, plats de ménage et grandes salades l'été. La tradition veut que l'on paie au comptoir en sortant.

Plus chic

|●| **La 5e Saison** (plan B1, **25**) : rue de la Coupe, 25. ☎ 065-72-82-62. Tlj sf dim-lun. Fermé 1 sem à la Toussaint, Pâques, et 1re sem d'août. Menus 35 €

le midi et 49 € ; carte 50 € env ; plats 18-36 €. Résa obligatoire. Côté rue, ce sont les cuisines. L'entrée, se fait par la ruelle. Une salle minuscule, très vite remplie, à la déco sobre et contemporaine. Et une miniterrasse aux beaux jours. Côté assiette, la Belgique est à la fête et nous avec. Le chef revisite avec brio les recettes d'antan : grenouilles sautées et anguilles de rivière au vert ; côte de porc fermier « à l'berdouille » (en version chic, les câpres remplacent le vulgaire cornichon) et pagnon montois et sa glace à la chicorée. Un sans faute (si ce n'est l'entrée, un peu chiche) ; un vrai voyage gustatif que l'on pourra accompagner d'une bière de Saint-Feuillant ou d'une Orval, histoire de ne pas gonfler « inutilement » l'addition (belle carte des vins cela dit). Un merveilleux souvenir...

Où boire un verre ?

En gros, l'animation débute aux abords de la Grand-Place (qui se couvre de terrasses dès les premiers rayons de soleil) et culmine place du Marché-aux-Herbes, située 200 m plus loin. Sur cette dernière, nombreux cafés déversant chacun une bonne dose de décibels sur le trottoir pour attirer une jeunesse qui, de toute façon, passe naturellement et joyeusement d'un rade à l'autre.

▼ **Le Chinchin** (plan A1, **32**) : rue des Clercs, 15. ☎ 065-84-29-15. Tlj sf dim à partir de 20h. L'incontournable de Mons. Installé dans une cave voûtée, c'est le café des fins ou débuts de soirée. Atmosphère un peu confinée, enfumée et bruyante, mais où l'on peut discuter sans devoir s'époumoner. On y boit aussi le chinchin, un alcool un peu traître, d'autant qu'il est servi à petites doses !

MONS

À voir

Les principaux sites et monuments du centre

👣👣 **La collégiale Sainte-Waudru** (plan A1, **40**) : entrée par le côté, rue du Chapitre. ● waudru.be ● Ouv tte l'année 9h (7h dim)-18h30. Entrée libre.

Sur cette colline que Waudru avait choisie pour fonder son monastère au VIIe s, les chanoinesses de sa communauté religieuse firent édifier la collégiale. Les travaux commencèrent en 1450 par le chœur pour s'arrêter en 1686, date à laquelle ces dames renoncèrent à faire élever la tour de 190 m dont elles avaient rêvé. L'architecte *Mathieu de Layens* (celui de l'hôtel de ville de Louvain) fut l'un des premiers maîtres d'œuvre et ses nombreux successeurs respectèrent le style gothique brabançon voulu par les chanoinesses. Du coup, et même si cette imposante église n'a rien extérieurement d'exceptionnel, on pourra au moins en apprécier la cohérence.

L'intérieur est en fait plus spectaculaire : plan en croix latine, élévation à 3 étages, 110 m de long, 34 m de large, et d'énormes piliers soutenant la voûte en brique, 25 m plus haut. On dénombre pas moins de 29 chapelles, qui toutes étaient dédiées à une corporation ou à une confrérie. Dans la nef, près de la porte principale, est garé le Car d'or. C'est dans ce char baroque du XVIIIe s, plein d'angelots fessus, qu'on véhicule la *châsse de sainte Waudru* lors de la procession du même nom. À cette occasion, le char doit franchir d'un seul coup la rampe qui longe la collégiale, sous peine qu'un malheur ne s'abatte sur la ville. Ladite châsse, en cuivre doré du XIXe s, domine l'autel. La tête de la sainte repose dans un autre reliquaire placé dans la dernière chapelle droite de la nef.

Sept gracieuses statues blanches ornent le chœur. Curieux, on en compte huit, mystère ! Les quatre premières représentent les vertus cardinales (Tempérance, Force, Justice, Prudence), les trois autres les vertus théologales (Foi, Espérance, Charité). Elles faisaient partie d'un jubé exécuté par *Jacques Du Broeucq,* un artiste montois du XVIe s, qui fut détruit par les révolutionnaires en 1797. Outre ces sculptures, les bas-reliefs purent aussi être sauvés. Ils décorent aujourd'hui le transept. Dans la quatrième chapelle à gauche du déambulatoire, retable en marbre noir et albâtre et, deux chapelles plus loin, un *Saint Michel terrassant le démon* (XVe) et une *Sainte Waudru* (XVIe). Un coup d'œil sur les vitraux du transept et du chevet datant du XVIe s, et passons au trésor, qui serait le troisième plus riche de Belgique !

– *Le trésor : dans l'ancienne salle capitulaire, à droite de la nef. Mars-nov, tlj sf lun 13h30-18h (17h w-e). Entrée : 2,50 €.* Toiles, collection d'orfèvrerie du XIIIe au XIXe s, calices, reliquaires, et même une bague et une agrafe qui auraient appartenu à Waudru en personne.

MONS

🦶 ⓘ *Le beffroi (plan A1, 41) :* illustre observateur de l'urbanisme montois, sur les traces duquel nous marchons avec humilité, Victor Hugo décrivait ce beffroi comme « une énorme cafetière, flanquée au-dessous du ventre de quatre théières moins grosses ». « Ce serait laid si ce n'était grand », concluait Victor Hugo dans la lettre qu'il adressait à sa femme. Qu'ajouter ? C'est grand en effet (87 m), et ce serait probablement laid si c'était plus petit. Le beffroi baroque (le seul en Belgique) domine la cité et en marque l'importance. Bâtie au XVIIe s, cette tour est désormais inscrite au Patrimoine mondial de l'Unesco. Et puisqu'on en est aux emprunts, citons encore ce proverbe local : « C'est comme la tour de Sainte-Waudru, on n'en verra jamais le bout » (référence à la tour inachevée de la collégiale). Des travaux de rénovation à l'intérieur en interdisent l'accès mais n'empêchent heureusement pas les 49 cloches du carillon de sonner les heures et un couple de faucons pèlerin d'y avoir installé leur nid.

🦶 *La Grand-Place (plan B1, 42) :* devenue piétonne, et c'est tant mieux. Plutôt vaste et aérée, la Grand-Place conserve encore, côté hôtel de ville surtout, des maisons anciennes dont certaines remontent au XVIe s, ainsi que deux façades à pignons de part et d'autre de la mairie. On pourra observer le soleil se coucher derrière elles depuis l'une des nombreuses terrasses de cafés de la place, qui toutes se valent (tout dépend du soleil !).

🦶🚶 *L'hôtel de ville (plan B1, 43) : sur la Grand-Place.*
Encore Mathieu de Layens ! L'architecte vedette du XVe s commence ce bâtiment sous les ordres de Charles le Téméraire. La mort du commanditaire va perturber

les travaux, qui ne reprendront qu'un siècle plus tard. D'importantes modifications (campanile, toit d'ardoises, éléments néogothiques...) seront apportées aux XVIIIᵉ et XIXᵉ s. Reste tout de même un ensemble à peu près cohérent, genre gothique finissant, avec ses corniches de pierre, ses fenêtres et son portail en arc brisé. On remarquera, sur l'un des vantaux de la porte, une puissante serrure, copie de l'original conservé dans le cabinet du bourgmestre et, à gauche de la porte, une curieuse sculpture de singe dite du Grand Garde. L'origine de ce singe, chef-d'œuvre d'un maître ferronnier du XVᵉ s, demeure incertaine. Il pourrait s'agir de l'enseigne d'un cabaret, dont les recettes auraient renfloué les caisses municipales, ou, plus probablement, d'un pilori où l'on enchaînait les enfants. Quoi qu'il en ait été, le singe reçoit aujourd'hui les caresses de tous les visiteurs superstitieux.

L'hôtel de ville se visite mais uniquement sur demande écrite (renseignements auprès de l'office de tourisme). Cela dit, les portes sont parfois ouvertes. Poussez celle qui part à droite du passage cocher et vous verrez bien si l'on vous met dehors. Quelques belles pièces : salle des mariages avec plafond en chêne ; salon gothique avec sublime parquet, impressionnants luminaires, plafond à caissons. À gauche de ce salon, derrière l'estrade, quelques marches mènent vers le salon des parapluies dont vous apprécierez la superbe voûte de brique ouvragée.

Les musées

🏃 **Beaux-Arts Mons** *(BAM ; plan B1, 47)* : *rue Neuve, 8.* ☎ *065-40-53-30.* ● *bam. mons.be* ● *Tlj sf lun 12h-18h. Visites guidées sur résa. Entrée : 8 € (ticket combiné) ; réduc ; gratuit 1ᵉʳ dim du mois.* Entièrement refait, doté d'une longue façade de verre et d'une structure qui allie aussi bois et métal, le musée présente surtout des expos temporaires d'art contemporain. On y trouve aussi, en sous-sol, une petite sélection permanente de peintures, sculptures et gravures du XVᵉ au XXᵉ s. Pas vraiment de grands noms mais un fonds intéressant, notamment en ce qui concerne les expressionnistes wallons du groupe Nervia (1928-1938). Deux « annexes » qui accueillent également des expos temporaires : Les Anciens Abattoirs (pl. de la Grande Pêcherie) et la Salle Saint-Georges (Grand-Place).

🏃 **Le musée des Arts décoratifs François-Duesberg** *(plan A1, 49)* : *sq. F.-Roosevelt, 12.* ☎ *065-84-16-56. Ouv mar, jeu et w-e 14h-19h. Entrée : 4 € ; réduc.* Prestigieuse collection ayant appartenu à un couple de mécènes liégeois. Pendules aux sujets exotiques dites « au nègre », bronzes dorés, porcelaines, faïences, objets d'orfèvrerie, gravures, reliures précieuses et collection d'objets insolites.

🏃 **Le musée d'Histoire militaire** *(plan B2, 48)* : *rue de Houdain, 13.* ☎ *065-33-55-80. En restauration actuellement ; réouverture prévue en 2013.*

À faire

⊗ Tous les dimanches matin, sur la **place du Béguinage** *(hors plan par A2, 50)*, le **marché de fruits et légumes** accueille une extension **brocante.** Du tout venant, quelques belles pièces et beaucoup de monde. Vous pourrez reprendre votre souffle au *Batia Moûrt Soü* (le « Bateau Ivre »), un rade de la place tenu par un sympathique jeunot qui aime les bières inconnues.

Fêtes et manifestations

– **La Ducasse de Messines :** *fin mars.* Ce week-end là, les géants sont de sortie : Batisse, Lalie, Biloute et Trinette. Messe, brocante, marché aux fleurs, procession. Grande fête folklo et populaire qui va sur ses 400 ans.

– *Le Doudou :* *le w-e de la Trinité, en juin.* C'est le surnom populaire de la grande Ducasse rituelle de Mons, classée au Patrimoine immatériel de l'Humanité par l'Unesco. Voir plus haut.

– *Festival de théâtre en rue :* *en sept.* ● lemanege.com ●

DANS LES ENVIRONS DE MONS

🏃 👫 *Le PASS (parc d'Aventures scientifiques) :* *rue de Mons, 3, à Frameries (7080). ☎ 070-22-22-52. ● pass.be ● À 6 km au sud de Mons (bus n° 1 ou 2 depuis la gare). Fléché depuis l'E 19. Lun-ven sf mer 9h-16h, le dernier w-e du mois : 13h-18h ; pdt les vac scol, tlj 10h-18h. Fermé début janv et sept. Entrée : 12,50 € ; réduc.* Le charbonnage du Crachet a cessé toute activité en 1961. Cet exceptionnel ensemble minier, constitué d'un châssis à molette de 60 m de haut, d'un belvédère, d'une ancienne voie ferrée, d'une salle des machines, d'un silo géant et d'un terril, fut classé en 1989 puis réhabilité en 1997 pour abriter quelque 8 000 m² d'expositions interactives dédiées aux sciences, aux technologies et au processus d'apprentissage. Concrètement, le PASS propose une dizaine d'espaces différents s'articulant chacun autour de thèmes régulièrement renouvelés. Le mieux est de consulter le site internet pour connaître les sujets des expos en cours. Possibilité aussi de monter par un ascenseur tout en haut du châssis à molette pour embrasser toute la région du regard. En bref, pas mal d'activités qui, si elles ne se valent pas toutes, ont le grand mérite de nous faire réfléchir sur le monde et la société dans lesquels nous vivons.

🍷 Belle *cafétéria* dans le palais des images.

🍴 🎨 ◎ *Le musée des Arts contemporains (MAC'S) – site du Grand Hornu :* *rue Sainte-Louise, 82, à Hornu (7301). ☎ 065-65-21-21. ● grand-hornu.be ● mac-s.be ● À 8 km env à l'ouest de Mons. De l'E 19, prendre la sortie 25 et suivre la direction Saint-Ghislain, Hornu ; ensuite, c'est fléché. En bus, lignes n° 7 ou 9 depuis la gare. Tlj sf lun 10h-18h ; nocturnes les premiers vendredis du mois. Entrée : 6 € ; réduc. Audioguide sur l'histoire du site en supplément. Le billet offre la possibilité de participer à une visite guidée gratuite (tlj 14h) et donne aussi accès aux expos de l'association Grand-Hornu Images. Le 1er mer de chaque mois, entrée gratuite et explications prodiguées par des historiens de l'art. Bistro et restaurant trendy sur place.* Les bâtiments de l'ancien charbonnage du Grand-Hornu abritent le remarquable musée des Arts contemporains, unique en son genre en Belgique francophone. Mais d'abord, un mot sur le site. Celui-ci est un complexe industriel et urbanistique voulu au début du XIXe s par l'homme d'affaires Henry de Gorge qui, ambitionnant de construire une cité ouvrière idéale, à l'image de celles rêvées en France par *Nicolas Ledoux,* fit vivre et travailler ici jusqu'à 2 500 personnes. Logés dans les petites maisons que l'on peut encore voir tout autour du site, les mineurs s'activaient dans les puits, tandis qu'ouvriers et ingénieurs fabriquaient tout ce qui était nécessaire au travail de la mine et à la communauté, de la locomotive à la petite cuillère. L'ensemble est resté actif jusqu'en 1954, avant d'être sauvé de la destruction par un architecte hornutois, Henry Guchez, que nous remercions au passage.

On entre par la cour carrée où trône une fontaine de *Pol Bury.* À gauche, la partie dévolue aux expos temporaires d'art design de l'association Grand-Hornu Images ; à droite, le MAC'S, qui a trouvé ici de superbes espaces, tantôt rénovés, tantôt entièrement construits, pour ses expositions. Toujours temporaires, celles-ci présentent des œuvres illustrant l'art contemporain sous toutes ses formes. Enfin, le MAC'S, c'est aussi la volonté de toucher un large public et de lui faciliter la compréhension des œuvres par une série d'outils didactiques et pédagogiques, comme la création d'une revue (le *DITS*) et d'un journal pour enfants, le *MINI MAC'S*. Un bien beau projet en somme, qui, en outre, contribue à dynamiser une zone touchée de plein fouet par la crise.

En 2012, le site du Grand Hornu, comme trois autres sites miniers de Wallonie, a été classé par l'Unesco sur la liste du Patrimoine mondial de l'humanité.

Trois randonnées balisées au départ du site, de 12 à 20 km. La plus courte s'accompagne d'un jeu questions-réponses. Renseignements sur place.

🚶 **La maison de Van Gogh :** *rue du Pavillon, 3, à* **Cuesmes** *(7033).* ☎ *065-35-56-11. Tlj sf lun 12h-18h. Entrée : 5 € ; réduc.* Petite maison de brique, toute simple et récemment rénovée, où Vincent vécut d'août 1879 à octobre 1880, alors qu'il s'était donné pour mission d'évangéliser les mineurs de la région. Pas de toiles originales (hormis un dessin « *Les Bêcheurs* », inspiré de Millet) mais des reproductions et un audiovisuel pas mal fichu.

🚶 **La réserve naturelle des marais de Harchies Pommerœul :** *à 12 km à l'ouest de Mons, à proximité de Bernissart.* Pour les amateurs d'oiseaux nicheurs et migrateurs. Elle évoque, dans un petit musée, la découverte des fameux iguanodons qui se trouvent au musée des Sciences naturelles de Bruxelles. Une des grosses bêtes vient de lui être restituée. On pense encore en trouver dans le sous-sol. La chasse est ouverte.

🚶 ⊘ **Les minières néolithiques de Spiennes :** *près du village de Spiennes (accès fléché), à 6 km au sud-est de Mons.* ☎ *065-35-34-78.* • *minesdespiennes. org* • *Réouverture courant 2013. Ouv slt mars-nov, le 1er dim du mois 10h-16h. Entrée : 2,50 € ; réduc.* On a hésité à vous signaler ce site, car il n'est ouvert que 1 jour par mois, puis on s'est dit qu'on allait quand même vous en toucher un mot. En effet, il s'agit d'une des très rares mines de silex du Néolithique visitables en Europe. D'ailleurs, elle figure depuis 2000 au Patrimoine mondial de l'humanité de l'Unesco. Après avoir vu la petite expo sur la vie à cette époque et quelques spécimens de pierre polie, on descend par une échelle dans un puits de 8 m de profondeur pour se voir expliquer l'extraction et la taille du silex avant l'âge du bronze. Un témoignage unique de l'activité de nos ancêtres en ces temps très reculés. Le site sera prochainement doté d'un pavillon d'accueil flambant neuf et sera dès lors ouvert en permanence.

SOIGNIES (7060) 26 250 hab.

Gros bourg qui prospéra au XIVe s grâce au commerce du drap, Soignies étire ses rues sinueuses et pavées autour de sa sévère collégiale romane, dédiée à Saint-Vincent. Le saint en question, Madelgaire de son vrai nom et époux de Waudru (voir Mons), avait fondé ici une abbaye au VIIe s. Il est depuis près de 750 ans la vedette du Grand Tour qui se clôture par la procession de sa châsse. Procession qui réunit de nombreux figurants chaque lundi de Pentecôte.

Adresse utile

🛈 **Office de tourisme :** *rue du Lombard, 2.* ☎ *067-34-73-76.* • *soignies. be* • *Tte l'année, mar-ven 8h30-12h, 13h30-16h15 ; et, de juin à mi-sept (de la Pentecôte aux journées du Patrimoine), le w-e 14h-18h.*

Où dormir dans les environs ?

⌂ *Chambres d'hôtes La Fermette :* chemin du Bois-de-Steenkerque, 2 A, **Horrues** (7060). ☎ 067-33-96-72. ● gite lafermette.focant@skynet.be ● gite-lafermette.com ● À 5 km de Soignies, sur la route d'Enghien (c'est fléché). Compter 50-55 € pour 2, petit déj compris ; tarif dégressif dès la 3e nuit. Parking gratuit. CB refusées. ⌨ 📶. Apéro offert sur présentation de ce guide. Charmante fermette aménagée avec goût. 2 chambres avec salle de bains, fort différentes mais toutes deux très réussies et impeccablement tenues. Elles ont même été traitées « géo-biologiquement » ! Celle en duplex possède une table à manger et un coin-cuisine. Également un gîte bien agréable pour 4 personnes. Pain et confiture maison au petit déj. Terrasse avec barbecue, pelouse et étang où s'ébattent des canards. Les hôtes, fort sympathiques, vous feront partager leur passion pour la région et vous initieront au vin de fruits et au jardinage. Une bien, bien bonne adresse.

Où manger dans les environs ?

Chic

I●I *Le Pilori :* rue du Pilori, 10, **Écaussinnes** (7191). ☎ 067-44-23-18. ● pilori@gmail.com ● À 11 km à l'est de Soignies, dans une rue près du château, mais fléché un peu partout. Ouv lunmer slt le soir, sam-dim midi et soir. Fermé vac de Pâques, vac de Noël et 1re quinzaine d'août. Menus 30-72 € ; plats 23-34 €. Ici, on dîne dans des salles aux murs de pierre et beaux carrelages ou, s'il fait beau, au jardin. Si le calme règne dans cette maison ancienne, dans les assiettes, en revanche, c'est la folie. Cuisine « française » et « gastronomique » de saison, privilégiant les produits nobles. De la langoustine bretonne au porc ibérique, ces produits ont évidemment un coût et font grimper les additions. Cela dit, on peut goûter à la finesse de la cuisine de ce *Pilori* en optant pour le très raisonnable menu du jour.

À voir

🗝 *La collégiale Saint-Vincent :* tlj 8h-18h (17h en hiver). ● collegiale-soignies.be ● Vaste église bâtie entre les XIe et XIIe s, dont l'austère élégance arrêta la fureur destructrice des révolutionnaires. Ses deux lourdes tours et ses dimensions imposantes (72 m de long et 34 m de haut) en font un édifice important et représentatif du roman scaldien, celui de la cathédrale de Tournai qui lui est postérieure. Les voûtes des bas-côtés et du chœur narguent, du haut de leur ancienneté, le plafond plat de la nef, restauré en 2008. La collégiale abrite quelques belles pièces. Jubé Renaissance en pierre noire, marbre et stuc, émouvante Vierge allaitant son enfant du XIVe s, gothique chapelle Saint-Hubert et, dans le déambulatoire, les impressionnants visages figés dans la pierre d'une *Mise au tombeau* du XVe s. Le chœur richement décoré, en rupture avec la sévérité ambiante, renferme la châsse de saint Vincent et de superbes stalles baroques du XVIIe s.
– Un *musée du Chapitre* (☎ 067-33-12-10 ; de la Pentecôte aux journées du Patrimoine, dim et j. fériés 14h-18h ; entrée : 2 €, gratuit pour les - de 12 ans) a vu le jour, il y a quelque temps, dans l'aile occidentale du cloître. Une partie du trésor y est exposée. Petit jardin médiéval.

DANS LES ENVIRONS DE SOIGNIES

Adresse utile

🛈 *Maison du tourisme du parc des Canaux et Châteaux :* pl. Mansart, 21-22, **La Louvière** (7100). ☎ 064-26-15-00. ● parcdescanauxetchateaux.be ● Lun-ven 8h30-18h30, sam 9h-12h30 et 13h30-18h, et, en saison (avr-oct, dim et j. fériés 9h-12h30 et 13h30-17h).

À voir

🏃🏹 *Le château d'Écaussinnes-Lalaing : rue de Seneffe, 1 (7191).* ☎ 067-44-24-90. ● *chateaufort-ecaussinnes.be* ● *À 11 km à l'est de Soignies. Juil-août, tlj sf ven 10h-12h, 14h-18h ; avr-juin et sept-nov, ouv slt dim et j. fériés slt. Entrée : 5 € ; réduc.*
On a eu un petit coup de cœur pour ce château qui domine le village. Est-ce dû à son origine féodale très bien préservée ? Parce que les gens qui y vivent encore ont égayé les fenêtres de la façade de volets rouges ? Parce qu'il se dégage de l'endroit une atmosphère familiale et qu'on y vend de la confiture maison ? Ou bien – plus certainement – parce que le château abrite un agréable et sympathique musée bric-à-brac ?
Commencé en pierre grise au XIIᵉ s, le château a été modifié au XVᵉ s. On y accède en passant sous une tour carrée. La visite des salles commence à l'étage. Calandre à repasser, objets religieux, oratoire du XVIᵉ s. Au-dessus, une salle consacrée au dramaturge Albert Du Bois, où est exposé – allez savoir pourquoi – un coffre du XVᵉ s, dont les sept serrures devaient être ouvertes par sept échevins, pour permettre l'accès aux archives municipales contenues dans cette boîte en chêne. On redescend vers le grand salon et son impressionnante cheminée où Adam et Ève sont sculptés dans la masse, puis vers la salle du Folklore et son billard du début du XIXᵉ s. Collections de médailles, de poteries, de « bousilliers » (objets en verre), de michaulines et de grands bis, les ancêtres du vélo, parmi lesquels dort pour l'éternité un incongru chat momifié.
On visite encore la chapelle (vaste pour un château !) surplombant la prison (attention aux marches), la magnifique cuisine équipée du XVᵉ s et sa buanderie. Des coffres anciens, dont un à roulettes pour le transport des trésors de guerre, reposent sur les dalles de la grande salle d'armes. Vers la caisse en sortant, jetez un coup d'œil à la clepsydre, une horloge à eau qu'on remonte à midi, quand sonne l'angélus.
– Nous fermerons le chapitre de ce village en signalant que chaque lundi de Pentecôte se tient sur la place une *kermesse aux Célibataires* (goûter matrimonial).

🏃 *Le plan incliné de Ronquières :* ☎ 067-64-66-80. ● *voiesdeau.hainaut.be* ● *Sur la route de Nivelles ; à 9 km de Nivelles et de Soignies. 15 mars-30 oct, tlj 10h-19h. Entrée : 7 € ; réduc. Promenade en bateau, entre Ronquières et Ittre, slt de mai à mi-sept, les mar et jeu-sam ; franchissement du plan incliné slt le dim. Billet combiné avec le bateau-mouche : 8,50 €.* Plutôt que de construire plusieurs écluses sur le canal Charleroi-Bruxelles, on conçut, en 1968, cette rampe de près de 1,5 km qui permet à des péniches de 1 350 t de franchir une dénivellation de 68 m. Alternative audacieuse aux ascenseurs à bateaux, le plan incliné fonctionne avec deux bacs de 91 m de long sur 12 m de large, que l'on fait glisser, à la manière d'un funiculaire, le long de rails... grâce notamment à des contrepoids de plus de 5 000 t ! On voit de loin cette tour de 150 m (construite en 34 jours !), qui abrite un parcours-spectacle aux effets un peu cornichons mais du haut de laquelle on jouit d'une vue imprenable sur la campagne vallonnée (par beau temps, on peut même apercevoir l'Atomium). Ceux qui voudront tout faire franchiront aussi le plan en bateau-mouche. Un accueil des visiteurs a été aménagé dans une deuxième tour de 36 m.

🏃 *Le château de Louvignies : rue de Villegas, **Chaussée-Notre-Dame-Louvignies** (7063).* ☎ 0477-45-40-27. *À 7 km à l'ouest de Soignies. Ouv juil-oct, les 3ᵉ dim de chaque mois slt 14h-18h (visites guidées). Entrée : 8 € ; gratuit pour les - de 12 ans.* Joli petit château du XIXᵉ s, « comme celui de la Belle au Bois Dormant », bordé d'un parc à l'anglaise avec glacière. La cuisine a servi de décor à des scènes du film *Germinal,* de Claude Berri ; c'est dire si elle n'a pas changé d'un poil (poêle) ! Tout comme le reste du château d'ailleurs, qui constitue, avec son mobilier, ses ornements, son argenterie et son authentique bric-à-brac, une évocation prenante du quotidien de nos arrière-(arrière)-grands-parents. Chaque année, l'intérieur est en partie réorganisé autour d'un aspect particulier de la vie au XIXe s.

ATH   (7800)   25 000 hab.

Petite ville marchande à une grosse vingtaine de kilomètres au nord-ouest de Mons, qui connut le privilège d'être assiégée par Vauban sous les ordres de Louis XIV en 1667. Plus tôt, en 1166, Baudouin IV, dit le Bâtisseur, avait également compris son emplacement stratégique face au comté de Flandre et fit ériger une tour carrée. La tour Burbant, toujours debout près de la « petite » Grand'Place, est le lieu de naissance de la cité. À ne pas manquer, la Ducasse, le 4e week-end d'août. Le samedi, le géant Goliath affronte David face à l'hôtel de ville. Le lendemain, sept géants d'au moins 4 m de haut, de nombreux chars historiques et fanfares défilent dans la ville. Cette fête a été classée en 2005 au Patrimoine immatériel de l'Unesco en compagnie des cortèges de géants du Nord de la France.

Ath est la capitale du pays du même nom, une verdoyante et agricole région baignée par la Dendre. Le pays d'Ath regorge de curiosités, comme nous allons le voir.

Adresse utile

ℹ️ Office de tourisme : rue de Pintamont, 18 (à 200 m de la Grand-Place). ☎ 068-26-51-70. ● ath.be ● Mar-ven 10h-12h, 13h-17h (18h juin-sept) ; w-e et j. fériés 14h-18h. Fermé lun et Noël-Nouvel An. « Circuit des lumières » à disposition pour une balade en ville.

Où manger ?

🍽️ Au fil de l'eau : chemin de Tenre, 77. ☎ 068-28-33-38. À 4 km du centre-ville (fléché en sortant d'Ath). Mar-sam 11h30-14h30 et 18h30-22h ; dim et j. fériés (y compris lun fériés) service non-stop 12h-22h. Résa obligatoire le dim midi, souhaitée les autres midis. Carte « petite faim » 10 € env (sf dim) ; plats 12-22 €. CB refusées. Sorte de guinguette campagnarde au bord du canal, qui attire les locaux pour les déjeuners dominicaux et les réunions de famille... À la carte, croquettes, tartare, grillades, sole meunière ou payelle au maroilles. Du traditionnel, sans fioriture aucune ! Cadre simple mais accueillant ; jolie terrasse aux beaux jours.

À voir

🚶 👫 La maison des Géants : dans le même bâtiment que l'office de tourisme. Mêmes horaires d'ouverture. ● maisondesgeants.be ● Entrée : 6 € ; réduc. Durée de la visite : 1h30. Dans une superbe maison de maître, parcours multimédia assez bien fait, pour tout savoir sur les géants de la ducasse d'Ath et, plus généralement, sur le phénomène des géants en Europe. On attaque la visite par un petit film sur l'histoire de ces grands échalas et une explication sur la fabrication des personnages en osier. Ensuite, on passe sous un grand panier où la tradition du portage est évoquée. Dans la villa italienne, une projection explique les différents aspects de la Ducasse. Les géants d'Europe parlent de leurs traditions et reçoivent les visiteurs à l'Orangerie. Une jolie serre accueille aussi des expositions temporaires, toujours en rapport avec la thématique des géants, et un agréable parc permet aux enfants de se dégourdir les jambes.

– Pour ceux qui ont du temps, quelques autres musées ou attractions à Ath :

🏃 *La Tour Burbant :* *rue du Gouvernement.* ☎ *068-26 51-70. Juil-août, dim et j. fériés, 14h-18h. Visites guidées les 3ᵉ dim du mois avr-sept à 15h. Entrée : 3 € ; réduc.* Tour classée au Patrimoine majeur de Wallonie et bâtie au XIIᵉ s, avec spectacle multimédia sur l'histoire et le développement d'Ath. Vue panoramique sur le centre et ses environs.

🏃 *L'Espace gallo-romain :* *rue de Nazareth, 2.* ☎ *068-26-92-33. Mar-ven 10h-12h, 13h-17h ; w-e et j. fériés 14h-18h. Fermé lun tte l'année, dim hors saison et dernière sem de déc. Entrée : 6 € ; gratuit 1ᵉʳ dim du mois.* Sur trois niveaux, évocation interactive de la navigation fluviale et de divers aspects de la vie dans l'Antiquité, au travers d'embarcations et du matériel issu des fouilles du site de Pommerœul. Voir le *chaland,* une longue barque du IIᵉ s, ainsi qu'une reconstitution de la villa de Meslin-l'Évêque. Le dernier étage est consacré aux différents métiers de cette époque (poterie, tannage, métallurgie, tissage, etc.).

🏃 *Le musée d'Histoire et de Folklore :* *rue de Bouchain, 16.* ☎ *068-26-51-79. Juin à fin sept, dim et j. fériés 14h-18h (juill-août ouv en sem 14h-17h). Entrée : 2,50 € ; réduc.* Documents et œuvres d'art de la préhistoire à nos jours, maquettes de la ville montrant son évolution et géants miniatures (si, si !) pour illustrer les fêtes de la Ducasse.

🏃 *Le musée de la Pierre et le site des Carrières :* *chaussée de Mons, 419.* ☎ *068-26-92-36. Avr-sept, dim et j. fériés 14h-18h, juil-août en sem 14h-17h. Entrée : 3 € ; réduc.* Installé au cœur d'une réserve naturelle, un petit musée sur l'industrie du « petit granit » extrait dans la région, et le travail de la pierre en Belgique.

🏃 *Le musée des Jeux de paume :* *dans le grenier de l'hôtel de ville (Grand-Place).* 📱 *0475-47-40-19.* ● *museenationaldesjeuxdepaume.be* ● *Avr-sept, dim et j. fériés 14h30-18h. Entrée : 2,50 €.* Après cette visite, les jeux de paume, appelés jeux de balle en Belgique, n'auront plus de secret pour vous. On y a aussi reconstitué un café de la première moitié du XXᵉ s, où l'on voit l'importance des jeux de balle à cette époque. Insolite.

DANS LES ENVIRONS D'ATH

🏃🏃 *Le château de Belœil :* *rue du Château, 11.* ☎ *069-68-94-26.* ● *chateaude beloeil.com* ● *Juil-août, tlj 13h-18h ; avr-juin et sept, slt w-e et j. fériés. Fermé le reste de l'année. Entrée : 8 € ; réduc.*
Famille de diplomates et de militaires qui fut de toutes les alliances et batailles européennes, la lignée des princes de Ligne remonte au Moyen Âge mais ne s'est installée à Belœil qu'au XIVᵉ s. Le château date des XVIᵉ et XVIIᵉ s mais il fallut attendre l'intervention du plus célèbre des Ligne, le maréchal Charles-Joseph, pour qu'il prenne l'aspect résidentiel qu'on lui connaît aujourd'hui.
On entre par un pont au-dessus des douves dans la cour de cette grosse bâtisse de brique flanquée de quatre tours rondes. Les descendants de Charles-Joseph habitant encore les lieux, on ne visite qu'une dizaine de salons et de chambres, richement décorés. Dommage que des cordons interdisent de s'approcher des tapisseries des Gobelins ou de Bruxelles, des précieuses marqueteries Boulle et des meubles anciens. Vous noterez, dans le salon, les armes de Charles-Joseph et de ses fils, et, dans la chambre d'Amblise (la 3ᵉ), parmi les tapisseries lilloises du XVIIᵉ s, le somptueux lit à baldaquin qu'aurait commandé Marie-Antoinette, Mme Louis XVI, dans le style de son mari. Importante collection de toiles évoquant la famille et les moments forts de son histoire : Charles-Joseph plusieurs fois en situation dans la première chambre à coucher ; dans la galerie du 1ᵉʳ étage, étonnante toile réalisée comme un plan du siège de Courtrai. Ne ratez pas non plus la bibliothèque ancienne où sont conservés plus de 20 000 volumes du XIVᵉ au

XIXe s, ni le grand bureau orné de bronze doré qui aurait appartenu à Talleyrand, dans le salon des Maréchaux.
– On ira ensuite prendre l'air, car le *parc du château* est vraiment sublime. Les jardins à l'anglaise étant privés, on ne voit que celui dessiné à la française par l'architecte Chevotet, qui s'ordonne autour de l'immense pièce d'eau et offre d'heureuses perspectives, notamment celle de la Grande-Vue, large et longue allée de 5 km. Il est possible de flâner longtemps dans ce « Versailles belge » superbement entretenu, et même de s'y perdre entre une roseraie et un bassin.

🏹 ***Le château d'Attre :*** *av. du Château, 8.* ☎ *068-45-44-60. Juil-août, w-e 13h-18h ; avr-juin et sept-oct, dim et j. fériés 14h-18h. Visites guidées env ttes les heures ; durée : 1h. Entrée : 6,50 € pour le parc et le château ; 4,50 € pour le parc seul.* Contrairement au précédent qui, bien qu'habité, possède tout l'organisation d'un musée, on sent dans le château d'Attre une famille qui vit. On ne visite d'ailleurs que les pièces du rez-de-chaussée, sous la direction d'un monsieur souriant. Par l'entrée, qui cache dans un placard une étonnante chapelle, on accède à une enfilade de salons donnant sur le parc. Meubles anciens, lits à alcôve, papiers peints d'origine et magnifiques parquets. Certains, ceux du salon chinois, sont en trompe l'œil, d'autres en rose des vents pour rappeler la fortune issue des voyages de la Compagnie des Indes. Belle frise animalière en 3D dans le salon de musique.
– N'oubliez pas le guide, puis partez vous perdre seul dans le *parc* extravagant à l'arrière du château. En s'éloignant de la classique façade, on entre dans un univers curieux. Colombier, pilori, ruines, puis un chalet en bois vermoulu qui domine de petits tunnels tout noirs. Pas de danger, allez-y. Dans la végétation touffue coule la Dendre et prospèrent des arbres centenaires. L'un des tunnels mène au rocher artificiel. Cette curiosité de pierres ajustées au XVIIIe s, qui a demandé 8 ans de travaux avec 18 chevaux et 40 ouvriers, devait servir d'observatoire de chasse à la fantasque Marie-Christine de Saxe-Teschen, mais celle-ci ne passa en tout et pour tout que 6 jours de sa vie au château... Surplombant un étang, le rocher, assez ruiné aujourd'hui mais haut de 24 m à l'origine, donne des allures de forêt enchantée à ce qui n'est, en fait, qu'un grand jardin sauvage et charmant.

🏹🏃 ⛹ ***Le Jardin zoologique Pairi Daiza (ex-Paradisio) :*** *domaine de Cambron, à* **Brugelette** *(7940).* ☎ *068-25-08-50.* ● *pairidaiza.eu* ● *Entre Ath, Mons et Soignies. Avr-début nov, tlj 10h-18h (19h juil-août). Entrée : 24 € ; réduc enfants et seniors. Possibilité de prendre un abonnement qui donne droit (entre autres offres) à un accès illimité au cours de la saison en cours.*
Ce nouveau nom de Pairi Daiza évoque le Paradis terrestre, dans la tradition persane il signifie « jardin clos ». Saint Bernard fonda ici, au XIIe s, la 55e « fille de Cîteaux » (nom qu'il donnait aux abbayes cisterciennes). Après quelques siècles de vie pieuse et laborieuse, les moines de l'abbaye s'enrichirent et prirent – un peu trop – goût aux plaisirs terrestres. L'abbaye pervertie fut définitivement supprimée par les autorités françaises en 1797.
Abandonné pendant plusieurs décennies, le domaine de 55 ha fut racheté en 1993 par un passionné de nature, pour y créer un parc ornithologique. Dix-sept ans plus tard, celui-ci fut rebaptisé « Pairi Daiza ». Ce Jardin des Mondes, rêvé autour des ruines de l'abbaye et protégé par un mur long de 3 km, abrite aujourd'hui pas moins de 5 000 animaux (souvent en semi-liberté) et est devenu la seconde destination touristique du sud du pays.
Entre les rivières sinueuses et les sous-bois aux arbres parfois tricentenaires, se révèlent des paysages du bout du monde. Outre les animaux et les curiosités botaniques, ils sont parsemés de bâtiments exotiques ou de temples reconstitués ici par les meilleurs artisans des cinq continents. On découvre ainsi le Royaume des Immortels, un magnifique jardin de 5,5 ha, soit le plus grand jardin chinois d'Europe. Ce havre de paix sollicite tous les sens, avec son pavillon du ciel, sa forêt de bambous, son Temple des Délices, sa Maison de Thé, son pont arc-en-ciel, ses allées tortueuses, bordées de *pen jing* (ancêtre du bonsaï) et ses animaux comme les alligators et les pandas roux.

Plus loin, on visite le bush australien et les forêts de fougères arborescentes de Nouvelle-Zélande. De l'autre côté de la lagune, les temples du Royaume de Ganesha transportent le visiteur à Bali, Java, Sumatra, Timor, Bornéo en leur donnant l'occasion d'assister au bain des éléphants sacrés. La Maison de l'Artisan expose des objets fabriqués en Asie du Sud-Est. Mais la grande nouveauté 2012 de Pairi Daiza, c'est la Terre des Origines : 8 ha de terre rouge et ocre évoquant l'Afrique. Une cité lacustre et un village *tamberma* (Afrique de l'Ouest) précèdent une savane où évoluent les plus beaux animaux d'Afrique. Les fameux *Big Five* des safaris photo (lion, éléphant, léopard, buffle du Cap et rhinocéros) sont, avec les dépoilants suricates, les stars de ce nouveau monde.

Le parcours se poursuit avec l'aquarium, la crypte peuplée de chauve-souris, et l'archipel des lémuriens de Madagascar (on y nourrit les primates à heure fixe), complété de l'île de Madidi, où s'ébattent des sapajous, ces petits singes moqueurs d'Amérique. Un navire de 2 400 t, le baleinier *Mersus Emergo* sert de quartier d'hiver aux éléphants, phoques et girafes. Sans oublier l'Oasis, une serre tropicale de 15 m de haut à toit amovible peuplée de loutres, singes tamarins, paresseux et poissons et également 3 000 oiseaux exotiques piaillant au milieu des immenses volières. Enfin, on achève la visite par la démonstration de rapaces en vol libre. Une belle journée bien remplie en perspective...

🐾 *L'archéosite d'Aubechies :* rue de l'Abbaye, 1. ☎ 069-67-11-16. • *archeosite. be* • *Lun-ven 9h-17h (18h juil-août) et, de Pâques à mi-oct, w-e et j. fériés 14h-18h (19h juil-août). Fermé dernière sem de déc. Visites guidées tlj des vac scol. Entrée : 7,50 € ; réduc.* Aubechies fait partie des « Plus Beaux Villages de Wallonie ». Son voisin, Blicquy, était déjà habité au Néolithique. En hommage à ces glorieux ancêtres, un ensemble de maisons de cette période et jusqu'à l'habitat gaulois est ici reconstitué : murs de torchis sur armature en bois et toits de paille, de chaume ou de roseaux. Diverses reproductions d'objets usuels jonchent les sols de terre battue. En saison, les maisons s'animent le dimanche. Des artisans viennent travailler le fer, le cuir, le pain ou la laine en costume d'époque. Tâchez d'y être à ce moment-là, c'est plus amusant, surtout si vous êtes avec des enfants. Ne pas manquer non plus la petite nécropole, la villa et le temple gallo-romains, exactement comme dans *Astérix* !

➤ Pour ceux qui cherchent des *balades* à faire dans le coin, l'office de tourisme d'Ath vend deux livrets intitulés *Randonnées dans le Tournaisis* (2 €), avec chacun 35 promenades, dont celle de *La Ronde du Blanc Moulin,* en plein pays d'Ath. Point de départ : le *Blanc Moulin,* un moulin-tour construit en 1789, entre Pidebecq et Ostiches, à quelques kilomètres au nord-ouest d'Ath.

LESSINES   (7860)   18 000 hab.

Petite bourgade tranquille et un peu léthargique de la région des collines, elle fut pourtant bien chahutée par l'histoire puisque, « terre des débats », elle fut disputée entre les comtés de Flandre et de Hainaut. Pays de carrières de porphyre, elle vit aussi naître un amateur de chapeaux melon et de pipes : René Magritte.

Adresse utile

🛈 *Office de tourisme :* rue de Grammont, 2. ☎ 068-33-36-90. • *lessines. be* • *À deux pas de l'hôpital Notre-Dame-à-la-Rose. Tlj, mar-ven 9h-12h, 13h-17h30 ; nov-mars lun 13h-17h30 et sam 9h-12h30 ; avr-oct sam 9h-12h30, 13h30-18h.*

À voir

🖎 *La fresque géante en hommage à Magritte :* square... *Magritte.* Un oiseau, une pipe et une chaise sur fond de nuages dans l'azur d'un ciel. Tous les ingrédients réunis sur deux pignons par un artiste local, Xavier Parmentier.

🖎🖎 *L'hôpital Notre-Dame-à-la-Rose :* pl. Alix-de-Rosoit. ☎ 068-33-24-03. ● notredamealarose.com ● *Avr-oct, sam-dim et j. fériés 14h-18h30 (juil-août, tlj sf lun aux mêmes heures). Visite guidée à 15h ; durée : 1h45. Entrée : 7,50 € ; réduc. Audioguide.*
Fondé en 1242 par Alix de Rosoit, fille d'un puissant seigneur du Nord de la France, ce couvent hospitalier fonctionna jusqu'en 1980. Il fut reconstruit à partir du XVIe s et se compose, depuis, d'un quadrilatère entourant un jardin. Façade de style Renaissance flamande avec pignon à gradins. On y a ajouté un portail baroque. Tout l'intérieur a été soigneusement restauré durant 10 ans, et l'essentiel des tableaux, objets, meubles et, surtout, du matériel médical qui appartenait à l'hôpital y est très judicieusement mis en valeur. Avec ses clystères, ventouses, instruments chirurgicaux et pots d'onguent, il régalera, outre les passionnés d'histoire, les amateurs de pittoresque. On ne va pas vous infliger une visite guidée, voici juste quelques temps forts. À commencer, bien sûr, par les deux salles des malades. Dans la première, celle du XVIIIe s, les patients dormaient encore deux par deux, dans des lits en alcôve, pour se tenir chaud (bonjour les miasmes !). Les beaux rideaux rouge vif, eux, n'étaient pas là pour faire joli mais, entre autres, pour que le sang se voie moins. Ce n'est qu'au XIXe s que l'on commença à séparer les malades, comme le montre la deuxième salle. Dans le dortoir des sœurs, un tableau unique : un christ aux seins de femme ! Ne pas rater non plus la pharmacie, avec l'histoire des médicaments, dont l'*Helkiase,* désinfectant puissant à base de mercure (d'où le Mercurochrome), inventé ici même. On peut aussi y lire la recette de préparation d'un bon sang de bouc ! Dans le réfectoire, cycle complet de la Passion du Christ, l'un des plus remarquables de Belgique, et, dans le bureau de la sœur supérieure, tableau montrant une religieuse aux yeux troués, pour permettre à l'occupante des lieux de contrôler ce qui se passait à côté. Bien d'autres salles encore, dont certaines récemment ouvertes au public, comme la salle du trésor (orfèvrerie religieuse et civile) ou encore la cuisine, mais inutile de les citer toutes.
En sortant, allez jeter un œil au jardin des plantes médicinales, ainsi qu'à la glacière, cette grande chambre froide souterraine où l'on entreposait une telle quantité de glace pendant l'hiver que celle-ci mettait tout l'été à fondre.

Manifestation

– *Procession des Pénitents encagoulés :* le soir du Vendredi Saint. Au son des tambours. Impressionnant.

DANS LES ENVIRONS DE LESSINES

🖎 *Ellezelles :* le grand *moulin du Cat sauvage* est encore en activité et ouvert, comme le dit la pancarte, « quand il est en action ». Lapalisse doit être né dans le coin ! Fin juin, *sabbat des Sorcières* à Elezelles. Heureusement pour elles, on ne les brûle plus sur le bûcher !

🖎 *La maison du pays des Collines :* ruelle des Écoles, 1, **Ellezelles** (7890). ☎ 068-54-46-00. ● paysdescollines.be ● *À côté de l'église. Mar-ven 10h-17h, w-e et j. fériés 13h-17h. Fermé lun. Entrée : 4 € ; ticket familial.* Il s'agit de l'outil de promotion, de la vitrine du parc naturel du pays des Collines. Parcours-spectacle fantastique (40 mn env), habité par des créatures étranges et des sorcières venues des contes et légendes de la région. Également au programme : son terroir, ses produits (la bière Quintine) et ses métiers ancestraux. En route pour le grand sabbat ! Vous pouvez aussi vous procurer la brochure de la promenade du sentier de l'Étrange (6 km, soit environ 2h).

🍺 *La brasserie à vapeur Dits* : rue Maréchal, 1, **Pipaix** (7904). ☎ 069-66-20-47. ● *vapeur.com* ● *Près de Leuze-en-Hainaut. Visite et dégustation avr-oct dim à 11h (ou sur rdv), et brassin dernier sam de chaque mois, tte l'année, à partir de 9h. Entrée : 5 € ; réduc.* Une brasserie artisanale étonnante (la dernière du genre dans le monde !), qui utilise la force motrice de la vapeur pour fabriquer une bière de saison autrefois destinée à rester fraîche en été pour désaltérer les travailleurs des champs. L'outillage du XIXe s est encore en activité et son exploitant, également prof d'histoire, n'a pas son pareil pour vous faire un cours sur l'art difficile mais ô combien passionnant d'être brasseur. Ses bières : Saison de Pipaix, Vapeur légère, Vapeur en folie et Vapeur cochonne (ambrée et douce, mais oui, mais oui...) sont cataloguées par les spécialistes parmi les 50 meilleures au monde. Il en exporte en France, aux États-Unis et au Canada. Demandez à M. Dits de vous faire goûter l'« esprit de Vapeur cochonne », un distillat de bière (entre whisky, genièvre et calva) qui étonnera le plus blasé des poivrots.

THE FAMOUS BELGIAN DETECTIVE

Qui ne connaît pas Hercule Poirot, le célèbre détective belge créé par Agatha Christie ? Mais qui connaît la date de sa mort ou celle de sa naissance ? Personne, avant que le très sérieux New York Times n'annonce officiellement sa mort d'une crise cardiaque le 29 septembre 1975... Décès confirmé par son auteur. Quant au petit village d'Ellezelles, il s'est autoproclamé « village natal d'Hercule Poirot ». Pour preuve : l'acte de naissance du petit Hercule Jacques Poirot, daté du 1er avril 1850 ! Pas encore convaincu ? Sachez que le fantôme du détective hante les rues du village la nuit de son anniversaire... Ultime preuve, la petite statue accrochée à la façade de la maison communale.

TOURNAI   (7500)   68 000 hab.

Moins exubérante car moins étudiante que Mons, Tournai pourrait pâtir de la proximité de la France et de la concurrence de Lille. Il faut dire qu'ici on n'a pas le sentiment d'être à l'étranger mais dans une petite ville de province familière, au passé prestigieux. En fait, l'apparente banalité de cette ville, l'une des plus anciennes de Belgique, a attiré les Romains, les Francs, les Anglais, les Français, les Autrichiens, et aujourd'hui les quelque 4 000 étudiants de la prestigieuse école d'art et d'architecture Saint-Luc. Beau parcours ! Il faut constater que Tournai conserve un peu plus longtemps que les autres ses secrets, à l'ombre de son beffroi et de sa somptueuse cathédrale. Et si elle n'a pas la générosité immédiate des autres villes wallonnes, elle a la coquetterie de ne se livrer qu'à ceux qui savent attendre. Ses musées sont riches, ses cafés animés, et l'on y mange plutôt bien. Un grand chantier vise à rénover le quartier médiéval (fin des travaux en 2014) et la ville espère bien étendre le secteur déjà classé par l'Unesco.

UN PEU D'HISTOIRE

Avec Tournai, il faudrait même beaucoup d'histoire car la ville existe depuis fort longtemps. Les Romains s'étaient déjà installés ici, mais ce furent les Francs et les Mérovingiens qui en firent une capitale, la leur. **Childéric** y meurt en 481 et son fils, **Clovis**, préfère aller voir à Soissons l'état de la vaisselle, laissant le pouvoir à l'évêché de Tournai. Mais la ville restera toujours un symbole pour la Couronne française, et la fleur de lys orne encore son blason. Ravagée par les Normands, Tournai est rattachée à la France par **Philippe Auguste.** De cette période fastueuse datent le

LES FLAGELLANTS

Au XIIIe s, les Flagellants considéraient que la peste était une punition de Dieu. Ils allaient de ville en ville et se fouettaient en place publique. Très croyants, ils critiquaient l'Église pour ses turpitudes. Inquiet, Clément VI interdira le mouvement en 1349. Certains, d'ailleurs, seront condamnés... à la flagellation !

beffroi, la cathédrale et la prospérité de la ville due au commerce de la laine et de la pierre (sans oublier le pèlerinage vers Compostelle, puisque Tournai était une étape sur le chemin). Les Anglais, guidés par Henri VIII, prennent Tournai, puis c'est au tour de Charles Quint. À la suite des troubles religieux, **Christine de Lalaing** défend héroïquement la cité face aux Espagnols, mais les combats la ruinent. **Louis XIV** s'y intéresse, l'occupe, puis laisse les Autrichiens s'en emparer, mais le temps de la splendeur est révolu. Louis XV conduira dans les environs l'inutile et victorieuse bataille de **Fontenoy** et, passé l'onde de la Révolution française, Tournai sera rattachée au Hainaut belge.
Durement touchée par les bombardements allemands de mai 1940, la ville sera courageusement reconstruite selon un certain nombre de plans d'origine.

Adresses utiles

🛈 **Office de tourisme** *(plan A-B2) : Vieux Marché aux Poteries, 14.* ☎ 069-22-20-45. ● *tournai.be* ● *Au pied du beffroi. De Pâques à fin oct, lun-ven 8h30-18h ; sam-dim et j. fériés 10h-12h, 14h-17h. Horaires un peu plus restreints le reste de l'année.* Prenez-y la brochure *Visitez Tournai,* ainsi que le plan de la ville avec circuit pédestre. L'office propose aussi en saison *(mai-oct ; les sam-dim à 15h ; 5 €)* toutes sortes de visites guidées et thématiques de la ville. Pour ceux qui veulent visiter la région de Tournai, il y a aussi le livret *Le Tournaisis.* Enfin, le lieu abrite une salle de projection qui diffuse le film (un peu ennuyeux) *Le Couloir du temps,* sur l'histoire de Tournai *(entrée : 2 €).*
✉ **Poste** *(plan A2) : rue Saint-Martin, à deux pas de l'office de tourisme. Lun-ven 8h30-12h30, 13h30-17h ; sam 9h-12h30.*
🚆 **Gare** *(hors plan par B1) : pl. Crombez.* ☎ 02-528-28-28 *(rens).* Train pour Bruxelles ou Lille ttes les heures env jusqu'à 22h.

Où dormir ?

Camping

⚐ **Camping de l'Orient :** *rue Jean-Baptiste-Moens, 8.* ☎ 069-22-26-35. ● *campingorient@tournai.be* ● *À 2,5 km du centre ; sur la route de Mons et Bruxelles, tourner à droite aux 1ers feux, puis, 500 m plus loin, à gauche au rond-point. Ouv tte l'année. Compter 10 € pour 2 avec tente et voiture.* Surtout des caravanes mais les proprios n'ont rien contre les tentes. Épicerie avec petite restauration et, juste à côté du camping, cafétéria, piscine avec toboggans (moitié prix pour les clients du camping) et étang avec embarcation à pédales.

Bon marché

🏠 **Auberge de jeunesse de Tournai** *(plan A2, 10) : rue Saint-Martin, 64.* ☎ 069-21-61-36. ● *tournai@laj.be* ● *laj. be* ● *À 300 m de la Grand-Place. Fermé 10h-17h, ainsi qu'aux individuels en janv. L'auberge ferme à 22h, mais carte*

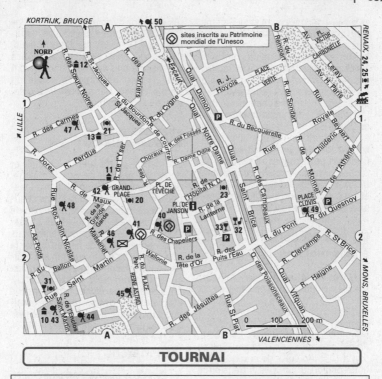

	Adresse utile
🛈	Office de tourisme

Où dormir ?

10 Auberge de jeunesse de Tournai
11 L'Europe
12 Chambres d'hôtes chez F. Daniel
13 L'Alcantara

Où manger ?

20 Le Beffroi
21 Eva Cosy
23 Giverny
24 Le Grand Jacques

Où déguster une pâtisserie ?

25 Pâtisserie Quénoy

Où boire un verre ?
Où écouter de la musique ?

31 Aux Amis Réunis
32 La Fabrique, Le Contre-Quai, L'Ozmoz et Le Bouchon
33 O'Malley's

À voir

40 Cathédrale Notre-Dame
41 Beffroi
42 Grand-Place
43 Musée des Beaux-Arts
44 Hôtel de ville, musée d'Histoire naturelle et musée des Arts décoratifs
45 Musée de la Tapisserie et des Arts du Tissu
46 Musée de Folklore
47 Musée d'Archéologie
48 Musée d'Armes et d'Histoire militaire
49 Église Saint-Brice
50 Pont des Trous

magnétique pour les noctambules. Nuitées 18-33,50 €, petit déj compris. Installée dans l'ancienne Académie royale de musique du XVIIIᵉ s, voici une auberge qui renferme des trésors rares pour ce type d'établissement : salle de lecture avec plafond à dorures et magnifiques parquets, salle de réunion aux murs couverts de tapisseries XVIIIᵉ tissées par l'école de Watteau

TOURNAI

et bureau décoré par Horta lui-même, venu construire le musée des Beaux-Arts. On accède aux 19 chambres par un escalier vieux de pas moins de 3 siècles. Plus conformes à la tradition des AJ, elles possèdent un lavabo et 4 à 8 lits superposés. Sanitaires sur le palier. Également une chambre double. L'ensemble a été entièrement rénové en 2011. Bar au rez-de-chaussée, où a lieu de temps en temps une soirée-concert de rock progressif (le patron, Christian, en est baba !). Terminons par l'accueil sympa, l'accessibilité aux handicapés et le souci du ménage bien fait, et vous comprendrez qu'il s'agit d'une bien bonne adresse à Tournai.

De prix modérés à prix moyens

🛏 **Hôtel d'Alcantara** (plan A1, 13) : rue des Bouchers-Saint-Jacques, 2. ☎ 069-21-26-48. ● philippe@hotelalcantara.be ● hotelalcantara.be ● Doubles 98-118 €, petit déj compris, selon catégorie ; familiales : 127-150 €. Fermé aux vac de fin d'année. Garage (payant). 🛜 Au cœur de la ville, un bel hôtel particulier du XVIIIᵉ s transformé en élégant hôtel de tourisme. 25 chambres modernes d'un excellent confort et à la déco tendance et consensuelle. Beau buffet de petit déj. Petite terrasse aux beaux jours.

🛏 **Chambres d'hôtes chez F. Daniel** (plan A1, 12) : rue des Sœurs-Noires, 35. ☎ 0472-38-69-72. ● fdaniel@skynet.be ● Compter 65-70 € pour 2 selon confort, petit déj inclus ; moins cher à partir de 2 nuits. CB refusées. 🖳 🛜 Dans la seule maison Renaissance tournaisienne qui subsiste à Tournai, 2 chambres d'hôtes et 2 studios, proposés au même prix. Chambres à la déco fleurie et très (très) chargée, gentiment surannée. Les studios, installés dans les combles, avec canapé et coin-cuisine, sont d'un bon rapport qualité-prix. On peut prendre le petit déj dans le salon, décoré à l'ancienne. Beau jardin en été. Une adresse originale.

🛏 **L'Europe** (plan A1-2, 11) : Grand-Place, 36. ☎ 069-22-40-67. ● europehotel@skynet.be ● Double 70 €, petit déj compris ; triple 90 €. En dépannage : 8 chambres classiques, équipées de TV et de sanitaires privés. Celles qui donnent sur la Grand-Place offrent une vue sympa mais peuvent être un peu bruyantes à cause du simple vitrage. Bar à cocktails à côté. Accueil assez froid.

Où manger ?

On mange plutôt bien à Tournai, et dans une gamme de prix très large, de la friterie de la Grand-Place au restaurant très chic. Si nous étions chauvins, nous dirions que la proximité de la France y est pour quelque chose. Comme ce n'est pas notre genre, nous vous conseillerons de ne pas quitter la ville sans avoir goûté au lapin à la tournaisienne (raisins et pruneaux) ou aux curieux ballons noirs que les Quénoy, pâtissiers depuis plusieurs générations et inventeurs desdits ballons, continuent inlassablement de fabriquer (voir « Où déguster une pâtisserie ? »).

Bon marché

|●| **Eva Cosy** (plan A1, 21) : rue Piquet, 6. ☎ 069-77-22-59. Mar-ven 8h30-18h, sam 9h-18h, dim (sf juil-août) 15h-18h. Compter 10-16 € pour un repas léger. CB refusées. Salle comme à la maison, aux murs gris, avec des plats sur les appuis de fenêtre. Il s'agit d'une boulangerie qui fait aussi salon de thé, où l'on peut grignoter à midi : soupes, tartes, tartines ou assiette du jour. Propose aussi des petits déj.

Prix moyens

|●| **Le Grand Jacques** (hors plan par B1, 24) : bd des Déportés, 62. ☎ 069-84-74-04. ● restaurant@le-grand-jacques.com ● Fermé mar-mer, jeu soir et la dernière quinzaine d'août. Lunch en sem 12 € env ; menus 30-39 €. Apéro ou digestif offert à nos lecteurs sur présentation de ce guide. En hommage à Brel, bien sûr, et face à la gare ; ou plutôt la gare est en face du Grand Jacques, comme se plaît à l'indiquer Christian. Christian, c'est le

patron, un Français très vieille France et plein d'humour qui met un point d'honneur à contenter ses clients en ne leur servant que des plats bien mijotés, toujours à base de produits très frais. Propose surtout des menus complets mais possibilité de ne prendre qu'un simple plat. Au programme : daube, pieds-paquets, cassoulet, ris de veau aux Saint-Jacques, crème brûlée maison ainsi que des plats régionaux du Tournaisis, tels que le *potournai*, l'*assiette des cinq clochers* et la *chaise tournaisienne* ; enfin, ça dépend des jours. Des jours, mais aussi de l'humeur et, bien sûr, du marché.

I●I *Le Beffroi* (plan A2, **20**) : Grand-Place, 15. ☎ 069-84-83-41. Ouv tlj. Plat env 15 €. Une brasserie banale, sans cachet et sans âme, où l'on pourra déguster un excellent (et copieux) lapin à la tournaisienne. Terrasse sur la Grand-Place.

Chic

I●I *Giverny* (plan B2, **23**) : quai Marché-aux-Poissons, 6. ☎ 069-22-44-64. ● claudelavallee@live.be ● Au bord de l'Escaut. Fermé sam midi, dim soir, lun et mar soir. Le midi, menus 32-45 €, puis 70 € ; carte 44-63 €. Bel et luxueux établissement, dont la décoration rend hommage à l'Art nouveau, et le nom et les couleurs à Monet. Miroirs imposants et fresques ont été remis au goût du jour avec délicatesse par les charmants patrons. Cuisine bourgeoise dans la grande tradition française. Bien sûr, tant de raffinement a un prix, et il est assez élevé. Mais en venant un midi en semaine, vous pourrez vous en sortir sans trop de dégâts.

Où déguster une pâtisserie ?

I●I *Pâtisserie Quénoy* (hors plan par B1, **25**) : pl. Crombez, 2. ☎ 069-22-39-23. Sur la même place que la gare. Tlj sf mer 7h30-18h30 (18h sam-dim). Voici la fameuse pâtisserie où l'on fabrique encore, selon le brevet déposé au début du siècle dernier par Émile Quénoy, les fameux *ballons noirs* qui sont à Tournai ce que les bêtises sont à Cambrai. La pâtisserie elle-même, de style Art nouveau d'origine, mérite le coup d'œil. En un mot, la 4ᵉ génération de Quénoy sait y faire et, cerise sur le gâteau, madame est aussi charmante que bavarde.

Où boire un verre ? Où écouter de la musique ?

♈ I●I *Aux Amis Réunis* (plan A2, **31**) : rue Saint-Martin, 89. ☎ 069-55-96-59. Lun-sam 10h-22h. Petite restauration le midi en sem. Un café dont la déco, en 2011, a fêté ses 100 ans. Des banquettes en bois au comptoir ouvragé, tout est d'origine. Y compris le jeu de fer, une archaïque variante du billard. C'est gratuit, mais si on perd, on paie la tournée ! Les non-joueurs pourront toujours lire la presse ou admirer ce bel endroit, presque en face de l'auberge de jeunesse. Beau choix de vins au verre.

♈ ♪ Sur la rive gauche de l'Escaut, quai Marché-aux-Poissons, s'alignent 4 cafés (plan B2, **32**), ouverts toute la nuit le week-end : *La Fabrique*, à tendance plutôt rock (café offert sur présentation de ce guide !), *Le Contre-Quai*, *L'Ozmoz* et *Le Bouchon*, qui organisent des « concerts impromptus », de tout type (chanson française, musique jamaïcaine, « punk-acoustique »...).

♈ Et puis, à deux enjambées de là, sur la place Saint-Pierre, il y a encore l'*O'Malley's* (plan B2, **33**), un pub irlandais bourré de monde en fin de semaine. On y sert de la Guinness au fût, bien sûr, mais aussi l'authentique café irlandais, fait comme en Irlande.

À voir

Tournai possède de nombreux musées, qui ont tous la bonne idée d'avoir les mêmes horaires d'ouverture : *d'avr à fin oct, tlj sf mar 10h-17h30 ; le reste de l'année, tlj sf dim mat et mar 10h-12h, 14h-17h. Les prix d'entrée tournent autour de 2,50 €.* Le mardi, à tout seigneur tout honneur, on viendra plutôt pour la cathédrale aux cinq clochers.

🎯🎯🎯 ◊ **La cathédrale Notre-Dame** *(plan A2, 40) :* une tornade s'est abattue sur la ville en 1999. Cet événement a mis en évidence le déséquilibre dont souffrait la structure de l'édifice et particulièrement la tour Brunin. Très vite, des travaux provisoires ont été entrepris pour sauvegarder et étançonner le chœur gothique mais aussi pour renforcer les contreforts et stabiliser la tour. Le chantier de rénovation de l'édifice et la mise en valeur des trésors qu'il recèle s'annonce long et difficile. Du coup, certaines parties décrites plus bas peuvent être fermées (les échafaudages changent régulièrement de place) mais à toute chose malheur est bon et leur présence, quand c'est autorisé, permet aussi de se promener à des hauteurs inusitées et de se rendre compte des travaux entrepris, comme ceux de la toiture. Pour les dernières informations, vous pouvez cliquer sur ● *cathedraledetournai.be* ● Elle est belle, ma cathédrale, elle est belle ! Classée au Patrimoine mondial de l'Unesco, cette élégante masse de calcaire, dominée par cinq tours carrées, dont la plus haute (83 m) repose sur les piliers de la croisée du transept, a inspiré plusieurs des autres églises de la ville. La cathédrale Notre-Dame, bâtie entre le XIIIe s (la nef) et le XIVe s (le chœur), marque le passage du roman scaldien au gothique. De sa façade, modifiée au cours des siècles, on retiendra les deux portes romanes, ainsi que la fausse porte, large arche surmontée d'un passage reliant la cathédrale au palais épiscopal.

En entrant dans l'église, longue de 130 m, on est frappé d'abord par le gigantisme et l'élégance, puis par la rupture entre la pureté de la nef romane, ses 10 travées et son élévation à quatre niveaux, et le chœur gothique, richement décoré de fresques et de vitraux du XIXe s. Un jubé Renaissance de Cornelis Floris de Vriendt sépare les deux parties presque égales de l'église. Dans la nef, chapiteaux sculptés de motifs floraux, humains et animaux, ainsi que l'ajout tardif de la chapelle gothique Saint-Louis, à droite. Dans le transept, impressionnante sculpture du XVIIIe s en bois de Nicolas Le Creux, représentant les anges déchus chassés par saint Michel, une peinture murale du XIIe s évoquant la légende de sainte Marguerite et de précieux vitraux du XVe s. Pas loin, le Purgatoire vu et peint par Rubens. Et puis, près du déambulatoire, où les anges semblent menacer les visiteurs de leur blason, on arrive à la *chapelle Saint-Esprit,* couverte d'une tapisserie d'Arras de 1402. La *Vie de saint Piat et saint Éleuthère* s'étale sur 22 m et 14 tableaux. Un mince couloir conduit à la *salle du chapitre* et à ses lambris du XVIIIe s, provenant de l'abbaye Saint-Ghislain.

– *Le trésor :* accès par la rue des Chapeliers. Ouv 9h30-12h, 14h-18h (17h en hiver). Fermé mat sam-dim. Entrée : 2 €. Il a été victime d'une attaque à main armée en février 2008 ! Résultat : 13 pièces d'orfèvrerie en moins dans les vitrines, dont la célèbre croix byzantine offerte à la cathédrale au XIIIe s, celle dont on disait qu'elle contenait un bout de la Vraie Croix. Affaire à suivre, car cette croix, certes de grande valeur (elle était d'ailleurs inassurable), est réputée invendable car trop connue. Mais il reste quand même quelques belles pièces : calices, ciboires, bras-reliquaires, porte-missel, fragments de retable et tapisseries (de saint Piat, saint Éleuthère) datant pour la plupart du XIIIe au XIXe s. Diptyque carolingien en ivoire sculpté aussi et deux châsses du XIIIe s dont l'une, aux personnages superbement ciselés, est due à Nicolas de Verdun. Jetez également un coup d'œil au merveilleux manteau de velours tissé d'or porté par Charles Quint en personne et au *Christ aux outrages* peint par Quentin Metsys.

🎯 ◊ **Le beffroi** *(plan A2, 41) :* avr-sept, mar-sam 10h-13h, 14h-17h30 ; dim 11h-13h, 14h-18h30. Le reste de l'année, tlj sf lun et dim mat 10h-12h, 14h-17h. Dernière entrée 45 mn avt. Entrée : 2 €. Le plus ancien beffroi de Belgique, bâti à la fin du XIIe s, a été plusieurs fois renforcé et joliment restauré depuis. Heureusement, cette tour carrée, terminée par des tourelles, carillonne encore à chaque heure sur différents airs, dont celui de *Les Tournaisiens sont là* (air connu). Classé au Patrimoine mondial de l'Unesco comme 29 autres beffrois de Belgique et de France. La visite vous conduira, par un escalier de 257 marches, à 42,50 m de hauteur. En chemin, on peut voir un spectacle audiovisuel sur le beffroi de Tournai et des panneaux sur l'histoire des beffrois dans le nord de l'Europe, l'ancien tambour à musique et l'ancien mécanisme de l'horloge, qui actionnait le carillon. Ah oui, des latrines aussi, celles qui servaient aux détenus, car le beffroi fut aussi une prison.

🏃 *La Grand-Place (plan A2, 42) :* ce triangle, au mobilier urbain inspiré par le jeu de fer et dont le beffroi marque la pointe, est bordé sur ses trois côtés par la cathédrale, l'ancienne halle aux draps du XVIIe s et l'église Saint-Quentin. Partiellement détruites par les bombardements de la dernière guerre, certaines de ses maisons anciennes, dont la halle aux draps, ont été reconstruites à l'identique. Christine de Lalaing, héroïne de la ville, trône au centre de la place.

🏃🏃 *Le musée des Beaux-Arts (plan A2, 43) : rue de l'enclos Saint-Martin, 1.* ☎ *069-33-24-31. À côté de l'hôtel de ville. Fermé mar (et dim mat en hiver). Entrée : 2,50 € (audioguide compris). Attention, ts les 2 ans, une grande expo temporaire vient bouleverser l'accrochage.*
D'emblée, on est frappé par la beauté du bâtiment, dont la façade blanche et courbée est surmontée d'un gigantesque bronze. Il faut préciser que l'architecture est due à Victor Horta, star de l'Art nouveau. Il a conçu ce musée afin que les salles, distribuées autour d'un hall à l'élégance discrète, bénéficient de la lumière naturelle. De magnifiques verrières les coiffent et permettent d'apprécier les intéressantes collections.
– *Rez-de-chaussée :* couvre les périodes allant du XVe au XIXe s. Dans le département des peintures anciennes, on remarquera un effrayant raccommodeur de soufflet, attribué à l'atelier de Bosch, et une copie de Bruegel le Jeune *(Paysage d'hiver),* d'après son père, ainsi qu'une *Vierge à l'Enfant,* une *Nativité* et le triptyque du *Salve Regina* de Rogier de la Pasture, plus connu sous le nom de Van der Weyden. Une exposition permanente montre aussi les reproductions photographiques de tout son travail. Rubens, Watteau et Jacob Jordaens, entre autres, représentent les XVIIe et XVIIIe s, mais la section du XIXe s est bien plus « goûtue ». Outre la gigantesque toile de Louis Gallait évoquant la peste de Tournai, le musée possède quelques chefs-d'œuvre des impressionnistes et post-impressionnistes français : un paysage de Monet, un autre de Seurat et surtout *Chez le père Lathuile* et le *Couple d'Argenteuil,* les deux seuls tableaux d'Édouard Manet en Belgique.
– Le *niveau supérieur* offre une jolie vue sur les sculptures du hall et expose des peintres contemporains, locaux pour la plupart. Des dessins de Van Gogh ou de Toulouse-Lautrec complètent les collections de ce superbe musée qui, incontestablement, mérite un détour.

🏃 *L'hôtel de ville (plan A2, 44) : rue Saint-Martin, 50. Mêmes horaires d'ouverture que les musées (voir plus haut, au début de la rubrique). Entrée gratuite.* Bâtiment néoclassique élevé dans une partie de l'ancienne abbaye bénédictine de Saint-Martin. On peut encore y voir la grande crypte romane, datée du XIe s, et une partie du cloître.

🏃 *Le musée d'Histoire naturelle (plan A2, 44) : rue Saint-Martin, 50.* ☎ *069-33-23-43. Accès par la cour de l'hôtel de ville. Entrée : 2,50 €.* Fondé avant l'indépendance de la Belgique, ce qui en fait le plus vieux musée d'Histoire naturelle du pays, le muséum de Tournai a été rénové et comporte désormais, en plus de sa longue galerie peuplée d'animaux naturalisés, un vivarium de plus de 70 espèces de reptiles, amphibiens, poissons et invertébrés. Au menu : téjus rouges, dendrobates bleus, poissons-diables, crabes-arlequin et fouette-queues, pour ne citer qu'eux. Dans l'ancienne partie, vous verrez le premier éléphant à avoir foulé le sol belge, des chauves-souris géantes et même, pour compléter la série, un squelette de cobra !

🏛 *Le musée des Arts décoratifs* (plan A2, *44*) : *rue Saint-Martin, 50.* ☎ *069-33-23-53. Accès par la cour de l'hôtel de ville. Entrée : 2 €.* « À la pension de madame Vauquer, il y a des piles d'assiettes en porcelaine épaisse à bords bleus, fabriquées à Tournai », écrivait Balzac ; comme quoi, la réputation des porcelaines de Tournai dépassait de loin les limites du Tournaisis. Ce modeste musée en présente une belle collection, appartenant pour la plupart à la seconde moitié du XVIIIe s, et recèle des pièces d'argenterie et des monnaies de bronze ou d'or des XVIe et XVIIe s.

🏛 *Le musée de la Tapisserie et des Arts du tissu* (plan A2, *45*) : *pl. Reine-Astrid, 9.* ☎ *069-84-20-73. Entrée : 2,50 € ; gratuit 1er dim du mois.* Ce musée conserve des tapisseries, activité qui contribua à la fortune de Tournai. Quelques belles pièces anciennes, notamment *La Famine de Jérusalem*, où les mères de famille en sont réduites à cuire leurs enfants à la broche. À l'étage, on passe directement aux tapisseries contemporaines *(Somville-Dubrunfaut),* dont certaines représentent des scènes de groupe, genre réalisme social. Tous les jours sauf le week-end, une tisseuse travaille. Sachant qu'il faut environ 1 mois pour achever un mètre carré, elle ne va pas très vite, mais elle donne d'intéressantes explications.

🏛 *Le musée de Folklore* (plan A2, *46*) : *réduit des Sions, 36.* ☎ *069-22-40-69. Entrée : 2,50 €.* Vaste et attachant musée qui, par une jolie collection d'objets anciens, fait revivre les métiers et les corporations du passé. Ateliers de sabotier, de tonnelier, reconstitutions d'une chapelle, d'un couvent, d'une salle de classe, d'une pharmacie, d'un estaminet... « Au Roi des Radis » ! Une mise en scène simple des outils et des meubles rend la visite didactique. Des toiles et des gravures d'artistes locaux, une salle consacrée au carnaval, des photos des destructions des dernières guerres, des uniformes militaires et civils, des accessoires de mode, de superbes maquettes de la ville (dont celle, gigantesque, de Tournai en 1701), des blasons des grandes familles locales, des marionnettes, des instruments de musique et un cabinet consacré au poète Georges Rodenbach complètent les collections.

🏛 *Le musée d'Archéologie* (plan A1, *47*) : *rue des Carmes, 8.* ☎ *069-22-16-72. Entrée : 2 €.* Une haute et mince tour domine ce bâtiment du XVIIe s qui fut l'un des premiers monts-de-piété ouverts en Europe. Des objets gallo-romains du rez-de-chaussée, on retiendra un sarcophage en plomb du IVe s, trouvé quelques rues plus haut. L'escalier en colimaçon de la tour conduit aux maigres trésors mérovingiens. Celui de Childéric fut découvert dans la région en 1653, par un sourd-muet répondant (ou plutôt ne répondant pas) au doux nom d'Adrien Quinquin. Il aurait mieux fait de « se taire » car des malfaisants le dérobèrent au XIXe s. Du trésor, sans doute fondu, il ne reste que deux abeilles et un pommeau d'épée conservés au musée de la Monnaie, à Paris. Ce bien pauvre et vieux musée, au milieu d'un quartier en pleine rénovation, possède aussi quelques silex régionaux.

🏛 *Le musée d'Armes et d'Histoire militaire* (plan A2, *48*) : *rue Roc-Saint-Nicaise, 59-61.* ☎ *069-21-19-66. Entrée : 2,50 €.* Collection d'armes et d'objets militaires. Au rez-de-chaussée, une salle consacrée au Ier Empire et à la dynastie royale, une autre à la marine. À l'étage, les deux grandes guerres : souvenirs de la Résistance, uniformes et matériel de combat ; voir le gros fusil allemand de la Première Guerre mondiale, fait pour percer 25 mm de blindage (une broutille

MESSIEURS LES FRANÇAIS, TIREZ LES PREMIERS !

Cette célèbre phrase prononcée à la bataille de Fontenoy en 1745 (à 7 km au sud-est de Tournai) n'était pas une marque de politesse des Anglais. « Après vous, Messieurs les Anglais ! », répondirent les Français. En effet, il était plus avantageux de tirer en second, car on pouvait alors se rapprocher de l'ennemi, pendant qu'il rechargeait les fusils. Donc avec moins de risque.

comparé aux 25 cm dont viennent à bout les lance-roquettes modernes). La visite se termine au grenier, où vous attendent une trentaine de drapeaux offerts au musée par les sociétés patriotiques de la ville.

🏃 **Le centre de la Marionnette** (plan A2) : rue Saint-Martin, 47. ☎ 069-88-91-40. Mar-ven 9h-12h30, 14h-17h ; sam-dim et j. fériés 14h-18h. Entrée : 2,50 € ; réduc. Exposition, par roulement, de marionnettes de toutes provenances. C'est aussi un centre de documentation et d'animation.

🏃 **L'église Saint-Brice** (plan B2, 49) : pl. Clovis. Restaurée dans son état originel, avec sa tour carrée et sa triple halle. Deux maisons romanes du XIIe s, parmi les plus anciennes d'Europe encore debout, la jouxtent, mais faites vite car l'une d'elles penche dangereusement.

🏃 Last but not least, le célèbre **pont des Trous** (hors plan par A1, 50) enjambe l'Escaut et défend Tournai depuis le XIIIe s. Vestige des anciens remparts, il a été rehaussé de plus de 2 m en 1948 pour faciliter le trafic fluvial. Mais il gêne encore les péniches, si bien que son avenir est incertain.

Manifestations

– **Carnaval :** ven-sam à la mi-carême. Nuit des Intrigues ; jet de pichous, petits pains aux fruits confits ; intronisation du roi ; rondeau puis marche funèbre.
– **Grand marché aux fleurs :** Vendredi saint. S'étend de la gare jusqu'aux quais.
– **La fête de l'Accordéon :** jeudi de l'Ascension.
– **Les 4 Cortèges :** 2e w-e de juin. Parade de chars fleuris et de géants, tels Clovis, Louis XIV et d'autres personnages qui ont compté dans l'histoire de la ville.
– **Grande procession :** 2e dim de sept, à 15h. A lieu depuis 1092, en souvenir d'une épidémie de peste avortée.
– **Grand festival de Danse folklorique :** du dernier mar de sept au 1er dim d'oct. Musiques et danses du monde entier.
– **Festival de la Marionnette :** sem de la Toussaint. Spectacles et expositions de marionnettes (dans le centre de la Marionnette, entre autres).

DANS LES ENVIRONS DE TOURNAI

ANTOING (8 000 hab.)

Petite ville non loin de Tournai. Par la route qui longe l'Escaut, peu avant l'entrée du bourg, on peut voir la ferme fortifiée où Louis XV fêta la victoire de Fontenoy en mai 1745. On y prononça cette phrase restée célèbre : « Mewssieurs les Garwdes franswaises, tirwez les prewmiers ! » Cela n'empêcha pas que, le soir de la bataille, 10 000 morts gisaient sur le carreau. En face du cimetière, vous ne pourrez pas rater ce bâtiment en L (et sa tourelle carrée), édifié en 1633, qui ne se visite pas.
200 m avant, un chemin part sur la gauche, vers l'Escaut. Empruntez-le (à pied), il conduit à un four Brébard. On fabriquait la chaux dans ces fours qui ressemblent à des bouteilles de lait rangées dans un casier.

À voir

🏃 **Le château d'Antoing :** de mi-mai à fin sept, dim et j. fériés, visites à 15h et 16h. Les billets s'achètent à l'office de tourisme, pl. Barra, 18. ☎ 069-44-17-29. Entrée : 3 €. Personnel charmant et compétent. On ne visite que quelques

TOURNAI

salles dans la surprenante tour de ce château, partiellement reconstruit au XIXᵉ s et toujours habité par la famille de Ligne, celle de Belœil (voir plus haut « Dans les environs d'Ath »). Malheureusement, une tourelle du donjon sur lequel s'adosse la tour menace de s'effondrer, et donc on ne monte plus au sommet. Et pourtant, la devise des Ligne précise : *Où que tombent les choses, la Ligne reste droite.* Comme quoi... Outre le *bolwerk,* muraille restaurée au XVᵉ s, on peut aussi voir dans la chapelle une belle collection de pierres tombales, notamment celle de Jean de Melun et de ses deux épouses. À l'entrée du château, une stèle rappelle que Charles de Gaulle, Mon Général lui-même, étudia en 1907 chez les jésuites d'Antoing.

les ROUTARDS sur la FRANCE 2013-2014

(dates de parution sur • *routard.com* •)

DÉCOUPAGE de la FRANCE par le *ROUTARD*

Autres guides nationaux

- Les grands chefs du routard
- Nos meilleures chambres d'hôtes en France
- Nos meilleurs campings en France
- Nos meilleurs hôtels et restos en France
- Nos meilleurs sites pour observer les oiseaux en France (octobre 2012)
- Tourisme responsable

Autres guides sur Paris

- Paris
- Paris à vélo
- Paris balades
- Restos et bistrots de Paris
- Le Routard des amoureux à Paris
- Week-ends autour de Paris

les ROUTARDS sur l'ÉTRANGER 2013-2014

(dates de parution sur • *routard.com* •)

Europe

Pays européens

- Allemagne
- Andalousie
- Angleterre,
  Pays de Galles
- Autriche
- Baléares
- Belgique
- Budapest, Hongrie
- Catalogne (+ Valence
  et Andorre)
- Crète
- Croatie

- Danemark, Suède
- Écosse
- Espagne du Nord-Ouest
  (Galice, Asturies,
  Cantabrie)
- Finlande
- Grèce continentale
- Îles grecques
  et Athènes
- Irlande
- Islande
- Italie du Nord
- Italie du Sud
- Lacs italiens

- Madrid, Castille
  (Aragon et
  Estrémadure)
- Malte
- Norvège
- Pologne
- Portugal
- République tchèque,
  Slovaquie
- Roumanie, Bulgarie
- Sardaigne
- Sicile
- Suisse
- Toscane, Ombrie

Villes européennes

- Amsterdam
  et ses environs
- Barcelone
- Berlin
- Bruxelles

- Copenhague (mai 2013)
- Dublin (novembre 2012)
- Florence
- Lisbonne
- Londres
- Milan (décembre 2012)
- Moscou (avril 2013)

- Prague
- Rome
- Saint-Pétersbourg
  (avril 2013)
- Stockholm (mai 2013)
- Venise
- Vienne (mars 2013)

Amériques

- Argentine
- Brésil
- Californie
- Canada Ouest
- Chili et île de Pâques
- Équateur et les îles
  Galápagos
- États-Unis Nord-Est

- Floride
- Guatemala, Yucatán
  et Chiapas
- Louisiane et les villes
  du Sud
- Mexique
- Miami (octobre 2012)
- Montréal (mars 2013)

- New York
- Parcs nationaux
  de l'Ouest américain
  et Las Vegas
- Pérou, Bolivie
- Québec, Ontario
  et Provinces maritimes

Asie

- Bali, Lombok
- Bangkok (octobre 2012)
- Birmanie (Myanmar)
- Cambodge, Laos
- Chine
- Inde du Nord

- Inde du Sud
- Israël, Palestine
- Istanbul
- Jordanie
- Malaisie, Singapour
- Népal, Tibet

- Shanghai (avril 2013)
- Sri Lanka (Ceylan)
- Thaïlande
- Tokyo, Kyoto
  et environs
- Turquie
- Vietnam

Afrique

- Afrique de l'Ouest
- Afrique du Sud
- Égypte

- Kenya, Tanzanie
  et Zanzibar
- Maroc

- Marrakech
- Sénégal, Gambie
- Tunisie

Îles Caraïbes et océan Indien

- Cuba
- Guadeloupe, Saint-
  Martin, Saint-Barth

- Île Maurice, Rodrigues
- Madagascar
- Martinique

- République dominicaine
  (Saint-Domingue)
- Réunion

Guides de conversation

- Allemand
- Anglais
- Arabe du Maghreb
- Arabe du Proche-Orient
- Chinois

- Croate
- Espagnol
- Grec
- Italien
- Japonais

- Portugais
- Russe
- G'palémo (conversation
  par l'image)

"Qui **sauve un enfant,** sauve le **monde**"

Espace offert par le Guide du Routard

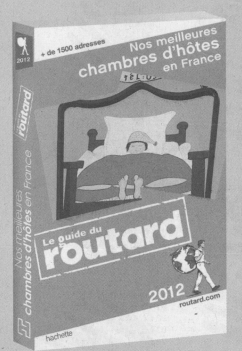

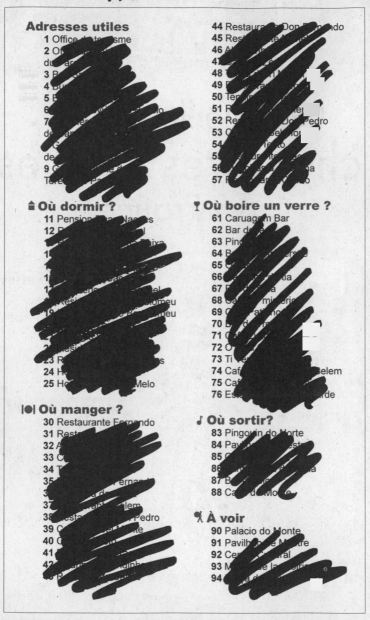

Adresses utiles

1 Office de tourisme
2 Of...
du...
3 B...
4 Bu...
5 B...
6 ...
7 ...
de...
...G...
de...
9 C...
Tere... Pa...

44 Restaurante Don ...ndo
45 Rest...
46 A...
47 ...
48 ...
49 ...
50 Te...
51 R...
52 Re... Don Pedro
53 ...
54 ...Texto
55 ...
56 ...
57 ...

🛏 Où dormir ?

11 Pension ... Naores
12 ...
1...
1...
1...
...omeu
...omeu
2...
23 R...
24 H...
25 Ho... Melo

🍷 Où boire un verre ?

61 Caruagem Bar
62 Bar d...
63 Pin...
64 B...
65 C...
66 ...da
67 ...a
68 Ca... mi...
69 ...
70 B...
71 ...
72 O...
73 Ti...
74 Caf... ...elem
75 Caf...
76 Est...

🍽 Où manger ?

30 Restaurante Fernando
31 Rest...
32 A...
33 C...
34 T...
35 ...
3... ...ernar...
3... ...d...
37 ...
38 ...Belem
38 ...Don Pedro
39 C...
40 C...
41 ...
4... ...

🎵 Où sortir?

83 Pingorin do Morte
84 Pav...
85 ...
86 ...
87 B...
88 Ca... do Mo...e

🏃 À voir

90 Palacio do Monte
91 Pavilh...
92 Cen...
93 M...
94 ...

RÉPARER LES VIES

HANDICAP INTERNATIONAL

routard assurance
Voyage de moins de 8 semaines en Union Européenne

INTERNATIONAL
L'Assurance Voyage

routard
WEEK-END & VOYAGES

RÉSUMÉ DES GARANTIES*	MONTANT MAXIMUM DES GARANTIES
FRAIS MÉDICAUX MONDE SAUF EUROPE (pharmacie, médecin, hôpital)	100 000 € sans franchise
RÉÉDUCATION / KINÉSITHERAPIE / CHIROPRACTIE	Prescrite par un médecin suite à un accident
FRAIS DENTAIRES D'URGENCE	75 €
FRAIS DE PROTHÈSE DENTAIRE	500 € par dent en cas d'accident caractérisé
FRAIS D'OPTIQUE	400 € en cas d'accident caractérisé
FRAIS DE TRANSPORT	
Rapatriement médical et transport du corps	Frais illimités
Visite d'un parent si l'assuré est hospitalisé plus de 5 jours	2 000 €
CAPITAL DÉCÈS	15 000 €
CAPITAL INVALIDITÉ À LA SUITE D'UN ACCIDENT**	
Permanente totale	75 000 €
Permanente Partielle (application directe du %)	De 1 % à 99 %
BILLET DE RETOUR	
En cas de décès accidentel ou risque de décès d'un parent proche (conjoint, enfant, père, mère, frère, sœur)	Frais nécessaires et raisonnables
ASSURANCE RESPONSABILITÉ CIVILE VIE PRIVÉE	
Dommages corporels garantis à 100 % y compris honoraires d'avocats et assistance juridique accidents	750 000 €
Dommages matériels garantis à 100 % y compris honoraires d'avocats et assistance juridique accidents	450 000 €
Dommages aux biens confiés	1 500 €
AGRESSION (déposer une plainte à la police dans les 24 h)	Inclus dans les frais médicaux
PRÉJUDICE MORAL ESTHÉTIQUE (inclus dans le capital invalidité)	15 000 €
FRAIS DE RECHERCHE ET DE SAUVETAGE	2 000 €
TRANSMISSION DE MESSAGES URGENTS	Mise à disposition
AVANCE D'ARGENT (en cas de vol de vos moyens de paiement)	1 000 €
CAUTION PÉNALE	7 500 €
ASSURANCE BAGAGES	2 000 € (limite par article de 300 €)***

* Nous vous invitons préalablement à souscription à prendre connaissance de l'ensemble des Conditions générales sur www.avi-international.com ou par téléphone au 01 44 63 51 00 (coût d'un appel local).
** 15 000 euros pour les plus de 60 ans.
*** Les objets de valeur, bijoux, appareils électroniques, photo, ciné, radio, cassettes, instruments de musique, jeux et matériel de sport, embarcations sont assurés ensemble jusqu'à 300 €.

PRINCIPALES EXCLUSIONS* (commune à tous les contrats d'assurance voyage)
- Les conséquences d'évènements catastrophiques et d'actes de guerre,
- Les conséquences de faits volontaires d'une personne assurée,
- Les conséquences d'événements antérieurs à l'assurance,
- Les dommages matériels causés par une activité professionnelle,
- Les dommages causés ou subis par les véhicules que vous utilisez,
- Les accidents de travail manuel et de stages en entreprise (sauf avec les Options Sports et Loisirs, Sports et Loisirs Plus),
- L'usage d'un véhicule à moteur à deux roues et les sports dangereux : surf, rafting, escalade, plongée sous-marine (sauf avec les Options Sports et Loisirs, Sports et Loisirs Plus).

Devoir de conseil : AVI International - S.A.S. de courtage d'assurances au capital de 100 000 euros - Siège social : 106-108, rue la Boétie, 75008 Paris - RCS Paris 323 234 575 - N° ORIAS 07 000 002 (www.orias.fr) - Le nom des entreprises avec lesquelles AVI International travaille peut vous être communiqué à votre demande. AVI International est soumise à l'Autorité de Contrôle Prudentiel (ACP) 61 rue Taitbout 75436 Paris Cedex 09. En vue du traitement d'éventuels différends, vous pouvez formuler une réclamation par courrier simple à AVI International et si le conflit persiste auprès de l'ACP.
Vos besoins sont de bénéficier d'une assurance voyage. Nous vous conseillons l'adhésion aux contrats d'assurances collectifs à adhésion facultative n° FR32/332.335 ou n° FR32/335.370 souscrits par l'association ISTEC auprès de ACE EUROPEAN GROUP Direction Générale pour la France de la société de droit anglais - ACE EUROPEAN GROUP LTD - Société au capital de 544 741 144 £ - RCS Nanterre B N°450327374 - Le Colisée - 8 avenue de l'Arche - 92419 Courbevoie Cedex.

Souscrivez en ligne sur www.avi-international.com

INDEX GÉNÉRAL

INDEX GÉNÉRAL

C

D-E

F

G

H

I-J-K

L

N

O

P

R

S

T

U-V

W-X

INDEX GÉNÉRAL

Y-Z

OÙ TROUVER LES CARTES ET LES PLANS ?

Les **Routards** *parlent aux* **Routards**

Faites-nous part de vos expériences, de vos découvertes, de vos tuyaux.
Indiquez-nous les renseignements périmés. Aidez-nous à remettre l'ouvrage à jour.
Faites profiter les autres de vos adresses nouvelles, combines géniales... On adresse
un exemplaire gratuit de la prochaine édition à ceux qui nous envoient les lettres
les meilleures, pour la qualité et la pertinence des informations. Quelques conseils
cependant :
– Envoyez-nous votre courrier le plus tôt possible afin que l'on puisse insérer vos
tuyaux sur la prochaine édition.
– N'oubliez pas de préciser l'ouvrage que vous désirez recevoir.
– Vérifiez que vos remarques concernent l'édition en cours et notez les pages du
guide concernées par vos observations.
– Quand vous indiquez des hôtels ou des restaurants, pensez à signaler leur adresse précise et, pour les grandes villes, les moyens de transport pour y aller. Si vous le
pouvez, joignez la carte de visite de l'hôtel ou du resto décrit.
– N'écrivez si possible que d'un côté de la lettre (et non recto verso).
– Bien sûr, on s'arrache moins les yeux sur les lettres dactylographiées ou correc-
tement écrites !
En tout état de cause, merci pour vos nombreuses lettres.

Les Routards parlent aux Routards :
122, rue du Moulin-des-Prés, 75013 Paris

e-mail : • guide@routard.com •
Internet : • routard.com •

Le Trophée du voyage humanitaire ROUTARD.COM
s'associe à VOYAGES-SNCF.COM

Ils ont aidé à la création d'un poste de santé autonome au Sénégal, à la reconstruction d'un orphelinat à Madagascar... Et vous ?
Envie de soutenir un projet qui favorise la solidarité entre les hommes ? Le Trophée
du Voyage Humanitaire Routard.com est là pour vous ! Que votre projet concerne le
domaine culturel, artisanal, écologique, pédagogique, en France ou à l'étranger, le
Routard et Voyages-sncf.com soutiennent vos initiatives et vous aident à les réaliser !
Si vous aussi vous voulez faire avancer le monde, inscrivez-vous sur • routard.com/
trophee • ou sur • tropheesdutourismeresponsable.com •

Routard Assurance *2013*

Routard Assurance et Routard Assurance Famille, c'est l'Assurance Voyage Inté-
grale. Dépenses de santé et frais d'hôpital pris en charge directement sans franchise
jusqu'à 300 000 € + caution + défense pénale + responsabilité civile + tous risques
bagages et photos. Assurance personnelle accidents : 75 000 €. Très complet ! Tarif à
la semaine pour plus de souplesse. Tableau des garanties et bulletin d'inscription à la
fin de chaque *Routard* étranger. Pour les départs en famille (4 à 7 personnes), demandez le bulletin d'inscription famille. Pour les longs séjours, contrat Plan Marco Polo
« spécial famille » à partir de 4 personnes. Pour un voyage éclair de 3 à 8 jours dans
une ville de l'Union européenne, bulletin d'inscription adapté dans les guides villes
avec des garanties allégées et un tarif « light ». Également un nouveau contrat Seniors
pour les courts et longs séjours. Si votre départ est très proche, vous pouvez vous
assurer via Internet • avi-international.com • ou par fax : 01-42-80-41-57, en indiquant
le numéro de votre carte de paiement. Pour en savoir plus : ☎ 01-44-63-51-00.

Édité par Hachette Livre (43, quai de Grenelle, 75905 Paris Cedex 15, France)
Photocomposé par Jouve (45770 Saran, France)
Imprimé par Lego SPA Plant Lavis (via Galileo Galilei, 11, 38015 Lavis, Italie)
Achevé d'imprimer le 21 septembre 2012
Collection n° 13 - Édition n° 01
24/5568/1
I.S.B.N. 978-2-01-245568-9
Dépôt légal : septembre 2012

PAPIER À BASE DE
FIBRES CERTIFIÉES

hachette s'engage pour
l'environnement en réduisant
l'empreinte carbone de ses livres.
Celle de cet exemplaire est de :
600 g éq. CO$_2$
Rendez-vous sur
www.hachette-durable.fr